KB033815

파괴와 학살의 현장

01 내전으로 완전히 파괴된 아프가니스탄 카불 시내 B지구.

02 카불 외곽에서 이동 중인 북부동맹의 탱크. 뒤로 나무 한 그루 없는 민
   둥산이 보인다.

03 전쟁으로 폐허가 된 거리에서 폐품을 주어 생계를 꾸려가는 아프가니스탄 소년.

04 갓 돌아온 코소보 난민이 파괴된 집과 자동차 앞에서 망연자실해하고 있다.

05 세르비아계의 포격으로 파괴된 보스니아 관공서 건물.

06 팔레스타인 거주지인 동예루살렘을 에워싼 유대인 정착촌.

07 요르단강 서안 지구의 거대한 분리 장벽. 완공되면 710km에 이르는 세계 최대 최장의 장벽이 된다.

08 이스라엘의 팔레스타인 군사 지배를 상징하는 검문소.

09 시에라리온 내전으로 파괴된 프리타운 외곽의 경찰서.

10 레바논의 시아파 마을인 빈트 즈바일 파괴 현장.

눈물과 고통, 가난과 죽음의 희생자들

01 시에라리온 반란군 혁명연합전선(RUF)에 두 팔이 잘린 어린 아기.

02 석유를 노린 미국의 패권주의는 이라크 아부그라이브
　　교도소 앞에서 아들 면회를 기다리는 노모의 얼굴을
　　어둡게 만들었다.

03 아프가니스탄에는 수많은 전쟁 부상자들이 비참하게 살고 있다.

04 어린이들에게 지뢰를 조심하라고 교육 중인 아프가니스탄의 이슬람 사원 학교.

05 식량 배급을 기다리는 카슈미르 난민 여인들.

06 코소보 서부 코레니차 마을 집단 학살 현장에서
오열하는 세 여인.

07 코소보 북부 지코바츠 집시 난민 수용소.

08 킬링필드의 유골을 바라보는 캄보디아 소년.

09 트럭을 타고 돌아오는 동티모르 난민들.

10 바그다드 팔레스타인 난민촌 소년의 어두운 얼굴.

투쟁의 전선과 평화를 향한 외침

01 저항 의지를 불태우는 팔레스타인 군인들.

02 이슬람 혁명 30주년 기념식에 모인 이란 사람들.

03 아부그라이브교도소의 포로 학대를 고발하는 이라크 예
술가들이 거리 전시회에서 선보인 작품.

04 팔레스타인에서 이스라엘 불도저에 치여 죽은 평화 운동가 사진을 들고 반전 시위에 참가한 뉴욕 시민.

05 미국의 아프간-이라크 침략 전쟁은 애꿎은 희생을 낳을 뿐이라며 거리 퍼포먼스를 펼치는 뉴욕 평화 운동가들.

06 체 게바라의 얼굴이 새겨진 대형 네온사인. 아바나에 있는 쿠바 내무부 건물이다.

07 세르비아계 방화로 파괴된 코소보 자코바시를 순찰하는 국제 평화유지군.

08 예루살렘 통곡의 벽. 저 유대인 병사는 누구를 위해 기도하고 있을까.

09 시위하던 팔레스타인 청년들이 이스라엘군의 총격에 흩어지고 있다.

10 인도군의 탄압에 항의하는 파키스탄령 카슈미르인들의 시위.

오늘의
세계 분쟁

오늘의
세계 분쟁

국제 분쟁 전문가 김재명의 전선 리포트

　80억 인구가 두 발을 딛고 살아가는 21세기 오늘의 세계는 평화와
는 거리가 멀다. 날마다 어디에선가 유혈 충돌이 벌어진다. 해마다
1,000명 이상의 사망자를 낳는 전쟁이 10건 안팎으로 벌어지고, 25명
이상의 사망자를 낳는 유혈 분쟁도 한 해 30~40건에 이른다. 한 해 동
안의 전쟁 사망자만 최소 5만 명을 웃돈다. 돌이켜보면, 지난 20세기도
100년 내내 전쟁으로 얼룩졌다. 두 차례에 걸친 세계 대전, 한국 전쟁,
베트남 전쟁, 아프가니스탄 전쟁, 이란-이라크 전쟁, 걸프 전쟁, 발칸
내전 등 유혈이 그칠 날이 없었다. 그래서 20세기는 '폭력의 세기'라는
오명을 얻었다.

　인류사는 곧 전쟁사라 한다. 전쟁의 광풍은 우리의 삶을 송두리째
흔들어대고, 폭력의 희생양을 만들어낸다. 많은 경우 그 희생자들은
힘없는 여성과 어린이들이다. '21세기 화약고'로 일컬어지는 중동이나

아시아, 아프리카의 여러 분쟁 지역에서 우리는 바로 그런 슬픈 모습들을 보게 된다. 도대체 누가, 무엇 때문에 그들을 전쟁의 고통 속으로 몰아넣었을까.

분쟁 지역 취재를 갈 때마다 전쟁에 지친 사람들, 평화를 목말라 하는 사람들을 만나면서 안타까움을 느끼곤 했다. 이라크와 아프가니스탄 사람들은 언제, 어디서 폭탄이 날아들지 모르는 공포에서 벗어나고 싶어했다. 2009년 초 이스라엘군 침공을 받아 1,400명이 죽고 많은 집들이 파괴된 팔레스타인 가자Gaza에 가보니, 사람들의 눈에 핏발에 서 있었다. "더 이상 잃을 게 없다"고 생각하는 이들은 극단적인 투쟁을 생각하기 마련이다. 지금 그곳 현지 상황은 거듭된 유혈 충돌로 말미암아 증오와 불신의 골이 깊어질 대로 깊어졌다. 그 책임은 누구에게 있을까.

베트남 전쟁 개입을 반대하는 시위가 지구촌을 들끓게 했던 격동의 1960년대를 고민하며 살았던 프랑스의 지성 레몽 아롱은 이렇게 말했다. "어지러운 시절은 (우리로 하여금) 생각을 깊이 하도록 만든다." 21세기를 사는 우리에게는 9·11 테러며 아프가니스탄과 이라크에서의 전쟁이 무슨 뜻을 지니고 어떤 영향을 미치는지 궁금하다. 따라서 이 책의 목적은 우리 인간들이 무슨 까닭에 전쟁을 벌이는가를 살펴보면서, 지구촌 평화를 뿌리내리는 데 걸림돌이 무엇인가를 독자들과 함께 생각해보자는 것이다.

몇 해 전에 미국 뉴욕의 헌책방에서 뜻깊은 책을 하나 찾아냈다. 6·25 때 특파원으로 활동했던 사진가 칼 마이던스가 펴낸 『폭력적인 평화』(1968년)다. 이 책에 실린 여러 전쟁 사진들 가운데 한국에서 찍은 사진 하나가 눈길을 끌었다. 6·25 때 죽은 한 남자의 시신 앞에서 3명의 여인이 서럽게 우는 모습이 담긴 사진이었다. 그 여인들은 고인의 처, 어머니, 그리고 할머니였다. 3대에 걸친 그 여인들이 나란히 앉아 눈물을 흘리는 사진을 보노라니, 통곡 소리가 들려오는 듯했다.

이처럼 전쟁은 장엄한 서사시나 위대한 영웅의 이야기가 아니라, 민초들의 눈물과 고통, 피를 남긴다. 전쟁은 무한 폭력이 합법적으로 받아들여지는 특수한 공간이다. 문제는 그런 비극적 상황을 이용해 이득을 챙기는 죽음의 상인들 또는 어둠의 정치 세력들이 있다는 점이다. 멀리 갈 것 없이, 미국의 이라크 침공 하나만 따져도 누가 '더러운 전쟁'으로 피 묻은 석유를 챙기고 유가를 올리는가가 드러난다.

힘power이 진리라고 믿는 어둠의 세력에게, 무엇보다 자국의 안보와 이익을 중시하는 이들에게 전쟁의 유혹은 매우 강하다. '정의를 위해, 민주주의 수호를 위해, 자유를 위해, 평화를 위해' 등등의 교묘하고도 그럴듯한 논리로 전쟁을 부추기는 이들의 정체를 우리는 정확히 알아야 한다. 전쟁의 첫 희생자는 언제나 '진실'이기 때문이다.

나는 세계의 여러 분쟁 지역들을 취재하면서 전쟁의 처참한 모습들을 가까이에서 보았다. 그러면서 누구보다도 지구촌 평화를 간절히 바라게 되었다. 그러나 "영구 평화는 무덤에서나 가능하다"는 독일 철학자 이마누엘 칸트의 말을 빌리지 않더라도, 평화는 현실적으로 아주 먼 곳에 있음을 새삼 느끼지 않을 수 없었다. 무덤을 파내 그 속에 드러누워 있는 평화를 깨워 일으키려면, 전쟁을 부추겨 이득을 보는 세력의 정체를 먼저 알아야 한다.

국제 분쟁과 내전, 테러의 실상을 파헤쳐가면 갈수록 그럴듯한 명분으로 전쟁을 정당화하는, 자신들의 이익을 추구하기 위해 대량 학살과 인종 청소, 조직적인 강간 등도 서슴지 않는 세력들이 있음을 알게 된다. 내가 본 전쟁에서는 거의 언제나 이들에게 희생당하는 소수자와 약자, 못 가진 자들의 눈물이 강을 이루었다.

현실적으로 영구 평화가 불가능하다면, 나는 평화를 기원하기보다 절망 속에서 목숨을 걸고 싸우는 소수자와 약자, 못 가진 자들의 정의가 승리하기를 바라는 쪽을 택하겠다. 이 책은 그들이 탐욕스러운 강자들과 벌이는 힘겨운 싸움에서 승리하기를 바라는 나의 지지의 표시이자 연대의 기록이다.

흔히 세계는 하나가 됐다고 말한다. 이른바 신자유주의와 세계화의 물결 아래 국가의 경계선은 날로 허물어지고 있다. 덩달아 민족 개념도 희미해지는 모습이다. 한 민족의 이익을 위한 진정한 민족 기업 또는 민족 자본이냐, 아니면 다른 나라 자본의 이익 창출을 위해 운영되고 과실 송금을 해외로 빼돌리는 매판買辦 자본이냐를 따지던 날은 어느덧 먼 옛날이 된 듯하다. 현실을 꼼꼼히 들여다보면, 신자유주의 이데올로기를 외치는 쪽은 산업 기술에서 제3세계 약소국들보다 훨씬 앞선 미국과 서유럽 선진 자본주의 국가들이다. 따지고 보면 신자유주의와 세계화란 1990년대 초 옛 소련의 붕괴 뒤 미국을 비롯한 강대국들이 약소국들을 경제적으로 예속시키려는 신식민주의 이데올로기나 다름없다. 그렇기에 민족 개념은 지구촌 평화를 말할 때 빼놓을 수 없다. 지구촌을 피로 물들이는 각종 유혈 투쟁에는 혈통·언어·종교를 달리하는 민족끼리의 갈등이 깔려 있다. 이런 시각에서 민족 개념은 오늘의 세계 분쟁을 풀이하는 매우 중요한 잣대다.

6·25 한국 전쟁이 끝날 무렵에 태어난 필자로서는 다른 많은 한국인들과 마찬가지로 민족 분단의 비극성에 관심을 가져왔다. 외국 세력(미국과 소련)에게 줄을 댄 양극단의 세력이 아니라 온건 우파-온건 좌파가 손을 잡고 민족 통일을 이뤘더라면 전쟁이 한반도에서 일어나지 않았으리라는 아쉬움을 품게 됐다. 졸저『한국 현대사의 비극: 중간파의 이상과 좌절』(2003년, 선인출판사)은 그런 측면을 비판적으로 다룬 책이다.

중앙일보 기자(통일문화연구소 현대사팀 차장)로 일하던 1996년 가을, 신문사를 그만두고 미국으로 공부하러 간 것은 관심 영역을 한반도 분단에서 지구촌 분쟁으로 넓히고 싶다는 생각에서였다. 필자 개인적으론 일종의 모험이자 결단이었다. 뉴욕에서 국제정치학을 공부하면서 여름 방학과 겨울 방학 동안 틈틈이 국제 분쟁과 내전 지역을 취재하러 다녔다.

분쟁 지역 취재를 가면, 어디서 왔느냐고 묻곤 한다. 한국에서 왔다고 하면, "어! 그곳도 분쟁 지역인데…… 지금 여기보다 더 위험한 곳 아니냐?"고 되레 걱정을 해주는 사람들도 있다. 맞다. 한국도 세계적으로 관심이 쏠리는 분쟁 지역이다. 따라서 다른 지역의 분쟁은 곧 한반도 분단 극복을 위해 관심 있게 비춰볼 거울이다. 그 분쟁이 왜 일어났고 어떤 과정을 거쳐 평화를 되찾았는지(또는 지금도 혼란 속에 있는지), 무엇이 전쟁과 평화를 갈랐는지를 살펴봄으로써 궁극적으로는 한반도 평화 통일의 교훈을 이끌어낼 수 있다.

분쟁 지역 취재 과정에서 전쟁의 비극이 인간의 사악함이나 잔인함 탓도 있지만, 그보다는 한반도와 마찬가지로 중도보다는 극단으로 치닫는 과격 세력이 벌인 유혈 투쟁 때문이라는 사실을 거듭 확인했다. 아울러 전쟁으로 이득을 취하는 어둠의 세력 때문에 전쟁이 그치지 않음을 똑똑히 알게 됐다.

이 책은 내가 오래전에 쓴 『나는 평화를 기원하지 않는다』(2005년)를 전면적으로 개편한 『오늘의 세계 분쟁』(2011년)의 개정1판(2015년)을 다시 수정 보완한 것이다. 2011년 초판에서는 제2부 '분쟁 지역을 찾아서'에 이란, 시리아, 레바논을 새로 덧붙였고, 팔레스타인을 비롯한 기존의 여러 분쟁 지역들에도 그동안 추가로 다녀온 내용들을 보탰다. 제3부 '21세기의 전쟁'에도 '지구촌 평화 전망' 항목을 새로 덧붙였다. 이런 작업을 거치면서 책의 분량도 200쪽 이상 늘어났다. 그 뒤로 중동 지역에선 '아랍의 봄'과 함께 유혈 사태가 터졌고, 지구촌 분쟁 상황도 크게 바뀌었다. 이에 2015년 이러한 변화된 상황을 반영한 개정1판을 출간했고, 이번에 다시 개정2판을 출간하게 되었다. 개정2판에서는 특히 시리아, 이란, 이라크, 아프가니스탄 등의 변화된 상황과 통계 수치들을 최근 것으로 다듬었다.

이 책은 먼저 제1부에서 전쟁의 원인, 1990년대 탈냉전 이후의 국제 분쟁과 내전의 특징을 살펴보았다. 제2부에서는 세계의 화약고라 일컬어지는 중동 지역의 이스라엘-팔레스타인, 이라크, 이란, 레바논, 시리아, 그리고 아시아의 아프가니스탄, 카슈미르, 캄보디아, 동티모르, 유럽의 화약고인 보스니아와 코소보, 다이아몬드를 둘러싼 잔혹한 내전이 벌어진 아프리카의 시에라리온, 남북아메리카 지역의 쿠바 관타나모, 체 게바라의 투쟁 무대였던 볼리비아, 그리고 21세기 초강대국이자 일방주의 패권 국가로 비판받는 미국 등 모두 15개 분쟁 지역의 취재 기록을 정리했다. 여기에는 정치-군사 지도자, 병사, 난민, 국제기구 요원 등 유혈 분쟁의 한가운데 놓인 사람들의 모습과 생각이 담겨 있다. 제3부에서는 9·11 테러 뒤 시사용어가 된 '테러와의 전쟁'과 테러의 개념, 나아가 자살 폭탄 테러의 진실을 살펴보고 끝으로 21세기 지구촌 평화를 전망해보았다.

이 책을 통해 한반도는 물론 지구촌의 평화를 가로막는 국제 정치의 냉혹한 본질에 대해 생각해보는 계기가 되길 바란다. 이 책이 21세기 분쟁 지역 가운데 하나인 한반도에 사는 우리로 하여금 전쟁과 평화의 문제에 대해 관심을 품게 하고 (레몽 아롱의 말처럼) '생각을 깊이 하도록' 하는 데 보탬이 된다면 더 바랄 것이 없겠다.

이 책이 나오기까지는 여러 분들의 고마운 배려가 있었다. 마음속으로 깊은 감사의 말씀을 전하고 싶다. 우리와 동시대를 살아가는 세계의 여러 분쟁 지역 사람들이 겪어온 고통과 슬픔, 그리고 분노의 기록이 바로 이 책이다. 글이 막힐 때마다 눈을 감고, 지금 이 시간에도 그곳 사람들이 겪고 있을 고난을 떠올려보곤 했다. 이 책을 읽으면서 전쟁이라는 비참한 현실 속에서도 실낱같은 희망의 끈을 놓지 않는 분쟁 지역 민중에게 평화의 봄이 찾아들기를 바라는 독자 여러분께도 머리 숙여 인사드린다.

2021년 2월 개정2판에 부쳐

김재명

2021년 8월 아프가니스탄에서 탈레반이 승리하면서 40년 전쟁이 끝났다. 개정2판 2쇄에는 아프가니스탄을 비롯해 최근의 변화된 상황과 통계 수치들을 반영하여 고쳐 넣었다.

NOT IN OUR NAME

제1부

전쟁과 인간
그리고 국가

1장

인간은
왜 전쟁을 하는가

인류 역사는 곧 전쟁사다. 인류사를 돌아보면 피의 역사로 가득하다. 중국이나 인도, 페르시아 등을 중심으로 한 아시아 역사나, 그리스-로마 시대를 거친 유럽사를 보아도 크고 작은 전쟁들이 끊임없이 되풀이됐다. 고대 그리스 도시 국가들끼리의 전쟁이나 중국 춘추 전국 시대의 전쟁에서부터 21세기 첫 전쟁이라 할 아프가니스탄 전쟁, 그에 뒤이은 이라크 전쟁까지 숱한 전쟁이 있었다.

우리 인간들은 무엇 때문에 전쟁을 하는가. 명예를 위해서? 복수를 위해서? 아니면 남의 것을 빼앗기 위해서? 그런 전쟁을 피할 수는 없는 것인가? 그 전쟁으로 이득을 얻는 자들은 또 누구인가? 우리 인간이 왜 전쟁을 하는가는 옛날부터 많은 철학자들이나 역사가들의 심각한 연구 주제 가운데 하나였다.

흔히 로마제국의 '팍스 로마나Pax Romana'(로마의 평화) 시절엔 전쟁이 없었으리라 여기지만, 그 시절에도 작은 정복 전쟁들은 그치지 않았다. 한 전쟁 연구에 따르면, 우리 인간이 고대 이집트와 메소포타미아, 황하강 유역 등에서 문명사회를 이루기 시작한 이래로 지난 3,400년 동안 전쟁 없이 지낸 기간은 겨우 268년이다.

국제정치학자이자 전쟁 연구가인 잭 레비에 따르면, 서기 1500년부터 베트남 전쟁이 막을 내린 시점인 1975년까지 약 500년 동안 120개의 크고 작은 전쟁들이 일어났다. 평균 잡아 4년에 한 번꼴로 전쟁이 터졌다는 계산이다. 레비는 이 가운데 절반은 강대국들끼리의 전쟁이었다고 지적한다. 30년 전쟁(1618~1648년)에서부터 제1, 2차 세계 대전, 한국 전쟁, 베트남 전쟁에 이르기까지 강대국들이 벌인 전쟁 가운데 특히 10개의 전쟁은 기간, 참전국 숫자, 전사자 규모 면에서 참혹한 전쟁으로 꼽힌다. 전체 전쟁 희생자의 90% 가까이가 이 10개의 전쟁에서 나왔다는 것이 레비의 분석이다.

또 다른 전쟁 연구가인 퀸시 라이트는 1480년부터 1964년까지의 484년 동안 모두 284차례의 전쟁이 있었다고 분석한다. 그의 연구에 따르면, 대충 잡아 2년에 한 번꼴로 새로운 전쟁이 터졌고, 전쟁이 벌어질 때마다 평균 4년씩을 끌었다.

정치학자들은 30년 전쟁 뒤 맺어진 베스트팔렌 조약을 유럽 근대 국가의 바탕을 이룬 조약이라 말한다. 그때부터 국가는 '국경'에 둘러싸인 일정한 영토에서 주권을 갖는 주체로서, 다른 국가가 함부로 침범해선 안 되는 존재로 여겨졌다. 전쟁 연구자 칼레비 홀스티에 따르면, 이 조약 뒤 프랑스 혁명이 일어난 1789년까지의 약 140년 동안 유럽에서는 48개의 크고 작은 전쟁이 벌어졌다.

영국의 찰스 2세, 프랑스의 루이 14세, 러시아의 표트르 대제를 비롯, 전쟁 승리의 기쁨과 더불어 전리품을 즐긴 사람들도 있었다. 그러나 당시의 전쟁은 병사들의 주축을 이룬 농민들의 큰 희생을 강요하고 국가 재정을 파탄내거나 벼랑 끝으로 몰아가는 그런 전쟁이었다. 농민들은 지나친 전비(세금) 부담을 피하기 위해 조세 저항, 다시 말해 반란에 나서기 일쑤였다.

우리 인간이 산업혁명을 일으키고 눈부신 현대 문명을 이루기 시작한 19세기와 20세기도 전쟁의 시대였다. 산업혁명 덕에 19세기부터 살상력 높은 무기를 대량 생산할 수 있게 되었다. 서양 근대사를 보면, 프랑스 나폴레옹 보나파르트가 워털루 전쟁에서 패한 뒤 '빈 회의'를 거쳐 유럽 땅에 평화와 안정이 찾아왔다고 말한다. 그러나 실상은 그렇지 않다. 국제정치학자 스몰과 싱어의 연구에 따르면, 1816년부터 1887년 사이에도 각국은 해마다 평균 1.69회의 전쟁을 치렀고, 미국이 스페인과의 전쟁을 거쳐 대외 팽창을 시작한 해인 1898년부터 1980년까지의 기간 동안 각국은 해마다 0.75회의 전쟁을 치렀다.

1945년 5월 8일은 나치 독일이 무조건 항복을 선언한 날이다. 해마다 5월 8일이 오면 유럽 땅엔 각종 기념행사가 열리고 다시는 그런 비극적인 전쟁이 터지지 말아야 한다는 말들이 오간다. 무려 5,000만 명의 희생자를 낳은 인류사 최대의 전쟁인 제2차 세계 대전이 끝난 뒤에도 지구촌엔 평화가 깃들지 못했다. 주요한 것들만 꼽아도 1950년대는 한국 전쟁, 1960년대와 1970년대는 베트남 전쟁, 1980년대는 이란-이라크 전쟁, 1990년대는 보스니아 전쟁, 21세기 들어선 아프가니스탄 전쟁과 이라크 전쟁이 터졌다.

1978년 영국의 정치학자 앤서니 샘프슨이 발표한 한 연구도 사람들을 놀라게 할 만하다. 1945년부터 1978년에 이르는 33년 동안 우리 지구촌 사람들이 어느 곳에서건 하루라도 전쟁을 치르지 않은 날은 26일뿐이다. 확률적으로 보면, 세계 어디에서도 전쟁을 벌이지 않은 날은 아주 드물었음을 말해준다.

1999년 코소보 전쟁 당시 수바 레카 마을의 집단 학살 무덤. 발칸반도는 20세기의 화약고이자 유럽의 화약고라는 악명을 얻었다.

"전쟁에서 누가 이겼나"는 바보 질문

19세기 프로이센의 군사 전략가 카를 폰 클라우제비츠는 그의 『전쟁론』에서 미개민족끼리 벌이는 전쟁이 문명 민족끼리 벌이는 전쟁보다 훨씬 잔혹하고 파괴적이라 했다. 그렇지만 클라우제비츠는 가장 문명화된 민족끼리의 전쟁도 폭력적임을 인정했다. 20세기 들어 두 차례의 세계 대전을 벌인 교전 당사국의 국민들은 그들 스스로가 '문명 국민'이라 여겼다. 2001년 아프가니스탄, 2003년 이라크를 침공함으로써 숱한 생목숨을 앗아가고 지금까지 이어지는 혼란을 불러일으킨 미국인들도 스스로를 '선진 문명 국민'이라 여긴다.

20세기 들어와 각종 크고 작은 전쟁으로 사망한 사람들의 숫자는 통계마다 달라 정확하지 않지만, 1억에서 1억 8,000만 명 사이다. 남북을 합친 한반도 인구(7,000만)보다 훨씬 많은 사람들이 전쟁에 희생당했다. 큰 것들만 짚어도 제1차 세계 대전에서 1,500만 명, 제2차 세계 대전에서 5,000만 명, 그 뒤 한국 전쟁에서 150만 명, 베트남 전쟁에서 120만 명 등이다.

전쟁의 소용돌이 속에서 죽은 비전투원(민간인) 숫자는 전투원인 군인 사망자보다 훨씬 더 많은 것으로 집계된다. 정치학자 루스 시바드는 1900년부터 1995년 사이에 전쟁으로 사망한 사람은 1억 970만 명이며, 이 희생자들 가운데 비전투원이 6,200만 명으로 전투원보다 많았다고 분석했다. 그 이유는 현대 전쟁이 국력을 기울여 싸우는 총력전all-out war(또는 전면전) 성격을 띠면서 전투원-비전투원 구분이 19세기보다 흐릿해진 탓도 있지만, 주로는 수많은 민간인 희생자를 낳은 무차별 공습 때문이었다. 댄 스미스(오슬로국제평화연구소 연구원)가 펴낸 한 자료에 따르면, 1990년대 전반기의 전쟁 희생자 550만 명 가운데 75%가량이 비전투원이다.

우리 인류사에서 전쟁은 때때로 대량 학살genocide 또는 인종 청소 ethnic cleansing라는 끔찍한 부산물을 낳았다. 제1차 세계 대전 당시 오스만제국은 100만에 이르는 아르메니아인들을 인종 청소했고, 제2차 세계 대전 당시 독일은 600만 명의 유대인과 500만 명에 이르는 집시, 동성애자, 여호와의 증인, 정치적 반대자들을 죽음으로 몰아넣었다. 그뿐 아니다. 피를 나눈 형제들끼리 총을 겨누었던 1950년대의 한반도, 1970년대의 캄보디아, 1990년대의 발칸반도와 아프리카 르완다, 시에라리온에서 벌어진 전쟁 범죄들은 인간이 어디까지 잔인할 수 있는가를 보여줬다.

사회심리학자들은 그런 광기를 '집단적 히스테리'라 하던가. 음악가 베토벤과 철학자 칸트를 낳은 독일이 나치 히틀러 시대에 저지른 만행은 그런 용어로밖에는 설명이 되지 않을 듯하다. 있지도 않은 대량 살상 무기(WMD)의 위협론에 속아 부시 미국 대통령의 이라크 침공을 찬성했던 21세기의 미국인들도 '테러 공포'라는 집단적 히스테리 증상을 보이는 모습이다.

우리 인간의 심성 한구석에 숨어 꿈틀대는 사악한 열정은 '애국' 또는 '애족愛族'이란 이름으로 전쟁을 합리화하는 정치 지도자들의 논리에 따라 존재 가치가 없다고 여기거나 막연하게 증오하는 대상을 무자비하게 죽여왔다. 전쟁이란 특수한 극한 상황은 우리 인간의 잔인성을 합리화하는 알맞은 공간이 되곤 한다. 전쟁 상황에 끌려들어간 젊은 병사들은 스스로가 살아남기 위해서라도 한 번도 만나본 적이 없는 상대편 젊은이들을 향해 방아쇠를 당긴다.

"전쟁은 정치이자 경제"

지금껏 많은 국가들과 집단들이 여러 가지 이유로 서로를 죽이고 피를 흘려왔다. 미국 국제정치학계의 거목으로 꼽히는 케네스 월츠는 전쟁이 우리 인간에게 아무 도움이 안 된다는 뜻에서 "전쟁에서 누가 이겼느냐고 묻는 것은 샌프란시스코 지진에서 누가 이겼느냐고 묻는 것과 같다"고 말했다.

전쟁에서 승리란 없으며, 전승국이라 해도 여러 상처(인명 피해, 재산 피해, 환경 파괴, 또는 심리적 후유증)를 입기 마련이다. 월츠는 "그래도 지진과 전쟁은 다르다"고 지적한다. 자연재해인 지진이 가져다주는 재앙은 우리 인간이 어찌 해볼 수가 없더라도, 전쟁만큼은 인간의 지혜로 막을 수가 있다는 시각에서다.

전쟁은 정치적 이념과 이해관계를 달리하는 무장 집단끼리의 적대적 행위다. 전쟁 연구자들은 그러한 온갖 종류의 유혈 충돌을 모두 다 전쟁 범주에 넣질 않고 일반적으로 전쟁은 '주권 국가들끼리의 무력 충돌'로 한정한다. 이 경우 전쟁은 '한 나라의 국가 정책을 다른 나라에게 무력으로 관철시키려는 수단'이다. 그러나 20세기의 여러 전쟁들, 특히 1990년대에 벌어진 여러 내전들은 전쟁을 주권 국가끼리의 무력 충돌로만 보기 어렵다는 점을 말해준다.

카를 폰 클라우제비츠는 『전쟁론』에서 "전쟁이란 다른 (물리적) 수단을 동원한 정치의 연장"이라고 정의 내렸다. 그는 "전쟁이란 단순한 군사적 행위가 아닌, (우리의 의지를 적에게 관철시키는) 정치적 행위"라고 주장했다. 그에 따르면, 전쟁이란 정치적 목적을 이루려는 군사적 수단이다. 2003년 미국이 이라크를 공격해 사담 후세인 체제를 전복시킨 것 또한 '정치적 행위'라 볼 수 있다.

그렇지만 전쟁을 정치적 측면에서만 말할 수 없다. 미국의 이라크 침공은 중동 지역에서의 미국 패권 확보와 석유 자원의 안정적 확보를 위해서였다는 비판을 받는다. 전쟁이란 정치적 이해관계와 아울러 경제적 이해관계의 충돌을 폭력적으로 푸는 수단이다. 따라서 클라우제비츠가 다시 태어나 『전쟁론』의 개정판을 낸다면, 전쟁이란 "다른 (폭력적) 수단을 동원한 정치의 연장일 뿐 아니라 경제의 연장"이라 쓸 것이다. 19세기 중반에 영국이 청나라를 상대로 벌인 아편 전쟁이 '19세기의 더러운 전쟁'을 대표한다면, 석유 이권을 노린 미국의 이라크 침공은 '21세기의 더러운 전쟁'이라 말할 수 있다. 전쟁이란 국가 이익을 위한 폭력적 경제 행위라고 할 수 있다.

어떤 경우든 전쟁의 본질은 클라우제비츠가 주장했던 것처럼 무력으로써 적의 의지를 꺾어 굴복시키는 것이다. 둘 또는 그 이상의 국가(또는 민족, 종족)들이 서로 어긋나는 정책을 강요하고 나서고, 상대편이 이를 받아들이지 않게 되면, 그래서 정치 외교적인 수단으로 갈등을 풀 수 없는 것이 분명해지면, 전쟁은 곧 분쟁의 해결 수단으로 떠오르게 된다.

전쟁은 길든 짧든 시간이 흐르면서 승패가 갈리게 되고 휴전 회담이든 평화 회담이든 다시 평화가 찾아오게 된다. 많은 경우 이 평화는 '불안한 평화'다. 전쟁에서 진 국가나 집단들은 평화 회담(휴전 회담)의 조건에 불만을 품고 이 상황을 또 다른 전쟁으로 뒤엎으려 한다. 제국주의 열강의 세력 다툼이었던 제1차 세계 대전에서 패하여 아프리카 식민지들을 빼앗기고 지나친 전쟁 배상금을 물어야 했던 독일이 나치 히틀러의 리더십 아래 제2차 세계 대전을 일으킨 역사적 선례를 우리는 잘 알고 있다. 그 역사는 바로 전쟁이 전쟁을 낳는 악순환의 역사였다.

무엇을 '전쟁'이라 일컫는가

어느 만큼 규모가 될 때 전쟁이라 규정할 것인가를 두고 지금껏 전쟁 연구자들은 매우 다양한 견해를 내놓았다. 전쟁 연구자 퀸시 라이트는 참전 병력 규모에 초점을 맞춰 "양쪽 전쟁 당사국의 군사력이 10만 명 이상 참전했을 경우"를 전쟁이라 간주했다. 또 다른 전쟁 연구자 루이스 리처드슨은 전사자에 초점을 맞춰 그 나름의 계산 방식에 따라 "전투에서 316명 이상이 사망한 경우"를 전쟁이라 규정했다.

이렇듯 연구자마다 전쟁에 대한 해석이 다르지만, 일반적으로 전쟁이란 '1년 동안 1,000명 이상의 희생자를 낸 적대적 행위'로 정의 내려진다. 이런 정의는 미국 미시건대학교가 카네기재단의 후원 아래 1960년대부터 벌여온 전쟁 관련 요인(COW) 프로젝트의 성과였고, 그 프로젝트 이후 많은 전쟁 연구자들이 이 정의를 따르고 있다. 전쟁 희생자 1,000명 속에는 전투원은 물론 비전투원인 민간인도 포함된다. 이 기준을 적용한다면, 1990년대엔 해마다 10~20개 안팎의 전쟁이, 21세기 들어 지금까지는 해마다 5~15개의 전쟁이 벌어졌다. 1990년대의 발칸반도와 아프리카 대륙에서의 내전, 그리고 21세기 들어서자마자 터진 9·11 테러 사건 뒤 벌어진 아프가니스탄과 이라크에서의 전쟁, 그리고 시리아에서의 내전이 대표적인 보기다.

이 COW 프로젝트 연구 결과에 따르면, 1945년부터 1980년 사이에 18차례의 국가 간 전쟁과 12차례의 반정부 무장 집단과 정부군 사이의 이른바 '체제 외적 전쟁'이 터졌다. 이로 미루어, 20세기 후반의 지구촌이 19세기와 20세기 전반기보다 상대적으로 평화로웠다고 말할 수는 없다. 전사자 규모가 1,000명이 안 되는 숱한 국지전 성격의 유혈 투쟁들이 지구촌 곳곳에서 터졌으나, '전쟁'으로 잡히지 않았을 뿐이다.

제2차 세계 대전 뒤 만들어진 유엔(국제연합)은 전쟁을 막기 위해 「유엔 헌장」에서 다음 두 가지 경우에만 국가는 전쟁을 일으킬 수 있다고 못 박았다. 하나는 외부의 무력 침공으로부터 국가를 지키기 위해 자기 방어를 하는 경우이고, 다른 하나는 국제법을 위반한 국가를 국제 사회가 집단적으로 제재하기 위한 경우이다. 1950년대 한국 전쟁이나 수에즈운하를 둘러싼 전쟁, 그리고 이라크의 쿠웨이트 침공을 응징하기 위한 제1차 걸프 전쟁(1991년)에서 국제 사회는 집단적으로 대응한 바 있다.

유엔이 「유엔 헌장」 제55조와 제56조에서 집단적 책임과 집단 안보를 강조했지만, 유엔 집단 안보 규정만을 믿고 군사력 양성을 게을리하며 자국의 방어를 손 놓고 있는 나라는 없다. 영세 중립국이라는 스위스조차도 정예병(20~32세), 후비병(33~42세), 국민병(43~50세) 등 세 유형의 민병대 훈련을 엄격히 실시하고 있다. 강대국이 제공하는 '안보 우산' 밑에 들어가거나 유엔 같은 국제기구에 기대어 내 나라의 안보를 지킬 수 있다고 믿는 국민들은 거의 없을 것이다.

사르트르, "민족 해방 전쟁 폭력은 정당"

「유엔 헌장」이 규정한 전쟁의 개념은 '국가 대 국가의 전쟁'. 유엔의 목적은 이런 국가끼리의 전쟁을 막아 세계의 평화와 안보를 지키려는 것이다. 그러나 제2차 세계 대전 뒤에 일어난 대부분의 전쟁은 서구 열강으로부터 독립을 쟁취하려는 '민족 해방 전쟁'이었다. 서구 열강은 입으로는 민주주의와 자유주의를 말했지만, 또한 제2차 세계 대전 중 전황이 어려울 때는 "우리를 도와주면 전쟁이 끝난 뒤 독립시켜주겠다"고 약속했지만, 제2차 세계 대전 뒤 언제 그랬느냐며 식민지 착취 체제를 그대로 끌어가려 했다.

프랑스가 대표적이다. 인도차이나반도의 세 나라(베트남, 캄보디아,

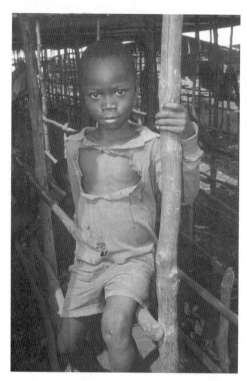

시에라리온 클라인타운난민수용소의 헐벗은 아이. 전쟁은 노약자인 여성과 어린이에게 더 큰 고통으로 다가온다.

라오스)와 아프리카의 알제리, 수단, 모로코, 기니, 세네갈, 니제르, 카메룬, 차드, 가봉 등을 식민지로 그대로 유지하려 했다. 이 가운데 베트남은 줄기찬 무장 투쟁을 벌여 1954년 디엔 비엔 푸에서 프랑스군을 포위, 항복을 받아냈다. 캄보디아와 라오스가 독립을 얻은 것은 사실상 베트남의 무장 투쟁 덕이었다(굴욕적으로 물러난 프랑스를 대신해서 베트남에 발을 디딘 것이 미국이었고, 디엔 비엔 푸 전투 21년 뒤에야 베트남은 통일 국가를 이룰 수 있었다).

알제리에서도 프랑스는 8년 동안의 전쟁(알제리 독립 전쟁, 1954~1962년)으로 숱한 희생을 치른 뒤에야 물러났다. 당시 프랑스의 양심적인 지식인들은 "알제리를 독립시켜야 프랑스의 명예가 산다"며 알제리에서 프랑스군을 철수시켜야 한다는 주장을 폈다. 실존주의 지식인으로 잘 알려진 장 폴 사르트르(1905~1980년)는 알제리 의사이자 지식인인 프란츠 파농의 『대지의 저주받은 자들』 서문에서 "외세의 지배를 벗어나기 위해 식민지인들이 휘두르는 폭력은 정당하다"고 썼다. 나아가 그는 프랑스 젊은이들이 더러운 전쟁에 징집되는 것을 거부하라고 촉구한 '121인 선언'을 이끌기도 했다.

프랑스에서의 반전 분위기는 1960년대 베트남에 대한 군사 개입이 과연 옳은가를 따져 물었던 미국 내 반전 물결과 그 맥을 같이한다. 서구 열강이 20세기 신식민주의를 추구하는 한 지구상에서 전쟁이 사라지기는 어렵다. 제3세계 민중의 시각에서 보면, 그 이름은 '민족 해방 전쟁'이다. 이즈음 팔레스타인과 이라크 사람들이 벌이는 투쟁도 그들의 시각에선 민족 해방 투쟁일 것이다.

민족 해방 전쟁의 물결이 한 차례 지나간 뒤의 전쟁들은 동서 냉전 아래서의 대리전proxy war 성격을 지녔다. 1980년대의 아프가니스탄 내전은 동서 대리전의 대표적인 보기다. 냉전이 막 내린 뒤인 1990년대부터는 제3세계 내부에서 냉전 시대 동안 억눌려왔던 종족(민족) 간 갈등이 분출해 곳곳에서 내전이 벌어졌다.

전쟁 숫자만큼 원인도 가지가지

전쟁이 터지면 정치-경제-사회 모든 분야에서 혼란이 일어난다. 영어에서 전쟁을 뜻하는 단어인 워war의 뿌리는 게르만족 말인 베라werra이다. 이 단어는 혼란, 불일치, 싸움을 뜻했고, 동사인 베란werran은 '혼란스럽게 만들다'란 뜻을 지녔다. 그리스 말로 전쟁은 폴레모스polemos로 '공격적인 논쟁'을 뜻한다. 영어의 폴레믹polemic(논쟁의, 논쟁을 좋아하는)이란 단어는 여기서 비롯된다. 일반적으로 전쟁은 두 나라 사이의 입씨름이 뜨거워지면서 국민 감정이 갈수록 격해지고, 결국은 조직적인 폭력 사용(전쟁)으로 발전한다는 점을 떠올리면, 폴레모스란 단어가 전쟁을 뜻한다는 점이 이해된다.

인류사가 실증적으로 말해주듯 걸핏하면 전쟁이 일어나고 있다면, 그것은 무슨 까닭일까. 그 대답은 결코 쉽지 않을 뿐 아니라 단순명료하지도 않다. 미국의 국제정치학자인 로버트 리버는 "전쟁이 왜 일어났는가에 관한 설명은 지금까지 일어난 전쟁 숫자만큼이나 다양하다"고 말했다. 전쟁 원인을 한 가지로 단순화하기도 어렵다. 여러 복합적인 요인들이 맞물려 긴장을 높여가다가 어느 날엔가 전쟁이란 극단적 폭력으로 발전하는 경우가 많기 때문이다.

전쟁의 원인에 초점을 맞춘 일반적 분석은 어디까지나 도식적이기 십상이지만, 일반적으로 전쟁 연구자들은 전쟁 원인을 크게 세 가지 다른 방식으로 접근하고 있다. 첫째는 전쟁 원인 자체를 우리 인간의 심성 속에 자리 잡은 공격 성향과 투쟁 본능에서 찾는 심리학적·철학적 시각, 둘째는 국가와 사회의 속성상 정치·경제·문화·종교 각 부문의 갈등과 이해관계의 대립에서 전쟁이 비롯된다는 시각, 셋째는 국제체제상의 문제점(무정부적인 속성과 세력 불균형 등)으로 전쟁이 일어난다는 시각이다.

인간의 공격적인 본성에 비춰 전쟁이 불가피한가 하는 논의는 고대 중국이나 그리스 시절부터 있어온 오래된 주제다. 인간의 본성을 전쟁과 연결시키는 것은 이른바 성악설에 바탕을 둔 것이다. 19세기 러시아 사실주의 문학을 대표하는 소설가 도스토옙스키는 『까라마조프가의 형제들』에서 우리 인간의 본성에 자리 잡은 야만성에 대해 이렇게 썼다. "모든 사람 마음속엔 짐승이 감춰져 있다. 분노의 짐승, 고문받는 사람의 비명을 듣고자 하는 짐승, 마구 날뛰는 무법의 짐승이 (마음속에) 숨어 있다."

20세기 위대한 물리학자 아인슈타인은 제2차 세계 대전이 터지기 7년 전인 1932년, 인간 무의식의 세계를 처음으로 밝혀낸 정신분석학자 지그문트 프로이트에게 이렇게 물어보았다. "인간이 증오와 파괴를 열망하는 이상 심리에 저항할 수 있도록 인간의 정신 발달을 통제하는 것은 과연 가능한 일인가요?" 아인슈타인이 프로이트에게 그런 질문을 던진 것도 인간의 폭력성에 대한 깊은 우려 때문인 것으로 이해된다. 아인슈타인은 편지에서 "모든 인간은 마음속에 증오와 파괴에 대한 욕망을 품고 있다"는 점을 지적하면서, 우리가 흔히 보는 수많은 잔학 행위들은 바로 그런 욕망이 강하게 존재하고 있음을 뒷받침한다고 한탄했다.

여기서 짚고 넘어갈 점은 전쟁의 폭력성이 현대적인 무기의 높은 살상력 때문에 높아지는 것은 아니라는 측면이다. 문제는 바로 우리 인간에게 있다. 현대 전쟁의 희생자들은 핵무기와 같은 살상력 높은 무기에 죽은 것이 아니라, 재래식 소형 무기(소총에서부터 대인 지뢰, 박격포 등까지)와 각종 테러로 희생당했다. 옛날에 벌어졌던 전쟁과 마찬가지로 현대 전쟁의 문제점은 살상 무기에 있는 것이 아니라, 그 무기를 다루는 인간에게 있다.

"영구 평화는 무덤에서나 가능"

인간의 본성과 전쟁의 관계를 진지하게 탐구한 사람은 17세기 영국의 철학자 토머스 홉스다. 홉스는 법으로 강제하는 외부의 힘이 없는 자연 상태로 세상을 내버려둔다면, 그것은 곧 전쟁 상태가 될 것이라 여겼다. 저서 『리바이

어던』(1651년) 앞머리에서 홉스는 "우리 인간을 두렵게 하는 어떤 힘이 존재하지 않는 세상에서 우리 인간이 산다면, 우리는 전쟁 상황에 처하게 될 것이다. 그 전쟁은 모든 인간이 다른 모든 인간에 맞서 싸우는 투쟁이다. (……) 우리는 인간의 본성 안에서, 투쟁의 세 가지 주요한 원인을 찾아낸다. 첫째는 경쟁, 둘째는 불신, 세 번째는 자만"이라며 배타적인 인간성이 전쟁을 낳는다는 점을 지적했다.

내전으로 엉망이 된 17세기 영국에서 살았던 철학자 토머스 홉스가 말한 '자연 상태'란 평화로운 시골 풍경이 아니다. 모든 사람이 모든 사람에 맞서 치열하게 싸움을 벌이는 전쟁 상태다. "자연 상태에서 모든 인간이 다른 모든 인간에 맞서 싸운다"는 홉스의 주장은 그 뒤 많은 철학자들의 관심을 끌었다. 18세기 중반에 활동했던 프랑스 사상가 장 자크 루소나 18세기 후반의 독일 철학자 이마누엘 칸트도 그러했다.

루소와 칸트는 전쟁의 원인과 평화의 조건을 진지하게 생각했던 인물들이다. 당시 유럽 대륙의 여러 나라들은 전쟁을 국가 정책의 주요한 수단으로 삼고 있었다. 루소나 칸트의 눈에는 당시의 전쟁이 들인 비용에 비해 얻는 산출이 형편없음에도 '군주들의 심심풀이'를 위해 행해지는 것으로 비춰졌다. 이런 비판적인 시각에는 칸트나 루소의 공화주의 사상이 바탕을 이루고 있다. 공화 정치가 펼쳐진다면, 왕조 중심의 군사 문화가 사라져 전쟁을 줄일 수 있으리라고 그들은 생각했다.

홉스와는 달리, 루소는 "자연 상태의 인간은 전투적인 존재가 아니라 오히려 평화로운 존재"라고 여겼다. 그러나 그는 문명을 이뤄나가면서 인간 사회의 불평등이 심화되고 부자와 빈자 사이의 전쟁 상태가 생겨난다고 보았다. 나아가 루소는 "국제 관계에서 평화를 추구하는 동맹을 이루려는 노력은 소용없고, 전쟁은 피하기 어렵다"고 판단했다. 루소는 국제 사회를 전쟁 상태, 무정부 상태로 보았다. 전쟁과 혼란을 피하는 길이 그의 유명한 사회 계약론의 출발점이다.

독일의 철학자 이마누엘 칸트는 우리 인간의 이성을 잣대로 전쟁을 생각했다. 인간과 인간, 국가와 국가 사이에서 벌어지는 투쟁은 우리 인간들로 하여금 평화와 동맹을 추구하도록 만든다고 봤다. 칸트의 관점에선, 평화로운 세상이 인간에게 유익하다는 점을 가르쳐주는 것은 인간의 이성이 아니라, 전쟁이 낳은 큰 희생이다. 칸트는 전쟁과 평화에 관한 한 비관론자다. 그는 『영구 평화론』(1795년)에서 이렇게 말했다. "전쟁은 우리 인간의 본성에 들어 있는 듯하다. 심지어 전쟁은 누군가의 이기적인 동기 없이도 일어난다. 그 경우 전쟁은 오로지 명예를 위해 치러지는 존귀한 것으로조차 여겨진다."

칸트는 루소와 마찬가지로 국제 사회를 전쟁 상태이자 무정부 상태로 보았다. 힘센 자가 약한 자를 누르는 정글의 세계다. 따라서 그는 "영구 평화는 무덤에서나 가능하다"고 믿었다. 이 같은 칸트의 비관론은 그의 철학적 탐구의 바탕인 인간 이성의 문제점과 한계를 지적한 것이다. 인간이 이성을 포기함으로써 전쟁이 일어난다는 해석은 플라톤 사상에 뿌리를 둔다. 플라톤은 고전인 『국가』에서, "전쟁은 국가 사회의 생장 과정에서 생겨나는 불가피한 현상"이라고 주장했다. 그는 인간의 모자란 지혜와 능력으로는 전쟁을 피할 수 없다고 여겼다.

'전쟁이 불가피하다'는 논리는 '어떻게 해서든 전쟁을 막아야 한다'는 논리와 부딪친다. 반전 평화주의와는 반대 논리다. 전쟁이 인류의 진보와 발전을 위해서는 불가피한 일종의 자연 현상이라 여기는 시각도 있다. 전쟁 연구자들은 이를 '사회 다원주의적 접근 방식'이라 일컫는다. 1859년에 『종의 기원』을 발표했던 찰스 다윈의 진화론에 빗대어 나온 용어다. 전쟁을 치르면서 우리 인간 사회는 발전해나간다는 사회 다원주의론은 그러나 위험스러운 요소를 지녔다. 20세기 전반기 일본 군국주의자들은 "전쟁을 통해서만 일본을 동아시아의 중심으로 발전시키고, 아울러 동아시아 전체를 문명권으로 만들 수 있다"는 강변을 늘어놓았다. 이른바 '대동아 공영권'이란 깃발 아래 있던 일본 육군의 전쟁 표어가 "전쟁은 창조의 아버지이자 문명의 어머니"였다.

오늘의 많은 정치학자들은 전쟁의 기원을 인간의 본성에서 찾는 것이 부질없는 일이라 여긴다. 케네스 월츠는 "우리 인간의 이기심과 공격적인 충동, 그리고 미련함 때문에 전쟁이 일어난다"는 점을 인정하면서도 이렇게 주장했다. "인간의 본성이 전쟁에서 일정한 역할을 한다는 것은 의심할 바 없지만, 인간 본성만으로 전쟁과 평화를 설명하기는 어려운 일이다." 그래서 일부 전쟁 연구자들은 일반적인 인간의 본성에 집착하기보다는 정치 지도자 개인의 공격적인 성향과 정치적 야망이 전쟁을 일으키는 데 큰 영향을 미친다고 여긴다. 프랑스의 나폴레옹 보나파르트, 나치 독일의 아돌프 히틀러, 이라크의 사담 후세인이 그 대표적인 보기다.

전쟁이 외교보다 더 큰 이익?

그런데 그 많은 전쟁들을 가만히 살펴보면, "전쟁이 외교보다 더 큰 이익을 가져다준다"는 정치-군사 지도자들의 그릇된 판단과 욕심에서 비롯된 것임을 알게 된다. 2003년 전쟁에 관한 국제법을 어기고 이라크를 침공한 미국의 지도자들이 좋은 보기다. 그들은 "사담 후세인의 독재에 지친 이라크 민중들이 바그다드로 진격해 들어오는 미군 탱크에 장미꽃을 던져줄 것"이라는 잘못된 기대감에서 전후 이라크 안정 계획을 치밀하게 세우지 않았다. 그런 결정적인 오판은 더 많은 사상자와 전쟁 비용 부담으로 이어졌고, 미국은 오랫동안 '이라크 수렁'에 빠져 허우적거려야 했다.

일반적으로 한 국가의 정치-군사 지도자들이 내린 정치적 판단(정책)은 그런 판단이 내려진 시점에서 국가 이익을 극대화하는 가장 합리적 결정이라고 여겨진다. 정치-군사 지도자들이 전쟁을 벌이기로 결정할 때도 '전쟁이 외교보다 이익'이라는 판단 아래 전쟁을 벌인다. 문제는 마음으로는 전쟁을 바라지 않는데도 끝내 전쟁으로 치닫는 경우다.

이와 관련, 미국의 정치학자 로버트 저비스(컬럼비아대학교 교수)는 나선 이론spiral theory과 억지 이론deterrence theory이란 서로 다른 잣대로 전쟁이 터지는 이유를 풀이한다. 첫째, 나선 이론은 A국과 B국의 갈등이 외교나 협상으로 풀 수 있다는 사실을 알고 있지만, 여러 정치적인 이유로 상대국의 위협과 적대감을 부풀림으로써 끝내 전쟁이 터지는 경우를 가리킨다. A국은 B국이 굴복하리라 기대하면서 공격적인 입장을 나타내지만, 그것이 오히려 B국의 반발을 불러일으키고, 결과적으로 위기가 높아져 전쟁 양상으로 치닫는다는 것이 나선 이론의 뼈대다.

유럽 강국들이 서로 패를 갈라 싸운 제1차 세계 대전의 발발 원인은 나선 이론으로 풀이된다. 제1차 세계 대전 초기에 독일 황제Kaiser,

러시아 황제Czar, 오스트리아 황제Emperor 모두 '이번 전쟁도 지난날처럼 제한 전쟁으로 빨리 끝나리라'고 오판했다. 그러나 실제로 전쟁은 4년을 끌면서 25개국이 참전해 총력전을 폈고, 지구전과 참호전 끝에 사망자만도 1,500만 명에 이르렀다. 만일 제1차 세계 대전 당시의 정치-군사 지도자들이 전쟁의 참혹한 결과를 미리 내다볼 수 있었다면, 어떤 형태로든 전쟁을 피하려 들거나 평화 조약을 맺으려고 노력했을 것이다.

둘째, 억지 이론은 A국이 침략적인 B국을 유화 정책으로 어르고 달래서 전쟁이 일어나는 것을 막으려 들 경우, B국은 더 많은 양보를 얻어낼 요량으로 더욱 공격적이 되고, 막판에는 "더 이상 양보하지 않겠다"는 A국의 경고를 무시해 전쟁에 이르게 된다고 설명한다.

영국의 체임벌린 총리가 날로 발전하는 공업력에 힘입어 군사력을 키워간 나치 독일에 유화 정책을 펴다 끝내 전쟁으로 이어졌던 제2차 세계 대전의 경우가 바로 이러하다. 체임벌린 총리를 비롯한 유화론자들은 히틀러를 달램으로써 유럽의 평화를 이어갈 수 있으리라 여겼다. 체임벌린은 히틀러에게 "당신은 지금 무엇을 바라느냐"고 대놓고 물어볼 정도였다.

저비스 교수는 "(체임벌린 총리가) 전쟁이 아니고는 히틀러의 야망을 저지할 수 없다는 사실을 제대로 간파하지 못했다"고 비판한다. 그는 영국과 프랑스가 (독일군의 군사력이 더 커지기 전에) 선제공격으로 예방 전쟁을 벌였더라면, 더 신속하고 쉽게 독일군을 격파할 수 있었으리라 믿는다. 그럴 경우 프랑스 파리가 4년 넘게 독일군에게 점령당하는 일은 없었을 것이다.

나선 이론이든 억지 이론이든, 둘 다 전쟁을 벌일까 말까 저울질하는 국가 지도자들의 의지(어떤 목적을 이루기 위해 어느 정도의 비용과 위험을 받아들일 것인가)와 더불어 전쟁으로의 충동을 누르는 것이 중요해진다. 법은 멀고 주먹은 가깝다는 말이 있듯이, 국제법을 어기고 전쟁을 벌이려는 유혹은 강하다. 바로 그렇기 때문에 전쟁은 갈등을 푸는 최후의 수단이 돼야 한다. 갈등을 풀고 평화를 심으려는 노력은 참을성을 요구한다. 어떤 이유로든 전쟁은 피해야 한다.

21세기의 정글, 무정부 상태

케네스 월츠는 전쟁의 원인과 관련한 세 가지 다른 "이미지"가 있다고 분석한다. 첫째 이미지는 인간 자신, 둘째 이미지는 개별 국가들의 내부 구조, 셋째 이미지는 무정부 성향의 국제 체제다. 많은 전쟁 연구자들은 인간의 공격적인 본성에 초점을 맞추기보다는 월츠가 말하는 둘째 이미지인 국가와 사회의 속성상 정치·경제·문화·종교 각 부문의 갈등과 (종족 집단, 민족, 국가끼리의) 이해관계의 대립에서 전쟁이 비롯된다는 시각에 바탕을 두거나, 월츠의 셋째 이미지인 무정부적인 국제 체제상의 문제점에서 전쟁이 일어난다는 시각에 바탕을 두고, 그 갈등 구조에 초점을 맞춘다.

1917년 볼셰비키 혁명을 통해 러시아제국을 무너뜨린 블라디미르 레닌이 『제국주의: 자본주의의 최고 단계』에서 독점·금융 자본주의 국가들은 식민지 자원 수탈과 판매 시장 확보를 위해 세계 재분할을 겨냥한 제국주의적인 경쟁을 벌이고 이는 필연적으로 전쟁으로 이어진다고 주장한 것은 월츠의 둘째 이미지인 국가 사회의 속성에서 전

2009년 이스라엘의 팔레스타인 가자 지구 침공으로 인한 피해 현장. 중동은 21세기 세계의 화약고
이다.

쟁 원인을 찾는 분석이다. 민족주의가 전쟁 원인이라는 것도 마찬가
지다.

월츠의 셋째 이미지인 무정부적인 국제 체제상의 문제점은 오래전부
터 지적돼왔다. 앞서 살펴본 칸트와 루소도 그러했다. 두 사상가는 기
본적으로 국가의 상위 개념으로, 국가의 정책을 힘으로 규제하는 세
계 국가 또는 세계 정부가 없는 무정부 상태인 탓에 전쟁이 일어난다
고 여겼다. 미국의 국제정치학자 조지프 나이(전 하버드대학교 케네디스
쿨 대학원장)도 같은 생각이다. 그는 우리 인류가 지금까지 세 가지 기
본 형태의 국제 정치를 경험해왔다고 본다. 첫째는 로마제국의 지배와
같은 세계 제국 체제, 둘째는 로마 멸망 뒤 중세 시대의 봉건 체제, 그

리고 무정부적 국제 정치 체제다.

주권을 지닌 개별 국가 위의 상위 국가가 없다는 점에서 우리는 (유엔의 조정 기능에 바탕을 둔) 무정부적 국제 정치 체제를 당연한 것으로 받아들여왔다. 그러나 세계 국가 또는 세계 정부라 부르기엔 턱없이 못 미치는 국제기구인 유엔의 갈등 조정 기능과 평화 유지 기능은 안타깝게도 허약하기만 하다.

20세기 전반기의 강국이 영국과 프랑스, 독일을 비롯해 유럽에 몰려 있었다면, 제2차 세계 대전 뒤 강국은 미국과 소련을 두 축으로 한 양극 체제였다. 그러나 1990년 초 소연방이 해체되면서 미국은 사실상 세계를 호령하는 유일 초강대국이 됐다. 거듭 말하지만, 세계 정부가 없다는 점에서 국제 정치의 본질은 무정부 상태다. 미국은 2001년 부시 행정부가 들어서기 전까지는 제한된 형태로나마 유엔을 통해 갈등을 조절하고 합의점을 찾아왔다고 보인다. 그러나 21세기의 미국은 9·11 테러를 빌미 삼아 유엔을 중심으로 한 다자주의적 국제 질서를 부인하면서, 로마제국이 누렸던 것과 같은 지배적 국제 관계(나이의 용어를 빌리자면, 세계 제국 체제)를 확고히 하려는 모습이다. 이름하여 패권 국가다.

불안과 힘, 그 속에서의 생존 개념을 강조한 홉스가 살던 시대를 400년 가까이 지난 지금의 21세기도 사정은 마찬가지다. "이긴 자가 역사를 쓴다"는 말처럼, 국제법 해석은 강국의 법 해석이다. 힘센 국가가 약소 국가를 침략하는 일이 일어나도, 이를 막거나 벌 주기 어려운 처지다. 이를테면, 2003년 봄 미국 부시 행정부가 유엔안전보장이사회(유엔안보리) 결의 없이 이라크 침공을 감행했지만, 국제 사회는 그저 바라보기만 했다. 미국의 이라크 침공의 바탕에 석유 자원의 안정적 확보가 깔려 있다는 사실은 '발가벗은 임금님' 우화 속의 어린 소년의 눈으로 보면 뚜렷해진다. 미국의 이라크 침공은 곧 21세기형 신식민주의를 보여준다고 할 수 있다.

지구상에서 전쟁이 사라질 날은?

21세기 초강대국 미국은 특유의 선제공격론을 내세워, 이라크 침공 과정에서 국제법상 유엔안보리의 결의를 거치도록 돼 있는 전쟁 행위 절차를 외면했다. 이름하여 일방주의다. 이쯤 되면 유엔의 권위는 사라지고 홉스가 말한 자연 상태다. 힘센 자가 약한 자를 누르는 정글의 세계다. 홉스는 자연 상태를 전쟁 상태라 표현했다. 미국은 이라크 침공을 통해 힘의 논리가 세계를 지배한다는 것을 다시 한 번 확인했다. 특정 국가의 전쟁 행위를 기구(유엔)나 제도(국제법)로 규제할 수 없다면 우리가 사는 21세기는 힘센 자만이 살아남는 정글 세상이 될 것이다. 미국의 이라크 침공을 보는 세계의 눈길이 대체로 비판적이었던 것도 이런 인식에 바탕을 둔 것일 것이다.

칸트는 "영구 평화를 위해서는 세계 국가가 성립되어야 한다"고 주장했다. 칸트의 이 주장은 오늘에도 여전히 유효하다. 유엔의 평화 유지 기능 개혁이 숙제로 남아 있기 때문이다. 오늘날의 국제정치학자들은 국제 관계에서 초강대국과 강대국 사이의 세력 균형은 어떠한가, 동맹-연합이 어떤 형태로 이뤄져 있는가, 강대국과 약소국(제3세계)의 관계는 어떠한가, 제3세계의 분쟁 원인은 무엇인가, 유엔의 평화 유지 기능엔 문제점이 없는가 등에 초점을 맞춰 전쟁을 연구하는 중이다. 이른바 '평화학'은 국가 사회, 나아가 국제 체제가 지닌 갈등 구조의 원인과 배경, 해결책을 모색하는 학문이라 말할 수 있다.

볼셰비키 혁명가 블라디미르 레닌은 프롤레타리아트(무산자 계급)가 단결해 세계 혁명을 일으키고 새로운 형태의 세계 정부를 구성함으로써 전쟁을 없앨 수 있다는 주장을 폈다. 그러나 21세기는 레닌이 살던 20세기 초와는 크게 바뀐 글로벌 경제(이른바 신자유주의 경제 체제) 아래 놓였다. 부자와 빈자 사이를 가르는 골은 더욱 깊어지고 빈자들의 상대적 박탈감은 커져가지만, 자본의 힘에 눌려 혁명의 가능성은 희미해졌다. 한 가지 분명한 사실은 '자연 상태가 곧 전쟁 상태'라 여겼던 토머스 홉스가 살던 시대를 400년 가까이 지난 21세기임에도, 지구촌 평화가 아직 뿌리내리지 못했다는 점이다.

논리적으로 서로 어긋나는 뜻을 지닌 단어를 짝짓는, 말장난 같은 표현 방식을 우리는 모순어법oxymoron이라 한다. '정직한 상인' 또는 독설적인 정치 평론가들이 흔히 비꼬듯 쓰는 '정직한 정치인'이란 표현이 그러하다. 그렇다면 '전쟁 없는 세상'이란 용어도 모순어법일까. 거의 날마다 외신 기사는 지구촌 분쟁 소식을 전하고 있다. 지구상에서 전쟁이 사라질 날은 언제쯤일까.

2장

1990년대 이후의
지구촌 분쟁

지구촌에 평화가 올 날은 언제쯤일까. 우리는 아침에 눈을 뜨면 지구촌 어디에선가 테러나 유혈 충돌로 사람들이 죽고 다쳤다는 뉴스를 듣는 데 어느덧 익숙해져 있다. 100여 년 전의 옛 기록들을 보면, 20세기를 맞이하면서 사람들은 크나큰 희망을 품었다. 19세기 산업혁명에서 비롯된 과학 문명의 눈부신 발전(증기 기관차, 전기, 전화, 비행기 등)이 20세기 들어와 가속화되면서 지구촌에는 행복에 겨운 장밋빛 전망들로 넘쳐났다.

과학 기술이 발전하리란 전망은 틀리지 않았다. 그러나 행복하리란 전망은 틀렸음이 머지않아 곧 드러났다. 지난 한 세기 동안 우리 인류는 온갖 종류의 명분과 논리를 앞세우며 (피할 수도 있었던) 전쟁을 벌여왔고, 숱한 사람들이 사랑하는 가족과 친구들을 잃었다.

1983년에 『파리 대왕』으로 노벨 문학상을 탄 영국 작가 윌리엄 골딩(1911~1993년)은 20세기를 가리켜 "인류사에서 가장 폭력적인 세기"라고 규정했다. 골딩은 제2차 세계 대전 당시 영국 해군으로 복무하면서 전쟁의 비극을 몸으로 체험하고 그 경험을 바탕으로 소설을 쓴 인물이었다. 골딩이 말하는 '폭력적인 세기'란 특히 두 번에 걸친 세계 대전과 20세기 내내 그치지 않았던 인종 청소, 집단 학살, 대규모 공습을 염두에 둔 규정이다.

그렇다면 1990년대 이후는 어땠을까. 1989년 베를린 장벽이 무너지는 것을 신호로 1990년대 초 옛 소련이 여러 국가들로 쪼개지고 공산주의권의 몰락과 더불어 냉전 시대가 막을 내리자, 우리 인류는 또 한번 희망을 품게 됐다. 이데올로기 냉전의 시대가 끝났으니, 이제 전쟁이 그치고 지구촌에 평화가 찾아들 것이란 기대감에서였다. 그러나 전쟁은 그치지 않았고, 곳곳에서 대량 학살 소식이 들려왔다. 유고연방 해체 과정에서 일어난 보스니아 내전, 아프리카의 르완다, 시에라리온 내전, 동티모르 학살…….

1990년대 이후 전쟁의 여섯 가지 특징 전쟁 연구

자들은 동서 냉전이 막을 내린 1990년대 이후 지금까지 벌어진 전쟁들의 특징을 크게 여섯 가지로 정리하고 있다. 첫째, 전쟁 양상이 바뀌었다. 전통적 의미의 전쟁인 국가 대 국가의 전쟁이나 식민지 본국으로부터 독립을 쟁취하려는 민족 해방 전쟁이 아니라, 하나의 국가 울타리 안에서 벌어진 내전들이 대부분이다. 지난 냉전 시대 동안 국가 내부에서 꿈틀대던 이질 집단(종족 또는 민족) 사이의 대립이 유혈 투쟁으로 번졌다. 냉전 시대에 눌려 있던 인종-종교의 차이에서 비롯된 갈등이 마치 땅 밑에서 끓던 용암이 터지듯, 피가 피를 부르는 싸움으로 이어졌다.

21세기 들어와서도 전쟁 양상은 내전이 주를 이룬다. 2000~2009년 10년 동안 한 해 1,000명 이상의 전쟁 희생자를 낸 유혈 분쟁을 지역별로 보면 동유럽의 발칸반도, 아시아의 중동, 그리고 아프리카에서 일어났고, 단 3군데를 뺀 나머지는 모두 내전이었다. 3군데는 2001년 아프가니스탄 전쟁, 2003년 이라크 전쟁, 그리고 2002년 에티오피아-에리트레아 전쟁을 가리킨다.

둘째, 예전에 비해 전쟁 숫자와 피해 규모가 커졌다. 이는 전쟁이 그만큼 자주 일어났고 적대 세력을 향한 증오로 말미암아 전쟁이 가혹해졌다는 것을 뜻한다. 정치학자 루스 시바드는 "1987년부터 조금 줄어드는 경향을 보이던 지구촌 분쟁 숫자는 1990년대 들어 급격히 늘어났다. 사망자도 지난 17년 만에 최고를 기록했다"고 분석했다. 스웨덴 웁살라대학교의 전쟁 관련 통계 자료(UCDP)에 따르면, 1,000명 이상 사망자를 낳은 전쟁만도 1990년의 경우 15건, 1991년 13건, 1992년엔 12건이 터졌다.

1990년대 이후의 분쟁으로 많은 사람들이 희생당했던 보기들을 꼽아보면, '아프리카의 2차 대전'이라 일컬어지는 콩고 내전에서 300만, 수단 내전에서 150만, 르완다 내전에서 80만, 앙골라 내전에서 50만, 보스니아 내전에서 10만, 부룬디 내전에서 25만, 과테말라 내전에서 20만, 시에라리온 내전에서 20만, 라이베리아 내전에서 15만, 알제리 내전에서 10만, 체첸 전쟁에서 10만 등이다. 그 밖에 코소보, 스리랑카, 콜롬비아에서도 많은 사람들이 희생되었다.

셋째, 미국과 소련의 양대 세력으로부터 무기와 자금을 지원받아 대신 전쟁을 치렀던 이른바 대리전이 없어졌다. 강대국들이 배후에서 개입했던 예전의 전쟁들은 아무래도 제한 전쟁의 성격을 지녔다. 그와는 달리, 대리전이 없어진 1990년대의 전쟁은 무한 전쟁의 양상마저 보였다. 양쪽 적대 세력들이 사용하는 무기의 질은 미국과 소련이 무기를 대주는 대리전 때보다 훨씬 떨어졌지만, 전쟁이 길어지면서 증오심을 증폭시켜 잔인한 보복전을 벌이는 통에 더욱 많은 희생자를 낳았다.

넷째, 국가 주권보다는 인권이 앞선다는 개념이 보편화돼, 전에 비해 국제 개입이 늘어났다는 점이다. 이른바 '인도주의적 개입humanitarian intervention'이란 이름 아래서다. 유럽에서는 30년 전쟁 뒤에 맺어진 베스트팔렌 평화 조약(1648년)으로 국가 영토의 경계선을 정하고 국가의 주권을 존중한다는 것이 국제법의 기본 원칙이 됐다. 그렇지만 1990년대 들어 주권 불가침의 원칙은 뒤로 밀렸다. 아프리카의 시에라리온, 소말리아처럼 국가의 통제력이 무너졌거나 내전의 혼란 상태에 빠진 이른바 '실패한 국가failed state'의 주권은 잠정적으로 무시 또는 보류될 수 있다는 생각이 널리 퍼졌다.

다섯째, 인종 청소, 조직적인 성폭력, 손목 절단 등 잔혹한 전쟁 범죄 행위들이 곳곳에서 일어났다. 발칸반도에서 터진 보스니아 내전과 코소보 전쟁은 제2차 세계 대전 뒤 유럽 땅에서 벌어진 가장 큰 참사로 기록된다. 세르비아 민족주의를 내걸고 1990년대 내내 발칸반도를 전쟁의 회오리로 몰아넣은 전쟁 범죄자들이 남긴 어두운 그림자는 지금까지도 발칸반도에 드리워져, 가족을 잃거나 성폭력에 희생된 많은 이들을 슬픔과 고통 속에 살아가게 하고 있다. 아프리카의 다이아몬드를 둘러싼 추악한 내전 지역인 시에라리온에서는 반군들에게 도끼로 손목을 잘린 희생자들이 평생을 불구로 살아가야 하는 운명이다.

여섯째, 내전과 국제전의 구별이 어려워졌다. 오늘날 같은 세계화 시대에서는 전쟁 동기, 무장 집단, 자금원 등의 잣대로 보면 내전과 국제전을 딱히 구분하기가 쉽지 않고, 따라서 평화 협상마저 어렵다. 현대 전쟁에서 내전과 국제전을 구별하기 어렵다는 사실은 아프가니스탄, 이라크에서 확인된다. 미군을 침략군으로 보는 중동 지역의 젊은이들이 반미 지하드jihad(성전)를 외치며 무자혜딘(이슬람 전사)으로서 싸우기 위해 국경을 넘어 들어와 상황을 더욱 어렵게 만드는 모습이다. 이라크에서는 영미 연합군 대 이라크군 사이의 국제전에 이어, 수니파와 시아파 사이의 주도권 다툼으로 내전이 터질 조짐마저 보였으나, 이즈음엔 다행히도 내전 위기만큼은 한풀 꺾였다.

유혈과 전란의 시대

전쟁과 평화라는 잣대로 지난 1990년대 이후 지금까지를 돌아보면, 지구촌 사람들은 '유혈과 전란의 시대'를 살아왔다. 특히 잔혹한 전쟁 범죄 행위들이 곳곳에서 일어났다. 인종 청소(보스니아, 르완다, 코소보), 조직적 강간(보스니아, 코소보)과 손목 절단(시에라리온) 등 잔혹한 전쟁 범죄들은 우리 인류 문명사의 수치로 기록될 것이다. 필자는 이 지역들을 현지 취재하면서, 팔다리를 잃은 어린이들을 비롯한 많은 전쟁 피해자들을 만날 수 있었다.

1990년대 발칸반도를 피로 물들였던 보스니아 내전에서는 적어도 10만 명이 죽었다. 다수를 차지하는 알바니아계(200만 명)의 자치권 투쟁에서 비롯된 코소보 전쟁도 1998~1999년 1년 사이에 1만 명의 희생자와 86만 명의 난민을 낳았다. 이 두 전쟁에는 북대서양조약기구(NATO)군도 개입, 국제전 양상을 띠기도 했다.

나는 보스니아와 코소보를 4회에 걸쳐 취재하면서 전쟁이 우리 인간의 의식을 얼마만큼 황폐시키는가를 목격했다. 언어와 종교가 다르

세르비아계 포격으로 파괴된 코소보의 이슬람 사원 첨탑.

이스라엘의 공습 뒤 분노한 팔레스타인 사람들이 공습 현장에 모여들었다. 중동 이스라엘-팔레스타인 분쟁은 21세기에도 해결될 기미가 보이지 않는다.

다는 이유 하나로 담을 맞대고 살던 이웃을 죽인다는 것은 냉혈 동물이 아니고서야 가능한 일인가. 코소보에선 곳곳에 널려 있는 대량 학살 현장을 돌아보면서 "인간이 과연 선한 동물인가"라는 깊은 의문을 품게 됐다.

세르비아 민족주의를 바탕으로, 1990년대 내내 발칸반도를 전쟁의 회오리로 몰아넣은 슬로보단 밀로세비치 등 전쟁 범죄자들이 남긴 어두운 그림자는 지구촌 곳곳에서 쉽게 찾을 수 있다. 서아프리카의 작은 나라 시에라리온에서 만난 전쟁 희생자들은 "우리가 왜 반군들에게 손목을 잘려야 했는지 지금도 모르겠다"며 눈물을 흘렸다. 농경 사회인 아프리카에서 손목을 잘리는 것은 곧 노동 능력을 잃는 것을 뜻한다. 그들의 손목을 자른 반군 혁명연합전선(RUF)의 지도자 포데이 산코는 시에라리온 국내에서 유엔이 후원하는 특별 전범 재판을 받다가 2003년 7월 옥사했다. 그러나 이미 그의 부하들에게 손목을 잘린 희생자들은 일생을 우울하게 살아가야 하는 운명이다.

2003년 권좌에서 물러난 라이베리아의 전 독재자 찰스 테일러도 시에라리온의 내전을 부추긴 혐의로 전쟁 범죄자 명단에 올랐다. 그는 반군에게 무기를 팔고 그 대신 반군들이 불법 채취한 다이아몬드를 사들여 밀수출해 검은 돈을 벌었던 인물이다. 전쟁을 통해 돈을 버는 '죽음의 상인'이란 바로 테일러 같은 자를 두고 하는 말일 것이다.

죽음의 상인들에게 평화는 바람직스럽지 못하다. 그래서 그들은 평화 협상을 방해하는 훼방꾼이 된다. 될 수 있는 한 전쟁을 오래 끌길 바라는 죽음의 상인들을 우리는 이라크에 진출한 미국 기업들 속에서도 찾아낼 수 있다. 딕 체니(전 미국 부통령. 조지 부시와 함께 2003년 미국의 이라크 침공을 결정)가 한때 회장으로 일했던 핼리버튼은 2003년 미국의 이라크 침공으로 비롯된 전쟁 특수로 떼돈을 벌어들였고, 핼리버튼의 주가가 치솟는 바람에 그 회사 주식을 많이 지녔던 체니 역시 돈방석에 올랐다.

전쟁은 불가피하게 난민을 낳는다. 또한 전투원은 물론 많은 비전투원들을 고통으로 몰아넣는다. 유엔난민기구(UNHCR)의 통계에 따르면, 2020년 기준으로 아프리카의 콩고, 수단에서 아시아의 아프가니스탄, 이라크, 시리아에 이르기까지 국경을 넘은 전통적인 의미의 난민은 2,600만 명에 이른다. 1990년대 들어 동서 냉전이 막을 내리면서 냉전 기간 동안 잠복해 있던 국가 내부의 이민족 갈등이 봇물처럼 터지면서 대량 난민이 발생했고, 21세기 들어와서도 해를 거듭할수록 난민의 수를 나타내는 그래프는 가파르게 상승하는 모습이다. 2010년 1,510만 명, 2015년 2,130만 명이었던 점을 보면, 5년마다 500~600만 명의 난민이 늘어난 셈이다.

1951년에 제정된 '난민의 지위에 관한 국제 협약'에 따르면, 난민은 '국경을 넘어 피란을 간 사람들'을 가리킨다. 그렇지만 국경을 넘지 않고 전쟁을 피해 살던 집을 떠난 또 다른 많은 난민들이 있다. UNHCR은 국내 실향민인 이들을 가리켜 '지역 내 난민Internally Displaced People(IDP)'이라고 부른다. 이 지역 내 난민들은 난민과 마찬가지로 전란을 피해 집을 떠나 고달픈 삶을 이어가고 있는데도, 국제 사회의 도움을 제대로 받지 못한다. 2020년 기준 지역 내 난민은 4,570만 명이다. 지난 10년 동안 시리아를 비롯해 지구촌 곳곳에서 많은 지역 내 난민이 생겨났다. 2011년의 1,440만 명보다 약 3,000만 명이 늘었다. 2020년 현재 국경을 넘은 난민보다 약 2,000만 명이 더 많다. 전쟁 한복판에서 겪는 이들의 고통은 국경을 넘은 난민의 고통 못지않다.

난민 수용소는 우리 인간이 만들어낸 전쟁의 부산물이다. 조금씩 차이는 있지만 난민 수용소의 일반적인 상황은 끔찍하다. 초과밀 상태여서 천막이나 움막을 배정받지 못한 난민들은 맨땅에서 잠을 자기도 한다. UNHCR 자료에 따르면, 전 세계 난민 수용소 가운데 절반 이상이 개인당 최소 물 공급 권장량인 20리터를 제공하지 못하는 형편이다. 쓰레기 처리 시설이나 화장실이 제대로 갖춰져 있지 않아 많은 사람들이 병에 걸려 목숨을 잃는다. 난민 가운데 여성과 어린이와 노인의 비율이 75~90%에 이른다. 난민 수용소는 센 동물이 약한 동물을 지배하는 '밀림의 법칙'이 그대로 관철되는 곳이다. 수용소 안에서의 강간 등 성범죄는 일상적이다. 여성들은 난민 수용소 안에서 제 한 몸 지키기 위한 또 다른 전쟁을 벌여야 한다.

전란의 피바람이 그친 뒤 고향으로 돌아간 난민들에게 번듯한 집은 커녕 잠자리조차 마땅찮은 경우가 많다. 전란 통에 집이 불타거나 파괴된 탓이다. 아프가니스탄 현지 취재 때 귀환 난민들이 UNHCR에서 지급한 천막 안에서 잠을 청하는 모습을 봤다. 난민들 가운데 많은 사람들이 전쟁으로 가족을 잃었거나 심각한 정신적 상처를 지닌 채 살아간다. 살아남은 자들의 아픔이다.

소형 무기와 죽음의 상인들

1990년대 이후 분쟁이 낳은 시사용어 가운데 하나가 '인종 청소'다. 멀리 아프리카 르완다에서부터 발칸반도의 보스니아, 코소보에 이르기까지 타 종족(또는 민족)을 말살하려는 반인류적인 범죄 행위가 이뤄졌다. 가해자들의 입장에선 "우리가 살기 위한 불가피한 행위"였지만, 피해자들은 단지 말과 문화가 다른 이유로 살던 땅에서 쫓겨나야 했다.

이런 유혈 충돌에는 겨우 12~15살의 나이 어린 소년병들도 한몫했다. 따지고 보면 이들은 배고픔과 공포에 못 이겨 어른들의 전쟁에 끌려들어가 강요된 전쟁을 치른 셈이다. 유엔아동기금(UNICEF)에 따르면, 전 세계 25만 명에 이르는 소년병이 실전에 투입돼왔다. AK-47을 비롯해 이즈음 생산하는 소총들은 가볍고 사용하기도 편해 간단한 훈련만으로 소년병들도 쉽게 쓸 수 있다.

군사 기술적인 관점에서 보면, 소형 무기는 핵폭탄과는 달리 대량 파괴 무기는 아니다. 그러나 실제 전투에서 소형 무기는 대인 지뢰와 마찬가지로 많은 희생자를 내왔다. 스위스 제네바의 국제학대학원연구소(GIIDS)가 낸 한 보고서에 따르면, 실제 무장 투쟁에서 생긴 사상자의 90%는 소형 무기 때문이다. 소형 무기란 권총, 소총, 기관총, 박격포, 수류탄, 대전차포, 이동 미사일 발사기 등을 가리킨다. 전체 재래식 무기 거래액의 10%에 지나지 않는 소형 무기는 핵무기보다도 더 인류에게 재앙을 가져다주는 문제다.

소형 무기는 전 세계 분쟁 지역에서 정부군, 반군 할 것 없이 실전에서 주로 쓴다. 전투기나 탱크는 뒷전이다. 위의 제네바 연구소 보고서에 따르면, 현재 지구상에서 유통되고 있는 소형 무기는 적어도 8억 7,000만 개 이상이다. 인구 9명마다 1개꼴인 소형 무기의 70%는 미국 시민을 비롯한 민간인들이 가지고 있으며, 이 가운데 비정규군과 반군도 상당한 양의 소형 무기를 지니고 있다.

소형 무기 생산은 전 세계적인 사업이다. 유엔에서 발표된 소형 무기 실태 조사 보고서에 따르면, 1980년에 200개에 못 미쳤던 제조 회사가 오늘날 95개국, 600개 회사로 늘어났다. 미국, 중국, 러시아가 3대 생산국이다. 미국이 전체 소형 무기 생산의 절반 이상을 차지한다.

소형 무기 거래를 규제하려는 유엔을 비롯한 국제 사회의 노력은 그러나 아직껏 실효를 거두지 못한 상태다. 여기에는 미국이 국제 사회의 밀거래 감시와 무기 수출 규제를 반대하는 탓도 있다. 한편 아프리카, 아시아, 남미의 여러 분쟁 지역에 단골 고객들을 갖고 있는 러시아와 중국도 국제 사회의 소형 무기 거래 규제 움직임을 반기지 않는다. '죽음의 상인'이라 일컬어지는 소형 무기 거래상들은 러시아 마피아와 손을 잡고 동유럽 국가들에서 아프리카 내전 지역으로 무기를 실어나른다.

1990년대 '성장 산업'이 된 무기 밀거래는 무역 장벽이 낮아지고 자유 무역이 확대되는 이른바 세계화 흐름과 때를 같이한다. 말하자면 세계화의 음지다. 글로벌화된 열린 금융 체계 속에서 무기 밀거래로 벌어들인 '검은 돈'을 세탁하기란 쉬운 일이다.

현재 지구상에서 거래하는 소형 무기의 대부분은 아프리카나 아시아, 남미의 만성적인 분쟁 지역으로 흘러 들어간다. 분쟁 지역에서 총기 소지는 자위권으로 간주되고, 총기는 다시 분쟁 지역의 폭력 문화를 조장하며 내전이 장기화하는 악순환을 낳는다. 아프가니스탄에서 1,000만 정, 시에라리온과 앙골라에서 700만 정, 중앙아프리카에서 200만 정의 소형 무기가 내전에 쓰였다고 추산된다.

특히 아프리카는 무기를 팔아 떼돈을 버는 '죽음의 상인'들이 군침을 흘리는 곳이다. 아프리카는 1990년대 초 동서 냉전이 막을 내린 뒤 넘쳐나는 재고 무기들을 처분할 수 있는 큰 시장이기 때문이다. 아프리카의 일부 반군들은 다이아몬드, 석유, 목재 등 천연자원들을 팔아 무기를 조달해왔다. 이를테면 민간인들의 손목을 도끼로 자르고 소년병들을 착취하는 것으로 악명 높았던 시에라리온 반군 혁명연합전선의 재정적 원천은 다이아몬드였다.

소형 무기는 갈수록 값이 싸져 쉽게 구할 수 있다. 1960년대 중반, 아프리카 케냐의 부족민들은 제1차 세계 대전 당시 쓴 구식 소총 한 자루와 소 6마리를 맞바꾸었다. 이즈음 총기의 성능은 훨씬 더 파괴적인데 비해 값은 반의 반으로 내려갔다. 현재 무기 시장에서 500만 달러로 공격용 소총 2만 정을 살 수 있다. 작은 나라에선 500만 달러만 들이면 군대를 무장시킬 수 있다는 계산이 나온다.

지구촌 평화는 그냥 꿈인가

지금 지구상에는 얼마나 많은 무장 병력들이 있을까. 미국 국방부 자료에 따르면, 지구상에서 군복을 입은 정규군(정부군)은 약 2,100만 명이다(이 가운데 3%가 여군이다. 미군은 여군의 비율이 15%로 다른 나라들에 비해 아주 높다). 여기에다 군복을 제대로 갖춰 입지 않은 비정규군(준무장 집단 또는 시민군)을 더하면 '총을 든 사람들'은 훨씬 많아질 것이다. 지구촌의 만성적인 분쟁 지역들에서 정부군에 대항하는 반군은 대부분이 비정규군이다. 문제는 많은 나라들이 경제 개발이나 복지, 교육에 써야 할 돈을 국방비에 쏟아붓고 있다는 점이다. 국민 소득이 낮은 나라들조차 많은 병력을 유지하느라 경제 개발이나 복지를 소홀히 하고 있다는 점도 문제다. 병력 규모 상위 20개국 가운데 14개국이 인도, 파키스탄, 이집트를 비롯한 가난한 나라들이다.

현재 지구촌 분쟁이 더 이상 커지는 것을 막기 위해 유엔평화유지군(UNPKF)이 곳곳 분쟁 지역에 파견돼 있다(2021년 현재 13개 지역에 약 8만 500명). 우리 한국군 장병들도 유엔평화유지군의 상징인 푸른 베레모를 쓰고 레바논, 서부 사하라, 카슈미르 등지에서 헌신적인 활동을 펴왔다. 그러나 아프리카 지역을 비롯, 유엔과 국제 사회의 관심 밖에서 벌어지는 내전도 많다.

우리 한반도는 어떠한가. 지구상에서 유일한 민족 분단의 현실 속에서 남북 합쳐 170만의 병력이 대치 중이고, 언제 터질지 모르는 휴화산마냥 긴장이 잠복해 있는 모습이다. 더욱이 북핵 문제로 한반도는 또다른 긴장 속에 있다. 전쟁은 곧 민족 파멸을 뜻한다. 9·11 뒤 아프가니스탄과 이라크를 침공해 일방주의 선제공격 맛을 본 미국의 대북한 강공책이 외부적인 변수라면 변수다. 나는 한반도 정세에 관한 한 낙관론자다. 위기 국면을 맞이할 때마다 같은 민족인 남북한이 슬기롭게 헤쳐나갈 것으로 믿는다. 그 슬기는 민족애에 바탕을 둔 대화를 나누는 가운데 나타날 것이다.

전쟁의 본질을 말하면서 '힘'을 빼놓을 수 없다. 국제정치학의 현실주의 대표자인 미국 정치학자 한스 모겐소는 국제 정치를 "힘을 위한 투쟁"이라고 규정했다. 모겐소 같은 현실주의 정치학자들에게는 힘이 바로 국제 정치를 풀이하는 주요 분석 단위다. 모겐소에 따르면, 인간이나 국가는 힘을 추구하며, 따라서 국제 사회는 '힘의 균형 상태' 아래서 평화가 유지된다. 21세기의 미국처럼 힘을 일방적으로 사용한다면, 지구촌 평화는 늘 불안하다.

21세기를 맞아 우리 인류는 '밀레니엄 축제'를 벌이면서 지구촌에 평화가 뿌리내리길 간절히 바랐다. 그러나 현실은 그런 희망이 아직은 꿈

알바니아 쿠케스 난민촌. 1990년대 발칸반도의 잇단 내전으로 많은 난민
들이 이웃 나라로 떠나 어려운 삶을 이어갔다.

에 지나지 않는다는 걸 말해준다. 특히 미국을 비롯해 '힘'을 지닌 강
대국들의 일방주의가 문제다. 미국의 반전주의자 노암 촘스키는 강대
국의 횡포에 맞서는 국제 여론의 중요성을 강조한다. 문제는 그런 반전
여론에 워싱턴의 정치-군사 지도자들은 귀를 막고 있는 모습이다. 지
금 이 시간에도 이라크를 비롯한 지구촌 곳곳은 전쟁과 폭력에서 비롯
된 죽음, 굶주림, 두려움, 눈물과 한숨이 뒤섞여 음울한 풍경을 자아내
고 있다.

제2부

분쟁
지역을
찾아서

Palestine-Israel

레바논

시리아

지중해

나블러스

서안 지구

예루살렘

가자 지구

사해

헤브론

이스라엘

요르단

이집트

1장

팔레스타인-이스라엘

분노와 좌절 vs 신이 약속한 땅

■ **기본 정보** _ 국토 면적: 이스라엘 21,940㎢, 팔레스타인 6,220㎢. 인구: 이스라엘 890만 명(유대인 74%, 팔레스타인 아랍계 21.1%, 기타 4.9%), 팔레스타인 500만 명(서안 지구 300만 명, 가자 지구 200만 명). 종교: 이스라엘은 유대교 74.0%, 이슬람교 18%, 기독교 1.9%, 드루즈 1.6%, 기타 4.5%. 팔레스타인은 대부분 이슬람교. ■ **누가 왜 싸웠나** _ 1948년 유대인들이 팔레스타인 원주민들을 쫓아내고 이스라엘 국가를 세우면서 갈등이 시작됐다. 1948년부터 1973년까지 4차례의 중동 전쟁 이후 이스라엘이 요르단강 서안 지구와 가자 지구를 차지했다. 1987~1993년 팔레스타인 사람들의 제1차 인티파다(봉기) 뒤 팔레스타인 자치 정부가 들어섰다. 2000년에 제2차 인티파다가 발생하여 2007년까지 이어졌다. 그 뒤 이스라엘의 가자 지구 침공으로 2009년에는 1,370명이, 2014년에는 2,100명이 희생됐고 여전히 긴장 상태다. ■ **전쟁 희생자** _ 1987년 12월 제1차 인티파다가 터진 뒤 현재까지 약 1만 5,000명(사망자 비율은 팔레스타인 7.2명당 이스라엘 1명꼴). ■ **난민** _ 1948년 이래 팔레스타인 난민 580만 명이 중동 지역 곳곳의 난민 수용소에 흩어져 살고 있다. ■ **지금은?** _ 팔레스타인에 대한 이스라엘의 억압 통치 구조는 그대로 이어지고 있다. 유대인 정착촌 철거, 동예루살렘, 팔레스타인 난민 귀환 등 여러 쟁점 사안들로 인해 협상은 쉽지 않은 상태이다. 팔레스타인은 2011년 10월 유네스코 정식 회원국으로 가입했고, 2012년 11월 유엔 총회 결의를 통해 옵서버 단체observer entity에서 옵서버 국가observer state로 지위가 격상됐다. 하지만 미국과 이스라엘의 반대로 유엔 정식 회원국의 꿈을 이루지 못하고 있다.

20세기 세계의 화약고가 발칸반도였다면, 중동 지역은 21세기 세계의 화약고라 할 수 있다. 화약고의 가장 위험스러운 뇌관은 이스라엘-팔레스타인 지역이다. 4차례에 걸친 중동 전쟁(1948, 1956, 1967, 1973년)과 2차례에 걸친 '인티파다intifada'(우리말로는 '봉기', 제1차는 1987~1993년, 제2차는 2000~2007년)로 피가 피를 부른 유혈 충돌이 이어져왔다. 이스라엘군이 팔레스타인 가자 지구를 침공함으로써 2008년 12월부터 2009년 1월에 걸쳐 1,300명이, 2014년 7월과 8월에는 2,100명이 희생되는 참극이 벌어지기도 했다. 땅 밑에서 끓던 용암이 어느 날 위로 솟구치는 것처럼 유혈 충돌이 언제라도 일어날 정도로 강한 휘발성을 지닌 곳이 이스라엘-팔레스타인이다.

팔레스타인의 현대사, 나아가 중동의 현대사는 강제 추방과 약탈의 역사다. 요르단이나 이집트를 여행하다보면, 팔레스타인 난민들과 곳곳에서 마주치게 된다. 대대로 살던 집과 땅을 빼앗기고 떠나온 팔레스타인 민초들은 빛바랜 땅문서며 집문서를 궤짝 속에 깊이 넣어두고 있다. 가끔씩 그 문서들을 들여다볼 때마다, 그들은 선조들이 묻혀 있는 고향으로 돌아갈 수 없음에 새삼 절망한다. 그래서 또다시 분노와 더불어 죽음도 마다하지 않는 저항을 생각하게 된다.

2000년 9월 말 팔레스타인 사람들의 인티파다가 터진 뒤 10여 회에 걸쳐 현지를 취재하면서, 팔레스타인 민초들의 슬픈 이야기를 들을 때마다 그들의 얼굴에서 우리 할아버지, 할머니들의 얼굴이 겹쳐 떠올랐다. 지난 일제강점기 시절 동양척식주식회사나 한반도로 건너온 일본 이주민들에게 대대로 살던 땅을 빼앗기고 만주 벌판으로 떠나간 우리 조상들의 고달팠던 삶. 오늘 팔레스타인 민초들이 겪는 고단한 삶에선 이렇다 할 다름이 없다.

이스라엘의 팔레스타인 점령과 군사적 억압 통치, 이는 21세기를 사는 우리 인류가 아직도 문명 또는 평화와는 거리가 멀다는 것을 보여주는 산 증거다. 중동 땅에서 평화가 오기를 바라는 것은 말 그대로 낙타가 바늘구멍으로 들어가는 것처럼 어려운 일일까. 우리 한민족은 일본 제국주의의 한반도 지배를 체험했다. 팔레스타인 민초들이 겪는 고통은 남의 일이 아니다. 이 팔레스타인 현지 취재기는 21세기 지구촌의 한구석에서 600만 명에 가까운 피억압자들이 현재 진행형으로 겪는 좌절, 분노, 저항의 기록이다.

"왜 왔어? 누굴 만나려고?" 이스라엘 관문인 텔아비

브국제공항 활주로에 내리면, 공항 건물 벽면에 "이스라엘에 오신 걸 환영합니다"라는 대형 문자가 눈에 띈다. 그러나 예외가 있다는 걸 곧 알아챘다. 6일 전쟁(1967년) 뒤 이스라엘군은 팔레스타인 서안 지구와 가자 지구를 불법적으로 점령, 국제 사회로부터 비난을 받아왔다. 그렇기에 팔레스타인 상황을 취재하려고 들어오는 외국 취재진을 반기지

2009년 이스라엘군의 가자 지구 침공으로 인한 피해 현장 1.

2009년 이스라엘군의 가자 지구 침공으로 인한 피해 현장 2.

않는다.

　여러 차례 중동을 다녀오면서 '고문'에 가까운 공항 보안 요원의 심문에 이젠 익숙해졌다. 그러나 당하는 사람으로선 아무리 참을성이 많은 사람이라도 짜증나는 일이다. 한 시간 가까이 심문과 기다림이 이어졌다. 왜 왔느냐, 누굴 만나려느냐. 어디에서 묵을 예정이냐 등등 보안 요원의 질문이 이어지면, 결국은 화를 내기 십상이다. 택시비를 아끼자고 함께 타고 가기로 한 스웨덴 배낭족 여인 둘은 기다리다 못해 손을 흔들고는 가버렸다. 같이 비행기를 타고 온 승객들은 이미 다 나가고 없고 다음 비행기 승객이 밀려나올 무렵 풀려났다. "앞으로 절대 이곳에 오지 말아야지" 하며, 애꿎은 공항 화장실 문을 거칠게 밀치며 나왔다.

　이스라엘 당국이 외국 취재 기자들을 괴롭히는 짓은 갈수록 더욱 심해지는 느낌이다. 그래서 귀한 하루를 길에서 허비했다. 사연을 말하자면 이렇다. 이스라엘군이 마구잡이로 가옥을 파괴하고 사람들을 죽인 가자 지구의 라파난민수용소를 먼저 취재할 요량으로 에레즈 검문소로 갔다. 텔아비브공항에서 자동차로 1시간 거리다. 그곳을 지키는 이스라엘 병사는 메마른 목소리로 "우리 정부에서 발급한 프레스 카드가 없으면 못 들어간다"고 했다.

　프레스 카드? 이스라엘에 갈 때마다 그런 걸 만들었지만 득을 본 적이 있던가? 이스라엘군이 보안을 이유로 길을 막고 있을 때, 그걸 보여줘 통과한 적이 있던가? 검문병에게서 "야세르 아라파트(팔레스타인의 전설적인 지도자, 2004년 사망)가 와도 이 길을 못 지나간다"는 비아냥거림이나 듣지 않았던가……

　그런 생각을 하며 "전에 이곳에 왔을 땐 프레스 카드를 보여달라는 소리도 못 들었는데……"라고 하자, 스무 살도 채 안 돼 보이는 이스라엘 여군이 한마디 톡 쏜다. "로마에 가면 로마법을 따르라는 말이 있지요. 그리고 규정은 늘 바뀌잖아요." 자동차로 2시간쯤 걸리는 예루살렘으로 가서 프레스 카드를 신청하고, 나오길 기다리고, 그렇게 하루가 획 지나가버렸다.

사망자 비율 100 대 1

이스라엘-팔레스타인 지역은 거의 날마다 유혈 사태로 조용할 날이 없다. 이스라엘 평화 운동 단체인 베첼렘B'Tselem에 따르면, 1987년 12월 팔레스타인인들의 제1차 인티파다 이후 현재까지 약 1만 5,000명의 사망자가 발생했다. 사망자 비율은 팔레스타인인 7.2 대 유대인 1이다. 희생자의 절대 다수가 여성과 어린이를 포함한 팔레스타인인이다.

2004년 11월 야세르 아라파트 팔레스타인 자치 정부 수반이 프랑스 파리에서 숨을 거둔 뒤, 휴전이 선포되는 등 평화 기운이 감도는 가운데서도 걸핏하면 유혈 충돌이 벌어져 희생자가 생겨났다. 특히 2008년 12월부터 2009년 1월까지 1개월 동안 이스라엘군이 팔레스타인 가자 지구를 침공해 들어가면서 많은 사상자를 냈다. 베첼렘이 조사한 바에 따르면, 사망자 1,300명 가운데 330명만이 전투원(팔레스타인 무장 저항 단체인 하마스HAMAS 대원)이었고, 나머지는 비무장 민간인이었다 (18살 아래의 미성년 희생자 320명).

그때 한국 기자로서는 가장 먼저 가자로 들어가 전쟁의 참상을 취재했던 나는 이스라엘군이 국제법상 사용이 금지된 백린탄을 민간인들에게 마구잡이로 사용해 사상자를 많이 냈다는 사실을 확인할 수 있었다. 이스라엘 쪽 사망자는 13명에 지나지 않아, 사망자 비율이 팔레스타인 100 대 이스라엘 1로 나타났다. "전쟁이 아니라 일방적인 학살"이란 비판이 나오는 가운데 유엔 인권위원회에선 2010년 10월 '이스라엘의 전쟁 범죄 행위'를 비난하는 결의안을 통과시킨 바 있다. 하지만 이스라엘의 강고한 동맹국

죽은 하마스 대원을 위한 장례식에서 투쟁 의지를 드러내는 동료.

인 미국은 반대표를 던졌고, 한국은 일본과 함께 기권을 해 팔레스타인 사람들을 실망시켰다.

"알라흐 아크바르(알라는 위대하다)." "우리는 언제나 이긴다." "약속은 약속, 순교자의 죽음을 헛되이 하지 않겠다." 팔레스타인 가자 지역에서 이스라엘군에 맞서 싸우던 한 하마스 요원의 장례식에서 들은 구호들이다. 많은 이들이 울부짖고 고함치며 이스라엘에 대한 복수를 다짐했다. 장례 행렬을 따르던 어린이들도 울부짖기는 마찬가지였다. 1987년 6월 항쟁 당시 민주화를 외치다 최루탄에 맞아 피 흘리며 죽어 갔던 이한열 열사의 장례식이 떠올랐다.

팔레스타인 지역에서 일어나는 충돌의 모습들은 대체로 일정하다.

장례식에서 울부짖는 팔레스타인 소년들.

팔레스타인 젊은이들은 돌을 던지고, 이스라엘 병사들은 최루탄과 고무 총알로 맞선다. 때로는 팔레스타인 경찰과 이스라엘 병사들 사이에서, 또는 하마스와 같은 팔레스타인 무장 조직과 이스라엘 병사들 사이에서 총격전이 벌어진다. 이스라엘 쪽에서 쏴대는 고무 총알이 가슴에 맞을 경우 그 충격이 워낙 커 심장 마비를 일으킨다. 서안 지구의 라말라, 나블러스 두 곳에서 치르는 장례식 취재를 갔을 때, 사망자 두 사람 모두 고무 총알을 맞고 숨졌다는 말을 들었다. 가자 시내 북동쪽 자발리야난민수용소는 이스라엘군의 에레즈 검문소와 가까워 걸핏하면 충돌이 벌어지는 곳이다. 그곳 현장에 떨어져 나뒹구는 문제의 고무 총알을 만져봤다. 겉에 고무가 씌어 있을 뿐, 안에는 쇳덩어리가 들어 있으니 총알은 총알이다. "그 총알을 가슴에 맞아 죽는 사람은 운이 없다"고만 해야 되는 것인가.

유대인 게토가 떠오르는 분리 장벽

오늘의 팔레스타인이 겪는 고통을 보여주는 거대한 건축물이 바로 분리 장벽이다. 이스라엘은 "테러리스트들이 이스라엘로 넘어오는 것을 막겠다"며 2002년부터 총연장 710km 길이의 '보안 장벽' 건설을 밀어붙여왔다. 하지만 팔레스타인 원주민들의 저항과 국제 사회의 비난에 부딪혀 공사가 늦어지는 바람에, 현재 약 500km가 완성된 상태이다. 이 장벽 건설이 마무리되면, 팔레스타인 사람들은 거대한 감옥에 갇히는 것과 다름없다.

동예루살렘도 분리 장벽 건설로 심각한 문제가 생겼다. 동예루살렘 분리 장벽은 동예루살렘에 사는 주민들을 장벽 바깥으로부터 고립시킨다. 그들은 나치 히틀러 시절의 유대인들처럼 게토ghetto 안에서 지내야 한다. 아울러 장벽 바깥 주민들은 동예루살렘 안에 있는 직장, 학교를 다니지 못하게 된다. 동예루살렘 장벽 건설로 직접적인 피해를 입을 주민은 12만 명으로 알려져 있다. 언젠가 들어설 팔레스타인 독립국가의 수도로 꼽히는 동예루살렘 바깥을 삥 둘러싸고 보안 장벽을 세우는 이유는 무엇인가. 예루살렘 전체를 유대인 도시로 만들겠다는 이스라엘의 욕심 말고는 달리 해석할 길이 없다.

동예루살렘 아부 디스 지역에 가보니, 아직은 완전한 형태의 장벽을 세우지 않고 남쪽 편 벼랑에 틈을 만들어놓았다. 젊은 남자들이야 그 틈새를 오르락내리락하는 데 큰 불편은 없지만, 노인들과 어린이들이 문제다. 발을 헛디뎠다간, 벼랑 밑으로 떨어져 중상을 입을 위험이 도사린 곳이다. 그곳에서 만난 팔레스타인 대학생 하산(22세)은 걱정이 이만저만 아니다. 비타니(아랍어로는 나자리야) 마을에 사는 하산은 장벽이 완성될 경우, 장벽 안에 있는 알쿠즈대학교 역사과에서 공부하기가 어려워진다. 끝내 그는 서예루살렘(이스라엘) 쪽을 노려보며 외친다. "감옥 아닌 감옥에서 살고 싶지 않아!"

팔레스타인 자치 정부의 노동부 장관을 지낸 가산 카티브를 동예루살렘에서 만났다. 그는 "이스라엘이 건설을 추진 중인 방벽과 도로 봉쇄 정책은 지난날 나치 히틀러가 유대인들에게 가했던 수법을 그대로 옮겨온 것이다. 우리 팔레스타인 사람들을 일종의 게토 안에 가두어 두고 이동의 자유를 막으려는 물리적 장치가 분리 장벽이다"라고 주장했다. 나아가 그는 "지난날 소련이 막강했을 때 세운 동베를린 장벽도 그것을 뛰어넘으려는 인간의 의지를 막을 수 없었고, 시간이 흐르면서 끝내 무너졌다. 이런 역사적 실패 사례를 유대인들은 잊고 있다"고 비판했다.

이스라엘의 팔레스타인 점령 정책은 지난날 남아프리카공화국에서 백인들이 폈던 흑백 인종 차별 정책apartheid과 다를 바 없어 보인다. 일부 팔레스타인 주민들은 단식 투쟁까지 벌이면서, "장벽 건설이 국제법상 불법"이라는 헤이그 국제사법재판소 판결을 비롯한 국제 사회의 비판 여론에 실낱같은 기대를 걸고 있다. 동예루살렘 분리 장벽 안에서는 팔레스타인 주민들의 건물 신축 또는 재건축이 금지됐다. 예루살렘 전체를 유대인 도시로 만들겠다는 이스라엘 정부의 계산이 현실로 나타나는 것은 시간문제다.

팔레스타인 사람들이 언젠가 들어설 독립 국가의 수도로 꼽아온 동예루살렘 주변은 유대인 정착촌으로 포위된 상태다. 북쪽에는 피스가트 제브 정착촌과 네베 야아콘 정착촌, 동쪽에는 마알레 아두민 정착촌과 미쇼르 아두민 정착촌, 남쪽에는 베타르 정착촌과 구쉬 에치온 정착촌이 자리 잡았다. 이 대규모 정착촌들은 이미 동예루살렘 가까이에 들어선 크고 작은 정착촌들과 함께 동예루살렘을 둘러싼 모습이다. 정착촌 건설은 21세기 들어서도 계속 중이다. 팔레스타인 서안 지구에 자리 잡은 65만 유대인 정착민은 현지 팔레스타인 원주민들과 크고 작은 유혈 충돌을 벌여왔고, 따라서 중동 평화를 가로막는 걸림돌이란 지적을 받아왔다.

사망 5개월 전에 만난 아라파트

민족의 운세라는 게 있다면, 팔레스타인의 운세는 그다지 좋지 못하다. 이스라엘과 비겁하게 타협하지 않고 팔레스타인을 이끌어갈 정치적 지도자 두 사람을 잃어버렸다. 한 사람은 지금 이스라엘 감옥에서 무기수로 복역 중이고, 다른 한 사람은 2004년에 죽었다. 팔레스타인의 최고 정치 지도자 야세르 아라파트(팔레스타인 자치 정부 지도자)를 이을 차세대 후계자로 꼽히던 행동파 정치인 마르완 바르구티는 팔레스타인 인티파다를 이끈 혐의로 2004년에 붙잡혀 5번의 종신형에다 40년형을 더 선고받았다. 바르구티가 무기수로서 이스라엘 감옥에 갇혀 지낼 처지라면, 아라파트는 이미 고인이 됐다.

지금은 팔레스타인 독립 투쟁의 전설로 남은 아라파트가 숨을 거두기 5개월 전인 2004년 6월에 그를 만났다. 2002년 5월에 이은 두 번째 만남이었다. 그의 얼굴이 주위 사람들에 견주어 몹시 창백하다는 점이 인상적이었다. 2001년 말부터 2004년 11월 몸이 아파 프랑스로 떠나기까지 3년 가까이 아라파트는 집무실인 무카타에 갇혀 감옥 아닌 감옥 생활을 해왔다. 동갑내기인 아라파트를 평생의 라이벌로 여겨온 아리엘 샤론 당시 이스라엘 총리는 이스라엘군 탱크를 동원, 무카타를 향해 마구잡이 포격을 해대면서 "아라파트가 라말라 집무실(무카타) 밖으로 나오면 생명을 보장 못한다"며 위협했다.

그곳 무카타 부속 건물에서 팔레스타인의 '살아 있는 전설' 아라파트를 만나 인터뷰할 기회가 주어졌다. '이슬람, 저항의 원인'이란 특집을 마련하기 위해 중동 지역 취재 길에 오른 KBS 〈일요스페셜〉 팀과 함께였다. 아라파트는 외국 언론사들과 단독 인터뷰를 하지 않는다는 원칙을 세워놓고 있었다. 지난 1999년 미국 TV방송 CBS의 간판 프로그램 〈60분〉과 인터뷰를 했다가, 교묘한 편집에 모욕을 당한 뒤로는 일체 단독 인터뷰를 하지 않고 있었다. 서서 몇 마디 나누는 짧은 코멘트 방식이 전부였다. 아라파트에게 인티파다 기간 동안에 벌어진 이스라엘군의 행위를 어떻게 보는가를 먼저 물어봤다.

"한마디로 커다란 범죄이다. 이스라엘군은 밤낮으로 어린이들을 포함한 우리 팔레스타인 사람들을 죽이고, 인프라(전기, 수도 등 사회 간접 시설)를 파괴하고 있다. 나아가 이스라엘군은 팔레스타인 영토의 80% 이상을 점령하고 중동 평화 협상의 이정표를 좌초시켰다. 그 이정표는 알다시피 유엔과 유럽연합(EU), 러시아 등 국제 사회가 합의하고 받아들였던 것인데, 이스라엘이 일방적으로 (평화로운 이행 과정을) 위험에 빠뜨렸다."

아라파트에게 이스라엘의 분리 장벽 건설에 대해 묻자 그의 대답이 매우 인상적이었다. "(예전에 소련군이 세웠던) 베를린 장벽이 지금 어디 있나? 지금은 다 무너지고 없지 않는가(마찬가지로 이스라엘의 이른바 보안 장벽은 언젠가는 무너질 것이다). 이스라엘은 보안 장벽을 세운다는 구실로 우리 팔레스타인 땅을 강제 몰수하고 있다. 보안 장벽은 국제법상으로도 불법일 뿐 아니라, 커다란 범죄 행위다." 이 말을 듣노라니, 한반도를 가르는 휴전선도 언젠가는 없어질 것이란 생각이 들었다.

아라파트는 미국에 대해서도 매우 비판적이었다. 미국이 일방적으로 이스라엘을 지지하고 있다고 보는가를 묻자 이렇게 답변했다. "그 부분에 관해선 의문의 여지가 없다. 미국은 아리엘 샤론(이스라엘 총리)의 범죄 행위를 덮어주어왔다. 샤론은 (유엔에서 이스라엘 비난 결의안이 나올 때마다 미국이 안보리에서 거부권을 행사하거나 유엔 총회에서 부표를 던짐으로써) 미국의 지원을 방패막이로 삼고 있다."

2004년 12월 아라파트는 건강을 잃고 프랑스 육군병원에서 눈을 감았다. 뒤늦게 시신의 치아와 머리카락에서 떼어낸 시료를 분석한 끝에 아라파트가 국가 차원에서나 은밀히 다뤄지는 독극물에 중독돼 죽었다는 사실이 드러났다. 암살 공작의 배후에 이스라엘을 빼고 누가 있을까. 이스라엘 강경파들은 오래전부터 "아라파트 제거!"를 부르짖어왔다. 미국도 비난을 비껴가기 어렵다. 이스라엘 총리는 백악관에 여러 번 초대받아 만찬을 즐겼지만, 아라파트는 발도 들여놓지 못했다.

이스라엘이 국제 사회로부터 '깡패 국가' 소릴 들으면서도 버텨온 것은 미국의 친이스라엘 일방주의 덕이다. 미국은 유엔안보리에서 이스라엘 비난 결의안이 나올 때마다 거부권을 행사해오고 있다. 이스라엘이 레바논을 침공했던 1982년 뒤로 미국은 이스라엘의 국제법 위반 문제를 다루려고 유엔안보리에 제출됐던 결의안 표결에서 무려 32번이나 거부권을 행사했다.

거대한 회색 지대, 가자 지구

예루살렘에서 자동차로 1시간 30분쯤 달리면 팔레스타인 가자 지구로 들어서는 길목에 있는 에레즈 검문소가 보인다. 유럽 지역 국경선에서 흔히 볼 수 있는 그런 검문소다. 2000년 9월 인티파다가 일어나기 전까지만 해도 이곳은 예루살렘·텔아비브·하이파 등 이스라엘 쪽으로 일하러 가는 팔레스타인 노동자들의 발길이 끊이지 않았다. 그러나 지금은 출입이 엄격히 통제된다. 검문소에서 일하는 이스라엘 병사들을 빼곤 인적이 드물어 썰렁한 느낌마저 든다.

팔레스타인 가자 지구는 지중해변을 따라 남북으로 길게 고구마처럼 생긴 좁은 회랑이다(길이 40km, 폭 4~10km, 면적 360km²). 가자 남쪽 끝인 라파에서 북쪽의 가자시티까지 자동차로 달리면 그저 1시간이면 충분한 좁은 지역에 사는 인구는 무려 200만 명. 가자 지구의 절반쯤이 사막형 기후로 불모의 땅인 점을 생각하면 1km²당 인구 밀도는 세계적으로도 높은 수준이다. 그럼에도 가자 지구 밖으로 자유롭게 나갈 수가 없다. 장벽을 넘어가려면 이스라엘군 경비병의 총격에 죽을 위험을 무릅써야 한다. 현지에서 만난 팔레스타인 사람들은 "우린 거대한 감옥에 갇혀 산다"는 말을 입버릇처럼 해댄다.

가자 지구에 들어설 때마다 '회색 지대'란 말이 떠오른다. 집들은 대체로 색깔이 여린 회색에다 낡았다. 거기에다 이스라엘군의 경제 봉쇄로 사람들은 가난에 찌든 모습이다. 세계은행 통계로는 팔레스타인 사람들의 실업률이 50%를 넘고, 하루 2달러의 수입으로 먹고사는 절대 빈곤에 내몰린 사람들이 60%다. 가자 지구는 상대적으로 서안 지구보다 더 상황이 심각하다. 2011년 호스니 무바라크 이집트 대통령이 물러났다는 소식은 가자 지구 사람들에게 희소식으로 다가왔다. 친미·친이스라엘 정책을 펴온 무바라크의 퇴진은 가자 지구의 이집트 쪽 경제 봉쇄를 푸는 청신호로 여겨졌기 때문이다. 하지만 2013년 이집트 군부 쿠데타 뒤 봉쇄는 다시 강화됐다.

가자 지구 남쪽, 이집트와 국경을 맞댄 라파난민수용소. 잇단 무장 충돌 과정에서 많은 사람들이 죽고 다친, 인티파다의 첨예한 현장이다. 이스라엘군 탱크가 팔레스타인 저항 세력이 파묻어놓은 지뢰를 건드려 폭파되자, 이스라엘군은 이집트로 통하는 무기 밀수 지하 터널을 찾는다는 구실로 많은 집을 허물어뜨렸다. 이로 인해 1,000명이 넘는 사람들이 집을 잃었다. 2004년 3월 이라크 팔루자에서 미국의 사설 보안업체 경호 요원 4명이 죽임을 당하자, 미군이 팔루자를 쑥대밭으로 만들고 많은 목숨을 앗아간 상황과 똑같다. "이라크 팔루자에서 벌어진 일이 여기선 훨씬 전부터 일어났어요." 가자 시내 중심가에 자리한 시파병원에서 만난 한 팔레스타인 청년의 말은 가자 지역 상황을 압축해 보여주는 듯했다.

통역을 따라 라파의 한 집 안에 들어서니, 가족들이 깊은 슬픔에 잠겨 있었다. 집 옥상에서 빨래를 널던 15살 소녀 아스마, 바로 곁에서 비둘기들에게 모이를 주던 11살 동생 아메드가 대낮에 이스라엘 저격수의 총에 맞아 죽었다. 그 저격수는 무슨 까닭에 이 자매를 죽였을까. 어머니 스리야(43세)는 내내 그런 의문을 지우지 못했다.

라파 지역 주민들은 대부분 1948년 이스라엘의 이른바 '독립 전쟁' 기간에 대대로 살던 집과 농토를 잃고 밀려난 난민들이다. 그런 난민들이 다시 집을 잃은 셈이었다. 그들이 임시 거처로 묵는 라파초등학교 교실에서 만난 한 50대 후반의 여인은 "내 평생 동안에 이런 험한 일들을 하도 여러 번 겪어놔서 눈물도 안 나온다"고 했다. 여인의 하소연을 들으면서, 문득 일제강점기 시절 눈물과 한숨의 세월을 보냈을 우리 어머니들의 얼굴이 떠올랐다.

이 난민들을 돕는 유엔팔레스타인난민구호기구(UNRWA) 관계자들은 "이스라엘군의 강압 조치가 해도 너무한다"며 불편한 심기를 숨기지 않았다. 폴 맥캔 유엔팔레스타인난민구호기구 대변인은 "난민촌을 파괴하고 점령 지역의 민간인들을 강제 이동시키는 강압 조치들은 제네바 협약을 위반하는 뚜렷한 전쟁 범죄 행위"라며 이스라엘 정부를 대놓고 비난했다.

이스라엘군의 위협 사격

가자 지구 중남부의 칸유니스난민수용소에 갔을 때였다. 이곳은 8만 5,000명의 난민들이 모여 살고 있는데, 이스라엘군과의 충돌 과정에서 많은 희생자를 냈던 곳이다. 나를 그곳으로 안내한 UNRWA 소속 이동병원 관계자는 "이스라엘군이 작전 시야를 확보한다는 이유로 수용소 입구 건물들을 탱크포로 마구 부수는 과정에서 더욱 희생이 컸다"고 설명해주었다.

집을 잃은 난민들은 오스트리아 국제 구호 기관들이 보내준 천막에서 지내고 있었다. 1948년 이스라엘이 독립하면서 벌인 전쟁으로 난민이 된 옛날의 상황으로 다시 돌아간 셈이다. 마유다 부인(65세)은 남편인 술라만 아부 알바이다(70세, 농부)를 2개월 전에 이스라엘군 총격에 잃고 텐트 안에서 시름겨운 모습으로 앉아 있었다.

그녀에게 사진을 찍고 싶다고 했다. 일반적으로 중동 지역 여성들은 카메라 앞에 서는 걸 싫어하는데, 동행한 UNRWA 관계자가 거듭 설득한 끝에 그녀는 고개를 끄덕였다. 그녀가 살던 집은 바로 텐트 곁이었다. 완전히 무너져 집의 형체는 간 곳 없고 그냥 시멘트 덩어리들뿐이었다. 파괴된 집을 배경으로 그녀의 사진을 몇 장 찍는 순간에 사격 소리가 들렸다. 바로 100m 떨어진 곳에 전진 배치된 이스라엘 초소에서 우리를 향해 쏜 것이었다. 소리로 보아 적어도 5발이었다.

이스라엘 병사들은 우수한 망원경으로, 우리가 뭘 하고 있는지를 훤히 보고 있었을 것이다. 생명의 위협을 받지 않는 한 함부로 총을 쏘지 못하도록 한 샤론의 휴전 선언 지침이 일선 현장에서 어겨지는 순간이었다. 우리는 황급히 피할 수밖에 없었다. 그런 모습을 지켜보며 씽긋 웃었을 이스라엘 병사의 얼굴이 떠올랐다.

그곳 난민 수용소의 장로인 유세프 모우사(72세)는 "저들은 툭하면 우리 쪽으로 총을 쏴댄다. 우리가 덤불 속에 숨은 토끼로 보이는가?" 하며 분개했다. 그런 일을 겪고 2년 뒤, 2004년 6월 중동 특집을 제작하려는 KBS의 〈일요스페셜〉 팀과 함께 다시 칸유니스난민수용소에 갔을 때도 똑같은 장소에서 마찬가지로 위협 사격을 받았다. 급히 몸

만 피하면서 현장에 두고 온 TV용 카메라는 총소리를 생생하게 녹음
했고, 그 소리는 〈일요스페셜〉 시청자들에게 그대로 전해졌다.

많은 팔레스타인 사람들이 이스라엘군의 마구잡이 사격으로 목숨
을 잃었다. 가자 중부 지역에 자리한 엘부레이난민수용소 부근에서 길
가던 두 모녀(40대 초반의 엄마와 12살 난 소녀)가 총에 맞아 죽었다는
소식을 듣고 그곳으로 달렸다. 가난한 동네이기 때문일까, 장례식은 너
무도 조촐했다. 유족들은 상복을 입지도 않았고, 조화도 없었다. 유족
들이 눈물을 보이지 않는 것도 인상적이었다. 거듭된 죽음이 그들에
겐 일상적인 삶의 일부로 받아들여지는 그런 모습이었다. 난민촌에서
3km쯤 떨어진 묘지까지 가는 길에 팔레스타인 소년 무함마드(15세)를
태우고 갔다. 소년은 초등학교를 중퇴하고 길에서 토마토 등 과일을 파
는 노점상 아버지를 돕고 있다고 했다. 그는 "이슬람 전사가 돼 이스라
엘군을 죽이는 게 나의 꿈"이라며 작은 주먹을 불끈 쥐어 보였다.

가자 시내로 돌아가는 길. 이스라엘 검문소에서 1km쯤 떨어진 곳에
자리한 팔레스타인 경찰 초소 건물은 이스라엘 탱크의 공격을 받고 완
파된 상태였다. 인상적인 것은 콘크리트 잔해 옆에 팔레스타인 깃발이
먼지를 뒤집어쓴 채 바람에 나부끼고 있는 모습이었다. 문득 백기완 님
이 노랫말을 지은 〈임을 위한 행진곡〉의 "동지는 간 데 없고 깃발만 나
부껴 새날이 올 때까지 흔들리지 말자"라는 노래 가사가 떠올랐다.

여성과 어린이들 특히 상처 심해
1948년 1차 중동
전쟁, 그리고 1967년 3차 중동 전쟁은 수많은 팔레스타인 난민을 낳았

다. 유엔팔레스타인난민구호기구의 통계에 따르면, 난민 숫자는 580만 명에 이른다. 팔레스타인 가자 지구와 서안 지구, 그리고 레바논, 요르단 등 중동 곳곳엔 난민 수용소들이 즐비하다.

지금 팔레스타인 청소년들의 상당수는 난민 수용소에서 태어나, 그곳에서 유년기와 청소년기를 보냈다. 그래서 이스라엘에 대한 적개심을 태생적으로 지니고 있는 상태다. "밤마다 들려오는 총소리에 놀라 잠이 깨 울부짖는 아이들에게 모든 걸 잊고 공부만 하라고 말할 수 있겠는가?" 베들레헴의 한 난민 수용소에서 만난 팔레스타인 가장은 그렇게 탄식했다.

팔레스타인 어린이들은 어릴 때부터 총격과 죽음을 지켜보면서 자란다. 장례식의 절규, 응급차의 사이렌 소리, 병사들의 총소리가 낯설지 않다. 수업 시간에도 창 너머 들려오는 총소리를 들으며 공부를 하는 형편이니, 학업이 제대로 이뤄지기 어렵다. 팔레스타인엔 대학이 모두 7개 있다. 다행히 공부를 잘해 대학을 어렵사리 마친다 해도 취직이 쉽지가 않다. 그들을 받아들일 일자리가 마땅치 않기 때문이다.

"더 이상 잃을 게 없다"는 막연한 형태의 좌절감은 어린 소년들을 거리의 투쟁으로 내몰고 있다. 이스라엘군에게 돌멩이를 던짐으로써 대물림해 내려온 분노를 뱉어내는 상황이다. 시위 현장에서 돌멩이를 던지는 것은 그들의 자연스러운 생활이 돼버렸다. 망설임이란 있을 수 없다. 부모들도 그들을 말리지 못한다. 반항 심리 속에서 어린 시절을 보낸 이들이 하마스 같은 과격 무장 단체에 가입하는 것은 자연스러운 일이다.

가자 시내에서 정신 건강 프로그램을 꾸려가고 있는 신경정신과 전문의인 에야드 엘 사라이 박사(가자 공동체 정신건강프로그램 대표)는

팔레스타인 북부 제닌난민수용소 자리에서 울고 있는 어린이. 주거지는 이스라엘군의 공격으로 초토화됐다.

분쟁 지역의 어린이들이 겪는 정신적 상처를 걱정한다. 사라이 박사는 팔레스타인 소년들을 대상으로 한 설문 조사에서, 12살 팔레스타인 어린이들에게 "6년 뒤 18살이 됐을 때 무엇이 되고 싶냐"는 질문에 3명 가운데 1명(34%)이 "이스라엘군의 억압에 맞서 싸우다 죽는 순교자가 되겠다"고 답변했다고 밝혔다.

　사라이 박사는 "이 지구 사람들의 97%가 이른바 '심리적 외상 후 스트레스 장애(PTSD) 증상을 보이고 있다"고 지적했다. 걸핏하면 이스라엘군이 총을 쏴대고 아파치 헬기에서 미사일이 날아드는 상황에서 가자라는 외부와 철저히 차단된 공간에서 지내다보면 정신적으로 심각한 장애를 일으키기 마련이라는 분석이다. "유엔 등 국제기구나 비정부

기구(NGO) 소속으로 가자 지구에 들어와 일하는 외국인들조차 한 달쯤 지나면 정신적 고통을 호소할 정도"라고 했다.

팔레스타인 여성들의 경우 그 심리적 고통이 심한 편이다. 이슬람 사회는 가부장적인 권위주의 사회다. 여성의 권리란 개념조차 매우 희박하다. 팔레스타인 현지 취재 과정에서 만난 여권 신장 운동가 누하 사바(팔레스타인 여성 단체인 WEP 총무)는 "팔레스타인 여성은 이스라엘의 정치적 억압, 경제 봉쇄에 따른 경제적 어려움, 여기에 덧붙여 가정 폭력까지 3중고에 시달리는 가련한 존재"라며 한탄했다.

문제는 팔레스타인 사회가 정치·경제적 위기에 빠져들면서 그곳 여성들이 더욱 고통을 겪고 있다는 점이다. 일자리를 잃은 남편은 전 같으면 아무것도 아닌 일로도 화를 내며 아내에게 폭력을 휘두른다. 여러 조사 결과는 인티파다 발생 뒤 가정 폭력이 전보다 훨씬 늘어났음을 보여준다. 팔레스타인 여론 조사 기관인 PCPO에 따르면, 응답자의 86%가 여성에 대한 가정 폭력이 늘어났다고 답변했다.

인티파다의 유혈 충돌로 남편을 잃은 팔레스타인 여성들은 주렁주렁 딸린 자식들의 생계를 걱정해야 한다. 그곳 여성들은 흔히 10명 안팎의 아이들을 낳는다. 산아 제한이나 가족 계획이란 개념이 없다. 따라서 한 집안의 가장이 죽을 경우, 아내는 곧바로 생계를 어떻게 꾸려가야 할 것인가의 절박한 생존 문제에 부딪친다. 일제강점기 시절 가난 속에서 인고의 세월을 보냈을 우리 어머니들, 할머니들의 모습이 바로 그들과 같다고 느껴졌다.

왜 하마스가 대안인가

거듭되는 유혈 충돌과 이스라엘의 봉쇄 정책 탓에 팔레스타인은 불황과 가난의 깊은 늪에 빠져들고 있다. 필자와 함께 가자 지구를 다닌 40대 초반의 팔레스타인 운전기사 아흐히야. 그는 가자 시내의 이슬람대학교에서 영문학을 공부한 학사 출신으로 1차 인티파다(1987~1993년) 기간 중엔 이스라엘군에 붙잡혀 2년 동안 감옥에서 지냈다. "풀려난 뒤 이렇다 할 마땅한 직업을 구하지 못해 한때는 날품까지 팔았다"고 털어놓는다. 가자 지구의 많은 이들이 "알라께 기도하는 것 말고는 달리 할 일이 없다"는 게 아흐히야의 우울한 독백이다. 그런 절망이 오늘의 가자 지구를 언제라도 폭발할 가능성이 있는 뇌관으로 키우는 모습이다.

끝을 모르는 중동 유혈 사태의 한 주요 변수는 하마스다. 이슬람 근본주의의 깃발 아래, 팔레스타인 땅에 엄격한 이슬람 국가를 세운다는 목표를 지닌 하마스를 빼고는 중동 사태를 논할 수 없다. '하마스 HAMAS'는 '팔레스타인을 지키는 이슬람교 운동'의 머리글자를 합성한 것이다. 1차 인티파다가 일어나던 해인 1987년, 전직 교사 출신인 셰이크 아메드 야신(1947~2004년)에 의해 조직됐다.

하마스의 조직은 정치 부문과 군사 부문으로 나뉘어 2원적으로 운영되고 있다. '이제디네 알 카삼' 여단으로 알려진 하마스 군사 부문은 강력한 저항으로 많은 이스라엘 사람들을 공포로 몰아넣은 장본인들이다. 정확한 조직원 숫자는 알려지지 않은 상태다.

2000년 9월 말 팔레스타인 민중들의 인티파다가 터진 뒤 '하마스의 자살 폭탄 공격=이스라엘군의 강경 대응'이란 군사적 등식이 중동 정치를 설명하는 하나의 공리公理처럼 자리 잡았다. 하마스는 자살 폭탄 공격을 '순교 작전'이라 부른다. 자살 폭탄 공격자는 '테러리스트'가 아니라 '자유 전사freedom fighter'이자 '순교자'다. 하마스는 2006년 초 팔레스타인 총선에서 승리해 팔레스타인 자치 정부를 장악한 뒤, 하마스 지도자 이스마일 하니야 총리의 입을 통해 더 이상 순교 작전을 펴지 않겠다고 선언했다. 이즈음 우리가 팔레스타인에서 자폭 테러가 일어났다는 소식을 듣지 못한 것도 그런 배경에서다.

이스라엘을 겨냥한 이른바 자살 폭탄 공격이 하마스 활동의 전부는 아니다. 이는 하마스의 주요 활동의 일부다. 가난한 팔레스타인 사람들을 위한 공익사업도 하마스 활동의 주요 부분이다. 하마스는 1987년 창립 이래 학교와 병원을 세우고 빈민들에게 식량을 나눠주는 등 팔레스타인 공동체 지원에 적극 나서왔다. 재정은 해외로부터의 기부금에 의존하고 있다. 사우디아라비아 등 아랍권의 자선 단체들, 그리고 수만 명에 이르는 해외 지지자들이 보내오는 성금이 주요 활동 재원이다. 지지자들은 대체로 수입의 2.5%를 기부한다.

하마스는 이슬람 형제주의에 바탕을 두고, 부패하고 세속적인 팔레스타인 자치 정부 관리들과는 달리 국제 사회의 구호 물품들을 빼돌리지 않고 효율적으로 분배해왔다. 그래서 국제 구호 기관들로부터도 신용을 쌓은 상태다. 가자 지구에서 만난 유엔팔레스타인난민구호기구의 한 실무자는 "하마스를 통해 구호 물품을 전달하면 정확한데, 팔레스타인 자치 정부를 통해 전달하면 누수가 생긴다는 사실을 나중에 알게 되었다"고 귀띔했다.

하마스의 정신적 지도자를 만나다
하마스의 중

심 인물은 창립자인 조직의 '정신적 지도자' 셰이크 아메드 야신과 의사 출신의 압둘 아지즈 란티시(1947~2004년)였다. 그러나 이 두 사람은 2004년 봄 이스라엘군 헬기의 미사일 공격을 받고 숨을 거두고 말았다. 필자는 이들이 죽기 전에 따로따로 두 차례 만나 인터뷰를 했다. 가자 시내에 있는 그들의 집에서였다.

하마스의 정신적 지도자 야신은 카리스마가 강한 지도자였다. 15살 때 사고를 당해 목을 다친 후유증과 하마스 창립 초기인 1989년 이스라엘에 체포된 뒤 7년 동안 옥고를 치른 탓에 하반신과 손가락이 마비됐다. 그는 말을 하는 것조차 자유롭지 못한 상태였다. 그러나 눈빛만은 매우 강했다. 그에게 자살 폭탄 공격으로 이스라엘의 점령을 물리칠 수 있다고 보는가를 물어봤다. 그는 '자살 폭탄 공격'이란 표현이 잘못됐다고 했다.

"미국을 비롯한 서방 언론에서 늘 잘못 표현하는 부분인데, 자살이 아니라 순교다. 이슬람은 자살을 금기시한다. 그들은 자신을 불살라 투쟁하는 것이다. 팔레스타인의 영토 회복과 독립을 위해 흘리는 피는 고귀한 것이다. 당사자의 입장에서 고민하고 생각해보라. 사람 목숨이란 다 귀한 것이다. 당신네 한국이 한때 일본 식민지였다고 알고 있다. 그 시절 일본에 저항했던 운동가를 한국 사람들이 테러리스트라고 부르느냐. 그렇지는 않을 것이다."

야신의 말이 맞다. 조선총독부에 폭탄을 던졌던 독립 투사들을 우리는 '의사'라 부른다. 그러나 일제는 '불령선인不逞鮮人'이라 깎아내렸다. 영어로 옮기면 '테러리스트'인 것이다. 이어지는 그의 말.

"유대인은 나치 학살의 희생자들이지만, 지금 이곳에서 그들이 나치에게 배운 짓을 그대로 저지르는 모습이다. 대대로 살던 사람들을 난

하마스의 정신적 지도자 셰이크 아메드 야신과의 인터뷰.

민으로 쫓아내고, 다시 총으로, 대포로, F-16으로 죽이는 것은 국가 테러나 다름없다. 그들이 우리의 저항 운동을 테러라 부른다면 일종의 '테러 균형'이 이뤄지는 셈이다."

하마스의 최종 투쟁 목표가 무엇인가를 물어보니 "이스라엘이 팔레스타인 점령지에서 물러나도록 하는 것이다. 구체적으로는 1967년 6일 전쟁 이전으로 물러나는 것"이라고 분명히 밝혔다. 유대인들을 지중해로 다 쓸어내려 한다는 것은 이스라엘의 악선전이라고 했다. 그는 또한 미국이 중동 평화를 중재할 수 있다고 보지 않았다.

"알다시피 미국은 해마다 30억 달러에 이르는 군사 원조를 하고 있다. F-16 전폭기를 비롯해 미국이 건네준 무기로 이스라엘은 우리 동포들을 죽이는 상황이다. 미국은 이스라엘의 후원자다. 그러면서 미국이 중동 평화를 말할 수 있겠는가."

하마스의 정신적 지도자 야신이 2004년 3월 이스라엘군 헬기의 미사일 공격에 암살되고 바로 그 한 달 뒤 하마스 지도자 압둘 아지즈 란티시도 똑같이 헬기 미사일 공격으로 죽음을 맞이했다. 나는 그가 죽기 전 가자 시내의 자택에서 두 차례 만났다. 란티시는 이웃 건물들과 다닥다닥 붙은 데다 복잡한 내부 구조를 지닌 4층짜리 건물의 2층에 살고 있어, 이스라엘군이 미사일로 공격하기란 쉽지 않아 보였다. 란티시는 이동 전화기조차 쓰지 않는다고 밝혔다. 이스라엘 암살 요원이 그의 이동 전화기에다 고성능 폭탄을 장치할 가능성에 대비해서였다.

란티시는 1947년생으로 이집트에서 의학을 공부한 소아과 의사다. 1차 인티파다 기간 중인 1980년대 말 이스라엘에 체포돼 2년 반 넘게 감옥에서 지냈다. 그러다 1992년 다른 400명의 팔레스타인 정치범들과 함께 레바논으로 추방됐다가, 오슬로 평화 협정 뒤 다시 고향인 가자로 돌아왔다. 야세르 아라파트를 타협적이라 비난하다가, 1998년엔 팔레스타인 당국에 붙잡혀 2개월 동안 갇혀 지낸 적도 있다.

안경을 썼지만 강인한 인상을 풍기는 란티시는 "우리의 저항은 테러가 아니다. 이스라엘이 팔레스타인 사람들에게 가하는 테러에 대한 저항일 뿐"이라고 주장했다. 란티시는 "폭탄 공격을 자원하는 젊은이들이 인티파다 뒤 줄을 서 있을 정도로 많다"고 주장했다. 하마스는 오사마 빈 라덴의 알 카에다와 연결돼 있지 않고 노선도 다르다. 알 카에다처럼 반미 테러를 저지르지 않는다. 이념적으론 반미라는 공통점을 지녔지만, 하마스에겐 대이스라엘 투쟁이 초점이다.

2004년 봄 들어 하마스 지도자 야신과 란티시를 잇달아 미사일로 암살하는 등 이스라엘 군부가 표적 사살 전략을 강화하면서 하마스는 지하로 들어갔다. 당시 가자 지구의 새로운 하마스 지도자는 50대 중반 나이의 마무드 알 자헤르. 그의 직업은 의사로, 하마스 지도자 야신의 주치의였다. 2006년 하마스가 팔레스타인 총선에서 승리해 하마스 정권이 세워졌을 때 외무부 장관을 맡았다.

나는 자헤르의 병원에서 그를 두 차례 만난 적이 있다. 그는 군사적 불균형이란 관점에서 하마스의 자살 폭탄 공격론을 옹호했다. "F-16 전폭기와 탱크, 그리고 아파치 헬기를 앞세워 공격하는 이스라엘군에 비해 우리가 지닌 무기는 AK-47이 고작이다. 군사력에선 엄청난 불균형이다. 우리 하마스가 죽음을 마다하지 않는 폭탄 공격을 가함으로써 공포라는 면에서는 균형을 이루고 있다." 그의 '공포 균형론'은 하마스 최고 지도자 야신의 '이스라엘 국가 테러와의 균형론'과 같은 맥락이다.

하마스가 이스라엘과의 유혈 투쟁에서 승리할 수 있을까. 이런 물음에 대해 자헤르는 낙관적이었다. 그는 역사적 사실들을 꼽았다. "독립 의지가 강한 민족이 무기를 지닌 민족을 이겼다는 것은 역사가 증명하고 있다. 베트남에서의 미국(1975년 철수), 알제리에서의 프랑스(1962년 철수), 그리고 남부 레바논에서의 이스라엘(2000년 철수)이 그러하다."

이스라엘 강경파들, "독립 국가란 없다"

취재 과정에서 만난 이스라엘 정치인들이나 지식인들은 대부분이 팔레스타인에 대한 적개심을 숨기지 않았다. 유엔 대사(1997~1999년)를 지낸 도어 골드를 예루살렘에 있는 그의 사무실에서 만났다. 골드에게 언제 팔레스타인이 독립 국가로 될 것 같으냐고 묻자, "나는 팔레스타인인들이 독립 국가를 갖는 것을 고려하지 않는다"고 잘라 말했다. 그의 의식 세계엔 이스라엘만이 존재하는 듯했다.

이스라엘의 각종 여론 조사 지표에서 80%쯤이 이스라엘 정부의 강공책을 지지하는 것으로 나타난 현실을 되비추듯, 온건한 이스라엘 지식인들이 설 자리는 좁아 보인다. 텔아비브대학교 부설 야페전략연구소 부소장 에프라임 캄 교수(정치학)는 "우리 지식인들이 다양한 목소리를 낼 때가 적어도 지금은 아닌 것 같다"는 우회적인 발언으로 이스라엘 정부의 강공책에 대한 지지를 나타냈다. 그는 군사적 강공책이 궁극적으로 유효한가에 대해 회의를 나타내면서도 "날마다 자살 폭탄 공격이 이어지는 상황에서 이스라엘의 생존과 보안 문제에 관한 한 우리 지식인들도 방어적일 수밖에 없다"고 말했다.

이스라엘의 보수적 두뇌 집단들이 모여 있는 바르일란대학교의 제럴드 스타인버그 교수(정치학)는 이스라엘 강경파 지식인의 한 표본이다. 스타인버그는 필자와의 인터뷰에서 이스라엘의 팔레스타인 강점에 대한 비판 여론은 전 세계 반유대주의자들의 '음모'에서 비롯된 것이라고 주장했다. "그들(아랍인들)이 우리 이스라엘을 지중해 바닷속으로 수장水葬시키려 하는 음모를 차단하고 이스라엘이 생존하려면, 전략적으로 1967년 6일 전쟁 점령지인 서안 지구와 가자 지구를 무단 통치할 수밖에 없다."

스타인버그 교수는 나아가 "이스라엘 점령지란 없다. 점령에 대해 아랍인들에게 이해를 구해야 할 이유가 없다. 따라서 정착민이란 개념도 잘못된 것"이라는 극단 논리를 편다. 그는 현 상황을 이스라엘과 아랍 사이의 전쟁으로 파악한다. 일단 전쟁이 시작됐으면, 이스라엘 국가를 지킬 권리가 분명해진다는 논리다. 그는 "팔레스타인을 동정하면서 이스라엘을 악마화하려는 전 세계 비판적 지식인들은 알 카에다 테러리스트처럼 대량 살육을 지지하고 있다"는 주장마저 폈다.

이 같은 이스라엘 강공 태세에 대해 팔레스타인 정치인들이나 지식인들은 분노와 좌절감을 숨기지 않았다. 서안 지구 라말라에서 전 팔레스타인 자치 정부 총리 아메드 쿠레이(일명 아부 알라)를 만났더니, "팔레스타인과 이스라엘 사이에 더 이상의 신뢰는 존재하지 않는다"고 한숨부터 내쉬었다. 1993년 오슬로 평화 협정에서 팔레스타인 쪽 실무 책임자였던 쿠레이는 "지금까지의 모든 협상 노력이 소용없게 됐다"며 이스라엘의 무성의와 군사적 폭력을 비난했다.

이스라엘의 평화 운동가들

이스라엘 사람들이 모두 전투적 매파들인 것은 물론 아니다. 일부 지식인들은 팔레스타인 사람들의 생존권을 인정하는 태도를 보였다. 예루살렘 헤브루대학교의 역사학 교수 모세 마오즈는 "이 땅의 영구 평화는 서로가 서로를 인정하는 바탕 위에서 가능하다. 워낙 상황이 나빠져, 팔레스타인 친구들에게 전화 걸기도 조심스럽다"며 안타까워했다.

중동 현지에서 만난 젊은 평화주의자들은 날마다 긴장 속에서 지내던 필자를 잠시나마 편안하게 해주었다. "유대인 정착촌 건설을 중지하라." "난민촌 파괴를 중지하라." "이스라엘은 강공책으로 더 이상 피를 흘리게 하지 마라." "팔레스타인 점령지에서 이스라엘이 물러나야 평화가 온다." 예루살렘 시내 한복판, 하얏트호텔 건너편에서 이 같은 주장을 담은 피켓을 들고 구호를 외치는 한 무리의 젊은이들을 만났다. 그들은 팔레스타인 사람들이 아니다. 이스라엘인들이다. 헤브루대학교 재학생들이 주축이 된 이 50여 명의 작은 시위대는 자신들을 "이 땅의 평화주의자들"이라 여긴다. 이스라엘에선 이들을 흔히 '좌파'로 부른다. 숫자로는 소수다.

이 대학생들뿐 아니다. 이스라엘의 평화주의자들은 "이스라엘이 팔레스타인 사람들과 공존하는 길을 찾아야 한다"는 생각 아래 아리엘 샤론, 베냐민 네타냐후 등 이스라엘 총리들의 팔레스타인 강공책을 비판해왔다. 이들은 '지금 평화Peace Now', 베첼렘 같은 중도 성향의 단체도 있고, 구시 샬롬Gush Shalom, 바트 샬롬Bat Shalom 같은 급진적 단체도 있다. 이들은 이스라엘 정부가 유대인 정착촌을 확대할 움직임을 보인 데 대해 강력히 비판해왔고, 1967년 이전의 경계선으로 이스라엘이 물러나야 중동 땅에 평화가 온다는 현실 인식을 하고 있다. 구시 샬롬의 한 평화 운동가는 "국제법상으로도 이스라엘의 팔레스타인 강점은 불법"이라며 "지금껏 수차례 나온 유엔 결의안들에 따라 이스라엘군이 팔레스타인에서 물러나야 평화가 온다"고 강조했다.

팔레스타인 사람들을 '피억압자'로 만드는 주체는 강경파들이 집권한 이스라엘 정부이지만, 팔레스타인 곳곳에 세워진 검문소를 비롯한 현장의 억압자는 이스라엘 병사들이다. 이스라엘군 규모는 약 63만(정규군 19만 명, 예비군 44만 명)으로 남녀 모두 18세가 되면 병역 의무가 주어진다(남자는 3년, 여자는 2년 복무). 제대를 한 뒤에도 남자는 40세, 여자는 38세까지 예비군으로 1년에 한 번 1주일짜리 동원 훈련을 받고, 3년에 한 번 1개월 동안 실제 군사 작전에 투입된다.

팔레스타인과의 유혈 충돌이 길어지면서, 이스라엘 젊은이들의 양심적 병역 거부는 갈수록 늘어나고 있다. 이스라엘 평화 단체 가운데 하나인 '병역거부자연대네트워크(www.refusersolidarity.net)'에 따르면, 2005년 여름까지 약 1,700명(현역과 예비역을 합친 숫자)이 병역 거부 선언을 했고, 그 뒤로도 숫자는 꾸준히 늘고 있다.

이스라엘의 양심적 병역 거부자에는 "총을 들지 않겠다"며 병역 자체를 거부하는 사람들도 있지만 대부분은 "1967년 국경선 바깥 지역(팔레스타인 서안 지구와 가자 지구, 유대인 정착촌)에서 근무를 하지 않겠다"는 것이다. 이스라엘 국방부는 당사자를 감옥에 보내기도 하지만, 대부분 근무지를 바꿔 조용히 수습해왔다. 2003년 9월 이스라엘 공군 조종사 27명(현역 9명, 예비역 18명)이 "팔레스타인 점령 지역을 폭격하지 못하겠다"며 집단 항명에 나서 커다란 파문이 일기도 했다. 그러한 병역 거부 선언이 나올 때마다 이스라엘의 보수 언론 매체들이나 정치인들은 '반역자', '배신자' 소릴 쏟아부었다.

오슬로 평화 협정 정신은 어디로

돌이켜보면, 이스라엘은 1967년 6일 전쟁으로 팔레스타인 서안 지구(요르단 관할)와 가자 지구(이집트 관할)를 점령한 뒤 일제강점기 시절 일본인들의 무단 통치를 똑 닮은 강압책을 거듭해왔고, 팔레스타인 곳곳에 유대인 정착촌을 세워나갔다. 일제강점기 시대에 일본인들이 조선총독부가 대준 정착 지원금을 밑천 삼아 한반도 곳곳에 자기네들 부락을 세워나가면서 경작지를 빼앗는 강도짓을 일삼은 일을 생각하면, 얼마나 분통 터지는가. 바로 그런 일들이 중동에서 벌어져왔으니, 팔레스타인 사람들의 인티파다는 당연하다는 느낌마저 든다.

팔레스타인과 더불어 살아야 한다는 생각을 지닌 이스라엘 사람들은 평화 협상을 통해 유혈 사태를 끝내야 한다고 여긴다. 그러나 이스라엘 강경파들은 평화 협상 자체를 반대하는 입장에 서왔다. 그들에게 오슬로 평화 협정(1993년)은 이스라엘의 국가 이익을 아랍인들에게 빼앗긴 치욕적인 사건이다. 알려진 바처럼, 1993년 오슬로 평화 협정(공식 이름은 '잠정적인 팔레스타인 자치 원칙 선언')은 이른바 '땅과 평화의 교환'(팔레스타인에게는 땅, 이스라엘에게는 평화)을 위해 단계적으로 팔레스타인 자치를 넓혀나가는 내용을 담고 있다. 그러나 안타깝게도 흔히 말하는 중동 평화를 위한 이정표road map는 그동안 잇단 유혈 충돌로 말미암아 이미 휴지가 돼버렸다.

동예루살렘 영유권 문제, 난민 귀환 문제 등은 워낙 민감한 사안들이라 이스라엘-팔레스타인 양쪽의 입장 조율이 매우 어려울 것으로 보인다. 눈엣가시 같던 팔레스타인 지도자 야세르 아라파트와 하마스의 정신적 지도자 셰이크 아메드 야신이 사라진 지금, 이스라엘 강경파들의 중동 지배 전략은 '군사적 우위에 바탕한 현상 유지'로 요약된다. 이란이 핵무기를 개발해 이스라엘이 지키고 있는 중동 지역의 군사적 우위가 깨지는 것도 바라지 않는다. 1967년 6일 전쟁에서 승리하여 팔레스타인을 군사적으로 점령한 뒤 오늘에 이른 상황을 그대로 유지하면서, 가능한 한 시일을 끌며 팔레스타인 지역에 더욱 많은 유대인 정착촌을 세워 이스라엘 영토를 사실상 넓혀간다는 것이 이스라엘의 장기 전략이다.

팔레스타인 독립 국가 건설이라는 팔레스타인인들의 오랜 희망이 이뤄지지 않는 한, 중동에서의 유혈 투쟁은 피하기 어렵다. 그렇다면 중동 땅에 언제 유혈 사태가 그치고 팔레스타인 독립 국가가 출현할 것인가. 기본적으로 두 가지 큰 변화가 따라야 할 듯하다. 첫째, 친이스라엘 일방주의에서 벗어난 좀 더 중도적인 정권이 워싱턴에 들어서야 한다. 둘째, 이스라엘에 팔레스타인과의 공존을 인정하는 평화 지향적 정권이 들어서야 한다. 위의 두 가지 조건이 함께 채워질 경우에만 중동 평화 협상에 희망이 있다. 그렇지 않고는 마치 낙타가 바늘구멍으로 들어가기보다 어렵다는 중동의 속담처럼 팔레스타인 독립 국가 탄생을 바라기는 어려워 보인다.

"국제 평화유지군 파병하라"

이 글의 결론은 이스라엘이 점령 중인 팔레스타인 지역에 국제 평화유지군 파병이 시급하다는 것이다. 이는 이 지역의 유혈 사태를 막을 수 있는 거의 유일한 대안이다. 이스라엘과 그의 동맹국인 미국은 이스라엘 주권 침해를 이유로 손사래를 치며 반대하지만, 팔레스타인 영토에 대한 주권 행사를 점령자인 이스라엘이 고집할 수는 없는 노릇이다. 지구상에는 많은 유엔평화유지군이 나가 있다. 중동 지역에 유엔평화유지군이 파병된 전례가 없는 것도 아니다. 이스라엘-이집트 접경지대인 시나이반도(이집트령)가 그러하다. 팔레스타인 지역에 평화유지군이 발을 들여놓지 못할 이유가 없다.

문제는 미국이다. 유엔안보리에서 평화유지군 파병이나 전쟁 범죄 조사 등이 논의될 때마다 미국은 거부권을 행사해 이스라엘에 불리한 결의안 통과를 막았다. 미국의 친이스라엘 일방주의는 중동 평화의 걸림돌로 꼽힌다. 1947년 유엔이 이스라엘-팔레스타인 분할안을 낼 때 예루살렘은 그 어느 쪽 영토도 아닌 국제도시로 설정되었다. 그럼에도 미국은 이스라엘 건국 70주년인 2018년 5월 14일 대사관을 텔아비브에서 예루살렘으로 옮겨 거센 비난을 불렀다. 언젠가 들어설 독립 국가의 수도로 동예루살렘 말고 다른 대안이 없다고 여기는 팔레스타인 사람들은 분노를 곱씹는 중이다.

이스라엘이 미국의 묵인 아래 유대인 정착촌을 팔레스타인 서안 지구 곳곳에 마구 늘려나가는 것도 유혈 분쟁의 큰 불씨다. 유대인 정착민은 1993년 오슬로 평화 협정 이후로도 크게 늘어나 현재 65만 명에 이른다. 이스라엘 강경파들은 서안 지구 정착촌을 아예 이스라엘 영토로 합병할 기세다. 팔레스타인 원주민들의 저항은 거셀 수밖에 없다.

분쟁 해결을 위한 일반 이론 가운데 전쟁 피로war weariness 이론이 있다. 전쟁으로 많은 희생자를 내 지쳐 있는 상태에서, 어느 쪽이든 이긴다는 희망이 보이지 않을 때 전투 행위가 그치고 평화가 깃든다는 이론이다. 전쟁 피로 이론은 이스라엘-팔레스타인 분쟁에도 적용될 수 있다. 바깥에서 보면 팔레스타인 쪽이 더 지쳐 보일 것이다. 날마다 이어지는 이스라엘의 강공책에 팔레스타인은 쑥대밭이 됐다. 경제도 엉망이다. 그러나 10여 차에 걸친 중동 현지 취재 경험에 비추어보면, 팔레스타인 사람들이 지친 것 같지는 않다. 그들은 "이제 더 이상 잃을 것도 없다"는 생각으로 이스라엘 점령 정책에 저항하는 모습이다.

팔레스타인-이스라엘 분쟁을 읽는 이스라엘 쪽 코드는 '신이 유대인에게 약속한 땅'이다. 배타적인 종교적 믿음이다. 팔레스타인 쪽 코드는 두 가지다. 좌절과 분노다. 더 이상 잃을 것도 없기에 죽음을 무릅쓴 팔레스타인의 투쟁은 이스라엘을 지치게 만들고 있다. 자신의 양심에 따라 팔레스타인 점령 지구에서의 군 작전에 동원되는 것을 거부하는 이스라엘 젊은이들이 갈수록 늘어나는 것도 눈여겨볼 일이다.

지금 이 시간에도 중동 땅은 피가 피를 부르고 있다. 결론은, 이스라엘군의 불법적 팔레스타인 점령이 끝장나지 않는 한 중동 평화는 어렵다는 것이다. 팔레스타인 사람들은 저항할 수밖에 없는 그들 나름의 충분한 이유가 있다고 여긴다. 하마스를 비롯한 팔레스타인의 저항, 그리고 이를 무력으로 누르려는 이스라엘의 강공책은 쳇바퀴 돌듯 계속될 것이다.

중동 평화와 더불어 팔레스타인 독립이 실현되길 바라며, 텔아비브 공항으로 지친 발걸음을 옮겼다. 떠날 때도 공항 보안 요원에게서 "누굴 만났느냐, 무슨 얘길 나눴느냐, 어디서 잤느냐……" 등등 정신적 고문에 가까운 짜증나는 심문을 받았다. 지난날 일제강점기 시절 우리의 아버지 어머니도 35년의 암담한 세월을 보냈지만, 팔레스타인은 훨씬 더 긴 세월을 고민 속에 지내는 중이다. 지금의 여러 상황을 돌아보면, 팔레스타인 사람들의 눈물이 멈출 날은 언제가 될지 모른다는 우울한 생각을 하며 중동 현지를 떠났다.

Afghanistan

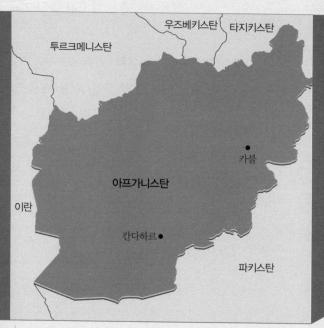

우즈베키스탄   타지키스탄
투르크메니스탄

카불

아프가니스탄

이란

칸다하르

파키스탄

2장

아프가니스탄

40년 전쟁에 메마른 땅, 이제 봄은 오는가

■ **기본 정보** _ 국토 면적: 640,000㎢(한반도의 3배). 인구: 3,800만 명(파슈툰족 42%, 타지크족 27%, 우즈벡족 9%, 하자라족 9%, 기타 13%). 종교: 이슬람교 99.7%(수니파 85~90%, 시아파 10~15%). ■ **누가 왜 싸웠나** _ 오사마 빈 라덴의 알 카에다 조직원들이 2001년 9·11 테러를 일으키자 미국은 그 보복으로 탈레반 정권을 무너뜨렸다. 미국은 테러와의 전쟁을 벌인다고 주장한 반면 탈레반 잔존 세력은 외세에 맞선 투쟁을 벌인다고 주장했다. ■ **전쟁 희생자** _ 2001년 10월 개입부터 2021년 8월 철수까지 20년 동안 미국은 2,324명의 미군 병력을 잃었다. 또한 5만 명 가까운 비무장 민간인들을 포함해 모두 17만 명쯤이 사망했다. 미국 보안 기업 소속으로 경비 수송 등을 맡았던 일반 미국인 3,917명, 나토 주축의 국제안보지원군(ISAF) 1,144명, 아프간 군경 7만 명, 탈레반 무장 대원 5만 3,000명이 포함된 수치다. 또한 많은 민간인들이 미군 오폭으로 죽었다. ■ **난민** _ 20년 내전과 2001년 미국의 침공을 겪으면서 270만 명의 난민이 파키스탄과 이란 등으로 갔다. 유엔난민고등판무관실(UNHCR)에 따르면, 탈레반 정권이 무너진 뒤 많은 난민들이 다시 아프가니스탄으로 돌아왔다. ■ **지금은?** _ 미국은 '아프간 수렁'에서 빠져나오려고 탈레반과 협상을 벌인 끝에 2021년 단계적으로 철수했다. '신탈레반'과 그에 동조하는 무자헤딘(이슬람 전사)들은 게릴라전으로 끈질기게 투쟁하다가 2021년 8월 15일 수도 카불을 되찾고 전쟁 승리를 선언했다.

2021년 8월 극적인 변화의 바람이 아프간을 뒤흔들었다. 카불 친미 정권이 무너지고 탈레반이 20년 만에 권력을 되찾은 것이다. 미국인들은 서둘러 카불에서 철수했다. 많은 아프간 사람들도 카불국제공항에 도착한 마지막 미군 수송기를 타려고 활주로를 내달렸다. 그런 모습을 TV로 지켜보면서 1975년 베트남 사이공(지금의 호치민)의 모습이 떠올랐다. 미 대사관 옥상을 떠나려는 마지막 헬리콥터를 타기 위해 안간힘을 쓰던 사람들의 그 처절했던 광경. 슬프고도 잔혹한 피의 길고 긴 기록들을 남긴 채 그렇게 아프가니스탄의 40년 전쟁은 탈레반의 승리로 막을 내렸다.

'전쟁의 신神'이 있다면, 20세기 후반기와 21세기 초반기의 아프가니스탄은 바로 그 전쟁의 신에게 저주받은 땅이 아닐까 하는 생각이 든다. 지난 40년 동안 아프가니스탄을 읽는 코드는 파괴와 살육 그리고 절망이다. 1980년대 10년 동안 옛 소련군을 상대로 전쟁을 치렀고, 1990년대 전반기에는 지방 군벌들이 수도 카불을 차지하기 위해 치열한 내전을 벌였다. 그 내전의 최종 승자가 바로 '탈레반'이란 이름 아래 총을 들고 뭉친 젊은 이슬람 신학생들이었다.

2001년 9·11 테러로 아프가니스탄에는 또다시 전쟁의 회오리가 불었다. 미국은 아프가니스탄을 침공하여 오사마 빈 라덴의 알 카에다 근거지를 쳐부수고, 빈 라덴을 보호하던 탈레반 정권을 무너뜨렸다. 그 뒤 수도 카불에는 친미 정권이 들어섰다. 하지만 아프간 국민들은 미국에 의존하는 부패한 카불 정권에 등을 돌리고 오히려 탈레반을 지지하는 분위기로 돌아섰다. 이에 탈레반 잔존 세력은 '신탈레반'이란 이름을 얻을 만큼 미국과 친미 정권에 위협적인 존재로 세력을 키워갔다.

미국의 아프간 전쟁 비용은 이라크보다 더 들었고 미군 사상자도 늘어만 갔다. 미국은 전세를 뒤집기 위해 병력을 10만 명으로 늘려 공세를 강화하기도 했으나 눈에 띄는 성과를 거두지는 못했다. 부패하고 무능한 친미 카불 정권의 정치-군사 지도자들은 해외 지원금을 떼먹는 데만 유능했다. "미국은 아프간 수렁에 빠졌다"는 지적이 나올 수밖에 없었다. 결국 탈레반은 20년 동안의 끈질긴 투쟁 끝에 2021년 8월 15일 수도 카불을 되찾았다.

"전쟁은 끝났다지만, 나는 내전 중"　　하늘에서 내려다본 아프가니스탄은 산에 제대로 자란 나무가 거의 없는 황량한 모습이었다. 온통 민둥산으로 자연의 축복과는 거리가 먼 환경이었다. 그런 척박한 환경에서 오랫동안 전쟁이 벌어져서일까, 아프간 사람들의 민심은 무척 메말라 보였다. "자식이 싸움터에서 또는 병으로 죽었다 해도 그 어미가 좀체 울지 않는 곳이 아프가니스탄"이란 말은 오랜 전쟁에 지친 현지인들의 정서를 압축적으로 나타내는 듯하다.

탈레반 정권이 무너지고 얼마 뒤인 2002년 1월, 수도 카불에서 65km 떨어진 바그람공항에 내렸다. 그때 받은 첫 느낌은 썰렁했다. 갈색 잡풀투성이의 황량한 들판 한가운데 세워진 바그람공항은 1980년대에 아프가니스탄을 침공했던 옛 소련군이 쓰던 군사 비행장이었다. 그래서일까, 대합실조차 없었다. 공항에서 수도 카불로 가는 1시간쯤의 길은 오랜 전란의 흔적을 그대로 보여주었다. 도로 곳곳에는 파괴된 채 버려진 탱크들, 포격을 받아 지붕이 무너져 내린 집들이 흉가처럼 늘어서 있었다.

1960년대 베트남 전쟁에서 미군의 공습은 하노이를 비롯한 베트남 북부 지역을 석기 시대로 되돌렸다는 평가를 받았다. 아프가니스탄도 마찬가지였다. 수도 카불을 비롯해 곳곳이 오랜 내전에다 미군의 공습으로 처참하게 파괴됐다. 마치 로마 시대에 화산에 덮였다 발굴된 이탈리아 폼페이 유적처럼 지붕이 날아가고 벽이 허물어진 을씨년스러운 모습이었다.

수도 카불의 분위기는 어두웠다. 거리엔 많은 전쟁고아들이 폐품을 주우러 다니고, 전쟁미망인들이 누더기 부르카를 쓴 채 이슬람 사원 앞에 늘어앉아 동냥을 하고 있었다. 파키스탄이나 이란에서 돌아온 난민들 가운데 상당수는 옛집이 전란으로 파괴된 상태라 또다시 천막살이 신세였다. 천막 둘레에 흙담을 둘러 찬 기운이 스며드는 걸 겨우 막는 난민촌의 풍경은 황량했다.

아프가니스탄은 '종족 분쟁의 나라'라는 오명을 지녔다. 최대 종족은 파슈툰족(아프가니스탄 인구의 42%). 이들은 1996년부터 오사마 빈라덴의 9·11 테러가 일어난 2001년까지 아프가니스탄을 지배한 탈레반 정권의 지지 기반이었다. 하지만 파슈툰족 말고도 여러 종족이 있다. '북부동맹'이란 이름의 반탈레반 연합 전선을 구축했던 타지크족(27%), 하자라족(9%), 우즈벡족(9%), 그 밖의 여러 군소 종족이 뒤섞여 산다. 이들은 서로 다른 역사적, 종교적 배경(하자라족은 시아파 무슬림, 나머지는 모두 수니파 무슬림)과 언어를 바탕으로 이해관계에 따라 갈등과 협력을 되풀이하며 유혈 충돌을 벌여왔다.

1989년 소련군이 아프가니스탄 땅에서 물러나고 1992년 봄 친소 모하마드 나지불라 정권이 무자헤딘의 공격으로 붕괴된 뒤에도 아프가니스탄에는 평화의 여신이 미소를 보내지 않았다. 타지크계 마수드 장군, 우즈벡계 도스툼 장군, 하자라계 마자리 장군이 카불을 3등분하고, 치열한 세력 다툼을 벌였다. 마수드 장군 밑에서 사령관을 지낸 모하마드 굴 아유브왈은 "파괴 뒤에 올 재건 부담 같은 것을 고려하기보다는 눈앞의 군사적 승리가 먼저였다"고 안타까워했다.

국제사면위원회(앰네스티인터내셔널) 자료에 따르면, 군벌들 사이의 무차별 살육전으로 카불 시민 2만 5,000명이 희생당했다. 카불 공방전은 새로 떠오른 탈레반 세력이 1996년 카불을 장악한 뒤에야 그쳤다. 하지만 북쪽으로 도망쳤던 어제의 적들은 반탈레반 연합으로 다시 뭉쳐 '북부동맹'을 결성했다. 이들은 2001년 9·11 테러 한 달 뒤 미군의 지원 아래 탈레반 정권을 무너뜨리고 친미 정권을 세웠다. 9·11 테러의 비극을 세력 확장의 기회로 잡은 셈이다.

오랜 전쟁을 겪은 지역의 우울한 초상은 전쟁 부상자다. 카불 시내 곳곳에서 목발을 짚고 다니는 장애인들을 만날 수 있었다. 마치 6·25 전쟁을 치렀던 1950년대의 한국 풍경을 연상케 했다. 국제적십자사(ICRC)가 운영하는 전쟁피해자재활센터를 가보았다. 그곳에서는 팔다리를 잃은 사람들에게 무료로 의족이나 의수를 만들어주고 걸음걸이

파괴된 집과 무덤들. 40년 전쟁의 유산이다.

연습을 시킨다. 2000년 봄 아프리카 시에라리온 현지에서 반군에게 손목을 잘린 사람들을 만났을 때와 마찬가지로 안타까운 마음이 들었다. 1차 산업인 농업이 중심인 나라에서 손목, 발목을 잃는다는 것은 곧 생활 능력을 잃는 것을 뜻한다. 그곳에서 만난 압둘레인 코히스터니(28세)는 카불국제공항 부근에서 지뢰를 밟아 왼쪽 다리를 잃고 복부를 다쳐 40번이나 수술을 받았다. "지금도 후유증으로 오줌 누는 것조차 너무 힘들다. 아프가니스탄에서 큰 전쟁은 끝났다고 하지만, 나는 아직 내전 중이다"라고 말하는 그의 얼굴은 어둡기만 했다.

오늘의 아프가니스탄이 지닌 고민은 지뢰와 불발탄(UXO) 제거 문제다. 미국 공군기가 뿌린 집속탄Cluster Bomb 가운데 상당수의 불발탄이 아프간 민초들에게 큰 위협이다. 집속탄 가운데 많은 것이 터지지 않았다. 어린아이들이 들판에서 놀다가 목숨을 잃거나 크게 다치는 일이 잦다. 카불 시내 전쟁피해자응급병원에서 일하는 이탈리아 의사는 "피해자들 가운데 어린이들이 많다"고 안타까워했다.

캄보디아와 마찬가지로 아프가니스탄의 지뢰 문제는 심각하다. 전 세계적인 지뢰 위험 국가가 아프가니스탄이다. 오랜 내전을 거치면서 여러 파벌들이 저마다 지뢰들을 심어놓은 바람에 지뢰 지도도 없다. 600~700만 개의 지뢰가 땅속에 묻혀 있다고 짐작할 뿐이다. 1997년 노벨 평화상 수상 단체인 국제지뢰금지운동(ICBL)은 앞으로 적어도 400년이 지나야 아프가니스탄 땅에 뿌려진 지뢰를 제거할 수 있다고 추산한다.

정권 따라 바뀐 대학 커리큘럼

1994년 봄 마드라사(이슬람 학교)의 젊은이들이 주축이 된 탈레반 세력이 칸다하르에서 봉기했을 때 많은 사람들이 지지했다. 물라 모하메드 오마르를 비롯한 탈레반 창립 요원들이 칸다하르에서 두 여자를 강간한 지역 사령관을 잡아 탱크에 목매달아 죽일 때 아프가니스탄 사람들은 박수를 보냈다. 아지즈 아메드 라흐만드 카불대학교 교수(역사학)는 "탈레반이 카불 시민들의 환영을 받은 것은 무엇보다 평화와 안전을 가져다주리라는 기대감에서였다"고 말했다. 적어도 탈레반은 민간인 재산을 마구 약탈해 '카펫 도둑'이란 악명을 지닌 군벌 병사들과는 달리 민폐를 끼치는 일을 삼갔다. 탈레반은 미소년 하나를 서로 차지하려고 전투를 벌이던 탐욕스러운 지방 군벌의 군대와는 달랐다. 오히려 동성애는 범죄로 낙인찍혀 팔다리가 잘렸다. 탈레반은 이슬람 종교의 도덕적인 엄격함을 바탕으로 아프가니스탄을 통치했다.

그러나 탈레반은 이슬람 근본주의를 극단적으로 적용하면서 아프가니스탄 사람들의 지지를 잃었다. 음악을 퇴폐적이라며 못 듣게 했고, 남자들은 수염을 기르도록 강요했으며, 여자들은 바깥나들이 때 반드시 부르카를 걸치도록 했고, 여성의 교육 기회와 직업 활동의 기회를 빼앗았다. 현지에서 만난 지식인들의 말을 모아보면, 탈레반의 실패는 전근대적인 신정 정치를 21세기 문턱에서 국가 통치에 적용하려고 했던 데서 비롯된다.

카불대학교 아크바르 칸 교수(행정학)는 탈레반 시절엔 행정 개념이 없었다고 말한다. 근대적인 정부의 행정 체계란 게 허울만 있었을 뿐이고, 내용적으론 신정 정치였다는 게 칸 교수의 진단이다. "탈레반은 이슬람 지식은 풍부할지 몰라도 행정 경험은 전혀 없는 전사들이다. 그럼에도 그들은 전문가들을 믿지 않았다. 교수들이 행정 개혁 관련 보고서를 내면 먼저 의심했고, 귀를 기울이려 하지 않았다. 몇몇 동료 교수는 체제를 불안정하게 만들려 했다는 혐의로 투옥됐다." 대학교수, 의사를 비롯한 많은 지식인들이 하나둘씩 아프가니스탄을 빠져나가 국가를 건강하게 떠받칠 전문 인력이 증발해버렸다.

카불대학교는 아프가니스탄 최대의 대학이다. 한때는 학생 수 1만 명에 전임교수 350명(14개 학과)으로 붐비던 곳이다. 그곳 교수들에 따르면, 1970년대 초반까지만 해도 카불대학교는 미국 컬럼비아대학교 등 외국의 명문 대학들과 교류 관계를 맺는 등 활발한 학문의 중심터였다. 그러나 1973년 자히르 샤 국왕이 쿠데타로 물러난 뒤로 정치적 격변을 겪을 때마다 강의 교과목들이 바뀌었다. 1980년대 10년 동안의 친소 나지불라 정권 시절엔 마르크스-레닌주의 관련 강좌들이 늘어났다. 모하마드 아크람 무크히르 교수(사회학)는 "정치학과 경제학, 철학 강좌는 마르크스주의 일색"이었다고 말한다. 친소 정권이 무너진 1992년 봄 이런 강좌들은 거의 폐지됐고, 남아 있더라도 내용이 확 바뀌었다.

1996년 탈레반이 카불을 점령하자 카불대학교는 다시 한 번 큰 변화를 겪었다. 물라mullah라고 일컬어지는 이슬람 율법학자 150명이 카불대학교 전임교수로 부임해왔다. 모든 학생은 1주일에 10시간씩 이슬람 율법을 의무적으로 수강해야 했다. 무크히르 교수는 "그때 많은 학생과 교수들이 카불대학교가 신학교로 바뀌었다는 말들을 했다"고 밝혔다. 대학 도서관에 있는 마르크스주의 관련 사회과학 서적, 서양 문학 서적 등 비이슬람적인 서적들이 집중 폐기된 것도 탈레반 시대의 일이었다.

탈레반은 여성에 대한 교육 기회도 인정하지 않았다. 1996년 당시 카불대학교에는 100여 명의 여성 교수와 3,500명의 여학생이 있었으나 모두 학교를 떠나야 했다. 탈레반 정권이 무너진 뒤 여교수와 여학생들은 복직과 복학 절차를 밟았다. 카불대학교에서 취재를 마치고 떠나려는데, 한 무리의 여성들이 부르카를 입은 채 학교 정문으로 들어서는 모습이 보였다. 이들에게 5년에 걸친 탈레반 통치(1996~2001년)는 '잃어버린 시간'이었을 것이다.

아프간 여성에 대한 탈레반 정권의 억압을 말할 때 흔히 떠올리는 것이 부르카다. 얼굴의 눈 부분만 빼고는 온몸을 덮는 아프가니스탄 특유의 전통 의상이다. 탈레반 정권이 무너진 뒤 일부 젊은 여성들은 부르카를 벗고 다녔지만, 그래도 많은 여성들이 부르카를 입었다. 카불대학교 굴람 하비브 교수(역사학)는 "서구 사회의 기준으로 보면 답답해 보일지 모르나 그것은 어디까지나 그들의 시각일 뿐"이라고 말했다. 탈레반의 여성 억압의 상징으로 부르카를 꼽는다면, 많은 아프간 여성들이 전통 의상으로 부르카를 즐겨 입는 현실을 설명할 수 없을 것이다.

압둘라 외무, "미군은 곧 떠난다"

탈레반 정권을 무너뜨린 뒤 미국이 새 지도자로 세운 하미드 카르자이(1957년생)는 미국 석유 재벌 유노칼Unocal의 컨설턴트 경력을 지녔다. 유노칼은 투르크메니스탄-아프가니스탄-파키스탄-인도를 잇는 총 규모 20억 달러의 센트개스CentGas 프로젝트를 추진하다가 1998년 미국-아프가니스탄 관계 악화로 중단했다. 영어권인 파키스탄과 인도에서 공부를 해 영어가 능통한 카르자이에게 9·11은 기회로 다가왔다.

카르자이는 미국의 아프간 공습이 시작되고 그다음 날 미국 중앙정보국(CIA) 요원과 연락할 위성전화를 품고 파키스탄에서 아프가니스탄으로 잠입했다. 그는 CIA가 비행기로 떨어뜨려준 무기와 달러 뭉치로 아프가니스탄 부족들을 구워삶아 탈레반에게서 등을 돌리도록 공작에 나섰다. 소수의 미군 특수 부대원들이 늘 그의 곁을 지켰다. 『워싱턴 포스트』기자 밥 우드워드에 따르면, CIA는 탈레반 정권에 등을 돌리도록 아프간 지방 군벌들을 구워삶는 데 7,000만 달러를 뿌렸다(CIA는 이라크 전쟁에서도 군부 장성과 부족·종교 지도자들을 매수하는 데 2억 달러의 예산을 배정했다).

카불의 이슬람 사원 앞에서 구걸하는 전쟁미망인들.

국제적십자사가 운영하는 전쟁피해자재활센터에는 나이 어린 지뢰 부상자들도 많다.

카르자이 대통령 시절 외무부 장관을 지낸 압둘라 압둘라(그는 탈
레반군에 맞서 싸웠던 북부동맹의 주력군인 타지크족 출신이다)에게 장
관 집무실에서 '9·11 테러가 없었다면 미국은 지금도 팔짱을 낀 채 아
프간 내전을 구경만 하고 있었을까'를 물어봤다. 그는 생각을 정리하는
듯 뜸을 들이다가 이렇게 대답했다.

"국제 관계란 어차피 이해관계에 따라 움직이는 것이다. 지난 일보다
는 앞으로가 중요하다고 본다. 미국은 우리 북부동맹과 손을 잡고 탈
레반을 무너뜨렸다. 현재로선 미국은 우리의 최대 우방이다. 우리 아프
간인들은 자주 독립 정신이 강하지만, 미국이 세계 강국으로서 아프가
니스탄 재건 사업에 기여를 할 것으로 기대하고 있다."

미군의 아프가니스탄 장기 주둔 가능성에 대해 묻자, 압둘라 장관은
"어느 나라든 외국군이 장기간 주둔하는 것은 모양새가 좋지 않다. 테
러와의 전쟁이란 특수 상황에서 외국군이 들어와 있는 것이니, 상황이
정리되는 대로 외국군의 아프간 주둔은 끝날 것으로 본다"고 말했다.
압둘라는 2021년 8월 카불 정권 패망 당시 정부의 2인자 자리인 최고
행정관(국무총리)이었다. 그와의 인터뷰 이후 미군 철수가 이뤄지기까
진 20년이 흘렀다.

미국이 져야 할 아프간 내전 책임

전 카불대학교
교수 아지즈 아마드 파니시리(지정학)는 탈레반 정권의 압박을 피해 5
년 동안 이웃 나라인 이란에 머물렀다. 아프간 외무부 청사에서 만난
그는 "아프가니스탄의 지정학적 특징이 오늘의 비극을 불렀다"고 진단

했다. "아프가니스탄은 오래전부터 옛 소련에게 인도양으로 통하는 회랑回廊이라는 점 때문에 이를 막으려는 미국, 그리고 파키스탄과 이란 사이에서 각축전의 대상이 돼왔다. 중앙아시아를 지배하려는 주변 열강의 야심이 아프가니스탄을 내전의 도가니로 몰아넣고 희생시켰다."

아프가니스탄을 전쟁의 화염 속으로 몰아넣은 것은 외부 요인이 매우 크다. 미국과 소련을 양축으로 한 지난 동서 냉전 시대의 희생자라고 할 수 있다. 10년 동안(1979~1989년) 무자헤딘들은 미국의 지원을 받으며 옛 소련군과 싸워 이겼다. 하지만 동서 냉전이 끝난 뒤 전략적 가치가 없어지자 아프가니스탄은 미국의 관심에서 멀어졌다. 아프리카 수단에 머물던 오사마 빈 라덴이 1996년 아프가니스탄에 근거지를 마련할 수 있었던 것도 따지고 보면 이런 무관심에서 비롯됐다. 이와 관련하여 카불대학교 아지즈 아메드 라흐만드 교수는 다음과 같이 비판했다.

"1980년대 미국 중앙정보국이 무자헤딘들에게 물량 지원을 하면서 아프간 내전에 개입한 것은 동서 냉전 당시 옛 소련의 세력이 서남아시아에 침투하는 것을 막기 위해서였다는 점을 아프간 사람들은 잘 알고 있다. 1989년 소련군이 물러나자, 미국도 아프가니스탄을 떠나며 전후 복구를 위한 재정 지원조차 외면했다. 그 결과는 한정된 자원을 둘러싼 군벌들끼리의 무자비한 각축전이었다. 미국은 이런 아프간 내전에 나름의 책임을 느껴야 한다."

9·11 테러 이후 미국이 아프가니스탄에 다시 개입한 것에 대해서도 현지 지식인들은 "아프가니스탄보다는 미국의 국가 이익에서 비롯된 개입"으로 본다(카불대학교 경제학과 타지 모하메드 아크바르 교수). 9·11 테러가 발생하지 않았다면, 미국은 여전히 아프가니스탄을 외면

했을 것이란 지적이다. 지난날 미국이 이슬람 반군(무자혜딘)을 대리전쟁proxy war의 도구로 이용하다가 소련군 철수 뒤 덩달아 철수했던 만큼 그 해묵은 빚을 아프간 국가 재건이란 측면에서 갚아야 한다는 논리다.

그러나 9·11 이후에도 미국인들 가운데 아프가니스탄에 대한 책임을 말하는 사람은 드물었다. 9·11 테러의 피해 부분을 강조했을 뿐이다. 1991년 걸프전 당시 바그다드에서 미군 공습을 생중계한 일로 유명해진 기자가 CNN의 피터 아네트이다. CNN을 그만두고 프리랜서 기자로 일하던 그가 나와 같은 호텔에 묵고 있었다. 그런 인연으로 함께 카불 북쪽 지방에 가득한 지뢰밭 취재를 다녀오던 날 저녁, 그에게 슬며시 '미국의 아프간 책임론'을 꺼내봤다. "1980년대에 미국이 아프가니스탄에 대리전쟁으로 개입했다가, 소련군이 물러나자 아프가니스탄을 팽개치는 바람에 오늘 같은 사태가 났다고 보지 않는가?" 노련한 아네트는 질문의 속뜻을 알아채고 입을 다물었다. 그런데 그 곁에 있던 30대 중반의 한 미국 기자가 내뱉듯 말했다. "나는 미국이 지구상에서 일어나는 불행을 모두 책임져야 한다고 생각하지 않는다." 그의 귀엔 "미국 언론이여, 편견을 버려라" 하는 제3세계의 외침이 들리지 않을 것이다.

아프간 전쟁의 3단계

40년을 끌어온 아프간 전쟁을 어떻게 규정할 것인가는 매우 논쟁적이다. 어떤 시각을 지녔나에 따라 전혀 다르게 보이는 까닭이다. 이를테면 지난날 소련이 아프가니스탄을 침공했다고 보는 것이 미국을 비롯한 서방의 시각이다. 그에 반해 소련의 입장에선 침공이 아니라 당시 사회주의 정부였던 아프간 정부를 돕기 위한 원군이었고, 반군으로부터 질서를 잡기 위한 평화유지군이었다. 21세기의 전쟁도 마찬가지로 논쟁적이다. 미국의 시각에선 '테러와의 전쟁'이지만, 탈레반 시각에선 침략군인 미군과 친미 괴뢰 정부를 쓰러뜨리고 자주적 이슬람 정권을 세우려는 '성전'이다.

아프간 전쟁을 크게 3단계로 나눌 수 있다. 1단계는 1979년부터 1989년 사이의 10년 전쟁이다. 1978년 누르 모하마드 타라키가 쿠데타로 집권하며 친소 성향의 급진적인 근대화 개혁에 나서자 보수적인 이슬람 세력이 반발하고 나섰다. 무신론자들에게 나라를 맡길 수 없다는 생각에서였다. 한동안의 정치적 혼란 끝에 1979년 봄 아프가니스탄은 내전 상태로 들어갔다.

당시 아프간 사회주의 정부는 이슬람 반군의 봉기를 진압함으로써 국내 체제 안정과 치안을 유지하기 위한 전쟁을 벌인다고 여겼다. 하지만 정부군의 힘만으론 질서를 유지하기가 힘에 부쳤다. 수도 카불을 비롯한 주요 도시 지역을 겨우 지킬 뿐이었다. 결국 내전 발발 8개월 뒤인 1979년 12월 소련군 탱크가 아프간 국경을 넘었다. 당시 소련 지도자 레오니트 브레즈네프(소련공산당 서기장)는 아프간 평화를 지키려는 평화유지군 성격의 파병이며, 당시 아프간 정부의 요청에 따른 정당한 군사 개입이라고 주장했다.

하지만 이슬람 반군의 시각은 전혀 달랐다. 무신론자들로부터 이슬람의 신성한 가치를 지키기 위한 성스러운 투쟁이자 외세인 소련군의 무력 개입에 맞선 정당한 저항이었다. 동서 냉전 체제에서 세계 패권을 놓고 소련과 경쟁하던 미국의 시각도 소련과는 딴판이었다. 미국은 소련을 약화시키기 위한 기회로 아프간 전쟁을 이용했다. 소련도 베트남 전쟁에서 북베트남을 지원함으로써 미국에게 굴욕적인 패배를 안기며 미국의 힘을 뺀 바 있다.

1980년대 레이건 행정부 아래서 CIA는 '사이클론 작전Operation Cyclone'이라는 비밀 작전을 펴며 이슬람 반군에게 무기와 탄약, 현금 다발을 건넸다. 그 과정에서 파키스탄 정보부(ISI)의 도움을 받았다. 레이건 대통령은 백악관으로 이슬람 반군 지도자들을 초청해 격려하기도 했다. 미국의 지원 규모는 해를 거듭할수록 커져갔다. 첫해인 1979년엔 50만 달러, 1980년대 전반기엔 해마다 2,000~3,000만 달러 규모였지만, 1987년엔 6억 3,000만 달러로 불어났다.

미국의 전략은 성공적이었다. 소련군은 미국이 제공한 군수 물자, 특히 스팅어 미사일에 고전했다. 이슬람 반군들은 아프간의 산악 지대가 지닌 지형지물을 잘 활용해 계곡 같은 곳에 숨어 있다가 어깨에 멘 이동식 스팅어 미사일로 지나가는 소련군 헬리콥터와 탱크를 파괴했다. 소련군은 10년에 걸친 전쟁 끝에 1만 5,000명의 전사자와 5만 명의 부상자를 내고 1989년 초에 모두 철수했다. 1991년 소련의 붕괴를 가져온 여러 요인 가운데 하나가 아프간 전쟁 개입에 따른 과도한 군비 부담이었다.

테러와의 전쟁 vs 반외세 독립 전쟁

아프간 전쟁의 2단계는 소련군이 철수하고 아프간 군벌들끼리 수도 카불을 비롯하여 지배 영역을 넓히기 위해 피를 흘렸던 기간이다. 시기적으로는

1989년 2월 소련군 철수 뒤부터 2001년 9·11 테러가 일어나기 전까지의 12년 동안이다. 소련군이 철수하자 미국은 친소 나지불라 정권의 붕괴를 노리며 이슬람 반군에 대한 군사적 지원을 소규모로나마 이어 갔다. 결국 1992년 카불의 사회주의 정권이 무너졌다. 베트남에서 미군이 철수하자 사이공 정권이 무너진 것과 판박이다. 아프간 군벌들은 권력을 차지하려고 잔혹한 쟁투를 벌였다.

1990년대 아프간 내전의 최종 승자는 이슬람 신학교 출신의 젊은이들이 조직한 탈레반이었다. 1996년 무렵 탈레반은 수도 카불을 포함해 아프간 전 국토의 90%를 지배하기에 이르렀다. 아프간의 군벌들은 아프간 북부로 쫓겨나 북부동맹을 구성하고 탈레반에 간신히 맞서는 처지로 내몰렸다.

아프간 전쟁의 3단계는 2001년 9·11 테러 이후부터 2021년 8월 탈레반이 수도 카불을 재점령하기까지의 기간이다. 9·11 테러 이후 미국은 이른바 '테러와의 전쟁'을 선언하고 한 달 뒤인 10월 아프간 공습을 벌이면서 무력 개입에 나섰다. 미국은 지상군을 먼저 투입하지 않고 소수의 특수 부대 요원과 CIA 공작원들을 아프간 북부로 보내 탈레반에 맞서던 북부동맹을 이용하여 탈레반을 압박했다. 결국 그해 11월 북부동맹군이 수도 카불을 점령하면서 탈레반 정권은 무너졌다. 그 무렵 미 지상군이 아프간에 파병됐고, 수도 카불에는 하미드 카르자이를 우두머리로 하는 친미 정권이 들어섰다.

이로써 아프간 전쟁은 탈레반 대 아프간 정부군의 내전, 아울러 탈레반 대 미군이라는 국제전이 동시에 벌어지는 복합적인 양상을 띠게 됐다. 탈레반 시각에서는 외세 의존적인 카불 정권과 침략군(미군)으로부터 조국 아프가니스탄을 되찾으려는 거룩한 민족 해방 전쟁이자 반외세 독립 투쟁이었다. 현 시점에서 아프간 전쟁의 최종 승자는 탈레반이다. 2021년 8월 15일 수도 카불을 되찾은 탈레반의 시각에선 반외세 독립 전쟁의 승리인 것이다.

이라크보다 전쟁 비용 더 든 수렁

지난 2001년 전쟁 초기만 해도 오사마 빈 라덴을 보호해주던 탈레반 정권이 무너지자 전쟁은 곧 끝날 것처럼 보였다. 그러나 그 뒤 상황이 간단치 않았다. 그제껏 빈 라덴의 그림자조차 밟지 못한 것도 문제였지만, 탈레반 저항 세력의 활동도 만만찮았다. 탈레반 세력은 '신탈레반'이란 이름을 얻었을 정도로 세력이 점점 커졌다. 미국이 이라크에서 반미 저항 세력의 도시 게릴라전으로 크게 고전하던 무렵인 2000년대 후반 무렵엔 "아프가니스탄 국토의 70%를 탈레반이 지배한다"는 말이 나돌았을 정도였다.

미국 오바마 대통령은 2010년 봄 3만 명의 병력을 더 보내 아프가니스탄 주둔 병력을 최대 10만 명으로 늘렸지만, 상황은 나아질 기미를 보이지 않았다. 탈레반 무장 대원들과의 교전이 잦아짐에 따라 가랑비에 옷 젖듯이 10만 미군과 나토군 주축 4만 5,000명의 '국제안보지원군(ISAF)'의 피해도 점점 늘어났다.

미국 브라운대학교 부설 왓슨연구소는 2011년부터 '전쟁 비용 프로젝트Costs of War Project'를 통해 9·11 테러 이후 미국이 아프가니스탄과 이라크에서 벌여온 전쟁의 비용과 희생자들의 규모를 집계해왔다. 이 프로젝트는 초강대국 미국이 전쟁을 벌이며 치르는 비용은 어느 정

도이고, 그 전쟁에서 얼마나 많은 사람들이 목숨을 잃었는가를 자세하게 보여준다. 왓슨연구소에 따르면, 2001년 10월 개입부터 2021년 8월 철수까지 20년 동안 미국은 아프가니스탄에서 2,324명의 미군 병력을 잃었다. 또한 5만 명에 가까운 비무장 민간인을 포함하여 모두 17만 명쯤이 아프가니스탄에서 목숨을 잃었다. 여기에는 미 국방부와 용역 계약을 맺은 미국 보안 기업 소속으로 경비 수송 등을 맡았던 일반 미국인 3,917명, 국제안보지원군 이름으로 파병됐던 나토 연합군 1,144명, 아프가니스탄 군경 7만 명, 탈레반 무장대원 5만 3,000명이 포함된다. 하지만 왓슨연구소의 사망자 통계 자료는 매우 보수적으로 다뤄졌다는 지적을 받는다. 통계

위 오랜 내전으로 말미암아 수도 카불은 석기 시대로 돌아간 듯한 모습이다.
아래 바그람공항을 경비 중인 미국 특수 부대원들.

에 잡히지 않은 죽음들이 많이 있다는 것이다. 오사마 빈 라덴을 국제법으로 단죄하고 전쟁을 벌이지 않았다면, 지금도 살아 있을 생목숨들이다.

급증하는 전사자 문제와 더불어 눈덩이처럼 불어나는 전쟁 비용도 큰 문제였다. 아프가니스탄에 쏟아붓는 연 1,000억 달러 규모의 전쟁 비용은 가뜩이나 재정 적자 상태인 미국에게 큰 부담이었다. 왓슨연구소에 따르면, 2001년부터 20년 동안 미국은 아프가니스탄에서 2조 3,130억 달러의 전쟁 비용을 쓴 것으로 나타났다. 한국의 1년 국방비가 440억 달러 규모이니, 50년어치에 이르는 천문학적인 액수다. 이 총계에는 미국 정부가 이 전쟁의 미군 참전 용사를 위한 평생 돌봄에 지출할 의무가 있는 기금이 포함되지 않으며, 전쟁에 자금을 대기 위해 빌린 돈에 대한 향후 이자 지급액도 포함되지 않는다.

미국이 아프가니스탄에 투입한 전쟁 비용은 이라크(2조 580억 달러, 시리아 개입 비용 포함)보다 많다. 더구나 파병 미군 1인당 비용으로만 치면, 아프가니스탄이 이라크보다 2배 많다. 미국 전략예산평가센터(CSBA) 보고서에 따르면, 지난 2005년부터 2011년까지 아프간 파병 미군 1명당 비용은 1년 평균 110만 달러로, 이라크 파병 미군 1명당 1년 평균 55만 달러의 곱절이다. 미국이 아프가니스탄에서 비싼 전쟁을 치렀던 것은 다른 무엇보다 험난한 지형지물 때문이다. 사막이나 평지가 대부분인 이라크와 달리 아프가니스탄은 산악 지형이라 군사 작전 비용이 더 들 수밖에 없는 구조이다.

미국의 아프간 정책, 무엇이 잘못됐나

미국의 조 바이든 대통령은 취임 첫해인 2021년 봄 아프가니스탄 주둔 미군의 철수 시점을 그해 5월로 정했다가 9·11 테러 20주년에 맞춰 8월 말까지로 미루었다. 그러나 탈레반의 진격 속도가 미국이 예상했던 것보다 빨랐다. 아프가니스탄에 머무는 미국인들이 미처 다 철수하기도 전에 카불의 대통령궁이 탈레반에 접수됐다. 이 과정에서 결사항전은커녕 거액의 달러 뭉치를 들고 재빨리 몸을 피한 가니 아프간 대통령이 비난을 받기도 했다. 6·25 전쟁 당시 서울 시민들을 남겨놓고 혼자 피신했던 이승만 대통령과 크게 다르지 않다.

미국의 아프간 정책은 무엇이 잘못됐을까. 여러 문건을 바탕으로 정리해보면 크게 세 가지를 꼽을 수 있다. 첫째, 초기 대응 전략이 잘못됐다. 9·11 테러 주범인 오사마 빈 라덴을 탈레반 정권으로부터 인도받아 국제 법정에 세우는 쪽으로 좀 더 노력했다면 어땠을까. 많은 전쟁 연구자와 평화 운동가들은 '전쟁은 마지막 수단'이라고 말한다. 원론적으로, 심각한 사안이 일어났을 경우 먼저 외교적 수단을 통해 갈등을 해결하려고 노력함으로써 전쟁이 터지는 상황을 막아야 한다는 것이다. 하지만 조지 부시 행정부는 외교 노력을 기울이지 않고 곧바로 전쟁을 선포했다. 그 무렵 미국의 언론과 정치권은 전쟁의 북소리를 울려댔다. 그 뒤에는 전쟁을 통해 한몫 챙기려는 군산 복합체가 도사리고 있었다. 9·11 테러 이후 미국에 불어닥친 애국주의 바람 속에서 군산 복합체는 정치권, 언론계, 학계와 끈끈한 유착 관계를 맺고 미국을 '전쟁 국가'로 만들었다. '군산정언학軍産政言學 복합체'란 단어가 그렇게 생겨났다.

둘째, 전쟁을 일찍 끝내지 못하고 소모전을 펴는 잘못을 저질렀다. 일단 무력 개입을 결정했다면, 가능한 한 빠른 시일 안에 오사마 빈 라덴을 체포 또는 사살한 뒤 사실상 9·11 테러와는 관련이 없는 탈레반 정권과 휴전 협상을 통해 전쟁을 마무리했어야 하는데 그러지 못했다. 알 카에다와 탈레반의 지도자들은 죽거나 붙잡혔다. 그 가운데 일부는 쿠바 관타나모수용소에 갇혔다. 미국은 전쟁 초기에 이미 목표를 상당 부분 이룬 듯이 보였다. 하지만 탈레반과 알 카에다의 주요 간부들은 파키스탄이나 아프간 산악 지대로 도망쳤고, 대미 항쟁을 이어갔다. 오사마 빈 라덴은 파키스탄 쪽으로 피신해 잠행을 거듭하다가 10년 뒤인 2011년 5월에야 사살됐다. 그동안 미국은 아프간 전쟁의 수렁에 깊이 빠져 들어갔고, 엄청난 전쟁 비용과 수많은 전사자를 냈다.

셋째, 친미 카불 정권의 부패를 제대로 견제 또는 감시하지 못했다. 친미 지도자들과 지방의 군벌들은 거대한 부패 카르텔을 이뤘고 너나 할 것 없이 원조금을 도둑질했다. 미국 정부 자료에 따르면, 지난 20년 동안 미국은 아프가니스탄에 1,374억 달러를 원조했다. 이 가운데 절반이 넘는 860억 달러가 아프간 정부군과 경찰을 양성하는 데 쓰였다. 하지만 부패가 문제였다. 아프간 정부의 보안 병력이 30만(군인 18만, 경찰 12만)이라고 보고됐지만, 상당수는 간부들이 급여를 가로채려고 허위 기재한 '유령 인간'들이었다. 실제 병력은 6분의 1에 지나지 않았다고 알려진다. 따라서 "미국의 아프간 원조는 역사적인 수준의 부패를 낳았다"는 비판을 받아도 마땅하다.

아프가니스탄 상황이 나빠지고 카불 정권의 부패를 우려하는 목소리가 높아지자, 2008년 '아프간재건특별감사관실(SIGAR)'이 만들어졌다. 2012년 오바마 대통령이 검사 출신의 존 소프코를 SIGAR 수장으로 임명한 뒤 SIGAR는 부지런히 움직였다. 아프간 재건 업무와 관련된 미국인 관료, 파병 군인 등 1,000명이 넘는 사람들을 인터뷰했다. 그들이 남긴 녹취록에는 아프간 지원금이 줄줄 새거나 비효율적으로 쓰이고, 미국이 아프간 전쟁을 이길 수 없다는 증언들이 대세를 이뤘다. SIGAR 실무자와 만난 미군 교관들은 "아프간 보안군이 무능하고 동기부여가 없으며 탈영병이 많다"고 한탄했다. 아프가니스탄에 여러 차례 파병됐던 크리스토퍼 콜렌다 육군 대령은 "아프간 정부는 절도 정치 체제로 조직화됐다"고 혹독하게 비판했다.

『워싱턴 포스트』는 여러 해에 걸친 법정 공방 끝에 이 녹취록들을 확보했고, 2018년부터 충격적인 내용의 기사들을 잇달아 내놓았다. 기사의 요점은 "미 고위 관리들이 18년간의 선거운동 기간 내내 아프간 전쟁에 대한 진실을 말하지 못했으며, 이 전쟁이 이길 수 없게 되었다는 명백한 사실들을 숨겼다"는 비판이다(이 기사를 바탕으로 2021년에 출간된 책이 『아프가니스탄 페이퍼The Afghanistan Papers』이다. 1960년 대 미국의 베트남 전쟁 개입의 진실이 담긴 미 국방부 기밀 문서 「펜타곤 페이퍼」와 여러모로 비교된다).

세계를 속인 워싱턴의 전쟁 지도부

9·11 테러 이후 미국의 무력 개입으로 탈레반 정권이 수도 카불을 내주고 도망치자, 워싱턴의 정치-군사 지도부와 아프간 현지 미군 사령관들은 아프간에서의 군사적 낙관론을 공공연히 내세웠다. 이를테면 부시 행정부에서 아프간 전쟁을 책임졌던 도널드 럼스펠드 국방장관은 MSNBC와의 방송 인터뷰(2002년 3월 28일)에서 이렇게 큰소리쳤다. "당신이 할 수 있는 유일한 방법은 그들을 폭격하고 죽이려고 시도하는 것입니다. 그게 우리가 한 일이었고, 효과가 있었어요. 그들은 사라

졌습니다."

미국에서의 초기 낙관론이 틀렸다는 사실은 곧 드러났다. 탈레반이 세력을 키워나가면서 아프간 전쟁은 장기화될 조짐을 보였다. 미군 사상자가 늘고 전쟁 비용도 눈덩이처럼 불어났다. 미국에서조차 지난날 베트남 전쟁에서의 악몽이 아프가니스탄에서 되살아나는 게 아닌가 하는 비관론이 퍼져나가기 시작했다. 2006년 8월 29일 카불 주재 미국 대사 노이먼은 워싱턴에 "우리는 아프가니스탄에서 승리할 수 없다"는 내용의 비밀 전문을 보냈다. 하지만 이런 비관론은 묵살되었다. 워싱턴의 정치-군사 지도자들은 아프간 전쟁의 수렁에서 빨리 빠져나오려면 어떻게 해야 하는가에 대한 전략적 고민보다는 전술적 승리에 집착했다. 이를 두고 왓슨연구소의 한 문건은 "미국 지도자들이 미국 시민과 세계를 향해 거짓된 태도를 보였다"고 지적했다.

9·11 테러 직후 아프간 침공을 결정한 조지 부시 대통령은 어떤 잘못을 저질렀을까. 전쟁 초기에 탈레반 정권이 무너지자 자신감에 빠진 부시 행정부는 탈레반 지도자들과의 평화 협상을 거부했다. 일부 탈레반 인사가 참여 의사를 보였음에도 무시당했다. 오히려 미국은 그들의 체포에 현상금을 걸었고, 체포된 사람들을 관타나모수용소에 보냈다. 당시 유엔 고문으로 활동했던 미국의 아프간 학술 전문가 바넷 루빈은 "부시 행정부의 주요한 실수는 탈레반을 알 카에다와 똑같이 취급한 것이다. 탈레반의 일부 지도자들이 새로운 체제에 참여할 기회를 얻으려고 했지만, 그들에게 기회를 주지 않았다"고 비판했다.

조지 부시 대통령이 비판받는 가장 큰 대목은 2개의 전쟁으로 확전하는 전략적 패착을 저질렀다는 것이다. 2001년 아프간에 이어 2003

년 이라크를 침공하기로 결정하면서, 부시 행정부는 아프간 주둔 병력을 최소화하면서 동시에 두 전선에서 신속한 승리를 거두려 했다. 하지만 미국은 전쟁 초기에 두 나라의 수도 카불과 바그다드를 점령했을 뿐 안정화와는 거리가 먼 소모전을 오랫동안 벌여야 했다.

2009년 1월 대통령에 취임한 버락 오바마는 집권 8년 내내 전임자인 조지 부시가 저지른 잘못을 수습하는 데 많은 시간을 보내야 했다. 그는 부시 행정부에서 벌였던 '테러와의 전쟁'이란 명칭이 중동 지역을 포함한 전 세계 이슬람권 사람들에게 거부감을 준다면서 '해외 비상작전'이라고 바꿔 부르게 했다. 취임 뒤 오바마는 미국의 아프간 개입을 제한하고 수렁에서 벗어나는 이른바 출구 전략exit strategy을 찾고 있었다.

『워싱턴 포스트』의 밥 우드워드 기자가 쓴 『오바마의 전쟁』(2010년)에 따르면, 2009년 가을부터 두 달 이상 백악관 상황실에서 수십 차례 열린 국가안전보장회의(NSC) 회의에서 심각한 갈등이 빚어졌다. 로버트 게이츠 국방부 장관, 마이크 멀린 합참 의장, 데이비드 퍼트레이어스 중부군 사령관 등 미군 지휘부는 "아프간 주둔 병력을 늘리지 않으면 전쟁에서 승리하기 어렵다. 아프간 안정을 위해선 4만 명이 증파돼야 한다"고 주장했다. 하지만 조 바이든 부통령을 비롯한 오바마의 핵심 참모들은 2만 명 증파로 맞섰다. 미국의 아프간 개입 확대를 꺼려온 오바마는 언제 어떻게 미군이 명예롭게 철수하겠다는 출구 전략을 4만 증파론과 함께 내놓으라고 군부에 거듭 요구했다.

2009년 당시 미국 예산관리국(OMB)은 미국이 아프간 개입을 확대해나갈 경우, 앞으로 10년 동안 8,890억 달러의 예산이 뒷받침돼야 한다고 내다봤다. 우드워드에 따르면, 오바마는 NSC 회의장에 예산관리국의 자료를 들고 와 "그런 큰 비용을 쓰는 것은 국가 이익에 도움이 안 된다"고 잘라 말했다. 결국 오바마는 3만 규모의 병력 추가 파병이란 결정을 내렸다. 바이든 부통령의 2만 파병론과 군부의 4만 파병론 사이에서 중간선을 택한 오바마의 결정을 두고 우드워드는 "법률가다운 절충"이라고 했다. 2009년 12월 미 육군사관학교 연설에서 오바마는 아프간 주둔 미군을 7만 명에서 10만 명으로 늘릴 것이라고 발표했다. 아울러 그의 임기 말까지 모든 미군 병력을 본국으로 철수시키겠다고 약속했다. 하지만 아프가니스탄의 불안한 정세로 말미암아 그는 대통령 임기 내에 미군을 철수시키겠다는 공약을 지키지 못했다.

후임자인 도널드 트럼프 대통령도 오바마와 마찬가지로 아프간 주둔 미군 철수를 대선 공약으로 내세웠지만 그 역시 철군 공약을 지키지 못했다. 오히려 2017년 취임 초기엔 추가 파병을 통해 아프간 주둔 미군 수를 1만 2,000명으로 늘렸다. 트럼프도 한때는 군사적 해법에 기울었음을 보여준다. 하지만 트럼프는 탈레반과의 협상을 통해 그토록 바라던 철군 길을 열었다. 그가 자신의 업적으로 내세우는 도하 협상(2020년 2월 29일)을 통해서다.

트럼프의 '미국 먼저 챙기기America First' 잣대로 보더라도 아프간 철수는 마땅했다. 하지만 이 도하 협상 테이블에 카불의 친미 정권 인사들은 초대받질 못했다. 베트남 주둔 미군을 철수하기 위한 1973년 파리 협상에 사이공 정부가 배제된 것과 마찬가지다. 군사적 성과를 거두지 못하자 그동안 지원했던 친미 정권과 상의 없이 일방 철수를 추진했다는 점에서 베트남과 아프가니스탄은 판박이다.

2021년 취임한 조 바이든 대통령은 상원의원, 부통령 시절부터 "아프간 확전보다는 미국 본토를 안전하게 지키는 데 집중해야 한다"는 입장을 견지했다. 그는 전임자인 트럼프가 맺었던 도하 협상에 따라 9·11 테러 20주년이 오기 전에 아프간 철수를 마감하려 했다. 하지만 아프간 정부의 붕괴 속도가 너무 빨랐다. 뒤집어 말해 탈레반의 진격 속도가 너무 빨랐고, 이에 따른 혼란이 일어났다.

미국이 아프간을 버렸다는 비판도 일었다. 2021년 8월 카불 함락 직후, 바이든은 대국민 연설에서 다음과 같이 변명했다. "아프간군이 훌륭한 장비를 갖추고도 자기 나라를 위해서 기꺼이 죽으려 하지 않는 전쟁에 미군이 가서 싸우고 죽어서는 안 된다. 미군 철수는 미국을 위해 올바른 일이다." 이러한 발언에 대해 전 세계 반전 평화 운동가들은 "무슨 얘기냐. 이제 와서 뒤늦은 선긋기를 하는 것이냐"며 못마땅해했다.

전쟁의 수혜자들은 누구인가

전쟁은 많은 피해를 입힌다. 전쟁으로 목숨을 잃거나 몸을 다치는 병사들과 비무장 민간인들을 빼놓을 수 없고, 지구촌 환경도 파괴된다. 하지만 전쟁이 반가운 사람들도 있다. 이른바 전쟁 특수를 노리는 이들은 세계 어디서든지 전쟁이 일어나고, 한번 일어난 전쟁은 그치지 않고 이어지고, 지금 어디선가 진행되는 평화 협상은 깨지길 바란다.

아프간 전쟁에서도 이득을 챙긴 부류들이 있다. 먼저 아프간 전쟁 특수를 누린 미 군수 산업체들이 꼽힌다. 아프가니스탄에서 20년간 미국의 군사 개입이 이루어지는 동안 미 국방부 예산의 절반 이상이 군사 계약 업체 쪽으로 흘러 들어갔다. 지출액도 2001년 약 1,400억 달러에서 2019년엔 약 3,700억 달러로 늘어났다. 덩달아 미 주요 군수 기업들의 이익도 천문학적으로 늘어났다. 미국 국제정책센터Center for International Policy 연구원 윌리엄 하퉁이 작성한 리포트 「전쟁 이익Profits of War」에 따르면, 미 국방부 계약 가운데 3분의 1가량이 록히드 마틴, 보잉, 제너럴 다이내믹스, 레이시온, 노스롭 그루먼 등 5개 주요 무기 계약 업체에게 돌아갔다. 이들 5개 기업은 2001 회계연도부터 2020 회계연도까지 무려 2조 1,000억 달러 이상을 수주했다. 이들 5개 기업은 2019 회계연도와 2020 회계연도에만 2,860억 달러 이상의 계약을 따냈다.

아프간 전쟁으로 이득을 챙긴 부류는 군수 회사뿐이 아니다. 핼리버튼, 켈로그 브라운 앤 루트(KBR), 벡텔과 같은 물류 및 재건 회사, 블랙워터, 다이코프 같은 민간 보안 업체도 테러와의 전쟁 수혜자들이다. 이들 기업은 미 국방부가 9·11 이후 추진해온 이른바 아웃소싱 정책에 따라 용역 계약을 맺고 경비 수송 등 기존 군부대의 역할을 떠맡아 호황을 누렸다. 이 때문에 "테러와의 전쟁이 미국 정부의 지갑을 열어젖혔다"는 말까지 생겨났다.

왓슨연구소의 전쟁 비용 보고서에 따르면, 아프간과 이라크에 파병된 군인 수보다 민간 계약직 수가 50% 더 많았다. 경비 수송 등 위험한 일을 하던 계약직은 적의 습격을 받고 죽어도 미 국방부의 전사자 통계에는 포함되지 않는다. 이를 두고 아웃소싱에 따른 '위장 경제Camo Economy'라는 비판이 따랐다. 전쟁의 전체 비용을 눈속임으로 위장하기 때문이다. 전쟁 특수를 노린 미국 기업들은 전시 상황을 이용하여 터무니없는 가격을 매기기 일쑤였다. 노골적인 사기나 다름없

1990년대 전반기 내전으로 파괴된 카불 시내 B지구.

는 수십 개의 부정 사례가 드러났지만 소수의 기업만이 재정적 또는 형사적 불이익을 받았을 뿐이다.

아프가니스탄의 봄은 언제 올까

세계은행 자료에 따르면, 아프가니스탄은 세계 최빈국 상태이다. 지금 당장 먹고사는 문제가 급하다. 1인당 국민소득 수준이 통계에 잡힌 228개국 가운데 213번째이다. 국민의 절반 이상이 하루 1달러의 수입으로 겨우 입에 풀칠을 하는 상황이다. 오랜 전쟁이 아프간을 최빈국의 나락으로 떨어뜨렸음을 알 수 있다. 안토니우 구테흐스 유엔 사무총장은 아프간에서의 미군 철수 뒤 "아프가니스탄에 인도주의적 재앙이 다가오고 있다"고 걱정했다. 아프간 인구의 절반에 가까운 1,800만 명이 굶주리기에 국제 사회의 인도적 지원이 절실하다는 얘기다.

국제 사회의 지원과 관련하여 생각해볼 부분은 아프간의 참상에 얽힌 책임론이다. 역사를 돌아보면, 약소국의 불행은 강대국들 탓이 크다. 흔히 국제 정치는 '힘의 정치power politics'라고 한다. 국제 정치사는 강대국이 이해관계에 따라 약소국을 희생시켜온 '냉혹한 역사'라고 해도 틀린 말이 아니다. 멀리 갈 것도 없이, 한국도 강대국들의 '힘의 논리'에 희생양이 되었다. 1945년 '일본군의 무장 해제'를 명분 삼아 미국과 소련이 한반도를 절반씩 차지한 끝에 남북 분단이 굳어졌다. 아프가니스탄은 한국과 마찬가지로 미소 냉전 대결 구도에 휘말려 엄청난 재앙을 겪었다.

그 대재앙에 가장 책임이 큰 강대국은 누가 뭐라 해도 미국이고, 따라서 아프간 재건에 미국은 책임 있게 도와야 한다. 지난날 베트남 전쟁에서 이기지 못했던 미국은 1970년대 베트남의 전후 재건에 참여할 분위기가 아니었다. 미국은 '동남아 피로 현상'을 겪었고, 워싱턴의 정치-군사 지도자들은 베트남의 'V'자조차 입에 올리지 않았다. 미국 전략국제문제연구소(CSIS) 연구원 앤서니 코더스먼은 탈레반을 원조하는 것이 미국에게 이롭다고 여긴다. 카불 함락 직후 CSIS 홈페이지에 올린 글에서 "아프간에 대한 인도적 지원이 꼭 정답은 아니지만, 탈레반 정권의 국내 억압 정책을 순화시킬 뿐 아니라 아프간 외부에 대한 위협을 더는 데 도움이 될 것이다"라고 썼다. 그는 나아가 미국이 탈레반 정권과 대화의 물꼬를 트고 외교적으로 인정하는 것이 바람직하다고 주장했다.

러시아도 아프간 재건에 나름의 역사적 채무가 있다. 1980년대에 10년 전쟁을 벌이면서 소련은 아프간 사람들에게 많은 해악을 끼쳤다. 소련군은 마을 우물이나 샘터에 화학 제재를 뿌리고 마을들을 초토화했다. 아프간 취재 때 만난 그곳 노인들은 그런 일들을 생생히 기억하고 있었다. 러시아로선 아프간 전후 재건을 돕는 것이 감추고 싶은 과거사의 빚을 갚는 일이다.

지난 2007년 봉사 활동을 갔던 샘물교회 신도 2명이 탈레반에게 붙잡혀 희생당했던 악연이 있지만, 한국도 아프가니스탄 전후 재건을 기꺼이 도와야 한다. 유엔과 세계식량계획(WFP)을 비롯한 국제기구를 통한 지원도 가능할 것이다. 무엇보다 한국과 아프가니스탄은 미소 냉전 대결 구도에 휘말린 지정학적 희생자라는 공통점을 지녔다. 아울러 두 나라 모두 전쟁의 진한 아픔을 기억한다는 점에서 남의 일이 아니다.

아프가니스탄에 평화의 봄날이 오려면 상당히 오랜 기간이 걸릴 듯하다. 오랜 전쟁으로 짙어진 가난의 그림자를 걷어내는 일은 간단치 않다. 난민, 전쟁고아, 전쟁 부상자들을 비롯하여 많은 사람들이 생존 자체와 씨름 중이다. 눈을 감으면 오랜 전쟁으로 몸과 마음에 저마다의 상처를 지닌 아프간 민초들의 어두운 얼굴이 떠오른다. 국제 사회의 도움으로 그들이 진정한 평화의 봄을 맞이하는 날이 다가오기를 바랄 뿐이다.

Iraq

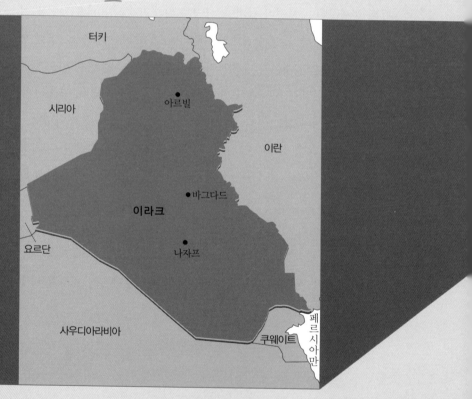

터키

시리아

아르빌

이란

바그다드

이라크

요르단

나자프

사우디아라비아

쿠웨이트

페르시아만

3장

이라크

석유와 패권 노린 더러운 전쟁

■ **기본 정보** _ 국토 면적: 430,000㎢(한반도의 2배). 인구: 4,050
만 명(아랍 75~80%, 쿠르드 15~20%, 기타 5%). 종교: 이슬람교
95~98%(시아파 64~69%, 수니파 29~34%), 기독교 1%. ■ **누가
왜 싸웠나** _ 9·11 테러 뒤 이라크 후세인 정권이 대량 살상 무기를 개
발해 테러리스트들과 함께 미국의 안보를 위협한다는 이유로 2003
년 3월 미국이 이라크를 공격했다. 그러나 이라크에서 대량 살상 무
기가 발견되지 않자, 안정적인 석유 자원 확보, 중동 지역의 패권 확
장, 이스라엘 안보 증강을 위해 침공했다는 비판을 받아왔다. ■ **전
쟁 희생자** _ 2003년 3월 20일부터 5월 1일 부시 대통령이 '주요 전
투 종료'를 선언 때까지 미군 사망자는 138명. 이라크군 사망자는
4,895~6,370명. 그 뒤 미군 사망자는 크게 늘어나, 2021년 8월 말
4,598명에 이르렀다. 이라크 군경 전사자는 4만 5,500~4만 8,700
명, 반미 저항군 전사자는 3만 5,000~4만 명, 민간인 사망자는 18
만 5,800~20만 9,000명이다. ■ **난민** _ 200만 명의 난민이 요르
단, 시리아 등으로 피란. ■ **지금은?** _ 이라크 저항 세력의 끈질긴
게릴라 투쟁으로 말미암아 미국은 "이라크 수렁에 빠졌다"는 소리를
듣다가 2009년부터 조금씩 안정을 찾아가고 있다. 한때 16만 5,000
명에 이르렀던 이라크 주둔 미군 병력은 2011년 모두 철수했다. 하지
만 강성 이슬람 반군 세력인 이슬람국가(IS)의 세력이 커지자, 2014
년 미군이 다시 파병되었고, 2022년 현재 미군 2,500명이 주둔하고
있다.

I   r   a   q

　2003년 당시 미국의 대통령 조지 부시는 이라크 침공 명분으로 "독재자 사담 후세인을 무너뜨려야, 미국을 비롯한 자유세계가 불량 국가의 대량 파괴 무기 위협으로부터 해방될 수 있다"고 주장했다. 부시는 그러나 '전쟁 특수로 떼돈을 벌게 될 미국 군수 산업체와 전쟁 뒤 장기간 큰 몫을 챙기게 될 미국 석유 기업의 이익을 위해서'란 말은 하지 않았다.

　1993년 노벨 평화상 수상자인 넬슨 만델라(남아프리카공화국 전 대통령)는 이렇게 부시를 비판했다. "부시가 이라크 전쟁을 밀어붙이는 까닭은 미국의 군수 산업체와 석유 회사들을 즐겁게 하기 위해서이다." 만델라는 미국 대통령이 미국의 군수 산업체와 석유 회사들의 이익을 위해 학살을 저지르는 오만함을 보이고 있음을 분명히 지적했다. 미국의 군수 산업체는 미사일과 전쟁 물자를 팔아 떼돈을 벌 수 있고, 미국 석유 회사들은 바그다드에 들어서는 친미 정권을 움직여 사실상 이라크 유전을 지배하면서 미국으로의 안정적인 석유 공급원을 확보하게 되는 셈이다.

　이라크 현지 취재 때 느낀 사실이지만, 이라크 사람들은 자존심이 강하다. 1980년부터 8년을 끌었던 이란-이라크 전쟁이 터지기 전까지만 해도 이라크는 한국보다 잘살았다. 일찍이 티그리스강과 유프라테스강 유역에서 고대 문명을 꽃피웠던 이라크다. 이라크인들은 그런 나라에 외국 군대가 탱크를 몰고 들어와 있다는 사실을 부끄럽게 여긴다. 사담 후세인 독재 체제가 무너진 것을 반긴 사람들도, 미군의 이라크 주둔이 길어지는 것을 마땅찮은 눈길로 본다.

바그다드의 잠 못 이루는 밤   2003년 3월에 이뤄진

미국의 이라크 침공은 국제법을 어긴 침략 행위였고, 그 전쟁 때문에 수많은 혼란과 죽음이 뒤따랐다. 전쟁과 관련된 국제법에 따르면, 두 가지 경우 가운데 하나가 아니면 전쟁을 함부로 벌일 수 없다. 첫째는 한 나라가 다른 나라로부터 침공을 받아 조국을 지키기 위한 경우, 그리고 둘째는 유엔안보리의 결의안에 따라 공동 안보를 위해 침략국을 응징하는 데 동참하는 경우다. 6·25 한국 전쟁 때 유엔군의 일원으로 병력을 보낸 나라들은 둘째의 경우에 따라서였다. 위의 두 가지 경우가 아니면 함부로 다른 나라와 전쟁을 벌일 수 없다. 독일의 이름난 지식인 위르겐 하버마스는 "미국의 이라크 침공은 (전쟁을 함부로 벌여선 안 된다고 규정한) 국제법을 패권주의 정치학으로 갈음하는 뚜렷한 일탈 행위"라고 비판했다.

바그다드대학교 법학대학장 출신인 수헬 파틀라위 박사는 국제법과 전쟁법 분야의 책을 무려 32권이나 쓴 전문가다. 그의 시각에선 유엔 안보리 결의를 거치지 않은 미국과 영국의 이라크 침공은 뚜렷한 국제법 위반이며, 아부그라이브교도소에서의 수감자 학대는 전쟁 범죄 행

바그다드 거리를 순찰 중인 미군 병사. 전선이 없는 이라크에서는 언제 어디서 공격할지 모르는 저항 세력들 때문에 미군 병사들이 받는 스트레스가 이만저만이 아니다.

위로서 1949년 제네바 협약을 어긴 사건이다. 바그다드의 자택에서 만난 그는 "영미 정치 지도자들과 군 사령관들은 1998년 로마 협정에 따라 출범한 국제형사재판소(ICC)에서 전범 재판을 받아야 마땅하다"고 목청을 높였다.

미국의 이라크 침공을 코앞에 둔 2003년 초 미국 법학자 모임인 '합법을 위한 교수들'도 같은 입장을 나타냈다. 그들은 "법적인 국가 관계란 정치 지도자가 무력에 호소하는 것이 편리하다고 여길 때마다 무시될 수 있는 것이 아니다. 국제법이란 전쟁의 끔찍함으로부터 (약소 국가를) 보호하기 위해 만들어진 것이다. 유엔안보리의 결의를 얻어내지 못한 미국의 이라크 침공은 국제법 위반이다"라며 이라크 침공을 반대했다.

1999년 코소보 전쟁 당시 미국은 러시아의 반대 때문에 유엔안보리에서 군사 개입 결의를 추진하지 못했다. 미국과 나토의 무력 개입은 따라서 '불법illegal'이었다. 그러나 밀로세비치의 인종 청소를 막기 위해 유고의 국가 주권은 무시될 수 있다는 관점에서 서구의 국제법학자들은 '정당legitimate'하다고 여겼다. 코소보 개입과는 달리 이라크 침공은 도덕적 정당성을 인정받기는커녕 국제 사회의 반대를 무릅쓴 일방주의적 군사 행동이란 비판을 받아왔다.

후세인이 이라크 국민들에게 철권 정치와 정보 정치로 재갈을 물려 (그리고 한편으로는 1970년대 박정희의 유신 체제 때처럼 언론 매체를 장악해 대중을 속임으로써) 끌어온 것은 사실이다. 후세인은 논쟁의 인물이지만, 걸프 지역의 반미 기수 후세인이 다스리던 이라크는 국제법상 엄연한 주권 국가다. "반미 국가라 하여 국제법상에도 없는 선제공격론을 내세워 한 나라의 주권을 침해해서는 안 된다"고 많은 국제법학자들은 지적했다.

전쟁으로 많은 이라크 국민들을 죽이고 고통 속에 몰아넣기보다는 외교적 노력으로 국제 관계의 갈등을 풀어나갔어야 했다는 주장이 지구촌의 큰 흐름이다. 그러나 '역사상 가장 강력한 군대'라 일컬어지는 미군의 최고 사령관 조지 부시의 관심은 전쟁과 석유였다. 외교나 평화의 길이 아니다. 바로 이런 점이 21세기 우리 인류의 불행이고 안타까움이다. 2003년 3월 미군의 공습 사이렌이 울려 퍼지면서 바그다드의 잠 못 이루는 밤은 시작됐다.

공항과 시내 사이의 매복 계곡

이라크로 가는 길
은 쉽지 않다. 요르단에서 이라크로 이어지는 도로는 '알리바바'로 일
컬어지는 떼강도들이 설쳐대, 지갑이며 카메라를 털리는 것은 물론이
고 운이 없으면 자칫 목숨을 잃기 십상이다. 알리바바의 위협을 피할
요량으로 많은 여행객들은 요르단 수도 암만에서 한밤중에 떠난다. 요
르단-이라크 국경을 새벽녘에 넘고 한낮에 바그다드에 닿는 12시간쯤
걸리는 육로는 알라바바 말고도 곳곳에 위험이 도사리고 있다. 자동
차 보험과는 거리가 먼, 20년 안팎의 낡은 차량들이 내는 평균 시속은
140~150km. 그저 운전기사에게 맨 목숨을 내맡기고 눈 감고 있어야
속이 편하다.

요르단 암만공항에서 바그다드로 가는 비행기를 탔다. 80인승의 비
교적 작은 비행기다. 75분쯤 걸리는 이 항로의 비용은 왕복 1,140달러.
서울-뉴욕 왕복 항공료와 거의 맞먹는다. 항공사 쪽 설명으론 이라크
저항 세력의 공격 위험 탓에 보험료가 높아서란다.

이라크 상공에 오니 항공사 쪽의 보험료 타령이 터무니없는 것만은
아니라는 생각이 들었다. 비행기 조종사는 지그재그로 비행기를 몰았
다. 이라크 반미 저항 세력의 미사일 공격을 피하기 위해서였다. 이라크
의 반미 저항 세력인 무자혜딘은 그동안 어깨걸이식 구형 미사일로 바
그다드공항을 위협해왔다. 비행장 주변은 미군 장갑차들이, 비행장 안
은 네팔에서 온 계약직 경비원들이 경비를 서고 있었다. 멀리 히말라
야산맥에서 온 그 용병들은 작은 몸매에 맞게 총신이 짧은 MP-5 자
동 소총을 멨다.

바그다드공항에서 시내로 이어지는 8km 길이의 6차선 준고속 도로
도 안전지대가 아니었다. 주변 야자수숲에 매복해 있던 반미 저항 세

력이 지나는 차량들을 기습하곤 했다. 미군용 지도상에 이 길은 '아일랜드 도로Route Irish'라 표기돼 있지만, 이 지역을 맡은 제1기병사단 장병들과 이라크 저항 세력 사이에선 '매복 계곡'으로 통한다.

내가 바그다드에 닿던 무렵에도 그 도로에서 이라크 저항 세력이 호송 차량들을 기습, 4명의 미국인 사설 경호업체 직원이 죽임을 당했다. 희생자들은 특수 부대 출신으로 이라크에 진출한 기업인들을 보호하는 임무를 띤 일종의 용병들이었다. 도로에 슬그머니 놓인 사제 폭탄도 복병이다. 따라서 '매복 계곡'을 순찰하는 미군 병사들은 마음을 놓을 수 없다. 바그다드 주재 미국 대사관이나 미군 사령부에 근무하는 고위직 사람들은 자동차를 타고 '매복 계곡'을 거쳐 공항으로 가지 않는다. 헬리콥터를 탄다.

이라크의 여름은 체감 온도가 40도에 이른다. 사람들은 아침 일찍 활동을 시작하고, 오후가 되면 일을 멈추고 그늘에서 낮잠을 청하곤 한다. 그러나 바그다드 주둔 미군들은 그런 여유를 즐기기 어렵다. 반미 저항 세력들은 오후 서너 시쯤 긴장이 느슨해지는 틈을 타 기습적인 활동을 벌이곤 했다. 미군들은 무더위에도 쉽사리 무거운 방탄복을 벗지 못한다.

납치도 문제다. 이라크에 머무는 외국인들은 외신 기자이건 비즈니스맨이건 '혹시 무장 세력에 납치될지도 모른다'는 생각을 떨쳐버리기 어렵다. 호텔 로비에서 만난 한 영국 기업인은 "납치 공포증에 시달려 잠을 잘 이루지 못한다. 빨리 런던으로 돌아가고 싶다"고 털어놓았다. 2003년 4월 바그다드가 함락된 뒤 들어온 외국인들이 많이 타고 다니는 차가 6인승 흰색 4륜 구동차였다. 외국인들에 대한 무차별 공격이 그 차량들에 집중됨에 따라 새로운 경향이 생겨났다. 일부러 보통 이

라크 사람들의 중고 자동차를 탄다. 반미 저항 세력의 눈에 띄지 않기
위해서다.

아부그라이브교도소 앞의 사람들

전쟁 이전 인구 800만이 넘었던 대도시 바그다드는 매우 넓은 도시다. 2003년 3, 4월 집중적으로 이뤄졌던 미군의 공습 흔적이 곳곳에 남아 있었다. 이라크 정보부를 비롯한 여러 관공서 건물들도 공습에 파괴된 채 버려진 상태였다. 다 허물고 새로 지어야 할 판이었다.

사담 후세인의 몰락을 말해주듯, 시내 곳곳에 내걸려 있던 그의 대형 초상화들은 훼손돼 보기 흉한 모습이었다. 이라크 고등교육부 건물 입구에 놓인 후세인 초상화는 얼굴이 머리카락 부분만 빼고 5분의 4쯤 뭉개졌다. 2003년 4월 9일 바그다드 함락 당시 미군 기중기가 끌어내렸던 후세인 동상 자리엔 '화합과 평화'를 상징한다는 조각품이 재빠르게 들어섰다.

그러나 이라크 땅에서 화합과 평화를 말하기가 어렵다는 사실은 아부그라이브교도소 앞에서 확인됐다. 바그다드 중심가에서 30km쯤 서쪽의 간선 도로 가에 자리한 아부그라이브교도소는 사담 후세인 정권 아래선 정치범 수용소로 악명이 높았다. 미군이 접수한 뒤로는 포로들을 가두고 심문하는 곳이 됐다. 미국 여군이 발가벗은 포로를 개목걸이로 붙잡고 있는 모습을 비롯한 수감자 학대 사진들이 나돌면서 아부그라이브교도소의 포로 학대에 대한 세계적인 비난이 쏟아졌다.

당시 부시 미국 대통령은 "(아부그라이브교도소에서 일어난) 이라크

포로 학대 사건은 미국의 가치를 반영하지 않는 것"이라며 "그들(포로 학대 군인들)은 미국의 명예와 명성에 하나의 오점"이라고 말했다. 포로 학대 사건은 미군 일부의 비행일 뿐이라는 요지였다. 부시는 이라크 포로 학대가 "비미국적un-American"이라고 거듭 주장했다. '미국적'이란 '전쟁 범죄가 없는'이라는 의미인가? 그렇다면 19세기 중반에 미국 기병대가 저지른 인디언 원주민 대량 학살도 '비미국적인' 행위였을까.

이라크 포로를 학대한 미군의 전쟁 범죄는 백인의 동양인 멸시 감정과도 무관하지 않을 듯하다. 만약 미국 손아귀에 놓인 포로가 독일인이었다면, 어땠을까. 그 여군이 같은 백인인 독일인을 발가벗겨 개목걸이로 끌고 다니며 성적으로 학대하고 치욕을 안겨주었을까. 그랬으리라 상상하기 어렵다. 더 나아가 그 전쟁 범죄는 부시 대통령이 주장했듯이, 몇몇 개인의 범죄가 아니었다. 이라크 포로의 심리 상태를 망가뜨려 저항 세력에 관한 정보를 캐내기 위해 자행한 이른바 체계적인 범죄였다. 명령 계통에 따라 그들의 상관들도 책임을 져야 할 일이었으나, 재판은 몇몇 병사들을 처벌하는 것으로 매듭지어졌다.

바그다드 숙소에 짐을 풀자마자, 아부그라이브교도소로 갔다. 철조망과 모래주머니를 사람 키만큼 높이 쌓아놓은 교도소 정문 초소엔 중무장한 미군 병사들과 이라크인 보조 인력들이 질서를 잡고 있었다. 교도소의 높은 망루엔 기관총으로 무장한 미군 병사의 모습도 보였다. 교도소 앞엔 미국의 이라크 침공 뒤 어느 날 갑자기 가족 가운데 누군가를 빼앗긴 사람들이 서성댔다. 저마다 많은 가슴 저린 이야기들을 지닌, 그렇지만 극히 평범해 보이는 사람들이었다. 그곳 수감자 중에는 미국의 이라크 침공 뒤 '수니 삼각 지대'를 비롯한 여러 곳에서 미군에

아부그라이브교도소 앞에서 면회를 기다리는 이라크 민초들.

맞서다 붙잡혀온 사람들이 많았지만, 이렇다 할 혐의도 없이 마구잡이 검속에 걸려 억울하게 붙들려온 사람들도 적지 않았다.

세이프 마흐무드(22세)의 아버지는 미군에게 붙잡혀간 아들을 보러 왔다. 아들은 바그다드 북쪽 모술 지역에서 미군과 총격전을 벌이다 죽은 한 친구의 장례식에 참석했다가 잡혀갔다. 그동안 아들 면회를 한 번도 못하다가, 7개월 만에 면회 허가를 받았다며 통지서를 보여준다. 농부인 아버지는 "내 아들이 왜 잡혀갔는지 이유를 모르겠다. 건강도 좋지 않은 아들이 미군들 고문에 시달려 몸을 해치지나 않았는지 걱정이다"며 답답한 듯 담배를 피워 물었다.

팔루자 가까운 알 칼리드 마을에 살던 트럭 운전기사 왈리드 아바스(23세)는 저항 세력들에게 무기를 운반해주었다는 혐의를 받고 감옥에 갇혔다. 동생 아크람(16세)은 "지난 9개월 동안 형의 얼굴을 한 번도 보지 못했다"며 면회마저 제한하는 미군을 원망했다. "미군이 25명쯤 우리 농장을 둘러싸고 숨겨놓은 무기를 찾는답시고 집을 마구 뒤졌다. 엄마가 나서서 따지자, 미군 하나가 군홧발로 엄마 무릎을 세게 걷어차는 바람에 엄마는 지금도 병원에 누워 계신다"고 분개했다.

모하마드 압둘 세타(22세)는 바그다드대학교 법대 학생이다. 2003년 12월 21일 바그다드시 북서쪽 하이자마 지역을 습격한 미군들에게 모하마드의 8형제 모두가 무장 저항 세력과 관련된 혐의로 체포됐다. 다행히 모하마드를 비롯한 4형제는 풀려났지만, 아직도 나머지 4형제는 감옥에 갇힌 상태다. 모하마드는 형들도 미군으로부터 고문을 받았을 걸로 짐작했다. 감옥에서 미군이 저지른 학대 사건은 그에겐 남의 얘기가 아니었다. 부시 미국 대통령은 학대 사건이 불거지자 포로 학대는 '비미국적'인 행위라 주장했다는 얘길 전하자, 그는 쓴 웃음을 지었다.

"미국은 아메리카 인디언들을 죽이고 그들의 문화를 말살시킨 나라다. 그런 야만의 기록을 지닌 미국은 이제 이라크 문화를 말살하려 든다. 이곳 아부그라이브 만행이 보여주듯 미국은 민주주의를 말할 자격이 없다. 이라크 석유가 필요하다고 솔직히 말하면 안 됐나?"

창살 너머로나마 사랑하는 이의 얼굴을 마주하려고 하루 종일 서성대야 하는 사람들에게 기다림은 또 다른 고통이다. 체감 온도가 40도를 넘는데도 그늘도 없는 뙤약볕 아래서 그리운 이를 만나려는 이라크 사람들의 행렬은 좀처럼 줄어들지 않았다. 그런 행렬을 뒤로하고 바그다드로 돌아오는 길 곳곳에서 중무장한 채 탱크를 타고 무력 순찰 중인 미군 병사들과 마주쳤다.

"감옥에서 미국의 진짜 얼굴을 봤다"

대도시 바그
다드 동쪽의 사드르시티는 바그다드 인구의 절반을 차지하는 빈민 지
역이다. 시아파 성지 나자프에서 반미 투쟁을 벌여온 이슬람 성직자 모
크타다 알 사드르와 그 무장 세력인 마흐디군의 본거지이기도 하다. 사
드르시티 곳곳에는 반미 구호가 적힌 포스터와 플래카드가 내걸려 눈
길을 끈다. 통역인 카짐에게 물어보니, "점령자 미군은 이라크에서 물
러나라"는 내용이라 했다. 다른 포스터에 쓰인 알 사드르의 어록에는
이런 글귀도 보였다. "미국은 세계를 지배할 수 있어도 믿음을 가진 이
라크를 지배할 수 없다."

사드르시티를 돌아보니, 지구촌 빈민 지역의 전형적인 문제점들을
그대로 드러내고 있다는 느낌이 들었다. 길 한구석엔 쓰레기 더미가 쌓
여 있고, 그 주변에선 남루한 옷을 입은 아이들이 이렇다 할 놀이기구
도 없이 버려진 깡통을 갖고 놀고 있다. 그곳에서 모크타다 알 사드르
와 반미 노선을 함께하는 영향력 큰 이슬람 성직자 카심 알 카비를 만
났다. 그에게 미국을 왜 미워하고 비판하는가를 물어보니, 망설임이 없
이 입을 열었다.

"미국은 우리 이라크 사람들을 범죄자처럼 여기지만, 우리는 아부
그라이브교도소에서 미국의 진짜 얼굴을 볼 수 있었다. 미국은 입만
열면 후세인 독재와 이라크 민주주의를 얘기해왔다. 후세인을 무너뜨
리고 민주화를 이루겠다는 미국의 선전은 엉터리임이 드러났다. 우리

가 보기에 이라크 침공을 주도한 럼스펠드(미국 국방부 장관)는 후세인과 똑같은 인물이다. 처음엔 분명치 않았지만, 시간이 흐르면서 이라크 민중들은 어느 것이 선이고 어느 것이 악인지를 구별하게 됐다. 이곳 사드르시티 주민들은 후세인 정권 때보다 훨씬 더 큰 고통을 겪는 중이다."

2004년 4월부터 3,000명 규모인 마흐디군은 시아파 성지인 나자프의 이맘 알리 사원을 중심으로 미군에 맞서다 많은 희생자를 냈다. 그런 까닭에 외국 취재 기자들에게 매우 거친 태도를 보여왔다. 알 카비를 만난 것은 행운이었다. 옛 소련 시절 레닌그라드공대에서 기계공학을 전공했던 교사 출신의 통역 카짐(53세), 이라크군 하사관으로 1980년대 이란-이라크 전쟁에 참전했다는 운전기사 케림(62세)은 소개장을 보더니, "이만하면 그다지 걱정할 것 없다"며 느긋한 표정을 지었다. 나자프를 취재할 때 알 카비가 써준 아랍어 소개장이 결정적으로 도움을 주었다. "이 소개장을 갖고 있는 한국 기자의 취재를 도와주라"는 소개장 끝에 서명을 하고 도장까지 찍어주었다.

나자프는 바그다드 서남쪽 방향으로 자동차로 두 시간 반쯤 달리는 거리에 있는 인구 60만의 소도시다. 그곳엔 예언자 무함마드의 사촌이자 사위로, 시아파의 정신적 주춧돌을 놓은 제4대 칼리프 이맘 알리의 무덤과 그를 기리는 사원이 있다. 바그다드에서 나자프를 향해 달리는데, 도로 곳곳에 미군에게 폭격을 맞아 찌그러진 탱크며 대포가 수북이 쌓여 있었다.

나자프의 이맘 알리 사원 안에 있는 천장이 높은 매우 커다란 방에서 알 사드르의 측근이자 대변인인 이슬람 성직자 아메드 알 시바니를 만났다. 그는 악수를 나누자마자 "나는 한국인에게 호감을 갖고 있다"

는 말을 꺼냈다. 왜 그런가 물어보니, "한국 젊은이들이 미국에 반대하는 시위를 자주 벌이고 있다는 소식을 알고 있다"고 말했다. 그가 펴는 반미 투쟁론은 이러했다.

"2003년 4월 후세인 정권이 무너진 뒤, 우리 이라크 사람들은 미국의 여러 약속들에 기대를 품었다. 그래서 점령자에게 손을 내밀었다. 그러나 시간이 흐르면서 미국의 약속은 거짓임이 드러났다. 그들은 역시 이라크 석유를 비롯해 자기네들의 이익을 챙기려고 온 점령군이었다. (탁자 위에 놓인 아랍어 신문에 실린 아부그라이브교도소 컬러 사진을 손가락으로 가리키며) 이런 일들이 당신 나라 한국에서 일어난다면 당신들은 침묵하겠는가? 미국 병사가 한국 여인을 강간했다고 치면 가만 있겠는가? 반미 감정이 일어나지 않겠는가? 물론 우리의 반미 투쟁은 아부그라이브교도소 학대 사건이 불거지기 이전부터 있었지만, 아부그라이브 사건은 우리의 투쟁이 도덕적으로 옳았음을 드러냈다."

이라크 침공론의 허구

2003년 미국의 이라크 침공에 앞서 조지 부시 대통령과 그의 강경파 참모들, 그리고 이들에게 선을 대고 있는 미국 주류 언론을 포함한 이른바 '이라크 전문가'들은 이라크 침공의 당위론으로 다음 세 가지 명분을 내세웠다.

첫째, 후세인은 9·11을 일으킨 알 카에다 세력과 연계돼 있고, 대량 살상 무기를 개발 보유함으로써 미국의 안보를 위협한다(9·11 테러 배후론과 안보 위협론). 둘째, 사담 후세인 독재 체제를 바꿈으로써 이라크를 민주화하고 이어 중동의 다른 이슬람 국가들을 민주화한다(민주화 도미노 이론). 셋째, 후세인은 자국민, 구체적으로는 이라크 북부 쿠르드족을 화학무기로 죽인 범죄자다(전쟁 범죄론).

　이런 명분들은 결국 허구였음이 드러났다. 첫째, 9·11 테러의 주역 알 카에다 세력과 이라크 후세인 정권이 아무런 관련이 없고, 연루설이 말 그대로 '설'이란 것은 시간이 흐르면서 분명해졌다. 한 가지 안타까운 것은 아직도 많은 미국인들이 9·11과 이라크를 잘못 연결하고 있다는 점이다. 2003년 9월, 9·11 테러 2년째를 맞아 실시한 『워싱턴포스트』의 여론 조사에서 응답자의 69%는 "후세인이 9·11 테러에 관여했다고 믿는가?"라는 물음에 "그렇다"고 답했다. 미국인 10명 가운데 7명꼴로 후세인이 9·11 테러의 배후 인물이라 여겼지만, 실제로 후세인은 빈 라덴과 아무런 접촉이 없었다.

　'반미'라는 공통점을 지녔음에도, 세속적인 정치인 후세인과 금욕적인 투쟁가 빈 라덴은 동맹자가 되기엔 서로 껄끄러웠다. 그런데도 미국인의 70%가 관련이 있다고 여긴 것은 미국 정치권과 보수 언론의 이라크 전쟁 선전전이 먹혀 들어간 결과다. 대량 살상 무기도 마찬가지다. 후세인 정권이 무너진 뒤 미국의 조사팀이 이라크 전역을 샅샅이 뒤졌지만 대량 살상 무기는 없었다.

　둘째, 민주화론은 사담 후세인 독재 아래 신음해온 이라크 국민들을 전쟁을 통해서 구해내겠다는 논리였다. 이라크 침공 전에 부시 행정부 각료들이 저마다 미국 미디어에 나와 주장한 것도 민주화론이었다. 이슬람 세계를 민주화하면, 테러도 없어질 것이란 주장이다. 그러나 민주화론은 콜린 파월을 우두머리로 한 미국 국무부도 인정했듯이 허구의 논리였다.

훼손된 후세인 초상화.

후세인 동상이 끌어내려진 뒤의 피르다우스광장.

미 국무부 정보연구국(BIR)에서 작성한 비밀 보고서 「이라크, 중동과 변화」는 "(이라크 침공으로 후세인 정권을 무너뜨리면) 중동 지역이 민주화된다는 것은 실현 가능성이 매우 낮다. 도미노는 없다"는 결론을 내렸다. 후세인 정권 붕괴 뒤 이라크에서 민주 선거를 치르더라도 널리 퍼진 반미 감정으로 말미암아 (이란처럼) 미국에 적대적인 이슬람 정권이 들어설 가능성이 높고, 따라서 이란, 시리아 등 다른 중동 나라들을 바꿔 놓을 것이라는 주장은 설득력이 없다는 것이 보고서의 뼈대였다. 또한 그런 민주화 도미노 이론은 친미 왕정 국가인 사우디아라비아, 쿠웨이트에는 적용되지 않았다. 민주화 논리의 허구가 바로 드러난다.

이라크 위기의 핵심은 후세인이 독재자여서가 아니다. 핵심은 막대한 석유 자원을 국유 형태로 지닌 자원 민족주의 국가의 권력자이고, 언젠가 미국과 이스라엘의 안보를 위협할 수 있는 반미-반이스라엘 국가의 지도자였다는 점이다. 후세인이 별 볼 일 없는 자연자원을 지닌 아프리카 변방의 독재자였다면 위기는 없었을 것이다. 21세기에도 지구촌은 독재자들로 가득하다. 국제정치학자들은 지구상 국가의 3분의 2가 민주주의와는 거리가 멀다고 지적한다.

조지 부시는 사담 후세인 정권을 쓰러뜨려야 하는 명분의 하나로 기회 있을 때마다 "자국민을 화학무기로 죽였다"는 주장을 폈다. 후세인의 이라크군이 쿠르드족에게 화학무기를 사용했다는 주장이었다. 그 근거로 부시가 흔히 꼽은 사례가 1988년 3월 이라크 북부 할랍자 마을에서 쿠르드족 주민 5,000명이 화학무기 공격으로 무참하게 죽어간 사건이었다.

그러나 진실은 "당시 할랍자 마을의 쿠르드족 주민들을 화학무기로 죽인 것은 이라크군이 아닌 이란군이었다"는 것이다. 이 같은 사실을 뒷받침하는 것은 두 가지다. 하나는 미국 해병대가 1990년 12월, 걸프 전쟁 작전 참고 자료로서 작성한 '이란-이라크 전쟁의 교훈'이란 제목의 기밀 문서(FMFRP 3-203), 다른 하나는 미국 국방정보국(DIA) 기밀 보고서다.

미국이 쿠웨이트를 침공한 이라크군을 몰아내기 위해 걸프 전쟁을 벌이기 앞서 작성된 해병대 기밀 문서는 부록 항목에서 이란-이라크 양쪽의 화학무기들을 분석했다. 문서는 "(5,000명에 이르는) 할랍자 마을 쿠르드족을 죽인 문제의 화학무기는 혈액 제재로 보인다. 이라크군은 이런 종류의 화학무기를 사용한 적이 없다. 이란군이 쿠르드족을 공격했다는 것이 우리의 결론"이라 적었다.

미국 중앙정보국(CIA) 고위 정세 분석가 출신으로서 미국 육군전쟁대학교 교수를 지낸 중동 전문가 스티븐 펠레티에르는 2003년 1월 『뉴욕 타임스』에 「전쟁 범죄인가, 전쟁 행위인가」란 글을 기고했다. 그는 1991년 걸프 전쟁에 앞서, 이라크의 대응 전략을 예측하는 CIA 팀장으로서 많은 이라크 관련 기밀 서류들을 접할 수 있었다. 할랍자 사건을 조사한 미국 국방정보국(DIA) 기밀 보고서도 그 가운데 하나였다.

펠레티에르에 따르면, 이란-이라크 전쟁(1980~1988년)에서 이라크를 돕고 있던 미국은 DIA 요원들로 하여금 할랍자 전투 뒤 현장 조사에 나서도록 했다. 희생된 쿠르드족의 신체 상태를 점검한 DIA 현지 요원은 그들이 "청산칼리를 주원료로 한 혈액 제재로 죽임을 당했다"는 사실을 알아냈다. 이라크군의 화학무기는 겨자 가스였고, 청산칼리를 주원료로 한 혈액 제재를 이라크군은 갖고 있지 않았다. 펠레티에르는 쿠르드족 주민들이 양쪽 군대가 벌이는 치열한 전투의 한가운데에 끼여 있다가 이란군이 쏜 화학무기에 변을 당한 것으로 믿는다. 따라서 그는 할랍자 사건으로 후세인을 비방하는 것은 옳지 않으며, 이라크 침공을 정당화하는 명분이 될 수도 없다고 지적했다.

　제2차 세계 대전 중 영국 수상을 지낸 윈스턴 처칠은 "전쟁 기간 중엔 진실은 거짓의 적군에게 둘러싸인다"는 말을 남겼다. 잘 알려진 얘기지만, 전쟁의 주요한 부분이 선전전이다. 적의 도덕성에 먹칠하는 것은 (진실을 전하느냐, 아니냐에 관계없이) 선전전의 기본이다. 조지 부시는 사담 후세인을 '악의 존재'로 비판하면서 할랍자 마을의 쿠르드족 학살설을 그 주요 근거로 제시했다. 그는 할랍자 사건 내막을 잘 알면서도 반反후세인 선전전에 그 사건을 이용했을 가능성이 높다. 언젠가 이 문제로 추궁을 받는다면, 후세인의 알 카에다 연루설처럼 "아니면 말고……"로 얼버무릴 것인지 궁금하다.

"미군은 해방자가 아니라 점령자다"　이라크 지식

인들은 이라크 현실을 어떻게 볼까. 그들은 역사 속으로 사라진 사담 후세인을 어떻게 평가하고 있으며, 이라크의 운명을 좌우하는 '현실적인 힘'인 미국을 어떤 눈길로 보고 있을까. 이라크의 주요 자원이자 미국의 이라크 침공 주요 원인으로 꼽히는 석유 관리 문제, 다시 말해 '석유 주권'을 어떻게 지켜내야 한다고 볼까.

　내가 만난 이라크 지식인들은 미국의 이라크 점령 현실에 대해 한결같이 비판적이었다. 후세인 체제 시기 집권 바트당 간부 출신인 전 바그다드대학교 법대학장은 물론이고, 대학교수들이나 신문사 논설위원,

화가에 이르기까지 반미의 목소리를 높였다. 바트당 간부 출신이었다는 이유로 대학에서 쫓겨난 법대학장이야 그 나름의 충분한 반미 이유가 있었지만, 현직에 남아 있는 사람들도 반미 감정을 거리낌 없이 드러냈다. 또한 그들은 한국군 자이툰부대의 파병에 대해서도 심드렁한 표정을 지었다.

이라크 지식인들의 반미 논리에 힘을 실어준 것은 아부그라이브교도소에서 일어난 수감자 학대 사건이다. 필자가 만난 이라크 사람들 중에서 "저항 세력의 뿌리를 뽑으려면 정보를 캐내야 하고, 그 과정에서 고문이나 학대가 생겨날 수도 있다"고 이해하는 입장을 보인 사람은 만나지 못했다. 필자가 바그다드에 닿은 첫날, 이라크 예술인들 22명은 아부그라이브교도소 학대 사건을 고발하는 거리 전시회를 열었다. 그곳에서 만난 화가 카심 엘세프티는 "여성 문제나 성性에 관한 한 매우 보수적인 아랍인들의 자존심에 커다란 상처를 남겼다"고 아부그라이브 사건이 이라크 사회에 던진 충격의 깊이를 전했다.

이라크에서 미 점령 당국에 비판적인 이른바 '독립 신문'이면서 최대 부수를 자랑하는 신문이 『아자만』이다. 이 신문의 논설위원인 무산나 알 타바크틀리는 미 점령 당국에 큰 실망을 느꼈음을 숨기지 않았다.

"미군이 처음 바그다드에 들어왔을 때 우린 그들과 카페에서 만나 같이 커피도 마시고 잘 지냈다. 그러나 1년이 지난 지금, 나와 내 동료들은 그런 만남을 끊었다. 왜 그런 결과가 나타났는가. 미군이 해방자가 아니라 점령자임이 분명해졌기 때문이다. 미군은 한밤중에 이렇다 할 증거도 없이 군홧발로 사람들 집에 들어가 마구잡이로 사람들을 잡아갔다. 많은 사람들은 그런 일을 당하거나 들을 때마다 모욕감을 느꼈다."

바그다드대학교 하산 알리 사브티 교수(역사학)는 저항 세력을 무조건 '테러리스트'로 몰아붙이는 데 반대했다. 그는 바그다드를 중심으로 이라크 전역을 공포로 몰아넣고 있는 자살 폭탄 차량 공격은 미국의 이라크 점령 현실을 거부하는 이라크인들의 분노의 표현이라 여긴다. "이라크 사람들은 이제껏 얼굴을 맞

이라크 주둔 미국 병사들은 기습 공격이 두려워 무더위에도 방탄복을 벗지 못한다.

대고 싸웠지, 자살 폭탄을 안고 싸우진 않았다. 이는 전혀 새로운 현상이다."

『아자만』 부설 '전략연구소'의 압둘 와하브 알 카사브 사무총장은 "이라크 사람들의 반미 감정은 역사가 오래됐다"고 말했다. 미국 역대 행정부가 보여온 일방적인 이스라엘 감싸기를 아랍권 지식인들은 '미국-이스라엘 동맹'이라 말한다. 알 카사브는 "이라크 지식인들도 미-이 동맹에 비판적일 수밖에 없다. 부시 행정부에서 그 동맹은 더욱 강화된 형태로 나타났다"고 주장했다. 미국의 이라크 침공 배경에 이스라엘이 있다는 얘기다.

미국의 이라크 점령에 비판적인 입장을 보이는 이라크 사람들도 후세인 정권이 사라진 데 대해 미련을 두지 않았다. 바트당 출신의 일부

후세인 충성파 말고는 "후세인은 역사적으로 실패한 인물"이라는 얘기들이다. 집권 전반기 후세인은 석유 국유화 등으로 경제 발전에 힘써 이라크 국민들로부터 긍정적인 평가를 받았지만, 후반기 들어 실정을 거듭해 이라크의 국운을 쇠하도록 만든 장본인이란 평가다.

이라크 지식인들은 초기의 후세인 평가에선 후한 점수를 주었다. 후세인(1937년생)은 혁명아다. 20대 때는 이집트의 풍운아 가말 나세르의 아랍 민족주의 영향 아래 이라크 혁명에 뛰어들었고, 31살이었던 1968년엔 바트당의 무혈 쿠데타에 주도적으로 참여했다. 1973년엔 부통령으로서 외국 석유 자본의 저항을 무릅쓰고 석유 국유화를 성공적으로 이끌어 이라크를 '아랍의 선진국'으로 탈바꿈시켰다.

이라크 사람들은 "아, 그리운 옛날이여"란 말을 자주 한다. 1980년대 이란-이라크 전쟁이 벌어지기 전까지만 해도, 이라크는 우리 한국보다 잘살았다. 교사, 경찰 등 하급 공무원의 월급도 한국보다 높았다. 이라크 현지에서 만난 사람들은 "한국 건설업체 노동자들이 도로를 닦는 등 이곳에서 일했던 것을 지금도 기억한다"는 말을 많이 했다. 그들의 눈에 비친 한국 노동자들은 이라크의 석유 달러를 벌어들이기 위한 가난한 외국 노동자들이었다.

『아자만』 논설위원 무산나 알 타바크츨리는 후세인에 사뭇 비판적이었다. "후세인은 석유 국유화로 쌓은 국부를 잇단 전쟁(1980년대 8년을 끌었던 이란-이라크 전쟁, 1990년 쿠웨이트 침공, 1991년 걸프 전쟁 등)에 쏟아부었다. 게다가 호화 궁전을 짓고 대형 이슬람 사원들을 짓는 데 낭비했다. 그 결과 국민의 95%를 빈곤선 아래로 떨어뜨렸다."

미군이 무기를 대주고 훈련시킨 새로운 이라크 정부군.

미국의 중동 프로젝트와 석유

사담 후세인을 긍정 적으로 평가하는 지식인들도 물론 있다. 바그다드대학교 법대학장으로 있다가 미 점령 당국의 탈脫바트화 정책(집권 바트당에 몸담았던 사람들을 공직에서 내쫓는 정책)으로 밀려난 수헬 파틀라위 박사가 그 가운데 한 사람이다. 바그다드 시내의 자택에서 만난 파틀라위 박사는 "기본적으로 후세인 체제는 20세기 들어 본격적으로 아랍권 자원을 착취해온 영미 서구 제국주의로부터 아랍 세계를 지키려는 이슬람의 반식민지 운동 선상에 있다"고 주장했다. 후세인의 강압 정책과 독재에 대해 묻자, 그는 "미국을 비롯한 외부의 적으로부터 이라크를 지키기 위한 국가 보안 조치"라는 논리를 폈다.

미국의 이라크 침공과 뒤이은 혼란은 신제국주의 관점에서 민족 문제를 다시 한 번 생각하게 만든다. 바그다드대학교 역사학과 하산 알리 사브티 교수는 『1850~1941년의 미일美日 관계』라는 책을 써냈다. 여기서 사브티 교수는 '국가 간 관계는 경제적 이익을 둘러싼 도전과 우호라는 두 축을 왔다 갔다 하는 관계'라는 가설 아래 두 나라의 협력과 긴장을 다뤘다. 미국의 극동 지역 진출이 일본의 경제 발전과 충돌하지 않았을 때는 두 나라가 우호 관계였지만, 20세기 들어서 중국과 동남아시아를 둘러싼 패권 다툼을 하면서 결국 태평양 전쟁까지 벌이게 됐다는 분석이다.

사브티 교수는 "미국의 이라크 침공도 미일 관계의 충돌과 같은 맥락에서 바라볼 수 있다"고 여긴다. 1980년대 미국은 이란의 호메이니 혁명을 견제한다는 측면에서 이라크 후세인 정권과 이해를 같이했지만, 그 뒤 미국과 이라크 두 나라는 서로의 경제 이해관계가 달라져 잇달아 전쟁을 벌이게 됐다는 진단이다. "만약 미국이 이라크 석유를 필요로 하지 않거나, 후세인이 미국의 석유 야망을 채워주는 양보 조치를 했더라면, 미국의 이라크 침공은 없었을 것"이라 잘라 말했다.

이어 사브티 교수는 "석유라는 변수에다 중근동 지역의 군사 강국인 이라크를 부담스러워해온 이스라엘의 입장, 이라크를 발판으로 한 미국의 중근동과 서남아시아 패권 전략이 더해져 전쟁이 벌어졌다"고 분석했다. 그는 미국의 이라크 침공이 '미국의 중동 프로젝트'에 따른 것이라 믿는다. "미국은 중근동 지역과 서남아시아 일대의 세력 균형을 깨뜨리고 이를 재편성하려는 중동 프로젝트에 따라 이라크를 점령했다"는 논리다. 그는 "같은 맥락에서, 미군의 침공을 돕는 성격의 한국군 파병을 반길 수 없다"고 못 박았다.

바그다드대학교 국제연구학과장인 하미드 시하브 아메드 교수(국제 정치학)는 "모든 국가는 점령에 저항한 역사가 있다. 미국도 18세기 말 영국의 점령에 저항하지 않았느냐"며 이라크에서 벌어지는 반미 저항을 자연스러운 현상이라 진단했다. 그도 앞서 사브티 교수가 짚은 '중동 프로젝트'를 이라크 침공의 배경으로 이해했다.

국제정치학 전공자답게 아메드 교수는 미국의 이라크 침공을 거시적으로 봤다. "이라크를 발판으로 중근동 지역에서 미국이 패권을 쥐겠다는 것이 프로젝트의 핵심이다. 이 일대의 풍부한 석유 자원 획득은 이 프로젝트로 얻는 직접적인 이득의 하나다. 주변 이슬람권과 대치 전선을 이뤄온 이스라엘 안보는 이 프로젝트의 부산물이다."

훗날 역사가들은 2003년 봄에 벌어진 미국의 이라크 침공을 어떻게 기록할까. 유엔안보리의 결의를 이끌어내지 않은 채 벌인 이 침공은 21세기 지구촌에 국제 사회의 질서를 유지하는 기본 규범을 둘러싼 일방주의-다자주의의 공방을 낳았다. 1990년대 초 냉전 시대의 막이 내린 뒤 유일 초강국으로 떠오른 미국의 일방주의는 제3세계는 물론 프랑스, 독일을 비롯한 유럽 국가들로부터도 비난을 받아왔다.

이에 맞서 이른바 '네오콘neocon'이라 일컬어지는 미국의 강경파들은 9·11 테러 공격을 입은 미국의 '열악한' 안보 환경을 빌미로 '힘의 논리'를 내세워왔다. 소위 '부시 독트린Bush Doctrine'의 핵심인 선제공격론은 9·11이 낳은 합리적 대응이란 주장이었다. 그러나 반反부시, 반미 전선의 논객들은 미국의 일방주의가 힘으로 미국의 이익을 관철하려는 패권주의적 논리라고 반박했다. 미국의 안정적 석유 자원 확보를 노린 이라크 침공이 바로 그 증거라는 비판이었다.

중동 전문가 스티븐 펠레티에르는 미국이 1991년 걸프 전쟁을 벌인 배경을 석유로 풀이한다. 그는 1980년대 이란-이라크 전쟁을 거치면서 걸프 지역의 군사 강국으로 떠오른 이라크의 석유 민족주의가 세계 경제, 특히 미국 경제를 위협할 가능성을 막기 위해 미국이 걸프 전쟁을 일으켰다고 분석한다. 이라크의 쿠웨이트 침공은 미국의 군사 개입 구실을 주었을 뿐이란 논리다. 펠레티에르에 따르면, 미국-이라크 전쟁은 석유수출국기구(OPEC) 주도권을 노리는 이라크, 중동 석유의 안정적 공급을 바라는 미국, 이 두 나라 사이의 갈등 측면에서 예견되었다. 미국의 2003년 이라크 침공 배경은 12년 전과 변함이 없다는 분석이다.

이라크 지식인들이 지적하듯, 결국 이라크 전쟁을 읽는 코드는 석유다. 미국과 영국은 바그다드에 통제 가능한 친서방 정권을 세워 중장기적인 전망에서 값싼 석유를 안정적으로 확보하고 싶어했다. 2010년대 들어 미국은 땅 밑 단단한 암석 사이에 스며 있는 셰일 원유Shale oil를 대량으로 뽑아내면서 에너지 걱정을 크게 덜게 됐지만, 2003년도 시점에서 미국은 석유 자원 확보가 큰 관심사였다. 미국의 석유 자원이 갈수록 고갈되는 데 비해 소비는 줄지 않을 것으로 전망되었기 때문이다. 전 세계 석유 자원의 3분의 2가 묻혀 있는 중동으로 미국이 눈을 돌리는 것은 그런 까닭이었다.

이라크 석유 매장량은 베네수엘라, 사우디아라비아, 캐나다, 이란에 이어 세계 5위다. 이라크산 원유는 질이 좋고 유정이 깊지 않아 채굴 단가도 다른 산유국에 비해 낮다. 후세인 정권을 뒤엎고 이라크에 친미 정부를 세우면, 값싼 석유 자원을 안정적으로 확보할 수 있다. 이라크 사람들은 바로 그런 점을 걱정하고 있다. 엘나하레인대학교 에마드 알 살렘 교수(정치경제학)는 "이라크인들이 이라크 자원을 자주적으로 관리해야 하는 것이 당연한 것 아니냐"고 말했다.

그러나 이라크의 친미 성향 정치인인 아메드 찰라비(이라크 국민회의

의장)는 "석유 자원의 국가 독점을 풀고, 외국인 자본가들의 직접 투자를 통해 이라크 석유 산업을 발전시킨다면, 결과적으로 그 이익은 이라크 국민들에게 돌아갈 것"이란 주장을 편다. 석유 민영화가 될 경우 이득을 챙기는 쪽은 당연히 미국 메이저 석유 기업들이 될 것이다. 지난 2007년 선보인 이라크 석유법은 외국 업체에 최장 30여 년간 채굴권을 주고 외국 업체가 유전 개발·운송·정유·서비스업에 참여하는 내용을 담았다. 바그다드대학교 국제연구학과장인 하미드 시하브 아메드 교수는 "민영화가 되지 않더라도, 이면 비밀 계약을 통해 미국 메이저 석유 기업들이 사실상 이라크 석유 이권을 챙기려 들 가능성도 크다"고 내다봤다.

한편으로 이라크 지식인들은 "이라크 주재 미국 대사관의 입김이 더욱 커질 것"이라 입을 모았다. 바그다드 주재 미국 대사관은 바티칸 크기만 한 넓이에 파견 직원만 1,000명에 이라크인 보조 인력이 700명으로 미국 대사관으로는 세계 최대 규모다. 이라크 주재 미국 대사는 미국의 '이라크 총독'으로 여겨진다. 에마드 알 살렘 교수는 "미국 대사관이 이라크의 정책을 좌지우지한다면 이라크는 주권 국가라고 보기 어렵다"고 말했다.

칼레도니아 부족 이야기

역사는 되풀이된다고 말한다. '충격과 공포'라는 작전 아래 이뤄진 미국의 이라크 침공은 로마제국의 무자비한 팽창사를 떠올리도록 만든다. 약 2,000년 전 아그리콜라 장군이 이끄는 로마 군단이 영국 북부 스코틀랜드 지역을 침공했을 때 장군의 사위 타키투스(로마 역사가)는 종군 기록을 남겼다. 이에 따르면, 스코틀랜드 지역에 살던 칼레도니아 부족들은 로마에 무릎 꿇길 거부하며 맞섰다. 아그리콜라 장군은 미군이 2003년 봄 이라크를 침공했을 때와 똑 닮은 전술 전략을 썼다. 지상군에 앞서 로마 함대를 먼저 파병, 해변 지역을 휩쓸면서 무력시위를 벌였다.

칼레도니아 부족들 사이에서 공포가 퍼져나갔다. 이는 '충격과 공포' 작전에 따라 지상군 공격에 앞서 바그다드 공습으로 이라크 사람들을 겁에 질리게 만든 것과 마찬가지다. 아그리콜라는 이어 경무장한 기동 부대로 하여금 칼레도니아 부족 전사들을 공격하도록 했다. 숫자는 로마군이 훨씬 적었지만, 당시로선 첨단인 전투 장비를 갖춘 덕에 로마군은 연전연승했다. 스코틀랜드 원정이 끝날 무렵 로마군은 360명이 전사한 데 비해, 칼레도니아 부족은 무려 1만 명의 전사자를 냈다.

로마군의 스코틀랜드 침공은 칼레도니아 부족 전사들의 반란을 진압하기 위한 것이 아니었다. 앞으로 일어날지 모를 봉기를 미리 막는다는 차원에서 진행된 군사 작전이었다. 말하자면 예방 전쟁이자 선제공격이었다. 미국의 안보를 위협할 가능성이 큰 이른바 '테러 지원 국가'를 미국이 먼저 공격한다는 선제공격론과 딱 맞는 논리다. 기록자인 타키투스에 따르면, 칼레도니아 부족의 지도자 칼가쿠스는 로마인들을 이렇게 비판했다.

"로마인들은 이 세상의 약탈자들이다. 그들은 닥치는 대로 약탈해 우리 땅을 황무지로 만들었다. 그들은 가난하든 부자든 모두 욕심꾸러기다. 로마라는 나라는 강도와 학살자들로 그득하다. 로마 사람들은 전쟁으로 폐허를 만들고는 그 상태를 '평화'라 한다."

그로부터 2,000년 뒤, '21세기 로마 군단'인 미군에 맞설 만한 군대는 없어 보였다. 이라크에서 벌어진 전투에서 미군은 M1 에이브럼스 탱크를 앞세워 바그다드를 점령했다. 이라크 침공을 시작한 지 43일째인 2003년 5월 1일, 미국 항공모함 에이브러햄 링컨호에서 부시 대통령이 '주요 전투 종료'를 선언했을 때 미군 사망자는 138명이었다.

이에 비해 이라크군 전사자 규모는 훨씬 컸다. 미국의 자유주의 성향의 민간 연구 재단인 정책연구소(IPS)와 외교정책초점(FPF)이 2004년 말에 함께 발표한 보고서 「이라크 전쟁의 대가: 쌓여가는 비용」에 따르면, 적게는 4,895명에서 많게는 6,370명쯤의 이라크 정규군 장병과 집권 바트당 무장 대원들이 이라크 전쟁 초기 43일 동안의 전투에서 죽었다. 여기에 빠져 있는 민간인 사망자를 더하면 이라크 쪽 피해는 훨씬 늘어난다.

21세기 초강대국의 야만이 낳은 참극   2003년 워

싱턴의 이라크 정복은 초기엔 큰 문제가 없어 보였다. 국제법을 어긴 패권적 침공이라는 국제 사회의 비판이 일긴 했지만 워싱턴으로선 견딜 만했다. 문제는 그 뒤부터 터지기 시작했다. 이라크 민중들이 점령군인 미군에게 장미꽃을 던져줄 것이란 기대감에서 미국은 전후 이라크 안정화 계획을 치밀하게 세우지 않았다. 하지만 이라크를 쉽사리 안정시키리라는 기대와는 달리, 이라크 민중의 반미 감정은 높았고, 이라크 전역에서 저항 세력의 공격이 이어졌다.

바그다드 점령 뒤 미 점령 당국이 이라크군 해산 명령을 내린 것도 큰 잘못이었다. 그들 가운데 상당수가 반미 저항 세력의 주력군으로 바뀌었다. 바그다드에서 자동차 수리점을 열고 있던 전직 이라크 육군 대령을 만났더니 그는 이렇게 한탄했다. "이라크군 해산 명령이 없었다면 지금 치안 유지에 나름 힘쓰고 있을 내 부하들 가운데 여러 명이 총을 들고 미군과 싸우고 있다."

미국의 오판과 시행착오는 더 많은 사상자와 전쟁 비용 부담으로 이어졌다. 미국이 이라크를 침공한 지 5년 만인 2008년 3월 미군 사망자는 4,000명에 이르렀다. 2011년 말, 오바마가 미군 전투 부대를 철수시켜 '이라크 수렁'에서 빠져나오는 듯했지만 이라크의 상황은 다시 나빠졌다. 2014년 들어 수니파 반군 집단인 '이슬람국가(IS)' 세력이 시리아 내전의 혼란을 틈타 이라크 서북부와 시리아 동북부 지역에 걸쳐 세력을 급격하게 확장했기 때문이다. 간신히 '이라크 수렁'에서 빠져나온 미국으로선 곤혹스럽지만 재파병을 할 수밖에 없었다. 그 뒤로 미군 사망자는 다시 늘어나 2022년 현재 4,600명에 이른다.

미국인의 사망은 군인에 그치지 않는다. 미 국방부와 용역 계약을 맺은 미국 보안 기업 소속으로 경비, 수송 등 위험한 일을 맡아하던 민간인 사망자도 3,650명이다. 이들 가운데 상당수는 미군 특수 부대 출신이다(아프가니스탄의 미국인 민간 용역 사망자는 3,917명). 파병지에서 미군이 죽으면 언론 보도가 나가고 여론의 관심을 끌지만, 민간인 용역의 사망 사건은 거의 묻히기 십상이다. 미 국방부로선 민간 용역 계약에 따른 비용 지출이 있긴 하지만, 여론의 눈길에서 한 걸음 비껴나는 셈이다.

한때 이라크 주둔 미군이 16만 명을 넘었던 사실에서 짐작되듯, 미국이 이라크에 쏟아부은 전쟁 비용은 말 그대로 천문학적이다. 미국 의회조사국(CRS) 자료에 따르면, 미국은 2011년 이라크에서 일시 철군이 이뤄지기 전까지 7년(2003~2010년) 동안 7,000억 달러를 지출했다. 1년에 1,000억 달러꼴이다. 그나마 2014년 재파병 뒤의 비용은 파병 규모가 작아 1년에 350억 달러 수준이다. 왓슨연구소의 집계에 따르면 지난 20년 동안 미국의 이라크 전쟁 비용은 2조 580억 달러(시리아 개입 비용 포함)이다. 2003년 이라크 침공을 명령했던 부시도 이처럼 오랫동안의 엄청난 전쟁 비용 지출은 예상 못했을 것이다.

전쟁 비용보다 훨씬 더 중요한 항목이 사람의 목숨이다. 생명은 값으로 따질 수도 없다. 왓슨연구소의 집계에 따르면, 이라크 민간인 희생자는 20만 명에 이른다. 그중에는 미군의 오폭으로 죽은 이들도 적지 않다. 부상자보다 훨씬 많다. 살아남은 유족, 그리고 부상자들이 지금도 겪는 정신적 아픔은 또 얼마나 크고 깊을 것인가.

이라크 주둔 미군은 2022년부터 전투 임무는 맡지 않고 이라크군의 훈련 지원과 고문 역할만 맡기로 했다. 현재 미군 병력은 2,500명 수준. 언젠가 미국이 이라크에서 병력을 물린다 해도, 이라크에서 아주 손을 떼는 것은 아니다. 이라크 나자프와 모술, 아르빌 등엔 대규모 미국 공군 기지가 세워져 있다. 미국의 기본 전략은 주한 미군이나 주독 미군처럼 최소한의 병력을 이라크에 남겨두어 중동 지배 패권 전략에 이용하는 것이다. 전쟁 뒤 국가 재건 청사진조차 제대로 마련하지 않은 채 "이라크 사람들이 미군 탱크에 장미꽃을 던져주리라"는 안이한 판단 아래 동맹국인 이스라엘의 안보 강화와 석유를 노리고 밀어붙인 더러운 전쟁, 그리고 그 뒤 이라크 민초들이 겪어온 고난을 가리켜 훗날 역사가들은 '21세기 초강대국의 야만과 패권적 야욕에서 비롯된 참극'이란 혹독한 비판 기록을 남길 것이다.

Iran

아제르바이잔

아르메니아 카스피해 투르크메니스탄

터키

테헤란

아
프
가
니
스
탄

이라크 이란

쿠웨이트

파
키
스
탄

사우디아라비아 페르시아만

카타르 오만

아랍에미리트

4장

이란

반미 이슬람 자존심 지닌 강대국

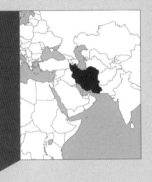

■ **기본 정보** _ 국토 면적: 1,650,000㎢(한반도의 7.5배), 인구: 8,700 만 명, 종교: 이슬람교 99.6%(시아파 90~95%, 수니파 5~10%). ■ **누 가 왜 싸웠나** _ 이란의 이슬람 혁명(1979년) 다음 해에 사담 후세인 의 이라크군이 이란을 선제공격함으로써 1980년부터 1988년까지 8 년 동안 전쟁이 벌어졌다. 이란과 이라크 사이 호르무즈해협의 3개 섬에 대한 영유권 다툼, 시아파 이슬람 혁명의 바람이 이라크로 넘 어오는 것을 경계한 사담 후세인(수니파)의 위기의식, 두 나라의 지역 패권 경쟁 등이 원인이었다. 이란─이라크 전쟁에서 미국은 이라크에 전쟁 물자를 지원했다. 미국은 1979년 이란과의 외교 관계를 끊은 뒤 40년 넘게 적대 관계를 유지하고 있다. ■ **전쟁 희생자** _ 50만 명(이란 30만 명, 이라크 20만 명). ■ **지금은?** _ 사담 후세인이 2003 년 미국의 이라크 침공으로 제거되고 이라크에 시아파 중심의 친미 정권이 들어선 뒤 이란과 이라크 사이의 갈등은 많이 줄었다. 미국은 이란이 시아파 종교를 내세워 이라크에 영향력을 행사하는 것을 경 계하고 있다. 최근엔 이란의 핵무기 개발 의혹을 둘러싸고 미국─이 스라엘과 이란이 첨예하게 대립 중이다.

흔히 '호메이니 혁명'으로 알려진 이란의 이슬람 혁명(1979년)은 프랑스 혁명(1789년), 볼셰비키 혁명(1917년)만큼이나 20세기 국제 사회에 큰 영향을 미쳤다. 이란 수도 테헤란에서는 반미 정서를 나타내는 대형 입간판이나 플래카드를 쉽게 찾아볼 수 있다. 이란 민중들은 이미 40년을 훌쩍 넘긴 이슬람 혁명을 어떻게 평가하고 있을까. 혁명 뒤 석유 이권을 빼앗기고 외교 관계를 끊었던 미국은 왜 지금까지도 이란을 적대시하고 있는가. 미국은 언제 이란과의 외교 관계를 복원할 것인가. 이란의 핵 개발은 미국-이스라엘의 주장대로 핵무기 개발을 위한 것인가. 이런 물음들을 지니고 이슬람 혁명 기념 주간을 맞이한 이란을 살펴보기 위해 테헤란 호메이니국제공항에 내렸다.

이란 사람들에게 1979년 2월 1일은 특별한 의미를 지녔다. 이란 시아파 종교 최고 지도자로서 이슬람 혁명을 이끈 아야톨라 호메이니(1902~1989년)가 오랜 망명 생활을 청산하고 돌아와 이란 민중의 열렬한 환호를 받았던 날이다. 이란 사람들은 2월 1일부터 10일까지 열흘 동안을 '다헤 파즈르'(우리말로는 '열흘 새벽' 또는 '열흘 동안의 승리')라 일컫는다. 해마다 이 기간 동안 이란 전역은 혁명의 당위성과 성공, 그리고 앞으로 이란이 나아갈 바의 정치적 구호들을 담은 깃발로 뒤덮인다.

호메이니국제공항에 닿은 때는 저녁 11시. 그곳 공항 직원들은 규율이 있어 보였다. 시리아 다마스쿠스공항 공무원들처럼 담배를 피워 물고 여권 도장을 찍는 것도 귀찮다는 듯한 흐트러진 모습을 보이진 않았다. 한마디로 태도가 깔끔했다. 공항을 빠져나온 외국인 방문자들이 테헤란 시내를 걷다보면, 이란 사회를 감싸고 도는 규율의 원천이 이슬람 시아파 종교에 있음을 느끼게 된다.

적지 않은 이란 여성들이 검은 차도르를 온몸에 두르고 거리를 걷는다. 이마를 다 드러내놓고 히잡을 쓰는 둥 마는 둥 하는 젊은 이란 여성들은 종교 경찰의 단속 대상이다. 이슬람과는 거리가 먼 외국인 여성 방문객도 머리카락을 천으로 가리고 거리에 나서야 한다. 그러지 않으면 종교 경찰에 붙잡혀 곤욕을 치르기 십상이다. 종교 경찰의 훈시를 듣는 외국인 방문자는 이란의 국가 최고 지도자가 대통령이 아니라 시아파 이슬람 종교 지도자라는 사실을 새삼 깨닫게 된다.

테헤란의 반미-반이스라엘 함성

테헤란에 도착한 다음 날은 마침 무슬림들에게는 휴일인 금요일. 이란에서 가장 큰 대학인 테헤란대학교로 갔다. 매주 금요일마다 11시가 되면 테헤란대학교 구내에는 수만 명의 군중이 모여 금요 예배를 드린다. "이슬람 혁명 기념 주간을 맞이해서 평소보다 훨씬 더 많은 사람이 모이는 것 같다"고 통역 살리드가 귀띔했다. 대학 정문의 보안 요원들은 출입자들에게 신분증을 보여주길 요구했고 그들이 메고 있던 가방도 뒤졌다. 대학 구내에 들어서자마자 2톤 트럭을 개조한 이동식 보안 검색용 차량과 마주쳤다. 들고 있던 가방을 그곳에 집어넣어 폭탄 같은 위험 물질이 없다는 확인을 받아야 했다. 마치 공항 검색대를 대학으로 옮겨온 것과 같았다.

이란에서는 일반적인 폭탄 테러조차 드물다. 2005년 6월 이란 대선 무렵 수도 테헤란 중심가인 이맘 후세인 광장과 이란 남서부 석유 도시 아바즈에서 5차례 폭탄이 잇달아 터져 9명이 숨진 사건은 1979년 이슬람 혁명 뒤로 처음 벌어진 사건이었다. 이란 사람들은 "그래도 지구상에서 이란만큼 안전한 나라가 없다"고 주장한다. 이란의 보수적인 영자 신문 『케이한 인터내셔널』의 편집국장 하미드 나자피는 "미국 뉴욕이나 시카고에는 강도들이 설치지만, 이란에선 한밤중에도 아무 걱정 없이 거리를 걷는다"고 말했다. 그런 나자피의 말 속에는 강한 반미 감정이 배어 있었다.

테헤란대학교에서 열린 금요 예배 모임에 참석했을 때도 느꼈지만, 그곳의 분위기를 한마디로 요약하자면 '반미-반이스라엘'이었다. 설교자로 등장하는 사람 가운데 미국과 이스라엘을 언급하지 않고 넘어가는 사람이 없었다. 쓰는 낱말이나 표현만 조금씩 다를 뿐, 하나같이 미국과 이스라엘을 강하게 비판했다(이란은 미국뿐 아니라 중동의 친미 국가인 이스라엘, 이집트와도 외교 관계를 맺지 않은 상태이다).

그날의 주연사인 이슬람 고위 성직자 아야톨라 아흐마드 하타미(하타미 전 이란 대통령의 동생)는 지난 2009년 2월 초 이란이 자체 개발한 위성 운반용 로켓 사피르-2호로 쏘아 올린 인공위성 '오미드'(우리말로는 '희망')호에 대해 언급하면서 이렇게 주장했다.

"이란이 인공위성 발사 기술을 지닌 다른 나라와 어깨를 나란히 한

매주 테헤란대학교에서 열리는 금요 예배는 반미 구호로 넘쳐난다.

다는 사실은 미국을 화나게 했다. 전 세계도 오미드 발사를 비롯한 이
란의 거듭된 발전에 충격을 받았을 것이다. 1979년 혁명 뒤 이란은 정
치 과학 문화 등 여러 분야에서 성공을 거두어왔다. 미국은 이란의 발
전을 지켜보면서 아주 기분이 언짢았을 것이다. 이란은 미국을 비롯한
서방 국가들로부터 갖가지 제재sanctions를 받아왔고, 그 국가들은 이
란에게 어떠한 신기술도 건네주지 않았다. 그렇지만 우리 이란은 신의
자비와 이슬람 혁명 지도자의 현명한 지도력 덕에 더 큰 성공을 거두
었다."

하타미는 이스라엘에도 비판의 화살을 돌려 팔레스타인 가자 지구
침공과 그에 따른 민간인 학살을 세차게 비판했다. "1948년 이스라엘
이란 나라가 세워지고 오랜 시일이 흐르는 동안 아랍인들은 이스라엘

이란 강도떼와 싸워왔으나, 이렇다 할 성공을 거두지 못했다. 그렇지만 레바논에서 벌어진 헤즈볼라의 투쟁과 팔레스타인 가자 지구에서의 하마스 투쟁은 유대인들에게 치욕적인 패배를 안겨주었다. 세계는 침략적인 유대인 국가 이스라엘이 세계 평화와 안정에 위협이 된다는 사실을 알아야 한다. 미국이 이스라엘의 예루살렘 점령을 인정하고 이란에 대한 미국의 경제 제재를 계속하는 한, 우리 이란 사람들이나 전 세계의 다른 나라 사람들은 미국 대통령의 거짓말에 속아 넘어가지 않을 것이다."

2월 1일부터 열흘 동안 이슬람 혁명을 기리는 '다헤 파즈르'의 마지막 날인 2월 10일, 호메이니국제공항으로 이어지는 테헤란 외곽의 아자디(우리말로는 '자유')광장에서 수십만 명의 사람들이 몰려들어 혁명의 성공을 자축하는 기념행사를 가졌다. 마무드 아마디네자드 이란 대통령이 반미−반이스라엘 강성 발언을 토해낼 때마다 사람들은 열렬히 이란 국기와 호메이니 초상화를 흔들며 "이슬람! 이슬람! 호메이니! 호메이니!"라고 외쳤다.

아자디광장에서 만난 사람들은 하나같이 이슬람 혁명이 외세의 사슬과 그 외세에 빌붙어 비밀경찰(사바크)의 힘으로 민중을 탄압하던 독재 왕조의 탄압에서 벗어나 이름 그대로의 독립 국가 이란을 이룬 것을 자랑스러워했다. 여대생 사바르 가르비(테헤란대학교 공학부)는 "미국과 영국에 빌붙어 기생하던 팔레비 독재로 숨도 제대로 못 쉬던 우리의 부모들과는 달리 지금 우리는 자긍심을 지녔다"며 함박웃었다.

혁명으로 석유 주권 되찾다

이란 민중들은 1979년 2월 이란 시아파 성직자 아야톨라 루홀라 호메이니를 지도자로 한 이슬람 혁명을 성공시킴으로써 샤Shah 왕조의 마지막 왕 모하메드 레자 팔레비(1919~1980년)로 대표되는 친미 독재 집단을 무너뜨렸다. 혁명은 정치 체제의 변혁이자 경제 변혁이었다. 잘 알려진 바처럼 이란은 베네수엘라, 사우디아라비아, 캐나다에 이어 세계 4위의 석유 자원을 지닌 국가다. 이란 민중들은 그때껏 이란 석유를 거저 가져가다시피 하던 미국과 영국으로부터 석유 이권을 되찾았다. 호메이니 혁명의 성공은 1953년 민족주의자 모하마드 모사데크 총리가 미국 CIA가 개입한 친위 쿠데타로 실각한 뒤 무려 26년 동안 미국 40%, 영국 40%, 팔레비 왕조 20%로 나뉜 석유 이권이 이란 민중의 품으로 돌아오는 것을 뜻했다.

1979년 이슬람 혁명 성공 뒤로 석유 이권을 잃은 미국은 이란과의 외교 관계를 끊고 이란에 대해 경제 제재를 비롯한 여러 압박 정책을 펴왔다. 특히 조지 부시 전 대통령 시절의 미국은 이란을 북한-이라크(사담 후세인 시절)와 더불어 '악의 축'이라 손가락질했다. 워싱턴에서 활약하는 유대인 네오콘(신보수주의자)들은 공공연히 "이라크 사담 후세인 정권에 이어 이란의 정치 체제를 변화시켜야 한다"며 이란 침공의 나팔을 불어댔다.

그렇지만 많은 이란 사람들은 오래전부터 미국을 '커다란 악마satan'로 불러왔다. 이슬람 혁명 기념식장에서 만나 사귄 전직 테헤란 고등학교 역사 교사 세예단(63세)은 "이 별칭은 혁명으로 왕권을 잃은 모하메드 레자 팔레비의 미국행과 관련이 있다"고 설명한다. 1979년 2월 팔레비는 처음에는 이집트로 망명했다가 모로코와 멕시코를 떠돌았다. 그러다가 췌장암이 도지자, 치료를 받으러 미국으로 갔다. 이란의 반미 감정에 신경을 쓰던 지미 카터 당시 미국 대통령은 팔레비의 미국 입국 허가를 망설였으나, 헨리 키신저를 비롯한 친이란 인사들이 '인도주의적 치료'를 내세우자 팔레비를 받아들였다고 전해진다.

팔레비의 미국행이 알려지자, 이란 사람들은 지난 1953년 팔레비가 로마로 망명했을 때 미국 중앙정보국이 개입했던 쿠데타 악몽을 떠올렸고, "미국이 반혁명 음모를 꾸미고 있다"고 세차게 비난했다. 그 무렵 이란 시아파 종교 최고 지도자 아야톨라 호메이니는 미국을 '커다란 악마'라고 규정했다. 그때부터 이란 사람들은 미국을 말할 때마다 '악마'라는 단어를 자주 썼다.

30만 희생 위에 이룬 혁명

이슬람 혁명이 거저 성공한 것은 아니다. 이른바 '무혈 혁명'도 아니었다. 많은 피를 뿌렸고, 혁명적 분위기는 그런 붉은 피를 먹고 커갔다. 1978년 9월 8일 금요 예배를 마친 뒤 팔레비 독재에 항거하며 테헤란 거리에 나섰던 민중들은 잘레흐광장에서 일어난 진압 경찰 발포로 말미암아 많은 피를 흘려야 했다. 이란 사람들은 그 사건을 '검은 금요일의 학살'로 부른다. 한국으로 치면 1960년 경무대(청와대) 앞 발포 사건이나 1980년 5·18 광주 학살과 비슷한 사건이다.

1979년 혁명으로 절대 왕정 체제가 무너질 때까지 사망자가 어느 정도였는지 정확한 통계는 없다. 1979년 이슬람 혁명 정부는 1963년 팔레

1979년 이슬람 혁명 당시 가족을 잃은 유족이 무덤 앞에서 슬퍼하고 있다.

비 왕정 독재에 맞서는 대규모 시위가 벌어진 뒤부터 1979년까지 '순교
자'(팔레비 왕조에 충성하는 군대와 경찰의 발포, 비밀경찰 사바크의 고문
등으로 죽은 사람들) 숫자가 모두 합해 6만 명에 이른다고 발표했지만,
이것도 정확한 근거를 제시한 수치는 아니었다. 에르반드 아브라하미안
(뉴욕시립대학교 교수)을 비롯한 일부 연구자들은 희생자 규모를 3,000
명쯤으로 낮춰 잡는다(이슬람 혁명 바로 1년 뒤에 터져 8년을 끌었던 이
란-이라크 전쟁도 혁명의 연장선상에서 일어난 것이라 보면, 희생자 규모
는 더 커진다. 이란은 8년 동안의 전쟁에서 30만 명이 죽었고, 이라크 전
사자는 20만 명이었다).

  희생자들이 묻혀 있는 곳 가운데 가장 규모가 큰 곳이 바로 테헤란
남쪽, 이란의 대외 관문인 호메이니국제공항으로 이어지는 고속화 도

2009년 이란 이슬람 혁명 30주년 기념식.

로 가에 자리 잡은 베헤시트-이 자흐라 묘지다. '베헤시트-이'란 이란
말로 '천국'을 뜻한다. 이곳에는 혁명 과정에서 죽은 사람들, 그리고 이
슬람 혁명 성공 바로 다음 해부터 미국의 지원을 받은 사담 후세인의
이라크와 맞붙어 8년 동안 치른 이란-이라크 전쟁(1980~1988년)으로
생겨난 30만 명의 전사자들 가운데 상당수가 묻혀 있다. 이름이 널리
알려졌든, 무명이든 상관없이 이란 사람들은 이곳에 모신 사람들을
'순교자'라 일컫는다. 이란의 이슬람 혁명을 위해 목숨을 바쳤다는 뜻
이다. 따라서 베헤시트-이 자흐라 묘지는 이슬람 혁명의 성지로 여겨
진다. 혁명 최고 지도자 아야톨라 호메이니도 1979년 2월 1일 테헤란
공항에 내린 뒤 바로 이곳 묘지를 찾아 '순교자'들에게 꽃을 바쳤다.

묘지 바로 옆에는 아야톨라 호메이니의 시신이 잠든 거대한 이슬람 사원이 있다. 네 귀퉁이에 91m 길이의 높은 탑을 두른 이 사원을 혁명 기념일을 맞아 참배객이 평소보다 훨씬 많이 찾아와 기도를 드리고 갔다. 호메이니의 뒤를 이어 1989년 이래 이란 시아파 종교 최고 지도자가 된 아야톨라 알리 하메네이도 혁명 기념일을 맞아 묘소에 참배하고 꽃을 바쳤다.

베헤시트-이 자흐라 묘지에 들어서면, 특이한 모습이 눈길을 끈다. 죽은 이의 얼굴이나 생전의 모습을 담은 사진이 유리창 안에 보관돼 있고, 묘지 주변은 꽃과 깃발들이 장식돼 있다. 혁명 기념일을 맞아 찾은 조문객들 가운데 아들이나 남편을 잃은 부녀자들은 검은 차도르를 입고 히잡을 머리에 두른 채 고인을 기렸다.

그곳에서 만난 50대의 한 남자는 "1979년 혁명 당시 거리에서 팔레비 왕에 충성하는 경찰의 발포로 죽은 친구의 무덤을 둘러보고 호메이니 묘소에 참배하러 왔다"고 했다. 아야톨라 호메이니는 많은 이란 사람들에게 정신적 스승과도 같은 존재다. 이란 사람들은 이슬람 종교의 성인에게 붙여지는 '이맘'이란 호칭을 호메이니에게 붙여 부른다. "오래전부터 우리는 이맘 호메이니의 말씀을 알라의 말씀이라 이해하고 따랐다. 팔레비 왕은 알라의 말씀과는 거리가 먼, 민중의 삶의 질 향상을 나 몰라라 하고 외국 세력에 기대어 왕족들의 이익만 챙기는 욕심스럽고 추한 삶을 살았다. 이슬람 혁명의 성공과 그 뒤의 시간들은 알라의 말씀을 따라 이란 땅에서 사라질 뻔했던 정의를 바로잡는 과정이었다." 그의 얼굴에서 이슬람 혁명에 대한 자긍심이 넘쳐났다.

변화를 바라는 이란 젊은이들

이슬람 혁명 뒤의 변
화를 비판적으로 보는 다른 목소리들도 들렸다. 테헤란의 한 음식점에
서 우연히 마주친 한 노인은 그 자신이 1979년 혁명이 일어날 때 큰 종
합병원의 외과 의사였다며 이렇게 현 정권을 비판했다. "이란어로 '파
즈르fajr'는 새로운 날을 시작하는 '새벽'을 뜻하지만 내게는 아니다. 혁
명 전엔 저녁마다 멋진 레스토랑에서 가족과 함께 외식을 했지만, 지
금은 그럴 형편이 못 된다. 이란 국민들 모두 가난해졌다. 지금 바깥에
서 혁명 기념일을 기뻐하는 사람들은 예전의 삶이 어땠는지 모르는 사
람들이다."

이슬람 혁명의 의미를 깎아내리는 이런 목소리는 그래도 소수일 뿐
이다. 이슬람 혁명을 통해 이란은 석유 주권을 되찾았고, 소수의 특권
층에 집중되어 있던 부富를 나눠가졌다는 점에 대해서는 대부분 고개
를 끄덕인다. 그렇다고 이란 사람들이 문제의식을 느끼지 않고 있는 것
은 아니다. 이란은 지금 해마다 20%를 오르내리는 인플레이션과 높은
청년 실업률로 고민 중이다. 그런 사정으로 인해 이란의 젊은이들은 정
치, 경제, 사회, 각 분야에서 변화가 있길 바라고 있다. 현재 이란 인구
8,700만 가운데 70%가량은 혁명 이후 세대다. 이들은 호메이니 혁명
당시의 상황을 교과서나 어른들의 입을 통해 짐작할 뿐이다.

테헤란대학교 구내에서 몇몇 대학생들과 차를 마시면서 이런저런
얘기를 나눴다. 이란 젊은이들은 혁명적 구호보다는 현실적인 삶의 질
향상에 더 관심이 높은 세대이다. 이슬람 혁명의 당위성을 인정한다
하더라도 이란에서 종교적 권위가 정치권과 사회를 전반적으로 지배
하는 데 대해 크든 작든 반감을 품고 있다. 그래서 친정부 논조를 보이
는 이란 신문이나 방송을 듣기보다는 인터넷이나 케이블 방송으로 외

국 미디어를 검색하고, 복사한 CD나 DVD를 통해 할리우드 영화를 즐긴다.

이란의 젊은 여성들도 현 체제의 변화를 바라기는 마찬가지다. 1979년 혁명이 일어나기 전만 해도 테헤란 중심가는 '중동의 파리'라 불릴 정도로 화려했다. 미니스커트를 입은 여인들이 거리를 누볐다. 그러나 혁명은 많은 것을 사라지게 했다. 테헤란 중심가의 카페와 술집이 사라지고 엄격한 이슬람 율법에 따라 금주령이 내려졌다. 미니스커트 대신 검은 차도르가 거리를 메우게 됐다. 7살만 되면 머리에 히잡을 써야 하는 이란 여성들은 검은 차도르를 몸에 두르고, 검은 구두와 검은 가방을 들고 다닌다.

이란 옷가게나 구둣가게를 가보면 온통 검은색투성이다. 그럼에도 젊은 여성들 사이에선 조금씩 다른 모습이 보인다. 히잡으로 머리를 다 가리지 않고 이마 위의 앞머리를 노랗게 염색해서 한껏 드러내거나, 끈으로 동여맨 뒷머리를 히잡 위로 슬며시 내놓기도 한다. 그런 모습들은 종교 경찰의 단속 대상이다. 가벼운 위반은 현장에서 경고를 하고 풀어주지만, 좀 더 심하다 싶으면 경찰서까지 가서 보호자를 부르고 각서를 쓰거나 벌금을 물고서야 풀려난다.

이란 젊은이들은, 보수적 종교 사회에 반감을 품든 아니든 간에, 미국 얘기가 나오면 한목소리로 비판한다. 이란에 갈 때마다 느낀 것이지만, 이란 사람들의 반미 감정은 한국인들이 생각하는 것보다 훨씬 강하다. 이란의 반미 정서가 어느 정도인지를 헤아릴 수 있는 것이 신발이다. 이슬람의 정서로는 신발로 사람을 때리는 것은 증오감을 나타내는 매우 공격적인 행위다.

잘 알려진 사실이지만, 대통령 임기를 딱 한 달 남겨둔 2008년 12월 조지 부시 미국 대통령은 이라크를 방문해 기자 회견을 하다가 봉변을 당했다. 이라크 저널리스트 문타자르 알 자이디가 부시에게 신발을 벗어 던졌다. 신발이 그를 맞히진 못했지만, 그 동영상을 보면서 이란 사람들은 "통쾌하다"며 박수를 쳤다. 그런 일이 벌어진 뒤 이란에서는 부시의 얼굴이 그려진 허수아비를 향해 신발을 던져 맞히는 놀이가 큰 인기를 끌었다. 신발 던지기 시합을 열어 우승자를 뽑기도 했다. 그래서일까, 이슬람 혁명 기념식이 열리는 행사장 안팎에서는 신발을 소재로 반미 정서를 나타내는 플래카드를 든 사람들이 여럿 눈에 띄었다.

핵 개발 문제로 미국-이스라엘과 긴장

1979년 이래로 이란과 미국은 외교 관계가 끊겼다. 40년 넘도록 미국은 이란을 적성 국가로 꼽으면서 여러 형태의 경제 제재를 펴왔다. 2001년 9·11 테러 뒤 조지 부시 당시 미국 대통령이 이란을 북한과 더불어 '악의 축' 국가로 꼽은 것도 같은 맥락에서이다. 2003년 미국의 이라크 침공 뒤 미국은 이란이 이라크의 반미 저항 세력을 뒤에서 돕는다고 의심했다. 이라크 주둔 미군에게 커다란 피해를 입혀온 '폭발물 형태의 발사체(EFPs)'를 이란이 이라크 시아파 저항 세력에게 대주었다는 것이 미국의 주장이다. 물론 이란은 이 같은 혐의를 인정하지 않는다.

21세기 들어 미국-이란 두 나라 사이의 긴장은 이란이 원자력발전소들을 여기저기 세우고 핵에너지 개발 움직임을 펴면서 더욱 강화된 모습이다. 테헤란 현지에서 들은 목소리는 한마디로 '이란의 핵에너지

조지 부시에게 던진 신발을 주제로 한 테헤란 거리의 반미 퍼포먼스.

개발은 어디까지나 평화적인 목적'이라는 것이다. 테헤란 일간지 『이란 데일리』 모하마드 레자 에르파니안 편집국장의 말을 들어보자. "알다시피 이란의 석유 매장량은 베네수엘라, 사우디아라비아, 캐나다에 이어 세계 4위로, 석유가 풍부한 나라다. 그러나 석유는 유한한 자원이다. 언제까지 석유에 기댈 수는 없다. 석유는 이제 40~50년만 지나면 바닥이 난다. 우리가 핵에너지를 개발하려는 것도 바로 그런 장래에 대비하기 위해서다. 핵무기를 만들려면 순도 95% 이상의 고농축 우라늄이 필요하지만, 이란이 만들려는 것은 5% 이하의 저농축 우라늄이다. 그걸 갖고 미국이 시비를 거는 것은 이해할 수 없다."

이란의 안보 관련 싱크탱크인 테헤란 전략연구센터(CSR) 2인자인 아미르 자미니니아 부소장도 위와 같은 논리를 폈다. "석유는 유한한 자원이라서 21세기 안에 고갈된다. 그렇다면 다른 대체 에너지를 개발해야 하는데 현재로선 원자력 에너지 말고는 마땅한 대안이 없어 원자력 발전소를 세우려는 것뿐이다. 이란이 핵무기를 가지려 한다는 것은 미국과 이스라엘의 흑색선전이다. 이란이 원자력발전소를 세우는 것은 핵 확산 금지 조약(NPT)이 보장하고 있는 핵의 평화적 이용 주권을 행사하는 것이다. 미국과 이스라엘은 이란이 핵무기를 개발하면 그 국가들의 안보에 직접 위협이 될 뿐 아니라, 팔레스타인 하마스나 레바논 헤즈볼라에게 핵무기를 넘겨줄지도 모른다고 하는데, 그런 얘기들은 귀 기울일 가치조차 없다."

외교관 출신으로 이란의 전략연구센터 선임 연구원인 나세르 사그하피-아메리는 미국과 이스라엘이 이란 핵 주권을 빼앗을 어떤 권리도 없다고 주장했다. "이란은 핵 확산 금지 조약(NPT) 가입국이다. NPT 4조는 "가입국은 국제원자력기구(IAEA) 감시 아래서 우라늄 농축 및 재처리를 포함, 평화적으로 핵을 이용할 수 있는 권리를 갖고 있다"고 못 박고 있다. 이란은 바로 그 조항에 따라 평화적 핵 이용권을 갖는다. 그것은 우리가 포기할 수 없는 권리다. NPT가 기존 핵보유국들이 핵을 독점하려는 불평등조약임을 우리 이란은 잘 알고 있다. 그럼에도 우리 이란은 NPT 체제를 존중하면서 핵발전소에서 핵에너지를 평화적으로 생산하겠다는 것이다."

사그하피-아메리는 현 시점에서 이란이 굳이 핵무기를 가질 이유가 없다고 말한다. 그 논리는 이러하다. "이스라엘이 핵을 가졌다지만, 지금껏 벌어졌던 여러 중동 전쟁에서나 2006년 여름 레바논 헤즈볼라와의 전쟁에서 보았듯이, 핵무기가 전쟁의 승패에 도움이 되지는 않는다. 오히려 이스라엘은 핵무기를 보유하고 있다는 사실 때문에 국제 사회로부터 손가락질을 받는 등 핵무기가 부담으로 작용한다. 이란 지도자들도 그런 측면을 잘 헤아리고 있다. 우리 이란은 오래전부터 '중동 핵 자유 지대'를 주창해왔다. 중동의 비핵화를 지지한다는 얘기다. 오히려 중동의 비핵화를 방해하는 존재는, 바로 미국과 이스라엘이다."

"이란의 핵 보유는 중동의 핵 균형" 라만 가흐레

만포르 박사(CSR 군비 축소 분야 전문 연구원)도 미국과 이스라엘에 매우 비판적이다. "미국과 이스라엘이야말로 중동의 평화를 위협하는 국가들이다. 이스라엘은 미국의 보호막 아래서 핵 확산 금지 조약에도 가입하지 않고 국제원자력기구(IAEA)의 사찰도 받지 않았다. 그러면서 적어도 200개가 넘는 핵무기를 보유하고 있다. 우리 이란은 NPT가 기존 핵보유국들의 핵 독점을 위한 불평등 조약임을 잘 알고 있지만, 그럼에도 NPT 체제를 준수하겠다는 입장이다. 지난 40년 동안 이스라엘은 핵무기를 보유해왔는데, 미국은 이에 대해 아무런 말도 하지 않았다. 그야말로 '이중 잣대'라는 비판이 나올 수밖에 없다. 우리 이란은 NPT에도 가입해 있고, IAEA의 사찰 규정에도 성실히 따르려고 노력해왔다. 그러니 어느 나라가 국제법을 어기고 중동 평화를 위협하는 존재인가?"

이란이 선택할 수 있는 핵 정책 시나리오에 대해 사그하피-아메리는 세 가지를 꼽았다. 첫째는 북한 모델, 둘째는 리비아 모델, 셋째는 일본 모델이다. 북한 모델은 핵 개발을 밀어붙이는 방식을 가리킨다. 1993년에 핵 확산 금지 조약을 탈퇴한 적 있는 북한은 2003년 다시 NPT 탈퇴 선언을 하면서 국제원자력기구 사찰을 거부하였으며, 2005년 핵 보유 사실을 밝혔고, 2006년 핵실험에 나섰다. 리비아 모델은 핵 개발 프로그램을 스스로 폐기하는 경우다. 리비아는 지난 2003년 우라늄 농축 포기를 비롯한 대량 살상 무기 개발 프로그램을 폐기했다. 미국은 리비아 모델을 보기로 들면서 이라크 침공을 합리화하고 이란과 북한을 몰아세워왔다. 일본 모델은 핵무기 보유국이 아닌 한 국가가 NPT 체제를 준수하면서도 핵연료를 충분히 활용할 제반 능력과 대규모 설비를 갖춘 경우다.

사그하피-아메리는 이란이 지향해온 핵 정책 시나리오는 세 번째인 일본 모델이라고 밝혔다. "이란 정부의 핵전략은 필요하다고 결정만 내린다면 언제라도 핵무기를 만들 기술 능력을 갖추되, 그때까지는 핵무기를 보유하지 않는 것이다. 다만 머지않아 다가올 석유 고갈 시대를 대비해 산업용 핵에너지를 확보한다는 것이 이란 정부가 설정한 전략적 목표이다. 만에 하나 미국이 군사적으로 몰아붙이려 한다면, 이란은 북한 모델을 따라 핵 개발에 속도를 낼 수밖에 없다."

이란 핵 개발 의혹을 둘러싼 긴장이 높았던 2012년 여름 미 외교 전문지 『포린 어페어스』에 '왜 이란이 폭탄을 지녀야 하는가'라는 글이 실려 큰 관심을 불러일으켰다. 필자는 미국 정치학계에서 신현실주의 학자로 이름이 널리 알려진 케네스 월츠(전 컬럼비아대학교 교수)였다. 이 글에서 월츠는 미국과 이스라엘의 우려와 달리 이란이 핵 개발에 성공하더라도 그것이 중동의 다른 국가들을 자극해 핵무기 개발 바람을 불게 할 가능성은 없다고 봤다. 나아가 그는 "이란 핵 개발로 이스라엘과 핵 균형을 이뤄, 결국 중동의 안정으로 이어질 것"이라 주장했다.

이란 핵무장이 오히려 중동의 불안한 정세를 가라앉힐 거라는 논리였다. 미국과 이스라엘의 지도부는 이런 월츠의 주장을 못마땅하게 여겼지만, "왜 이스라엘은 되고 이란은 안 되느냐?"면서 미국의 이중 잣대를 비판하던 사람들은 반대로 큰 박수를 보냈다.

이란 사람들은 미국과 이스라엘이 이란을 군사적으로 공격할 가능성도 없지 않다고 여긴다. 그렇지만 그 가능성이 매우 낮을 걸로 믿는 모습이다. 이란의 핵에너지 개발을 막으려고 미국이나 이스라엘이 이란을 공격해 들어올 가능성을 물으면 대부분 "설마 그럴 리가……" 하며 손사래를 쳤다. 『케이한 인터내셔널』나자피 편집국장은 "미국이 이라크와 아프가니스탄 수렁에 빠져 허우적대는 마당에 감히 이란으로 전선을 넓히려 들 것으로 보느냐?"고 되물었다. 이란 지식인들은 "이란은 이라크와는 다르다. 미국도 그걸 알아야 한다"고 입을 모은다. 호세인 사이프자데 테헤란대학교 교수(정치학)는 그 차이점을 다음처럼 요약했다.

"이란은, 이라크는 비교도 안 될 만큼 큰 나라다. 국토 면적에서 4배, 인구에서 2배 넘게 차이가 난다(2022년 기준 이라크 4,050만 명, 이란 8,700만 명). 더 결정적인 차이는 이라크가 수니, 시아, 쿠르드로 분열된 데 비해 이란은 시아파가 90%를 차지하는 만큼 정신적으로도 하나로 뭉쳐져 있다. 미국이 이란을 침공한다면, 이라크나 아프가니스탄보다 훨씬 큰 저항이 일어날 것이 틀림없다." 이란 『테헤란 타임스』편집국장 파르비즈 에스마엘리는 "만약 미군이 이란 땅을 밟는다면, 이곳은 미국 침략자들의 무덤이 될 것"이라고 잘라 말했다.

한국의 이란 제재, 국익 버린 들러리

이란의 핵 개발을 막아보려고 미국은 군사적 강공책에 앞서 2006년부터 여행 금지, 자산 동결, 무기 금수, 무역 제재 등 4차에 걸친 유엔 경제 제재를 이끌어왔다. 특히 2010년 6월 유엔안보리가 통과시킨 네 번째 이란 제재 결의안(1929호)은 힐러리 클린턴 당시 미국 국무부 장관이 중국과 러시아를 설득해 이끌어낸 외교적 승리의 전리품이다. 결의안에는 이란 은행들에 대한 제재와 거래 감시, 이란에 대한 유엔 무기 금수 조치 연장, 이란으로 금지 대상 물품을 운송하는 것으로 의심되는 선박에 대한 공해상 조사와 압류 조치 등이 포함돼 있다.

미국은 그동안 이란에 우호적인 입장을 보여온 중국과 러시아 설득에 총력을 기울였다. 워싱턴 정가에서는 러시아-미국, 중국-미국 사이의 빅딜설이 나돌았다. 미국과의 전략 핵무기 감축 협상, 우크라이나와 조지아의 북대서양조약기구(NATO) 가입 문제, 특히 2009년 9월 미국이 동유럽 미사일 방어망(MD) 구축을 포기한 것이 러시아로 하여금 이란 제재 쪽으로 돌아서도록 이끌었다는 얘기도 있다. 러시아의 입장에서는 미국이 그토록 바라는 이란 제재에 동참하는 양보를 하면서 전략 무기 감축 협정(START-1) 후속 협정과 세계무역기구(WTO) 가입 등에서 실익을 챙기려 들었다고 볼 수도 있다.

러시아는 그렇다 치고 중국의 입장 변화는 어떻게 설명할 수 있을까. 미국 워싱턴 전략국제문제연구소(CSIS)의 중국 전문가 찰스 프리먼은 「이란 핵전략에서의 중국 요소」라는 글에서 "만약 이란이 핵무기 개발에 성공해 핵보유국 반열에 든다 해도 그것이 중국의 안보에 반드시 '직접적인 위협'이 되지는 않을 것이라 중국은 보고 있다"고 분석했다. 이란이 군사 강국이 된다면, 그것은 중동과 서아시아 지역에서의 미국

반미-반이스라엘 구호가 담긴 피켓을 든 이란 여대생들.

1979년 이란 이슬람 혁명 뒤 학생들에게 점령당했던 미국 대사관의 외벽.

패권을 견제하는 역할을 맡는다는 점에서 중국으로선 나쁘지 않은 구도다. 더구나 중국은 이란 원유의 최대 수입국으로, 하루 40만 배럴을 이란에서 들여오고 있다.

그런 중국이 유엔에서 입장을 바꾼 데엔 미국의 외교적 노력이 작용했다. 힐러리 전 미국 국무부 장관은 2010년 4월 워싱턴에서 열린 핵 안보 정상 회의와 5월 베이징에서 열린 미중 전략 경제 대화 등을 통해 중국 지도자들에게 "유엔 제재 결의안에 중국이 반대만 하지 않는다면 대이란 제재에 동참하지 않아도(제재 규정을 지키지 않아도) 된다"는 식으로 중국을 설득한 것으로 알려져 있다.

문제는 미국이 중국에게는 예외를 두면서도 한국을 향해선 대이란 제재 결의안을 엄격히 지켜주길 요구했다는 점이다. 따지고 보면 이란은 한국으로선 매우 중요한 중동의 교역국이다. 이란 테헤란 거리를 메우고 있는 자동차 3대 가운데 1대가 기아자동차의 '프라이드' 또는 프라이드의 이란형 모델인 사바SABA다. "프라이드는 이란의 국민차"라 해도 지나친 말이 아니다. 자동차뿐 아니다. TV, 냉장고, 에어컨 등 가전제품의 75%가 '메이드 인 코리아'다. 이란의 젊은 사람들이 결혼하면서 마련하는 가전제품 4대 가운데 3대가 한국 제품인 셈이다.

2010년 미국이 주도한 이란 제재 조치가 발동되기 전까지 석유와 가전제품을 포함해 한국-이란의 한 해 교역 규모는 약 100억 달러였다. 한국은 세계 4위의 석유 매장량(1위 베네수엘라, 2위 사우디아라비아, 3위 캐나다)을 지닌 이란으로부터 매해 전체 원유 수입량의 약 10%를 들여왔다(50억 달러 수준). 사우디아라비아, 쿠웨이트에 이어 세 번째로 석유를 많이 수입해온 나라다. 경제적 관점에서만 본다면, 한국과 이란의 관계는 서로에게 이익이 되는 우방 국가라고 할 수 있다.

이란 사람들에게도 한국은 먼 나라가 아니다. 한국의 인기 드라마 〈대장금〉이 이란 TV에서 방영됐을 때 시청률이 90%에 이를 정도였다. 서울에 이란의 수도 이름을 딴 거리가 있다고 하자 "그래요?" 하며 놀랍다는 표정을 짓고는 곧 환한 얼굴로 멀리 한국에서 온 여행객에게 친근감을 내비쳤던 나라이기도 하다(강남의 '테헤란로'는 1977년 테헤란 시장이 한국에 왔을 때 붙여진 이름이다). 하지만 안타깝게도 이명박 정부는 "한미 동맹에 동참한다"면서 미국의 요구를 받아들여 2010년 9월 석유를 뺀 이란과의 대부분의 교역을 중단했다.

이미 엎질러진 물이 됐지만, 한국 정부의 선택 기준은 어떠해야 했을까? 당연히 국가 이익이 기준이다. 한미 동맹도 중요하지만, 석유 대국 이란과의 좋은 관계는 한국이 절실하게 바라는 유가 안정과도 맞물린다. 미국의 이란 압박 대열에 한국이 함께한다면 단기적으로나 중장기적으로나 한국의 국가 이익에 도움이 되지 않을 것이다.

미국이 앞장선 유엔의 경제 제재 결의안에 이란은 당연히 반발하고 나섰다. 원유 수출은 이란 경제의 버팀목이다. 이란 국가 재정의 절반쯤을 원유 수출로 충당해왔다. 원유 수출길이 막히면 심각한 문제다. 다행히 2015년 5월 돌파구가 마련됐다. 이른바 'P5+1' 6국(유엔안보리 상임이사국 5개국과 독일)과 이란이 스위스 로잔에서 '공동포괄행동계획(JCPOA)'이란 이름으로 핵협상을 매듭지은 것이다. 이란은 핵 개발을 포기하고, 미국을 비롯한 서방 국가들은 경제 제재를 접기로 했다. 이란과 적대 관계에 있는 이스라엘과 사우디아라비아는 JCPOA 타결을 반기지 않았다. 두 국가의 지도자는 이란의 원유 수출이 막혀 경제가 망가지고 회생 불능 상태로 빠져들길 바랐다.

2017년 미국에 트럼프 행정부가 들어서자 상황이 바뀌었다. 대선 후보 때부터 "이란 핵협상은 잘못됐다"고 주장했던 트럼프는 2018년 5월 핵협정 무효화를 선언했다. JCPOA에 참여했던 유럽 국가들이 반대했지만 소용없었다. 트럼프는 한국 정부에도 이란 석유를 더 이상 수입하지 말라고 압박했고, 급기야 2019년 5월부터 이란산 석유 수입이 전면 금지됐다. 그런 와중에 한국 정부는 석유 대금 70억 달러도 동결했다. 2021년 초 이란이 호르무즈해협에서 한국 선박을 나포한 것도 그동안의 불만이 쌓여서다. 미국 바이든 행정부는 트럼프 행정부가 폐기했던 핵협정을 복원하려고 이란과 협상을 벌이고 있다.

"미국의 압박은 개혁파에 불리"

현지 취재 과정에서 만난 이란 지식인들은 미국의 이란 정책이 잘못돼 부정적인 결과를 낳고 있음을 지적했다. 미국의 대이란 경제 제재가 이란의 대외 개방을 막음으로써 경제 발전을 더디게 만들뿐더러, 이란의 개혁을 바라는 세력들의 입지를 좁히고 보수 강경 세력이 힘을 얻도록 만든다는 점을 지적했다. 테헤란대학교 호세인 사이프자데 교수(정치학)는 이렇게 비판했다.

"1979년 이슬람 혁명 이래로 이란에는 네 개의 정치 세력이 서로 힘을 겨뤄왔다. 호메이니와 지금의 하메네이를 정점으로 한 근본주의 세력, 자유 민족주의 세력, 개혁주의 세력, 그리고 실용주의 노선을 추구하는 세력이다. 미국 부시 행정부가 이란 내 여러 정치 집단 사이의 세

력 균형을 올바로 헤아리고 이란 정책을 좀 더 사려 깊게 펼쳤다면, 이
란에서 개혁파가 정권을 잃지는 않았을 것이다. 유감스럽게도 미국 부
시 행정부는 그러질 못했다. 지난 2005년 대선에서 이란 유권자들이
보수 강경 인물인 전 테헤란 시장 마무드 아마디네자드 후보에게 몰표
를 던진 것은 미국에 대한 유권자들의 반감이 크게 작용한 결과다. 이
란 사회가 1979년 호메이니 혁명 이래로 근본주의 그룹에 의해 통제되
고 움직여가고 있음에도 이란 사회가 다양화되고 근대화되고 있다는
점을 미국은 알아야 했다."

미국이나 이스라엘이 이란에서 권력을 장악하길 바라는 정치 세력
은 이른바 개혁주의 또는 실용주의 그룹이다. 이를테면 전 이란 대통
령 모하마드 하타미(1997~2005년 대통령 재임) 같은 부류다. 그러나 미
국은 이란에 대한 압박을 계속함으로써 오히려 하타미 대통령의 정치
적 입지를 좁혔고, 마무드 아마디네자드 대통령으로 대표되는 보수 강
경파의 정치적 입지를 강화했다고 이란 지식인들은 지적한다.

이란군에 대한 통수권을 쥐고 있는 이슬람 최고 지도자 아야톨라
알리 하메네이, 전직 대통령으로서 영향력을 행사하다가 2017년에 사
망한 보수 강경파 알리 악바르 하셰미 라프산자니 국가수호위원회 의
장(상원 의장과 같은 자리) 등은 '1979년 이슬람 혁명 정신'을 내세워 하
타미 대통령 재임 기간에도 개혁파를 견제 또는 압박했다. 국가수호위
원회는 이란 선거에서 개혁파가 입후보하려 들 경우 그의 후보 자격을
제한함으로써 선거에 나서지 못하도록 막는 등 개혁파의 정치적 입지
를 좁히기 위한 노력을 기울여왔다. 테헤란대학교 호세인 사이프자데
교수의 다음과 같은 말은 미국 정치인들이 귀를 기울여 들을 만하다.

"그렇다고 근본주의가 이란의 모든 분야를 통제한다는 생각을 한다

면, 그것은 이란을 잘못 보는 것이다. 적지 않은 이란 사람들이 '이란은 이제 바뀌어야 한다'는 생각 아래 개혁주의에 호감을 가져왔다. 그러나 미국은 이란의 개혁파 입지를 좁히는 잘못된 이란 봉쇄 및 압박 정책을 펴왔다. 미국의 이란 경제 제재는 개혁파가 약속했던 경제 발전과 이란 사람들의 삶의 질 향상을 가로막는 걸림돌로 여겨졌다. 미국이 이란 정치 지형을 결정적으로 바꿀 수는 물론 없다. 그렇지만 그 영향력이 크다는 점을 알아야 한다."

"미국의 중동 정책 바뀌어야"

이란의 온건한 지식인들조차 '친이스라엘 일방주의'로 대표되는 미국의 잘못된 중동 정책에는 비판적이다. 이란 알라메흐대학교의 다부드 헤르미다스-바반드 교수도 그런 입장이다. 이란 외교관으로서 뉴욕에 머물다가 1979년 호메이니 혁명 소식을 들은 그는 미국을 잘 아는 이란의 이름난 국제법 전문가다. 헤르미다스-바반드 교수는 "이라크 석유를 챙기고 아울러 이스라엘의 안전을 보장하기 위한 미국의 이라크 침공은 유엔안보리 결의안을 거치지 않고 이뤄졌기에 국제법상 불법"임을 분명히 했다. 그는 미국의 이란 봉쇄 정책에 대해서도 비판적인 견해를 드러냈다.

"1979년 이후 지금까지 미국은 이란을 봉쇄해오면서 때로는 군사적 위협마저 서슴지 않았어도 이란은 살아남았다. 문제는 미국의 이란 강공책이 이란의 민주화에 도움을 주지 못한다는 사실이다. 최근 들어 미국이 이란의 평화적 핵 이용권을 무조건 인정하지 않으려는 것도 문제다. 미국이 이란의 핵에너지 개발 프로그램에 반대하는 것은 핵 기술을 독점하길 바라기 때문이다. 이란의 보수 강경파들이 핵을 포기하라는 미국의 요구를 받아들이기 어려운 까닭은, 만에 하나 미국의 강압적인 요구를 받아들일 경우, '그들은 미국에 진 패배자'라는 인상을 이란 국민들에게 심어줄까 두려워하기 때문이다."

헤르미다스-바반드 교수의 요점은 미국의 역대 행정부가 이란의 국내 분위기를 제대로 이해하지 못하고, 세련되지 않은 방식으로 대응해왔다는 것이다. 취재 과정에서 만난 일부 중동 지식인들도 미국이 대결과 압박보다는 대화에 나서야 한다는 입장을 나타냈다. 이란 『테헤란 타임스』 편집국장 파르비즈 에스마엘리는 이렇게 주장했다.

"우리 이란은 지난 1979년 이슬람 혁명 이래로 미국의 전방위 압력을 견뎌왔다. 그리고 라이벌 국가인 이라크가 수니파인 사담 후세인 정권의 몰락으로 약화된 상황에서 중동 지역의 강자로 발돋움했다. 시아파가 이라크의 새로운 주도 세력으로 자리 잡은 상황은 시아파 국가인 이란에게 나쁠 게 없다. 더구나 이란은 세계 4위의 석유 매장량을 지닌 자원 부국이다. 석유에 중독된 나라라는 지적을 받아온 미국을 석유로써 압박할 수도 있다. 미국이 이라크를 비롯한 중동 수렁에서 벗어나려면 우리 이란의 협조가 절대적으로 필요할 것이다."

미국의 중동 전문가들 가운데에도 "미국은 이란, 시리아와의 대결 상황을 끝장내고 화해 쪽으로 나아가야 한다"는 견해를 펴는 이들이 늘어나고 있다. 미국의 이라크 수렁 탈출로를 찾아 정책 대안을 마련해온 이라크연구그룹(ISG)이 내놓은 한 보고서는 미국이 이란, 시리아와의 외교적 대화에 적극 나설 것을 권고했다. 미국외교협회의 선임 연구원 레이 타케야는 격월간 외교 전문지 『포린 어페어스』에 실은 글에서 미국이 이란과의 관계 개선을 모색함으로써 중동 상황을 안정시키는 쪽으로 나아가야 한다는 점을 강조했다.

이란 평화가 소중한 까닭은

1979년 이슬람 혁명의 막
바지에 이란 전국이 왕정 퇴위를 요구하는 시위대의 물결로 넘쳤을 때
나온 슬로건은 4,000여 개가 넘었다고 한다. 이란 사람들은 국민 다수
가 경제적으로 더 나은 삶을 누릴 수 있길 바랐고, 정치적으로는 의회
민주주의 수립, 문화적으로는 (서구적인 사회보다는) 좀 더 이슬람적인
영적 사회를 열망했다. 그들은 이란 왕 레자 샤의 구체제가, 부패하고
세속적인(서구 지향적인) 소수 특권층만을 위한 국가 체제라고 여겼고,
경건한 이슬람 정신이 넘치는 사회로의 변혁을 바랐다. 그래서 호메이
니가 혁명의 지도자로 추앙을 받았고, 혁명의 이름도 '이슬람 혁명'이
됐다.

이슬람 혁명 40주년을 넘긴 오늘의 이란은 아직도 혁명을 진행하는
길목에 있다. 좀 더 진전된 형태의 정치적 민주화, 경제 발전 등 풀어야
할 해묵은 과제들이 쌓여 있다. 4·19 학생 혁명, 5·16과 12·12 군사 쿠
데타, 1980년대 민중 항쟁들을 기억하는 우리 한국인의 입장에서 한편
으로 존중하고 인정해야 할 대목이 있다. 다름 아니라 이란 사람들이
그동안 지키기 위해 싸워온 그들의 신념과 가치다.

혁명 기념식 행사가 열리는 테헤란의 아자디광장에서 만난 사람들
은 이란의 국부인 석유를 거저 가져가던 외세와 그에 빌붙은 독재 왕
조를 이슬람 혁명으로 쫓아냈고, 지난 40년 동안 강대국들의 봉쇄와
반혁명 위협 아래서도 자주 독립 국가를 일궈냈다는 두 측면에서 자

조지 부시처럼 신발로 공격당하거나 시몬 페레스(이스라엘 전 대통령)처럼 주먹으로 맞지 말라며 버락 오바마에게 경고 메시지를 전한 대형 그림.

긍심을 내비쳤다. 또 있다. 2009년 2월 이란이 자체 개발한 위성 운반용 로켓 사피르-2호로 인공위성 오미드호를 대기권으로 쏘아 올림으로써 '이슬람 과학 기술국 이란'이 되었다는 자긍심도 숨기지 않았다.

이란 경제의 발전 속도가 상대적으로 다른 국가에 비해 느린 것만 가지고 이슬람 혁명이 실패했다고 단정하는 것은 섣부른 판단이다. 1979년 혁명 당시 가장 많이 나온 구호였던 '자주, 자유, 이슬람 공화국' 가운데 '자주'를 일궈냈다는 것만으로도 후한 점수를 매기고 싶다. 이란 사람들의 반미 정서는 지난날 미국이 이란에 보여준 잘못된 행태들인 1953년 CIA의 이란 군부 쿠데타 배후 조종, 이란 석유 자원 착취(석유 이권 40%), 1980년대 이라크와의 전쟁에서 사담 후세인 지원, 이슬람 혁명 뒤 40년 넘게 이어진 경제 제재 등에 바탕을 둔 것이다.

적지 않은 이란 사람들은 "미국이 지난날 이란에게 저지른 잘못에 대해 먼저 사과를 해야 한다"는 입장이다. 일본이 지난날 한국에게 저지른 잘못에 대해 진정성 담긴 사과를 요리조리 피해왔듯이, 미국도 이란과 얽힌 과거사에 대해 이렇다 할 사과가 없는 상태다.

한편으로 이란은 1979년 이슬람 혁명 이래로 끊긴 미국과의 외교 관계를 다시금 갖고 싶어한다. 미국과 수교를 맺을 경우 그동안 투자 제한 등 이란에 가해졌던 경제 제재를 비롯한 압력이 느슨해질 것이고, 이란 경제에 도움이 될 것이란 기대감에서다.

2013년 대선과 2017년 대선에서 잇달아 온건개혁파 성향을 지닌 이슬람 성직자 하산 로하니 후보가 당선된 것에서도 미국과의 관계 개선을 비롯해 변화를 바라는 이란 유권자들의 민심이 드러난다. 로하니 대통령은 "이란은 미국과의 긴장 완화를 바란다. 두 나라의 옛 상처는 치유돼야 한다"면서 이란-미국 두 나라의 관계 개선을 위해 노력하겠다는 뜻을 비쳤으나 임기 중에 뜻을 이루지 못했다. 이에 실망한 이란 유권자들은 2021년 대선에서 보수 강경 성향의 인물을 대통령으로 뽑았다. 이슬람 성직자 출신 에브라힘 라이시Ebrahim Raisi 대통령은 이스라엘과 사우디아라비아를 싸고도는 미국의 중동 정책에 대해 매우 비판적이다.

보수파와 개혁파가 접근 방식에선 차이가 있긴 하지만, 미국과의 관계 정상화를 추구한다는 점에서 이란은 북한과 닮았다. 그러나 대미 수교의 전망은 이란과 북한 두 나라 모두 핵 개발 논란과 그에 따른 경제 제재로 말미암아 더욱 어두워졌다. 한국으로서도 미국-이란 관계 악화는 반길 일이 전혀 아니다. 더구나 한국은 2010년에 이명박 정부가 이란 경제 제재에 적극 동참하면서 이란과 불편한 관계가 됐다.

1979년 혁명 이후 이란은 미국과의 갈등 관계 속에서 대외 석유 수출을 중단함으로써, 제2차 석유 파동이란 거센 파도를 일으켰다. 제2차 석유 파동의 불똥으로 한국도 1980년에 마이너스 성장을 기록하는 몸살을 앓아야 했다. 세계 4위의 석유 대국 이란의 평화는 중동 평화, 나아가 우리 한반도가 절실하게 바라는 기름값 안정과도 맞물린다. 1979년 이슬람 혁명 이후 오랫동안 강대국 미국의 압박에 시달려온 이란에 이제 평화와 안정이 깃들기를 바라면서 테헤란공항을 떠났다.

Lebanon

지중해

레 바 논

베이루트●

시리아

티레●

이스라엘

5장

레바논

15년 내전과 이스라엘 침공으로
멍든 모래알 국가

■ **기본 정보** _ 국토 면적: 10,000㎢(한반도의 20분의 1). 인구: 530만 명(아랍인 95%, 아르메니아인 4%, 기타 1%). 종교: 이슬람교 63.1%(수니파 31.9%, 시아파 31.2%), 기독교 32.4%, 드루즈 4.5%. ■ **누가 왜 싸웠나** _ 1975~1990년 사이의 15년 동안 레바논 내의 무슬림과 기독교도들 사이에서 내전이 벌어졌다. 이스라엘은 레바논을 근거지로 활동 중인 반이스라엘 무장 조직(팔레스타인해방기구, 헤즈볼라)을 격파한다는 명분 아래 1978년, 1982년, 2006년 잇달아 레바논을 침공해 많은 인명 살상과 파괴 행위를 저질렀다. ■ **전쟁 희생자** _ 15년 동안의 내전으로 10만 명쯤이 희생됐다. 1982년 침공 때 이스라엘군은 베이루트 남부에 있는 사브라-샤틸라 팔레스타인 난민촌 학살 사건을 일으켜 적어도 800명(팔레스타인 쪽 추산은 3,000명)이 죽임을 당했다. 2006년 여름 침공 때는 34일 동안 1,100명이 넘는 레바논 사람들(대부분이 비무장 민간인)이 희생됐다. ■ **지금은?** _ 오랜 내전 끝에 권력 분점이 이뤄져, 대통령은 기독교 마론파, 총리는 수니파, 국회의장은 시아파, 국방장관은 드루즈파(시아파의 분파)가 맡기로 합의했다(1989년 타이프 협약). 미국과 유럽에 우호적이냐, 아니면 친시리아-친이란이냐의 노선 차이를 떠나 일반적으로 반이스라엘 감정이 강하며, 이스라엘과는 국교가 없는 상태다.

21세기 지구촌 분쟁 지역들을 돌아보면, 한반도보다 상황이 어려운 곳들이 한둘 아니다. 중동 지역의 팔레스타인, 레바논, 이라크, 아프가니스탄, 발칸반도의 보스니아, 코소보, 아프리카의 수단과 소말리아 등이 그러하다. 이 지역들은 언어-혈연-종교-정서가 다른 정치 세력들이 한정된 영토와 자원을 둘러싸고 피가 피를 부르는 유혈 투쟁들을 벌여왔고, 그런 탓에 서로에 대한 미움과 불신의 골을 메우기가 쉽지 않은 형편이다. 언제 또 다른 내전이 터질지 모르는 강한 휘발성을 지닌 곳들이다.

인구 530만 명의 작은 나라 레바논도 국가 통합을 둘러싼 고민이 깊다. 아랍어를 사용하는 아랍인이 국민의 95%로 절대 다수를 차지하고 있지만, 여러 종파로 나뉘어 반목을 거듭해왔다. 국가에서 공인한 종파만도 18개에 이른다. 인구의 63.1%는 이슬람교도, 32.4%는 기독교도, 4.5%는 드루즈파라 하지만, 이슬람교는 수니파, 시아파로 갈렸고, 기독교는 마론파, 그리스정교 등으로 나뉘어 있다. 이런 다른 종파들은 한국의 영남과 호남처럼 각기 나름의 지역적인 기반 위에서 이합집산을 거듭하며 반목과 갈등을 빚어왔다.

20세기 후반부의 레바논은 지정학적인 요인 탓에 끊임없이 전쟁과 혼란을 겪어야 했다. 레바논 남쪽으로 국경을 맞대고 있는 이스라엘과 팔레스타인, 동쪽의 시리아와 이란은 레바논 정세에 커다란 영향을 끼쳤다. 특히 이스라엘과 시리아는 레바논 내정에 군사적으로 개입해 내전의 양상을 더욱 어렵게 만들었다. 1948년 이스라엘이 독립 국가를 세우면서 레바논으로 밀려들어온 팔레스타인 난민들도 레바논에 큰 영향을 끼쳤다. 레바논 기독교도들은 주로 무슬림인 팔레스타인 난민들을 달갑지 않은 눈길로 바라봤고, 기독교도로 구성된 팔랑혜 Phalange 민병대는 팔레스타인의 전설적인 지도자 야세르 아라파트가 이끌던 팔레스타인해방기구(PLO) 세력을 몰아내기 위해 이스라엘군의 도움을 받았다. 그와는 달리 레바논 무슬림들은 팔레스타인 난민들에게 우호적이었다.

모래알 국가, 통합 문제로 고민

결국 1975년 레바논에서는 친팔레스타인 이슬람 무장 세력과 반팔레스타인 기독교 민병대(팔랑혜) 사이의 내전이 터졌다. 내전은 1990년까지 15년 동안 이어져 10만 명쯤의 희생자를 낳았다. 오랜 내전으로 말미암아 "전쟁이라면 지긋지긋하다. 이제는 그만 싸우자"는 전쟁 피로 현상이 레바논을 감쌀 무렵인 1989년 아랍연맹이 종전 협상 중재에 나서 '타이프 협약'을 맺었다. 이 협약에 따라 레바논은 지금까지도 기묘한 권력 분점(실질적인 지도자인 총리는 수니파에게, 대통령은 마론파에게, 국회의장은 시아파 지도자에게 할당)이 이뤄지고 있다. 물론 여러 정파 사이의 이합집산과 반목은 그치지 않는다.

레바논의 역사는 매우 오래됐다. 지금부터 약 5,000년 전(BC 3000년) 무렵에 페니키아인들이 그곳 지중해변을 따라 티루스(지금의 티레)와 시돈 등의 도시 국가를 세운 것으로 전해진다. 페니키아인들은 지중해 일대의 해상 무역으로 번영을 누렸으나, 그리스의 고대 도시 국가들의 세력이 커지고, 나중엔 고대 로마제국의 세력이 커지면서 예전의 영광을 잃어버렸다. 서기 7세기 초에 이슬람교를 믿는 아랍인들에게 점령된 뒤 11세기 십자군 전쟁 때는 셀주크 투르크와 십자군 사이의 전투가 레바논에서 여러 차례 벌어졌다. 십자군이 예루살렘으로 향하는 길목에 레바논이 자리 잡은 까닭이었다.

비잔티움제국 시기(330~1453년) 이후 기독교를 믿던 레바논 사람들은 15세기 중반부터 20세기 초까지 400년 넘게 오스만제국(터키)의 지배 아래 놓이면서, 무슬림으로 개종하는 사람들이 늘어났다. 이것이 오늘날 레바논이 종교적 다양성을 보이는 역사적 배경인 셈이다. 제1차 세계 대전에서 오스만제국이 패해 중동 지역 지배권을 잃자, 레바논은 시리아와 함께 프랑스의 위임 통치령이 됐다. 제1차 세계 대전의 전승국인 프랑스가 국제연맹으로부터 '통치를 위임받았다'는 것이지만, 쉽게 말해 식민지나 마찬가지였다.

제2차 세계 대전 중이던 1944년 1월 독립할 때까지 레바논의 역사를 돌아보면 끊임없이 종교적 배경이 다른 외세의 지배 아래 놓여 있었다. 그렇기에 오늘날의 레바논은 기독교, 이슬람교, 그리고 이 두 종교에서 파생된 드루즈파, 마론파 등이 섞인 일종의 '종교 연합 국가'로서의 성격을 지녔다. 레바논은 인구의 절반이 무슬림이지만, 중동의 아랍 국가들(아랍어를 언어로 사용하는 국가들) 가운데 이슬람교를 국교로 정하지 않은 유일한 나라이다.

레바논에는 국가 통합의 바탕인 민족과 민족주의란 개념이 과연 있는지, 있다면 어떤 것을 가리키는지가 불분명하다. 레바논의 지식인들조차 민족 문제에 대해선 모범 답안을 제시하기 어려운 형편이다. 큰 그림으로 보면, 지금의 레바논은 친미냐 친유럽(특히 프랑스)이냐, 친미냐 반미냐, 친시리아냐 아니냐, 이스라엘과 타협을 할 것이냐 싸울 것이냐 등의 날줄과 씨줄로 복잡하게 얽혀 있는 모습이다.

레바논 베이루트아랍대학교(BAU, 알아라비야대학교)의 하산 카티브 교수(정치학)는 레바논 통합의 어려움을 이렇게 설명한다. "레바논의 여러 정파들은 외부 세력을 끌어들여 자파의 힘을 키우는 데 익숙하다. 레바논 상황을 바깥 사회와 고립시켜 생각하기 어렵게 됐다. 미국과 유럽 국가들, 그리고 이웃 나라인 시리아와 이스라엘은 저마다 레바논을 자국의 이익에 유리한 쪽으로 몰아가려 한다."

벙커 버스터 폭탄에 10m 구멍

레바논 사람들은 무슬림이든 기독교도이든 상관없이 이스라엘을 공공의 적으로 여긴다. 3차에 걸친 이스라엘의 레바논 침공(1978년, 1982년, 2006년)은 레바논의 반이스라엘 감정을 악화시킨 결정적 배경이다. 레바논과 이스라엘은 외교 관계조차 없다. 이스라엘의 침공은 레바논 안의 친팔레스타인 세력을 약화시키기 위한 군사 작전에서 비롯됐다. 특히 1982년 이스라엘이 레바논을 침공했을 때 서베이루트의 난민촌에서 적어도 800명의 팔레스타인 난민들이 학살당하는 비극적인 사건도 벌어졌다(팔레스타인 쪽의 주장으로는 3,000명 피살). 그런 일이 있고 난 뒤 레바논에서는

이스라엘 공습으로 건물은 사라지고 기둥만 남은 베이루트 남부 헤즈볼라 거점 베이르 알아베드 지역.

2006년 7월 이스라엘군 공격으로 대부분의 집이 파괴된 빈트 즈바일 마을 전경.

무슬림들의 정치 군사 조직인 헤즈볼라(우리 말로는 '신의 당')가 결성돼 반이스라엘 무장 투쟁을 이끌어왔다.

레바논 분쟁을 말하면서 헤즈볼라를 빼놓을 수 없다. 레바논 내전 당시의 이슬람 민병대 조직 '아말'에 뿌리를 둔 헤즈볼라는 1982년 결성된 이래 반이스라엘-반미 무장 조직으로 자리매김해왔다. 헤즈볼라는 이른바 자살 폭탄 테러의 원조라 일컬어진다. 1980년대부터 저비용-고효과의 전술로 지구촌 사람들의 눈길을 끌기 시작한 자살 폭탄 공격의 출발점이 바로 헤즈볼라다. 헤즈볼라는 자폭 테러 전술의 원조元祖로 꼽힌다. 1982년 레바논을 침공한 이스라엘군과 '평화유지군'으로 들어온 미국 해병대 및 프랑스군을 상대로 한 헤즈볼라의 자폭 테러는 40건이 넘는다. 특히 1983년 레바논 베이루트 주둔 미국 해병대 막사를 폭탄 트럭으로 들이받은 자폭 테러로 241명의 미 해병대원들이 죽었다. 레바논 내전에 '평화유지군' 명목으로 미군을 보내 개입했던 미국의 로널드 레이건 대통령(공화당)은 그 사건 뒤 미군을 레바논에서 철수시켰다. 그것은 헤즈볼라가 자폭 테러를 통해 이루려던 결과였다.

1990년 레바논 내전이 막을 내리자 헤즈볼라는 이슬람 시아파를 대표하는 제도권 정당으로 탈바꿈했고, 레바논의 반이스라엘 정서를 바탕으로 레바논의 제도 정치권에서 성공적으로 자리 잡았다. 레바논의 연립 내각에는 친헤즈볼라 정치인들이 다수 참여해왔다. 헤즈볼라는 같은 시아파인 이란으로부터 재정적 지원을 받는 것으로 알려져 있지만, 활동만큼은 독립적이다. 이스라엘은 헤즈볼라가 해마다 1억 달러의 지원을 받는다고 주장하지만, 이란과 헤즈볼라는 전혀 사실이 아니라고 부인한다.

2006년 여름 이스라엘이 레바논을 침공해 34일 동안 전쟁을 벌인 것도 헤즈볼라와 관련이 있다. 이스라엘은 헤즈볼라가 납치해간 이스라엘 병사 2명을 구출한다는 명분 아래 레바논을 침공했다. 헤즈볼라는 이스라엘 감옥 안에 있는 팔레스타인 죄수들과 맞교환하고자 이스라엘 병사를 납치했다. 그렇지만 결국 전쟁이 터졌다. 그 전쟁으로 1,100명가량의 레바논 사람들이 죽었다. 희생자들 가운데 상당수는 비무장 상태에서 집 안에 있다가 이스라엘군의 공습으로 떼죽음을 당했다. 이스라엘은 레바논의 사회 기반 시설(발전소, 도로 등)을 마구잡이로 파괴해 국제 사회로부터 커다란 비난을 받았다.

헤즈볼라는 이스라엘과의 전쟁에서 두 번 승리했다고 주장한다. 1982년 침공 뒤 남부 레바논을 사실상 점령해온 이스라엘군에 줄기차게 투쟁한 끝에 2000년 이스라엘이 남부 레바논에서 철수하도록 만들었고, 2006년 전쟁에서 이스라엘 침공군에 치욕적인 패배를 안겨주었다는 주장이다. 실제로 2006년 전쟁에서 헤즈볼라는 지형지물을 이용해 이스라엘군의 침공에 격렬하게 맞서 이스라엘 병사들을 떨게 만들었다. 이스라엘 정부가 발표한 이스라엘군 전사자 숫자만도 117명에 이르렀다(헤브볼라 쪽 전사자는 250명).

베이루트에서 만났던 몇몇 지식인들은 헤즈볼라의 이념에 동조하지 않더라도 그 투쟁 성과에는 후한 점수를 매겼다. 힐랄 카샨 베이루트 아랍대학교 정치학 교수는 "헤즈볼라가 레바논의 국가적 자존심을 살렸다"고 평가했다.

이스라엘의 잇단 침공으로 만신창이

2006년 여름 이스라엘의 침공 뒤 레바논을 찾았다. 베이루트국제공항에 닿은 시각은 어둠이 깔리기 시작한 저녁 7시 무렵. 차를 타고 시내 중심가에 있는 숙소로 가는 길에 파괴된 채로 흉한 모습을 한 몇몇 건물들이 보였다. 전 세계에 지점을 둔 할러데이인호텔도 그 가운데 하나였다. 운전기사에게 물으니, "파괴돼 저런 상태로 있은 지가 20년은 넘었다"고 대꾸했다. 그렇다면 2006년 여름 이스라엘의 침공으로 부서진 건물이 아니란 얘기인가. 1975년 이래 15년 동안 피가 피를 부르는 내전, 그리고 이스라엘군의 잇단 침공을 겪으면서 만신창이가 된 나라임을 새삼 깨달았다.

2006년 7, 8월에 걸쳐 이스라엘-레바논 헤즈볼라 사이에 벌어졌던 34일 전쟁도 레바논 파괴에 한몫 더했다. 바로 그때 베이루트국제공항도 이스라엘 미사일 다섯 발을 맞아 활주로가 파괴되는 바람에 한동안 폐쇄됐다. 공항 활주로야 서둘러 고쳐졌지만, 수도 베이루트의 헤즈볼라 거점인 남부 지역은 물론 격전을 치른 리타니강 이남 남부 레바논 곳곳의 마을들은 전쟁의 상흔을 걷어내지 못한 채로 남아 있었다. 곳곳에 파괴된 채로 버려진 건물이며 끊어진 다리가 언제 복구될지 모른 채 버려진 모습이었다.

이스라엘군의 공습은 레바논의 환경 파괴를 낳았다는 비판도 뒤따랐다. 이스라엘군이 베이루트에서 남쪽으로 30km 떨어진 지예발전소를 폭격해, 그곳에 저장 중이던 3만 5,000톤의 석유가 새어나왔다. 그로 말미암아 마치 대형 유조선이 암초에 좌초돼 바다를 오염시킨 것과 같은 현상이 일어났다. 발전소에서 가까운 람렛 엘베이다 해변을 비롯해 130km에 이르는 지중해변이 온통 석유로 뒤덮였다. 그뿐 아니라,

북쪽으로 시리아 해안까지 타르 덩어리들이 몰려갔다. 지구촌 환경 보호 문제를 다루는 유엔환경계획(UNEP)은 심각한 우려를 나타내면서 이스라엘군의 분별없는 파괴 행위를 비판했다.

베이루트 도착 다음 날 아침, 취재 허가증을 받으러 레바논 정부의 공보부로 갔다. 레바논 남부 이스라엘과의 접경 지역을 취재하려면, 먼저 공보부의 허가를 맡아야 하고, 그다음엔 남부 레바논 시돈 지역의 군 보안부대로 가서 다시금 허가증을 받아야 했다. 공보부가 자리한 베이루트 중심가는 유럽풍의 건물들이 즐비해, 마치 런던이나 파리의 어느 한 지점에 와 있는 듯한 착각을 불러일으킬 정도였다.

20세기 전반기에 레바논은 프랑스의 식민지였다. 수도 베이루트는 한때 '중동의 파리'라 일컬어질 정도로, 중동 국가들 가운데 이스라엘 빼고는 서구식 생활 문화가 일상 속에 가장 깊이 자리 잡은 도시다. 시내 중심가를 걷다보면, "여기가 중동 맞아?"라는 물음이 저절로 나올 정도다. 옷가게나 카페 간판들도 영어나 프랑스어로 쓰인 것들이 즐비하다. 미니스커트를 입은 여인들도 쉽게 눈에 띈다. 격조 높은 프랑스풍의 아름다운 대리석 건물들도 곳곳에 보인다. 물론 이는 중심가에 한정되는 얘기다. 변두리로 나가면 이슬람 중동의 분위기를 그대로 보여준다. 길 가는 여인들 가운데에는 이란에서처럼 검은 차도르로 온몸을 감싼 모습이 흔하다.

공보부 건물을 나와 헤즈볼라의 거점이 자리한 베이루트 남부 베이르 알아베드 지역으로 향했다. 그곳은 2006년 여름 전쟁에서 이스라엘의 표적 공습이 집중되었던 탓에 많은 피해를 입었다. 곳곳에 전란의 흔적이 그대로 남아 있었다. 무엇보다 10층은 넘어 보이는 고층 아파트 건물들이 무너지고 파괴된 데 놀랐다. 그곳에 살던 주민들은 이스라엘에서 쏘아올린 미사일이나 전폭기의 공습에 잠을 자다가 죽었다.

　시내 중심가 한 곳엔 10여 미터 깊이의 거대한 웅덩이가 파여 있었다. 때마침 내린 비로 흥건히 물이 고였고 주인 잃은 신발들과 모자들이 웅덩이가에 어지럽게 놓여 있었다. 도대체 이스라엘군은 어떤 폭탄을 썼기에 저런 엄청난 웅덩이가 생겨났을까. 헤즈볼라 지도자의 한 사람인 셰이크 코도르 누르 에딘(헤즈볼라 정치위원)을 만났을 때 물어보니 그는 "이스라엘이 콘크리트 벙커를 파괴하는 데 쓰는 대형 폭탄인 벙커 버스터와 열화 우라늄탄(DU)을 민간인 주거 지역에 퍼부어 그렇게 큰 웅덩이들이 생겨났다"고 했다.

헤즈볼라 거점을 가다

헤즈볼라 공보부는 엘리베이터가 고장이 난 8층 건물의 4층에 자리 잡고 있었다. 사무실 문을 여니 담배 연기가 자욱했다. 중동 사람들 가운데 담배를 피우지 않는 이들도 물론 있지만, 흡연가들이 훨씬 더 많다. 검은 차도르를 두른 언론 담당 여직원 와파 호테이트도 줄담배였다. 같이 간 팔레스타인 난민 출신 여자 통역 사마르가 담배 연기를 빼내려고 창문을 열자, 호테이트는 겸연쩍은 듯 "우리 레바논 사람들은 정신적으로 스트레스가 많다"고 했다. 무엇 때문에 스트레스가 많냐고 물었다면, 그녀는 "이스라엘 때문이지요, 그걸 질문이라고 해요?"라고 핀잔을 주었을지도 모를 일이다.

　팔레스타인 가자 지구에서 하마스의 정신적 지도자 셰이크 아메드 야신을 만났을 때 했던 인터뷰 기사를 보여주며, 헤즈볼라 간부 면담을 신청했다. 굳이 야신과의 인터뷰 기사를 보여준 것은 헤즈볼라 최고 지도자인 하산 나스랄라 사무총장을 만나고 싶다는 간절한 바람을 나타내기 위해서였다. 그러나 호테이트는 "원칙적으로 나스랄라 총장은 해외 취재 기자들과 인터뷰를 하지 않는다"고 잘라 말했다. 안전상의 문제가 가장 큰 이유였다.

헤즈볼라의 형식상 최고 의사 결정 기구는 '마즐리스 알 슈라'(평의회)지만, 지도부의 정점은 헤즈볼라 사무총장 셰이크 하산 나스랄라였다. 나스랄라는 헤즈볼라의 실질적인 지도자로서 1992년부터 헤즈볼라를 이끌어왔다. 1960년생인 그는 '카리스마가 강한 인물'로 알려져 있다. 이스라엘군이 개전 초기부터 베이루트 남부 지역을 공습한 것도 나스랄라의 은거지로 의심되는 곳들을 노린 것이었다. 이스라엘은 휴전과는 관계없이 나스랄라 제거 작전을 계속 펴나가겠다는 태세다. 이스라엘 정부와 군 지휘부는 "헤즈볼라 간부들을 찾아내 처단하겠다"고 공개적으로 밝혀왔다. 이스라엘-헤즈볼라 사이의 소리 없는 전쟁은 지금도 진행 중이다.

헤즈볼라 근거지인 베카 계곡 출신의 레바논 현역 국회의원 알리 메크다드를 만났다. 그는 신경정신과 의사로서, 베이루트 서남부 지역의 빈민가에서 진료를 하고 있었다. 그는 2006년 이스라엘과의 전쟁에서 1,100명쯤의 레바논 사람들이 이스라엘군 공격으로 죽었다는 사실을 상기시키면서, 이스라엘에 군사 원조를 해온 미국도 전쟁 범죄에 책임을 져야 한다고 목청을 높였다.

"헤즈볼라와의 전쟁이 터지자 미국은 이스라엘군이 필요로 하는 정밀 유도 폭탄을 재빨리 대줘 논란을 빚었다. 미국 무기 수출 통제법 제4조 규정에 따르면, 외국군에게 넘겨진 미국산 무기는 합법적 방어 행위에만 쓰여야 한다. 이스라엘군이 미국산 전투기, 헬리콥터, 미사일을 동원해 레바논을 마구 폭격함으로써 숱한 민간인 사상자를 낸 데 대해 미국 의회는 팔짱을 끼고 바라보기만 했다. 미국 언론도 침묵하기는 마찬가지였다. 따라서 이스라엘뿐 아니라 이스라엘에 무기를 공급한 미국도 전쟁 범죄를 저질렀다는 비판에 대해 함께 책임을 져야 마땅하다."

적대감은 블루 라인을 넘었다

다음 날 지중해를 따라 길게 뻗은 도로를 이용해 레바논 남부 지역으로 향했다. 가다 보니 이스라엘군 공습으로 파괴된 도로와 교량을 고치는 동안 이용할 임시 도로를 만든 곳들이 여럿 보였다. 베이루트에서 40km 떨어진 시돈(또는 '사이다') 지역을 지나자 리타니강이 나타났다. 그곳부터가 레바논 주둔 유엔평화유지군(UNIFIL) 관할 지역이다. 유엔평화유지군이 레바논에 주둔한 지는 40년이 넘는다. 1978년 레바논 내전을 가라앉히기 위해 처음 파병됐다. 2006년 8월엔 유엔안보리 결의안 1701에 따라 1만 2,400명의 병력이 주둔 중이다(이 가운데에는 2007년에 파병된 한국의 동명부대원 350명도 포함된다). 이들은 레바논 남부 리타니강 남쪽과 이스라엘과 레바논 사이의 잠정적인 경계선, 이른바 '블루 라인Blue Line'을 따라 이스라엘과 헤즈볼라 사이의 완충 지대를 순찰 중이다.

UNIFIL 관할 지역에서 가장 큰 도시가 베이루트에서 80km쯤 떨어진 티레(일명 '수르')다. 티레는 지중해변으로 난 간선 도로를 따라 3~4

레바논 주둔 유엔평화유지군 소속의 장갑 차량이 순찰을 하고 있다.

층 짜리 건물들이 늘어서 있는 작은 지방 도시다. 지난날 이스라엘이 레바논을 침공해 들어올 때마다 이곳이 점령당한 까닭에 이스라엘에 적대적인 감정이 강하고, 따라서 헤즈볼라의 지지 기반이기도 하다.

티레 남쪽 30km 지점에 자리한 나쿠라 마을은 '블루 라인'에 가장 가까운 마을이다. 그곳 지중해변에 유엔평화유지군 사령부가 자리 잡고 있다. 유엔평화유지군 공보 담당관 디에고 풀코 소령을 만났다. 그 무렵 한국군 동명부대가 유엔평화유지군의 일원으로서 파병을 앞두고 있었다. 이탈리아 출신의 풀코 소령은 "하루빨리 한국군이 이곳 레바논에 와서 평화 유지 업무에 동참해주길 바란다"고 말했다. 그로서는 당연히 해야 할 말을 한 것이겠다. 그렇지만 한국 사회 일각에서 평화 운동 단체를 중심으로 "파병이 이스라엘 들러리를 서는 것 아니냐. 이참에 평화 유지를 위한 파병에 원칙을 세우자"라는 주장이 제기되고 있다는 얘길 전해주면 혼란을 느낄 것 같았다. 그래서 말을 속으로 삼켰다.

사령부를 나서는데 중국군 위관급 장교 3명과 마주쳤다. 그들은 "레바논에 온 우리 중국인민해방군은 300명인데, 지뢰를 제거하는 것이 주임무다"라고 싹싹하게 밝혔다. 젊은 장교들이라서 그런지 아주 개방적이었다. 일행 가운데 상급자인 대위는 중국제 담배를 꺼내 권하기도 했다.

중국군과 헤어진 뒤 나쿠라에서 블루 라인을 따라 거의 평행선으로 난 도로를 따라 달렸다. 블루 라인은 지난 2000년 봄 이스라엘군이 레바논 남부에서 철수한 뒤 유엔이 그은 잠정적인 경계선이다. 그래서 많은 레바논 사람들은 그 블루 라인 너머 남쪽 땅도 레바논 영토라 여긴다. 이를테면 레바논 동남부 셰바 농장 지대도 헤즈볼라 시각에선 수복돼야 할 영토다.

마침 내린 비로 도로는 진흙탕 길이었다. 가끔 포장도로가 나오긴 했지만, 아주 오래전에 포장했는지 거의 비포장 수준이었다. 그런 도로에서 흙탕물을 뒤집어쓴 채로 블루 라인을 따라 주기적으로 순찰을 도는 유엔평화유지군 장갑 차량들과 마주치곤 했다. 레바논 정부군 병사들과도 마주쳤다. 그러나 헤즈볼라 무장 요원들을 만날 수는 없었다. 헤즈볼라 주력군은 레바논 동부 시리아 접경지대에 가까운 베카 계곡에 주둔 중이었다. 블루 라인 지역은 지금도 여전히 긴장 상태다. 이스라엘군과 레바논 정부군 사이에서 짧은 총격전이 벌어지곤 한다. 그때마다 유엔평화유지군 병력이 긴급 출동해 더 이상의 충돌을 막아왔다.

"집속탄 살포는 전쟁 범죄" 레바논–이스라엘 접경지

대의 마을들 가운데 어떤 곳들은 파괴 정도가 심했고, 어떤 곳들은 멀쩡했다. 시아파 이슬람 신자로 티레에서 태어났다는 통역 하킴은 "수니파가 주로 모여 사는 마을들과 기독교인들이 사는 마을들은 이스라엘군의 포격을 받지 않았고, 헤즈볼라 지지 기반인 시아파 마을들은 포격을 받거나 이스라엘 지상군의 공격을 받았다"고 설명했다. 이를테면, 유엔평화유지군 사령부가 자리한 나쿠라에서 10km쯤 떨어진 야라인 마을이나, 20km쯤 떨어진 알마샤 마을은 수니파 주거 지역이었다. 그 마을들은 이스라엘 접경지대와 거의 붙어 있는데도 전쟁의 흔적이 전혀 없었다.

알마샤 마을에서 동북쪽으로 10km쯤 떨어진 시아파 마을인 빈트 즈바일은 달랐다. 마을 입구부터 여러 종류의 초상화들이 거리를 장식하고 있었다. 초상화에 그려진 인물들은 헤즈볼라 전사자들이었다. 현지 사람들은 헤즈볼라 전사자들을 '순교자'라 부른다. 레바논을 침략한 이스라엘군에 맞서 싸우다 숨을 거둔 영웅들이라 여기기 때문이다. 지난여름 헤즈볼라 전사들은 빈트 즈바일 마을에서 이스라엘 병사들과 격전을 치렀다. 그런 까닭에 마을 대부분이 파괴됐다.

하루아침에 집을 잃은 빈트 즈바일 마을 사람들에게 도움의 손길을 내민 사람들은 레바논 정부 관리들이 아니라 헤즈볼라 요원들이었다. 이들은 집집마다 찾아다니며 피해 상황들을 꼼꼼히 기록해가선, 얼마 뒤 빳빳한 미국 달러로 보상금을 건넸다. 헤즈볼라와 더불어 빈트 즈바일 마을 사람들을 돕는 아랍 국가는 카타르였다. 한 마을 사람은 "카타르에서 장관급 고위 관리가 직접 와서 재정 지원을 하고 있다"고 귀띔했다. 레바논 정부 관리를 믿고 돈을 맡길 수 없어 직접 와 머물고 있다는 얘기다. 카타르는 아랍의 친미 국가로 알려져 있지만, 이슬람 형제애를 내걸고 시아파 마을 재건을 돕는다고 했다.

시아파 무슬림들이 사는 빈트 즈바일 마을의 파괴 현장에서 한 소년이 울먹이고 있다.

　피해 주민들은 헤즈볼라나 카타르 정부 중 어느 한쪽에서 현금 보
상을 받으면 다른 쪽에선 받지 못한다고 통보받았다. 한때 영국에서
살았다는 한 마을 사람은 "우리 집의 값이 3만 달러쯤인데, 헤즈볼라
로부터 1만 달러 보상을 받았다"며 아쉬운 표정을 지었다. 그 돈으로는
집 지을 엄두를 못 내고 남의 집 셋방살이를 하고 있다는 얘기다. 덧붙
여 그는 "집을 다시 지을 만한 충분한 돈이 있다 해도 이스라엘이 다시
쳐들어온다는 소문 때문에 집 짓기가 망설여진다"고 했다.

　남부 레바논 마을 주민들의 마음을 어둡게 만든 또 다른 요인은 이
스라엘이 전쟁 막바지에 대량으로 살포한 집속탄이었다. 무너진 집터
에 무심코 발을 들여놓았다가 불발 집속탄을 건드리면, 목숨을 건지기
어렵다. 이스라엘군이 사용한 집속탄은 미국제 M42, M77과 이스라엘

"누가 졌는가." 내전은 승자 없이 국가 자멸을 낳을 뿐이라며 평화를 호소하는 대형 입간판.

제 M85. 이스라엘군은 휴전이 곧 이뤄질 것을 알고 있던 사흘 동안 전폭기를 이용해 집속탄을 남부 레바논에 집중적으로 뿌린 것으로 알려져 있다. 영국의 대인 지뢰 관련 비정부 기구인 '랜드마인 액션'은 남부 레바논에서 폭발하지 않은 집속탄을 모두 없애는 데 10년이 걸릴 것이라고 발표했다.

2001년 아프가니스탄 전쟁과 2003년 이라크 전쟁에서 미군은 집속탄을 많이 사용함으로써 국제 인권 단체들로부터 "전쟁의 일반적인 규범을 어겼다"는 비판을 받았다. 베이루트에서 국제법 전공자인 사미 살하브 교수(레바논대학교)를 만나 집속탄 문제를 꺼냈더니, 그는 "민간인 주거 지역에 집속탄을 마구 뿌려대는 행위는 전쟁 범죄"라고 잘라말했다.

남부 레바논을 둘러보면서 가장 인상적인 곳을 꼽으라면 키암수용소다. 지난날 이스라엘이 남부 레바논을 점령하고 있을 때 헤즈볼라 전사들과 그 지지자들을 재판도 없이 무기한 가둬놓고 고문을 저질렀던 곳이다. 2000년 봄 이스라엘군이 레바논 남부에서 철수할 무렵 140명이 갇혀 있었다. 철수 직전까지만 해도 그들은 내일을 내다볼 수 없는 절망 속에서 나날을 보냈을 것이다.

남부 레바논 일대와 멀리 동남쪽으로 이스라엘이 차지한 셰바 팜 지역이 내려다보이는 고지에 자리 잡은 이 수용소의 거대한 철문은 그대로지만, 수용소 건물은 모두 파괴된 상태다. 이스라엘군이 물러난 뒤헤즈볼라는 기념관으로 운용해왔으나, 2006년 전쟁 때 이스라엘군이폭파시켰다. 현장엔 벽돌 부스러기들로 어지러웠다. 키암 지역의 한 주민은 삼촌이 그곳에서 '순교'했다면서 "이스라엘은 지난 2000년 그들의전쟁 범죄 현장을 남겨두고 물러난 것을 후회하다가, 2006년 전쟁을이용해 현장 자체를 없애려 했을 것"이라고 풀이했다.

키암수용소를 뒤로하고 베이루트를 향해 돌아오는 길, 이미 어둠이낮게 깔리기 시작했다. 이중 철조망 넘어 300m쯤 떨어진 이스라엘 정착촌과 나란히 난 도로를 달리던 레바논 운전기사 쿠사마의 얼굴에서긴장감이 묻어났다. 정착촌에서 총탄이 날아들어 목숨을 잃는 일들이자주 일어난다는 사실을 그 자신이 잘 알고 있기 때문이었다.

헤즈볼라 정치위원 인터뷰

남부 레바논을 다녀온 다음 날 베이루트 남부 베이르 알아베드 지역에 있는 헤즈볼라 사무실에서 정치위원 코도르 누르 에딘을 만났다. 헤즈볼라 정치위원회는 15인으로 이루어져 있고 사실상 헤즈볼라를 이끄는 고위 기구이다. 50대 초반 나이의 에딘은 레바논 남부 지역 출신의 이슬람 성직자여서 이름 앞에는 존칭인 '셰이크'가 붙어 다녔다. 1982년 이스라엘이 레바논을 전면 침공해왔을 때, 에딘은 이란에서 건축학을 전공하던 젊은 학생이었다. "유대인들이 쳐들어왔다"는 소식을 듣고 그는 귀국 보따리를 쌌다. 그리고 그때 막 구성된 헤즈볼라의 일원으로서 총을 들고 이스라엘군에 맞서 싸웠다. 전쟁이 끝난 뒤 이슬람 신학교로 들어가 성직자(셰이크)가 됐다.

질문 남부 레바논을 살펴보고 어제 돌아왔다. 지금의 잠정적인 경계선인 블루 라인이 이스라엘-레바논 국경으로 굳어지는 것은 아닌가.

에딘 무슨 소리냐. 블루 라인은 미국이 힘을 쓰는 유엔에서 그어놓은 잠정적인 군사 분계선일 뿐이다. 특히 레바논 남동쪽 셰바 팜 지역은 누가 뭐래도 레바논 영토다. 이스라엘로부터 그 영토를 되찾고 유대인들이 레바논에 더 이상 위협적인 존재가 아닐 때까지 우리의 투쟁은 계속될 것이다.

(셰바 팜 지역은 이스라엘-레바논 분쟁의 한 요인이다. 2006년 전쟁 이전에도 셰바 팜 지역에선 이스라엘군과 헤즈볼라 사이에서 중화기를 동원한 무력 충돌이 벌어지곤 했다.)

질문 가까운 시일 안에 이스라엘이 침공해올 가능성이 높다고 보는가?

에딘 알다시피 이스라엘은 2006년 전쟁에서 헤즈볼라를 이기지 못하고 굴욕적인 철수를 했다. 지금껏 이스라엘이 그렇게 창피를 당한 적은 별로 없다. 그를 설욕하기 위해서도 이스라엘은 언젠가는 적당한 트집을 잡아 다시금 전쟁을 벌이려 들 것이다. 우리는 이에 대비하고 있고, 다시 한 번 유대인들을 패퇴시킬 것이다.

질문 유엔평화유지군(UNIFIL)이 전쟁을 막을 수 없다는 얘기인가?

에딘 지금까지 UNIFIL이 맡은 역할은 매우 한정적이었다. 2006년 전쟁 때도 그랬고, 앞으로도 그럴 것이다. 그들은 이스라엘군의 진격을 막지 못한다. 막을 의지도 능력도 없다. 이스라엘 침략군은 지난 전쟁 때 그랬던 것처럼 UNIFIL 주둔지를 피하고, 기독교 마을과 수니파 마을들을 우회해서 곧바로 헤즈볼라 지지도가 높은 시아파 마을들을 공격하려 들 것이다. UNIFIL은 지금껏 팔짱을 끼고 구경만 했다. 레바논 평화를 UNIFIL이 보장해주리라 믿는 것은 너무나 순진한 생각이다.

질문 한국군이 UNIFIL의 일원으로 참여하기로 돼 있다. 이를 어떻게 보는가?

에딘 친미 국가인 한국의 군대가 레바논에 오는 것을 반기진 않지만, 이스라엘의 이익을 위해 편을 드는 것이 아니라면, 다시 말해 중립성을 조건부로 한다면, 굳이 한국군의 레바논 파병에 반대하지 않겠다.

질문 레바논 정부는 헤즈볼라가 무장 해제돼야 한다는 입장을 밝혀왔고, UNIFIL 임무 가운데 하나는 헤즈볼라의 무장 해제를 돕는다는 것인데…….

에딘 아무도 레바논 정부가 헤즈볼라 무장 해제에 나설 것이라고 보지 않는다. 만에 하나 그런 일이 벌어진다면, 레바논은 내전 상태에 빠져들 것이다. 레바논 정부군이 이스라엘에 맞설 의지나 능력을 갖추려면 아직 멀었다. 헤즈볼라는 정규군이 아니지만, 강도 높은 훈련과 전투 의지로 이스라엘 병사들을 움츠리게 만들었다. 헤즈볼라 전사들은 익숙한 지형지물을 이용한 매복 전술로써 이스라엘군을 괴롭혔다. 그 전쟁 뒤로 레바논 정부도 이스라엘과의 투쟁에서 헤즈볼라의 역할과 존재를 인정하는 분위기다. 앞으로 언젠가 레바논 정부군이 제대로 역할을 한다면, 헤즈볼라가 무장 해제를 거부할 이유가 없다.

질문 미국은 헤즈볼라를 '테러 단체'로 규정하고 해체를 주장해왔다. 헤즈볼라가 반미 국가이자 같은 시아파인 이란이나 시리아로부터 지원을 받는다던데…….

에딘 지원이 없다고 말하지는 않겠다. 그렇지만 이란과 시리아로부터 우리가 받는 지원은 이슬람 형제로서의 정신적 지원이다. (목청을 높이며) 헤즈볼라를 미국과 이스라엘은 테러 집단이라 하지만, 실제로 누가 테러리스트냐? 이라크 아부그라이브교도소나 쿠바 관타나모를 가봐라. 그곳에 갇힌 수감자들을 상대로 전쟁 범죄를 저지른 자들이 누구냐? 남부 레바논의 키암수용소에 갇힌 레바논 애국자들을 상대로 국제법상 불법인 모진 고문을 가한 자들이 누구냐? 마구잡이 폭격으로 부녀자들과 어린이들을 죽인 미국과 이스라엘의 전쟁 범죄 행위가 곧 국가 테러가 아니고 뭐냐? 이스라엘의 점령에 맞서 싸우는 하마스나 헤즈볼라의 저항이 테러라는 주장엔 동의할 수가 없다.

질문 이란 핵에너지 개발을 놓고 미국이 이란에 대한 군사적 공세를 펼 가능성이 거론되고 있다. 미국과 이란 사이에서 전쟁이 벌어진다면 헤즈볼라는 어떤 입장을 취할 것인가.

에딘 그 문제는 헤즈볼라 지도부가 다 함께 논의할 사안이다. 여기서 짚고 넘어갈 대목은 미국의 중동 군사 포스트인 이스라엘이 미국의 이란 공격을 기회로 삼아 레바논을 다시 침공할 가능성이다. 헤즈볼라는 이스라엘이 언제라도 다시 침략해 들어올 가능성에 대비하고 있다.

난민촌 샤브라-샤틸라의 아픔과 염원

내전이든 국제전이든, 전쟁은 대량 난민 사태를 불러일으킨다. 난민 수용소는 현대 전쟁이 그려내는 우울한 초상화 가운데 하나다. 대부분의 난민들은 언젠가 포성이 멈추고 평화가 찾아온다면 고향으로 돌아갈 생각을 품는다. 그렇지만 70년 넘게 난민촌을 떠도는 아픔을 지닌 사람들도 있다. 팔레스타인 난민들이 바로 그들이다. 이들은 팔레스타인 접경 지역(요르단, 레바논, 이집트)은 물론 시리아, 사우디아라비아, 리비아, 알제리, 이라크 등 근동Near East 지역에 널리 퍼져 있다.

위 1982년 학살 희생자들이 묻힌 레바논 베이루트 추모 공원.
아래 1982년 학살을 고발하는 난민촌 벽화.

　팔레스타인 난민의 정확한 통계는 잣대에 따라 다르다. 이스라엘 정부의 발표에 따르면 팔레스타인 난민은 수십만 명 선이지만, 유엔이 UNHCR(유엔난민기구)과는 별개로 운영하는 유엔팔레스타인난민구호기구(UNRWA)에서 파악하는 난민은 무려 580만 명에 이른다. 대대로 살던 땅을 이스라엘에 빼앗기고 팔레스타인 가자 지구와 서안 지구로 밀려난 사람들도 이 속에 들어 있다.

2011년 시리아 내전으로 말미암아 난민 대이동 사태가 벌어지기 전까지 레바논에는 47만 명쯤의 팔레스타인 난민들이 12개 난민촌에 무리 지어 살고 있었다. 베이루트 서남부 빈민 지역인 사브라 난민촌과 샤틸라 난민촌도 팔레스타인 난민들의 주거 밀집 지역이다. 서로 맞붙어 있는 이 두 난민촌의 1세대는 1948년 이스라엘이 독립 국가를 세우면서 강제로 쫓겨난 사람들이다. 따라서 사브라와 샤틸라엔 눈물과 한숨 어린 슬픈 이야기들이 겹겹이 쌓여 있다. 기록하면 집집마다 한 권의 책이 되기에 충분할 것이다.

사브라와 샤틸라를 세계적인 분쟁 현장으로 만든 것은 1982년에 그곳에서 벌어진 끔찍한 학살 사건이었다. 이 두 난민촌에서 벌어진 사건은 팔레스타인 사람들에게 잊을 수 없는 참극이다. 아울러 20세기 전쟁 범죄사에서 빼놓을 수 없는 부끄러운 기록으로 꼽힌다. 사건은 1982년 9월 16일부터 사흘 동안 벌어졌다. 당시 이스라엘 국방부 장관 아리엘 샤론(전 이스라엘 총리)은 팔레스타인해방기구 무장 게릴라 세력을 없애겠다며 베이루트를 점령했다. 내전이 한창이던 레바논에 침공한 이스라엘은 기독교 민병대(팔랑헤) 지도자 바시르 제마엘을 친이스라엘 꼭두각시 정권의 대통령으로 내세우려 했다.

그런데 제마엘이 대통령 취임을 앞두고 암살당하자, 기독교 민병대원들이 피의 복수를 다짐했다. 저녁 무렵 150~200명쯤의 레바논 기독교 민병대원(팔랑헤 무장 대원)들이 "팔레스타인 테러 분자들을 잡겠다"는 구실을 내세워 난민촌에 들이닥쳤다. 그들은 어른, 아이, 남녀 가릴 것 없이 비무장 난민들을 마구잡이로 죽였다. 희생자 규모는 아직껏 논란거리로 남았다. 줄여 잡아도 800명, 많게는 3,000명쯤에 이른다. 희생자 가운데에는 어린이들과 부녀자들이 절반을 훨씬 넘었다. 그런 학살 바람에서 총상을 입고도 용케 살아남은 이들은 난민촌을 찾아온 나에게 그날의 상처를 보여주며 눈물을 글썽였다.

분명한 것은 그 학살 사건의 배후에 이스라엘군이 있었다는 사실이다. 레바논 기독교 민병대원들이 팔레스타인 난민촌으로 들어가 학살극을 벌이는 동안, 이스라엘 군대는 국방부 장관 아리엘 샤론의 명령에 따라 난민촌 외곽을 탱크로 둘러싸고는 밤새도록 조명탄을 쏘아올려 난민촌 주변을 밝혔다.

학살 사건이 『뉴욕 타임스』를 비롯한 언론 매체를 타면서 국제적으로 문제가 되자, 이스라엘 정부는 조사위원회를 구성했고, 샤론은 국방부 장관직에서 물러났다. 그때 조사단은 "샤론이 앞으로 공직을 맡아선 안 된다"고 못 박았다. 하지만 샤론의 정치 생명은 끈질겨 20년 뒤 이스라엘 총리가 됐고, 팔레스타인 목조르기에 앞장섰다. 그러다가 2006년 뇌졸중으로 쓰러져 8년 동안 식물인간 상태로 지내다가 죽었다. 사브라 난민촌에서 만난 한 팔레스타인 난민은 1982년 학살 사건으로 배와 다리에 뚜렷이 남은 총탄 제거 수술 자국을 보여주면서 "샤론이 식물인간이 된 것은 자신이 저지른 죄의 벌을 받은 것일 뿐"이라고 말했다.

샤론에겐 '전쟁 범죄자'라는 꼬리표가 따라 붙는다. 2001년 희생자 유가족들의 변호인단은 샤론을 벨기에 법정에 고소했다. 벨기에 국내법이 전쟁 범죄에 대한 '보편적 사법권universal jurisdiction'을 인정하고 있기 때문이다. 그러나 "벨기에는 샤론에 대해 사법권을 행사할 수 없다"는 싱거운 판결이 내려졌다. 지금껏 그날의 학살 가해자들은 아무도 처벌받지 않았다.

1982년 사브라-샤틸라 난민촌 학살 사건이 중동의 정치 지형에 끼친 영향은 컸다. 레바논에서는 반이스라엘 투쟁의 중심 세력으로 헤즈 볼라가 바로 그 무렵에 결성됐다. 레바논 시아파 중심의 정치 무장 세력인 헤즈볼라는 스스로 자살 폭탄 테러를 벌여왔을 뿐 아니라 팔레스타인 정치 조직 하마스(1987년 결성)에 '순교 작전'의 폭파 기술을 전해주었다. 2000년 이래 팔레스타인 사람들의 인티파다에서 하마스가 벌인 잇단 '순교 작전'들은 이렇듯 그 뿌리를 캐보면 1982년 난민촌 학살로까지 거슬러 올라간다.

학살의 희생자들은 난민촌 한가운데를 따라 길게 뻗은 시장통 길가의 자그마한 추모 공원에 누워 있다. 그 지역 밑바닥에 흐르는 강한 반이스라엘 정서는 뒷골목 곳곳에 나붙은 포스터와 벽화에서 묻어난다. 골목길 담벼락에는 2004년에 숨을 거둔 팔레스타인의 전설적인 두 지도자(자치 정부 대통령 야세르 아라파트, 하마스 창립자 셰이크 아메드 야신)와 '순교자'들의 포스터들이 그득하다.

난민촌에서 만난 사람들은 하나같이 "팔레스타인으로 돌아가고 싶다"는 말을 했다. 그들의 귀환 소망을 되비추듯, "팔레스타인으로 돌아갈 권리를 보장하라"는 주장을 담은 벽화들을 난민촌 곳곳에서 볼 수 있다. 그러나 안타깝게도 현실적으로 팔레스타인 귀환은 주요 의제가 아니다. 1993년 오슬로 평화 협정에서도 귀환 문제는 그저 훗날 협의할 사항으로 미뤄졌다. 2000년 제2차 인티파다 뒤 중동 평화 협상은 아예 실종 상태라 귀환의 '귀'자도 들리지 않는다. 고향땅 밟고 싶다는 사브라-샤틸라 난민들의 염원이 이뤄지려면, 그들이 베이루트로 쫓겨온 1948년 이후 지금까지의 세월만큼 더 오랜 시간을 기다려야 할까.

Syria

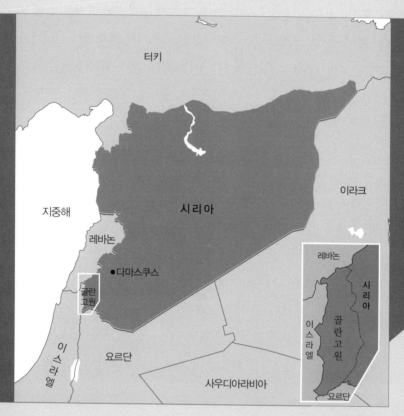

터키

지중해

레바논

시리아

이라크

●다마스쿠스

골란
고원

이스라엘

요르단

사우디아라비아

레바논

이스라엘

시리아

골란고원

요르단

6장
시리아
내전으로 치달은 2대에 걸친 철권 통치

■ **기본 정보** _ 국토 면적: 185,000㎢(한반도보다 약간 작음). 인구: 2,150만 명. 종교: 이슬람교 87%(수니파 74%, 알라위 등 시아파 13%), 기독교 10%, 드루즈 3%. ■ **누가 왜 싸웠나** _ 이스라엘과 2차례 큰 전쟁을 치렀으나 모두 패했다(1967년, 1973년). 1967년 제3차 중동 전쟁에서 이스라엘에게 남부의 골란고원을 빼앗겼다. 1973년 제4차 중동 전쟁에서 이스라엘을 기습했으나, 미국의 도움을 받은 이스라엘 군의 반격으로 패배했다. 바로 그 때문에 제1차 석유 파동이 일어났다. 2011년 중동 민주화를 바라는 '아랍의 봄' 영향으로 독재자 아사드를 지지하는 정부군과 반정부군 사이의 격렬한 내전이 벌어졌다. 반정부군은 친서방 계열과 강성 이슬람 세력으로 나뉜다. 2014년 들어 강성 이슬람 세력을 대표하는 무장 집단 '이슬람국가(IS)'가 세력을 넓혀가며 이라크마저 위협하자, 미국이 공습으로 무력 개입에 나섰다. ■ **전쟁 희생자** _ 40만 명(2021년 추정). ■ **난민** _ 1,260만 명(국내 610만 명, 국외 650만 명). ■ **지금은?** _ 2011년에 일어난 시리아 내전은 유엔의 평화 조성 능력의 한계, 미국을 비롯한 강대국들의 이해관계에 따른 방관자적인 자세, 사우디아라비아와 이란 등 시리아 주변 국가들의 종파적 대리전 양상이 맞물려 숱한 희생자와 난민을 만들어냈다. 전쟁 초반엔 반군이 기세를 올렸지만, 시리아 정부군과 러시아 공군의 무차별 폭격에 힘입어 독재자 아사드의 승리로 전쟁이 끝나가고 있다. 국제 인권 단체들은 여러 차례 화학무기를 사용하여 민간인들을 살상하는 전쟁 범죄를 저지른 독재자 아사드를 국제형사재판소(ICC)에서 단죄해야 마땅하다고 목소리를 높인다.

지난 2011년 중동 지역에 불어닥친 '아랍의 봄'은 일부 국가에선 정치 발전을 가져왔지만, 대부분의 중동 국가들에게는 아무런 변화를 주지 못했다. 사우디아라비아를 비롯한 이 지역의 비민주 국가들에서 '아랍의 봄'은 아직 멀어만 보인다. 오히려 일부 국가는 '아랍의 겨울'로 뒷걸음질하기도 했다. 이집트에선 민주적 선거 절차를 거쳐 뽑힌 문민정부가 군부 쿠데타(2013년 7월)로 넘어졌고, 이집트 군부는 '아랍의 봄'을 '겨울'로 되돌렸다. 내전에 휩싸인 시리아도 여러 해에 걸쳐 혹독한 '아랍의 겨울'을 지내고 있다.

2011년 아랍의 봄이 쓰나미처럼 시리아로 몰려든 뒤, 인구 2,000만 명의 이 나라는 엄청난 내전의 불길에 휩싸였다. 최근 10여 년 사이 시리아 상황은 갈수록 나빠졌다. 시리아 거리가 처음부터 총격과 포연으로 뒤덮힌 것은 아니다. 민주화와 개혁을 요구하는 평화적 시위가 바샤르 알 아사드 정권의 강경 진압으로 희생자가 늘어나자, 끝내 본격적인 무장 충돌 양상으로 치달았다. 그동안 시리아 상황은 '민주화 혁명' 과정의 진통 차원을 넘어 '전쟁' 그 자체의 모습을 보여왔다.

시리아 내전의 심각성은 희생자 통계에서 드러난다. 영국 '시리아 인권 관측소'의 집계에 따르면, 2021년 초 현재 정부군과 반군 사이에 벌어진 내전에서 사망자만도 40만 명에 이른다. 유엔은 2015년부터 아예 희생자 집계를 포기했다. 이미 시리아에서는 인구의 절반이 넘는 1,260만 명의 난민(국내 610만 명, 국외 650만 명)이 생겨났다.

시리아에서 처음 민주화 요구 시위가 벌어진 것은 2011년 3월 18일이다. 처음에는 비폭력적 평화 시위였으나 독재 정권의 강력한 탄압에 희생자가 늘어났고, 민중이 총을 들고 맞서면서 끝내 내전 상황으로 치달았다. 전쟁 연구자들이 널리 합의하는 전쟁 개념의 양적 기준선은 '1년 동안 쌍방 사망자 1,000명'이다. 시리아는 이 기준선을 내전 발생 첫해인 2011년에 돌파했고, 그 뒤로 지금까지 해마다 '전쟁 중인 국가'가 되었다.

시리아 내전이 길게 이어져온 데엔 여러 요인이 얽혀 있다. 첫째, 시리아 정부군이 반군을 압도할 만큼의 전투력을 지니지 못했고, 둘째, 시리아 반정부 세력의 결사항전 의지도 만만치 않았다. 셋째, 사우디아라비아, 이란을 비롯한 주변 국가들이 저마다의 이해관계에 따라 대리전쟁을 벌이면서 유혈 사태를 키웠다. 넷째, 미국을 비롯한 국제 사회가 의도적으로 개입하지 않거나 적극적인 평화 중재 노력을 기울이지 않았다. 처음의 민주-반민주 갈등이 수니-시아 사이의 종파 분쟁으로 변질된 가운데 시리아 민중은 내전의 고통을 온몸으로 받으며 피눈물을 흘리는 상황이다.

'빅 브라더'가 지배하는 철저한 통제 국가

나는 내전이 터지기 전인 2007년과 2009년 두 차례 시리아 현지 취재를 다

시리아는 어딜 가나 철권 통치자 알 아사드 부자의 사진들과 마주쳐야 한다.

녀왔다. 내전이 일어난 다음 해인 2012년에도 취재를 위해 시리아로 갔지만 입국 거부를 당하고 돌아서야 했다. 1980년 광주에서의 민중 항쟁과 군사 압제를 기억하는 우리에게 시리아의 상황은 남의 일처럼 보이지 않는다. 나는 시리아 민중의 투쟁을 직접 보고 그들의 목소리를 한국에 생생히 전하고 싶었다. 하지만 요르단-시리아 국경에서 발길을 돌려야 했다. 여권에 팔레스타인 가자 지구와 이란, 레바논 등을 다녀온 기록으로 미뤄 단순한 '관광' 목적의 방문이 아니라는 이유였다.

시리아는 1963년 이래로 50년 가까이 이어오던 '국가 비상사태'를 2012년에 해제하긴 했지만, 살벌하기 그지없는 독재 국가다. 절대 권력의 중심엔 아사드 일족이 자리 잡고 있다. 1970년 국방장관 하페즈 알 아사드는 무혈 쿠데타로 정권을 잡은 뒤 '아랍의 비스마르크'라는 별명을 들으며 30년 동안 철권을 휘둘렀다. 하페즈가 2000년에 죽자, 안과 의사였던 차남 바샤르 알 아사드가 대통령에 올랐다.

시리아 다마스쿠스는 4,000년에 이르는 오랜 역사의 숨결을 느낄 수 있는 도시다. 고대 유적들이 성채 안에 자리 잡은 구시가지를 가보면, 다마스쿠스가 번영과 이민족의 점령을 되풀이해온 역사의 고도라는 점을 금세 확인할 수 있다. 시리아에서 머무는 동안 곳곳에서 알 아사드 부자의 얼굴과 마주쳐야 했다. 다마스쿠스 구시가지의 입구에는 시리아 독재자의 엄청나게 큰 얼굴 사진이 사람들을 내려다본다. 도서관이나 우체국 같은 공공장소는 물론이고 작은 식당에도 그들의 사진이 어김없이 내걸려 있다. 영국 작가 조지 오웰의 『1984』에 나오는 '빅 브라더'의 모습과 다름없다.

시리아는 통제 사회다. 어딜 가나 경찰이나 보안 요원, 정보원의 눈빛이 번득인다. 체제를 위협하는 어떤 움직임도 용납되지 않는다. 시리아 국가 보안 기관들은 체포 영장 같은 번거로운 서류 절차를 거치지 않고 '용의자'를 체포하고, 재판 없이도 오래 가둬놓을 수 있는 막강한 권한을 지녔다. 정치보안국, 일반정보, 군 정보부대는 치외법권적인 권한을 휘두르면서 일반 시민들 가운데 많은 정보원을 두고, 체제 불만의 목소리를 색출해왔다. '아사드의 나팔수'라는 지적을 받는 시리아 언론사들도 정부의 통제 아래 있기에 비판을 삼간다. 그런 까닭에 시리아는 표면적으로는 치안에 관한 한 세계 어느 나라 못지않게 안정적인 모습이었다. 적어도 2011년 중동 지역에 아랍의 봄 바람이 불어닥치기 전까지는 그랬다.

쿠데타와 독재로 얼룩진 시리아 현대사

시리아의 현대사는 굴곡진 중동 현대사의 한 페이지를 차지한다. 1946년 프랑스로부터 독립한 뒤 응집력 있는 민족 국가를 이루지 못하고 비틀거렸다. 국가에 충성하기보다는 종족, 종파, 지역으로 갈려 일체감 있는 정치 공동체를 구성하지 못했다. 또한 잇단 군부 쿠데타로 정치적 불안에 시달려야 했다. 1949년부터 20년 가까이 시리아는 연이은 군부 쿠데타로 몸살을 앓았다.

그런 정치적 불안 속에서도 시리아는 한때 이집트와 더불어 아랍민족주의의 중심부에 있었다. 사회주의와 민족주의를 바탕으로 하는 시리아 바트당(아랍사회주의바트당) 지도자들은 이집트의 걸출한 정치 지도자 가말 압델 나세르(1918~1970년)와 동맹을 맺어 1958년 통일아랍

공화국(UAR)을 탄생시켰다. 아랍 민족주의 실현의 첫 단계로 단일 아랍 국가를 지향하는 통일아랍공화국은 중동 지역에서 통일에 대한 강렬한 정서를 불러왔다. 그러나 이 야심찬 정치적 실험은 두 나라 사이의 경제 정책이 갈등을 빚는 가운데, 1961년 시리아의 보수주의 장교단의 쿠데타가 일어나는 바람에 실패로 돌아갔다.

시리아는 1963년 바트당을 지지하는 군부 쿠데타로 또다시 정권이 바뀌었고, 그때부터 '국가 비상사태' 아래 언론과 집회, 결사의 자유가 제한되었다. 시리아의 정치적 불안의 최종 수혜자는 1963년 쿠데타에 참여했던 하페즈 알 아사드(1930~2000년)였다. 그는 국방장관으로 있던 1970년 무혈 쿠데타를 일으켜 대통령에 올랐고, 30년 동안 철권을 휘둘렀다. 특히 1978~1982년에 하페즈는 대규모 검속과 투옥, 처형으로 '무슬림형제단'과 같은 체제 위협 세력의 씨를 말리려 들었다. 그 살벌했던 기간 동안에 적어도 1만 명, 최대 2만 5,000명이 죽임을 당했다. 1982년 시리아 중부 도시 하마에서 벌어졌던 대량 학살은 하페즈의 잔혹성을 말할 때 빼놓을 수 없는 대목이다.

2000년 아버지 하페즈가 죽고 아들 바샤르로 권력이 대물림되자, 민주화 요구의 목소리가 본격적으로 터져나왔다. 시리아 지식층 99인은 1963년부터 시행되어온 국가 비상사태를 해제하고, 집회·언론·출판의 자유를 요구하고 나섰다. 다음 해인 2001년엔 민주화 요구를 위한 시민 서명운동이 벌어지기도 했다. 그러나 독재 정권은 경찰과 보안요원들을 동원해 시민들의 입을 막았다. 시리아 독재 체제가 워낙 강고한 데서 비롯된 자만심에서였을까, 2011년 중동 민주화의 바람이 불 때 시리아 독재 정권은 "아랍의 봄은 시리아를 비껴갈 것"이라고 낙관했다.

하지만 그 생각은 곧 틀렸음이 드러났다. 2011년 봄부터 바샤르 알 아사드는 생애 최대의 위기를 맞이했다. 그는 처음엔 유화책으로 민주화 조치를 담은 헌법 개정안을 내놓고, 2012년 2월 형식적이지만 국민투표를 실시했다. 개정안은 바트당 일당 독재를 규정한 헌법을 다당제로 고치고, 대통령 임기를 7년 연임 제한을 두는 내용을 담은 것이었다. 하지만 속임수라는 비판이 일며 유혈 충돌이 벌어졌고, 국민 투표일 당일에만 31명이 사망했다. 독재자는 헌법 개정과 잇단 사면 조치로 흉흉한 민심을 달래려 했지만, 시리아 민중의 마음은 이미 그를 떠난 뒤였다.

리비아와 시리아의 차이

시리아가 내전 상태에서 40만 명의 희생자를 냈지만, 미국을 비롯한 국제 사회는 제각기 이해득실을 저울질하며 시리아 문제를 바라만 볼 뿐, 내전을 끝내고 평화를 이루기 위한 진정성 있는 행동을 보여주지 않았다. 시리아에 대한 국제 사회의 소극적 태도는 리비아 내전에 무력 개입했던 서구 사회의 대응 방식과 대조적이라는 비판을 받는다.

리비아에서 내전이 벌어지자, 국제 사회는 독재자 무아마르 카다피의 폭압으로부터 리비아 시민들을 '보호해야 할 책임Responsibility to Protect'(줄여 보호 책임 또는 R2P) 논리를 내세워 무력 개입의 길을 열었다. 주권이나 '국가 안보'도 중요한 개념이지만 그에 앞서 '인간 안보'의 가치가 더 중요하므로 국제 사회가 이를 적극적으로 지켜줘야 마땅하다는 것이 '보호 책임' 논리의 핵심 내용이다. 이에 따라 2011년 3월 두 개의 유엔안보리 결의안(1970, 1973)이 통과됐고, 나토 공군력이 리비아 정부군을 공습함으로써 카다피 정권을 무너뜨리는 데 결정적인 힘을 보탰다.

　서구 지도자들은 리비아에 대한 무력 개입은 '인도주의적 개입'의 성격을 지녔다고 주장했다. 그런데 리비아처럼 똑같이 정부군과 반군 사이의 무력 충돌이 벌어졌고, 리비아보다 훨씬 더 많은 사람들이 피를 흘린 시리아에 대해선 개입을 망설였다. 유엔안보리에서 러시아와 중국이 시리아 개입 결의안 통과를 반대할 것이란 분위기도 영향을 미친 것은 사실이다. 그렇다고 '보호 책임' 논리를 들이대지 못할 것은 아니었다. 1999년 발칸반도의 마지막 분쟁 지역이었던 코소보에서 나토가 유엔안보리의 결의안 없이 무력 개입에 나섰던 것처럼, 또는 2011년 리비아를 공습했던 것처럼, 보호 책임 논리에 따라 시리아에 대해 독자적인 무력 개입도 가능할 텐데 소극적이다. 세계 8위의 석유 매장량을 지닌 리비아와 달리 시리아 석유 이권이 워낙 보잘것없어서일까.

　시리아에 대한 국제 사회의 무력 개입이 무조건 이뤄져야 한다는 주장은 물론 분명히 잘못된 것이다. 시리아 내전을 하루빨리 종식시키려면 군사 개입이 능사는 아니며, 외교적인 중재 노력이 우선돼야 한다. 안타깝게도 이 대목에서도 국제 사회는 후한 점수를 받지 못한다. 시리아 유혈 사태 1년을 맞이할 무렵인 2012년 2월 반기문 유엔 사무총장은 전임자인 코피 아난을 유엔 특사로 임명해 유혈 사태가 번지는 것을 막고자 했다. 아난 특사는 시리아로 가서 아사드 대통령을 만났으나 날로 희생자가 느는 상황에서 무력감을 느끼고 6개월 만에 스스로 물러났다.

2012년 4월 유엔안보리 결의에 따라 시리아에 파견된 비무장 유엔 감시단 300명의 활동도 아무런 성과 없이 2개월 만에 시리아에서 철수하고 말았다. 내전을 끝내기 위한 국제 회담들도 성공적이지 못했다. 시리아 정부와 반정부 세력들을 제네바로 불러 모아 두 차례(2012년 6월, 2014년 1월) 회담을 열었으나, 시리아 평화를 가져올 극적인 합의를 이끌어내지 못하고 막을 내렸다. 내전의 한복판에서 고통받는 시리아 국민들은 그런 소식들을 들으면서 또다시 깊은 좌절감을 느껴야 했다.

미국이 개입 미룬 속사정

시리아 내전을 바라보는 국제 사회의 중심엔 미국이 있다. 워싱턴 정치권에서도 시리아 내전에 미국이 적극 군사 개입을 할 것인가, 외교적 협상으로 풀어나갈 것인가를 두고 논란을 거듭해왔다. 시리아 유혈 사태가 세계적인 뉴스의 초점이 되기 시작한 2011년 초여름부터 버락 오바마 미국 대통령은 "미국이 직접 개입하는 일은 없다"고 거듭 밝혔다.

미국의 중동 정책을 움직이는 두 개의 축은 이스라엘의 안보, 그리고 중동 석유의 안정적인 공급이다. 미국은 지난 수십 년 동안 공화당, 민주당 정권을 가릴 것 없이 동맹국인 이스라엘과 친미 산유국인 사우디아라비아의 안보를 챙겨주면서, 걸프 지역의 석유가 미국에 안정적으로 공급되는 것을 국가 전략의 우선순위로 삼아왔다. 따라서 미국의 시리아에 대한 관심은, 시리아 내전이 이스라엘과 중동 산유국들의 이해관계에 어떤 영향을 미치는가에 따라 결정된다.

다마스쿠스 동남쪽 30km 아세이다 지나브 마을의 한 카페에 모여든 이라크 난민들.

미국이 시리아에 대한 군사 개입을 보류하는 이유는 독재자 아사드 제거 뒤에 시리아 정국이 안개 속이 될 것이라는 우려가 깔려 있기 때문이다. 2011년 리비아에서 그랬듯이 보호 책임 논리를 내세워 아사드 정권을 무너뜨린다 해도, 그 뒤에 들어설 정권이 어떤 성향을 지닐지는 확실하지 않다. 1979년 호메이니를 지도자로 한 이슬람 혁명 뒤의 이란, 1990년대 중반 이후 아프가니스탄에 들어섰던 탈레반 정권, 레바논의 헤즈볼라 같은 이슬람 근본주의 정치 세력이 아사드 체제의 공백을 메우는 구도는 '최악'이다. 국경을 맞댄 이스라엘의 안보에 악영향을 미치고, 미국의 중동 정책에도 어려움을 줄 것이 불을 보듯 뻔하다. 그렇다면 차라리 이스라엘에게 전혀 위협적이지 않은 지금의 독재자 아사드가 '차악'으로 낫다.

시리아 내전 상황을 줄곧 지켜보아온 나라 가운데 하나가 이스라엘이다. 지난날 시리아와 이스라엘은 3번의 전쟁(1948, 1967, 1973년)을 벌였다. 특히 제3차 중동 전쟁(1967년)에서 시리아는 남부 골란고원을 잃었다. 이 골란고원의 반환 문제가 이스라엘-시리아 양국 관계의 현안 가운데 하나다. 아사드 정권은 이란, 레바논 헤즈볼라와 정치적 동맹 관계를 맺고 이스라엘에 적대적 입장을 보여왔다. 하지만 지금은 내전으로 말미암아 이스라엘에 전혀 위협적이지 못하다. 이스라엘의 보수주의 여당을 이끌고 있는 베냐민 네타냐후 총리도 강성 이슬람 정권이 다마스쿠스에 들어서는 것보다는 지금의 아사드 독재 정권이 낫다는 판단을 하고 있다.

아사드 정권에 충성하는 시리아 정부군에 맞서 투쟁해온 반정부 세력은 망명하거나 탈영한 반정부 인사와 민주화 시위를 촉발하고 거리에서 투쟁해온 청년층과 중산층 민주 시민, 무슬림형제단, 급진 좌파 세력으로 이루어졌다. 대외적 성향으로 나누면 크게 두 갈래이다. 미국을 비롯한 서방 국가들과 사우디아라비아를 비롯한 걸프 지역 산유국들의 지원을 받는 조직과 그렇지 않은 조직이다. 시리아 반군 조직들은 아사드 체제라는 공동의 적에 맞서 싸우면서도 각기 정치적 성향이나 이념이 달라 세력 다툼마저 벌이는 바람에 통합적인 역량을 이뤄내지 못했다.

시리아에서 내전이 벌어진 뒤 처음 4년 동안의 상황은 그런대로 힘의 균형 상태에 있었다. 시리아 정부군은 민중의 강력한 저항으로 사기가 떨어져 반군을 압도할 수가 없었고, 반군은 여러 갈래로 갈라져 힘을 하나로 모아 다마스쿠스로 진격하지 못했다. 그런데 2013년부터 힘의 균형이 깨지는 여러 조짐들이 보이기 시작했다. 그 중심엔 바로 이슬람 수니파가 중심이 된 반군 조직 '이슬람국가(IS)'가 있다. IS는 수니파 칼리프 제도의 부활을 정치적 목표로 내건 극단적 이슬람주의 무장 조직이다. IS의 전신인 '이라크시리아이슬람국가(ISIS)'는 2013년 3월 시리아 동북부 라카주의 주도 라카를 접수했고, 그곳 유전에서 나는 원유를 터키에 밀수출해 벌어들인 군자금으로 세력을 키워갔다. 1990년대 후반 아프가니스탄을 다스리던 탈레반 정권처럼 IS는 점령지에서 이슬람 율법(샤리아)에 따른 엄격한 신정 통치를 폈고 이를 받아들이려 하지 않는 이들을 엄하게 처벌했다. 붙잡힌 미국인과 영국인들의 목을 자르면서 동영상으로 그 사실을 전 세계에 퍼뜨리기도 했다.

시리아와 이라크에서 IS가 펼친 군사적 공세는 엄청났다. 2014년 1월에 이라크 서부 안바르주를, 그해 6월에는 이라크 제2 도시 모술을 점령했다. 그리고 같은 달 시리아 북부 라카를 수도로 한 '이슬람국가 Islamic State'를 선포했다. 그 기세대로라면 시리아 다마스쿠스, 이라크 수도 바그다그가 잇달아 함락되지 않으리라는 법이 없었다. 결국 미국이 무력 개입에 나섰다. 2014년 9월부터 공습이 시작되었다. 시리아 정부군을 겨냥한 것이 아니라 IS라는 특정 반군 세력을 공격 목표로 삼았다. 여기서 근본적인 물음을 던져본다. 미국이 시리아 내전에 개입해 반군을 공습한다면 누구에게 이로울까.

미국의 시리아 공습, 누가 수혜자인가

첫째, 시리아 아사드 독재 정권이 수혜자이다. 1970년부터 무려 50년이 넘는 세월 동안 2대에 걸쳐 시리아를 다스려온 아사드 독재 정권은 입만 열었

시리아 동북부 지역의 고대 유적지 팔미라. 시리아 내전 중에 '이슬람국가(IS)' 무장 세력이 팔미라를 점령하면서 유적지는 크게 훼손됐다.

다 하면 "우리도 테러와의 전쟁을 벌인다"고 주장해왔다. 2001년 9·11 테러 뒤 시리아의 정보기관들은 알 카에다를 비롯한 전투적 이슬람 조직들에 관한 정보를 미국에 제공했다.

　시리아 아사드 정권이 미국에 테러 관련 정보를 넘긴 데는 그 나름 의 교활한 정치적 계산이 스며 있었다. 그는 미국이 사담 후세인을 무 너뜨린 것처럼 반미, 반이스라엘 노선을 걸어온 시리아의 정권 교체를 노릴지도 모른다고 생각했다. 아사드는 미국에 협조함으로써 그러한 두려움을 떨쳐내고 미국의 압박 수위를 낮추고자 했다. 아울러 시리아 체제를 위협하는 골칫거리 인사들의 이름을 '테러리스트 명단'에 올려 미국에 넘겨줌으로써 손에 피를 묻히지 않고 정적들을 제거하고자 했다. 속셈이야 어찌됐든 시리아도 미국이 벌여온 '테러와의 전쟁'에서 미국의 동맹국인 셈이다. 그러나 시리아 민주화를 열망하는 민중의 시각에서 보면 독재자 아사드야말로 (공포 정치로 민중을 두려움에 떨게 한) 최악의 테러리스트이다.

독재자 아사드는 미국의 공습이 더없이 고마웠을 것이다. IS는 여러 시리아 반군 조직 가운데 가장 세력이 강하고 전투적인 투쟁성을 지녔기에 시리아 정부군조차 두려움을 품었다. 이라크 북부 도시 모술을 점령하는 과정에서 그곳 은행에 있던 5억 달러의 현금을 챙긴 데다 석유 밀수출 등으로 탄탄한 자금력을 보유한 상태인 것으로 알려졌고, 시간이 흘러 IS 세력이 더 커지면 그 칼날의 끝이 아사드 정권의 심장부인 다마스쿠스로 향할 것이 불을 보듯 뻔했다. 그런 위기에서 미국이 IS를 겨냥한 공습에 나섰으니, 독재자 아사드로서는 엄청난 원군을 만난 셈이었다.

둘째, 이스라엘도 공습의 수혜자이다. 이스라엘 강경 우파 연립 정권을 이끌고 있던 네타냐후 총리의 관심사는 (시리아 민주화와 안정이 아니라) 아사드 독재 정권이 무너진다면 누가 다마스쿠스를 접수할 것이냐였다. 이란 이슬람 혁명의 아야톨라 호메이니 같은 강성 지도자가 다마스쿠스를 장악한다면, 이스라엘로선 안보 위협을 느껴야 할 상황에 부딪히게 된다. 1967년부터 골란고원을 점령 중인 이스라엘 입장에서 다마스쿠스에 강성 반이스라엘 정권이 나타나는 것은 최악의 시나리오이다. 헨리 키신저 같은 미국의 강경파들이 일찍부터 시리아 반군에 대한 전면 공격all-out attack의 전쟁 북소리를 둥둥 울려댄 것도 이스라엘의 국가 이익을 위한 것으로 풀이된다.

여기서 다시 미국의 중동 정책 우선순위가 어디에 있는지 드러난다.

최우선 동맹국인 이스라엘의 안보를 챙기고, 아울러 사우디아라비아를 비롯한 친미 중동 산유국의 안위를 돌봐주면서 그 대가로 석유를 안정적으로 공급받는 것이 미국 중동 정책의 핵심이다. 시리아에 대한 미국의 최대 관심은 민주화나 내전 종식에 따라 시리아인들이 전쟁의 공포로부터 벗어나는 것이 아니다. 시리아 내전이 최대 동맹국인 이스라엘과 중동 산유국들의 안보, 그리고 국제 유가에 어떤 영향을 미치는가에 모아져 있다. 이스라엘과 중동 독재 국가에 대한 미국의 지원이 그곳 정치 지형에 여러 해악을 끼쳐왔음을 똑똑히 기억하는 이 지역 사람들은 미국의 IS 공습이 누구를 위한 것인지 물음표를 던졌다.

주변국 대리전으로 내전 더 악화

시리아 인구 2,150만 명(2022년 추정) 가운데 4명 중 3명은 수니파 무슬림이다(74%). 나머지는 시아파 무슬림 13%(시리아 독재자 아사드가 속한 알라위파), 기독교 10%, 드루즈 3% 등이다. 시아파의 한 분파인 알라위파 사람들은 세속적인 성향을 보이며 이슬람 근본주의 성향과는 거리가 멀다.

시아파나 수니파 모두 시리아 내전이 종파 간의 전쟁은 아니라고 주장한다. 시리아 정부는 반란을 진압하고 테러 위협으로부터 사회질서와 안정을 되찾으려는 것이라고 주장하고, 반란군은 독재 정권을 무너뜨리려 싸울 뿐이라고 주장한다. 아사드는 기회가 있을 때마다 "테러리스트의 위협으로부터 국가를 지키겠다"고 강조한다. 이는 시리아의 다수를 차지하는 수니파가 결코 그의 적이 아니라는 의미를 담고 있다.

시리아 전쟁은 내전이지만 속내를 들여다보면 주변 국가들이 저마다의 이해관계로 개입하는 대리전 양상을 보였다. 시리아 내전은 중동의 해묵은 시아파와 수니파 사이의 갈등을 부추겨왔다. 그 배경에는 수니파 종주국인 사우디아라비아와 시아파 종주국인 이란과의 오랜 갈등이 깔려 있다. 사우디를 비롯한 걸프 지역의 석유 왕국들은 이란을 상대로 대리전을 벌일 기회로 시리아 내전을 활용했다. 이는 마치 냉전 시대에 소련이 베트남 전쟁에서 북베트남을 지원함으로써 미국을 상대로 대리전을 폈던 것이나, 1980년대에 미국이 아프가니스탄에서 무자헤딘(이슬람 전사)을 지원함으로써 소련을 상대로 대리전을 폈던 것과 비슷한 상황이다.

시리아 아사드 정권을 돕는 지원 세력은 시아파 종주국을 자처하는 이란, 레바논 시아파 무장 세력인 헤즈볼라, 그리고 시리아와 오랜 동맹 관계를 이어온 러시아가 있다. 이란은 같은 시아파의 소수 종파인 알라위파가 권력을 장악하고 있는 시리아에 무기와 자금을 지원해왔다. 하지만 많은 이란 사람들은 자기모순에 빠져 있음을 느끼고 있다. 1979년 이슬람 혁명으로 친미 독재 왕조를 몰아냈던 역사적 자긍심을 지닌 이란이 시리아 독재 정권을 지지하는 것은 앞뒤가 맞지 않기 때문이다.

아사드 정부를 지원하는 국가로 러시아를 빼놓을 수 없다. 2015년 9월부터 러시아가 시리아 내전에 본격적으로 무력 개입한 것은 아사드에게 엄청난 힘이 됐다. 러시아 공군이 반군 지역을 마구 공습하면서부터 시리아 정부군은 수세 국면에서 벗어났다. 2016년 북부 대도시 알레포를 정부군이 탈환하는 등 주요 전투에서의 승리에는 러시아 공군의 무차별 공습이 한몫했다. 아파트나 병원, 학교를 가리지 않은 그 처참한 공습 피해 상황은 미국의 영화감독 이브게니 아피네옙스키의 다큐멘터리 《시리아의 비가Cries from Syria》(2017년)에 생생하게 담겨 있다.

시리아-러시아의 우호 관계는 옛 소련 시절까지 거슬러 올라간다. 시리아군의 무기 체계도 미그 전투기와 미사일을 비롯해 옛 소련제로 채워져왔다. 지금의 러시아가 옛 소련 이외의 지역에 유일하게 해군 기지를 두고 있는 곳이 시리아 타르투스 항구라는 점은 두 나라의 관계를 잘 보여준다. 시리아는 러시아의 최신형 전투기 등을 수입하고, 러시아는 시리아의 인프라 확장 공사, 천연가스 처리 공장 등에 연간 200억 달러를 투자하면서 두 나라는 서로의 이해관계를 이어가고 있다.

미국에게 이용당한 비운의 쿠르드족

현재 시리아 내전은 아사드의 승리로 사실상 막을 내린 상태이다. 2018년 봄 다마스쿠스 동쪽 도시인 동구타를 화학무기로 마구잡이 폭격해, 이 도시에서 반군을 몰아냈다. 기세가 오른 시리아 정부군은 러시아 공군의 지원 아래 시리아 서북부 이들리브 지역에 모여 있던 반군 세력을 제압했다. 2019년 봄엔 이슬람 근본주의 세력인 IS의 마지막 근거지였던 시리아 동부 바구즈 지역을 점령해, IS 세력을 궤멸시켰다.

시리아 내전에서 IS와 전투를 벌인 무력 집단은 시리아 정부군만이 아니다. 앞서 살펴본 대로 미국은 2014년 9월부터 IS에 대한 대대적인 공습을 가함으로써 결과적으로 아사드 독재 정권을 이롭게 했다. IS와 전투를 벌인 집단은 또 있다. 쿠르드Kurd 민병대가 바로 그들이다.

쿠르드족은 국가를 이루지 못한 민족 가운데 가장 인구가 많다. 터키, 이란, 이라크 등지에 흩어져 사는 쿠르드족은 3,000~3,700만 명에 이른다. 시리아에도 쿠르드족이 200만 명쯤 있다. 주로 시리아 북부 지역에 모여 사는 쿠르드족은 전쟁이 터지기 전에도 아사드로부터 탄압을 받아왔다. 그렇기에 이번 전쟁을 기회로 삼아 시리아로부터 분리 독립하거나 적어도 자치 정부를 세우길 바랐다. 그 꿈을 이루기 위해 초강대국인 미국이 바라는 대로 극단적 이슬람 무장 조직인 IS를 무너뜨리기 위해 총을 잡고 싸웠다.

2017년 10월 시리아 민주군(SDF)과 그 하부 조직인 '인민수호부대(YPG)'가 미군의 지원을 받아 IS의 중심지인 시리아 북서부 도시 라카를 점령할 때도 쿠르드족이 큰 힘을 보탰다. 그 무렵 쿠르드 사람들은 미국이 쿠르드족의 독립 또는 자치를 도와줄 것이라 여겼다. 하지만 곧 헛된 희망이었음이 드러났다. 2018년 1월 터키군은 쿠르드 테러 분자들을 소탕한다는 명분을 내세워 시리아 국경을 넘어 쿠르드족을 공격했다. 시리아 쿠르드족이 터키 동부 지역의 쿠르드족(터키 인구의 20%인 1,500만 명)과 손을 잡고 분리 독립을 추진할 것을 우려했기 때문이다.

쿠르드족은 미국에게 도와달라고 간청했다. 하지만 IS 격퇴전이 끝난 뒤였기에 미국은 못 들은 체 돌아섰다. IS와의 전투에서 1만 명의 전사자를 냈던 쿠르드족의 꿈은 그 '피의 대가'로 시리아 동북부 지역에 자치 정부를 세우는 것이었지만 또다시 물거품이 됐다. 쿠르드족은 "이번에도 강대국에게 이용당한 것이냐?"며, 힘없는 민족이 느껴야 하는 설움을 곱씹고 있다.

'아랍의 겨울'을 끝내려면

내전 초기에 서구의 중동 전문가들은 아사드 정권이 곧 붕괴할 거라고 예상했다. 하지만 예측은 틀린 것으로 드러났다. 아사드 정권은 리비아의 카다피 정권이나 이집트의 무바라크 정권과는 달리 체제 유지 능력을 보여주었다. 군부와 집권 바트당은 아사드가 속한 알라위파 출신들로 구성돼 충성도가 높다. 아사드 체제는 자본가 위주의 신자유주의 정책과 몇몇 족벌에게 특혜를 주는 경제 정책을 펴왔다. 그로 말미암아 사회 양극화가 심화되었음에도 수혜자인 대기업가들과 고위 종교 인사들로 구성된 기득권층은 아사드 체제에 충성을 바치고 있다.

시리아 내전은 많은 문제점을 드러냈다. 미국을 비롯한 강대국들의 방관자적 자세와 유엔의 평화 조성 능력의 한계, 시리아 주변 이슬람 국가들의 종파적 대리전 양상 등 여러 요인이 맞물리면서 시리아 국민들에게 전쟁의 고통만 더했을 뿐이다. 특히 내전의 주요 무대인 홈스, 알레포 같은 대도시는 정부군이 포위를 하고 통행을 막는 바람에 식량과 의약품이 바닥났고, 주민들은 벼랑 끝 한계 상황에 내몰렸다.

지난 1994년 후투-투치족 사이의 내전이 벌어졌던 아프리카 르완다에선 국제 사회가 개입을 외면하는 바람에 100일 동안 80만 명이 희생되었다. 시리아도 르완다와 마찬가지로 국제 사회의 소극적인 개입 탓에 40만 명이 희생되었다. 인권과 민주주의의 가치를 소중히 여기는 세계 시민들은 시리아로부터 비극적인 소식이 들려올 때마다 아픔 속에 무력감을 느껴야 했다.

시리아는 10여 년간 이어진 전쟁으로 '아랍의 겨울'을 혹독하게 겪었다. '아랍의 봄'을 시리아에서 되살리려면 어찌해야 했을까. 미국과 러시아를 비롯한 강대국들이 이해관계를 저울질하기보다는 유엔안보리를 중심으로 아사드 정권을 외교적으로 강하게 압박하면서 평화 중재에 적극 나섰어야 했다. 하지만 이미 아쉬움만 남는 지난 얘기가 됐다.

잇단 전투에서의 승리 후 아사드는 여러 공식 석상에서 "이제부터 시리아의 안정과 평화를 이룰 것이다"라고 큰소리치고 있다. 하지만 시리아 국민들의 마음은 아사드로부터 멀어질 대로 멀어졌다. 설사 내전이 독재자의 승리로 끝난다 해도 시리아 땅에 참된 의미의 평화, 민주주의가 자리 잡기는 어려워 보인다. 더구나 아사드는 내전 기간 중에 화학무기로 자국 국민을 죽인 범죄자가 아닌가.

아사드의 퇴진과 전쟁 범죄 처리는 앞으로 국제 사회가 풀어야 할 과제이다. 국제 사회에 정의가 살아 있다면 시리아 전쟁 중에 벌어졌던 전쟁 범죄를 덮어주긴 어렵다. 아사드가 저지른 전쟁 범죄 목록은 길다. 공소 시효나 국적에 관계없이 전쟁 범죄는 처벌받아야 한다는 '보편적 사법권universal jurisdiction' 논리는 이즈음 국제법 학계에서 대세를 이룬다. 따라서 아사드를 전쟁 범죄자로 붙잡아 네델란드 헤이그에 있는 국제형사재판소(ICC) 법정에 세워야 마땅하다. 하지만 안타깝게도 현실적으로는 좀 더 시일이 지나야 될 일처럼 보인다.

Bosnia

슬로베니아

헝가리

크로아티아

스르프스카공화국

세르비아

크로아티아

보스니아−
헤르체고비나연방

사라예보

몬테네그로

아드리아해

알바니아

7장

보스니아

세계의 화약고, 유럽의 킬링 필드

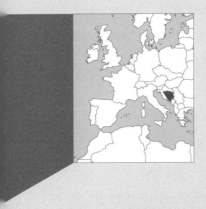

■ **기본 정보** _ 국토 면적: 51,000㎢(한반도의 4분의 1). 인구: 380만 명(보슈냐크 50.1%, 세르비아계 30.8%, 크로아티아계 15.4%). 종교: 보슈냐크는 이슬람교, 세르비아계는 동방정교(세르비아정교). 크로아티아계는 가톨릭교. ■ **누가 왜 싸웠나** _ 1990년대 초 유고연방이 해체되는 과정에서 1992년 4월 유럽연합이 보스니아 독립을 승인하자, 세르비아계가 수도 사라예보를 공격함으로써 내전이 터졌다. 유고연방으로부터 독립하길 바라는 보슈냐크와 크로아티아인들의 연합 세력과, 독립을 반대하는 세르비아계 사이의 유혈 투쟁이었다. ■ **국제 사회의 노력은?** _ 유엔은 1992년 말 1,500명의 유엔평화유지군을 파병하고, 수도 사라예보를 지키는 임무를 맡겼다. 유엔은 다시 8,000명의 병력을 보냈으나, 평화를 이루지 못했다. 많은 민간인들의 희생을 치른 뒤 1995년 12월 데이튼 평화 협정으로 내전은 막을 내렸다. ■ **전쟁 희생자** _ 내전으로 10만 명쯤 죽었다. 스레브레니차 지역 등에서 집단 학살이 있었고, 많은 부녀자들이 성폭행 희생자가 됐다. 20세기 인류사의 잔인하고 수치스러운 전쟁으로 기록된다. 지금도 대량 학살 현장에 대한 발굴과 신원 확인 작업이 진행 중이다. ■ **난민** _ 160만 명. ■ **지금은?** _ 보스니아는 두 개의 공화국(보스니아–헤르체고비나연방, 스르프스카공화국)이 하나의 국가를 이룬 특이한 형태다. 겉으론 평화를 이뤘으나, 여전히 긴장감이 흐르며 사실상 분단국가나 다름없다.

B o s n i a

"1993년에 고향 마을인 스레브레니차를 떠났으니, 7년째 난민 생활을 해온 셈이다. 문제는 고향으로 돌아간다는 게 현실적으로 어렵다는 것이다. 이미 우리 마을은 세르비아인들이 집이며 밭이며 다 차지한 상태다. 지금 와서 그들을 어떻게 몰아낼 수가 있겠는가."(사라예보 북쪽 스브레냐난민수용소에서 만난 50대 보스니아 무슬림)

"사랑에 국경이 없다는 말은 이곳 보스니아에선 통하기 어렵다. 많은 젊은이들이 1990년대 초반까지만 해도 종족 간의 차이를 뛰어넘는 열정으로 결혼했지만, 지금은 마음고생들을 하며 살고 있다. 주변의 따가운 눈길 때문이다."(내전이 터지기 2년 전인 1990년, 세르비아 여인과 열애 끝에 결혼한 크로아티아인 상인의 푸념)

"아무리 돈도 좋지만, 세르비아 사람들이 나를 보면 시비를 걸 게 뻔하다. 잘못하면 맞아 죽는데 거길 왜 가나."(사라예보에서 세르비아 지역인 팔예Palje에 갈 참으로 하루 동안 택시를 전세 내려 했을 때 손을 내젓던 보스니아 무슬림 택시 기사)

"나는 그리스정교를 믿는 세르비아인이지만, 내전 때 라도반 카라지치의 세르비아 세력에 맞서 싸웠다. 내 나라 보스니아를 지키기 위해 많은 세르비아인들이 무슬림, 크로아티아인들과 함께 싸웠다. 국제 전범으로 기소된 카라지치는 밀로세비치의 도구에 지나지 않았다고 본다."(사라예보에서 컴퓨터 관련 사업을 하는 미르사드 옐리치)

"우리 지식인들이 문제다. '조화로운 다민족 사회 건설'을 늘 외치지만, 팔이 안으로 굽는다고, 막상 구체적인 어떤 사안을 놓고 토론을 벌일 때면 어느 순간에 국가보다 종족이 앞선다."(세르비아계인 미르코 페야노비치 사라예보대학교 정치학 교수)

"우리가 지난 1990년대 초 세르비아와 전쟁을 치르면서까지 유고연방에서 떠나려 한 것은 우리 손으로 우리 삶의 질을 높이려는 의지 때문이었다. 만약 그대로 유고연방에 남아 있었다면, 밀로세비치의 세르비아 민족주의에 휘둘려 지금 같은 경제 성장은커녕, 국제 사회에서 고립되어 경제 제재나 당했을 것이다."(크로아티아 수도 자그레브에서 만난 국회의원 즈덴코 프라니치)

"보스니아 내전과 코소보 전쟁을 비롯, 1990년대 발칸 정치 무대에서 밀로세비치가 악역을 맡아 한 것은 사실이다. 그러나 그는 정치인이었지, 악한이 아니었다. 세르비아 민족주의의 논리에 따라 그렇게 행동했을 뿐이다. 주연 배우가 코스투니차로 바뀌었다고 발칸반도에서 긴장이 사라질 걸로 보는 건 안이한 견해다. 코스투니차의 향후 행보를 지켜봐야 한다."(사라예보에서 만난 후세인 지발류 보스니아 외무부 차관)

"말이 유고연방이지, 실체는 세르비아다. 우리가 유고연방이란 족쇄에서 벗어나려고 하는 것도 실은 세르비아로부터 독립하려는 것이다. 연방에 남아 있어봤자 득보다 실이 크다. 해외 투자가들이 안심하고 이곳에 투자하려면 세르비아로부터의 독립이 선결 과제다."(몬테네그로 수도 포드고리차의 대통령궁에서 만난 미오드라그 부코비치 몬테네그로 대통령 보좌역)

"여기가 동계 올림픽 치른 도시 맞아?"

앞에 옮

긴 것은 발칸반도의 여러 나라들을 다니면서 만난 사람들에게서 들은 얘기들이다. 오늘의 발칸반도가 언제 다시 내전이 터질지 모르는 휘발성 강한 긴장 상태에 있다는 점을 짐작하도록 만든다. 발칸반도는 '세계의 화약고'란 달갑잖은 별칭이 말하듯 20세기 들어와 분쟁이 끊임없이 벌어진 곳이다. 영어에 'balkanize'(분열하다)라는 단어까지 생겼을 정도다. 20세기뿐 아니다. 발칸반도는 언어와 종교가 서로 다른 종족들(세르비아계, 알바니아계, 크로아티아계, 슬로베니아계)이 섞여 살면서 유혈 투쟁을 되풀이해온 곳이다.

전쟁이 우리 인류 문명을 얼마나 뒷걸음질하도록 만드는가를 두 눈으로 확인해보고 싶다면, 보스니아에 가보면 된다. 수도 사라예보는 지난 1984년에 동계 올림픽을 치른 곳이다. 시내를 가로지르는 폭 50~100m쯤의 밀야츠카강을 끼고 옛 건물들과 현대식 빌딩들이 조화를 이룬 아름다운 도시였다. 그러나 내전을 치르면서 사라예보는 철저히 파괴됐다. 이곳을 처음 찾는 방문객들은 "여기가 사라예보 맞아?"라는 의문을 품게 된다.

사라예보공항에서 시내로 들어가는 간선 도로 주변은 내전의 포화를 맞아 곳곳이 보기 흉한 모습이다. 1984년 올림픽 아파트로 지었다는 고층 아파트들도 일부는 벽이 무너지고 천장이 내려앉았다. 신통한 것은 그런 아파트 건물에도 입주자들이 비닐을 엉성하게 두른 채 살고 있다는 사실이다. 내전이 그친 지도 여러 해가 지났건만, 그곳 말고는 달리 오갈 데 없는 사라예보 시민들의 서글픈 현주소다.

사라예보는 주변이 온통 산으로 둘러싸인 도시다. 트레베비치산을 비롯한 사라예보가 내려다보이는 전략적 요충지들에 포진한 락토 플

내전으로 파괴된 빌딩 옆을 지나는 보스니아 병사.

라디치 군이 마구잡이로 쏘아댄 포탄은 사라예보 시민들을 공포로 몰 아넣었다. 세르비아계 무장 세력은 슬로보단 밀로세비치 정권이 이끈 유고연방군이 건네준 중포화기로 사라예보를 마구 포격했다. 시장으 로 장을 보러 나온 시민들이 거듭 떼죽음을 당하기도 했다. 세르비아 저격수들은 시가지를 걸어가는 시민들을 향해 마치 사냥하듯 쏘아댔 다. 약 1만 명의 시민들이 포격과 저격으로 죽임을 당했다. 1993년 7월 23일 하루 동안 16시간에 걸쳐 3,777발의 포탄이 사라예보 시내에 떨 어졌다(『뉴욕 타임스』, 1993년 7월 24일자).

그 무렵의 포격으로 파괴된 병원, 호텔, 신문사, 관공서 등의 건물은 지금까지도 복구되지 못한 채 흉한 모습을 보여준다. 밀야츠카 강가의 지어진 지 100년이 넘은 아름다운 건물인 보스니아국립도서관이 파괴되고, 그 안에 있던 귀중한 서적들이 불타버린 것도 보스니아 내전의 결과이다.

20세기의 '새로운 전쟁'

보스니아 내전(1992년 4월~1995년 12월)은 1980년대 말 1990년대 초 동베를린 장벽 붕괴, 소연방 해체와 맞물린 유고연방의 분해 과정에서 일어난 종족 간의 분쟁이다. 3년 반을 끌었던 보스니아 내전은 대량 난민, 인종 청소, 유엔 보스니아평화유지군(UNPROFOR)과 나토군의 군사적 개입, 많은 비정부 민간 구호 단체들(NGOs)의 개입, 그리고 세계적인 언론 보도 집중 등으로 그 전의 전쟁들과는 사뭇 다른 모습을 보인 전쟁이었다. 그래서 일부 국제정치학자들은 보스니아 내전을 '새로운 전쟁'이라고 부른다.

또한 보스니아 내전은 20세기 인류사의 잔인하고 수치스러운 전쟁으로 기록된다. 400만 인구의 40%가 살던 집을 떠나 고달픈 난민 신세가 됐고, 또한 40%의 집들이 불타거나 파괴됐다. 적어도 10만 명쯤의 시민들이 내전으로 죽었다지만 정확한 통계는 없다. 스레브레니차 지역 주민들을 비롯한 내전 희생자 가운데 상당수는 인종 청소 차원에서 집단 학살을 당했다. 많은 부녀자들도 내전의 피해자들이다. 이들 가운데 상당수는 세르비아계 무장 세력의 성폭행 희생자가 됐다.

국제적인 인권 단체 앰네스티인터내셔널이 2003년에 낸 한 보고서에 따르면 1만 7,000명가량이 실종 상태였다. 지금도 그 숫자는 크게 줄어들지 않았다. 가족들은 그들이 어딘가에 암매장됐을 걸로 여긴다. 그래서 보스니아에선 아직도 발굴 작업이 곳곳에서 진행 중이다. 대부분의 희생자 유골은 훼손이 심한 탓에 신원 확인이 어렵다. 법의학자들은 현재의 DNA 분석법보다 더 진전된 방법이 개발될 먼 훗날을 기다려야 신원 확인이 가능할 것으로 본다.

사실상의 분단국가

흔히 '보스니아'로 불리는 이 나라의 공식 이름은 '보스니아-헤르체고비나'이다. 1995년 12월 보스니아 내전을 끝내는 '데이튼 평화 협정'에 따라 태어난 기묘한 형태의 새로운 연방 국가이다. 이 국가는 두 개의 공화국으로 나뉘어 각각의 대통령과 수상, 그리고 의회를 두고 있다. 두 개의 공화국이란, 보슈냐크 Bosniak(일반적으로 보스니아 무슬림을 가리키는 공식 명칭, 인구 비율 50.1%)와 크로아티아계 주민들(인구 비율 15.4%)로 구성된 '보스니아-헤르체고비나연방'과 세르비아계 주민들(인구 비율 30.8%)의 '스르프스카공화국'을 말한다. 두 공화국의 면적은 거의 같다(보스니아-헤르체고비나연방 51 대 스르프스카공화국 49). 이 두 공화국을 합한 것이 국제 사회에서 일반적으로 '보스니아'로 알려진 국가이다.

그래서 보스니아 사람들도 명칭의 혼란을 막기 위해 공식 국가 이름인 '보스니아-헤르체고비나'는 '국가 차원의 BH', 이에 속한 두 공화국의 하나인 '보스니아-헤르체고비나연방'은 그저 '연방'으로 부른다. 보스니아 무슬림들과 크로아티아계 주민들의 '연방'은 2명의 대통령을 두고 있고, 세르비아인들의 스르프스카공화국은 1명의 대통

내전으로 파괴된 사라예보의 한 아파트와 버려진 자동차.

령을 두고 있어, 모두 합해서 3명의 대통령이 있다. 이 세 명의 대통령은 8개월마다 한 번씩 돌아가며 의장직을 맡아 '국가 차원의 BH' 대통령직을 수행한다. 4년이 임기이므로 임기 동안 두 번씩 '대표 대통령직'을 맡는 셈이다.

말이 연방 국가이지, 보스니아는 사실상 두 개로 쪼개진 분단국가나 마찬가지다. 데이튼 평화 협정 서명에 깊이 개입했던 미국과 유럽연합이 발칸반도에서 더 이상의 국경선 변화가 일어나는 것을 막으려고 인위적으로 만들어낸 연방 국가일 뿐이다.

보스니아 현지를 취재하면서 겪은 분단의 체험담. '국가 차원의 BH' 수도이자 보스니아-헤르체고비나연방의 수도인 사라예보에서 험준한 트레베비치산을 넘어 스르프스카공화국의 주요 도시인 팔예로 가려면, 사라예보 외곽인 도브리냐로 가서 차를 타야 한다. 도브리냐는 두 공화국을 가르는 경계선에 자리한 마을이다.

보스니아 무슬림 택시 기사는 필자를 그곳에 내려놓고 황급히 떠났다. 세르비아인과 마주쳐서 좋을 일이 없다는 표정을 지으면서……. 그런데 버스 정류장에서 사라예보 시내로 전화를 하려고 사라예보에서

산 카드를 공중전화에 넣으니, 작동이 안 됐다. 그 전화는 오로지 스르프스카공화국으로만 통하는 전화였다.

또 다른 분단의 목격담 하나. 크로아티아에서 야간 버스를 타고 보스니아 국경을 넘으니, 세르비아인들이 지배하는 스르프스카공화국 국경 검문소가 나타났다. 그곳에는 유고 국기가 펄럭이고 있었다. 이들은 아직도 심정적으로 밀로세비치가 1990년대 내내 정치적 구호로 내걸었던 '위대한 세르비아'의 향수를 지닌 채, '국가 차원의 BH' 국기 사용을 거부 중이다.

사정이 이러니, '연방' 쪽에서 범죄를 저지르고 스르프스카공화국으로 도망가면 잡을 길이 막막해진다. 우리의 대법원장격인 카심 베지치 최고 법원장은 필자와의 인터뷰에서 "법률적 공조가 잘 먹히지 않는 게 1국 2체제의 연방이 지니는 문제점"이라 지적했다. 그는 "시간이 흘러 내전의 상처가 아물 무렵이면 이 문제가 해결될지……"라며 어두운 얼굴을 했다. 1995년 말에 데이튼 평화 협정으로 포화는 멎었지만, 보스니아엔 아직도 많은 부분에서 갈등과 증오가 도사리고 있다.

티토 사망 뒤 민족주의 폭발   지정학적 측면에서 보

면, 발칸반도는 역사적으로 열강(오스트리아 합스부르크 왕조-오스만 제국의 이슬람 세력-러시아)이 저마다 세력을 펴려는 각축장이었다. 이 과정에서 제1차 세계 대전의 불씨(세르비아 청년에 의한 오스트리아 황태자 부부 암살)가 사라예보에서 유럽 전체로 튀었고, 20세기의 마지막

10년을 발칸반도는 내전(크로아티아 내전-보스니아 내전-코소보 전쟁)으로 보내며 숱한 인명을 빼앗겼다.

발칸반도에 서로 문화와 언어, 그리고 종교가 다른 종족이 섞여 살게 된 것은 역사적으로 이 지역이 외세의 침략을 되풀이해 받으며 동화와 분열을 거듭한 까닭이다. 세르비아는 그리스정교, 슬로베니아와 크로아티아는 가톨릭, 보스니아는 이슬람교와 그리스정교가 섞여 있다. 종족도 다르고 따라서 문화와 정서도 다르다.

고대 시절, 지금의 보스니아 지역 초기 주거민들은 코소보와 마찬가지로 알바니아계의 조상이라 일컬어지는 일리리아 사람들Illyrians이었다. 로마제국이 강성해지면서 기원전 3세기 무렵 보스니아 대부분은 로마제국에 귀속됐고, 서기 6세기 후반부터 슬라브족들이 옮겨와 살기 시작했다. 이들이 세르비아계 조상들이다. 14세기 말 보스니아를 포함한 발칸반도는 큰 격랑에 휩싸였다. 오스만제국이 발칸반도로 세력을 뻗쳐오면서 잇단 전투 끝에 1463년 보스니아는 오스만제국의 영토로 바뀌었다. 그 뒤 16~17세기 동안 보스니아는 유럽의 기독교 세력과 오스만제국의 이슬람 세력이 부딪치는 최전방이었다. 400년에 걸친 오스만제국의 지배는 보스니아의 많은 기독교인들을 무슬림으로 개종시켰다.

그 뒤로도 발칸반도의 격랑은 그치지 않았다. 1877~1878년 러시아-터키 전쟁 뒤 열린 베를린 회의 이후 보스니아의 통치권은 다시 오스트리아-헝가리제국으로 넘어갔다. 보스니아의 수도 사라예보에서 한 세르비아 민족주의자가 제국의 황태자 프란츠 페르디난트를 저격 암살한 사건이 제1차 세계 대전을 불렀다는 것은 잘 알려진 얘기다. 이 지역이 '세계의 화약고'란 악명을 얻은 것은 이 무렵부터였다. 1945년 보스니아는 반反나치 게릴라 투쟁을 이끌었던 요시프 티토 장군에 의해 해방을 맞았고, 유고연방으로 출범했다.

크로아티아-보스니아-몬테네그로-마케도니아-코소보 등 발칸반도의 여러 지역을 취재하면서 필자가 가졌던 의문점이 하나 있다. 여러 이질적인 요소를 지닌 나라들이 어떻게 유고연방이란 이름 아래 하나로 제2차 세계 대전 후 1990년대 초까지 40년 넘게 묶일 수 있었을까. 이런 의문점에 대해 발칸반도의 지식인들은 "1980년대 초에 사망한 티토의 강한 정치적 구심력 때문"이라고 답변한다. 티토는 다민족 사회인 유고연방을 끌어가기 위해 특유의 정치적 리더십으로 '형제애와 통합'을 강조했다.

발칸반도는 1980년 티토의 죽음 이후 흔들리기 시작했다. 티토만 한 정치력을 보인 정치 지도자가 나타나지 않은 탓이었다. 1980년대 말 동 베를린 장벽 붕괴와 소비에트연방 해체, 그리고 주변 민족들을 자극한 슬로보단 밀로세비치의 세르비아 민족주의는 유고연방 해체의 결정적인 촉매로 작용했다. 결국 피는 물보다 진하다는 말이 진리임을 1990년대의 발칸반도가 보여주었다.

밀로세비치가 1989년 베오그라드를 수도로 하는 유고연방의 정치적 중심 공화국인 세르비아의 실권을 잡은 것은 '대大세르비아' 건설을 깃발로 내걸어 세르비아 민족주의를 자극, 대중적 인기를 얻고 난 뒤였다. 이는 거꾸로 유고연방 내의 다른 공화국들로부터 경계심을 불러일으켰다. 밀로세비치는 발칸반도에서 잇달아 전쟁을 치르면서도 결국 유고연방이 분해되는 것을 거스르지 못했고, 그 과정에서 수많은 희생자만 낳았다. 밀로세비치에게 돌아온 것은 전쟁 범죄자란 낙인과 세르비아 영토 안으로 밀려든 70만 세르비아계 난민이었다.

사라예보 시내가 내려다보이는 언덕 위, 내전으로 파괴된 집.

인종 청소, 조직적 강간의 참극 현장

보스니아는 크로아티아보다 훨씬 더 혹독한 희생을 치러야 했다. 슬로베니아, 크로아티아가 소수의 세르비아계 주민들을 빼면 단일 종족으로 구성된 지역인 데 비해, 보스니아는 다종족 사회다(1991년 당시 인구 분포는 보슈냐크 43%, 세르비아계 35%, 크로아티아계 18%였다). 이런 인종적 복잡성이 보스니아를 오랜 내전의 소용돌이 속으로 몰아간 1차적 요인이다.

큰 그림으로 보면, 내전은 세르비아계 대 보슈냐크-크로아티아계 연합의 전쟁이었다. 초기 보스니아 내전은 세르비아계의 압도적인 우세 속에서 진행됐다. 베오그라드의 밀로세비치 정권은 보스니아 지역 내 정부군의 무기들을 모조리 세르비아계에 넘겨주었다. 그렇게 해서 8만에 이르는 세르비아계 무장 병력이 생겨났다. 세르비아 민족주의의 깃발 아래 뭉친 이들의 목표는 다른 종족들을 몰아낸 뒤 이웃 세르비아(유고연방의 중심지인 베오그라드)와 합쳐 '대세르비아'를 이룩한다는 것이었다.

내전 초기 세르비아계는 우세한 무장력을 바탕으로 보스니아 무슬림들('보슈냐크')과 크로아티아인들을 오랫동안 살던 마을에서 쫓아냈다. 보스니아-헤르체고비나 전 국토 면적의 70%를 세르비아계가 차지했다. 많은 보스니아 무슬림들이 이미 세르비아계에 점령당한 지역 안의 섬처럼 고립된 이른바 '안전지대safe area'에서 죽음의 공포에 떨며 불안한 나날을 보냈다(유엔은 당시 10개의 안전지대를 선포했다). 결국은 이 안전지대가 결코 '안전'하지 않다는 것이 드러났다. 숱한 보스니아 무슬림들이 굶주림과 질병, 또는 세르비아계의 학살로 죽어갔다.

일반적으로 분쟁 지역에서의 성범죄는 "이런 꼴을 당하고 싶지 않으면 미리 떠나라"는 인종 청소 차원의 메시지가 담긴 악랄한 범죄다. 세르비아계 군과 민병대원들은 보스니아 무슬림 여성들에게 인종 청소를 목적으로 한 테러 전술로서 성폭력이란 몹쓸 짓을 저질렀다. 핀란드 의사인 일카 타이팔레가 우리 인간의 건강에 전쟁이 미치는 영향에 대한 글들을 모아 편집한 650쪽가량의 방대한 책자에 따르면, 약 6만 명의 보스니아 여인들이 성폭력에 희생됐다. 성폭력의 피해 여인이 임신할 경우, 중간에 낙태를 할 수 없도록 수용소에 가두어놓곤 했다. 아마도 독자 여러분은 1990년대 중반 세르비아계 무장 세력에게 집단 강간을 당한 끝에 임신을 한 보스니아 여성들이 서로 어깨를 감싸고 흐느끼는 모습의 사진을 기억할 것이다.

보스니아 내전에서 성폭력을 당해 아이를 낳게 된 한 여인의 아픔을 잘 그려낸 영화가 《그르바비차Grbavica》이다. 보스니아 출신 여성 감독 야스밀라 즈바니치의 데뷔작인 이 영화는 2006년 제56회 베를린 영화제에서 황금곰상을 받았다. 1995년 12월 보스니아 내전이 끝난 뒤에도 성폭력 희생자들은 '전쟁 피해자'로 인정을 받지 못하고 힘겨운 나날을 보냈다. 재정이 빈약한 보스니아 정부도 그들에게 한 달에 겨우 20유로, 우리 돈으로 3만 원도 안 되는 돈을 지원하는 데 그쳤다. 성폭력 희생자들을 전쟁 피해자로 인정하는 법안이 통과된 것은 2007년, 내전이 끝난 지 12년 만의 일이었다.

보스니아 내전에서 성폭력 가해자들은 여성들을 강간한 뒤 살인도 서슴지 않았다. 피해 여성들은 살아남는다 해도 심한 정신적 상처를 겪기 마련이고, 그런 어려움을 이겨내기 위해 '또 다른 내전'을 자신과 치러야 했다. 1949년 제네바 협약에 따르면, 점령지의 비무장 민간인을 학대하는 것, 특히 여성에게 성폭력을 가하는 것은 중대한 전쟁 범죄로 규정하고 있다. 그런데도 전쟁의 혼란 속에서 많은 여성들이 성폭력에 희생당하는 일이 그치지 않는다는 게 문제이다. 내전이 끝난 뒤 일부 세르비아인들이 강간 혐의로 네덜란드 헤이그의 유고전범재판소(ICTY)에 섰지만, 그 숫자는 극히 일부에 지나지 않는다. 강간 범죄의 특성상 이를 입증할 증거가 부족했고, 피해 당사자들이 증언을 꺼렸기 때문이다.

스레브레니차에서 8,300명 집단 학살 　　보스니아

내전 막바지에 8,300명의 보스니아 무슬림들을 죽음으로 몬 스레브레니차 학살(1995년 7월)은 보스니아 내전 동안 일어난 최악의 참사로 기록된다. 이는 제2차 세계 대전이 끝난 뒤로 유럽에서 일어난 최악의 민간인 학살 사건이기도 하다. 보스니아 동부의 세르비아 접경지대에 자리한 스레브레니차는 세르비아계가 장악한 지역에 둘러싸인 무슬림 집단 거주 마을로, 유엔이 선포한 10개 '안전지대' 가운데 하나였다. 그러나 세르비아계는 그곳에서 4만 명의 보스니아 무슬림들을 지키던 유엔평화유지군(UNPROFOR) 소속의 소수의 네덜란드 병력을 몰아낸 뒤 인종 청소 범죄를 저질렀다.

　국제 사회가 보스니아 내전에 그나마 성공적으로 개입했다고 말할 때 보기로 꼽혔던 것이 안전지대였다. 세르비아계 점령 지역에서 고립된 보스니아 무슬림들을 보호하려는 10개의 안전지대는 유엔 특사인 사이러스 밴스(전 미국 국무부 장관)와 유럽공동체(EC)의 특사인 데이

비드 오웬(전 영국 외무부 장관)이 세르비아와의 협상을 통해 마련한 것이었다.

그러나 이 안전지대들은 세르비아계의 무장 공세 앞에서 무너졌고, 학살의 피바람이 불었다. 스레브레니차에서의 학살은 아프리카 르완다 학살(1994년)과 더불어 국제 평화 유지 활동의 문제점을 말할 때 본보기다. 두 지역 모두 분쟁 지역에 파견된 평화유지군은 소수의 경보병 부대였다. 무력 순찰을 비롯한 더 적극적인 평화 유지 활동은커녕, 스스로를 지키기조차 어렵다는 한계를 드러냈다.

세르비아계는 적대적인 전쟁 예비 병력을 없앤다는 구실로 10대 소년에서 50대 장년에 이르는 무슬림들을 마구 학살, 집단 무덤에 파묻었다. 스레브레니차에서 일찌감치 피란을 떠나 사라예보로 넘어왔던 사람들은 화를 면할 수 있었다. 사라예보에서 북쪽으로 50km 떨어진 스브레냐난민수용소에서 만난 술레이만 델리치(전직 초등학교 교사)는 이렇게 증언했다.

"내전 초기 보스니아 무슬림들은 세르비아계가 집단 학살이나 인종 청소를 저지를 것으로 예상하지는 못했다. 많은 사람들이 '이 마을에서 수백 년을 살아왔는데……' 하며 전쟁이 하루빨리 끝나기를 바랄 뿐이었다. 생활 터전인 밭과 집을 떠난다는 것은 쉬운 일이 아니었다. 그러나 갈수록 사태가 심각해져갔다. 우리 이웃 마을도 세르비아계 군에 점령당했다는 소식이 들려왔다. 나는 일가친척들과 상의해 피란을 떠나기로 결심했다. 피란길 곳곳에서 마주친 세르비아 민병대는 엄청난 '통과세'를 요구했다. 내 아내는 손에 끼고 있던 결혼반지마저 빼주어야 했다. 그렇게 생돈을 뜯기며 갖은 고생 끝에 겨우 사라예보에 닿은 후 스레브레니차 집단 학살 소식을 들었다."

내전으로 버려진 아파트 단지에 사는 집시 아이들.

지난 2003년 9월 20일 보스니아의 세르비아 접경 마을 스레브레니
차에 많은 사람들이 모여들었다. 보스니아 내전 희생자들을 추모하
는 기념비를 세우는 모임이었다. 이들은 특히 보스니아 내전 끝 무렵인
1995년 여름 세르비아계 무장 세력에게 집단 학살당한 8,300명의 보스
니아 무슬림 남자들의 넋을 기렸다. 그 자리에서 빌 클린턴 전 미국 대
통령은 스레브레니차 학살을 "인종 청소의 광기genocidal madness"라
고 비난했다.

스레브레니차에서의 시신 발굴 작업은 지금까지도 이어지고 있다.
현재까지 약 2,000명의 신원이 확인됐고, 4,000명 분의 유골이 창고에
보관된 채 신원 확인을 위한 DNA 분석을 기다리는 중이다.

"카라지치는 우리의 영웅"

보스니아 내전이 끝난 뒤 네덜란드 헤이그에 유고전범재판소(ICTY)가 세워져 집단 학살과 성폭행 등 극악한 전쟁 범죄를 저지른 자들을 붙잡아 처벌하기 시작했다. 유고전범재판소는 2001년 세르비아계 장군 라디슬라프 크르스티치에게 스레브레니차 집단 학살 책임을 물어 징역 46년형을 선고했다. 세르비아계 군 사령관 락토 플라디치도 2011년 헤이그로 압송됐지만, 문제는 여러 전쟁 범죄자들이 아직껏 도피 중이라는 점이다.

내전 당시 보스니아의 세르비아계 공화국인 스르프스카공화국의 대통령을 지냈던 라도반 카라지치는 내전이 끝난 지 13년 만인 지난 2008년에 체포돼 세계적인 화제를 낳은 바 있다. 수염을 길게 기르고 변장을 한 채 개인 병원에서 일하다 붙잡힌 그는 2014년 네덜란드 헤이그 유고전범재판소에서 종신형을 선고받았다. 그는 전쟁 전에는 보스니아 수도 사라예보에서 정신과 의사로 일했고 아마추어 시인이었다. 사람의 심리를 잘 아는 정신과 의사 출신답게, 그가 이끌던 세르비아 무장 세력은 보스니아 수도 사라예보를 겨냥한 밤낮 없는 마구잡이 포격과 스나이퍼 총격으로 사라예보 시민들을 공포의 도가니에 몰아넣으면서 고도의 심리전을 폈던 장본인이기도 하다.

보스니아 취재길에 카라지치가 살던 마을을 찾아가보았다. 보스니아 수도 사라예보에서 트레베비치산을 넘어 세르비아계 영토인 스르프스카공화국 안에 있는 팔예 마을이 카라지치의 본거지다. 사라예보에서 팔예로 가는 길은 험난했다. 아슬아슬한 고갯길을 따라 가는 곡예 운전 길이었다. 고갯길 곳곳은 내전의 흔적들을 안고 있었다. 파괴된 2층 벽돌집, 대인 지뢰 조심 팻말이 눈길을 끌었다.

고갯길에서 쉬면서 세르비아계 운전사는 이렇게 말했다. "카라지치

가 지금 어디 숨었는지는 우리 같은 일반인들은 잘 모른다. 분명한 것은 그는 내 마음속에선 여전히 영웅이라는 사실이다. 그는 여전히 우리의 지도자이고 대통령이다. 나만 그렇게 생각하는 게 아니다. 내 친구들이나 마을 사람들이 다 그를 숭배한다. 한마디로 카라지치는 우리의 영웅이다"

팔예 마을에 닿은 뒤 커피를 한잔 마시러 그곳 카페에 들렀더니, 평일인데도 여러 명의 젊은 이들이 빈둥거리고 있었다. 40%가 넘는 실업률을 말해주는 현장이었다. 그들은 낯선 이방인이 나타나자, 처음엔 경계하는 눈치를 보였다. 그러나 세상 어딜 가나 젊은이들 특유의 친화력은 세르비아계도 예외는 아니듯, 한

위 "카라지치는 우리의 영웅." 팔예 마을에서 만난 청년들이 승리를 의미하는 세르비아식 손가락 사인을 만들어 보여주었다.
아래 유엔 난민 수용소의 한 보스니아 무슬림 여인.

국산 담배와 세르비아산 담배를 주고받은 뒤부터 분위기가 부드러워졌다.

사라예보대학교에서 영문학을 공부하다가 내전이 터지는 바람에 중퇴했다는 마흐르치. 그에게도 카라지치는 영웅이었다. 카라지치가 어

떤 사람이냐고 묻자, 손가락 세 개로 만드는 세르비아계 특유의 승리 사인을 보이며 "그는 세르비아계를 위해 싸운 애국자"라고 말했다.

그러나 세르비아계 인종 청소의 피해자들이 카라지치를 보는 눈길은 전혀 다르다. 보스니아 수도 사라예보에서 북쪽으로 50km 떨어진 곳에 자리 잡은 스브레냐난민수용소에서 만났던 한 난민은 "카라지치와 믈라디치가 전범 재판소에서 단죄를 받기 전까지는 스레브레니차의 원혼들이 편히 잠들지 못할 것"이라며 울먹였다.

'발칸의 학살자' 밀로세비치

20세기의 마지막 10년 유럽사는 세르비아계 정치 지도자 슬로보단 밀로세비치를 빼놓고는 마침표를 찍을 수 없다. 1990년대 발칸의 휘발성은 '위대한 세르비아' 건설 깃발을 내건 세르비아의 극단적 민족주의ultra-nationalism와 주변국들의 민족주의가 충돌한 데서 비롯되었다. '발칸의 학살자'로 불리는 밀로세비치는 1990년대 전반기 보스니아와 1990년대 후반기 코소보에서의 학살 책임을 지고 2001년 4월 체포돼, 네덜란드 헤이그 유고전범재판소(ICTY)에서 재판을 받다가 2006년 옥중에서 심장마비로 죽었다.

체포 당시 그는 코소보에서의 인종 청소 혐의로만 기소됐으나, 헤이그 법정의 주임 검사 칼라 델 폰테는 그 뒤 1990년대 전반기 발칸(크로아티아-보스니아) 내전에서의 인종 청소 혐의를 덧붙였다. 보스니아 내전은 희생자 숫자만 따져도 코소보 전쟁 희생자의 10배가 넘는다. 그러나 밀로세비치는 자신과 발칸에서 범죄를 저지르고 있던 세르비아계와의 연결 고리를 감추어왔었다. 보스니아 내전 당시 그는 베오그라드 주재 외교관들과 유엔 관리들에게 "우리는 현지에서 싸우는 세르비아인들과는 무관하다. 유고연방군은 보스니아 내전에 개입하지 않았다"고 주장했다.

보스니아 전쟁에서 밀로세비치가 배후에서 전쟁 범죄 행위를 부추기고 나아가 조종하고 있다고 보면서도 그에게 범죄자 낙인을 찍지 못한 까닭은 두 가지다. 첫째는 교묘히 은폐된 명령 체계의 연결 고리를 찾아내 그의 책임을 입증하는 것이 쉽지 않았기 때문이다. 그래서 밀로세비치는 뒤로 빠지고 보스니아 내전 전쟁 범죄의 총책임은 보스니아의 세르비아계 지도자였던 라도반 카라지치가 떠맡았다. 분명한 것은 밀로세비치는 유고연방의 절대 권력자였고, 카라지치는 유고연방군 통수권자인 밀로세비치가 은밀히 대준 탱크와 대포로 중무장하고, 보스니아에서 인종 청소를 저질렀다는 점이다.

둘째, 국제 정치의 냉엄한 현실 논리 때문이다. 국제 사회는 보스니아 전쟁을 빨리 끝내려면 협상 주체가 필요했다. 전쟁 범죄 혐의가 명백한 라도반 카라지치를 상대로 협상을 벌이기는 어려운 일이었다. 그 대안으로 등장한 것이 밀로세비치였다. 데이튼 평화 협상(1995년 12월) 테이블로 데려오려면, 밀로세비치를 전범자로 몰아세울 수가 없다. 이것이 서방 국가들의 딜레마였다. 보스니아 내전을 끝내려는 조급함 때문에, 서방 외교관들은 밀로세비치를 협상 테이블로 불러들이는 데 열중했지, 그를 전범자로 몰지는 못했다.

1995년 12월 데이튼 평화 협정 조인식이 파리에서 열렸을 때 밀로세비치는 빌 클린턴 미국 대통령, 자크 시라크 프랑스 대통령과 악수를 나누었다. 이로써 그는 무시할 수 없는 유럽 정치인의 한 사람으로 자

격전이 벌어졌던 사라예보 외곽 코바치치 마을의 전투 흔적.

리 잡았다. 데이튼 평화 협정에 서명을 한 밀로세비치를 그 뒤 다시 보스니아 내전 범죄 혐의로 기소한다는 것은 당시의 국제 정치 흐름에 비추어 어려운 일이었다. 밀로세비치를 국제 전범 재판소로 몰아간 것은 1999년 코소보 전쟁에서 나토의 통첩을 그가 받아들인 뒤였다. 일단 코소보 전쟁 범죄 혐의로 그를 기소한 헤이그 법정은 보스니아 전쟁 관련 범죄를 입증하는 데 힘을 쏟았다. 그러나 증거를 찾기란 쉽지 않았다. 100명이 넘는 증언자들이 헤이그 법정에 동원됐지만, 밀로세비치의 보스니아 전쟁 범죄는 혐의만 많고 증거는 없는 그런 상황이었다.

밀로세비치가 헤이그로 압송된 뒤 전범 재판소 검사들은 새로운 증거를 찾아냈다. 보스니아 내전 당시 '호랑이'라는 세르비아 민병대를 조직해 살육을 일삼아 '발칸의 도살자' 별명을 얻었던 아르칸의 한 측근이 밀로세비치와 아르칸의 유착 관계를 검사들에게 털어놓았다. 두 사람은 1993년 밀실에서 만나 위스키를 마시며 크로아티아 민간인 학살과 사라예보 포격을 논의했다는 것이다. 밀로세비치는 아르칸에게 무기를 대주고 지원한 혐의를 부인해왔다. 보스니아 내전 종식을 위한 데이튼 평화 협상 테이블의 미국 측 협상 대표였던 리처드 홀브룩(전 유엔 대사)이 남긴 회고록(『전쟁을 끝내기 위하여』, 1998년판)에 따르면, 밀로세비치는 다음과 같이 말했다. "나는 (보스니아에서 벌어진) 잔혹 행위를 지지하지 않는다. 만약 아르칸이 그런 잔혹 행위를 저지르고 있다는 사실이 밝혀지면, 나는 그에게 그런 짓을 그만두라고 하겠다."

보스니아 내전의 참상을 말할 때 그곳 무슬림들 사이에서 '인간 도살자'로 불리던 아르칸이란 인물을 빼놓을 수 없다. 유엔의 추산으로는 보스니아 내전에 약 2만 명의 세르비아 민병대가 참전했는데, 아르칸은 그 지도급 인물로 꼽혔다. 극단적인 세르비아 민족주의자인 아르칸의 본명은 젤리코 라즈나토비치. 베오그라드 축구 구단의 구단주로 여러 이권 사업에 손대면서 밀로세비치의 손발 노릇을 해온 베오그라드 비밀경찰과 가까이 지냈다.

발칸에서 전쟁이 터지자, 아르칸은 실업자와 거리의 깡패들을 모아 군사 훈련을 시킨 뒤 '호랑이' 민병대를 조직했다. 그의 민병대는 보스니아 내전과 코소보 전쟁에서 비세르비아계에 대한 무차별 살육, 강간, 강도 행위를 저질렀다. 헤이그 전범 재판소에 기소된 아르칸은 코소보 전쟁이 끝난 뒤인 2000년 초 베오그라드 인터콘티넨탈호텔 로비에서 암살자의 총격을 받고 죽었다. 당시 베오그라드의 권력자 밀로세비치는 헤이그 유고전범재판소로부터 전쟁 범죄자로 기소돼 소환 압력을 받고 있던 참이었다. 따라서 아르칸의 피살은 발칸반도에서의 전쟁 범죄 비밀을 너무 많이 알고 있는 아르칸의 입을 막으려는 밀로세비치의 측근 세력이 저지른 짓으로 추정된다.

보스니아 참상을 키운 '소말리아 신드롬'

보스니

아 내전 기간 동안 유엔, 미국과 유럽 등 국제 사회는 보스니아에서 인종 청소가 벌어지고 있는데도 제대로 대응하지 못했다는 비판에 부딪쳤다. 유엔의 발칸 개입은 매우 느슨했다. 내전 초기 유엔은 1,500명의 유엔평화유지군을 파병해 세르비아계 공격으로부터 사라예보를 지키는 임무를 맡겼다. 그러나 사라예보 주변을 둘러싼 산 위에서 퍼붓는 포탄을 막지는 못했다. 굶주림에 시달리는 사라예보 시민들에게 나눠 줄 식량을 실은 구호 차량들조차 안전을 보장받기 어려울 지경이었다. 유엔은 다시 8,000명의 병력을 추가 파병했지만, 그마저 세르비아계의 공세 앞에서 주춤거렸다. 세르비아계 군 사령관 락토 믈라디치는 허약하고 자기 방어에 급급한 유엔평화유지군을 가리켜 "유엔 자기self 보호군"이라 조롱할 정도였다.

서유럽 국가들이나 미국이 보스니아 내전을 팔짱 끼고 바라보기만 한 것과는 대조적으로 유럽의 인권 단체들은 내전의 참혹상에 대해 일찍부터 관심을 가졌다. '유럽의 HRW(휴먼라이츠워치Human Rights Watch의 약칭)'라 일컬어지는 헬싱키워치Helsinki Watch는 보스니아 내전 초기부터 실무자들을 현지에 파견, 세르비아계의 끔찍한 인종 청소 사례들을 기록했다.

359쪽 분량의 이 보고서는 국제 사회가 보스니아의 학살을 막으려는 노력을 기울이지 않는다고 통렬히 비판하면서, 특히 군사 강국인 미국의 방관자적 태도를 지적했다. 그 무렵은 제1차 걸프 전쟁(1991년)에서 미국이 석유 자원이란 이해관계가 걸린 쿠웨이트 사태에 군사적으로 개입하여 이라크군을 격파한 기억이 생생할 때였다.

나토 사령부는 5만에서 10만의 중무장 나토 지상군 투입을 검토했지만, 어디까지나 '검토'에 그쳤다. 보스니아 내전 말기 유엔평화유지군은 2만 4,000명에 이르렀지만, 경무장 보병이었다. 유엔군은 세르비아계 무장 세력과 단 한 차례도 전투다운 전투를 벌이지 않았다. 식량 차량 경비 등 최소한의 방어에 그쳤다. 이는 「유엔 헌장」 제6장에 따른 평화유지군의 근무 지침(중립을 지키고, 공격받지 않는 한 사격을 하지 않는다)에 충실한 탓이었다.

보스니아 전쟁이 한창일 무렵 미국의 정치학자 리처드 베츠(컬럼비아대학교 정치학 교수)는 미국의 격월간지 『포린 어페어스』에 기고한 글에서 "(분쟁 지역에 대한) 서방 국가들의 중립적 군사 개입은 야만적 행위를 부추길 뿐"이라고 비판했다. 다니스 타노비치 감독이 보스니아 내전을 소재로 만든 2001년도 영화 《노 맨스 랜드No Man Land》도 보스니아 내전에 파견됐던 나토군 주축의 유엔평화유지군이 지닌 문제점을 꼬집는다. 한 프랑스 병사는 "나는 그저 구경만 하는 데 신물이 났어"라고 한탄한다.

당시 많은 비평가들은 무슨 까닭에 '인종 청소로 이미 지킬 평화도 없는' 보스니아에 경무장 유엔평화유지군이 파견돼 소극적인 임무만 수행하는가를 놓고 고개를 갸우뚱했다. 국제정치학자들은 이를 두고 국제 사회가 '소말리아 신드롬'에 빠진 탓이라고 풀이한다. 1993년 소말리아에 개입했던 미군이 모가디슈 시가전에서 18명의 미군 희생자가 나온 뒤부터 분쟁 지역에서 적극적인 임무 수행을 피하려는 분위기 때문이었다는 분석이다.

'소말리아 신드롬'은 1994년 아프리카 르완다에서 후투족이 100일 동안 80만 명의 투치족과 후투족 온건파를 학살할 때 국제 사회가 구경만 하다가 학살의 바람이 다 불고 지나간 뒤에야 개입하도록 영향을 끼쳤다. 이렇듯 보스니아에서의 '소말리아 신드롬'은 미국을 비롯한 국제 사회가 세르비아계의 학살 행위를 단호하게 막지 못하도록 만들었다. 당시 세르비아계 TV들은 모가디슈 거리에서 현지인들이 미 해병의 시신을 끌고 다니는 모습을 되풀이해 보여줬다.

미국이 보스니아 내전에 본격적으로 군사 개입하기 시작한 것은 3년 넘게 숱한 희생자를 낳은 뒤였다. 그것도 지상군 투입이 아닌 공습이었다. 1995년 8월 말, 코소보 전쟁(1999년) 때처럼 나토군은 세르비아계 군 전략 거점을 겨냥한 공습을 시작했다. 보스니아 내전을 끝낸 것은 일반적인 '전쟁 피로' 현상 탓이 컸지만, 그래도 만일 나토군이 공습으로나마 개입하지 않았다면 더 오래 끌었을 것이다. 뒤집어보면, 나토군이 좀 더 일찍 내전에 적극 개입했다면, 그만큼 보스니아인들의 희생이 줄어들었을 것이다.

미국의 발칸 정책 목표는 미군의 희생 없이 어디까지나 내전을 끝내는 것이었다. 이는 서유럽 국가들도 마찬가지였다. 발칸 내전 장기화는 난민들이 서유럽으로 대량 흘러 들어오는 부정적인 현상을 낳기 마련이었다. 미국은 공습에 앞서 종전 협상에 나섰다. 리처드 홀브룩 국무부 차관(전 유엔 대사)이 미국 측 협상 대표로 뽑혀 1995년 8월 중순 5명의 협상단을 이끌고 사라예보로 향했다.

당시 사라예보국제공항은 세르비아계 군의 포격으로 폐쇄된 상태였다. 홀브룩 일행은 험준한 발칸의 산악 도로를 통해 사라예보로 들어가다 낭떠러지 길에서 3명이 죽임을 당했다. 민간인, 군인을 통틀어 보스니아 내전에서 미국인이 사망한 첫 기록이었다. 홀브룩이 사라예보에 머물고 있을 때, 사람들로 붐비는 사라예보 시장에 세르비아계가 쏘아댄 포탄이 떨어져 37명이 떼죽음을 당했다. 홀브룩은 워싱턴으로 전화를 걸어 "우리를 워싱턴으로 불러들이고 폭격을 시작하자"고 건의했다.

1995년 8월 30일 나토군 공습은 그런 과정을 거쳐 벌어졌다. 세르비아계 군에 대한 공습이 시작된 지 2개월 뒤 휴전이 합의됐고, 1995년 12월, 홀브룩을 특사로 내세운 미 클린턴 행정부가 베오그라드의 밀로세비치와 함께 맺은 데이튼 평화 협정으로 내전은 막을 내렸다. 홀브룩은 자신의 회고록에서 밀로세비치가 때로는 '벼랑 끝 전술'로 자신을 진땀나게 만들곤 했다면서 협상 과정을 소개했다.

보스니아 사라예보대학교 정치학과장 바히드 클랴이치 교수는 필자에게 다음과 같은 안타까움을 털어놓았다. "서유럽과 미국이 내전 초기인 1992년 보스니아를 외교적으로 인정한다는 결정은 베오그라드의 밀로세비치 정권에게 보스니아 내전 개입에서 손을 떼라는 메시지나 다름없었다. 그러나 안타깝게도 밀로세비치는 그런 메시지가 단순히 외교적인 치장이나 수사에 지나지 않을 것이라 보고, 보스니아의 세르비아계에 대한 배후 지원을 계속했다. 내전이 3년 넘게 계속되면서 많은 사람들이 죽고 다친 다음인 1995년 여름에야 나토군이 개입했지만, 그때는 이미 거센 피바람이 불고 지나간 뒤였다."

국제 정치적 실험

1995년의 데이튼 평화 협정 뒤 유엔안보리 결의에 따라 나토군이 주축이 된 평화유지군(처음엔 6만 병력의 IFOR, 뒤이어 1,200 병력의 EUFOR)이 보스니아로 들어갔다. 아울러 유엔보스니아임시행정청(UNMIBH)을 비롯한 국제기구들이 전란으로 만신창이가 된 보스니아로 들어왔다. 이 국제기구들은 전후 보스니아 재건에 깊이 개입했다. 지금껏 미국과 유럽연합(EU)은 경제 원조라는 당근으로 보스니아를 재건함으로써 평화를 뿌리내리려 힘써왔다. 보스니아에 조화로운 다민족 사회를 건설한다는 일종의 국제 정치적 실험이다.

평화 협정에 따라 내전을 멈추긴 했지만, 그동안 깊어진 갈등의 골을 메우는 데는 많은 시간이 걸려야 할 것으로 이곳 사람들은 내다본다. 사라예보대학교 정치학과장 바히드 클랴이치 교수의 말대로 "데이튼 협정이 전쟁보다야 낫지만, 진정한 평화와는 아직 거리가 있다"는 것이다.

보스니아 무슬림들은 세르비아계 주민들이 다수인 스르프스카공화국에 있는 고향 마을에 돌아가고 싶어도 돌아가지 못하고 있다. 스브레냐난민수용소에서 만난 술레이만 델리치의 한숨 섞인 푸념에 따르면, "세르비아인들이 수적으로 우세한 마을로 돌아가봐야 기다리는 것은 그들의 따가운 눈총이고, 많은 경우 세르비아인들이 이미 우리의 집을 차지한 채 우리의 밭을 무단 경작하고 있다"는 것이다. 이렇다 할 대안이 없는 앞날에 대한 불안과 좌절감 탓일까, 일부 난민들의 말과 행동은 매우 거칠어 보였다.

보스니아 국무위원 가운데에는 다른 나라에서 보기 힘든 난민장관이 있다. 그만큼 난민이 심각한 국가적 과제라는 얘기다. 사라예보에 있는 집무실에서 만난 술레이만 가리브 장관은 내전으로 정든 마을을 떠난 많은 난민들이 평화 협정이 맺어진 지 여러 해가 지났건만 고향 땅을 밟지 못하고 '지역 내 난민'(국경을 넘지 않은 난민, IDP)으로 시름 겨운 나날을 보내는 상황을 걱정한다. 장관은 "실은 나 자신도 난민 출신"이라고 밝혔다.

사라예보대학교에는 소수이긴 하지만, 세르비아계 교수들도 재직 중이다. 세르비아계인 미르코 페야노비치(사라예보대학교 정치학 교수)는 "우리 지식인들이 문제다. '조화로운 다민족 사회 건설'을 늘 외치지만, 팔이 안으로 굽는다고, 막상 구체적인 어떤 사안을 놓고 토론을 벌일 때면 어느 순간에 국가보다 종족이 앞선다"고 안타까워했다.

잇단 총선에서 보스니아의 두 공화국(보스니아-헤르체고비나연방, 스르프스카공화국) 모두 온건 중도보다는 민족주의 색채가 강한 정당들이 다수 의석을 차지한 것이 오늘의 보스니아 정치 풍향계다. 내전의 상처를 치유하고 조화로운 다민족 사회를 보스니아에 건설한다는 목표가 이뤄질 날은 멀어만 보인다. 사실상 분단국가나 다름없는 2국가 연방제로 이민족 간의 갈등은 휴화산처럼 밑에서 끓고 있다. 지금은 경제 재건이 급하고, 따라서 유럽의 재정 지원을 바라면서 이민족 간 갈등이 밑으로 가라앉은 모습이지만, 휘발성 강한 보스니아의 정치적 현실은 언젠가 또 다른 내전으로 폭발할 가능성도 없지 않다.

Kosovo

크로아티아

루마니아

보스니아

세르비아

몬테네그로

미트로비차

프리슈티나

코소보

불가리아

아드리아해

알바니아

마케도니아

이탈리아

그리스

8장
코소보
20세기 발칸반도의 마지막 화약고

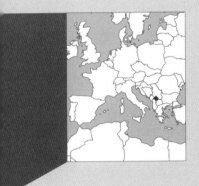

■ **기본 정보** _ 국토 면적: 10,900㎢(한반도의 20분의 1), 인구: 195만 명(알바니아계 93%, 세르비아계 1.5%, 기타 5.5%), 종교: 알바니아계는 이슬람교, 세르비아계는 동방정교(세르비아정교). ■ **누가 왜 싸웠나** _ 코소보 주민의 90%를 차지하는 알바니아계의 자치권 요구와 이를 묵살한 세르비아 사이의 내전. 1990년대 후반 알바니아계가 코소보 해방군을 조직하여 무장 투쟁에 나서자, 세르비아가 무력으로 누르면서 희생자가 늘어났다. 1999년 봄 나토군이 공습을 벌여, 내전은 국제전으로 커졌다. 세르비아보안군은 나토군 공습에 맞서 알바니아계에 대한 인종 청소를 자행했다. ■ **국제 사회의 노력은?** _ 1999년 6월 나토군이 코소보평화유지군의 깃발 아래 코소보에 진주했다. ■ **전쟁 희생자** _ 알바니아계와 세르비아 합쳐 약 1만 6,000명이 희생됐다. 많은 알바니아계 여성들이 성폭행을 당했다. ■ **난민** _ 약 90만 명의 난민이 이웃 나라들(알바니아, 마케도니아, 몬테네그로)로 피란을 갔다. 1999년 나토군 진주 뒤 알바니아계의 보복을 피해 세르비아계 상당수는 코소보 북부 미트로비차 지역과 세르비아 지역으로 피란을 갔다. ■ **지금은?** _ 코소보는 유엔 보호령으로 바뀌었다. 다수 알바니아계와 소수 세르비아계 사이의 갈등이 여전한 가운데, 알바니아계는 2008년 코소보 독립 국가를 선포했다. 미국과 서유럽 국가들은 독립을 인정하고 있으나 러시아와 중국 등은 독립을 인정하지 않는다.

  전쟁으로 한 세기를 보낸 유럽의 발칸반도가 20세기에 마지막으로 치른 피의 제전이 코소보 전쟁이다. 1999년 발칸반도의 좁은 지역인 코소보에서 조직적 인종 청소와 강간 범죄들이 벌어졌다. 그에 뒤이은 보복은 '피가 피를 부른다'는 말 그대로였다. 다른 전쟁들에 비해 비교적 짧은 기간 동안 벌어진 코소보 전쟁으로 1만여 명에 이르는 코소보 주민들이 죽었다. 가해자는 세르비아 세력, 피해자는 코소보 주민의 90%를 차지하는 알바니아계 주민들이었다.

  코소보 인구의 절대 다수인 알바니아계 주민들(종교는 이슬람)은 자치권 확대를 바랐다. '대세르비아 건설'을 구호로 내세워 권력을 잡은 슬로보단 밀로세비치는 무력으로 그 같은 요구를 짓밟았다. 세르비아 보안군, 경찰, 준군사 조직(민병대)들이 합세해 코소보에서 저지른 행위는 전쟁 범죄 자체였다. 나토가 개입해 전쟁이 끝난 뒤 슬로보단 밀로세비치는 보스니아 내전과 코소보 전쟁에서의 잔학 행위 혐의로 붙잡혀, 헤이그 유고전범재판소 법정에 서다가 2006년 옥중에서 심장마비로 죽었다.

  국제법으로 보면, 코소보는 아직은 베오그라드를 수도로 하는 세르비아공화국의 주권 아래 놓여 있다. 밀로세비치가 죽고 2년 뒤(2008

년) 코소보 알바니아계 사람들은 독립 국가 출범식을 가졌고, 미국과 서유럽 국가들은 박수를 쳐주었다. 그러나 세르비아는 코소보가 국제법상 세르비아 영토임을 주장하고, 러시아도 코소보 독립을 인정하지 않아 긴장 상태는 그대로 이어지고 있다. 세르비아 독재자 슬로보단 밀로세비치는 왜 코소보를 움켜쥐려 했었나. 세르비아의 반대를 무릅쓰고 코소보 독립을 선언한 알바니아계에게 남겨진 과제는 무엇일까. 세계의 화약고라고 일컬어져왔던 발칸반도의 마지막 화약고인 코소보 땅엔 언제 평화가 찾아올까.

전쟁이 남긴 깊은 상처

필자는 코소보에 세 번 다녀왔다. 첫 번째는 1999년 6월 초 코소보로 진입하는 나토군 탱크를 따라 들어갔다. 나머지 두 번은 그 뒤 어떠한 변화가 일어나고 있는가 알아보러 갔었다. 코소보를 돌아볼 때마다 "전쟁이 우리 인간에게 얼마나 깊은 상처를 남기는가!" 하는 생각에 빠지게 됐다.

코소보 인구 180만 명 가운데 1만여 명의 사망자와 90만 명 가까운 난민을 냈던 이 지역의 상황은 안정과는 거리가 멀다. 1999년 6월 북대서양조약기구(NATO) 병력이 주축이 된 국제 평화유지군 5만 병력이 코소보로 진입한 뒤로도 세르비아계와 알바니아계 사이의 총격전과 폭력이 걸핏하면 벌어졌다.

들려오는 현지 소식은 갈등과 보복의 음울한 것들이다. 코소보는 여전히 뿌리 깊은 종족 갈등으로 몸살을 앓고 있다. 20만 명에 이르던 세르비아인들은 대부분 코소보 북쪽 이바르강 건너 쪽(미트로비차시 북

메예 마을 희생자의 훼손된 시신 앞에서 슬피 우는 유가족.

쪽)이나 세르비아로 피란을 떠나, 코소보 전쟁이 일어나기 전의 9 대 1 인구 비율이 무너진 상태다.

20세기 끝 무렵에 터진 코소보 전쟁은 우리 시대가 결코 합리적 이성의 시대가 아닌, 극단의 시대였음을 다시금 드러냈다. 78일에 걸친 나토군의 폭격이 그친 바로 뒤 나토군과 함께 들어가 본 코소보는 지옥의 땅이었다. 세르비아군이 학살 뒤 바로 불태워버린 알바니아계 주민들의 시신들, 들판에 내버려져 굶주린 개들에게 훼손당한 채 썩어가는 이름 모를 이들의 잘려진 몸뚱이들……. 발길을 옮기는 곳마다 죽음의 냄새가 코를 찔렀다.

이슬람 사원들은 세르비아 쪽으로 물러나는 세르비아 무장 세력이 쏜 바주카포와 탱크포에 맞아 보기 흉한 모습으로 파괴됐고, 코소보 마을들은 세르비아계의 방화로 잿더미와 벽돌 부스러기로 바뀌었다. 다행히 불타지 않은 집은 세르비아 민병대의 약탈로 집 안에 발을 들여놓을 수 없을 만큼 엉망이 됐다.

그 뒤 다시 찾아가본 코소보엔 또 다른 증오와 복수의 바람이 세차게 불고 있었다. 알바니아계의 보복을 두려워한 탓에 세르비아계는 대부분 코소보 북부로 피란을 갔고, 그들의 집은 불타거나 알바니아계가 차지했다. 코소보 전쟁 때 집을 잃은 알바니아계 사람은 "이 추운 겨울에 어디서 지내란 말이냐"며 세르비아계 주민 집을 차지한 것을 당연히 여겼다.

오랜 역사를 지닌 세르비아정교회 건물들도 알바니아계 극단 세력이 다이너마이트로 폭파하는 바람에 무너져 내렸다. 코소보 전쟁 중 이슬람 사원을 파괴한 데 대한 앙갚음이었다. 세 차례에 걸친 현지 취재 과정에서, 지구촌의 또 다른 분단의 땅 코소보는 언어, 문화, 핏줄이 다른 이민족 사이의 갈등과 증오가 우리 인간을 얼마나 모질도록 만드는가를 생각하게 했다.

"유고연방의 위기는 코소보에서 비롯됐고, 코소보로 끝날 것이다." 영국의 역사학자 노엘 맬컴은 코소보 전쟁이 터지기 1년 전에 펴낸 책에서 이렇게 적었다. 코소보가 1990년대 발칸반도에서 잇달아 터진 참혹한 전쟁들의 씨앗을 뿌렸다는 것이 맬컴의 해석이다. 그런 해석은 많은 이들의 고개를 끄덕이게 만들었다. 발칸반도에서 코소보 전쟁이 일어나게 된 앞뒤 사정을 간추리면 다음과 같다.

1980년대 후반기 코소보 다수 주민인 알바니아계의 자치권 요구를 힘으로 누른 밀로세비치의 강경책은 결과적으로 유고연방을 구성하고 있던 다른 공화국들로부터 경계심을 불러일으켰다. 세르비아 민족주의에 맞서 살아남으려면 유고연방에서 떨어져나가야 한다는 생각을 품도록 만들었다.

1990년대 들어 옛 소련 해체 바람을 타고 1991년 슬로베니아가 평화적으로, 크로아티아와 보스니아가 전쟁을 거쳐 유고연방에서 떨어져나갔다. 특히 보스니아는 코소보와 마찬가지로 밀로세비치 정권으로부터의 독립을 추구하는 과정에서 10만 명가량이 죽음을 맞는 혹독한 내전을 치러야 했다. 자치권 확대를 요구하는 알바니아계 코소보 주민들과 이를 힘으로 막으려던 세르비아계 사이에서 터진 코소보 전쟁은 1990년대 발칸 전쟁의 완결편이다.

코소보 전쟁은 2단계로 나눌 수 있다. 1단계는 1998년 2월부터 1999년 3월까지의 코소보 내전 기간이고, 2단계는 3·24 나토 공습으로 78일 동안 (코소보 내전이 다국적 군사 개입을 불러일으켜) 코소보 전쟁이 벌어진 시기다. 1단계에서는 코소보해방군의 무장 투쟁과 이에 대한 세르비아보안군의 강공책이 되풀이돼 피가 피를 부르는 코소보 유혈 사태가 국제적인 이슈로 떠올랐다. 그동안 약 1,000명의 사망자가 생겨났다.

코소보 전쟁의 2단계(나토군이 공습을 한 1999년 3월 24일~6월 11일의 78일간)는 코소보 알바니아인들이 피눈물을 흘리도록 만들었다. 세르비아보안군과 준군사 조직(민병대)의 조직적 '인종 청소' 작업으로 약 1만 명이 죽임을 당했고 보스니아 내전 때처럼 조직적 강간, 고문, 약탈이 이뤄졌다. 그때 약 86만 명의 난민이 이웃 마케도니아, 몬테네그로 등으로 피란을 떠났다. 코소보 안의 난민(이른바 지역 내 난민)도 59만 명에 이른 것으로 집계됐다. 세르비아 쪽의 인종 청소는 3·24 나토 공습 뒤 더욱 기승을 부렸다. 나토는 공습에만 의존하고 지상군을 파견하지 않음으로써 한때나마 코소보 알바니아인들의 고난을 가중시켰다는 비판을 받았다.

코소보 전쟁을 지휘했던 나토 사령관 웨슬리 클라크 대장이 남긴 회고록에 따르면, 나토 지휘부는 공습을 할 경우 비교적 빠른 시일 안에 밀로세비치가 랑부예 협정안(1999년 2월 나토군의 코소보 진주를 뼈대로 한 코소보 평화안)을 받아들일 것으로 판단했다. 그러나 그 판단이 틀렸음이 드러났고, 공습은 무려 78일 동안 이어졌다. 공습 막판에 초조해진 펜타곤 지휘부는 지상군을 언제 파병할 것인가를 저울질했으나, 검토에 그쳤다.

코소보 전쟁에서 세르비아 쪽 희생자도 적지 않았다. 밀로세비치는 나토의 폭격으로 인해 2,000명의 민간인이 죽었다고 주장했다(나토 사령부는 공습으로 인한 민간인 사망자는 약 500명, 세르비아군 사망자는 5,000명으로 추산했다. 세르비아 쪽 주장으로는 세르비아군 사망자는 576명). 나토군이 78일 공습 기간 중 3만 8,000회의 출격에 1만 500번의 공습을 폈지만 단 1명의 희생자도 내지 않은 것과는 극단적인 대조를 이루었다.

아드리아해 건너 코소보 국경 마을로   세르비아

에 대한 나토 폭격이 거의 끝나갈 무렵, 이탈리아 동부 해안의 작은 항구 도시 바리에 닿았다. 아드리아해 건너편 알바니아 듀레스 항구로 가려면 이곳 바리에서 배를 타야 한다. 20세기 마지막 격동의 현장으로 들어가는 길을 바리(이탈리아)-듀레스(알바니아)-코소보로 잡은 데는 까닭이 있다. 코소보 사태가 긴장을 더해가자, 유럽과 미국에 사는 알바니아계 젊은이들이 코소보해방군(KLA, 알바니아어로는 UCK)에 자원 입대하기 위해 바리항을 거쳐갔다. 그들의 발자취를 직접 눈으로 확인하고 싶었다.

아침 9시 이탈리아 바리항을 떠난 바이킹호는 오후 3시쯤 알바니아 듀레스항에 닿았다. 배에서 사귄 알바니아 청년의 안내로 코소보해방군 듀레스 지부를 찾아갔다. 2층 건물 입구에는 코소보해방군 특유의 검은색 복장에 독수리 문양이 새겨진 완장을 찬 까까머리 병사들이 소총을 들고 서 있었다.

30대 초반 나이의 지역 사령관은 매우 활달한 사나이였다. 왼손으로 줄담배를 피워대며, '코소보 안에 가면 누구누굴 만나보라'며 소개장을 써주었다. 알바니아 말로 쓰인 소개장은 코소보 현지에서 암행어사 마패처럼 큰 도움이 됐다. 코소보해방군 쪽 사람들을 만날 때 그 소개장을 내보이니, 다른 무엇보다 시간 낭비를 줄일 수 있었다. 그 지역 사령관은 "코소보로 가려면 알바니아 수도 티라나에서 코소보 국경 마을 쿠케스로 가는 유엔난민기구(UNHCR) 헬리콥터가 제일 빠르다"고 했다.

티라나에 닿자마자 유엔난민기구 사무소로 가 헬기 담당 직원을 만났다. 빨간 말보로를 줄곧 피워대는 골초의 30대 여성이었다. 티라나에서 헬기를 타고 쿠케스까지 걸린 시간은 정확히 45분. 쿠케스 상공에 이르자 난민 수용소가 한눈에 들어왔다. 코소보 사태로 얼마나 많은 아픈 사연들이 저 수용소에 배어 있을까 하는 생각이 먼저 떠올랐다. 그곳에는 7만 5,000명에 이르는 난민들이 5개 난민 수용소를 빽빽이 채우고 있었다. 그들은 이제 코소보로 돌아간다는 생각에 들떠 있었다.

해질녘 난민 수용소 풍경은 더욱 황량했다. 바람이 세차게 불어 먼지를 일으키며 난민들이 널어놓은 빨래를 마구 흔들어댔다. 낮에 입은 옷만으로는 견디기 힘들 만큼 추위가 몰려왔다. 산악 지대라 기온차가 큰 탓이었다. 그런데도 아이들은 역시 어디를 가나 아이들이다. 공차기 놀이에 빠져 해가 지는 줄 모르고 연신 떠들며 뛰어놀았다. 그 천진난만한 아이들 모두 수용소에 닿기까지의 가슴 아픈 이야기들을 품고 있을 것이었다.

그곳에서 '국경없는의사회(MSF)' 소속으로 의료 구호 활동을 펴온 미국인 의사 웨인 드레이퍼를 만났다. 그는 다양한 국제 의료 활동 경험이 있는 인물이었다. 1970년대 후반에는 필리핀에서 베트남 난민들을, 1980년대에는 태국 국경 지대에서 캄보디아 난민들을 돌보았고, 1990년대에는 방글라데시에서 미얀마 군부의 탄압을 피해온 여러 소수 민족들에게 의료 활동을 폈다. 그는 난민 수용소에서 조산사로 일하면서 지난 두 달 동안 12명의 아기를 받아낸 할리야 즐수리차를 소개해 줬다.

그녀는 코소보 북부 미트로비차 출신. 나토군의 코소보 공습이 벌어진 바로 뒤인 1999년 3월 말 쿠케스난민수용소에 닿았다. 그녀는 필자를 자신의 텐트 안으로 초대했다. 5평쯤 돼 보이는 넓이로 트럭 운전을 하는 남편과 2남 1녀 다섯 식구의 보금자리다. 그녀가 끓여낸 터키 풍의 진한 알바니아 커피를 마시면서 떠날 때 상황을 들었다.

"나토군의 폭격이 시작된 지 며칠 뒤 대낮에 갑자기 세르비아보안군이 민병대와 함께 마을로 들이닥쳤다. 5분 만에 떠나지 않으면 죽이겠다는 것이었다. 세르비아 민병대원들 가운데는 나도 잘 아는 동네 사람도 있었다. 아무튼 급히 대충 옷가지만 챙겨 들고 나왔다. 애들 아빠가 모는 자동차에 이웃집 식구 3명까지 태우고 서둘러 코소보 국경을 건넜다. 그때 겪은 고생은 지금도 생각하고 싶지 않다. 도로 곳곳에 설치된 검문소를 지날 때마다 금품을 빼앗겼다. 국경을 건널 때는 자동차 번호판, 여권, 신분증마저 압수당했다. 우린 말 그대로 빈털터리가 됐지만, 목숨을 건진 걸 다행으로 여겼다."

폐허로 바뀐 도시, 불탄 채 버려진 시신 　알바니

아 쿠케스에서 국경으로 이어지는 길은 구불구불한 산길에 위태로웠다. 언제 했는지 모를 도로 포장이 낡을 대로 낡아 가장자리가 패어 있었다. 조금만 방심해도 계곡 저 밑으로 굴러 떨어지는 사고 위험성을 안고 있었다. 그런 길을 지나 늦은 저녁 코소보 서남부 지역의 중심 도시인 프리즈렌에 닿았다. 시내 한복판을 흐르는 작은 강, 주먹만 한 돌들이 깔린 거리, 언덕 위의 옛 성벽……. 프리즈렌은 고풍스러운 아름다운 도시였다.

광장 바로 옆에 세워진 두 대의 대형 독일군 전차가 서 있었다. 프리즈렌은 코소보평화유지군(KFOR) 중에서도 독일군 관할 지역이었다. 제2차 세계 대전 당시 발칸반도를 점령했다가 물러난 지 54년 만에 다시 독일군이 등장한 것이다. 호텔에서 막 잠을 청하는데 밖에서 총소리가 연달아 들렸다. 창밖을 내다보니 독일군 장갑차가 어디론가 내달렸다.

아침 일찍 프리즈렌에서 코소보 서쪽 도시들인 페치(알바니아어로는

코레니차 마을의 집단 학살 현장을 찾은 유가족들.

페야), 자코비차(알바니아어로 자코바)로 떠났다. 이 일대는 어느 지역보
다 세르비아계의 살인, 방화, 약탈이 극심했던 곳이다. 프리즈렌에서 페
야까지 80km에 이르는 도로 옆에는 성한 집이 별로 없어 보였다. 불에
타 시커먼 자국을 보이거나 아예 지붕이 내려앉았다.

　페야 시내로 들어서는 순간 일본 나가사키가 떠올랐다. 그곳 원폭 기
념관에서 생생한 자료들을 본 적이 있었다. 1999년의 페야는 1945년의
나가사키와 거의 닮은 모습이었다. 페야 중심부는 벽돌 부스러기와 타
다 남은 나무 기둥뿐이었다. 이슬람 사원도 세르비아계의 방화를 피할
수 없었다. 사원 안으로 들어가보니 한마디로 엉망이었다.

　사원 부근에서 전직 역사 교사 샤티 스트렐치(62세)를 만났다. 그는

대뜸 이렇게 말했다. "코소보에 있는 세르비아정교회들은 멀쩡하다. 그런데 이슬람 사원들은 어떤가. 하나같이 파괴되고 불태워졌다. 이게 바로 우리 알바니아계와 세르비아인들의 차이다."

(그러나 6개월 뒤 다시 코소보에 갔을 때 본 모습은 실망스러웠다. 많은 세르비아정교회들이 알바니아계 무장 세력의 폭탄으로 파괴돼, 커다란 대리석 돔이 땅바닥에 뒹굴고 있었다.)

다음 날 한 코소보해방군 병사의 안내로 집단 학살 현장을 찾았다. 그 병사는 아이슬란드에서 경비 일을 하다 11개월 전 이탈리아 바리항을 거쳐 코소보로 온 뒤 코소보해방군에 자원 입대해, 저격수로 싸웠다고 자신을 소개했다. 집단 학살 현장은 코소보 서부의 코레니차 마을. 1999년 4월 27일을 전후해 코레니차를 비롯한 코소보 서부의 작은 마을들에서는 세르비아계에 의한 알바니아계 코소보인 학살이 저질러졌다.

처음 간 곳은 3층짜리 아파트. 그곳은 지붕이 세르비아계의 방화로 내려앉아 바닥이 하늘을 보고 있었다. 바로 그곳에 놀랍게도 5구의 시신이 불에 탄 채 뼈만 앙상한 모습으로 누워 있었다. 신체의 상당 부분이 불타 훼손돼 1구를 제외하고는 형체를 알아보기조차 힘들었다. 그곳에서 만난 한 노인은 이들의 목숨이 채 끊기지 않은 상태에서 세르비아 민병대가 휘발유를 끼얹어 불을 질렀다고 분노했다. 그 노인의 설명으론 그 동네에서만 40명이 죽임을 당했고 70명이 실종 상태였다.

어디선가 갑자기 울음소리가 들려왔다. 희생자 가족들이 찾아온 것이다. 유족들 가운데 세 소녀는 나란히 손에 꽃을 들고 있었다. '데자'라고 이름을 밝힌 30대 중반의 희생자 유족은 울먹이면서 그날의 참상을 말해주었다.

"1999년 4월 26일 군인·경찰 그리고 민병대로 구성된 세르비아보안군이 몇 대의 버스를 타고 우리 마을에 왔다. 어떤 자들은 붉은 띠를 머리에 두르고 있거나 팔에 매고 있었다. 다음 날 아침 7시 30분쯤 우리 아파트를 둘러싼 세르비아보안군은 우리에게 모두 밖으로 나오라고 명령했다. 그리고 남자와 부인, 어린이들을 갈라놓더니 남자들을 3층으로 몰아넣고 저렇게 불태워 죽였다. 그때 나는 가까스로 산으로 도망가 목숨을 건졌다. 저 건물 안에 있는 5구의 시신은 형 조케 데자(40세), 삼촌인 무세 데자(61세), 형의 아들 니콜리 데자(18세), 집주인의 형 콜레 베리샤(43세), 삼촌인 마르크 베리샤(68세)다. 집주인 다니엘 베리샤(40세)는 그곳을 빠져나왔다가 다음 날 사살되었다."

듣기에도 처절한 유족들의 울음소리를 뒤로하고 마을 노인이 이끄는 대로 근처에 있는 또 다른 집단 학살터로 갔다. 마을 공동묘지 근처였다. 가매장 상태여서 그곳에는 몇 명이 묻혀 있는지 정확히 모른다고 노인은 말했다. 국제 전범 재판소의 조사관들이 올 때까지 현장을 보존한다는 설명이다. 그곳에서 또 다른 유족을 만났다. 그는 세르비아인들이 자신의 동생을 죽여 불태웠다며 장화로 빗물에 젖은 흙바닥을 쓱 문질렀다. 시커먼 재가 흙에 섞여 나왔다.

오후 늦게 프리즈렌 숙소로 돌아오는 길. 수다스럽게 떠들길 좋아하는 알바니아인 통역 케마일 예카와 운전사 하지즈는 아무 말이 없었다. 아침에 떠날 때만 해도 내가 알아듣지 못하는 알바니아 말로 떠들어대던 그들이었다. 말로만 듣던 학살과 약탈 현장의 충격 때문일 것이었다.

시신 앞에서 울부짖는 여인

사흘 뒤 자코바 쪽으로 다시 갔다. 그 인근 마을 메예에 있다는 집단 학살 현장에 가보기 위해서였다. 메예는 자코바와 코레니차 사이에 난 도로를 벗어나 조금 외진 곳에 자리한 마을. 그곳에서 70대 중반의 노인과 40대 초반의 현지인 두 사람을 만나 함께 마을 공동묘지 부근 공터로 갔다. 다행인지 나의 코는 냄새에 무딘 편이었으나 통역을 맡은 케마일은 코를 감싸쥐었다.

그곳엔 다리가 잘린 시신들이 뼈를 드러낸 채 썩어가는 중이었다. 그 중 하나는 신발이 벗겨진 채 양말만 보였다. 주인을 잃은 굶주린 개들이 건드린 탓에, 뼈만 앙상히 남은 사람의 발목도 보였다. 40대 초반의 현지인은 "그자(세르비아인)들이 마을 사람들의 목을 칼로 치고는 불을 질러 죽였다"면서 자신의 손으로 목을 치는 시늉을 했다. 덩굴이 우거진 작은 도랑에서도 시신 2구가 넘어져 있었다. 70대 중반의 노인은 이렇게 증언했다.

"그날을 어찌 잊겠는가. 1999년 4월 27일 아침의 일이다. 세르비아보안군이 피란하려는 마을 사람들의 행렬을 정지시켰다. 그러곤 남자들을 따로 모아 이곳으로 끌고 와 모두 죽였다. 우리 마을 사람들 가운데 일부는 유치장에 갇혀 있다가 세르비아로 끌려갔다. 아무도 그들의 생사를 모른다. 그 가운데에는 이제 겨우 열대여섯 살 난 소년들도 있었다. 참으로 슬픈 일이다."

그곳을 막 떠나려는데 자동차 소리가 멀리서 들렸다. 희생자의 유족들이 그곳을 처음 방문하는 길이었다. 어디에 묻혀 있는지 모를 남편을 기리며 30대 후반의 한 부인은 내내 울먹였다. 그런 그녀에게 카메라를 들이대는 것이 잔인하다는 생각을 하면서도 셔터를 눌렀다.

전쟁은 어른들의 잘못으로 일어난다. 그러나 전쟁의 충격은 자라나는 아이들에게 더 크게 다가오기 마련이다. 코소보의 아이들도 전쟁의 혼돈 속에서 몸과 마음에 큰 상처를 입었다. 프리즈렌의 한 종합병원을 찾았다. 그곳 어린이 지뢰 피해자들을 만나기 위해서였다. 우시트리아 클리링타레라는 소년은 13살. 쿠케스난민수용소에서 돌아온 지 이틀 만에 오른쪽 발목을 잃었다. 이 소년은 배, 손, 코에도 심한 상처를 입어 붕대를 감고 있었다. 아버지는 코소보해방군 병사였는데 소식을 모른다. 이따금 찾아오는 통증으로 소년이 울부짖자, 침대 옆에 서 있던 어머니가 몸을 구부려 아들을 감싸안았다. 그 순간을 카메라에 담으려니, 손이 떨렸다.

세르비아의 독재자 슬로보단 밀로세비치가 일으킨 코소보의 정치적 위기는 많은 이 지역 어린이들에게 지울 수 없는 상처를 남겼다. 이른바 '발칸 증후군'이다. 코소보 전쟁이 끝난 지 꼭 1년 뒤 코소보 서부 산간 마을 쿠스닌의 초등학교 교실에 들어가봤다. 학교라 해봐야 큰 교실 하나, 작은 교실 하나, 합쳐 2개뿐이다. 그래서 고학년과 저학년으로 크게 나눠 수업을 하고 있었다. 큰 교실에서 30명쯤 되는 어린이들이 공부를 하고 있었다. 지난 전쟁 중에는 이 학교도 문을 닫고 대부분의 학생들이 부모를 따라 알바니아 또는 마케도니아로 피란을 갔다.

알바니아 쿠케스난민수용소 아이들처럼, 코소보 어린이들도 다들 크고 작은 마음의 상처들을 지니고 있었다. 시골 아이들, 그들은 순진하고 맑은 눈망울을 지녔다. 그런데 선생님과 둘러앉아 코소보 전쟁 때 겪은 체험들을 말하는 순간 한 아이가 감정에 북받쳐 그만 울음을 터트렸다. 그러자 다른 아이들도 울먹이기 시작했다. 흐느낌이 온 교실을 덮었다. 아버지 또는 삼촌의 목숨을 세르비아 민병대에게 빼앗긴 그 시골 아이들에게 코소보 전쟁은 시간이 흘러도 좀체 지워지지 않는 상처를 남겼다.

베를린 같은 분단 도시 미트로비차

그 뒤로 6개월, 다시 1년 터울로 코소보엘 가보았지만, 긴장은 그대로였다. 세르비아의 독재자 밀로세비치의 인종 청소 작전으로 대량 난민을 낳았던 코소보 전쟁의 상흔이 워낙 깊었던 탓이다. 상황은 예전보다는 나아졌지만, 알바니아계와 세르비아계 사이의 총격전으로 적지 않은 사상자를 내왔다. 코소보평화유지군(KFOR)이 무력 순찰을 도는 와중에도 피가 피를 부르는 보복전은 되풀이됐다.

코소보 제1의 도시 프리슈티나엔 한때 1만 7,000명의 세르비아인들이 살았다. 그러나 전쟁 뒤 프리슈티나의 중심가 카페 거리에서 세르비아 말을 듣기란 불가능하다. 세르비아인이 프리슈티나 밤거리를 나다니는 것은 자살 행위나 다름없다. 세르비아인임이 드러날 경우, 집단 린치의 희생양이 되기 십상이었다. 많은 청장년들이 권총을 품고 다닌다는 것은 코소보에선 기삿거리도 못 됐다. KFOR 공보 장교인 슬레이튼 미군 소령은 "미국 뉴욕의 갱들이나 마피아는 권총을 갖고 다녀도, 로켓 발사 총유탄을 차 트렁크에 싣고 다니진 않는다"며 이곳 코소보의 살벌한 상황을 전했다.

코소보 북부 도시 미트로비차는 알바니아계와 세르비아계 사이의 갈등에서 비롯된 코소보 위기 상황을 지금까지도 잘 보여주는 곳이다.

시내를 남북으로 가르는 이바르강을 사이에 두고 남쪽은 알바니아계가, 북쪽은 세르비아계가 주도권을 쥐고 대치 중이다. 남북을 잇는 2개의 다리(동교, 서교)는 프랑스군 KFOR 병사들이 탱크로 중무장한 채 지키고 출입을 통제하는 중이다. 이 두 개의 다리를 사이에 두고 걸핏하면 충돌이 벌어진다. 북쪽에 연고지를 둔 알바니아인들이 다리 통과를 요구하는 시위를 벌이면, 북쪽에선 이를 반대하는 시위를 벌이면서 피를 부르는 총격전이 이어지곤 했다. 지금껏 거듭된 충돌로 많은 사상자를 내온 미트로비차는 지난날 동서로 갈렸던 베를린처럼 분단도시가 됐다.

이바르강 남쪽에는 5만 명의 알바니아계 주민이, 북쪽에는 모두 1만 명의 세르비아계 주민과 6,000명의 집시가 모여 산다. 인류학자들이 '로마Roma'라 일컫는 집시들은 타고난 유랑민으로 "코소보 전쟁 중에 세르비아계와 손잡고 (오래전부터 멸시를 받아 미움이 쌓였던) 알바니아계 주민 집을 불태우는 등 인종 청소를 거들었다"는 혐의를 받았다. 그런 탓에 전쟁 뒤 알바니아계의 보복을 피해 이바르강을 넘어와 유엔난민 기구가 건네준 천막에서 어렵게 지냈다.

프랑스군 KFOR 병사의 검문을 받은 후 다리를 넘어 세르비아계 관할 구역인 북쪽으로 넘어갔다. 코소보 전쟁이 있기 전 미트로비차에는 알바니아계가 다수였고 세르비아계는 10%에 지나지 않았다. 이바르강 건너 북쪽 지역에도 알바니아계가 세르비아계보다 많았다. 그러나 1999년 6월 코소보에 나토군이 진입한 뒤 알바니아계의 보복을 피해 남쪽에서 넘어온 세르비아인들이 알바니아인들을 이바르강 남쪽으로 몰아내고 그 집들을 차지했다.

미트로비차 북부를 취재하면서 곳곳에 불탄 채 버려져 있는 알바니

남북으로 갈린 분단 도시 미트로비차의 아이들.

미트로비차의 알바니아계 주거 지역을 지키는 프랑스 병사들.

아인들의 집을 볼 수 있었다. 폐허가 된 집들 벽에는 눈길을 끄는 세르비아인들의 전투적인 구호들이 쓰여 있었다. 알바니아계를 저주하고 세르비아 민족주의를 자극하는 구호들이었다. 그 모습을 사진에 담자니, 현지 세르비아계 주민들의 따가운 시선을 등 뒤로 느껴야 했다. 한 세르비아계 여인은 "그런 사진 왜 찍어?" 하며 적대감을 드러냈다.

세르비아정교회 신부의 기도

코소보 1차 취재 때 들렀던 프리즈렌시로 향했다. 나토 폭격이 있기 전 이 도시의 인구 8만 중 1만 명이 세르비아계였는데, 다들 피란을 가고 남아 있는 사람들은 나토군의 보호를 받으며 지내는 형편이었다. 그 가운데 130여 명은 세르비아정교 교회 안에 피신해 있었다. 장갑차로 중무장한 독일군 KFOR이 지키는 교회 안에서 신부 미론 코사치(41세)를 만났다. 그의 증언은 이랬다.

"세르비아군이 코소보에서 물러난 뒤 많은 세르비아계 주민들 집이 보복 차원에서 불에 탔고, 사람들이 죽거나 다치고 납치됐다. 처음엔 많은 사람들이 이곳으로 피신 왔지만, 대부분 세르비아나 몬테네그로, 또는 코소보 안의 세르비아계 마을로 옮겨갔다. 이 지역에서 역사가 매우 오래된 교회 3개가 폭파되거나 불에 탔다. 알바니아계 극단 세력의 짓이다. 우리 교회는 지난날 세르비아 민병대들이 횡포를 부릴 때 도움을 청하는 알바니아인들을 교회 안으로 피신시키고 음식도 주었는데……."

보스니아 사라예보 출신의 이 세르비아계 신부는 필자를 배웅한다고 2명의 독일군이 경비를 서고 있는 정문까지 따라 나왔다. 교회 길 건너편에서 잡담을 하고 있던 알바니아계 청년들이 우- 하며 소리를 질러댔다.

코소보 전쟁은 이 지역에 살던 집시들에게도 커다란 수난을 안겨주었다. 코소보 미트로비차 북쪽에는 이 집시들을 위한 난민 수용소가 생겨났다. 일부 집시들은 코소보 이웃 몬테네그로로 피란을 떠나기도 했다. 몬테네그로 수도 포드로리차 외곽 코니크 마을. 포드로리차 시내에서 먼지가 풀썩이는 비포장도로를 따라 20분쯤 달리니, 세법 규모가 큰 로마족 난민 수용소가 보였다. 이름하여 코니크난민수용소다. 코소보 전쟁을 피해 몬테네그로로 옮겨온 2,000명의 로마족이 그곳에서 어렵게 살고 있었다. 이들의 가해자는 밀로세비치의 보안군이 아니었다. 코소보 알바니아인들이 이들을 이곳으로 몰아냈다.

발칸반도의 '판도라의 상자'

코소보는 발칸반도에서도 '판도라의 상자'라고 일컬어진다. 그만큼 분쟁의 뿌리가 깊고 오래됐다. 1,700년 전인 4세기 로마제국이 동로마제국과 서로마제국으로 갈라질 무렵까지 거슬러 올라간다. 로마 가톨릭을 믿는 서로마제국과 그리스정교를 믿는 동로마제국의 접점接點이 바로 발칸반도였다. 그래서 발칸반도에서 서북부의 슬로베니아와 크로아티아는 가톨릭을, 동남부의 세르비아와 몬테네그로 등은 그리스정교를 믿게 됐다. 여기에 이슬람 종교가 뿌리내린 것은 14세기 무렵 오스만제국이 발칸반도를 점령한 뒤부터다.

알바니아 국경을 지나가는 귀환 난민들.

1389년 6월 29일은 세르비아인들에게 잊을 수 없는 날로 기록된다. 바로 그날 세르비아의 라자르 왕이 이슬람 세력인 오스만군의 침략에 맞서 싸운 코소보 폴예Kosovo Polje(우리말로 '검은 새의 평원'이란 뜻) 전투에서 참패했다. 라자르 왕과 10만 명의 세르비아인 병사들이 모두 죽음을 맞이했다. 지금까지 세르비아인들 사이엔 코소보 폴예 전투 이야기가 영웅적인 민족 서사시로 전해 내려온다.

그런 역사적 배경 때문에 코소보는 세르비아인들에게 '가슴속의 뜨거운 심장'이자, 세르비아의 성지로 여겨진다. 밀로세비치 같은 극단적 민족주의 정치가들은 세르비아인들에게 "옛날 우리 조상들이 무슬림들의 침략에 맞서 싸웠듯이 성전을 벌여야 한다"고 선동해왔다. 그러나 영국의 역사학자 노엘 맬컴은 코소보 폴예 전투 이야기가 일종의 '신화'처럼 부풀려진 것으로 본다.

제2차 세계 대전이 끝나자 세르비아, 크로아티아, 보스니아, 슬로베니아, 몬테네그로, 마케도니아 등 6개 공화국으로 구성된 유고연방이 파르티잔 지도자 티토의 지도 아래 출범했다. 코소보보다 인구가 적은 이웃 몬테네그로도 어엿한 6개 공화국 가운데 하나였지만, 코소보는 어디까지나 세르비아의 속주였다. 그 배경에는 세르비아인들의 코소보에 대한 뿌리 깊은 집착이 있다. '코소보는 중세 시대의 서사시적 영광이 서린 세르비아의 고향'이라는 집착 말이다.

코소보 비극이 본격화된 것은 1980년대 후반 슬로보단 밀로세비치가 '대세르비아 건설'이라는 정치적 슬로건 아래 코소보의 자치권을 박탈한 뒤부터였다. 밀로세비치를 권좌로 이끈 것도 바로 코소보였다. 밀로세비치는 두 차례 코소보를 방문했다. 1987년과 1989년이다. 정치적 야심으로 가득 찼던 밀로세비치는 코소보 첫 방문길에 그곳 세르비아계 주민들을 향해 "아무도 감히 당신들을 때리지 못한다"라는 선동적인 연설을 함으로써 일약 대중적 인기를 얻었다. 이를 바탕으로 그해 세르비아사회주의당 당권을 장악하고 2년 뒤 세르비아 대통령 자리에 올랐다.

하심 타치, "폭력 전술로 세계 눈길을 끌었다" 코소

보는 1990년대 초 유고연방이 분해될 무렵부터 이미 심각한 위기 상태였다. 그러나 코소보 사태는 보스니아 내전에 묻혀 국제 사회의 눈길을 끌지 못했다. 결국 1995년에 보스니아 내전을 끝내기 위해 마련된 데이튼 평화 협정에서 코소보 문제는 다뤄지지 않았다. 이브라힘 루고바(전 코소보 대통령)를 지도자로 한 코소보의 온건파 지식인들은 비폭력 저항 운동을 폈다. 그러나 1990년대 중반 들어 코소보 사람들은 그런 운동이 아무 소용이 없다는 것을 깨달았다. 그러자 일단의 젊은 저항 운동가들이 나섰다. 그들은 국제 사회의 관심과 개입을 이끌어내기 위해 극단 전략

코소보 독립을 선언한 코소보해방군 사령관 하심 타치.

을 썼다. 그것이 바로 코소보해방군의 무장 투쟁이었다.

코소보 항쟁의 영웅이라 일컬어지는 코소보해방군 사령관 하심 타치를 만났다. 2000년 여름 프리슈티나 중심가에 자리한 그의 사무실에서였다. 1968년생인 타치는 프리슈티나대학교 법대를 다닐 때부터 반세르비아 투쟁에 앞장섰던 인물이다. 코소보 전쟁 뒤엔 코소보민주당이란 이름의 정당을 조직했고, 8년 뒤인 2008년에는 코소보 독립 국가를 선포하고 초대 총리에 올랐다. 타치는 자신이 나이 30살에 코소보해방군을 조직해, 투쟁의 불길을 지피게 된 배경을 이렇게 말했다.

"보스니아 내전을 마무리 짓는 데이튼 평화 협정을 지켜보면서, 우리 동지들은 폭력만이 국제 사회의 관심을 끌 수 있다는 결론을 내리게

됐다. 코소보해방군을 조직해 세르비아 경찰이나 군과 맞서 싸운다면, 아무래도 군사력이 떨어지는 우리 코소보 알바니아인들 쪽이 훨씬 큰 희생을 치를 것이라 예상했다. 그런 희생이 미디어를 타고 국제 사회로 번져나가 핫이슈가 되는 것이 우리의 전략이었다. 결과적으로 그런 전략은 맞아떨어져, 끝내 나토의 군사 개입을 불렀다."

코소보해방군 주도 아래 1997년부터 소규모의 무력 충돌이 벌어졌고, 하심 타치가 예상한 대로 세르비아는 무자비하게 코소보 알바니아인들의 저항을 진압했다. 이 과정에서 알바니아계 주민 58명이 무참히 학살된 사건(1998년 2월)은 코소보 사태를 굵직한 국제 이슈로 만들었다. 코소보 사태가 갈수록 희생자를 더해가자, 국제 사회는 1999년 2월 프랑스 랑부예에서 양쪽(세르비아, 알바니아계) 대표들을 불러 회담을 열었다. 아울러 코소보 영토 안으로 국제 평화유지군을 진입시킨다는 내용을 뼈대로 하는 랑부예 평화 협정안을 받아들이라고 세르비아에 요구했다.

밀로세비치는 랑부예 평화 협정안을 거부했다. 그가 국제 사회의 요구에 따라 협정을 받아들인다면, 그것은 보스니아 내전을 비롯한 1990년대의 잇단 내전으로 '대세르비아 건설'의 꿈이 깨진 데 이은 또 하나의 정치적 패배를 뜻했다. 밀로세비치는 "외국 군대를 주권 국가인 유고의 영토 안에 주둔시킬 수 없다"며 평화 협정 체결을 거부했다. 세르비아에 대한 나토의 공습(1999년 3월 24일)이 이루어진 것은 이런 과정을 거쳐서다.

미국의 코소보 개입 배경

1990년대 국제 분쟁의 한 특징은 국가 주권보다는 인권이 앞선다는 생각이 보편화돼, 국제 사회가 인도주의 명분 아래 내전의 혼란 상태에 빠진 '실패한 국가'에 무력 개입할 수도 있다는 분위기였다. 코소보의 경우도 그러했다. 나토가 코소보 무력 개입을 결정하자, 유럽의 일부 진보적 지식인들도 그런 결정을 반겼다.

독일 철학자 위르겐 하버마스는 나토의 코소보 공습이 한창이던 1999년 4월 29일 독일 신문 『디 차이트』에 실은 한 칼럼에서 "국가들 사이의 (주권 불가침을 정한) 고전적인 국제법에서 세계 시민 사회의 세계주의적 법률cosmopolitan law로 나아가는 길의 한 단계를 나타낸다"고 나토의 코소보 개입을 긍정적으로 평가했다.

같은 맥락에서, 나토의 코소보 개입은 '인도주의적 개입'에 따른 것이라고 미국도 주장해왔다. 밀로세비치의 세르비아보안군과 민병대가 알바니아계를 상대로 벌인 전쟁 범죄를 막기 위한 개입이라는 논리다. 하지만 나토의 코소보 개입이 '인도주의적 군사 개입'이라면, 후투족–투치족 분쟁 과정에서 80만 명이 학살된 르완다 위기(1994년) 때는 왜 팔짱을 끼고 바라만 보았는가. 5년 뒤 갑자기 인도주의가 부활했을까.

국제 관계에서 현실주의realism를 중시하는 국제정치학자들은 "어떤 국가도 이득이 없다면 움직이지 않는다"고 말한다. 코소보의 경우 나토의 군사 개입은 인도주의적 측면보다 중요한 현실적 고려 요인들이 지적된다.

안보의 측면에서 보면, 코소보 위기를 방치할 경우 1990년대 발칸반도에서의 잇단 전쟁에서 보았듯 서유럽으로, 미국으로 난민들이 몰려 들게 된다. 군사적 측면에서 보면 유럽의 안보를 책임진다고 자부해온 나토의 신뢰에도 금이 간다. 그것은 나토를 발판으로 유럽에 영향력을 행사하는 패권 국가 미국의 위상이 흔들리는 것을 뜻한다.

나토는 미국으로 하여금 유럽 시장에 영향력을 행사하고 미국의 이익을 지킬 수 있게 해주는 물리적 배경이다. 미국의 패권을 지키는 유럽의 보루다. 미국의 코소보 개입 배경에는 미국의 동유럽 시장 진출이 코소보 위기로 방해를 받지 말아야 한다는 미국 재계의 요구도 반영된 복합적인 변수들이 깔려 있다. 그러나 이런 이해관계는 뒤로 숨고 인도주의적 개입으로 포장되었다.

3·24 나토 공습이 시작되자 밀로세비치는 세르비아 민족주의를 부추기며 결사항전의 태세를 보였다. 세르비아보안군과 민병대의 전쟁 범죄적 행동이 더욱 기승을 부린 것도 나토 공습이 있고 나서부터였다. 많은 코소보 알바니아계 주민들이 피살당했고 집들이 불탔다. 그러나 나토군은 공습만 되풀이할 뿐, 지상군을 투입하지는 않았다. 나토 회원국들이 발칸반도에서 자국 군인들이 희생되는 것을 꺼렸기 때문이다.

코소보 독립 선포의 파장

1999년 전쟁으로 세르비아 세력이 코소보에서 물러난 뒤 코소보는 유엔의 보호령이 됐다. 유엔코소보임시행정청(UNMIK)이 일제 총독부가 물러난 8·15 해방 이후 우리 정부가 들어설 때까지 3년 동안 남한을 지배했던 미군정청과 같은 기능을 맡았다. 나토군이 주축이 된 코소보평화유지군과 더불어

UNMIK는 세르비아 세력이 물러난 코소보에서 권력의 진공 상태를 메우는 2대 축이었다.

코소보 제1의 도시 프리슈티나의 집무실에서 UNMIK 책임자 베르나르 쿠슈네르(전 프랑스 보건부 장관)를 만났다. 그는 "코소보 안의 여러 갈래 집단 간의 다른 목소리를 조정하는 게 가장 어렵다. 특히 양쪽의 극단주의자들, 말하자면 우리가 그동안 어렵사리 이뤄놓은 평화를 깨려는 알바니아계와 세르비아계의 극단주의자들이 내겐 가장 풀기 어려운 주제이다"라고 말했다. 그래서 쿠슈네르는 '조화로운 다민족 사회를 세우자'란 말은 하지 않는다고 밝혔다. 그가 잡은 목표는 '평화 공존'이었다. 그의 목표는 코소보 땅에 평화를 심기가 현실적으로 얼마만큼 어려운지를 보여준다.

코소보 문제의 해결책을 찾기 위해 스웨덴 정부의 후원으로 독립적 민간 기구인 '코소보국제위원회'가 만들어졌다. 이 위원회는 코소보 사태의 배경, 전개 과정, 해결 전망을 담은 한 보고서(2000년)를 유엔에 제출했다. 이 보고서에서 눈길을 끄는 대목은 두 가지다. 첫째, 코소보에 대한 나토의 군사적 개입은 '불법이었지만 정당했다illegal but legitimate'는 것이다. 유엔안보리의 결의를 거치지 않았기에 '불법'이었지만, 코소보에서 지독한 인권 침해가 생겨났고 모든 외교적 수단을 다한 끝에 이뤄진 나토의 군사 개입이 코소보 알바니아인들을 세르비아의 억압으로부터 해방시켰기 때문에 '정당'했다는 판단이다. 둘째, 코소보에 '조건부 독립'이 주어져야 한다는 것이다. '조건부 독립'이란 코소보가 세르비아로부터 독립해 자치권을 행사하되, 국제 사회가 코소보 치안을 책임지는 특수한 형태다.

코소보인들은 가능한 한 빠른 시일 안에 독자적인 헌법을 제정하

코소보 해방 1주년을 맞아 프리슈티나에서 열린 기념식.

고 독립 국가의 틀을 갖추어나가려 했다. 2002년 코소보 알바니아계가 '코소보공화국'을 형식적으로나마 선포했을 때 '대통령'으로 뽑힌 이브라힘 루고바는 코소보 전쟁 전에 오랫동안 비폭력 노선을 주창함으로써 '발칸의 간디'라는 별칭을 얻은 인물이다(2006년 폐암으로 사망). 프리슈티나 자택으로 찾아가 만났더니 그는 이렇게 코소보의 꿈을 펼쳐 보였다. "우리 힘으로 가능한 한 빠른 시일 안에 총선을 치르고 제헌 의회를 구성, 독립 국가로 나아갈 것이다. 유럽연합의 회원국이 되는 게 우리의 꿈이다."

루고바의 비폭력 노선과는 달리 코소보해방군을 조직해 싸웠고 전쟁 뒤엔 코소보민주당을 이끌었던 하심 타치가 결국 일을 해냈다. 그는 2008년 코소보 독립을 공식 선포하고 초대 총리에 올랐다. 미국과 유럽연합은 코소보의 독립을 적극적으로 승인하고 나섰다. 현재 코소보의 독립을 인정하는 나라는 모두 93개국. 그렇지만 중국과 러시아 등 일부 국가들은 "국제법상 코소보는 세르비아 영토"라며 코소보 분리 독립에 부정적인 입장이다. 남부 체첸 문제로 골머리를 앓아온 러시아나, 중국 서부 위구르와 티베트 문제를 민감하게 여기는 중국으로서는 인위적인 국경선 변화에 찬성하기 어렵다.

코소보가 독립을 선언하자, 세르비아는 러시아와 중국의 지원에 힘입어 코소보 독립에 대한 합법성 여부를 국제사법재판소가 가려줄 것을 요청했다. 그러나 2010년 7월 국제사법재판소는 "코소보가 세르비아로부터 독립을 선언한 것은 국제법을 위반한 것이 아니다. 국제법은 독립 선언에 대한 금지 내용을 담고 있지 않다"며 코소보의 손을 들어주었다. 국제사법재판소의 판결로 코소보는 유럽연합과 유엔 가입을 적극 추진해나갈 것으로 보이며, 분리 독립을 바라는 전 세계 소수 민족들에게도 커다란 자극이 되었을 것으로 보인다.

미국이 코소보 독립을 승인한 까닭

여기서 생겨나는 물음 하나. 미국과 서유럽 국가들이 코소보 독립에 '푸른 신호등'을 켜준 것은 민족 자결이란 대의에 공감해서일까. 피압박 민족이 정치적 예속에서 벗어나 홀로 서야 한다는 민족 자결론은 듣기엔 좋은 말이지만, 정치사적으로 보면 속이 빈, 위선적이기까지 한 용어다. 20세기 초 우드로 윌슨 미국 대통령의 민족 자결주의란 제1차 세계 대전의 패전국인 독일과 터키, 오스트리아-헝가리제국의 식민지들에게나 해당되는 말이었다.

아시아와 아프리카 곳곳을 점령·착취하고 있던 승전국 영국, 프랑스, 일본의 식민지들은 '민족 자결'의 적용 지역이 아니었다. 그때 한민족의 일부 지도자들이 윌슨의 민족 자결론에 따라 우리 민족이 일본의 지배에서 벗어나리라는 희망을 품고 파리 강화 회의장으로 향했던 일을 떠올리면, 그저 안타까움만 남는다.

밖으로 내거는 논리야 어떠하든, 미국과 서유럽 국가들이 코소보 독립에 푸른 신호등을 켜주는 데에는 냉전적 대결 구도의 사고가 깔려 있다. 세르비아의 '형님' 나라인 러시아가 오랫동안 동유럽에서 지녀온 영향력을 견제하겠다는 의도다. 러시아는 코소보 독립이 발칸 지역, 나아가 동유럽에 미국을 비롯한 서방 세력이 영향력을 확대하려는 의도를 지닌 것이라 믿는다. 큰 틀에서 보면 나토가 러시아를 압박하는 '동진marching east' 정책의 일환이라 여긴다. 코소보 독립 선언과 미국 등 서방 국가들의 태도를 보면서 또 한 번 국제 정치의 비정함을 생각하게 된다.

코소보 주변 국가들도 코소보 분리 독립에 신경을 곤두세우고 있다. 그들이 걱정하는 것은 대알바니아Great Albania 국가 건설론이다. 코소보 알바니아계와 주변국들에 퍼져 살고 있는 알바니아인들이 현 알바니아 국가와 합쳐 이름 그대로 대알바니아 국가를 이루자는 논리다. 이에 대해선 특히 세르비아와 이웃 마케도니아가 경계심을 보인다.

마케도니아의 200만 인구 가운데 4분의 1 가까이가 알바니아계다. 코소보 동부와 잇닿은 세르비아 영토 안에도 알바니아계가 많이 살고 있다. 이들이 어떤 정치적 계기를 타고 대알바니아 국가 건설 운동에 나설 경우 또 다른 긴장 상황이 발생할 것이다. 현재로서는 코소보 정치인들이 대알바니아 국가 건설론을 꺼내지는 않는다. 오로지 독립을 말할 뿐이다.

코소보의 운명을 어떻게 풀어야 할까. 국경선을 엄격하게 지키길 요구하는 실정법인 국제법으로만 보면, 코소보는 세르비아공화국 영토이다. 그렇지만 우리 인간이 타고난 자연적 권리인 인권 개념을 중시하는 자연법 이론에 따르면 지역 주민의 다수는 자신들의 운명을 결정할 권리가 있다. 코소보 인구의 93%가 알바니아계다. 그들은 두 가지 숙제를 안고 있다. 가난을 떨치는 경제 재건과 정치적 독립이다.

국제법으로 보면, 코소보는 아직은 베오그라드를 수도로 하는 세르비아공화국의 주권 아래 놓여 있다. 유엔과 미국, 영국 등 국제 사회도 그 부분은 인정하고 있다. 코소보 독립 국가 수립은 세계의 화약고인 발칸반도에 언제라도 새로운 긴장을 불러일으킬 가능성이 크다. 국제 사회도 발칸반도의 새로운 분쟁을 두려워하고 있다. 유럽연합의 회원국이 되고 유엔에 가입하길 바라는 코소보 사람들의 꿈이 이루질 날은 먼 훗날의 일로 보인다.

Sierra Leone

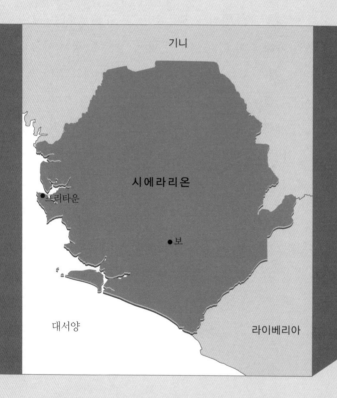

기니

시에라리온

●프리타운

●보

대서양

라이베리아

9장

시에라리온

도끼로 손목 자르는 냉혹한 내전의 땅

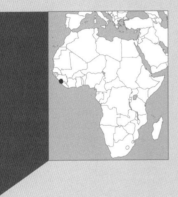

■ **기본 정보** _ 국토 면적: 71,000㎢(한반도의 3분의 1), 인구: 870만 명. 종교: 이슬람교 77.1%, 기독교 22.9%. ■ **누가 왜 싸웠나** _ 1991년 시에라리온 동부 밀림 지대에서 포데이 산코를 지도자로 한 혁명연합전선(RUF)이 반란을 일으켰다. 반란군의 무기 자금원인 다이아몬드 이권을 둘러싼 갈등이 주요인이었다. 1996년 총선으로 티잔 카바 정부가 출범했으나, 1997년 군부 세력이 쿠데타를 일으키고 RUF 반군과 합류했다. 1999년 1월 수도 프리타운을 점령한 반군은 손목을 자르는 무차별 테러를 저질러 악명을 떨쳤다. ■ **국제 사회의 노력은?** _ 1999년 나이지리아군을 주축으로 한 국제군의 무력 개입 뒤 카바 정권이 복귀했다. 같은 해 5월 로메 평화 협정을 맺었고, 그 후 1만 4,000명의 유엔평화유지군이 들어왔다. ■ **전쟁 희생자** _ 20만 명. 약 2,000~3,000명이 반군에게 손목을 잘렸다. ■ **난민** _ 200만 명. ■ **지금은?** _ 2000년 유엔평화유지군 500명이 반군에게 포로로 잡히는 사건이 터진 뒤 평화 협정은 백지화되었고, 반군 지도자 산코는 붙잡혀 재판을 받다가 2003년 옥사했다. 그 뒤로도 치안 불안이 이어져 3,400명의 유엔평화유지군이 주둔하다가 2005년 완전 철수했다. 아프리카에서는 드물게 민주적 선거를 거쳐 평화적으로 정권 교체를 거듭해왔으나 전쟁 후유증과 만성적인 빈곤을 극복해야 하는 과제를 안고 있다.

아프리카는 알제리의 전투적 지식인인 프란츠 파농이 말했던 '이 땅의 저주받은 자들'만이 사는 곳일까. 걸핏하면 터지는 내전과 굶주림으로 아프리카는 평화를 잊은 지 오래다. 서아프리카의 작은 나라 시에라리온은 아프리카 내전의 전형적인 양상을 보였다. 부패한 정부는 허약한 정부군을 거느렸고, 반군 지도자는 지하자원(다이아몬드)이 풍부한 지역을 점령해 '검은 돈'을 챙겼다. 내전이 길어지면서 민초들의 고통만 커져갔다. 시에라리온은 10년 내전으로 만신창이가 됐다. 인구 500만 명 가운데 200만 명이 피란을 갔고, 20만 명쯤이 죽었다.

시에라리온 내전이 세계적으로 눈길을 끈 가장 큰 이유는 그 참혹상 때문이다. 1991년 시에라리온 동부 밀림 지대에서 반란의 깃발을 올린 반군 혁명연합전선(RUF)은 도끼로 양민들의 손목을 자르는 테러 전술로 악명을 얻었다. 두 손목을 도끼나 칼로 잘린 채 붕대를 칭칭 감고 있는 부상자들이 바로 시에라리온 내전의 희생자들이다. 내전 과정에서 2,000~3,000명이 손목을 잘린 것으로 추산된다. 농경 사회인 아프리카에서 손목을 잘린다는 것은 하루하루를 노동으로 먹고살아가야 하는 사람에겐 생존 수단을 빼앗기는 것이나 다름없다. 그것은 곧 죽음을 뜻한다.

여러 기록을 보면, 아프리카에서 사람의 손목을 도끼로 내려치는 끔찍한 행위는 벨기에인들이 원조라면 원조다. 그들은 벨기에보다 몇십 배 큰 중앙아프리카의 식민지 콩고의 풍부한 자원들을 수탈하면서, 현지인들의 저항을 억누르려고 그런 만행을 저질렀다. 손목 절단은 한마디로 서구 제국주의가 식민지였던 아프리카에 남긴 더러운 유산이라고 말할 수 있다.

일반적으로 전쟁은 우리 인간의 마음을 황폐하게 만든다고 말한다. 정신병리학자의 관점에서 보면, 시에라리온은 거대한 정신병원 자체일 것이다. 비전투원인 시민들의 손목을 도끼로 마구 내려치는 10년 내전은 많은 사람들의 몸과 마음을 망가뜨렸다. 어린이들조차 소년병으로서 어른들의 싸움에서 한몫을 한 곳이 시에라리온이다. 현지에서 마주친 사람들은 대부분 찌들고 메마른 얼굴들이었다. 그곳의 피 묻은 다이아몬드를 둘러싼 내전은 어떤 비극들을 낳았는가.

생존의 벼랑에 내몰린 사람들

시에라리온으로 가는 길은 멀다. 아시아에서든 유럽에서든 시에라리온으로 바로 가는 비행기 노선은 없다. 가나 수도 아크라에서 하룻밤을 머문 뒤 이웃 나라인 코트디부아르의 해변 도시 아비장을 거쳐서, 시에라리온의 관문인 룽기국제공항에 닿았다. 하늘에서 비행기의 좁은 창문으로 내려다본 시에라리온의 바닷가 풍경은 '한 폭의 수채화 같다'는 표현이 그대로 맞겠다는 느낌이 들 정도로 아름다웠다. 대서양의 푸른 바닷물과 기다란 해변이 눈부신 햇살을 받아 반짝였다. 바로 이런 곳에서 오랫동안 내전이 이어졌다니……. 그런 생각을 하는데 비행기 바퀴가 활주로에 닿아 일으킨 진동이 몸으로 전해졌다.

"당신은 나를 위해 무엇을 갖고 왔습니까What do you have for me?" 룽기국제공항에서 출입국 관리 공무원이 아프리카식 영어 발음으로 건넨 첫마디가 그랬다(시에라리온은 영국 식민지였기에 영어가 공용어다). 오랜 내전을 치른 탓일까, 시에라리온은 후진국형 부패가 위아래할 것 없이 일상화돼 있는 모습이었다. 경찰이 거리에서 운전자들을 갈취하는 것은 얘깃거리조차 되지 않는다. 공보부 장관 인터뷰를 신청하는데도 국장급 공무원이 은근히 돈을 바랐다.

우리 한국에선 '떡값'이니 '급행료'니 하지만, 시에라리온에선 '사기 촉진제morale booster'로 일컬어진다. 이를테면 이곳 사람들은 "당신은 어떤 사기 촉진제를 갖고 있는가What kind of morale booster do you have?" 또는 "당신의 사기 촉진제를 보여주세요Show me your morale booster"라는 말에 익숙해 있다.

처음엔 그게 무슨 말인가 했다. 그래서 시에라리온 정부 청사를 지키는 한 정부군 병사가 "사기 촉진제를 보여달라"고 하기에 이렇게 말했다. "나는 외국인이라서 당신이 말하는 사기 촉진제가 무엇인지 잘 모르겠다. 당신의 사기 촉진제를 내게 보여달라. 그러면 내 것을 보여주겠다." 그는 어이가 없는지 피식 웃으며 그냥 안으로 들어가라고 손짓했다.

룽기국제공항에서 수도 프리타운으로 가려면 40달러를 내고 헬리콥터를 타야 했다. 자동차를 타고 가는 길은 곳곳에 도사리고 있는 반란군의 매복 때문에 100% 안전을 보장받지 못하는 탓이었다. 대서양 바닷가 풍치가 좋은 곳에 자리한 특급 호텔인 '케이프시에라호텔'에 짐을 풀었다. 그곳은 시에라리온에 파견된 유엔 관리들, 전란 속에서도 돈 벌 기회가 있을까 하고 온 비즈니스맨들이 머무는 호텔이었다. 하룻밤 숙박료는 130달러. 당시 시에라리온 경찰이나 교사의 월급이 50달러였으니, 엄청나게 비싼 곳이었다. 나를 이곳으로 데려온 안내원은 "시내를 돌아다니는 게 위험하다. 어디서 총알이 날아올지 모른다. 이곳이 그래도 안전하다"고 했다.

늦은 저녁 진한 커피 한잔 생각이 간절해 로비로 내려와보니, 초미니 스커트를 걸친 여인들이 진을 치고 있었다. 수도 프리타운에 많이 모여 사는 크리오족은 예전에 미국 노예였다가 해방된 뒤 이 지역으로 옮겨온 사람들의 후손이다. 이들은 피부가 검다기보다는 초콜릿빛이다. 그런 멋진 피부를 지닌 여인들이 멀리 동양에서 온 이방인에게 은근한 눈길을 던지는 것은 생존을 위해서일 것이다. 세계보건기구(WHO) 자료에 따르면, 내전이 한창이던 1990년대 후반기 시에라리온 성인 인구의 7%가 에이즈 보균자로 추산됐다. 호텔 로비에서 서성거리는 창녀들이 에이즈 환자일 가능성은 더욱 높았다.

1950년대 한국의 미군 기지촌 주변에서 서성대던 우리의 누님들이 그러했듯이 따지고 보면 그녀들도 전쟁의 희생양이었다. 전쟁이라는 극한 상황 아래서 생존의 벼랑 끝에 내몰려 팔 것이라곤 몸밖에 없는 그녀들이다. 아마도 집에선 전쟁 중에 몸을 다친 아빠가 누워 있거나 배고픔에 지친 동생들이 기다리고 있었을지도 모른다.

손목 절단, 강간, 약탈······ 시에라리온은 유럽인들의

아프리카 약탈 기지로 서양사에 등장한다. 시에라리온은 '사자lion의 산들'이란 뜻을 지녔다. 1462년에 처음 포르투갈인들이 프리타운에 왔을 때 겪었던 폭풍우가 마치 사자의 울음소리 같았던 데서 비롯된다. 그 뒤 영국의 식민지로 전락한 시에라리온의 중심 도시 프리타운은 서부 아프리카 약탈 무역의 전초 기지가 됐다. 18세기 후반 영국이 노예 제도 자체를 금지하면서부터 영국은 본토와 식민지에서 풀려난 해방 노예들을 정책적으로 이곳에 실어 날랐다.

20세기 시에라리온이 걸어온 정치적 혼란의 발자취는 아프리카 개발도상국들이 거쳐가는 전형적인 길을 밟아왔다. 식민지-독립-민주 정부 수립-쿠데타-군사 정권 수립-내전이 되풀이되는 과정이다. 1961년 영국 식민지에서 독립한 시에라리온은 초기에는 정치적으로 다당제를 도입해 민주주의를 실험하는 듯하더니, 두 차례의 군사 쿠데타를 겪으면서 군인들이 권력을 쥐었다.

영국 식민지 시절 육군 상병이었던 포데이 산코는 1991년 시에라리온 동부 밀림 지대에서 혁명연합전선(RUF)의 깃발 아래 반란을 일으켰다. 그러나 2000년 봄에 체포돼 전쟁 범죄자로 재판을 기다리다가 2003년 7월 감옥에서 병으로 죽었다(65세). 그는 세르비아의 슬로보단 밀로세비치만큼이나 극단적으로 평가가 갈리는 인물이다. 내전의 희생자들과 그 가족들은 그를 '학살자'로 불렀다. 그러나 평화와 안정을 바라는 사람들 가운데 일부는 무능하고 부패한 정치인들보다는 차라리 포데이 산코가 대권을 쥐는 게 낫다고 여겼다.

1932년 가난한 농부의 아들로 태어난 산코는 정식 학교 교육을 제대로 못 받고 어릴 때부터 프리타운 외곽 키시 지역의 한 자동차 정비업소에서 일했다. 영국 식민지 시절인 1956년, 24살 때 군에 입대했고 상

반군 혁명연합전선에 의해 왼팔목이 잘린 사이두 형제.

병 때 영국으로 가 사진을 배웠다. 1961년 시에라리온이 독립하자, 국영 TV에서 일했다. 1969년 군 반란을 취재하러 갔다가 반군 편에 참여했으나, 쿠데타가 실패하는 바람에 체포돼 5년을 감옥에서 보냈다. 감옥에서 독서를 통해 정치와 혁명에 눈을 떴다.

내전 동안 산코의 부하들은 온갖 전쟁 범죄를 저질렀다. 처음부터 반란군은 공포의 대상이었다. 그들은 가는 곳마다 마을에 불을 지르고, 비전투원인 양민들을 공격하여 죽이거나 손목, 발목을 자르는 잔혹 행위를 저질렀다. 부녀자들은 강간당하기 일쑤였다. 이 지역 난민들을 돕는 비정부 기구(NGO)의 하나인 국제구조위원회(IRC)의 조사에 따르면, 반란군들은 강간을 하나의 테러 전술로 일상화했다. 마을의 젊은 여자들이 다 도망갔을 경우에는 60세가 넘은 노파조차 강간 피해자가 돼야 했다.

특히 1999년 반군이 대대적인 공세를 펴면서 프리타운이 절반 넘게 그들의 손에 떨어졌을 때, 많은 희생자가 났다. 6일 동안 프리타운을 점령한 반란군은 무차별 살육, 방화, 약탈, 강간, 그리고 도끼로 손목을 자르는 만행을 저질렀다. 그때 반란군의 작전 이름은 'Operation No Living Thing'(생물 절멸 작전) 따위로 섬뜩한 느낌을 준다. 우리말로는 '싹쓸이 작전'이 딱 맞을 것이다.

포데이 산코의 테러 전술을 잘 드러내주는 수사는 바로 "손이 없다면 투표도 못할 것이다No hands, no more votes"였다. 1997년 시에라리온 대통령 선거에서 승리하였던 티잔 카바의 시에라리온인민당(SLPP)에게 지지표를 던진 손들을 자른다는 괴상한 논리였다. 그러나 많은 어린이 피해자들이 생겨났다는 사실은 그런 논리의 허구성을 드러낸다.

그런데도 1999년 로메 평화 협정으로 산코는 전쟁 범죄 사면과 더불어 '부통령' 예우를 받으며 시에라리온 동부 밀림에서 나와 프리타운으로 말 그대로 금의환향했다. 필자가 시에라리온에 취재차 갔을 때인 2000년 봄 산코는 부통령과 다이아몬드를 관리하는 '전략자원 국가재건설 발전위원회' 의장을 겸하고 있었다. 프리타운 시가지가 내려다보이는 산언덕의 고급 주택가에 머물면서 대통령 선거에 입후보, 대권을 꿈꾸기도 했다.

손목 절단 테러로 악명 높은 산코는 서방 기자들과 인터뷰를 하지 않기로도 유명했다. 그와 RUF 부하들이 지은 전쟁 범죄를 변명하는 것이 싫었기 때문일 것이다. 그의 언론 기피증은 도를 넘어선 정도였다. 그런 산코를 인터뷰하기 위해 필자는 그의 대변인인 콜린 스미스를 만났다. 30대 후반 나이에 마약을 즐기고 줄담배를 피우는 사내였다. 아침마다 일찍 스미스의 집으로 갔다. 손에는 그의 아이들에게 줄 선물을 들고……. 집에 들어서면, 아이들 사진도 찍어주었다. 그렇게 사흘이 지나자 "나는 한때 무역 회사에 다녔는데, 몇 해 전에 한국에도 다녀온 적이 있다"고 밝혔다. 그에게 이렇게 말했다.

"지금까지 RUF의 혁명은 정치 혁명이었다. 어느 나라나 정치 혁명 과정에서 사람들이 죽고 다치기 마련이다. 러시아 혁명 때도 그랬고, 프랑스 혁명 때도 그랬다. 사람들 손발이 잘린 것은 분명히 잘못된 일이지만, 혁명 과정에서의 불행한 사건으로 볼 수 있다. 지금 RUF는 정당 조직으로 변신하는 중이지만, 무엇보다 국민들의 가슴에 다가설 준비를 해야 한다. 그러려면 슬로건이 중요하다. 지금까지의 혁명이 정치 혁명이었다면, 앞으로 RUF가 나아갈 길은 경제 혁명이어야 한다. 민생 재건을 내걸어야 한다. 총론적으로 말한다면 민족 경제 건설을 슬로건으로 내세워야 한다."

반군 지도자, "손발 자르라 명령 안 했다" 공부

열심히 하는 학생처럼 스미스는 그가 들고 다니는 노트에 위의 말을 받아 적었다. 스미스가 산코에게 메모를 전한 것이 효력을 보았는지, 다음 날 스미스에게서 "인터뷰 일정이 잡혔으니, 내일 오후 2시에 오라"는 전갈이 왔다. 산코의 집은 서울의 남산처럼 프리타운 시내가 내려다보이는 산 중턱에 있었다. 집으로 들어서는 길 입구 2층 콘크리트 건물엔 무장한 RUF 병사들이 그득했다. 건물 옥상에 기관총이 설치돼 있는 모습도 보였다.

산코와의 인터뷰 약속은 오후 2시였지만, 2시간쯤 더 기다려야 했다. 후덥지근한 아프리카의 더위는 사람을 지치게 만든다. 집 앞마당에 설치된 텐트 안에는 한눈에 봐도 소년병인 애송이 병사들도 있었다. 한 소년병은 필자가 입고 있는 사진 조끼를 탐냈다. '그 옷 내게 줄 수 없느냐'는 투로 나왔다. 민간인들을 상대로 약탈하는 데 익숙해진 소년병의 모습이었다.

그곳의 반군 병사들이 '사령관'이라고 부르던 30대 후반의 사내는 필자가 목에 걸고 있는 카메라를 탐냈다. 그는 "현금은 없고, 다이아몬드가 있는데 바꾸자"는 제안을 해왔다. 그러면서 바지춤에서 비닐과 종이로 겹겹이 싼 다이아몬드를 꺼내 보였다. 최종 가공을 하지 않은 원광석이었지만, 다이아몬드임엔 틀림없어 보였다. RUF 반군들에게서 1949년 상하이上海를 점령한 마오쩌둥毛澤東 군대의 기율을 기대하지는 않았지만, 그들의 말 한마디 한마디는 올바른 것과는 거리가 멀었다.

드디어 산코의 집 안으로 들어섰다. 경호원이 가방을 뒤졌다. 집 안 뜰에 마련된 책상을 사이에 두고 산코와 마주 앉았다. 땅딸막하고 욕심스러운 얼굴을 한 60대 초반의 노인이었다. 인터뷰는 1시간쯤 진행됐는데, 인터뷰 동안 산코는 책상 머리맡에 놔둔 첨단 위성 통신 전화기를 자주 만지작거렸다. 그 전화기를 이용해서, 산코는 밀림에 진을 친 자신의 지역 사령관들에게 보고를 받고 명령을 내리는 것으로 알려져 있었다. 아래는 그와 나눈 얘기를 간추린 것이다.

질문 평화 협정에도 불구하고 상당수의 RUF 병사들이 무장 해제는 커녕 여전히 동부 밀림 지대에서 무력 활동을 펴고 있는 까닭은?

혁명연합전선 지도자 포데이 산코.

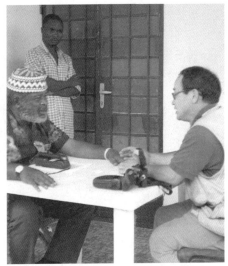

혁명연합전선 지도자 포데이 산코와의 인터뷰.

산코 무기를 반납하고 비무장 캠프에 잠시 있다가 나가면 뭐하나. 생계가 막연해진다. 한마디로 보완 대책이 시급하다.

질문 다이아몬드 이권 때문에 무장 세력의 비무장 속도가 더디다는 비판이 더욱 설득력 있게 들린다. 무장 해제가 더딘 것은 지도자인 당신이 무장 해제 지시를 정식으로 내리지 않았기 때문이라고 RUF 병사들은 말한다던데…….

산코 내 손으로 평화 협정에 직접 사인을 했는데, 무슨 소리냐. 다이아몬드에 대해서도 할 말이 있다. 들었겠지만, 나는 일체의 다이아몬드 채굴을 중지하라고 공표했다. 효율적인 국가 관리를 위해서다. (그러나 유엔평화유지군의 항공 촬영 사진은 RUF가 지배하는 동부 지역 곳곳에서 다이아몬드 채굴이 활발하게 이뤄졌음을 보여준다.)

질문 국제 사회의 시에라리온 내전 개입을 어떻게 보는가.

산코 그 부분에 대해선 말하고 싶지 않다. 다만, 우리가 자주적으로 혁명을 할 수도 있었는데, 시간을 너무 끌어 희생자가 많이 난 게 유감스러울 뿐이다.

질문 당신의 RUF 전투원들이 내전 중 무고한 시민들에게 저질렀던 가혹 행위를 어떻게 보나. 지도자로서 책임을 느끼지 않는가.

산코 분명히 말하지만, 나는 비전투원인 시민들의 손발을 자르라고 명령하지도 않았고, 그걸 옳다고 보지도 않는다. 그런 얘길 들으면 역겨울 뿐이다. 시민들을 죽이거나 다치게 하려고 내가 혁명을 시작한 게 아니다. 다만 전쟁이란 게 처음 마음먹은 것보다 통제하기 쉽지 않은 게 문제라면 문제다.

인터뷰가 끝날 무렵 산코에게서 작은 책자를 하나 얻었다. 반군인 RUF 이름으로 지난 1995년에 펴낸 여권 크기만 한 44쪽짜리 선전 책자였다. '민주주의로의 길, 새로운 시에라리온을 향하여'라는 이름의 이 책 앞머리에서 포데이 산코는 (알제리의 혁명가로서 국내에도 소개된 책 『대지의 저주받은 자들』의 저자인) 프란츠 파농의 말을 인용하면서 "사회가 변화를 요구할 때는 낡은 원리로 바꿀 필요가 없다"고 주장했다.

지난 1991년 포데이 산코가 시에라리온 동부 지역 밀림에서 '혁명'을 일으켰을 때는 그런대로 명분이 있었다. 프리타운 지역의 부패한 관리들과 결탁한 레바논인들과 일부 세네갈인들이 시에라리온의 다이아몬드가 풍부한 광산들을 장악하고 있었기 때문이다. 위의 책에 실린

RUF 군가에는 "우리 다이아몬드는 어디 있나. RUF는 그걸 알고 싶다"는 구절도 있다.

그러나 RUF는 마구잡이 테러 전술을 바탕으로, 다이아몬드 이권과는 아무 관련 없는 시민들의 손목을 자르는 전쟁 범죄를 저질렀다. 그런 가혹 행위는 반군 지도자 산코가 주장한 '사회 변화의 새로운 원리'와는 거리가 멀다. 아울러 RUF가 다이아몬드 광산 지대를 점령한 뒤 그 부富를 바탕으로 시에라리온 민중의 복지에 이바지했다는 얘기도 들리지 않는다.

포데이 산코와의 인터뷰가 있고 20일쯤 뒤인 2000년 5월 산코의 운명은 벼랑 아래로 떨어졌다. 무장 해제를 거부하는 RUF 반군들이 유엔평화유지군(UNAMSIL) 소속 병사들을 죽이고 인질로 잡은 사건, 산코의 프리타운 자택 앞에서 경호원들이 대규모 군중 시위대에게 총을 쏴 사람들이 죽고 다치는 사건 등이 잇달아 터졌다. 평화 협정은 사실상 없던 일이 돼버렸다. 시에라리온 동부 밀림의 반군 근거지로 돌아갈 기회를 놓친 산코는 집 근처 산으로 도망쳤다가 붙잡혔다. 50명의 전 RUF 반군 간부들과 함께 법정에 선 그에게 무려 70개에 이르는 전쟁 범죄 혐의가 따랐다.

산코는 재판 도중인 2003년 7월 폐경색으로 인한 호흡 곤란으로 죽었다. 산코의 시신은 그의 부인에게 넘겨져 프리타운에서 210km 떨어진 산코의 고향 마을 마그부라카에 묻혔다. 그러나 한 달도 채 안 돼 무덤은 성난 군중 손에 파헤쳐졌다. 군중은 산코의 부하들이 무고한 시민들의 손목을 도끼로 마구 내려쳤던 잔혹 행위에 복수하고 싶어했다. 무덤 밖으로 나온 그의 시신은 곧 불에 태워졌다. 조선 시대의 형벌 가운데 하나인 부관참시를 당한 셈이나 마찬가지였다.

내전으로 파괴된 프리타운 지역 교회.

 시에라리온 내전은 아프리카 내전의 일반적인 양상인 종족 사이의 갈등과는 이렇다 할 관계가 없다. RUF 안에도 여러 부족의 전사들이 뒤섞였다. 북부 지역의 템네스 부족과 남부 동부 지역의 멘데스 부족이 2대 부족이고, 수도 프리타운을 중심으로 한 크리오족이 세 번째로 큰 부족이었다. 우리 한국의 병폐인 지역 감정 같은 것이 이곳 부족들 사이에 없던 것은 아니다. 영국 식민주의 세력은 이 부족들 간의 갈등을 분할 지배라는 고전적인 식민지 정책에 적절히 활용한 바 있다. 그리고 해방 노예들의 후손인 크리오족은 영국 식민지 정책에 타협적이었고, 식민지 하급 관리들을 배출해왔다. 그러나 10년 내전을 치르면서 이전의 부족 갈등은 희석되고 단순히 RUF 반군 편이냐 아니냐로 갈렸다.

부상자 마을을 감싼 슬픔

프리타운 중심가에서 자동차로 10분쯤 떨어져 있는 곳에는 시에라리온 참극을 온몸으로 보여주는 사람들이 모여 살고 있었다. 1999년 노벨 평화상을 받은 '국경없는의사회'가 맡아 운영하는 전쟁부상자수용소가 바로 그곳이다. 등록된 사람은 380명이었지만, 딸린 식구들까지 합치면 그곳 상주인구는 1,000명으로 불어났다.

대부분의 부상자들은 1999년 1월 반군이 프리타운 중심부를 다시 점령했을 때 이렇다 할 이유 없이 손목을 잘렸다. 얼마나 많은 사람들이 손목을 잃었는지 정확한 숫자는 아무도 모른다. 그저 추산으로 2,000명 또는 3,000명이다. 농경 사회인 아프리카에서 손목을 잘린다는 것은 생존력을 잃어버리는 것과 마찬가지다.

외국 자선 기관들의 도움으로 그런대로 비를 피할 움막을 짓고 공동급수 시설까지 갖춘 작은 공동체 사회를 이루었지만, 이들이 안고 있던 고민은 내전에 휩싸인 시에라리온이 지닌 고민을 압축적으로 보여주었다. 바로 실업의 고민이다. 내전 무렵 시에라리온의 실업률은 거의 80% 가까이 됐다. 손발이 멀쩡한 사람들조차 일자리 얻기 힘든 세상이니, 손목 없는 장애인이 비집고 들어설 틈은 없었다.

금방이라도 울음을 터트릴 것 같은 눈망울을 한 14살 난 소녀 이사투 카르보도 이곳 천막에서 살았다. 그녀의 아버지 알리마니 카르보는 시에라리온 중부 도시 보Bo 근처에 살던 농부였으나, 반군의 손에 마을이 불타버리자, 프리타운시 동쪽 교외로 옮겨와 막노동을 하고 있었다. 혼자 집을 지키던 그녀가 반군에게 잡힌 것은 화창한 1월 초 어느 날 오후였다. 집으로 들어선 2명의 반군 가운데 1명은 자기 또래의 소년병이었다.

반군의 임시 막사로 끌려간 소녀는 그곳에서 끔찍한 살인을 두 눈으로 보았다. 거대한 장작더미에 불을 지펴 올린 반군 병사들은 붙잡혀 온 15명의 시민들 가운데 5명을 점찍어 불속으로 밀어넣었다. 그녀의 기억으론, 3명은 불에 타 현장에서 죽고 2명은 가까스로 죽음을 면했지만, 심한 화상을 입었다. 그런 모습을 바라보며 반군 병사들은 농담을 나누며 낄낄거렸다.

카르보의 기억에 따르면, 단 1명의 반군 병사가 전혀 웃지도 않고 심각한 얼굴을 하고 있었다. 얼굴이 험상궂고 유달리 검은 그는 도끼를 손에 잡더니, 한 사람씩 손가락으로 가리키며 불러냈다. 그런 일에 익숙한 듯, 그는 상당히 빠른 속도로 민첩하게 도끼를 휘둘렀다. 어른들은 통사정을 하고, 아이들은 울어댔지만 그는 아무런 대꾸도 하지 않았다. 다섯 번째로 불려나간 소녀는 처음엔 왼손목을, 곧바로 오른손목을 잃었다.

"처음엔 피가 튀고 몹시 아팠지만 곧 아프다는 느낌조차 없었다. 그저 아득한 기분이었다. 두 번째로 손목이 잘릴 때는 정신을 잃어 기억조차 없다. 그때 그곳에 잡혀와 있던 나머지 사람들이 어떻게 됐는지는 모르겠다." 카르보를 기다리는 것은 희망 없는 잿빛 나날들뿐이다.

전쟁부상자수용소에서 만난 또 다른 부상자 하산 바(47세). 시에라리온 중부 지역 작은 마을에서 개인 사업을 하던 그도 내전의 와중에 오른쪽 손목을 잃었다. 반군들이 이웃 마을까지 왔다는 소식을 듣고 부인과 함께 4명의 아이들을 데리고 서둘러 피란길에 나섰다. 그러나 도중에 반군들 매복에 걸려 붙잡혔다. 반군들은 그를 식구들로부터 떼놓더니, 나무에 한참 동안 묶어놓았다. 1시간쯤 있다가 다시 그 앞에 나타난 반군들은 15살쯤 돼 보이는 소년병에게 그를 사살하라는 명령을 내렸다.

AK-47을 든 소년병은 즉시 총을 쏘지 않고 망설였다. 그러자 30대 초반의 반군이 그에게서 무기를 빼앗더니 마구 때렸다. 그 직후 다른 한 명이 팔을 걷어붙이면서 "도끼를 가져와!"라고 소리쳤다. 아무리 애원해도 소용이 없었다. 반군과 한패가 돼서 싸울 테니 봐달라는 얘기도 거절당했다.

손목이 잘린 뒤 가물거리는 정신을 붙들어 잡고 집으로 돌아왔으나, 집에는 아이들만 기다릴 뿐 부인은 없었다. 그날 이후로 그는 부인의 소식을 들은 적이 없다. 실종이었다. 그는 며칠 뒤 친구인 한 트럭 운전사의 도움으로 프리타운 시내 콘노트병원으로 실려가, 의료 봉사 단체인 국경없는의사회 소속 진료팀에게서 치료를 받았다.

소년병들 "마약 먹고 환각 속에서 쐈다" 시에라

리온 내전의 특징 가운데 하나가 소년병이다. 유니세프가 추산하는 전세계 16개 분쟁 지역의 소년병은 약 25만 명(18세 아래). 비정부 기구인 '세이브더칠드런Save the Children' 추산으론 약 5,000명의 소년병이 시에라리온 내전에 휘말렸다. 포데이 산코의 RUF 반란군은 공격하는 마을마다 어른들은 죽이고 소년 소녀들을 납치, 전투 요원이나 탄약 운반 등 노동력, 그리고 성의 노예로 활용했다. 이 경우 코카인이나 마리화나 같은 마약이 통제 수단으로 널리 사용되었다. 시에라리온에는 마약이 흔했다.

시에라리온 현지 취재 때 소년병들을 만나본 것은 개인적으로도 소중한 체험이었다. 프리타운에서 남쪽으로 바다를 끼고 난 도로는 비포장이었다. 먼지 휘날리는 자갈길 비포장도로를 10km쯤 달리니, 바닷가에 있는 커다란 건물이 보였다. 한때 반란군과 함께 있다가 풀려났으나 마땅히 갈 곳이 없는 소년 소녀들이 임시로 모여 사는 수용소였다. 현지 사람들은 이곳을 '라카수용소'라 불렀지만, 사실 가톨릭 교구에서 오래전부터 운영해온 고아원이었다. 그곳엔 모두 110명의 소년병 출신들이 50명쯤의 고아들과 함께 지내고 있었다.

정신적으로 깊은 상처를 입었을 이 소년 소녀들을 어루만져주는 이는 조셉 버튼 신부. 아프리카 선교 30년째인 이 신부는 시에라리온에서만 14년을 지냈다. 버튼 신부의 안내로 만난 몇몇 소년들은 "반란군이 강제로 먹인 마약에 취해 사람들을 죽이거나 손목을 잘랐다"고 털어놓았다. 이들은 저마다 내전이 남긴 깊은 상흔을 안고 있어 보였다.

어떤 소년들은 좌절감과 우울증이 깊어 실어증마저 보였다. 버튼 신부는 "그런 아이들은 수용소 구석진 곳에 하루 종일 우두커니 쭈그리고 앉아 있다"고 귀띔했다. 일부 소년 소녀들의 가슴팍에는 RUF라는 글자가 새겨져 있었다. 반란군(혁명연합전선)이 면도날로 새겨넣은 것이다. 그럴 경우 소년 소녀들은 도망갈 엄두를 못 내게 된다. 1999년 프리타운 시내에서 벌어진 치열한 공방전에서 진압군은 RUF 문신을 보면 어린아이라도 즉결 처형했다.

13살 난 소녀 하와 코로마의 어린 가슴에도 RUF 글자가 뚜렷이 보였

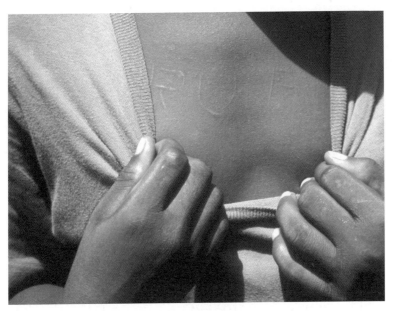
라카수용소에서 만난 13살 난 하와 코로마의 가슴에는 RUF 글자가 새겨져 있었다.

다. 성적으로 학대를 받았는지 맞대놓고 물어보기 어려워, 버튼 신부에게 알아봐달라고 부탁했다. 잠시 후 신부는 "다행히도 여자 게릴라가 그 아일 데리고 다녀 그런 일은 없었다고 한다"고 귀띔했다. 그러나 많은 경우 시에라리온 어린이들이 반란군의 성적 학대 대상이 됐다는 것은 새로운 사실이 아니다.

"문제는 이 어린이들이 가족들 품으로 돌아가고 싶어도 가기가 어렵다는 데 있다"고 버튼 신부는 탄식했다. 소년병들이 내전 과정에서 저지른 행동 때문이다. 반란군은 납치해온 나이 어린 소년병들에게 마약을 먹이거나 피우게 한 다음 AK-47을 쥐어주면서 그가 살던 마을을 공격하는 데 앞장세우곤 했다. 미국 비정부 기구인 국제구조위원회(IRC) 소속으로 시에라리온 현지에서 소년병의 심리 치료에 힘써온 말리아 로빈슨은 "소년병들의 부모들이 자기 마을 사람을 죽이고 집을 불태웠던 소년들을 미워하면서 받아들이지 않으려는 것도 심각한 문제"라고 말했다.

반란군의 영원한 친구, '피 묻은 다이아몬드'

"다이아몬드는 숙녀의 영원한 친구"라고 한다. 그러나 아프리카에선 다르다. "다이아몬드는 반란군의 영원한 친구"이다. 피 묻은 다이아몬드이자 죽음의 보석이다. 아프리카의 일부 국가들에서는 다이아몬드 자체가 분쟁의 결정적 원인으로 작용했다. 시에라리온의 혁명연합전선(RUF), 앙골라의 '완전독립쟁취를 위한 국민연합(UNITA)' 등 아프리카 분쟁 지역의 무장 세력들은 다이아몬드를 무기와 맞바꿔 무장을 강화하고, 다이아몬드 밀수출로 벌어들인 달러를 자금원으로 세력을 키워왔다.

전쟁 지역 안에서 생산되는 천연자원들 가운데 전쟁을 지속시키는 비용으로 충당되거나 테러나 전쟁 범죄 행위에 관련돼 이익을 창출하는 특정 자원을 가리켜 '분쟁 자원conflict resources'이라 부른다. 시에라리온 내전에서 반란군의 주요 자금원이 됐던 다이아몬드도 '분쟁 자원'의 대표적인 보기다. 10년을 끈 시에라리온 내전과 다이아몬드를 따로 떼고 말할 수 없다. "다이아몬드가 시에라리온에서 나지 않았다면 내전은 일찌감치 끝났을 것"이란 말이 나올 정도다.

콩고 내전이나 앙골라 내전, 수단 내전이 풍부한 지하자원의 이권을 둘러싼 싸움이었듯, 시에라리온 내전도 그러했다. 시간이 지날수록 내전은 다이아몬드 광산들을 차지하려는 싸움으로 전개됐다. 세계적인 다이아몬드 회사인 드비어스는 1999년 한 해 동안 RUF 반군들이 7,000만 달러어치를 캐낸 것으로 추산했다.

유엔을 비롯한 국제 사회는 합법적으로 유통되는 다이아몬드와는 달리, 내전 지역에서 밀수출되는 다이아몬드를 '분쟁 다이아몬드'라 규정한다. 그 양이 얼마나 되는지는 통계가 일정치 않다. 영국계 비정부기구인 글로벌위트니스Global Witness가 펴낸 「분쟁 다이아몬드」 보고서에 따르면, 전 세계 다이아몬드 생산량의 20%가 시에라리온, 앙골라, 콩고에서 생산되는 것으로 추정됐다.

유엔에서는 아프리카 분쟁 지역의 '피 묻은 다이아몬드'가 반란군의 자금원이 되는 것을 막기 위해 애써왔다. 유엔안보리는 다이아몬드 밀수출을 막기 위해 무기 금수 등의 제재 조치를 여러 차례 결의했었다. 그런 노력의 열매가 남아프리카공화국의 킴벌리에서 열린 국제회의를 통해 나온 이른바 '킴벌리 프로세스Kimberly Precess'이다. 2003년 1월 발효된 이 조치는 "이 다이아몬드는 분쟁과 무관하다"는 인증서를 의무화함으로써 국제 시장에 매물로 나오는 다이아몬드의 원산지와 수출자-수입자의 상세 정보를 확실히 표시함으로써 피 묻은 다이아몬드가 해외로 유출되지 못하도록 막는다.

시에라리온의 다이아몬드 밀거래 배후에는 라이베리아의 전 독재자 찰스 테일러가 있었다. 테일러 자신도 무장 반란 끝에 1997년 라이베리아의 대권을 쥔 인물이다. 그는 시에라리온 반군 RUF의 다이아몬드 밀수출을 돕고, 무기 밀거래를 뒤에서 지원해왔다. 쉽게 말해 다이아몬드를 대신 팔아주고 무기를 대주면서 그 자신도 검은 돈을 챙겼다. 다이아몬드 밀거래 이익을 위해 시에라리온 내전을 부추긴 범죄 때문에 테일러는 유엔이 지원하는 시에라리온 특별 법정에 기소됐다. 테일러는 지난 2003년 라이베리아 반군의 공세로 수도 몬로비아가 함락될 무렵 나이지리아로 망명을 떠나 한동안 숨어 지냈으나, 결국 쇠고랑을 차고 시에라리온으로 압송됐다가 다시 네덜란드 헤이그로 옮겨져 전쟁 범죄자들을 단죄하는 상설 재판소인 국제형사재판소 법정에 섰다. 2012년 테일러에겐 징역 50년이 선고됐다.

2010년 여름 재판 과정에서 세계적인 모델 나오미 캠벨이 테일러에게서 다이아몬드를 선물받았다는 증언이 나와 화제를 모으기도 했다. 1997년 캠벨은 배우이자 반전 운동가인 미아 패로와 함께 남아프리카공화국 프레토리아에서 열린 넬슨 만델라 대통령 주최 만찬에 참석했다. 그곳에서 캠벨은 테일러를 만났고, 그날 밤 테일러의 부하들이 숙소로 찾아와 다이아몬드 원석을 선물했다고 한다. 테일러가 시에라리온 반군에게서 받은 다이아몬드로 남아프리카공화국에서 무기를 사들여 반군에게 건네주었다는 혐의를 뒷받침하는 대목이다.

무장 해제 수용소를 가다

1999년 로메 평화 협정의 주요 내용 가운데에는 반군들이 무기를 반납하고 300달러의 정착금을 받아 민간인으로 돌아가거나, 본인이 바랄 경우 심사를 거쳐 시에라리온 정부군으로 재편될 수도 있다는 조항이 들어 있었다. 300달러는 시에라리온 물가로 5인 가족이 6개월 동안 살 수 있는 큰돈이었다. 이 프로그램에 따라 모두 10개 지역에 무장 해제 전투원들을 수용하는 집단 시설이 생겨났다. 이른바 비무장 수용소다.

프리타운 외곽 대서양 해변가에서 UPI 통신사 소속 사진 기자와 함께 유엔평화유지군(UNAMSIL) 헬리콥터를 타고 포트로코비무장수용소를 찾아갔다. 프리타운에서 동북쪽으로 80km밖에 안 되는 곳이지만, 그 일대는 반군 세력이 여전히 위협적인 활동을 펴고 있어 자동차로 떠난다는 것은 커다란 모험이었다. 실제로 필자가 그곳을 찾은 지한 달도 안 돼 유엔평화유지군 소속 병사 10명이 순찰 도중 100명쯤 되는 반군 병사들의 매복에 걸려 총상을 입은 채 잡히는 사건도 일어났다.

포트로코 지역엔 투항 반군 병사를 수용하는 2개의 집단 수용소가 유엔평화유지군 소속 영국군과 나이지리아군 공동 관할 아래 있었다. 필자가 둘러본 남쪽 수용소엔 1,100명의 반군이 수용돼 있었다. 수용소의 일부에는 투항 반군 병사와 그 가족이 살고 있었지만, 수용 능력 3,500명 시설인 수용소의 절반 이상은 비어 있었다. 그곳 수용자들은 상당수가 정부군으로 편입되길 바랐다. 총을 버리고 민간 사회로 복귀할 경우 이렇다 할 뾰족한 생활 대책이 없는 탓이었다.

영국군 중위 기커가 모는 차를 타고 수용소에서 4km쯤 떨어져 있는 로그베리 교차로의 반군 무기 반납소로 가보았다. 그날따라 반군 투항자는 한 사람도 없었다. 그곳은 시에라리온 전략 요충지의 하나로 반군과 정부군이 맞닥뜨려 싸우던 지점이었다. 무기 반납소와 수용소를 잇는 도로는 차량 2대가 겨우 다닐 만한 비포장 흙길에다 길 양쪽은 우거진 밀림이었다. 기커 중위는 영국제 랜드로버 5인승 군용 지프를 시속 150km가 넘게 빠른 속도로 몰았다. 반군들의 매복 기습 공격을 걱정해서였다.

필자가 그곳을 다녀오고 꼭 한 달 뒤 AP통신 소속 스페인 사진 기자

미겔 길 모레노(32세)와 로이터통신의 쿠르트 쇼르크(53세) 두 사람이 바로 그 길에서 반군의 기습 공격을 받고 현장에서 숨졌다. 길 모레노는 AP통신이 1848년 창립된 이래 취재 도중 죽은 25명 가운데 1명이 되었다. 코소보 전쟁과 체첸 전쟁 그리고 콩고와 이라크를 취재한 바 있는 그는 사건이 나기 직전 동료에게 "날마다, 어느 때든 죽는다고 생각하라"는 말을 남겼다. 로이터의 쇼르크 기자도 보스니아, 동티모르의 분쟁을 취재한 바 있는 노련한 기자였다.

시에라리온은 언론인들에겐 죽음의 땅이다. 반군들이 1999년 1월 수도 프리타운을 점령했을 때 10명의 기자가 죽었다. 프리타운에서 만났던 한 신문 기자는 RUF 반군들이 처치 대상 기자들의 명단을 작성, 집집마다 다니면서 그 가족들이 보는 앞에서 기자들을 잔인하게 죽이고 집마저 불 질렀다고 증언했다. 몇몇 기자는 그 뒤 진압군인 나이지리아군 주축의 서아프리카평화유지군(ECOMOG)이 프리타운을 반군에게서 되찾았을 때 반군에 연루됐다는 혐의로 즉결 처형당하기도 했다.

국제법을 뭉갠 정치적 사면 조치

내전의 후반부는 포데이 산코가 체포된 뒤 유엔평화유지군이 반군 RUF의 잇단 공격으로 죽거나 포로로 잡히는 무장 충돌의 소용돌이 국면이었다. 2000년 5월 수도 프리타운이 반군에게 다시 점령당할지 모른다는 위기감이 떠돌면서 옛 식민지 종주국 영국이 800명의 특수 부대 병력과 해군 함정을 수도 프리타운에 파병하기에 이르렀다. 그 직후 반군 지도자 포데이 산코가 붙잡혔고, 로메 평화 협정은 사실상 백지화 됐다.

지도자를 잃으면서 반군 세력은 약화되기 시작했다. 시에라리온에도 조금씩 평화가 찾아들었다. 2000~ 2002년에 전 세계에 파병 된 유엔평화유지군 가운데 가장 큰 규모인 1만 7,300명 의 병력이 시에라리온의 불 안한 평화를 지켰다. 2003 년 반란군 지도자 포데이 산코가 죽은 뒤, 동부 밀림

프리타운 시내에서 치안 유지 활동을 펴는 유엔평화유지군 병사들.

지대를 근거지로 한 RUF 잔당은 힘을 잃고 소멸됐다. 시에라리온 상황이 점차 안정을 찾아감에 따라 평화유지군은 조금씩 규모가 줄어들어 3,400명 선을 유지하다가 2005년 말 모두 철수했다.

시에라리온 내전에서 배울 교훈은 무엇일까. 국제법 측면에서 보면, 시에라리온 내전은 잔혹한 전쟁 범죄 행위자들에게 평화 협정과 사면이란 절차를 통해 면죄부를 준 특이한 기록을 지니고 있다. 내전 과정에서 포데이 산코가 이끈 반란군 RUF가 저지른 잔혹 행위들은 1949년 제네바 협약을 위반한 범죄 행위 자체다. 특히 지난 1999년 1월 RUF가 수도 프리타운을 유린했을 때 저지른 잔혹 행위는 전 세계인들에게 충격을 던져준 바 있다.

국제법으로 보면, 전쟁 범죄자에게 백지 사면을 내려준 1999년 로메 평화 협정은 터무니없는 일이었다. 비전투원인 시민들을 대상으로 한 살인, 강간, 방화, 납치(여자, 소년병) 등은 제네바 협약과 그 부속 문서들에 비추어볼 때 명백한 전쟁 범죄 행위이다. 제네바 협약 제2조는 "자의적인 살인과 신체 훼손"을 제네바 협약의 "중대한 위반 사항"으로 꼽고 있다. 발칸 전쟁과 르완다 내전에서의 인종 청소 같은 전쟁 범죄의 국제 재판도 바로 이 제네바 협약의 조항들에 뿌리를 두고 있다.

무장 집단이 전쟁 범죄를 저질렀어도 평화 협정으로 사면되는 상황은 무엇을 말하는가. 여기에는 미국과 영국 등 서방 국가들의 안이한 정치적 판단이 작용했다. 미국은 시에라리온과 이렇다 할 이해관계가 없다. 인권 차원의 개입을 해봤자, 1993년 소말리아에서처럼 정치적 불이익을 걱정해야 할 판이었다(1993년 소말리아 모가디슈 시가전에서 18명의 미군 사망 뒤 미국 여론 악화로 철수). 세계의 경찰을 자부해온 미국이지만, 시에라리온 내전은 석유가 걸린 걸프 전쟁이 아니었다. 그렇기에 유화책을 펴기에 급급했다.

로메 평화 협정 체결 과정에서 클린턴 미국 대통령은 제시 잭슨 목사를 특사로 파견, 산코를 설득했다. 백지 사면은 평화 협상 과정에서 RUF 반군 지도자 포데이 산코가 처음부터 고집스레 요구한 사항이었다. 협상이 막바지 진통을 거듭하자, 클린턴은 산코에게 직접 전화를 걸었다. "나 말고 어떤 반란군 지도자가 미국 대통령에게 전화를 받았나?" 필자와의 인터뷰에서도 산코는 그런 사실을 자랑삼아 언급했다.

이를 두고 국제적인 비판 여론이 일어났다. "미국을 비롯한 서구 열강의 '아프리카 내전의 아프리카식 해법'이냐?"는 비판이었다. '싸구려 평화'를 구하려고 나쁜 전례만 남기게 됐다는 지적도 제기됐다. 그러나 로메 평화 협상 과정에 적극 개입했던 미국 국무부 아프리카담당 차관은 "사면은 시에라리온의 국내 문제"라고 주장했다.

'싸구려 평화' 지적은 그 뒤 현실로 나타났다. 반군 병사들은 사면만 받은 채 무장 해제를 거부했고, 평화 협정 1년도 안 돼 급기야 영국군의 시에라리온 파병까지 불렀다. 시에라리온 내전에서 우리는 "전쟁 범죄에 대한 백지 사면은 나쁜 선례만 남기고 평화의 길을 막는다"는 교훈을 얻었다. 아울러 좀 더 현대적인 통신 전투 장비를 갖춘 강력한 국제 평화유지군만이 분쟁 지역의 평화를 일궈낼 수 있다는 또 다른 교훈도 얻었다.

시에라리온에 파병된 유엔평화유지군(UNAMSIL) 병력의 주축은 방글라데시, 파키스탄, 잠비아, 케냐, 나이지리아, 탄자니아 같은 제3세계 병력들이었다. 이들은 다이아몬드를 무기와 맞바꿔 강력하게 무장한 반군을 쉽사리 제압하지 못하고 오히려 포로가 되는 등 "시에라리온 평화를 이끌어내는 데 상당한 시간과 예산을 축냈다"는 지적을 받았다.

원론적으로 말한다면, 세계의 경찰을 자부하는 미국이나 유럽의 나토 정예 병력이 시에라리온에 파병돼 일찍부터 질서를 잡았다면 희생자는 크게 줄어들었을 것이다. 그러나 이해관계가 없는 아프리카 소국에 미군 파병을 기대하기는 어려웠다. 아프리카의 불모지 시에라리온은 다이아몬드가 많을 뿐 석유가 나는 쿠웨이트나 이라크가 아니다. 걸프 지역 파병으로 석유만 챙기려 들지 말고 아프리카 평화도 챙기라는 원론적인 비판을 워싱턴의 정치-군사 지도자들이 흔쾌히 받아들일 가능성은 매우 낮다.

모래알 한국인들 이야기

끝으로 시에라리온에서 만난 한국인들 얘기를 좀 해야겠다. 내가 시에라리온에 갔던 2000년 봄은 오랜 내전의 소용돌이 속에서 '총이 법'이라 여길 만큼 나라 전체의 공기가 살벌했다. 의사나 기술자 등 현지의 고급 두뇌들은 모두 제 살 길을 찾아 나라 바깥으로 빠져나가고, 오갈 데 없는 농민 계층은 아무런 대책도 없이 생존의 위협에 떠는 험악한 분위기였다.

시에라리온 내전 취재 과정에서 바로 그런 곳에 우리 교민들 10명쯤 머물고 있다는 사실을 알고 놀랐다. 그들은 지난날 대서양 라스팔마스를 근거지로 한 참치잡이 원양어선의 선원들로, 시에라리온 프리타운 항구에 왔다가 그곳에 정착한 사람들이었다.

그들을 만나 참으로 반가웠지만, 곧 안타까움과 씁쓸함이 느껴졌다. 같은 한국인들끼리 가깝게 지내기는커녕 남보다 못한 사이로 지내고 있는 모습을 보고 나서였다. 누구누구는 돈 문제, 여자 문제가 얽혀 서로 원수처럼 지낸다는 얘기도 들렸다. "한국인은 어딜 가나 모래알"이라는 말이 떠올랐다.

해가 지면 무장 강도가 날뛰고 언제 총탄이 날아들지 모르는 프리타운에는 한국인 선교사도 있었다. "바로 이런 불지옥에서 사람을 구하는 것이 선교의 본분"이라며 말하는 그 선교사의 눈빛에서 누가 뭐래도 넘어가지 않을 어떤 고집이 읽혔다.

시에라리온 유엔평화유지군은 2005년 모두 철수했다. 지금 시에라리온은 여전히 불안하긴 하지만 그래도 평화가 찾아들고 있다. 2007년 치러진 대통령 선거에서 제1 야당 후보 어니스트 바이 코로마가 승리한 뒤 정치적 긴장이 일어났으나 다행히 정권 교체는 순조로이 이뤄졌다. 아프리카에서 선거 혁명을 통해 정권 교체가 이뤄지는 것은 그리

흔한 일이 아니다. 2012년 코로마 대통령은 재선에 성공했다. 2018년 대선에선 야당인 시에라리온인민당(SLPP)의 줄리어스 마다 비오 후보가 여당인 전인민회의(APC)의 사무라 카마라 후보를 누르고 6년 임기의 대통령으로 뽑혔다.

오랜 내전을 거친 다른 나라들이 그러하듯이 시에라리온도 가난을 어떻게 떨쳐내느냐로 고민 중이다. 1인당 국민 소득이 500달러에 미치지 못하며 평균 수명은 60살(남자 57.1세, 여자 62.6세) 정도로 추정된다. 내전 당시 1인당 국민 소득 150달러, 평균 수명 34살에 견주면 상대적으로 나아진 셈이다. 에이즈 퇴치, 부패 척결, 실업난 해소 등은 아프리카의 다른 나라들과 마찬가지로 시에라리온이 21세기에 풀어가야 할 힘든 과제들이다.

Kashmir

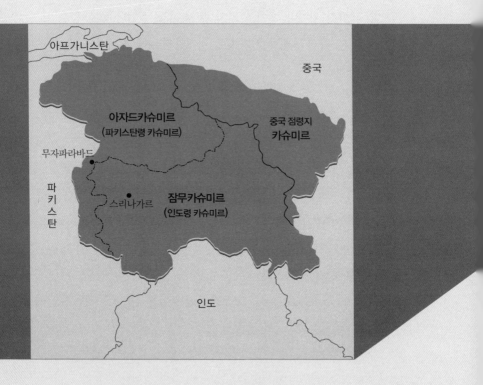

아프가니스탄

중국

아자드카슈미르
(파키스탄령 카슈미르)

중국 점령지
카슈미르

무자파라바드

파
키
스
탄

스리나가르

잠무카슈미르
(인도령 카슈미르)

인도

10장

카슈미르

한반도 분단 닮은 해묵은 분쟁

■ **기본 정보** _ 면적: 220,000㎢(한반도 넓이와 비슷, 인도령 63%, 파키스탄령 37%). 인구: 1,300만 명(인도령 750만 명, 파키스탄령 550만 명). 종교: 이슬람교 77%, 힌두교 20%, 기타 3%. ■ **누가 왜 싸웠나** _ 인도령 카슈미르의 다수 주민인 무슬림들이 힌두교 국가인 인도의 지배에서 벗어나려고 하면서 유혈 투쟁이 있었다. 1947년 영국이 인도 대륙에서 철수한 이후, 인도와 파키스탄이 서로 카슈미르 영유권을 주장하면서 1948년, 1964년, 1971년 3차례 전쟁을 치렀다. 1980년대 후반부터 인도령 카슈미르에서 무슬림 분리 독립 운동 단체들이 게릴라 투쟁을 벌여왔고, 인도 정부는 무차별 연행에 이은 실종 처리로 인권 침해 논란을 불러왔다. ■ **전쟁 희생자** _ 1980년대 후반부터 지금껏 7만여 명이 죽고 많은 사람들이 실종 상태다. ■ **국제 사회의 노력은?** _ 유엔은 1949년부터 인도-파키스탄정전감시단을 두 나라의 카슈미르 접경지대에 파견, 전쟁을 막는 데 노력해왔다. 핵무기 보유국인 인도-파키스탄 두 나라 갈등이 자칫 핵전쟁으로 번지지나 않을까 국제 사회는 걱정한다. ■ **지금은?** _ 양국 간의 화해 무드로, 2005년 인도령 카슈미르의 중심 도시 스리나가르와 파키스탄령 카슈미르의 중심 도시 무자파라바드를 오가는 버스 노선이 열렸다. 그러나 간헐적인 군사적 충돌로 말미암아 카슈미르 계곡에서의 긴장은 그대로다.

히말라야산맥의 서쪽 끝자락에 있는 카슈미르 지역은 인도의 북부와 파키스탄의 북동부, 그리고 중국의 서부와 맞닿아 있다. '작은 히말라야'라는 별명에 걸맞게 아름다운 풍치를 지녔다. 그렇지만 지구촌의 만성적인 분쟁 지역 가운데 하나가 카슈미르다. 우리 한반도 넓이와 비슷한 이 지역에서는 지난 70년 동안 걸핏하면 유혈 사태가 일어나 많은 사람들이 죽고 다쳤다. 1948년 7월 인도령 카슈미르(잠무카슈미르 Jammu Kashmir)와 파키스탄령 카슈미르(아자드카슈미르 Azad Kashmir)로 양분된 이래 인도와 파키스탄은 카슈미르 영유권을 둘러싸고 크고 작은 전쟁을 벌여왔다. 큰 전쟁만 세 번을 치렀다(1948년, 1964년, 1971년).

카슈미르 문제는 인도-파키스탄 관계는 물론 남아시아 국제 정치와도 관련된 주요 사안이다. 지난 1971년 동파키스탄과 서파키스탄 사이의 정치적 갈등 뒤 동파키스탄이 독립 국가 방글라데시로 분리되는 벵골 전쟁이 터졌을 때도 인도와 파키스탄 두 나라는 카슈미르 지역에서 전쟁을 벌였다. 1972년 1월 그 전쟁을 마무리하면서 맺은 시믈라Simla 협정에서 확정한 카슈미르 정전 경계선이 오늘날의 통제선 Line of Control(LOC)이다. 이 지역에는 유엔인도파키스탄정전감시단

(UNMOGIP)이 1949년부터 주둔해 있다. 유엔 평화 유지 활동의 원조라 일컬을 수 있다. 우리 한국군도 1994년부터 10명 남짓의 장교들이 UNMOGIP 요원으로 파견되어 활동 중이다.

인도령 카슈미르와 파키스탄령 카슈미르의 넓이는 2 대 1로 인도령이 2배 넓다. 인도령 카슈미르의 일부는 인도-중국 국경 분쟁의 불씨가 되기도 했다. 1999년 여름에는 파키스탄군이 '통제선'을 넘어 들어오자, 무려 두 달 동안 소규모 무력 충돌이 되풀이되곤 했다. 특히 1989년 카슈미르의 이슬람 무장 조직들이 인도 정부군에 맞서 본격적인 테러 활동을 펴면서부터 긴장은 더욱 높아졌다. 거듭된 유혈 충돌 과정은 난민들을 낳기 마련이다. 1,300만 주민들 가운데 많은 이들이 고향을 등지거나 난민 신세가 되고, 이산가족들이 한숨과 눈물로 살아온 곳이 카슈미르다.

영국 식민 통치의 불행한 유산
일제강점기에서 벗어난 뒤에 우리 한반도가 미군과 소련군에 분할 점령됨으로써 민족 분단의 씨앗이 뿌려졌듯이, 카슈미르 분쟁도 대영제국 식민지 통치의 불행한 유산이다. 1947년 8월 영국이 인도 대륙에서 철수할 당시 카슈미르는 지역 주민의 대부분(77%)이 무슬림이었지만, 소수의 힌두교계(22%)가 통치권을 행사하는 토후 왕국이었다. 그러나 인도와 파키스탄이 서로 분리 독립되는 과정에서 당시 카슈미르 통치권자였던 마하라자 하라싱이 다수 주민의 뜻과는 달리 카슈미르를 인도 쪽에 편입시키기로 혼자 결정하였고, 그 결정이 지금껏 분쟁의 씨앗을 뿌린 셈이

되었다. 민족 갈등이 종교 갈등과 겹친다는 점이 카슈미르 분쟁의 특징이다.

큰 그림을 그린다면, 카슈미르 분쟁은 초기에는 전면전 양상이었다가 후기에는 국지전 또는 내전의 양상을 보였다. 1980년대 후반부터 인도령인 잠무카슈미르주에서 이슬람 무장 세력에 의한 분리 독립 운동이 일어났다. 이슬람 무장 세력은 1988년에 조직된 잠무카슈미르해방전선(JKLF)을 중심으로 인도 정부 관리들에 대한 무차별 테러와 폭동, 게릴라전을 벌여왔다. 따라서 1990년대 이후 카슈미르 유혈 분쟁은 인도 정부군과 파키스탄 정부군 사이의 무력 충돌보다는 인도 정부군과 이슬람 반군 간의 충돌이 중심을 이뤄왔다. 유엔의 정전 감시 활동으로 인도-파키스탄 통제선은 비교적 평온한 데 비해, 인도령인 잠무카슈미르는 무슬림과 힌두교도 간의 반목과 대립에 따른 테러와 폭동, 게릴라전으로 긴장감이 돌았다.

인도 정부는 "파키스탄 정부가 잠무카슈미르해방전선을 비롯한 무장 조직들에게 무기와 자금을 대주고 투쟁을 부추긴다"고 비난하지만, 파키스탄 쪽은 이를 부인해왔다. 그런 유혈 투쟁 과정에서 많은 민간인들이 희생당했다. 1980년대 후반 이래 지금껏 7만여 명의 카슈미르인이 죽고 20만 명쯤의 난민이 생긴 것으로 알려질 뿐 정확한 통계는 없다. 희생자의 대부분은 비전투원(민간인)이다.

외국인의 발길 닿기 어려운 곳

파키스탄 정부는 카슈미르를 특수 구역으로 관리한다. 외국인이 파키스탄 수도 이슬라마바드를 거쳐 카슈미르로 들어가려면, 파키스탄 정부에 별도의 허가를 받아야 한다. 그러나 그 허가를 받는다는 게 쉽지 않다. 외국 기자들이 취재 목적을 밝히고 카슈미르로 들어가겠다고 신청하면, "기다려달라. 검토하겠다"라는 답변을 듣기 일쑤다. 그러다 며칠 지나 재촉을 하면, "아직 검토 중이다"란 답답한 대꾸뿐이다. 그래서 많은 외국 기자들이 기다리다 못해 카슈미르 취재를 포기하고 돌아가곤 한다.

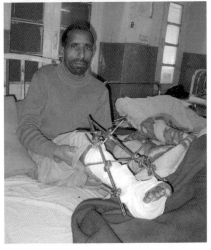

위 파키스탄 장교와 함께 상황을 살피는 유엔정전감시단 소속 한국군 장교들.
아래 인도군의 포격으로 부상당한 카슈미르 난민.

파키스탄 수도 이슬라마바드 현지에서 들은 얘기가 있다. "파키스탄에서는 되는 일도 없고, 안 되는 일도 없다"는 것이다. 무슬림인 파키스탄 사람들은 알라의 뜻에 따라 세상일이 돌아간다는 '인샬라'란 말을 입에 달고 산다. 나도 "인샬라"를 되뇌며, 파키스탄 정부의 입주 허가증 없이 무작정 카슈미르로 떠나기로 했다. 마침 유엔인도파키스탄정전감시단(UNMOGIP) 소속 연락 장교로 이슬라마바드에 머물던 한국군 소령과 연락이 닿았다. 유엔군의 푸른 베레모를 쓴 소령의 뒷심을 은근히 믿으며, 그와 함께 아침 일찍 이슬라마바드를 떠났다.

히말라야산맥의 서쪽 끝자락에 자리한 카슈미르로 가는 길은 험하다. 이슬라마바드에서 파키스탄령 카슈미르(아자드카슈미르)로 이어지는 도로는 가파른 고갯길과 강을 끼고 달리는 절벽길의 연속이다. 그러나 '작은 히말라야'라는 별명에 걸맞게 아름다운 풍치다. 지도상으로 보면, 이슬라마바드에서 파키스탄령 카슈미르의 중심 도시인 무자파라바드까지의 직선거리는 사실 얼마 되지 않는다. 도로상 길이도 150km 남짓이다. 그러나 가파른 고갯길, 깎아지른 절벽길 등을 한참 지나는 산악 지방 특유의 험한 길을 5시간쯤 달려야 한다.

무자파라바드를 얼마 앞두고 경찰 초소와 맞닥뜨렸다. 히말라야산맥에서 카슈미르로 흘러내리는 옐름강에 세워진 쿠알라 다리 초소였다. 그곳에서 30분가량 심문을 받았다. 여기까지 와서 그냥 돌아가야 하는 게 아닐까, 걱정이 들었다. 사람 좋아 보이는 40대 초반의 경찰 초소장은 "카슈미르에서 40년 살면서 한국인과는 처음 얘기를 나눠본다"고 했다. 2002년 월드컵 축구가 화제로 떠오르면서 분위기는 심문에서 대화로 바뀌었다. 이런 과정을 거쳐 초소를 통과할 수 있었다. 카슈미르 경찰들은 유엔군의 푸른 베레모를 쓴 한국군 소령과 함께 가는 나를 그저 유엔에서 일하는 '문관'쯤으로 여겼을 것이다.

빈 라덴에게 박수 보내는 민심

인구 550만 파키스탄령 카슈미르의 중심 도시인 무자파라바드 입구에 들어서자마자, 한 무리의 시위대를 만났다. 파키스탄령 카슈미르의 대학생들이었다. 그

인도군의 탄압에 항의하는 파키스탄령 카슈미르인들의 시위.

들은 "인도 정부는 무슬림들의 인권을 탄압하지 말라"는 구호를 외치며 유엔인도파키스탄정전감시단 초소 앞에서 시위를 벌였다. 그들의 규탄 대상은 인도였지만, 애꿎게 유엔군이 시위대를 맞이한 모습이었다. 무슬림 여성들이 쓰는 샤리를 두르고 두 눈만 내놓은 채 시위대를 이끌고 있던 여학생은 마이크로 "카슈미르인에게 자유를!"을 되풀이해 외쳐댔다.

시위 행렬에 참여한 아자드카슈미르대학교 영문과 타크디스 길라니 교수는 희망(HOPE)이라는 이름의 지역 인권 단체 대표다. 그녀는 "국제 사회가 카슈미르 사람들의 인권에 관심을 가져야 한다"고 입을 열었다. '테러와의 전쟁'이란 이름 아래 러시아 체첸 민족이나 중국 위그르 민족의 인권이 실종됐듯, 파키스탄 '자유 전사'들이 설 땅을 잃어가고 있다고 안타까워했다.

　인도 정부는 카슈미르에서 무장 저항 활동을 펴는 무슬림들을 '테러리스트'로 낙인찍어왔다. 이에 맞서 이슬람 무장 세력들은 스스로를 '자유 전사'라 일컫는다. 카슈미르에서 만난 무슬림 주민들도 그 무장 세력들을 '테러리스트'라 여기지 않았다. 일제 침략 세력을 향해 폭탄을 던졌던 이봉창, 윤봉길을 일제는 '불령선인'이라 불렀으나 우리는 그 두 분을 '의사'라 믿는 것과 마찬가지다.

　카슈미르의 무슬림들은 "중동에서 팔레스타인 사람들이 이스라엘에 빼앗긴 땅을 되찾는 투쟁을 벌이지만, 이스라엘은 그들을 테러리스트로 몰아붙인다. 이곳 카슈미르 사정도 마찬가지다"라며 인도 정부를 비판한다. 파키스탄령 카슈미르 지역 정당인 '이슬람교회의' 당수인 사르다르 시칸다르 하이얏 칸은 필자와의 인터뷰에서 "지금껏 많은 카슈미르 사람들이 인도의 국가 테러에 희생당했다는 사실을 기억해달라"고 말했다.

　인도 정부를 상대로 무장 투쟁을 벌이는 카슈미르 게릴라들은 오사마 빈 라덴의 9·11 테러(2001년) 전만 해도 파키스탄 정부의 은근한 지원을 받았다. 이 게릴라들은 아프가니스탄의 알 카에다 훈련 기지에서 무장 투쟁 훈련을 받기도 했다. 미국의 아프가니스탄 침공 때 붙잡힌 뒤 미국 법정에서 20년 징역형을 언도받았던 '미국인 탈레반' 존 워커 린드도 카슈미르와 인연이 있다. 그는 아프가니스탄으로 넘어가기 앞서 2001년 봄 한때 카슈미르에서 게릴라 활동을 펼쳤다. 무자파라바드 시내 곳곳에는 오사마 빈 라덴의 초상화가 버젓이 내걸려 있었다. 파키스탄에는 빈 라덴과 탈레반의 이슬람 근본주의와 반미 노선에 공감하는 이들이 많다는 것을 보여주었다.

카슈미르 안에서는 사진을 마음대로 찍을 수가 없었다. 경찰이나 군인들 눈에 안 띄게 눈치껏 찍어야 했다. 모든 지형지물이 군사 시설물로 여겨지는 까닭이다. 특히 교량 등 주요 시설물들을 향해 카메라를 들이대는 것은 금기였다. 무자파라바드 입구에 들어서면, 길가에 세워진 거대한 미사일을 볼 수 있다. 인도령 카슈미르 쪽을 향해

빈 라덴 포스터 옆에 선 카슈미르 청년.

금세라도 날아갈 듯한 모습이다. 하지만 가까이 다가가 보니 실물 크기의 모형이었다. 오랫동안 앙숙으로 싸워온 분쟁의 현장에 와 있다는 실감이 들었다.

인구 9만의 무자파라바드는 파키스탄령 카슈미르(인구 550만)의 정치 중심지이자 군사적 요지다. 북쪽에서 흘러오는 넬람강과 동쪽에서 오는 젤룸강이 만나는 곳이라서 카슈미르의 농산물들이 모여드는 상업 중심지이기도 하다. 그러나 산악 지형에 강을 끼고 세워진 도시라서 시내 도로조차 좁고 구불구불하다. 오래되어 낡은 차량들은 한껏 매연을 내뿜으며 달린다. 그런 길거리엔 밭에서 캐낸 야채들을 싸들고 차비를 아끼느라 먼 길을 걸어왔을 아낙네들이 하루 종일 먼지와 자동차 매연을 뒤집어쓰고 앉아 있다. 한 아낙네가 팔려고 내놓은 야채를

다 사봐야 우리 돈으로 1만 원이나 될까. 지구촌 어딜 가나 볼 수 있는 생존의 서글픈 현장일 것이다.

카슈미르의 영유권을 둘러싸고 오랫동안 인도와 싸워온 까닭에 무자파라바드 길거리에서 인도-파키스탄 분쟁의 피해자를 만나기란 어려운 일이 아니다. 주민 가운데 상당수가 이미 오래전에 인도군의 박해를 피해 이곳으로 피란 와 삶의 뿌리를 내린 사람들이다. 많은 이들이 인도령 카슈미르에 일가친척을 두고 떠나온, 이를테면 이산가족이다. 우리 한반도처럼 분단의 슬픔을 안고 살아가는 지구촌의 또 다른 분단 현장이 바로 카슈미르다.

무자파라바드에서 택시 운전사로 일하는 무함마드 가흐산(27세)도 이산가족이다. 이미 저세상 사람이 된 그의 아버지는 1980년대 말까지만 해도 인도령 카슈미르 접경 마을에서 농사를 짓고 살던 농부였다. 그러나 1990년 초 어느 날 "이슬람 게릴라 동조자"로 몰려 인도 쪽 민병대에게 죽임을 당했다. 그 바로 뒤 가흐산의 어머니는 어린 가흐산을 데리고 파키스탄 쪽으로 넘어왔다. "옛 고향 땅에는 할아버지, 할머니가 아직 살고 있다"는 이 카슈미르 청년은 5년 전 한국 인천과 시흥에서 산업 기술 연수생으로 일한 적이 있다고 말했다.

늦은 저녁 일을 마치고 호텔로 돌아가는 길에 그런 얘길 듣는 순간 슬며시 불안한 마음이 들었다. 이미 잘 알려진 얘기지만, 파키스탄, 방글라데시, 네팔 등지에서 '산업 연수생'으로 한국에 간 많은 청장년들이 돈을 벌기는커녕, 심한 고생만 하다 돌아간 경우가 많다. 경우에 따라선 손가락을 잘리고 건강하던 몸마저 망가지지만 보상을 못 받기 일쑤다. 그들은 고향으로 가서는 한국 욕을 있는 대로 퍼붓는다. 어쩌다 일부 운 없는 한국 관광객은 동남아에서 봉변을 당하기도 한다. 다행히도 가흐산은 착한 카슈미르 청년이었다.

그날 밤 무자파라바드의 작은 호텔 방에서 문득 '국가 신용도'란 단어가 떠올랐다. 미국 무디스 같은 신용 평가 기관들은 '그 나라에 얼마만큼 안심하고 투자해 돈을 벌 수 있는가'에 따라 한 국가의 신용도를 잰다. 이는 자본의 잣대로 국가 신용도를 평가하는 것이다. 가흐산과의 우연한 만남에서 '국가 신용도를 자본의 잣대뿐 아니라 노동의 잣대로도 재야 마땅하다'는 생각이 들었다. 가흐산과 같은 외국인 이주 노동자들이 '한국에서 얼마만큼 안심하고 노동을 해 돈을 벌 수 있는가'로 국가 신용도를 잰다면, 과연 한국은 얼마나 높은 점수가 나올까.

통제선, 사실상의 국경선   유엔인도파키스탄정전감시

단 소속 두 한국군 장교와 함께 4륜 구동차를 타고 '통제선'이라 일컬어지는 인도-파키스탄 접경지대를 찾았다. 무자파라바드에서 동남쪽으로 60km쯤 떨어진 차코티 지역으로 향했다. 평지 같으면 1시간 남짓이면 족히 닿을 거리였지만, 깎아지른 절벽 밑으로 히말라야산맥에서부터 흐르는 강이 아득히 내려다보이는, 꼬불꼬불 산허리를 감싸며 달리는 길이라서 2시간 넘게 걸렸다.

그런 험악한 지형을 지닌 산악 지대 곳곳에도 사람들이 모여 마을을 이루고 살고 있었다. 곳곳에 천막촌들도 보였다. 인도군의 박해를 피해온 난민들이었다. 그 가운데 제법 큰 규모인 자파르난민수용소에 170가구 1,100명이 살고 있었다.

위 무자파라바드 입구에 세워진 미사일 모형. 미사일이 인도 쪽을 향하고 있다.
아래 인도-파키스탄 통제선. 흰 눈 쌓인 산속에 인도군 참호가 있다.

수용소 안으로 들어가봤다. 4년 전 인도군과 파키스탄군 사이에서 포격전이 벌어졌을 때 그곳으로 피란을 왔다는 모하마드 압둘라(42세)는 포탄 파편에 머리를 다쳐 줄곧 천막 속에서 누워 지내고 있었다. 그가 병석에서 입고 있는 옷은 놀랍게도 땀에 전 양복이었다. 달리 입을 마땅한 옷이 없어서일 것이었다. 그곳 촌장은 "이곳 사람들은 코소보나 보스니아처럼 난민으로서의 대접도 제대로 못 받아, 하루하루 삶이 고단하기 짝이 없다"고 하소연했다.

통제선이 가까워질수록 흰 눈이 쌓인 고지들 곳곳에 파키스탄군 초소들이 보였다. 통제선 500m 전방의 콘크리트로 다진 방호벽이 접근 가능한 최전방이었다. 그로부터 1km쯤 떨어진 곳에 자리한 인도군 초소가 망원경으로 보였다. 그쪽에서도 망원경을 통해 필자를 보고 있을 것이란 생각이 들자, 썰렁한 느낌이 스쳤다. 최전방을 지키는 파키스탄 군인들은 사진을 찍으려 하면 막무가내로 손을 내저었다. "이즈음 상황이 좋지 않아 더 그럴 것"이라고 동행한 한국군 소령이 귀띔했다.

필자가 카슈미르의 통제선을 찾은 때는 인도와 파키스탄이 일종의 짧은 소강상태를 보이고 있을 때였다. 그러나 그 바로 며칠 뒤 인도령 카슈미르에서 중무장 게릴라들의 총격에 인도 경찰 4명이 숨지자, 잠잠하던 카슈미르 계곡에는 다시 포성이 울려 퍼졌다. 카슈미르 취재를 마치고 비행기에 오르던 날 인도군이 카슈미르 접경 파키스탄 진지에 포격을 가해 파키스탄 병사 12명이 숨지고 파키스탄군 벙커 10개가 파괴됐다는 소식을 들었다.

카슈미르 사태를 어떻게 풀어야 할 것인가는 파키스탄 수도 이슬라마바드와 카슈미르 현지 사람들끼리도 엇갈리는 논쟁 사안이다. "카슈미르에서 인도군을 몰아낸다는 것은 현실적으로 불가능하다. 대화로 풀어야 한다"는 현실론도 만만치 않다.

온건한 입장을 보이는 카슈미르 지식인 가운데 한 사람인 아자드카슈미르대학교 타크디스 길라니 교수(영문학)는 "과격 무장 조직의 활동이 카슈미르 위기를 증폭시키고 이렇다 할 해결책을 제시하지 못하는 점이 안타깝지만, 그렇다고 인도의 카슈미르 강점 지배를 인정해선 안 된다"고 말했다.

큰 그림에서 보면, 파키스탄 지식인들은 "대화로 풀되, 카슈미르 주민들의 정치적 의사가 존중돼야 한다"는 시각이다. 즉 그들은 지난 1949년 유엔에서 결의했으나 실시되지 못하고 숙제로 남은 주민 투표 plebiscite, 다시 말해 카슈미르 운명을 1999년의 동티모르처럼 주민 투표로 결정하는 방식을 선호한다. 주민 투표를 할 경우 파키스탄이 훨씬 유리해진다. 무슬림이 95%를 차지하는 파키스탄령 카슈미르는 물론이고, 인도령 카슈미르도 주민 다수가 무슬림이기 때문이다(무슬림 61%, 힌두교도 31%, 불교도 6%, 기타 2%).

그러나 카슈미르에는, 현실성이 낮아 드러내놓고 말들은 안 하지만,

인도도 파키스탄도 아닌 제3의 독립 국가를 원하는 분위기가 널리 퍼져 있다. 인도 정부의 입장도 다르다. 인도 정부는 지난 1972년에 인도와 파키스탄이 맺은 시믈라 협정의 규정에 따라야 한다는 원칙론을 고집한다. 협정에는 "두 나라는 쌍무 협상에 따라 평화적으로 입장 차이를 조정한다"고 돼 있다. 주민 투표와 관련된 1949년의 유엔 결의란 이미 오래전에 지나간 얘기라는 것이다. 인도 정부의 입장은 지금의 통제선을 양국의 국경선으로 굳히자는, 한마디로 현상 유지 쪽이다.

오랜 갈등의 골 어찌 메울까

이런 기본 시각 차이 속에서도 인도와 파키스탄은 카슈미르 분쟁을 어떤 형태로든 털어내야 한다는 부담을 지니고 있다. 카슈미르 분쟁은 남아시아의 저개발과 빈곤을 가져온 원인의 하나로 꼽혀왔다. 인도와 파키스탄은 2019년 현재 1인당 국민 총소득(GNI)이 각각 2,100달러, 1,500달러 정도이고, 인구 가운데 절반쯤이 빈곤에 허덕이고 있는 가난한 나라다.

인도는 140만 군 병력 가운데 30만 명을 카슈미르 지역에 주둔시키고 있다. 해마다 600억 달러 넘게 지출되는 국방비의 상당 부분이 카슈미르 치안 유지와 관련된다. 62만 명 규모의 군 병력을 지닌 파키스탄 또한 140억 달러의 국방비 가운데 상당 부분을 카슈미르 관련 예산으로 지출하고 있다.

더구나 인도-파키스탄 두 나라는 핵무기 개발 경쟁을 통해 남아시아 지역 패권 경쟁에서 우위를 확보하겠다며 서로 경쟁하는 모습이다. 인도는 1974년 지하 핵실험을 통해 세계에서 7번째로 핵보유국이 됐

카슈미르 난민촌의 아이들은 가난 탓에 학교에도 다니지 못한다.

고, 1998년 봄 두 차례의 핵실험을 강행한 뒤 핵보유국임을 공식화했다. 그런 일이 있은 지 꼭 2주 뒤에 파키스탄도 다섯 차례의 핵실험을 성공적으로 마친 뒤 "파키스탄도 핵보유국"임을 선언했다. 그러자 파키스탄 국민들은 거리로 몰려나와 춤을 췄다.

국제 사회가 걱정하는 것은 핵보유국인 두 나라가 카슈미르 분쟁을 촉발점으로 핵전쟁을 벌이지나 않을까 하는 점이다. 인도와 파키스탄 모두 핵 확산 금지 조약(NPT)에 가입하길 거부해왔고, 따라서 국제원자력기구(IAEA)의 사찰을 받지 않았다.

파키스탄의 영향력 큰 일간 신문 『새벽』의 편집국장 M. 지아우딘은 필자와의 인터뷰에서 파키스탄과 인도의 지식인들 사이에서 "경제 발전에 쓰여야 할 예산이 카슈미르 분쟁과 자존심 걸린 핵무기 개발 경쟁에 허비됐다"는 인식이 널리 퍼져가는 중이라 말했다. "이제는 어떻게든 소모적인 분쟁을 그치고 외교적 노력으로 카슈미르의 평화를 되찾아야 한다는 생각이 두 나라 지식인들 사이에서 힘을 얻어가고 있다"는 얘기다.

인도와 파키스탄의 정치 지도자들은 카슈미르 분쟁의 평화적 해법을 찾으려 애써왔다. 1994년 이래 지금까지 몇 년에 한 번씩이나마 정상 회담을 통해 카슈미르 평화를 모색해왔다. 2000년에 인도 정부는 "카슈미르 지역에서 더 이상 전쟁을 벌이지 않겠다"며 일방적으로 정전을 발표하기도 했다. 2005년엔 인도와 파키스탄을 오가던 버스 노선도 다시 열렸다.

그런 평화 노력에도 불구하고 크고 작은 총격전과 폭력 사태는 끊임없이 이어져왔다. 2008년엔 카슈미르의 이슬람 무장 세력 가운데 하나인 '라쉬카 이 토이바'(우리말로는 '성스러운 군대')가 인도 뭄바이의 특급 호텔을 기습 공격, 사망자 수가 195명에 이르는 사건을 일으켜 전 세계를 놀라게 했다. 카슈미르 무장 조직이 뭄바이에서 민간인들을 무차별로 살상함으로써 국제 사회로부터 '테러 행위'라는 비난을 받았지만, 그 무장 대원들 시각에선 "카슈미르 문제를 잊지 말아달라"는 메시지를 전 세계에 던진 셈이다.

결론적으로, 카슈미르 계곡에서 총성이 완전히 그쳐 평화가 깃들고 난민들이 옛 고향으로 돌아갈 날은 멀어만 보인다. 카슈미르 지역의 많은 사람들은 "카슈미르 문제는 정치적인 것인 만큼 무력이 아닌 대화로 풀어야 한다"는 말들을 한다. 그러나 그것은 어디까지나 원론적인 얘기일 뿐이다.

1947년 이래 잦은 유혈 충돌로 갈등의 골이 깊어질 대로 깊어진 만큼 인도와 파키스탄의 관계를 풀 해법을 찾기란 쉽지 않다. 주변 강대

산등성이에 자리한 카슈미르의 한 난민촌.

국들도 두 나라의 갈등 구도에 끼어들었다. 다름 아닌 미국과 중국이
다. 미국은 여러 차례 국경선에서 중국과 군사적 충돌을 빚어온 인도
와 동맹 수준의 밀월 관계다. 2018년 미군 태평양사령부의 이름도 인
도태평양사령부로 바뀌었다. 중국은 장기 저리로 대규모 차관을 제공
하는 등으로 파키스탄과 가까이 지낸다. 이렇듯 미중 패권 경쟁 구도
가 남아시아 지역에서도 보인다. 핵무기 보유국인 인도-파키스탄 사이
에 우발적인 핵전쟁의 위험도 무시하기 어렵다. 바로 그러한 점들 때문
에 오랜 분쟁에 지친 카슈미르 사람들은 물론 지구촌 평화를 사랑하
는 이들의 걱정이 지금도 이어지고 있다.

Cambodia

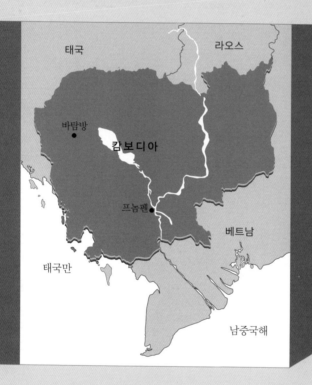

태국

라오스

바탐방
●

캄보디아

프놈펜●

베트남

태국만

남중국해

11장

캄보디아

내전, 공습, 공포 정치
3박자의 살육 현장

■ **기본 정보** _ 국토 면적: 181,000㎢(한반도보다 조금 작음). 인구: 1,700만 명. 종교: 불교 97.1%, 무슬림 2%, 기타 0.9%. ■ **누가 왜 싸웠나** _ 베트남 전쟁 중인 1960년대 말과 1970년대 초에 미국이 북베트남군의 보급로 차단을 목적으로 캄보디아를 공습했을 때부터 캄보디아의 '킬링 필드'가 시작됐다. 1975년 폴 포트가 이끌던 크메르루주 반군이 친미 정권을 몰아내고 공포 정치를 폈으나, 1978년 말 베트남군이 캄보디아를 침공, 폴 포트 정권을 무너뜨렸다. 캄보디아 주둔 베트남군은 1989년까지 10년 동안 크메르루주군과 전투를 벌였다. ■ **국제 사회의 노력은?** _ 1991년 파리 평화 협정을 중재함으로써 오랜 전쟁은 막을 내렸다. 1993년 유엔 감시 아래의 총선이 치러졌다. 크메르루주 세력은 총선을 거부했지만 그때부터 약해졌고, 1998년 폴 포트 사망 뒤 자취를 감추었다. ■ **전쟁 희생자** _ 약 200만 명. 내전 중 마구 심은 지뢰로 약 2만 9,000명이 피해를 입었다. ■ **난민** _ 태국–캄보디아 국경에는 유엔난민기구에서 운용하는 많은 난민 수용소들이 있다. ■ **지금은?** _ 1997년 쿠데타로 권력을 잡은 훈센의 1인 장기 독재 아래 경제적 성장을 추구하고 있다. 폴 포트 정권의 전쟁 범죄에 대한 재판이 2007년부터 진행되었다. 10년 넘게 끈 이 재판에서 크메르루주 정권의 고위 지도자 2명(키우 삼판, 누온 체아)에게 2018년 종신형이 선고됐다. 하지만 캄보디아 공습 책임이 있는 미국 지도자들은 기소되지 않은 채 재판은 끝났다.

C a m b o d i a

우리에게 영화《킬링 필드》로 알려진 캄보디아의 이미지는 죽음과 굶주림 그리고 절망이다. 캄보디아의 현대사는 곧 전쟁과 살육의 극단 적인 보기다. 20년 내전과 베트남 전쟁의 불똥으로 200만 명 넘게 희생 됐다. 대학살은 오로지 폴 포트를 비롯한 일부 캄보디아 지도자들만의 잘못인가. 내전에 깊이 개입하고 비밀리에 마구잡이 공습을 되풀이했 던 미국은 책임이 없는가.

1970년대 후반 폴 포트가 이끈 크메르루주군의 공포 정치가 있기 앞서 캄보디아 사람들은 베트남 전쟁으로 큰 고통을 받았다. 1960년 대와 1970년대에 베트남 전쟁의 수렁에 빠져 있을 무렵 미국은 캄보 디아 동부 베트남 접경지대의 '호치민 루트'를 따라 움직이는 적대 세 력(북베트남군과 남베트남민족해방전선, 즉 베트콩)을 토벌하기 위해 대 규모 공습을 가하곤 했다. 이로 인해 숱한 캄보디아 농민들이 목숨을 잃고, 생활 터전을 빼앗겼다. 그 때문에 "캄보디아의 '킬링 필드killing field'는 크메르루주 치하의 1970년대가 아닌 1960년대에 이미 시작됐 다"는 지적마저 나온다. 캄보디아에서의 대규모 공습과 론 놀 군사 정 권 지원 등 미국의 정치·군사적 개입은 반세기가 지난 지금도 논란 속에 있다.

전쟁이 할퀴고 간 캄보디아는 오랫동안 그 후유증을 겪어왔다. 수도 프놈펜 거리엔 남루한 군복 차림의 전쟁 부상자들이 지나는 외국인 관광객들에게 동냥을 구하고, 학교 수업을 받아야 할 어린이들 가운데 일부는 대낮에 자동차 수리공 또는 양담배 행상으로 나선다. 전쟁으로 남편과 아빠를 잃은 부녀자들은 뒷골목 거리에서 몸을 팔기도 한다. 마치 6·25 전쟁 바로 뒤인 1950년대 한국의 거리를 떠올리는 음울한 풍경들이다.

오랜 내전이 남긴 상처들
나는 1997년 말, 그리고 2002년 여름에 캄보디아를 방문했다. 5년 차이를 둔 두 번의 현지 취재길에서 캄보디아를 할퀸 20년 내전의 상처는 좀처럼 쉽게 치유되기 어려운 것으로 느껴졌다. 캄보디아의 오랜 전쟁은 그 긴 세월의 두께만큼이나 사람들의 몸과 마음에 깊은 상처를 남겼다.

　캄보디아와 외부 세계를 잇는 통로는 인구 230만의 수도 프놈펜의 공항이다. 이 공항에서 택시를 타고 시내로 들어가는 외래 방문객들은 20년 내전에 시달려온 캄보디아의 어두운 오늘을 말해주는 사람들과 부딪쳐야 한다. 30분 남짓 택시를 타고 가면서 한쪽 다리, 심지어 두 다리를 모두 잃은 사람들을 여러 명 보았다. 택시가 교차로에 멈춰 설 때마다 손목 또는 발목을 잃은 전쟁 희생자들이 동냥을 구하는 애처로운 표정으로 차 창문을 두드렸다. 이 나라에 널린 지뢰 탓일까, 발목을 잃은 이들이 훨씬 많았다. 이 가운데에는 어린 소녀나 여인들도 있다. 국제적십자사(ICRC) 통계에 따르면, 20년 캄보디아 내전을 치르며

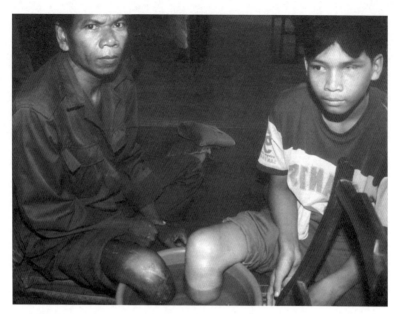

두 지뢰 희생자. 곳곳에 널린 지뢰 때문에 많은 이들이 발목을 잃었다.

군인들보다 더 많은 숫자의 민간인들이 죽고 다쳤다(비율은 민간인 55 대 군인 45).

　외국 관광객들이 몰리는 관광지, 이집트 피라미드와 더불어 7대 불가사의라 불리는 앙코르와트 사원에서도 예외가 아니었다. 가는 곳마다 의족을 한 채 구걸하는 사람들과 마주쳐야 했다. 캄보디아가 자랑하는 세계적 문화유산인 사원 안팎 곳곳에 이 전쟁 희생자들이 잘린 다리를 내놓은 채 자리 잡고 있어 방문객들의 마음을 어둡게 했다. 많은 이들이 지뢰 피해자다. 캄보디아 정부의 집계에 따르면, 2020년 현재 약 6만 5,000명의 지뢰 피해자가 있다. 캄보디아 국민 260명 가운데 1명꼴이다. 오랜 내전이 남긴 상처다.

　숱한 지뢰 피해자들이 생존의 벼랑 끝에 몰려 거리에서 구걸하지만,

20년 넘는 내전으로 피폐할 대로 피폐해진 캄보디아의 빈약한 국가 재정으로는 이 지뢰 피해자들을 보살필 여유가 없다. 지뢰를 밟아 하루 아침에 노동 능력을 잃은 사람들에게 외국의 자선 단체, 이른바 비정부 기구들이 나서서 도움을 주지만 역부족이다. 생존의 벼랑 끝으로 내몰린 일부 지뢰 피해자들이 거리에서 동냥하는 것이 오늘의 캄보디아 현실이다.

캄보디아도 농경 사회다. 손목이나 발목을 전쟁으로 잃는다면, 그래서 노동 능력을 잃는다면, 먹고살기가 어렵다. 프놈펜 시내에는 메리놀 수녀원 같은 일부 외국 민간 자선 단체들의 도움으로 몇몇 작은 직업 기술 교육원이 운영되고 있다. 전쟁 희생자들의 재활을 돕기 위해서다. 여자들은 재봉, 남자들은 목수 일 같은 것을 배운다. 그러나 큰 도움은 되지 못한다. 손발이 멀쩡한 사람도 일자리 구하기가 쉽지 않은 곳이 캄보디아다. 굶주리는 자식을 보다 못한 가장은 거리로 나서서 구걸을 하기도 한다. 생존의 밑바닥을 헤매는 비참한 처지라는 걸 부끄러워하기엔 이미 감성이 무디어진 듯한 모습이다.

국제적십자사 추산으로는 약 600만 개의 지뢰가 묻혀 있다. 캄보디아 인구가 1,700만이니, 거의 국민 1인당 0.35개꼴의 지뢰가 땅속에 묻혀 있는 셈이다. 수도인 프놈펜이나 제2의 도시 바탐방 같은 도시 주거 지역을 빼면, 곳곳에 지뢰가 묻혀 있다. 캄보디아인들이 문화적 긍지를 갖고 있는 앙코르와트 사원도 지뢰 위험 때문에 지난 1989년까지 일반 관광객들의 출입이 금지됐을 정도다.

지뢰의 제거는 오랜 내전에 시달려온 캄보디아가 안고 있는 최대 골칫거리다. 특히 크메르루주군이 마지막까지 근거지로 사용했던 캄보디아 북서부 일대에 많은 지뢰가 묻혀 있다. 마을길을 조금만 벗어나도 지뢰밭을 만나게 되는 상황이다. 여러 정파가 뒤엉켜 싸웠던 오랜 내전의 유산이다. 지뢰가 어디 묻혔다는 기록도 캄보디아에는 없다. 누군가 사고로 죽거나 다쳐야 그 일대에 지뢰가 묻혀 있다는 것을 알게 된다.

땅에 떨어져 버려진 불발탄도 문제다. 피해 원인별로는 대체로 지뢰 6, 불발탄 4의 비율이다. 흔히 지뢰 위험만 얘길 하지만, 불발탄 피해도 크다는 것을 알 수 있다. 캄보디아 훈 센 정권의 역점 사업도 지뢰와 불발탄 제거다. 그래서 해를 거듭할수록 피해자 숫자는 줄어들고 있지만, 이즈음도 해마다 100명 안팎의 희생자를 내고 있다. 문제는 캄보디아에 파묻힌 600만 개의 지뢰를 21세기 안에 다 캐낸다는 것은 불가능하다는 점이다.

10번 도로변의 유령 마을들

프놈펜 도착 다음 날 캄보디아 지뢰 제거를 총괄하는 조직인 지뢰제거센터(CMAC)를 찾아갔다. CMAC의 안내를 받아 지뢰밭 현장을 가보기 위해 비행기로 40분 거리인 바탐방으로 갔다. 캄보디아 제2의 도시인 바탐방은 태국 국경 지대로 통하는 교통의 요지이자 농산물 집산지로, 지난 1975년 수도 프놈펜이 크메르루주군에 함락될 때까지도 정부군이 완강히 버텼던 역사를 지녔다. 이 지역 일대에는 확인된 지뢰밭만 해도 무려 455개나 됐다.

바탐방공항에 닿자마자 곧바로 CMAC 쪽에서 제공한 지프를 타고 지뢰밭으로 떠났다. 바탐방에서 서남쪽으로 60km쯤 떨어진 곳이었다.

캐나다군 현역 군인으로 캄
보디아 CMAC 지뢰제거작
업반 기술 자문관을 자원
해온 우드워스 소령이 차를
몰았다. 바탐방 시내를 벗어
나 태국 국경으로 이어지는
10번 도로에 들어서자 금방
비포장도로다. 비가 오는 계
절엔 도로 상황이 최악이
된다.

10번 도로에서의 지뢰 제거 작업. 캄보디아에는 국민 1인당 0.35개꼴의 지뢰가 묻혀 있다.

바탐방을 떠난 지 1시간
반이 지나자 작은 마을에
도착했다. 마을 이름은 트
렝. 말이 마을이지 길가에
있는 한 집을 빼고는 사람
들이 살지 않는 곳이었다. 우드워스 소령은 "지뢰 위험 때문에 주민
들이 다른 곳으로 옮겨갔다"고 설명했다. 지뢰 위험 때문에 더 이상
농사를 지을 수가 없어 마을을 떠났다는 얘기다.

우드워스 소령은 "지난 몇 달 동안 우리가 한 일은 저런 안전 통로
를 우선 확보하는 것이었다"며 손가락으로 지뢰밭 한가운데에 난 통
로를 가리켰다. 두 사람이 겨우 비껴 지나다닐 만한 50m 길이의 좁은
길이었다. 지뢰 제거는 2인 1조로 행해진다. 먼저 한 사람이 땅 위에
난 잡풀들을 가로 1m, 세로 50cm 넓이로 대충 잘라낸 다음 지뢰 탐
지기로 땅 위를 조심스레 훑는다. 그런 다음 뭔가 이상한 물체가 땅속

에 있는 게 확인되면 쇠꼬챙이 같은 도구를 이용하여 매우 조심스레 파헤친다. 그런 후 지뢰가 확인되면, 뇌관을 제거하거나 폭파시킨다.

지뢰 부상을 딛고 트렝 현장에서 지뢰제거작업반원으로 일하고 있는 수앙 로이(36세). 그는 1980년대 중반 내전이 한창일 때 다리를 다쳤다. 피란을 갔다가 몇 개월 만에 마을로 돌아온 뒤의 일이다. 마을 외곽 곳곳에 지뢰가 묻혔다는 사실은 수앙이 다치고 나서야 비로소 마을 사람들에게 알려졌다. 오른발에도 상처를 입긴 했지만 다행히 잘 려나가진 않았고 왼발 끝부분만 잘렸다. 그래서 그는 운이 좋은 편이라는 소릴 듣는다.

운과 관련한 우드워스 소령의 얘기. "아무튼 우리 작업 팀은 운이 좋은 편이다. 1980년대 내전 와중에 이 일대에다 처음 지뢰를 묻었던 군인들 가운데 일부가 지뢰제거작업반에 합류, 기억을 되살려가며 어디에 지뢰가 묻혔는가를 우리에게 알려주고 있기 때문이다. 정확한 것은 아니지만, 일의 속도를 내는 데 도움이 되고 있다."

캄보디아-태국 접경지대에도 숱한 지뢰가 묻혀 있지만, 어디에 얼마만큼의 지뢰가 묻혀 있는지는 정확히 알 수 없다. 그에 대한 어떤 기록도 없기 때문이다. 지뢰밭 한쪽에 이들이 뇌관을 제거하고 캐낸 지뢰들이 수북이 쌓여 있었다. 그 대부분은 옛 소련에서 만든 PMN2와 중국제 '72알파'였다. 이런 지뢰들은 비교적 단순한 디자인이어서 찾아내기가 그다지 어렵지 않다고 했다. 우드워스 소령이 "우린 운이 좋은 편이다"라는 말을 되풀이하는 또 다른 이유였다.

상이군인, "이런 모습으로 고향엔 못 가"

트렝 지역 지뢰밭 부근에서 40대 초반의 농부를 만났다. 그는 먼지 날리는 도로변에다 움막같이 지은 임시 가옥에서 아내, 네 아이들과 함께 살고 있었다. 그의 원래 집은 도로변에서 10분쯤 들어가는 마을에 있었다. 하지만 지금은 빈 마을이었다. 그의 소박한 희망은 하루빨리 정든 마을로 돌아가 예전처럼 농사를 짓는 것이었다. 그러나 "마을에서 지뢰를 완전히 제거하려면 앞으로 몇 년은 더 기다려야 한다"는 얘기에 낙담할 뿐이었다.

CMAC 바탐방 지부 근처에서 군복을 입은 채 거리에서 동냥을 하는 30대 후반의 상이군인을 만났다. 그는 자신의 낡은 군복을 다른 어떤 옷보다 소중히 여겼다. 거리에서 사람들에게 동냥을 구할 때 이 낡은 군복이 호소력 있기 때문이다. 만일 어느 외국 관광객이 1달러(캄보디아 화폐 가치로는 4,000리엘)를 던져주면 그날은 운수가 트인 날이다. 지나는 행인들이 어쩌다 하는 적선은 100리엘이 고작이다. 공무원 한 달 봉급이 60달러니, 1달러의 무게는 묵직했다.

그의 고향 마을은 캄보디아 서남쪽 캄포트 지방의 작은 어촌. 고향에 아내와 두 아들, 그리고 딸 하나, 50대 중반 나이의 어머니가 있지만 그는 돌아갈 마음이 지금으로선 없다고 했다. "다리병신이 된 모습으로 고향 마을에 들어서는 걸 보이고 싶지 않다"는 얘기다.

이렇듯 지뢰 피해자들의 불행은 당사자에게 그치지 않는다. 온 가족이 불행과 고통의 짐을 나누기 마련이다. 특히 피해자가 한 집안의 기둥인 가장일 경우 그 고통은 더 커진다. 지뢰를 밟은 바로 그날로 가난과 불행의 음산한 그림자가 온 가족을 덮친다. 지뢰 피해자 가족이 짊어져야 할 빈곤의 짐은 무겁기만 하다.

맨발의 캄보디아 아이들. 가난한 아이들에겐 신발이 없다.

바탐방에는 국제적십자사가 운영하는 지뢰피해자 재활센터가 있다. 가난한 캄보디아인들에게 의족을 달아주고 적응 훈련을 시켜주는 곳이다. 이곳에 입원하면 짧게는 보름, 길게는 한 달가량 지내면서 걸음걸이 등 적응 훈련을 받는다. 숙식은 물론이고 그 밖의 모든 비용이 무료다.

그럼에도 많은 피해자들이 알고도 찾아오지 못하는 것은 차비조차 마련할 형편이 못 되기 때문이다. 적게는 보름, 길게는 한 달간 재활센터에 입원해 있는 동안 가족들의 생계를 꾸려갈 사람이 없는 사람들도 많다. 하루하루 삶의 전선에 내몰린 탓에 의족이 필요한 줄 알면서도 그곳 바탐방까지 올 엄두를 내지 못한다. 그래서 재활센터에서는 의족을 무료로 맞춰줌은 물론이고 왕복 차비까지 주고 있다.

팡 시타(39세)는 남자 간호사의 도움을 받아 처음 의족을 몸에 달았다. 앞으로 평생 동안 함께하게 될 의족을 자신의 잘린 왼쪽 발에 끼운 채 첫 걸음을 조심스레 옮기는 그의 얼굴은 상기되어 있었다. 그는 놀랍게도 크메르루주군 출신. 지난 1989년 여름에 지뢰로 다리 한쪽 절반 가까이를 잃고 고향으로 돌아왔다. 한동안 그는 전력을 숨기고 지내야 했다.

가장이 노동 능력을 잃고 돌아오자, 그의 젊은 아내는 15살 된 어린 아들의 도움을 받아 닭을 키우고 달걀을 팔아 겨우겨우 살아왔다고 한다. 그래도 착한 부인을 얻은 까닭에 지금껏 버틸 수 있었다. 그는 주변에 같은 처지를 당한 많은 지뢰 피해자들이 생활고에 지친 아내들의 가출로 삶 자체의 의욕을 잃고 자포자기한 끝에 거의 폐인이 되는 모습을 많이 봐왔다. 한

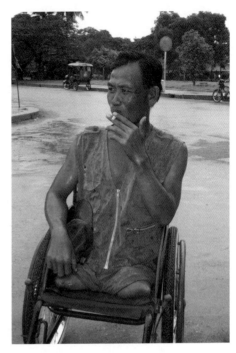

두 다리를 잃은 전 캄보디아 정부군 병사.

계 상황에 내몰린 인간의 비참한 모습이 바로 그런 것일까.

바탐방 재활센터에서 필자의 눈길을 유달리 끈 사람은 어린 소녀 지뢰 피해자였다. 맑지만 슬픈 눈망울을 한 이 어린 소녀의 이름은 바난. 농부의 막내딸로 이제 겨우 6살이었다. 집 근처에서 뛰어놀다가 변을 당했다. 소달구지에 실어 읍내에 있는 응급 치료소에 닿았을 때 소녀의 엄마는 딸이 거의 죽은 줄 알았다.

란 판(42세)은 나무를 해다 팔아 생계를 꾸려가던 소작농이었다. 그가 지뢰를 밟기 며칠 전, 그의 나뭇짐을 팔아주던 상인은 그에게 "좀 더 좋은 나뭇감을 구해와야지만 후하게 돈을 쳐준다"며 값을 깎으려 들었다. 그 상인의 말에 낯선 야산에 들어갔다가 변을 당했다. 그의 어

린 딸은 옆에 다소곳이 앉아 느리지만 꾸준히 아빠의 다친 다리를 향해 부채질을 하고 있었다. 새 의족을 하면, 상처 끝부분이 쓸려 열이 나고 아픈 탓이다.

바탐방에서 다시 프놈펜으로 돌아가기 전날 그곳 시장 모퉁이에서 아버지와 아들이 함께 앉아 지나는 이들에게 동냥하는 모습을 보았다. 가까이 다가가 보니, 두 사람 모두 한쪽 다리가 없었다. 40대 중반의 아버지는 1980년대 내전 중에 총유탄으로 다리를 잃었고, 10살이 될락 말락 한 소년은 집 근처에서 뛰어놀다가 지뢰를 밟아 그리됐다는 설명이다. 사진 찍히는 걸 한사코 거부하는 이 부자에게서 캄보디아인들의 잊혀가는 자존심이 묻어나오는 듯했다.

캄보디아인들의 자존심은 앙코르와트 유적에서 비롯된다. 12세기에 세워진 웅장하면서도 정교한 예술성을 자랑하는 앙코르와트의 첨탑 3개는 캄보디아 국기에 그려져 있을 정도다. 유럽이 중세의 암흑기를 겪는 동안 캄보디아는 한때나마 인도차이나반도를 거의 아우르는 대제국을 건설, 찬란한 문화의 꽃을 피운 바 있다.

캄보디아를 할퀸 바깥바람들

동남아시아의 작고 가난한 나라 캄보디아가 겪어온 비극은 외풍外風 탓이 크다. 80년 동안 프랑스 식민지였던 캄보디아는 제2차 세계 대전 중에는 일본군에 점령당했고, 프랑스와의 갈등 끝에 1953년 독립을 얻었지만 곧 베트남 전쟁의 불똥으로 많은 사람들이 죽임을 당했다. 이어 곧 동서 냉전의 대리전 성격을 지닌 내전이 터져 또다시 죽음의 그림자가 짙게 드리워지는 비극을 맞았다. 주변 열강은 캄보디아에 정치·군사적 영향력을 행사하려 들었다. 내전이 끝난 것은 동서 냉전이 막을 내린 1990년대 들어서였다.

1970년대 후반 폴 포트가 이끈 크메르루주군의 공포 정치가 있기 앞서 캄보디아 사람들은 베트남 전쟁으로 큰 고통을 받았다. 미국은 '호치민 루트'를 따라 움직이는 공산군을 겨냥해 대규모 공습을 가하곤 했다. 농민들은 낮에는 논밭에서 일하다가 폭격으로 죽고, 밤에는 집에서 자다 네이팜탄에 불타 죽기도 했다. 5만에서 15만 사이의 캄보디아 농민들이 미군 공습으로 목숨을 잃고, 200만 명이 논밭을 버리고 난민으로 전락했다.

전쟁으로 얼룩진 캄보디아의 비극적인 현대사는 크게 5단계로 나누어볼 수 있다. 1단계(1953~1960년대 말)는 1953년 독립한 뒤부터 베트남 전쟁의 회오리에 휘말리기 직전까지이다. 이 시기는 시아누크 국왕이 중립 정책을 펴면서 미국과 갈등을 빚었다. 미국은 이미 1960년대 말에 캄보디아 동부 밀림 지역(이른바 '호치민 루트')을 통해 남베트남으로 침투해 들어오는 공산군을 친다는 구실로 공습을 벌이곤 했다.

2단계(1970~1975년)는 베트남 전쟁이 격화됨과 더불어 프놈펜에 군부 쿠데타가 일어나 시아누크 국왕이 물러나고 론 놀 장군의 친미 정권이 들어서면서 크메르루주군과 내전을 벌인 시기다. 그 무렵 미국은 B-52기들로 대규모 공습을 거듭했다. 그때 수많은 캄보디아 농민들이 공습에 희생됐다. 엄격히 말해 캄보디아의 '킬링 필드'는 그때 이미 시작됐지만, 닉슨 미국 행정부는 공습 자체를 계속해서 없는 일로 부인했다.

3단계(1975~1978년 말)는 1975년 4월 사이공이 함락되기 2주 전에 수도 프놈펜이 폴 포트의 크메르루주군에 함락된 뒤, 1979년 베트남군의 침공으로 폴 포트 정권이 몰락하기까지의 살벌했던 기간이다. 이상적인 자치 농경 공산주의 사회를 건설하겠다며 극단적인 공포 정치를 폈던 폴 포트 정권 아래서 170만 명쯤이 처형과 굶주림으로 죽었다. 이른바 '킬링 필드'의 시기다.

4단계(1979~1991년)는 10만 베트남군이 캄보디아를 침공, 폴 포트 정권을 무너뜨린 뒤 헹 삼린, 훈 센(둘 다 전 크메르루주 지역 사령관 출신이다)의 친베트남 정부군과 폴 포트의 크메르루주군이 내전을 벌인 기간이다.

5단계(1991년~현재)는 파리 평화 협정 뒤 유엔평화유지군 1만 6,000명이 포함된 유엔캄보디아임시행정청(UNTAC)의 선거 감독 아래 프놈펜에 연립 정부가 들어서고, 불안한 정치 상황에서 훈 센이 쿠데타(1997년)로 정권을 장악해 지금에 이르는 시기다.

키신저의 '킬링 필드'

프랑스가 디엔 비엔 푸 전투(1954년)에서 북베트남군에 항복하고 인도차이나에서 손을 뗀 1950년대 중반부터 미국은 인도차이나에 깊이 개입했다. 미국은 부패한 남베트남의 고딘 디엠 독재 정권의 후견자로 나섰다. "동남아시아에 반공 전선을 구축한다"는 것이 미국의 개입 명분이었다. 당시 캄보디아의 국왕으로 다수 국민의 존경을 받던 노로돔 시아누크는 캄보디아를 중립국으로 유지함으로써 미국과 거리를 두었다.

킬링 필드 희생자들의 유골을 물끄러미 쳐다보는 소년.

캄보디아에 베트남 전쟁의 불똥이 튀지 않도록 애썼던 시아누크 국왕의 노력에도 불구, 베트남 전쟁이 격화됨에 따라 끝내 캄보디아는 그 태풍에 휘말렸다. 1964년 미국은 캄보디아 동부 베트남 접경지대의 이른바 '호치민 루트'를 따라 움직이는 공산군(북베트남군과 베트콩)을 겨냥, 공습을 가하기 시작했다. 미군의 공습은 미국 의회에도 비밀이었다. 대외적으로 인정된 '캄보디아 공습'이란 없었다.

미군이 떨어뜨린 네이팜탄과 지뢰는 많은 캄보디아 농민들을 죽음으로 내몰았다. 시아누크 국왕은 공습으로 인명 사고가 날 때마다 미국을 강력히 비난했다. 1970년 3월 쿠데타가 일어나 시아누크 국왕이 물러나고, 론 놀 장군이 캄보디아 친미 정권의 수상직을 맡았다.

미국의 폭로 전문 언론인인 시모어 허시는 "미국은 1960년대 후반부터 시아누크 정권의 전복을 노려왔으며, 1969년 미국 정보 기관의 요원들이 론 놀 장군을 만나 쿠데타를 요청했다"고 썼다. 미국이 캄보디아 쿠데타를 배후에서 지원했고, 쿠데타를 미리 알고 있었다는 얘기다.

미국은 1970년에서 1975년 사이에 론 놀 정권에게 18억 5,000만 달러어치의 군사 경제 원조를 퍼부었다. 그러나 프놈펜 정권의 부패한 장군들은 미국의 원조를 캄보디아 발전에 쓰지 않았다. 부패한 사이공 정부와 닮은꼴이었다(1975년 4월 17일, 프놈펜이 폴 포트 군에게 점령되자, 론 놀 장군은 미국으로 도망쳤다. 그때 갖고 나간 거액의 달러 뭉치로 그는 하와이에 저택을 장만했다).

1968년 초 미국의 베트남전 군사 개입이 한창일 때 미군 병력은 55만에 이르렀다. "베트남전을 끝내겠다"는 공약 아래 1969년 1월 새로 미국 대통령이 된 리처드 닉슨은 오히려 전선을 캄보디아로 넓혀나갔다. 백악관 안보 보좌관 헨리 키신저는 닉슨과 함께 '호치민 루트'에 대한 대규모 공습을 결정, B-52기들이 캄보디아로 출격했다.

캄보디아 공습은 미 의회나 언론, 국민들에겐 비밀이었다. 1973년 닉슨 대통령의 사임을 몰고 온 워터게이트 사건이 한창 뜨거운 안건이 되었을 때에야 캄보디아 공습 사실이 알려졌다. 미 군부와 백악관 고위 관계자들 사이에서 캄보디아 공습은 '메뉴Menu'라는 은어로 일컬어졌다. 그래서 공습 작전 이름은 아침 작전, 점심 작전, 스낵 작전, 저녁 작전, 후식 작전 등 대부분 식사 시간과 관련됐다.

베트남 공습은 1973년 1월 파리 평화 협정 뒤로 그쳤다. 그렇지만 미군의 캄보디아 공습은 그 뒤로도 이어졌다. 1973년 3~5월에 캄보디아에 쏟아부어진 미군 폭탄은 1972년에 떨어뜨린 폭탄량보다 2배나 많았다. 공습 마지막 6개월 동안에 집중적으로 공습이 행해졌다(25만 톤). 제2차 세계 대전 당시 미군이 일본에 떨어뜨린 폭탄량(16만 톤)보다 9만 톤이 많았다. 캄보디아 공습이 그친 것은 1973년 8월. 닉슨 행정부가 의회의 압력에 굴복해서였다.

당시 캄보디아 주재 미국 대사 에모리 스윙크는 미군 공습을 못마땅하게 여겼다. 그는 1973년에 캄보디아 주재 미국 대사직을 그만두면서 미국의 캄보디아 공습을 "인도차이나의 가장 헛된 전쟁"이라 불렀다. 그 무렵 캄보디아를 방문했던 미국 하원 의원 페티 맥클로스키는 "베트남 전쟁 때문에 미국은 전 세계 어느 나라에서 저지른 악evil보다 더 큰 악을 캄보디아에서 저질렀다"고 말했다(1975년 2월 미국 상원 외무위원회에서의 증언). 캄보디아 공습을 주도했던 키신저는 그러나 지금껏 자신의 정책이 잘못됐음을 시인한 적이 없다.

"크메르루주는 미군 공습이 키웠다"

캄보디아 공습은 키신저가 바라던 대로 공산주의 세력을 군사적으로 압박하지 못했다. 오히려 역효과를 가져온 것으로 분석된다. 공습으로 가족과 생활 터전을 잃게 된 캄보디아 농민들은 반미 감정과 더불어 론 놀 친미 정권에 적개심을 품었다. 그들은 크메르루주 반군 세력 지지자로 바뀌었다. 영국 저널리스트 윌리엄 쇼크로스는 "크메르루주 세력이 불어난 것은 미국의 군사 개입이 주요 원인"이라고 지적했다.

5년 동안의 캄보디아 내전(론 놀 친미 정권 대 크메르루주)은 미국 공습 직후 격화됐다. 본명이 '살로트 사르'인 폴 포트, 키우 삼판, 이엥 사리를 비롯한 크메르루주의 지도자들은 식민지 시절 프랑스로 유학을 떠났던 경력이 있는 좌파 지식인들이었다. 마오주의에 기울어 있던 이들은 시아누크 국왕 체제에 불만을 품고 1960년대 후반부터 캄보디아와 베트남 접경지대에서 세력을 키워왔다. 친미 쿠데타로 시아누크가 실각하자, 프놈펜의 론 놀 정권에 맞서 본격적인 무장 투쟁을 벌이기 시작했다.

중국의 지원을 받은 크메르루주의 지도자들은 베이징에서 망명 중이던 시아누크를 자신들의 지도자로 내세웠다. 시아누크는 이렇게 말했다. "나는 크메르루주를 좋아하지 않는다. 아마 그들도 나를 좋아하지 않을 것이다. 그러나 그들은 진정한 애국자들이다. 나는 불교 신자이지만, '부패하고 친미 허수아비인 론 놀 치하의 불교국 캄보디아'보다는 '정직하고 애국적인 붉은 캄보디아'를 택하겠다."(『워싱턴 포스트』, 1973년 7월 18일자)

소련에 기울어 있던 북베트남과는 달리 크메르루주는 중국의 지원을 받았다. 따라서 북베트남 공산군과는 거리를 두고 독자적으로 움직였다. 그러나 이 같은 노선상의 차이점을 닉슨 행정부는 제대로 깨닫지 못했다. 크메르루주나 북베트남군이나 그저 똑같은 '공산주의 세력'으로 평가했다. 미국 CIA 베트남 지부 요원 케네스 쿠인이 "크메르루주는 베트남 공산주의자들과 다르다"는 보고서를 올렸지만, 묵살됐다.

1970년대 전반기 5년에 걸친 캄보디아 내전으로 군인과 민간인을 합쳐 100만 명쯤의 사람들이 죽었다. 프놈펜 정부군이나 크메르루주군 양쪽 다 '전쟁 포로'라는 개념이 없었다. 고문으로 군사 정보를 캐내려는 포로 말고는 대부분 즉결 처형으로 죽였다. 크메르루주군이 프놈펜을 접수하자, 캄보디아인들은 "이제야 평화가 뿌리내리는가" 하는 희망을 품었다. 그러나 그것은 새로운 긴장과 공포, 그리고 죽음의 출발점이었다.

크메르루주군은 하나같이 검은 옷에 붉은색과 흰색의 체크무늬 수건을 목에 두르고, 자동차 고무 타이어를 잘라 만든 (흔히 '호치민 신발'이라고 일컬어지던) 샌들을 신은 모습이었다. 그들은 손에 들고 다니는 확성기로 "모든 시민은 프놈펜을 즉각 떠나라" 하고 지시했다. 며칠 안에 200만 프놈펜 시민들이 살던 도시는 텅 비었다. 마치 1915년 터키 군대가 아르메니아인들을 추방하던 모습이나 다름없었다(제1차 세계 대전 당시 오스만제국은 100만 명에 이르는 아르메니아인들을 인종 청소로 죽였다).

크메르루주 지도자들은 이상적인 공산주의 사회를 세우겠다며 공포 정치를 폈다. "캄보디아의 시계는 서기 0년으로 돌아갔다", "'블랙 홀'에 빠졌다"는 표현도 그때를 두고 하는 말이다. 사유 재산은 금지됐다. 화폐 제도는 폐지되고 프놈펜중앙은행은 폭파됐다. 집단 농장이 곳곳에 세워졌다. 종교의 자유도 없었다. 불교 사찰들은 파괴되거나 곡식을 보관하는 창고로 바뀌었다. 모든 정책들은 '앙카르Angkar'의 이름으로 행해졌다. '앙카르'는 '윗 기관' 또는 '상부 조직'으로, 오류를 범하지 않는 권위를 뜻했다.

3년 8개월 동안의 크메르루주 집권 기간(1975~1978년) 동안 얼마나 많은 사람들이 죽임을 당했는가는 지금도 논쟁거리다. 미국 예일대학교 역사학자로 캄보디아 학살을 연구한 벤 키어넌은 크메르루주 치하의 캄보디아 인구를 약 700만으로 보고, 이 가운데 약 200만 명이 희생된 것으로 추정하고 있다. 그러나 크메르루주의 지도자 폴 포트는

1977년 9월 "혁명에 반대하는 1~2%의 캄보디아인들 가운데 아주 적은 수가 제거되었을 뿐"이라고 주장했다. 누구 말이 맞는지는 아직도 논란 속에 있다. 초점은 얼마나 많은 사람들이 죽었는가보다는 극단적인 폭력이 어떻게 캄보디아 사회를 파괴했는가에 있을 듯하다.

미국, 대량 학살에 침묵

프뉴 삼 포우. 캄보디아 제2의 도시 바탐방에서 태국 국경 마을로 이어지는 10번 도로변에 있는 나지막한 돌산 이름이다. 바탐방에서 30km쯤 떨어진 이 산꼭대기에는 10m 깊이의 수직 동굴 입구에 크메르루주군에 학살당한 사람들의 해골이 모셔져 있다. 폴 포트 정권에 의한 공포 정치가 한창일 때 크메르루주 병사들은 '정치범'으로 잡힌 사람들을 이곳으로 묶은 채 데려와 칼이나 쇠방망이로 내려친 뒤 수직 동굴 속으로 밀어넣었다.

상처를 입은 채 굴 밑으로 떨어진 사람들은 그곳에서 굶주림과 출혈로 천천히 죽어갔다. 태국으로 이어지는 10번 도로변의 지뢰밭 취재를 마치고 우드워스 소령과 함께 그곳에 가보니, 한 여승이 희생자들의 넋을 달래는 염불을 외우고 있었다. 그 여승의 바로 코앞에는 희생자들의 유골이 수북이 쌓여 있고……

크메르루주 치하의 만행 증거를 생생하게 보여주는 곳이 프놈펜 시내에 자리 잡은 '투올 슬렝' 보안서 건물이다. 정치범들을 잡아다가 취조하는 장소로 쓰였던 이곳의 명칭은 S-21. 'S'는 '살라Sala'의 머리글자로 '회관'이란 뜻이고, '21'은 크메르루주의 보안경찰을 뜻하는 '산테발'의 암호명이었다. 크메르루주군이 프놈펜을 접수하기 전까지만 해도 그곳은 4개의 3층 목조 건물과 1개의 단층 건물로 이뤄진 여자 고등학교였다.

크메르루주군이 그곳에 남기고 떠난 서류 뭉치와 흑백 필름들로 미뤄, 모두 1만 6,000명이 그곳을 거쳐갔다고 추정된다. 이들 가운데 단지 5명만이 살아남았다(이 다섯 사람은 투올 슬랭의 자가 발전기 기술자, 폴 포트의 초상화를 그리던 화가, 그리고 폴 포트의 흉상을 만들었던 조각가 등이다).

폴 포트는 두 종류의 적을 설정했다. 내부의 적은 론 놀 정권의 관리들과 군 장교들을 포함, 폴 포트 정권에 저항했던 사람들이었다. 크메르루주군은 이들을 적발하는 대로 처형했다. 외부의 적은 크메르루주의 사회주의를 반대하는 세력이었다. 폴 포트는 이를 다시 두 종류로 나누었다. 하나는 미국과 같은 '제국주의' '파시스트' 세력이고, 다른 하나는 베트남과 옛 소련과 같은 '수정주의' '패권주의' 세력이었다.

미국은 베트남 전쟁에서의 군사 개입에 실패한 후유증 탓에 캄보디아 학살에 침묵으로 일관했다. 1970년대 후반기 미국의 캄보디아 정책은 '불간섭'과 '무관심'으로 요약될 수 있다. 이른바 '동남아시아 피로 fatigue' 현상이었다. 미국 언론 보도 경향도 마찬가지였다. 베트남-캄보디아를 언급하는 것은 독자들이 지난날의 우울하고 불쾌한 기억을 떠올리게 하는 것이라 여겼다.

크메르루주의 공포 정치가 진행되는 동안 미국 대통령이나 의회, 외교관, 기자들은 무관심으로 일관했다. 미국 의회에서는 캄보디아 학살 청문회가 열리기는커녕, 비난 성명도 없었다. 1977년 1월 출범한 지미 카터 행정부도 마찬가지였다. 이른바 '침묵의 정책'이었다.

군사 개입을 통해 폴 포트 정권의 공포 정치를 멈추게 한 것은 동남아시아의 신흥 군사 강국 베트남이었다. 이른바 '사회주의 패권'을 다투던 옛 소련-중국의 영향권 아래 있던 캄보디아(친중국)-베트남(친소) 두 나라는 1970년대 후반 잦은 국경 분쟁을 벌였다. 1978년 12월 베트남은 10만의 군 병력을 동원, 개전 2주 만에 프놈펜을 점령했다. 베트남은 침공 명분으로 "폴 포트 정권의 킬링 필드 공포 정치를 끝내고 캄보디아인들에게 희망을 안겨주기 위해서"라고 주장했다.

1980년대 캄보디아는 아프가니스탄 내전처럼 미국-소련 동서 냉전의 대리전 양상에다, 중국-소련 사회주의 패권 전쟁의 대리전이라는 복잡한 모습을 보였다. 중국은 이른바 '덩샤오핑 루트'를 통해 태국을 거쳐 무기를 크메르루주군에 대주었다. 카터 행정부의 백악관 안보 보좌관 브레진스키는 『워싱턴 포스트』 기자에게 이렇게 말했다. "나는 중국으로 하여금 폴 포트를 돕도록 했고, 태국에게도 도와주라고 권했다." 미국은 크메르루주에게 직접 원조를 하지 않았지만, 태국을 비롯한 동남아시아조약기구(SEATO) 국가들에게 무기를 대줘, 그 무기들이 크메르루주에게 흘러가도록 유도했다.

크메르루주는 악명 높은 폴 포트 대신 키우 삼판을 지도자로 내세워 대외적인 이미지 변신을 꾀했다. 삼판은 미국이 크메르루주를 배후 지원하고 있는 점을 의식, 지난날 닉슨 행정부가 캄보디아에서 저지른 (대규모 공습으로 인한) 민간인 학살 행위에 대해 "그런 일들은 다 지난 과거사일 뿐"이라며 비난을 삼갔다.

베트남 점령군을 보는 캄보디아 국민들의 눈길은 복합적이었다. 폴 포트의 공포 정치로부터 해방시켜준 것은 고마운 일이지만, 10년이나 눌러앉아 있는 베트남군이 곱게 보일 리 없었다. 이는 마치 바그다드를 점령한 미군을 향한 이라크 국민들의 복합적인 감정과도 같다. "미군 (베트남군)이여, 고맙다. 후세인(폴 포트) 독재로부터의 해방은 반가운 일이다. 그렇지만, 이젠 됐다. 그만 우리 땅에서 물러가라." 캄보디아 사람들 다수는 지금도 베트남에 적대적인 감정을 품고 있다.

유엔, 평화 회담에서 선거 관리까지

오랜 내전에 지친 캄보디아에 평화의 빛이 다가오기 시작한 것은 1980년대 말부터다. 1989년 가을, 베트남군이 캄보디아에서 물러났다. 캄보디아를 10년 동안 점령해왔던 베트남군의 철수는 베트남의 후원국이었던 소련의 재정 형편이 어려워지면서 아프가니스탄에서 소련군이 철수한 것과 같은 것이었다. 베트남도 20만에 이르는 주둔군의 유지가 큰 부담이었다.

베트남군이 철수하자 유엔안보리는 곧 유엔캄보디아임시행정청에 의한 정전 상태 감시와 총선거 실시를 뼈대로 하는 포괄적인 평화안을 마련했다. 이러한 정지 작업 끝에 1991년 7월 '캄보디아 분쟁의 포괄적인 정치 해결에 관한 협정'(파리 평화 협정)이 맺어짐에 따라 내전은 드디어 막을 내렸다. 시아누크 국왕은 13년에 걸친 오랜 망명 생활을 접고, 캄보디아 국민들의 뜨거운 환영 속에서 프놈펜으로 돌아갈 수 있었다.

유엔평화유지군 1만 6,000명을 포함한 2만 2,000명의 유엔 요원들이 지켜보는 가운데 1993년 5월 총선거가 실시됐다. 캄보디아는, 유엔이 분쟁 지역에 적극적으로 개입해 평화 회담을 통해 내전을 멈추게 하고,

앙코르와트 사원 입구에서 피리를 불며 구걸하는 전쟁 부상자.

이어 선거 관리까지 맡아 한 국가의 정치적 기초를 다지도록 도와준 사례가 되었다. 큰 그림으로 보면, 1993년 총선을 계기로 캄보디아 내전은 고비를 넘겼다. 크메르루주는 중국의 지원마저 잃어 세력은 전에 비해 약해졌고, 폴 포트 사망(1998년 4월) 뒤 자취를 감추었다. 현재 캄보디아 실력자는 훈 센 총리다. 1996년 유혈 쿠데타를 통해 권력을 장악한 뒤 훈센이 이끄는 캄보디아인민당(CPP)은 총선거에서 잇달아 승리함으로써, 정통성 시비를 잠재웠다.

오랜 내전을 거치며 '킬링 필드'란 악명마저 얻었던 캄보디아에겐 과거사 문제를 정리해야 하는 과제를 안고 있다. 바로 전쟁 범죄자 처리다. 그동안 캄보디아는 1970년대 내전과 통치 과정에서 학살 범죄를 저질렀던 사람들을 어느 선까지 어떤 형식으로 사법 처리할 것인가를 두고 유엔과 갈등을 빚어왔다.

한때 크메르루주 지역 사령관이었다가 정치 노선을 바꿔 권력을 잡은 훈 센 총리는 지난날 폴 포트 정권 아래서 벌어졌던 전쟁 범죄(대량 학살)를 캄보디아 국내 법정에서 대충 형식적으로만 처리하고 "역사 속에 묻어두자"는 주장을 폈다. 그러나 유엔을 비롯한 국제 사회는 발칸·르완다 전쟁 범죄처럼 특별 법정에서 처리해야 한다며 훈센의 주장을 받아들이려 하지 않았다. 2006년 7월 공동으로 설립한 캄보디아 전범재판소(ECCC)는 일종의 타협적 산물이다. 재판은 캄보디아 사법부에서 맡고 유엔이 재정을 대고 적극 참여하는 특별 국제 전범 재판소이다.

전쟁 범죄, 크메르루주만의 책임인가 국제적인

인권 단체들이 꼽은 크메르루주 전범들은 적어도 30명, 많게는 70명 가량이다. 그러나 이들 가운데 일부는 이미 저세상 사람이 됐고, 또한 일부는 ECCC 법정이 열리기 훨씬 전에 훈 센에게서 '정치적 사면'을 받았다.

크메르루주의 최고 지도자이자 킬링 필드 학살의 최고 책임자인 폴 포트는 1998년 캄보디아 북부 밀림의 크메르루주 근거지에서 73살로 숨을 거두었다. 키우 삼판, 누온 체아 등은 훈 센 정권과 협상을 한 다음 투항한 뒤 태국 국경 마을인 파일린에서 편안한 노후를 보내왔다. 폴 포트 정권의 외무부 장관 이엥 사리도 1996년에 사면을 받아 자유로운 상태였다.

ECCC에 기소된 피고들은 크메르루주 정권 지도자들뿐이다. 키우삼판 전 민주캄푸치아 대통령, 이엥 사리 전 외무부 장관, 누온 체아전 크메르루주 상임위원장, 이엥 티리트 전 사회부 장관, 그리고 투올슬랭 보안소(S-21)의 책임자였던 카잉 구엑 에아브 등 겨우 몇 손가락을 꼽을 뿐이다.

2010년 7월 ECCC는 피고인들 가운데 가장 먼저 에아브에게 징역35년을 선고했다. 그에게는 '캄보디아판 아우슈비츠'란 악명을 얻은투올 슬랭의 책임자로서 1만 4,000명쯤의 정치범들을 고문하고 죽였다는 혐의가 따른다. 에아브 재판은 '킬링 필드' 범죄를 단죄한 첫 번째 선고라는 의미를 지녔기에, TV와 라디오를 통해 전 세계로 생중계됐다. 키우 삼판과 누온 체아에겐 2018년 종신형이 내려졌다. 이엥 사리는 재판 도중인 2013년 88살의 나이로 죽었기에 면소 판결이 내려졌다.

"크메르루주 전범 재판을 통해 캄보디아 내전의 마침표를 찍어야 한다"는 국제 사회의 주장엔 문제가 없지 않다. 문제는 형평성이다. 캄보디아 내전은 거듭된 내전-공습-공포 정치로 200만 명의 목숨이 희생됐던 전쟁이다. 캄보디아 학살이 1970년대 후반 크메르루주 집권 시절에만 벌어졌던 것은 아니다.

그 많은 희생자들의 죽음은 크메르루주에게만 책임이 있지 않다. 자국의 이익과 세력 확장을 위해 캄보디아 내전에 깊숙이 개입했던 주변강대국들(미국, 중국, 옛 소련, 베트남)도 부분적으로 책임을 져야 마땅하다. 특히 미국의 역할에 비판적인 시각에선 다음과 같은 물음이 나온다. "공습을 포함한 비밀 군사 작전으로 숱한 캄보디아 농민들을 희생시켰던 헨리 키신저를 비롯한 미국 행정부의 전 고위 관리들은 책임이 없나. 캄보디아 농민들의 죽음도 이라크, 아프가니스탄에서처럼 미군 공습의 부수적인 피해collateral damage일 뿐이라며 고개를 다른 곳으로 돌릴 것인가."

캄보디아 공습 결정을 내렸던 키신저는 지금껏 자신의 정책이 잘못됐다고 인정하거나 사과한 적이 없다. 1994년 사망한 닉슨도 마찬가지다. 아직도 미국 정치권에 나름의 영향력을 지닌 키신저가 무덤 속의 닉슨과 함께 캄보디아전범재판소로 불려나와 준엄한 단죄를 받을 날은 영영 오지 않을까. '역사의 심판'이란 용어는 그들 사전엔 없는 것일까.

East Timor

인 도 네 시 아

웨타르해협

옴바이해협

딜리·

동티모르

·로스팔루스

동티모르

인도네시아
(서티모르)

티모르해

12장

동티모르

제국주의와 냉전 논리의 겹 희생자

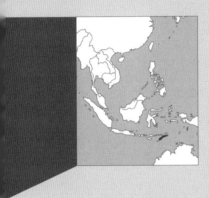

■ **기본 정보** _ 국토 면적: 15,000㎢(한반도의 7%). 인구: 145만 명. 종교: 가톨릭교 97.6%, 개신교 2%, 무슬림 0.2%. ■ **누가 왜 싸웠나** _ 1999년 여름 인도네시아로부터의 독립을 묻는 주민 투표가 찬성 쪽으로 기울자, 분리 독립을 반대하는 친인도네시아계 민병대가 인도네시아군의 비호 아래 마구잡이 학살 방화를 저질렀다. ■ **국제 사회의 노력은?** _ 1999년 9월 유엔안보리 결의에 따라 7,500명의 평화유지군이 동티모르에 진주했다. 한국군 최초의 전투 부대 평화유지군인 상록수부대 파병도 그 무렵 이뤄졌다. ■ **전쟁 희생자** _ 인도네시아 점령 아래 있던 1975년부터 1999년까지 20만 명. 유엔 발표에 따르면, 1999년 1,300명쯤이 피살됐다. 현지 주민들은 그보다 훨씬 많을 것으로 믿는다. ■ **난민** _ 1999년 약 10만 명의 동티모르 주민들이 강제로 서티모르로 옮겨졌다가 대부분 다시 돌아왔다. ■ **지금은?** _ 1999년부터 3년 가까이 유엔 보호령으로 있다가 2002년 5월 정식 정부를 출범시켰고, 191번째 유엔 회원국이 됐다. 3년 뒤인 2005년 6월 유엔평화유지군은 모두 철수했다.

우리 인간은 얼마나 극단적으로 흉포해질 수 있을까. 이런 물음에 대해 답을 찾는다면, 동티모르에 가보면 된다. 인도네시아와 오스트레일리아(호주) 사이에 있는 작은 섬은 힘센 자가 약한 자가 지닌 것을 빼앗고 노예처럼 부리다 죽이는 밀림의 법칙이 그대로 적용됐던 곳이다. 동티모르 침탈의 역사는 500년이 넘는다. 동티모르 원주민들은 포르투갈의 무역상들을 위해 죽도록 일했다. 20세기 들어와선 일본 제국주의 침략자들에게, 그리고 인도네시아군에게 약탈당했다.

외세의 압제 아래 동티모르 사람들이 겪었던 고통은 글로 표현하기 힘들다. 동티모르의 노인들은 지금도 얼룩무늬 전투복(위장복)을 입은 군인들만 보면 몸이 움츠러든다. 한국군 최초의 전투 부대 평화유지군으로서 1999년 한국의 상록수부대원들이 처음 이곳에 왔을 때도 현지 주민들은 또 다른 점령군이 들어온 줄 알고 숨었다고 한다.

동티모르에서 벌어지는 참극이 집중적인 언론 보도를 통해 지구촌의 안방으로 전해진 것은 1999년 여름이었다. 그해 8월 말 인도네시아로부터의 독립에 찬성하느냐 반대하느냐를 묻는 주민 투표 앞뒤로, 동티모르에서는 큰 유혈 사태가 일어났다. 주민 투표 결과 동티모르 주민 78.5%가 독립에 찬성한 것으로 드러나자, 인도네시아 주둔군의 비호를 받은 친인도네시아 민병대원들의 마구잡이 살육이 벌어졌다. 많은 집들이 불타고 난민들이 생겨났다.

인도네시아 정부는 1975년 포르투갈 식민지에서 독립하려던 동티모르를 무력으로 정복한 뒤 24년 동안 억압해왔다. 그래서 처음엔 "동티모르는 인도네시아 국내 문제다. 외국의 간섭은 있을 수 없다"고 버텼다. 그러나 미국을 비롯한 국제적인 압력으로 인도네시아군은 물러나고, 호주군을 중심으로 한 유엔평화유지군(유엔동티모르과도행정청 소속)이 동티모르에 진주했다. 2002년 5월 동티모르가 어엿한 독립 국가로서 191번째 유엔 회원국이 된 것은 그런 힘든 길을 거친 뒤였다(2021년 현재 유엔 회원국은 모두 193개국. 2006년 세르비아에서 분리 독립한 몬테네그로가 192번째 회원국, 2011년 수단에서 분리 독립한 남수단이 193번째 회원국). 3년 뒤인 2005년 6월에 동티모르유엔평화유지군은 모두 철수했다.

동티모르섬의 동쪽 맨 끝 마을인 로스팔루스가 한국 상록수부대의 주둔지였다. 그 마을의 성당에서 만난 아데리토 다 코스타 신부는 "많은 사람들이 지금도 악몽에 시달리고 있다고 호소한다"고 밝혔다. 코스타 신부는 아마 고해 성사 때도 그런 얘기를 많이 들었을 것이다. "어린이들이야 자라면서 5년쯤 지나면 지난날을 잊어버릴지 모르나, 어른들이 입은 정신적 상처는 10년 또는 15년도 모자랄 텐데……." 그는 동티모르를 할퀴고 간 상처가 아물려면 앞으로도 오랜 시간이 걸릴 것이라 내다봤다.

유혈 사태의 어두운 그림자들

145만 인구가 사는 동티모르의 중심 도시는 인구 25만의 딜리다. 딜리로 가는 길은 멀었다. 인도네시아 자카르카에서 휴양 도시인 발리로 가, 그곳에서 다시 다른 비행기로 갈아타니, 꼬박 하루가 걸리는 여정이었다. 딜리공항에 내리면, 마치 시골 역 같은 분위기다. 사람들의 얼굴도 아직 상업적이고 자본주의적인 때가 묻지 않은 까닭일까, 마냥 순박해 보인다.

공항 입구, 담긴 과일을 다 산다 해도 1만 원이 안 될 그런 작은 광주리를 앞에 놓고 졸고 있는 소녀는 맨발이다. 동티모르의 가난을 보여주는 모습이다. 공항에서 시내로 이어지는 길 곳곳에 불타 지붕이 내려앉은 건물들이 눈에 띄었다. 동티모르를 공포로 몰아넣었던 유혈 사태의 어두운 그림자들이 길게 드리우고 있는 모습이었다.

먼저 동티모르에 하나뿐인 대학인 동티모르대학교로 갔다. 그곳 빈센트 파리아 교수(정치학)는 "1999년 당시 딜리 시내를 비롯, 동티모르 곳곳의 마을에서 민병대원들이 난동을 부려 번듯한 건물이 남아난 게 없을 정도였다"고 당시의 어려운 사정을 전했다. 딜리에서 만난 한 유엔 구호 요원은 "마치 2차 대전 당시 파괴된 격전지 마을 같은 느낌이었다"며 고개를 흔들었다.

유엔 발표로는 1999년 인도네시아 주둔군의 비호를 받은 친인도네시아 민병대원들의 난동으로 1,300명쯤이 살해됐다. 그러나 혹독한 시련을 온몸으로 겪은 동티모르 현지 사람들은 그 같은 통계를 믿으려 하지 않는다. 파리아 교수의 다음 말이 맞을 것이다. "실제로는 이보다 훨씬 많은 사람들이 죽임을 당한 것으로 알고 있지만, 아무도 정확한 숫자는 모른다."

사람들을 마구 죽이고 집을 불태우며 난동을 부렸던 친인도네시아

1975년에 인도네시아군이 침공할 때 함포 사격을 받았던 딜리 항구.

민병대원들은 호주군을 주축으로 한 유엔평화유지군이 질서를 잡으러 들어오자 서티모르로 도망쳤다. 그때 그 민병대원들과 함께 약 10만 명의 동티모르 주민들이 서티모르로 옮겨갔다. 대부분 친인도네시아 민병대원들의 총칼 위협에 떠밀려간 사람들이었다.

　나중에 다시 동티모르로 돌아오긴 했지만, 동티모르 난민들은 서티모르의 수용소에서 모진 고생을 했다. 민병대원들은 부녀자들을 성폭행하기 일쑤였다. 말 그대로 무법천지가 바로 그곳이었다. 운이 좋은 사람들은 그 생지옥을 빠져나와 동티모르로 일찍 돌아왔다. 동티모르 동쪽 라사 마을에서 이제 갓 서티모르에서 돌아와 트럭에서 짐을 부리는 50대 초반의 난민 사비나 로페스를 만났다. 그녀는 "돌아가겠다는 말을 섣불리 꺼냈다간 민병대원들의 칼에 맞아 죽기 십상"이라고 그곳의 살벌한 분위기를 전했다.

동티모르 사람들 중에서 지난날 인도네시아 철권 통치 시절에 가족이나 친척 가운데 누군가 죽거나 다치지 않은 경우가 거의 없다. 설사 몸이 멀쩡하더라도 정신적 고통과 공포로 마음에 큰 상처를 지니고 사는 곳이 동티모르다. 딜리 외곽에 있는 산타크루스공동묘지는 동티모르 사람들의 원혼이 떠도는 곳이다. 축구장 두 개쯤 되는 넓이다. 민병대원들에게 살해된 친구의 넋을 기리러 온 넬리오 소아레스를 만났다. 30대 후반으로 건축 노동자인 그는 "내 친구 안토니오 페르난데스는 1999년 9월 목이 잘려나간 시체로 거리에서 발견돼 이곳에 묻혔다"며 몸서리쳤다.

산타크루스공동묘지는 또한 1991년 인도네시아군이 250명쯤의 동티모르인들을 학살했던 슬픈 역사의 현장이기도 하다. "그날이 1991년 11월 12일이었다"고 넬리오는 산타크루스공동묘지에서 벌어진 인도네시아군의 학살일을 분명히 기억해냈다. 우리 한국인들이 1980년 5·18 광주 학살을 기억하는 것과 마찬가지로, 동티모르 사람들은 11월 12일 그날을 잊지 못한다. 그날 넬리오는 딜리 시내의 한 가톨릭 성당에서 열린 미사에 참석했다. 바로 두 주 전에 그곳 성당 안에서 인도네시아군의 총격에 죽은 한 동티모르 활동가의 추모 미사였다. 넬리오는 이렇게 증언했다.

"미사가 끝나자 사람들은 그곳에서 1.5km쯤 떨어진 산타크루스묘지로 유가족들과 함께 걸어갔다. 가는 길에 몇몇 사람들이 '인도네시아군은 물러가라', '동티모르 독립 만세!' 등의 구호를 외치기 시작했다. 구경하던 길가 사람들도 행렬에 합세해 그 숫자는 제법 불어났다. 1,000

위 1991년 인도네시아군에게 학살당한 동티모르인들이 묻혀 있는 산타
크루스공동묘지.
아래 1999년 학살 희생자의 묘비명.

명은 훨씬 넘어 보였다. 유가족들이 공동묘지 안으로 들어가고 많은 사람들이 바깥 길에 모여 있을 때 인도네시아 군인들이 트럭을 타고 몰려왔다. 총 끝에 대검을 꽂은 채였다. 그들은 우리를 향해 천천히 다가오더니, 갑자기 총을 쏴대기 시작했다. 옆에 서 있던 동네 친구들이 퍽퍽 총에 맞아 쓰러지자, 나는 정신없이 도망쳤다. 쓰러진 친구들을 떠메고 가지 못한 게 지금도 부끄럽다."

많은 젊은이들이 도망치던 중에 뒤에서 쏜 총알이 등을 뚫고 들어가 쓰러져 죽었다. 넬리오의 증언을 듣다보니, 1960년 4·19 학생 혁명 당시 경무대(지금의 청와대) 부근에서 시위를 하던 우리의 형님 누나들이 등에 총을 맞아 숨을 거두었던 비극이 문득 떠올랐다. 일부 사람들은 담으로 둘러쳐진 묘지 안으로 도망쳤지만, 인도네시아군은 그곳까지 쫓아와 총으로 쏴 죽였다.

그날 하루 산타크루스에서 250명쯤이 죽임을 당했고, 수백 명이 다쳤다. 마침 동티모르 취재차 방문했던 외국 기자 두 사람이 현장에서 그 모습을 지켜보았다. 영국 기자 맥스 스탈은 인도네시아군 몰래 비디오카메라로 학살 현장을 촬영, 외부 세계에 알림으로써 큰 충격을 던졌다. 그동안 소문으로만 전해지던 인도네시아의 철권 통치가 생생하게 알려지는 순간이었다.

망각의 블랙홀에 빠지다

그 사건으로 동티모르 문제는 한때나마 주요한 국제 이슈로 떠올랐다. 유엔에서는 인도네시아 비난 결의안이 통과됐다. 아울러 유엔은 특별 조사단을 동티모르에 파견하여 산타크루스 학살 사건을 포함, 동티모르의 인권 탄압 실태를 조사해 유엔인권위원회(UNCHR)에 보고하도록 결정했다. 포르투갈 식민시절부터 독립 운동에 몸을 던졌던 동티모르 지식인 조제 하무스-오르타와 그곳 가톨릭 주교 카를루스 벨루가 1996년 노벨 평화상을 공동 수상하기에 이른 배경에는 동티모르 상황을 둘러싸고 높아진 국제적인 관심이 깔려 있다. 그러나 동티모르 사람들의 고난이 그치고 독립 국가로 나아가기까지는 산타크루스 학살 이후 10년이란 세월을 더 기다려야 했다.

동티모르가 걸어온 길을 돌아보면, 가시밭길이란 표현으론 모자랄 정도다. 1975년 인도네시아의 독재자 수하르토 장군의 명령으로 동티모르를 강제 점령한 인도네시아 군부는 많은 사람들을 죽음으로 몰아넣었다. 국제적인 인권 단체 앰네스티인터내셔널이 집계한 바에 따르면, 인도네시아 억압 통치 아래 24년 동안(1975~1999년) 20만에 이르는 동티모르 사람들이 인도네시아군에 죽임을 당했다. 당시 60만이었던 동티모르 인구의 3분의 1이 희생당한 셈이었다. 동티모르대학교 빈센트 파리아 교수의 참담한 증언.

"특히 1975~1978년에 인도네시아군의 탄압이 무자비하게 이뤄졌다. 동티모르 사람들이 조금만 저항할 움직임을 보여도 마구 탄압했다. 그런 탓에 많은 사람들이 죽임을 당했다. 피살된 사람들을 묻는 장례 의식은 그 무렵 동티모르의 일반적인 풍경이 돼버렸다. 일부 사람들은 인도네시아군의 살육을 피해 산으로 들어갔지만, 대부분 그곳에서 굶거나 병들어 죽었다."

인도네시아가 동티모르를 강제 합병한 뒤 동티모르 사람들은 힘겨운 싸움을 벌였지만, 국제적으로는 블랙홀에 빨려 들어간 듯 잊힌 지역이 돼버렸다. 인도네시아에 강한 영향력을 행사해온 미국과 주변국들, 특히 호주, 그리고 동남아시아를 자기네 경제 시장(자본 진출과 상품 판매)으로 여기는 일본 등은 인도네시아의 동티모르 강제 합병을 인정하는 태도를 보여왔다. 이 3개 국가는 유엔에서의 잇단 동티모르 관련 인도네시아 비난 결의안을 반대했다는 점도 기록해둘 만하다.

역사적으로 보면, 동티모르는 우리 인류 역사의 두 가지 큰 부정적인 어둠의 논리에 희생당한 대표적인 지역으로 꼽을 수 있다. 하나는 식민지 착취를 본질로 하는 제국주의 논리이고, 다른 하나는 냉전 시대의 반공 논리이다. 포르투갈은 동티모르를 무려 450년 동안 식민지로 두면서 자원을 수탈해갔고, 인도네시아는 아시아의 강력한 반공 국가를 바라는 미국의 묵인 아래 동티모르를 침공, 숱한 현지 주민들을 죽였다.

포르투갈에 당하고 일본군에 속고   포르투갈인들

이 처음 티모르섬을 식민지로 만든 것은 500여 년 전인 1515년으로 기록된다. 포르투갈 통치자들은 동티모르 주민들의 인권이나 삶의 질 향상에는 전혀 관심이 없었다. 오로지 자원 수탈만이 그들의 관심이었다. 동티모르의 비극적인 과거사에 대해 매슈 자딘이 쓴 책에 따르면, 1860년대에 티모르섬에 들렀던 영국의 탐험가 앨프리드 윌레스는 당시 동티모르 사람들의 상황을 이렇게 묘사했다.

"포르투갈의 동티모르 식민 지배는 참으로 비열하게 느껴졌다. 포르투갈 식민 지배층은 그 누구도 동티모르의 발전에 신경을 쓰지 않았다. 수백 년 동안 티모르를 다스리면서 중심 도시 딜리 바깥으로는 단 1마일의 도로도 닦질 않았다."

일본인들이 동티모르인들에게 또 다른 극심한 고통을 안겨주었다는 사실을 동티모르 노인들은 잊지 않고 있다. 1941년 진주만 기습이 벌어지고 태평양 전쟁이 발발하자, 연합군은 티모르섬을 일본군 남방 진출 한계선으로 설정했다. 1942년 초 2만 명의 일본군이 티모르섬에 상륙하자, 수백 명의 호주군 병력은 티모르 사람들과 함께 1년 가까이 저항했다. 1943년 1월 티모르를 완전 장악한 일본군은 티모르 사람들에게 그들이 쓸 탄약과 군량미들을 운반시켰고, 도로 포장 등의 강제 노동을 떠맡겼다.

2년에 걸친 일본군 주둔 기간 동안 6만 명쯤의 티모르 사람들이 굶주림과 강제 노동, 그리고 연합군이 티모르에 퍼부은 공습으로 죽어갔다. 당시 티모르에 주둔했던 일본군 소대장 이와무라 쇼하치가 훗날 털어놓은 바에 따르면, 일본군이 티모르 여자들을 강간하는 일도 흔했다. 미셸 터너의 책 『동티모르 증언』에 적힌 그의 고백을 일부 옮겨보면, 이렇다.

"우리 일본군이 티모르 사람들에게 겪게 한 희생과 고통을 오늘에 와서 말한다는 것은 참으로 가슴 아픈 일이다. 우리는 마을 촌장들에게 일본군과 군마軍馬를 먹일 군량미와 탄약을 나르고 길을 넓히는 데 마을 사람들을 동원하도록 명령을 내렸다. 강제 사역에 나선 그들에게 일본군은 먹을 것도 나눠주지 않았다. 사람들은 식량 부족으로 날마다 죽어나갔다. 그런 상황에서 내 부하들 몇몇은 티모르 여인들을 강간했다."

제2차 세계 대전에서 일본군이 패망해 물러간 것으로 티모르 사람들의 고난은 그치지 않았다. 포르투갈 세력이 다시 들어와 식민지 주인 행세를 하려 들었다. 전쟁과 굶주림에 지친 동티모르 사람들은 이렇다 할 저항을 하지 못했다. 이웃 인도네시아는 사정이 달랐다. 네덜란드는 늘어나는 주둔군 유지 부담과 미국의 개입으로 마지못해 인도네시아에서 손을 떼고 물러났다. 미국이 개입한 배경엔 세계 4위의 인구 대국 인도네시아라는 잠재력이 큰 시장에 미국 기업들이 진출한다는 계산이 깔려 있었다. 인도네시아가 네덜란드에서 독립하는 과정에서 서티모르는 인도네시아 영토가 됐다. 그러나 동티모르는 그대로 포르투갈령으로 남아 있었다.

동티모르 사회를 말할 때 가톨릭을 빼놓을 수 없다. 동티모르 인구의 90% 이상이 가톨릭이다. 식민국 포르투갈의 입장에선 동티모르인들의 반항 정신을 순화하는 도구로서의 기능을 가톨릭이 맡아주기를 바랐다. 그렇지만 일반적으로 종교의 참된 속성이란 정의를 찬미하고 불의를 배척하는 것이다. 동티모르 가톨릭 신부들이나 수사들은, 특히 그들이 포르투갈인이 아니라 현지 동티모르인인 경우, 포르투갈 식민 통치로 동티모르 사람들이 겪는 고통에 대해 비판적이었다.

동티모르의 초대 대통령인 조제 알레샨드르(샤나나) 구스망을 비롯해, 인도네시아의 강점에 맞서 동티모르 저항 세력을 이끌었던 사람들 대부분이 가톨릭 교구(예수회 교단)에서 세운 학교를 거친 사람들이다. 예수회 교단의 설교자들과 그들이 세운 학교의 교사들은 제2차 세계 대전 뒤 아시아·아프리카의 제3세계에서 일어난 민족 해방 운동 소식들을 학생들에게 전함으로써 동티모르 민족주의를 퍼뜨리는 기틀을 마련했다. 다시 말해 가톨릭계 학교에서 교육을 받은 동티모르의 젊은 지식인들이 동티모르 민족주의 정치 세력을 형성하게 된 것이다.

제2차 세계 대전이 끝나고 거의 30년이 지난 뒤인 1974년, 동티모르 사람들은 식민지 신세를 벗어날 기회를 맞이했다. 그 기회는 동티모르 내부에서 생긴 것이 아니라, 포르투갈의 정세 변화에 따른 것이었다. 1974년 4월 포르투갈에서는 이른바 '카네이션 혁명'이라 일컬어진 무혈 군사 쿠데타가 일어나 독재 정권을 무너뜨리고 민주화의 바람이 불었다.

모처럼 독립의 기회를 맞아 가톨릭계 지식인들이 모인 동티모르독립혁명전선(FRETILIN)은 1975년 11월 말 동티모르인민민주공화국을 선포했다. 그러나 동티모르 독립은 열흘도 못 갔다. 그해 12월 인도네시아 수하르토 군사 독재 정권의 침공 명령에 따라 인도네시아 해군은 수도 딜리에 함포 사격을 퍼부었고, 비행기에서 인도네시아 공수 부대가 낙하산을 타고 내려와 딜리 부두를 점령했다. 침공군 병력 규모는 1만 명쯤이었다.

"내 아들이 문 열고 들어설 것 같아" 1975년 12월

7일 딜리 외곽 부두를 점령한 인도네시아 특전사 군인들은 길거리의 주민들을 무조건 사살하며 시내로 진격해 들어갔다. 총소리에 놀라 잠을 깨 무슨 일인가 하고 집 앞을 내다보던 주민들도 죽임을 당했다. 특히 남자들이 총격의 과녁이 됐다. 많은 남자들이 거리에서 붙잡혀 사살당했고, 그 가운데 일부는 아직껏 시신도 못 찾아 실종 상태이다.

필자가 딜리에 머무는 동안 통역으로 도와준 동티모르대학교 학생

리누 조제의 친척 마리아 엘레사도 그날 17살이던 외아들을 잃었다. 당시 초등학교 여교사였던 그녀는 "이제는 눈물도 말랐지만, 아직도 아들이 어딘가 살아 있다가 언제라도 대문을 열고 들어설 것만 같다"고 한숨을 지었다. 침공 첫날과 그다음 날 이틀에 걸쳐 딜리 시내에선 약 2,000명이 죽임을 당했다.

딜리 시내를 공격한 인도네시아군은 며칠 뒤부터 동티모르 주요 마을들을 하나씩 점령해 들어갔다. 수하르토 장군은 그해 말까지 약 1만 5,000에서 2만 명의 증원군을 파견했다. 인도네시아군은 가는 곳마다 살육을 벌였다. 침공 초기의 두 달 동안 6만 명 가까운 티모르 주민들이 죽임을 당했다. 그리고 부녀자들이 강간을 당했다. 마리아 엘레사는 "내 친구의 막내 여동생은 남편과 자식들이 보고 있는 데서 강간을 당했다"며 치를 떨었다. 1990년대 보스니아에서처럼 강간이 고의적인 억압 수단으로 활용되었음을 보여준다.

인도네시아군의 학살과 강간 소식은 입에서 입으로 빠르게 퍼져나갔다. 많은 동티모르 사람들이 산으로 피란했다. 그 가운데 일부는 나중에 배를 타고 호주로 밀항을 하기도 했다. 호주 작가 제임스 던은 그들에게서 끔찍한 증언을 듣고 이를 책으로 펴냈다. 그 책에 수록된 한 피란민 여인의 증언을 옮겨보면, 다음과 같다.

"(인도네시아군이 몰려오자) 우리는 너무나 놀라 숲속으로 도망쳤다. 자바 놈들(인도네시아 군인들)은 마치 동물 사냥하듯 우리에게 총을 쏴댔고, 우리는 아이들을 끌어안고 이리저리 몸을 피했다. 잠은 아무 데서나 잤다. 비를 맞으며 자기도 했고, 진흙탕에서도 잤다. (잠자리가 마땅치 않아) 죽은 동물 곁에서 밤을 새운 적도 있다. 배가 고파 아무것이나 손에 잡히는 풀을 뜯어먹었다. 자바 놈들에게 들킬까 싶어 불을

친인도네시아 민병대의 방화로 불탄 집을 가리키는 주민.

피워 요리를 할 수도 없었다. 연기가 피어오르면 그놈들이 쳐들어올까 봐 두려웠다. 우리는 자꾸만 깊은 산속으로 밀려갔다. 그곳엔 물이 없었다. 많은 사람들이 쇠약해져갔고, 그렇게 죽은 사람들은 죽은 동물들이 묻힌 곳에 나란히 묻혔다."

키신저, "미국의 이익이 먼저다"

우리는 여기서 인도네시아의 동티모르 침공 전야前夜에 미국이 동티모르 침공을 통보

받았고, 인도네시아에 '푸른 신호등'을 켜주었음을 기억해야 한다. 미국은 정보 보고를 통해 인도네시아가 동티모르를 침공하려 한다는 사실을 미리 알고 있었다. 1975년의 동티모르 침공은 포드 미국 대통령과 헨리 키신저 미국 국무부 장관이 인도네시아 자카르타에서 수하르토 대통령을 만난 바로 다음 날 이뤄졌다. 당시 키신저는 기자들에게 "미국은 동티모르에 대한 인도네시아의 입장을 이해한다"고 말했다.

인도네시아군이 동티모르를 침공한다면 미제 무기를 사용해야 했다. 하지만 1958년에 맺은 미국-인도네시아 상호 방위 조약은 미국의 원조로 받은 무기는 방어용으로만 쓰도록 규정하고 있었다. 미국 국무부 내 키신저의 측근들이 미국산 무기 사용의 법률적인 문제를 제기하자, 키신저는 이렇게 대꾸했다. "나도 법이 어떻다는 걸 알고 있다. 그러나 인도네시아를 비난하는 것이 미국의 이익이 될 수는 없지 않느냐."(『뉴욕 타임스』, 1999년 9월 7일자 키신저 관련 기사)

이 같은 발언은 키신저의 현실주의적 국제 정치 시각을 그대로 드러내는 것이다. 키신저는 미국의 국가 이익에 도움이 되기만 한다면, 독재자들과 손잡는 것도 마다하지 않았다. 아우구스토 피노체트 장군의 군사 쿠데타를 뒤에서 돕고, 이란의 독재 체제 샤 왕조를 지지한 것도 이런 배경에서다.

키신저의 현실주의는 이른바 냉전 시대 국제 정치의 산물이다. 1975년 포드 대통령과 함께 인도네시아를 방문한 시점에서 미국은 특히 안보 문제에 골몰하고 있었다. 인도네시아는 미국의 시각에서 보면, 반공의 굳건한 보루堡壘였다. 인도네시아의 동티모르 침공에 관한 한, 키신저의 현실주의는 1970년대 미국 행정부 안에서 합리적인 대외 정책으로 받아들여졌다. 1980년대 레이건 행정부 시기에 들어서도 그런 태도는 변함이 없었다. 이는 인도네시아의 동티모르 침공에 비판적인 유엔과 유럽 국가들의 태도와는 큰 차이를 보였다(유엔은 인도네시아의 동티모르 영유권을 끝까지 인정하지 않았다).

20세기 정치사에서 독재와 부패를 상징하는 인물은 여럿이지만, 지난 2008년 숨을 거둔 수하르토(1921~2008년)는 그중 최악의 인물로 꼽힐 만하다. "200만 명 투옥, 100만 명 사망"이란 말이 압축해 보여주듯, 수하르토의 32년 철권 통치 기간 동안 숱한 사람들이 붙들려 옥고를 치르거나 죽임을 당했다. 특히 1965년 당시 육군 소장 수하르토가 '공산주의자들'의 반란 음모를 진압한다는 구실로 좌익계 100만여 명을 숙청한 '피의 역사'는 인도네시아 현대사에서 지울 수 없는 참극으로 기록된다.

"절대 권력은 절대 부패를 낳는다"는 말이 수하르토에게도 예외는 아니다. 국제투명성기구(TI)는 지난 2004년 수하르토를 세계 최악의 부패 지도자로 꼽으면서, 그가 32년 집권 기간에 무려 350억 달러를 제 속주머니에 챙겼다고 비판했다.

인도네시아 현지 취재 때 들은 인상적인 얘기 한 토막. 자카르타공항에 내려 시내로 들어가는데, 택시 기사가 더듬거리는 영어로 통행료가 비싸다고 투덜거리면서 이렇게 말했다. "지금 우리가 지나는 유료 도로의 통행료는 수하르토의 친척이 거둔다. 오늘 당신이 묵으려는 호텔도 수하르토 집안이 실제 소유자로 알려져 있다. 당신은 수하르토의 축재에 일부 기여하는 셈이다."

인도네시아에 IMF 금융 위기가 몰려오면서 분노한 민중들의 봉기로 수하르토가 물러난 뒤 그의 가족과 친인척은 호텔이며 쇼핑센터, 그리고 다른 알짜배기 기업들을 서둘러 팔아치웠다. 권력형 특혜와 부정 축재로 끌어 모은 그런 '검은 재산'들은 그러나 한 푼도 빼앗기지 않았다. 수하르토 일족의 검은 돈만 제대로 거두어들였다면, 1인당 국민 총생산(GDP)이 4,000달러(2020년 추산)인 가난한 나라 인도네시아의 재정에 큰 도움이 되었을 법하다.

누더기 같은 옷을 걸친 채 희망 없는 나날을 이어가던 동티모르 사람들을 구해낸 것은 아이러니하게도 1990년대 말 한국과 동남아시아를 휩쓴 금융 위기(이른바 IMF 위기), 그리고 그에 따른 인도네시아의 정치·경제적 변화였다. 1997년 금융 위기의 찬바람이 인도네시아를 강타하고 루피아(인도네시아 화폐)가 폭락하면서 경제가 엉망이 되자, 수하르토 독재 정권이 무너졌다(1998년 5월). 뒤를 이은 하바비 과도 정권은 유엔을 비롯한 국제 사회의 압력에 밀려 '주민 투표로 동티모르의 독립 여부를 결정한다'는 데 동의했다.

그러나 1999년 8월 동티모르 유권자의 78.5%가 분리·독립에 찬성표를 던지자, 이에 반대하는 친인도네시아 민병대들이 유혈 폭동을 일으켜 무차별 학살을 자행했다. 약 1,300명의 동티모르 사람들이 죽고 많은 집들이 불탔다. 그러자 유엔은 호주군을 중심으로 7,500명 규모의 다국적 평화유지군을 파병했다. 우리 상록수부대가 파병된 것도 그 무렵이다. 아울러 유엔은 동티모르 독립을 돕기 위해 유엔동티모르과도행정청(UNTAET)을 설립했다. 2002년 5월, 21세기 최초의 독립국으로 동티모르가 출범한 것은 이런 험난한 길을 거친 뒤였다.

국민들의 절대적인 지지를 받아 동티모르 초대 대통령으로 뽑힌 샤나나 구스망은 동티모르독립혁명전선(FRETILIN)의 최고 지도자 출신이다. 가톨릭 신학교를 졸업한 뒤 학교 교사가 된 구스망은 인도네시아군의 동티모르 침공 4년 뒤(1979년)부터 동티모르독립혁명전선을 이끌었다. 1992년 체포돼 20년 징역형을 언도받고 감옥에 있던 중 유엔과 국제 사회의 압력으로 7년 만에 풀려난 그는 '동티모르의 넬슨 만델라'라고 할 수 있다.

호주의 이중성과 국가 이익

인도네시아가 1975년 동티모르를 강제 합병한 뒤 인도네시아는 전 세계의 비난을 받았다. 특히 동티모르 사태에 나름의 도덕적 책임을 느낀 포르투갈 지식인들의 항의와 비판을 받았다. 그런 움직임을 시작으로 유엔에서는 여러 차례 인도네시아 비난 결의안이 통과됐다. 인도네시아가 동티모르에서 물러나야 한다는 결의안이었다. 그러나 앞서 살펴보았듯 베트남의 공산주의화 이후 반공 보루로서 인도네시아의 지정학적 중요성을 강조하던 미국은 '기권' 쪽으로 돌아서 수하르토 정권의 국제적 입지를 지켜주었다.

수하르토가 저지른 여러 악행 가운데 동티모르 침공과 무차별 학살은 지구촌 평화주의자들에겐 잊지 못할 일이다. 수하르토가 국제법을 무시하고 전쟁 범죄를 마음껏 저지를 수 있던 뒷심은 역시 강대국 미국의 든든한 지원이었다.

이웃 나라 호주도 비난을 받아 마땅하다. 호주는 한 술 더 떠 동티모르가 인도네시아의 침공을 당하고 3년 뒤인 1978년 동티모르가 사실상 인도네시아의 영토임을 인정한 유일한 국가가 됐다. 호주의 국가 이익을 위해서였다. 호주의 정치인들은 인도네시아의 동티모르 영유권을

친인도네시아 민병대의 유혈 난동을 피해 도망쳤다가 트럭을 타고 돌아오는 난민들.

인정해줌으로써 경제적 이득을 챙기려 했다. 동티모르 남쪽 바다, 티모르해Timor Gap 밑에는 풍부한 석유와 천연가스 자원이 묻혀 있다. 호주는 그곳 해저 자원에 눈독을 들여 유전 탐사와 시추를 한 뒤 50년 동안 인도네시아와 절반씩 이득을 나눠 갖는 개발 협정을 1989년에 맺었다.

흔히 호주는 '독립 국가 동티모르의 산파'라 일컬어진다. 1999년 동티모르에서 살육극이 벌어졌을 때 가장 먼저 병력을 보내 사태를 안정시킨 나라가 호주다. 동티모르 딜리 시내 한복판에 자리 잡은 유엔동티모르과도행정청 홍보실에서 만난 한 호주 기자는 필자에게 "우리 호주가 인권 보호 차원의 군사 개입을 하지 않았더라면, 동티모르 사태가 이렇게 빨리 안정을 되찾기는 어려웠을 것"이라고 으스댔다. 한쪽만 보면 맞는 말이다. 7,500명의 유엔동티모르평화유지군 가운데 5,000명이 호주군이었다.

그러나 호주 기자가 말하는 '인권 차원의 개입' 뒷면에 숨겨진 호주의 계산을 살펴보면 개운치 않은 뒷맛이 있다. 호주는 인도네시아의 동티모르 침공을 비난하는 유엔 결의안이 나올 때마다 미국과 함께 기권 또는 반대표를 던진 나라다. 1992년 동티모르 중심 도시 딜리에서 인도네시아군이 현지인들을 마구 죽인 사건(산타크루스 사건)이 일어나자 유엔에서 비난 결의안을 내려 할 때도 호주는 결의안 상정 자체를 막으려고 로비를 펼쳤다.

그런데 1990년대 말 IMF 경제 위기로 인도네시아 경제가 흔들리면서 수하르토의 32년 독재가 무너지자, 존 하워드 호주 총리의 태도가 180도 바뀌었다. 여기에는 호주 나름의 계산이 있었다. 지구촌 어디에서나 정치·경제가 불안해지면 사람들은 보따리를 싸고 어디론가 안전한 곳으로 살길을 찾아 떠나기 마련이다. 경제 붕괴와 더불어 수하르토 철권 통치가 무너지는 과정에서 많은 인도네시아 사람들이 호주로 밀항하려고 배를 탔다.

마찬가지로 동티모르에서 유혈 사태가 벌어지면, 호주 해안으로 많은 동티모르 난민들이 밀려들 것이다. 호주 정부가 발 빠르게 동티모르 사태 안정에 개입한 이유는 바로 이런 대량 난민 사태가 호주 해안 지역에서 벌어지지 않길 바랐기 때문이다.

아울러 호주는 동티모르 독립에 적극적 역할을 함으로써 앞으로 있을 티모르해의 석유 개발 프로젝트에서 발언권과 이권을 챙기려고 했다. 그 뒤로 진행된 상황을 보면, 그런 호주의 계산은 성공한 듯이 보인다. 티모르해 개발을 둘러싸고 동티모르와 호주는 줄다리기 끝에 2001

년 티모르해 조약을 맺었다. 두 나라 사이의 조약 체결 조건은 채굴 기술을 제공하는 호주가 이익의 10%, 동티모르가 90%를 나눠 갖는다는 것이다.

티모르해에는 최소 7억 배럴의 원유와 다량의 천연가스가 묻혀 있는 것으로 추정된다. 이 에너지 자원은 동티모르 건국의 주요 자금원이다. 동티모르 국영 석유공사는 지난 2015년 앞으로 50년 동안 2,140억 달러어치의 에너지 자원을 캐낼 것이라고 발표했다. 21세기 최초의 신생 독립 국가인 동티모르의 내일에 석유와 천연가스 자원은 큰 희망이다.

한국 최초의 전투 부대 평화유지군

끝으로 한국 최초의 전투 부대 평화유지군인 상록수부대에 대해 알아보자. 1999년 10월부터 2003년까지 만 4년 동안 연인원 3,200명(1진 평균 400명)이 상록수부대 소속으로 동티모르 평화를 위해 구슬땀을 흘렸다.

동티모르는 강원도 크기만 하다. 상록수부대를 찾아가는 길은 마치 우리의 어머님들이 강원도 인제 원통쯤에 배속된 김일병을 면회 가는 길처럼 멀고도 험했다. 동티모르 수도 딜리를 벗어나면 곧바로 구불구불한 절벽 길을 달려야 했다.

딜리에서 상록수부대가 자리한 로스팔루스까지는 220km. 도로 사정이 나빠 필자가 탄 차량은 속력을 제대로 내지 못했다. 인도네시아군이 식민 통치를 위해 현지 주민들을 강제 동원해 닦았다는 도로는 차량 2대가 마주치면 때때로 둘 중 하나가 서서 기다려줘야 할 만큼

옹색했다. 곳곳에 팬 웅덩이는 자칫 목숨을 앗아가는 사고의 주범이었다.

내려다보면 아찔한 낭떠러지들을 옆으로 하고 달리길 7시간. 마침내 로스팔루스 마을에 닿았다. 멀리 상록수부대의 위치를 알리며 펄럭이는 태극기를 발견하자, 참 반가웠다. 부대 입구 가까이엔 국산 장갑차가 유엔 마크를 달고 출동 태세였다. 로스팔루스도 지난 1999년 동티모르 독립을 반대하는 친인도네시아 민병대들의 난동 과정에서 호된 홍역을 치렀다. 불에 타 지붕이 내려앉은 채 버려진 공공건물이며 주택들이 그날의 혼란상을 말해줬다.

다음 날 서쪽으로 50km 떨어진 산악 지역 마을 레우루에 상주하는 작전 중대를 찾아갔다. 그곳 장병들은 동티모르에서 활동하고 있는 유엔동티모르과도행정청이나 국제적인 비정부 기구 직원들도 가보지 못한 오지 마을들을 찾아다녔다. 우거진 밀림과 도로 사정 때문에 차량이 다니기 어려운 오지 마을로 가는 것은 쉬운 일은 아니다. 길이라 하기 어려운 밀림을 헤쳐가노라면, 모기나 뱀 등 해충들도 얕볼 수 없는 적이었다. 그런 악조건 속에서도 우리 장병들은 지도에도 표기되지 않은 마을들을 찾아내는 성과를 거두었다.

상록수부대 장병들을 따라 사람의 발길이 뜸한 울창한 산속에 자리 잡은 바리카파 마을로 갔다. 며칠 앞서 내린 장맛비로 곳곳의 비포장 도로가 유실된 뒤라서 필자가 탄 지프차가 진흙탕에서 헛바퀴 돌리길 반복하다가 간신히 찾아간 오지 마을이었다. 상록수 장병들은 한국에서 가져온 옷가지를 나누어주며 어린이들에게 먹을 것을 주었다. 줄을 선 아이들 가운데 맨발인 아이들이 신발을 신은 아이들보다 많아 가슴이 아팠다. 6·25 전쟁 직후에 우리가 저랬을까…….

동티모르 현지인들이 상록수부대를 보는 시선은 따뜻했다. 유엔 마크가 새겨진 국산 지프차를 타고 지역 마을들을 돌 때마다 현지인들은 "꼬레아"를 외치며 엄지손가락을 치켜세워 반가움을 나타냈다.

상록수부대 파병과 우리의 빚

상록수부대 파병을 앞두고 국내에선 찬반양론이 팽팽하게 맞섰던 게 사실이다. 발칸 지역의 코소보나 보스니아의 난민촌을 가보면 반드시 일본인들과 마주친다. 난민들을 도우러 온 비정부 기구 요원들이다. 그러나 그런 곳에서 한국인들을 만나기는 쉽지 않다.

우리가 평소 잘 생각하지 않는 부분이 있다. 한국의 '해묵은 빚'에 관한 것이다. IMF 빚을 말하는 게 아니다. 정신적 채무다. 우리 한국은 6·25 한국 전쟁을 겪은 뒤 1950년대 전후 복구 과정에서 국제 사회로부터 많은 도움을 받았다.

그런데 국내 총생산(GDP) 기준 세계 10위의 우리는 그동안 국제 사회를 위한 활동을 제대로 해왔는가. 대답은, 그러지 못했다. 그렇다고 일본인들이 제2차 세계 대전 중에 일제가 저지른 죗값을 치르느라 난민촌을 찾는 것은 분명 아니다. 일본 정부와 NGO들이 100만 달러를 기부한다 치면 일본 기업들이 공사를 따내고 물건을 팔아, 처음에 생색내고 내민 돈의 몇 배를 걷어간다.

상록수부대는 "한국이 국제 사회를 위해 뭘 했느냐"는 반성적인 물음에 대한 하나의 대답이다. 우리 한국군 장병들이 유엔평화유지군으로 파병된 경험은 전에도 몇 차례 있었다. 소말리아(1993~1994년)

평화유지군으로 파병된 상록수부대원들.

와 앙골라(1995~1996년)에는 공병 대대가, 서부 사하라(1994년 9월)
엔 의료 지원단이 나가 현지인들을 도왔다. 이들의 이름도 모두 상록
수부대다. 그러나 특전사 정예 병력을 주축으로 한 전투 부대를 평화
유지군으로 파병한 것은 동티모르 상록수부대가 한국 군사軍史에서
처음이다.

동티모르 파병을 1965년의 베트남전 파병과 견주어서는 곤란하다.
베트남전 당시에도 전투 부대가 공병 부대 등과 함께 파병됐다. 한국군
의 베트남전 파병에 비판적이었던 사람들은 '미국의 용병'이란 꼬리표
를 붙였다. 베트남전에 파병된 우리 장병들은 미국이 주는 월급을 받
고 싸웠기 때문에 그런 불명예스러운 이름이 붙었다. 당시 박정희 대통

령으로서도 베트남전 개입이 내키는 일은 아니었지만, 미국이 제시하는 여러 유혹들(한국군 현대화와 외화벌이 등)을 거부하기 어려웠을 것이다.

동티모르 파병은 베트남전과는 근본적으로 다르다. 이름하여 평화유지군이다. "우리 한국 젊은이가 낯선 곳에서 혹시 다치거나 죽기라도 하면……." 이런 걱정을 하다간 우물 안 개구리 신세를 피할 수 없다. 1990년대 말 IMF 금융 위기로 움츠러들긴 했지만, 그만한 국력을 갖춘 한국이다. 월드컵 축구 4강이 달리 나온 게 아니다. 한국은 이제 선진국이라고 말로만 떠들 게 아니라, 전쟁의 상처를 안고 신음하는 지구촌의 어려운 나라들을 도와줌으로써 지난날 한국이 국제 사회에 졌던 '해묵은 빚'을 갚아야 한다.

포르투갈의 오랜 식민 지배, 일본의 점령 착취, 인도네시아의 침공과 학살 등의 끔찍했던 과거를 딛고 동티모르는 21세기에 새로운 역사를 써나가고 있다. 2002년 독립 국가를 세우고 유엔에 191번째 회원국으로 가입했다. 샤나나 구스망 초대 대통령에 이어, 2006년 조제 하무스-오르타(1996년 노벨 평화상 수상자)가 대통령 자리에 올라 국가 재건에 힘써왔다. 그러나 불만을 품은 일부 군인들이 반란을 일으켜 또다시 유엔평화유지군(UNMIT 소속) 병력 1,500명이 동티모르에 파병돼 사태를 가라앉혀야 했다. 2008년엔 하무스-오르타 대통령이 반군에게 총격을 받아 배에 총상을 입는 사건이 터져 많은 이들을 놀라게 했다.

동티모르는 경제적으로도 어렵다. 독립 초기의 50%에 이르던 실업률은 많이 낮아졌지만 살림살이는 여전히 궁핍하다. 1인당 국민 총생산(GDP)도 5,200달러에 머물러 있다. 그렇지만 오랜 외세의 지배에서 벗어나 한숨을 돌리고 있는 그곳 사람들은 앞으로 잘살게 될 것이라는 희망을 품고 있다. 티모르해에 묻혀 있는 원유도 희망의 씨앗이다. 동티모르가 정치적으로 안정을 찾고 오랜 가난에서 해방될 날이 하루 빨리 다가오길 기원해본다.

Bolivia

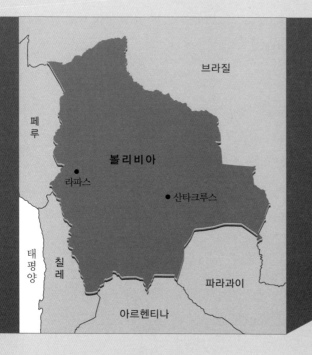

브라질

페루

볼리비아

라파스

산타크루스

태평양

칠레

파라과이

아르헨티나

13장

볼리비아

체 게바라의 가쁜 숨결이 스민 혁명 기지

■ **기본 정보** _ 국토 면적: 1,100,000㎢(한반도의 5배). 인구: 1,250만 명 (메스티소 68%, 인디오 20%, 백인 5%, 기타 7%). 종교: 가톨릭 70%, 개신교 18%, 기타 12%. ■ **누가 왜 싸웠나** _ 피델 카스트로와 함께 쿠바 혁명(1959년)에 뛰어들었던 체 게바라는 볼리비아를 혁명 근거지로 삼아 남미 이웃 나라들로 사회주의 혁명을 수출하고자 했다. 1966년 게바라는 50명의 소수 정예 요원과 함께 볼리비아 내륙 냉 카우아수강 변에 근거지를 마련했다. 게바라의 말대로 남미가 '제2의 베트남'이 될 것을 두려워한 미국은 1967년 볼리비아 군사 정권의 특수 부대를 훈련시켜 좌익 게릴라들을 섬멸했다. 미 CIA는 게바라의 즉결 처형에도 관여했다. ■ **체 게바라는 왜 실패했나** _ 첫째, 볼리비아 공산당수 마리오 몽헤를 비롯한 현지 좌익 세력의 협력을 얻지 못했다. 둘째, 체 게바라의 혁명 기지가 너무 외딴 곳이라, 보안 유지엔 좋지만 사회 혁명 이념을 민중에 퍼뜨리기엔 어려웠다. 셋째, 미국이 볼리비아 군사 정권과 손잡고 적극 대응했다. ■ **지금은?** _ 체 게바라가 사살된 볼리비아 산악 지역은 일종의 관광 코스로 바뀌었다. 게바라의 유해는 피살 30년 만인 1997년 발굴돼 쿠바로 옮겨졌다. 쿠바 정부는 산타클라라에 거대한 혁명 기념관을 조성하고, 그 안에다 게바라를 비롯한 볼리비아 혁명 전사들의 시신을 안장해놓았다.

1960년대는 말 그대로 격동의 시대였다. 미국은 베트남 전쟁의 수렁에 빠져 있었고, 유럽의 지식인들과 학생들은 변화와 개혁을 외치며 최루탄 자욱한 거리를 메웠다. 중남미를 비롯한 제3세계 곳곳에서는 또 다른 정치 집단들이 사회 변혁을 꾀하고 있었다. 좌익 게릴라들은 마르크스·레닌·마오쩌둥이 추구했던 이념의 길을 걸으며 자본가들에게서 정치적 주도권을 빼앗아 세상을 바꾸려고 했다. 체 게바라(1928~1967년)는 이런 1960년대 격동기를 질풍노도처럼 살다 갔다. 쿠바 혁명(1959년)에 이어 콩고(1965년)와 볼리비아(1966~1967년)를 근거지로 삼아 혁명을 꿈꾸며 무장 투쟁을 벌였다.

이제는 전설이 된 아르헨티나 출신의 혁명가 체 게바라. 1967년 10월 9일 그가 남미 안데스 산악 지대에서 볼리비아 특수 부대에게 붙잡혀 처형당한 지도 벌써 50년을 넘겼다. 사회주의 혁명의 모국이었던 소련이 작은 공화국들로 분해되고, 동서 냉전이 막을 내린 지도 30년이 흘렀다. 유일 초강국인 미국의 세계 패권 이데올로기인 신자유주의가 지구촌을 지배하는 시대를 맞이했다. 마르크스-레닌 좌파 철학을 전공한 교수들이 전 세계적으로 일자리를 잃고, 관련 서적들은 도서관에서 찾는 이 없이 먼지를 뒤집어쓰고 있다.

이러한 변화된 상황에서 그래도 지하의 체 게바라에게 큰 위안이라면, 그가 혁명을 수출하려 했던 중남미에 좌파 정권들이 줄줄이 들어섰었다는 점이다. 쿠바에 이어 베네수엘라, 브라질, 아르헨티나, 칠레, 에콰도르, 우루과이, 볼리비아 등등. 중남미에 좌파 정권이 이렇게 많이 들어섰었던 건 게바라가 죽던 50여 년 전에는 상상하기 어려운 일이었다. 필자가 쿠바, 볼리비아, 페루, 멕시코의 현지 취재 도중에 거듭 들은 말이지만, 미국을 곱게 보지 않는 그곳 유권자들은 "중남미가 더 이상 미국의 정치·경제 패권에 휘둘리는 뒷마당이 되어서는 안 된다"는 생각이다.

그러나 현실을 돌아보면, 같은 게바라를 받아들이는 데 사람마다 많은 차이가 있는 게 사실이다. '정치적 지향점으로서의 게바라'가 있는가 하면 다른 한편의 게바라가 있다. 더 정확히 말하면 '상품화된 게바라'다. 여기서 체 게바라는 그저 이미지로만 남아 있다. 젊은이들은 게바라가 지닌 반항아로서의 이미지를 찾아냈고, 여인들은 게바라에게서 섹시한 남성미를 찾아냈다. 많은 사람들이 게바라의 얼굴이 새겨진 티셔츠를 입고, 그의 브랜드라 할 별 달린 모자를 쓰고 다닌다. 목걸이, 시계, 재떨이에도 게바라다. 맥주 선전 포스터에도 게바라가 등장한다 (실제 게바라는 고질병인 천식으로 괴로워하면서도 줄담배를 피우긴 했지만, 술을 잘 마시지는 않았다고 한다). 젊은 여인들은 가슴에 게바라의 얼굴을 문신으로 새겨넣고, 몸매를 훤히 드러내는 수영복에 게바라의 얼굴을 박아넣을 정도다.

거대한 제국 미국, 그 제국의 지원을 받는 친미 독재 정권의 군대와 힘겨운 싸움을 벌여야 했던 혁명가로서의 게바라가 밤새 지우려고 애썼던 불안의 덩어리는 쏙 빠지고 없다. 20세기를 넘어 21세기에도 체 게바라 신드롬은 이어졌다. 2004년엔 1950년대 게바라의 남미 여행을 다룬 영화 《모터사이클 다이어리The Motorcycle Diaries》로 다시 한 번 대중의 가슴에 다가왔다.

여기서 생겨나는 물음. 체 게바라에게 열광하는 이들은 그를 어디까지 이해하고 있을까. 미국에게서 지원을 받은 중남미 친미 독재 정권의 군대와 힘겨운 싸움을 벌이며 불꽃같은 삶을 살았던 혁명가 게바라가 아닌, 시가를 입에 문 또 다른 할리우드 꽃미남을 따르는 것은 아닐까. 혁명은 탈색되고 그저 반항적이고 성적인 이미지로서의 게바라만 남은 것은 아닐까. 좀 더 근본적으로, 그가 치열하게 고민했던 사회 변혁과 시대정신의 무게를 21세기를 사는 우리는 지금 얼마만큼 나눠 갖고 있는 것일까. 이런 물음들을 품고, 1967년 게바라가 죽음을 맞이했던 볼리비아로 향했다.

볼리비아 혁명 근거지를 찾아

볼리비아에서는 쉽사리 체 게바라를 만날 수 있다. 안데스산맥 줄기에 있는 볼리비아 내륙 제2의 도시 산타크루스에서 외국 관광객들이 즐겨 찾는 토산품 가게들에는 어김없이 체 게바라 티셔츠와 그의 얼굴을 새긴 나무 조각품들이 놓여 있다.

체 게바라가 남미 혁명의 꿈을 지닌 채 볼리비아에 설치한 근거지는 남미 대륙을 위아래로 관통하는 안데스산맥의 기슭이라 할 저지대인 냥카우아수강 변. 오가는 사람을 만나기가 쉽지 않은 외딴 지역이다. 그곳을 찾아가려면, 먼저 산타크루스에서 버스를 타고 6~8시간쯤 남쪽으로 달려 '라구니야스'라는 작은 마을로 가야 한다. 그러나 그 길은 쉽지 않다.

체 게바라의 볼리비아 근거지로 가는 길을 알려주는 팻말.

지붕에다 쌀자루, 자동차 타이어, 책장까지 이삿짐에 버금가는 짐들을 잔뜩 실은 완행버스는 안데스산맥 기슭의 저지대를 따라 난 포장도로를 한동안 기세 좋게 달리더니, 비포장도로로 접어들었다. 중남미에서 아이티와 더불어 가난한 나라 가운데 하나로 꼽히는 나라가 볼리비아다. 1인당 국민 소득이 3,000달러를 겨우 넘는다. 그러니 도로를 비롯한 사회 기반 시설 투자가 빈약할 수밖에 없다.

비만 조금 왔다 하면, 도로가 물에 잠기거나 끊기기 십상이다. 순박한 농민들이 대부분인 버스 승객들이 힘을 합쳐 파인 도로를 흙이나 나무로 메우는 작업을 거듭하며 나아가곤 했다. 오후 1시에 산타크루스를 떠난 버스는 도착 예정 시각 7시를 넘겨 밤 10시에야 라구니야스에 닿았다.

숙소에서 밤새 내리는 비가 그치길 마음 졸이며 기다리다 깜박 잠이 들었는데, 눈을 뜨니 하늘이 맑게 갠 아침이다. 숙소 주인의 주선으로 마을 주민에게서 브라질산 4륜 구동차를 빌렸다. "차는 빌려줄 수 있지만, 현장에 함께 갈 수는 없다"는 말에 운전대를 직접 잡았다. 볼리비아군에 입대했다가 휴가차 나왔다는 주인집 아들과 그 남동생이 안내자로 따라붙었다. 게바라가 설치한 혁명 근거지는 라구니야스 북쪽으로 50km쯤 떨어진 곳. 이 지역 일대를 흐르는 리우그란데(히우그란지)강의 한 지류인 냥카우아수강 변에 자리 잡고 있다. 그곳까지 닿는 데도 거의 3시간이 걸렸다. 곳곳의 비포장도로가 밤새 내린 비로 무너져 내렸거나 나무들이 쓰러진 탓이다.

체 게바라의 혁명 기지는 농장으로 쓰이고 있었다. 현장에 들어서니, 남루한 옷을 입은 소작인 부부가 맞아준다. 그들의 두 아들 가운데 동생은 신발도 없이 맨발로 다녔다. 그 꼬마에게 "체 게바라!"라고 말을 건네자, 그도 잘 알고 있다는 듯 환한 얼굴로 엄지손가락을 위로 향해 가느다란 손을 쭉 내민다.

체 게바라는 그곳에 함석지붕으로 된 가건물을 지어놓았다. 그래서 혁명 기지는 게릴라들 사이에서 통칭 '함석집zinc house'으로 일컬어졌다. 나중에 이웃 농장주의 밀고로 볼리비아 군부대가 함석집을 급습했다. 당시 체 게바라를 비롯한 게릴라들은 타 지역으로 행군을 나가고 없었기에, 그곳에서 교전은 이뤄지지 않았다.

체 게바라는 볼리비아 게릴라 근거지를 마련하기 위해 3년 전부터 준비 작업을 해왔다. 그때 게바라를 도운 인물이 '타니아'(본명은 하이데 타마라 붕케, 1937~1967년)란 이름의 유태계 아르헨티나 여인이다. 타니아는 나치 독일의 박해를 피해 아르헨티나로 옮겨온 부모 사이에서 태어난 맹렬 사회주의자로, 쿠바 혁명 뒤 카스트로 혁명 정부에서 통역으로 일하다가, 체 게바라와 손잡았다. 1964년 게바라는 타니아를 볼리비아로 파견, 사전 탐색 작업을 맡겼다(타니아는 1967년 3월 냥카우아수강 변의 근거지에 왔다가 게릴라 부대에 합류했고, 5개월 뒤 볼리비아군에게 죽임을 당했다).

볼리비아공산당과 마찰

기록에 따르면, 체 게바라는 1966년 11월 3일 변장한 채 위조 여권으로 라파스공항을 거쳐 볼리비아로 입국하는 데 성공했고, 리우그란데강을 건너 11월 7일 냥카우아수강 변의 혁명 기지에 닿았다. 그와 함께 동행한 사람은 체 게바라의 『볼리비아 일기』에 '투마'란 암호명으로 기록된 카를로스 코엘로(1940~1967년)였다. 그는 쿠바 동부 지역의 농민 출신으로 카스트로 혁명 당시 체 게바라 사령관 밑에서 활동했다. 체 게바라의 측근으로 1965년 함께 콩고 내전 의용군으로도 갔다. 그는 게바라보다 4개월 앞서 볼리비아군에게 죽임을 당했다.

체 게바라와 함께한 게릴라는 모두 50명. 국적별로는 쿠바인 18명(체 게바라 포함), 페루인 3명, 볼리비아인 29명이었다. 총인원이 50명에 지나지 않은 주된 까닭은 볼리비아 현지 좌익 세력이 협력하지 않았기 때문이다. 1966년 12월 31일 볼리비아공산당 지도자 마리오 몽헤가 냥카우아수강 변의 함석집으로 비밀리에 방문, 체 게바라와 마주 앉았다. 두 사람의 대화는 곧 어긋나기 시작했다. 몽헤는 "볼리비아 땅에서 벌어지는 혁명 운동은 내가 지도해야 한다"고 고집했고, 체 게바라는 그런 주장을 받아들이지 않았다.

체 게바라는 볼리비아 자체의 사회 혁명보다는 볼리비아를 혁명 기지로 삼는 데 더 관심을 기울였다. 볼리비아를 근거지 삼아 그의 혁명을 국경을 맞댄 이웃 나라들(브라질, 아르헨티나, 칠레, 페루, 파라과이)로 수출하고자 했다. "우리는 제2, 제3의 베트남을 만들어내야 한다"고 선언한 것은 그의 전략적 목표를 잘 드러내준다. 그러나 볼리비아 현지 좌익 세력의 협조를 받아내지 못한 것은 게바라에게 결정타로 작용했다.

체 게바라의 볼리비아 무장 활동이 실패한 또 다른 이유는 여러 가지다. 그 가운데 하나가 장소를 잘못 선택했다는 것이다. 체 게바라가 죽은 뒤 볼리비아에서 극적으로 탈출, 쿠바로 돌아왔던 3인 가운데 한 사람이 폼보(아리 빌레가스)다. 그가 남긴 기록에 따르면, 체 게바라가 처음 세운 계획은 냥카우아수 기지를 후방 안전 기지로 활용하고 실제 게릴라 활동 무대는 그보다 훨씬 북쪽의 인구 밀집 지역으로 하는 것이었다.

그 지역들에서 무장 활동을 펴가면서 새로운 피를 수혈하고, 다른 한편으로는 쿠바에서 훈련받은 볼리비아 게릴라들을 냥카우아수 지역으로 불러들이려 했다. 그럼으로써 볼리비아 내륙을 위아래로 관통하는 안데스산맥 줄기를 타고 혁명 기지를 넓혀간다는 것이 체 게바라의 복안이었다.

혁명에 뛰어든 볼리비아 3형제

체 게바라와 함께 볼리비아에서 게릴라 활동을 폈던 볼리비아인 형제가 있다. 볼리비아 공산당원 출신으로 일찍부터 페루와 아르헨티나 산악 지대를 근거지

냥카우아수강 변 체 게바라의 혁명 근거지. 지금은 농장으로 바뀌었다.

로 반정부 게릴라 활동을 폈던 '코코'(본명은 로베르토 페레도, 1938~
1967년), 볼리비아군 포위망을 가까스로 뚫고 살아남아 볼리비아 수도
라파스에서 무너진 조직을 정비하면서 재기를 노리던 중 사살된 '인
티'(귀도 알바로 페레도, 1937~1969년)다.

그 두 사람의 동생 오스발도 페레도는 볼리비아 제2의 도시 산타크
루스의 시의원을 지냈다. 모스크바에서 의대를 나온 오스발도도 형들
을 따라 체 게바라의 볼리비아 게릴라 활동에 참여할 예정이었다. 볼
리비아 산속의 체 게바라가 날마다 일어난 일과 감상을 적은 『볼리비
아 일기』에도 "코코와 인티의 동생이 다른 동지들과 함께 곧 합류할 예
정"이라는 표현이 나온다. 그러나 볼리비아로 가기 위해 쿠바에 머물던
중 체 게바라 피살 소식을 듣고 땅을 치며 울었다. 산타크루스 시의원

사무실에서 만난 오스발도 페레도는 이렇게 증언했다.

"당시 많은 볼리비아인들이 체 게바라 대열에 합류할 목적으로 쿠바에서 군사 훈련을 받고 있었다. 그러나 볼리비아공산당의 방침에 따라 대부분이 냥카우아수 기지로 가지 않고 이탈했다. 1967년 10월 체 게바라가 죽은 뒤에도 극적으로 살아남은 형 인티를 볼리비아 라파스의 아지트에서 만나, 무엇 때문에 우리의 혁명 투쟁이 실패로 돌아갔는가를 논의했다."

"가장 결정적인 요인은 볼리비아공산당의 배신적 행위였다. 우리 형제들은 그런 볼리비아공산당에서 스스로 탈당을 했지, 공산당 지도자 몽헤가 지배하는 당에서 쫓겨난 게 아니다. 몽헤는 배신자라는 더러운 이름이 붙은 채, 지금도 어디에선가 살고 있다고 들었다. 우리가 생각한 또 다른 실패 요인은 볼리비아 내륙 냥카우아수강 변의 혁명 기지가 너무 인적이 드문 지역이라는 점이었다. 보안을 유지하기엔 적절할지 몰라도, 체 게바라의 사회 혁명 이념을 일반 민중에게 퍼뜨리기엔 거리가 너무 멀었다. 노동 운동과 혁명의 경험이 축적된 볼리비아 북부 코차밤바 같은 지역이 혁명 근거지로선 더 적절했을 것이다."

볼리비아에서 죽임을 당하기 몇 개월 전부터 체 게바라는 몹시 어려운 상황이었다. 『볼리비아 일기』에 따르면, 게릴라들은 미군 교관이 훈련시킨 볼리비아 특수 부대의 포위 공격을 견디느라 물도 제대로 마시지 못한 채 탈진해 쓰러지기도 했다. 일부는 스스로의 오줌을 받아 마시기도 했다.

게바라의 몸도 갈수록 쇠약해져갔다. 어릴 때부터의 지병인 기관지 천식이 도져 깊은 잠을 이루지 못하도록 그를 괴롭혔지만, 약은 없었다. 비밀 아지트에 숨겨두었던 기침약은 이미 볼리비아군의 수색으로 뺏

겨버린 상태였다. 오스발도 페레도는 체 게바라의 도덕적 품성과 관련, 다음과 같은 일화를 전했다.

"형 인티가 말해준 바에 따르면, 냥카우아수강 변의 함석집 시절 체 게바라는 게릴라들 위에 군림하려 하지 않았다. 남들과 똑같이 주어진 의무를 다하려 했다. 식사 당번이나 청소 당번, 그리고 외곽 보초도 남들처럼 똑같이 섰다. 게바라는 그 무렵 기관지가 약해져 고생을 했다. 천식이 도지자, 동료들이 행군할 때 무거운 배낭 메는 일에서 체 게바라를 뺀 적이 있다. 그러나 게바라는 혁명 전사로서의 의무를 다해야 한다며 곧 배낭을 메고 앞장서 걸어갔다."

게바라를 만난 인디오 여인

체 게바라는 현지 주민들을 만나면 반드시 돈을 주고 먹을 것을 샀다. 그냥 빼앗는 일은 없었다. 『볼리비아 일기』 1966년 9월 26일자 내용에 따르면, 체 게바라 일행이 그날 새벽 2,280m 고지의 외딴 산간 마을인 피카초에 들어서자 "농부들이 (우리를) 매우 잘 대해주었다"고 적고 있다. 피카초 마을은 열흘 뒤 게바라가 볼리비아 특수 부대에 붙잡혀 압송돼와 사살당하는 라 기에라 마을에서 3km쯤 떨어진 곳이다.

그 마을에서 체 게바라를 만났던 여인을 만났다. 이름은 알레한드리나 스모야. 평생을 가난 속에서 살아 치과 의사를 만나본 적도 없다는 그녀의 윗잇몸에 이가 하나만 남아 있는 게 인상적이었다.

"그때 볼리비아 정부군은 나쁜 사람들이 떼 지어 다니니까 조심하라고 선전했다. 그러나 우리 마을엔 라디오 같은 게 없으니, 사정이 어떻게 돌아가는지 잘 몰랐다. 그러던 어느 날(1966년 9월 26일) 새벽, 체 게 바라 일행이 우리 마을에 들어섰다. 그들은 예의 바르게 행동했다. 거 칠고 거만한 볼리비아군과는 달랐다. 그들은 우리에게 돈을 주고 식량 을 사선 불을 피워 끓여 먹었다. 몹시 시장해 보였다. 지금도 체 게바 라를 기억한다. 내 어린 아들(시실로 바냐와, 당시 2살)의 머리를 쓰다듬 으며, '씩씩하게 커야 한다'고 말해주었다."

그 시절의 체 게바라를 고민하도록 만든 또 다른 문제가 게릴라 가 운데 병약자와 부상자들이었다. 그들과 함께 움직이다가는 행군 속도 가 느려, 추적하던 볼리비아군에게 몰살당할 위험마저 있었다.

그 병약자 가운데 한 사람이 일본계 이민의 후손인 '에른스트'였다. 체 게바라의 볼리비아 무장 활동에는 일본계 이민자와 중국계 이민자 의 후손들도 있었다. 에른스트(일명 엘 메코, 본명은 프레디 마이무라, 1941~1967년)는 20세기 초 남미로 옮겨간 일본계 농민의 후손이었다. 볼리비아에서 태어나 볼리비아공산청년동맹원이 됐다. 1962년 의학을 배우러 쿠바에 갔다가 체 게바라의 볼리비아 전선에 스스로 나섰다. 그러나 병에 걸려 전투원으로서의 능력을 잃은 채 1967년 8월 볼리비 아 특수 부대에 잡힌 뒤 곧바로 사살당했다.

"형 인티의 증언에 따르면, 체 게바라는 부상자와 병약자를 버리지 않았다. 게바라는 사단 규모의 볼리비아군이 주둔 중이던 바예그란데 를 기습, 약국에서 약품들을 얻어내 병약자들을 치료한다는 대담한 작전마저 세웠다. 그러나 미국 군사 고문단의 훈련을 받은 볼리비아 특 수 부대원들의 포위를 뚫지 못하고 끝내 총상을 입고 붙잡혔다. 부상 자들을 버리는 쪽으로 결정했더라면, 아무리 볼리비아군의 포위가 삼 엄했다 하더라도 나의 형 인티가 그랬던 것처럼, 게바라도 포위망을 뚫고 살아남아 훗날을 기약할 수도 있었다고 믿는다."

한 여교사가 증언하는 게바라의 최후 라 기에라

마을 바로 북쪽 유로Yuro 계곡에서 부상당한 채 체포된 체 게바라는 곧바로 라 기에라 마을로 압송되었다. 그러곤 그 마을의 작은 학교에 갇혔다. 학교라야 교실 두 개뿐인, 한국으로 치면 분교分校쯤에 해당하는 학교였다. 그때 함께 붙잡혔던 '윌리'와 체 게바라는 각각 다른 교실에 갇혔다.

볼리비아광산노조 출신으로 1932년생인 윌리의 본명은 시몬 쿠바. 그는 모이세스 게바라가 이끄는 볼리비아 광부 12명과 함께 1967년 2월 체 게바라의 혁명 기지인 냥카우아수강 변으로 왔다. 그리고 운명의 날인 1967년 10월 7일에 체 게바라와 함께 부상을 당한 채 체포됐다가 다음 날 게바라보다 먼저 처형됐다.

체 게바라의 마지막을 지켜본 여인이 있다. 이름은 훌리아 코르테스 오시와가. 이제 막 시골 학교에서 일을 시작한 신참 교사였다. 그녀가 체 게바라를 만난 날은 1967년 10월 7일. 체 게바라가 부상을 당한 채 포로가 돼 라 기에라의 한 작은 학교 교실에 갇혀 있을 때였다.

"오후 어스름할 무렵 체 게바라가 다른 한 명의 포로와 함께 잡혀와 학교 교실에 갇히자, 마을 사람들은 호기심을 지니고 모여들었다. 그러나 군인들은 체 게바라에게 가까이 가는 걸 막았다. 그렇지만 나는 예외였다. 나는 학교 선생이었고 젊고 예뻤기에, 군인들이 나를 막지 않았다. 그때 체 게바라는 두 손이 뒤로 묶이고 두 발도 묶인 채 교실 벽

체포된 체 게바라와 교실에서 대화를 나누었던 훌리아.

을 바라보는 자세로 의자에 앉아 있었다. 몰골은 말이 아니었다. 옷은 누더기나 다름없었고, 신발은 군화가 아닌, 소가죽으로 만든 누런색 샌들을 신고 있었다."

게바라의 『볼리비아 일기』에 따르면, 그는 리우그란데강을 건너다가 군화를 강물에 빠뜨렸다. 이어지는 훌리아의 증언. "게바라의 얼굴은 창백해 보였고, 다리는 총상을 입은 탓에 천으로 감싸고 있었다. 병사들이 자리를 비운 틈을 타

나는 그와 얘기를 나누었다. 나는 체 게바라가 결혼을 했는지, 아이들은 있는지를 물어봤다. 그는 그렇다고 했다. 그에게 왜 이런 투쟁을 시작했냐고 물었다. 그리고 가족들은 그의 투쟁을 어떻게 여기고 있는지를 물어봤다. 그는 '나의 이상이 무엇보다 앞선다'고 말했다. 그는 '내가 살아서 바깥에 나간다면, 당신 같은 사람들의 미래를 위해 더욱 열심히 일하겠다'고 했다."

오랫동안 몸담았던 교직을 떠나 바예그란데에서 살고 있는 가정주부 훌리아가 말하는 체 게바라의 최후는 이러했다. "엄마는 체 게바라에게 주려고 조촐한 식사를 준비했다. 그러곤 내게 갖다주라고 했다.

게바라는 배가 고팠던 듯 접시를 다 비웠다. 그러더니 이렇게 말했다. '이 식사는 근래에 내가 먹어본 것 가운데 가장 맛있는 것이오. 나는 당신의 이름을 잊지 않겠소.' 나는 빈 접시를 들고 다시 집으로 돌아왔다. 엄마는 내게 밥을 먹으라고 했다. 그러나 나는 식욕을 느끼지 못했다. 겨우 한두 숟갈을 뜨려 하는데, 총성이 들렸다. 나는 본능적으로 게바라가 죽임을 당했다고 느꼈다. 그래서 학교로 달려갔다. 이상하게도 그곳엔 아무도 보이지 않았다. 게바라는 두 팔을 늘어뜨리고 눈을 뜬 채 죽어 있었다. 마치 살아 있는 듯한 모습이었다. 그런데 피를 흘린 흔적이 없었다. 교실 바닥엔 총탄 자국이 보였지만, 핏방울은 보이지 않았다."

훌리아는 몰랐지만, 당시 현장에는 미국 중앙정보국(CIA) 요원이 볼리비아군 장교들과 함께 헬기를 타고 와 있었다. 당시 베트남 전쟁에 골머리를 썩던 존슨 미 행정부와 볼리비아 군부 독재 정권은 체 게바라의 처리 문제를 놓고 머리를 맞댔다. 그들이 내린 결론은 "국제 사회의 눈길을 끄는 재판을 거치는 것보다는 즉결 처형하자"는 쪽이었다. 체 게바라는 사살된 뒤 다른 게릴라 동료들의 시신과 함께 볼리비아군의 헬기로 바예그란데로 실려갔다. 당시 바예그란데는 인구 8,000명의 작은 도시였다. 게바라의 시신은 그곳 세뇨르 데 말타 병원의 세탁장에 눕혀진 채로 일반에 공개되었다가 비밀리에 바예그란데 교외 어딘가에 묻혔다.

쿠바에선 게바라의 시신을 돌려받으려 했지만, 그가 어디에 묻혔는지 알려지지 않았다. 그렇지만 쿠바와 아르헨티나 공동 조사팀의 끈질긴 노력 끝에 정확히 30년 뒤 게바라의 유해는 발굴돼 쿠바로 옮겨졌다. 쿠바 카스트로 정부는 게바라가 1958년 쿠바 혁명 당시 바티스타

산타클라라혁명기념관의 게바라 기념비. "영원한 승리의 그 날까지HASTA LA VICTORIA SIEMPRE"라는 글귀와 게바라의 편지가 새겨져 있다.

친미 독재 정부군을 상대로 결정적 승리를 거두었던 산타클라라에 거대한 혁명기념관을 세우고, 그곳에 게바라를 비롯한 볼리비아 혁명 전사들의 시신을 안치했다.

볼리비아는 게바라로선 좌절과 실패의 땅이다. 볼리비아는 게바라의 혁명적 이상이 움틀 곳은 아니었다. 산타크루스국립대학교에서 로헤르 투에로 교수(정치학)를 만났다. 그는 "우리 볼리비아 지식인들은 체 게바라에게 정신적 부채를 지고 있다"고 말했다. 게바라의 혁명을 좌절시켰다는 정신적 부채감이다. 그러나 그 뒤로 불어닥친 체 게바라 바람을 타고 볼리비아 사람들은 체 게바라를 상품화해 달러를 벌겠다는 야무진 생각을 했다. 게바라가 처형된 곳인 라 기에라는 따지고 보면, 게바라를 돕기는커녕 외면했던 곳이다.

『볼리비아 일기』에 따르면, 피카초 마을 사람들의 환대 속에서 아침을 때운 게바라 일행이 라 기에라 마을에 들어서자, "남자들은 다 사라지고 몇몇 부인들만 남아 있었다"고 한다. 그렇게 게바라를 외면했던 마을 사람들이 지금은 게바라 박물관이며 제법 큰 동상을 세워놓고 관광객들을 부르고 있다. "이제 와 체의 죽음을 팔아 돈을 벌겠다는 것이냐"는 눈총을 받을 만도 하다.

체 게바라가 사살된 뒤 헬리콥터로 실려와 일반에 공개됐던 곳인 바예그란데도 사정은 마찬가지다. 그곳 문화 센터가 만들어놓은 관광 프로그램은 체 게바라와 관련된 여러 곳들을 돌아보는 것이 전부라 할 만했다. 체 게바라의 시신이 전시됐던 세뇨르 데 말타 병원, 동료 6명과 함께 비밀리에 암매장됐던 시 외곽 마우솔쿰 지역, 그리고 그 지역 화가들이 그린 체 게바라 그림들을 전시해놓은 산타클라라 카페 등등…… 바예그란데문화원 안에 있는 박물관 자체가 체 게바라 관련 유품과 지도들을 빼면 볼 것이 없었다.

"체 게바라는 사회주의적 휴머니스트" 1928년 6월

14일생. 본명은 에르네스토 게바라. 아르헨티나의 수도 부에노스아이레스 북동쪽 로사리오에서 중상류층 가정의 맏아들로 태어났다. 부에노스아이레스에서 의대를 다닐 때까지만 해도, 그는 장래에 의사가 되겠다는 생각을 지닌 평범한 젊은이였다. 1951년, 1953년 두 번에 걸친 남미 여행길에서 게바라는 빈곤층 민중들의 고단한 얼굴과 마주쳤다. 농장주의 횡포로 삶의 터전에서 쫓겨난 원주민 소작인, 굶주림과 추위에 떨며 일자리를 찾아 헤매는 노동자 등을 만나면서 게바라는 깊은 연민을 느꼈다. 그리고 그들의 인간다운 삶을 위한 수단으로 사회 혁명을 생각하게 됐다. 여행하는 동안 그는 일기를 썼고, 혁명 과정에도 그 습관은 이어졌다.

풍부한 감성을 지닌 20대 중반의 체 게바라에게 두 번의 남미 여행은 냉혹한 현실을 직시하게 한 촉매제였다. 남미 사회 곳곳에 퍼진 가난과 질병, 사회적 모순, 가진 자의 오만과 착취, 정치적 압제 아래서 고통받는 민초들의 모습을 지켜봤다. 그는 칠레 북부 추키카마타 광산을 장악한 미국 기업이 현지 노동자들을 노예 부리듯 다루는 걸 목격하면서 "나는 무식한 인디오(남미 원주민)가 될지언정 미국 백만장자가 되진 않겠다"고 마음먹었다. 그의 남미 여행은 영화《모터사이클 다이어리》로 2004년 한국에도 소개된 바 있다.

1951년 12월부터 체 게바라와 함께 8개월 동안 남미 5개국 여행길에 올랐던 알베르토 그라나도(1922년생). 쿠바에서 그를 만나기란 쉽지 않았다. 인터뷰를 하기 위해선 무엇보다 쿠바 공보부의 허가를 받아야 했다. 사회주의 통제 사회에서 어떤 것이든 '허가를 받는다'는 것은 시간과 인내심을 뜻하는 것임을 곧 깨달았다. 쿠바에서 알게 된 한 미모의 방송 기자에게 도움을 청했다. 그녀는 선뜻 전화기를 집어들더니, "알베르토! 잘 있었어요? 멀리서 온 손님이 당신을 찾아갈 테니 그리 아세요" 하며 아주 손쉽게 다리를 놓아주었다.

알베르토 그라나도의 집은 아바나 시내 동쪽 고급 주택가들이 자리한 마리아나오 지역이었다. 함께 간 쿠바인 통역이 "1959년 쿠바 혁명이 일어나기 전 이 지역에 살던 쿠바 부자들 대부분이 미국으로 떠났다"고 설명해줬다. 그라나도의 집 2층 거실 벽엔 체 게바라의 초상화가 걸려 있었다. 아래 내용은 그와 주고받은 얘기를 간추린 것이다.

질문 체 게바라를 마지막으로 만났을 때가 언제인가.

그라나도 날짜는 정확히 기억나지 않지만, 체 게바라가 1965년 초 산업부 장관직에서 물러난 지 얼마 뒤의 일이다. 그때 우리 두 사람이 술잔을 부딪치며 술을 마시는데, 체 게바라가 이렇게 말했다. "우린 아직 자본가들의 습관을 버리지 못했어. 술 마시는 버릇하고 여행 다니는 것 말일세." 그러나 체 게바라는 애연가였지, 술을 즐겨 마시는 체질은 아니었다.

질문 그때 체 게바라가 볼리비아로 간다는 얘긴 하지 않았는가.

그라나도 그런 중요한 기밀에 관련된 이야기를 내게 할 수는 없었겠지……. 다만 이런 이야기를 했어. "이제 얼마 있다가 나는 당신을 놔두고 혼자 여행을 떠날 거야." 그때 이미 체 게바라는 볼리비아로 갈 계획을 세우고 있었지만, 나는 몰랐다. 나중에 그가 볼리비아에서 죽었다는 소식을 들은 뒤에야 '아! 그때 그 말이 그런 뜻이었구나!' 하고 깨달았다.

그라나도는 아르헨티나 출신의 생화학 전공자. 게바라가 혁명 세력의 일원으로서 쿠바 산업부 장관으로 있을 때인 1961년에 게바라는 그를 쿠바로 불렀다. 처음엔 아바나국립대학교에서 생화학을 가르쳤다. 1965년 설립된 산티아고데쿠바의과대학(정식 이름은 오리엔테메디컬센터)의 공동 창립자다. 그라나도는 "카스트로와 게바라가 학교 설립에 큰 도움을 주었다"고 밝혔다.

질문 체 게바라가 가끔씩 생각이 나는가?

그라나도 가끔씩이 아니라 날마다 생각이 난다. 잠자다 꿈에서도 게바라를 만난다. 그는 나보다 나이는 어렸지만, 내 인생을 바꾼 인물이다. 그가 아니었다면, 내가 지금처럼 쿠바에서 살고 있지는 않았을 것이다.

질문 당신이 보기에 영화 《모터사이클 다이어리》에 잘못된 점은 없는지…….

그라나도 흔히 영화는 다큐멘터리(기록 필름)와는 다르다는 얘기를 한다. 《모터사이클 다이어리》도 영화이지, 다큐멘터리가 아니다. 큰 줄기에서 사실 왜곡 없이 잘 만들어진 영화라고 본다.

(필자는 미국 뉴욕의 한 소극장에서 이 영화를 봤다. 영화가 끝이 나자, 관객들은 모두 일어나 박수를 쳤다. 아마도 그날 그 자리의 미국인들은 상업적인 할리우드 영화에 진저리를 치고 있던 터에 《모터사이클 다이어리》를 통해 청년 체 게바라의 진솔한 모습을 보고 진한 감동을 받았을 것이다.)

질문 영화에 나오는, 체 게바라가 칠레 북부 광산 지역에서 만난 노동 운동가 출신의 여인에게 외투와 돈(20달러)을 준 것은 사실인가.

그라나도 그렇다. 칠레 북부 추키카마타 광산 지역에서 있었던 일이다. 체 게바라는 혁명의 원칙에서는 엄격했고 거기서 벗어나는 행동을 하는 자들에겐 가혹하다는 소릴 들었지만, 정이 많은, 마음이 따듯한 사내였다.

(쿠바 혁명 사령관 시절의 체 게바라는 함께 싸우는 전사들에게 흐트러짐이 없는 엄격한 자세를 요구했다. 그 무렵 체 게바라가 남긴 기록들을 살펴보면, 그는 혁명가로서의 강철 의지와 규율을 매우 중요시했다. 그래서 규율을 어긴 자들에겐 심한 벌을 내렸고, 몇몇을 처형하기

도 했다.)

질문 체 게바라의 투쟁 이념을 어떻게 봐야 할까. 그는 공산주의자였나, 아니면 휴머니스트로 봐야 하나?

그라나도 나와 마찬가지로 체 게바라는 공산주의자가 아니었다. 굳이 말한다면 사회주의적 휴머니스트socialistic humanist라 해야 할 것이다. 1950년대와 1960년대 많은 남미의 젊은이들은 민초들의 고단한 삶은 아랑곳없이 자기들 배만 불리는 친미 독재 정권들을 미워했다. 따라서 정치에 비판적이었다. 그런 터에 쿠바에서 사회 혁명이 일어나자, 쿠바는 우리 남미의 꿈이 됐다. 그것은 체 게바라의 꿈이기도 했고, 나의 꿈이기도 했다.

체 게바라, 그 불꽃같은 삶

의대를 마친 직후인 1953년 체 게바라는 두 번째 남미 여행길에 올랐고, 과테말라에 머물면서 사회민주주의 정권이 미국 중앙정보국이 지원한 군부 쿠데타로 무너지는 것을 목격했다. 1955년 7월 게바라는 멕시코에서 카스트로와 처음 만났고, 두 사람은 10시간의 대화를 나누며 혁명 동지의 인연을 맺었다.

1956년 11월 게바라는 멕시코 툭스판에서 카스트로가 이끄는 82명의 젊은이들과 함께 그란마호를 타고 쿠바로 향했다. 그리고 2년 뒤인 1959년 1월 2일 혁명군은 아바나를 접수했다. 아바나에서 만난 이사벨 모날은 오랫동안 쿠바의 유네스코 대표를 지낸 쿠바의 진보적 지식인. 좌파 사상지 『마르크스 아호라』의 편집인인 모날은 쿠바 혁명 당시 대학생으로서 열정적으로 참여했던 기억을 떠올리며 이렇게 말했다.

"피델 카스트로를 지도자로, 체 게바라를 사령관으로 한 반정부 혁명군은 사실상 병력 머릿수에서나 무장 수준에서나 바티스타 정부군의 상대가 되지 못했다. 쿠바 동부 시에라마에스트라 산악 지대를 근거지로 한 혁명군은 그러나 정부군보다 훨씬 강한 무기가 있었다. 그것은 높은 도덕성과 쿠바 민중의 지지였다. 부패하고 사기가 떨어진 정부군은 우수한 무기(이를테면 미국이 대준 전투기)들을 지녔음에도 혁명군에게 졌다. 마치 마오쩌둥의 중국공산당 군대가, 미국으로부터 지원받은 우수한 무기를 지녔지만 부패했던 장제스 국민당 군대를 깨뜨린 것과 비슷한 상황이 쿠바에서 연출됐다."

쿠바 혁명 뒤 1964년까지 게바라는 국제 사회(특히 제3세계 비동맹권)로부터 쿠바 혁명에 대한 지지를 끌어내는 데 힘썼다. 유엔을 방문해 연설하고 러시아, 중국을 찾았다. 1960년 평양을 방문, 김일성 주석을 만나기도 했다. 그 뒤 쿠바중앙은행 총재, 산업부 장관을 지내며 쿠바 경제 살리기에 힘썼다.

쿠바 혁명 성공 뒤로 게바라는 쿠바를 기지로 삼아 남미와 아프리카에 혁명을 수출하는 데 커다란 관심을 기울였다. 카스트로를 비롯한 게바라의 혁명 동지들은 쿠바 내부 문제 처리가 현안이었다. 게바라와는 생각이 달랐다. 1965년 4월 게바라는 "쿠바에서 내가 해야 할 의무를 다했으며 제국주의와 싸우기 위한 또 다른 투쟁을 이끌기 위해 모든 공직에서 물러난다"는 내용의 편지를 카스트로에게 보내고 공직에서 물러나 비밀리에 콩고로 떠났다.

라 기에라 마을에 세워진 체 게바라의 대형 조각상.

    아프리카 콩고는 개혁적 좌파 정치인 패트리스 루뭄바 총리를 군사 쿠데타로 사살한 모부투 세코 장군이 집권하고 있었다. 세코는 식민지 종주국이었던 벨기에와 미국 CIA가 뒤에서 부추긴 군사 쿠데타의 주역이었다. 체 게바라는 그곳에서 몇 개월 동안 머물며 로렌트 카빌라의 콩고 반군들을 훈련시켰다(카빌라는 그로부터 32년 뒤인 1997년 이웃 르완다의 군사 지원 아래 모부투 독재 정권을 쓰러뜨리고 권력을 잡았다가 2001년 암살됐다).

    그리고 1966년 11월, 게바라는 남미로 혁명을 수출하려고 볼리비아로 떠났다가 1967년 10월 볼리비아 특수 부대에게 붙잡혀 처형되었다. 그의 죽음 뒤에는 미국의 적극적인 개입이 있었다. 체 게바라의 볼리비아 출현에 놀란 미국은 볼리비아가 제2의 베트남으로 바뀌는 것을 막기 위해 볼리비아군을 훈련시켰고, 게바라 즉결 처형 결정에도 관여했다.

뒤늦게 출간된 아내의 회고록 『체Che, 회상』

혁명가 체 게바라의 인간적인 모습을 더 알고자 한다면, 그의 아내 알레이다 마치가 2008년에 펴낸 회고록 『체Che, 회상』을 읽어보길 권한다. 이 회고록은 혁명가의 아내이자 그녀 자신도 쿠바 혁명의 일선에 몸을 던졌던 한 여인이 체 게바라라는 거인을 추모하면서, 미국이라는 거대 제국에 맞서 싸웠던 남편 체 게바라가 지녔던 고민의 깊이와 열정, 그의 인간 됨됨이를 잘 보여준다. 이 책의 저자 알레이다 마치는 쿠바 혁명 전야에 사범학교를 나온 뒤 지하 조직원으로 활동하던 1958년 11월 체 게바라와 운명적으로 만나, 그의 개인 비서로 일하다가 1959년 6월 결혼한 뒤 1967년 10월 볼리비아에서 체 게바라가 죽임을 당하기까지 숨 가빴던 격동의 나날들을 그려내고 있다.

이 회고록을 읽으면서 필자는 체 게바라에 얽힌 여러 생생한 사실들을 확인하며 흥분마저 느꼈다. 그 한 보기가 쿠바 혁명 과정에서 '지역 사령관 체 게바라'가 보여준 리더십에 관한 대목이다. 잘 알려진 사실이지만 체 게바라는 1958년 말 쿠바 중부 도시 산타클라라의 전투에서 승리함으로써 바티스타 군부 독재를 무너뜨리는 데 결정적인 역할을 해냈다. 그때 산타클라라를 방어하던 정부군은 병력에서나 무기에서나 혁명군을 크게 앞섰다. 아내 알레이다 마치는 산타클라라 전투

승패를 가른 결정적인 요인으로 게바라의 뛰어난 리더십과 정부군의 낮은 사기를 꼽았다.

그(체 게바라)는 똑똑했으며 군대를 지휘하는 능력 또한 탁월해 그가 보여주는 확고함과 신뢰는 아무리 어려워 보이는 순간에도 전투원들로 하여금 든든한 배경 같은 느낌이 들게 했다. 그와 대적하는 적들은 비록 수나 장비 면에서 우세하더라도 혁명군을 이기기에는 사기가 부족했다.

아내 알레이다 마치는 "전투란 게 뭔지도 모르고" 혁명 전선에 뛰어들었다가 체 게바라 사령관을 바로 가까이에서 지켜보면서 "이렇게 나의 존경심은 커졌고, 존경심은 시간이 흐름에 따라 개인적 감정(사랑)으로 변해갔다"고 고백한다.

이 회고록이 지닌 커다란 특징이자 독자들의 눈길을 붙잡는 매력으로는 체 게바라가 아내에게 보낸 여러 편지들이 있다. 그동안 비공개로 묻혀 있다가 처음으로 소개된 편지들은 게바라가 쿠바의 공식 특사로서 소련이나 중국 등을 방문했을 때 보낸 것들도 있지만, 무장 투쟁을 지도하기 위해 1965년 콩고에 가서 보낸 것들도 있어 눈길을 끈다. 편지들은 두고 온 아내와 아이들에 대한 게바라의 사랑과 염려를 전하고 있지만, 편지 행간 곳곳에서 자신의 죽음을 예견하는, 더 정확히는 죽음을 두려워 않는 게바라의 군건한 실천적 혁명 의지를 확인할 수 있게 해준다.

그 무렵 게바라의 행적을 둘러싸고 온갖 소문이 나돌았으나, 카스트로를 비롯한 몇몇 사람들만은 그의 거취를 꿰고 있었다. 1966년 11월 바리엔토스 장군의 친미 군사 독재 정권이 들어선 볼리비아의 안데스 산맥 기슭 냥카우아수강 변을 혁명 기지로 삼아 남미 혁명을 꿈꾸며 쿠바를 떠날 때도 게바라는 극도의 보안을 유지했다.

알레이다 마치의 회고록은 콩고 내전 참전 뒤 체 게바라가 변장을 하고 1966년 볼리비아로 들어가기까지의 과정도 자세히 그려내고 있다. 이 책을 통해 알레이다 마치는 독자들에게 세 가지 사실을 확인해준다. 첫째는 게바라의 볼리비아행이 오랫동안 세운 은밀한 계획에 따라 주도면밀하게 이뤄졌고, 둘째는 (일부 사람들이 잘못 추측해왔듯이, 게바라의 볼리비아행이 쿠바 혁명 정권의 1인자 피델 카스트로와의 불편한 관계에서 비롯된 도피성 외유가 아니라) 혁명 동지 카스트로의 은밀한 지원이 따랐으며, 셋째는 언제 닥쳐올지 모를 죽음의 가능성 앞에서 혁명가 게바라가 느꼈던 인간적인 고뇌를 아내에게 솔직하게 털어놓으면서도 험난한 혁명 투쟁의 길을 향해 운명의 문을 열어젖히고 뚜벅뚜벅 나아갔다는 사실이다.

혁명가 체 게바라의 죽음을 안타까워하는 독자들은 책 후반부에서 그래도 작은 위안을 느끼게 될 것이다. 그 '작은 위안'이란, 게바라가 볼리비아로 떠나가기 전 체코의 아름다운 도시 프라하에 머물며 아내 알레이다와 불꽃같은 짧은 사랑의 나날을 보낸 대목들을 말한다. 그녀는 말한다. "프라하는 멋진 도시였다. 엄격한 규율과 최대한의 비밀을 유지해야만 했기에 그 도시를 충분히 즐기지 못하는 것은 우리에게 전혀 문제가 되지 않았다. 우리는 우리가 함께 있는 것만으로도 충분했다."

"혁명이 무슨 뜻인지 게바라에게 배웠다"

우리 인간은 어떤 만남을 갖느냐에 따라 운명이 바뀐다. 만남, 그것은 1970년대 유럽 철학의 중요한 흐름 가운데 하나였던 '철학적 인간학'의 한 주제였다. 어릴 적 학교 선생이 누구였느냐, 또는 누구와 결혼했느냐는 우리 삶의 행로를 가른다. 체 게바라에게도 그런 중요한 만남이 있었다. 1955년 멕시코에서였다. 아르헨티나에서 의과대학을 마친 뒤 과테말라를 거쳐 멕시코시티에서 수련의로 일하던 체 게바라는 카스트로를 만나 혁명가로 나섰다. 그 첫 번째 목표는 쿠바였고, 두 번째는 콩고, 세 번째는 볼리비아였다. 첫 번째 목표는 이뤘지만, 나머지는 실패했다.

사령관 시절의 체 게바라는 함께 싸우는 전사들에게 흐트러짐이 없는 엄격한 자세를 요구했다. 그 무렵 체 게바라가 남긴 기록들을 살펴보면, 그는 혁명가로서의 강철 의지와 규율을 매우 중요시했다. 그래서 규율을 어긴 자들에겐 심한 벌을 내렸고, 몇몇을 처형하기도 했다. 그는 전투를 잘할 수 있도록 강한 신체 단련을 요구했을 뿐만 아니라, 마르크스주의 사상을 제대로 이해하길 주문했다.

일부 전사들에게는 그런 주문이 무리였다. 시에라마에스트라 산간지대의 농부 출신 혁명군 게릴라인 베니그노(본명은 다니엘 알라르콘, 1939년생)는 다음과 같은 증언을 남긴 바 있다(그는 1966년 말부터 체 게바라와 함께 볼리비아 무장 게릴라 투쟁을 벌이다 극적으로 살아남아 1968년 3월 쿠바로 돌아온 3인 가운데 한 사람이다).

"바티스타 정부군은 시에라마에스트라 지역의 혁명군 근거지 가까이에 사는 주민들 집을 불태우거나 주민들을 죽였다. 주민들이 카스트로 혁명군에 협조한다고 트집을 잡았다. 나의 여자 친구도 그렇게 죽는

체 게바라와 모터사이클 여행을 함께 떠났던 알
베르토 그라나도.

체 게바라와 함께 볼리비아에서 게릴라 투쟁을
벌였던 형제(코코와 인티)의 동생인 오스발도 페
레도.

걸 보고 나는 산으로 들어갔다. 그때 나는 글자를 쓸 줄도 몰랐다. '혁
명'이 무슨 뜻인지도 몰랐다. 체 게바라는 피델 카스트로와 함께 나에
게 바티스타 친미 독재 정권을 무너트려야 쿠바 민중들이 행복하게 산
다는 혁명 의식을 불어넣어주었고, 그 뒤 나는 그를 따라 볼리비아로
가 투쟁을 했다."

　이념 무장을 중요시하는 게바라의 태도는 볼리비아 게릴라 시절에
도 이어졌다. 오스발도 페레도가 게바라와 함께 볼리비아에서 게릴라
활동을 한 형 인티에게 들은 얘기다.

　"게바라는 험한 산을 오르내리면서도 그의 배낭 속에 넣어둔 마르
크스의 『자본』을 읽고, 우리 동료 게릴라들과 함께 학습 토론하는 시
간을 갖곤 했다. 우리는 아울러 볼리비아의 역사와 지리, 정치 상황, 현

지 인디오들의 언어인 케추아를 공부했다. 수준에 따라 3개 반으로 나눠, 수학을 배우기도 했다. 아울러 게바라는 원하는 사람들에 한해서 프랑스어를 가르쳤다. 그런 학습을 통해 우리는 혁명 전사로서의 자세를 가다듬어갔다."

체 게바라는 매우 검소하게 살았다. 이와 관련된 얘기 한 토막. 동아바나인민위원장을 지낸 헤르니모 임(한국명 임은조, 1927년생)은 우리 한국인 후손. 1921년 멕시코의 농업 노동자들이 살길을 찾아 쿠바로 옮겨갔는데, 헤르니모 임은 이민 3세다. 그는 아바나대학교 법대에서 카스트로와 함께 공부했고, 카스트로가 시에라마에스트라 산악 지대에다 근거지를 마련했을 때 그곳에 군자금과 정보를 건네는 조직에 가담했다. 혁명 뒤 헤르니모 임은 산업부에서 관리로 일했고, 산업부 국장으로 정년퇴직한 뒤 일종의 명예직인 동아바나인민위원장을 지냈다. 헤르니모 임이 전하는 일화는 이렇다.

"산업부 장관 시절, 체 게바라는 카스트로의 특명 전권 대사 같은 임무를 띠고 자주 외국으로 나갔다. 어느 날 게바라 장관이 출장을 가게 됐고, 그의 가방을 꾸려주느라 열어보게 됐다. 그런데 게바라의 가방에는 양말이 세 켤레쯤 들어 있었는데, 모두 구멍이 난 것들뿐이었다. 그래서 급히 새 양말을 구해 가방에 넣은 적이 있다. 그는 바티스타 정권 시절 미국 기업들에 빌붙어 제 배만 채웠던 부패하고 무능한 관리들과는 거리가 멀었다."

체 게바라는 말했다. "민중의 힘은 정부군을 이겨낼 수 있다. 우리는 혁명을 이루기에 가장 적당한 때를 기다릴 필요가 없다. 민중 봉기는 그런 조건들을 스스로 만들어낸다." 그가 겨우 몇백 명의 군대를 이끌고 쿠바 산타클라라로 진격, 바티스타 친미 독재 정권을 무너뜨렸을 때 그의 말은 옳았다. 그러나 겨우 50명의 무장 세력(쿠바인 18명, 페루인 3명, 볼리비아인 29명)을 이끌고 볼리비아에서 군사적 모험을 감행한 것은 끝내 그의 죽음을 불렀다.

쿠바 산악 지대에서 지역 농민들의 지지를 바탕으로 그들을 훈련 무장시켜 정부군을 패퇴시킨 경험은 체 게바라로 하여금 마오쩌둥의 전술 전략에 관심을 갖도록 만들었다. 그는 이렇게 말했다. "우리의 혁명은 안락의자에 앉아 전술 전략을 논하는 사람들을 패배시켰다. 우리는 농업 혁명(대토지 소유자에게서 경작지를 몰수, 농민들에게 땅을 나눠 주는 혁명)을 일으켜 농촌을 변화시키고, 그런 다음 도시에 혁명을 일으켜야 한다."

볼리비아 산타크루스국립대학교에서 만난 로헤르 투에로 교수(정치학)의 평가는 귀담아들을 만하다. "도시보다 농촌을 중시하는 게바라의 혁명 전술론은 그의 정치적 경향이 사회주의 모국임을 내세우던 옛 소련보다는 중국에 기울어 있다는 해석을 낳아왔다. 볼리비아공산당수 마리오 몽헤가 지도력을 둘러싼 이견 대립으로 게바라와의 협조를 거부하면서 해댄 비난이 '게바라는 (소련이 사회주의 맹주라는 사실을 거부하는) 마오주의 분파주의자'라는 것이었다. 게바라에게서 마오주의 경향이 짙게 나타난 것은 사실이다."

사르트르, "우리 시대의 완전한 인간"   체 게바라

가 추구했던 사회 혁명의 불꽃은 동서 냉전이 막을 내리면서 한풀 꺾였다. 그렇다고 지구상에서 혁명이 완전히 사라진 것은 결코 아니다.

레오 휴버먼과 폴 스위지는 1960년대에 미국 좌파의 거장으로서 왕성한 지적 활동을 벌인 지식인들이다. 그들은 1959년 1월 피델 카스트로의 쿠바 혁명으로 바티스타 친미 독재 정권이 무너지고 바로 뒤 써낸 책에서 이런 말을 남겼다. "혁명은 하나의 과정이지, 사건이 아니다. 혁명은 많은 단계와 국면을 거쳐 이뤄진다. 결코 정지하는 법이 없다." 이 논리를 체 게바라의 실천적 투쟁

1967년 사살된 게바라의 시신은 30년 동안 이곳 볼리비아 야산에 암매장돼 있다가 쿠바 산타클라라로 옮겨졌다.

과정에 대입하면, 그의 혁명이 볼리비아에서의 죽음과 함께 막을 내린 것은 아닐 것이다.

체 게바라의 죽음 뒤 실제로 많은 젊은이들이 그를 모델로 삼고 사회 변혁 운동에 뛰어들었다. 자본과 시장 개방을 강요하는 신자유주의 세계화가 대세를 이루는 오늘, 체 게바라는 변혁을 꿈꾸는 전 세계 노동 운동가나 빈민 운동가들에겐 굽힐 수 없는 의지와 용기, 나아가 영감靈感을 주는 인물로 자리 잡았다. 지구촌의 반자본-반미 집회가 열리는 곳이면 어김없이 그의 얼굴이 그려진 대형 플래카드가 나부낀다.

쿠바에서 체 게바라를 만나기는 전혀 어렵지 않다. 거리 곳곳에서 체 게바라의 얼굴이 보인다. 공공건물들엔 체 게바라의 대형 얼굴이 양각陽刻으로 새겨져 있고, 밤에도 볼 수 있도록 네온사인 장치를 한 것들도 있다.

베레모에 덥수룩한 수염을 기른 채 시가를 입에 문 체 게바라. 쿠바에서의 편안한 자리를 박차고 11개월 동안의 볼리비아 게릴라 투쟁 뒤 39살의 젊은 나이에 사살된 그는 쿠바에선 국민적 영웅으로 받들어진다. 해마다 그의 생일(6월 15일)과 기일(10월 9일)엔 그를 기리는 행사들이 곳곳에서 벌어진다. 쿠바 국영 언론들은 하루 종일 체 게바라를 기리는 특집 프로그램을 다루며, 수만 명의 인파가 그를 기리면서 행진을 벌인다.

쿠바 학생들은 교실이나 운동장에서 어떤 모임이 열릴 때마다 "우리는 체 게바라처럼 개척자가 되리라"고 입을 모아 외친다. 게바라 학습은 쿠바에서는 매우 중요한 교육 자료다. 게바라의 혁명 동지 피델 카스트로의 어록을 빌리자면, 게바라는 존경을 넘어 배움의 대상이다. "앞으로의 세대가 어떤 유형의 인간을 바라는가에 대해선 우린 이렇게 말해야 한다. '체 게바라를 닮아라!' 어린이들을 어떻게 교육시킬 것인가에 대해서도 우린 서슴없이 이렇게 말해야 한다. '체 게바라의 정신을 가르쳐야 한다!'고 말이다."

프랑스 지성을 대표하던 실존주의 철학자 장 폴 사르트르는 체 게바라를 가리켜 "우리 시대의 가장 완전한 인간이었다"고 평했다. 사르트르가 말하는 '우리 시대'란 미국의 베트남 전쟁 개입을 비판하고, 권위적인 정부에 대해 변화와 개혁을 요구하는 목소리들이 지구촌의 거리를 메우던 격동의 1960년대와 1970년대를 가리킨다. 남미를 비롯한 전 세계 곳곳에서 군부 독재가 판치고 그런 정부들을 미국이 지지하던 시대이기도 했다.

체 게바라는 그런 시대에 온몸으로 저항하다 숨진, 20세기의 아이콘이었다. 미국 시사 주간지 『타임』이 20세기를 움직인 100인 가운데 한 명으로 체 게바라를 꼽을 만큼 그는 20세기를 치열하게 살았던 혁명가이다. 동서 냉전이 막을 내린 뒤 마르크스 관련 서적은 도서관에서 잠을 자고, 레닌이나 마오쩌둥도 잊혀가고 있지만, 체 게바라 열풍만은 좀체 식을 줄 모른다.

Cuba

바하마

아바나

산타클라라

쿠 바

카리브해

관타나모

관타나모
미국 해군 기지

관타나모 미국 해군 기지

14장
쿠바

국제법의 블랙홀에 빠진 관타나모

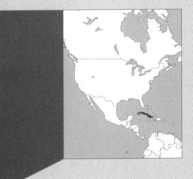

■ **관타나모 기지 기본 정보** _ 면적: 115㎢, 상주인구: 미국 해군과 해병대 1,000명, 군인 가족과 군무원 2,000명. ■ **관타나모 기지의 역사** _ 1898년 미국이 스페인과 전쟁을 벌여 쿠바를 빼앗으면서, 1903년 관타나모만 일대를 미국 해군 기지로 개발했다. 쿠바 혁명 후 미국은 영구 임대 방식의 불평등 계약으로 쿠바 땅인 관타나모를 사실상 점령했다. 쿠바군과 신경전을 벌이고 있는 30km 길이의 철조망 안쪽에 악명 높은 포로수용소를 만들었다. ■ **포로수용소 수감자** _ 2001년 아프가니스탄 침공 뒤 탈레반, 알 카에다 관련 혐의자들이 779명까지 수용됐다가 차츰 줄어들어 2022년 현재 37명이 수감 중이다. 수감자들은 오랫동안 재판이나 변호사 접견도 없이 인권을 침해당하며 갇혀 지내왔다. ■ **관타나모수용소의 폐쇄 여부** _ 버락 오바마는 대통령 후보 시절부터 관타나모수용소 폐쇄를 공약했고, 2009년 대통령 취임 후 '1년 안에 관타나모수용소를 폐쇄'하는 대통령령에 서명했다. 그러나 정치권의 반발에 부딪혀 실행에 옮기지 못했다. 그에 반해 도널드 트럼프는 취임 첫해인 2017년 수용소를 그대로 유지한다는 행정명령을 내렸다. 하지만 2021년 취임한 민주당 소속의 조 바이든 대통령은 수용소를 영구 폐쇄하려고 한다. ■ **쿠바 사람들의 생각** _ 관타나모 미군 기지가 21세기 패권 국가 미국의 오만과 횡포를 상징한다고 여긴다. 하루빨리 쿠바로 반환돼, 쿠바군의 해군 기지로 거듭나길 바라고 있다.

C   u   b   a

관타나모는 '테러와의 전쟁' 수용소인가, 아니면 국제법의 사각지대
인가. 이라크 아부그라이브교도소와 더불어 쿠바 관타나모수용소 역
시 인권 침해의 주요 현장이다. 애국주의 바람에 침묵하던 미국 언론
조차 관타나모에 비판적이다. 『뉴욕 타임스』는 "관타나모는 국가적 수
치이므로 빨리 폐쇄하라"는 사설을 실었다. 도대체 그 무엇이 관타나모
를 21세기 지구촌의 흉물로 만들었나.

지난 1970년대 영국령 북아일랜드 얼스터 지역에서는 삼엄하기로
악명 높은 임시 수용소가 하나 있었다. 영국으로부터 분리 독립을 쟁
취하려는 아일랜드공화국군(IRA) 테러에 관련된 혐의자들을 가둬두
는 수용소였다. 그곳에선 IRA 활동 분자들이 길게는 2년 가까이 재판
도 받지 않은 채 갇혀 지냈다. 수용소 안의 처우는 영국이 의회 민주
주의 국가라고 말하기 어려울 정도로 악랄했다. 국제 인권 단체들의
빗발친 비난 아래 수용소는 결국 문을 닫았다. 그런데 수용소와 관련
하여 영국 당국이 미처 생각하지 못한 결과가 있었다. 즉 수용소는
반영反英 바람의 진원지가 됐고, IRA로 하여금 새로운 피를 더욱 많이
그리고 쉽게 수혈하도록 만들어주었다는 것이다. 북아일랜드의 가톨
릭 신자들 가운데 많은 젊은이들이 그 임시 수용소 얘기를 듣고 분노

한 나머지 IRA 대원이 되거나 협력자가 됐다.

IRA 수용소가 반영 바람을 일으켰던 것처럼, 오늘의 관타나모는 전세계 무슬림들의 반미 바람의 진원지로 떠올랐다. 국제 인권 단체들은 관타나모에 매우 비판적인 태도를 보인다. 앰네스티인터내셔널은 관타나모수용소를 "우리 시대의 굴락gulag"이라 낙인찍었다. 옛 소련 시절 정치범들을 가둬서 강제 노동을 시켜 악명 높았던 굴락수용소나 다름없다는 비판이었다. 수감자들은 오랫동안 재판이나 변호사 접견도 없이 갇혀 지내왔다. 변호사 접견조차 없이 철저히 고립당한 상태에서, 일부 수용자들은 심리적 압박을 견디지 못하고 스스로 목숨을 끊기도 했다.

탈레반과 알 카에다 관련 25명의 용의자들이 관타나모 기지에 닿은 것은 2002년 1월 11일. 한창 많을 때는 779명이 수용돼 있었다. 그동안 700명 넘는 사람들이 풀려나 가족의 품으로 돌아갔고, 2022년 현재 관타나모수용소에 갇혀 있는 수감자는 37명이다. 수감자들 가운데 상당수는 이렇다 할 구체적인 테러 혐의도 없이 그저 의심스럽다는 이유로 또는 신빙성 떨어지는 제보 하나로 붙잡혀 미군 수송기에 실려 멀리 관타나모에 갇혔다. 그 가운데 상당수는 영국, 프랑스, 독일 등 서유럽 국가들 또는 파키스탄 출신의 무슬림들인데, '알 카에다 관련 용의자'로 몰려 모진 고생을 겪어야 했다.

2010년 11월 뉴욕에서는 관타나모 수감자에 대한 첫 민간 법정 재판이 열렸다. 피고 아메드 가일라니(36세)는 1998년 케냐 및 탄자니아 미국 대사관 폭탄 테러 사건에서 트럭과 폭탄 부품을 대주었다는 혐의로 2004년 파키스탄에서 붙잡혔고, 2006년부터 관타나모수용소에 갇혀 지냈다. 가일라니 재판은 9·11 테러가 벌어진 뒤 처음 열리는 민간

쿠바군 고지에서 바라본 관타나모 미국 해군 기지. 이 기지 안에 문제의 포로수용소가 있다.

법정 재판이었기에 많은 관심을 끌었다. 뉴욕연방법원 배심원단은 '살인'과 '살인 모의' 등 286개 혐의 가운데 '국가 재산 파괴 모의 혐의'에 대해서만 유죄 평결을 내렸고 나머지 285개는 모두 '무죄'라고 결정했다. 미국의 '테러와의 전쟁'이 사람들을 마구잡이로 기소했음을 보여주는 보기다. 국제법학자들도 관타나모를 가리켜 "국제법이 실종된 블랙홀"이라 비난한다.

2006년 마이클 윈터바텀이 만든 영국 영화 《관타나모로 가는 길The Road To Guantanamo》은 관타나모 수감자들이 겪은 고생을 잘 보여준다. 2006년도 베를린영화제 감독상을 받은 이 영화는 9·11 테러가 벌어질 무렵 영국에 살던 아시프, 루헬, 샤픽 등 3명의 파키스탄 출신 무슬림 청년들이 결혼식에 참석하기 위해 파키스탄으로 갔다가 겪는 고난을 스크린에다 옮겼다. 결혼식을 기다리며 관광과 쇼핑으로 시간을 보내던 이 청년들은 "아프가니스탄이 실제로 어떤 상태인지 알고 싶다"는, 젊은이 특유의 호기심으로 파키스탄 이웃 나라인 아프가니스탄으로 넘어갔다. 그러나 이들이 아프가니스탄 땅을 밟자마자 곧 미군의 공습이 시작되었고, 탈레반 무장 세력이 패배하던 무렵 이 청년들도 그만 포로가 되어 관타나모로 끌려가는 실화를 다루었다. 그동안 언론 보도를 통해 관타나모수용소의 끔찍한 실태가 알려지긴 했지만, 영화는 더욱 구체적으로 수용소 실태를 보여준다.

쿠바군 고지에 서다

아바나에서 동쪽으로 900km. 서울-부산 거리가 445km이니, 두 배쯤 먼 길이다. 알 카에다 포로들을 가둔 미국 해군 기지가 있는 관타나모로 가는 길은 쉽지 않았다. 애당초 계획은 아바나와 관타나모 사이를 하루 1회씩 오가는 쿠바 국내선 비행기(비행시간 2시간 30분)를 타고 가는 것이었다. 하지만 여행사에 가서 알아보니 앞으로 보름 동안은 여유분 좌석 없이 모두 팔린 상태였다. 비행기는 소형인데, 찾는 이는 많아서 그렇단다.

나중에 관타나모 현지에서 확인한 바로는, 호기심으로 관타나모를 찾는 외국 단체 관광객들을 상대하는 여행사에서 좌석을 앞서 차지했기 때문이었다. 저녁 6시에 아바나를 떠나 쿠바 동부 지역 중심 도시이자 카스트로 혁명의 발상지였던 산티아고데쿠바로 가는 야간 급행 버스가 현실적인 대안임을 곧 알았다. 아바나에서 산티아고데쿠바까지는 13시간. 그곳에서 다시 택시를 전세 내 1시간 30분을 달려 관타나모 시내에 닿았다.

고구마처럼 동서로 길게 뻗은 쿠바의 동쪽 거의 끝부분 남쪽에 자리 잡은 관타나모는 인구 20만의 제법 큰 지방 도시. 관타나모란 이름 자체는 "관타나메라, 과히라 관타나메라(관타나모 아가씨, 촌뜨기 관타나모 아가씨)"로 시작하는 〈관타나메라〉의 노랫말 덕분에 우리 귀에도 익숙한 편이다. 지난 1960년대 미국 반전 가수 피트 시거가 불러 널리 알려진 〈관타나메라〉는 오래전부터 쿠바 사람들이 즐겨 부르는 노래다. 가사를 들여다보면, 한 편의 아름다운 시가 떠오른다.

이 노래의 가사를 쓴 이는 쿠바 시인이자 독립 영웅으로 식민지 군대인 스페인군에 사살됐던 호세 마르티(1853~1895년)다. 쿠바의 어딜 가나 사람들은 마르티의 동상과 마주친다. 쿠바의 관문인 아바나국제공항의 정식 이름도 '호세마르티국제공항'이다. 카스트로 사회주의 혁명 정권도 호세 마르티를 인민 영웅으로 떠받들어왔다. 카스트로 체제는 쿠바 혁명의 정통성을 마르티와 연결시켜 풀이한다. 한마디로 마르티는 '쿠바 혁명의 아버지'다. 관타나모 미국 해군 기지가 내려다보이는 쿠바군 관할 고지의 초소 앞에도 마르티의 상반신 조각품이 놓여 있다.

미국 해군 기지는 관타나모 도심지와는 뚝 떨어진 관타나모만 지역에 자리 잡고 있다. 기지 안에는 군인 1,000명, 관련 미국인 2,000명이 머물고 있다. 이곳은 전 세계 미디어의 사각지대다. 그런 관타나모 기지를 멀리서나마 바라볼 수 있는 곳이 쿠바군 관할의 마르티레스 고지다. 관타나모 일대의 높은 산인 시에라크리스탈 능선이 바다와 맞닿은 곳이다.

관타나모 시내에서 자동차로 약 30분쯤 달리니 쿠바군 검문소가 나왔다. 그곳 검문소 바로 앞 공터에서 쿠바 혁명의 아버지로 추앙받는 마르티의 자그마한 하얀 흉상을 볼 수 있었다. 그곳에서 신원 확인을 한 다음, 다시 자동차로 15분쯤 산허리를 달렸다. 마르티레스 고지로 가는 비포장길 주변은 군사 기지라서 사진 촬영을 하지 못하고 카메라에서 손을 떼야 했다. 곳곳에 사격 연습장이며 군사 훈련 시설물이 널려 있었다. 카메라를 슬며시 들어올리니, 50대 후반의 사람 좋아 보이는 쿠바인 택시 기사가 운전대를 잡고 있던 오른손을 뻗쳐 카메라를 내리누른다. "쿠바 군인들이 보면, 카메라를 빼앗길 수도 있다"는 경고와 함께……

고지 정상에 올라서니, 멀리 미국 해군 기지가 한눈에 들어왔다. 그곳에선 사진을 찍어도 되었다. 기지 동쪽으로 낮은 언덕이 보였다. 쿠바 안내원의 설명으로는 탈레반과 알 카에다 포로들을 가둬둔 델타 기지는 그 언덕 뒤에 있어 보이지 않는단다. 그곳 고지에서 필자를 맞이한 쿠바인 안내원은 군인이 아닌, 쿠바 관광청 소속 공무원이었다. 그는 "이곳을 찾는 단체 관광객들을 실은 버스가 하루에 적어도 한 대 꼴로 온다. 주로 프랑스를 비롯한 유럽 사람들이지만, 미국인들과 캐나다인들도 있다"고 귀띔했다.

관타나모 임대 계약은 불평등 계약

관타나모 미국 해군 기지는 주권 국가인 쿠바 영토 안에 파고든 미국 점령지다. 지난 1898년 미국이 스페인과 전쟁을 벌여 필리핀과 더불어 쿠바를 빼앗으면서, 관타나모만 일대는 미국 해군 기지로 개발됐다. 쿠바가 1903년

관타나모의 쿠바인 주거 지역. 1950년대엔 미군 병사들이 주말마다 이곳의 유흥가를 휩쓸고 다녔다고 한다.

'형식적인' 독립 국가가 됐을 때, 관타나모는 영구 임대 계약으로 미국에 넘겨졌다. 역사 기록을 보면, 당시 미국은 쿠바인들에게 영원히 미군 점령 지역으로 남을 것이냐, 아니면 미국의 쿠바 내정 개입을 인정하고 독립을 얻을 것이냐, 두 가지 가운데 하나를 택하도록 강요했다. 쿠바인들은 울며 겨자 먹기로, 미국의 내정 간섭을 합법화하는 조건으로 독립을 택했다.

미국이 해마다 금화 2,000달러(당시의 지폐 가치로 4,000달러)를 지불하기로 한 관타나모 기지 임대차 계약 조건을 살펴보면, 전형적인 불평등 계약이란 점을 한눈에 알 수 있다. "계약 쌍방이 함께 계약을 끝내기로 합의하였을 경우에 한해서만if both parties mutually consent to terminate the lease" 쿠바인들이 관타나모 기지를 돌려받을 수가 있다.

다시 말해 미국이 동의하지 않는다면, 관타나모 기지는 영원히 미국의 것이다.

　1959년 1월 바티스타 친미 독재 정권이 무너지기 전까지만 해도 이 불평등 계약 조건은 문제가 없었다. 쿠바 혁명 뒤 카스트로 정권은 계약 파기를 요구했지만, 미국은 딴전을 피웠다. 쿠바 혁명군은 한때 미국 해군 기지로 들어가는 식수와 전기를 끊었다. 소규모 총격전도 벌어졌다(관타나모 주둔 미군과 쿠바군 사이의 긴장 관계를 짐작케 해주는 영화로, 그곳 미군 기지를 무대로 한 군사 법정 영화《어 퓨 굿맨》을 보길 권한다). 그런 긴장 관계 속에서 쿠바 정부는 미국이 해마다 관타나모 기지를 빌린 대가로 보내오는 4,000달러짜리 수표를 현찰로 바꾸길 거부해왔다. 사정은 지금도 마찬가지다.

인간 사냥꾼에 붙잡혀

관타나모 미국 해군 기지의 이름은 '엑스레이 기지Camp X-ray'. 이 해군 기지는 펜타곤의 서류엔 GTMO로도 표기된다. 그러나 미군들은 흔히 이 기지를 발음 나는 대로 '지트모Gitmo'로 일컫는다. 탈레반과 알 카에다 관련 혐의를 받는 포로들을 격리시킨 별도의 삼엄한 수용소는 '델타 기지Camp Delta'와 '에초 기지Camp Echo'다. 대부분의 수감자는 '델타'에 머물고, '에초'엔 필요에 따라 수감자를 가둬둔다.

　탈레반, 알 카에다와 관련된 혐의자들이 관타나모 기지에 닿은 것은 2002년 1월. 그때 관타나모 현장에서 수감자들이 닿은 장면을 취재한 기자는 없었다. 지구촌 안방 뉴스를 차지했던 관타나모 초기 사진은 펜타곤에서 제공한 것이었다. 오렌지색 죄수복을 입고 쇠사슬에 손발이 묶인 채 땅바닥에 쭈그리고 앉아 있는 알 카에다 포로들, 손발이 묶인 포로를 짐수레로 두 미군이 앞뒤에서 끌고 미는 모습들이었다.

미국 합참 의장 리처드 마이어스 대장은 그 무렵 펜타곤 기자 회견에서 "포로들의 손발을 그토록 꽁꽁 묶어야 했느냐?"는 질문에 이렇게 주장했다. "그들은 매우 위험한 인물들이며, 조금이라도 느슨하게 움직일 기회를 준다면, 그들은 비행기(관타나모로 포로들을 실어나르던 C-17 수송기)의 수도관을 이빨로 물어뜯어 추락시키려 했을지도 모른다."

그러나 배포 사진들이 큰 분노를 일으킬 것이라고는 펜타곤 간부들도 미처 생각을 못했다. 전 세계 무슬림들은 "우리 이슬람 형제들을 모욕했다"며 반미 시위를 벌였다. 영국 런던에 본부를 둔 인권 단체인 앰네스티인터내셔널은 한 보고서에서 "관타나모 수감자들에게 족쇄를 채우고 얼굴 마스크를 씌우는 것도 일종의 고문"이라고 비판했다.

그들이 관타나모로 실려온 과정을 들여다보면, 수감자들 가운데 상당수는 '위험 분자들'과는 거리가 멀다는 것을 알 수 있다. 영어를 잘 모르고 포로 심문에 대해선 전혀 훈련을 받지 못한 현지인들의 부적절한 통역과 현상금을 노린 인간 사냥꾼, 아프가니스탄 군벌들의 농간 탓에 쿠바행 비행기를 타고 온 경우가 많다. 심문 과정에서 국적이 아프가니스탄이 아닐 경우, 아프가니스탄에 잠입해 들어온 '외국인 테러 분자'인 알 카에다 요원이라는 혐의를 썼다.

관타나모 폭력은 정보 얻으려는 심리전

모의 수감자 학대와 폭력은 수감자들에게서 항복을 받아내 '필요한 정보'를 얻어내려는 심리전 측면이 강하다. 이는 관타나모에서 풀려난 사람들이 남긴 증언들로 확인된다. 여군들을 투입해 수감자들에게 폭력을 휘두르거나 성적인 모욕을 가한 것도 심리전의 일환이란 지적이다. 제네바 협약에 따른다면, 전쟁 포로에게서 이름과 계급 말고 다른 정보를 얻어내려 해선 안 된다. 더구나 정보를 얻기 위한 가혹 행위는 곧 전쟁 범죄다. 국제형사재판소에 기소될 수도 있다.

미군은 기회가 있을 때마다 "관타나모 수감자들이 인간적인 대우를 받고 있다"고 주장해왔다. 그러나 미국의 인권 단체인 시민자유연합(ACLU)이 미국의 정보공개법에 따라 획득한 FBI의 전자우편들, 국제 적십자사의 보고서 등은 미군이 정보를 얻어낸다는 구실로 수감자들을 마구 다뤄왔다는 사실을 보여준다. 일부 미군 조사관들은 FBI 요원을 사칭하며 'FBI 고문 기법'을 수감자에게 사용한 것으로 드러났다.

2003년 3월 미국 국방부에 보고된 한 문서는 관타나모 수감자들에 대한 정신적·육체적 고문을 허용해야 한다는 내용을 담고 있다. 윌리엄 헤이네스 장군을 우두머리로 한 펜타곤의 태스크포스팀이 작성한 그 문서는 "수천 명의 미국 시민들을 보호하기 위해 긴요한 정보를 얻어내는 일이 다른 무엇보다 중요하기에" 고문 금지 규칙을 관타나모에다 적용할 필요가 없다고 건의했다. 럼스펠드는 이 건의를 내부적으로 받아들였다는 비판을 받고 있다.

정보를 얻기 위한 수감자 고문이란 측면에서 아부그라이브와 관타나모는 닮은꼴이다. 관타나모수용소를 관할하다가 2003년 가을 이라크의 악명 높은 아부그라이브교도소 책임자로 옮겨갔던 미국 육군 제프리 밀러 소장은 미국 언론과의 한 인터뷰에서 "관타나모수용소에서 미군은 매우 가치 있는 정보들을 걷어들였다"고 주장했다. 그곳에서 얻어낸 정보들이 알 카에다 조직의 활동을 주춤거리게 만듦으로써 테러 활동을 막았다는 주장이다.

그러나 관타나모에서 실제로 수감자 심문에 참여했던 한 현역병은 "그다지 유용한 정보를 얻어내지 못했다"고 주장한다. 2002년 12월부터 2003년 6월까지 관타나모에서 아랍어 통역병으로 근무한 에릭 사르는 2005년 5월 관타나모 내막을 담은 책 『철조망 안에서Inside the Wire』에서 이렇게 주장했다. "수감자 가운데 알 카에다와 깊은 관련을 맺은 사람은 거의 없고 대부분이 운이 나빠 끌려온 사람들이다. 알 카에다 핵심 요원들도 수감자 가운데 일부 있는 게 사실이겠지만, 대부분은 미군에게서 현상금을 타내려는 아프가니스탄 군벌들 손에서 미군으로 넘겨진 하급 무자헤딘들이다."

에릭 사르는 미국 여군 조사관들이 수감자들에게 성적인 모욕을 주는 심리전까지 펼쳤다는 사실을 폭로했다. 여군들은 속옷만 걸친 채 수감자들에게 몸을 부벼대며 모욕을 줬다. 한 여자 조사관은 수감자 몸에 가짜 피를 묻히곤, "내가 월경을 해서 나온 피"라고 조롱했다. 이슬람 세계에서 그런 행위는 크나큰 모욕이다. 사르는 한탄한다. "그런 짓을 하면서 어떻게 무슬림들의 마음을 사로잡을 수 있겠는가."

관타나모의 규율은 매우 엄하다. 모두 13개 사항으로 된 규칙은 영어의 will(또는 will not)이란 단어를 포함하고 있다. "다음 사항을 지키지 않는 자는 미국 경비병들로부터 엄한 벌을 받을 것이다."(제1항) "수감자는 미국 경비병에게 불손하게 행동해선 안 된다."(제3항) "수감자는 언제라도 미국 경비병의 명령을 따라야 한다."(제4항) "수감자는 언제라도 수색을 당할 수 있다."(제5항) "수감자는 경비병을 만지거나, 경비병을 향해 침을 뱉거나 물건을 던져선 안 된다."(제7항)

엄한 규율, 일상적인 폭력

이라크의 아부그라이브교도소에서와 마찬가지로 관타나모의 미국 경비병들은 수감자들에게 일상적인 폭력을 휘두른 것으로 알려져 있다. 관타나모에 2년 넘게 갇혀 있다가 풀려난 영국 국적의 두 사람(아시프 이크발, 루할 아메드)이 2004년 5월 미국 상원 군사위원회에 보낸 편지는 관타나모에서 폭력이 어느 정도 심각하게 그리고 자주 벌어졌는가를 잘 보여준다.

"8~9명의 미군 병사들이 수용소 건물 안으로 몰려들어왔을 때, 그 수감자는 바로 우리 곁에 누워 있었다. 당시 그는 복부 수술을 해서 배가 성치 않았다. 하지만 미군들은 군홧발로 그의 배를 차고 목을 짓눌렀다. 그의 얼굴은 마룻바닥에 대인 채 군홧발로 짓뭉개졌다. 여군 한 명도 폭행에 끼어들어, 그의 성치 않은 배를 발로 찼다."

이 편지에 쓰인 폭력의 희생자는 바레인 출신. 관타나모의 일상화된 폭력이 그의 정신세계를 흩트려놓은 탓일까, 밤낮 짐승 소리를 내는 정신 이상 증세를 보였다. 장기간에 걸친 감금에서 오는 심리적 고통과 좌절로 말미암아 수감자들 가운데는 자살을 꾀하거나 정신 질환을 앓는 이들이 적지 않다는 소식이다. 2002년 1월 관타나모수용소가 문을 연 이래 2005년 초까지 34건의 자살 기도 사건이 있었다. 한 수감자는 면도날로 손목을 그어 흐르는 피로 벽에다 이렇게 썼다. "나는 잔인한 압제자들 때문에 스스로 목숨을 끊는다."

관타나모수용소를 보는 미국 부시 행정부의 시각은 세 가지가 겹쳐 있었다. 하나는 9·11에 대한 징벌, 다른 하나는 이들이 지닌 잠재적 위협으로부터 미국 시민들을 보호, 또 다른 하나는 이들에게서 정보를 캐냄으로써 반미 테러 집단들의 뿌리 뽑기. 9·11 뒤 미군이 아프가니스탄과 파키스탄에서 붙잡은 탈레반과 알 카에다 조직 관련 혐의자들은 '새로운 전쟁' 또는 '전혀 다른 전쟁'의 포로들이다. 그 전쟁은 곧 '테러와의 전쟁'이며, 여기서 붙잡힌 포로에게는 전쟁 포로 대우를 받지 못하는 '적성 전투원'이라는 꼬리표가 달려 있다. 이 새로운 전쟁의 패러다임은 제네바 협약(1949년) 같은 데서 규정하는 고전적인 전쟁 포로 개념을 따를 필요가 없다는 억지를 부린다.

미국 일부 언론, "관타나모 문 닫아라" 2002년 1월

관타나모 기지를 방문한 자리에서 럼스펠드 미국 국방부 장관은 "관타나모 수감자들이 전쟁 포로가 아니라는 점에는 조금도 의문의 여지가 없다"고 선언했다. 그다음 날 부시 대통령도 "관타나모 수감자들은 살인자들killers"이라고 주장했다. 부시는 2002년 2월 7일 '수감자의 지위에 관한 대통령령'으로 관타나모 수감자들은 적국 포로가 아니기에 제네바 협약에 따르지 않을 것임을 분명히 했다.

탈레반과 알 카에다 포로들이 전쟁 포로가 아닌 까닭에 대해 당시 미국 법무부 장관 존 애쉬크로프트가 내린 유권 해석은 이렇다. "탈레반 정권이 다스렸던 아프가니스탄은 실패한 국가다. 아프가니스탄 영토의 상당 부분은 정부가 아닌, 무장 집단들에 의해 폭력적으로 다스려져왔다. 탈레반 정권의 군대도 근대 국가의 군대가 지닌 지휘명령 체계, 계급을 나타내는 통일된 복장을 갖추지 않았다. 따라서 제네바 협약의 규정을 따를 수 없다."

2002년 1월 필자가 아프가니스탄 현지 취재 때 확인한 바로는, 탈레반군은 머리에 두른 검은 터번으로 상하 간의 계급을 나타냈고, 엄격한 지휘명령 체계 아래 있었다. 탈레반 병사들은 아프가니스탄 정권의 정부군이었다. 따라서 포로 대우를 받을 수 있는 기본 권리를 지녔다. 알 카에다 요원의 경우에도 탈레

위 관타나모에서 만난 쿠바 노인들. 1950년대 미군들에 대해 불쾌한 기억을 갖고 있었다.
아래 젊은 쿠바 병사들도 미국이 쿠바에 관타나모 기지를 돌려주길 바라고 있다.

반 정부군과 함께 공식적인 지휘 계통 선상에서 전투를 벌이다 포로로 잡혔다면, 당연히 제네바 협약에 준하는 포로 대우를 받아야 한다

는 것이 인권 단체들의 지적이다.

국제 인권 단체들과 유럽 언론들은 그동안 수용소 폐쇄론을 펴 왔다. 그러나 미국 언론들은 9·11 테러 사건 뒤 미국에 불어닥친 애국주의 바람 탓에 관타나모 문제에 관한 한 침묵으로 일관했다. 보수적인 미국 언론들 가운데 관타나모 폐쇄론을 펴는 쪽은 소수다. 『뉴욕 타임스』 국제 담당 논설위원 토머스 프리드먼은 '문 닫아라, 그냥 닫아라'란 제목의 기사에서 "제발 관타나모 기지를 무조건 폐쇄하고 그 땅을 갈아엎으라"고 주장했다. "관타나모수용소를 그대로 두고 있는 한 (이와 더불어 높아지는 반미 감정 탓에) 더 많은 미국인들이 죽임을 당할 것"이란 논리에서였다.

폐쇄 둘러싼 워싱턴의 갈등

버락 오바마는 2008년 민주당 대통령 후보 때 "관타나모수용소를 폐쇄하겠다"는 공약을 내놓았다. 관타나모를 둘러싼 국제 사회의 따가운 눈길을 읽어냈기 때문이다. 오바마는 2009년 1월 대통령에 취임하자마자 '1년 안에 관타나모수용소 폐쇄'를 명하는 대통령령에 서명했다. 수감자들을 미국 본토의 감옥으로 옮겨 민간 재판을 받도록 하고 억울하게 붙잡혀온 사람들을 풀어준다는 구상이었다. 그러나 군부와 공화당을 비롯한 보수층은 수용소 폐쇄 결정을 못마땅하게 여겼다. 미국 상원은 관타나모 수감자들을 민간 법정에 세우기 위해 미국 본토로 이송하는 데 드는 예산안을 부결시켰다.

한때 779명에 이르렀던 수감자는 국제적 비난 여론으로 조금씩 풀려났으나, 오바마 재임 8년 동안에도 수용소는 폐쇄되지 않았다. 후임자인 트럼프도 2017년 대통령 취임식 바로 뒤 "수용소를 그대로 유지한다"는 행정명령을 발표해 국제 사회를 실망시켰다. 2022년 현재 수감자 37명은 재판도 없이 갇힌 채 때로는 단식 투쟁으로 "우리도 사람답게 살고 싶다"고 외치고 있다.

언젠가 관타나모가 문을 닫으면, 수감자들 처리는 어떻게 될까. 알카에다 핵심에 관련된 일부 수감자들 몇을 빼고 대부분은 풀려날 것이다. 그럴 경우 그들을 어느 비행기에 태워 보낼 것인가도 미국으로서는 골치 아픈 문제다. 인권 단체들은 "그럴 경우 일부 수감자들에겐 죽음을 뜻한다"며 문제점을 지적한다. 일부 수감자들에게는 본국행이 새로운 고난과 인권 탄압을 뜻하기 때문이다. 이를테면 시리아나 사우디아라비아 출신 수감자들이 본국으로 돌아가면, 그곳 독재자들(사우디아라비아의 실권자인 빈 살만 왕세자, 시리아의 알 아사드 대통령 등)이 그들을 '이슬람 근본주의 테러 분자'로 몰아 감옥에 가두고 죽이려 들게 뻔하다.

중동 지역의 이집트, 알제리 같은 곳도 사정은 크게 다르지 않다. 이 국가들은 세속적인 권력자들이 독재를 펴면서 '체제 위협 세력'인 무슬림형제단과 같은 이슬람 근본주의 조직들의 움직임에 촉각을 세워왔다. 그런 곳에 수감자를 돌려보낸다면 사지로 몰아넣는 것과 마찬가지다. 이렇듯 관타나모는 미국에겐 '뜨거운 감자'다.

여기서 짚고 넘어갈 대목이 있다. 미국이 벌인 테러와의 전쟁에서 많은 이슬람권 민간인들이 붙들려 들어가 고문과 학대를 받아온 '비미국적인' 수용소가 관타나모 하나뿐은 아니라는 사실이다. 이미 2004년 초 이라크의 아부그라이브교도소를 지키던 미군 병사들이 이라크

포로들을 학대하는 사진들과 동영상이 나돌아 많은 사람들에게 충격을 주었다. 아프가니스탄 수도 카불 외곽에 있는 바그람 미국 공군 기지 안의 수용소도 포로 학대와 살벌한 분위기로 악명을 얻었다. 언젠가 테러와의 전쟁을 역사로 기록한다면 그것은 곧 '포로(수감자)의 잔혹사'가 될 것이다.

"쿠바 해군 기지로 거듭나야"

미국이 9·11 테러 사건 뒤 아프가니스탄을 침공하고 벌여온 이른바 '테러와의 전쟁'에서 붙잡힌 포로들을 가둔 관타나모 미국 해군 기지를 바라보는 쿠바 현지 사람들의 눈길은 싸늘하다. 초등학교 교사로 일하다가 퇴직했다는 고메스(67세)를 관타나모 시내에서 만났다. 그는 1950년대 관타나모를 이렇게 기억하고 있다. "1959년 카스트로 혁명 이전에 관타나모 시내엔 흥청대는 미국 해군 장병들이 늘 가득했다. 그들이 뿌리고 가는 달러 때문에 이 지역 경제가 흥하긴 했지만, 부작용도 많았다. 큰 거리엔 술집과 댄스홀이 즐비했고, 골목길엔 창녀들이 득실댔다. 술 취한 병사들이 지나는 여인들을 희롱하는 일도 잦았고, 그 때문에 싸움도 일어났다. 1959년 쿠바 혁명으로 그런 모습들을 더 이상 보지 않게 된 게 참 다행스러운 일이다."

아바나에서 만난 쿠바 지식인들은 이라크 아부그라이브교도소마냥 인권 침해 시비를 불러일으키고 있는 관타나모 미국 해군 기지가 하루빨리 쿠바에 반환돼야 한다고 주장했다. 쿠바 국제관계고등연구소(스페인어 약어로는 ISRI)는 쿠바 외교관을 양성하는, 한국으로 치면 국립

피델 카스트로와 베네수엘라의 지도자였던 우고 차베스의 반미 동맹 관계를 보여주는 포스터.

외교원과 비슷한 기능을 하는 곳이다. 그곳 카를로스 알수가라이 교수 (국제정치학)는 강도 높게 미국을 비판했다.

"미국의 경제 봉쇄로 말미암아 쿠바는 한 푼의 달러라도 아쉽다. 그렇지만 미국이 형식상 지불하는 관타나모 임대료를 쿠바 정부가 거부하는 것은 미국의 패권적 태도를 거부하는 것으로 이해해야 한다. 미국은 말로만 쿠바의 주권을 인정한다 하면서 관타나모를 전쟁 범죄의 더러운 현장으로 활용하고 있다. 이에 대한 전 세계적인 비판을 계기로 우리는 미국에게 다시 한 번 요구한다. 관타나모 미국 해군 기지를 하루빨리 쿠바에게 돌려줘야 한다. 우리는 그곳이 주권 국가인 쿠바의 해군 기지로 거듭나길 기대하고 있다."

The United States

미국
(알래스카)

캐나다

미국

뉴욕

워싱턴

태평양

대서양

멕시코   멕시코만   쿠바

15장

미국

'아메리카'란 이름의 요새에 갇힌 슈퍼 파워

■ **기본 정보** _ 국토 면적: 9,630,000㎢(한반도의 43배). 인구: 3억 3,200만 명(백인 72.4%, 흑인 12.6%, 아시아계 4.8%, 기타 10.2%. 최근 미 인구통계국은 16.3%쯤으로 추산되는 히스패닉을 따로 구분하지 않고, 백인 또는 흑인 등으로 분류함). 종교: 개신교 46.5%, 가톨릭 20.8%, 유대교 1.9%, 이슬람교 0.9%, 기타. ■ **누가 왜 싸웠나** _ 1990년대 초 냉전이 막 내린 뒤 유일 초강국이 된 미국의 패권주의와 이에 맞서 중동에서 미국 세력을 몰아내려는 전투적 이슬람 집단의 반미주의가 부딪쳤다. ■ **전쟁 희생자** _ 9·11 당시 비행기가 추락한 뉴욕(2,792명)과 워싱턴(189명), 펜실베이니아(40명) 등에서 모두 3,021명이 죽었다. 미국이 아프가니스탄과 이라크에서 벌인 보복 전쟁은 수십만 명의 목숨을 앗아갔다. ■ **무엇이 쟁점인가** _ 미국은 아프간 전쟁과 이라크 전쟁의 성격을 '테러와의 전쟁'이라고 주장한다. 그에 반해 알 카에다를 비롯한 이슬람 반미 세력들은 중동 지역에서 미국을 몰아내려는 지하드(성전)를 벌인다고 주장한다. ■ **지금은?** _ 9·11 이후 미국은 자국을 외부의 공격으로부터 안전한 요새로 만들려 했다. 그 과정에서 전화 도청과 이메일 열람 등을 쉽게 함으로써 인권 침해의 논란을 빚어왔다. 하지만 중동에서 미국이 친이스라엘 일방주의와 석유 탐욕의 패권주의를 거두어들이지 않는 한 미국을 겨냥한 테러 위험은 좀체 사라지지 않을 전망이다.

오늘의 미국인들, 특히 미국 고위 관리들이 싫어하는 표현이 "미국 요새Fortress America에 갇혔다"란 말이다. 알 카에다 테러 위협에 몸을 사리며 요새에 갇혀 지내는 미국보다는 그냥 '자유로운 미국'으로 묘사되길 바란다. 그러나 미국의 평화Pax Americana는 없다. 잊을 만하면 테러 비상이 걸렸다가 해제되기를 되풀이해 시민들을 불안하게 만들곤 한다.

2001년 9·11 테러 공격 뒤 미국은 부랴부랴 기존의 22개 보안 기구들을 모아 거대 행정 기구인 국토안보부(DHS)를 만들었다. 장관급을 우두머리로 무려 20만 명의 직원을 거느린 국토안보부는 걸핏하면 테러 경보를 '오렌지'급으로 한 등급 올렸다가 슬그머니 내리길 거듭했다. 알 카에다의 생화학 테러 가능성이 있다고 국토안보부가 경고하자, 창문을 통해 집 안으로 가스가 스며들어오는 걸 막겠다고 널찍한 테이프를 너도나도 사들여 품귀 현상 소동이 벌어진 적도 있다. '늑대와 양치기 소년' 우화를 떠올리게 하는 그런 거듭된 테러 경보에 일부 뉴요커들은 짜증을 내기도 했다.

뉴욕은 거대 도시다. 허드슨강을 끼고 고구마처럼 길게 뻗은 맨해튼은 뉴욕의 중심부다. 그래서 맨해튼을 빼고 뉴욕을 말할 수 없다. 맨해튼 남부는 세계 자본주의 체제의 한 축을 이루는 곳이다. 우리에게 이름이 익숙한 월 스트리트의 증권 거래소를 비롯한 여러 금융 기관들이 자리 잡고 있다. 그 가운데 대표적인 건물이라 할 110층짜리 세계무역센터(WTC) 쌍둥이 빌딩이 오사마 빈 라덴이 이끄는 반미 저항 조직인 알 카에다의 9·11 테러 공격으로 쑥밭이 됐다. 건물들이 무너지면서 흩날린 먼지가 하얗게 길을 덮었다. 그래서 어떤 미국 칼럼니스트는 이 테러 공격을 "자유 시장 경제에 대한 심각한 도전"이라고 표현했다.

'그라운드 제로ground zero'라 일컬어지는 세계무역센터 쌍둥이 빌딩 현장. 희생자의 사진을 가슴에 껴안은 채 머리 숙여 기도하는 여인이 눈길을 끌었다. 그 옆에 말없이 서 있던 두 젊은 남녀는 감정에 북받친 듯, 서로를 껴안고 울먹였다. 뉴욕에서만 하루아침에 2,792명의 목숨을 앗아간 9·11이 그려낸 서글픈 초상肖像이다.

테러 강박증에 시달리는 뉴요커들   뉴욕에 9·11

참극이 벌어지던 날 아침, 나도 뉴욕의 한 카페에서 커피를 마시며 『뉴욕 타임스』를 훑어보고 있었다. 바로 그날, 뉴욕의 하늘은 맑았다. 어느 시인의 표현처럼 '눈물이 나도록 푸른' 하늘이었다. 그러나 9·11 테러 공격을 겪고 난 뒤로는 계속해서 음습한 먹구름이 뉴욕을 드리우고 있다.

뉴요커들은 "뉴욕은 남녀가 바뀌는 일을 비롯한 모든 일이 일어나는 곳이다"라는 말들을 자주 한다. 그렇지만 9·11 같은 사건이 터지리

9·11 테러 현장에서 흐느끼는 두 젊은이.

라곤 생각하지 못했던 많은 뉴욕 시민들은 아직도 충격에서 벗어나지 못한 모습이다. 우울증과 불안 증세로 신경정신과 전문의를 찾는 이들도 많다. 일부 뉴요커들은 알 카에다 같은 반미 세력이 다시 테러를 저지를 것이란 강박관념에서 벗어나지 못하고 있다. 이른바 9·11 신드롬이다. 밤에 잠을 잘 못 이루거나 알코올 또는 약물 중독에 걸렸다는 얘기도 들린다. 적지 않은 뉴요커들이 '불확실성의 시대'를 살아가고 있다고 여긴다. 언제 터질지 모를 테러에 자신이 피해자가 될 수도 있다는 불확실성이다.

9·11 뒤 뉴요커들 사이에선 방독면을 사들이는 바람이 불기도 했다. 세계무역센터 가까이에 있는 한 안전용품 판매점. 가게 입구에 붙은 "당신의 안전은 당신이 책임져야 한다"는 문구가 손님들에게 은근히 겁을 주었다. 이스라엘산 방독면은 물론이고, 고층 빌딩에서 뛰어내리는 스카이다이빙 용구까지 보였다. 9·11 사건 바로 뒤 그곳을 들렀을 때 가게 판매원들은 9·11 테러 특수特需를 맞아 바쁜 모습이었다. 다시 그곳에 들르자, 사람 좋아 보이는 그리스계 이민자인 가게 주인은 "그때만큼은 못하지만, 그래도 꾸준히 팔린다"고 말했다.

이렇듯 오늘날 '미국의 평화'는 불안한 평화다. 많은 미국인들이 테러 위협으로 불안에 떤다. 9·11 테러의 최대 피해지였던 뉴욕의 시민들은 특히 그러하다. 신문이나 TV 뉴스에서 '테러' 관련 소식을 들으면 곧 머릿속에 9·11 테러를 떠올릴 정도로 테러는 그들 마음속에 말 그대로 두려움으로 자리 잡았다. 그런 분위기는 9·11 테러 관련자 재판조차 뉴욕에서 열리지 못하게끔 만들었다.

2008년 11월 에릭 홀더 미국 법무부 장관은 "9·11 테러 용의자 칼리드 셰이크 모하메드를 비롯해 모두 5명의 관타나모 수감자가 뉴욕에서 재판을 받게 될 것"이라고 밝혔다. 그러자 9·11 관련 뉴욕 재판을 여느냐 마느냐로 거친 공방이 이어졌다. 나는 2009년 2월 한 달 동안 뉴욕에 머물고 있었는데, 거의 날마다 TV 화면을 통해 그와 관련한 입씨름을 들었다. 마이클 블룸버그 뉴욕 시장과 지역 상공인들은 "언제나 테러 위협에 직면해 있는 뉴욕 시민들에게 불필요한 위험을 가중시킬 우려가 있다"며 뉴욕에서 재판을 여는 데 반대했다. 루디 줄리아니 전 뉴욕 시장도 나섰다. 그는 "테러범들을 뉴욕으로 이송한 뒤 보안 강화에 드는 비용(2억 달러) 면에서나 뉴욕의 안전 면에서 바람직하지 않다"고 밝혔다. 공화당 쪽 인사들은 군사 재판이 아닌 민간 재판 자체를 비난하고 나섰다. 정치적 색깔을 떠나 재판이 뉴욕에서 열리는 것을 반대하는 뉴요커들은 하나같이 '뉴욕에 대한 또 다른 테러 위협 증가 가능성'을 반대 이유로 꼽았다.

곰곰 생각해보면, 사건이 벌어진 곳에서 재판을 하는 것은 자연스러운 일이다. 마침 뉴욕연방재판소는 맨해튼 옛 세계무역센터에서 걸어서 10분도 채 안 걸리는 가까운 거리다. 그런데 막상 뉴욕에서 재판이 벌어진다면 다시금 뉴욕이 테러 공격의 목표가 될 수 있다는 걱정이 그런 논란을 불러일으킨 셈이었다. 골치가 아파진 오바마 대통령과 미국 법무부는 뉴욕 말고 다른 곳에서 재판을 여는 방안을 찾다가, 결국 2010년 11월 뉴욕에서 재판을 열도록 했다. 이래저래 뉴욕은 가수 프랭크 시나트라가 "뉴욕- 뉴욕-"을 노래하던 지난날이 아득한 전설이 되고, 테러 공포에 시달리는 도시로 바뀐 모습이다.

"9·11의 또 다른 희생 집단은 이슬람 민중" _{뉴욕}

맨해튼에서 브루클린 다리를 건너면 얼핏 보아도 삼엄하다는 느낌이 드는 우중충한 건물 단지가 하나 나타난다. 메트로폴리탄구치소 건물이다. 9·11 뒤 이곳에는 9·11 테러와는 아무 관련 없는 많은 사람들이 단지 이슬람계라는 이유 하나로 FBI 요원에게 붙잡혀왔다. 이들은 수사 당국에게 엄한 조사를 받는 동안 가족들과의 면회조차 거부당했다. 이 가운데 상당수는 이민법 관련 위반 혐의로 갇혀 있다가 본국으로 추방되었다. 집안의 가장이 갇혀 있는 동안 그 가족들이 겪은 정신적·경제적 고통이 어땠을까는 짐작하고도 남을 일이다.

뉴욕의 인권 단체 가운데 하나인 뉴욕시민자유연합(NYCLU) 소속으로 이 억류자들과 그 가족들을 도운 크리스토퍼 던(변호사)은 "부시 행정부는 9·11이란 비상사태를 핑계로 시민들의 자유를 제한하려 들었다. 미국 내 소수 인종들이 그 최대의 피해자들이다"라고 부시 행정부의 인권 제한을 비난했다. 억류자 가족들을 도와온 시민운동가 쉐이커 라슈어는 "아메리칸 드림을 이루겠다고 열심히 일하던 사람들이 추방될 때마다 나도 함께 미국을 떠나 부시 없는 세상에서 살고 싶다는 생각이 들었다"고 털어놓았다.

뉴욕에 본부를 둔 국제적인 인권 감시 단체인 휴먼라이츠워치의 실무자 질 새비트는 전화 통화에서 9·11 뒤 부시 행정부의 인권 침해 상황을 다음과 같이 정리해주었다.

"대부분 이슬람계인 약 1,200명의 미국 거주 외국인들이 비밀리에 체포돼 9·11 테러에 어떤 관련이 있는지를 조사받았다. 그 가운데 752명이 테러리즘과 아무런 연결 고리가 없다는 게 드러날 때까지 장기간 구치소에 갇혀 지냈다. 그들은 그 뒤 대부분 미국에서 추방됐다. 뉴저지의 팔레스타인계 불법 체류자 하니 흐블레시(50세)는 이스라엘로 추방됐다. 그러나 벤구리온공항의 이스라엘 관리들이 입국 자체를 허락하질 않아 현재 뉴저지주의 한 구치소에서 기약 없는 옥살이를 하고 있다. 이런 인권 침해 상황들이 워낙 비공개리에 진행됐기에 미 주류 언론들조차 사실 보도를 할 수가 없었고, 따라서 공론화되지 못했다. 애국주의 바람도 여기에 영향을 끼쳤을 것이다."

9·11의 부정적인 영향 가운데 하나가 '테러와의 전쟁'을 빌미로 전 세계적인 인권 탄압이 늘어났다는 점이다. 미국은 9·11 테러범들과의 연결 고리를 찾는다며 미국 내 무슬림들을 마구잡이로 연행해갔고, 영국을 비롯한 유럽 국가들도 마찬가지 행태를 보여왔다. 민족 독립 투쟁을 벌여온 지구촌 소수 민족들도 9·11의 애꿎은 피해자들이다. 9·11 테러 사건 뒤 미국은 반테러 연합 전선 형성에 집착한 나머지, 그동안 인권 탄압을 저질러온 우즈베키스탄, 파키스탄 등 아시아의 독재 정권들에게 추파를 던졌다. 오랫동안 자치권 투쟁을 벌여온 중국의 위구르족, 러시아의 체첸족, 중동의 팔레스타인 저항 운동가들은 '테러리스트'로 몰렸다. 미국이 필요에 따라 외교 잣대로 내세워온

인권은 뒷전으로 밀렸다. 그러면서 지난날 동서 냉전 시대의 외교 잣대(우리 편이냐, 적이냐의 이분법)가 다시 등장했다. 덩달아 미국민들의 인권도 침해당했다.

쿠바의 한 귀퉁이를 차지한 관타나모 미국 해군 기지 내 수용소에 갇힌 탈레반-알 카에다 전사들의 기본적 인권도 무시당하기는 마찬가지였다. 이들은 '적성 전투원'으로 분류돼 변호사 접견도 허용되지 않은 채 재판도 없이 무기한 갇혀 지냈다. 지난날 부시 행정부는 "포로를 정당하게 다뤄야 한다는 고전적 규정인 제네바 협약을 외면하고 있다"는 국제 사회의 비난에 아랑곳하지 않았다. 오바마 행정부는 관타나모 수용소를 폐쇄하고 적법한 절차를 밟아 수감자들을 민간 재판에 넘기려 했지만 공화당의 반대로 결국 하지 못했다.

"지금이 전시 상황인가"

대부분의 미국 시민들은 자신들의 일상적인 삶이 관료적인 규정에 얽매이는 걸 질색으로 여긴다. 9·11이 터지기 전의 일이다. 줄리아니 당시 뉴욕 시장이 도로교통법을 엄격히 시행할 뜻을 내비쳤다. 빨간 신호등을 무시하고 길을 건너면 벌금을 물리겠다는 내용이었다. 그러자 많은 시민들이 "뉴욕은 보행자의 천국인데 무슨 소리냐"며 반발했고, 줄리아니 시장은 뒤로 물러서야 했다. 길에서 담배꽁초를 버려도, 경찰이 그런 모습을 뻔히 바라만 보는 곳이 미국이다. 시민 생활을 위협하는 범죄를 저지르지 않는다면, 일상적인 삶에 재갈을 물리는 일은 없다.

그런 미국에서 9·11 뒤 남미나 아시아의 독재 국가들이나 즐겨 쓰

세계무역센터 자리의 재건축 현장. 잔해를 치우는 데만 1년 가까이 걸렸다.

는 짓을 반테러법으로 만들었다. 법의 이름은 애국자법. 필요하다면 개인의 인터넷 정보를 들여다볼 수 있고, 도청과 계좌 추적을 마음껏 할 수 있는 경찰국가 같은 법이다. 정식 명칭이 '테러 대책법'인 이 법에 따라, 미국 연방수사국(FBI)은 '카니보어Carnivore'란 이름의 교묘한 인터넷 감청 시스템을 사용하기도 했다. 9·11 테러 전에는 법원의 허가를 받아야 가능했던 일이다. 또한 미국 국가안보국(NSA)은 미국에 우호적인 국가들의 협조 아래 '에셜론Echelon'이란 통신 감청 시스템을 통해 은행 계좌 거래 내역, 신용카드 사용 내역 등 한 개인에 대한 자료를 샅샅이 캐냈다. 수사 당국은 인터넷 관련 회사나 신용카드사에 법원의 영장 없이 들이닥쳐 특정 고객의 모든 자료를 뒤지기도 했다.

쟁점 사항 가운데 특히 시민의 사생활 보호와 관련해 문제가 되는 것이 전자우편 감청이다. 9·11 사건 뒤 FBI는 야후, 아메리카온라인 (AOL), 마이크로소프트의 핫메일 등 인터넷 서비스업체들의 협조를 얻어 대규모 감청을 실시한 바 있다. 전자우편 계정 이용자 가운데 이름이 모하메드, 알라, 알리 등 아랍계 이름인 사람들은 일단 테러 용의자로 몰려 사생활이 담긴 그들의 이메일이 감시당했다고 보면 틀림없다. 그런 감시 과정에서 법 없이도 살 만한 선량한 다수 아랍계 시민들이 '테러 용의자'로 몰려 곤욕을 치렀다.

영국 소설가 조지 오웰은 일찍이 공상 소설 『1984』를 통해 시민들을 절대적으로 감시하고 통제하는 빅 브라더를 그려냈다. 9·11 테러 뒤 미국 부시 행정부는 바로 공상 소설 속의 빅 브라더가 되려 했다. 되돌아보면 냉전 시대의 미국은 매카시즘 열풍으로 많은 이들이 이른바 '마녀 사냥의 희생양'이 됐다. 1950년대 조지프 매카시 상원 의원이 중심이 돼 마녀 사냥이 벌어졌던 것은 미국 현대사의 부끄러운 기록으로 남아 있다.

미국 역사에서 전시 상황으로 인해 시민의 자유가 제한을 받은 전례가 없는 것은 아니다. 남북 전쟁 당시 링컨 대통령은 언론 출판의 자유를 제한하고 정치범을 군사 재판에 넘겼다. 또 1917년 제1차 세계 대전 참전을 선언한 뒤 미국 의회는 '반역, 반란, 폭력 행위'를 선동하는 내용을 우편으로 보내는 것을 금지하는 법률안을 통과시켰다. 당시 윌슨 대통령은 적에게 도움이 될 정보를 출판하는 자에게 당시로선 거금인 1만 달러 벌금에 10년 징역형을 내릴 수 있는 스파이법마저 의회에 제출했다. 이렇듯 역사를 돌아보면, 남북 전쟁이나 세계 대전 같은 엄청난 전쟁 상황에 처했을 때 미국에서는 시민의 자유를 제한하려는 일들이 실제로 벌어지곤 했다. 하지만 미국 시민 단체들은 "지금이 전시 상황이냐"면서 "부시 행정부가 9·11 테러 사건을 이용, 경찰국가의 우두머리로 자리매김하려 한다"고 비판했다.

"왜 우리를 미워하나"며 갸우뚱

3,000명가량의 목숨을 하루아침에 앗아간 9·11 테러 사건의 파장은 컸다. 문제는 "우리가 뭘 잘못했기에 공격당했나?" 하는 자기 성찰의 물음보다는 응징과 복수를 바라는 목소리가 미국을 지배해왔다는 점이다.

9·11 테러 사건이 일어났을 무렵, 나는 늦깎이 공부를 하느라 뉴욕의 한 대학원에 다니고 있었다. 그때 놀랐던 것은 적지 않은 미국 지식인들조차 9·11 테러가 일어난 배경을 잘 이해하지 못한다는 점이었다. 대학 박사 과정에서 정치학을 전공하는 백인 학생들조차 "많은 사람들이 법을 어기고 밀입국을 해가며 미국 땅으로 이른바 '아메리칸 드림'을 이루려고 몰려드는 판에 왜 그들은 우리 미국인들을 미워하고 죽이려 드는가?" 하고 되묻곤 했다. 미국인들의 국제 정치 이해도가 형편없이 낮다는 사정은 지금도 크게 다르지 않다.

테러 사건 바로 뒤 뉴욕 세계무역센터 참사 현장을 찾은 한 무리의 고등학생들을 만났다. 맨해튼 링컨센터 가까이에 있는 마틴 루터 킹 고교 학생들이었다. 그들과의 짧은 대화에서 안타까움을 느꼈다. "무슨 까닭에 미국이 테러 공격을 당했는지 잘 모르겠다", "왜 오사마 빈라덴이 미국을 테러 공격했는지 이해가 잘 안 된다"는 태도들이었다. 이들은 광신적인 이슬람 근본주의자들이 '자유의 나라' 미국을 느닷없이 테러 공격했다고 여기며, 따라서 부시 대통령이 '테러와의 전쟁'을 선포한 것을 당연하게 받아들였다.

그러나 이런 애국주의 물결을 못마땅하게 여기는 사람들이 적지 않게 사는 곳이 또한 뉴욕이다. 그들은 9·11 테러야 물론 있어선 안 될 비극이지만, 왜 미국이 공격당했나를 생각해보자는 입장이다. 따라서 이스라엘에 대해서도 비판적이다. 팔레스타인 강제 점령과 정착촌 확장 때문에, 그리고 이 같은 이스라엘 정책을 미국이 배후 지원했기에 그 같은 비극을 치렀다고 여긴다.

9·11 뒤 뉴욕 맨해튼 중심가에 있는 유니언스퀘어에서는 매주 일요일마다 미국의 아프가니스탄 침공과 그에 따른 공습을 반대하는 평화주의자들이 모여 집회를 열었다. 미군의 아프가니스탄 침공과 그에 이은 이라크 침공이 벌어질 때마다 수많은 시민 학생들이 그곳에 모여 "노 워No War!", "폭탄 대신 부시를 떨어뜨려라Drop Bush Not Bombs!" 등의 구호를 외쳤다.

이라크와 관련된 슬로건들은 "석유 때문에 피를 흘리지 말라No Blood For Oil!"처럼 부시 행정부의 석유 탐욕을 비판하는 것들이 많았다. "석유 1갤런에 (이라크인과 미국인) 피를 얼마나 흘려야 하나" 또는 부시와 부통령 딕 체니의 얼굴 위에다 "우린 석유를 얻었지롱!"이란 조롱성 문구를 담은 피켓들이 눈길을 끌었다. 체니 부통령이 한때 최고 경영자(CEO)로 몸담았던 핼리버튼이 이라크 재건 사업으로 이득을 챙기는 것을 비판하는 피켓도 보였다. 어떤 이는 핼리버튼이란 독수리가 이라크 석유라는 먹잇감을 발톱으로 움켜쥐고 있는 피켓을 들고 나와 눈길을 끌었다.

부시 행정부의 국내 정책도 반전 평화 집회에서 비판을 받았다. 이라크 전쟁 비용에 예산을 낭비하지 말고 저소득층의 교육비, 의료비를 지원해야 한다는 피켓, 고용 창출에 써야 한다는 피켓들이 선보였다. 그런 다양한 구호들이 어울리는 반전 평화 집회에 참석한 연사들은 "부시 행정부가 우리 미국 시민들을 거짓말로 속여 잘못된 방향으로 이끌어가고 있다"고 한목소리로 외쳤다.

"전쟁은 컴퓨터 게임이 아니야!"

미국에서 열리는 반전 평화 집회에 가볼 때마다 인상적인 것은 상당히 많은 70대, 80대 노년층을 만날 수 있다는 점이다. 부인과 함께 집회 현장에 나온 케이시 앨런(81세)을 만났다. 그는 "우리 부부는 1960년대 베트남 전쟁 때도 여러 번 반전 집회에 참석했다. 그 당시 모든 반전 집회들이 대단했지만, 다 성공적인 것은 아니었다. 오늘은 사람들이 모처럼 많이 모인 특별한 날"이라며 부인의 손을 맞잡고 천진한 어린아이처럼 즐거워했다.

노인들은 저마다 반전 메시지가 적힌 작은 피켓을 들고 나왔다. 집에서 정성 들여 만든 독특한 반전 피켓을 들고 나온 이들도 상당수였다. 아마추어 화가인 한 할머니는 "폭탄 대신 부시를 떨어뜨려라"라는 구호 아래 부시 대통령이 비행기에서 떨어져 내리는 그림을 높이 쳐들었다.

노년층이 반전 집회장의 주요 구성원을 이룬다? 서울의 동숭동에서 열렸던 반전 집회장과는 다른 모습을 어떻게 읽어내야 할까. 각종 여론조사를 들여다보면, 미국 노년층의 반전 의식이 20대나 30대보다 높다.

베트남 전쟁 반대 운동이 한창이던 1966~1970년에 실시된 갤럽 여론 조사도 젊은 세대가 노년층에 비해 미국의 베트남 전쟁 개입에 덜 비판적이었음을 보여주었다. 1991년 걸프 전쟁 때 이뤄진 여론 조사에서도 마찬가지다. 이런 자료를 뒤적여보면서, 반전 집회장에서 많은 노인들을 만날 수 있는 까닭을 깨달았다.

집회 현장에서 만난 70대 초반의 제이미는 육군 헬기 조종사였다 퇴역한 예비역 중령. 베트남 전쟁에 참전한 경력을 지녔다. 그는 부통령 딕 체니의 얼굴 위에다 "석유 챙겼느냐Got Oil?"고 적은 피켓을 들고 나왔다. 그는 "베트남전 당시엔 별로 반전에 대해 깊은 생각을 못했는데, 전쟁이 끝난 다음 우리 미군이 베트남에서 한 부정적인 행위들을 알고 나서 전쟁 자체를 비판적으로 보기 시작했다"고 밝혔다. 그는 베트남전 참전자들이 모여 만든 '평화를 위한 예비역'의 열성 회원이다. 그에게 반전은 바로 "미국적 가치의 하나인 평화를 제대로 살리는 길이고, 곧 애국"이다.

제이미와 함께 나온 그의 친구는 "요즘 젊은이들은 컴퓨터 게임에 익숙해 있어서인지, 전쟁을 마치 컴퓨터 시뮬레이션 게임처럼 쉽게 생각하는 것 같다"고 말했다. "우리 세대는 제2차 세계 대전에서 얼마나 많은 사람들이 무참하게 죽었는가를 기억하고 있다. 그러나 젊은 세대는 1991년 걸프 전쟁이나 코소보 전쟁, 아프가니스탄 전쟁에서 미군 병사들이 별로 죽거나 다치지 않고 전쟁을 이겼다는 사실 때문일까, 전쟁을 그리 부정적으로 보는 것 같지 않다. 그들이 이라크 전쟁에 대해 찬성하는 배경은 이런 측면과 무관하지 않을 것이다."

반전 모임에 참석한 한 평화주의자에게 지금 상황에서 애국주의가 무엇을 뜻하는가를 물어봤다. 그는 "부시의 애국주의는 깡패의 마지막 수단"이라고 질타했다. "대규모 학살자wholesale murderers 훈련을 정당화하는 원리"가 애국주의라는 극한 표현도 서슴지 않는다. 구두나 옷, 목수 일처럼 인간 생활에 필요한 기술을 가르치는 게 아니라 사람 죽이는 훈련을 시키는 이데올로기라는 것이다.

곁에 서 있던 또 다른 평화주의자는 미국 애국주의를 "종교보다 훨씬 잔인하고 비인간적인 미신"이라고 규정했다. 원시인들이 천둥이나 번개의 원리를 이해하지 못하고 자신보다 압도적인 힘을 지닌 그 무엇을 믿은 것처럼, 실체가 분명치 않은 미국 애국주의를 미국인들이 믿고 있다는 논리를 폈다. 군산 복합체로 상징되는 미국의 지배 세력이 조작해낸 것이 바로 지금의 미국 애국주의란 주장이었다. 그는 애국주의 자체를 반대한다는 게 아님을 분명히 했다. 요점은 부자와 권력자가 애국주의를 독점해선 안 된다는 것이었다. 모든 사람을 위한 애국이어야 한다는 것이다. 그의 눈에 비친 부시 행정부는 상속세를 폐지하는 등 부자를 위한 정권이었다.

미국 테네시대학교의 윌프리드 맥클레이 교수는 미국의 계간지 『공익Public Interest』에 기고한 글에서 미국 애국주의의 긍정적인 부분은 "자랑스럽고 충성스러운 미국인이 반드시 국가에 자신의 주체성을 모두 양도하도록 요구받지 않는다는 점"이라고 규정했다.

미국 반전 운동의 한계

미국의 반전 운동가들은 저마다 인터넷 홈페이지를 개설해놓고 전자메일 홍보 등을 통해 보통 시민들의 눈길을 끌고 있다. 그 대표적인 것이 70개 반전 단체들의 모임

뉴욕 브로드웨이에서 벌어진 이라크 침공 반대 시위.

인 '평화와 정의 연합'이 운영하는 http://www.unitedforpeace.org
이다.

하지만 미국의 반전 집회는 몇 가지 문제점을 지니고 있다고 지적됐
다. 조직자들이 참가자들의 정치적 정서를 너무 앞질러 집회를 진행한
다는 점이다. 연사들 가운데 흑인 운동 출신이나 무슬림 출신 연사들,
또는 사회주의 운동가들은 '제국주의'라는 용어를 쓰기 일쑤다. 반전이
란 공통분모를 지니긴 했지만, 단순히 "노 워!"를 외치고자 나온 일반
미국 시민들이 듣기엔 거북스러운 용어다. 등장 연사의 성향에 따라 흑
백 차별, 인디언 인권 문제, 노동 문제 등이 함께 거론돼 반전 초점을
흐렸다는 비판을 받기도 했다.

뉴욕 반전 집회를 앞장서 이끈 '평화와 정의 연합'의 대변인 밥 윙은 "그렇다고 여배우 수전 서랜든 같은 이른바 유명 인사들만 연단에 세우고 직업적 운동가들을 배제할 수도 없는 것이 현실"이라 말했다. 그는 연사들에게 되도록 반전이라는 초점에서 벗어나지 말 것을 당부했다고 밝혔다. 더 많은 대중의 호응을 얻으려면, 그래서 높아진 반전 여론으로 부시 행정부를 압박하려면, 초점을 반전에다 모아야 한다는 판단에서였다.

　반전 집회를 조직한 직업적인 활동가들도 트로츠키주의자에서부터 환경 운동가까지 워낙 다양한 이념적 스펙트럼을 보였다. 그래서 통합을 말한다는 것은 어려운 일이다. 반전, 반부시라는 공통분모에서 몇 걸음 더 나아가면 더 이상 더불어 말할 게 없다. 그런 활동가들이 함께 모여 시위를 조직하면서 대중에게 부담을 주지 않고 참가율을 높이려고 찾아낸 타협점이 바로 '긴장감을 주지 않는 놀이 문화'일 것이다.

　반전 운동이 워싱턴의 백악관에 미치는 영향도 불투명하다. 베트남 전쟁 당시 반전 운동가들 사이에선 이런 말이 오갔다. "닉슨 대통령은 미식 축구를 보는 데 빠져 반전 시위를 볼 틈이 없다." 그러나 훗날 드러난 사실이지만, 닉슨은 "반전 시위에 얼마나 많은 사람들이 모였나"에 상당히 촉각을 세우고 있었고, 1973년 파리 평화 협정을 통해 미군 철수를 결정한 것도 반전 시위에서 영향을 받았다고 한다. 하지만 안타깝게도 부시는 닉슨이 아니었던 듯하다. 『뉴욕 타임스』 기사에 따르면, 부시 대통령의 측근들은 부시에게 "반전 집회에 신경 쓰지 말라"고 조언했다고 한다.

'미국인 탈레반' 린드의 투쟁

힙합 음악에 맞춰 어깨를 들썩이던 미국의 많은 청년들은 9·11 뒤 애국주의 바람을 타고 스스로 미군 병사 '람보'가 되어 아프가니스탄 또는 이라크를 누비고 다녔다. 그들과는 아주 대조적인 삶을 산 한 미국 청년을 빼놓을 수 없다. 9·11 뒤 아프가니스탄에서 붙잡혀 미국으로 이송된 뒤 20년 징역형을 언도받고 17년 7개월 동안 징역을 살다가 2019년에 풀려난 존 워커 린드이다.

린드는 2001년 12월 초 아프가니스탄 북부의 한 옛 요새에서 탈레반 포로들의 무장 봉기가 진압된 뒤 '미국인 탈레반'으로서 뉴스의 초점으로 떠올랐다. 그의 출현에 많은 미국인들은 충격을 받았다. 아버지를 변호사로 둔 미국 중산층 출신의 젊은이가 어떻게 탈레반 전사가 돼, 그 먼 아프가니스탄에서 조국인 미국을 향해 총부리를 겨눌 수 있었을까. 미국의 세계 지배 패권 전략 목표가 "압도적인 군사력과 금융력을 바탕으로, 전 세계에서 미국의 국가 이익을 관철시키는 형태의 팍스 아메리카나(미국의 평화)"라는 점에 대해 진지하게 토론해보거나 생각해본 적조차 없는 보통 미국 시민들로선 린드를 바로 이해하기 어려웠을 것이다.

지식인인 린드의 부모조차 그가 잘못된 시간, 잘못된 장소에 있었던 '희생자'라고 여긴다. 린드의 어머니는 "내 아들이 세뇌를 당한 게 틀림없다"고 말했다. 린드의 옛 친구들은 "무자혜딘과 린드는 거리가 멀다"고 고개를 가로저었다. 그러나 9·11 당시 만 20살 청년 린드의 의식 세계에선 "나의 투쟁은 정당했다. 미국이 문제다"라는 외침이 메아리쳤다.

미국의 상업 언론들 사이에서 린드는 반역자로 소개됐다. 소란스러운 농담과 과장된 몸짓이 지배하는 TV 토크쇼의 사회자들은 린드를 "변절자rat"로 깎아 불렀다. 선정성이 떨어지면 안 팔리는 타블로이드 신문들의 논조도 마찬가지였다. "오사마 빈 라덴의 용병"이란 타이틀로 표지를 장식했다. 정상적인 미국인이라면 그곳에 있을 리 없다는 식이었다. 미국 언론 매체에서 '린드를 움직인 진정한 동기는 무엇일까. 미국이 뭘 잘못했나'에 대한 진지한 물음은 없었다. 아프가니스탄 현지 취재를 갔을 때 몇몇 미국 기자들에게 이런 문제 제기를 하자 "어리석은 질문stupid question"이란 퉁명스러운 대꾸뿐이었다.

린드는 9·11 테러와 직접적인 관련이 없었다. 그럼에도 미국 검찰은 그가 테러와 관련이 있는 것처럼 분위기를 몰아갔고, 일부 언론들도 여기에 합세했다. 강경 칼럼니스트들은 린드의 미국 시민권을 박탈, 알 카에다 포로처럼 군사 법정에서 단죄해야 한다는 주장도 폈다. 딕 체니 미국 부통령은 "미국에서 성장한 사람이 탈레반 및 알 카에다 대원들과 함께 아프가니스탄에서 투쟁한 이유를 이해하기 힘들다"며 린드를 비판했다. 럼스펠드 국방부 장관은 얼음처럼 싸늘했다. "우리는 알 카에다, 탈레반 전사들과 함께 AK-47 소총을 쥐고 싸운 미국인을 감옥에서 발견했다. 그는 대가를 치러야 할 것이다."

럼스펠드 국방부 장관의 말대로, 린드는 18년 징역살이를 대가로 치렀다. 아프가니스탄에서 C-17 수송기로 실려와 워싱턴과 가까운 버지니아주 알렉산드리아 감옥에 갇힌 린드는 해외에서 미국인을 살해하는 작업을 공모하고, 알 카에다 같은 테러 조직들을 도왔으며, 탈레반을 이롭게 했다는 등의 죄목으로 유죄 평결을 받았다.

스무 살 미국 젊은이의 이상과 현실

린드가 '미국인 탈레반'으로 확인된 뒤 CNN, 뉴스위크 등 미국 언론들은 린드에게서 뭔가 한마디라도 듣기 위해 치열한 취재 경쟁을 펼쳤다. 그저 스쳐가는 식의 짧은 인터뷰를 한 다음에는 멋대로 린드의 의식 세계를 편집해냈다. 부상당한 채 미국 CIA의 잇단 심문에 지쳤을 린드가 진지한 자세로 그 기자들에게 속내를 털어냈으리라 보기는 어렵다.

그나마 몇 가지 편린이 드러난다. "정당한 목적을 위해 싸웠다고 믿느냐?"는 CNN 기자의 물음에 "절대로 그렇다absolutely"고 밝힌 것이 그러하다. 『뉴스위크』와의 짧은 인터뷰에서 린드는 "이슬람 정권을 돕기 위해 아프가니스탄에 들어갔다. 탈레반 정권은 이슬람 율법을 시행하는 유일한 정부였다"고 말했다.

초점은 어떤 배경에서 린드가 '미국인 탈레반'이 돼 인도-파키스탄 접경 분쟁 지역인 카슈미르에서, 또 아프가니스탄에서 AK-47 소총을 들고 싸우려 했을까에 모아진다. '미국인 탈레반'을 어떻게 해석해야 하는가는 미국의 세속적인 상업 문화, 백인 중심 사회, 그리고 미국의 일방적인 세계 지배 패권 전략에 대한 비판과 맞물린다.

1981년생인 린드도 한때는 힙합 음악에 빠졌던 평범한 소년이었다. 부모는 그런 린드에게 영향을 준 인물이 맬컴 엑스Malcolm X였다고 믿는다. 스파이크 리 감독이 1992년에 만든 영화《말콤 X》로 많은 독자들에게 이름이 익숙한 그 맬컴 엑스(1925~1965, 본명은 맬컴 리틀)다. 그는 행동적인 이슬람 단체를 이끌면서 강한 카리스마와 설득력 있는 논리로 1960년대 미국 사회에 큰 영향력을 끼친 흑인 사회 운동가이다.

1965년 라이벌 흑인 이슬람 단체 요원들 손에 피살당한 맬컴 X의 일

대기를 읽은 16살 소년 린드는 애써 모은 힙합과 랩 CD를 내다버리고 이슬람 웹사이트에 빠졌다. 그리고 가톨릭에서 이슬람으로 개종했다. 1990년대 중반기에 대중화되기 시작한 컴퓨터 인터넷이 사춘기 소년 린드의 의식 세계 변화에 큰 영향을 미친 셈이다.

린드가 탈레반 전사가 되기까지 그의 반미 정치의식을 키운 텃밭은 예멘과 파키스탄이었다. 1998년 부모가 이혼을 하자, 린드는 예멘으로 떠났다. 그곳에서 이슬람 교리를 공부하던 린드는 미국의 친이스라엘 일변도, 세속적이고 부패한 독재 국가들과의 유착을 비롯한 미국의 중동 정책에 비판적인 젊은이가 됐다. 아마도 그곳 이슬람 지식인들과의 토론을 통해 '미국이 잘못해도 한참 잘못하고 있다'고 느꼈을 것이다.

2000년 10월 예멘에 정박한 미국 구축함 코울호가 자살 폭탄 공격을 받고 19명의 미국 해군이 죽고 난 뒤 린드는 아버지에게 이메일을 보냈다. "미국 군함이 예멘에 정박하는 것 자체가 (아랍권에 대한) 전쟁 행위"라는 내용이었다. 린드가 파키스탄에서 부모에게 보낸 이메일을 보면 이제 20살이 된 미국의 젊은이가 자신의 조국을 어떻게 인식하고 있는지가 드러난다. "미국에 계신 부모님을 만나러 가는 것은 좋지만 미국은 정말이지 다시 보고 싶지 않다."(2001년 2월) "파키스탄에서 살아보니 미국 사회가 정말 불쌍하게 보인다."(2001년 4월)

린드는 아프가니스탄-파키스탄 국경 지대에 자리한, 카슈미르 무장 조직이 운영하는 캠프에서 훈련을 받고 2001년 봄 한때 인도령 카슈미르로 넘어가 인도군에 맞서 '자유 전사'로 싸우기도 했다. 내가 파키스탄령 카슈미르에 갔을 때 만난 그곳 젊은이들은 린드를 매우 우호적으로 여기고 있었다. 린드가 어떤 과정을 거쳐 아프가니스탄에 들어갔는지는 드러나지 않았다.

아프가니스탄 알 카에다 훈련 캠프에서 린드는 오사마 빈 라덴도 만났다. 특수 훈련을 받고 테러리스트가 될 것인가, 아니면 일반 무자헤딘이 될 것인가의 선택에서 린드는 후자를 택한 것으로 알려졌다. 9·11 사건 같은 대형 테러를 찬성할 만큼 린드가 극렬한 투쟁가였다는 흔적은 없다. 분명한 것은, 세속적인 미국 문화의 문제점과 강대국으로서의 횡포에 눈을 뜨게 된 린드가 이슬람권의 반미 투쟁에 실천적으로 동조했다는 점이다.

린드는 '아프가니스탄 탈레반 정권과 오사마 빈 라덴의 노선은 도덕성을 지녔다'고 여겼을 것이다. 이슬람적 이상을 추구한 20살의 젊은이로서 샤리아(회교 율법)가 아프가니스탄 땅에서 어떻게 적용되는지를 보고 싶어했을 것이다. 프랑코 장군의 파시즘에 맞서 1930년대 스페인 내전에 자원했던 국제여단의 이상주의자들 같은 모습이 바로 린드가 그렸던 모습 아닐까.

"미국이 왜 책임져야 하나?"

린드를 변절자로 비판해온 미국의 상업주의적 언론들은 객관성보다는 애국주의에 더 무게를 둔다. 중동 사태도 친이스라엘 중심이다. 팔레스타인 현지에서 만난 전 팔레스타인 자치 정부 지도자 야세르 아라파트의 한 측근은 "아라파트는 1999년 미국 CBS 간판 프로인 〈60분〉에 출연했다가 교묘한 편집 태도에 크게 실망한 나머지 미국 언론 인터뷰라면 손을 내저었다"고 귀띔했다. 9·11 뒤 미국 언론의 보도 성향을 보면 객관성을 지키려는 태도가 말끔히 사라졌다. 9·11 참사로 숨진 소방관과 아프가니스탄, 이라크에서 숨진 미군 병사들을 '영웅'으로 만들기 바빴고, 미군의 잘못된 공습으로 숨진 민간인들에 대한 보도는 뒷전으로 밀리거나 축소됐다.

미국 기자들이 일반적으로 지닌 세계관은 미국은 '세계 평화를 지키는 자비로운 패권benevolent hegemony'이라는 개념과 세계화로 상징되는 '자유 시장 경제 질서의 수호자'라는 것이다. 이런 미국에 도전하는 제3세계의 어떠한 도전도 '테러 행위'라는 편견이 미국 언론을 지배하고 있다.

9·11 뒤 그 편견은 더 강해졌다. 배경 화면에 대형 성조기 그림이 장식된 가운데 등장한 TV 앵커들은 가슴에 성조기 배지를 달고 "미국이 공격당했다"며 애국주의를 부추겼다. 『뉴욕 타임스』나 『워싱턴 포스트』 등 주류 신문 사설과 칼럼들도 온통 "오사마 빈 라덴을 하루빨리 처단해야 한다"는 주장들이었다. "테러리스트들을 국제법에 따라 처리해야 한다"는 주장은 『네이션Nation』, 『디센트Dissent』, 『빌리지 보이스Village Voice』 같은 비주류 언론에서나 찾을 수 있었다. 노암 촘스키를 비롯한 당대의 진보적 지식인들의 글은 주류 언론에서 외면당했다.

그런 상황에서 2002년 파키스탄에서 『월 스트리트 저널』 기자 대니얼 펄이 취재원인 파키스탄 과격 단체 요원들에게 납치돼 죽은 사건이 터졌다. 펄의 납치범들은 쿠바 관타나모수용소에 갇힌 탈레반, 알 카에다 포로 석방을 요구하다가, 유대인인 펄이 미국 CIA나 이스라엘 모사드의 첩자일 것이라 주장하며 그를 죽였다.

세계화의 구호 아래 '자유 시장 경제 질서 옹호'를 금과옥조로 내세워온 경제 신문이 『월 스트리트 저널』이다. 부시 행정부의 세계 패권 전략에 박수를 쳐온 이른바 매파hawk 칼럼니스트들이 포진한 신문인 것이다. 그런 신문의 기자 대니얼 펄은 무엇 때문에 '잘못된 시간, 잘못된 장소'에 가서 죽임을 당했을까.

나는 펄 납치 사건을 듣는 순간 엘살바도르 군부 독재와 농민군의 무장 투쟁을 주제로 한 올리버 스톤 감독의 1986년도 영화《살바도르》가 떠올랐다. 영화에는 주인공(프리랜서 사진 기자)이 농민군 비밀 기지를 취재한 다음 미국 대사관 무관들에게 그 사진들을 보여주는 장면이 나온다. 펄이 납치범들의 주장대로 정보원이라 믿고 싶지는 않다. 그러나 일부 미국 기자들이 취재 결과를 CIA에 건네줄 가능성은 전혀 없는 것일까.

9·11 뒤 파키스탄에선 탈레반 정권을 돕겠다는 자원자들이 수천 명이나 아프가니스탄으로 넘어갔다. 그러나 당시 페르베즈 무샤라프 장군이 다스리던 파키스탄 군사 정권은 친미 정책을 펴면서 이슬람 단체 요원들을 잡아들였다. 많은 행동 대원들이 지하로 숨어들었다. 그 무렵 내가 카슈미르에 갔을 때도 이슬람 단체 사무실들은 모두 문을 닫아걸고 있었다.

그런 흉흉한 분위기 속에서 대니얼 펄 사건은 이미 예견된 것이었다. 기본적으로 파키스탄 민중은 반미 감정이 강하다. 비록 군사 정권이 '파키스탄 국가 이익을 위해서'라는 명분 아래 탈레반 지지를 버리고 미국 쪽으로 돌아선 것을 이해는 하더라도, 미국 자체에 대한 반감은 강하다. 따라서 미국 기자들에 대한 눈길이 고울 리 없다. 9·11 뒤 애국주의 물결을 부추겼다는 지적을 받아온 미국 언론이다. 기본적으로 미국 언론들은 제3세계 분쟁을 보는 시각에서 현지인들과 차이가

뉴욕 거리의 카페 풍경. 9·11은 미국인들에게 충격과 두려움을 안겨주었다.

있을 뿐 아니라, 특히 미국 기자들은 미국의 국가 이익에 철저한 쪽이
다. 이런 경향은 비교적 객관성을 유지하려고 애쓰는 유럽 언론들과도
다르다. 9·11 뒤 미국 기자들의 해외 취재 여건이 악화된 측면에는 미
국의 애국주의적 보도 경향의 책임이 크다.

수전 손택, "함께 미련해지지 말자"   부시의 무리

한 전쟁 수행 방식으로 세계 여론이 나빠지는 것과 때를 맞추어 미국
에도 변화의 바람이 조금씩 불었다.『뉴욕 타임스』, CNN, CBS 등 미국
주요 언론들이 비판에 가세하면서 미국 애국주의의 약효도 슬슬 떨어

져갔다.

그 반성의 움직임은 미국 지식인들 사이에서도 일었다. 현대 미국의 대표적인 여성 지식인인 수전 손택Susan Sontag도 그 가운데 하나다. 2004년 71살을 일기로 눈을 감은 그녀는 주간지 『뉴요커New Yorker』에 기고한 글에서 9·11 테러 뒤 "부시 쪽의 전쟁 동원 캠페인은 대중을 어린이 취급하는 거나 다름없다"고 비판했다.

손택은 9·11 테러가, 부시가 주장하듯, 문명이나 자유 또는 자유세계에 대한 '비겁한' 공격이 아니라, 특정 동맹국과 관련한 특별한 행동(친이스라엘 정책) 탓에 자칭 초강국self-proclaimed superpower인 미국이 당한 공격이었다는 사실을 상기시켰다. 9·11 테러 참사에 대해 함께 슬퍼하지만, 그렇다고 부시와 한통속으로 미련해지지는 말자는 당부였다. 미국이 이라크 침공을 비롯한 일방주의 대외 정책으로 무리수를 두면 둘수록, 지난 1960년대 베트남 전쟁 때 불었던 거센 반전·반미 바람이 역풍으로 몰아칠 것이란 경고가 손택의 글 행간에 담겨 있었다.

뉴욕 시민들은 특히 뉴욕 맨해튼을 세계의 심장부라 여겨왔다. 국제 정치의 중심인 유엔 본부와 국제 금융의 중심인 월 스트리트가 맨해튼 안에 자리 잡고 있기 때문이기도 했다. 9·11 테러를 당한 뒤로도 맨해튼 중심가인 타임스퀘어 밤거리는 여전히 화려하다. 대형 건물 밖으로 내걸린 성조기가 쑥스러워할 만큼 속옷 차림의 모델 광고들이 길가는 이들의 시선을 자극하는 곳이 뉴욕이다.

그러나 2001년 9·11 테러 뒤 2~3년을 터울로 두고 걸어본 맨해튼 거리는 그 이름값을 못하고 갈수록 활기를 잃어가는 모습이었다. 특히 그즈음 뉴욕의 경제 상황은 더 이상 나빠질 수 있을까 싶을 정도로 좋지 못했다. 2008년 금융 위기 뒤 경기가 워낙 좋지 않은 탓에 많은 기업체들이 문을 닫았고, 권리금조차 포기하고 팔려고 내놓은 가게들이 수두룩했다. 영업 중인 가게들도 살아남으려 몸부림을 쳤고 "90%까지 할인 판매Sale, Up To 90%"라는 문구를 내건 가게들도 많았다.

거리엔 대낮인데도 어슬렁거리는 실업자들이 쉽게 눈에 띄었다. 건물 앞에서 담배를 피우는 사무원들에게 다가가 한 개비 구걸하는 모습도 흔했다. 먹을 것을 찾아 길모퉁이에 놓인 쓰레기통을 뒤지는 사람들조차 보였다. 미국 노동부 통계에 따르면, 미국의 최근 몇 년 동안의 실업률은 대체로 10% 안팎을 기록해왔다. 그러니 뉴욕의 거리 풍경이 쓸쓸해 보이는 것도 당연했다.

맨해튼 남쪽은 미국 자본주의의 심장부로 세계 금융을 주무르는 고층 건물들이 들어선 월 스트리트다. 그곳 증권 거래소에서 10분쯤 걸어가면 9·11 테러의 직격탄을 받았던 세계무역센터 자리의 재건축 현장이 나타난다. 사건 뒤 110층짜리 쌍둥이 빌딩의 잔해를 치우는 데만 1년 가까이 걸렸다. 그 무너진 터에는 2015년까지 모두 다섯 개의 고층 건물이 들어섰다. 지난 2004년 7월 4일(미국 독립 기념일)엔 70층 건물인 '프리덤 타워'(높이는 미국이 독립한 해를 상징하는 1776피트)의 기공식을 가졌다. 미국 독립 기념일에 맞춰 기공식을 갖고, 미국 독립 연도를 건물 높이에 맞추는 것에서 짐작할 수 있듯이, 미국인들은 9·11 테러를 애국주의와 절묘하게 엮어내는 모습이다. 그 바로 옆에 미국에서 가장 높은 104층의 원 월드 트레이드 센터가 2014년에 완공됐다. 그러나 미국에 진정한 평화가 온 것은 아니다.

제3부

21세기의 전쟁

1장

새로운 전쟁,
테러와의 전쟁

21세기 국제 정치의 화두話頭는 테러리즘이다. 오늘날 지구촌 어느 곳에서든 날마다 유혈 사태가 벌어진다. 국가 사이의 전쟁, 내전, 테러 등으로 지구촌은 유혈의 몸살을 앓고 있다. 특히 테러 위협으로 많은 사람들이 불안에 떤다. 비행기 일정이 테러 가능성 탓에 취소되고 대사관들이 문을 닫기도 한다.

테러가 일어나는 정치적 동기는 무엇이며, 9·11 테러 사건 뒤 미국이 벌여온 '테러와의 전쟁'은 도대체 어떻게 봐야 올바른 것인가. 테러와의 전쟁에서 희생자는 누구이며, 도대체 그 전쟁은 언제 끝날 것인가. 국가가 테러리스트를 잡는다며 저지르는 폭력은 '국가 테러'가 아닌가.

흔히 미국 심장부를 강타했다고 말하는 2001년의 9·11 테러는 아주 극적인 형태로 우리에게 다가왔다. 그것은 국제 정치의 지평에 커다란 지각 변화를 일으켰다. 이슬람권의 두 나라(아프가니스탄과 이라크) 정권이 무너지고 미국의 패권 범위는 더욱 넓어졌다. 9·11 전까지는 쉽게 생각하지 못했던 국제 질서의 큰 변화다.

21세기 초강대국인 미국의 국군 통수권자로서 조지 부시 전 대통령은 8년(2001년 1월~2009년 1월) 재임 기간 동안 3개의 큰 전쟁을 치렀다. 아프가니스탄 전쟁(2001년), 이라크 전쟁(2003년), 그리고 이른바 '테러와의 전쟁war on terror'이다. 2001년 9·11 테러가 낳은 여러 신조어 가운데 단연 눈길을 끈 것이 부시 독트린과 '테러와의 전쟁'이다. 조지 부시 미국 대통령의 이름을 딴 부시 독트린은 미국 영토와 시민을 공격할 가능성이 있는 국가나 단체를 예방 전쟁 차원에서 선제공격해 들어가겠다는 선언이었다.

9·11 뒤 미국이 벌여온 '테러와의 전쟁'은 '전쟁-종전 협정-평화'라는 고전적인 등식과는 달랐다. 전 세계 반미 저항 세력들을 상대로 벌이는 21세기의 '새로운 전쟁'이었다. 도널드 럼스펠드 미국 국방부 장관은 미국 방송 CBS와의 인터뷰에서 "우리가 벌이는 테러와의 전쟁은 제2차 세계 대전 당시 미주리호 함상에서 일본이 항복 문서에 서명했던 것처럼 끝나지는 않을 것"이라고 말했다.

부시와 오바마의 시각 차이

미국의 '테러와의 전쟁'은 공격적인 부시 독트린에 바탕을 두고, 전 세계 반미 저항 세력들을 상대로 벌이는 21세기의 무한 전쟁이다. 왜 무한 전쟁인가. 미국 국민들에게 연설할 기회가 있을 때마다 부시는 "테러리스트의 뿌리를 뽑을 때까지 전쟁을 벌이겠다"고 기세등등하게 말했다. 미국 국무부도 9·11 뒤 세계 각국 정부들이 '테러와의 전쟁'에 협력해주길 바라면서 "전 세계적으로 연결망을 지닌 테러 조직을 모두 찾아내 없앨 때까지 테러와의 전쟁은 끝나지 않을 것"이라고 밝혔다.

그러나 버락 오바마는 2009년 미국 대통령 자리에 오른 뒤 '테러와

"우리 이름으로 전쟁을 벌이지 말라"며 반전 시위를 벌이는 뉴욕 평화 운동가들.

의 전쟁'이란 용어를 입에 담지 않았다. 그저 '해외 비상 작전' 등으로 말을 바꿔 불렀다. 왜 그랬을까? 전임자의 전쟁 수행 방식이 전 세계적으로, 특히 중동 지역 사람들의 반미 감정을 키웠다는 부정적인 평가 때문이다.

테러 연구자들의 실증적 조사에 따르면, 부시의 테러와의 전쟁은 오히려 9·11 전보다 테러 건수를 늘렸다. 테러와의 전쟁이 마구잡이 체포와 수감자들에 대한 물고문 등 인권 침해의 문제점을 낳은 탓에 오히려 반미 감정이 증폭되었다는 분석이다. 부시의 테러와의 전쟁은 마구잡이 검속과 물고문을 비롯한 가혹 행위, 변호사 접견도 없는 장기간 구금 등 인권 침해로 숱한 논란을 불렀다. 이라크 바그다드 외곽의 아부그라이브교도소와 쿠바의 관타나모 미국 해군 기지는 '인권의 사각지대'라는 비판이 쏟아졌다.

그런 비판에 대해 부시는 동의하지 않았다. 2010년 11월 미국 서점에 모습을 드러낸 회고록 『결정의 순간들Decision Points』에서 물고문 심문 기법을 그 자신이 승인했다는 사실을 인정하면서도 다음과 같이 주장했다. "테러 용의자에 대한 물고문은 미국민의 안전을 위해서 불가피한 것으로, 지금 다시 결정을 내리더라도 똑같이 할 것이다. 테러 용의자들이 물고문을 당했지만, 그런 결정이 많은 사람의 생명을 살렸다고 지금도 확신한다."

부시의 이런 주장을 담은 회고록에 대해 인권 운동 단체들의 비판은 거셌다. 국제 사형 폐지 운동 단체 '리프리브'는 "부시 전 대통령이 고문을 승인함으로써 세계를 더 위험한 곳으로 만들었으며, 미국의 고문이 바이러스처럼 퍼졌다"는 성명서를 내놓았다.

국제사면위원회(앰네스티인터내셔널)를 비롯한 인권 단체 활동가들과 일부 국제법학자들은 부시가 (1949년 제네바 협약을 비롯한 전쟁 관련 국제법에서 금지하는) 전쟁 포로에 대한 물고문 사실을 회고록을 통해 밝힌 만큼, 언젠가 국제법에 따라 기소될 가능성이 있다고 여긴다. "반인류적인 전쟁 범죄를 저지른 자들은 국적과 시효에 관계없이 처벌돼야 한다"는 국제법상의 이른바 보편적 사법권 논리가 국제 사회에서 힘을 얻어가기 때문이다. 1998년 칠레 독재자 피노체트 장군이 영국 방문길에 그가 17년 동안(1973~1990년) 군사 독재를 펴며 저지른 범죄들 때문에 붙잡혀 곤욕을 치른 일도 참고할 만한 사례다.

알 카에다, '조직'에서 '운동'으로 전환

9·11 테러 사건이 터지기 전에도 미국은 '테러리스트들'과 오랫동안 전쟁을 벌여왔다. 미국 중앙정보국(CIA)과 연방수사국(FBI)에는 각기 테러를 전담하는 부서가 있다. 다만 9·11이란 엄청난 사건에 부딪친 미국의 부시 행정부가 오사마 빈 라덴의 알 카에다 조직을 궤멸시키겠다고 나서면서 '테러와의 전쟁'이 이데올로기적 시사용어로 떠올랐던 것이다.

그동안 미국은 아프가니스탄 침공과 이라크 침공과는 별도로 9·11 테러 공격의 주범 알 카에다 조직을 파괴하는 데 전력을 기울여왔다. 그 결과 9·11 당시 약 4,000명에 이르렀던 알 카에다 요원 가운데 80% 가까이가 체포되거나 죽임을 당했다고 미국 정보 기관은 분석한다. 이들을 국적별로 보면 102개국에 이른다. 그들 가운데 다수는 물론 중동 이슬람 국가 출신이다.

오사마 빈 라덴은 9·11 뒤에도 알 자지라를 비롯한 아랍권 언론 매체들을 통해 무슬림들의 대미 지하드 참여를 거듭 강조했다. 빈 라덴은 9·11 테러 공격 이전에도 "이교도인 미국인을 죽이는 것은 무슬림의 의무"라는 파트와fatwa(율법)를 발표했다.

9·11 뒤 알 카에다와 그 동조 세력들은 세계 곳곳에서 테러 활동을 벌였다. 이를테면 인도네시아 휴양지 발리섬, 모로코 카사블랑카, 튀니지, 터키, 사우디아라비아, 이집트 등에서 폭탄 테러 또는 총기 난사로 적지 않은 사상자를 냈다. 2004년 3월 마드리드 열차 폭파 사건과 2005년 7월의 런던 테러는 서유럽이 테러의 무풍지대가 아니라는 사실을 일깨워주었다. 이런 테러 행위들은 빈 라덴의 투쟁 메시지에 대한 호응이라 여겨졌다.

중요한 사실은 테러 사건이 9·11 전보다 더욱 늘어났다는 점이다. 테러 전문가들은 그런 수적인 증가는 오사마 빈 라덴과 그의 조직 알 카에다를 중심으로 펼쳐졌던 반미 저항이 조직에서 운동으로 바뀌었기 때문으로 풀이한다. 미국이 벌이는 테러와의 전쟁 압력에도 알 카에다는 연계 조직들과 손을 잡고 탄력적으로 대응하면서 반미 운동(테러 공격)의 한 축으로서 살아남는 데 성공한 것으로 보인다. 반미 글로벌 지하드의 이념적 중심축으로서의 '알 카에다주의Al Qaedaism'는 여전히 큰 힘을 갖는다. 2011년에 죽은 빈 라덴은 지금도 '지하드닷컴jihad.com' 회장이다.

CIA 부설 대對테러센터 소장 폴 필라는 계간지 『워싱턴 쿼털리』에 기고한 「알 카에다 이후의 대테러」라는 글에서 "오사마 빈 라덴의 알 카에다가 1990년대에 발흥했다가 (9·11 뒤 미국의 압박으로 말미암아) 쇠퇴한 지금 상황에서 미국에 위협적인 것은 (알 카에다가 아니라) 지리적으로 더욱 널리 퍼져 있는, (반미 지하드라는) 이데올로기적인 동기를 지닌, 이름이 잘 알려지지 않은 이슬람 과격 무장 집단들이다"라고 분석했다. 미국의 테러와의 전쟁은 바로 이 새로운 반미 이슬람 과격 조직을 겨냥해야 한다는 필라의 분석은 9·11 뒤 상황을 제대로 헤아린 것으로 보인다.

"빈 라덴 목표는 사우디 왕조 전복이었다" 오사

마 빈 라덴은 9·11 테러 사건 뒤 국제정치학계의 관심을 한껏 모은 인물이다. 9·11 테러의 원인 분석과 파장, 미국의 안보, 이슬람권 반미 테러 조직의 실태와 전망, 그리고 부시 행정부의 '테러와의 전쟁'이 과연 성공을 거둘 것인지 등이 9·11 이후 국제정치학계의 주된 연구 과제들이었다. 이와 관련, 9·11 테러를 통해 빈 라덴이 추구한 진정한 목표가 무엇인지 밝히려는 시도도 있었다. 일부 학자들은 "빈 라덴이 9·11 테러를 통해 사우디아라비아 왕조의 전복을 노렸다"고 주장했다. 사우디아라비아의 부패한 친미 독재 왕조를 전복하는 게 빈 라덴의 최종 시나리오였다는 것이다. 1979년 이란의 친미 독재 팔레비 왕조를 몰아내고 이슬람 혁명에 성공한 아야툴라 호메이니가 빈 라덴의 롤 모델이었다는 얘기다.

사실, 정치학자들에게 빈 라덴은 9·11 테러 이전부터 연구 대상이었다. 그는 방탕한 생활에 젖은 사우디아라비아 왕자들을 비웃으며 23살 때인 1980년부터 아프가니스탄 내전에 참전해 무자헤딘과 함께 10년을 전장에서 보냈고, 1989년에 자신의 독자적 무장 조직 알 카에다를 창립해 1990년대를 반미 투쟁으로 보낸 인물이다. 따지고 보면 빈 라덴만큼 미국 정보 기구(CIA와 FBI)를 긴장시킨 인물도 없다. 1990년대 미국인을 놀라게 한 대부분의 폭탄 공격에는 그가 관련돼 있다. 1998년 케냐 미국 대사관과 탄자니아 미국 대사관 동시 폭탄 공격(301명 사망), 2000년 예멘에 정박 중인 미국 구축함 코울호 자살 폭탄 공격(19명 사망) 등 9·11 테러 이전에도 빈 라덴과 알 카에다는 미국인들에게 두려움의 대상이었다.

그러나 미국은 옛 소련이 무너진 1990년대 탈냉전 구도하의 유일한 패권 국가다. 테러 공격으로 패망할 나라가 아니다. 직업적 투쟁가로서 세계 정세에 밝은 빈 라덴도 그 점을 꿰뚫고 있었을 것이다. 그렇다면 빈 라덴이 설정한 9·11 테러의 목표는 무엇이었을까. 옥스퍼드대학교 연구원 톰 그랜트는 미국 외교정책연구소에 발표한 글에서 "빈 라덴은 9·11 테러를 계기로 반미 이슬람 대연합을 이뤄 지도자가 되려 했다"고 분석했다. 그랜트는 1880년대 수단에서 영국 식민 지배에 맞서 반란을 일으켜 이슬람교 독립 국가를 세우려 했던 무함마드 아흐마드의 역사적 경험을 빈 라덴에 견주었다. 120년 전 아흐마드가 이슬람권을 향해 던진 반영 메시지는 전파력이 약했지만, 21세기 미국은 아흐마드보다 훨씬 위험한 적을 맞이했다는 분석이었다.

일부 미국 정치학자들은 "빈 라덴의 목표는 미국이 아니라 사우디아라비아였다"고 주장한다. 프린스턴대학교 교수로 중동 문제 전공인 미첼 S. 도란은 격월간지 『포린 어페어스』에 기고한 글에서 "미국은 남의 내전에 끌려들어갔다"는 주장을 폈다. 글 제목도 '다른 사람의 내전'이다. 도란에 따르면 빈 라덴의 관심은 움마ummah(이슬람 공동체)의 건설에 있었다. 반미는 빈 라덴의 수단일 뿐 목표는 아니라는 것이다. 초강대국 미국을 테러로 공격하면 미국이 군사적 대응에 나설 것으로 빈 라덴은 예상했다. 도란은 이를 다음과 같이 분석했다.

"미국의 무자비한 공격으로 많은 이슬람 병사와 시민들이 희생되는 모습이 언론 보도로 알려지면, 미국에 대한 이슬람 민중의 분노는 커진다. 아울러 미국과 손잡고 독재를 일삼은 부패한 이슬람 정권들에게도 분노가 쏠릴 것이다. 빈 라덴은 이슬람권에서 이슬람교 혁명의 분위기가 높아지길 바랐고, 그런 상황 아래서 특히 사우디아라비아 왕조의 전복을 목표로 삼았다. 따라서 미국의 아프가니스탄 침공은 다른 사람(빈 라덴)의 내전에 뛰어든 것이나 다름없다."

워싱턴에 본부를 둔 이스라엘 계열의 선진전략정치연구소 연구원 폴 위비도 비슷한 논리를 폈다. 그는 '빈 라덴의 은밀한 목표는 사우디아라비아 왕조를 뒤엎는 것'이란 제목의 글에서 "빈 라덴은 아라비아 반도에 이슬람 근본주의에 바탕을 둔 신정 국가를 세우려 했다"고 주장했다. 9·11 테러로 미국-이슬람권 간 극한 대결 구도를 이끌어내고, 그런 분위기에서 사우디아라비아 이슬람 혁명을 일으켜 권력을 장악한다는 야심을 품었다는 것이다.

사우디아라비아 혁명이 성공할 경우 중동에선 힘의 균형이 깨지게 된다. 미국-이스라엘-친미 중도(이집트, 요르단, 사우디아라비아, 쿠웨이트) 대 반미(이란, 이라크, 시리아 및 여러 과격 무장 집단) 구도가 사우디아라비아 혁명으로 급격한 변화를 맞게 되는 것이다. 팔레스타인 지역을 강점해온 이스라엘에게 불리한 구도가 될 것은 말할 나위 없다. 빈 라덴은 이스라엘의 팔레스타인 점령 정책에 매우 비판적인 입장을 보여왔다.

'사우디아라비아의 호메이니'를 꿈꾸다

오사마 빈 라덴의 행적과 발언록을 살펴보면 그가 사우디아라비아 왕조를 어떻게 바라보았는지 짐작할 수 있다. 1990년대 반미 이슬람 투쟁의 깃발을 올린 빈 라덴이 발표한 두 가지 문건(1996년 10월 「빈 라덴 서한: 전쟁 선언」과 1998년 2월 「유대인과 십자군에 저항하는 세계 이슬람 전선의 성전」)은 알라신을 믿는 이슬람교 율법 지도자, 정치 지도자, 청년들과 병사들이 힘을 합쳐 아랍권에서 미국과 서방 세력, 이스라엘 등 비非이슬람 세력과 세속적이고 부패한 이슬람 정권을 몰아내자고 주장했다. 아프리카 수단에서 아프가니스탄으로 근거지를 옮긴 직후인

1996년 10월 이슬람권 언론과의 인터뷰에서도 빈 라덴은 "사우디아라비아는 부패한 왕조가 국민의 권리를 짓밟는 경찰국가"라고 비난을 퍼부었다.

사우디아라비아는 3만 명의 왕족이 지배하는 전근대적 전제 군주국이다. 핵심 권력은 모두 왕족이 차지하고 민주 국가의 기본인 국회도 없다. 집회 결사의 자유나 비판의 자유도 없다. 사우디아라비아 언론은 엄격한 국가 통제 아래 있다. 문제는 1990년대 들어 석유 수출이 급격히 줄고 경제 사정이 악화되면서 사우디아라비아 민중의 개혁 욕구가 매우 높아졌다는 점. 사우디아라비아 왕자들의 사치와 방탕, 부패에 강한 불만을 가진 젊은이들이 이슬람교 원리주의 단체에 가입, 개혁과 혁명을 논하는 분위기가 높아졌다. 이들의 이념적 바탕은 이집트의 무슬림형제단처럼 사우디아라비아판版 이슬람 근본주의인 와하비즘이다. 미국 전략국제연구센터가 펴낸 사우디아라비아 관련 보고서에 따르면 8,000~1만 2,000명의 사우디아라비아 젊은이가 이슬람 근본주의 단체 회원으로 활동해오고 있다.

이들에게 빈 라덴은 영웅이다. 미국의 테러와의 전쟁에 사우디아라비아 왕조가 겉으로나마 시큰둥한 모습을 보인 배경도 이와 무관하지 않다. 미국의 친이스라엘 정책에 대한 반감과 사우디아라비아 왕조 자체에 대한 자국 내 흉흉한 분위기를 살펴야 하기 때문이었다. 빈 라덴은 그런 사우디아라비아 청년들을 이슬람 혁명의 원동력으로 여겼을 법하다. 비록 자연인 빈 라덴은 이미 사망했지만, 언젠가 '사우디아라비아의 호메이니'로 화려하게 부활해 이슬람 혁명 영웅으로 추앙을 받을 날이 올지 두고 볼 일이다.

9·11 뒤 빈 라덴의 반미 조직 알 카에다 세력은 크게 위축됐고, 빈

라덴도 잠행을 거듭하느라 조직에 대한 지도력이 떨어졌던 것도 사실이다. 그러나 9·11 테러라는 엄청난 사건을 기획하고 성공시킴으로써 그는 전 세계 반미 지하드의 중심인물로 굳건히 자리매김했고, 전 세계 반미 투쟁 집단에 가장 영향력 있는 사람이 되었다. 미국 정보 당국이 빈 라덴 개인을 제거하려고 애를 썼던 것도 그의 영향력 확산을 차단하려는 전략적 필요에서였다.

빈 라덴은 2011년 5월 파키스탄 서북부의 작은 도시인 아보타바드에서 미 특수 부대원 손에 사살됐다. 사살 작전을 주도한 것은 미 중앙정보국이었다. 빈 라덴을 체포하지 않고 즉결 처형하듯 사살했다는 소식을 듣는 순간 체 게바라의 얼굴이 떠올랐다. 남미 볼리비아의 산악 지대에서 게릴라 활동을 폈던 체 게바라는 1967년 10월 미군이 훈련시킨 볼리비아군 특수 부대에 붙잡힌 뒤 즉결 처형되었다. 미국은 체 게바라를 법정에 세우는 부담을 피하려 했다.

44년 뒤 빈 라덴의 죽음도 같은 선상에 있다. '우리는 왜 미국을 미워하는가', '미국은 무엇을 잘못했나'를 법정에서 차근차근 풀어나가는 빈 라덴의 주장이 전 세계 안방으로 전해진다면 미국으로선 이로울 게 없다. 재판 과정에서 격앙된 이슬람 민심이 제2의 9·11 같은 대형 테러를 불러올 가능성도 없지 않기 때문이다.

빈 라덴에겐 5,000만 달러란 엄청난 현상금이 걸려 있었다. 파키스탄과 아프가니스탄 현지에 가보니, 그곳의 반미 감정이 생각보다 높은 데 놀랐다. 만일 빈 라덴이 현지인들에게 지지를 받지 못했다면, 그 역시 사담 후세인처럼 더 빨리 붙잡혀 목숨을 잃었을 것이다. 전 세계 반미 지하드의 지도자로 활동했던 인물은 이제 역사의 무대 뒤로 사라졌다. 하지만 사라진 것은 자연인 빈 라덴일 뿐이다. 반미-반이스라엘로 요약되는 빈 라덴의 투쟁 이념은 여전히 무시 못할 잠재력을 지니고 있다.

유럽의 무슬림과 유라비아

미국, 그리고 주요 동맹국인 영국의 시각에선 '테러와의 전쟁'이 전 세계 과격 분자들과의 전쟁이지만, 오사마 빈 라덴과 알 카에다의 시각에선 지하드다. 지하드와 '테러와의 전쟁'이 부딪치는 전선의 한가운데에는 유럽의 2,600만 명에 이르는 무슬림들이 있다. 그들의 마음을 사로잡기 위한 전쟁이 지금 치열하게 벌어지는 중이다.

유럽의 무슬림들에게 유럽 땅은 '유라비아Eurabia'다. 몸만 유럽에 있을 뿐 의식 세계는 아라비아반도에 있는 것이나 다름없다는 뜻에서다. 이들 가운데 상당수는 유럽의 백인 문화에 동화되기를 거부하면서 그들만의 공동체를 꾸려가고 있다. 많은 이들이 어릴 때 유럽으로 건너왔거나 유럽에서 태어났으면서도, 스스로를 유럽 사회 구성원이라고 여기기는커녕 상대적 박탈감을 느끼며 산다.

그런 감정은 유럽 곳곳에서 활동하는 이슬람 과격 조직과 지하드를 외치는 웹사이트를 통해 반미-반서구 감정으로 증폭된다. 안방 TV 화면에 비치는 무슬림 형제들(이라크, 팔레스타인, 체첸)의 고난을 나의 것으로 동일시하게 된다. 지하드를 향한 동기 부여가 점점 커지고 드디어 행동에 나서게 된다. 2005년 여름을 강타한 두 차례의 런던 테러도 알 카에다와 직접 관련은 없지만 알 카에다의 반미 지하드 이념에 공감하는 무슬림 청년들이 저지른 것이었다.

프랑스 파리 고등사회과학연구원의 올리버 로이 교수는 이슬람 정치 전공으로 이름이 높다. 그의 저서 『세계화된 이슬람』은 알 카에다를 비롯한 전투적인 이슬람 조직들을 다룬 베스트셀러다. 로이 교수는 이 책에서 서유럽 출신의 무슬림 청년들이 어떤 과정을 거쳐 반미, 반서구 성향과 더불어 움마 건설의 이상을 품고 '테러리스트'로 바뀌는지를 분석했다.

  로이 교수에 따르면, 반미 지하드를 외치며 서유럽을 불안하게 만드는 전투적 무슬림들은 크게 세 부류로 나뉜다. 첫째, 유럽에 공부하러 온 중동 국가 출신 학생들(이를테면 모하메드 아타를 비롯한 9·11 테러범들), 둘째, 유럽 땅에서 태어나거나 어릴 때 이민을 온 제2세대(이를테면 7·7 런던 테러범들), 셋째 부류는 이슬람 종교로 믿음을 바꾼 개종자들이다. 첫째 부류인 학생들은 중상층 출신이 대부분이고, 둘째 부류인 이민 2세대는 노동자 출신 집안에 사회적 박탈감을 느끼는 도시의 젊은이들이다. 셋째 부류인 개종자는 한마디로 정의 내리기가 어려울 만큼 출신 배경이 다양하다. 아무튼 이들은 예전에 유럽에서는 보기 어렵던 '새로운 무슬림'들이다.

  런던의 핀스베리 파크 사원, 함부르크의 알 쿠즈 사원 등엔 과격한 설교를 하는 종교 지도자들이 많다. 자신의 정체성identity을 잃었다고 여기는 서유럽의 무슬림 청년들에게 전투적 설교자들은 슈퍼 파워 미국과 서구 열강이 지배하는 국제 체제에 맞서는 국제적 성전의 전사로서 싸우라는 대안을 내놓는다. 그들의 비판적 설교에 공감을 한 무슬림 청년들은 새로운 움마를 세우려면 중동에서 서구 세력들을 몰아내야 한다며 극한 투쟁에 나선다. 오사마 빈 라덴의 추종자들 시각에서 이들은 반미 지하드의 예비군이다.

"부당한 전쟁에 대해 'No'라고 말하라!" 이라크 전쟁 반대 팻말을 든 뉴욕 시민.

전쟁 범죄인가, 정치 폭력인가

미국 중앙정보국과 국무부를 비롯한 미국 정부 기관들은 일반적으로 미국 헌법 22조의 2526f(d) 조항에 규정돼 있는 테러 정의를 하나의 지침으로 받아들인다. 미국 헌법 22조에서 규정한 테러란 "비전투원을 포함한 공격 목표물에 대해 국가 기관이 아닌 조직 또는 비밀 결사 조직이 계획적으로 행하는 정치적 동기의 폭력이며, 흔히 대중에게 영향을 끼칠 의도로 행해진다". 여기에서 '비전투원'이란 일반 시민은 물론이고, 테러가 일어난 시점에 무장을 하고 있지 않거나 비번 중인 군사 요원까지 포함한다. 하지만 테러의 개념 정의는 간단치 않다. 그래서 테러를 어떻게 정의 내릴 것인가는 오래전부터 하나의 과제였다.

지난 1999년 유엔 총회는 결의안 51/210을 통해 국제 테러가 지구상에서 사라져야 한다며 다음과 같은 결의안을 냈다. "유엔 총회는 모든 테러 행위를 정당화될 수 없는 범죄 행위로 간주하면서 이를 맹렬히 비난한다. 어떠한 테러 행위도 그 정치적·이데올로기적·종교적·민족적·인종적 배경으로 정당화될 수 없다." 이는 어디까지나 큰 틀에서의 원칙적인 선언일 뿐이다. 각론으로 들어가면, '테러'를 어떻게 정의 내릴 것인가를 둘러싸고 심각한 견해 차이가 있다. 미국, 이스라엘과 이슬람권을 비롯한 제3세계 국가들의 시각이 다르기 때문이다.

그런 사정으로 A국가에게 테러리스트는 B국가의 자유 전사다. 인도령 카슈미르에서 활동하는 무장 게릴라는 인도 쪽에서 보면 '테러리스트', 파키스탄 쪽에서 보면 '자유 전사'다. '테러'라는 극한 수단을 써서라도 억압으로부터 자유를 쟁취하겠다는 결연한 뜻을 지닌 무장 자유 전사들이란 주장이다. 러시아 남부의 체첸 분리주의자들도 마찬가지다. 크렘린 당국의 눈으론 테러 분자이고, 체첸인들의 눈으론 자유 전사다.

이 같은 논쟁은 비전투원을 공격하는 것만 '테러'로 볼 것인가, 다시 말해 비정규 무장 세력이 한 국가의 군사 시설과 정규군을 공격하는 것은 '테러'로 여기지 않을 것인가와 맞물린다. 이를테면, 팔레스타인 하마스 게릴라가 서안 지구나 가자 지구를 점령한 이스라엘군을 공격하는 것을 테러로 볼 것인가는 논란거리다. 따라서 테러에 대한 정의는 1 더하기 1은 2라는 자연과학의 공리처럼 단순명쾌하지 않다. 테러 자체가 이데올로기적인 용어이기 때문이다. 미국의 월터 라쿠어 교수(조지타운대학교 역사학)는 "테러에 관한 객관적인 정의를 내린다 해도, 이데올로기적인 이유로 또 다른 사람들에게 거부당할 것"이라고 분석했다.

테러의 정의를 다룬 자료들을 들여다보면, 테러가 뭔지 한마디로 정의 내리는 것은 섣부르다는 걸 깨닫게 된다. 네덜란드 정치학자인 알렉스 슈미트는 700쪽에 이르는 두꺼운 책에서 무려 100가지가 넘는 각기 다른 정의를 내렸다. 슈미트는 지난 1992년 유엔 범죄분과위 패널에 낸 한 보고서에서 "1949년에 만들어진 제네바 협약의 전쟁 범죄에 적용되는 규정을 빌려 테러에 대한 개념을 규정하자"고 제안하면서, 테러를 '평화 시의 전쟁 범죄'로 규정했다. 그러나 이런 규정도 애매한 구석을 지니고 있다. '테러리스트' 당사자는 전시 상황에 놓여 있다고 여기며, 따라서 스스로를 전투원으로 여긴다.

그 한 보기가 북아일랜드에서 영국 지배 세력을 상대로 투쟁을 벌였던 아일랜드공화국군(IRA) 죄수들이다. 그들은 지난 1981년 영국 정부가 그 전까지 IRA 죄수들에게 적용해온 '특수 신분'(정치범) 대우를 없애려 하자, "우리는 일반 범죄자가 아닌 전쟁 포로"라고 주장하면서 무기한 단식 투쟁을 벌였고, 끝내 10명이 숨을 거두었다. 지난 2002년 1월부터 쿠바 관타나모 미국 해군 기지에서 억류 중인 '테러 용의자'들이 IRA 죄수들처럼 '전쟁 포로' 대우를 받아야 하는가도 논란이다. 미국 정부는 "아프가니스탄에서 붙잡힌 그들이 테러리스트들 또는 '적성 전투원'이라서 1949년에 국제 사회가 맺은 제네바 협약에 따른 전쟁 포로 대우를 받을 수 없다"는 주장을 펴왔다.

테러리스트와 무장 게릴라의 차이는 어떠한가. 언뜻 보면, 게릴라들의 투쟁 방식은 테러리스트들의 투쟁 방식과 거의 같아 보인다. 게릴라들도 민간인 거주 지역을 폭탄으로 공격하거나 암살 행위 또는 인질극을 벌인다. 위협적인 행동을 통해 대중의 행동이나 판단에 영향을 끼치려는 것도 테러리스트와 같다. 그렇지만 게릴라들은 (남미 콜롬비아의 좌익 반군들처럼) 일반적으로 테러리스트 집단에 견주어 조직 규모가 더 크고 중무장을 한 데다 일정한 지역을 근거지로 삼거나 영향권 아래 두고 있다.

혁명가와 테러리스트의 차이

1980년대 민주화 투쟁에 큰 동력을 마련해준 사건의 이름인 '부천서 성고문 사건'은 당사자인 문귀동 경장과 전두환 정권에겐 받아들이기 어려운 사건명이었다. 그들은 그저 '부천서 사건' 또는 '부천서 권양 사건'이 적당하다고 여겼을 것이다. 이렇듯 같은 사건을 어떻게 이름 짓느냐에 따라 사건의 성격이 확 달라진다. 테러를 둘러싼 명칭 논쟁도 마찬가지 이유로 벌어진다. 공격을 받는 자의 눈에는 분명히 '테러'이지만, 죽음을 마다 않고 자살 폭탄 공격을 벌이는 무장 세력들의 시각에선, 정치적 존립을 위한 '성전'이고, 그 성전을 벌인 사람은 '순교자'가 된다.

'테러'의 역사적 뿌리를 살펴보면, 테러가 처음부터 부정적인 뜻을 지닌 폭력인 것은 아니었다. 오히려 긍정적인 뜻이 더 강했다. 18세기 말 프랑스의 '테러 체제'(1793~1794년)는 프랑스 혁명(1789년) 뒤 과도기의 무정부적 사회 혼란을 수습하고 질서를 잡기 위한 것이었다. 프랑스 혁명 당시의 '테러'는 흔히 우리말로 '공포'라 번역이 되지만, 그것은 왕정이 무너진 뒤 혁명 정부가 '인민의 적'인 반혁명 세력과 불평분자들을 위협함으로써 혁명 권력을 다져나가려는 일종의 통치 수단이었다. 혁명 정부의 지도자 막시밀리앙 로베스피에르는 절대 왕정의 잔재를 쓸어내버리고 민주주의를 뿌리내리려면 '테러'라는 수단을 써야 한

다고 믿었다. 그는 군더더기 없이 잘라 말했다. "테러는 정의이자 덕德
이다."

흔히 테러는 '약자의 무기'라 일컬어진다. 지구촌의 여러 저항 집단
들은 그들이 지닌 저항 수단은 '테러' 말고는 마땅한 것이 없다고 주장
한다. '무장력에서 압도적인 국가 조직(정규군과 경찰)에 맞서려면 테러
는 불가피한 폭력'이라는 논리다. 테러의 노림수는 힘(군사력)의 열세를
메우고 강한 적에게서 양보를 받아내는 것이다. 전술로만 따진다면, 테
러는 교전 당사자의 한쪽이 군사력에서 반대쪽에 크게 뒤지는 이른바
'비대칭 전쟁' 상황에서 쓰이는 극한 전술이다.

'약자의 무기'로서 테러 전술을 적극 활용해온 대표적인 저항 조직이
팔레스타인 하마스다. 지난 2004년 봄 이스라엘군 헬기 미사일에 숨진
하마스 지도자 압둘 아지즈 란티시는 "우리 하마스가 지닌 저항 수단
으로 '순교 작전' 말고는 마땅한 것이 없으며, 이는 이스라엘의 강력한
첨단 무기에 대항하는 약자의 전술"이라고 주장했다.

여기서 한 가지 답답하고 심각한 문제점이 떠오른다. 지구촌 저항 세
력이 테러를 '약자의 무기'로 활용하는데, 정작 많은 경우 그 테러의 대
상이 마찬가지로 약자인 민초, 즉 보통 사람들이라는 점이다. 이라크에
서 거의 날마다 생겨나는 차량 폭탄 테러의 희생자들도 침략군인 이라
크 주둔 미군이 아니다. 바그다드 거리의 보통 사람들이다. 이스라엘이
나 북아일랜드에서 테러 희생자의 대부분은 경찰이나 군인이 아니라
거리의 보통 시민들이었다.

결국 테러란 정치적 이데올로기가 담긴 상대적인 용어다. 대부분의
테러 분석가들은 테러가 '정치적 폭력'이란 특성을 지녔다는 점을 인정
하면서도 각자 서 있는 자리에 따라 다른 평가를 내린다. '테러와의 전

쟁'이란 용어 자체도 미국(대 이슬람 과격파), 영국(대 IRA), 이스라엘(대 팔레스타인), 러시아(대 체첸 분리주의자) 쪽의 용어다. 그 반대편에 선 세력의 시각에선 민족 독립 투쟁이자 자유를 위한 투쟁이다.

'자유 전사'의 입장을 국제 사회에 가장 극적으로 표현한 인물이 야세르 아라파트(전 팔레스타인 자치 정부 수반)였다. 1960년대부터 팔레스타인해방기구(PLO)를 이끌며 이스라엘에 맞서 게릴라 활동을 벌여온 그는 1974년 유엔 총회에서 이렇게 주장했다. "혁명가와 테러리스트가 다른 점은 무엇을 위해 싸우는가다. 올바른 투쟁 동기를 지녔고, 침략자들과 정착민, 그리고 식민주의자들로부터 땅과 자유를 지키려고 투쟁하는 사람은 테러리스트로 일컬어져선 안 된다."

이스라엘 역시 지난날 건국 과정에서 테러 행위로 많은 사람들의 생목숨을 빼앗았다. 그 단적인 보기가 메나헴 베긴 전 이스라엘 총리(1977~1983년 재임)다. 베긴이 걸은 삶의 궤적을 뒤밟아보면, 그는 적어도 1948년 이스라엘이 건국을 선포할 무렵까지 테러리스트로서의 삶을 살아갔다는 사실을 발견하게 된다. 1946년 7월 22일 팔레스타인 주둔 영국군 총사령부로 쓰이던 예루살렘의 다윗왕호텔을 폭파한 사건(91명 사망)은 베긴이 관계된 테러 가운데 가장 두드러진 것이다.

팔레스타인을 보호령으로 다스리던 대영제국 세력을 몰아내고 이스라엘의 독립을 앞당기려 했던 베긴의 극한 테러 명분은 "하느님의 선민인 유대인이 하느님으로부터 약속을 받은 이스라엘 땅을 되찾기 위한 거룩한 투쟁"이었다. 마찬가지로 지금까지 많은 테러리스트들은 자신들이 자유, 정의, (억압으로부터의) 저항과 해방을 목표로 투쟁한다고 주장해왔다. 그들의 테러에 피해를 입은 희생자들은 물론 그런 주장에 동의하지 않는다.

테러의 정치적 성격

19세기 초 프로이센의 전쟁 이론가 카를 폰 클라우제비츠는 그의 유명한 저서 『전쟁론』에서 '전쟁'을 "다른 (물리적) 수단들을 동원한 정치적 관계의 연장"으로 정의 내렸다. 테러리즘도 마찬가지다. 폭탄 테러라는 폭력적인 현상은 그 행위자들의 열정과 분노라는 정치적 동기에 비롯되었다.

미국의 테러리즘 연구가들도 그런 점을 부인하지 않는다. 브루스 호프먼(미국 랜드연구소장)은 "테러리즘은 근본적으로 그리고 원래부터 정치적"이라고 정의했다. CIA 부설 대테러센터 소장 폴 필라도 "범죄 행위가 테러리스트들에 의해 저질러지는 것은 사실이지만, 정치적 요구 실현이 테러리즘의 기본 요건"이라고 말했다.

물론 이런 테러리즘 개념 규정이 미국에서 널리 받아들여지는 것은 아니다. 미국의 보수적인 테러 연구자들, 특히 네오콘이라 일컬어지는 신보수주의 이론가들은 정치적 동기보다는 테러로 인한 피해에 초점을 맞추어왔다. 이런 접근 방식은 테러 행위는 곧 범죄라는 틀 속에서만 테러를 평가하려는 의도가 담겨 있다.

일반적으로 국가가 현상 유지(안정)에 초점을 맞추고 있다면, 테러리스트들은 정치·사회적 변화와 개혁을 추구한다. 테러를 통해 공포를 확산시켜 정치적 목적을 이루려는 것이 테러리스트들의 목표다. 따라서 테러는 잔인하게 벌어진다. "테러가 온건하게 벌어졌다"는 말은 어법상 모순이다. 많은 사람들에게 충격을 던져 파급 효과를 넓히려면, 시각 효과와 아울러 심리적 효과를 극대화하려면, 테러는 결국 잔인하게 벌어질 수밖에 없다. 9·11 동시 다발 테러 공격이 한 보기다.

테러 연구자 브라이언 젠킨스는 일찍이 "테러리즘은 극장"이라고 짧고 명확한 정의를 내렸다. 테러리스트들은 언론이란 공간을 거쳐 자신들의 정치적 목적과 테러의 동기를 알리려 든다. 테러의 공포를 확산시키는 데에서 언론 매체는 매우 중요한 기능을 맡는다. 언론 보도가 뒤따르지 않는다면 그 테러의 효과는 피해자 주변에 머물 뿐 일반에 퍼지지 않는다. "테러리스트의 가장 친한 친구는 언론"이란 말이 있듯, 테러리즘과 언론은 떼려야 뗄 수 없는 공생 관계다. 오사마 빈 라덴과 그의 오른팔 알 자와히리가 잊을 만하면 아랍계 언론 매체를 통해 대미 지하드를 부르짖는 녹화 음성과 화면을 내보냈던 것도 같은 맥락에서이다.

인터넷 시대를 맞아 테러리스트들은 전 세계적으로 널리 쓰이는 정보 기술(IT)을 일상적으로 사용하고 있다. 널리 쓰이는 웹사이트에 꾸준히 그들의 메시지를 띄워 선전에 활용하고, 전 세계에서 잠재적인 기부자와 새로운 조직원을 확보한다. 인터넷 공간은 테러리스트들의 훈련장이기도 하다. 9·11 뒤 일어난 아프가니스탄 전쟁으로 알 카에다는 훈련 기지를 잃었다. 그 공백을 사이버 공간이 메워준다. 그들은 해킹 따위의 방법으로 서방의 인터넷 사이트를 교란하기도 한다.

이라크에서 인질을 납치해 머리를 자르는 참혹한 모습을 인터넷에 띄우는 것도 테러 효과의 극대화를 노리기 때문이다. 세계적인 여론 조사 기관인 퓨리서치가 조사한 바에 따르면, 미국인의 28%가 이른바 메이저 언론에서 보지 못한 이라크 전쟁의 참혹하고도 끔찍한 이미지들을 인터넷으로 봤다고 응답했다.

테러리스트가 노리는 것은 테러에 직접 희생당하는 사람들이 아니라, 그런 끔찍한 장면을 뉴스를 통해 듣거나 인터넷으로 보는 사람들이다. 더 정확히 말하면, 공포의 확산이다. 공포에 질린 많은 사람들로 하여금 "왜 테러가 일어났는가? 결과적으로 테러리스트는 무엇을 얻으려 했나?"를 생각하게 만들었다면, 테러는 절반의 성공을 거둔 셈이다.

국가 테러-국가 폭력도 문제다

전쟁도 따지고 보면 정치적 폭력의 형식을 띤다. 흔히 전쟁과 테러의 차이점으로 꼽는 것이 전쟁을 이끌어가는 주체는 국가인 데 비해, '테러'의 주체는 일반적으로 비국가 조직non-state actor이란 점이다. 그러나 이 같은 분석엔 함정이 도사리고 있다. 국가도 테러의 주체가 될 수 있기 때문이다. 제2차 세계 대전 당시 나치 히틀러와 일본 군국주의자들이 휘두른 국가 폭력은 국가 테러나 다름없다. 미국과 영국을 주력으로 한 연합군이 드레스덴을 비롯한 독일 도시들을 마구 공습해 시민들을 죽인 것도 국가 테러다. 개인이나 단체가 저지르는 비국가 테러(하부 테러)보다 국가 테러(상부 테러)가 훨씬 많은 사람들에게 피해를 입혔다.

제2차 세계 대전이 끝나고도 한참 뒤인 1960년대까지 아프리카 지역을 식민지로 거느리던 서구 열강은 그 지역에서 일어나는 민족 해방 투쟁을 '테러'로 몰아붙여 탄압했다. 민족 해방 운동가들의 눈으로 보면, 그런 압제는 바로 기독교 문명 국가들의 '국가 테러'였다. 이스라엘이 팔레스타인 저항 운동 지도자들을 미사일로 표적 사살하는 전술도 '국가 테러'라고 비판받는다.

미국 테러 연구자들이 일반적으로 보이는 한계는 테러의 개념을 국가가 아닌 정치적 무장 집단들이 저지르는 폭력으로 좁혀 본다는 점이다. 그들은 테러의 결과보다는 무엇 때문에 테러가 일어나는가, 즉 테러의 근본 원인에 초점을 맞추지 않는다. 서구 민주주의 국가들은 정치적 변혁을 추구하는 비폭력적인 방법, 이를테면 선거 혁명 같은 합법적인 장치들이 마련돼 있다. 따라서 국가를 상대로 한 정치 폭력은 당연히 '테러'다. 그런 접근 방식은 민주주의가 어느 정도 뿌리를 내리고 정치적으로도 안정된 미국과 서유럽 중심의 분석이다. 정치적 욕구 불만을 폭력적으로밖에 풀기 어려운 제3세계에 그런 테러 개념이 기계적으로 적용될 수는 없다.

바로 여기에서 국가 테러에 맞서는 테러 균형론이 설 자리가 마련된다. 하마스의 정신적 지도자 셰이크 아메드 야신은 2002년 5월 팔레스타인 가자 지구 자택에서 진행되었던 필자와의 인터뷰에서 "하마스의 저항을 '테러'라 일컫는다면, 그것은 이스라엘의 '국가 테러'에 맞선 '테러의 균형'이다"라고 주장했다.

지구촌을 휩쓰는 테러의 배경에는 강대국들의 잘못된 대외 정책이 있다. 테러는 그에 대한 저항 운동의 성격이 짙다. 미국의 석유 자원 챙기기, 일방적인 친이스라엘 정책, 더 나아가 유일 초강대국으로서 세계를 힘으로 지배하겠다는 패권 전략을 비판하는 물리적 저항이 곧 테러이다.

언어학자 노암 촘스키(미국 MIT대학교 교수)는 "미국의 일방주의적 패권 추구가 끝 모를 테러와의 전쟁 시대를 열고 말았다"고 한탄한다. 촘스키를 비롯해 미국의 대외 강공책을 못마땅하게 여기는 사람들은 '테러와의 전쟁'이 21세기 미국의 패권을 확장하는 이데올로기적인 명분 또는 겉치레에 지나지 않는다고 비판한다.

독일의 철학자 이마누엘 칸트는 "영구 평화는 무덤에서나 가능하다"

고 말했다. 현실적으로 지속적인 평화를 이뤄내기가 어렵다는 얘기다. 그러니 더욱 전쟁보다는 평화를 위해 힘써야 한다. 안타깝게도 미국 워싱턴의 정치-군사 지도자들이 말하는 '테러와의 전쟁'은 영구 전쟁이나 다름없다. 그런 전쟁이 지속될수록 반미 정서는 깊어만 갈 것이다.

조지 부시의 후임자 버락 오바마가 '테러와의 전쟁'이란 용어를 버렸던 것도 반미 정서가 더욱 높아지는 것을 막으려는 노력으로 풀이된다. 하지만 오바마의 후임자인 트럼프는 지나치다 싶을 만큼의 반이슬람적인 태도를 보였다. 걸핏하면 이슬람권 사람들을 비하하는 혐오 발언을 내뱉었고, 무슬림을 싸잡아 '테러리스트'로 몰면서 이들의 미국 입국을 막겠다는 막말을 일삼아 비난을 샀다. 유럽의 극우파가 올린 반이슬람 영상을 리트윗해 논란을 불러일으키기도 했다.

테러는 언제 사라질까. 테러라는 이름의 정치적 폭력은 왜 일어나는가, 무엇이 테러리스트들로 하여금 분노와 좌절을 안겨주었는가, 끝내는 죽음도 마다하지 않는 자살 폭탄을 왜 터트리는가, 이런 점들을 헤아리지 않으면 테러의 끝은 없을 것이다.

2장

자살 폭탄 테러,
그 진한 고통의 내면세계

자살 폭탄 테러가 우리 시대의 한 특징적인 현상으로 자리 잡았다. 전 세계가 자살 폭탄 테러에 떨고 있다. 안전지대란 없다. 자살 폭탄 공격을 벌여 길 가던 무고한 시민이 죽고 다치는 것은 비난받아 마땅한 일이다. 그렇지만 그가 무슨 까닭에 죽음을 무릅쓰고 그런 일을 벌이는가를 따져볼 필요가 있다. 자폭 테러리스트는 어떤 의식 세계를 지니고 있는가. 자폭 테러의 노림수는 무엇인가. 여성 테러리스트는 왜 자폭하는가. 분노와 좌절의 두 키워드로 압축되는 자폭 테러의 내면세계를 들여다본다.

21세기에 벌어진 자폭 테러들은 자폭 테러가 저항 집단의 주요 전술로 자리 잡았음을 말해준다. 2001년 미국을 강타한 9·11 동시 다발 테러를 비롯, 팔레스타인, 체첸, 스리랑카, 파키스탄, 모로코, 인도네시아(발리) 등 지구촌 곳곳에서 자폭 테러가 벌어졌다. 2003년 미국의 침공 뒤 이라크에선 거의 날마다 자폭 테러가 일어났다. 2005년 7월 런던 버스 안에서 파키스탄계 영국 청년이 저지른 자폭 테러는 서유럽 땅에서 일어난 최초의 자폭 테러로 기록됐다.

러시아에서도 체첸 독립을 꾀하는 반군 집단과 그들을 따르는 이슬람 게릴라들이 잊을 만하면 한 번씩 자폭 테러를 벌여 많은 사상자를 내왔다. 2011년 1월 러시아에서 가장 큰 국제 공항인 모스크바 도모데도보국제공항에서 벌어진 자폭 테러, 2010년 3월 모스크바 지하철역 2곳에서 벌어진 자폭 테러 등은 모두 검은 차도르를 입은 체첸 반군 여성들이 저지른 것으로 알려졌다.

동남아시아 지역에서는 2003년 8월 인도네시아 자카르타의 미국계 특급 호텔인 메리엇호텔에서 폭탄이 터지기 전까지 자폭 테러는 귀에 익지 않은 용어였다. 2005년 7월 이집트 휴양지 샤름 엘 셰이크에서 폭탄 차량을 몰고 호텔 건물 안으로 뛰어든 사건은 지구촌 어디에도 자폭 테러의 안전지대가 없다는 사실을 보여준다. 이집트에서는 무바라크 친미 장기 독재 정권에 맞선 테러가 오래전부터 벌어져왔으나, 1990년대까지만 해도 자폭 테러 전술은 쓰이지 않았다. 그렇지만 2000년대 들어 여러 건의 자폭 테러로 많은 사람들이 목숨을 잃었다.

뒤르켐의 '이타적 자살'과 이스티샤드

이라크 저항 세력의 자살 폭탄 공격은 점령군인 미군에 저항하는 성격을 띠었다. 미국 브루킹스연구소의 자료에 따르면, 지난 2003년 8월부터 2년 동안 200건 가까운 자살 폭탄 테러가 이라크에서 벌어졌다. 이라크에서 자폭 테러는 한때는 일상적인 일이 되기도 했다. 2004년 6월 한 달 사이에 18건, 그 1년 뒤인 2005년 6월엔 30건이 터졌다. 하루 평균 1건 꼴인 셈이었다. 폭탄 테러의 희생자는 대부분 현직 이라크 관리, 군과 경찰, 또는 그 지원자들이다. 미군이 2003년 3월 침공해 들어가기 전까지 이라크 사람들은 사담 후세인 체제를 위협하는 어떠한 자폭 테러도 경험하지 않았다.

이라크 현지 취재 때 만난 바그다드대학교 하산 알리 사브티 교수(역사학)는 "후세인 시절엔 자폭 테러가 없었다. 그런 일에 관한 한, 이라크는 무풍지대였다"고 한숨을 내쉬었다. 사브티 교수는 이라크 혼란과 자살 폭탄 테러 증가의 책임을 이라크 석유를 노린 미국 부시 행정부의 일방적이고도 패권주의적인 이라크 침공 탓으로 돌렸다. 미국의 이라크 침공 뒤 이뤄진 여러 여론 조사 결과는, 이슬람 사회에서는 미국과 서유럽 국가들을 '석유 자원 약탈을 노리는 서구 제국주의 세력'이라 규정하고, 그에 맞서 급진적이고도 과격한 폭력 수단을 동원할 수도 있다는 정서가 널리 퍼졌음을 보여준다.

이라크 주둔 미군도 자살 폭탄 테러를 비켜가기 어려웠다. 순찰 중이던 미군 차량이 멈춰 설 때, 그곳에서 자폭 테러를 노리며 기다리고 있던 이라크 저항 세력 요원이 폭탄을 터뜨리는 일들이 벌어졌다. 미군 병사들은 이스라엘군 병사들처럼 '언제 내가 자폭 테러에 희생당할지 모른다'는 두려움 탓에 긴장을 늦추지 못한다.

자폭 테러가 거의 날마다 벌어졌던 이라크 상황에 대해 이라크 전문가들은 대체로 두 가지 측면을 지적한다. 첫째, 이라크 반미 저항 세력은 굳이 자살이라는 극한 전술을 쓰지 않아도 될 사안에도 그 같은 투쟁 전술을 되풀이함으로써 국가 재건이란 큰 틀을 짜려는 이라크 친미 정권과 이라크 주둔 미군의 발목을 잡으려고 안간힘을 쓰고 있다. 둘째, 자살 폭탄으로 반미 지하드에 목숨을 바치겠다는 지원자들이 그만큼 많다. 사우디아라비아를 비롯한 이슬람권의 드센 반미 바람 속에서 많은 젊은이들이 시리아, 이란, 요르단 등의 국경을 넘어 이라크 자폭 테러 공격자로 나서는 상황이다.

자살 폭탄 공격(순교 작전)으로 죽은 하마스 대원의 장례식. 관 속에 시신 대신 옷가지를 넣었다.

자살 폭탄 테러를 정치학 사전에서 찾아보면, 갖가지 정의가 있다. 그런 정의들을 짧게 요약한다면 "정치적 목표를 이루기 위해 심리적으로, 육체적으로 잘 훈련된 테러리스트가 스스로 목숨을 끊으면서 적의 목표물을 폭탄으로 공격하는 행위"라 할 수 있다. 19세기 러시아 아나키스트 혁명가들의 투쟁은 자살 폭탄 테러는 아니지만, 죽음을 각오해야 했다. 그들은 매우 짧은 거리까지 다가가 폭탄을 던졌기에, 체포돼 사살될 확률이 아주 높았다. 그들이 거사에 앞서 가족과 친구들에게 작별의 편지를 남긴 것도 그런 까닭에서였다.

19세기 프랑스 사회학자 에밀 뒤르켐(19858~1917년)은 자살을 자기중심적 자살, 일탈적 자살, 이타적 자살로 나누었다. 먼저 자기중심적 자살은 가족과 사회에다 자신을 적응시키는 데 실패한 사람들이 택하는 자살을 가리킨다. 둘째 일탈적 자살은 사회 불안과 파산 등으로 좌절한 사람들이 택하는 자살을 가리킨다. 그에 비해 뒤르켐이 말하는 '이타적 자살'이란 자살자가 속한 공동체(민족/국가/정치 집단)가 추구하는 가치와 신념(이를테면 민족 독립 등)을 실현하려고 목숨을 끊는 행위다. 뒤르켐의 분류를 21세기 오늘의 정치 현상에 적용한다면, 자살 폭탄 테러는 이타적 자살 행위의 범주에 들어간다. 테러의 희생자와 그 유족들은 이런 분류에 동의하지 않겠지만, 오로지 행위자만을 분석의 주체로 놓고 보면 그렇다.

이슬람 종교에서는 자살과 비무장 민간인을 공격하는 행위 모두를 죄악으로 여긴다. 쿠란(코란)의 가르침에 따르면, 이슬람교도는 인티하르intihar(개인적 이유에서 비롯된 자살)를 금지한다. 그렇지만 이스티샤드istishad(알라의 이름 아래 이뤄지는 자기희생적 죽음)는 허용된다. 자살 폭탄 공격은 이슬람 공동선을 위한 죽음이므로, 그 성전을 실천하는 사람은 순교자로 추앙받는다. 이슬람 젊은이들은 전투적인 이슬람 성직자들이 발표하는 반미 투쟁의 파트와(율법)에 따라 기꺼이 폭탄을 지고 들어간다.

자폭 테러가 노리는 정치적 대상은 두 부류다. 하나는 일상적으로 대치하는 적, 그리고 다른 하나는 대체로 무관심한 제3자다. 자폭 테러라는 극한 수단으로 미디어 효과를 극대화함으로써 공포를 널리 퍼뜨리고 "죽음으로써 저항할 수밖에 없다"는 강력한 메시지를 적과 제3자(이를테면 유엔을 비롯한 국제기구, 국가, 언론 기관)에게 전함으로써 지금의 잘못된 상황을 바꿔보려는 시도다.

자폭 테러의 노림수는 자신의 한 목숨을 바쳐 적을 공격함으로써 군사적 열세를 메우고 양보를 받아내는 것이다. 말 그대로 필사적인 행위다. 전술로만 따진다면, 자폭 테러는 교전 당사자의 한쪽이 군사력에서 적군에게 크게 뒤지는 이른바 '비대칭 전쟁' 상황에서 쓰이는 극한 전술이다. 제2차 세계 대전 당시 태평양 전선에서 일본군 조종사들이 폭탄을 실은 전투기를 미군 전함에 부딪치는 가미가제 자폭 전술도 미군과 일본군 사이의 군사력 불균형을 메우려는 마지막 몸부림으로 이해된다. 하지만 같은 자폭 공격이라 해도, 그 목표물이 군대라면 '군사 작전'이다. 6·25 전쟁 당시 폭탄을 안고 공산군 탱크에 뛰어들었던 육탄 용사를 테러리스트라고 부르지는 않는다.

자신의 목숨을 바치며 행하는 만큼 자폭 테러가 던지는 정치적 메시지는 강하다. 다른 형태의 테러 공격보다도 더 강한 공포를 퍼뜨리기 마련이다. 그렇지만 자폭 테러는 결정적인 논리적 약점을 지닌다. 무장을 하지 않은 일반 시민을 희생시키는 만큼 제아무리 정치적 메시지가 옳다 해도 행위 자체의 도덕성이 논란거리다. 이는, 전쟁이 정의의 전쟁이냐 아니면 불의의 전쟁이냐는 논란과 맥을 같이한다. 그만큼 자폭 테러를 보는 눈길은 극단적으로 엇갈린다.

저비용-고효과의 전술

자폭 테러는 사전 경고가 없다. 폭탄이 터져 사람들이 죽고 다친 뒤에야 알 뿐이고, 해결책도 마땅치 않다. 국가 지도자들이나 테러 관련 부서 전문가들은 "일단 테러리스트들의 요구를 들어주면, 뒤이은 테러가 또 일어나 다른 요구를 해온다"고 여기며 테러리스트의 요구를 무시한다. 그럼에도 자폭 테러가 끊이지 않는 까닭은 "자폭 테러가 성공했다"는 역사적 사례들에 저항 세

죽음을 무릅쓰겠다며 저항 의지를
밝히는 하마스 대원.

팔레스타인 서안 지구 라말라에서 성조기를 불태우는 하마스 대원들.

력이 미련을 두기 때문이다.

1983년 레바논의 미국 해병대 막사를 겨냥한 자폭 테러로 미국 해병 241명이 사망한 뒤 당시 레이건 미국 대통령이 해병대를 철수한 것이 한 보기다. 1985년 이스라엘군의 남부 레바논 부분 철수와 2000년의 완전 철수, 1994년과 2001년 스리랑카 정부의 반군 타밀호랑이해방전선(LTTE)과의 휴전-평화 협상 결정 등도 저항 세력의 줄기찬 자폭 테러에서 결정적인 영향을 받은 것으로 분석된다.

그러나 모든 자폭 테러가 노리는 바대로 정치적 효과를 거두는 것은 물론 아니다. 적에게 양보를 받아내는 과정에서 예상 밖으로 많은 희생을 치러야 하기도 한다. 그리고 그런 희생에도 불구하고 완고한 적에게서 아무런 성과를 얻지 못하기 일쑤다. 그런 사실을 잘 알면서도 자폭 테러가 이어지는 까닭은 무엇일까. 미국 국제정책연구소(IPI)의 대테러연구팀장인 보아즈 가노가 자살 테러에 관해 쓴 한 논문에 따르면, 자살 테러의 장점은 다음과 같다.

1)자살 공격은 '약자의 무기'임에도 많은 사상자와 피해가 생긴다.
2)자살 공격은 뉴스 가치가 높아 언론에 크게 보도된다.
3)자살 공격이 매우 초보적인 단수 공격임에도 불구하고 공격 목표와 시간·장소를 마음대로 조절할 수 있다. 시한폭탄보다도 더 정교하고 성공 가능성이 높다.
4)일반적인 테러 공격은 도피 전략을 마련하는 데 신경을 써야 하지만, 자살 공격은 도피 계획을 마련할 필요가 없다.
5)자살 공격자가 잡히지 않고 죽으니, 다른 공범자들이 위험에 빠질 염려가 없다.

자살 폭탄 테러는 대체로 혼자 또는 2명이 조를 이뤄 이뤄진다. 1명이 결행을 하더라도 그를 받쳐주는 조직원이 적어도 10명은 넘는다. 공격 목표를 설정하고, 그에 관한 정보를 모으고, 자살 테러 분자를 모집해 군사 훈련은 물론 정신 훈련까지 시키고, 폭탄을 모으고, 자살 테러 결행자를 현지까지 안전하게 데려가려면, 적어도 10여 명의 조직원이 도와주어야 한다. 비용만을 따지면, 자살 폭탄 공격은 큰 부담이 없다. 미국의 테러 연구자 브루스 호프먼(랜드연구소장)은 「자살 테러의 논리」라는 글에서 150달러 미만으로 한 건의 자살 폭탄 테러를 치러낼 수 있다고 추정했다(물론 사람의 목숨 값을 치자면 얘기가 달라진다. 목숨은 값으로 따질 일이 아니다).

150달러 미만의 저비용에도 불구하고 미디어 효과를 비롯해 저항 집단이 얻는 것은 많다. 1983년 베이루트의 미국 해병대 막사로 돌진해 241명을 죽인 자살 공격자는 단 1명이었고, 1987년 스리랑카 막사에서 40명의 정부군 병사를 죽인 것도 단 1명의 타밀호랑이해방전선 요원이었다. 2002년 10월 인도네시아 발리섬의 한 디스코텍에서 202명을 죽인 것도 2명의 자폭 테러리스트. 이미 알려진 바처럼, 9·11 테러는 19명이 행동 대원으로 나섰다. 투입 대비 산출 효과가 크다는 것이 자살 폭탄 테러의 큰 장점으로 꼽힌다.

2001년 9·11 동시 다발 테러 사건은 비행기 납치범들이 연료 가득한 비행기를 자살 폭탄으로 이용한 극적인 사건으로 기록된다. 9·11 사건의 배후 조종자이자 오사마 빈 라덴의 오른팔로 알 카에다 조직의 2인자였던 아이만 알 자와히리는 9·11 뒤 그가 남긴 한 문건에서 "순교 작전(자살 폭탄 공격)은 무자헤딘의 사상자를 최소로 줄이면서도 적에게 커다란 해를 끼치는 가장 성공적인 전술"이라고 규정했다.

이른바 비용 대비 효과 또는 투입 대비 산출에서 자폭 테러가 가장 성공적이라는 얘기다.

자살 폭탄 공격이 저비용-고효과의 전술로 반정부 무장 집단들이 애용하기 시작한 것은 1980년대부터다. 현대적인 자살 폭탄 테러 공격의 출발점은 레바논의 시아파 무장 세력인 헤즈볼라. 1980년대 초반 레바논이 무슬림과 기독교도 사이의 권력 투쟁으로 말미암은 내전으로 혼란에 빠져 있을 무렵, 레바논을 침공해 들어온 이스라엘군과 국제 평화유지군으로 들어온 미국 해병대 및 프랑스군을 상대로 한 헤즈볼라의 자폭 테러는 40건이 넘었다.

남아시아의 작은 섬 스리랑카의 분리주의 반군 집단인 타밀호랑이 해방전선은 1987년 처음 자살 폭탄 테러를 벌인 뒤부터 이 전술을 아주 효과적으로, 그리고 자주 사용해온 집단이다. 이들은 자폭 테러 전술을 바로 레바논 헤즈볼라에게서 배웠다. 1980년대 초 레바논 남부 베카 계곡에서, 스리랑카에서 파견된 LTTE 요원들은 야세르 아라파트를 우두머리로 한 팔레스타인해방기구 무장 전사들과 더불어 헤즈볼라의 게릴라 훈련을 받았다.

LTTE의 지도자 프라바카란(2009년 사망)은 1983년 헤즈볼라가 미국 해병대 막사를 공격함으로써 레이건 행정부로 하여금 해병대 철수 결정을 내리도록 만들었다는 점에 크게 감명을 받았다고 알려져 있다. 2001년 정부군과 휴전에 들어간 뒤부터 LTTE의 자폭 테러 건수는 크게 줄어들었다. 2009년 5월 스리랑카 정부군이 LTTE 지도자 프라바카란을 죽이고 26년 동안 이어지던 내전을 끝내기 직전까지도 LTTE는 자폭 테러 전술을 자주 사용했다. LTTE로서는 자폭 테러가 군사력의 열세를 메우는 주요한 투쟁 수단이었다.

하마스 지도자 야신의 순교 작전론

하마스를 비롯한 팔레스타인 전사들은 헤즈볼라로부터 자폭 테러 전술을 배웠으나, 이 전술을 실제로 사용한 것은 제1차 인티파다(1987~1993년)가 끝난 뒤의 일이다. 1994년 미국인 의사 출신의 극우파 유대인 바루흐 골드스타인이 총을 들고 알 이브라힘 이슬람 사원으로 들어가 예배를 보고 있던 무슬림들을 향해 총을 마구잡이로 쏴대 29명(일설에는 최대 54명)을 죽인 사건은 하마스 자폭 테러의 뇌관을 건드렸다. 그 뒤부터 팔레스타인에서는 지금껏 100건 넘는 자폭 테러 공격이 벌어졌다. 인티파다 기간 중에 생겨난 이스라엘 사망자 절반이 자폭 테러 희생자다.

그렇지만 2006년 팔레스타인 총선에서 하마스가 승리한 뒤 큰 변화가 생겼다. 제1당이 되어 팔레스타인 자치 정부 내각을 구성한 뒤부터 하마스는 더 이상 자폭 테러를 벌이지 않기로 했다. 무차별 살상으로 애꿎은 희생자를 낳는 자폭 테러 전술의 문제점과 더불어 국제 사회의 싸늘한 눈길을 하마스도 외면하기 어렵기 때문이었다. 이즈음 팔레스타인에서 자폭 테러가 일어났다는 소식을 듣지 못하는 것은 이런 배경을 깔고 있다.

중동 현지 취재길에서 만난 하마스의 창립자이자 정신적인 지도자 셰이크 아메드 야신은 하마스의 주요 전술로 알려진 '자살 폭탄 테러'는 그 용어가 잘못됐으며, '순교'가 맞다고 주장했다. 나아가 야신은 하마스의 저항을 '테러'라 일컫는다면, 그것은 이스라엘이 팔레스타인 민중들에게 가하는 '국가 테러'에 맞선 '테러의 균형'이라고 주장했다.

흔히 테러는 '약자의 무기'라 일컬어진다. 또 다른 하마스 정치위원회

간부 압둘 아지즈 란티시는 하마스가 지닌 저항 수단으로 '순교 작전' 말고는 마땅한 것이 없으며, 그런 '순교 작전'은 이스라엘의 강력한 첨단 무기에 대항하는 '약자의 전술'이라고 주장했다(2004년 봄 이스라엘군의 미사일에 하마스의 정신적 지도자 셰이크 아메드 야신, 압둘 아지즈 란티시가 잇달아 사망한 뒤 칼레드 마슈알, 이스마일 하니야 등이 지금까지 하마스를 이끌며 활동해왔다).

미국-이스라엘의 언론들은 자폭 테러 사건을 보도하면서 '살인 테러'라는 용어를 흔히 쓴다. 테러가 왜 일어나는가를 살피기보다는 테러의 결과로 생겨나는 인명 피해를 강조하는 용어다. 이스라엘 국내 첩보 기관인 신베트 요원들은 하마스를 비롯한 팔레스타인 저항 조직 요원 가운데 몸에 맞는 폭탄 조끼를 만들어주는 사람을 '죽음의 재단사'로 일컫는다.

하마스의 시각에서는 죽음의 재단사가 아니라 '순교로 나아가는 길을 준비하는 안내자'다. 자폭 테러는 '순교 행위'이고, 따라서 테러리스트는 '샤히드Shahid'(순교자)로 추앙받는다. 이스라엘 쪽에선 아랍 젊은이들이 "죽어서 72명의 처녀들에 둘러싸여 섬김을 받을 것"이란 망상을 품고 자살 폭탄 테러를 벌인다고 선전한다. 그러나 이슬람 지식인들은 "말 그대로 악선전일 뿐"이라고 주장한다.

필자가 만난 아랍권 지식인들은 "자살 폭탄 공격이 바람직한 것이라고는 보지 않지만, 현실적으로 팔레스타인의 좌절에서 비롯된 저항 의지를 반영하는 것"이라고 입을 모은다. 이집트 카이로에서 만난 하산 아보우 탈레브 박사는 당시 이집트의 유력 일간지 『알 아흐람』 부설 정치전략문제센터 부소장이었다. 그는 "하마스의 주장처럼 자살 폭탄 공격 말고는 대안이 없다는 데는 동의하지 않지만, 이스라엘의

이라크 주둔 미군 병사들은 차량을 이용한 이라크 저항 세력의 자살 폭탄 공격을 매우 두려워한다.

불법적 점령이 사라지기는커녕 지금처럼 압제가 심해진다면 자살 폭탄과 같은 극한 전술이 멈추기를 바라기는 어려운 일"이라며 안타까워했다.

좌절과 분노, 자폭 테러의 키워드

테러리즘을 심리학의 틀로서 분석하려 했던 크리스 스타우트, 클라크 맥콜리 같은 학자들은 "자폭 테러의 원인을 분노와 좌절에서 찾아야 한다"는 결론을 이끌어냈다. 심리학에서 말하는 '좌절-분노 이론'이다. 이에 따르면, 우리 인간의 분노는 고통을 느낄 때 일어나는 반응이며, 특히 좌절의 고통이 클 때 분노가 커진다.

좌절-분노 이론을 뒷받침하는 보기로 꼽히는 것이 1960년대 미국의 흑인 민권 운동이다. 1960년대 미국 남부 지역에서 대학을 다니던 흑인 젊은이들 상당수가 민권 운동에 뛰어든 까닭은 미국 사회가 흑인을 차별 대우하는 데 대한 분노 때문이라는 분석이다. 같은 맥락에서, 자폭 테러도 억압에서 비롯된 좌절감과 분노를 폭력적인 수단으로 표현한 것으로 이해할 수 있다.

미국의 일부 친이스라엘 심리학자들은 팔레스타인 지역에서 일어나는 거의 모든 자폭 테러 공격자들이 정신적 외상을 지녔다는 점을 강조한다. '정상인'이 아니라는 점을 강조하기 위한 지적이지만, 전혀 틀린 말은 아니다. 공격자들 가운데 상당수는 가족이나 친구들이 이스라엘군의 총격에 죽임을 당하는 모습, 또는 그들이 살던 집과 농토가 이스라엘군의 불도저에 허물어지는 모습, 아버지나 형이 이스라엘 정착민들에게 얻어맞거나 모욕을 당하는 모습을 두 눈으로 봤던 이들이다.

그리고 그 자신들이 팔레스타인 곳곳에 설치된 이스라엘군 검문소 앞에서 몇 시간씩이고 쪼그리고 앉아서 통과 허가가 나기를 기다리는 모욕을 겪은 이들이다. 그들이 마음속에 담아온 고통과 좌절, 분노의 폭발적인 표현이 곧 자살 폭탄 테러다. 그들이 그동안 피눈물을 흘리며 겪어온 억압적 환경에서의 도피가 곧 스스로를 죽이는 폭탄 테러인 것이다. 그들은 죽음을 두려워하지 않는다. 억압적 현실에서의 탈출이기 때문이다.

비판론자들은 정신병리학 관점에서 보면, 이스라엘 극우파들도 건강하기는커녕 병들어 있다고 꼬집는다. 이스라엘은 핵무기까지 지닌 중동의 강력한 군사 대국이다. 나치 독일의 인종 학살을 겪었음에도 이스라엘이 현재 중동 땅에서 벌이는 억압은 팔레스타인 사람들에겐 제2의 인종 학살이나 다름없는 고통이다.

자살 폭탄 테러 사건을 보도하는 미국과 이스라엘의 언론들은 몇 명이 죽고 다쳤다는 끔찍한 사건 개요에만 집착할 뿐, 테러리스트의 좌절과 분노에 대해선 눈길을 두지 않는다. 살인 사건은 있지만 동기는 가려진 채다. 이스라엘 정부가 수많은 팔레스타인 사람들을 절망과 좌절감에 빠뜨린 사실에 대해선 눈을 감는다.

이슬람 근본주의가 중동에서 벌어지는 자폭 테러의 배경이라고 말하기도 어렵다. 팔레스타인 사람들이 모두 열성적인 이슬람교도는 아니다. 기독교도도 있고, 세속적인 가치를 더 중하게 여기는 무신론자도 많다. 이들은 자살 폭탄 테러 공격을 일부 전투적인 무슬림들이 내세우는 지하드라는 과격한 이슬람 교리로만 해석하는 데 동의하지 않는다. 중동 지역에서 자살 폭탄 공격으로 스스로를 희생시키는 사람이 이슬람교도일 확률은 높지만, 그의 투쟁 동기는 종교적인 것보다는 이스라엘의 억압에 맞선 저항적 정치의식에서 비롯된다.

종교는 우리 인간들이 겪는 고난을 종교적으로 승화시키라고 가르친다. 구약 성서에 나오는 이사야의 고통, 신약 성서에 나오는 예수의 십자가 고난, 예언자 무함마드가 메카에서 겪는 억압은 유대교, 기독교, 이슬람교에서 고난사의 중심이다. 종교적으로 승화된 고통들이다. 그러나 나치의 유대인 학살이나 이스라엘의 팔레스타인 억압은 종교로 덮고 삭이기엔 너무나 끔찍한 것들이다. 피억압자의 반응에서 한 가지 차이점이 보인다. 수용소에 갇힌 유대인들은 극히 소수만 빼고는 나치 독일에 무기력하게 당했다. 그렇지만 오늘의 팔레스타인 민중은 자살 폭탄으로 스스로를 죽여서까지 이스라엘의 억압에 저항하고 있는 모습이다.

자폭 테러 벌이는 여성 전사들

자살 폭탄 테러를 벌이는 사람은 대부분 20대 초반이다. 로버트 페이프 교수(미국 시카고 대학교)가 1980년부터 2003년 사이에 315건의 자살 폭탄 테러를 벌인 462명 가운데 나이가 확인된 278명을 분석한 자료에 따르면, 19~23살이 55%로 다수를 차지하고, 24살 이상이 32%, 15~18살이 13%다. 그렇다면, 여성 자살 폭탄 테러리스트의 비율은 어느 정도나 될까.

보수적인 이슬람 사회에서는 여성의 정치·사회적 역할이 제한적인 탓에 여성 자살 폭탄 테러는 드물다. 오사마 빈 라덴의 알 카에다 조직원 중에서 자살 폭탄 테러를 벌인 여성은 하나도 없었다. 그렇지만 이슬람 문화권에서 여성이 자살 폭탄을 터뜨리는 충격적인 사건은 수십건이나 기록된다. 특히 러시아에서 일어난 자폭 테러 용의자 가운데 여성의 비율이 60%에 이른다.

이슬람권에서 일어난 자살 폭탄 테러의 여성 참여 비율은 쿠르드노동자당(PKK)이 가장 높다. 14명 가운데 10명의 여성이 참여, 71%를 기록했다. PKK는 터키의 소수 민족인 쿠르드족의 분리 독립을 목표로 1980년대부터 터키 정부를 괴롭혀왔다. 마르크스 사회주의 이념을 따르던 스리랑카의 타밀호랑이해방전선(LTTE)의 경우, 자살 폭탄 테러 공격자의 30~40%가 여성이다. 1991년 인도 수상 라지브 간디도 LTTE가 보낸 여성 자살 폭탄 테러범 손에 죽음을 맞이했다.

죽음을 각오하고 자살 폭탄 공격을 지원하는 여성 테러리스트들은 나름대로 그럴 만한 투쟁 동기를 지니고 있다. 사랑하는 가족 가운데 누군가가 침략군 손에 죽었거나, 당사자가 피해를 입은 경우가 대부분이다. 또한 많은 경우 그 자신이 성폭력의 피해자로서 몸과 마음에 큰 상처를 입었다. 2010년과 2011년 모스크바 자살 폭탄 테러에 참여한 여성들의 경우, 체첸 분리 독립 투쟁 과정에서 가족들이 러시아군에게 희생된 경험이 있는 이들이었다. LTTE 요원으로서, 지난 1991년 폭탄 벨트를 몸에 두른 채 인도 수상 라지브 간디에게 다가가 현장을 피투성이로 만들었던 20대 후반의 다누는 스리랑카 자프나 지역에 '평화유지군' 이름으로 친스리랑카 정부군 성향의 인도군이 진주했을 때 강간을 당했다. 아울러 그녀의 오빠와 남동생을 합쳐 4명이 인도군에게 죽었다. LTTE는 다가오는 인도 선거에서 라지브 간디가 다시 승리할 조짐을 보이자, 다누를 보내 자살 폭탄 테러로 그를 죽였다. PKK의 터키와 팔레스타인 지역의 여성 자폭 테러리스트들도 다누와 거의 비슷한 슬픈 기억의 소유자들로 알려져 있다.

자폭 테러범은 교육받은 중산층

자살 폭탄으로 스스로 목숨을 끊는 테러리스트에게 평균적인 모습이 있다면, 어떤 것일까. 미국과 유럽의 많은 사람들은 자폭 테러 공격을 가리켜 '못 배우고 가난한 이슬람 청년이 좌절감을 극단적으로 나타내는 행위'라고 여긴다. 조지 부시 전 미국 대통령이 말했듯, 못 배우고 가난하고 이렇다 할 직업이 없어 좌절감에 허우적대는 소외 계층 출신일까.

테러 연구자들은 그렇지 않다고 고개를 가로젓는다. 미국 미시건대학교 스콧 아트란 교수(인류학)는 2005년 7월 런던 테러가 일어나기 바로 직전, 미국 공영 라디오 방송인 NPR에 출연하여 미국인들이 테러리스트들의 참모습을 제대로 알아야 한다며 이렇게 말했다.

팔레스타인 투쟁 조직 가운데 하나인 알아크사순교여단 무장 요원.

"자살 폭탄 테러를 저지르는 사람들은 대부분 그들이 속한 사회에서 비교적 교육을 잘 받은 중산층 가정 출신이다. 대부분 종교적인 믿음이 강하다. 무엇보다 그들은 이상주의자들이다. 그들은 자신들의 행위가 공동체 발전에 도움이 된다고 믿는다. 가난과 저학력이 테러의 근본 원인은 아니다."

미국 시카고대학교의 로버트 페이프 교수(국제정치학)는 1980년대부터 2003년까지 전 세계 분쟁 지역에서 일어난 315건의 자폭 테러 사건의 범인 462명이 어떤 배경을 지닌 인물들인지를 조사 분석하여, 몇 가지 흥미로운 사실을 알아냈다.

페이프 교수에 따르면, 자살 폭탄 테러를 벌인 사람들은 가난하고 절망적인 범죄자나 제대로 교육을 못 받은 종교적 광신도가 아니다.

교도소를 드나드는 전과자들이 아니다. 비교적 교육을 잘 받은 중산층 출신의 정치적 행동 분자들이 많다. 그들은 자발적으로 자폭 테러를 지원했고, 그 전까지는 폭력 행위에 가담한 적이 없는 경우가 대부분이다. 그 자신을 죽음으로 몰고 가는 폭탄 테러는 그가 태어나서 처음으로 남을 상대로 벌이는 폭력 행위가 되는 셈이다.

흔히 자폭 테러는 이슬람 근본주의자들이 저지르는 것으로 알고 있지만, 그들의 전유물은 아니다. 페이프 교수의 집계에 따르면, 전 세계 자폭 테러의 절반 이상은 이슬람 근본주의에 바탕을 두지 않는 집단에 의해 벌어졌다.

세계에서 가장 많은 자살 폭탄 테러가 빚어진 곳도 이슬람 세계가 아니라 스리랑카다. 그곳 반군 타밀호랑이해방전선(LTTE)은 종교적인 이슬람 근본주의와는 거리가 먼, 세속적인 마르크스-레닌주의 집단이었다. 이들은 26년 동안 76건의 자살 폭탄 공격을 펼쳤다. 팔레스타인 저항 조직인 하마스(54건), 이슬람 지하드(27건)의 자살 폭탄 테러 건수보다 많다. 신앙을 갖고 있는가, 아닌가가 확인된 384명 가운데 신앙인은 166명(43%), 무신론자는 218명(57%)으로 신앙이 없는 사람들이 더 많았다.

페이프 교수는 "이라크와 팔레스타인, 레바논, 체첸, 그 밖의 여러 지역에서 보듯, 자폭 테러는 외부 세력의 영토적 점령과 억압에 항의하는 현지인들의 극한 투쟁"이라고 말한다. 자살 테러 공격자들은 그들이 조국이라고 여기는 땅에서 외부의 점령군을 몰아내기 위해서 그런 극한 투쟁을 벌인다는 얘기다. 사우디아라비아에서 활동하는 알 카에다 조직도 (사우디아라비아가 미국에 점령당한 것은 아닐지라도) 페르시아 만에서 미군을 몰아내는 것이 그들의 투쟁 목표다. 알 카에다는 1995

년부터 2004년 사이에 71건의 자폭 테러 공격을 펼쳤다. 이 71건의 테러 용의자들 가운데 3분의 2 이상이 사우디아라비아, 아프가니스탄을 비롯한 수니파 이슬람 국가 출신이다. 다음과 같은 페이프 교수의 결론은 그 이름이 어떠하든 테러와 전쟁을 벌이는 미국의 지도자들이 뼛속 깊이 새겨둘 만하다.

"미국 정부는 테러의 원인을 빈곤과 무지, 종교적 편견 등으로 꼽아 왔다. 그래서 보안을 강화하고 군사적 강압 수단으로 테러를 막을 수 있다고 여긴다. 자살 폭탄 테러를 그런 식으로 부분적으로만 이해해서는 안 된다. 일시적으로 자살 폭탄 테러를 막을 수는 있지만, 장기적으로는 어렵다. 자폭 테러는 종교적 맹신에서가 아니라 세속적인 전략 목표, 다시 말해서 테러범이 조국이라 여기는 영토에서 외부의 적을 몰아내기 위한 투쟁으로 이해해야 한다. 이라크에서 미국은 날마다 테러리스트들을 죽이지만, 테러 예비 인력은 제한돼 있지 않다. 군사력으로 이슬람 사회를 변화시키고 자살 테러를 막으려다간, 오히려 자폭 테러 건수를 늘릴 뿐이다. 테러의 정치적 동기가 사라지지 않는 한, 자폭 테러 지원자들은 길게 줄을 설 것이다."

"테러 막는 전술에만 치중, 전략이 없다"

자폭 테러는 자신의 땅이라 여기는 영토를 언어·문화·종교·역사적 배경이 전혀 다른 힘센 적에게 빼앗긴 민족이 스스로의 힘으로 자주 독립을 얻기 위한 몸부림이다. 테러와의 전쟁을 벌이는 미국이 지구촌에 참된 평화를 심으려 한다면, 무엇보다 자폭 테러범들의 투쟁 동기를 읽어낼 줄 알아야 한다. 자폭 테러의 동기를 읽는 키워드는 외세의 억압에서 비롯된 좌절과 분노다.

2003년 미국이 이라크를 침공한 뒤 이라크 치안이 혼란에 빠져들던 무렵, 미국 미시건대학교 스콧 아트란 교수(인류학)가 쓴 글은 참고할 만하다. 「자살 테러의 전략적 위협」이란 글에서 아트란은 미국 정부를 다음과 같이 비판했다.

"자살 공격이 전 세계적으로 퍼져나가고 있다. (미국은) 수십억 달러를 들여 자폭 테러를 막으려 하지만, 자살 테러의 충격은 더욱 커져만 가는 상황이다. 지금의 반테러 대책들은 군사적 강압 수단에 치중하는 전술적인 것들일 뿐 (테러를 근본적으로 없애는 데 초점을 맞추는) 전략이 부족하다."

현실적으로 많은 이슬람 성직자들은 극단적인 테러 전술에 비판적이다. 그럼에도 또 다른 많은 급진적인 이슬람 성직자들은 알 카에다와 같은 반미 저항 세력들의 투쟁 명분이 옳고 이슬람 민중들이 그들의 대의大義를 따라야 한다고 설교한다. 실제로 오사마 빈 라덴을 비롯한 '테러리스트'들은 일단의 급진적인 이슬람 성직자에게서 자신들의 투쟁 전술을 합리화해주는 '파트와'를 받아내왔다.

미국과 서유럽의 젊은이들은 영국의 베컴 같은 프로 운동선수를 우러러본다. 이슬람의 많은 젊은이들은 자살 폭탄 테러로 스스로의 목숨을 끊은 인물을 '순교자'로 우러러본다. 이것이 21세기라는 동시대를 사는 지구촌 젊은이들의 큰 차이다.

이슬람 세계도 사이버 문화가 널리 퍼진 상태다. 이슬람 젊은이들이 자주 드나드는 전투적 웹사이트들에는 그동안 이라크와 이스라엘 등지에서 벌어져온 '영웅적 순교 행위'(자살 폭탄 테러)가 누구에 의해 어떻게 펼쳐졌다는 얘기들로 가득하다. 불만족스러운 현실에서 벗어나, 무력감을 떨쳐낼 출구를 찾는 이슬람의 진지한 젊은이들은 그런 웹사이트에서 그들 나름의 대안을 찾고 기꺼이 스스로를 던지기에 이른다.

3장

지구촌 평화 전망

21세기 세계 평화 기상도는 '흐림'

지난 20세기에는 2차례의 세계 대전을 비롯해 많은 전쟁이 벌어졌다. 적어도 1억 명에서 1억 8,000만 명가량이 전쟁으로 사망하는 바람에 20세기는 '폭력의 세기'라는 악명마저 얻었다. 21세기를 맞았을 때 지구촌 사람들은 '밀레니엄(새천년) 축제'를 벌이면서 우리가 두 발을 딛고 사는 이 땅에 평화가 뿌리내리길 간절히 바랐다. 그러나 21세기의 문턱을 넘어선 지 20년을 넘긴 지금, 세계가 평화롭다고 느끼는 사람은 거의 없다.

　초강대국 미국 본토의 핵심 도시인 뉴욕과 워싱턴에서 하루아침에 3,000여 명이 희생된 초대형 테러가 벌어졌고, 그 뒤로 미국은 아프가니스탄과 이라크에서 전쟁을 벌여 지금까지도 많은 사람들이 죽고 다치고 있다. 그뿐 아니다. 아시아, 아프리카, 유럽 가릴 것 없이 고질적인 분쟁 지역에서는 유혈의 불길이 끊임없이 타올랐다. 시리아는 내전으로 말미암아 40만 명이 죽임을 당했고 난민만도 2020년 현재 1,260만 명(국내 610만 명, 국외 650만 명)이 생겨났으며, 시리아 국민들은 앞으로도 더 많은 희생과 고통을 겪을 전망이다.

　21세기 지구촌 전쟁과 평화의 기상도는 어떠할까. 맑게 갠 하늘처럼 평화로운 한 세기가 될까, 아니면 지난 20세기처럼 각종 유혈 사태로 죽고 다치는 '폭력의 세기'가 될까. 안타깝게도 그 전망은 평화보다는 폭력 쪽이다. 전쟁과 관련된 여러 통계들은 그러한 우울한 전망을 뒷받침한다.

이 책 제1부 1장에서 살펴보았듯이, 전쟁 연구자들은 전쟁의 양적 개념으로 '1년 동안 1,000명이 넘는 사망자를 낳은 유혈 분쟁'을 '전쟁'이라 규정한다. 스웨덴 웁살라대학교의 '웁살라 분쟁 자료 프로그램 Uppsala Conflict Data Program(UCDP)'은 전쟁과 군비-군사 분야에서 세계적인 권위를 지닌다. 스웨덴 스톡홀름국제평화연구소(SIPRI)가 해마다 발표하는 『군비·군축·국제 안보 연감』에 나오는 각종 통계 분석 자료들도 UCDP에서 제공하는 것을 바탕으로 하고 있다.

UCDP가 최근 내놓은 분석 자료에 따르면, 제2차 세계 대전이 끝난 다음 해인 1946년부터 2019년까지 74년 동안 '1년 동안 1,000명이 넘는 사망자'를 낳은 전쟁이 135개 지역에서 벌어졌고, 동서 냉전의 시대가 막을 내리는 신호탄으로 독일 베를린 장벽이 무너지던 해인 1989년부터 2019년까지 31년 동안 68개 지역에서 전쟁이 벌어졌다. 80억 인구가 살아가는 21세기의 그 어느 한 해도 전쟁 없이 평화롭게 지나간 적이 없었다는 사실을 확인해준다.

해마다 10건씩 전쟁이 터진다
UCDP 통계 자료를 좀 더 들여다보면, 전쟁이 벌어진 곳은 아프리카와 중동 지역에 몰려 있다. 이라크, 시리아, 예멘(이상 중동), 아프가니스탄(서남아시아), 콩고,

뉴욕에서 열렸던 반전 평화 시위. 한목소리로 미국의 이라크 침공을 반대했다.

수단, 소말리아(이상 아프리카) 등은 최근 몇 년 사이에 해마다 1,000명 이상의 전쟁 희생자를 낳았기에 지구촌의 고질적인 분쟁 지역으로 꼽힌다. 이들 지역에서 벌어진 무력 충돌은 많은 사람들을 죽음으로 몰아넣어왔고, 어렵사리 살아남은 이들도 폭력의 위협과 굶주림에 떨며 불안한 날들을 보내고 있다.

21세기 들어 해마다 전쟁이 벌어졌지만 연도에 따라 전쟁의 횟수와 특히 사망자 규모에서 차이를 보인다. 9·11 테러가 일어나 미국이 아프가니스탄을 침공했던 2001년에는 1,000명 이상의 사망자를 낸 전쟁이 9개 터졌다. 2002~2013년에는 전쟁이 해마다 5~6개 벌어졌다. 이 기간 동안 전쟁 사망자는 해마다 3~5만 명으로 집계됐다. 그 뒤로 최근까지는 상황이 더 나빠졌다. 2014~2022년에 전쟁 횟수는 10~15개로 늘어났고, 사망자 규모도 전보다 훨씬 커졌다. 시리아, 아프가니스탄, 이라크, 예멘에서의 전쟁 상황이 격화된 탓이다. 2012년부터 2017년까지 6년 동안엔 해마다 전쟁 사망자가 7만 명을 넘었다. 특히 2014년엔 11만 명, 2015년엔 10만 명의 사망자를 기록했다. 여기엔 시리아 내전이 큰 몫을 차지했다. 최근엔 예멘 전쟁과 2022년 발발한 우크라이나-러시아 전쟁의 장기화로 전쟁 사망자가 늘어나고 있다.

UCDP 통계로 미뤄보면, 앞으로 10년 동안에도 사망자 1,000명 이상의 희생을 낳는 전쟁이 10개 안팎으로 해마다 벌어질 것으로 보인다. 지구촌의 오랜 분쟁 지역 가운데 하나였던 스리랑카는 10만 명의 사망자를 낳은 채 2009년 전쟁이 끝났지만, 아프가니스탄 같은 몇몇 고질적인 분쟁 지역들은 여전히 유혈 충돌을 되풀이하면서 희생자를 낳고 있다. 이런 상황은 곧 나아질 전망이 없어 보여 더욱 안타깝기만 하다. 1948년 이스라엘이 독립 국가를 세우면서 유혈 충돌이 이어져온 이스라엘-팔레스타인 같은 곳도 여전히 많은 민간인들의 희생을 강요할 것이 틀림없다.

앞에서 '1년 동안 1,000명 넘는 희생자'를 낳는 전쟁이 해마다 10건 안팎으로 벌어진다고 했지만, 짚고 넘어갈 점이 있다. 지구촌 곳곳에서 정치적 폭력과 굶주림으로 고통받는 이들에게 그러한 통계는 허수에 지나지 않는다. 지구촌 분쟁의 실상을 들여다보면, 사망자 숫자의 많고 적음에 관계 없이 지역적으로 전쟁이 주는 고통의 편차는 거의 없다.

무엇보다 우리가 두 발을 딛고 사는 한반도가 세계적으로 손꼽히는 분쟁 지역 가운데 하나다. 그래도 한반도는 다른 분쟁 지역에 견준다면 평화를 위한 기본 조건을 갖추고 있는 곳이다. 쓰는 말과 문화적 뿌리가 같은 한 민족이기에 마음을 열고 대화를 나눈다면 더 큰 위기를 막을 수 있다. 21세기 세계 분쟁 지역들을 돌아보면, 한반도보다 상황이 어려운 곳들이 한둘 아니다. 언어·혈연·종교·정서가 다른 정치 세력들이 서로에 대한 미움과 불신의 골을 메우기가 쉽지 않은 형편이다. 중동 지역의 팔레스타인, 레바논, 이라크, 아프가니스탄, 발칸반도의 보스니아, 코소보, 아프리카의 수단, 르완다, 소말리아 등은 한정된 영토와 자원을 둘러싼 이민족끼리의 생존권 다툼이라 언어 소통에서조차 어려움이 따랐다. 우크라이나에서도 2022년 전쟁이 발발했다. 이들 지역은 전쟁의 불길이 잡히더라도 언제 또 다른 유혈 사태가 일어날지 모르는 강한 휘발성을 지닌 곳들이다.

소리 없는 전쟁들　　　이스라엘에 대한 팔레스타인 사람들의 투쟁, 이라크와 아프가니스탄 전쟁의 모습은 그런대로 널리 알려진 편이다. 그동안 영국 BBC나 미국 CNN 같은 대형 언론사들은 물론이고 다른 많은 군소 언론사들도 그 지역 분쟁에 관심을 기울여 보도를 해왔기 때문이다. 이와는 대조적으로 세계의 주요 언론사들조차 관심을 크게 기울이지 않는 탓에 국제 사회에 크게 부각되지 않는 전쟁이 이른바 '소리 없는 전쟁'이다. 유혈 분쟁에 휘말린 사람들이 죽어가면서 고통스러운 신음소리를 내지만, 흔히 우리가 '국제 사회'라 부르는 바깥 세상에 제대로 그 참상이 알려지지 않는 전쟁을 가리킨다.

　소리 없는 전쟁이 생겨나는 이유로 세 가지를 꼽을 수 있다. 첫째로 유혈 분쟁 현장이 너무 멀고 교통이 불편해서 취재 기자의 접근이 쉽지 않고(아프리카 콩고 동부 지역 내전의 경우), 둘째로 현지 상황이 너무나 위험하고 무장 조직에 납치돼 곤욕을 치를 가능성마저 있어 언론사에서 취재 기자를 아예 보내지 않거나(러시아-체첸 내전, 아프리카 소말리아 내전의 경우), 셋째로 유혈 분쟁이 워낙 오래 계속된 탓에 상업적인 미디어들이 그다지 관심을 두지 않는 경우(인도-파키스탄의 해묵은 분쟁 지역인 카슈미르 등)이다.

13억의 인구가 모여 사는 아프리카 대륙에서의 유혈 분쟁들도 대부분 '소리 없는 내전'들이다. 그 전쟁들을 들여다보면 그동안 엄청난 희생을 치러왔다는 것이 놀랍고 믿기지 않지만 사실이다. 멀리 갈 것도 없이 1990년대 이후만 해도 콩고 내전 300만 명, 수단 내전 150만 명, 르완다 내전 80만 명, 앙골라 내전 50만 명이란 엄청난 희생자들을 낳아왔다. 지금도 아프리카에선 콩고, 수단, 남수단, 리비아, 말리, 중앙아프리카공화국 등 곳곳에서 유혈 분쟁이 이어지고 있다.

아프리카의 유혈 충돌에는 겨우 12~15살의 나이 어린 소년병들도 한몫했다. 따지고 보면 이들은 배고픔과 공포에 못 이겨 어른들의 전쟁에 끌려들어가 강요된 전쟁을 치른 셈이다. 유니세프(UNICEF)에 따르면, 1990년대 이래 18살 미만의 소년병들이 전 세계에 걸쳐 30만 명 정도였고, 현재 아프리카에는 적어도 10만 명의 소년병이 실전에 투입되는 것으로 추산된다.

소년병이 어른들과 함께 전쟁에 나서는 것은 AK-47 같은 소총들이 가볍고 사용하기도 편한 탓도 크다. 아프리카 내전들은 대량 살상 무기나 최신예 전폭기, 탱크가 나서는 전쟁이 아니다. 기껏해야 RPG(어깨걸이식 총유탄)이다. 어른들의 싸움에 휘말린 소년병들은 놀랍게도 어른 못지않게 잔혹한 전쟁 범죄를 저질러왔다. 1990년 초부터 다이아몬드 광산 이권을 둘러싸고 10년 동안 이어졌던 시에라리온 내전이 대표적인 보기다. 반군 혁명연합전선(RUF) 소속 소년병들은 어른들이 강제로 먹인 마약에 취해 도끼로 손목을 치는 잔인성으로 악명이 높았다. 국제노동기구(ILO)가 1999년 소년병을 '아동 노동의 최악의 유형the worst forms of child labor'이라고 규정했지만, 아직도 지구촌 분쟁 지역 곳곳에서는 소년병들이 어른들의 싸움에 휘말려 들어가 있다.

자원을 둘러싼 이권 전쟁

아프리카 내전들은 평화 협상도 쉽지가 않다. 수단 내전과 부룬디 내전처럼 정부군에 대항하는 반군 조직들이 여럿으로 나뉘어 있는 탓에 내전의 양상을 더욱 복잡하게 만들 뿐이다. 지난날 강대국들은 아프리카 지도를 놓고 직선으로 국경선을 그어 부족 공동체를 분리시킴으로써 내전의 씨앗을 뿌렸다. 그렇기 때문에 강대국들은 풍부한 자원에만 군침을 흘리지 말고 그곳 사람들의 '인간 안보'에 더욱 큰 관심을 기울여야 한다는 지적이 나온다. 아프리카에서는 '내전-질병(에이즈, 말라리아)-빈곤'이라는 만성적인 3박자가 민초들의 고통을 더해왔다. 유엔 식량농업기구(FAO)의 최근 자료에 따르면, 검은 대륙 아프리카에선 2억 5,000만 명이 기아 선상에서 굶주리고 있다. 아프리카 사람 5명 가운데 1명꼴이다.

아프리카 내전의 성격은 본질적으로 풍부한 자원을 둘러싼 이권 전

조지 부시의 얼굴을 닮은 탈을 쓰고 '석유를 노린 더러운 전쟁'을 비판하는 미국의 평화 운동가.

쟁이다. 숱한 목숨을 앗아간 그곳 내전들은 석유나 다이아몬드, 금광 등 자연자원 이권을 빼고 말하기 어렵다. 이를테면 콩고 내전은 아프리카 이웃 나라들이 콩고의 풍부한 자연자원에 군침을 흘리고 군대를 보내 개입했기에, '아프리카의 제2차 세계 대전'이라 일컬어진다. 아프리카에서 벌어졌던 전쟁들이 만일 유럽에서 벌어졌다면 '제3차 세계 대전'이라고 불렀을지도 모를 일이다.

석유는 앙골라, 수단, 나이지리아에서 분쟁의 주요 요인이다. 수단 내전은 남부의 풍부한 석유 자원을 둘러싼 친정부 세력(이슬람교도)과 반정부 세력(수단인민해방군, 기독교도와 토속 종교 연합)의 긴장에서 비롯됐다. 21세기에 들어 양쪽이 석유 이권을 골고루 나누기로 합의하고 내전은 막을 내렸지만, 곧이어 수단 서부 다르푸르 지역에서 새로운 유혈 분쟁이 터져 30만 명이 목숨을 잃었다. 아프리카 지역 기구인 아프리카연합(AU)에 속한 4,000명의 병력(2020년 현재)이 유엔평화유지군(UNAMID)의 푸른 헬멧을 쓰고 주둔 중이지만, 지금도 상황은 좋지 못하다.

석유를 비롯해 아프리카 분쟁 지역의 자연자원 판매 대금은 외국에서 무기를 사들이고 무장 세력을 키우는 전쟁 비용으로 쓰인다. 그 나라 다수 국민들의 삶을 어제보다 낫게 만드는 데 제대로 쓰이지 않는다. 소수 1%의 특권층과 그들에게 줄을 댄 외국 기업인들이 배를 불릴 뿐이다. 콩고나 나이지리아가 대표적인 보기다. 석유를 비롯한 자연자원으로 벌어들이는 돈을 나라 발전에 제대로 썼다면 어땠을까. 콩고나 나이지리아의 모든 국민들이 잘살 수 있었을 테지만, 현실은 그러지 못했고, 높아진 국민의 불만은 내전의 씨앗을 뿌려왔다.

전쟁은 많은 이들의 고통을 자아내지만, 일부 사람들에게는 돈을 버는 기회로 여겨진다. 2012년 네덜란드 헤이그 국제형사재판소에서 징역 50년을 선고받은 라이베리아의 독재자 찰스 테일러는 시에라리온 반군에게 무기를 팔고 대신 반군들이 불법 채취한 다이아몬드를 건네받아 밀수출해 검은 돈을 번 인물이다. 전쟁을 통해 돈을 버는 '죽음의 상인'이란 바로 테일러 같은 자일 것이다.

불경기 아랑곳없는 군비 경쟁

전 세계에 평화가 깃들어 모든 나라가 국방비를 줄이고 그 돈을 복지나 문화 사업에 쓸 수만 있다면 얼마나 좋을까. 지구촌의 평화를 기원하는 많은 사람들이 군비 축소 하면 떠올리는 구절이 "칼을 쳐서 보습(쟁기 끝에 붙은 쇠붙이)을 만들고 창을 쳐서 쟁기를 만든다"는 것이다. 구약 성서 미가서에 나오는 이 구절은 전쟁 상태를 끝내고 평화를 만들어내려는 노력을 뜻한다.

군비 경쟁이란 잣대로 봐도 21세기 지구촌은 평화와는 거리가 멀다. 오늘 지구상의 모든 국가들은 저마다 국가 안보를 내세워 엄청난 예산을 들여가며 무기를 사들인다. 글로벌 경제 위기와는 상관없이 군비 경쟁은 지금도 이뤄지고 있다. 스웨덴 스톡홀름국제평화연구소(SIPRI) 『군비·군축·국제 안보 연감』의 최근 통계들을 보면, 거꾸로 보습을 녹여 칼을 만드는 게 아닌가 하는 생각이 들기도 있다. SIPRI에 따르면, 21세기 20년 동안(2000~2019년) 전 세계의 국방비는 무려 50%가량 늘어났다. 지구촌이 글로벌 경제 위기와 만성적인 빈곤 퇴치 문제로 골치를 앓고 있는데도, 군사비 지출만큼은 조금도 줄어들지 않았다.

이와 관련해 SIPRI 군비 프로젝트의 책임자 샘 펄로 프리먼의 말을 들어보자. "일반적으로 군비 지출은 경기 진작을 위한 주요 방편은 아니지만 그래도 많은 국가들이 군비 지출을 늘렸다. 미국, 중국, 러시아, 인도, 브라질과 같은 국가들의 군비 지출 증가는 비록 경제가 어려운 시기임에도 군비 지출을 늘리겠다는 장기적인 전략적 선택에서 비롯된 것이다." 군비 지출이 경기 진작을 위한 주된 수단도 아니지만 감축 대상도 아니라는 얘기다. 글로벌 금융 위기는 각국 정부의 전력 증강 노력에 영향을 미치지 못했다는 사실이 드러난다.

미국은 21세기에도 가장 많은 군비를 지출함으로써 '부동의 1위' 자리를 지키고 있다. SIPRI 연감 자료에 따르면, 21세기 들어와 10년 동안 미국은 전 세계 국방비의 40~45%쯤을 혼자 지출해왔다. 미국 다음으로 국방비가 많은 나라인 중국, 러시아, 영국, 프랑스 등 상위 15개국의 국방비를 합쳐봐도 미국의 국방비보다 적었다. 그러나 오바마가 집권한 2009년 이후로 미국의 국방비는 줄기 시작해 전 세계 국방비에서 차지하는 비중도 점차 줄어드는 추세였다. 하지만 트럼프가 집권한 2017년부터 4년 동안 또다시 크게 늘어났다. 트럼프 집권 마지막 해인 2020년도 국방 예산은 7,380억 달러로, 오바마 집권 마지막 해인 2016년에 견주어 1,300억 달러가량 늘어났다. 2위인 중국의 2,610억 달러보다 2.8배, 러시아의 650억 달러보다는 11배가량 많다. 2020년을 기준으로 보면, 미국의 국방비는 세계 2위인 중국부터 세계 10위인 한국(440억 달러), 11위 브라질까지 미국을 제외한 상위 10개국의 국방비를 모두 합한 금액보다도 많다.

덧붙여 눈여겨볼 대목은 일본의 군사 대국화 움직임이다. 21세기 들어 일본은 줄곧 한국보다 많은 국방비를 지출해왔다. 순위로 보면 대체로 한국이 10위, 일본은 7위에 자리해왔다. 경제 대국인 일본의 군사 대국화가 동아시아 지역 안정에 도움이 될 것이냐 하는 문제는 논란거리로 남겠지만, 동아시아의 군비 경쟁을 부추기는 것만은 틀림없어 보인다.

미국이 중국을 비롯해 다른 나라들보다 압도적으로 많은 국방비를 쏟아붓는 까닭은 무엇일까. 2018년에 나온 「미국 국방전략 보고서」는 미국이 국방비를 늘리는 목적을 '세계와 핵심 지역에서 군사적 우세를 이어가려는 것'이라고 못 박고 있다. 미국이 세계 패권 국가의 지위를 놓치지 않기 위해서는 군사력을 증강해야 한다는 미국 강경파들의 목소리가 트럼프 행정부 4년 동안엔 더욱 힘을 얻었다.

1990년 소련이 해체된 뒤 유일 초강국으로 세계 패권을 쥔 미국은 막대한 국방비 지출로 패권을 유지하는 물리력을 뒷받침해왔다. 2001년 9·11 테러 뒤 벌인 아프가니스탄 침공과 뒤이은 이라크 전쟁은 미국의 국방비 상승을 부채질했다. 이는 곧 전 세계 평화 운동가들로부터 '죽음의 상인'이라고 비판을 받는 미국 군수 산업체들의 배를 불리는 결과로 이어지기 마련이다.

지난 1961년 드와이트 아이젠하워 대통령은 고별 연설에서 "거대한 군사 기구와 군수 관련 대기업이 결합해 미국 사회 전체에 중대한 영향을 미치고 있다"며 미국 사회가 군산 복합체에 끌려 다닐 위험성을 경고했다. 군 장성 출신인 아이젠하워는 대통령 재임 기간(1953~1961년)에 군수 산업체들의 로비에 따라 해마다 국방 예산이 커지는 것을 걱정했다. 미국의 천문학적 국방 예산 편성 뒤에는 군산 복합체라는 거대한 실체가 도사리고 있다.

군부와 군수 산업체 사이의 상호 의존을 가리키는 군산 복합체는 정치권과 언론, 학계를 더해 군산정언학軍産政言學 복합체라 일컫기도 한다. 아이젠하워의 경고 뒤 60년 동안 군산 복합체는 패권 국가 미국을 물리적으로 뒷받침하는 거대 세력으로 등장했고, 잇단 전쟁으로 군수 산업체들은 호황을 누려왔다. 2021년 출범한 바이든 행정부에서는 국방비를 줄여야 한다는 목소리가 높다. 하지만 미국 군수업계의 저항과 로비, 그에 유착한 미 의회의 반발로 미국이 국방비를 대폭 줄이긴 쉽지 않다.

한국은 어느 정도일까. 2000년대 이후 한국의 국방비 규모는 세계 10~12권에서 오르내렸다. 10위를 기록한 2020년에는 처음으로 50조원을 넘어섰다. 한국 인구가 5,200만 명이니 국방비를 인구수로 나누면 1인당 군비 지출은 100만 원쯤이다. 미국, 프랑스, 영국에 견주어보면 낮지만 전 세계 평균보다는 2배가량 많다. 최근 군비 지출의 비중은 정부 예산 대비 14.1%, GDP 대비 2.3~2.5%로 나라 재정에 적지 않은 부담을 주고 있다.

큰 그림으로 보면 한국의 국방비는 해마다 크게 상승 곡선을 그려왔다. 2010년 30조 원에 못 미쳤던 국방비는 2015년 37조 원, 2020년엔 그동안 심리적 저항선이었던 50조 원을 넘어섰다. 엄청난 고가의 미국산 무기 도입이 군비 지출을 늘리게 한 주요인으로 지적된다. 생활고에 시달리다 못해 일가족이 자살했다는 소식을 들으면, 국방비를 줄여 서민 경제와 복지를 높이는 데 쓴다면 얼마나 좋은 일일까 하는 안타까움을 품게 된다. 한국에서 경제적 어려움으로 자살하는 사람은 한 해에 6,000명쯤이다. 북한의 군비 확장을 두고 흔히 "인민은 굶는데 미사일 개발에 재정을 탕진한다"고 혀를 찬다. 이런 지적이 북한에게만 해당되지는 않을 것 같다.

지난 2000년 뉴욕 유엔 총회에서는 '새천년개발목표Millennium Development Goals(MDGs)'라는 이름의 의제를 채택했다. 2015년까지 지구상에서 절대 빈곤과 굶주림을 없애겠다는 내용이었다. 하지만 그 목표는 이뤄지지 못하고 지금도 세계 곳곳에는 하루 벌이 1달러가 안 되는 절대 빈곤층이 수두룩하다. 세계은행World Bank의 한 보고서에 따르면, 지구촌 빈곤 퇴치를 위해 해마다 필요한 예산은 전 세계 국방비의 5%에 지나지 않는다. 다른 지역 얘기할 것도 없다. 만일 남북한이 해마다 국방비를 5%씩 줄여 복지에 투자한다면 한반도에서 경제적 어려움으로 자살하는 사람의 수도 훨씬 줄어들 것이다.

커져가는 핵전쟁의 공포

핵무기는 지구촌 군비 경쟁 (또는 군비 축소)에서 빼놓을 수 없는 관심 사항이다. 21세기 국제 정치를 읽는 핵심 단어의 하나가 핵무기이다. 국제 정치 관계의 본질이 힘에 바탕을 둔 이해관계의 조정이라면, 핵무기를 가졌느냐 못 가졌느냐는 매우 중요해진다. 국제 정치에서 '힘'의 중요성을 잘 알고 있는 현실주의의 대표자인 미국 정치학자 한스 모겐소는 일찍이 국제 정치를 '힘을 위한 투쟁'이라고 규정했다. 핵무기는 19세기 나폴레옹 시대 때처럼 병력 숫자로 힘겨루기를 하던 고전적 전쟁 개념을 깨뜨렸다. 핵무기 보유를 향한 여러 나라들의 노력은 곧 국제 사회에서 '힘'의 우위를 확보하기 위한 처절한 노력에 다름 아니다.

현재 유엔 회원국 193개국 가운데 핵무기를 보유한 나라는 9개국(미국, 영국, 중국, 러시아, 프랑스, 인도, 파키스탄, 이스라엘, 북한)이다. 이들 핵 보유 국가들이 모두 합쳐 1만 2,700개쯤의 핵무기를 보유중이다. 비율로 보면, 핵무기 10개 가운데 9개를 미국과 러시아가 나눠 갖고 있다. 이 두 나라가 보유한 핵무기 가운데 1,800개쯤은 겨우 몇 분 안에 목표물을 향해 쏘아 올릴 수 있도록 돼 있다. 그 하나하나가 모두 히로시마-나가사키에 떨어졌던 것보다는 파괴력이 훨씬 크다. 히로시마에 떨어진 원자폭탄에 견주어 1,000배의 살상력을 지닌 것들도 있다. 지구촌의 평화와 안전을 위해서는 핵 군축뿐 아니라 핵 폐기가 시급한 과제다.

핵전쟁의 공포가 전쟁을 막는다는 시각도 있기는 하다. 지난날 냉전 시대에 미국과 소련의 냉전이 열전으로 번지지 않은 것도 핵전쟁의 공포 때문이었다고 말하기도 한다. 그것은 곧 '공포의 균형'이다. 핵전쟁이 일어날 경우 전쟁의 승패를 떠나 핵 공격으로 서로를 파괴한다는 이른바 '상호 확증 파괴(MAD)' 전략 개념은, 핵전쟁에서 승자가 있을 수 없다는 점에서 전쟁 억제력을 지녀왔다. 문제는 만에 하나다. 스탠리 큐브릭 감독의 1964년도 흑백영화 《닥터 스트레인지러브 Dr. Strangelove》가 좋은 보기다. 이 영화는 "적국이 먼저 공격해올지 모른 다"는 피해망상증에 사로잡힌 몇몇 지도자들의 잘못된 판단으로 말미 암아 우발적으로 핵전쟁이 일어날 가능성을 보여준다.

북한의 핵 개발 움직임은 여전히 긴장을 불러일으키고 있다. 북한은 2006년 10월 1차 핵실험에 이어 2009년 5월 2차, 2013년 2월 3차, 2016년 1월 4차, 2016년 9월 5차, 그리고 2017년 9월 6차 핵실험을 실시했다. 북한은 6차 핵실험으로 수소폭탄 개발에 성공했다고 주장했다. 북한이 실제로 핵무기를 몇 개나 보유했는지는 정확히 알기 어렵다. 미국과학자협회(FSA)는 북한이 35개쯤의 핵무기를 보유하고 있을 것으로 보지만, 어디까지나 추정일 뿐이다.

핵과 관련한 또 다른 문제는 기존의 핵보유국들이 핵무기 폐기를 말로만 하고 실천에 옮기는 데 굼뜨다는 것이다. 1970년에 발효된 핵확산 금지조약(NPT)은 핵무기 확산을 막기 위한 것이지만 기존 핵보유국들의 완전한 핵 폐기를 목표로 하고 있다. 그렇지만 전면 핵 폐기 소릴 우리는 듣지 못했다. 핵무기를 갖지 못한 국가들이 '핵 보유'로의 유혹을 쉽게 떨쳐내지 못하는 것도 따지고 보면 전면 핵 폐기를 외면하는 기존 핵보유국들의 잘못 탓이 크다.

더구나 미국은 조지 부시 행정부 시절인 2002년 핵 태세 검토 보고서(NPR)를 내면서 "핵무기를 보유하지 않은 국가에 대한 핵 선제공격도 가능하다"는 입장을 공식화함으로써 전 세계 평화주의자들의 비판을 받았다. 오바마 행정부 들어 나온 2010년 NPR도 "효과적인 핵 억지

력은 유지하겠다"면서, 이란과 북한에 대한 핵 공격 옵션을 그대로 이어나갔다. 부시의 공격적인 핵 정책을 오바마가 뒤집어주길 바라던 사람들은 실망할 수밖에 없었다. 트럼프는 한술 더 떠 1992년 이후 중단된 미국 내 핵실험 재개를 저울질했다. 그는 2020년 7월 세계 최초 핵실험인 트리니티 핵실험 75주년을 맞아 한 연설에서도 외부 위협에 맞서려면 핵전력 강화가 필요하다고 주장했다.

전 세계 핵무기의 90%를 보유한 미국과 러시아의 핵 감축 협상도 문제다. 지난 수십 년 동안 갖가지 핵무기 감축 협상을 벌여왔지만 속도는 매우 더디다. 2010년 4월 미국 버락 오바마 대통령과 러시아 드미트리 메드베데프 대통령이 체코 수도 프라하에서 만나 전략 핵무기를 7년 안에 각각 1,550기로 줄이고, 전략 핵무기를 탑재하는 미사일의 상한을 각각 800기로 유지하기로 한 신전략무기감축협정New START에 서명했다. 그렇지만 이는 전면 핵 군축과는 거리가 멀다. 미국과 러시아가 보유하기로 한 3,000기의 전략 핵무기만으로도 지구상의 모든 사람을 죽이고 지구촌 환경을 완전 오염시키기에 충분하다.

이스라엘, 인도, 파키스탄도 핵무기 감축은커녕 비축량을 늘려가면서 좀 더 정교한 핵 운반 능력을 키우는 데 골몰하는 중이다. 세계는 그야말로 제2차 핵 시대에 접어들었다. '제2차'란 지난 냉전 시대와는 달리 핵 위험이 더욱 커지고 예측하기 어려워졌다는 뜻에서다. 평화 운동가인 데이비드 코트라이트(노트르담대학교 국제평화연구소 연구원)는 '새로운 핵 위험'이란 제목의 글에서, "이란과 북한 핵 폐기뿐 아니라, 미국도 핵확산금지조약(1970년 발효) 합의에 따라 핵을 폐기할 시점에 이르렀다"고 주장했다. 너무나 당연한 얘기다. 북한 핵 폐기를 요구한다면, 세계 최대의 군사력을 유지하느라 전 세계 국방비의 절반 가까운 엄청난 예산을 쏟아부어온 미국도 핵 감축-폐기의 수순을 밟아 나가야 마땅하다. 핵무기를 개발하려는 움직임을 보이는 국가들을 핵확산금지조약에만 묶어두려 하지 말고 미국을 비롯한 핵보유국들의 핵 감축 노력이 실질적으로 있어야 할 것이다.

한반도 주변은 핵 강대국들인 미국, 중국, 러시아, 그리고 미일 동맹의 한 축으로 미국의 양해 아래 보유 중인 40톤의 플루토늄과 재처리 시설로 언제라도 핵탄두를 개발해낼 기반을 갖춘 일본, 이렇게 4개국이 둘러싸고 있다. 한반도 평화를 사랑하는 이들은 "북한 핵 폐기뿐만이 아니라, 나아가 한반도 주변국들도 핵 폐기-비핵화에 노력하라"고 외친다. 한반도와 동북아에서 핵무기의 위협을 포괄적으로 제거하기 위해선 "동북아를 비핵 지대로 설정해야 한다"는 주장도 나오고 있다. 한국과 일본의 평화 운동가들이 제기하는 동북아 비핵 지대화론은 21세기 한반도 평화를 위해서는 바람직한 구상이지만, 안타깝게도 한반도 주변 강대국들은 귀를 기울이지 않는 모습이다.

R2P 개입 논리의 문제점

21세기 지구촌의 고민은 고질적인 분쟁 지역들에 어떻게 평화의 나무를 심느냐는 문제이다. 2021년 현재 8만 500명의 유엔평화유지군(경찰 9,150명 포함)이 푸른 헬멧을 쓰고 레바논을 비롯한 전 세계 13개 분쟁 지역에서 활동 중이다. 문제는 모든 분쟁 지역에 유엔평화유지군이 파견돼 있지 않다는 것이다. 평화유지군이 파병돼야 마땅한데도 그렇지 못한 곳들이 많다. 중동의 만성적인 분쟁 지역인 이스라엘-팔레스타인 같은 곳조차 유엔

평화유지군이 없다. 유엔평화유지군이 파병되려면 아프리카 소말리아처럼 중앙 정부가 무너진 이른바 '실패한 국가failed state'(군대와 경찰 조직이 무너져 자국민을 보호할 능력을 잃고 혼란에 빠진 국가)인 경우 말고는 병력이 파견돼 머물게 될 국가의 동의를 얻어야 한다. 팔레스타인에 파병이 이뤄지지 못하는 것은 이스라엘이 주권 국가임을 내세워 파병 논의 자체를 거부하고 또한 이스라엘의 강력한 동맹국인 미국이 반대하기 때문이다.

21세기에 팔레스타인을 식민지로 다스리는 이스라엘은 국가 안보란 이름 아래 월등한 국가 폭력으로 팔레스타인 사람들의 희생을 강요해왔다. 자신이 태어난 땅에서 인간다운 삶을 평화적으로 누릴 권리를 지니는 것은 팔레스타인 원주민들에게도 예외가 있을 수 없다. 우리 인간은 평화적 생존권 및 평화로운 상태를 위협하는 어떠한 외부적 강제도 거부할 권리를 지녔다. 평화적 생존권(줄여 평화권)은 인간 안보의 권리, 안전한 환경에서 살 수 있는 권리를 뜻한다. 국가의 불법적, 반인권적 행위에 대해서 모든 인간은 양심적 거부와 불복종의 권리를 가진다. 하지만 이스라엘의 국가 폭력 아래 팔레스타인 사람들의 평화적 생존권은 실종 상태가 된 지 오래이다.

팔레스타인의 경우처럼, 우리 인간이 기본권으로 누려야 할 평화적 생존권이 위협받을 경우 도움의 손길을 뻗어야 한다는 것은 국제 사회의 의무이자 책임이다. 2011년부터 중동 지역에 '아랍의 봄'이란 이름의 민주화 바람이 불면서 '(국민을) 보호해야 할 책임Responsibility to Protect(보호 책임 또는 R2P)'이란 용어가 새삼 눈길을 끌었다. '아랍의 봄'이 다가오면서 이집트의 호스니 무바라크 30년 독재와 리비아의 무아마르 카다피 42년 독재가 끝장났다. 특히 관심을 끌었던 것은 리비아였다. 2011년 이집트의 무바라크가 독재와 가난에 지친 국내 민중의 힘으로 무너졌다면, 리비아는 달랐다. 북대서양조약기구(NATO)가 '보호 책임' 논리를 내세워 무아마르 카다피 독재를 무너뜨리는 데 결정적 힘을 보탰다.

보호 책임 원칙은 이른바 '실패한 국가'나 독재 국가에서 심각한 인권 침해가 이뤄지는 경우엔 그 나라 주권을 일시적으로 보류(무시)하고 국제 사회가 개입할 수 있다는 논리이다. 전통적으로 국가 주권은 절대적인 것이고 신성불가침으로 여겨졌다. 하지만 21세기에 들어와 이 주권 개념은 인권 보호 논리로부터 도전을 받아왔다. "인간 안보가 국가 안보란 이름 아래 소홀히 다뤄져선 안 된다"는 논리가 힘을 얻고 있는 것이다.

'보호 책임'이란 용어가 국제 사회에서 처음으로 입에 오르내린 것은 2001년 '개입과 국가 주권에 관한 국제위원회(ICISS)'라는 독립적 모임에서였다. 캐나다 정부의 후원으로 조직된 ICISS는 9쪽 분량 보고서에서 "어떤 한 국가에서 '인종 청소'를 비롯한 '대규모의 인명 피해'가 저질러지고 있다면, 국제 사회가 인권 보호를 위해 군사적으로 개입할 수 있다"는 논리를 폈다. 이런 논리의 배경에는 1999년 나토의 발칸반도 코소보 전쟁 군사 개입이 유엔안보리의 결의 없이 이뤄졌다는 비판이 있었다. 2005년 유엔 총회는 집단 학살, 인종 청소, 반인도적 전쟁 범죄로부터 시민을 지키는 보호 책임 원칙이 국제 사회에 주어진 국제 규범임을 처음으로 공식화하는 결의안을 채택했다.

여기서 논란이 되는 것은 두 가지다. 첫째, 강대국들이 보호 책임 개입을 선택적으로 적용해 자국의 이익을 챙기려 든다는 점이다. 보호 책임은 "국가 안보도 중요하지만 인간 안보도 중요하다"는 인권 중시 개념을 담고 있다. 그렇지만 석유가 풍부한 리비아 내전엔 보호 책임을 내세워 개입했으면서도, 2021년 현재 40만 명의 사망자를 낳은 시리아 내전, 1987년 팔레스타인 사람들의 제1차 인티파다 이래 1만 5,000명의 사망자를 낸 이스라엘-팔레스타인 분쟁엔 적극적으로 개입하지 않고 있다. 보호 책임 논리가 선택적으로 적용된다는 비판을 하지 않을 수 없다.

둘째는 강대국들이 보호 책임을 하나의 구실로 내세워 국가 이익을 챙기려 든다는 점이다. 가장 대표적인 보기로는 2003년 미국의 이라크 침공을 꼽을 수 있다. 조지 부시를 비롯한 미국 지도자들은 이라크의 풍부한 석유와 이스라엘 안보 챙겨주기라는 두 마리 토끼를 잡으려 이라크를 침공했으면서도 "사담 후세인의 독재로부터 신음하는 이라크 사람들의 인권을 지켜주겠다"는 주장을 되풀이했다.

보호 책임을 명분으로 한 군사 개입이 강대국의 이해관계에 따라 마구잡이로 이뤄지는 것을 막기 위해서는 엄격한 개입 기준이 필요하다. 보호 책임 개념을 처음 도입했던 2001년 ICISS 보고서도 다음과 같은 5가지 전제 조건을 덧붙였다. 첫째, 더 이상 희생이 일어나는 것을 막겠다는 올바른 의도right intention, 둘째, 다른 모든 비군사적 수단을 동원한 뒤의 마지막 호소last resort로서의 군사 개입, 셋째, 군사 개입을 하더라도 그 규모나 개입 기간을 최소화하는 비례적 수단proportional means, 넷째, 군사 개입이 오히려 사태를 악화시켜 더 심각한 인권 침해를 부르지 않아야 한다는 합리적 전망reasonable prospects, 다섯째, 유엔안보리의 개입 결의안 같은 정당한 권위right authority 등이다.

힘이 지배하는 국제 사회에서 위의 5가지 전제 조건은 전란의 시대에 도덕과 인의를 외쳤던 공자나 맹자의 주장처럼 얼핏 공허하게 들린다. 국제법을 무시하고 유엔안보리 결의도 없이 2003년 이라크를 침공한 미국의 사례에서 보듯이 현실은 힘의 논리가 법의 논리에 앞선다. 결국 국제 사회를 움직이는 강대국들의 개입 논리는 명분이 그럴듯한 '보호 책임'보다는 실리적인 이해관계이다. 개입해서 이익이 있느냐 없느냐가 잣대이다. 보호 책임 논리를 내세운 인도주의적 개입은 겉으로 내세우는 개입 명분일 뿐이다. 실익이 없으면 움직이지 않고 나 몰라라 하는 국제 사회의 비정할 만큼 차가운 논리다.

통역이 필요 없는 한반도

우리의 현실적인 관심은 한반도의 평화와 생존이다. 남북한 합쳐 7,700만 명(남한 5,200만, 북한 2,500만)이 살고 있는 한반도의 기상도는 어떠할까. 지구상에서 유일한 민족 분단의 현실 속에서 남북 합쳐 170만의 정규군 병력이 대치 중이고, 긴장 상황은 언제든 생길 수 있다. 2010년 천안함 침몰 사건과 연평도 포격전을 거치면서 한반도 긴장 지수는 훨씬 높아졌다. 북핵 폐기와 긴장 완화는 여전히 뜨거운 현안으로 남아 있다.

미국 할리우드의 '영원한 젊은이' 제임스 딘이 주연을 맡았던 몇 안 되는 영화 가운데 《이유 없는 반항Rebel Without A Cause》(1955년)이 있다. 그 영화에선 1950년대에 미국 젊은이들 사이에서 유행병처럼 번졌던 위험한 자동차 놀이가 나온다. 이름하여 '치킨 게임chicken game'이다. 이 게임의 규칙은 단순하다. 바로 앞에서 마주 달려오는 자동차를 향해 전속력으로 나아가다가, 충돌 바로 직전에 누가 먼저 자동차 핸들을 꺾느냐로 겁쟁이를 가려내는 게임이다. 먼저 핸들을 틀면, 그는 '치킨'으로 손가락질받는다. 이 '치킨 게임'은 짜릿하지만 그 결과는 치명적이다. 이기려고 버티다간 자동차 정면충돌로 양쪽 다 죽거나, 다행히 목숨을 건졌다 해도 일생을 불구로 살아야 한다.

한반도의 남북 지도자들이 치킨 게임을 연출해선 안 될 일이다. 19세기 초 나폴레옹 전쟁에서의 체험을 바탕으로 카를 폰 클라우제비츠가 쓴『전쟁론』은 전쟁을 가리켜 정치적 행위라고 했다. 중요한 것은 전쟁을 정치적으로 이용해선 안 된다는 점이다. 지금껏 많은 국가의 정치 지도자들이 전쟁을 정치적으로 이용해왔다. 한 가지 위안이라면 국제위기그룹(ICG)을 비롯해 세계적인 안보 관련 연구소들이 "남북한의 전면적인 무력 충돌이 현실화할 가능성은 낮다"고 전망하고 있다는 점이다. 만에 하나 한반도에서 전쟁이 다시 터진다면, 지난 세월 동안 전쟁 무기의 살상력이 훨씬 높아진 만큼 6·25 한국 전쟁 때보다 훨씬 큰 인명 피해를 낳을 것이다. 미국 젊은이들의 치킨 게임을 닮아가는 한반도 상황을 막으려면, 이 땅의 시민들이 더욱 똘똘 뭉쳐 반전 평화를 외쳐야 할 것이다.

한반도 상황이 때때로 위기 국면으로 치닫곤 한다. 그럴 때마다 전쟁을 정치적 행위로 풀이한 클라우제비츠의 고전적 정의는 새삼스럽게 우리에게 여러 생각을 하도록 만든다. 특히 이 땅의 평화를 사랑하는 사람들이 경계해야 할 것은, 남북 간의 긴장과 대결 국면을 이용해 정치적 이익을 챙기려는 움직임과, 최후의 수단이어야 할 전쟁을 정치적 필요에 따라 함부로 일으키려는 움직임이다. 이 땅의 평화 시민들은 뜻을 모아 이와 같은 움직임들에 맞서야 한다. 그런 노력이 바로 제2의 6·25 참극을 막는 길이다.

이스라엘이 베들레헴 외곽에 세운 8m 높이의 분리 장벽. 팔레스타인 사람들은 이 장벽을 중동 평화를 가로막는 괴물이라고 여긴다.

　나는 한반도 정세를 낙관론자의 눈으로 바라본다. 남북한이 민족애에 바탕한 대화로 갈등을 슬기롭게 풀어나가면서 평화적 통일을 이룰 것으로 믿기 때문이다. 미국이나 일본, 중국, 러시아 등 한반도 주변 국가들은 그럴듯한 외교적 수사와는 딴판으로 하나같이 한반도 통일을 바라지 않는다. '분열된 한국'이 갈등과 긴장을 이어가기 바란다. 통일된 한국이 분단 한국보다는 그들의 국가 이익을 쉽사리 충족시키기 어려울 것이기 때문이다. 이를테면 축구에서 남의 손흥민과 북의 한광성이 한 팀을 이룬다면, 그 어떤 나라의 강팀이라도 우리를 쉬운 상대로 여기지 못할 것이다. 이런 통일의 시너지 효과를 바란다면, 남북한이 마음을 열고 대화를 나눠야 한다. 게다가 우리는 세계의 다른 여러 지역의 분쟁 당사자들처럼 통역이 필요하지도 않다.

1945년 창설된 유네스코 헌장의 전문에는 "전쟁은 인간의 마음속에서 생기는 것이므로 평화의 방벽을 세워야 할 곳도 인간의 마음속이다"라고 쓰여 있다. 미국의 영향력 큰 외교 전문지 『포린 폴리시』는 국제 분쟁과 내전이 끊이지 않는 지구를 가리켜 '전쟁 행성'이라고 불렀다. 지난 20세기처럼 '폭력의 세기'가 아니라 '평화의 세기'가 되기를 바라면서 21세기의 새 천년을 맞이한 뒤로도 벌써 많은 시간이 흘렀다. 안타깝게도 오늘의 세계는 분쟁과 폭력으로 늘 어수선하다.

군축을 통해 평화를 이뤄야 한다는 평화 운동가들의 호소에도 아랑곳없이 지금 이 시간에도 전쟁이 터지길 간절히 기도하는 '전쟁 목사'들이 바삐 움직인다. 무기를 팔아 돈을 버는 '죽음의 상인'인 군수업자들도 있다. 이들과 정치권, 군부를 잇는 끈끈한 연결 고리는 지구촌 평화를 위협하는 무서운 실체다. 한반도를 포함한 21세기 세계의 기상도는 여전히 '흐림'이다. 지구촌 모든 이들의 마음속에 평화의 비둘기가 날아들길 바라며 글을 마친다.

참고 문헌

제1부 전쟁과 인간 그리고 국가

1장 인간은 왜 전쟁을 하는가

댄 스미스(Dan Smith), 『전쟁 상태와 평화 지도(The Penguin Atlas of War and Peace)』, 1997년

레몽 아롱(Raymond Aron), 『전쟁과 평화: 국제 관계 이론(Peace and War: A Theory of International Relations)』, 1960년

로버트 저비스(Robert Jervis), 『국제정치학에서의 인식과 오인(Perception and Misperception in International Politics)』, 1976년

루스 시바드(Ruth Sivard), 『1996년 세계 국방비와 사회 비용(World Military and Social Expenditures 1996)』, 1996년

멜빈 스몰(Melvin Small) 외, 『국제 전쟁: 선집(International War: An Anthology)』, 1989년

스티븐 에베라(Stephen Evera), 『전쟁의 원인들(Causes of War)』, 1999년

잭 레비(Jack Levy), 『근대 열강 체제의 전쟁, 1495~1975년(War in the Modern Great Power System 1495-1975)』, 1983년

조지프 나이(Joseph Nye), 『국제 분쟁의 이해(Understanding International Conflicts)』, 한울아카데미, 2009년

존 스토신저(John Stoessinger), 『왜 국가들은 전쟁으로 치닫는가(Why Nations Go to War)』, 1998년

카를 폰 클라우제비츠(Carl von Clausewitz), 『전쟁론(On War)』, 갈무리, 2009년

칼레비 홀스티(Kalevi Holsti), 『평화와 전쟁(Peace and War: Armed Conflicts and International Order, 1648-1989)』, 1991년

칼레비 홀스티(Kalevi Holsti), 『국가, 전쟁 그리고 전쟁 상태(The State, War, and the State of War)』, 1999년

케네스 월츠(Kenneth Waltz), 『인간, 국가, 전쟁(Man, the State, and War)』, 1959년

퀸시 라이트(Quincy Wright), 『전쟁 연구(A Study of War)』, 1965년

폴 쇼(Paul Shaw) 외, 『전쟁의 기원(Genetic Seeds of Warfare)』, 1989년

2장 1990년대 이후의 지구촌 분쟁

루스 시바드(Ruth Sivard), 『1996년 세계 국방비와 사회 비용(World Military and Social Expenditures 1996)』, 1996년

리처드 베츠(Richard Betts) 편저, 『탈냉전 시대의 분쟁(Conflict After the Cold War)』, 1994년

마이클 도일(Michael Doyle), 『전쟁과 평화의 길(Ways of War and Peace)』, 1997년

마이클 브라운(Michael Brown) 편저, 『내전의 국제적 차원들(The International Dimensions of Internal Conflicts)』, 1996년

매츠 버달(Mats Berdal) 편저, 『탐욕과 불만: 내전의 경제적 요인(Greed and Grievance: Economic Agendas in Civil Wars)』, 2000년

스톡홀름국제평화연구소(SIPRI), 『군비·군축·국제 안보 연감(SIPRI Yearbook of 2010: Armament, Disarmament, and International Security)』, 2010년

일카 타이팔레(Ilkka Taipale) 편저, 『전쟁 또는 건강?(War or Health?)』, 2002년

조지프 나이(Joseph Nye), 『국제 분쟁의 이해(Understanding International Conflicts)』, 2000년

토머스 와이스(Thomas Weiss) 외, 『유엔과 국제 정치의 변화(United Nations and Changing World Politics)』, 2004년

제2부 분쟁 지역을 찾아서

1장 팔레스타인-이스라엘: 분노와 좌절 vs 신이 약속한 땅

김재명, 『눈물의 땅, 팔레스타인』, 미지북스, 2019년

그레고리 함스(Gregory Harms) 외, 『팔레스타인-이스라엘 분쟁(The Palestine-Israel Conflict: A Basic Introduction)』, 2008년

노먼 핀켈슈타인(Norman Finkelstein), 『이스라엘-팔레스타인 분쟁의 이미지와 현실(Image and Reality of the Israel-Palestine Conflict)』, 2003년

데니스 로스(Dennis Ross), 『실종된 평화(The Missing Peace)』, 2004년

데이비드 레쉬(David Lesch), 『아랍-이스라엘 분쟁사(The Arab-Israeli Conflict: A History)』, 2007년

라시드 칼리디(Rashid Khalidi), 『제국의 부활(Resurrecting Empire)』, 2004년

라시드 칼리디(Rashid Khalidi), 『쇠감옥: 팔레스타인 국가 수립 투쟁사(The Iron Cage: The Story of the Palestinian Struggle for Statehood)』, 2007년

마이클 월저(Michael Walzer), 『전쟁과 정의(Arguing About War)』, 인간사랑, 2009년

모하메드 하페즈(Mohammed Hafez), 『인간 폭탄 만들기(Manufacturing Human Bombs: The Making of Palestinian Suicide Bombers)』, 2006년

베니 모리스(Benny Morris), 『한 국가, 두 국가(One State, Two States: Resolving the Israel/Palestine Conflict)』, 2010년

샤울 미샬(Shaul Mishal) 외, 『팔레스타인 하마스(The Palestinian Hamas)』, 2000년

스티븐 주네스(Stephen Zunes), 『화약고(Tinderbox)』, 2002년

앤서니 코즈먼(Anthony Cordesman), 『중동의 군사적 균형(The Military Balance in the Middle East)』, 2004년

에드워드 사이드(Edward Said), 『에드워드 사이드 독본(The Edward Said Reader)』, 2000년

요세프 보단스키(Yossef Bodansky), 『평화의 큰 대가(The High Cost of Peace)』, 2002년

일란 파페(Ilan Pappe), 『팔레스타인에서의 인종 청소(The Ethnic Cleansing of Palestine)』, 2007년

존 미어샤이머(John Mearsheimer) 외, 『이스라엘 로비(The Israel Lobby and U. S. Foreign Policy)』, 형설라이프, 2010년

지미 카터(Jimmy Carter), 『팔레스타인: 인종 차별 아닌 평화(Palestine: Peace Not Apartheid)』, 2007년

2장 아프가니스탄: 40년 전쟁에 메마른 땅, 이제 봄은 오는가

로버트 크루스(Robert D. Crews), 『탈레반과 아프가니스탄 위기(The Taliban and the Crisis of Afghanistan)』, 2009년

로한 구나라트나(Rohan Gunaratna), 『알 카에다의 내부: 글로벌 테러 조직(Inside Al Qaeda: Global Network of Terror)』, 2002년

론 서스킨드(Ron Suskind), 『충성의 대가(The Price of Loyalty)』, 2004년

로버트 카플란(Robert Kaplan), 『신의 병사들(Soldiers of God)』, 2001년

리처드 클라크(Richard Clarke), 『모든 적에 맞서서: 미국의 테러와의 전쟁 내막(Against All Enemies: Inside America War on Terror)』, 2004년

마이클 그리핀(Michael Griffin), 『몇 곱의 벌 받기: 아프가니스탄의 탈레반 운동(Reaping the Whirlwind: The Taliban Movement in Afghanistan)』, 2001년

마흐무드 맘다니(Mahmood Mamdani), 『좋은 무슬림, 나쁜 무슬림(Good Muslim, Bad Muslim)』, 2004년

바넷 루빈(Barnett Rubin), 『아프가니스탄의 분열(The Fragmentation of Afghanistan)』, 2002년

밥 우드워드(Bob Woodward), 『부시는 전쟁 중(Bush at War)』, 따뜻한손, 2003년

밥 우드워드(Bob Woodward), 『오바마의 전쟁들(Obama Wars)』, 2010년

세스 존스(Seth G. Jones), 『제국의 묘지에서(In the Graveyard of Empires: America War in Afghanistan)』, 2010년

시모어 허시(Seymour M. Hersh), 『명령 체계(Chain of Command)』, 2004년

아메드 라시드(Ahmed Rashid), 『탈레반(Taliban)』, 2001년

아메드 라시드(Ahmed Rashid), 『대혼란 속에 빠지다(Descent into Chaos: The United States and the Failure of Nation Building in Pakistan, Afghanistan, and Central Asia)』, 2008년

엘런 레이(Ellen Ray), 『비밀 작전: 테러의 뿌리들(Covert Action: The Roots of Terrorism)』, 2003년

윌리엄 블룸(William Blum), 『희망 죽이기(Killing Hope)』, 1993년

제임스 휘턴(James Wheaton), 『아프가니스탄에서의 소비에트 전쟁(The Soviet War in Afghanistan)』, 2010년

조지 부시(George Bush), 『결정의 순간들(Decision Points)』, 2010년

질 케펠(Gilles Kepel), 『지하드: 정치적 이슬람의 궤적(Jihad: The Trail of Political Islam)』, 2002년

토미 프랭크스(Tommy Franks), 『미군 병사(American Soldier)』, 2004년

3장 이라크: 석유와 패권 노린 더러운 전쟁

김재명, 『석유, 욕망의 샘』, 프로네시스, 2007년

데이비드 필립스(David Phillips), 『잃어가는 이라크(Losing Iraq)』, 2005년

도미닉 맥골드릭(Dominic McGoldrick), 『9·11에서 이라크 전쟁까지(From 9-11 to the Iraq War 2003: International Law in an Age of Complexity)』, 2004년

래리 다이아몬드(Larry Diamond), 『낭비된 승리(Squandered Victory)』, 2005년

론 서스킨드(Ron Suskind), 『충성의 대가(The Price of Loyalty)』, 2004년

마이클 월저(Michael Walzer), 『전쟁과 정의(Arguing About War)』, 인간사랑, 2009년

마크 대너(Mark Danner), 『고문과 진실: 미국, 아부그라이브 그리고 테러와의 전쟁(Torture and Truth: America, Abu Ghraib, and the War on Terror)』, 2004년

모하메드 하페즈(Mohammed Hafez), 『이라크의 자살 폭탄 공격자들(Suicide Bombers in Iraq: The Strategy and Ideology of Martyrdom)』, 2007년

미지 덱터(Midge Decter), 『럼스펠드, 개인적 초상화(Rumsfeld: A Personal Portrait)』, 2003년

밥 우드워드(Bob Woodward), 『공격 시나리오(Plan of Attack)』, 따뜻한손, 2004년

밥 우드워드(Bob Woodward), 『오바마의 전쟁들(Obama Wars)』, 2010년

스탠리 호프먼(Stanley Hoffmann), 『풀려난 걸리버: 제국주의적 유혹과 이라크 전쟁(Gulliver Unbound: The Imperial Temptation and the War in Iraq)』, 2004년

스티븐 펠레티에르(Stephen C. Pelletiere), 『이라크와 국제 석유 체계(Iraq and the International Oil System)』, 2001년

시모어 허시(Seymour M. Hersh), 『명령 체계(Chain of Command)』, 2004년

윌리엄 크리스톨(William Kristol) 외, 『이라크 전쟁(The War over Iraq)』, 2003년

제임스 만(James Mann), 『불칸의 성장: 부시의 전쟁 내각 역사(Rise of the Vulcans: The History of Bush War Cabinet)』, 2004년

제프 사이먼스(Geoff Simons), 『미래의 이라크: 미국의 중동 재편 정책(Future Iraq: US Policy in Reshaping the Middle East)』, 2005년

조지 부시(George Bush), 『결정의 순간들(Decision Points)』, 2010년

존 키건(John Keegan), 『이라크 전쟁(The Iraq War)』, 2004년

토미 프랭크스(Tommy Franks), 『미군 병사(American Soldier)』, 2004년

한스 블릭스(Hans Blix), 『이라크 무장 해제(Disarming Iraq)』, 2004년

4장 이란: 반미 이슬람 자존심 지닌 강대국

김재명, 『석유, 욕망의 샘』, 프로네시스, 2007년

모하마드 골리 마즈드(Mohammad Gholi Majd), 『대영제국과 레자 왕(Great Britain & Reza Shah)』, 2001년

베벌리 밀턴-에드워즈(Beverly Milton-Edwards), 『중동 현대 정치(Contemporary Politics in the Middle East)』, 2006년

스티븐 킨저(Stephen Kinzer), 『모든 이란 왕의 사람들(All the Shah Men)』, 2008년

알리 안사리(Ali Ansari), 『1921년 이후 근대 이란(Modern Iran Since 1921)』, 2003년

에르반드 아브라하미안(Ervand Abrahamian), 『근대 이란사(A History of Modern Iran)』, 2008년

크레인 브린턴(Crane Brinton), 『혁명의 해부(The Anatomy of Revolution)』, 1965년

5장 레바논: 15년 내전과 이스라엘 침공으로 멍든 모래알 국가

데이비드 레쉬(David Lesch), 『아랍-이스라엘 분쟁사(The Arab-Israeli Conflict: A History)』, 2007년

샌드라 맥키(Sandra Mackey), 『아랍 세계의 거울: 분쟁 속의 레바논(Mirror of the Arab World: Lebanon in Conflict)』, 2009년

앤서니 코즈먼(Anthony Cordesman) 외, 『2006년 이스라엘-헤즈볼라 전쟁의 교훈들(Lessons of the 2006 Israeli-Hezbollah War)』, 2007년

오거스터스 노턴(Augustus Norton), 『헤즈볼라 약사(Hezbollah: A Short History)』, 2009년

주디스 하리크(Judith Harik), 『헤즈볼라: 테러의 바뀌는 얼굴(Hezbollah: The Changing Face of Terrorism)』, 2005년

할라 자베르(Hala Jaber), 『헤즈볼라(Hezbollah)』, 1997년

6장 시리아: 내전으로 치달은 2대에 걸친 철권 통치

배리 루빈(Barry Rubin), 『시리아의 진실(The Truth about Syria)』, 2008년

데이비드 레쉬(David Lesch), 『다마스쿠스의 새로운 사자(The New Lion of Damascus: Bashar al-Asad and Modern Syria)』, 2005년

데이비드 레쉬(David Lesch), 『아랍-이스라엘 분쟁사(The Arab-Israeli Conflict: A History)』, 2007년

데이비드 레쉬(David Lesch), 『중동과 미국: 역사적 정치적 재평가(The Middle East and the United States: A Historical and Political Reassessment)』, 2007년

7장 보스니아: 세계의 화약고, 유럽의 킬링 필드

노엘 맬컴(Noel Malcolm), 『코소보 약사(Kosovo: A Short History)』, 1994년

나이절 토머스(Nigel Thomas) 외, 『유고연방의 전쟁들 2(The Yugoslav Wars 2: Bosnia, Kosovo and Macedonia 1992-2001)』, 2006년

데이비드 리프(David Rieff), 『도살장: 보스니아와 서구의 실패(Slaughterhouse: Bosnia and the Failure of the West)』, 1995년

로이 거트먼(Roy Gutman) 편저, 『전쟁 범죄들: 대중이 알아야 하는 사실들(Crimes of War: What the Public Should Know)』, 1999년

리처드 홀브룩(Richard Holbrooke), 『전쟁을 끝내기 위하여(To End a War)』, 1998년

마이클 샤프(Michael Scharf), 『발칸의 정의(Balkan Justice)』, 1997년

메리 칼도르(Mary Kaldor), 『새로운 전쟁들, 낡은 전쟁들(New & Old Wars)』, 2001년

서맨사 파워(Samantha Power), 『지옥으로부터의 문제(A Problem from Hell)』, 2002년

엘리자베스 카즌스(Elizabeth Cousens) 외, 『보스니아 평화를 향해(Toward Peace in Bosnia)』, 2001년

워런 짐머만(Warren Zimmerman), 『재난의 뿌리(Origins of a Catastrophe)』, 1999년

일카 타이팔레(Ilkka Taipale) 편저, 『전쟁 또는 건강?(War or Health?)』, 2002년

크리스토퍼 스튜어트(Christopher Stewart), 『호랑이 사냥(Hunting the Tiger: The Fast Life and Violent Death of the Balkans' Most Dangerous Man)』, 2008년

헬싱키워치(Helsinki Watch), 『보스니아-헤르체고비나에서의 전쟁 범죄(War crimes in Bosnia-Hercegovina)』, 1992년

8장 코소보: 20세기 발칸반도의 마지막 화약고

노엘 맬컴(Noel Malcolm), 『코소보 약사(Kosovo: A Short History)』, 1994년

나이절 토머스(Nigel Thomas) 외, 『유고연방의 전쟁들 2(The Yugoslav Wars 2: Bosnia, Kosovo and Macedonia 1992-2001)』, 2006년

데이비드 리프(David Rieff), 『하룻밤을 위한 침대: 위기 맞은 인도주의(A Bed for the Night: Humanitarianism in Crisis)』, 2002년

로드 로버트슨(Lord Robertson), 『코소보 위기는 끝났다(The Kosovo crisis is over)』, 2000년

로이 거트먼(Roy Gutman) 편저, 『전쟁 범죄들: 대중이 알아야 하는 사실들(Crimes of War: What the Public Should Know)』, 1999년

서맨사 파워(Samantha Power), 『지옥으로부터의 문제(A Problem from Hell)』, 2002년

웨슬리 클라크(Wesley Clark), 『현대 전쟁 벌이기(Waging Modern War)』, 2001년

인권을위한의사회(Physicians for Human Rights), 『코소보의 전쟁 범죄들(War Crimes in Kosovo)』, 1999년

코소보독립국제위원회(Independent International Commission on Kosovo), 『코소보 보고서(Kosovo Report)』, 2000년

크리스토퍼 스튜어트(Christopher Stewart), 『호랑이 사냥(Hunting the Tiger: The Fast Life and Violent Death of the Balkans' Most Dangerous Man)』, 2008년

팀 주다(Tim Judah), 『코소보: 전쟁과 복수(Kosovo: War and Revenge)』, 2000년

팀 주다(Tim Judah), 『모든 사람들이 알아야 할 코소보(Kosovo: What Everyone Needs to Know)』, 2008년

헨리 페릿(Henry Perritt), 『코소보해방군(Kosovo Liberation Army: The Inside Story of an Insurgency)』, 2008년

9장 시에라리온: 도끼로 손목 자르는 냉혹한 내전의 땅

란사나 그베리(Lansana Gberie), 『서아프리카의 더러운 전쟁(A Dirty War in West Africa: The RUF and the Destruction of Sierra Leone)』, 2005년

로버트 로트버그(Robert Rotberg) 편저, 『테러 시대의 국가 경영 실패와 허약함(State Failure and State Weakness in a Time of Terror)』, 2003년

로이 거트먼(Roy Gutman) 편저, 『전쟁 범죄들: 대중이 알아야 하는 사실들(Crimes of War: What the Public Should Know)』, 1999년

마이클 브라운(Michael Brown) 편저, 『내전의 국제적 차원들(The International Dimensions of Internal Conflicts)』, 1996년

매츠 버달(Mats Berdal) 편저, 『탐욕과 불만: 내전의 경제적 요인(Greed and Grievance: Economic Agendas in Civil Wars)』, 2000년

스티븐 엘리스(Stephen Ellis), 『무정부 상태의 마스크(The Mask of Anarchy)』, 1999년

에드먼드 켈러(Edmond Keller) 편저, 『새로운 국제 질서 속의 아프리카(Africa in the New International Order)』, 1996년

윌리엄 토도프(William Tordoff), 『아프리카의 정부와 정치(Government and Politics in Africa)』, 2002년

이브라힘 압둘라(Ibrahim Abdullah), 『시에라리온 내전: 민주주의와 테러 틈바구니에서(Between Democracy And Terror: The Sierra Leone Civil War)』, 2004년

이스마엘 베아(Ishmael Beah), 『사라진 먼 길(A Long Way Gone: Memoirs of a Boy Soldier)』, 2008년

존 허시(John Hirsh), 『시에라리온: 다이아몬드와 민주주의를 향한 투쟁(Sierra Leone: Diamonds and the Struggle for Democracy)』, 2001년

크리스토퍼 클래펌(Christopher Clapham) 편저, 『아프리카의 게릴라들(African Guerrillas)』, 1998년

폴 리처드(Paul Richard), 『우림(雨林)을 향한 투쟁(Fighting for the Rain Forest)』, 1998년

10장 카슈미르: 한반도 분단 닮은 해묵은 분쟁

로버트 워싱(Robert Wirsing), 『전쟁 그림자 드리운 카슈미르: 핵시대의 지역 라이벌 (Kashmir in the Shadow of War: Regional Rivalries in a Nuclear Age)』, 2001년

빅토리아 쇼필드(Victoria Schofield), 『분쟁 속의 카슈미르: 인도-파키스탄의 끝없는 전쟁(Kashmir in Conflict: India, Pakistan and the Unending War)』, 2002년

수만트라 보세(Sumantra Bose), 『카슈미르: 분쟁의 뿌리와 평화로의 길(Kashmir: Roots of Conflict, Paths to Peace)』, 2005년

수밋 강굴리(Sumit Ganguly), 『끝없는 분쟁(Conflict Unending)』, 2002년

에릭 마골리스(Eric Margolis), 『고산 지대에서의 전쟁(War at the Top of the World)』, 2001년

아리프 자말(Arif Jamal), 『그림자 전쟁(Shadow War: The Untold Story of Jihad in Kashmir)』, 2009년

11장 캄보디아: 내전, 공습, 공포 정치 3박자의 살육 현장

나얀 찬다(Nayan Chanda), 『형제의 적(Brother Enemy)』, 1986년

노로돔 시아누크(Norodom Sihanouk), 『나의 CIA와의 전쟁(My war with the CIA)』, 1974년

로이 거트먼(Roy Gutman) 편저, 『전쟁 범죄들: 대중이 알아야 하는 사실들(Crimes of War: What the Public Should Know)』, 1999년

벤 키어넌(Ben Kiernan), 『캄푸치아의 미 공습(The American Bombardment of Kampuchea)』, 1989년

벤 키어넌(Ben Kiernan), 『캄보디아의 학살과 민주주의(Genocide and Democracy in Cambodia)』, 1993년

벤 키어넌(Ben Kiernan), 『폴 포트 체제(The Pol Pot Regime: Race, Power, and Genocide in Cambodia under the Khmer Rouge, 1975-79)』, 2008년

새뮤얼 토튼(Samuel Totten) 편저, 『대량 학살의 세기(A Century of Genocide)』, 1997년

시모어 허시(Seymour M. Hersh), 『권력의 대가: 닉슨 백악관의 키신저(Price of Power: Kissinger in the Nixon White House)』, 1984년

엘리자베스 베커(Elizabeth Becker), 『전쟁이 끝났을 때(When the War Was Over)』, 1998년

윌리엄 블룸(William Blum), 『희망 죽이기(Killing Hope)』, 1993년

윌리엄 쇼크로스(William Shawcross), 『사이드 쇼(Sideshow)』, 1979년

조지 안드레오폴로스(George Andreopoulos) 편저, 『대량 학살: 개념과 역사적 차원
(Genocide: Conceptual and Historical Dimensions)』, 1994년

필립 쇼트(Philip Short), 『폴 포트: 악몽의 해부(Pol Pot: Anatomy of a Nightmare)』,
2006년

12장 동티모르: 제국주의와 냉전 논리의 겹 희생자

대미언 킹스버리(Damien Kingsbury) 외, 『동티모르: 독립의 저편(East Timor: Beyond
Independence)』, 2007년

리처드 탠터(Richard Tanter) 외, 『테러의 전문가들(Masters of Terror: Indonesia Military
and Violence in East Timor)』, 2005년

매슈 자딘(Matthew Jardine), 『동티모르: 지상 낙원의 대량 학살(East Timor: Genocide in
Paradise)』, 1995년

미셸 터너(Michele Turner), 『동티모르 증언(Telling East Timor: Personal Testimonies
1942-1992)』, 1982년

새뮤얼 토튼(Samuel Totten) 편저, 『대량 학살의 세기(A Century of Genocide)』, 1997년

샤나나 구스망(Xanana Gusmão), 『동티모르: 독립으로의 험난한 길(East Timor: A Rough
Passage to Independence)』, 2004년

윌리엄 블룸(William Blum), 『희망 죽이기(Killing Hope)』, 1993년

이언 마틴(Ian Martin), 『동티모르의 자결(Self-Determination in East Timor)』, 2001년

조제 하무스-오르타(Jose Lamos-Horta), 『푸누, 동티모르의 끝나지 않은 역사 이야기
(Funu the Unfinished Saga of East Timor)』, 1987년

조지 안드레오폴로스(George Andreopoulos) 편저, 『대량 학살: 개념과 역사적 차원
(Genocide: Conceptual and Historical Dimensions)』, 1994년

존 테일러(John Taylor), 『인도네시아의 잊힌 전쟁(Indonesia Forgotten War)』, 1994년

콘스탄시우 핀투(Constancio Pinto) 외, 『동티모르의 못다 이룬 투쟁(East Timor Unfin-
ished Struggle)』, 1966년

13장 볼리비아: 체 게바라의 가쁜 숨결이 스민 혁명 기지

데이비드 도이치만(David Deutschmann) 편저, 『체 게바라 독본(Che Guevara Reader)』,
1997년

레오 휴버만, 폴 스위지(Leo Huberman & Paul Sweezy), 『쿠바: 혁명의 해부(Cuba:
Anatomy of a Revolution)』, 1961년

바르바로하 피네이로(Barbarroja Pineiro), 『체 게바라와 라틴아메리카 혁명 운동(Che Gue
vara and the Latin American Revolutionary Movements)』, 2001년

알베르토 그라나도(Alberto Granado), 『체 게바라와의 여행(Traveling with Che Guevara)』, 2004년

오스카 솔라(Oscar Sola) 외, 『체: 한 혁명가의 초상(Che: Images of a Revolutionary)』, 서해문집, 2001년

윌리엄 갈베스(William Galvez), 『아프리카의 체 게바라: 콩고 일기(Che in Africa: Che Guevara Congo Diary)』, 1999년

존 앤더슨(Jon Anderson), 『체 게바라: 혁명적 인간(Che Guevara: A Revolutionary Life)』, 플래닛, 2010년

체 게바라(Che Guevara), 『게릴라 전쟁(Guerrilla Warfare)』, 1998년

체 게바라(Che Guevara), 『체 게바라의 모터사이클 다이어리(The Motorcycle Diaries)』, 황매, 2004년

체 게바라(Che Guevara), 『체 게바라의 볼리비아 일기(Bolivian Diary)』, 학고재, 2011년

피델 카스트로(Fidel Castro), 『체: 회상록(Che: A Memoir)』, 1994년

14장 쿠바: 국제법의 블랙홀에 빠진 관타나모

데이비드 도이치만(David Deutschmann), 『관타나모: 쿠바 미군 기지의 비판적 역사 (Guantanamo: A Critical History of the U. S. base in Cuba)』, 2004년

고든 쿠쿨루(Gordon Cucullu), 『지트모 안에서(Inside Gitmo: The True Story Behind the Myths of Guantanamo Bay)』, 2009년

데이비드 로즈(David Rose), 『관타나모: 인권 전쟁(Guantanamo: The War on Human Rights)』, 2004년

마크 대너(Mark Danner), 『고문과 진실: 미국, 아부그라이브 그리고 테러와의 전쟁(Torture and Truth: America, Abu Ghraib, and the War on Terror)』, 2004년

마이클 레트너(Michael Ratner) 외, 『관타나모: 세계가 알아야 할 사실(Guantanamo: What the World Should Know), 2004년

에릭 사르(Erik Saar) 외, 『철조망 안에서(Inside the Wire)』, 2005년

조지프 마굴리스(Joseph Margulies), 『관타나모와 대통령 권한 남용(Guantanamo and the Abuse of Presidential Power)』, 2007년

크리스 매키(Chris Mackey) 외, 『심문자들: 알 카에다 비밀 전쟁 내막(The Interrogators: Inside the Secret War Against al Qaeda)』, 2004년

15장 미국: '아메리카'란 이름의 요새에 갇힌 슈퍼 파워

기디언 로즈(Gideon Rose) 외 편저, 『왜 이런 일이 터졌나?: 테러와 새로운 전쟁(How Did This Happen?: Terrorism and the New War)』, 2001년

리처드 클라크(Richard Clarke), 『모든 적에 맞서서: 미국의 테러와의 전쟁 내막(Against All Enemies: Inside America War on Terror)』, 2004년

리처드 클라크(Richard Clarke), 『잊힌 국토(The Forgotten Homeland: A Century Foundation Task Force Report)』, 2006년

마이클 슈어(Michael Scheuer), 『제국의 오만(Imperial Hubris: Why the West is Losing the War on Terror)』, 2004년

밥 우드워드(Bob Woodward), 『부시는 전쟁 중(Bush at War)』, 따뜻한손, 2003년

스테펀 할퍼, 조너선 클라크(Stefan Halper & Jonathan Clarke), 『미국 혼자서: 네오콘과 세계 질서(America Alone: The Neo-Conservatives and the Global Order)』, 2004년

스티븐 에머슨(Steven Emerson), 『미국에서의 지하드: 우리 속에 사는 테러 분자들(American Jihad: The Terrorists Living Among Us)』, 2002년

에이미 굿맨(Amy Goodman), 『지배자들에겐 예외인가(The Exception to the Rulers)』, 2004년

조지 부시(George Bush), 『결정의 순간들(Decision Points)』, 2010년

조지프 나이(Joseph Nye), 『제국의 패러독스(The Paradox of American Power)』, 세종연구원, 2002년

조지프 나이(Joseph Nye), 『소프트 파워(Soft Power: The Means To Success In World Politics)』, 세종연구원, 2004년

켄 부스(Ken Booth) 외 편저, 『충돌하는 세계: 테러와 미래의 세계 질서(Worlds in Collision: Terror and the Future of Global Order)』, 2002년

테러공격조사국가위원회(National Commission on Terrorist Attacks), 『9·11 위원회 보고서(The 9/11 Commission Report)』, 2004년

프랜시스 피벤(Frances Piven), 『나라 안에서의 전쟁(The War at Home)』, 2004년

제3부 21세기의 전쟁

1장 새로운 전쟁, 테러와의 전쟁

노암 촘스키(Noam Chomsky), 『패권이냐 생존이냐(Hegemony or Survival)』, 2003년

리처드 클라크(Richard Clarke), 『모든 적에 맞서서: 미국의 테러와의 전쟁 내막(Against All Enemies: Inside America War on Terror)』, 2004년

마이클 이그나티에프(Michael Ignatieff), 『더 작은 악: 테러 시대의 정치 윤리(Lesser Evil: Political Ethics In An Age Of Terror)』, 2004년

마이클 슈어(Michael Scheuer), 『제국의 오만(Imperial Hubris: Why the West is Losing the War on Terror)』, 2004년

마크 밀러(Mark Miller), 『잔인하고 흔하지 않은: 부시/체니의 새로운 세계 질서(Cruel and Unusual: Bush/Cheney New World Order)』, 2004년

마흐무드 맘다니(Mahmood Mamdani), 『좋은 무슬림, 나쁜 무슬림(Good Muslim, Bad

Muslim)』, 2004년

브루스 호프먼(Bruce Hoffman), 『테러의 내부(Inside Terrorism)』, 1998년

알렉스 슈미트(Alex Schmid) 외, 『정치 테러리즘(Political Terrorism)』, 2005년

올리버 로이(Oliver Roy), 『세계화된 이슬람: 새로운 움마를 찾아서(Globalized Islam: The Search for a New Ummah)』, 2004년

월터 라쿠어(Walter Laquer), 『테러의 역사(A History of Terrorism)』, 2001년

제라르 샬리앙(Gerard Chaliand) 외, 『테러의 역사: 고대부터 알 카에다까지(The History of Terrorism: From Antiquity to al Qaeda)』, 2007년

제럴드 포스트(Jerrold Post), 『테러리스트의 내면(The Mind of the Terrorist: The Psychology of Terrorism from the IRA to al-Qaeda)』, 2008년

조지 부시(George Bush), 『결정의 순간들(Decision Points)』, 2010년

폴 필라(Paul Pillar), 『테러와 미국 외교 정책(Terrorism and U. S. Foreign Policy)』, 2001년

테드 혼더리치(Ted Honderich), 『인간성을 위한 테러(Terrorism For Humanity)』, 2003년

토머스 햄스(Thomas Hammes), 『새총과 돌멩이: 21세기의 전쟁(The Sling and the Stone: On War in the 21st Century)』, 2004년

2장 자살 폭탄 테러, 그 진한 고통의 내면세계

로버트 페이프(Robert Pape), 『승리를 위한 죽음: 자살 테러의 전략적 논리(Dying to Win: The Strategic Logic of Suicide Terrorism)』, 2005년

모하메드 하페즈(Mohammed Hafez), 『인간 폭탄 만들기(Manufacturing Human Bombs: The Making of Palestinian Suicide Bombers)』, 2006년

모하메드 하페즈(Mohammed Hafez), 『이라크의 자살 폭탄 공격자들(Suicide Bombers in Iraq: The Strategy and Ideology of Martyrdom)』, 2007년

미아 블룸(Mia Bloom), 『죽이기 위한 죽음: 자살 테러의 유혹(Dying To Kill)』, 2005년

바버라 빅터(Barbara Victor), 『장미들의 군대(Army of Roses)』, 2003년

샤울 미샬(Shaul Mishal) 외, 『팔레스타인 하마스(The Palestinian Hamas)』, 2000년

아나트 베르코(Anat Berko), 『천국에 이르는 길(The Path to Paradise: The Inner World of Suicide Bombers and Their Dispatchers)』, 2009년

에밀 뒤르켐(Emile Durkheim), 『자살론(Suicide)』, 청하출판사, 1994년

올리버 로이(Oliver Roy), 『세계화된 이슬람: 새로운 움마를 찾아서(Globalized Islam: The Search for a New Ummah)』, 2004년

제시카 스턴(Jessica Stern), 『신의 이름으로 벌이는 테러(Terror in the Name of God)』, 2003년

조이스 데이비스(Joyce Davis), 『순교자들(Martyrs)』, 2003년

주디스 하리크(Judith Harik), 『헤즈볼라: 테러의 바뀌는 얼굴(Hezbollah: The Changing

Face of Terrorism)』, 2004년

크리스 스타우트(Chris Stout) 편저, 『테러의 심리학(The Psychology of Terrorism)』, 2002년

크리스토프 로이터(Christoph Reuter), 『나의 목숨이 무기다: 자살 폭탄의 현대사(My Life Is a Weapon: A Modern History of Suicide Bombing)』, 2002년

3장 지구촌 평화 전망: 21세기 세계 평화 기상도는 '흐림'

노암 촘스키(Noam Chomsky), 『패권이냐 생존이냐(Hegemony or Survival)』, 2003년

노암 촘스키(Noam Chomsky), 『촘스키, 실패한 국가, 미국을 말하다(Failed States: The Abuse of Power and the Assault on Democracy)』, 황금나침반, 2006년

마이클 오핸런(Michael O'Hanlon), 『핵 폐기를 위한 회의론자의 사례(A Skeptic Case for Nuclear Disarmament)』, 2010년

미국 정부(U.S. Government, Department of Defense, and U.S. Military), 『2010년 미국 핵 태세 검토 보고서(2010 American Nuclear Posture Review—Nuclear Weapons Policy Changes by the Obama Administration, Nonproliferation and Terrorism, Sustaining the Nuclear Arsenal, Security Strategy)』, 2010년

스톡홀름국제평화연구소(SIPRI), 『군비·군축·국제 안보 연감(SIPRI Yearbook of 2010: Armament, Disarmament, and International Security)』, 2010년

제레미 번스타인(Jeremy Bernstein), 『당신이 알아야 할 핵무기들(Nuclear Weapons: What You Need to Know)』, 2010년

찾아보기

지은이 김재명

국제 분쟁 전문가. 서울대학교 철학과를 졸업하고, 뉴욕시립대학교에서 국제정치학 박사 과정을 마친 뒤, 국민대학교에서 정치학 박사 학위를 받았다. 『경향신문』과 『중앙일보』 기자로 일했으며, 지금은 『프레시안』 국제 분쟁 전문기자로 일하면서 성공회대학교 겸임교수로 있다. 지은 책으로 『눈물의 땅, 팔레스타인』(2019년, 개정판), 『시리아 전쟁』(2018년), 『군대 없는 나라, 전쟁 없는 세상』(2016년) 등이 있다.

오늘의
세계 분쟁

2011년 3월 7일(초판 1쇄)
2012년 4월 7일(초판 3쇄)
2015년 1월 20일(개정1판 1쇄)
2017년 1월 11일(개정1판 3쇄)
2021년 3월 5일(개정2판 1쇄)
2023년 3월 20일(개정2판 2쇄)

지은이 김재명
펴낸이 이지열
펴낸곳 미지북스
서울 마포구 잔다리로 111(서교동 468-3) 401호
우편번호 04003
전화 070-7533-1848 팩스 02-713-1848
mizibooks@naver.com
출판 등록 2008년 2월 13일 제313-2008-000029호
출력 상지출력센터
인쇄 제본 한영문화사

ⓒ 김재명, 2011

ISBN 979-11-90498-10-4 03340
값 22,800원

SUMMA CUM LAUDE

숨마쿰라우데®

[수학 기본서]

수학 II

이룸이앤비
Education & Books

SUMMA CUM LAUDE·MATHEMATICS

COPYRIGHT

숨마쿰라우데® [수학 II]

숨마쿰라우데 수학 시리즈 집필진

권오재 한양대 화공생명공학부
권종원 서울대 수학교육과
김우섭 서울대 대학원 수리과학부
박종민 서울대 수리과학부
이정준 서울대 통계학과
정진하 성균관대 수학교육과
하승우 서울대 수리과학부

이효빈 서울대 수학교육과
김 신 서울대 화학생물공학부
노희준 고려대 컴퓨터학과
박창희 서울대 의학과
이호민 서울대 수리과학부
조태흠 서울대 수리과학부

홍성민 중앙대 통계학과
김영준 서울대 의학과
박경석 서울대 의학과
여지환 서울대 전기컴퓨터학과
정양하 서울대 수리과학부
차석빈 서울대 수리과학부

1판 6쇄 발행일 : 2024년 1월 15일

펴낸이 : 이동준, 정재현
기획 및 편집 : 박영아, 김재열, 남궁경숙, 강성희, 박문서
디자인 : 굿윌디자인

펴낸곳 : (주)이룸이앤비
출판신고번호 : 제2009-000168호
주소 : 경기도 성남시 수정구 위례광장로 21-9 kcc웰츠타워 2층 2018호(우 13646)
대표전화 : 02-424-2410
팩스 : 070-4275-5512
홈페이지 : www.erumenb.com
ISBN : 978-89-5990-469-3

[이 책을 펴내면서]

「숨마쿰라우데 수학Ⅱ」를 소개합니다.
수학Ⅱ에서는 수학의 꽃이라 불리는 '미적분'을 배우게 됩니다.
사실 '미적분'은 수학의 꽃이라 불리지만 현실에서는 학생들을
가장 괴롭히는 내용이기도 하지요.
"어떻게 하면 미적분을 보다 쉽게 이해시킬까?"
우리 저자들은 이를 두고 많은 고민을 하였습니다.

기존의 책들은 대부분 개념을 잘게 쪼개어 간단하게 설명하고
문제 풀이에 치중하고 있기 때문에 마치 모든 개념을 따로따로
외워야하는 것처럼 느껴지게 합니다.
하지만 수학의 개념도 꼬리에 꼬리를 무는 하나의 이야기입니다.
우리 저자들은 스토리텔링 기법을 접목하여 개념의 등장 배경이나
단원별 연계성을 바탕으로 전체를 아우르는 상세한 설명과
경험에서 우러나온 충고들로 수학에 어려움을 가진 독자라 하더라도
제대로 이해할 수 있도록 하였습니다.
한걸음 더 나아가 **Advanced Lecture**와 **MATH** *for* **ESSAY**에는
교과서와 연계되고 대학별 고사 및 구술 면접 등에
도움이 될 수 있는 심화된 내용을 다루어 놓았습니다.
「숨마쿰라우데 수학Ⅱ」한 권이면
흔들리지 않는 실력을 쌓는 데 부족함이 없으리라 생각합니다.

어떤 일이든 그것이 재미가 없다면 그것에 대한 관심이 부족해서라고 감히 생각합니다.
조금만 더 관심을 가져보고 꾸준히 공부한다면
그 속에서 수학에 대한 재미를 찾을 수 있을 것입니다.
이 책을 통해 수학 문제를 해결하며 느끼는 희열을 경험하면서
수학에 대한 재미를 찾아갈 수 있기를 바랍니다.

– 저자 일동 –

숨마쿰라우데® [수학 Ⅱ]

승리는 노력과 사랑에 의해서만 얻어진다.
승리는 가장 끈기 있게 노력하는 사람에게 간다.
어떤 고난의 한가운데 있더라도 노력으로 정복해야 한다.
그것뿐이다. 이것이 진정한 승리의 길이다.

– 나폴레옹

THINK MORE ABOUT YOUR FUTURE

STRUCTURE

[이 책의 구성과 특징]

01 개념 학습

수학 학습의 기본은 개념에 대한 완벽한 이해입니다. 단원을 개념의 기본이 되는 소단원으로 분류하여, 기본 개념을 확실하게 이해할 수 있도록 설명하였습니다. 〈공식의 정리〉와 함께 〈공식이 만들어진 원리〉, 학습 선배인 〈필자들의 팁〉, 문제 풀이시 〈범하기 쉬운 오류〉 등을 설명하여 확실한 개념 정립이 가능하도록 하였습니다.

02 EXAMPLE & APPLICATION

소단원에서 공부한 개념을 적용할 수 있도록 가장 적절한 〈EXAMPLE〉을 제시하였습니다. 다양한 접근 방법이나 추가 설명을 통해 개념을 확실하게 이해하고 넘어가도록 하였습니다. EXAMPLE에서 익힌 방법을 적용하거나 응용해 봄으로써 개념을 탄탄하게 다질 수 있도록 APPLICATION을 제시하였습니다.

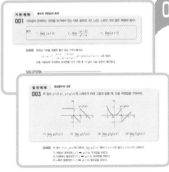

03 기본예제 & 발전예제

탄탄한 개념이 정리된 상태에서 본격적인 수학 단원별 유형을 익힐 수 있습니다. 대표적인 유형 문제를 〈기본예제〉와 〈발전예제〉로 구분해 풀이 GUIDE와 함께 그 해법을 보여 주고, 같은 유형의 〈유제〉 문제를 제시하여 해당 유형을 완벽하게 연습할 수 있습니다. 또, 〈Summa's Advice〉에 보충설명을 제시하여 실수하기 쉬운 사항, 중요한 추가적인 설명을 덧붙여 해당 문항 유형에 철저하게 대비할 수 있도록 하였습니다.

SUMMA CUM LAUDE-MATHEMATICS

STRUCTURE

숨마큼라우데® [수학 II]

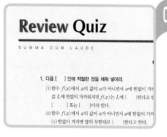

04 중단원별 Review Quiz

소단원으로 나누어 공부했던 중요한 개념들을 중단원별로 모아 괄호 넣기 문제, 참·거짓 문제, 간단한 설명 문제 등을 제시하였습니다. 이는 중단원별로 중요한 개념을 다시 한번 정리하여 전체를 보는 안목을 유지할 수 있도록 해 줍니다.

05 중단원별, 대단원별 EXERCISES

이미 학습한 개념과 유형문제들을 중단원과 대단원별로 테스트하도록 하였습니다. 〈난이도별〉로 A, B단계로 문항을 배치하였으며, 내신은 물론 수능 시험 등에서 출제가 가능한 문제들로 구성하여 정확한 자신의 실력을 측정할 수 있습니다. EXERCISES를 통해 부족한 부분을 스스로 체크하여 개념 학습으로 피드백하면 핵심 개념을 보다 완벽히 정리할 수 있습니다.

06 Advanced Lecture(심화, 연계 학습)

본문보다 더욱 심화된 내용과 앞으로 학습할 상위 단계와 연계된 내용을 제시하고 있습니다. 특히, 학생들이 충분히 이해할 수 있는 수준으로 설명하여 깊이 있는 학습으로 수학 실력이 보다 향상될 수 있도록 하였습니다.

THINK MORE ABOUT YOUR FUTURE

[이 책의 구성과 특징]

07 MATH for ESSAY

고2 수준에서 연계하여 공부할 수 있는 수리 논술, 구술에 관련된 학습 사항을 제시하였습니다. 앞의 심화, 연계 학습과 더불어 좀 더 수준 있는 수학을 접하고자 하는 학생들을 위해 깊이 있는 수학 원리 학습은 물론 앞으로 입시에서 강조되는 〈수리 논술, 구술〉에도 대비할 수 있도록 하였습니다.

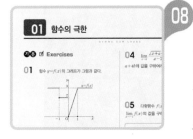

08 내신 · 모의고사 대비 TEST

수학 공부에서 많은 문제를 접하여 적응력을 키우는 것은 원리를 이해하는 것과 함께 중요한 수학 공부법 중 하나입니다. 이를 위해 별도로 단원별 우수 문제를 〈내신 · 모의고사 대비 TEST〉를 통해 추가로 제공하고 있습니다. 단원별로 자신의 실력을 측정하거나, 중간 · 기말 시험 및 각종 모의고사에 대비하여 실전 감각을 기를 수 있습니다.

09 SUB NOTE - 정답 및 해설

각 문제에 대한 좋은 해설은 문제풀이 만큼 실력 향상을 위해 필요한 요소입니다. 해당 문제에 대해 가장 적절하고 쉬운 풀이 방법을 제시하였으며, 알아두면 도움이 되는 추가적인 풀이 방법 역시 제시하여 자학자습을 위한 교재로 손색이 없도록 하였습니다.

숨마쿰라우데® [수학 Ⅱ]

사람을 멈추게 만드는 것은
절망이 아니라 체념이며
사람을 앞으로 나아가게 하는 것은
희망이 아니라 의지이다.

- 미나가와 료우지 〈Arms〉

THINK MORE ABOUT YOUR FUTURE

CONTENTS

[이 책의 차례]

CHAPTER Ⅰ. 함수의 극한과 연속

SUMMA CUM LAUDE-MATHEMATICS
CONTENTS

숨마큼라우데® [수학 Ⅱ]

CHAPTER Ⅱ. 다항함수의 미분법

THINK MORE ABOUT YOUR FUTURE
CONTENTS

[이 책의 차례]

CHAPTER Ⅲ. 다항함수의 적분법

숨마쿰라우데® [수학 Ⅱ]

처음부터 겁먹지 말자.
막상 가보면 아무것도 아닌 게 세상엔 참으로 많다.
첫걸음을 떼기 전에 앞으로 나갈 수 없고
뛰기 전엔 이길 수 없다.
너무 많이 뒤돌아보는 자는 크게 이루지 못한다.

– 요한 폰 쉴러

THINK MORE ABOUT YOUR FUTURE

STUDY SYSTEM

[수학 학습 시스템]

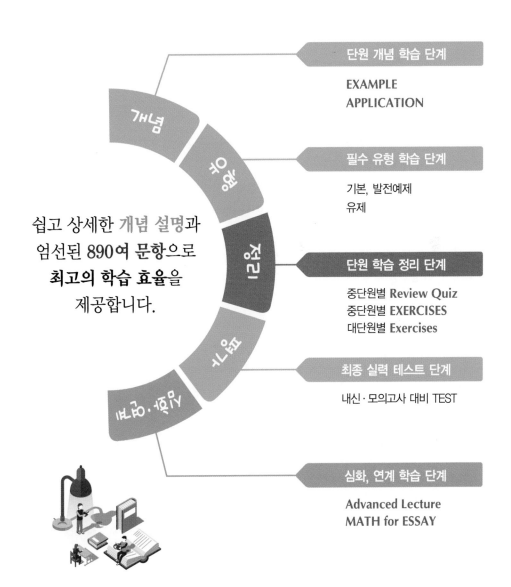

개념

유형

정리

점검

실전·응용

쉽고 상세한 개념 설명과
엄선된 890여 문항으로
최고의 학습 효율을
제공합니다.

단원 개념 학습 단계

EXAMPLE
APPLICATION

필수 유형 학습 단계

기본, 발전예제
유제

단원 학습 정리 단계

중단원별 Review Quiz
중단원별 EXERCISES
대단원별 Exercises

최종 실력 테스트 단계

내신·모의고사 대비 TEST

심화, 연계 학습 단계

Advanced Lecture
MATH for ESSAY

THINK MORE ABOUT YOUR FUTURE

상위 1%가 되기 위한 효율적 학습법

수학 공부법 특강

www.erumenb.com

『수학Ⅱ』는 문·이과 공통 과목으로 핵심이 되는 내용은 함수의 미분과 적분이며, 그 기본 도구는 함수의 극한과 연속이다.

미분과 적분은 대학 진학 이후에도 전공에 꾸준히 응용되기 때문에 단순히 점수를 따기 위해 공부하는 것보다는 교양으로 접근하는 것이 보다 의미 있다고 생각한다. 특히 경제학과와 같은 상경계열로 진학하고자 하는 학생들은 미래를 위해서라도 미분과 적분에 대한 기초를 탄탄히 다져놓는 것이 중요하다. 또한 이과 학생들에게는 다소 어려운 『미적분』을 배우는 데 필요한 기초 단계에 해당하므로 『수학Ⅱ』에 대한 공부를 충실히 해 놓도록 하자.

『수학Ⅱ』는 함수의 극한과 연속, 다항함수의 미분법, 다항함수의 적분법의 3개의 단원으로 구성되어 있다.

단원 이름에서 알 수 있듯이 『수학Ⅱ』에서는 다항함수에 대해서만 다룬다. 따라서 다항함수의 성질, 특히 이차함수와 삼차함수의 성질에 대해 잘 알고 있으면 문제를 푸는 것이 한결 수월할 것이다.

이런 이유로 『수학Ⅱ』 공부를 시작하기에 앞서 이전에 배웠던 과목의 관련 단원을 복습하여 기초 개념을 확실히 잡아두는 시간을 갖길 바란다.

Ⅰ. 함수의 극한과 연속	『고등 수학(하)』의 '함수' 알아두기
Ⅱ. 다항함수의 미분법	『고등 수학(상), (하)』의 '방정식', '함수' 알아두기
Ⅲ. 다항함수의 적분법	(특히 그래프의 모양에 유의해서 잘 알아두자.)

■ 미분과 적분을 공부하는 바른 자세

우리가 배우는 수학의 내용들은 서로 유기적인 관계에 있다. 미분과 적분은 그중에서도 특히 서로의 연관성이 높다. 그러므로 미분과 적분을 공부할 때 독자적인 학습보다는 종합적인 학습이 필요하다.

> 하나의 함수를 보더라도 미분으로 바라보는 동시에
> 적분으로도 바라보는 시각을 키워 보자.

이러한 훈련을 하다 보면 함수라는 핵심 대상을 제대로 이해할 수 있는 사고가 생기게 된다. 또한 대수와 기하를 넘나드는 유연성을 기르도록 하자.

미분과 적분의 개념을 처음 배울 때에는 대수적인 정의로 배우지만 기하적인 의미도 항상 함께 생각하고 있어야 한다. 그래프에서 미분은 접선의 기울기를, 정적분은 넓이를 의미하는데 대수적 문제를 가장하고선 기하적 의미를 적용하여 해결하게끔 하는 고난도 문제들이 수능에 자주 출제되기 때문이다.

마지막으로 함수와 방정식은 같은 대상, 다른 표현이라는 점을 기억하자.

미분과 적분의 대상은 함수이지만, 원하는 결과를 얻기 위해서는 필연적으로 방정식 문제를 해결해야 한다는 것이다. 따라서 함수와 방정식 사이의 관계를 항상 염두에 두어 이를 적시에 적용할 수 있도록 하자.

■ 수학 공부의 효율적 학습법

수학 공부를 하는 데 도움이 되는 학습법 몇 가지를 소개하려고 한다. 본인의 학습법을 점검해 보고 자신에게 맞는 효율적인 학습법을 찾길 바란다.

1 개념과 원리를 이해하자.

수학을 공부할 때 무턱대고 문제를 풀다 보면 기본적이고 흔한 유형의 문제 정도는 요령이 생겨 풀 수 있겠지만 원리를 이해하지 못하면 문제가 약간만 변형되어도 풀지 못하는 경우가 다반사이다. 어떤 과목이든지 개념과 원리가 중요하지만 수학은 특히나 개념과 원리 이해가 필수적이다. 여기서 원리를 이해한다는 것은 단순히 문제의 해법을 이해한다는 것을 넘어 꼬리에 꼬리를 물어 지식이 확장될 수 있게 한다는 것이다. 예를 들면 흔히 덧셈을 공부한 다음에 뺄셈을 공부하게 되는데 이때 뺄셈을 단독 원리로 생각하지 않고, 덧셈의 연장선으로 보고 이해해야 진정으로 뺄셈을 이해했다고 할 수 있다.

이런 이유로 수학 공부를 시작할 때에는 개념기본서를 가지고 시작하기 바란다. 소단원별로 요약된 핵심정리를 읽고 나서 흐름을 머릿속에 먼저 파악하자. 그런 다음 그 정리만으로 무슨 소리인지 잘 모르겠다면 본문의 그 부분을 찾아가서 상세한 설명을 살펴보면 된다.

2 문제로 다양한 패턴을 익혀라.

지금까지 원리를 차근차근 공부했다면 그 다음으로 지킬 것이 또 하나 있다. 바로

원리를 알게 되면 반드시 그에 대한 문제를 풀어 확인해야 한다.

간혹 핵심정리만 읽고 다 아는 내용이라고 대충 넘어가는 독자들이 있는데, 이러면 십중팔구 시험에서 낭패를 보게 될 것이다. 왜냐하면 원리는 원리일 뿐 그에 대한 문제는 다양한 패턴으로 주어지기 때문이다. 그러니 원리가 어떻게 문제화되는지 확인할 절차가 필요하다는 것이다. 또한 이런 활동이 원리를 뇌에 저장시키는 과정이기도 하다.

우리 뇌에는 단기기억장치와 중장기기억장치가 있는데 처음에 보는 것은 단기기억장치에 있다가 소멸된다. 이것을 보고 또 보고 기억하려 애쓰면 중장기기억장치에 저장되어 좀처럼 사라지지 않고 머물러 있게 된다.

즉, 학습하는 데 있어서 처음에 어느 정도 궤도에 올려놓으면 다음에 조금만 복습해도 다시 회복할 수 있는데, 처음부터 대충하고 넘어가서 뇌에 저장시키지 않으면 다음에 또다시 처음부터 시작해야 하는 난감한 처지에 이르게 된다. 따라서 뇌가 익숙해지도록 하나의 원리를 알면 그 원리에 관련된 다양한 문제들을 풀어 보아야 한다.

3 문제 풀이와 개념 공부를 함께 하라.

다음 문제를 살펴보자.

오른쪽 그림과 같이 좌표평면 위의 두 원

$C_1 : x^2 + y^2 = 1$

$C_2 : (x-1)^2 + y^2 = r^2 \ (0 < r < \sqrt{2})$

이 제1사분면에서 만나는 점을 P라 하자. 점 P의 x좌

표를 $f(r)$라 할 때, $\displaystyle\lim_{r \to \sqrt{2}-} \frac{f(r)}{4 - r^4}$ 의 값을 구하여라.

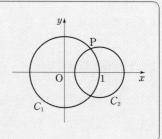

『수학Ⅱ』의 함수의 극한을 공부한 학생이 위의 문제를 풀기 시작했다. 그런데 앞부분부터 어떻게 풀어야 할지 감이 잡히지 않는다. 그래서 역시 수학은 어렵구나, 극한은 어렵구나 하며 포기하고 말았다.

혹 여러분도 이런 식으로 공부를 포기한 적이 있는가?

물론 문제 중에는 손도 대보지 못할 정도로 어려운 것도 있지만 대부분은 그렇지 않다. 위의 상황은 문제를 정확히 분석하지 못해서 나온 결과이다.

이 문제의 앞부분은 『고등 수학(상)』에 나오는 원에 대한 내용이다. 하지만 문제의 핵심은 극

한이라는 것이고, 원에 대한 부분은 극한을 묻기 위한 수단에 불과한 것이다. 설령 이 문제가 어렵다 하더라도 이것은 극한의 개념이 어려워서가 아니라 앞부분의 복습이 잘 이루어지지 않아서 어려운 것이다. 풀어 보면 알겠지만 정작 극한을 구하는 부분은 인수분해를 통해서 쉽게 해결된다. 학생들에게 당부하고 싶은 것은 바로

문제가 가지고 있는 핵심과 그 부수적인 것들을 분리해서 이해

하라는 것이다.

현재 공부하는 『수학Ⅱ』의 내용은 내용대로 정리하고, 『고등 수학(상)』 부분도 따로 정리하면서 공부하면 문제를 이해하는 데 도움이 될 것이다.

여기서 바로 백 번 들어도 지나치지 않는 **요약노트의 중요성**을 다시금 느끼게 될 것이다. 문제를 분석만 하고 지나가면 지금까지 어떠한 문제들을 다루었고, 부가적으로 알아두어야 하는 원리들이 무엇이었는지 금세 까먹게 된다. 문제를 풀면서 문제 속에 나오는 내용을 요약노트에 하나씩 정리하라. 단, **요약노트를 정리할 때에는 무작정 처음부터 써내려가지 말고, 단원을 분리해 놓은 다음 해당 단원에 맞게 내용을 기록해 두어야 한다.**

이렇게 해야 정리해 놓은 내용들이 순서대로 자리를 잡게 되어 나만의 [요약노트]가 완성되는 것이다.

4   해설집을 100% 활용하라.

많은 학생들이 문제의 해설 과정을 볼 때, 정답이 무엇일까에만 관심을 갖는다. 하지만 이는 잘못된 습관이다. 답은 문제마다 다르므로 그렇게 중요한 것이 아니다. 중요한 것은 문제의 다양한 상황과 조건이다. 문제의 유형은 어느 정도 제한된 범위에서 출제된다. 같은 의미를 지녔어도 어떻게 표현하는가에 따라 새롭게 느낄 수 있지만 냉정하게 분석해 보면 근본적으로는 그렇지 않다는 것을 알 수 있다. 따라서 문제의 해설 과정을 참고할 때에는 문제에 어떤 **조건이나 상황이 제시되었으며, 이에 대해 어떤 이론을 활용하여 어떻게 해결해 나가는지에 초점을 맞춰야 한다.** 이러한 과정을 통해 우리는 개념을 완벽하게 습득할 수 있고, 여러 가지 개념이 복잡하게 결합된 문제에도 쉽게 접근할 수 있다. 만약 해결 과정에서 개념이나 공식을 활용하는 방법이 익숙치 않다면 풀이 과정을 반복해서 따라해 보고 그 과정을 암기하는 것도 하나의 방법이다.

숨마쿰라우데 수학 기본서로 제대로 된 수학 공부를 하여 본인이 원하는 결과를 얻기 바란다.

SUMMA CUM LAUDE~!

SUMMA CUM LAUDE
MATHEMATICS

어떠한 일도 갑자기 이뤄지지 않는다.
한 알의 과일, 한 송이의 꽃도 그렇게 되지 않는다.
나무의 열매조차 금방 맺히지 않는데,
하물며 인생의 열매를 노력도 하지 않고
조급하게 기다리는 것은 잘못이다.

– 에픽테토스

CHAPTER I
함수의 극한과 연속

숨마쿰라우데®

[수학 II]

INTRO to Chapter I
함수의 극한과 연속

SUMMA CUM LAUDE

극한은 미적분법의 기초가 되는 개념이다. 극한을 이용하면 무한을 바라보는 수학적 사고가 한층 높아질 뿐만 아니라 다양한 함수들에 대한 이해가 폭넓어질 수 있다. 어떤 현상에 대해 시간에 따라 어떻게 변화하는지에 주목하면, 그 현상을 분석하는 것이 가능해지고 더 나아가 일어날 일을 예측할 수도 있게 된다.

본 단원의 구성에 대하여...

무한(infinite)의 등장

　'무한' 하면 끝없는 바다, 우주, 원주율 등이 생각이 날 것이다. 유한한 존재인 우리 인간이 이해하기에 어려우면서도 오묘한 의미를 지닌 무한의 역사는 꽤 오래되었다. 그리스어로 무한을 '아페이론(apeiron)' 이라 하는데, 이것은 유한을 뜻하는 '페라스(peras)' 의 부정형이다. 고대 그리스 시대의 사람들은 이 '아페이론' 이라는 단어를 부정적이고, 심지어는 멸시적인 뜻으로 사용하기도 하였다. 그 이유는 당시 그리스 사람들의 사상에는 유한인 것을 무한인 것보다 높이 평가하는 '유한주의' 가 대체로 그 사회를 지배하고 있었기 때문인 것으로 추측된다.

　동양에서도 오래 전부터 무한이라는 개념이 사용되었다. 고대 중국의 사상가들은 무한을 다론 'Paradox'를 내세운 바 있고, 불교 경전에서는 무한과 유한의 대비가 여러 가지 형태로 기록되어 있다. 물론 무한의 개념을 잘 안다기보다 추상적으로 이해되어 왔다.

초월적인 느낌인 '무한'을 받아들인다는 것은 예전이나 지금이나 결코 쉽지가 않다. 더욱이 무한과 유한을 정확하게 인식한다고 해도 그것을 연결하는 다리를 찾기가 쉽지 않다. 이러한 이유로 (다행스럽게도) 고교과정에서는 '함수의 극한'을 미분과 적분을 배우기 위한 기초 지식 정도로만 다루고 있고, 극한의 진정한 의미를 다루지는 않는다.

극한이란 무엇인가?

극한을 사전에서 찾아보면 아래와 같이 나온다.

극한[極限]
궁극의 한계. 사물이 진행하여 도달할 수 있는 최후의 단계나 지점

극한이라는 용어 자체는 교과과정상 고등학교 단계에서 다루지만 우리는 이미 초등학교에서부터 극한 개념을 내포하고 있는 지식이나 내용을 접해 왔다. 예를 들어, 초등학교에서 배운 원의 넓이 구하기, 중학교에서 배운 순환소수, 무리수 등은 바로 극한 개념을 기초로 한 것이다. 이러한 내용을 배우는 가운데 극한 개념과 관계된 '한없이 가까워진다.', '한없이 커진다.'와 같은 개념들을 접하게 되었다.

극한은 오래 전부터 수학의 한 기법으로 자리 잡아 왔다. 물론 당시에는 정확한 개념이 파악되지 않은 채 감각적으로 이해되었다. 고대 그리스 시대의 수학자 아르키메데스는 원에 내접하는 정n각형과 외접하는 정n각형을 그리고 n을 점차 크게 하여 원주율을 구했고, 극한의 절정인 미적분이 탄생하기까지 넓이나 길이를 구하기 위해 여러 가지 극한의 기법을 이용하였다.
17세기 뉴턴과 라이프니츠는 무한과 극한의 정확한 이해를 바탕으로 미적분을 개발하였고, 이를 통해 복잡한 극한 계산을 쉽게 할 수 있었다. 그러나 당시에도 극한은 수학적으로 완전히 정의되지 못하고 직관적으로 이해되면서 많은 오류를 야기했다.
현대의 극한의 개념은 18세기 프랑스의 코시(1789~1857)에 의해 정립되었고 19세기 독일의 바이어슈트라스(1815~1897)에 의해 좀 더 엄격한 규격화가 이루어졌다.
이렇듯 극한은 쉬운 듯하면서도 몇 천 년 동안 인류 지성사를 괴롭힌 난해한 속성을 가졌다.

극한은 함수에 대한 지식을 확장시켜 주고, 현대 수학에서 핵심적인 역할을 하는 무한 및 무한을 기초로 하는 다른 많은 개념을 이해하는 데 토대가 된다.

무엇보다도 극한은 인류의 위대한 지적 산물인 미적분을 정의할 때 핵심적으로 사용되고 있다. 오늘날 미적분학은 수학뿐만 아니라 자연과학 및 공학 분야, 사회과학 분야에 입문하는데 널리 응용되는 필수 지식이다. 따라서 이런 분야로 진출하려는 독자들에게 있어서 그 기초 개념인 극한 개념에 대한 정확한 이해는 필수적이다.

함수의 극한과 연속, 이렇게 공부하자.

극한에 대한 학생들의 흔한 오개념 중 하나가 바로 한없이 가까워지지만 어떤 값이 될 수는 없다고 생각하는 것이다. 일상적인 의미로 '한없이 가까워진다.'는 것은 어떤 값에 가까워지지만 그 값이 될 수는 없는 것이라고 생각할 수 있지만, 수학에서는 일상적 의미와는 다르게 그 값이 될 수도 있다고 본다.

따라서 일상적으로는 쉽게 받아들여지지 않는 무한 개념을 기본적으로 인정하고 받아들이는 자세를 우선 가져야 한다. 이는 극한을 공부하는 방법에 있어서 필자가 강조하고 싶은 것 중 하나이다.

또 '함수' 하면 자동적으로 '그래프'를 떠올리는데 극한에서도 그래프의 개형을 알고 있으면 극한값을 구하는 데 도움이 되는 경우가 많다. 따라서 자주 등장하는 함수의 그래프의 개형 정도는 기억해 두도록 하자. 함수의 극한의 의미를 정확히 이해해 두면 이어서 배울 함수의 연속에 대해서는 자연스럽게 이해될 것이다.

미적분의 첫 관문으로 볼 수도 있는 함수의 극한과 연속 단원은 새로운 용어나 정의가 많아서 독자들에게 어렵게 느껴질 수 있을 것이다. 하지만 수학적인 정의를 잘 기억한다면 그 무엇보다 쉬운 단원이라고 감히 말할 수 있다. 사실 이 단원에서의 대부분의 증명은 고교과정을 넘어서기에 증명보다 정의의 정확한 숙지와 적용에 중점을 둔다. 따라서 독자들은 어려운 문제들을 찾아가며 특이한 풀이들을 공부하기보다는 기본에 충실하면서 정의에 입각한 풀이에 익숙해지는 것을 권장하는 바이다.

01 함수의 극한

SUMMA CUM LAUDE

ESSENTIAL LECTURE

① 함수의 수렴

함수 $f(x)$에서 x의 값이 a가 아니면서 a에 한없이 가까워질 때, $f(x)$의 값이 일정한 값 L에 한없이 가까워지면 함수 $f(x)$는 L에 수렴한다고 하고, 기호로 다음과 같이 나타낸다.

'$\lim\limits_{x \to a} f(x) = L$' 또는 '$x \longrightarrow a$일 때 $f(x) \longrightarrow L$'

이때 L을 함수 $f(x)$의 $x=a$에서의 극한값 또는 극한이라고 한다.

② 함수의 발산

함수 $f(x)$가 수렴하지 않으면 함수 $f(x)$는 발산한다고 한다.

(1) 양의 무한대로 발산 : 함수 $f(x)$에서 x의 값이 a가 아니면서 a에 한없이 가까워질 때, $f(x)$의 값이 한없이 커지면 함수 $f(x)$는 양의 무한대로 발산한다고 하고, 기호로 다음과 같이 나타낸다.

'$\lim\limits_{x \to a} f(x) = \infty$' 또는 '$x \longrightarrow a$일 때 $f(x) \longrightarrow \infty$'

(2) 음의 무한대로 발산 : 함수 $f(x)$에서 x의 값이 a가 아니면서 a에 한없이 가까워질 때, $f(x)$의 값이 음수이면서 그 절댓값이 한없이 커지면 함수 $f(x)$는 음의 무한대로 발산한다고 하고, 기호로 다음과 같이 나타낸다.

'$\lim\limits_{x \to a} f(x) = -\infty$' 또는 '$x \longrightarrow a$일 때 $f(x) \longrightarrow -\infty$'

③ 우극한과 좌극한

(1) 우극한 : 함수 $f(x)$에서 x의 값이 a보다 크면서 a에 한없이 가까워질 때, $f(x)$의 값이 일정한 값 L에 한없이 가까워지면 L을 $f(x)$의 $x=a$에서의 우극한이라 하고, 기호로 다음과 같이 나타낸다.

'$\lim\limits_{x \to a+} f(x) = L$' 또는 '$x \longrightarrow a+$일 때 $f(x) \longrightarrow L$'

(2) 좌극한 : 함수 $f(x)$에서 x의 값이 a보다 작으면서 a에 한없이 가까워질 때, $f(x)$의 값이 일정한 값 M에 한없이 가까워지면 M을 $f(x)$의 $x=a$에서의 좌극한이라 하고, 기호로 다음과 같이 나타낸다.

'$\lim\limits_{x \to a-} f(x) = M$' 또는 '$x \longrightarrow a-$일 때 $f(x) \longrightarrow M$'

(3) $\lim\limits_{x \to a} f(x) = L \iff \lim\limits_{x \to a+} f(x) = \lim\limits_{x \to a-} f(x) = L$

고등 수학의 함수 단원에서는 대응을 통해 함수를 이해하고, 함숫값을 구해 보았다. 또 몇몇 함수의 그래프도 그려 그 특징을 살펴보았다. 이 단원에서는 그래프를 바탕으로 하여 극한이라는 개념에 대해 배우게 된다. 지금까지 $x=a$에서의 함숫값에 주목하였다면 이제부터는 x의 값이 a가 아니면서 a에 한없이 가까워질 때의 값에 주목하는 것이다.

■ 함수의 수렴

(1) $x \longrightarrow a$일 때 함수의 수렴

함수 $f(x)$에서 x의 값이 1에 한없이 가까워질 때 $f(x)$의 값이 어떤 값에 가까워지는지 다음 두 함수에서 살펴보자.

$$f_1(x) = x+1, \ f_2(x) = \frac{x^2-1}{x-1}$$

함수 $f_1(x) = x+1$은 모든 실수에서 정의되어 있으므로 x의 값이 1이 아니면서 1에 한없이 가까워지면 $f_1(x)$의 값은 2에 한없이 가까워진다는 것을 직관적으로 또는 그래프를 통해 확인할 수 있다.

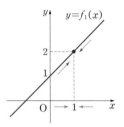

함수 $f_2(x) = \frac{x^2-1}{x-1}$은 $x=1$에서 정의되지 않지만 $x \neq 1$인 모든 실수에 대하여

$$f_2(x) = \frac{(x+1)(x-1)}{x-1} = x+1$$

이므로 그래프를 통해 알 수 있듯이 x의 값이 1이 아니면서 1에 한없이 가까워지면 $f_1(x)$에서와 같이 $f_2(x)$의 값도 2에 한없이 가까워진다.

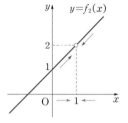

한 가지 경우를 더 살펴보자. 함수 $f_3(x)$가

$$f_3(x) = \begin{cases} \dfrac{x^2-1}{x-1} & (x \neq 1) \\ 1 & (x=1) \end{cases}$$

과 같이 정의되어 있는 경우, $x=1$에서의 함숫값은 분명 1이지만 x의 값이 1이 아니면서 1에 한없이 가까워지면 $f_3(x)$의 값 역시 $f_1(x)$에서와 같이 2에 한없이 가까워짐을 알 수 있다.

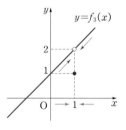

일반적으로 함수 $f(x)$에서 x의 값이 a가 아니면서 a에 한없이 가까워질 때, $f(x)$의 값이 일정한 값 L에 한없이 가까워지면 함수 $f(x)$는 L에 수렴(convergence)한다고 하고, 이것을 기호로 다음과 같이 나타낸다.

$$\lim_{x \to a}{}^{\text{❶}} f(x) = L \ \text{또는} \ x \longrightarrow a^{\text{❷}} \text{일 때} \ f(x) \longrightarrow L$$

이때 L을 함수 $f(x)$의 $x=a$에서의 **극한값**(limiting value) 또는 **극한**(limit)이라 한다.

앞에서 다룬 세 가지 함수 $f_1(x)$, $f_2(x)$, $f_3(x)$의 $x \longrightarrow 1$일 때의 극한을 기호로 각각 나타내면 다음과 같다.

$$\lim_{x \to 1} f_1(x) = 2, \quad \lim_{x \to 1} f_2(x) = 2, \quad \lim_{x \to 1} f_3(x) = 2$$

함수는 $f_2(x)$에서와 같이 함숫값이 정의되지 않아도 극한값은 존재할 수 있음을 기억하자. 다시 말해, $x = a$에서 함숫값 $f(a)$가 정의되지 않는 경우에도 극한값 $\lim\limits_{x \to a} f(x)$가 존재할 수 있다. 또한 함수 $f_3(x)$에서와 같이 $x = a$에서 함숫값 $f(a)$와 극한값 $\lim\limits_{x \to a} f(x)$가 다를 수 있다.

이것은 $x \longrightarrow a$일 때의 $f(x)$의 극한값이 x에 a를 대입한 값이 아니라, x의 값이 a에 한없이 가까워질 때 $f(x)$의 값이 한없이 가까워지는 값이기 때문이다.

일반적으로 함수 $f(x)$가 다항함수일 때 실수 a에 대하여 $x \longrightarrow a$일 때의 $f(x)$의 극한값은 $x = a$에서의 함숫값과 같다. 즉, 다항함수 $f(x)$에 대하여 $\lim\limits_{x \to a} f(x) = f(a)$이다.

예 $\lim\limits_{x \to 1} 2x = 2 \cdot 1 = 2$, $\lim\limits_{x \to 1} (5x+3) = 5 \cdot 1 + 3 = 8$

또한 상수함수 $f(x) = c$ (c는 상수)는 모든 실수 x에 대하여 $f(x)$의 값이 항상 c이므로 a의 값에 관계없이

$$\lim_{x \to a} f(x) = \lim_{x \to a} c = c$$

이다.

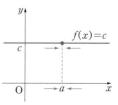

■ **EXAMPLE** 001 함수의 그래프를 이용하여 다음 극한값을 구하여라.

(1) $\lim\limits_{x \to 3} (5x + 2)$ (2) $\lim\limits_{x \to 5} \dfrac{1}{x}$ (3) $\lim\limits_{x \to 0} \dfrac{x^2 - x}{x}$ (4) $\lim\limits_{x \to 1} \dfrac{x^2 + x - 2}{x - 1}$

ANSWER (1) $f(x) = 5x + 2$라 하면 함수 $y = f(x)$의 그래프는 오른쪽 그림과 같다.

따라서 x의 값이 3이 아니면서 3에 한없이 가까워질 때 $f(x)$의 값은 17에 한없이 가까워지므로

$$\lim_{x \to 3} (5x + 2) = 17 \; ■$$

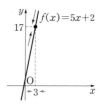

---

❶ lim는 극한의 의미를 지닌 limit의 약자로, '리미트'라 읽는다.
❷ x의 값이 a가 아니라 a에 한없이 가까워지는 것을 뜻한다.

(2) $f(x)=\dfrac{1}{x}$ 이라 하면 함수 $y=f(x)$의 그래프는 오른쪽 그림과

같다. 따라서 x의 값이 5가 아니면서 5에 한없이 가까워질 때

$f(x)$의 값은 $\dfrac{1}{5}$ 에 한없이 가까워지므로　　$\displaystyle\lim_{x \to 5}\dfrac{1}{x}=\dfrac{1}{5}$ ■

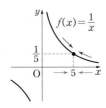

(3) $f(x)=\dfrac{x^2-x}{x}=\dfrac{x(x-1)}{x}=x-1\,(x\neq 0)$ 이라 하면 함수

$y=f(x)$의 그래프는 오른쪽 그림과 같다. 따라서 x의 값이 0이

아니면서 0에 한없이 가까워질 때 $f(x)$의 값은 -1에 한없이 가

까워지므로

$$\lim_{x \to 0}\dfrac{x^2-x}{x}=-1 \ ■$$

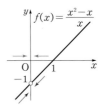

(4) $f(x)=\dfrac{x^2+x-2}{x-1}=\dfrac{(x+2)(x-1)}{x-1}=x+2\,(x\neq 1)$ 라 하면

함수 $y=f(x)$의 그래프는 오른쪽 그림과 같다.

따라서 x의 값이 1이 아니면서 1에 한없이 가까워질 때 $f(x)$의

값은 3에 한없이 가까워지므로　　$\displaystyle\lim_{x \to 1}\dfrac{x^2+x-2}{x-1}=3$ ■

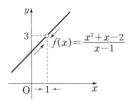

APPLICATION 001　　함수의 그래프를 이용하여 다음 극한값을 구하여라.　　Sub Note 002쪽

(1) $\displaystyle\lim_{x \to -2}(x^2+4x-1)$

(2) $\displaystyle\lim_{x \to 2}\sqrt{3-x}$

(3) $\displaystyle\lim_{x \to 0}\dfrac{2x^2+4x}{x}$

(4) $\displaystyle\lim_{x \to 2}\dfrac{-x^2-2x+8}{x-2}$

(2) $x \longrightarrow \infty$ 또는 $x \longrightarrow -\infty$일 때 함수의 수렴

이번에는 함수 $f(x)$에서 x의 값이 한없이 커질 때 또는 음수이면서 그 절댓값이 한없이 커

질 때, $f(x)$의 값이 일정한 값에 가까워지는 경우, 즉 수렴하는 경우에 대하여 알아보자.

함수 $f(x)=\dfrac{1}{x}$ 에서 x의 값이 한없이 커질 때 $f(x)$의 값은 0에

한없이 가까워지고, x의 값이 음수이면서 그 절댓값이 한없이 커

질 때에도 $f(x)$의 값은 0에 한없이 가까워짐을 알 수 있다.

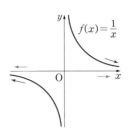

일반적으로 함수 $f(x)$에서 x의 값이 한없이 커질 때, $f(x)$의 값이 일정한 값 L에 한없이 가까워지면 함수 $f(x)$는 L에 수렴한다고 하고, 이것을 기호로 다음과 같이 나타낸다.

$$\lim_{x \to \infty} f(x) = L \text{ 또는 } x \longrightarrow \infty^{❸} \text{일 때 } f(x) \longrightarrow L$$

여기서 ∞는 어떤 특정한 수를 나타내는 것이 아니라 한없이 커지는 '상태'를 의미하는 기호로 무한대(infinity)라 읽는다.

또 함수 $f(x)$에서 x의 값이 음수이면서 그 절댓값이 한없이 커질 때, $f(x)$의 값이 일정한 값 M에 한없이 가까워지면 함수 $f(x)$는 M에 수렴한다고 하고, 이것을 기호로 다음과 같이 나타낸다.

$$\lim_{x \to -\infty} f(x) = M \text{ 또는 } x \longrightarrow -\infty^{❹} \text{일 때 } f(x) \longrightarrow M$$

함수 $f(x) = \dfrac{1}{x}$의 $x \longrightarrow \infty$, $x \longrightarrow -\infty$일 때의 극한을 기호로 각각 나타내면 다음과 같다.

$$\lim_{x \to \infty} \frac{1}{x} = 0^{❺}, \quad \lim_{x \to -\infty} \frac{1}{x} = 0$$

■ **EXAMPLE** 002 함수의 그래프를 이용하여 다음 극한값을 구하여라.

(1) $\displaystyle\lim_{x \to \infty} \left(\frac{2}{x} - 4 \right)$ 　　　　　　(2) $\displaystyle\lim_{x \to -\infty} \frac{2}{x+1}$

ANSWER (1) $f(x) = \dfrac{2}{x} - 4$라 하면 함수 $y = f(x)$의 그래프는 오른쪽 그림과 같다.

따라서 x의 값이 한없이 커질 때 $f(x)$의 값은 -4에 한없이 가까워지므로 $\displaystyle\lim_{x \to \infty} \left(\frac{2}{x} - 4 \right) = -4$ ■

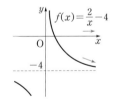

(2) $f(x) = \dfrac{2}{x+1}$라 하면 함수 $y = f(x)$의 그래프는 오른쪽 그림과 같다.

따라서 x의 값이 음수이면서 그 절댓값이 한없이 커질 때 $f(x)$의 값은 0에 한없이 가까워지므로 $\displaystyle\lim_{x \to -\infty} \frac{2}{x+1} = 0$ ■

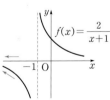

---

❸ 일반적으로 $+\infty$를 ∞로 나타내며, $x \longrightarrow \infty$는 x의 값이 한없이 커지는 것을 나타낸다.

❹ $x \longrightarrow -\infty$는 x의 값이 음수이면서 그 절댓값이 한없이 커지는 것을 나타낸다.

❺ 엄밀히 말하자면 0이 아니라 무한소(infinitesimal)라 해야 한다. 무한소란 0에 한없이 가까워지는 상태를 나타내는 말이다. 0과 무한소는 구분 없이 0으로 표기한다.

APPLICATION 002   함수의 그래프를 이용하여 다음 극한값을 구하여라.   Sub Note 003쪽

(1) $\displaystyle\lim_{x \to -\infty}\left(-\frac{1}{x-1}\right)$ (2) $\displaystyle\lim_{x \to \infty}\frac{x+1}{x+3}$

이상에서 지금까지 배운 함수의 수렴은 다음 그림으로 간단히 정리할 수 있다.

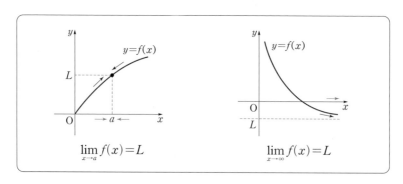

$$\lim_{x \to a} f(x) = L \qquad\qquad \lim_{x \to \infty} f(x) = L$$

❷ 함수의 발산

(1) $x \longrightarrow a$일 때 함수의 발산

함수 $f(x)$에서 x의 값이 어떤 수에 한없이 가까워질 때 $f(x)$의 값이 수렴하지 않는 경우에
대하여 알아보자. 함수 $f(x)$에서 x의 값이 a가 아니면서 a에 한없이 가까워질 때 $f(x)$가
수렴하지 않으면 $f(x)$는 발산(divergence)한다고 한다.

오른쪽 그림과 같이 함수 $f_1(x) = \dfrac{1}{x^2}$에서 x의 값이 0이 아니면서 0에

한없이 가까워지면 $f_1(x)$의 값은 한없이 커진다.
이와 같이 함수 $f(x)$에서 x의 값이 a가 아니면서 a에 한없이 가까워질
때 $f(x)$의 값이 한없이 커지면 함수 $f(x)$는 양의 무한대로 발산한다고
하고, 이것을 기호로 다음과 같이 나타낸다.

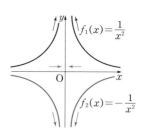

$$\lim_{x \to a} f(x) = \infty\,^{❻} \text{ 또는 } x \longrightarrow a \text{일 때 } f(x) \longrightarrow \infty$$

---

❻ 이때 $\displaystyle\lim_{x \to a} f(x) = \infty$는 함수 $f(x)$의 $x \longrightarrow a$일 때의 극한값이 ∞라는 것이 아니라 $x \longrightarrow a$일 때 $f(x)$의 값이
한없이 커지는 상태임을 의미한다.

또 함수 $f_2(x) = -\dfrac{1}{x^2}$에서 x의 값이 0이 아니면서 0에 한없이 가까워지면 $f_2(x)$의 값은 음수이면서 그 절댓값이 한없이 커진다.

이와 같이 함수 $f(x)$에서 x의 값이 a가 아니면서 a에 한없이 가까워질 때 $f(x)$의 값이 음수이면서 그 절댓값이 한없이 커지면 함수 $f(x)$는 음의 무한대로 발산한다고 하고, 이것을 기호로 다음과 같이 나타낸다.

$$\lim_{x \to a} f(x) = -\infty \ \text{또는} \ x \longrightarrow a \text{일 때} \ f(x) \longrightarrow -\infty$$

위의 두 함수 $f_1(x)$, $f_2(x)$의 $x \longrightarrow 0$일 때의 극한을 기호로 각각 나타내면 다음과 같다.

$$\lim_{x \to 0} \frac{1}{x^2} = \infty, \ \lim_{x \to 0}\left(-\frac{1}{x^2}\right) = -\infty$$

EXAMPLE 003 함수의 그래프를 이용하여 다음 극한을 조사하여라.

(1) $\displaystyle\lim_{x \to 2}\left\{-\frac{1}{(x-2)^2}\right\}$　　　　(2) $\displaystyle\lim_{x \to -1}\frac{1}{|x+1|}$

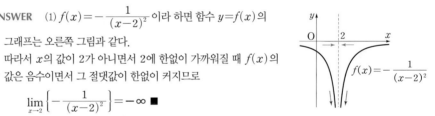

ANSWER (1) $f(x) = -\dfrac{1}{(x-2)^2}$ 이라 하면 함수 $y=f(x)$의 그래프는 오른쪽 그림과 같다.

따라서 x의 값이 2가 아니면서 2에 한없이 가까워질 때 $f(x)$의 값은 음수이면서 그 절댓값이 한없이 커지므로

$$\lim_{x \to 2}\left\{-\frac{1}{(x-2)^2}\right\} = -\infty \ \blacksquare$$

(2) $f(x) = \dfrac{1}{|x+1|}$ 이라 하면 함수 $y=f(x)$의 그래프는 오른쪽 그림과 같다.

따라서 x의 값이 -1이 아니면서 -1에 한없이 가까워질 때 $f(x)$의 값은 한없이 커지므로

$$\lim_{x \to -1}\frac{1}{|x+1|} = \infty \ \blacksquare$$

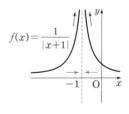

APPLICATION **003** 함수의 그래프를 이용하여 다음 극한을 조사하여라. 　　Sub Note 003쪽

(1) $\displaystyle\lim_{x \to 0}\left(1+\frac{1}{x^2}\right)$　　　(2) $\displaystyle\lim_{x \to 2}\frac{3}{(x-2)^2}$　　　(3) $\displaystyle\lim_{x \to 1}\left(3-\frac{1}{|x-1|}\right)$

(2) $x \longrightarrow \infty$ 또는 $x \longrightarrow -\infty$일 때 함수의 발산

x의 값이 한없이 커지거나 음수이면서 그 절댓값이 한없이 커질 때 $f(x)$의 값이 수렴하지 않는 경우, 즉 발산하는 경우에 대하여 알아보자.

오른쪽 그림과 같이 함수 $f_1(x)=x^2$에서 x의 값이 한없이 커지거나 음수 이면서 그 절댓값이 한없이 커지면 $f_1(x)$의 값은 한없이 커진다. 즉,

$$\lim_{x \to \infty} x^2 = \infty, \quad \lim_{x \to -\infty} x^2 = \infty$$

또 함수 $f_2(x)=-x^2$에서 x의 값이 한없이 커지거나 음수이면서 그 절 댓값이 한없이 커지면 $f_2(x)$의 값은 음수이면서 그 절댓값이 한없이 커진 다. 즉,

$$\lim_{x \to \infty} (-x^2) = -\infty, \quad \lim_{x \to -\infty} (-x^2) = -\infty$$

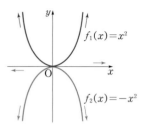

일반적으로 함수 $f(x)$에서 $x \longrightarrow \infty$ 또는 $x \longrightarrow -\infty$일 때, $f(x)$가 양의 무한대 또는 음 의 무한대로 발산하면 이것을 기호로 다음과 같이 나타낸다.

$$\lim_{x \to \infty} f(x) = \infty, \quad \lim_{x \to -\infty} f(x) = \infty, \quad \lim_{x \to \infty} f(x) = -\infty, \quad \lim_{x \to -\infty} f(x) = -\infty$$

■ EXAMPLE 004 함수의 그래프를 이용하여 다음 극한을 조사하여라.

(1) $\lim_{x \to \infty} \sqrt{x-1}$ 　　　　　　　　(2) $\lim_{x \to -\infty} (5x-2)$

ANSWER (1) $f(x)=\sqrt{x-1}$이라 하면 함수 $y=f(x)$의 그 래프는 오른쪽 그림과 같다.
따라서 x의 값이 한없이 커질 때 $f(x)$의 값도 한없이 커지 므로

$$\lim_{x \to \infty} \sqrt{x-1} = \infty \ ■$$

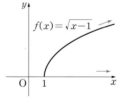

(2) $f(x)=5x-2$라 하면 함수 $y=f(x)$의 그래프는 오른쪽 그 림과 같다.
따라서 x의 값이 음수이면서 그 절댓값이 한없이 커질 때 $f(x)$의 값도 음수이면서 그 절댓값이 한없이 커지므로

$$\lim_{x \to -\infty} (5x-2) = -\infty \ ■$$

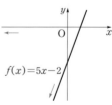

APPLICATION 004 　함수의 그래프를 이용하여 다음 극한을 조사하여라. 　　　Sub Note 003쪽

(1) $\lim_{x \to -\infty} (x-3)^2$ 　　　　　　　(2) $\lim_{x \to \infty} \dfrac{-2x^2+4x}{x}$

이상에서 지금까지 배운 함수의 발산은 다음 그림으로 간단히 정리할 수 있다.

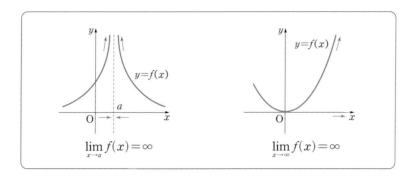

$$\lim_{x \to a} f(x) = \infty \qquad \qquad \lim_{x \to \infty} f(x) = \infty$$

❸ 우극한과 좌극한 (수능 고빈도 출제)

앞에서 나온 그래프들을 유심히 살핀 독자라면 'x의 값이 1이 아니
면서 1에 한없이 가까워질 때'라는 조건을 그래프에서는 오른쪽 그
림과 같이 표현했음을 기억할 것이다. 즉, x의 값이 1이 아니면서 1
에 한없이 가까워진다는 것은 x의 값이 1보다 크면서 1에 한없이

가까워지는 것과 x의 값이 1보다 작으면서 1에 한없이 가까워지는 것을 모두 포함하는 것이
다. 여기에서는 이 두 가지 경우에 대하여 각각 생각해 보도록 하자.

일반적으로 함수 $f(x)$에서 x의 값이 a보다 크면서 a에 한없이 가까워질
때 $f(x)$의 값이 일정한 값 L에 한없이 가까워지면 L을 $f(x)$의 $x=a$에
서의 **우극한**이라 하고, 이것을 기호로 다음과 같이 나타낸다.

> $x \longrightarrow a+$
>
> x의 값이 a보다 크
> 면서 a에 한없이 가
> 까워진다.

$$`\lim_{x \to a+} f(x) = L` \text{ 또는 } `x \longrightarrow a+ \text{일 때 } f(x) \longrightarrow L`$$

또 함수 $f(x)$에서 x의 값이 a보다 작으면서 a에 한없이 가까워질 때
$f(x)$의 값이 일정한 값 M에 한없이 가까워지면 M을 $f(x)$의 $x=a$에서
의 **좌극한**이라 하고, 이것을 기호로 다음과 같이 나타낸다.

> $x \longrightarrow a-$
>
> x의 값이 a보다 작
> 으면서 a에 한없이
> 가까워진다.

$$`\lim_{x \to a-} f(x) = M` \text{ 또는 } `x \longrightarrow a- \text{일 때 } f(x) \longrightarrow M`$$

예를 들어 함수 $y=f(x)$의 그래프가 오른쪽 그림과 같을 때

$x=0$에서의 우극한은 2이다. ➡ $\displaystyle\lim_{x \to 0+} f(x) = 2$

$x=0$에서의 좌극한은 1이다. ➡ $\displaystyle\lim_{x \to 0-} f(x) = 1$

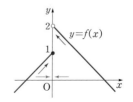

APPLICATION 005 함수 $y=f(x)$의 그래프가 오른쪽 그림과 같을 때, 다음 극한값을 구하여라.

(1) $\lim\limits_{x \to 1+} f(x)$ (2) $\lim\limits_{x \to 1-} f(x)$

(3) $\lim\limits_{x \to 0-} f(x)$ (4) $\lim\limits_{x \to 2+} f(x)$

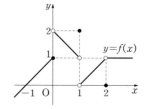

EXAMPLE 005 함수 $f(x) = \begin{cases} -(x+1)^2+a & (x > -1) \\ 3x+b & (x \le -1) \end{cases}$ 에 대하여

$\lim\limits_{x \to -1+} f(x) = -1$, $\lim\limits_{x \to -1-} f(x) = 1$일 때, $a+b$의 값을 구하여라. (단, a, b는 상수)

ANSWER $\lim\limits_{x \to -1+} f(x) = \lim\limits_{x \to -1+} \{-(x+1)^2+a\} = a \quad \therefore a = -1$

$\lim\limits_{x \to -1-} f(x) = \lim\limits_{x \to -1-} (3x+b) = -3+b$

즉, $-3+b=1$이므로 $b=4$

$\therefore a+b=3$ ■

한편 함수 $f_1(x) = \dfrac{x^2-x}{x-1}$에 대하여 $x=1$에서의 우극한과 좌극한은 각각

$$\lim\limits_{x \to 1+} f_1(x) = 1, \ \lim\limits_{x \to 1-} f_1(x) = 1$$

로 우극한과 좌극한이 존재하고 그 값이 서로 같다.

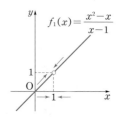

반면에 함수 $f_2(x) = \dfrac{|x|}{x}$에 대하여 $x=0$에서의 우극한과 좌극한은 각각

$$\lim\limits_{x \to 0+} f_2(x) = 1, \ \lim\limits_{x \to 0-} f_2(x) = -1$$

로 우극한과 좌극한이 존재하지만 그 값이 서로 다르다.

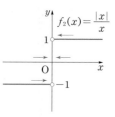

$x \longrightarrow a$일 때 함수 $f(x)$가 L로 수렴한다는 것은 곧, $x \longrightarrow a+$이든 $x \longrightarrow a-$이든 관계없이 $f(x) \longrightarrow L$인 것을 의미하므로 결국

우극한과 좌극한이 모두 존재하고 그 값이 L로 같다

는 것으로 바꾸어 이해해도 된다. 따라서 어떤 점에서 우극한 또는 좌극한이 존재하지 않거나, 우극한과 좌극한이 모두 존재하여도 그 값이 서로 다르면 그 점에서 함수 $f(x)$의 극한값

은 존재하지 않는다. 앞의 함수 $f_1(x)$는 $x \longrightarrow 1$일 때 극한값이 1로 존재하지만, $f_2(x)$는 $x \longrightarrow 0$일 때 극한값이 존재하지 않는다.

극한값이 존재하기 위한 조건

$$\lim_{x \to a} f(x) = L \iff \lim_{x \to a+} f(x) = \lim_{x \to a-} f(x) = L$$

■ **EXAMPLE 006** 함수 $f(x) = \begin{cases} x^2 + a^2 x + a & (x \geq 2) \\ 2x + 3 & (x < 2) \end{cases}$ 에 대하여 $\lim_{x \to 2} f(x)$의 값이 존재할 때, 정수 a의 값을 구하여라.

ANSWER $\lim_{x \to 2} f(x)$의 값이 존재하므로 $\lim_{x \to 2+} f(x) = \lim_{x \to 2-} f(x)$이다. 즉,

$$\lim_{x \to 2+} (x^2 + a^2 x + a) = \lim_{x \to 2-} (2x + 3)$$

$$4 + 2a^2 + a = 7, \ 2a^2 + a - 3 = 0$$

$$(2a + 3)(a - 1) = 0 \qquad \therefore a = 1 \ (\because a\text{는 정수}) \ ■$$

Sub Note 004쪽

APPLICATION 006 함수 $f(x) = \begin{cases} x^2 - 2x + a & (x \geq 1) \\ 2x + b & (x < 1) \end{cases}$ 에 대하여 $\lim_{x \to 1} f(x) = 1$일 때, 상수 a, b의 값을 구하여라.

■ **수학 공부법에 대한 저자들의 충고 – 가우스함수의 극한**

$y = [x]$ ($[x]$는 x보다 크지 않은 최대의 정수)로 정의되는 함수를 가우스함수라 한다. 정의역을 정수 구간으로 나누어서 생각해 보면 가우스함수는

$\cdots$, $-1 \leq x < 0$일 때 -1, $0 \leq x < 1$일 때 0, $\cdots$

을 함숫값으로 가지므로 그래프로 나타내면 오른쪽 그림과 같다. 가우스함수의 그래프는 각 정수의 값에서 연결되어 있지 않고 끊어져 있기 때문에 가우스 함수는 정수가 아닌 곳에서는 우극한과 좌극한이 같아 극한값이 존재하지만, 각각의 정수에서는 우극한과 좌극한이 달라서 $x \longrightarrow$ (정수)일 때의 극한값은 존재하지 않는다.

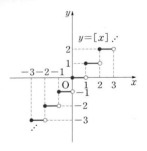

⟨예⟩ $\lim_{x \to \frac{1}{2}+} [x] = 0$, $\lim_{x \to \frac{1}{2}-} [x] = 0$ ➡ $\lim_{x \to \frac{1}{2}} [x] = 0$ (극한값이 존재한다.)

$\lim_{x \to 1+} [x] = 1$, $\lim_{x \to 1-} [x] = 0$ ➡ 극한값이 존재하지 않는다.

따라서 가우스함수가 포함된 식의 극한값을 구할 때는 정수와 정수 사이로 정의역의 범위를 나누어 그래프를 그리거나 $[x] = x - h \ (0 \leq h < 1)$를 이용하여 식을 정리하면 어렵지 않게 해결할 수 있을 것이다.

함수 $y=f(x)$의 그래프가 오른쪽 그림과 같을 때, $\lim\limits_{x\to 1-} f(x-1)$이나

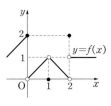

$\lim\limits_{x\to\infty} f\left(\dfrac{1}{x}\right)$의 값은 어떻게 구할까?

$y=f(x-1)$의 그래프는 $y=f(x)$의 그래프를 x축의 방향으로 1만큼 평행이동한 것

이므로 그래프를 이동시켜서 극한을 구할 수 있지만 $\lim\limits_{x\to\infty} f\left(\dfrac{1}{x}\right)$의 값은 쉽지 않다.

이 경우 $f(x-1)$, $f\left(\dfrac{1}{x}\right)$을 합성함수 $f(g(x))$로 보고 $g(x)$의 극한을 먼저 생각하면 된다. 즉, 다음과

같이 $g(x)=t$로 치환하여 극한을 구할 수 있다.

$\lim\limits_{x\to 1-} f(x-1)$	$x-1=t$로 치환하면 오른쪽 그림에서 $x\to 1-$ 일 때 $t\to 0-$ 이므로 $\lim\limits_{x\to 1-} f(x-1)=\lim\limits_{t\to 0-} f(t)=2$	$t=x-1$ 그래프
$\lim\limits_{x\to\infty} f\left(\dfrac{1}{x}\right)$	$\dfrac{1}{x}=t$로 치환하면 오른쪽 그림에서 $x\to\infty$ 일 때 $t\to 0+$ 이므로 $\lim\limits_{x\to\infty} f\left(\dfrac{1}{x}\right)=\lim\limits_{t\to 0+} f(t)=0$	$t=\dfrac{1}{x}$ 그래프

합성함수 $f(g(x))$의 극한에서 $g(x)=t$로 치환할 때 t의 극한이 우극한인지 좌극한인지 잘 구분해야

한다. t의 극한을 그래프를 이용하여 구하는데 다음을 기억하면 된다.

$\lim\limits_{x\to a+} f(g(x))=\lim\limits_{x\to a+} f(t)$에서

    $x\longrightarrow a+$ 일 때 $t=g(x)$의 그래프가 위에서 내려오면 $f(t)$는 우극한을 취한다.

    $x\longrightarrow a+$ 일 때 $t=g(x)$의 그래프가 아래에서 올라오면 $f(t)$는 좌극한을 취한다.

    $x\longrightarrow a+$ 일 때 $t=g(x)$의 그래프가 x축과 평행하면 $f(t)$는 함숫값을 갖는다.

이제 오른쪽 그림과 같이 주어진 함수 $y=g(x)$의 그래프를 이용하여 다음과 같이 합

성함수 $f(g(x))$의 극한도 쉽게 구할 수 있을 것이다.

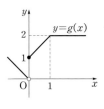

$\lim\limits_{x\to 0+} f(g(x))$	$g(x)=t$로 치환하면 $x\to 0+$ 일 때 $t\to 1+$ 이므로 $\lim\limits_{x\to 0+} f(g(x))=\lim\limits_{t\to 1+} f(t)=1$
$\lim\limits_{x\to 1-} f(g(x))$	$g(x)=t$로 치환하면 $x\to 1-$ 일 때 $t\to 2-$ 이므로 $\lim\limits_{x\to 1-} f(g(x))=\lim\limits_{t\to 2-} f(t)=0$
$\lim\limits_{x\to 1+} f(g(x))$	$g(x)=t$로 치환하면 $x\to 1+$ 일 때 $t=2$(상수)이므로 $\lim\limits_{x\to 1+} f(g(x))=f(2)=2$

함수의 극한값의 존재

001 극한값이 존재하는 것만을 보기에서 있는 대로 골라라. (단, $[x]$는 x보다 크지 않은 최대의 정수)

> **보기**
>
> ㄱ. $\lim\limits_{x \to -3} |x+3|$　　　ㄴ. $\lim\limits_{x \to 2} \dfrac{|x-2|}{x^2-4}$　　　ㄷ. $\lim\limits_{x \to 0} [x+1]$

GUIDE 절댓값 기호를 포함한 함수 또는 가우스함수는

$$|x-a| = \begin{cases} x-a & (x \ge a) \\ -(x-a) & (x < a) \end{cases}, \ [x] = n \ (n \le x < n+1, \ n은 정수)$$

임을 이용하여 우극한과 좌극한을 각각 구한 후 그 값이 서로 같은지 확인한다.

SOLUTION

ㄱ. $|x+3| = \begin{cases} x+3 & (x \ge -3) \\ -(x+3) & (x < -3) \end{cases}$ 이므로

$\lim\limits_{x \to -3+} (x+3) = 0, \ \lim\limits_{x \to -3-} \{-(x+3)\} = 0 \qquad \therefore \lim\limits_{x \to -3} |x+3| = 0$

ㄴ. $f(x) = \dfrac{|x-2|}{x^2-4} = \begin{cases} \dfrac{1}{x+2} & (x > 2) \\ -\dfrac{1}{x+2} & (x < 2) \end{cases}$ 이라 하면

$\lim\limits_{x \to 2+} \dfrac{1}{x+2} = \dfrac{1}{4}, \ \lim\limits_{x \to 2-} \left(-\dfrac{1}{x+2}\right) = -\dfrac{1}{4}$

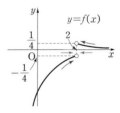

따라서 $\lim\limits_{x \to 2} \dfrac{|x-2|}{x^2-4}$ 의 값은 존재하지 않는다.

ㄷ. $0 \le x < 1$에서 $1 \le x+1 < 2$이므로

$[x+1] = 1 \qquad \therefore \lim\limits_{x \to 0+} [x+1] = 1$

$-1 \le x < 0$에서 $0 \le x+1 < 1$이므로

$[x+1] = 0 \qquad \therefore \lim\limits_{x \to 0-} [x+1] = 0$

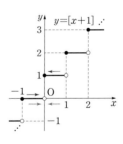

따라서 $\lim\limits_{x \to 0} [x+1]$의 값은 존재하지 않는다.

이상에서 극한값이 존재하는 것은 ㄱ뿐이다. ■

Sub Note 024쪽

유제
001-**1** 극한값이 존재하는 것만을 보기에서 있는 대로 골라라. (단, $[x]$는 x보다 크지 않은 최대의 정수)

> **보기**
>
> ㄱ. $\lim\limits_{x \to 4} \dfrac{x^2-16}{x-4}$　　　ㄴ. $\lim\limits_{x \to -2} \dfrac{x+2}{|x+2|}$　　　ㄷ. $\lim\limits_{x \to 0} \dfrac{x-2}{[x-2]}$

002 $\lim\limits_{x \to 5}(a[x]^2+b[x])=40$을 만족시키는 상수 a, b에 대하여 $|a|+|b|$의 값을 구하여라.

(단, $[x]$는 x보다 크지 않은 최대의 정수)

GUIDE   가우스함수 $y=[x]$에서

$n \leq x < n+1$일 때, $[x]=n$ (단, n은 정수)

임을 이용하여 주어진 함수의 우극한과 좌극한이 일치하도록 하는 상수 a, b의 값을 각각 구한다.

SOLUTION ───────────────────────

극한값이 존재하기 위해서는 우극한과 좌극한이 일치해야 한다.

$\lim\limits_{x \to 5+}[x]=5$, $\lim\limits_{x \to 5-}[x]=4$이므로

우극한을 구해 보면

$$\lim\limits_{x \to 5+}(a[x]^2+b[x])=a \cdot 5^2+5b=40 \qquad \therefore 5a+b=8 \qquad \cdots\cdots \text{㉠}$$

또 좌극한을 구해 보면

$$\lim\limits_{x \to 5-}(a[x]^2+b[x])=a \cdot 4^2+4b=40 \qquad \therefore 4a+b=10 \qquad \cdots\cdots \text{㉡}$$

㉠, ㉡을 연립하여 풀면 $a=-2$, $b=18$

$$\therefore |a|+|b|=|-2|+|18|=\mathbf{20} \ \blacksquare$$

Sub Note 024쪽

유제
002- 1 $\lim\limits_{x \to 3+}\dfrac{[x]^2+x}{[x]}+\lim\limits_{x \to 3-}\dfrac{[x]^2-x}{[x]}$의 값을 구하여라. (단, $[x]$는 x보다 크지 않은 최대의 정수)

Sub Note 024쪽

유제
002- 2 함수 $f(x)=[x^2]+k[2x]$에 대하여 $\lim\limits_{x \to n}f(x)$의 값이 존재하도록 하는 상수 k의 값을 구하여라.

(단, $[x]$는 x보다 크지 않은 최대의 정수이고, n은 자연수이다.)

합성함수의 극한

003 두 함수 $y=f(x)$, $y=g(x)$의 그래프가 아래 그림과 같을 때, 다음 극한값을 구하여라.

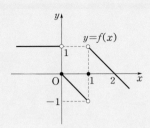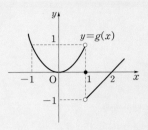

(1) $\lim\limits_{x\to 1+} g(f(x))$　　(2) $\lim\limits_{x\to 0-} g(f(x))$　　(3) $\lim\limits_{x\to 1+} g(g(x))$　　(4) $\lim\limits_{x\to 0} f(g(x))$

GUIDE 두 함수 $f(x)$, $g(x)$에 대하여 $\lim\limits_{x\to a+} g(f(x))$에서 $f(x)=t$로 놓고 $t=f(x)$의 그래프가

① 위에서 내려오면 ($\nearrow$) ➡ $g(t)$는 우극한을 취한다.
② 아래에서 올라오면 ($\searrow$) ➡ $g(t)$는 좌극한을 취한다.
③ x축과 평행하면 ($\leftarrow$) ➡ $g(t)$는 함숫값을 갖는다.

SOLUTION

$f(x)=t$, $g(x)=s$로 놓으면

(1) $x \longrightarrow 1+$일 때 $t \longrightarrow 1-$이므로　　　$\lim\limits_{x\to 1+} g(f(x)) = \lim\limits_{t\to 1-} g(t) = 1$ ■

(2) $x \longrightarrow 0-$일 때 $t=1$이므로　　　$\lim\limits_{x\to 0-} g(f(x)) = g(1) = 0$ ■

(3) $x \longrightarrow 1+$일 때 $s \longrightarrow -1+$이므로　　　$\lim\limits_{x\to 1+} g(g(x)) = \lim\limits_{s\to -1+} g(s) = 1$ ■

(4) $x \longrightarrow 0$일 때 $s \longrightarrow 0+$이므로　　　$\lim\limits_{x\to 0} f(g(x)) = \lim\limits_{s\to 0+} f(s) = 0$ ■

유제
003-❶ 함수 $y=f(x)$의 그래프가 오른쪽 그림과 같을 때, 보기에서 옳은 것만을 있는 대로 골라라.

Sub Note 025쪽

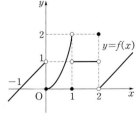

보기

ㄱ. $\lim\limits_{x\to 1-} f(f(x)) = 1$

ㄴ. $\lim\limits_{x\to 2+} f(f(x)) = 0$

ㄷ. $f\left(\lim\limits_{x\to 1+} f(x)\right) = f\left(\lim\limits_{x\to 1-} f(x)\right)$

02 함수의 극한에 대한 성질

SUMMA CUM LAUDE

ESSENTIAL LECTURE

1 함수의 극한에 대한 성질

두 함수 $f(x)$, $g(x)$에서 $\lim\limits_{x \to a} f(x) = \alpha$, $\lim\limits_{x \to a} g(x) = \beta$ (α, β는 실수)일 때

(1) $\lim\limits_{x \to a} kf(x) = k \lim\limits_{x \to a} f(x) = k\alpha$ (단, k는 상수)

(2) $\lim\limits_{x \to a} \{f(x) \pm g(x)\} = \lim\limits_{x \to a} f(x) \pm \lim\limits_{x \to a} g(x) = \alpha \pm \beta$ (복부호 동순)

(3) $\lim\limits_{x \to a} f(x)g(x) = \lim\limits_{x \to a} f(x) \cdot \lim\limits_{x \to a} g(x) = \alpha\beta$

(4) $\lim\limits_{x \to a} \dfrac{f(x)}{g(x)} = \dfrac{\lim\limits_{x \to a} f(x)}{\lim\limits_{x \to a} g(x)} = \dfrac{\alpha}{\beta}$ (단, $\beta \neq 0$)

2 부정형의 극한의 계산

(1) $\dfrac{0}{0}$ 꼴 : ① 분모, 분자가 모두 다항식이면 인수분해한다. ② 분모 또는 분자가 근호를 포함한 식이면 유리화한다. ➡ 공통인수 약분

(2) $\dfrac{\infty}{\infty}$ 꼴 : 분모의 최고차항으로 분모, 분자를 각각 나눈다.

(3) $\infty - \infty$ 꼴 : 다항식이면 최고차항으로 묶고, 근호가 있는 식이면 유리화한다.

(4) $\infty \times 0$ 꼴 : 통분, 유리화 등을 이용하여 $\dfrac{0}{0}$ 꼴 또는 $\dfrac{\infty}{\infty}$ 꼴로 변형한 후 극한값을 구한다.

우리가 함수의 극한을 다루는 데 있어서 가장 관심에 두어야 할 부분은 함수의 극한값이다. 함수의 극한이 발산할 때는 양의 무한대 또는 음의 무한대로의 발산이라는 상태 외에는 더 이상 궁금할 것이 없다. 하지만 함수의 극한이 수렴할 때는 수렴한다는 상태 외에도 '목표' 혹은 '종착점' 의 역할을 하는 극한값을 알 수 있다. 따라서 지금부터 우리는 함수의 극한이 수렴하는 경우에 대하여 중점적으로 다루게 될 것이고 그 극한값에 가장 큰 관심을 두어야 한다.
이 단원에서는 수렴하는 함수의 극한값을 구할 때 이용할 수 있는 여러 가지 성질에 대해 알아보도록 하자.

1 함수의 극한에 대한 성질

함수의 극한에서는 다음과 같은 기본 성질이 성립한다.

> **함수의 극한에 대한 성질[7]**
>
> 두 함수 $f(x)$, $g(x)$에서 $\lim\limits_{x \to a} f(x) = \alpha$, $\lim\limits_{x \to a} g(x) = \beta$ (α, β는 실수)일 때
>
> (1) $\lim\limits_{x \to a} kf(x) = k \lim\limits_{x \to a} f(x) = k\alpha$ (단, k는 상수)
>
> (2) $\lim\limits_{x \to a} \{f(x) \pm g(x)\} = \lim\limits_{x \to a} f(x) \pm \lim\limits_{x \to a} g(x) = \alpha \pm \beta$ (복부호 동순)
>
> (3) $\lim\limits_{x \to a} f(x)g(x) = \lim\limits_{x \to a} f(x) \cdot \lim\limits_{x \to a} g(x) = \alpha\beta$
>
> (4) $\lim\limits_{x \to a} \dfrac{f(x)}{g(x)} = \dfrac{\lim\limits_{x \to a} f(x)}{\lim\limits_{x \to a} g(x)} = \dfrac{\alpha}{\beta}$ (단, $\beta \neq 0$)

함수의 극한에 대한 성질은 $x \longrightarrow a+$, $x \longrightarrow a-$, $x \longrightarrow \infty$, $x \longrightarrow -\infty$일 때도 성립한다. 이때 함수 $f(x)$와 $g(x)$가 모두 수렴할 때만(극한값이 존재할 때만) 이용 가능하다는 것에 주의하자.

EXAMPLE 007 $\lim\limits_{x \to a} f(x) = 3$, $\lim\limits_{x \to a} g(x) = 4$일 때, 다음 극한값을 구하여라.

(1) $\lim\limits_{x \to a} \{f(x) + g(x)\}$

(2) $\lim\limits_{x \to a} \{2f(x) - 3g(x)\}$

(3) $\lim\limits_{x \to a} f(x)g(x)$

(4) $\lim\limits_{x \to a} \dfrac{f(x)}{g(x)}$

ANSWER

(1) $\lim\limits_{x \to a} \{f(x) + g(x)\} = \lim\limits_{x \to a} f(x) + \lim\limits_{x \to a} g(x)$

$\qquad\qquad\qquad\qquad = 3 + 4 = \mathbf{7}$ ∎

(2) $\lim\limits_{x \to a} \{2f(x) - 3g(x)\} = \lim\limits_{x \to a} 2f(x) - \lim\limits_{x \to a} 3g(x)$

$\qquad\qquad\qquad\qquad = 2\lim\limits_{x \to a} f(x) - 3\lim\limits_{x \to a} g(x)$

$\qquad\qquad\qquad\qquad = 2 \cdot 3 - 3 \cdot 4 = \mathbf{-6}$ ∎

(3) $\lim\limits_{x \to a} f(x)g(x) = \lim\limits_{x \to a} f(x) \cdot \lim\limits_{x \to a} g(x)$

$\qquad\qquad\qquad = 3 \cdot 4 = \mathbf{12}$ ∎

(4) $\lim\limits_{x \to a} \dfrac{f(x)}{g(x)} = \dfrac{\lim\limits_{x \to a} f(x)}{\lim\limits_{x \to a} g(x)} = \dfrac{\mathbf{3}}{\mathbf{4}}$ ∎

---

[7] 위의 성질은 함수의 극한을 다루는 계산 규칙이므로 반드시 기억해야 하겠다. 증명은 고교 수학의 범위를 벗어나므로 생략한다.

함수의 극한에 대한 성질에 의하여 어떤 함수의 합, 차, 실수배, 곱, 몫의 형태인 함수의 극한 값을 그래프를 이용하지 않고 기본적인 수렴하는 함수의 극한값 (이를테면 $\lim\limits_{x \to 1} x = 1$, $\lim\limits_{x \to 2} x^2 = 4$와 같이 쉽게 구할 수 있는 극한값)을 이용하여 계산할 수 있다.[8]

■ **EXAMPLE 008** 다음 극한값을 구하여라.

(1) $\lim\limits_{x \to -1} 4x$

(2) $\lim\limits_{x \to 2} (x^2 + 3x - 5)$

(3) $\lim\limits_{x \to 1} (x+2)(2x^2 - 3)$

(4) $\lim\limits_{x \to 3} \dfrac{x^3}{x+1}$

ANSWER (1) $\lim\limits_{x \to -1} 4x = 4 \lim\limits_{x \to -1} x = 4 \cdot (-1) = \mathbf{-4}$ ■

(2) $\lim\limits_{x \to 2} (x^2 + 3x - 5) = \lim\limits_{x \to 2} x^2 + 3 \lim\limits_{x \to 2} x - \lim\limits_{x \to 2} 5 = 2^2 + 3 \cdot 2 - 5 = \mathbf{5}$ ■

(3) $\lim\limits_{x \to 1} (x+2)(2x^2 - 3) = \lim\limits_{x \to 1} (x+2) \cdot \lim\limits_{x \to 1} (2x^2 - 3)$

$\qquad = (\lim\limits_{x \to 1} x + \lim\limits_{x \to 1} 2)(2 \lim\limits_{x \to 1} x^2 - \lim\limits_{x \to 1} 3)$

$\qquad = (1+2)(2 \cdot 1^2 - 3) = \mathbf{-3}$ ■

[다른 풀이] 주어진 식을 전개한 후 함수의 극한에 대한 성질을 이용해도 된다.

$(x+2)(2x^2 - 3) = 2x^3 + 4x^2 - 3x - 6$이므로

$\qquad \lim\limits_{x \to 1} (x+2)(2x^2 - 3) = \lim\limits_{x \to 1} (2x^3 + 4x^2 - 3x - 6)$

$\qquad\qquad = 2 \lim\limits_{x \to 1} x^3 + 4 \lim\limits_{x \to 1} x^2 - 3 \lim\limits_{x \to 1} x - \lim\limits_{x \to 1} 6$

$\qquad\qquad = 2 \cdot 1^3 + 4 \cdot 1^2 - 3 \cdot 1 - 6 = -3$

(4) $\lim\limits_{x \to 3} \dfrac{x^3}{x+1} = \dfrac{\lim\limits_{x \to 3} x^3}{\lim\limits_{x \to 3} (x+1)} = \dfrac{\lim\limits_{x \to 3} x^3}{\lim\limits_{x \to 3} x + \lim\limits_{x \to 3} 1} = \dfrac{3^3}{3+1} = \dfrac{\mathbf{27}}{\mathbf{4}}$ ■

APPLICATION **007** 다음 극한값을 구하여라.

Sub Note 004쪽

(1) $\lim\limits_{x \to 3} 3(x^2 + 2x - 6)$

(2) $\lim\limits_{x \to 1} (2x^2 + x - 4)(3x + 1)$

(3) $\lim\limits_{x \to 0} \dfrac{x^2 + x - 2}{5x + 3}$

(4) $\lim\limits_{x \to 2} \dfrac{\sqrt{2+x} - \sqrt{2-x}}{x}$

---

❽ 수학 Ⅰ의 수열 단원에서 다루는 $\sum$의 성질에서는 합, 차, 실수배에 대하여는 성립하지만 곱, 몫에 대해서는 성립하지 않는다. 하지만 극한(lim)에 대한 성질은 모든 사칙계산에 대하여 성립하기 때문에 그 계산이 한결 쉽고 간편하다. 바로 이 점이 intro에서 언급했던, 처음 부분의 정의를 잘 숙지하고 기초를 잘 다지면 함수의 극한 단원이 '비교적 쉬운 단원'이라고 말할 수 있는 근거가 되는 것이다.

2 부정형의 극한의 계산 〔수능 고빈도 출제〕

무한대는 '무한히 커지는 상태'로 수가 아니므로 보통의 수처럼 다룰 수는 없다. 하지만 극한의 일부가 무한대가 되는 경우, 다음과 같은 결과가 나오는 것은 직관적으로 이해할 수 있을 것이다.

> 상수 c에 대하여
> ① $c+\infty=\infty$
> ② $c-\infty=-\infty$
> ③ $c\times\infty=\infty$, $c\times(-\infty)=-\infty$ (단, $c>0$)
> ④ $c\times\infty=-\infty$, $c\times(-\infty)=\infty$ (단, $c<0$)
> ⑤ $\dfrac{c}{\infty}=0$, $\dfrac{c}{-\infty}=0$
> ⑥ $\dfrac{\infty}{c}=\infty$, $\dfrac{-\infty}{c}=-\infty$ (단, $c>0$)
> ⑦ $\dfrac{\infty}{c}=-\infty$, $\dfrac{-\infty}{c}=\infty$ (단, $c<0$)

그런데 위에 나와 있지 않은 $\infty-\infty$, $\infty\times0$, $\dfrac{\infty}{\infty}$ 등은 그 결과가 어떻게 될까?

$\infty-\infty$를 다음 예를 통하여 알아보자.

$$f(x)=2x,\ g(x)=x\text{이면} \qquad \lim_{x\to\infty}\{f(x)-g(x)\}=\lim_{x\to\infty}x=\infty$$

$$f(x)=x+1,\ g(x)=x\text{이면} \qquad \lim_{x\to\infty}\{f(x)-g(x)\}=\lim_{x\to\infty}1=1$$

$$f(x)=x,\ g(x)=3x\text{이면} \qquad \lim_{x\to\infty}\{f(x)-g(x)\}=\lim_{x\to\infty}(-2x)=-\infty$$

위의 예에서 함수 $f(x)$와 $g(x)$가 모두 발산할 때 두 함수의 차 $f(x)-g(x)$의 극한은 그때그때 다르므로 $\infty-\infty$의 결과는 하나로 정해지지 않는다는 것을 확인할 수 있다. 이와 같은 꼴들을 정의되지 않는 형태라는 뜻에서 **부정형(不定形, indeterminate form)**이라 한다. 부정형의 예에는 다음과 같은 것들이 있다.

$$\infty-\infty,\ \frac{\infty}{\infty},\ \frac{0}{0},\ \infty\times0^{\text{❾}}$$

그렇다면 부정형의 극한의 해법은 무엇일까?

---

❾ 0은 숫자 0이라기보다는 '극한을 취했을 때 0에 다가가는 값'을 뜻하는 기호로써 $\infty\times0=0$이 아님을 기억하자.

극한값을 구하는 데 있어서 가장 기본적인 도구는 앞에서 제시한 '함수의 극한에 대한 기본 성질'이다. 이 성질들은 함수가 수렴할 때에만 적용된다. 그런데 실제로 우리가 다루어야 할 함수는 앞에서 나열한 부정형인 경우가 많아서 곧바로 이 성질들을 이용할 수 없다.

따라서 이 성질들을 이용하기 위해서는

분모가 0으로 수렴하는 함수를 0이 아닌 수로 수렴하는 함수로 바꾸거나,

발산하는 함수를 수렴하는 함수로 바꿔야 한다.

지금부터 부정형의 극한의 풀이 방법을

$$\frac{0}{0}, \; \frac{\infty}{\infty}, \; \infty-\infty, \; \infty\times 0$$

꼴로 나누어 알아보자.

(1) $\dfrac{0}{0}$ 꼴 : $\begin{cases} \text{① 분모, 분자가 모두 다항식이면 인수분해한 후 약분한다.} \\ \text{② 분모 또는 분자가 근호를 포함한 식이면 유리화한 후 약분한다.} \end{cases}$

분모, 분자가 모두 0에 수렴하는 $\dfrac{0}{0}$ 꼴의 함수의 극한은 함수식을 인수분해하거나 유리화한 후 약분하도록 하자. 약분을 하고 나면 분모가 0이 아닌 수로 수렴하는 함수식이 되어 극한값을 구할 수 있다.

■ **EXAMPLE 009** 다음 극한값을 구하여라.

(1) $\displaystyle\lim_{x\to 2}\frac{x-2}{x^2-5x+6}$

(2) $\displaystyle\lim_{x\to 1}\frac{x^2-1}{\sqrt{x+3}-2}$

ANSWER (1) 주어진 식은 x가 2에 한없이 가까워질 때 분모와 분자가 모두 0에 수렴하는 $\dfrac{0}{0}$ 꼴이다. 따라서 분모를 인수분해하여 정리하면

$$\lim_{x\to 2}\frac{x-2}{x^2-5x+6}=\lim_{x\to 2}\frac{x\!\!\!\diagup-2}{(x\!\!\!\diagup-2)(x-3)}=\lim_{x\to 2}\frac{1}{x-3}=-1 \; ■$$

└─ x가 2에 한없이 가까워질 뿐 $x\neq 2$이므로 $x-2$로 나눌 수 있다.

(2) 주어진 식은 x가 1에 한없이 가까워질 때 분모와 분자가 모두 0에 수렴하는 $\dfrac{0}{0}$ 꼴이다.

이때 분모에 근호가 있으므로 식을 유리화하여 정리하면

$$\lim_{x\to 1}\frac{(x^2-1)(\sqrt{x+3}+2)}{(\sqrt{x+3}-2)(\sqrt{x+3}+2)}=\lim_{x\to 1}\frac{(x+1)(x\!\!\!\diagup-1)(\sqrt{x+3}+2)}{x\!\!\!\diagup-1}$$

$$=\lim_{x\to 1}(x+1)(\sqrt{x+3}+2)=8 \; ■$$

APPLICATION 008 다음 극한값을 구하여라.

Sub Note 005쪽

(1) $\lim\limits_{x \to -1} \dfrac{x+1}{x^3+1}$

(2) $\lim\limits_{x \to 0} \dfrac{x^2+4x}{x^3-x^2-3x}$

(3) $\lim\limits_{x \to 2} \dfrac{\sqrt{x^2-3}-1}{x-2}$

(4) $\lim\limits_{x \to 0} \dfrac{20x}{\sqrt{4+x}-\sqrt{4-x}}$

(2) $\dfrac{\infty}{\infty}$ 꼴 : 분모의 최고차항으로 분모, 분자를 각각 나눈다.

분모, 분자가 모두 ∞로 발산하는 $\dfrac{\infty}{\infty}$ 꼴의 함수의 극한은 함수식을 분모의 최고차항으로 분모, 분자를 각각 나누면 극한값을 구할 수 있다. 이때 분모, 분자의 차수에 따라 극한의 유형이 나누어진다.

> ① (분자의 차수) < (분모의 차수) ➡ 0에 수렴
>
> ② (분자의 차수) = (분모의 차수) ➡ $\dfrac{(분자의\ 최고차항의\ 계수)}{(분모의\ 최고차항의\ 계수)}$ 에 수렴
>
> ③ (분자의 차수) > (분모의 차수) ➡ ∞ (발산)

EXAMPLE 010 다음 극한을 조사하고, 수렴하면 그 값을 구하여라.

(1) $\lim\limits_{x \to \infty} \dfrac{x^2+3x-4}{2x^2-1}$

(2) $\lim\limits_{x \to \infty} \dfrac{x^2+2x+1}{4x+1}$

(3) $\lim\limits_{x \to \infty} \dfrac{1+5x}{\sqrt{2+4x^2}}$

ANSWER (1) $\dfrac{\infty}{\infty}$ 꼴이므로 분모의 최고차항인 x^2으로 분모, 분자를 각각 나누면

$$\lim_{x \to \infty} \dfrac{x^2+3x-4}{2x^2-1} = \lim_{x \to \infty} \dfrac{1+\dfrac{3}{x}-\dfrac{4}{x^2}}{2-\dfrac{1}{x^2}} = \dfrac{1}{2} \blacksquare \quad \text{최고차항의 계수의 비} : \dfrac{1}{2}$$

(2) $\dfrac{\infty}{\infty}$ 꼴이므로 분모의 최고차항인 x로 분모, 분자를 각각 나누면

$$\lim_{x \to \infty} \dfrac{x^2+2x+1}{4x+1} = \lim_{x \to \infty} \dfrac{x+2+\dfrac{1}{x}}{4+\dfrac{1}{x}} = \infty \blacksquare \quad \text{(분자의 차수)} > \text{(분모의 차수)이므로 } \infty$$

(3) $\dfrac{\infty}{\infty}$ 꼴이므로 분모의 최고차항인 $\sqrt{x^2}=x$로 분모, 분자를 각각 나누면

$$\lim_{x \to \infty} \dfrac{1+5x}{\sqrt{2+4x^2}} = \lim_{x \to \infty} \dfrac{\dfrac{1}{x}+5}{\sqrt{\dfrac{2}{x^2}+4}} = \dfrac{5}{2} \blacksquare \quad \text{최고차항의 계수의 비} : \dfrac{5}{\sqrt{4}} = \dfrac{5}{2}$$

EXAMPLE 010의 (3)에서와 같이 분모가 근호($\sqrt{}$)를 포함한 식, 즉 $f(x)+\sqrt{g(x)}$ 꼴이면 분모의 최고차항은

($f(x)$의 최고차항)과 $\sqrt{(g(x)\text{의 최고차항})}$ 중에서 차수가 큰 것으로 결정하면 된다.

예를 들어 분모가 $x^3+\sqrt{x^4-1}$ 이면 최고차항은 x^3과 $\sqrt{x^4}=x^2$ 중 차수가 더 큰 x^3이 된다.

한편 $x \longrightarrow -\infty$ 일 때의 극한값을 구할 때에는 $x<0$임을 염두에 두어야 한다.

$x<0$이면 $x=-\sqrt{x^2}$이므로 분모, 분자를 x로 나누면 다음과 같이 $-$ 부호가 생긴다.

$$\lim_{x \to -\infty} \frac{1+5x}{\sqrt{2+4x^2}} = \lim_{x \to -\infty} \frac{\dfrac{1}{x}+5}{-\sqrt{\dfrac{2}{x^2}+4}} = \frac{5}{-\sqrt{4}} = -\frac{5}{2}$$

보통 $x \longrightarrow -\infty$ 이고 근호를 포함한 식이면 $-x=t$ 로 치환하여 푸는 것이 편리하다.

$x \longrightarrow -\infty$ 대신 $t \longrightarrow \infty$ 로 놓고 구하면 t의 부호를 신경쓰지 않아도 되기 때문이다.

APPLICATION **009** 다음 극한을 조사하고, 수렴하면 그 값을 구하여라.   Sub Note 005쪽

(1) $\displaystyle\lim_{x \to \infty} \frac{2x^2-4x+7}{3x^3+2x+1}$
(2) $\displaystyle\lim_{x \to -\infty} \frac{x^2+2x-4}{5x+1}$
(3) $\displaystyle\lim_{x \to \infty} \frac{-x^2+2x+5}{2x^2-x+6}$

(4) $\displaystyle\lim_{x \to -\infty} \frac{(2x-1)(x+1)}{6x^2-9x+4}$
(5) $\displaystyle\lim_{x \to \infty} \frac{2x}{\sqrt{x^2+1}-1}$
(6) $\displaystyle\lim_{x \to -\infty} \frac{\sqrt{x^2+2}+2x}{\sqrt{4x^2+3x}-x}$

(3) $\infty - \infty$ 꼴 : $\begin{cases} \text{① 다항식이면 최고차항으로 묶는다.} \\ \text{② 근호가 있는 식이면 유리화한다.} \end{cases}$

근호가 있는 식인 경우 유리화하면 $\infty - \infty$ 꼴이 제거되면서 $\dfrac{\infty}{\infty}$, $\dfrac{\infty}{(\text{상수})}$, $\dfrac{(\text{상수})}{\infty}$ 꼴 중의 하나로 바뀌므로 수렴, 발산을 확인할 수 있다.

■ **E X A M P L E 011** 다음 극한을 조사하고, 수렴하면 그 값을 구하여라.

(1) $\displaystyle\lim_{x \to \infty} (5x^3-x^2)$
(2) $\displaystyle\lim_{x \to \infty} (\sqrt{4x^2-3x}-2x)$

ANSWER (1) $\displaystyle\lim_{x \to \infty} (5x^3-x^2) = \lim_{x \to \infty} x^3\left(5-\frac{1}{x}\right) = \infty$ ■

(2) $\displaystyle\lim_{x \to \infty} (\sqrt{4x^2-3x}-2x) = \lim_{x \to \infty} \frac{(\sqrt{4x^2-3x}-2x)(\sqrt{4x^2-3x}+2x)}{\sqrt{4x^2-3x}+2x}$

$\displaystyle = \lim_{x \to \infty} \frac{-3x}{\sqrt{4x^2-3x}+2x} = \lim_{x \to \infty} \frac{-3}{\sqrt{4-\dfrac{3}{x}}+2} = \frac{-3}{2+2} = -\frac{3}{4}$ ■

APPLICATION **010** 다음 극한을 조사하고, 수렴하면 그 값을 구하여라. Sub Note 006쪽

(1) $\displaystyle\lim_{x\to\infty}(-2x^2+3x-1)$ (2) $\displaystyle\lim_{x\to\infty}(\sqrt{x^2+7}-x)$ (3) $\displaystyle\lim_{x\to-\infty}(\sqrt{x^2+4x}-\sqrt{x^2})$

(4) ∞×0 꼴 : 통분한 후 인수분해하거나 유리화한다.

∞×0 꼴의 함수의 극한은 함수식을 통분한 후 인수분해하거나 유리화하도록 하자. 그러면 $\dfrac{0}{0}$ 꼴 또는 $\dfrac{\infty}{\infty}$ 꼴로 바뀌므로 극한값을 구할 수 있다.

■ **EXAMPLE 012** 다음 극한값을 구하여라.

(1) $\displaystyle\lim_{x\to 1}\frac{1}{x-1}\left(\frac{1}{x+2}-\frac{1}{3}\right)$ (2) $\displaystyle\lim_{x\to 0}\frac{1}{x}\left(1-\frac{1}{\sqrt{x+1}}\right)$ (3) $\displaystyle\lim_{x\to\infty}x\left(\frac{1}{2}-\frac{\sqrt{x}}{\sqrt{4x+1}}\right)$

ANSWER (1) $\displaystyle\lim_{x\to 1}\frac{1}{x-1}\left(\frac{1}{x+2}-\frac{1}{3}\right)=\lim_{x\to 1}\left\{\frac{1}{x-1}\cdot\frac{-(x-1)}{3(x+2)}\right\}$

$\displaystyle\qquad\qquad\qquad\qquad\qquad = \lim_{x\to 1}\left\{-\frac{1}{3(x+2)}\right\}=-\frac{1}{9}\ \blacksquare$

(2) $\displaystyle\lim_{x\to 0}\frac{1}{x}\left(1-\frac{1}{\sqrt{x+1}}\right)=\lim_{x\to 0}\left(\frac{1}{x}\cdot\frac{\sqrt{x+1}-1}{\sqrt{x+1}}\right)$

$\displaystyle\qquad\qquad\qquad\qquad\quad =\lim_{x\to 0}\left\{\frac{1}{x}\cdot\frac{(\sqrt{x+1}-1)(\sqrt{x+1}+1)}{\sqrt{x+1}(\sqrt{x+1}+1)}\right\}$

$\displaystyle\qquad\qquad\qquad\qquad\quad =\lim_{x\to 0}\frac{1}{\sqrt{x+1}(\sqrt{x+1}+1)}=\frac{1}{2}\ \blacksquare$

(3) $\displaystyle\lim_{x\to\infty}x\left(\frac{1}{2}-\frac{\sqrt{x}}{\sqrt{4x+1}}\right)=\lim_{x\to\infty}x\left(\frac{\sqrt{4x+1}-2\sqrt{x}}{2\sqrt{4x+1}}\right)$

$\displaystyle\qquad\qquad\qquad\qquad\qquad =\lim_{x\to\infty}\left\{x\cdot\frac{(\sqrt{4x+1}-2\sqrt{x})(\sqrt{4x+1}+2\sqrt{x})}{2\sqrt{4x+1}(\sqrt{4x+1}+2\sqrt{x})}\right\}$

$\displaystyle\qquad\qquad\qquad\qquad\qquad =\lim_{x\to\infty}\frac{x}{8x+2+4\sqrt{4x^2+x}}$

$\displaystyle\qquad\qquad\qquad\qquad\qquad =\lim_{x\to\infty}\frac{1}{8+\dfrac{2}{x}+4\sqrt{4+\dfrac{1}{x}}}=\frac{1}{8+8}=\frac{1}{16}\ \blacksquare$

APPLICATION **011** 다음 극한값을 구하여라. Sub Note 006쪽

(1) $\displaystyle\lim_{x\to 0}\frac{1}{x}\left\{\frac{1}{(x+2)^2}-\frac{1}{4}\right\}$ (2) $\displaystyle\lim_{x\to-\infty}x^2\left(1+\frac{3x}{\sqrt{9x^2+1}}\right)$

함수의 극한에 대한 기본 성질들은 오직 함수가 수렴할 때에만 적용할 수 있음을 반드시 기억하기 바란다. 예를 들어 다음 극한값을 구하는 과정을 살펴보자.

$$\lim_{x \to \infty}\left\{\frac{(x+1)^2}{x}-\frac{x^2}{x+1}\right\}=\lim_{x \to \infty}\frac{(x+1)^2}{x}-\lim_{x \to \infty}\frac{x^2}{x+1}$$

$$=\lim_{x \to \infty}(x+1)\lim_{x \to \infty}\frac{x+1}{x}-\lim_{x \to \infty}x\lim_{x \to \infty}\frac{x}{x+1}$$

$$=\lim_{x \to \infty}(x+1)-\lim_{x \to \infty}x=\lim_{x \to \infty}(x+1-x)=\lim_{x \to \infty}1=1$$

이것은 $\lim_{x \to \infty}\dfrac{(x+1)^2}{x}=\infty$, $\lim_{x \to \infty}(x+1)=\infty$임에도 불구하고 식을 분리하거나 합쳤기 때문에 틀린 계산이 된다.

다음과 같이 통분하여 풀어야 올바른 계산이다.

$$\lim_{x \to \infty}\left\{\frac{(x+1)^2}{x}-\frac{x^2}{x+1}\right\}=\lim_{x \to \infty}\frac{(x+1)^3-x^3}{x(x+1)}=\lim_{x \to \infty}\frac{3x^2+3x+1}{x^2+x}=3$$

또 다른 예를 살펴보자.

$$\lim_{x \to \infty}\frac{2f(x)+1}{f(x)+5}=\frac{1}{2}\;\text{일 때}$$

$$\frac{\lim_{x \to \infty}\{2f(x)+1\}}{\lim_{x \to \infty}\{f(x)+5\}}=\frac{2\lim_{x \to \infty}f(x)+1}{\lim_{x \to \infty}f(x)+5}=\frac{1}{2}$$

$$4\lim_{x \to \infty}f(x)+2=\lim_{x \to \infty}f(x)+5 \qquad \therefore\;\lim_{x \to \infty}f(x)=1$$

위 식의 답은 맞지만 $\lim_{x \to \infty}f(x)$가 수렴한다는 조건도 없이 함수의 극한에 대한 기본 성질을 적용했기 때문에 틀린 계산방법이다. 그러므로 다음과 같이 풀어야 한다. (답만 필요하다면 엉터리 풀이지만 위와 같이 $\lim_{x \to \infty}f(x)$가 수렴한다는 가정하에 풀 수도 있다.)

$\dfrac{2f(x)+1}{f(x)+5}=g(x)$라 하면 $f(x)=\dfrac{1-5g(x)}{g(x)-2}$이고 $\lim_{x \to \infty}g(x)=\dfrac{1}{2}$이므로

$$\lim_{x \to \infty}f(x)=\lim_{x \to \infty}\left\{\frac{1-5g(x)}{g(x)-2}\right\}=\frac{\lim_{x \to \infty}\{1-5g(x)\}}{\lim_{x \to \infty}\{g(x)-2\}}$$

$$=\frac{1-5\lim_{x \to \infty}g(x)}{\lim_{x \to \infty}g(x)-2}=\frac{1-5\cdot\dfrac{1}{2}}{\dfrac{1}{2}-2}=1$$

004 두 함수 $f(x)$, $g(x)$에 대하여 $\lim\limits_{x\to\infty} f(x)=\infty$, $\lim\limits_{x\to\infty}\{g(x)-2f(x)\}=1$일 때,

$\lim\limits_{x\to\infty}\dfrac{2g(x)-f(x)}{4f(x)-g(x)}$의 값을 구하여라.

GUIDE 두 함수의 극한이 각각 수렴하면 두 함수의 곱의 극한도 수렴한다는 것을 이용하자.

상수 c에 대하여 $\dfrac{c}{\infty}\to 0$임을 이용하여 $\lim\limits_{x\to\infty}\{g(x)-2f(x)\}=1$을 변형한다.

SOLUTION ————————————————————

$\lim\limits_{x\to\infty} f(x)=\infty$에서 $\lim\limits_{x\to\infty}\dfrac{1}{f(x)}=0$이므로

함수의 극한에 대한 성질에 의하여

$$\lim_{x\to\infty}\frac{1}{f(x)}\{g(x)-2f(x)\}=0$$

$$\lim_{x\to\infty}\left\{\frac{g(x)}{f(x)}-2\right\}=0 \qquad \therefore \lim_{x\to\infty}\frac{g(x)}{f(x)}=2$$

$$\therefore \lim_{x\to\infty}\frac{2g(x)-f(x)}{4f(x)-g(x)}=\lim_{x\to\infty}\frac{2\cdot\dfrac{g(x)}{f(x)}-1}{4-\dfrac{g(x)}{f(x)}}=\frac{2\cdot 2-1}{4-2}=\frac{3}{2}\ \blacksquare$$

[다른 풀이] $g(x)-2f(x)=h(x)$라 하면 $\lim\limits_{x\to\infty}h(x)=1$이므로

$$\lim_{x\to\infty}\frac{2g(x)-f(x)}{4f(x)-g(x)}=\lim_{x\to\infty}\frac{2\{2f(x)+h(x)\}-f(x)}{4f(x)-\{2f(x)+h(x)\}}=\lim_{x\to\infty}\frac{3f(x)+2h(x)}{2f(x)-h(x)}$$

$$=\lim_{x\to\infty}\frac{3+2\cdot\dfrac{h(x)}{f(x)}}{2-\dfrac{h(x)}{f(x)}}=\frac{3}{2}\ \left(\because \lim_{x\to\infty}\frac{h(x)}{f(x)}=0\right)$$

유제
004-❶ 두 함수 $f(x)$, $g(x)$에 대하여 $\lim\limits_{x\to 3} f(x)=3$, $\lim\limits_{x\to 3}\{3g(x)-f(x)\}=4$일 때,

Sub Note 025쪽

$\lim\limits_{x\to 3}\{f(x)-g(x)\}$의 값을 구하여라.

유제
004-❷ 두 함수 $f(x)$, $g(x)$에 대하여 $\lim\limits_{x\to 2}\{3f(x)+g(x)\}=10$, $\lim\limits_{x\to 2}\{f(x)-g(x)\}=6$일 때,

Sub Note 025쪽

$\lim\limits_{x\to 2}\dfrac{f(x)}{g(x)}$의 값을 구하여라.

005 다항함수 $f(x)$에 대하여 $\lim\limits_{x \to -3} \dfrac{f(x)-1}{x+3}=3$일 때, 다음 극한값을 구하여라. (단, $f(x) \neq 0$)

(1) $\lim\limits_{x \to -3} \dfrac{\{f(x)\}^2 - f(x)}{x^2 f(x) - 9f(x)}$

(2) $\lim\limits_{x \to -3} \dfrac{x^3 + 27}{f(x)-1}$

GUIDE $\lim\limits_{x \to -3} \dfrac{f(x)-1}{x+3}=3$을 이용할 수 있도록 주어진 함수식을 변형한다.

SOLUTION ───────────────────

(1) $\lim\limits_{x \to -3} \dfrac{\{f(x)\}^2 - f(x)}{x^2 f(x) - 9f(x)} = \lim\limits_{x \to -3} \dfrac{f(x)\{f(x)-1\}}{(x^2-9)f(x)}$

$= \lim\limits_{x \to -3} \dfrac{f(x)-1}{(x+3)(x-3)} \ (\because f(x) \neq 0)$

$= \lim\limits_{x \to -3} \left\{ \dfrac{f(x)-1}{x+3} \cdot \dfrac{1}{x-3} \right\}$

$= \lim\limits_{x \to -3} \dfrac{f(x)-1}{x+3} \cdot \lim\limits_{x \to -3} \dfrac{1}{x-3} = 3 \cdot \left(-\dfrac{1}{6}\right) = -\dfrac{1}{2}$ ■

(2) $\lim\limits_{x \to -3} \dfrac{x^3+27}{f(x)-1} = \lim\limits_{x \to -3} \dfrac{(x+3)(x^2-3x+9)}{f(x)-1}$

$= \lim\limits_{x \to -3} \left\{ \dfrac{x+3}{f(x)-1} \cdot (x^2-3x+9) \right\}$

$= \lim\limits_{x \to -3} \dfrac{x+3}{f(x)-1} \cdot \lim\limits_{x \to -3} (x^2-3x+9) = \dfrac{1}{3} \cdot 27 = 9$ ■

유제
005-❶ 다항함수 $f(x)$에 대하여 $\lim\limits_{x \to 1} \dfrac{f(x)}{x-1}=4$일 때, 다음 극한값을 구하여라.　　Sub Note 025쪽

(1) $\lim\limits_{x \to 1} \dfrac{f(x)-x+1}{x^3-1-f(x)}$

(2) $\lim\limits_{x \to 1} \dfrac{\sqrt{x}-1+f(x)}{x^2-1}$

Sub Note 025쪽

유제
005-❷ 다항함수 $f(x)$에 대하여 $\lim\limits_{x \to \infty} \dfrac{f(x)}{x}=3$일 때, $\lim\limits_{x \to \infty} \dfrac{5x^2 + \{f(x)\}^2}{2x^2 - f(x)}$의 값을 구하여라.

유제
005-❸ 다항함수 $f(x)$에 대하여 $\lim\limits_{x \to 0} \dfrac{f(x)}{x}=6$일 때, $\lim\limits_{x \to 2} \dfrac{f(x-2)}{x^2-4}$의 값을 구하여라.　Sub Note 026쪽

006 두 함수 $f(x)$, $g(x)$에 대하여 보기에서 옳은 것만을 있는 대로 골라라.

> 보기
> ㄱ. $\lim\limits_{x \to a} f(x)$, $\lim\limits_{x \to a} f(x)g(x)$의 값이 각각 존재하면 $\lim\limits_{x \to a} g(x)$의 값도 존재한다.
>
> ㄴ. $\lim\limits_{x \to a} f(x)$, $\lim\limits_{x \to a} \dfrac{f(x)}{g(x)}$의 값이 각각 존재하면 $\lim\limits_{x \to a} g(x)$의 값도 존재한다.
>
> ㄷ. $\lim\limits_{x \to a} g(x)$, $\lim\limits_{x \to a} \dfrac{f(x)}{g(x)}$의 값이 각각 존재하면 $\lim\limits_{x \to a} f(x)$의 값도 존재한다.

GUIDE   함수의 극한에 대한 성질을 이용하여 보기에 주어진 함수의 극한이 존재하는지 파악한다.

SOLUTION ────────────────────

ㄱ. (반례) $f(x)=0$, $g(x)=[x]$ ($[x]$는 x보다 크지 않은 최대의 정수)일 때,

$\lim\limits_{x \to 1} f(x)=0$, $\lim\limits_{x \to 1} f(x)g(x)=\lim\limits_{x \to 1} 0 \cdot [x]=0$이지만

$\lim\limits_{x \to 1} g(x)$의 값은 존재하지 않는다. (거짓)

ㄴ. (반례) $f(x)=x$, $g(x)=\dfrac{1}{x}$일 때, $\lim\limits_{x \to 0} f(x)=0$, $\lim\limits_{x \to 0} \dfrac{f(x)}{g(x)}=\lim\limits_{x \to 0} x^2=0$이

지만 $\lim\limits_{x \to 0} g(x)$의 값은 존재하지 않는다. (거짓)

ㄷ. $\lim\limits_{x \to a} g(x)=\alpha$, $\lim\limits_{x \to a} \dfrac{f(x)}{g(x)}=\beta$ (α, β는 실수)라 하면

$$\lim\limits_{x \to a} f(x)=\lim\limits_{x \to a} \left\{ g(x) \cdot \dfrac{f(x)}{g(x)} \right\}=\lim\limits_{x \to a} g(x) \cdot \lim\limits_{x \to a} \dfrac{f(x)}{g(x)}=\alpha\beta$$

따라서 $\lim\limits_{x \to a} f(x)$의 값은 존재한다. (참)

이상에서 옳은 것은 ㄷ뿐이다. ■

유제

006-❶ 두 함수 $f(x)$, $g(x)$에 대하여 $\lim\limits_{x \to 0} \{f(x)-g(x)\}$, $\lim\limits_{x \to 0} g(x)$의 값이 각각 존재할 때, 보기에

Sub Note 026쪽

서 그 값이 존재하는 것만을 있는 대로 골라라.

> 보기   ㄱ. $\lim\limits_{x \to 0} |f(x)|$ ㄴ. $\lim\limits_{x \to 0} \{f(x)\}^2$ ㄷ. $\lim\limits_{x \to 0} (f \circ f)(x)$

03 함수의 극한의 응용

SUMMA CUM LAUDE

ESSENTIAL LECTURE

1 함수의 극한의 대소 관계

두 함수 $f(x)$, $g(x)$에서 $\lim\limits_{x \to a} f(x) = \alpha$, $\lim\limits_{x \to a} g(x) = \beta$ (α, β는 실수)일 때,

a에 충분히 가까운 모든 실수 x에 대하여

(1) $f(x) \leq g(x)$이면 $\alpha \leq \beta$이다.

　　이때 $f(x) < g(x)$이지만 $\alpha = \beta$인 경우가 있다.

(2) 함수 $h(x)$에 대하여 $f(x) \leq h(x) \leq g(x)$이고 $\alpha = \beta$이면 $\lim\limits_{x \to a} h(x) = \alpha$이다.

2 미정계수의 결정

두 함수 $f(x)$, $g(x)$에 대하여

(1) $\dfrac{0}{0}$ 꼴 :
$\begin{cases} ① \lim\limits_{x \to a} \dfrac{f(x)}{g(x)} = \alpha \ (\alpha는 \ 실수)일 \ 때, \ \lim\limits_{x \to a} g(x) = 0이면 \ \lim\limits_{x \to a} f(x) = 0이다. \\ ② \lim\limits_{x \to a} \dfrac{f(x)}{g(x)} = \alpha \ (\alpha는 \ 0이 \ 아닌 \ 실수)일 \ 때, \ \lim\limits_{x \to a} f(x) = 0이면 \ \lim\limits_{x \to a} g(x) = 0이다. \end{cases}$

(2) $\dfrac{\infty}{\infty}$ 꼴 : $\lim\limits_{x \to \infty} \dfrac{f(x)}{g(x)} = \alpha$ (α는 0이 아닌 실수)이고 $f(x)$, $g(x)$가 다항함수이면

　　두 함수 $f(x)$, $g(x)$의 차수는 같고, 극한값 α는 분자, 분모의 최고차항의 계수의 비와 같다.

---

1 함수의 극한의 대소 관계

수렴하는 함수의 극한에 대하여 '함숫값의 대소 관계'와 '극한값의 대소 관계' 사이에 두 가지 성질이 성립한다. 그 첫 번째 성질은 다음과 같다.

> **함수의 극한의 대소 관계(1)**[10]
> 두 함수 $f(x)$, $g(x)$에서 $\lim\limits_{x \to a} f(x) = \alpha$, $\lim\limits_{x \to a} g(x) = \beta$ (α, β는 실수)일 때,
> a에 충분히 가까운 모든 실수 x에 대하여 $f(x) \leq g(x)$이면 $\alpha \leq \beta$이다.
> 이때 $f(x) < g(x)$이지만 $\alpha = \beta$인 경우가 있다.

---

[10] 함수의 극한의 대소 관계는 $x \longrightarrow a$일 때뿐만 아니라 $x \longrightarrow \infty$, $x \longrightarrow -\infty$일 때도 성립한다.

이때 가장 눈에 띄는 것이

'a에 충분히 가까운 모든 실수 x에 대하여'

라는 조건이다. 이 조건이 필요한 이유는 무엇일까? 우리의 목적이 $x \longrightarrow a$일 때의 $f(x)$와 $g(x)$의 함숫값의 대소를 비교하고, 또 각각의 극한값의 대소를 비교하는 것이므로 a에서 멀리 떨어진 x에 대한 $f(x)$, $g(x)$의 값의 대소 비교는 무의미하기 때문이다.

직관적으로 a에 가까운 모든 실수 x에 대하여

$$f(x) \leq g(x) \text{이고 } \lim_{x \to a} f(x) = \alpha, \ \lim_{x \to a} g(x) = \beta \text{이면 } \alpha \leq \beta \text{이다}$$

는 이해될 것이다. 주목해야 할 것은 $f(x) < g(x)$인 경우에도 그 극한값이 같을 수 있다는 것이다. 예를 들어 $f(x) = \dfrac{1}{x}$, $g(x) = \dfrac{2}{x}$라 하면 $x > 0$인 범위에서 $f(x) < g(x)$이지만 $\lim\limits_{x \to \infty} f(x) = \lim\limits_{x \to \infty} g(x) = 0$이다. 이는 두 함수 $f(x)$, $g(x)$의 대소 비교는

$$f(1) < g(1), \ f\left(\frac{5}{2}\right) < g\left(\frac{5}{2}\right), \ f(200) < g(200), \ \cdots$$

과 같이 동일한 x의 값에 대한 비교인 반면 두 함수의 극한값은 x의 값이 같은가의 여부와는 상관없이 오직 $f(x)$와 $g(x)$가 각각 어디로 접근하느냐에 의하여 결정되기 때문이다. 비유하자면 접근하는 속도(함수)는 다르더라도 목적지(극한값)는 같을 수 있다는 것이다.

이제 두 번째 성질인 세 함수의 대소 관계로 확장한 샌드위치 정리에 대하여 알아보자.

함수의 극한의 대소 관계(2) – 샌드위치 정리[⑩]

세 함수 $f(x), g(x), h(x)$에 대하여 $\lim\limits_{x \to a} f(x) = \alpha$, $\lim\limits_{x \to a} g(x) = \beta$ (α, β는 실수)일 때,

a에 충분히 가까운 모든 실수 x에 대하여 $f(x) \leq h(x) \leq g(x)$이고 $\alpha = \beta$이면 $\lim\limits_{x \to a} h(x) = \alpha$이다.

---

a에 충분히 가까운 모든 x에 대하여 $f(x) \leq g(x)$인 두 함수 $f(x)$, $g(x)$의 극한값이 각각 $\lim\limits_{x \to a} f(x) = \alpha$, $\lim\limits_{x \to a} g(x) = \beta$일 때, $f(x) \leq h(x) \leq g(x)$를 만족시키는 함수 $h(x)$가 존재한다고 하자. 이때 정의역 x가 a에 한없이 가까워지면 함수의 극한의 대소 관계(1)에 의해 $\alpha \leq \lim\limits_{x \to a} h(x) \leq \beta$일 것임은 분명하다.

이제 α와 β가 서로 점점 가까워진다고 생각해 보자. x의 값이 a에 한없이 가까워질 때, $h(x)$는 언제나 α와 β 사이에 있을 것이므로 α와 β가 가까워질수록 $h(x)$의 값이 취할 수 있는 값의 범위는 점점 줄어들 것이다. 그러다가 결국 α와 β가 같아지면 $h(x)$가 취할 수 있는 값은 오직 $\alpha(=\beta)$뿐이다. 따라서 함수 $h(x)$ 역시 x가 a에 한없이 가까워질 때, α로 수렴하게 된다.

이를 $x \longrightarrow \infty$일 때로 예를 들어 다음 그림을 통해 좀 더 직관적으로 살펴보자.

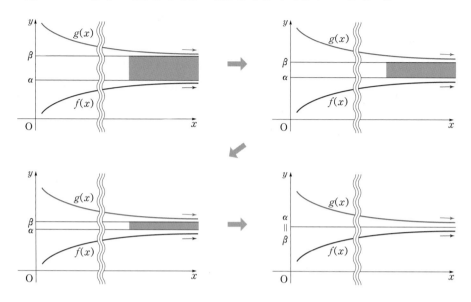

위 그림에서 어두운 부분이 나타내는 것은 $x \longrightarrow \infty$일 때 $h(x)$가 취할 수 있는 값의 범위이다. α, β의 차가 작을수록 이 범위는 점점 작아진다. 그러다가 $\alpha = \beta$인 경우 $\lim\limits_{x \to \infty} h(x)$의 값은 오직 α만 취하게 되므로 $\lim\limits_{x \to \infty} h(x) = \alpha$로 표현할 수 있다.

함수의 극한의 대소 관계 (2)를 이용하면 예측하기 어려운 극한값을 쉽게 구할 수 있다.

■ **EXAMPLE 013** 함수 $f(x)$가 모든 실수 x에 대하여 $-2x-5 \le f(x) \le x^2+2x-1$을 만족시킬 때, $\lim\limits_{x \to -2} f(x)$의 값을 구하여라.

> **ANSWER** $-2x-5 \le f(x) \le x^2+2x-1$이 성립하고,
> $$\lim_{x \to -2} (-2x-5) = \lim_{x \to -2} (x^2+2x-1) = -1$$
> 이므로 함수의 극한의 대소 관계에 의하여 $\lim\limits_{x \to -2} f(x) = -1$ ■

Sub Note 006쪽

APPLICATION 012 함수 $f(x)$가 모든 양의 실수 x에 대하여 $\dfrac{3x^2}{x^2+1} \le f(x) \le \dfrac{3x^2+9}{x^2+4}$ 를 만족시킬 때, $\lim\limits_{x \to \infty} \dfrac{1}{f(x)}$의 값을 구하여라.

❷ 미정계수의 결정 $\boxed{\text{수능 고빈도 출제}}$

지금까지는 함수의 극한값을 구하는 데 주력했다면 이번에는 미정계수(아직 정해지지 않은 값)를 포함한 함수가 주어진 극한값을 갖도록 미정계수를 하나로 결정하는 방법에 대하여 알아보려고 한다. 함수의 극한의 성질을 이용하여 미정계수를 구하는 방법을 두 가지 유형으로 나누어 파악해 보자.

(1) $\dfrac{0}{0}$ 꼴

$x \to a$일 때 함수 $\dfrac{f(x)}{g(x)}$가 수렴하면 다음 ①, ②가 성립한다.

① $\displaystyle\lim_{x \to a} \dfrac{f(x)}{g(x)} = a$ (a는 실수)일 때, $\displaystyle\lim_{x \to a} g(x) = 0$이면 $\displaystyle\lim_{x \to a} f(x) = 0$이다.

　[설명] $f(x) = \dfrac{f(x)}{g(x)} \times g(x)$이고, $\displaystyle\lim_{x \to a} \dfrac{f(x)}{g(x)}$와 $\displaystyle\lim_{x \to a} g(x)$가 수렴하므로 ─── 곱도 수렴한다.

$$\lim_{x \to a} f(x) = \lim_{x \to a} \left\{ \dfrac{f(x)}{g(x)} \times g(x) \right\} = \lim_{x \to a} \dfrac{f(x)}{g(x)} \times \lim_{x \to a} g(x) = a \times 0 = 0 \ \blacksquare$$

② $\displaystyle\lim_{x \to a} \dfrac{f(x)}{g(x)} = a$ (a는 0이 아닌 실수)일 때, $\displaystyle\lim_{x \to a} f(x) = 0$이면 $\displaystyle\lim_{x \to a} g(x) = 0$이다.

　[설명] $\displaystyle\lim_{x \to a} \dfrac{f(x)}{g(x)} = a$이고 a가 0이 아니므로 $\displaystyle\lim_{x \to a} \dfrac{g(x)}{f(x)} = \dfrac{1}{a}$이다.

　　또 $g(x) = \dfrac{g(x)}{f(x)} \times f(x)$이고, $\displaystyle\lim_{x \to a} \dfrac{g(x)}{f(x)}$와 $\displaystyle\lim_{x \to a} f(x)$가 수렴하므로 ─── 곱도 수렴한다.

$$\lim_{x \to a} g(x) = \lim_{x \to a} \left\{ \dfrac{g(x)}{f(x)} \times f(x) \right\} = \lim_{x \to a} \dfrac{g(x)}{f(x)} \times \lim_{x \to a} f(x) = \dfrac{1}{a} \times 0 = 0 \ \blacksquare$$

위의 성질은 분수 꼴의 극한에서 분자 또는 분모에 포함되어 있는 미정계수를 구할 때 중요하게 쓰이므로 잘 이해해 두자.

EXAMPLE 014 다음 등식이 성립하도록 하는 상수 a의 값을 구하여라.

(1) $\displaystyle\lim_{x \to 1} \dfrac{x^2 + ax}{x - 1} = 1$ 　　　　　　　(2) $\displaystyle\lim_{x \to 3} \dfrac{x - 3}{\sqrt{x - 2} - a} = 2$

　ANSWER (1) $\displaystyle\lim_{x \to 1} \dfrac{x^2 + ax}{x - 1} = 1$에서

　　$x \to 1$일 때 (분모) $\to 0$이고 극한값이 존재하므로 (분자) $\to 0$이다.

　　즉, $\displaystyle\lim_{x \to 1} (x^2 + ax) = 0$이므로

　　　$1 + a = 0$ 　　$\therefore a = -1$ $\blacksquare$

(2) $\lim\limits_{x \to 3} \dfrac{x-3}{\sqrt{x-2}-a}=2$에서

$x \longrightarrow 3$일 때 (분자) $\longrightarrow 0$이고 0이 아닌 극한값이 존재하므로 (분모) $\longrightarrow 0$이다.

즉, $\lim\limits_{x \to 3}(\sqrt{x-2}-a)=0$이므로

$\sqrt{3-2}-a=0,\ 1-a=0$

$\therefore a=1$ ∎

대부분의 실전에서의 문제들은 미정계수가 2개 이상인 경우로 주어진다. 주어진 함수식에 미정계수가 2개인 경우, 둘 중 하나를 줄이는 과정이 필요하다. **EXAMPLE** 015를 눈여겨 보자.

EXAMPLE 015 다음 등식이 성립하도록 하는 상수 a, b의 값을 구하여라.

(1) $\lim\limits_{x \to -2} \dfrac{x^2+ax+b}{x+2}=1$

(2) $\lim\limits_{x \to 1} \dfrac{x-1}{\sqrt{x+a}-b}=6$

ANSWER (1) $\lim\limits_{x \to -2} \dfrac{x^2+ax+b}{x+2}=1$에서

$x \longrightarrow -2$일 때 (분모) $\longrightarrow 0$이고 극한값이 존재하므로 (분자) $\longrightarrow 0$이다.

즉, $\lim\limits_{x \to -2}(x^2+ax+b)=0$이므로

$4-2a+b=0 \quad \therefore b=2a-4$

이제 주어진 식에 $b=2a-4$를 대입하여 정리하면

$$\begin{aligned}
\lim\limits_{x \to -2} \dfrac{x^2+ax+b}{x+2} &= \lim\limits_{x \to -2} \dfrac{x^2+ax+2a-4}{x+2} \quad\quad \cdots\cdots \text{㉠}\\
&= \lim\limits_{x \to -2} \dfrac{(x^2-4)+(ax+2a)}{x+2}\\
&= \lim\limits_{x \to -2} \dfrac{(x\!\not+\!2)(x-2)+a(x\!\not+\!2)}{x\!\not+\!2}\\
&= \lim\limits_{x \to -2}(x-2+a)\\
&= a-4=1
\end{aligned}$$

$\therefore a=5,\ b=2 \cdot 5-4=6$ ∎

[참고] ㉠의 분자 부분은 다음과 같이 합과 곱을 이용한 인수분해로 할 수도 있다.

$x^2+ax+2a-4=x^2+ax+2(a-2)=(x+2)(x+a-2)$

(2) $\lim\limits_{x \to 1} \dfrac{x-1}{\sqrt{x+a}-b}=6$에서

$x \longrightarrow 1$일 때 (분자) $\longrightarrow 0$이고 0이 아닌 극한값이 존재하므로 (분모) $\longrightarrow 0$이다.

즉, $\lim\limits_{x \to 1}(\sqrt{x+a}-b)=0$이므로

$\sqrt{1+a}-b=0 \quad \therefore b=\sqrt{a+1}$

이제 주어진 식에 $b=\sqrt{a+1}$ 을 대입하여 정리하면

$$\lim_{x\to1}\frac{x-1}{\sqrt{x+a}-b}=\lim_{x\to1}\frac{x-1}{\sqrt{x+a}-\sqrt{a+1}}$$

$$=\lim_{x\to1}\left(\frac{x-1}{\sqrt{x+a}-\sqrt{a+1}}\cdot\frac{\sqrt{x+a}+\sqrt{a+1}}{\sqrt{x+a}+\sqrt{a+1}}\right)$$

$$=\lim_{x\to1}\frac{(x-1)(\sqrt{x+a}+\sqrt{a+1})}{x+a-(\sqrt{a+1})^2}$$

$$=\lim_{x\to1}\frac{(x\!-\!1)(\sqrt{x+a}+\sqrt{a+1})}{x\!-\!1}$$

$$=\lim_{x\to1}(\sqrt{x+a}+\sqrt{a+1})=2\sqrt{a+1}=6$$

$$\sqrt{a+1}=3,\ a+1=9$$

$$\therefore\boldsymbol{a=8,\ b=\sqrt{8+1}=3}\ \blacksquare$$

APPLICATION **013** 다음 등식이 성립하도록 하는 상수 a, b의 값을 구하여라. Sub Note 006쪽

(1) $\displaystyle\lim_{x\to1}\frac{2x^2+ax+b}{x^2+x-2}=2$

(2) $\displaystyle\lim_{x\to2}\frac{\sqrt{x^2+a}-b}{x-2}=\frac{2}{5}$

(3) $\displaystyle\lim_{x\to2}\frac{x^2-4}{x^2+ax}=b$ (단, $b\neq0$)

(4) $\displaystyle\lim_{x\to3}\frac{x-3}{\sqrt{x^2+a}+b}=1$

(2) $\dfrac{\infty}{\infty}$ 꼴

두 다항함수 $f(x)$, $g(x)$에 대하여 $\displaystyle\lim_{x\to\infty}\frac{f(x)}{g(x)}=\alpha$ (α는 0이 아닌 실수)이면

$f(x)$와 $g(x)$의 차수가 같고, 극한값 α는 분자, 분모의 최고차항의 계수의 비와 같다.

$\dfrac{\infty}{\infty}$ 꼴이 극한값을 갖기 위해서는 분모의 차수가 분자의 차수보다 크거나 같아야 한다.

이때 분모의 차수가 분자의 차수보다 크면 0으로 수렴하므로 0이 아닌 α로 수렴하려면 분자와 분모의 차수가 같아야 하고, 그 극한값 α는 분자, 분모의 최고차항의 계수의 비와 같다. (43쪽 참고)

EXAMPLE **016** $\displaystyle\lim_{x\to\infty}\frac{ax^2+bx+3}{2x-1}=1$일 때, 상수 a, b의 값을 구하여라.

ANSWER $x\longrightarrow\infty$일 때 극한값이 0이 아닌 실수이므로 분자와 분모의 차수가 같다.

$$\therefore\boldsymbol{a=0}$$

$a=0$을 주어진 식에 대입하면

$$\lim_{x\to\infty}\frac{bx+3}{2x-1}=\frac{b}{2}=1\qquad\therefore\boldsymbol{b=2}\ \blacksquare$$

Ⅰ-1. 함수의 극한 **055**

실전에서의 문제들은 조건에 $\dfrac{\infty}{\infty}$ 꼴이 단독으로 주어지는 경우는 드물고 $\dfrac{\infty}{\infty}$ 꼴과 $\dfrac{0}{0}$ 꼴이 동시에 주어질 때, 미정계수를 구하거나 다항함수 $f(x)$를 구하는 형태로 주어진다.

■ **EXAMPLE 017** 다항함수 $f(x)$가

$$\lim_{x \to \infty} \frac{f(x)}{x^2-1} = 2, \ \lim_{x \to 1} \frac{f(x)}{x-1} = 2$$

를 만족시킬 때, $f(2)$의 값을 구하여라.

ANSWER $\lim\limits_{x \to \infty} \dfrac{f(x)}{x^2-1} = 2$에서 $f(x)$는 이차항의 계수가 2인 이차함수임을 알 수 있다.

또 $\lim\limits_{x \to 1} \dfrac{f(x)}{x-1} = 2$에서

$x \longrightarrow 1$일 때 (분모) $\longrightarrow 0$이고 극한값이 존재하므로 (분자) $\longrightarrow 0$이다.

즉, $\lim\limits_{x \to 1} f(x) = 0$이므로　$f(1) = 0$

이차함수 $f(x)$는 이차항의 계수가 2이고, $x-1$을 인수로 가지므로

$f(x) = 2(x-1)(x+a)$ (a는 상수)로 놓을 수 있다.

$$\lim_{x \to 1} \frac{f(x)}{x-1} = \lim_{x \to 1} \frac{2(x-1)(x+a)}{x-1}$$

$$= \lim_{x \to 1} 2(x+a) = 2 + 2a = 2$$

$$\therefore \ a = 0$$

따라서 $f(x) = 2x(x-1)$이므로

$$f(2) = 4 \cdot 1 = \mathbf{4} \ \blacksquare$$

Sub Note 007쪽

APPLICATION **014** $\lim\limits_{x \to \infty} \dfrac{ax^2+bx+c}{x^2+2x+5} = 4, \ \lim\limits_{x \to -1} \dfrac{ax^2+bx+c}{x^2+4x+3} = 1$일 때, 상수 a, b, c에 대하여 $a+b+c$의 값을 구하여라.

함수의 극한의 대소 관계

007 함수 $f(x)$가 모든 양의 실수 x에 대하여

$$2x+1 < f(x) < 2x+5$$

를 만족시킬 때, $\lim\limits_{x \to \infty} \dfrac{\{f(x)\}^3}{x^3+1}$의 값을 구하여라.

GUIDE 부등호가 2개인 부등식이 주어지면 함수의 극한의 대소 관계를 떠올리자.

SOLUTION ────────────────────

$2x+1 < f(x) < 2x+5$의 각 변을 세제곱하면

$$(2x+1)^3 < \{f(x)\}^3 < (2x+5)^3 \quad \cdots\cdots \, \bigcirc$$

$x^3+1 > 0$이므로 $\bigcirc$의 각 변을 x^3+1로 나누면

$$\frac{(2x+1)^3}{x^3+1} < \frac{\{f(x)\}^3}{x^3+1} < \frac{(2x+5)^3}{x^3+1}$$

이때 $\lim\limits_{x \to \infty} \dfrac{(2x+1)^3}{x^3+1} = \lim\limits_{x \to \infty} \dfrac{(2x+5)^3}{x^3+1} = 8$이므로

함수의 극한의 대소 관계에 의하여

$$\lim_{x \to \infty} \frac{\{f(x)\}^3}{x^3+1} = 8 \; \blacksquare$$

유제
007-1 함수 $f(x)$가 모든 양의 실수 x에 대하여

Sub Note 026쪽

$$3x^2+x-6 < (x^2+2)f(x) < 3x^2+x+4$$

를 만족시킬 때, $\lim\limits_{x \to \infty} f(x)$의 값을 구하여라.

유제
007-2 함수 $f(x)$가 모든 양의 실수 x에 대하여 $f(x) = f(x+2)$가 성립하고,

Sub Note 026쪽

$$f(x) = \begin{cases} 2x & (0 < x \le 1) \\ -2x+4 & (1 < x \le 2) \end{cases}$$

를 만족시킬 때, $\lim\limits_{x \to \infty} \dfrac{f(x)}{x}$의 값을 구하여라.

008 (1) $\lim\limits_{x \to 3} \dfrac{1}{x-3}\left(\dfrac{1}{x+a}-\dfrac{1}{b}\right)=-\dfrac{1}{25}$ 일 때, 자연수 a, b에 대하여 $a+b$의 값을 구하여라.

(2) 함수 $f(x)=x^3+ax^2+bx$에 대하여 $\lim\limits_{x \to 1} \dfrac{x-1}{f(x)}=\dfrac{1}{5}$일 때, 상수 a, b의 값을 구하여라.

GUIDE ① (분모) $\longrightarrow$ 0이고 극한값이 존재하면 (분자) $\longrightarrow$ 0이다.
② (분자) $\longrightarrow$ 0이고 0이 아닌 극한값이 존재하면 (분모) $\longrightarrow$ 0이다.

SOLUTION ───────────────────────────

(1) 주어진 식을 정리하면　　　　$\lim\limits_{x \to 3} \dfrac{-x-a+b}{b(x-3)(x+a)}=-\dfrac{1}{25}$　　 $\cdots\cdots$ ㉠

$x \longrightarrow 3$일 때 (분모) $\longrightarrow$ 0이고 극한값이 존재하므로 (분자) $\longrightarrow$ 0이다.

즉, $\lim\limits_{x \to 3}(-x-a+b)=0$이므로　　$-3-a+b=0$　　$\therefore b=a+3$ $\cdots\cdots$ ㉡

㉡을 ㉠에 대입하여 정리하면

$$\lim\limits_{x \to 3} \dfrac{-(x-3)}{(a+3)(x-3)(x+a)}=-\dfrac{1}{(a+3)^2}=-\dfrac{1}{25}$$

$\therefore a=2$ ($\because a$는 자연수), $b=2+3=5$　　$\therefore a+b=\mathbf{7}$ ■

(2) $\lim\limits_{x \to 1} \dfrac{x-1}{f(x)}=\dfrac{1}{5}$ 에서 $x \longrightarrow 1$일 때 (분자) $\longrightarrow$ 0이고 0이 아닌 극한값이 존재하

므로 (분모) $\longrightarrow$ 0이다. 즉, $\lim\limits_{x \to 1}f(x)=\lim\limits_{x \to 1}(x^3+ax^2+bx)=0$이므로

$1+a+b=0$　　$\therefore b=-a-1$　　$\cdots\cdots$ ㉠

㉠을 주어진 식에 대입하여 정리하면

$$\lim\limits_{x \to 1} \dfrac{x-1}{f(x)}=\lim\limits_{x \to 1} \dfrac{x-1}{x^3+ax^2+(-a-1)x}=\lim\limits_{x \to 1} \dfrac{x-1}{x(x-1)(x+a+1)}$$

$$=\lim\limits_{x \to 1} \dfrac{1}{x(x+a+1)}=\dfrac{1}{a+2}=\dfrac{1}{5}$$

$\therefore \boldsymbol{a=3}, \boldsymbol{b=-3-1=-4}$ ■

유제
008-❶ $\lim\limits_{x \to -1} \dfrac{x^2+(a+1)x+a}{x^2-b}=3$일 때, 상수 a, b에 대하여 $a+b$의 값을 구하여라.　　Sub Note 026쪽

Sub Note 027쪽

유제
008-❷ 함수 $f(x)=\dfrac{ax^3+bx^2+cx+d}{x^2+x-6}$ 가 $\lim\limits_{x \to \infty}f(x)=1$, $\lim\limits_{x \to 2}f(x)=2$를 만족시킬 때, 상수

a, b, c, d에 대하여 $a+b+c+d$의 값을 구하여라.

다항함수의 결정

009 다항함수 $f(x)$가 다음 두 조건을 모두 만족시킬 때, $f(1)$의 값을 구하여라.

> (가) $\lim\limits_{x \to \infty} \dfrac{f(x) - 2x^3}{x^2} = 1$　　　　(나) $\lim\limits_{x \to 0} \dfrac{f(x)}{x} = -3$

GUIDE 다항함수 $f(x)$, $g(x)$에 대하여 $\lim\limits_{x \to \infty} \dfrac{f(x)}{g(x)} = \alpha \ (\alpha \neq 0)$이면

(i) 두 함수 $f(x)$, $g(x)$의 차수가 같다.　(ii) $\alpha =$ (최고차항의 계수의 비)

SOLUTION

조건 (가)에서 $f(x) - 2x^3$은 이차항의 계수가 1인 이차식임을 알 수 있다.

즉, $f(x) - 2x^3 = x^2 + ax + b$ (a, b는 상수)이므로

$$f(x) = 2x^3 + x^2 + ax + b$$

조건 (나)에서 $x \longrightarrow 0$일 때 (분모) $\longrightarrow 0$이고 극한값이 존재하므로 (분자) $\longrightarrow 0$이다.

즉, $\lim\limits_{x \to 0} f(x) = 0$이므로　　$f(0) = 0$　　$\therefore b = 0$

　　　$\therefore f(x) = 2x^3 + x^2 + ax$　　$\cdots\cdots$ ㉠

㉠을 조건 (나)의 식에 대입하여 정리하면

$$\lim_{x \to 0} \frac{2x^3 + x^2 + ax}{x} = \lim_{x \to 0} (2x^2 + x + a) = -3$$

$$\therefore a = -3$$

따라서 $f(x) = 2x^3 + x^2 - 3x$이므로

$$f(1) = 2 + 1 - 3 = \mathbf{0} \ \blacksquare$$

Sub Note 027쪽

유제
009-1 삼차함수 $f(x)$가 $\lim\limits_{x \to 1} \dfrac{f(x)}{x-1} = 2$, $\lim\limits_{x \to 2} \dfrac{f(x)}{x-2} = -4$를 만족시킬 때, $f(-1)$의 값을 구하여라.

010

함수 $y=\sqrt{x}$의 그래프 위의 점 $(t, \sqrt{t})$에서 점 $(1, 0)$까지의 거리를 d_1, 점 $(2, 0)$까지의 거리를 d_2라 할 때, $\lim\limits_{t \to \infty}(d_1-d_2)$의 값을 구하여라.

GUIDE 두 점 (x_1, y_1)과 (x_2, y_2) 사이의 거리를 d라 하면 $d=\sqrt{(x_2-x_1)^2+(y_2-y_1)^2}$이다.

SOLUTION

점 $(t, \sqrt{t})$에서 점 $(1, 0)$과 점 $(2, 0)$까지의 거리인 d_1과 d_2를 각각 구해 보면

$$d_1=\sqrt{(t-1)^2+(\sqrt{t}-0)^2}=\sqrt{t^2-t+1}$$

$$d_2=\sqrt{(t-2)^2+(\sqrt{t}-0)^2}=\sqrt{t^2-3t+4}$$

$$\therefore d_1-d_2=\sqrt{t^2-t+1}-\sqrt{t^2-3t+4}$$

$$\therefore \lim_{t \to \infty}(d_1-d_2)$$

$$=\lim_{t \to \infty}(\sqrt{t^2-t+1}-\sqrt{t^2-3t+4})$$

$$=\lim_{t \to \infty}\frac{(\sqrt{t^2-t+1}-\sqrt{t^2-3t+4})(\sqrt{t^2-t+1}+\sqrt{t^2-3t+4})}{\sqrt{t^2-t+1}+\sqrt{t^2-3t+4}}$$

$$=\lim_{t \to \infty}\frac{2t-3}{\sqrt{t^2-t+1}+\sqrt{t^2-3t+4}}$$

$$=\lim_{t \to \infty}\frac{2-\dfrac{3}{t}}{\sqrt{1-\dfrac{1}{t}+\dfrac{1}{t^2}}+\sqrt{1-\dfrac{3}{t}+\dfrac{4}{t^2}}}=1 \blacksquare$$

유제
010-①

오른쪽 그림과 같이 좌표평면 위의 두 원

$$C_1 : x^2+y^2=1$$

$$C_2 : (x-1)^2+y^2=r^2 \ (0<r<\sqrt{2})$$

이 제1사분면에서 만나는 점을 P라 하자. 점 P의 x좌표를 $f(r)$라 할 때, $\lim\limits_{r \to \sqrt{2}-}\dfrac{f(r)}{4-r^4}$ 의 값을 구하여라.

Sub Note 027쪽

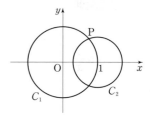

1. 다음 [　] 안에 적절한 것을 채워 넣어라.

(1) 함수 $f(x)$에서 x의 값이 a가 아니면서 a에 한없이 가까워질 때, $f(x)$의 값이 일정한 값 L에 한없이 가까워지면 $f(x)$는 L에 [　]한다고 한다. 이때 L을 $f(x)$의 [　] 또는 [　]이라 한다.

(2) 함수 $f(x)$에서 x의 값이 a가 아니면서 a에 한없이 가까워질 때, $f(x)$의 값이

(ⅰ) 한없이 커지면 양의 무한대로 [　]한다고 한다.

(ⅱ) 음수이면서 그 절댓값이 한없이 커지면 음의 무한대로 [　]한다고 한다.

(3) $\lim\limits_{x\to a} f(x) = L \iff \lim\limits_{x\to a+} f(x) = \lim\limits_{x\to a-} f(x) = [\quad]$

(4) $\lim\limits_{x\to a} \dfrac{f(x)}{g(x)} = \alpha$ (α는 실수)일 때, $\lim\limits_{x\to a} g(x) = 0$이면 $\lim\limits_{x\to a} f(x) = [\quad]$이다.

(5) $\lim\limits_{x\to\infty} \dfrac{f(x)}{g(x)} = \alpha$ (α는 0이 아닌 실수)이고 $f(x)$, $g(x)$가 다항함수이면 두 함수 $f(x)$, $g(x)$의 [　]가 같고 α의 값은 분자, 분모의 최고차항의 [　]의 비와 같다.

2. 다음 문장이 참(true) 또는 거짓(false)인지 결정하고, 그 이유를 설명하거나 적절한 반례를 제시하여라.

(1) $\lim\limits_{x\to a} f(x)$, $\lim\limits_{x\to a}\{f(x) - g(x)\}$의 값이 각각 존재하면 $\lim\limits_{x\to a} g(x)$의 값도 존재한다.

(2) 모든 실수 x에 대하여 $f(x) < g(x)$이면 $\lim\limits_{x\to\infty} f(x) < \lim\limits_{x\to\infty} g(x)$이다.

3. 다음 물음에 대한 답을 간단히 서술하여라.

다음 과정 중에서 처음으로 등호가 잘못 사용된 부분을 찾고, 그 이유를 설명하여라.

$$\lim_{x\to 0}\frac{1}{x} \times \lim_{x\to 0} x \underset{①}{=} \lim_{x\to 0}\left(\frac{1}{x} \times x\right) \underset{②}{=} \lim_{x\to 0} 1 \underset{③}{=} 1$$

함수의 극한 **01** 함수 $y=f(x)$의 그래프가 오른쪽 그림과 같을 때, 다음 극한을 조사하여라.

(1) $\lim\limits_{x \to -1+} f(x)$ (2) $\lim\limits_{x \to -1-} f(x)$

(3) $\lim\limits_{x \to 0} f(x)$ (4) $\lim\limits_{x \to 1} f(x)$

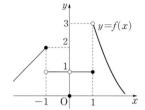

함수의 극한 **02** 함수 $f(x)=\dfrac{x^2-1-|x-1|}{x^2-1+|x-1|}$ 에 대하여 $\lim\limits_{x \to 1+} f(x)=a$, $\lim\limits_{x \to 1-} f(x)=b$라 할 때, 두 상수 a, b에 대하여 $a-b$의 값을 구하여라.

함수의
극한값의 존재 **03** $x=2$에서의 극한값이 존재하는 것만을 보기에서 있는 대로 골라라.

(단, $[x]$는 x보다 크지 않은 최대의 정수)

> 보기
>
> ㄱ. $f(x)=\dfrac{x}{x-2}$ ㄴ. $f(x)=|x-2|$
>
> ㄷ. $f(x)=\dfrac{|x-2|}{x-2}$ ㄹ. $f(x)=[x]-2$

함수의 극한에
대한 성질 **04** 다음 중 항상 옳은 것은?

① $\lim\limits_{x \to a}\{f(x)-g(x)\}=0$이면 $\lim\limits_{x \to a}f(x)=\lim\limits_{x \to a}g(x)$이다.

② $\lim\limits_{x \to a}f(x)g(x)$의 값이 존재하면 $\lim\limits_{x \to a}f(x)$, $\lim\limits_{x \to a}g(x)$의 값도 각각 존재한다.

③ $\lim\limits_{x \to a}f(x)=\infty$, $\lim\limits_{x \to a}g(x)=\infty$이면 $\lim\limits_{x \to a}\dfrac{g(x)}{f(x)}=1$이다.

④ $\lim\limits_{x \to a}f(x)$, $\lim\limits_{x \to a}g(x)$의 값이 모두 존재하지 않으면 $\lim\limits_{x \to a}\{f(x)+g(x)\}$의 값도 존재하지 않는다.

⑤ $\lim\limits_{x \to a}\{f(x)+g(x)\}$, $\lim\limits_{x \to a}\{f(x)-g(x)\}$의 값이 각각 존재하면 $\lim\limits_{x \to a}f(x)$의 값도 존재한다.

함수의 극한에
대한 성질 **05** 두 함수 $f(x)$, $g(x)$에 대하여 $\lim_{x\to\infty} f(x)=4$, $\lim_{x\to\infty}\{f(x)-g(x)\}=2$일 때,

$\lim_{x\to\infty}\dfrac{f(x)+2g(x)}{3f(x)}$의 값을 구하여라.

극한값의
계산 **06** 다음 극한값을 구하여라.

(1) $\lim_{x\to 0}\dfrac{\sqrt{2+x}-\sqrt{2-x}}{\sqrt{3+x}-\sqrt{3-x}}$

(2) $\lim_{x\to\infty}\dfrac{\sqrt{x^2+x}+\sqrt{x^2-1}}{2x-3}$

(3) $\lim_{x\to-\infty}(\sqrt{x^2+3x+4}+x)$

(4) $\lim_{x\to 9}(\sqrt{x}-3)\left(1-\dfrac{1}{x-9}\right)$

미정계수의
결정 **07** 서술형 $\lim_{x\to\infty}\{\sqrt{4x^2+x+1}-(ax-1)\}=b$일 때, 상수 a, b에 대하여 $a+b$의 값을 구하여라.

다항함수의
결정 **08** 다항함수 $f(x)$가 모든 양의 실수 x에 대하여 $3x^2-10<f(x)<3x^2+7x$이고

$\lim_{x\to 1}\dfrac{f(x)}{x^2-4x+3}=-6$을 만족시킬 때, $f(2)$의 값을 구하여라.

함수의 극한의
활용 **09** 현재 반지름의 길이가 5 cm인 풍선에 반지름의 길이가 매초 1 cm씩 증가하도록 공기를 넣는다. 공기를 넣기 시작한 지 t초 후의 풍선의 지름의 길이와 부피를 각각 $l(t)$, $V(t)$라 할 때, $\lim_{t\to\infty}\dfrac{t\{l(t)\}^2}{V(t)}$의 값은? (단, 풍선을 완전한 구라 가정한다.)

① $\dfrac{2}{\pi}$　② $\dfrac{3}{\pi}$　③ $\dfrac{4}{\pi}$　④ $\dfrac{5}{\pi}$　⑤ $\dfrac{6}{\pi}$

함수의 극한의
활용 **10** x축과 원점에서 접하고 이차함수 $y=x^2$의 그래프 위의 점 $P(\alpha,\beta)$를 지나는 원의 반지름의 길이를 r라 할 때, $\lim_{\alpha\to 1}r$의 값을 구하여라.

01 $\lim_{x \to 0} x^2 \left[\dfrac{1}{2x^2} \right]$의 값을 구하여라. (단, $[x]$는 x보다 크지 않은 최대의 정수)

02 두 함수 $y=f(x)$, $y=g(x)$의 그래프가 다음 그림과 같이 주어질 때, 보기에서 옳은 것만을 있는 대로 골라라.

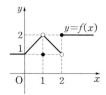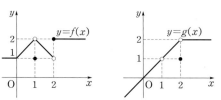

보기   ㄱ. $\lim_{x \to 1} f(x) = 2$ ㄴ. $\lim_{x \to 1} f(g(x)) = 1$

ㄷ. $\lim_{x \to 1} g(f(x)) = g(2)$ ㄹ. $\lim_{x \to 2} g(f(x)) = 1$

03 다항함수 $f(x)$에 대하여 $\lim_{x \to 2} \dfrac{f(x-2)}{x^2-2x} = 4$일 때, $\lim_{x \to 0} \dfrac{f(x)}{x}$의 값을 구하여라.

04 다항함수 $f(x)$에 대하여 $\lim_{x \to \infty} \dfrac{f(x)}{x^2} = 2$일 때, $\lim_{x \to 0+} \dfrac{\dfrac{4}{x^2} - f\left(\dfrac{1}{x}\right)}{\dfrac{3}{x^2} + 2f\left(\dfrac{1}{x}\right)}$의 값을 구하여라.

05 다항함수 $g(x)$에 대하여 $\lim_{x \to 1} \dfrac{g(x)-x}{x-1}$의 값이 존재한다. 다항함수 $f(x)$가

서술형

$f(x) + x - 1 = (x-1)g(x)$를 만족시킬 때, $\lim_{x \to 1} \dfrac{f(x)g(x)}{x^2-1}$의 값을 구하여라.

06 다항함수 $f(x)$가 $\lim\limits_{x \to \infty} \dfrac{f(x)-x^3}{x^2}=-11$, $\lim\limits_{x \to 1} \dfrac{f(x)}{x-1}=-9$를 만족시킬 때,

$\lim\limits_{x \to \infty} xf\left(\dfrac{1}{x}\right)$의 값을 구하여라.

07 삼차함수 $f(x)=x^3+px^2+qx+r$가 서로 다른 실수 a, b, c에 대하여 다음 세 조건을 만족시킬 때, $\alpha+\beta+\gamma$의 값을 p, q, r로 나타내면? (단, p, q, r, α, β, γ는 상수)

> (가) $\lim\limits_{x \to a} \dfrac{f(x)}{x-a}=\alpha$ (나) $\lim\limits_{x \to b} \dfrac{f(x)}{x-b}=\beta$ (다) $\lim\limits_{x \to c} \dfrac{f(x)}{x-c}=\gamma$

① $p+q+r$ ② p^2+q ③ p^2-3q ④ p^2+qr ⑤ $pq-3r$

08 최고차항의 계수가 1인 이차함수 $f(x)$가 $\lim\limits_{x \to a} \dfrac{f(x)-(x-a)}{f(x)+(x-a)}=\dfrac{3}{5}$을 만족시킨다.

방정식 $f(x)=0$의 두 근을 α, β라 할 때, $|\alpha-\beta|$의 값을 구하여라. (단, a는 상수)

[수능 기출]

09 최고차항의 계수가 1인 두 삼차함수 $f(x)$, $g(x)$가 다음 조건을 만족시킨다. $g(5)$의 값을 구하여라.

[평가원 기출]

> (가) $g(1)=0$
>
> (나) $\lim\limits_{x \to n} \dfrac{f(x)}{g(x)}=(n-1)(n-2) \ (n=1, 2, 3, 4)$

10 그림과 같이 중심이 $A(0, 3)$이고 반지름의 길이가 1인 원에 외접하고 x축에 접하는 원의 중심을 $P(x, y)$라 하자. 점 P에서 y축에 내린 수선의 발을 H라 할 때,

$\lim\limits_{x \to \infty} \dfrac{\overline{PH}^2}{\overline{PA}}$의 값을 구하여라.

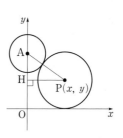

01 연속함수

SUMMA CUM LAUDE

ESSENTIAL LECTURE

1 구간

두 실수 a, b $(a<b)$에 대하여 실수의 집합 $\{x|a\leq x\leq b\}$, $\{x|a<x<b\}$, $\{x|a\leq x<b\}$,
$\{x|a<x\leq b\}$를 구간이라 하고, 기호로 각각 $[a, b]$, (a, b), $[a, b)$, $(a, b]$와 같이 나타낸다.
이때 $[a, b]$를 닫힌구간, (a, b)를 열린구간, $[a, b)$, $(a, b]$를 반열린 구간 또는 반닫힌 구간이라 한다.

2 함수의 연속

(1) 함수 $f(x)$가 실수 a에 대하여

  (ⅰ) $f(x)$가 $x=a$에서 정의되어 있고   (ⅱ) $\lim\limits_{x \to a} f(x)$가 존재하며   (ⅲ) $\lim\limits_{x \to a} f(x)=f(a)$

  일 때, $f(x)$는 $x=a$에서 연속이라 한다.

(2) 함수 $f(x)$가 $x=a$에서 연속이 아닐 때, $f(x)$는 $x=a$에서 불연속이라 한다.

(3) 함수 $f(x)$가 어떤 구간에 속하는 모든 실수에서 연속일 때, $f(x)$는 그 구간에서 연속 또는 그 구간에
  서 연속함수라 한다.

'함수의 연속' 단원은 수험생들에게 굉장히 쉬운 단원일 수 있다. 대부분의 증명이 고등학교
수준을 뛰어 넘으므로 그대로 인정하고 넘어가기 때문이다. 구체적인 증명을 요구하지도 않
고 그 성질들도 상식선에서 이해가 가능하므로 어떻게 보면 공부하기는 매우 쉽지만 출제 빈
도가 높은만큼 절대 방심해서는 안 되는 부분이기도 하다. 직관적인 이해를 바탕으로 자세히
읽어 보자.

1 구간

함수의 연속에 대하여 본격적으로 공부하기 전에 먼저 구간이라는 용어의 정의를 명확히 하
도록 하자. 두 실수 a, $b(a<b)$에 대하여 실수의 집합

$$\{x|a\leq x\leq b\}, \{x|a<x<b\}, \{x|a\leq x<b\}, \{x|a<x\leq b\}$$

를 구간(interval)이라 하고, 이들을 각각 기호로

$$[a, b], (a, b), [a, b), (a, b]$$

와 같이 나타낸다.

이때 $[a, b]$를 닫힌구간(closed interval), (a, b)를 열린구간(open interval),
$[a, b)$, $(a, b]$를 반열린 구간(half open interval) 또는 반닫힌 구간(half closed
interval)이라 한다.

마찬가지로 실수의 집합

$$\{x|x>a\}, \{x|x \geq a\}, \{x|x<a\}, \{x|x \leq a\}$$

도 각각 구간이라 하고 이를 기호로

$$(a, \infty), [a, \infty), (-\infty, a), (-\infty, a]$$

와 같이 나타낸다.

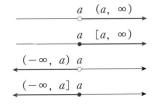

특히 실수 전체의 집합도 하나의 구간으로 보고 기호로 $(-\infty, \infty)$와 같이 나타낸다. 여기서
∞는 특정한 값이 아닌 '한없이 커지고 있는 상태'를 나타내는 기호이므로

$$[-\infty, \infty], [-\infty, a), (a, \infty]$$

와 같은 표현은 쓰지 않는다. 이는 실수 x의 값이 한없이 커질 수는 있어도 $x=\infty$라는 '값'
을 가질 수는 없기 때문이다. 이를 정리하면 다음과 같다.

구간

실수 $a, b(a<b)$에 대하여

① $\{x|a \leq x \leq b\} \Rightarrow [a, b]$ ← 닫힌구간

② $\{x|a<x<b\} \Rightarrow (a, b)$ ← 열린구간

③ $\{x|a \leq x<b\} \Rightarrow [a, b)$, $\{x|a<x \leq b\} \Rightarrow (a, b]$ ← 반열린 구간 또는 반닫힌 구간

APPLICATION 015 다음과 같은 실수의 집합을 구간의 기호로 나타내어라.   Sub Note 008쪽

(1) $\{x|-2 \leq x \leq 1\}$ (2) $\{x|3<x<5\}$ (3) $\{x|x \leq 2\}$

■ **E X A M P L E** 018 함수 $y=\dfrac{2x+8}{x+3}$ 의 정의역과 치역을 구간의 기호로 나타내어라.

ANSWER 주어진 유리함수를 변형하면

$$y=\frac{2x+8}{x+3}=\frac{2(x+3)+2}{x+3}=\frac{2}{x+3}+2$$

정의역은 $x=-3$을 제외한 모든 실수, 치역은 $y=2$를 제외한 모든 실수이므로 구간의 기호
로 나타내면 다음과 같다.

　　정의역 : $(-\infty, -3) \cup (-3, \infty)$, 치역 : $(-\infty, 2) \cup (2, \infty)$ ■

Sub Note 008쪽

APPLICATION 016 함수 $y=\sqrt{9-x^2}$의 정의역과 치역을 구간의 기호로 나타내어라.

❷ 함수의 연속 [수능 고빈도 출제]

일상생활에서 일어나는 많은 현상들은 시간에 대하여 연속적으로 변한다. 예를 들어 움직이는 물체의 위치는 시간에 따라 연속적으로 변하고, 하루 동안의 교실 내부의 온도는 시간에 따라 연속적으로 높아지거나 낮아진다. 이와 같이 시간에 따라 연속적으로 변하는 위치나 온도를 우리는 시간에 대한 함수로 생각할 수 있으며, 다음 두 그림과 같이 그 관계를 연속적으로 이어져 있는 그래프로 나타낼 수도 있다.

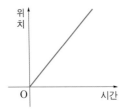 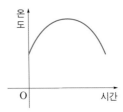

따라서 우리는 연속함수에 대해 공부하지 않았다 하더라도 직관적으로

연속함수 ⇨ 그래프가 끊어지지 않고 연결되어 있는 함수

라 이해할 수 있을 것이다. 그래프만 있으면 연속임은 한눈에 파악되지만 그래프를 그릴 수 없는 함수가 더 많다. 이런 함수에 대해서는 어떻게 연속을 판단해야 할까? 지금부터 이에 대해 수학적으로 이해해 보자.

(1) $x=a$에서의 함수의 연속

함수 $f(x)$가 $x=a$에서 **연속**(continuity)이라는 것은 그래프에서 점 $(a, f(a))$와 이 점의 좌우가 끊어지지 않고 연결되어 있다는 것을 뜻한다. 이 점의 좌우에서의 정말 가까운 점의 좌표를

$$\left(x \longrightarrow a-, \ \lim_{x \to a-} f(x)\right), \left(x \longrightarrow a+, \ \lim_{x \to a+} f(x)\right)$$

로 본다면 결국 연속은 **(함숫값)=(극한값)**일 때를 말한다. 이를 위해서 함숫값과 극한값이 존재해야 함은 당연하다. 다음 네 함수의 그래프에서 $x=1$일 때를 비교해 보자.

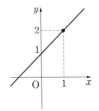 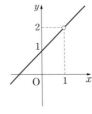 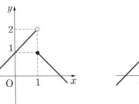

$$f_1(x)=x+1 \qquad f_2(x)=\frac{x^2-1}{x-1} \qquad f_3(x)=\begin{cases} -x+2 & (x \geq 1) \\ x+1 & (x < 1) \end{cases} \qquad f_4(x)=\begin{cases} \dfrac{x^2-1}{x-1} & (x \neq 1) \\ 1 & (x = 1) \end{cases}$$

① 함수 $f_1(x)=x+1$은 그래프가 $x=1$에서 끊어지지 않고 연결되어 있으므로 $x=1$인 점에서 연속이다. 이때 명백히 $\lim_{x \to 1} f_1(x)=2=f_1(1)$이 성립되어 함숫값과 극한값이 서로 같음을 알 수 있다.

② 세 함수 $f_2(x)=\dfrac{x^2-1}{x-1}$, $f_3(x)=\begin{cases} -x+2 & (x \geq 1) \\ x+1 & (x < 1) \end{cases}$, $f_4(x)=\begin{cases} \dfrac{x^2-1}{x-1} & (x \neq 1) \\ 1 & (x=1) \end{cases}$ 의 그

래프는 모두 $x=1$인 점에서 끊어져 있으므로 명백히 $x=1$에서 연속이 아니다.

이때 $f_2(x)$의 경우는 함숫값 $f_2(1)$이 존재하지 않고, $f_3(x)$의 경우는 극한값 $\lim_{x \to 1} f_3(x)$가 존재하지 않으므로 연속이 아니다. 한편 $f_4(x)$의 경우는 함숫값 $f_4(1)=1$과 극한값 $\lim_{x \to 1} f_4(x)=2$가 모두 존재하지만 그 값이 서로 다르므로 연속이 아니다.

이상으로부터 일반적으로 함수 $f(x)$가 $x=a$에서 연속이라는 것을 다음과 같이 정리할 수 있다.

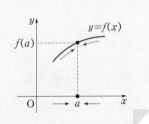

$x=a$에서의 함수의 연속❶

함수 $f(x)$가 실수 a에 대하여 다음 세 조건을 만족시키면 $f(x)$는 $x=a$에서 연속이라 한다.
(i) $x=a$에서 함숫값 $f(a)$가 정의되어 있고 (즉, $f(a)$가 존재)
(ii) 극한값 $\lim_{x \to a} f(x)$가 존재하며, (즉, $\lim_{x \to a+} f(x)=\lim_{x \to a-} f(x)$)
(iii) $\lim_{x \to a} f(x)=f(a)$이다.

한편 위의 세 조건 중에서 어느 하나라도 만족시키지 않을 때, 즉 함수 $f(x)$가 $x=a$에서 연속이 아닐 때 함수 $f(x)$는 $x=a$에서 **불연속**(discontinuity)이라 한다.

■ **EXAMPLE 019** 다음 함수가 $x=1$에서 연속인지 불연속인지 조사하여라.

(1) $f(x)=\dfrac{|x-1|}{x-1}$
(2) $g(x)=\begin{cases} \dfrac{x^2-3x+2}{x-1} & (x \neq 1) \\ 2 & (x=1) \end{cases}$

ANSWER (1) 함수 $f(x)=\dfrac{|x-1|}{x-1}$은 (분모)$=0$이 되도록 하는 x의 값에서는 정의되지 않으므로 $x=1$일 때의 함숫값 $f(1)$은 존재하지 않는다. 따라서 함수 $f(x)$는 $x=1$에서 **불연속**이다. ■

[참고] $\lim_{x \to 1-} f(x)=-1$, $\lim_{x \to 1+} f(x)=1$이므로 극한값 $\lim_{x \to 1} f(x)$도 존재하지 않는다.

❶ 앞에서 극한값이 존재할 조건으로 좌극한과 우극한이 일치해야 함을 배웠다. 또한 보통 (iii)을 만족시킨다는 것은 (i), (ii)가 전제되어야 하므로 $\lim_{x \to a} f(x)=f(a)$만 만족시켜도 연속으로 본다.

(2) 함수 $g(x) = \begin{cases} \dfrac{x^2-3x+2}{x-1} & (x \neq 1) \\ 2 & (x=1) \end{cases}$, 즉

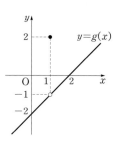

$g(x) = \begin{cases} x-2 & (x \neq 1) \\ 2 & (x=1) \end{cases}$ 에서

(ⅰ) $x=1$일 때의 함숫값은 $g(1)=2$이다.

(ⅱ) 오른쪽 그림과 같이 $\lim\limits_{x \to 1+} g(x) = \lim\limits_{x \to 1-} g(x) = -1$이므로

극한값은 $\lim\limits_{x \to 1} g(x) = -1$이다.

(ⅲ) $\lim\limits_{x \to 1} g(x) \neq g(1)$

따라서 함수 $g(x)$는 $x=1$에서 **불연속**이다. ■

APPLICATION **017** 다음 함수가 $x=1$에서 연속인지 불연속인지 조사하여라.　Sub Note 008쪽

(1) $f(x) = \begin{cases} \dfrac{x^2-1}{x-1} & (x \neq 1) \\ 3 & (x=1) \end{cases}$　　　　(2) $g(x) = \begin{cases} x^2 & (x \geq 1) \\ 2-x & (x<1) \end{cases}$

(2) 구간에서의 함수의 연속

함수 $f(x)$가 어떤 구간에 속하는 모든 점에서 연속일 때, 함수 $f(x)$는 그 구간에서 연속 또는 그 구간에서 **연속함수**(continuous function)라 한다. 이때 연속함수 $f(x)$의 그래프는 그 구간에서 끊어지지 않고 이어져 있다.

예를 들어 다항함수 $f(x)=x$, $f(x)=x^2$은 모든 실수 x, 즉 구간 $(-\infty, \infty)$에서 연속이고, 유리함수 $f(x) = \dfrac{1}{x}$은 $x \neq 0$인 실수, 즉 구간 $(-\infty, 0)$, $(0, \infty)$에서 연속이다.

일반적으로 함수 $f(x)$가 어떤 구간에서 연속이면 함수 $f(x)$가 그 구간에 속하는 모든 점에서 연속이 되므로 구간에 속하는 모든 실수 a에 대하여 $\lim\limits_{x \to a} f(x) = f(a)$가 성립한다.

그런데 오른쪽 그림과 같이 닫힌구간 $[a, b]$에서 정의된 함수 $f(x)$의 경우에는

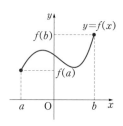

　　$x=a$에서는 함숫값과 우극한만,[❷]

　　$x=b$에서는 함숫값과 좌극한만

생각할 수 있으므로 닫힌구간에서는 다음과 같이 연속을 정의한다.

---

❷ 끝 점을 포함한 구간, 예를 들어 구간 $[a, \infty)$에서 정의된 함수 $f(x)$가 $x=a$에서 연속이라 함은 $\lim\limits_{x \to a+} f(x) = f(a)$가 성립함을 뜻한다.

닫힌구간 $[a,\ b]$에서의 연속의 정의

함수 $f(x)$가

(ⅰ) 열린구간 $(a,\ b)$에서 연속이고,

(ⅱ) $\displaystyle\lim_{x\to a+}f(x)=f(a),\ \lim_{x\to b-}f(x)=f(b)$

이면 함수 $f(x)$는 닫힌구간 $[a,\ b]$에서 연속이다.

예를 들어 함수 $f(x)=\sqrt{x+1}$은 열린구간 $(0,\ 5)$에서 연속이고

$$\lim_{x\to 0+}\sqrt{x+1}=1=f(0),\ \lim_{x\to 5-}\sqrt{x+1}=\sqrt{6}=f(5)$$

이므로 함수 $f(x)=\sqrt{x+1}$은 닫힌구간 $[0,\ 5]$에서 연속이다.

EXAMPLE 020 다음 함수가 닫힌구간 $[0,\ 1]$에서 연속인지 불연속인지 조사하여라.

(1) $f(x)=\begin{cases} \dfrac{1}{x^2} & (x\neq 0) \\ 0 & (x=0) \end{cases}$ 　　　　(2) $g(x)=\begin{cases} \dfrac{x^2-x}{|x-1|} & (x\neq 1) \\ -1 & (x=1) \end{cases}$

ANSWER 　(1) $f(x)$는 열린구간 $(0,\ 1)$에서 연속이고

$\displaystyle\lim_{x\to 1-}\dfrac{1}{x^2}=1=f(1)$이지만, $\displaystyle\lim_{x\to 0+}\dfrac{1}{x^2}=\infty\neq f(0)=0$이므로

> 열린구간에 속하는 모든 실수 a에 대하여 $\displaystyle\lim_{x\to a}f(x)=f(a)$이다.

함수 $f(x)$는 닫힌구간 $[0,\ 1]$에서 **불연속**이다. ■

(2) $g(x)$는 열린구간 $(0,\ 1)$에서 연속이고 $\displaystyle\lim_{x\to 0+}\dfrac{x^2-x}{|x-1|}=0=g(0)$,

$\displaystyle\lim_{x\to 1-}\dfrac{x^2-x}{|x-1|}=\lim_{x\to 1-}\dfrac{x(x-1)}{-(x-1)}=\lim_{x\to 1-}(-x)=-1=g(1)$이므로 함수 $g(x)$는 닫힌구간 $[0,\ 1]$에서 **연속**이다. ■

Sub Note 009쪽

APPLICATION 018 함수 $f(x)=\begin{cases} \dfrac{x^2-3x+2}{x-1} & (x\neq 1) \\ -1 & (x=1) \end{cases}$ 이 닫힌구간 $[0,\ 1]$에서 연속인지

불연속인지 조사하여라.

이제 우리는 함수가 어떤 점 혹은 어떤 구간에서 연속인지 아닌지를, 꼭 그래프가 아니더라도 수식만으로 판정할 수 있게 되었다. 물론 그래프와 연계하여 생각하면 보다 빠르고 정확하게 판정할 수 있다.

APPLICATION **019** 두 함수 $f(x)$, $g(x)$에 대하여 $f \circ g$가 연속인 구간을 구하여라.

(1) $f(x) = 2x$, $g(x) = |x+1|$

(2) $f(x) = \dfrac{1}{x-10}$, $g(x) = x^2 + 1$

■ **수학 공부법에 대한 저자들의 충고 – 여러 가지 함수의 연속성**

1. 연속이 되는 구간

우리가 흔히 다루는 여러 함수에서 연속이 되는 구간은 그 정의역을 통해 쉽게 찾을 수 있다. 다음과 같이 정리해 놓고 꼭 기억하도록 하자.

(1) 다항함수 : 일차함수, 이차함수, ⋯ 등 ➡ $(-\infty, \infty)$에서 연속

(2) 유리함수 : $y = \dfrac{f(x)}{g(x)}$ (단, $f(x)$, $g(x)$는 다항함수) ➡ $g(x) \neq 0$인 점에서 연속

(3) 무리함수 : $y = \sqrt{f(x)}$ (단, $f(x)$는 다항함수) ➡ $f(x) \geq 0$인 구간에서 연속

(4) 가우스함수 : $y = [x]$ ($[x]$는 x보다 크지 않은 최대의 정수) ➡ $x \neq n$에서 연속 (단, n은 정수)

참고로 가우스함수 $f(x) = [x]$는 정수 n에 대하여 열린구간 $(n, n+1)$에서 연속이고,

$\displaystyle\lim_{x \to n+} f(x) = f(n)$이므로 가우스함수 $f(x)$는 반열린 구간 $[n, n+1)$에서 연속이다.

2. 합성함수의 연속

두 함수 $f(x)$, $g(x)$에 대하여 합성함수 $(f \circ g)(x)$의 $x = a$에서의 연속성은 연속의 정의에 의해 판정한다. 즉,

$$\lim_{x \to a+} f(g(x)) = \lim_{x \to a-} f(g(x)), \ \lim_{x \to a} f(g(x)) = f(g(a))$$

가 모두 성립하면 합성함수 $(f \circ g)(x)$는 $x = a$에서 연속이다.

합성함수 $(f \circ g)(x)$는 두 함수 $f(x)$, $g(x)$가 모두 $x = a$에서 연속이더라도 $x = a$에서 항상 연속이 되지는 않는다.

합성함수의 연속에서 기억해야 할 것은 두 함수 $f(x)$, $g(x)$에 대하여 함수 $g(x)$의 치역이 함수 $f(x)$의 정의역에 포함될 때 합성함수 $(f \circ g)(x)$가 정의된다는 것이다.

합성함수의 연속과 관련하여 다음 두 성질도 기억해 두자.

(1) $g(x)$가 $x = a$에서 연속이고 $f(x)$가 $x = g(a)$에서 연속이면, $(f \circ g)(x)$도 $x = a$에서 연속이다.

(2) $\displaystyle\lim_{x \to a} g(x) = b$이고 $f(x)$가 $x = b$에서 연속이면 $\displaystyle\lim_{x \to a} f(g(x)) = f\left(\lim_{x \to a} g(x)\right)$이다.

이 성질은 $f(x)$가 연속이고 $g(x)$의 극한이 존재한다면, 극한 기호가 함수 $f(x)$의 안으로 이동할 수 있음을 보여준다. 즉, 함수와 극한의 두 기호에 대한 순서를 바꿀 수 있다는 의미이다.

011

열린구간 $(-1, 3)$에서 정의된 함수 $y=f(x)$의 그래프가 오른쪽 그림과 같을 때, 보기에서 옳은 것만을 있는 대로 골라라.

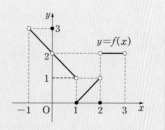

보기
ㄱ. 함수 $f(x)$는 $x=2$에서 함숫값이 정의되어 있지 않다.

ㄴ. $x=0$에서 함수 $f(x)$의 극한값이 존재한다.

ㄷ. 함수 $f(x)$가 불연속인 x의 값은 2개이다.

GUIDE 함수 $f(x)$의 그래프가 $x=a$인 점에서 끊어져 있으면 $f(x)$는 $x=a$에서 불연속이다.

SOLUTION

ㄱ. $f(2)=0$이므로 함수 $f(x)$는 $x=2$에서 함숫값이 정의되어 있다. (거짓)

ㄴ. $\lim\limits_{x\to 0+}f(x)=2$, $\lim\limits_{x\to 0-}f(x)=2$, 즉 $\lim\limits_{x\to 0}f(x)=2$이므로 $x=0$에서 함수 $f(x)$의 극한값이 존재한다. (참)

ㄷ. 함수 $f(x)$의 그래프가 $x=0$, $x=1$, $x=2$인 점에서 끊어져 있으므로 함수 $f(x)$가 불연속인 x의 값은 0, 1, 2의 3개이다. (거짓)

이상에서 옳은 것은 ㄴ뿐이다. ■

유제
011-1 함수 $y=f(x)$의 그래프가 오른쪽 그림과 같다. 열린구간 $(-1, 4)$에서 함수 $f(x)$의 극한값이 존재하지 않는 x의 값의 개수를 a, $f(x)$가 불연속이 되는 x의 값의 개수를 b라 할 때, ab의 값을 구하여라.

Sub Note 028쪽

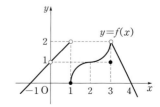

012

함수 $f(x) = \begin{cases} 2x+a & (x \leq -2) \\ x^2-b & (-2 < x < 2) \\ 3x-c & (x \geq 2) \end{cases}$ 가 실수 전체의 집합에서 연속이고 $f(0) = -2$일 때, 상수

a, b, c의 합 $a+b+c$의 값을 구하여라.

GUIDE 주어진 세 구간 각각에서 $f(x)$는 다항함수이므로 연속이다. 따라서 구간의 경계인 $x=-2$, $x=2$ 에서만 연속이 됨을 확인해 주면 $f(x)$는 실수 전체의 집합에서 연속이 된다.

SOLUTION ─────────────────

$f(0) = -2$이므로　$f(0) = 0^2 - b = -2$　$\therefore b = 2$

$$\therefore f(x) = \begin{cases} 2x+a & (x \leq -2) \\ x^2-2 & (-2 < x < 2) \\ 3x-c & (x \geq 2) \end{cases}$$

한편 함수 $f(x)$는 실수 전체의 집합에서 연속이므로 $x=-2$, $x=2$에서도 연속이 어야 한다. 즉, $f(x)$는 $x=-2$에서 연속이므로

$\lim\limits_{x \to -2+} f(x) = f(-2)$ ← $x \leq -2$에서 $f(x)$가 연속이므로 우극한만 함숫값과 같도록 하면 된다.

$(-2)^2 - 2 = 2 \cdot (-2) + a$　$\therefore a = 6$

$f(x)$는 $x=2$에서 연속이므로

$\lim\limits_{x \to 2-} f(x) = f(2)$ ← $x \geq 2$에서 $f(x)$가 연속이므로 좌극한만 함숫값과 같도록 하면 된다.

$2^2 - 2 = 3 \cdot 2 - c$　$\therefore c = 4$

따라서 $a=6$, $b=2$, $c=4$이므로　$a+b+c = \mathbf{12}$ ■

Sub Note 028쪽

유제
012-❶ 함수 $f(x) = \begin{cases} 4x(x-2) & (|x| > 1) \\ 2x^2 - ax + 2b & (|x| \leq 1) \end{cases}$ 가 모든 실수 x에서 연속일 때, 상수 a, b에 대하여

ab의 값을 구하여라.

Sub Note 028쪽

유제
012-❷ 함수 $f(x) = \begin{cases} x^2 + 3x - 4 & (x < a) \\ -x^2 + 3x - 2 & (x \geq a) \end{cases}$ 가 $x=a$에서 연속이 되도록 하는 모든 실수 a의 값의 곱

을 구하여라.

013

$x \geq -1$인 모든 실수 x에서 연속인 함수 $f(x)$가 $(x-3)f(x)=a\sqrt{x+1}+b$를 만족시킨다.

$f(3)=\dfrac{1}{2}$일 때, 상수 a, b에 대하여 ab의 값을 구하여라.

GUIDE 모든 실수 x에 대하여 연속인 두 함수 $f(x)$, $g(x)$가 $(x-a)f(x)=g(x)$를 만족시키면

$f(a)=\displaystyle\lim_{x \to a}\dfrac{g(x)}{x-a}$ 이다.

SOLUTION

$x \neq 3$일 때　　$f(x)=\dfrac{a\sqrt{x+1}+b}{x-3}$

함수 $f(x)$가 $x \geq -1$인 모든 실수에서 연속이려면 $x=3$에서 연속이어야 하므로

$$\lim_{x \to 3}\frac{a\sqrt{x+1}+b}{x-3}=f(3) \qquad \therefore \lim_{x \to 3}\frac{a\sqrt{x+1}+b}{x-3}=\frac{1}{2} \qquad \cdots\cdots \ \boxdot$$

$x \longrightarrow 3$일 때 (분모) $\longrightarrow 0$이고 극한값이 존재하므로 (분자) $\longrightarrow 0$이어야 한다.

즉, $\displaystyle\lim_{x \to 3}(a\sqrt{x+1}+b)=0$이므로　　$2a+b=0$　　$\therefore b=-2a$　　$\cdots\cdots \ \boxdot$

$\boxdot$을 $\boxdot$에 대입하면

$$\lim_{x \to 3}\frac{a\sqrt{x+1}-2a}{x-3}=\lim_{x \to 3}\frac{a(\sqrt{x+1}-2)(\sqrt{x+1}+2)}{(x-3)(\sqrt{x+1}+2)}$$

$$=\lim_{x \to 3}\frac{a}{\sqrt{x+1}+2}=\frac{a}{4}=\frac{1}{2}$$

$\therefore a=2$, $b=-2 \cdot 2=-4$　　$\therefore ab=-8$ ■

Sub Note 028쪽

유제
013-1 함수 $f(x)=\begin{cases} \dfrac{x^3+ax+b}{(x+1)^2} & (x \neq -1) \\ c & (x=-1) \end{cases}$ 가 모든 실수 x에 대하여 연속이 되도록 하는 상수

a, b, c의 값을 구하여라.

Sub Note 029쪽

유제
013-2 모든 실수 x에서 연속인 함수 $f(x)$가 $(x-2)f(x)=ax^2-bx$를 만족시킨다. $f(-1)=1$일 때,
상수 a, b에 대하여 ab의 값을 구하여라.

Sub Note 029쪽

유제
013-3 모든 실수 x에서 연속인 함수 $f(x)$가 $(x^2-x-2)f(x)=x^3+ax+b$를 만족시킬 때, $f(2)$의
값을 구하여라. (단, a, b는 상수)

014 실수 전체의 집합에서 정의된 두 함수 f, g가

$$f(x)=\begin{cases} 2 & (x>0) \\ 1 & (x=0) \\ 0 & (x<0) \end{cases}, \ g(x)=x(x-1)(x-2)$$

일 때, 보기에서 옳은 것만을 있는 대로 고른 것은?

보기　ㄱ. 함수 $f(f(x))$는 실수 전체의 집합에서 연속이다.
　　　ㄴ. $\lim\limits_{x\to0} f(g(x))$의 값이 존재한다.
　　　ㄷ. 함수 $g(f(x))$는 $x=0$에서 연속이다.

① ㄴ　　　　② ㄷ　　　　③ ㄱ, ㄴ　　　　④ ㄱ, ㄷ　　　　⑤ ㄴ, ㄷ

GUIDE　$x=0$에서 합성함수의 좌극한과 우극한을 구하여 극한값이 존재하는지 확인하고, 함숫값과 비교하여 합성함수의 연속성을 확인한다.

SOLUTION

ㄱ. $x>0$일 때　　$f(f(x))=f(2)=2$

　　$x=0$일 때　　$f(f(x))=f(1)=2$

　　$x<0$일 때　　$f(f(x))=f(0)=1$

　　이므로 $y=f(f(x))$의 그래프는 오른쪽 그림과
　　같다.

　　따라서 $f(f(x))$는 $x=0$에서 불연속이다. (거짓)

ㄴ. $f(g(x))$에서 $g(x)=t$로 놓으면

　　$x \longrightarrow 0+$일 때 $t \longrightarrow 0+$이므로

　　　　$\lim\limits_{x\to0+} f(g(x)) = \lim\limits_{t\to0+} f(t) = 2$

　　$x \longrightarrow 0-$일 때 $t \longrightarrow 0-$이므로

　　　　$\lim\limits_{x\to0-} f(g(x)) = \lim\limits_{t\to0-} f(t) = 0$

　　따라서 $\lim\limits_{x\to0} f(g(x))$의 값은 존재하지 않는다. (거짓)

ㄷ. $\lim\limits_{x\to0+} g(f(x)) = g(2) = 0$, $\lim\limits_{x\to0-} g(f(x)) = g(0) = 0$이므로

　　　　$\lim\limits_{x\to0} g(f(x)) = 0$

　　이고　　$g(f(0)) = g(1) = 0$

따라서 $\lim\limits_{x \to 0} g(f(x)) = g(f(0))$ 이므로 $g(f(x))$는 $x=0$에서 연속이다. (참)

이상에서 옳은 것은 ② ㄷ뿐이다. ∎

Sub Note 029쪽

유제
014-❶ 닫힌구간 $[-1,\ 4]$에서 정의된 함수 $y=f(x)$의 그래프가 오른쪽 그림과 같다. 보기에서 옳은 것만을 있는 대로 고른 것은?

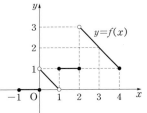

> 보기
>
> ㄱ. $\lim\limits_{t \to \infty} f\left(\dfrac{1}{t}\right) = 1$
>
> ㄴ. $\lim\limits_{x \to 1} f(f(x)) = 1$
>
> ㄷ. 함수 $f(f(x))$는 $x=3$에서 연속이다.

① ㄱ   ② ㄷ   ③ ㄱ, ㄴ   ④ ㄴ, ㄷ   ⑤ ㄱ, ㄴ, ㄷ

Sub Note 030쪽

유제
014-❷ 실수 전체의 집합에서 정의된 함수 $f(x) = \begin{cases} \dfrac{x^2-1}{x-1} & (x \neq 1) \\ 1 & (x=1) \end{cases}$ 에 대하여 합성함수

$$f_1 = f,\ f_2 = f \circ f_1,\ f_3 = f \circ f_2,\ \cdots,\ f_n = f \circ f_{n-1}\ (단,\ n=2,\ 3,\ 4,\ \cdots)$$

을 정의할 때, 함수 $f_{10}(x)$에 대하여 보기에서 옳은 것만을 있는 대로 고른 것은?

> 보기
>
> ㄱ. $f_{10}(0) = 1$
>
> ㄴ. 함수 $f_{10}(x)$의 불연속점의 개수는 10이다.
>
> ㄷ. 모든 실수 a에 대하여 $\lim\limits_{x \to a} f_{10}(x) = a + 10$이다.

① ㄱ   ② ㄷ   ③ ㄱ, ㄴ   ④ ㄴ, ㄷ   ⑤ ㄱ, ㄴ, ㄷ

02 연속함수의 성질

S U M M A   C U M   L A U D E

ESSENTIAL LECTURE

1 연속함수의 성질

두 함수 $f(x)$, $g(x)$가 $x=a$에서 연속이면 다음 함수도 $x=a$에서 연속이다.

(1) $cf(x)$ (단, c는 상수)　　　　　(2) $f(x) \pm g(x)$

(3) $f(x)g(x)$　　　　　　　　　　(4) $\dfrac{f(x)}{g(x)}$ (단, $g(a) \neq 0$)

2 최대·최소 정리

함수 $f(x)$가 닫힌구간 $[a, b]$에서 연속이면 $f(x)$는 이 구간에서 반드시 최댓값과 최솟값을 갖는다.

3 사잇값의 정리

함수 $f(x)$가 닫힌구간 $[a, b]$에서 연속이고 $f(a) \neq f(b)$이면 $f(a)$와 $f(b)$ 사이에 있는 임의의 값 k에 대하여 $f(c)=k$인 c가 a와 b 사이에 적어도 하나 존재한다.

1 연속함수의 성질

함수 $f(x) = \dfrac{x-1}{x^2}$의 연속성을 알아보자.

이 함수는 $x \neq 0$인 모든 실수에서 정의되므로 함수 $f(x)$의 정의역은 $\{x \,|\, x \neq 0$인 실수$\}$이다. 이때 이 함수가 정의역에서 연속인지 알아보려면 0이 아닌 모든 점에서의 함숫값과 극한값을 조사하여 서로 같은지 확인해야만 한다. 또는 함수 $f(x)$의 그래프를 그려서 끊어져 있는 부분이 있는지 확인해 보는 방법도 있지만 함수의 그래프 자체를 그리기 어려운 경우가 더 많고, 그래프로 그렸다고 하더라도 직관적으로 추측만 할 수 있을 뿐, 정의에 맞추어 정확히 확인할 수는 없다.

위와 같이 복잡한 함수의 연속성은 앞에서 배웠던 함수의 극한에 대한 성질과 연속의 정의를 이용하여 쉽게 확인할 수 있다.

연속함수의 기본적인 성질은 다음과 같다.

> **연속함수의 성질**
>
> 두 함수 $f(x)$, $g(x)$가 $x=a$에서 연속이면 다음 함수도 $x=a$에서 연속이다.
>
> (1) $cf(x)$ (단, c는 상수)　　　　　(2) $f(x) \pm g(x)$
>
> (3) $f(x)g(x)$　　　　　　　　　(4) $\dfrac{f(x)}{g(x)}$ (단, $g(a) \neq 0$)

[설명] 두 함수 $f(x)$, $g(x)$가 각각 $x=a$에서 연속이면

$$\lim_{x \to a} f(x) = f(a), \ \lim_{x \to a} g(x) = g(a)$$

가 성립하므로 함수의 극한에 대한 성질에 의하여 다음이 성립한다.

(1) $\displaystyle\lim_{x \to a} cf(x) = c\lim_{x \to a} f(x) = cf(a)$ (단, c는 상수)

(2) $\displaystyle\lim_{x \to a}\{f(x) \pm g(x)\} = \lim_{x \to a} f(x) \pm \lim_{x \to a} g(x) = f(a) \pm g(a)$ (복부호 동순)

(3) $\displaystyle\lim_{x \to a} f(x)g(x) = \lim_{x \to a} f(x) \cdot \lim_{x \to a} g(x) = f(a)g(a)$

(4) $\displaystyle\lim_{x \to a} \frac{f(x)}{g(x)} = \frac{\lim_{x \to a} f(x)}{\lim_{x \to a} g(x)} = \frac{f(a)}{g(a)}$ (단, $g(a) \neq 0$)

따라서 두 함수 $f(x)$, $g(x)$가 $x=a$에서 연속이면 $cf(x)$, $f(x) \pm g(x)$, $f(x)g(x)$,

$\dfrac{f(x)}{g(x)}$ (단, $g(a) \neq 0$)도 $x=a$에서 연속이다.

일차함수 $y=x$는 모든 실수에 대하여 연속이므로 연속함수의 성질 (3)에 의하여 함수 $y=x^2$, $y=x^3$, $y=x^4$, $\cdots$도 모든 실수에서 연속이다.

따라서 이들 함수에 상수를 곱하여 더한 **다항함수**

$$f(x) = a_n x^n + a_{n-1} x^{n-1} + \cdots + a_1 x + a_0 \ (\text{단, } a_n, a_{n-1}, \cdots, a_1, a_0 \text{은 상수, } n \text{은 자연수})$$

도 연속함수의 성질 (1), (2)에 의하여 **모든 실수에서 연속임**을 알 수 있다.

또 유리함수는 두 다항식 $P(x)$, $Q(x)$에 대하여 $\dfrac{P(x)}{Q(x)}$의 꼴로 나타나므로 연속함수의 성질 (4)에 의하여 분모를 0으로 하는 x의 값을 제외한 모든 실수에서 연속이다.

그러므로 앞에서 언급했던 함수 $f(x) = \dfrac{x-1}{x^2}$은 분모가 0이 되는 x의 값, 즉 $x=0$에서 정의되지 않으므로 $x \neq 0$인 모든 실수에서 연속임을 알 수 있다.

■ **EXAMPLE** 021 두 이차함수 $f(x)=x^2+4$, $g(x)=3x^2$에 대하여 함수 $f(x)+g(x)$
와 함수 $\dfrac{f(x)}{g(x)}$ 가 연속인 구간을 각각 구하여라.

> **ANSWER** 두 이차함수 $f(x)=x^2+4$, $g(x)=3x^2$은 모든 실수 x에서 연속이다.
> 따라서 연속함수의 성질에 의하여 함수 $f(x)+g(x)=(x^2+4)+3x^2=4x^2+4$는 모든 실수,
> 즉 구간 $(-\infty,\ \infty)$에서 연속이다.
> 한편 함수 $\dfrac{f(x)}{g(x)}=\dfrac{x^2+4}{3x^2}$는 연속함수의 성질에 의하여 $x\neq0$인 실수,
> 즉 구간 $(-\infty,\ 0)$, $(0,\ \infty)$에서 연속이다. ■

APPLICATION 020 두 함수 $f(x)$, $g(x)$가 $x=a$에서 연속일 때, 다음 함수 중 $x=a$에서
반드시 연속이라고 할 수 <u>없는</u> 것은? (단, a는 상수)

① $2f(x)+4g(x)$ 　　② $5f(x)-g(x)$ 　　③ $4f(x)g(x)$

④ $\{4g(x)\}^2$ 　　⑤ $\dfrac{f(x)}{g(x)}-2g(x)$

■ **수학 공부법에 대한 저자들의 충고 – 불연속인 점을 포함한 함수의 합, 차, 곱, 몫에서의 연속성**

두 함수 $f(x)$, $g(x)$가 $x=a$에서 불연속이면 함수 $f(x)\pm g(x)$, $f(x)g(x)$, $\dfrac{f(x)}{g(x)}$가 $x=a$에
서 불연속인지, 연속인지 바로 알 수 없다.
<u>두 함수 $f(x)$, $g(x)$가 $x=a$에서 불연속인 경우는 함수의 연속의 정의를 이용하여야 한다.</u> 즉, $x=a$
에서의 극한값과 함숫값이 같은지를 확인하여 연속성을 판정한다.
예를 들어 두 함수 $f(x)$, $g(x)$의 그래프가 오른
쪽 그림과 같을 때, 두 함수 $f(x)-g(x)$,
$f(x)g(x)$의 $x=1$에서의 연속성을 각각 판정하면

(1) $\displaystyle\lim_{x\to1+}\{f(x)-g(x)\}=0-(-1)=1$,
　　$\displaystyle\lim_{x\to1-}\{f(x)-g(x)\}=1-0=1$,
　　$f(1)-g(1)=0-(-1)=1$
　　따라서 $\displaystyle\lim_{x\to1}\{f(x)-g(x)\}=f(1)-g(1)=1$이므로 함수 $f(x)-g(x)$는 $x=1$에서 연속이다.

(2) $\displaystyle\lim_{x\to1+}f(x)g(x)=0\cdot(-1)=0$, $\displaystyle\lim_{x\to1-}f(x)g(x)=1\cdot0=0$,
　　$f(1)g(1)=0\cdot(-1)=0$
　　따라서 $\displaystyle\lim_{x\to1}f(x)g(x)=f(1)g(1)=0$이므로 함수 $f(x)g(x)$는 $x=1$에서 연속이다.

080　　I. 함수의 극한과 연속

❷ 최대·최소 정리

다음 그래프와 같이 이차함수 $f(x)=x^2$은 닫힌구간 $[-1, 2]$에서 연속이고, $x=2$에서 최댓값 4, $x=0$에서 최솟값 0을 갖는다. 그러나 열린구간 $(-1, 2)$에서 $f(x)=x^2$은 최댓값을 갖지 않고, $x=0$에서 최솟값 0만을 갖는다.

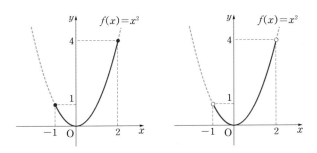

이와 같이 일반적으로 닫힌구간에서 연속인 함수에 대하여 다음과 같은 **최대·최소 정리** (maximum-minimum theorem)가 성립한다.

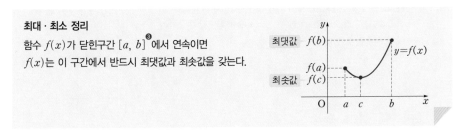

최대·최소 정리

함수 $f(x)$가 닫힌구간 $[a, b]$❸에서 연속이면
$f(x)$는 이 구간에서 반드시 최댓값과 최솟값을 갖는다.

다음의 그래프들을 비교하여 보자.

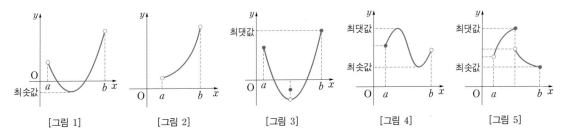

[그림 1]   [그림 2]   [그림 3]   [그림 4]   [그림 5]

[그림 1], [그림 2]와 같이 열린구간에서 정의된 연속함수이거나 [그림 3]과 같이 닫힌구간에서 연속이 아닌 함수인 경우에는 일반적으로 최대·최소 정리가 성립하지 않는다. 즉, 최댓값 또는 최솟값이 존재하지 않을 수 있다.

---

❸ 함수의 문제를 다룰 때 열린구간인가, 반열린 구간인가, 닫힌구간인가에 따라 문제의 상황이 달라지므로 새로운 정리를 공부할 때마다 함수의 구간, 정의역의 범위, 치역의 범위 등을 주의 깊게 확인하는 습관을 기르도록 하자.

[그림 4]와 같이 열린구간 또는 반열린 구간에서 정의된 연속함수이거나 [그림 5]와 같이 닫힌구간에서 불연속이더라도 최댓값과 최솟값이 모두 존재하는 경우가 있다. 따라서 **최대 · 최소 정리의 역**은 성립하지 않는다.

최대 · 최소 정리는 닫힌구간에서 연속인 함수에 대하여 성립하는 정리이므로 만약 최대 · 최소 정리를 적용할 수 없는 경우는 그래프를 그려 본 후 직접 판정해야 한다.❹

다음 문제를 통해 최대 · 최소 정리를 이해해 보자.

■ **EXAMPLE 022** 다음 주어진 구간에서 함수 $f(x)$가 최댓값과 최솟값을 갖는지 알아보아라.

(1) $f(x) = x^2 - 4x + 7$, $[1, 4]$　　　　(2) $f(x) = |x-2| - 1$ $[1, 4)$

　　ANSWER (1) 함수 $f(x) = x^2 - 4x + 7$은 닫힌구간 $[1, 4]$에서 연속이므로 최대 · 최소 정리에 의하여 이 구간에서 **최댓값과 최솟값을 갖는다.** ■

　　[참고] 닫힌구간 $[1, 4]$에서 함수 $y = f(x)$의 그래프는 오른쪽 그림과 같으므로 $f(x)$는 $x=4$에서 최댓값 7, $x=2$에서 최솟값 3을 갖는다.

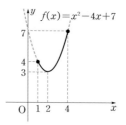

　　(2) 주어진 구간 $[1, 4)$는 닫힌구간이 아니므로 최대 · 최소 정리를 적용할 수 없다. 따라서 그래프를 직접 그려 알아보아야 한다.

　　구간 $[1, 4)$에서 함수 $y = f(x)$의 그래프는 오른쪽 그림과 같으므로 이 구간에서 $f(x)$는 **최솟값은 갖지만 최댓값은 갖지 않는다.** ■

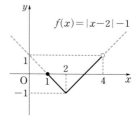

　　[참고] $f(x)$는 $x=2$에서 최솟값 -1을 갖는다.

Sub Note 009쪽

APPLICATION 021 다음 주어진 구간에서 함수 $f(x)$가 최댓값과 최솟값을 갖는지 알아보아라.

(1) $f(x) = |x-2| + |x+3|$, $[-5, 2]$　　(2) $f(x) = \begin{cases} x-1 & (x>0) \\ x+1 & (x \leq 0) \end{cases}$, $[-1, 1]$

---

❹ 최대 · 최소 정리로는 닫힌구간에서 연속인 함수가 최댓값과 최솟값을 갖는다는 사실은 알 수 있지만, 구체적인 최댓값과 최솟값을 알 수는 없다. 구체적인 최댓값과 최솟값은 그래프를 통해 알 수 있다.

❸ 사잇값의 정리 〔수능 고빈도 출제〕

다음의 예를 생각해 보자.

> 어느 여름날 오전에 나연이가 온도계로 방안의 온도를 측정하였다. 측정 결과
> 오전 9시에 25℃를 기록하였고, 오전 11시에 다시 측정한 결과 30℃를 기록하였다.
> 그러면 9시와 11시 사이에 온도가 27℃인 순간이 존재했을까?

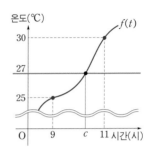

나연이가 1분마다 온도를 측정하여 오른쪽과 같이 선으로 부드럽게 그래프로 나타내면 27℃가 되는 순간이 있음을 눈으로 쉽게 확인할 수 있다.

이렇게 시간이 지남에 따라 온도는 연속적으로 변하므로, 즉 시간-온도의 함수 $f(t)$가 구간 $[9, 11]$에서 연속이므로 $f(9) \neq f(11)$이면 $f(9)$와 $f(11)$ 사이에 있는 27℃에 대하여 $f(c) = 27$인 c가 9시와 11시 사이에 적어도 한 순간 존재하게 되는 것이다.

연속함수에서 성립하는 이와 같은 성질을 엄밀하게 다음과 같이 정리하고, 이를 **사잇값의 정리**(intermediate value theorem)라 한다.

사잇값의 정리

함수 $f(x)$가 닫힌구간 $[a, b]$에서 연속이고 $f(a) \neq f(b)$이면 $f(a)$와 $f(b)$ 사이에 있는 임의의 값 k에 대하여

$$f(c) = k$$

인 c가 a와 b 사이, 즉 열린구간 (a, b)에 적어도 하나 존재한다.❺

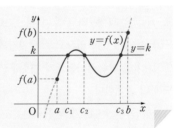

최대 · 최소 정리와 마찬가지로 사잇값의 정리 역시 닫힌구간에서 연속인 함수에 대하여 성립한다. 그 이유는 다음의 경우를 보면 확인할 수 있다.

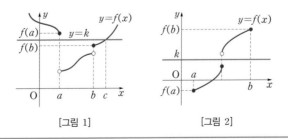

[그림 1]   [그림 2]

---

❺ 사잇값의 정리로는 $f(c) = k$인 c가 a와 b 사이에 존재한다는 사실은 알 수 있지만, 구체적인 c의 값을 알 수는 없다.

[그림 1]과 같이 함수 $f(x)$가 닫힌구간이 아닌 열린구간 (a, b)에서 연속인 경우, $f(a) \neq f(b)$이지만 $f(a)$와 $f(b)$ 사이의 임의의 값 k에 대하여 $f(c)=k$를 만족시키는 c가 열린구간 (a, b)에 존재하지 않을 수 있다.

또 [그림 2]와 같이 함수 $f(x)$가 닫힌구간 $[a, b]$에서 연속이 아닌 경우, $f(a) \neq f(b)$이지만 $f(a)$와 $f(b)$ 사이의 임의의 값 k에 대하여 $f(c)=k$를 만족시키는 c가 존재하지 않을 수 있다.

Sub Note 010쪽

APPLICATION 022 다음은 함수 $f(x)=x^2-4$에 대하여 $f(c)=-\sqrt{2}$인 c가 열린구간 $(1, 2)$에 적어도 하나 존재함을 보이는 과정이다. (개), (내)에 알맞은 말을 써넣어라.

> 함수 $f(x)=x^2-4$는 열린구간 $(-\infty, \infty)$에서 (개) 이므로
> 닫힌구간 $[1, 2]$에서도 (개) 이다.
> 또 $f(1) \neq f(2)$이고 $f(1) < -\sqrt{2} < f(2)$, 즉 $-3 < -\sqrt{2} < 0$이므로
> (내) 에 의하여 $f(c)=-\sqrt{2}$인 c가 열린구간 $(1, 2)$에 적어도 하나 존재한다.

사잇값의 정리는 **방정식의 실근의 존재성**이나 **실근의 위치**를 찾는 데에 활용될 수 있다.

예를 들어 함수 $f(x)$가 닫힌구간 $[a, b]$에서 연속이고 $f(a)$와 $f(b)$의 부호가 다르다고 하면 $f(a)$와 $f(b)$ 사이에 0이 있으므로 사잇값의 정리에 의하여 $f(c)=0$을 만족시키는 c가 열린구간 (a, b)에 적어도 하나 존재한다.

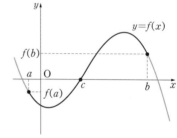

따라서 함수 $f(x)$가 닫힌구간 $[a, b]$에서 연속일 때, 열린구간 (a, b)에서 적어도 하나의 실근을 가짐을 보이기 위해서는 $f(a)$와 $f(b)$의 부호가 서로 다름을 보이면 그만이다.

즉, $f(a)f(b) < 0$이면 방정식 $f(x)=0$은 열린구간 (a, b)에서 적어도 하나의 실근을 갖는다.

사잇값의 정리의 활용

함수 $f(x)$가 닫힌구간 $[a, b]$에서 연속이고 $f(a)f(b) < 0$이면, 즉 $f(a)$와 $f(b)$의 부호가 서로 다르면 방정식 $f(x)=0$은 a와 b 사이에 적어도 하나의 실근을 갖는다.[⑥]

➡ 방정식의 근의 위치를 찾는 데 중요한 방법이다.

---

⑥ 적어도 하나의 실근의 존재는 보장한다는 것으로 실근이 존재하지 않는 경우는 없고, 2개 이상의 실근을 가질 수도 있음을 의미한다.

■ **E X A M P L E 023** x에 대한 방정식 $x^4 + 3x^2 - x - 1 = 0$이 열린구간 $(0, 1)$에서 적어도 하나의 실근을 가짐을 보여라.

ANSWER $f(x) = x^4 + 3x^2 - x - 1$이라 하면

함수 $f(x)$는 닫힌구간 $[0, 1]$에서 연속이고

$f(0) = -1 < 0, f(1) = 2 > 0$ ← $f(0)$과 $f(1)$의 부호가 서로 다르다.

이므로 사잇값의 정리에 의하여 $f(c) = 0$인 c가 열린구간 $(0, 1)$에 적어도 하나 존재한다.

따라서 방정식 $x^4 + 3x^2 - x - 1 = 0$은 열린구간 $(0, 1)$에서 적어도 하나의 실근을 갖는다. ■

Sub Note 010쪽

APPLICATION 023 x에 대한 다음 방정식이 열린구간 $(1, 2)$에서 적어도 하나의 실근을 가짐을 보여라.

(1) $x^3 - 4x^2 + 4 = 0$

(2) $x^{2019} - 2019x + 1 = 0$

■ **수학 공부법에 대한 저자들의 충고 – 사잇값의 정리의 활용에서 주의할 점**

닫힌구간 $[a, b]$에서 연속인 함수 $f(x)$가 $\underline{f(a)f(b) > 0}$ 또는 $f(a)f(b) = 0$이라고 해서 열린구간 (a, b)에서 실근을 갖지 않는다는 의미는 아니다. $f(a)$와 $f(b)$의 부호가 서로 같다.

예를 들어 $f(x) = 2x^2 - 3x + 1$에서 $f(x)$는 닫힌구간 $[0, 2]$에서 연속이다. 이때 $f(0) = 1 > 0, f(2) = 3 > 0$이므로 방정식 $2x^2 - 3x + 1 = 0$은 열린구간 $(0, 2)$에서 실근을 갖지 않는다고 판단하기 쉽지만, 실제로 방정식의 좌변을 인수분해하면

$$2x^2 - 3x + 1 = (2x - 1)(x - 1) = 0$$

으로 열린구간 $(0, 2)$에서 실근을 $x = \dfrac{1}{2}$ 또는 $x = 1$로 두 개나 갖는다는 것

을 알 수 있다. 즉, $f(a)f(b) < 0$일 때는 적어도 하나의 실근이 존재한다고 명확히 말할 수 있지만, $f(a)f(b) > 0$ 또는 $f(a)f(b) = 0$일 때는 실근이 존재하는지 존재하지 않는지 명확히 말할 수 없다. 따라서 이러한 경우에는 인수분해나 그래프를 그리는 과정을 통해 다시 알아보아야 한다.

015 두 함수 $y=f(x)$, $y=g(x)$의 그래프가 다음 그림과 같을 때, 보기에서 옳은 것만을 있는 대로 골라라.

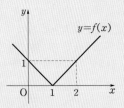
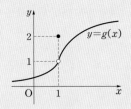

> **보기** ㄱ. 함수 $f(x)+g(x)$는 $x=1$에서 불연속이다.
>
> ㄴ. 함수 $f(x)g(x)$는 $x=1$에서 불연속이다.
>
> ㄷ. 함수 $\dfrac{g(x)}{f(x)}$는 $x=1$에서 불연속이다.
>
> ㄹ. 함수 $f(g(x))$는 $x=1$에서 불연속이다.

GUIDE　$x=1$에서 함수 $g(x)$가 불연속이므로 보기에 주어진 함수가 모두 $x=1$에서 불연속일 거라 생각하면 안 된다. 불연속인 함수가 포함된 함수의 연속성은 정의에 따라 함숫값과 극한값을 직접 확인하여 판정하도록 하자.

SOLUTION

두 함수 $y=f(x)$와 $y=g(x)$의 $x \longrightarrow 1$일 때의 극한값과 $x=1$일 때의 함숫값은 다음과 같다.

$$\lim_{x \to 1} f(x)=f(1)=0, \ \lim_{x \to 1} g(x)=1, \ g(1)=2$$

ㄱ. $\lim_{x \to 1}\{f(x)+g(x)\}=\lim_{x \to 1}f(x)+\lim_{x \to 1}g(x)=0+1=1,$

$f(1)+g(1)=0+2=2$이므로

$$\lim_{x \to 1}\{f(x)+g(x)\}\neq f(1)+g(1)$$

즉, 함수 $f(x)+g(x)$는 $x=1$에서 불연속이다. (참)

ㄴ. $\lim_{x \to 1}\{f(x)g(x)\}=\lim_{x \to 1}f(x)\cdot\lim_{x \to 1}g(x)=0\cdot1=0,$

$f(1)g(1)=0\cdot2=0$이므로　　$\lim_{x \to 1}\{f(x)g(x)\}=f(1)g(1)$

즉, 함수 $f(x)g(x)$는 $x=1$에서 연속이다. (거짓)

ㄷ. $f(1)=0$이므로 함수 $\dfrac{g(x)}{f(x)}$는 $x=1$에서 정의되지 않는다.

따라서 함수 $\dfrac{g(x)}{f(x)}$는 $x=1$에서 불연속이다. (참)

ㄹ. $g(x)=t$로 놓으면 $y=g(x)$의 그래프에서

$x \longrightarrow 1+$일 때, $t \longrightarrow 1+$이므로 $\displaystyle\lim_{x\to 1+}f(g(x))=\lim_{t\to 1+}f(t)=0$

$x \longrightarrow 1-$일 때, $t \longrightarrow 1-$이므로 $\displaystyle\lim_{x\to 1-}f(g(x))=\lim_{t\to 1-}f(t)=0$

즉, 우극한과 좌극한이 같으므로 $\displaystyle\lim_{x\to 1}f(g(x))=0$

이때 $f(g(1))=f(2)=1$이므로 $\displaystyle\lim_{x\to 1}f(g(x))\neq f(g(1))$

즉, 함수 $f(g(x))$는 $x=1$에서 불연속이다. (참)

따라서 옳은 것은 ㄱ, ㄷ, ㄹ이다. ■

Sub Note 030쪽

유제
015-1 두 함수 $y=f(x)$, $y=g(x)$의 그래프
가 오른쪽 그림과 같을 때, $x=1$에서
연속인 함수를 보기에서 있는 대로 골
라라.

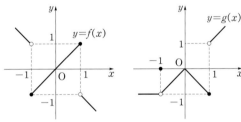

보기   ㄱ. $f(x)+g(x)$ ㄴ. $\dfrac{f(x)}{g(x)}$ ㄷ. $f(x)g(x-2)$

Sub Note 030쪽

유제
015-2 두 함수 $f(x)$, $g(x)$에 대하여 보기에서 옳은 것만을 있는 대로 골라라.
(단, $f(x)$의 치역은 $g(x)$의 정의역에 포함된다.)

보기   ㄱ. $f(x)$와 $f(x)-g(x)$가 연속함수이면 $g(x)$도 연속함수이다.

ㄴ. $f(x)$와 $\dfrac{f(x)}{g(x)}$가 연속함수이면 $g(x)$도 연속함수이다.

ㄷ. $f(x)$와 $g(x)$가 연속함수이면 $g(f(x))$도 연속함수이다.

016 닫힌구간 $[a,\ b]$에서 연속인 두 함수 $f(x)$, $g(x)$에 대하여 다음 보기의 함수 중에서 반드시 최 댓값과 최솟값을 갖는 것만을 있는 대로 골라라.

보기

ㄱ. $f(x)+g(x)$ ㄴ. $f(x)g(x)$ ㄷ. $\dfrac{f(x)}{g(x)}$ ㄹ. $f(g(x))$

GUIDE 연속함수의 성질과 최대 · 최소 정리를 이용하여 알아본다.

SOLUTION

ㄱ. 함수 $f(x)+g(x)$는 닫힌구간 $[a,\ b]$에서 연속이므로 최대 · 최소 정리에 의하여 반드시 최댓값과 최솟값을 갖는다.

ㄴ. 함수 $f(x)g(x)$는 닫힌구간 $[a,\ b]$에서 연속이므로 최대 · 최소 정리에 의하여 반드시 최댓값과 최솟값을 갖는다.

ㄷ. (반례) 두 함수 $f(x)=x$, $g(x)=x^2$은 닫힌구간 $[-1,\ 1]$에서 모두 연속이지만

$$\frac{f(x)}{g(x)}=\frac{x}{x^2}=\frac{1}{x}$$ 은 닫힌구간 $[-1,\ 1]$에서 불연속이다.

따라서 반드시 최댓값과 최솟값을 갖는다고 볼 수 없다.

ㄹ. (반례) 두 함수 $f(x)=\dfrac{1}{x}$, $g(x)=x-2$는 닫힌구간 $[1,\ 3]$에서 모두 연속이지

만 $f(g(x))=\dfrac{1}{x-2}$ 은 닫힌구간 $[1,\ 3]$에서 불연속이다.

따라서 반드시 최댓값과 최솟값을 갖는다고 볼 수 없다.

따라서 반드시 최댓값과 최솟값을 갖는 함수는 ㄱ, ㄴ이다. ■

Sub Note 031쪽

유제
016-1 함수 $f(x)=\begin{cases} \dfrac{1}{x-1} & (x\neq 1) \\ 0 & (x=1) \end{cases}$ 은 닫힌구간 S에서 최댓값과 최솟값을 갖는다.

다음 보기의 닫힌구간 중에서 S가 될 수 있는 것만을 있는 대로 골라라.

보기   ㄱ. $[-1,\ 1]$ ㄴ. $[0,\ 2]$ ㄷ. $[1,\ 2]$ ㄹ. $[2,\ 3]$

사잇값의 정리의 활용(1)

017 방정식 $x^3-4x-5=0$이 오직 하나의 실근 a를 가질 때, 다음 중 a가 속하는 구간은?

① $(-1, 0)$ ② $(0, 1)$ ③ $(1, 2)$ ④ $(2, 3)$ ⑤ $(3, 4)$

GUIDE '함수 $f(x)$가 닫힌구간 $[a, b]$에서 연속이고 $f(a)f(b)<0$이면 방정식 $f(x)=0$은 a와 b 사이에서 적어도 하나의 실근을 갖는다.'는 사잇값의 정리의 활용을 이용한다.

SOLUTION ─────────────────────────

$f(x)=x^3-4x-5$라 하면 함수 $f(x)$는 모든 실수 x에서 연속이다. 이때

$f(-1)=-2<0,$

$f(0)=-5<0,$

$f(1)=-8<0,$

$f(2)=-5<0,$

$f(3)=10>0,$

$f(4)=43>0$

에서 $f(2)f(3)<0$이므로 사잇값의 정리에 의하여 주어진 방정식의 실근 a가 속하는 구간은 ④ **$(2, 3)$**이다. ■

Sub Note 031쪽

유제
017-❶ 다항함수 $f(x)$에 대하여 $f(1)=a+4$, $f(2)=a-6$이다. 방정식 $f(x)=0$이 중근이 아닌 오직 하나의 실근을 가질 때, 이 실근이 구간 $(1, 2)$에 존재하도록 하는 상수 a의 값의 범위를 구하여라.

Sub Note 031쪽

유제
017-❷ 연속함수 $f(x)$에 대하여

$f(-2)=-2, f(-1)=1, f(0)=3, f(1)=-1, f(2)=2, f(3)=5$

일 때, 방정식 $f(x)=0$은 열린구간 $(-2, 3)$에서 적어도 n개의 실근을 갖는다. 이때 n의 값을 구하여라.

018

다섯 개의 함수

$f_0(x)=(x-1)(x-2)(x-3)(x-4)$, $f_1(x)=x(x-2)(x-3)(x-4)$,

$f_2(x)=x(x-1)(x-3)(x-4)$, $f_3(x)=x(x-1)(x-2)(x-4)$,

$f_4(x)=x(x-1)(x-2)(x-3)$

에 대하여 함수 $f(x)$를 $f(x)=f_0(x)+f_1(x)+f_2(x)+f_3(x)+f_4(x)$라 할 때, 방정식
$f(x)=0$의 실근의 개수를 구하여라.

GUIDE '함수 $f(x)$가 닫힌구간 $[a, b]$에서 연속이고 $f(a)f(b)<0$이면 방정식 $f(x)=0$은 a와 b 사이
에서 적어도 하나의 실근을 갖는다.'는 사잇값의 정리의 활용을 이용한다.

SOLUTION

함수 $f(x)$는 모든 실수 x에 대하여 연속이다. 이때 방정식
$f_n(x)=0$ $(n=0, 1, \cdots, 4)$을 만족시키는 x의 값에 따라 $f(x)$의 부호를 판단해
보면 다음과 같다.

	$x=0$	$x=1$	$x=2$	$x=3$	$x=4$
$f_0(x)$	$+$	0	0	0	0
$f_1(x)$	0	$-$	0	0	0
$f_2(x)$	0	0	$+$	0	0
$f_3(x)$	0	0	0	$-$	0
$f_4(x)$	0	0	0	0	$+$
$f(x)$	$+$	$-$	$+$	$-$	$+$

따라서 $f(0)f(1)<0$, $f(1)f(2)<0$, $f(2)f(3)<0$, $f(3)f(4)<0$이므로 사잇값
의 정리에 의하여 방정식 $f(x)=0$은 열린구간 $(0, 1)$, $(1, 2)$, $(2, 3)$, $(3, 4)$에
서 각각 적어도 하나씩의 실근을 갖는다. 즉, 열린구간 $(0, 4)$에서 적어도 4개의 서
로 다른 실근을 갖는다. 그런데 방정식 $f(x)=0$은 사차방정식이므로 $f(x)=0$은
최대 4개의 실근을 가질 수 있다. 따라서 방정식 $f(x)=0$은 서로 다른 **4**개의 실근
을 갖는다. ■

유제

018- **1** 연속함수 $f(x)$에 대하여 $h(x)=f(x)-x$일 때, $h(-2)=1$, $h(-1)=-1$, $h(0)=-2$,
$h(1)=-1$, $h(2)=1$이다. 이때 두 함수 $y=f(x)$와 $y=x$의 그래프는 열린구간 $(-2, 2)$에
서 적어도 몇 개의 교점을 갖는지 구하여라.

Sub Note 031쪽

1. 다음 [　] 안에 적절한 것을 채워 넣어라.

   (1) (i) 함수 $f(x)$가 $x=a$에서 정의되어 있고,

   (ii) $\lim\limits_{x \to a} f(x)$가 존재하며,

   (iii) [　　　　　]일 때, 함수 $f(x)$는 $x=a$에서 연속이라 한다.

   (2) 함수 $f(x)$가 닫힌구간 $[a, b]$에서 연속이면 이 함수는 닫힌구간 $[a, b]$에서 반드시 최 댓값과 최솟값을 갖는다. 이를 [　　　　　]라 한다.

   (3) 함수 $f(x)$가 닫힌구간 $[a, b]$에서 연속이고 $f(a)$와 $f(b)$의 부호가 서로 다르면 방정 식 $f(x)=0$은 열린구간 (a, b)에서 적어도 하나의 [　　]을 갖는다.

2. 다음 문장이 참(**true**) 또는 거짓(**false**)인지 결정하고, 그 이유를 설명하거나 적절한 반 례를 제시하여라.

   (1) 함수 $f(x)$가 $x=a$에서 정의되어 있고, $\lim\limits_{x \to a} f(x)$가 존재하면 $f(x)$는 $x=a$에서 연 속이다.

   (2) 함수 $y=f(x)$가 $x=0$에서 연속이면 $y=|f(x)|$도 $x=0$에서 연속이다.

   (3) 함수 $f(x)$가 닫힌구간 $[a, b]$에서 연속이고 $f(a) \neq f(b)$일 때, $f(a)$와 $f(b)$ 사이의 임의의 값 k에 대하여 $f(c)=k$를 만족시키는 실수 c가 닫힌구간 $[a, b]$ 안에 적어도 하나 존재한다.

   (4) 방정식 $f(x)=0$이 a와 b 사이에서 적어도 하나의 실근을 가지면 함수 $f(x)$는 닫힌 구간 $[a, b]$에서 연속이다.

3. 다음 물음에 대한 답을 간단히 서술하여라.

   닫힌구간 $[a, b]$에서 정의된 두 연속함수 $f(x)$, $g(x)$의 나눗셈 $\dfrac{f(x)}{g(x)}$와 합성 $f(g(x))$ 의 결과가 각각 연속함수가 되기 위한 조건이 무엇인지 서술하여라.

Sub Note 064쪽

함수의
그래프와 연속 **01** 닫힌구간 $[-1, 4]$에서 정의된 함수
$y=f(x)$의 그래프가 오른쪽 그림과 같다.
보기에서 옳은 것만을 있는 대로 고른 것은?

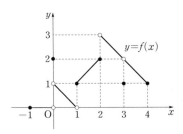

> 보기 ㄱ. $\lim\limits_{x \to 2+} f(x) = 3$
>
> ㄴ. $\lim\limits_{x \to c+} f(x) \neq \lim\limits_{x \to c-} f(x)$인 실수 c의 값의 개수는 3이다.
>
> ㄷ. 함수 $f(x)$가 불연속인 x의 값의 개수는 3이다.

① ㄱ   ② ㄷ   ③ ㄱ, ㄴ   ④ ㄴ, ㄷ   ⑤ ㄱ, ㄴ, ㄷ

함수의
연속 **02** 열린구간 $(-1, 1)$에서 연속인 함수 $f(x)$가
$$(\sqrt{1+x} - \sqrt{1-x})f(x) = x^2 - 2x$$
를 만족시킬 때, $f(0)$의 값은?

① -1 ② -2 ③ -3 ④ -4 ⑤ -5

함수가 연속일
조건 **03** 함수 $f(x) = \begin{cases} \dfrac{x^2+ax-6}{x-1} & (x \neq 1) \\ b & (x=1) \end{cases}$ 가 모든 실수 x에 대하여 연속일 때, 상수 a, b

의 합 $a+b$의 값은?

① 10   ② 11   ③ 12   ④ 13   ⑤ 14

04 두 함수 $f(x)=\begin{cases} x+4 & (x<1) \\ -x+2 & (x\geq1) \end{cases}$, $g(x)=x+k$에 대하여 함수 $f(x)g(x)$가 $x=1$

에서 연속일 때, 상수 k의 값을 구하여라.

05 닫힌구간 $[0, 4]$에서 $f(x)=\begin{cases} 3x & (0\leq x<1) \\ a(x-1)^2+b & (1\leq x\leq4) \end{cases}$로 정의되고 모든 실수 x에

대하여 $f(x)=f(x+4)$를 만족시키는 함수 $f(x)$가 실수 전체의 집합에서 연속일 때,
$f(5)+f(14)$의 값을 구하여라.

06 어느 도시의 수도 사업 본부에서 가정용 수도 요금을 계산할 때, 기본 요금에 추가로
수돗물의 사용량에 따라 다른 요금을 부과하는 누진 요금체계를 적용하고 있다. 그 누
진 요금체계는 다음 표와 같다.

사용량(m³)	1m³당 단가(원)	수도 요금 공제액(원)
30 이하	320	0
30 초과 ~ 40 이하	510	5700
40 초과 ~ 50 이하	570	a
50 초과	790	19100

그런데 한 달에 $30\,\text{m}^3$를 사용한 가정과 $30.1\,\text{m}^3$를 사용한 가정은 수돗물의 사용량의
차가 $0.1\,\text{m}^3$이지만 서로 다른 단가를 적용하므로 수도 요금의 차이가 많이 나게 된다.
따라서 위의 표는 수도 요금 공제액만큼을 감안하여 실제로 수도 요금이 연속함수가
되도록 하고 있다. 어느 가정에서 한 달에 사용한 수돗물의 양을 $x(\text{m}^3)$, 수도 요금을
$y(원)$라 할 때, 함수 $y=f(x)$가 연속이 되도록 하는 상수 a의 값을 정하려고 한다.
이때 a의 값은?

① 7900   ② 8100   ③ 8300

④ 8500   ⑤ 8700

07 두 함수 $f(x)=\begin{cases} \dfrac{x}{|x|} & (x\neq0) \\ 0 & (x=0) \end{cases}$, $g(x)=3x^2-1$에 대하여 합성함수 $(f\circ g)(x)$가

불연속이 되는 모든 x의 값의 곱을 구하여라.

연속함수의 성질 **08** 함수 $y=f(x)$의 그래프가 오른쪽 그림과 같이 주어져 있다. 세 함수 $y=g_1(x)$, $y=g_2(x)$, $y=g_3(x)$의 그래프가 각각 다음 그림과 같을 때, $f(x)$와 곱하여 얻어지는 세 함수 $y=f(x)g_k(x)$ $(k=1,\ 2,\ 3)$가 모든 구간에서 연속이 되도록 하는 함수 $g_k(x)$는?

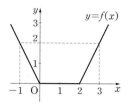

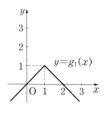
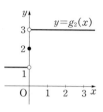
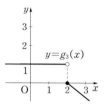

① $g_1(x)$ ② $g_2(x)$ ③ $g_1(x),\ g_2(x)$
④ $g_1(x),\ g_3(x)$ ⑤ $g_1(x),\ g_2(x),\ g_3(x)$

최대·최소 정리 **09** 닫힌구간 $[a,\ b]$에서 연속인 함수 $f(x)$에 대하여 보기에서 옳은 것만을 있는 대로 골라라.

> **보기**   ㄱ. $f(a)f(b)>0$이면 $f(x)=0$은 구간 $[a,\ b]$에서 실근을 갖지 않는다.
> ㄴ. $f(a)f(b)<0$이면 $f(x)=0$은 구간 $[a,\ b]$에서 오직 하나의 실근을 갖는다.
> ㄷ. $f(a)f(b)=0$이면 $f(x)=0$은 구간 $[a,\ b]$에서 적어도 하나의 실근을 갖는다.
> ㄹ. 함수 $f(x)$는 구간 $(a,\ b)$에서 최댓값 또는 최솟값을 갖는다.
> ㅁ. 함수 $f(x)$는 구간 $[a,\ b]$에서 최댓값과 최솟값을 갖는다.

사잇값의 정리 **10** 연속함수 $f(x)$에 대하여 $y=f(x)$의 그래프가 네 점 $(-1,\ 1)$, $(0,\ -2)$, $(1,\ 0)$, $(2,\ -1)$을 지날 때, 두 함수 $y=f(x)$와 $y=x$의 그래프는 닫힌구간 $[-1,\ 2]$에서 적어도 몇 개의 교점을 갖는지 구하여라.

Sub Note 067쪽

01 함수 $y=f(x)$의 그래프가 오른쪽 그림과 같을 때, 보기에서 옳은 것만을 있는 대로 골라라.

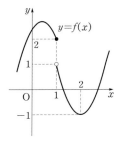

> 보기　ㄱ. $f(f(1))=-1$
> ㄴ. $\lim\limits_{x \to 1} f(f(x))=2$
> ㄷ. 함수 $f(f(x))$는 $x=1$에서 연속이다.

02 좌표평면에서 중심이 $(0, 3)$이고 반지름의 길이가 1인 원을 C라 하자. 양수 r에 대하여 $f(r)$를 반지름의 길이가 r인 원 중에서 원 C와 한 점에서 만나고 동시에 x축에 접하는 원의 개수라 하자. 보기에서 옳은 것만을 있는 대로 고른 것은?

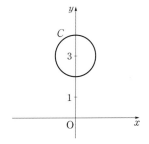

> 보기　ㄱ. $f(2)=3$
> ㄴ. $\lim\limits_{r \to 1+} f(r)=f(1)$
> ㄷ. $\lim\limits_{r \to 2} f(r)=2$
> ㄹ. 구간 $(0, 4)$에서 함수 $f(r)$의 불연속점은 2개이다.

① ㄱ　　　② ㄴ　　　③ ㄷ　　　④ ㄱ, ㄹ　　　⑤ ㄱ, ㄷ, ㄹ

03 함수 $f(x)=[x]^2-5[x]+7$이 $x=n$에서 연속일 때, 자연수 n의 값을 구하여라.

(단, $[x]$는 x보다 크지 않은 최대의 정수이다.)

04 실수 전체의 집합에서 정의된 함수 $y=f(x)$에 대하여 함수 $y=x^k f(x)$가 $x=0$에서 연속이 되도록 하는 가장 작은 자연수 k를 $N(f)$로 나타내자.

예를 들어, $f(x)= \begin{cases} \dfrac{1}{x} & (x\neq 0) \\ 0 & (x=0) \end{cases}$ 이면 $N(f)=2$이다.

다음 함수 $g_i\,(i=1,\ 2,\ 3)$에 대하여 $N(g_1)+N(g_2)+N(g_3)$의 값을 구하여라.

$$g_1(x)= \begin{cases} \dfrac{|x|}{x} & (x\neq 0) \\ 0 & (x=0) \end{cases}$$

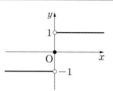

$$g_2(x)= \begin{cases} -x^2+1 & (x\neq 0) \\ 0 & (x=0) \end{cases}$$

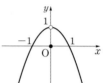

$$g_3(x)= \begin{cases} \dfrac{1}{x^2} & (x\neq 0) \\ 0 & (x=0) \end{cases}$$

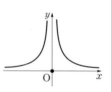

05
서술형
함수 $y=f(x)$의 그래프는 오른쪽 그림과 같고, 다항함수 $g(x)$는 다음 조건을 모두 만족시킨다. 이때 $g(3)$의 값을 구하여라.

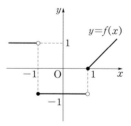

(가) $\displaystyle\lim_{x\to\infty}\dfrac{g(x)}{x^2+3x-1}=4$

(나) 모든 실수 x에서 함수 $f(x)g(x)$는 연속이다.

06 두 함수 $f(x)=ax+1$과 $g(x)=ax^2-2x+\dfrac{3}{4}$에 대하여 함수 $h(x)$를

$h(x)=\dfrac{1}{f(x)-g(x)}$로 정의할 때, $h(x)$가 모든 실수 x에 대하여 연속이 되도록

하는 실수 a의 값의 범위를 구간의 기호로 나타내어라. (단, $a\neq0$)

07 함수 $f(x)=\begin{cases} x+1 & (x\leq0) \\ -\dfrac{1}{2}x+7 & (x>0) \end{cases}$에 대하여 함수 $f(x)f(x-a)$가 $x=a$에서 연속이

되도록 하는 모든 실수 a의 값의 합을 구하여라. [수능 기출]

08 함수 $f(x)$가 $x=k$에서 연속일 때, 보기의 함수 중 $x=k$에서 연속인 것의 개수를 구하여라. (단, n은 자연수이고, $f(k)\neq0$)

> 보기 ㄱ. $y=f(x-k)$ ㄴ. $y=f(x)-f(k)$ ㄷ. $y=(\underbrace{f\circ f\circ f\circ\cdots\circ f}_{n개})(x)$
>
> ㄹ. $y=\{f(x)\}^n$ ㅁ. $y=\dfrac{1}{f(x)}$ ㅂ. $y=xf(x)$

09 다항함수 $f(x)$에 대하여 $\displaystyle\lim_{x\to2}\dfrac{f(x)}{x-2}=3$, $\displaystyle\lim_{x\to5}\dfrac{f(x)}{x-5}=1$이 성립할 때, 구간 $[2,\,5]$에서 방정식 $f(x)=0$은 적어도 n개의 실근을 갖는다. 이때 n의 값을 구하여라.

10 $a<b<c$에 대하여 이차방정식
$$(x-a)(x-b)+(x-b)(x-c)+(x-c)(x-a)=0$$
의 두 실근이 α, $\beta(\alpha<\beta)$일 때, 다음 중 대소 관계로 옳은 것은?

① $a<\alpha<\beta<b<c$ ② $a<\alpha<b<\beta<c$ ③ $a<b<\alpha<\beta<c$

④ $a<b<\alpha<c<\beta$ ⑤ $a<\alpha<b<c<\beta$

내신·모의고사 대비 TEST 328쪽

Chapter I Exercises

난이도 ■: 중 ■■: 중상 ■■■: 상

Sub Note 070쪽

■■□
01 함수 $y=f(x)$의 그래프가 다음과 같을 때, $\lim_{x \to 2}\{f(x)f(-x)\}$의 값이 존재하지 <u>않는</u> 것은?

①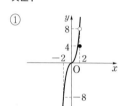

②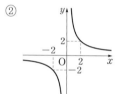

③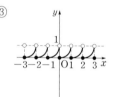

④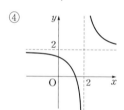

⑤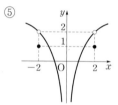

■■□
02 그래프가 오른쪽 그림과 같이 주어진 함수 $f(x)$에 대하여 보기에서 옳은 것만을 있는 대로 고른 것은?

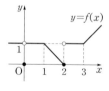

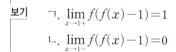

보기
ㄱ. $\lim_{x \to 1+}f(f(x)-1)=1$

ㄴ. $\lim_{x \to 1-}f(f(x)-1)=0$

ㄷ. $\lim_{x \to 1}f(f(x)-1)$의 값이 존재하지 않는다.

① ㄱ　　② ㄴ　　③ ㄱ, ㄴ　　④ ㄴ, ㄷ　　⑤ ㄱ, ㄴ, ㄷ

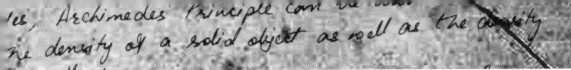

03 함수 $f(x)$가 $f(x)=[x]^3+a[x]^2+b[x]+1$일 때, $\lim\limits_{x\to 2} f(x)$의 값이 존재하도록 하는 상수 a, b에 대하여 $3a+b$의 값은? (단, $[x]$는 x보다 크지 않은 최대의 정수이다.)

① -7 ② -3 ③ 1 ④ 5 ⑤ 9

04 함수 $f(x)=\sqrt{x^2+4x+1}$ $(x\geq\sqrt{3}-2)$의 그래프의 점근선의 방정식이 $y=mx+n$일 때, 상수 m, n에 대하여 $m+n$의 값을 구하여라. (단, $m>0$)

05 특수 상대성 이론에 의하면 속력이 v이고 정지 질량이 m_0인 물체의 에너지 E는

$$E=mc^2=m_0c^2\left(1-\frac{v^2}{c^2}\right)^{-\frac{1}{2}} \text{ (단, } m\text{은 질량, } c\text{는 광속)}$$

과 같이 주어진다. 이 물체가 운동할 때의 에너지 E와 정지했을 때의 에너지 $E_0=m_0c^2$의 차이에 해당하는 $K=E-E_0$은 물체의 운동 에너지에 해당한다. 여기서 광속을 무한대로 보낼 때, 즉 $c\longrightarrow\infty$일 때 운동 에너지 K의 극한값은?

① 0 ② $\dfrac{1}{2}m_0v$ ③ $\dfrac{1}{2}m_0v^2$ ④ m_0v ⑤ m_0v^2

06 함수 $f(x)$가 모든 양의 실수 x에 대하여 $\dfrac{1}{x^2+2021}<x^4f(x)<\dfrac{1}{x^2+2019}$을 만족시킬 때, $\lim\limits_{x\to\infty}(4x^6+3)f(x)$의 값을 구하여라.

07 함수 $f(x)$가 닫힌구간 $[-1,\ 1]$에 속하는 모든 x에 대하여 $|f(x)| \le |x|^2$을 만족시
킬 때, $\displaystyle\lim_{x \to 0} \frac{f(x)}{x}$의 값을 구하여라.

08 오른쪽 그림과 같이 점 $A(0,\ 1)$을 지나고 기울기
가 양수인 직선이 이차함수 $y=x^2$의 그래프와 만나
는 점을 P, x축과 만나는 점을 Q라 하고, 점 P에
서 x축에 내린 수선의 발을 H라 하자. 점 P가
$y=x^2$의 그래프를 따라 원점 O에 한없이 가까워질
때, $\dfrac{\overline{OQ}}{\overline{OH}}$의 극한값은?

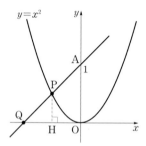

(단, 점 P는 제2사분면 위에 있다.)

① 1   ② $\dfrac{5}{4}$ ③ $\dfrac{4}{3}$ ④ $\dfrac{3}{2}$ ⑤ 2

09 오른쪽 그림과 같이 반원
$x^2+y^2=9(y \ge 0)$에 내접하고 x축에 접하
는 원의 중심의 좌표를 $(a,\ b)$라 할 때,
$\displaystyle\lim_{a \to 3-} \frac{b}{a-3}$의 값은?

① -1 ② $-\dfrac{1}{6}$ ③ 0   ④ $\dfrac{1}{3}$ ⑤ 1

10 반지름의 길이가 1인 원 O 위에 한 점 A가 있다. 점 A를 중심으로 하고 반지름의 길이가 r인 원이 원 O와 만나는 점을 각각 P, Q라 하고, 원 O의 지름 AB와 만나는 점을 R라 하자. 사각형 APRQ의 넓이를 $S(r)$라 할 때, $\displaystyle\lim_{r\to2-}\frac{S(r)}{\sqrt{2-r}}$의 값은? (단, $0<r<2$)

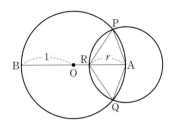

[교육청 기출]

① 1   ② 2   ③ 3   ④ 4   ⑤ 5

11 다항함수 $f(x)$에 대하여 $\displaystyle\lim_{x\to2}\frac{8(x^3-8)}{(x-2)f(x)}=1$일 때, $f(2)$의 값을 구하여라.

12 열린구간 $(-2,\ 2)$에서 정의된 함수 $y=f(x)$의 그래프가 오른쪽 그림과 같다. 열린구간 $(-2,\ 2)$에서 함수 $g(x)$를 $g(x)=f(x)+f(-x)$로 정의할 때, 보기에서 옳은 것만을 있는 대로 고른 것은?   [수능 기출]

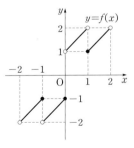

보기   ㄱ. $\displaystyle\lim_{x\to0}f(x)$가 존재한다.

        ㄴ. $\displaystyle\lim_{x\to0}g(x)$가 존재한다.

        ㄷ. 함수 $g(x)$는 $x=1$에서 연속이다.

① ㄴ   ② ㄷ   ③ ㄱ, ㄴ   ④ ㄱ, ㄷ   ⑤ ㄴ, ㄷ

13 두 함수 $f(x)$, $g(x)$에 대하여 옳은 것만을 보기에서 있는 대로 고른 것은?

> **보기**
> ㄱ. $\lim_{x \to 0} f(x)$와 $\lim_{x \to 0} g(x)$가 모두 존재하지 않으면 $\lim_{x \to 0}\{f(x)+g(x)\}$ 도 존재하지 않는다.
> ㄴ. $f(x)$가 $x=0$에서 연속이면 $|f(x)|$도 $x=0$에서 연속이다.
> ㄷ. $|f(x)|$가 $x=0$에서 연속이면 $f(x)$도 $x=0$에서 연속이다.

① ㄱ   ② ㄴ   ③ ㄱ, ㄴ   ④ ㄴ, ㄷ   ⑤ ㄱ, ㄴ, ㄷ

14 함수 $f(x) = \begin{cases} x+2 & (x \le 0) \\ -\dfrac{1}{2}x & (x > 0) \end{cases}$ 의 그래프가 그림과 같다.

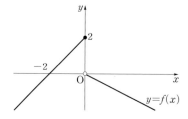

함수 $g(x) = f(x)\{f(x)+k\}$가 $x=0$에서 연속이 되도록 하는 상수 k의 값은?

[평가원 기출]

① -2 ② -1 ③ 0 ④ 1 ⑤ 2

15 함수 $f(x)$는 모든 실수 x에 대하여 $f(x+2)=f(x)$를 만족시키고,
$$f(x) = \begin{cases} ax+1 & (-1 \le x < 0) \\ 3x^2 + 2ax + b & (0 \le x < 1) \end{cases}$$
이다. 함수 $f(x)$가 실수 전체의 집합에서 연속일 때, 두 상수 a, b의 합 $a+b$의 값은?

[평가원 기출]

① -2 ② -1 ③ 0 ④ 1 ⑤ 2

16 [그림 1]은 함수 $y=f(x)$의 그래프에서 두 점 $(0, f(0))$, $(1, f(1))$을 나타내지 않고, [그림 2]는 함수 $y=g(x)$의 그래프에서 점 $(1, g(1))$을 나타내지 않은 것이다. 함수 $y=(f \circ g)(x)$가 $x=1$에서 연속일 때, 항상 옳은 것만을 보기에서 있는 대로 고른 것은?

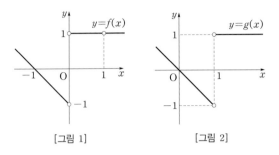

[그림 1]   [그림 2]

보기
ㄱ. $f(1)=1$
ㄴ. $g(1)=0$이면 $f(0)=0$이다.
ㄷ. $g(1)=-1$이면 $f(0)=-1$이다.

① ㄱ   ② ㄴ   ③ ㄷ   ④ ㄴ, ㄷ   ⑤ ㄱ, ㄴ, ㄷ

17 모든 실수 x에서 연속인 함수 $f(x)$에 대하여 $f(0)=1$, $f(1)=a^2+2a-2$, $f(2)=7$이다. 방정식 $f(x)-x^2=0$이 중근이 아닌 서로 다른 두 실근을 가질 때, 열린구간 $(0, 1)$과 $(1, 2)$에서 실근이 각각 하나씩 존재하도록 하는 실수 a의 값의 범위를 구하여라.

18 $\lim_{x \to -1} \dfrac{f(x)}{x+1}=12$, $\lim_{x \to 0} \dfrac{f(x)}{x}=4$, $\lim_{x \to 1} \dfrac{f(x)}{x-1}=4$를 만족시키는 다항함수 $f(x)$ 중 차수가 가장 낮은 것을 $h(x)$라 할 때, $h(2)$의 값을 구하여라.

내신·모의고사 대비 TEST ▷ 342쪽

Chapter Ⅰ Advanced Lecture

S U M M A   C U M   L A U D E

TOPIC (1) 엡실론-델타 논법에 의한 극한의 엄밀한 정의

함수 $f(x)$에서 x의 값이 a가 아니면서 a에 한없이 가까워질 때 $f(x)$의 값이 일정한 값 L
에 한없이 가까워지면, 함수 $f(x)$는 L에 수렴한다고 하고 $\lim\limits_{x \to a} f(x) = L$로 표현하였다.

그런데 '한없이 가까워진다'라는 표현은 사실 약간은 막연하고 애매한 측면이 없지 않아 보
다 엄밀한 정의가 있어야 하지 않을까 하는 생각을 해 보게 된다.

그래서 이 장에서는 극한을 보다 엄밀하게 정의해 보려고 한다.

가장 일반적인 극한의 정의[1]에는 엡실론(ε)과 델타(δ)를 사용하는 방법이 있다.

$\lim\limits_{x \to a} f(x) = L$임을 증명하는 데 있어서 우리가 아는 지식을 사용하려면 우리는 a에 가까운
수들의 함숫값을 구해서 그 값들이 L에 점점 다가감을 보이는 정도일 것이다. 그러나 아무리
작은 구간이라 하더라도 실수는 무한하기 때문에 그러한 증명은 실제로 불가능하다. 따라서
　　$f(a)$ 근방[2]의 어떤 범위를 잡든 그 안에 들어오게 하는 a 근방을 잡을 수 있다
는 가능성의 증명을 하게 된 것이다.

엡실론-델타 논법에서는 '근방'이라는 표현을 좀더 수학적으로 표현하기 위해 기호 ε과 δ
를 도입하고, 부등식으로 나타내게 된다.

사실 처음에는 ε과 δ가 무엇인지 감이 오지도 않고 이해하기도 쉽지 않을 것이다. 그렇다고
이해하지 못할 내용도 아니다. 그래프를 통해 서서히 이해해 보자.

오른쪽 그래프는 함수 $f(x) = 2x$의 그래프이다.

그래프를 보면 직관적으로
　　$x \longrightarrow 2$이면 $f(x) \longrightarrow 4$
임을 쉽게 알 수 있다.

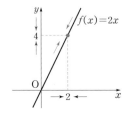

---

[1] 하지만 극한의 정의라고 해서 이를 통해 극한값을 구하는 것은 아니다. 다만 직관적으로 생각하여 구했던 극한이
　맞는지 확인해 보는 방법이다. 즉, 본문에서 다룬 극한을 증명하는 방법일 뿐이다.
[2] 어떤 점에 대하여 그 점을 포함하는 적당한 열린구간. 위의 경우 '근처'라는 말로 이해해도 무방하다.

극한값이 4에 접근한다는 정보를 가지고 다음 질문을 생각해 보자.

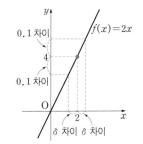

> $f(x)$와 4 사이의 거리가 0.1보다 작게 되는
>
> x는 2에 얼마나 근접해 있는가?

위의 질문에 대한 답을 다음과 같이 수학적으로 표현하면서 구해 보았다.

[1단계] x와 2 사이의 거리는 $|x-2|$이고, $f(x)$와 4 사이의 거리는
$|f(x)-4|$이다. 따라서 위 질문은 다음과 같은 뜻이다.

$|x-2|<\delta$이고 $x\neq2$이면 $|f(x)-4|<0.1$인 δ의 값은 얼마일까?

즉, $0<|x-2|<\delta$이면 $|f(x)-4|<0.1$인 δ의 값을 찾는 것이 우리의 문제이다.

[2단계] $|f(x)-4|<0.1 \iff |2x-4|<0.1 \iff 2|x-2|<0.1$

$$\iff |x-2|<\frac{0.1}{2}=0.05$$

따라서 우리는 $\delta=0.05$이면 어떤 x에 대해서도 $|f(x)-4|<0.1$을 만족시킴을 알 수 있다.
즉, $0<|x-2|<0.05$일 때 $|f(x)-4|<0.1$이다.

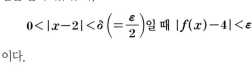
즉, x와 2 사이의 거리가 0.05보다 작으면 $f(x)$와 4 사이의 거리가 0.1보다 작게 될 것이다.

위의 과정을 통해 문제에서

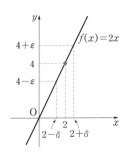

0.1을 0.01로 바꾸면 $\delta=0.005$, 0.1을 0.001로 바꾸면 $\delta=0.0005$

이다. 만약 0.1, 0.01 또는 0.001을 임의의 양수 ε(엡실론)이라 하면 $\delta=\dfrac{\varepsilon}{2}$

임을 알 수 있다. 즉,

$$0<|x-2|<\delta\left(=\frac{\varepsilon}{2}\right)\text{일 때 }|f(x)-4|<\varepsilon$$

이다.

ε과 δ가 의미하는 바를 문제를 통해 익혀 보자.

EXAMPLE *01* 함수 $f(x) = \dfrac{1}{x}$의 그래프를 이용하여 $|x-2| < \delta$일 때마다

$\left| f(x) - \dfrac{1}{2} \right| < \dfrac{1}{4}$을 만족시키는 δ의 최댓값을 구하여라.

ANSWER $\left| f(x) - \dfrac{1}{2} \right| < \dfrac{1}{4} \iff \dfrac{1}{4} < f(x) < \dfrac{3}{4}$

$\iff \dfrac{1}{4} < \dfrac{1}{x} < \dfrac{3}{4} \iff \dfrac{4}{3} < x < 4$

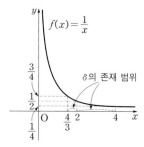

이때 $2 - \delta < x < 2 + \delta$일 때 $\dfrac{4}{3} < x < 4$를 만족시켜야 하므

로 δ의 최댓값은 $4 - 2 = 2$와 $2 - \dfrac{4}{3} = \dfrac{2}{3}$ 중 작은 값인 $\dfrac{2}{3}$

가 된다.

즉, $0 < \delta \leq \dfrac{2}{3}$인 δ에 대하여 $|x-2| < \delta$일 때마다 $\left| f(x) - \dfrac{1}{2} \right| < \dfrac{1}{4}$임을 알 수 있다. ■

Sub Note 076쪽

APPLICATION *01* 함수 $f(x) = 4x - 8$의 그래프를 이용하여 $|x-3| < \delta$일 때마다
$|f(x) - 4| < 0.1$을 만족시키는 δ의 최댓값을 구하여라.

이제는 극한의 엄밀한 정의에 대해 이해할 수 있을 것이다.

엡실론-델타 논법을 이용한 극한의 정의는 다음과 같다.

엡실론-델타 논법을 이용한 극한의 정의

함수 $f(x)$를 a를 포함하는 어떤 열린구간에서 정의된 함수라 하자.(단, a는 제외) 만약 임의의 양수 ε에 대하여

$0 < |x-a| < \delta$일 때마다 $|f(x) - L| < \varepsilon$ [3]

을 만족시키는 $\delta > 0$가 존재하면 x의 값이 a에 한없이 가까워질 때 $f(x)$의 극한이 L이라 정의하고

$\lim_{x \to a} f(x) = L$

로 나타낸다.

---

[3] (i), (ii)와 같이 쓸 수도 있다.
(i) $a - \delta < x < a + \delta$일 때 $L - \varepsilon < f(x) < L + \varepsilon$
(ii) x가 열린구간 $(a-\delta,\ a+\delta)$에 속하면 $f(x)$는 열린구간 $(L-\varepsilon,\ L+\varepsilon)$에 속한다.

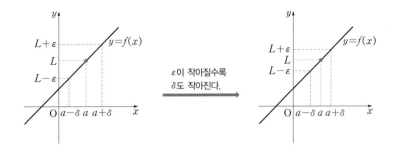

위의 정의를 근방이라는 용어를 사용하여 좀 더 일상적인 표현으로 바꾸면

$x \neq a$이고 x가 a의 근방에 있으면 항상 $f(x)$도 L의 근방에 있다

가 된다.

엡실론–델타 논법을 이용하여 발산하는 경우도 증명할 수 있다.
양의 무한대로 발산하는 극한에 대한 엄밀한 정의는 다음과 같다.

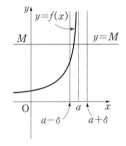

함수 $f(x)$를 a를 포함하는 어떤 열린구간에서 정의된 함수라 하자.
만약 임의의 양수 ε에 대하여

$$\lim_{x \to a} f(x) = \infty$$

는 임의의 양수 M에 대하여

$$0 < |x-a| < \delta$$일 때마다 $f(x) > M$

을 만족시키는 $\delta > 0$가 존재함을 의미한다.

양의 무한대로 발산하는 극한의 정의는 곡선 $y=f(x)$가 직선 $y=M$보다 위쪽에 놓이게 만드는 수 $\delta > 0$가 존재함을 말한다. 만약 더 큰 수 M을 택하면 더 작은 수 δ를 구할 수 있게 된다.

01. 극한에 대한 직관

극한값의 계산은 언제나 비(比)를 이용하고 있다. 앞서 우리는 $\dfrac{\infty}{\infty}$ 꼴의 극한은 분모의 최고차항으로 분모와 분자를 나누어 준 다음 극한의 성질을 이용하여 계산한다고 공부했다. 이제 조금 시각을 바꾸어 접근해 보자.

> 운동선수 갑, 을은 각각 2(m/s), 1(m/s)의 속력으로 쉬지 않고 무한히 달릴 수 있는 능력이 있다. 갑, 을이 동시에 출발하여 x초 동안 달리는 거리를 각각 $f(x)$(m), $g(x)$(m)라 한다면 시간이 무한히 흐른 후, 두 사람이 달린 거리의 비율은?

문제에 따르면 (거리)＝(속력)×(시간)이므로 갑, 을이 달리는 거리를 나타내는 함수식은 $f(x)=2x$, $g(x)=x$이다.(단, $x>0$) 두 함수는 x의 값이 한없이 커질 때 모두 양의 무한대로 발산하는 함수이다. 따라서 우리는 단지 발산하고 있다는 '상태'만을 알 수 있으며 두 함수의 극한값은 알 수 없다. 하지만 두 함수의 비(比)는 알 수 있다. 갑이 을보다 2배 빠르므로 1초, 2초, …, 10초, …, 100초, …, x초가 지나더라도 갑이 언제나 을보다 2배 앞서 있고, 아무리 오랜 시간이 흐르더라도 그 비는 변하지 않는다. 즉, $\displaystyle\lim_{x\to\infty}f(x)=\infty$, $\displaystyle\lim_{x\to\infty}g(x)=\infty$이지만 $\displaystyle\lim_{x\to\infty}\dfrac{f(x)}{g(x)}=2$이다.

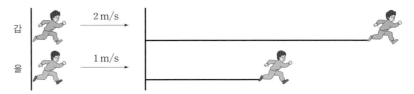

Figure_ 서로 다른 속력으로 두 사람이 x초 동안 달린 거리의 비

위의 예는 우리가 극한값을 어떻게 예측할 수 있는지를 잘 보여 주고 있다. 즉, 분모와 분자가 모두 무한대로 발산하는 함수라 해도 양수 x에 따른 그것들의 상대적인 비율은 수렴할 수 있다.

$$q = \frac{1}{3} \cdot \left[h_1 \left(r_{I_2}^3 - r_{I_1}^3 \right) + h_{II} \left(r_{II_2}^3 - r_{II_1}^3 \right) + h_{III} \left(r_{III_2}^3 - r_{III_1}^3 \right) \right]$$

논술, 구술 자료

분수는 식을 이용하여 비율을 나타내는 방법이다. $\frac{a}{b}$ (단, $b \neq 0$)라는 표현은 바로 a 의 b에 대한 비를 나타낸다. 이렇듯 분수의 표현은 비율의 개념을 포함하고 있으므로 극한값의 계산에 분수 꼴이 중요하게 이용된다.

이제 앞의 문제로 다시 돌아가 보자.

달리기 시합에서 패한 을은 아무래도 갑에게는 이길 수 없다고 생각하여 자신이 미리 갑보다 $100\,\mathrm{m}$ 앞에서 출발하겠다는 제안을 하여 두 사람이 다시 시합을 하였다.

이 경우에는 $g(x) = x + 100$이 될 것이며 x가 커짐에 따른 갑이 달린 거리 $f(x)$와 을이 달린 거리 $g(x)$의 변화는 다음과 같다.

Table_ 일정한 거리를 앞서 출발한 경우의 달린 거리의 비

x	1	10	100	1000	10000	100000	1000000	$\cdots$	∞
$f(x)$	2	20	200	2000	20000	200000	2000000	$\cdots$	∞
$g(x)$	101	110	200	1100	10100	100100	1000100	$\cdots$	∞
$\dfrac{f(x)}{g(x)}$	0.0198$\cdots$	0.1818$\cdots$	1	1.8181$\cdots$	1.9801$\cdots$	1.9980$\cdots$	1.9998$\cdots$	$\cdots$	2

을이 $100\,\mathrm{m}$ 앞에서 출발했지만 무한히 뛰고 나면 결국 갑이 달린 거리와 을이 달린 거리의 비율은 앞에서와 마찬가지가 된다.

$\dfrac{2x}{x+100}$ 의 분모를 살펴보자. 100은 무한대로 증가하는 x와 비교하면 사실상 무시할 수 있는 수가 된다. 100 대신에 억, 조가 넘는 엄청나게 큰 수를 갖다 놓아도 마찬가지이다. 왜냐하면 무한대는 그 엄청나게 큰 수보다도 더 무한히 증가하는 상태에 있기 때문이다. 결국 분모와 분자의 증가 양상을 대표하는 것은 각각의 **최고차항**임을 알 수 있다. 예컨대 $\dfrac{2x^2}{x^2 + 100x}$ 의 분모에서 $100x$는 분명 무한대로 증가하고 있지만 이것은 x^2이 증가하는 양에 비하면 아주 미미한 양이다.

따라서 이 경우의 극한값은 $100x$를 무시해 버린 $\dfrac{2x^2}{x^2}$ 의 극한값과 같다.

MATH *for* ESSAY
S U M M A   C U M   L A U D E

02. 제논의 역설

그리스 철학자 제논(BC 490?~BC 430?)은 그 당시 반박하기 어려운 여러 가지 역설을 내놓아 많은 사람들을 당황하게 만들었다. 시간이 흐를수록 그의 주장이 틀렸다는 것을 알게 되었지만 그의 논증 중 어느 부분이 잘못된 것인지 반박하기는 쉽지 않은 일이었다. 제논이 내놓은 역설 중 유명한 역설 3가지를 소개하니 읽어 보고 어디가 잘못된 것인지 생각해 보길 바란다. 참고로 이 단원에서 배운 무한의 개념을 떠올려 보길 바란다.

아무리 빨라도 따라잡을 수 없는 거북 – 아킬레우스와 거북

그리스 신화에 나오는 아킬레우스가 거북의 10 m 뒤에서 거북의 10배의 속력으로 달리기를 하고 있다고 하자. 그럼 아킬레우스가 10 m를 갈 때, 거북은 11 m 위치에 있을 것이고, 다음 번에 아킬레우스가 11.1 m 위치에 있을 때 거북은 11.11 m 위치에 있을 것이고, 그 다음 번에 아킬레우스가 11.11 m 위치에 왔을 때 거북은 11.111 m 위치에 있을 것이다. 이렇게 계속 시간이 흐르게 되면 제 아무리 아킬레우스가 거북보다 10배 빠르게 움직이더라도 거북은 항상 아킬레우스의 앞에 있으므로 아킬레우스는 영원히 거북을 따라잡을 수 없다.

화살 역설 – 날고 있는 화살은 날고 있지 않다.

화살이 날아가고 있다고 가정할 때, 시간이 지남에 따라 화살은 어느 일정한 점을 지날 것이다. 마치 사진기로 날아가는 화살의 한 순간을 찍듯이 극히 짧은 한 순간 동안이라면 화살은 어떤 한 점에 머물러 있다고 할 수 있고 그 바로 다음 순간에도 화살은 어느 점에 머물러 있어야 할 것이다. 이렇게 이 화살은 항상 어느 점에 머물러 있으므로 사실은 움직이지 않는 것이나 다름없다.

이분 역설 – 물체는 절대 이동할 수 없다.

어떤 물체가 A에서 B로 이동하고 있다고 가정하자. A에서 B로 가기 위해서는 그

$$\varphi = \frac{1}{3} \cdot \left[h_I (r_{I_2}^3 - r_{I_1}^3) + h_{II}(r_{II_2}^3 - r_{II_1}^3) + h_{III}(r_{III_2}^3 - r_{III_1}^3) \right]$$

논술, 구술 자료

중간 지점인 C를 통과해야 한다. 그런데 A에서 C로 가려면 그 중간 지점인 D를 통과해야 한다. 또 A에서 D로 가려면 그 중간 지점인 E를 통과해야 한다. 이렇게 계속 반복하다 보면 A와 B 사이의 거리가 아무리 짧다 해도 A에서 B까지 가려면 무한히 많은 점을 통과해야 하기 때문에 이 물체는 결국 A에서 B로 이동할 수 없다.

언뜻 보면 사실처럼 느껴지지만 제논의 역설은 당연히 옳은 것이 아니다.
첫 번째 역설을 반박하는 가장 확실한 방법은 시간을 재는 것이다. 사실 달리기 경주를 하는 것이니까 기록을 재는 게 당연한 수순이라 본다.
아킬레우스가 처음 10 m를 따라잡을 때까지 걸린 시간은 얼마일까? 아킬레우스가 달리는 속도를 알 수는 없지만 편의상 10초가 걸렸다고 하자. 이제 그 다음 1 m를 따라잡는데 걸리는 시간은 1초일 것이고, 그 다음 0.1 m를 따라잡는데 걸린 시간은 0.1초일 것이다.
따라서 제논이 말한 이야기에서 걸린 시간을 전부 더하면 다음과 같다.

$$10 + 1 + 0.1 + 0.01 + \cdots = 11.111\cdots$$

여기에서 주목할 점은 11.111…는 한없이 커지는 수가 아닌 한낱 유한한 수인 순환소수라는 것이다. 이 순환소수를 분수로 나타내면 $\frac{100}{9}$이 되어 거북은 단지 아킬레우스보다 $\frac{100}{9}$초 동안 앞서 있다가 $\frac{100}{9}$초가 지난 후부터는 역전되어 뒤에 있게 된다.
결국 제논은 아무리 길게 봐도 12초도 넘지 않는 사이에 일어난 일을 아무런 정당화 없이 '영원히'라고 말한 셈이다.

제논의 역설은 시간 개념을 도입하면 깨지게 된다.
시간은 무한대가 아니기 때문에 역설에서처럼 구간을 아무리 잘게 쪼개더라도 구간마다 걸리는 시간이 일정한 것이 아니라 구간이 짧으면 그만큼 걸리는 시간이 짧아지므로 둘 사이의 거리는 점점 짧아지게 될 것이다. 그러다 보면 어느 순간부터는 아킬레우스가 거북을 앞지르고, 화살은 제대로 날 수 있으며, 물체는 이동할 수 있게 된다.

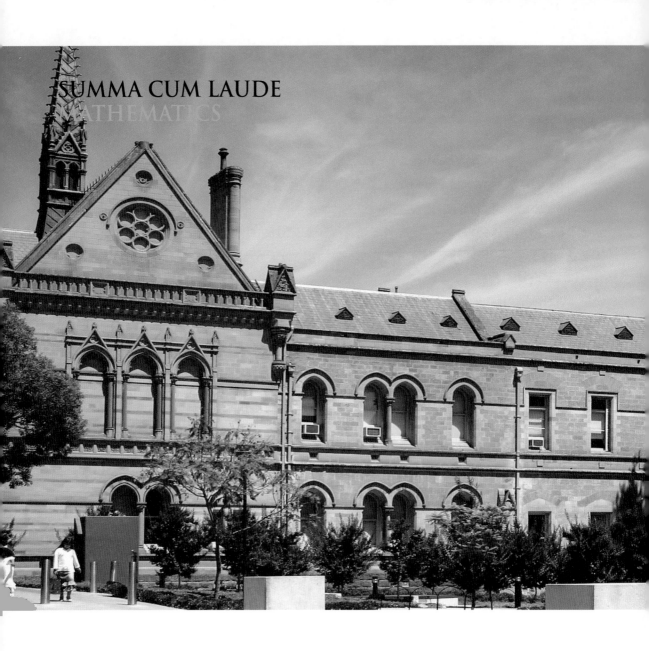

SUMMA CUM LAUDE
MATHEMATICS

지금 곧 간단한 노력으로 할 수 있는 일부터 시작하여
일단 성취감을 맛보면, 뒤에 어떤 난관이 닥치더라도
그것을 돌파할 용기가 솟는 법이다.
노력을 한다는 것은 그런 것이다.

– 다케우치 히토시

CHAPTER II
다항함수의 미분법

숨마쿰라우데®
[수학 II]

1. 미분계수와 도함수
2. 도함수의 활용

INTRO to Chapter II
다항함수의 미분법

S U M M A   C U M   L A U D E

본 단원의 구성에 대하여...

미분은 우리가 생각하는 것보다 훨씬 많이 실생활에 활용되고 있고, 과학이 점점 발달할수록 그 영향력 또한 한층 높아지고 있다. 현재도 네트워크 구축, 건축물의 설계도면, 프로그래밍, 도시 계획 등 일상에서 이루어지는 많은 작업 속에서 미분이 큰 역할을 하고 있지만 앞으로는 로켓이나 미사일 등의 운동 방향의 예측, 시간에 따른 박테리아의 수명이나 인구의 변화 예측 등 미래를 연구하는 데 있어서도 미분이 결정적인 역할을 할 것이다. 이로써 미분은 미래의 중심축에서 많은 일들을 현실화하는 데 사용되는 능동적인 도구가 될 것이다.

미분은 변화를 예측하는 것

드디어 우리는 이 단원에서 수학의 꽃이라 불리는 미분을 공부하게 되었다. 앞에서 배웠던 함수의 극한의 개념도 사실 미분을 이해하기 위한 보조 개념이라 할 정도로 미분은 수학에서 매우 중요한 개념이다. 하지만 많은 학생들이 미분을 공부하면서도 그 중요성을 실제적으로 느끼지 못하는 것 같다.

오히려 미분이 실생활에서 어떻게 쓰이는지 잘 알지 못해 미분을 불필요하고 어렵기만 한 것으로 여기는 경우가 많다. 필자도 고등학교 시절을 되돌아보면 미분에 대한 의미는 생각하지도 않은 채 공식만 외우고 문제에 활용하는 데 급급했던 것 같다. 대학에 와서 심도 있게 수학을 공부하다 보니 실생활에서 미분은 매우 유용하게 쓰이며 그 활용 범위도 매우 넓은 것을 알 수 있었다.

미분의 본질은 한마디로 표현해서 **변화를 예측하는** 데 있다고 할 수 있다.

아주 작은 사물, 예를 들면 원자의 운동에서부터 크게는 행성의 움직임에까지 미분이 적용된다. 이러한 과학적 현상뿐만 아니라 우리의 실생활에서 나타나는 많은 현상들도 미분을 통해 예측할 수 있다. 예를 들어 생산량의 함수인 이윤은 생산량이 증가함에 따라 처음에는 계속 증가하지만 일정한 생산량에 이르면 감소하기 시작한다. 즉, 생산량에 따른 이윤의 변화율이 양수이면 이윤은 증가하지만, 변화율이 음수이면 이윤은 감소한다는 것이다. 따라서 이러한 함수만 정확히 구할 수 있다면 변화율이 0이 되는 순간(극대)을 찾아 이윤을 극대화할 수 있다. 또 도시의 성장 과정 등도 미분을 통해 예측이 가능하여 어떤 도시가 몇 년 뒤 어떤 역할을 하는 위치로 개발되어야 하는지 설계할 수도 있다.

결국 이 단원에서는 **여러 가지 현상의 변화를 예측하는 방법에 대해서 배우는 것**이다. 그러므로 미분의 학습을 마치면 적어도 여러분은 어떤 현상의 변화를 예측할 수 있는 기본기가 닦이게 되는 것이다. 생각만 해도 흥분되지 않는가? 내가 살고 있는 세계의 변화를 예측하게 되는 기본 지식을 공부한다는 사실이…

미분의 역사와 활용

미분은 뉴턴과 라이프니츠에 의해 발견되었다. 뉴턴은 물리학 연구를 하던 도중, 라이프니츠는 기하적인 설명(극댓값, 극솟값 등)을 위한 연구를 하던 중 서로 비슷한 시기에 미분을 발견하였다. 우리가 흔히 쓰는 dx, dy에서 앞에 쓰이는 d는 라이프니츠의 기호이고, 뉴턴의 경우에는 dx 대신 $\bar{x}$를 사용하였다고 전해진다.

미분이 발견된 시기가 1800년대이므로 미분의 역사는 고작 200년 정도 밖에 되지 않는다. 그럼에도 불구하고 미분의 활용 범위는 말로 다 표현할 수 없을 정도로 그 폭이 넓다. 미분은 최댓값, 최솟값, 극댓값, 극솟값 등을 이용하여 복잡한 함수의 그래프를 그리는 데도 많은 도움을 줄 뿐만 아니라 복잡한 함수를 쉬운 다항함수로 근사시키는 데에도 이용된다.

미분은 다양한 방법으로 활용되기 때문에 수학, 물리학은 물론이며 생물학, 천문학, 사회과학, 인문학 등에서도(즉 모든 분야에서) 많이 활용된다. 경제학과 경영학은 수학, 특히 미분을 빼고서는 논하기가 어려울 정도이다. 경제, 경영에서는 '최적화를 위한 조건'들을 찾아야 하는 경우가 많은데, 미분을 이용하여 그 조건을 구할 수 있다.

미분법을 어떻게 공부해야 할까?

이 단원을 공부하다 보면, 단순해 보이지만 의외로 귀찮은 계산을 하는 경우가 많을 것이다. 그러나 그런 작업들은 지루하지만 꼭 필요한 것이므로 지겹더라도 반드시 자신의 손으로 문제들을 꼼꼼하게 풀어 보아야 실력의 발전을 기대할 수 있을 것이다.[1]

나이가 단순히 공식을 적용하여 미분에 대한 문제를 푸는 데만 그친다면 정작 심도 있는 미분법 문제가 나왔을 때, 그 의미를 파악하지 못해 쩔쩔매는 경우가 발생할 것이다. 그러므로 이 단원을 공부하면서 우리는 늘 미분의 정의와 기하적 의미를 항상 가슴에 새겨둔 채, 여러 가지로 파생되어 나오는 문제들을 접해야 할 것이다.

최근 몇 년간 치러진 모의평가와 대학수학능력시험을 보면, 개념의 복잡성뿐만 아니라 계산의 복잡성이 두드러지는 문제들 또한 많이 출제된다는 것을 알 수 있다. 이러한 문제에 대비하기 위해서라도 많은 양의 문제들을 제한된 시간 안에 푸는 연습 또한 병행해야 할 것이다.

---

[1] "나의 실력을 천부적인 재능으로 평가하는 전문가들을 보면 화가 난다. 내가 이제까지 쌓아온 피눈물 나는 노력이 아까워서이다." -P.MARTINEZ(미국 프로야구 필라델피아 필리스의 선수로 세 번의 사이영상을 수상, 현대 야구에서 가장 위대한 투수의 반열에 드는 것으로 평가받고 있다.)

01 미분계수

SUMMA CUM LAUDE

ESSENTIAL LECTURE

1 평균변화율

(1) 증분 : 함수 $y=f(x)$에서 x의 값이 a에서 b까지 변할 때, x의 값의 변화량 $b-a$를 x의 증분, y의 값의 변화량 $f(b)-f(a)$를 y의 증분이라 하고, 이것을 각각 기호 $\varDelta x$, $\varDelta y$로 나타낸다.

(2) 평균변화율 : 함수 $y=f(x)$에서 x의 값이 a에서 b까지 변할 때의 평균변화율은

$$\frac{\varDelta y}{\varDelta x} = \frac{f(b)-f(a)}{b-a} = \frac{f(a+\varDelta x)-f(a)}{\varDelta x}$$

이다. 이것은 곡선 $y=f(x)$ 위의 두 점 $(a, f(a))$, $(b, f(b))$를 지나는 직선의 기울기를 의미한다.

2 미분계수(순간변화율)

함수 $y=f(x)$에서 x의 값이 a에서 $a+\varDelta x$까지 변할 때의 평균

변화율 $\dfrac{\varDelta y}{\varDelta x}$에서 $\varDelta x \longrightarrow 0$일 때의 극한값, 즉

$$\lim_{\varDelta x \to 0} \frac{\varDelta y}{\varDelta x} = \lim_{\varDelta x \to 0} \frac{f(a+\varDelta x)-f(a)}{\varDelta x}$$

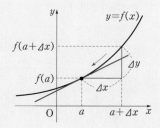

가 존재할 때, 이 극한값을 함수 $y=f(x)$의 $x=a$에서의 미분계수 또는 순간변화율이라 하고, 기호 $f'(a)$로 나타낸다. $f'(a)$는 곡선 $y=f(x)$ 위의 점 $(a, f(a))$에서의 접선의 기울기를 의미한다.

3 미분가능성과 연속성

함수 $f(x)$의 $x=a$에서의 미분계수 $f'(a)$가 존재할 때, 함수 $f(x)$는 $x=a$에서 미분가능하다고 한다. 이때 함수 $f(x)$가 $x=a$에서 미분가능하면 $f(x)$는 $x=a$에서 연속이다. 그러나 그 역은 일반적으로 성립하지 않는다.

1 평균변화율

함수 $y=f(x)$에서 x의 값이 a에서 b까지 변할 때, y의 값은 $f(a)$에서 $f(b)$까지 변한다. 이때 x의 값의 변화량인 $b-a$를 x의 증분(增分, increment), y의 값의 변화량인 $f(b)-f(a)$를 y의 증분이라 하고, x의 증분을 기호 $\varDelta x$[2], y의 증분을 기호 $\varDelta y$로 나타낸다.

---

[2] $\varDelta$는 차를 나타내는 영어 단어 difference의 첫 글자 D에 해당하는 그리스 문자로 '델타'라 읽는다.
$\varDelta x$의 의미는 $\varDelta$와 x의 곱을 나타내는 것이 아니라 x의 변화량을 나타낸다.

즉, $\Delta x = b-a$, $\Delta y = f(b)-f(a)$이다.

이때 x의 증분에 대한 y의 증분의 비인

$$\frac{\Delta y}{\Delta x} = \frac{f(b)-f(a)}{b-a} = \frac{f(a+\Delta x)-f(a)}{\Delta x}\ ^{❸}$$

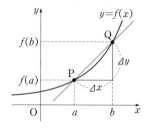

를 x의 값이 a에서 b까지 변할 때의 함수 $y=f(x)$의
평균변화율(average rate of change)이라 한다.
오른쪽 그래프에서 알 수 있듯이

> x의 값이 a에서 b까지 변할 때, 함수 $y=f(x)$의 평균변화율은
> 두 점 $\mathrm{P}(a, f(a))$, $\mathrm{Q}(b, f(b))$를 지나는 직선의 기울기^{❹}

와 같다.

■ **EXAMPLE** 024 함수 $f(x)=x^2+2$에서 x의 값이 다음과 같이 변할 때, 평균변화율을 구하여라.

(1) 0에서 2까지   (2) a에서 $a+h$까지

> **ANSWER**   평균변화율이란 x의 값의 변화량에 대한 y의 값의 변화량의 비이다.
>
> (1) $\dfrac{\Delta y}{\Delta x} = \dfrac{f(2)-f(0)}{2-0} = \dfrac{(2^2+2)-2}{2} = \mathbf{2}$ ■
>
> (2) $\dfrac{\Delta y}{\Delta x} = \dfrac{f(a+h)-f(a)}{(a+h)-a} = \dfrac{\{(a+h)^2+2\}-(a^2+2)}{h}$
>
> $= \dfrac{2ah+h^2}{h} = \boldsymbol{2a+h}$ ■

Sub Note 010쪽

APPLICATION 024   함수 $f(x)=x^2-3x$에서 x의 값이 다음과 같이 변할 때, 평균변화율을 구하여라.

(1) 1에서 3까지   (2) a에서 $a+h$까지

Sub Note 010쪽

APPLICATION 025   함수 $f(x)=x^2-2x$에서 x의 값이 a에서 $a+1$까지 변할 때의 평균변화율이 5일 때, 상수 a의 값을 구하여라.

---

❸ $\Delta x = b-a$에서 $b=a+\Delta x$이므로 $\Delta y = f(b)-f(a) = f(a+\Delta x)-f(a)$로 나타내어진다.
❹ 평균변화율은 두 점을 지나는 직선의 기울기를 의미하므로 일차함수 $y=ax+b$의 경우에는 x의 값이 α에서 β까지 변할 때, 이 함수의 평균변화율은 α, β의 값에 관계없이 a로 일정하다.

② 미분계수(순간변화율)

앞에서 $\dfrac{\varDelta y}{\varDelta x} = \dfrac{f(b)-f(a)}{b-a}$ 를 x의 값이 a에서 b까지 변할 때의 함수 $y=f(x)$의 평균변화율이라 하였다. 그러면 평균변화율의 척도인 $\underline{\varDelta x$가 0에 한없이 가까워지면 어떻게 될까?}

구체적인 예로 함수 $y=x^2$에서 x의 값이 2에서 $2+\varDelta x$까지 변할 때의 평균변화율을 생각해 보자.

$$\frac{\varDelta y}{\varDelta x} = \frac{f(2+\varDelta x)-f(2)}{(2+\varDelta x)-2} = \frac{(2+\varDelta x)^2-2^2}{\varDelta x} = 4+\varDelta x$$

위의 식을 보면 $\varDelta x$가 0에 한없이 가까워질수록 평균변화율은 4에 한없이 가까워짐을 알 수 있다. 즉, $\varDelta x \longrightarrow 0$일 때의 평균변화율의 극한값은

$$\lim_{\varDelta x \to 0} \frac{\varDelta y}{\varDelta x} = \lim_{\varDelta x \to 0} (4+\varDelta x) = 4$$

가 된다.

일반적으로 함수 $y=f(x)$에서 x의 값이 a에서 $a+\varDelta x$까지 변할 때의 평균변화율 $\dfrac{\varDelta y}{\varDelta x}$에서 $\varDelta x \longrightarrow 0$일 때의 극한값, 즉

$$\lim_{\varDelta x \to 0} \frac{\varDelta y}{\varDelta x} = \lim_{\varDelta x \to 0} \frac{f(a+\varDelta x)-f(a)}{\varDelta x}$$

가 존재할 때, 이 극한값을 함수 $y=f(x)$의 $x=a$에서의 **미분계수**(derivative) 또는 **순간변화율**(instantaneous rate of change)이라 하고, 기호 $\boldsymbol{f'(a)}$[5]로 나타낸다. 즉,

$$f'(a) = \lim_{\varDelta x \to 0} \frac{\varDelta y}{\varDelta x} = \lim_{\varDelta x \to 0} \frac{f(a+\varDelta x)-f(a)}{\varDelta x}$$ [6]

이다. 위의 식에서 $a+\varDelta x = x$라 하면 $\varDelta x = x-a$이고 $\varDelta x \longrightarrow 0$일 때 $x \longrightarrow a$이므로

$$f'(a) = \lim_{x \to a} \frac{f(x)-f(a)}{x-a}$$

로 나타낼 수도 있다.

또 $x=a$에서의 미분계수 $f'(a)$가 존재할 때, 함수 $f(x)$는 $x=a$에서 **미분가능**(differentiable)하다고 한다.

---

[5] $y'_{x=a}, \left[\dfrac{dy}{dx}\right]_{x=a}, \left[\dfrac{d}{dx}f(x)\right]_{x=a}$ 로 표현할 수도 있다. 이때 $f'(a)$는 '에프 프라임 에이', $\dfrac{dy}{dx}$는 '디와이 디 엑스'라 읽는다.

[6] $\varDelta x$를 t나 h 등의 문자로 나타낼 수도 있다. $f'(a) = \lim\limits_{h \to 0} \dfrac{f(a+h)-f(a)}{h}$

이상을 정리하면 다음과 같다.

미분계수

함수 $y=f(x)$의 $x=a$에서의 미분계수는

$$f'(a) = \lim_{\Delta x \to 0} \frac{\Delta y}{\Delta x} = \lim_{\Delta x \to 0} \frac{f(a+\Delta x)-f(a)}{\Delta x} = \lim_{x \to a} \frac{f(x)-f(a)}{x-a}$$

EXAMPLE 025 (1) 함수 $f(x)=x^2+2x$의 $x=1$에서의 미분계수를 구하여라.

(2) 함수 $f(x)=\sqrt{x}$의 $x=2$에서의 미분계수를 구하여라.

ANSWER (1) $f'(1) = \lim_{\Delta x \to 0} \frac{f(1+\Delta x)-f(1)}{\Delta x} = \lim_{\Delta x \to 0} \frac{\{(1+\Delta x)^2 + 2(1+\Delta x)\} - (1^2+2\cdot1)}{\Delta x}$

$$= \lim_{\Delta x \to 0} \frac{4\Delta x + (\Delta x)^2}{\Delta x} = \lim_{\Delta x \to 0} (4+\Delta x) = \mathbf{4} \blacksquare$$

(2) $f'(2) = \lim_{\Delta x \to 0} \frac{f(2+\Delta x)-f(2)}{\Delta x} = \lim_{\Delta x \to 0} \frac{\sqrt{2+\Delta x}-\sqrt{2}}{\Delta x}$

$$= \lim_{\Delta x \to 0} \frac{(\sqrt{2+\Delta x}-\sqrt{2})(\sqrt{2+\Delta x}+\sqrt{2})}{\Delta x(\sqrt{2+\Delta x}+\sqrt{2})} = \lim_{\Delta x \to 0} \frac{(2+\Delta x)-2}{\Delta x(\sqrt{2+\Delta x}+\sqrt{2})}$$

$$= \lim_{\Delta x \to 0} \frac{1}{\sqrt{2+\Delta x}+\sqrt{2}} = \frac{1}{\sqrt{2}+\sqrt{2}} = \frac{\sqrt{2}}{4} \blacksquare$$

Sub Note 011쪽

APPLICATION 026 다음 함수의 괄호 안에 주어진 x의 값에서의 미분계수를 구하여라.

(1) $f(x)=3x^2+6x+3$ $(x=1)$ (2) $f(x)=\dfrac{1}{x}$ $(x=-2)$

이제 미분계수의 기하적 의미를 알아보자.

함수 $f(x)$에 대하여 $x=a$에서의 미분계수가 존재
한다고 하고 곡선 $y=f(x)$ 위의 두 점

$$\mathrm{P}(a, f(a)), \mathrm{Q}(a+\Delta x, f(a+\Delta x))$$

를 잡으면 x의 값이 a에서 $a+\Delta x$까지 변할 때의

평균변화율 $\dfrac{f(a+\Delta x)-f(a)}{\Delta x}$ 는 직선 PQ의 기

울기가 된다.

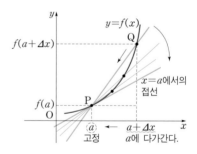

이때 $\Delta x \longrightarrow 0$이면 점 Q는 곡선 위를 움직이면서 점 P에 한없이 가까워지고 직선 PQ는
점 P를 지나는 접선에 한없이 가까워진다. 즉, 평균변화율의 극한값이 접선의 기울기가 된다.

따라서 함수 $f(x)$의 $x=a$에서의 미분계수 $f'(a) = \lim\limits_{\Delta x \to 0} \dfrac{f(a+\Delta x)-f(a)}{\Delta x}$ 는 곡선

$y=f(x)$ 위의 점 $\mathrm{P}(a, f(a))$에서의 접선의 기울기가 됨을 알 수 있다.

이상을 정리하면 다음과 같다.

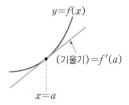

미분계수의 기하적 의미

함수 $f(x)$의 $x=a$에서의 미분계수 $f'(a)$는 곡선 $y=f(x)$ 위의 점 $(a, f(a))$에서의 접선의 기울기이다.

EXAMPLE 026 함수 $f(x)=x^2+x$에 대하여 곡선 $y=f(x)$ 위의 점 $(2, 6)$에서의 접선의 기울기를 구하여라.

> **ANSWER** 곡선 $y=f(x)$ 위의 점 $(2, 6)$에서의 접선의 기울기는 $f'(2)$이므로
> $$f'(2)=\lim_{\Delta x\to 0}\frac{f(2+\Delta x)-f(2)}{\Delta x}=\lim_{\Delta x\to 0}\frac{\{(2+\Delta x)^2+(2+\Delta x)\}-(2^2+2)}{\Delta x}$$
> $$=\lim_{\Delta x\to 0}\frac{5\Delta x+(\Delta x)^2}{\Delta x}=\lim_{\Delta x\to 0}(5+\Delta x)=5 ■$$

Sub Note 011쪽

APPLICATION 027 함수 $f(x)=x^3+3x$에 대하여 곡선 $y=f(x)$ 위의 점 $(0, 0)$에서의 접선의 기울기를 구하여라.

Sub Note 011쪽

APPLICATION 028 함수 $f(x)=x^2-5x$에 대하여 곡선 $y=f(x)$ 위의 점 (a, a^2-5a)에서의 접선의 기울기가 -1일 때, 상수 a의 값을 구하여라.

③ 미분가능성과 연속성 〔수능 고빈도 출제〕

어떤 함수가 어느 한 점에서 미분가능하다는 것은 그 점에서 미분계수가 존재한다는 것을 의미한다. 그런데 미분계수는 평균변화율의 극한값이므로 미분계수가 존재한다는 말은 결국 평균변화율의 '극한값이 존재한다'는 것을 뜻하고, 여기서 극한값이 존재한다는 것은 우극한과 좌극한이 같다는 것을 의미한다. 결국

어느 한 점에서 미분가능하다는 것은 그 점에서의 좌미분계수와 우미분계수[7]가 같다는 것[8]을 의미한다. 구체적인 예로 살펴보기로 하자.

---

[7] 편의상 $x\to a-$일 때의 평균변화율의 극한값을 좌미분계수, $x\to a+$일 때의 평균변화율의 극한값을 우미분계수라 표현한다.

[8] 함수 $f(x)$가 $x=a$에서 미분가능한가?의 물음을 다음과 같이 바꿔 생각할 수 있어야 한다.
➡ 함수 $f(x)$가 $x=a$에서의 미분계수가 존재하는가?
➡ 함수 $f(x)$가 $x=a$에서 평균변화율의 극한값이 존재하는가?
➡ 함수 $f(x)$가 $x=a$에서 평균변화율의 좌극한과 우극한이 같은가?

함수 $f(x)=x+1$의 $x=a$에서의 미분가능성을 살펴보면

$$\text{좌미분계수} : \lim_{x \to a-} \frac{f(x)-f(a)}{x-a} = \lim_{x \to a-} \frac{(x+1)-(a+1)}{x-a} = \lim_{x \to a-} \frac{x-a}{x-a} = 1$$

$$\text{우미분계수} : \lim_{x \to a+} \frac{f(x)-f(a)}{x-a} = \lim_{x \to a+} \frac{(x+1)-(a+1)}{x-a} = \lim_{x \to a+} \frac{x-a}{x-a} = 1$$

로 좌미분계수와 우미분계수가 1로 서로 같다.

따라서 $f(x)=x+1$은 $x=a$에서 미분가능하고, 미분계수는 1이다.

일반적으로 함수 $f(x)$가 구간에 속하는 모든 x에 대하여 미분가능할 때, 함수 $f(x)$는 그 구간에서 미분가능하다고 한다. 또한 함수 $f(x)$가 모든 실수 x에 대하여 미분가능할 때, 함수 $f(x)$를 미분가능한 함수라 한다.

그렇다면 함수 $f(x)$가 $x=a$에서 미분가능하면 이 함수는 $x=a$에서 어떤 상황이 벌어질까?

함수 $f(x)$가 $x=a$에서 미분가능하면

$$f'(a) = \lim_{x \to a} \frac{f(x)-f(a)}{x-a}$$

의 값이 존재한다. 여기서 $x \longrightarrow a$일 때 분모의 값이 0에 수렴하고, $f'(a)$의 값이 존재하므로 분자의 값도 0에 수렴해야 한다. 즉,

$$\lim_{x \to a} \{f(x)-f(a)\} = 0$$

이 되어야 한다. 이 식을 다시 표현하면

$$\lim_{x \to a} f(x) = f(a)$$

가 되는데, 이는 함수 $f(x)$가 $x=a$에서 연속임을 의미한다.

따라서 함수의 미분가능성과 연속성 사이에는 다음의 관계가 성립함을 알 수 있다.

미분가능성과 연속성

함수 $f(x)$가 $x=a$에서 미분가능하면 $f(x)$는 $x=a$에서 연속이다.

그러나, 일반적으로 위의 명제의 역은 성립하지 않는다. 즉, 함수 $f(x)$가 $x=a$에서 연속이지만 $x=a$에서 미분가능하지 않을 수도 있다는 것이다.

함수 $f(x)=|x|$가 그 예이다.

함수 $f(x)=|x|$는 $x=0$에서 연속이지만 다음과 같이 좌미분계수와 우미분계수가 다르므로 $x=0$에서의 미분계수가 존재하지 않는다.

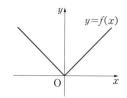

$$\text{좌미분계수} : \lim_{x \to 0-} \frac{f(x)-f(0)}{x-0} = \lim_{x \to 0-} \frac{|x|-0}{x} = \lim_{x \to 0-} \frac{-x}{x} = -1$$

$$\text{우미분계수} : \lim_{x \to 0+} \frac{f(x)-f(0)}{x-0} = \lim_{x \to 0+} \frac{|x|-0}{x} = \lim_{x \to 0+} \frac{x}{x} = 1$$

따라서 함수 $f(x) = |x|$ 는 $x=0$에서 연속이지만 미분가능하지 않다.

사실 미분계수가 접선의 기울기임을 기억하고 있다면 미분가능성과 연속성의 관계는 그래프를 통해 쉽게 이해할 수 있다.

그래프에서 불연속인 점, 뾰족한 점에서는 접선을 그을 수 없으므로 미분계수가 존재하지 않음은 자명하다. 그러므로 연속이어도 미분가능하지 않을 수 있다.

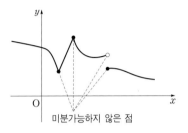

미분가능하지 않은 점

EXAMPLE 027 함수 $f(x) = x|x|$ 의 $x=0$에서의 미분가능성과 연속성을 조사하여라.

ANSWER $x=0$에서의 좌미분계수와 우미분계수가 같은지 살펴보자.

$$\lim_{x \to 0-} \frac{f(x)-f(0)}{x-0} = \lim_{x \to 0-} \frac{x|x|-0}{x} = \lim_{x \to 0-} \frac{-x^2}{x} = \lim_{x \to 0-}(-x) = 0$$

$$\lim_{x \to 0+} \frac{f(x)-f(0)}{x-0} = \lim_{x \to 0+} \frac{x|x|-0}{x} = \lim_{x \to 0+} \frac{x^2}{x} = \lim_{x \to 0+} x = 0$$

따라서 좌미분계수와 우미분계수가 같으므로 함수 $f(x)$는 $x=0$에서 **미분가능하고**, 이에 따라 당연히 $f(x)$는 $x=0$에서 **연속이다.** ■

[참고] $f(x) = x|x|$ 를 x의 범위에 따라 나누면

$f(x) = \begin{cases} x^2 & (x \geq 0) \\ -x^2 & (x < 0) \end{cases}$ 이므로 $y=f(x)$의 그래프를 그리

면 오른쪽 그림과 같다. 그래프를 보면 $x=0$에서 연속인 것은 쉽게 알 수 있다. 또 이 함수의 그래프에는 뾰족한 점이 존재하지 않고 그래프가 부드러운 곡선으로 표현되므로 실수 전체의 집합에서 미분가능한 함수임을 알 수 있다.[9]

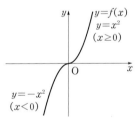

$y=f(x)$
$y=x^2$ $(x \geq 0)$

$y=-x^2$ $(x<0)$

Sub Note 011쪽

APPLICATION 029 함수 $f(x) = \begin{cases} \dfrac{x}{|x|} & (x \neq 0) \\ 0 & (x=0) \end{cases}$ 의 $x=0$에서의 미분가능성과 연속성을 조

사하여라.

---

[9] 뒤에서 자세히 배우겠지만 임의의 다항함수는 모든 실수에서 항상 연속이면서 미분가능하다. 이때 그 그래프는 직선이나 부드러운 곡선으로 표현된다.

평균변화율과 미분계수

019
함수 $f(x)=x^3-1$에 대하여 x의 값이 2에서 4까지 변할 때의 평균변화율과 $x=a(2<a<4)$
에서의 미분계수가 같을 때, a의 값을 구하여라.

GUIDE 평균변화율과 미분계수의 정의를 정확히 기억하자! 수많은 미분 공식들을 접하다 보면 정의 자체의
중요성을 잊는 경우가 많은데, 결정적인 순간에 미분계수의 정의를 이용하지 않고는 풀 수 없는 문
제들을 만나게 될 수 있으므로 반드시 기억하도록 하자.

SOLUTION

x의 값이 2에서 4까지 변할 때의 함수 $f(x)$의 평균변화율은

$$\frac{\Delta y}{\Delta x}=\frac{f(4)-f(2)}{4-2}=\frac{63-7}{2}=28$$

함수 $f(x)$의 $x=a$에서의 미분계수는

$$\begin{aligned}
f'(a)&=\lim_{\Delta x\to 0}\frac{f(a+\Delta x)-f(a)}{\Delta x}\\
&=\lim_{\Delta x\to 0}\frac{\{(a+\Delta x)^3-1\}-(a^3-1)}{\Delta x}\\
&=\lim_{\Delta x\to 0}\frac{3a^2\Delta x+3a(\Delta x)^2+(\Delta x)^3}{\Delta x}\\
&=\lim_{\Delta x\to 0}\{3a^2+3a\Delta x+(\Delta x)^2\}=3a^2
\end{aligned}$$

따라서 $3a^2=28$이므로 $\quad a=\sqrt{\dfrac{28}{3}}=\dfrac{2\sqrt{21}}{3}$ $(\because 2<a<4)$ ■

Summa's Advice

위와 같은 문제를 접하다 보면 '주어진 함수 $f(x)$의 임의의 구간에서의 평균변화율과 그 구간에 있는
임의의 값에서의 미분계수가 같아지는 경우는 항상 존재하는가?'라는 의문을 가질 수 있다.
이는 157쪽에 있는 '평균값 정리'를 배우고 나면 함수 $f(x)$가 그 구간에서 미분가능한 경우 미분계
수가 평균변화율과 같아지는 값이 항상 존재함을 알 수 있을 것이다.

유제
Sub Note 032쪽
019-❶
함수 $f(x)=x^2+3x+4$에 대하여 x의 값이 a에서 b까지 변할 때의 평균변화율과 $x=-3$에서
의 미분계수가 같을 때, 상수 a, b에 대하여 $a+b$의 값을 구하여라.

유제
Sub Note 032쪽
019-❷
$f(0)=2$인 다항함수 $f(x)$가 임의의 양수 h에 대하여 x의 값이 0에서 h까지 변할 때의 평균변
화율이 $h+3h^2$일 때, $f'(2)$의 값을 구하여라.

미분계수를 이용한 극한값의 계산

020 (1) 다항함수 $f(x)$에 대하여 $f'(a)=1$일 때, $\lim\limits_{h \to 0}\dfrac{f(a+3h)-f(a-h)}{h}$ 의 값을 구하여라.

(2) 다항함수 $f(x)$에 대하여 $f(1)=2$, $f'(1)=1$일 때, $\lim\limits_{x \to 1}\dfrac{x^3-1}{f(x)-2}$ 의 값을 구하여라.

GUIDE $f'(a)=\lim\limits_{h \to 0}\dfrac{f(a+h)-f(a)}{h}$ 또는 $f'(a)=\lim\limits_{x \to a}\dfrac{f(x)-f(a)}{x-a}$ 꼴을 만드는 데 중점을 둔다.

SOLUTION ────────────────────────

(1) $\lim\limits_{h \to 0}\dfrac{f(a+3h)-f(a-h)}{h}$

$=\lim\limits_{h \to 0}\dfrac{f(a+3h)-f(a)+f(a)-f(a-h)}{h}$

$=\lim\limits_{h \to 0}\left\{\dfrac{f(a+3h)-f(a)}{h}-\dfrac{f(a-h)-f(a)}{h}\right\}$

$=\lim\limits_{h \to 0}\left\{\dfrac{f(a+3h)-f(a)}{3h}\cdot 3-\dfrac{f(a-h)-f(a)}{-h}\cdot(-1)\right\}$

$=3\lim\limits_{h \to 0}\dfrac{f(a+3h)-f(a)}{3h}+\lim\limits_{h \to 0}\dfrac{f(a-h)-f(a)}{-h}$

$=3f'(a)+f'(a)=4f'(a)=4\cdot 1=\mathbf{4}$ ∎

(2) $\lim\limits_{x \to 1}\dfrac{x^3-1}{f(x)-2}=\lim\limits_{x \to 1}\left\{\dfrac{x-1}{f(x)-f(1)}\cdot(x^2+x+1)\right\}=\dfrac{1}{f'(1)}\cdot 3=1\cdot 3=\mathbf{3}$ ∎

Summa's Advice ━━━━━━━━━━━━

위의 문제 (1)을 다음과 같이 공식화할 수 있다. 함수 $f(x)$에 대하여 $f'(a)$가 존재할 때,

$\lim\limits_{h \to 0}\dfrac{f(a+mh)-f(a+nh)}{h}=\lim\limits_{h \to 0}\dfrac{f(a+mh)-f(a)+f(a)-f(a+nh)}{h}$

$=\lim\limits_{h \to 0}\left\{\dfrac{f(a+mh)-f(a)}{mh}\cdot m-\dfrac{f(a+nh)-f(a)}{nh}\cdot n\right\}$

$=(m-n)f'(a)$

Sub Note 032쪽

유제
020-❶ 다항함수 $f(x)$에 대하여 $f'(a)=3$일 때, $\lim\limits_{h \to 0}\dfrac{f(a-2h)-f(a+h^2)}{h}$ 의 값을 구하여라.

유제
020-❷ 미분가능한 함수 $f(x)$에 대하여 다음을 $f(a)$와 $f'(a)$를 이용하여 나타내어라. Sub Note 032쪽

(1) $\lim\limits_{x \to a}\dfrac{xf(x)-af(a)}{x-a}$

(2) $\lim\limits_{x \to a}\dfrac{\{f(x)\}^2-\{f(a)\}^2}{\sqrt{x}-\sqrt{a}}$ (단, $a>0$)

관계식이 주어질 때 미분계수 구하기

021

미분가능한 함수 $f(x)$가 모든 실수 x, y에 대하여

$$f(x+y)=f(x)+f(y)-1$$

을 만족시키고, $f'(0)=-2$일 때, $f'(3)$의 값을 구하여라.

GUIDE 주어진 식의 x, y에 적당한 수를 대입하여 $f(0)$의 값을 구한 후

$f'(a)=\lim\limits_{h \to 0}\dfrac{f(a+h)-f(a)}{h}$ 임을 이용한다.

SOLUTION

주어진 식에 $x=0$, $y=0$을 대입하면

$$f(0)=f(0)+f(0)-1 \qquad \therefore f(0)=1$$

$$\therefore f'(3)=\lim_{h \to 0}\frac{f(3+h)-f(3)}{h}$$

$$=\lim_{h \to 0}\frac{f(3)+f(h)-1-f(3)}{h}$$

$$=\lim_{h \to 0}\frac{f(h)-1}{h}=\lim_{h \to 0}\frac{f(h)-f(0)}{h}$$

$$=f'(0)=-2 \blacksquare$$

Sub Note 033쪽

유제
021-❶

미분가능한 함수 $f(x)$가 모든 실수 x, y에 대하여

$$f(x+y)=f(x)+f(y)$$

를 만족시키고, $f'(0)=4$일 때, $f'(1)$의 값을 구하여라.

Sub Note 033쪽

유제
021-❷

미분가능한 함수 $f(x)$가 모든 실수 x, y에 대하여

$$f(x+y)=f(x)+f(y)-2xy+1$$

을 만족시키고, $f'(1)=1$일 때, $f'(-1)$의 값을 구하여라.

022 오른쪽 그림은 $x>0$에서 미분가능한 함수 $y=f(x)$의 그래프와 직선 $y=x$를 나타낸 것이다. $0<a<b$일 때, 옳은 것만을 보기에서 있는 대로 골라라.

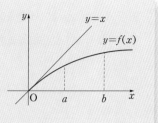

> 보기
> ㄱ. $\dfrac{f(a)}{a}<\dfrac{f(b)}{b}$ ㄴ. $f(b)-f(a)>b-a$
> ㄷ. $f'(a)>f'(b)$

GUIDE 평균변화율과 미분계수의 기하적 의미를 그래프를 통해 묻고 있다. 수식이 의미하는 것을 주어진 그래프에서 생각해 보면 쉽게 해결할 수 있다.

SOLUTION

ㄱ. $\dfrac{f(a)}{a}<\dfrac{f(b)}{b} \iff \dfrac{f(a)-f(0)}{a-0}<\dfrac{f(b)-f(0)}{b-0}$ 이 참인지 묻고 있다. 즉, '❶ 두 점 $(0,0)$, $(a,f(a))$를 지나는 직선의 기울기'가 '❷ 두 점 $(0,0)$, $(b,f(b))$를 지나는 직선의 기울기'보다 작은지 묻고 있다. 두 직선을 그려 보면 ❶>❷임을 알 수 있다. (거짓)

ㄴ. $f(b)-f(a)>b-a \iff \dfrac{f(b)-f(a)}{b-a}>1$ ($\because b-a>0$)이 참인지 묻고 있다. 즉, '❸ 두 점 $(a,f(a))$, $(b,f(b))$를 지나는 직선의 기울기'가 '❹ 직선 $y=x$의 기울기 1'보다 큰지 묻고 있다. 직선을 그려 보면 ❸<❹임을 알 수 있다. (거짓)

ㄷ. $f'(a)>f'(b)$가 참인지 묻고 있다. 즉, '❺ 점 $(a,f(a))$에서의 접선의 기울기'가 '❻ 점 $(b,f(b))$에서의 접선의 기울기'보다 큰지 묻고 있다. 두 접선을 그려 보면 ❺>❻임을 알 수 있다. (참)

따라서 옳은 것은 ㄷ뿐이다. ■

유제
022-❶ 오른쪽 그림은 $x>0$에서 미분가능한 함수 $y=f(x)$의 그래프와 직선 $y=x$를 나타낸 것이다. $0<a<1<b$일 때, 다음 중 옳지 <u>않은</u> 것은?

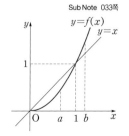

Sub Note 033쪽

① $\dfrac{f(a)}{a}<\dfrac{f(b)}{b}$ ② $\dfrac{f(a)}{a}<1$

③ $f(b)-f(a)>b-a$ ④ $f'(a)<f'(b)$

⑤ $f'(a)<1$

023 함수 $f(x)$는 $x=0$에서 연속이지만 미분가능하지 않은 함수라 하자. 다음 보기의 함수 중 $x=0$ 에서 미분가능한 것만을 있는 대로 골라라.

> 보기
> ㄱ. $g(x)=xf(x)+1$ ㄴ. $h(x)=x-f(x)$ ㄷ. $k(x)=\dfrac{1}{1-xf(x)}$

GUIDE 주어진 함수의 $x=0$에서의 미분계수를 구해 본다.

SOLUTION ─────────────────────

ㄱ. 함수 $g(x)=xf(x)+1$의 $x=0$에서의 미분계수는
$$\lim_{x \to 0}\frac{\{xf(x)+1\}-\{0 \cdot f(0)+1\}}{x-0}=\lim_{x \to 0}\frac{xf(x)}{x}=\lim_{x \to 0}f(x)=f(0)$$
이때 $f(0)$의 값이 존재하므로 함수 $g(x)$는 $x=0$에서 미분가능하다.

ㄴ. 함수 $h(x)=x-f(x)$의 $x=0$에서의 미분계수는
$$\lim_{x \to 0}\frac{\{x-f(x)\}-\{0-f(0)\}}{x-0}=\lim_{x \to 0}\frac{x-f(x)+f(0)}{x}$$
$$=1-\lim_{x \to 0}\frac{f(x)-f(0)}{x}=1-f'(0)$$
그런데 $f'(0)$의 값이 존재하지 않으므로 함수 $h(x)$는 $x=0$에서 미분가능하지 않다.

ㄷ. 함수 $k(x)=\dfrac{1}{1-xf(x)}$의 $x=0$에서의 미분계수는
$$\lim_{x \to 0}\frac{\dfrac{1}{1-xf(x)}-\dfrac{1}{1-0 \cdot f(0)}}{x-0}=\lim_{x \to 0}\frac{1-1+xf(x)}{x-x^2f(x)}$$
$$=\lim_{x \to 0}\frac{f(x)}{1-xf(x)}=f(0)$$
이때 $f(0)$의 값이 존재하므로 함수 $k(x)$는 $x=0$에서 미분가능하다.
따라서 $x=0$에서 미분가능한 함수는 ㄱ, ㄷ이다. ∎

유제
023- 1 다음 보기의 함수 중 $x=1$에서 연속이지만 미분가능하지 않은 것만을 있는 대로 골라라.

Sub Note 034쪽

> 보기
> ㄱ. $f(x)=|x-1|$ ㄴ. $g(x)=|x^2-1|$ ㄷ. $k(x)=|x^3-1|$

02 도함수와 미분법

SUMMA CUM LAUDE

ESSENTIAL LECTURE

1 도함수의 정의

미분가능한 함수 $y=f(x)$의 정의역의 각 원소 x에 미분계수 $f'(x)$를 대응시켜 만든 새로운 함수를 함수

$y=f(x)$의 도함수라 하며, 이것을 기호 $f'(x)$, y', $\dfrac{dy}{dx}$, $\dfrac{d}{dx}f(x)$로 나타낸다. 즉,

$$f'(x)=\lim_{\Delta x \to 0}\frac{f(x+\Delta x)-f(x)}{\Delta x}$$

2 기본적인 미분법

(1) 함수 $y=x^n$과 상수함수의 도함수

   ① $y=x^n$ (n은 자연수) $\Longrightarrow y'=nx^{n-1}$

   ② $y=c$ (c는 상수) $\Longrightarrow y'=0$

(2) 함수의 실수배, 합, 차, 곱의 미분법

   두 함수 $f(x)$, $g(x)$가 미분가능할 때

   ① $y=cf(x)$ (c는 상수) $\Longrightarrow y'=cf'(x)$

   ② $y=f(x) \pm g(x) \Longrightarrow y'=f'(x) \pm g'(x)$ (복부호 동순)

   ③ $y=f(x)g(x) \Longrightarrow y'=f'(x)g(x)+f(x)g'(x)$

1 도함수의 정의

함수 $f(x)=x^2$의 $x=1$, $x=2$, $x=3$, $\cdots$에서의 미분계수
를 정의에 따라 차례로 구하면

$$f'(1)=2, f'(2)=4, f'(3)=6, \cdots$$

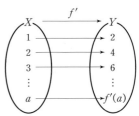

으로 a의 값에 $f'(a)$의 값이 하나씩 대응됨을 알 수 있다.

즉, $f'(a)$는 a의 함수가 된다.

일반적으로 함수 $f(x)$가 정의역에 속하는 모든 x에서 미분가능할 때,

이 정의역의 각 x의 값에 각각 미분계수의 값을 대응시키면 새로운 함수 $\boldsymbol{f'(x)}$를 얻는다.

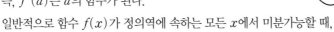

이 함수 $f'(x)$를 $f(x)$의 **도함수**(derivatives)라 한다.

미분계수가 특정한 x의 값에서의 함수의 순간변화율이라면 도함수는 임의의 x의 값에서의
함수의 순간변화율이라 말할 수 있다.

즉, 도함수는 미분계수를 모든 정의역의 구간에 걸쳐 대응시킨 것으로 미분계수의 함수라 할 수 있다. 도함수를 구하면 $f'(1)$, $f'(2)$, $f'(3)$, $\cdots$ 을 따로따로 구해야 하는 불편함을 줄일 수 있어서 계산이 간편해진다.

도함수의 정의는 다음과 같다.

> **도함수의 정의**
> 미분가능한 함수 $f(x)$의 도함수는
> $$f'(x) = \lim_{\Delta x \to 0} \frac{f(x+\Delta x) - f(x)}{\Delta x} \quad ⑩$$

함수 $y = f(x)$의 도함수를 나타내는 기호로는 $f'(x)$ 이외에도 $\boldsymbol{y'}$, $\dfrac{\boldsymbol{dy}}{\boldsymbol{dx}}$, $\dfrac{\boldsymbol{d}}{\boldsymbol{dx}}\boldsymbol{f(x)}$ 등이 있다. 여기서 'd'는 아주 작은 변화량을 의미하는데, dy는 y의 아주 작은 변화량을, dx는 x의 아주 작은 변화량을 나타낸다.

따라서 $\dfrac{dy}{dx}$는 x의 아주 작은 변화량에 대한 y의 아주 작은 변화량의 비, 즉 x에 대한 y의 순간변화율로 'y를 x에 대하여 미분한다'라는 개념으로 이해하면 된다.

한편 함수 $f(x)$에서 도함수 $f'(x)$를 구하는 것을 $f(x)$를 x에 대하여 미분한다고 하고, 그 계산법을 미분법이라 한다.

EXAMPLE 028 함수 $f(x) = x^2 + 3x$의 도함수를 구하여라.

> **ANSWER**
> $$\begin{aligned} f'(x) &= \lim_{\Delta x \to 0} \frac{f(x+\Delta x) - f(x)}{\Delta x} \\ &= \lim_{\Delta x \to 0} \frac{\{(x+\Delta x)^2 + 3(x+\Delta x)\} - (x^2 + 3x)}{\Delta x} \\ &= \lim_{\Delta x \to 0} \frac{(2x+3)\Delta x + (\Delta x)^2}{\Delta x} \\ &= \lim_{\Delta x \to 0} (2x + 3 + \Delta x) = \boldsymbol{2x + 3} \ \blacksquare \end{aligned}$$

APPLICATION 030 다음 함수의 도함수를 구하여라. Sub Note 011쪽

(1) $f(x) = x$ （2) $f(x) = 2$ (3) $f(x) = x^3 - 3$

---

⑩ 미분계수 $f'(a) = \lim\limits_{\Delta x \to 0} \dfrac{f(a+\Delta x) - f(a)}{\Delta x}$ 에서 a를 x로 바꾼 것이 도함수라 생각하면 된다.

2 기본적인 미분법 ⬚ 수능 고빈도 출제

일반적으로 어떤 함수를 미분하라는 말은 도함수를 구하라는 말과 같다. 모든 함수의 도함수를 도함수의 정의에 따라 구한다면 매번 복잡한 과정을 반복해야 하는 번거로움을 겪게 된다. 다행스럽게도 특정한 몇몇 유형의 함수들의 경우 그 도함수가 규칙적으로 나타나서 공식으로 자리잡게 되었다.

$$\text{함수 } f(x)\text{의 도함수}$$
$$f'(x)=\lim_{h\to 0}\frac{f(x+h)-f(x)}{h}$$

도함수의 정의에 의해 유도될 수 있지만 공식으로 주어진 만큼 공식을 충분히 활용할 수 있도록 잘 외워두도록 하자. 물론 공식이 잘 떠오르지 않는 경우를 대비해 그 유도과정을 반드시 이해해 두길 바란다. 그럼 어떤 공식들이 있는지 하나하나 살펴보도록 하자.

(1) 함수 $f(x)=x^n$ (n은 자연수)의 도함수

인수분해 공식[⓫]을 이용하여 도함수의 식을 정리하면

$$f'(x)=\lim_{h\to 0}\frac{f(x+h)-f(x)}{h}=\lim_{h\to 0}\frac{(x+h)^n-x^n}{h}$$

$$=\lim_{h\to 0}\frac{\{(x+h)-x\}\{(x+h)^{n-1}+(x+h)^{n-2}x+\cdots+(x+h)x^{n-2}+x^{n-1}\}}{h}$$

$$=\lim_{h\to 0}\{(x+h)^{n-1}+(x+h)^{n-2}x+\cdots+(x+h)x^{n-2}+x^{n-1}\}$$

$$=\underbrace{x^{n-1}+x^{n-1}+\cdots+x^{n-1}}_{n\text{개}}=nx^{n-1}$$

(2) 함수 $f(x)=c$ (c는 상수)의 도함수

$$f'(x)=\lim_{h\to 0}\frac{f(x+h)-f(x)}{h}=\lim_{h\to 0}\frac{c-c}{h}=0$$

이상을 정리하면 다음과 같다.

> **함수 $y=x^n$과 상수함수의 도함수**
> (1) $y=x^n$ (n은 자연수) $\Longrightarrow$ $y'=nx^{n-1}$ ◀ 미분을 하면 차수가 하나 줄어든다.
> (2) $y=c$ (c는 상수) $\Longrightarrow$ $y'=0$

APPLICATION 031   다음 함수를 미분하여라.   Sub Note 012쪽

(1) $y=5$ (2) $y=x^9$

(3) $y=x^{20}$ (4) $y=(-2)^{100}$

⓫ $a^n-b^n=(a-b)(a^{n-1}+a^{n-2}b+\cdots+ab^{n-2}+b^{n-1})$ (단, n은 자연수)

이번에는 두 함수 $f(x)$, $g(x)$가 미분가능할 때, 이들의 실수배, 합, 차 그리고 곱으로 이루 어진 함수의 도함수에 대하여 알아보자.

(3) 함수 $cf(x)$ (c는 상수)의 도함수

$$\{cf(x)\}'=\lim_{h\to 0}\frac{cf(x+h)-cf(x)}{h}=c\lim_{h\to 0}\frac{f(x+h)-f(x)}{h}=cf'(x)$$

(4) 함수 $f(x)\pm g(x)$의 도함수

$$\{f(x)+g(x)\}'=\lim_{h\to 0}\frac{\{f(x+h)+g(x+h)\}-\{f(x)+g(x)\}}{h}$$

$$=\lim_{h\to 0}\frac{\{f(x+h)-f(x)\}+\{g(x+h)-g(x)\}}{h}$$

$$=\lim_{h\to 0}\frac{f(x+h)-f(x)}{h}+\lim_{h\to 0}\frac{g(x+h)-g(x)}{h}=f'(x)+g'(x)$$

같은 방법으로 $\{f(x)-g(x)\}'=f'(x)-g'(x)$임을 알 수 있다.

위의 성질은 미분가능한 세 개 이상의 함수에 대해서도 성립한다.

$$\{f(x)+g(x)+h(x)\}'=\{f(x)+g(x)\}'+h'(x) \qquad \leftarrow f(x)+g(x)를 하나의 함수로 생각$$
$$=f'(x)+g'(x)+h'(x)$$

(3)을 통해 함수의 실수배의 미분법은 함수를 실수배한 후에 미분한 것과 함수를 미분한 후에 실수배한 것이 같음을 알 수 있다. 또 (4)를 통해 함수의 합, 차에 대한 미분법은 함수끼리 더한 후에(뺀 후에) 미분한 것과 각각을 미분한 후 더한 것(뺀 것)이 같음을 알 수 있다.

(5) 함수 $f(x)g(x)$의 도함수

$$\{f(x)g(x)\}'=\lim_{h\to 0}\frac{f(x+h)g(x+h)-f(x)g(x)}{h}$$

$$=\lim_{h\to 0}\frac{f(x+h)g(x+h)-f(x)g(x+h)+f(x)g(x+h)^{⑫}-f(x)g(x)}{h}$$

$$=\lim_{h\to 0}\frac{\{f(x+h)-f(x)\}g(x+h)+f(x)\{g(x+h)-g(x)\}}{h}$$

$$=\lim_{h\to 0}\frac{f(x+h)-f(x)}{h}\lim_{h\to 0}g(x+h)+\lim_{h\to 0}f(x)\lim_{h\to 0}\frac{g(x+h)-g(x)}{h}$$

$$=f'(x)g(x)+f(x)g'(x)$$

---

⑫ 곱의 미분법을 증명할 때는 미분계수의 정의만을 이용하는 기본적인 미분법 (1)~(4)와는 다르게 같은 것을 한 번씩 빼고 더하는 방법을 이용한다. 이와 같은 방법은 미분의 증명 문제에서 많이 사용되므로 잘 기억해 두도록 하자.

앞의 성질을 이용하여 미분가능한 세 함수의 곱의 도함수를 다음과 같이 구할 수 있다.

$$\{f(x)g(x)h(x)\}' = [f(x)\{g(x)h(x)\}]' \quad \leftarrow g(x)h(x)\text{를 하나의 함수로 생각}$$
$$= f'(x)\{g(x)h(x)\} + f(x)\{g(x)h(x)\}'$$
$$= f'(x)g(x)h(x) + f(x)\{g'(x)h(x) + g(x)h'(x)\}$$
$$= f'(x)g(x)h(x) + f(x)g'(x)h(x) + f(x)g(x)h'(x)$$

이상을 정리하면 다음과 같다.

> **함수의 실수배, 합, 차, 곱의 미분법**
> 두 함수 $f(x)$, $g(x)$가 미분가능할 때
> (3) $y = cf(x)$ (c는 상수) $\Longrightarrow y' = cf'(x)$
> (4) $y = f(x) \pm g(x) \Longrightarrow y' = f'(x) \pm g'(x)$ (복부호 동순)
> (5) $y = f(x)g(x) \Longrightarrow y' = f'(x)g(x) + f(x)g'(x)$

이를 바탕으로 다항함수의 도함수를 손쉽게 구해 보자.

■ **EXAMPLE 029** 다음 함수를 미분하여라.

(1) $y = x^{10} - 7x^2 + 4x + 5$ 　　　　　　(2) $y = (x^3 + x)(x^2 - 2)$

ANSWER (1) $\boldsymbol{y'} = (x^{10} - 7x^2 + 4x + 5)' = (x^{10})' + (-7x^2)' + (4x)' + (5)'$
$$= 10x^9 - 7 \cdot 2x + 4 + 0 = \boldsymbol{10x^9 - 14x + 4} \ \blacksquare$$

(2) $\boldsymbol{y'} = \{(x^3 + x)(x^2 - 2)\}' = (x^3 + x)'(x^2 - 2) + (x^3 + x)(x^2 - 2)'$
$$= (3x^2 + 1)(x^2 - 2) + (x^3 + x) \cdot 2x = 3x^4 - 5x^2 - 2 + 2x^4 + 2x^2$$
$$= \boldsymbol{5x^4 - 3x^2 - 2} \ \blacksquare$$

[참고] (2)의 경우 다음과 같이 식을 전개하여 미분하는 것이 더 간단해 보일 수 있다.
$y = (x^3 + x)(x^2 - 2) = x^5 - x^3 - 2x$이므로
$$y' = (x^5 - x^3 - 2x)' = 5x^4 - 3x^2 - 2$$
하지만 앞으로 배울 여러 가지 함수들의 미분의 경우에는 전개하여 미분하는 것보다 곱의 미분법을 이용하는 것이 더 편리한 경우가 많으므로 곱의 미분법을 반드시 알아두도록 하자.

APPLICATION **032** 다음 함수를 미분하여라. 　　　　　　　　　　　Sub Note 012쪽

(1) $y = -4x^4 + 8x^3 - 6x + 9$ 　　　　　　(2) $y = (2x^3 - 2x)(x^2 + 5x + 1)$

Sub Note 012쪽

APPLICATION **033** 두 다항함수 $f(x)$, $g(x)$에 대하여 $h(x) = 2f(x)g(x)$이고, $f(5) = 4$, $f'(5) = 6$, $g(5) = -3$, $g'(5) = 2$일 때, $h'(5)$의 값을 구하여라.

이 단원의 **Advanced Lecture**에서 다룬 합성함수의 미분법을 이용하면 두 함수

$$f(x) = (\text{다항식}), \quad g(x) = x^n \ (n \geq 2\text{인 자연수})$$

의 합성함수인 $\{f(x)\}^n$ ($n \geq 2$인 자연수)의 도함수 $[\{f(x)\}^n]'$이

$$[\{f(x)\}^n]' = n\{f(x)\}^{n-1}f'(x) \quad \leftarrow \ \{g(f(x))\}' = g'(f(x))f'(x)\text{를 이용}$$

임을 확인할 수 있을 것이다. 예를 들어 함수 $y = (2x+1)^{10}$의 도함수는 (전개할 필요 없이)

$$y' = 10(2x+1)^9 \cdot (2x+1)' = 10(2x+1)^9 \cdot 2 = 20(2x+1)^9$$

으로 쉽게 구할 수 있다. 그러나 수학 Ⅱ에서는 합성함수의 미분법을 배우지 않으므로 이와 같은 함수의 도함수를 구하기가 쉽지 않다. 다른 방법은 없는 것일까?

합성함수 $\{f(x)\}^n$이 $f(x)$가 n번 곱해진 형태인 것에 주목하면, 곱의 미분법을 통해서 그 도함수를 구할 수 있다. 하나하나 차근차근 따져 보자.

(ⅰ) $\{f(x)\}^2$의 도함수 : $\{f(x)\}^2 = f(x)f(x)$이므로

$$\{f(x)f(x)\}' = f'(x)f(x) + f(x)f'(x) = 2f(x)f'(x)$$

(ⅱ) $\{f(x)\}^3$의 도함수 : $\{f(x)\}^3 = f(x)f(x)f(x)$이므로

$$\{f(x)f(x)f(x)\}' = f'(x)f(x)f(x) + f(x)f'(x)f(x) + f(x)f(x)f'(x)$$
$$= 3\{f(x)\}^2 f'(x)$$

$\vdots$

이를 일반화시키면 $n \geq 2$인 자연수일 때, $[\{f(x)\}^n]' = n\{f(x)\}^{n-1}f'(x)$이다.

엄밀하게 다음과 같이 수학 Ⅰ에서 다루는 수학적 귀납법을 이용하여 증명할 수도 있다.

$\{f(x)\}^n$ ($n \geq 2$인 자연수)에 대하여 $\quad [\{f(x)\}^n]' = n\{f(x)\}^{n-1}f'(x) \quad \cdots\cdots \ \ominus$

(ⅰ) $n = 2$일 때,

$$[\{f(x)\}^2]' = \{f(x)f(x)\}' = f'(x)f(x) + f(x)f'(x)$$
$$= 2f(x)f'(x) = 2\{f(x)\}^{2-1}f'(x)$$

따라서 $\ominus$이 성립한다.

(ⅱ) $n = k$일 때, $\ominus$이 성립한다고 가정하면 $[\{f(x)\}^k]' = k\{f(x)\}^{k-1}f'(x)$이고,

$\{f(x)\}^{k+1} = f(x)\{f(x)\}^k$이므로

$$[\{f(x)\}^{k+1}]' = f'(x)\{f(x)\}^k + f(x)[\{f(x)\}^k]'$$
$$= f'(x)\{f(x)\}^k + f(x)[k\{f(x)\}^{k-1}f'(x)]$$
$$= (k+1)\{f(x)\}^k f'(x)$$

따라서 $n = k+1$일 때도 $\ominus$이 성립한다.

(ⅰ), (ⅱ)에 의하여 $n \geq 2$인 자연수일 때, $[\{f(x)\}^n]' = n\{f(x)\}^{n-1}f'(x)$가 성립한다.

도함수의 정의를 이용하여 도함수 구하기

024 도함수의 정의를 이용하여 다음 함수의 도함수를 구하고, $x=1$에서의 미분계수를 구하여라.

(1) $f(x)=-2x^3+x^2+3x$ (2) $f(x)=\sqrt{x^2+1}$

GUIDE 미분법 공식대로만 미분을 하다 보면 도함수의 정의와 미분계수의 정의를 잊어버리는 경우가 있다. 항상 모든 개념의 정의를 정확히 기억하자.

SOLUTION

(1) $f'(x)=\lim\limits_{\Delta x \to 0}\dfrac{f(x+\Delta x)-f(x)}{\Delta x}$

$=\lim\limits_{\Delta x \to 0}\dfrac{\{-2(x+\Delta x)^3+(x+\Delta x)^2+3(x+\Delta x)\}-(-2x^3+x^2+3x)}{\Delta x}$

$=\lim\limits_{\Delta x \to 0}\dfrac{-6x^2\Delta x-6x(\Delta x)^2-2(\Delta x)^3+2x\Delta x+(\Delta x)^2+3\Delta x}{\Delta x}$

$=\lim\limits_{\Delta x \to 0}\{-6x^2-6x\Delta x-2(\Delta x)^2+2x+\Delta x+3\}$

$=\boldsymbol{-6x^2+2x+3}$

이때 $x=1$에서의 미분계수는 $f'(1)=-6+2+3=\boldsymbol{-1}$이다. ■

(2) $f'(x)=\lim\limits_{\Delta x \to 0}\dfrac{f(x+\Delta x)-f(x)}{\Delta x}$

$=\lim\limits_{\Delta x \to 0}\dfrac{\sqrt{(x+\Delta x)^2+1}-\sqrt{x^2+1}}{\Delta x}$

$=\lim\limits_{\Delta x \to 0}\dfrac{2x\Delta x+(\Delta x)^2}{\Delta x\{\sqrt{(x+\Delta x)^2+1}+\sqrt{x^2+1}\}}$

$=\lim\limits_{\Delta x \to 0}\dfrac{2x+\Delta x}{\sqrt{(x+\Delta x)^2+1}+\sqrt{x^2+1}}$

$=\dfrac{2x}{2\sqrt{x^2+1}}=\dfrac{\boldsymbol{x}}{\boldsymbol{\sqrt{x^2+1}}}$

이때 $x=1$에서의 미분계수는 $f'(1)=\dfrac{1}{\sqrt{2}}=\dfrac{\sqrt{2}}{2}$이다. ■

유제

Sub Note 034쪽

024-① 도함수의 정의를 이용하여 다음 함수의 도함수를 구하고, $x=2$에서의 미분계수를 구하여라.

(1) $f(x)=x^3+1$ (2) $f(x)=\dfrac{1}{x}$

미분계수와 도함수를 이용하여 미정계수 구하기

025 함수 $f(x)=ax^3+bx^2+cx$가 다음 두 조건을 만족시킬 때, 상수 a, b, c에 대하여 $a+b+c$의 값을 구하여라.

> (가) $\displaystyle\lim_{x\to\infty}\frac{f(x)}{x^2-x+1}=1$　　　　(나) $\displaystyle\lim_{h\to0}\frac{f(2+h)-f(2+3h)}{h}=4$

GUIDE 가장 많이 접할 수 있는 형태의 문제이다. 앞에서 배운 함수의 극한의 성질과 미분계수의 정의를 정확히 알아야 한다. 거듭 강조하지만 미분계수도 넓은 의미에서는 극한값이다.

SOLUTION ─────────────────────

조건 (가)에서 극한값이 1이므로 분모, 분자의 차수가 같고 분자의 최고차항의 계수는 1이다.

$$\therefore\ a=0,\ b=1$$

조건 (나)에서 미분계수의 정의를 이용하면

$$\lim_{h\to0}\frac{f(2+h)-f(2+3h)}{h}$$

$$=\lim_{h\to0}\frac{f(2+h)-f(2)+f(2)-f(2+3h)}{h}$$

$$=\lim_{h\to0}\frac{f(2+h)-f(2)}{h}-\lim_{h\to0}\frac{f(2+3h)-f(2)}{3h}\cdot3$$

$$=f'(2)-3f'(2)=-2f'(2)=4$$

$$\therefore\ f'(2)=-2$$

한편 $f(x)=x^2+cx$에서　　$f'(x)=2x+c$

이때 $f'(2)=-2$이므로　　$4+c=-2$　　$\therefore\ c=-6$

$$\therefore\ a+b+c=0+1+(-6)=\textbf{-5}\ ■$$

Sub Note 035쪽

유제
025-❶ 함수 $f(x)=x^3+2ax^2-3bx+4$에 대하여 $\displaystyle\lim_{x\to1}\frac{f(x)}{x-1}=5$일 때, 상수 a, b에 대하여 ab의 값을 구하여라.

026 (1) $\lim\limits_{x \to -1} \dfrac{x^{12} - 3x - 4}{x+1}$ 의 값을 구하여라.

(2) $\lim\limits_{x \to 1} \dfrac{x^n + x^2 - 4x + 2}{x-1} = 5$ 를 만족시키는 자연수 n의 값을 구하여라.

GUIDE 주어진 식의 일부를 $f(x)$로 놓은 후 미분계수의 정의를 이용할 수 있도록 식을 변형한다.

SOLUTION

(1) $f(x) = x^{12} - 3x$라 하면 $f(-1) = 1 + 3 = 4$이므로

$$\lim_{x \to -1} \frac{x^{12} - 3x - 4}{x+1} = \lim_{x \to -1} \frac{f(x) - f(-1)}{x+1} = f'(-1)$$

이때 $f'(x) = 12x^{11} - 3$이므로

$$f'(-1) = -12 - 3 = \mathbf{-15} \ ■$$

(2) $f(x) = x^n + x^2 - 4x$라 하면 $f(1) = 1 + 1 - 4 = -2$이므로

$$\lim_{x \to 1} \frac{x^n + x^2 - 4x + 2}{x-1} = \lim_{x \to 1} \frac{f(x) - f(1)}{x-1} = f'(1) = 5$$

이때 $f'(x) = nx^{n-1} + 2x - 4$이므로

$$f'(1) = n + 2 - 4 = n - 2$$

즉, $n - 2 = 5$이므로 $\quad n = \mathbf{7} \ ■$

유제
026-1 $\lim\limits_{x \to 1} \dfrac{x^{11} - x^{10} + x^9 - x^8 + x^7 - 1}{x-1}$ 의 값을 구하여라. Sub Note 035쪽

유제
026-2 $\lim\limits_{x \to 2} \dfrac{x^n - x - 62}{x-2} = k$일 때, 자연수 n과 상수 k에 대하여 $n+k$의 값을 구하여라. Sub Note 035쪽

027 함수 $f(x)=\begin{cases} x^3-2x^2+ax+4 & (x\geq0) \\ -x^2+3x+b & (x<0) \end{cases}$ 가 $x=0$에서 미분가능할 때, 상수 a, b에 대하여 ab

의 값을 구하여라.

GUIDE   함수 $f(x)=\begin{cases} g(x) & (x\geq a) \\ h(x) & (x<a) \end{cases}$ 가 $x=a$를 기준으로 두 함수로 표현되어진 함수라 하자.

이때 $x=a$에서 미분가능하다는 것은 우선 $x=a$에서 연속이라는 것을 의미한다.
따라서 $\lim_{x\to a+}g(x)=\lim_{x\to a-}h(x)=g(a)$를 만족시켜야 한다.
또한 $x=a$에서의 우미분계수와 좌미분계수를 살펴보면

우미분계수는 $\lim_{h\to0+}\dfrac{f(a+h)-f(a)}{h}=\lim_{h\to0+}\dfrac{g(a+h)-g(a)}{h}=g'(a)$이고,

좌미분계수는 $\lim_{h\to0-}\dfrac{f(a+h)-f(a)}{h}=\lim_{h\to0-}\dfrac{h(a+h)-h(a)}{h}=h'(a)$이므로

$x=a$에서 미분가능하려면 $g'(a)=h'(a)$를 만족시켜야 한다.
따라서 $x=a$에서 미분가능하다는 것은 $g(a)=\lim_{x\to a-}h(x)$와 $g'(a)=h'(a)$의 두 가지 조건이 모두 성립된다는 것을 의미한다.

SOLUTION ───────────────────

$g(x)=x^3-2x^2+ax+4$, $h(x)=-x^2+3x+b$로 놓으면
함수 $f(x)$가 $x=0$에서 미분가능하므로 $x=0$에서 연속이다.
즉, $g(0)=\lim_{x\to0-}h(x)$이어야 한다.
이때 $g(0)=4$, $\lim_{x\to0-}h(x)=\lim_{x\to0-}(-x^2+3x+b)=b$이므로 $b=4$
또한 함수 $f(x)$가 $x=0$에서 미분가능하므로 우미분계수와 좌미분계수가 같다.
즉, $g'(0)=h'(0)$이어야 한다.
이때 $g'(x)=3x^2-4x+a$, $h'(x)=-2x+3$에서
$g'(0)=a$, $h'(0)=3$이므로 $a=3$
$\therefore ab=3\cdot4=\textbf{12}$ ■

Sub Note 035쪽

유제
027-❶ 함수 $f(x)=\begin{cases} x^3-ax+b & (x\geq1) \\ x^2+x+1 & (x<1) \end{cases}$ 이 모든 실수 x에서 미분가능할 때, 상수 a, b에 대하여

$a+b$의 값을 구하여라.

다항식의 나눗셈에서 미분법의 활용

028

다항식 x^5+ax+b가 $(x-1)^2$으로 나누어떨어질 때, 상수 a, b에 대하여 $a-b$의 값을 구하여라.

GUIDE 일반적으로 다항식 $f(x)$가 $(x-a)^2$으로 나누어떨어질 때, $f(x)$와 $f'(x)$는 모두 $x-a$라는 인수를 갖는다. 왜냐하면 $f(x)=(x-a)^2Q(x)$를 만족시키므로 양변을 x에 대하여 미분하면
$$f'(x)=2(x-a)Q(x)+(x-a)^2Q'(x)=(x-a)\{2Q(x)+(x-a)Q'(x)\}$$
가 되기 때문이다. 즉, $f(a)=0$, $f'(a)=0$이다.

SOLUTION

다항식 x^5+ax+b를 $(x-1)^2$으로 나누었을 때의 몫을 $Q(x)$라 하면
$$x^5+ax+b=(x-1)^2Q(x) \quad \cdots\cdots \ \bigcirc$$
$\bigcirc$은 x에 대한 항등식이므로 양변에 $x=1$을 대입하면
$$1+a+b=0 \quad \cdots\cdots \ \bigcirc\!\bigcirc$$
$\bigcirc$의 양변을 x에 대하여 미분하면
$$5x^4+a=2(x-1)Q(x)+(x-1)^2Q'(x)$$
위의 식은 x에 대한 항등식이므로 양변에 $x=1$을 대입하면
$$5+a=0 \quad \therefore a=-5$$
$a=-5$를 $\bigcirc\!\bigcirc$에 대입하면 $\quad 1-5+b=0 \quad \therefore b=4$
$$\therefore a-b=-5-4=\mathbf{-9} \ \blacksquare$$

Summa's Advice

$\{(x-1)^2\}'=2(x-1)$이 이해되지 않는 학생이라면, 134쪽의 **수학 공부법에 대한 저자들의 충고**를 반드시 확인하도록 하자. $[\{f(x)\}^n]'=n\{f(x)\}^{n-1}f'(x)$는 다항함수를 미분할 때 전개 과정을 생략할 수 있게 해주는 굉장히 유용한 도구이다. 시간 단축과 정확도 면에서 큰 이익을 얻을 수 있으니 반드시 기억하도록 하자!

유제
Sub Note 035쪽
028-❶ 다항식 x^4+ax+b를 $(x+1)^2$으로 나누었을 때의 나머지가 $x-2$일 때, 상수 a, b에 대하여 $a+b$의 값을 구하여라.

유제
Sub Note 036쪽
028-❷ 다항식 $16x^4+2ax+15$가 $(2x+b)^2$으로 나누어떨어질 때, 상수 a, b에 대하여 ab의 값을 구하여라.

1. 다음 [   ] 안에 적절한 것을 채워 넣어라.

(1) x의 값이 a에서 $a+\Delta x$까지 변할 때의 함수 $y=f(x)$의 [   ]에서

$\Delta x \to 0$일 때의 극한값, 즉 $\lim\limits_{\Delta x \to 0} \dfrac{\Delta y}{\Delta x} = \lim\limits_{\Delta x \to 0} \dfrac{f(a+\Delta x)-f(a)}{\Delta x}$ 가 존재할 때, 이 극

한값을 함수 $y=f(x)$의 $x=a$에서의 [   ](이)라 한다. 결국, 미분계수가

존재한다는 것은 [   ]의 극한값이 존재한다는 것을 의미한다.

(2) 미분가능한 함수 $f(x)$에 대하여 $\lim\limits_{\Delta x \to 0} \dfrac{f(x+\Delta x)-f(x)}{\Delta x}$ 를 함수 $f(x)$의 [   ]

라 하고, 기호로 [   ]와 같이 나타낸다.

(3) 두 함수 $f(x)$, $g(x)$가 미분가능할 때

① $y=x^n$ (n은 자연수)이면 $y'=[\quad\quad]$

② $y=c$ (c는 상수)이면 $y'=[\quad\quad]$

③ $y=cf(x)$ (c는 상수)이면 $y'=[\quad\quad]$

④ $y=f(x) \pm g(x)$이면 $y'=[\quad\quad\quad]$ (복부호 동순)

⑤ $y=f(x)g(x)$이면 $y'=[\quad\quad\quad\quad]$

2. 다음 문장이 참(true) 또는 거짓(false)인지 결정하고, 그 이유를 설명하거나 적절한 반 례를 제시하여라.

(1) 함수 $f(x)$가 $x=a$에서 미분가능하면 $f(x)$는 $x=a$에서 연속이다.

(2) 함수 $f(x)$가 $x=a$에서 연속이면 $f(x)$는 $x=a$에서 미분가능하다.

(3) 함수 $U(x) = \begin{cases} 0 \ (x<0) \\ 1 \ (x \geq 0) \end{cases}$ 이면 도함수 $U'(x)$가 존재한다.

3. 다음 물음에 대한 답을 간단히 서술하여라.

(1) 미분가능한 함수와 연속인 함수의 포함 관계에 대해 설명하여라.

(2) 미분계수와 도함수의 차이점을 설명하여라.

Sub Note 078쪽

평균변화율과
미분계수 **01** 함수 $f(x)=x^2-3x+3$에 대하여 x의 값이 -1에서 2까지 변할 때의 평균변화율이
$x=a$에서의 미분계수와 같을 때, 상수 a의 값을 구하여라.

미분계수 **02** 다항함수 $f(x)$에 대하여 $f'(1)=3$이고 $\lim\limits_{h \to 0} \dfrac{f(1-ah)-f(1+bh)}{h}=12$일 때, 상수
a, b에 대하여 $a+b$의 값을 구하여라.

미분계수 **03** 다항함수 $f(x)$에 대하여 다음 중 $\lim\limits_{x \to 2} \dfrac{f(x^2)-f(4)}{x-2}$와 값이 같은 것은?

① $2f'(2)$ ② $4f'(2)$ ③ $f'(4)$ ④ $2f'(4)$ ⑤ $4f'(4)$

미분계수 **04** 미분가능한 함수 $f(x)$가 모든 실수 x, y에 대하여
$$f(x+y)=f(x)+f(y)+xy$$
를 만족시키고, $f'(0)=-3$일 때, $f'(2)$의 값을 구하여라.

미분가능성과
연속성 **05** 다음 보기의 함수 중 $x=0$에서 연속이지만 미분가능하지 않은 것만을 있는 대로 골라
라. (단, $[x]$는 x보다 크지 않은 최대의 정수이다.)

> **보기**   ㄱ. $f(x)=|x|+x$ ㄴ. $g(x)=[x-1]$ ㄷ. $k(x)=|x|^3$

미분법 **06** 다항함수 $f(x)$에 대하여 곡선 $y=f(x)$ 위의 점 $(2,\ 1)$에서의 접선의 기울기가 2이다. $g(x)=x^3 f(x)$일 때, $g'(2)$의 값을 구하여라. [평가원 기출]

미분법 **07** 삼차함수 $f(x)=ax^3+bx^2$에 대하여 등식 $f'(2)=pf(-1)+qf(1)$이 실수 a, b의 값에 관계없이 성립한다. 이때 실수 p, q에 대하여 pq의 값은?

① -32 ② -16 ③ 0 ④ 16 ⑤ 32

미분법을 이용하여 미정계수 구하기 **08** 서술형 함수 $f(x)=ax^3+bx^2+cx+d$가 다음 네 조건을 만족시킬 때, $f(-1)$의 값을 구하여라. (단, a, b, c, d는 상수)

(가) $f(0)=2$ (나) $f(1)=0$

(다) $\displaystyle\lim_{x\to\infty}\frac{2x^3}{f(x)}=2$ (라) $\displaystyle\lim_{h\to 0}\frac{h}{f(1+4h)}=\frac{1}{16}$

미분법을 이용하여 미정계수 구하기 **09** 함수 $f(x)=\begin{cases} x^2+3 & (x\geq 2) \\ ax+b & (x<2) \end{cases}$ 가 $x=2$에서 미분가능할 때, 상수 a, b에 대하여 $a-b$의 값을 구하여라.

미분법의 활용 **10** 다항식 $x^{10}-x^3+1$을 $(x+1)^2$으로 나누었을 때의 나머지를 $R(x)$라 할 때, $R(1)$의 값을 구하여라.

EXERCISES

Sub Note 080쪽

01 양의 실수 전체의 집합에서 증가하는 함수 $f(x)$가 $x=1$에서 미분가능하다. 1보다 큰 모든 실수 a에 대하여 점 $(1, f(1))$과 점 $(a, f(a))$ 사이의 거리가 a^2-1일 때, $f'(1)$의 값은? [평가원 기출]

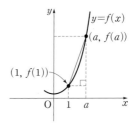

① 1
② $\dfrac{\sqrt{5}}{2}$
③ $\dfrac{\sqrt{6}}{2}$
④ $\sqrt{2}$
⑤ $\sqrt{3}$

02 다항함수 $f(x)$에 대하여 $\displaystyle\lim_{h\to 0}\dfrac{f(-2+h)+f(2)}{2h}=4$일 때, $\displaystyle\lim_{x\to -2}\dfrac{f(x)+f(2)}{x^2-4}$의 값을 구하여라.

03 미분가능한 함수 $f(x)$가 $f(x)>0$이고, 모든 실수 x, y에 대하여
$$f(x+y)=4f(x)f(y)$$
를 만족시킨다. $f'(0)=4$일 때, $\dfrac{f'(3)}{f(3)}$의 값을 구하여라.

04 임의의 두 실수 a, $b\,(a<b)$에 대하여 부등식 $f(a)+f'(a)(b-a)<f(b)$가 성립하는 미분가능한 함수 $y=f(x)$의 그래프가 될 수 있는 것은?

①
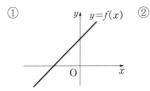

②
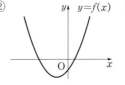

③
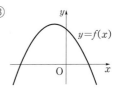

④
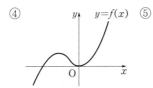

⑤
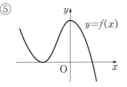

05 실수 전체에서 정의된 두 함수 $f(x)$, $g(x)$가 있다. 함수 $f(x)$가 $f(0)=0$, $f'(0)=1$ 을 만족시킬 때, 함수 $f(x)g(x)$가 $x=0$에서 미분가능하기 위한 필요충분조건은?

① $g(x)=0$ ② $\lim\limits_{x\to 0} g(x)=0$

③ $g(x)$는 $x=0$에서 연속이다.   ④ $\lim\limits_{x\to 0} g(x)$의 값이 존재한다.

⑤ $g(x)$는 $x=0$에서 미분가능하다.

06 두 다항함수 $f(x)$, $g(x)$에 대하여 $\lim\limits_{x\to 2}\dfrac{f(x)-3}{x^2+x-6}=-1$, $\lim\limits_{x\to 2}\dfrac{g(x)-5}{x-2}=2$일 때, 함수 $h(x)=f(x)g(x)$에 대하여 $h'(2)$의 값을 구하여라.

07 $\lim\limits_{x\to 1}\dfrac{x^n-x^2-x+1}{x-1}=10$일 때, $\lim\limits_{x\to -1}\dfrac{x^n-x^2-x+1}{x+1}$의 값을 구하여라.

(단, n은 자연수)

08 함수 $f(x)=\begin{cases} 1-x & (x<0) \\ x^2-1 & (0\le x<1) \\ \dfrac{2}{3}(x^3-1) & (x\ge 1) \end{cases}$ 일 때, 보기에서 옳은 것을 모두 골라라.

보기   ㄱ. $f(x)$는 $x=1$에서 미분가능하다.

           ㄴ. $|f(x)|$는 $x=0$에서 미분가능하다.

           ㄷ. $x^2f(x)$는 $x=0$에서 미분가능하다.

---

09 다항함수 $f(x)$는 모든 실수 x에 대하여 $2f(x)=(x+1)f'(x)+1$을 만족시킨다. $f(0)=0$일 때, 다항함수 $f(x)$를 구하여라.

10 $f(x)$는 삼차 이상의 다항식이다. $f(x)$를 x^2-1로 나누었을 때의 나머지가 $3x+1$이고 $f'(x)$를 $x-1$, $x+1$로 나누었을 때의 나머지가 각각 -1, -5일 때, $f(x)$를 $(x^2-1)^2$으로 나누었을 때의 나머지를 구하여라.

내신·모의고사 대비 TEST   330쪽

01 접선의 방정식

SUMMA CUM LAUDE

ESSENTIAL LECTURE

1 접선의 방정식

함수 $f(x)$가 $x=a$에서 미분가능할 때, 곡선 $y=f(x)$ 위의 점 $(a, f(a))$에서의 접선의 기울기가 $f'(a)$이므로 이 점에서의 접선의 방정식은 $y-f(a)=f'(a)(x-a)$

[참고] 곡선 $y=f(x)$ 위의 점 $(a, f(a))$를 지나고, 이 점에서의 접선에 수직인 직선의 방정식은

$$y-f(a)=-\frac{1}{f'(a)}(x-a) \text{ (단, } f'(a)\neq0)$$

2 접선의 방정식을 구하는 두 가지 유형

[유형 1] 곡선 $y=f(x)$에 접하고 기울기가 m인 접선의 방정식 구하기

  (ⅰ) 접점의 좌표를 $(a, f(a))$로 놓는다.

  (ⅱ) $f'(a)=m$임을 이용하여 접점의 좌표를 구한다.

  (ⅱ) $y-f(a)=m(x-a)$를 이용하여 접선의 방정식을 구한다.

[유형 2] 곡선 $y=f(x)$ 밖의 한 점 (x_1, y_1)에서 곡선에 그은 접선의 방정식 구하기

  (ⅰ) 접점의 좌표를 $(a, f(a))$로 놓는다.

  (ⅱ) $y-f(a)=f'(a)(x-a)$에 점 (x_1, y_1)의 좌표를 대입하여 a의 값을 구한다.

  (ⅲ) a의 값을 $y-f(a)=f'(a)(x-a)$에 대입하여 접선의 방정식을 구한다.

1 접선의 방정식

미분가능한 함수 $f(x)$의 $x=a$에서의 미분계수 $f'(a)$는 기하적으로 곡선 $y=f(x)$ 위의 점 $(a, f(a))$에서의 접선의 기울기를 의미함을 배웠다.

따라서 곡선 $y=f(x)$ 위의 점 $(a, f(a))$를 알면 미분을 통해 접선의 기울기 $f'(a)$를 알 수 있으므로 다음과 같이 접선의 방정식을 구할 수 있다.

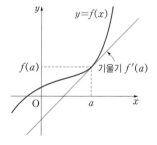

접선의 방정식(equation of tangent)

함수 $f(x)$가 $x=a$에서 미분가능할 때, 곡선 $y=f(x)$ 위의 점 $(a, f(a))$에서의 접선의 방정식은

$$y-f(a)=f'(a)(x-a)$$

이미 고등 수학(상)에서 한 점 (x_1, y_1)을 지나고 기울기가 m인 직선의 방정식이

$$y-y_1=m(x-x_1)$$

임을 배웠으므로 이 식을 토대로 하여 생각하면, 곡선 $y=f(x)$ 위의 점 $(a, f(a))$에서의 접선은 '점 $(a, f(a))$를 지나고 기울기가 $f'(a)$인 직선'이라는 것에서 접선의 방정식이

$$y-f(a)=f'(a)(x-a)$$

임은 명백하다. 물론 접선의 기울기는 접점의 좌표와 미분을 이용하여 구해야 한다.

그러면 접점이 주어졌을 때의 접선의 방정식을 구해 보자.

■ **EXAMPLE 030** 곡선 $y=2x^2+x+4$에 대하여 다음 물음에 답하여라.

(1) 곡선 위의 $x=-1$인 점에서의 접선의 기울기를 구하여라.

(2) 곡선 위의 $x=-1$인 점에서의 접선의 방정식을 구하여라.

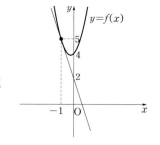

ANSWER $f(x)=2x^2+x+4$로 놓으면

(1) $f'(x)=4x+1$

따라서 $x=-1$인 점에서의 접선의 기울기는

$$f'(-1)=4\cdot(-1)+1=\boldsymbol{-3} \blacksquare$$

(2) $f(-1)=2\cdot(-1)^2+(-1)+4=5$이므로 구하는 접선은 점 $(-1, 5)$를 지나고 기울기가 -3인 직선이다.

즉, $y-5=-3\{x-(-1)\}$

$$\therefore \boldsymbol{y=-3x+2} \blacksquare$$

Sub Note 012쪽

APPLICATION 034 곡선 $y=(2x-1)(3x-1)$에 대하여 다음 물음에 답하여라.

(1) 곡선 위의 점 $(1, 2)$에서의 접선의 기울기를 구하여라.

(2) 곡선 위의 점 $(1, 2)$에서의 접선의 방정식을 구하여라.

이번에는 곡선 $y=f(x)$ 위의 점 $(a, f(a))$를 지나고, 이 점에서의 접선에 수직인 직선의 방정식을 구해 보자.

두 직선 $y=mx+n$과 $y=m'x+n'$이 서로 수직이면

$$mm'=-1$$

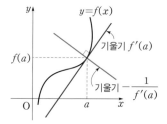

이 성립함을 기억할 것이다.

이 사실을 이용하면 점 $(a, f(a))$에서의 접선의 기울기가 $f'(a)$이므로 점 $(a, f(a))$를 지나고, 이 점에서의 접선에 수직인 직선의 기울기가

$-\dfrac{1}{f'(a)}$ 임을 쉽게 확인할 수 있다.

따라서 곡선 $y=f(x)$ 위의 점 $(a, f(a))$를 지나고, 이 점에서의 접선에 수직인 직선의 방정식은 다음과 같다.

$$y-f(a)=-\frac{1}{f'(a)}(x-a) \text{ (단, } f'(a)\neq 0)$$

Sub Note 012쪽

APPLICATION 035 곡선 $y=3x^2-5x+4$ 위의 점 $(2, 6)$을 지나고, 이 점에서의 접선에 수직인 직선의 방정식을 구하여라.

❷ 접선의 방정식을 구하는 두 가지 유형 (수능 고빈도 출제)

앞에서 곡선 $y=f(x)$ 위의 점 $(a, f(a))$가 주어진 경우, 이 점(접점)에서의 접선의 방정식은

　　　접점의 좌표와 미분을 이용하여 기울기 $f'(a)$를 찾으면

어렵지 않게 구할 수 있었다. 그런데 곡선 위의 점이 주어진 것이 아니라

　　(ⅰ) 기울기가 주어진 경우　← [유형 1]

　　(ⅱ) 곡선 밖의 한 점이 주어진 경우　← [유형 2]

에는 접선의 방정식을 어떻게 구해야 할까?

지금부터 (ⅰ), (ⅱ)의 경우에 해당하는 접선의 방정식을 구하는 방법에 대하여 알아보도록 하자. 물론 구하는 방법에는 차이가 있겠지만, 바로 앞에서 배운 곡선 위의 점에서의 접선의 방정식을 구하는 방법을 바탕으로 하고 있음을 기억하기 바란다. 즉, 어느 경우이든

　　　주어진 정보와 미분을 이용하여 접점 $(a, f(a))$와 기울기 $f'(a)$를 찾는 것

이 목표가 되겠다. 이 둘만 찾으면 $y-f(a)=f'(a)(x-a)$로 접선의 방정식은 바로 결정된다.

[유형 1] 곡선 $y=f(x)$에 접하고 기울기가 m인 접선의 방정식 구하기

기울기가 주어졌으니 <u>곡선 위의 접하는 점의 좌표만 알면</u> 접선의 방정식을 구할 수 있다.

접점의 좌표를 일단 $(a, f(a))$라 하자. 여기서 우리는 $f'(a)$가 접선의 기울기 m과 같음을 기억해야 한다. 즉, $f'(a)=m$이다. 이제 이 방정식 $f'(a)=m$을 만족시키는 a의 값을 구하면 우리는 접점의 좌표 $(a, f(a))$를 알 수 있게 된다.

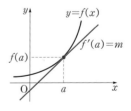

마지막으로 $y-f(a)=f'(a)(x-a)$를 이용하여 접선의 방정식을 구하면 된다.

이때 곡선에 따라 접선의 기울기가 m인 접선이 반드시 1개인 것이 아니라

　　　아예 존재하지 않거나, 2개 이상 존재할 수도 있다.

따라서 구한 접선의 방정식이 1개가 아니라고 해서 의심할 필요는 없다.

■ **EXAMPLE 031** 곡선 $y=x(x-1)(x-2)$에 접하고 기울기가 2인 접선의 방정식을 모두 구하여라.

ANSWER $f(x)=x(x-1)(x-2)$로 놓으면

$$f'(x)=(x-1)(x-2)+x(x-2)+x(x-1)$$
$$=(x^2-3x+2)+(x^2-2x)+(x^2-x)$$
$$=3x^2-6x+2$$

접점의 좌표를 $(a,\ f(a))$라 하면 접선의 기울기가 2이므로

$$f'(a)=3a^2-6a+2=2,\ 3a^2-6a=0,\ 3a(a-2)=0$$
$$\therefore a=0 \text{ 또는 } a=2$$

(i) $a=0$일 때, 접점의 좌표가 $(0,\ 0)$이므로 접선의 방정식은

$$y-0=2(x-0)$$
$$\therefore \boldsymbol{y=2x}$$

(ii) $a=2$일 때, 접점의 좌표가 $(2,\ 0)$이므로 접선의 방정식은

$$y-0=2(x-2)$$
$$\therefore \boldsymbol{y=2x-4} ■$$

Sub Note 013쪽

APPLICATION **036** 곡선 $y=-x^2+2x+4$에 접하고 기울기가 4인 접선의 방정식을 구하여라.

[유형 2] 곡선 $\boldsymbol{y=f(x)}$ 밖의 한 점 $(\boldsymbol{x_1,\ y_1})$에서 곡선에 그은 접선의 방정식 구하기

이 경우에도 역시 곡선 위의 점에서의 접선의 방정식을 먼저 생각해 주면 된다.

점 $(x_1,\ y_1)$에서 곡선 $y=f(x)$에 접선을 그었을 때, 그 접점의 좌표를 $(a,\ f(a))$로 놓으면 접선의 기울기가 $f'(a)$이므로 접선의 방정식은

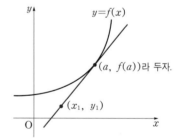

$$y-f(a)=f'(a)(x-a)$$

가 된다.

이때 이 접선이 주어진 점 $(x_1,\ y_1)$을 지나야 하므로

$$y_1-f(a)=f'(a)(x_1-a)$$

가 성립한다. 이제 이 a에 대한 방정식을 풀어서 a의 값을 구한 뒤에 원래 접선의 방정식에 대입하면 된다. 곡선 밖의 점에서 곡선에 그은 접선 역시 곡선에 따라

접선이 존재하지 않거나, 2개 이상 존재할 수도 있음

을 염두에 두길 바란다.

■ **EXAMPLE 032** 다음 점에서 곡선 $y=x^2-x$에 그은 접선의 방정식을 모두 구하여라.

(1) $(2, -2)$ (2) $(1, 3)$

ANSWER $f(x)=x^2-x$로 놓으면

(1) $f'(x)=2x-1$

접점의 좌표를 (a, a^2-a)라 하면 이 점에서의 접선의 기울기는 $f'(a)=2a-1$이므로 접선의 방정식은

$$y-(a^2-a)=(2a-1)(x-a) \qquad \cdots\cdots \ \text{㉠}$$

이 접선이 점 $(2, -2)$를 지나므로

$$-2-(a^2-a)=(2a-1)(2-a), \ -a^2+a-2=-2a^2+5a-2$$
$$a^2-4a=0, \ a(a-4)=0$$
$$\therefore \ a=0 \ \text{또는} \ a=4$$

(ⅰ) $a=0$일 때, ㉠에 대입하면 접선의 방정식은

$$y=-x$$

(ⅱ) $a=4$일 때, ㉠에 대입하면 접선의 방정식은

$$y=7x-16 \ ■$$

(2) (1)과 같은 방법으로 접선의 방정식은

$$y-(a^2-a)=(2a-1)(x-a)$$

이 접선이 점 $(1, 3)$을 지나므로

$$3-(a^2-a)=(2a-1)(1-a), \ -a^2+a+3=-2a^2+3a-1$$
$$\therefore \ a^2-2a+4=0$$

그런데 이 방정식을 만족시키는 실수 a의 값이 존재하지 않으므로 접점이 존재하지 않는다. 따라서 점 $(1, 3)$에서는 곡선 $y=x^2-x$에 접선을 그을 수 없으므로 점 $(1, 3)$을 지나는 **접선은 존재하지 않는다.** ■

Sub Note 013쪽

APPLICATION 037   점 $(0, 2)$에서 곡선 $y=x^2-4x+3$에 그은 접선의 방정식을 모두 구하여라.

조금 더 나아가서 이번에는 두 곡선에 대하여 각각의 접선이 서로 일치할 때를 생각해 보자. 두 곡선 $y=f(x)$, $y=g(x)$가 공통인 접선을 갖는다면 다음과 같이 두 가지 경우로 나누어 생각할 수 있다.

① 접점이 서로 같은 경우

$x=x_1$인 점 P를 두 곡선이 모두 지나고 이 점에서의 접선의 기울기가 서로 같다.

즉, <u>$x=x_1$에서의 함숫값끼리, 또 미분계수끼리 서로 같다.</u>

$$f(x_1)=g(x_1), \ f'(x_1)=g'(x_1)$$

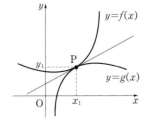

② 접점이 서로 다른 경우

점 Q에서의 접선의 방정식(l_1)과 점 R에서의 접선의 방정식(l_2)이 서로 일치한다.

즉, 두 접선의 기울기끼리, 또 y절편끼리 서로 같다.

$$\begin{cases} l_1 : y=mx+n \\ l_2 : y=m'x+n' \end{cases} \;\Rightarrow\; m=m',\; n=n'$$

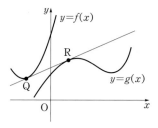

■ **E X A M P L E 033** 두 곡선 $y=ax^2+b$, $y=x^2-5x+6$이 $x=3$인 점에서 공통인 접선을 갖는다고 한다. 이때 상수 a, b에 대하여 ab의 값을 구하여라.

ANSWER $f(x)=ax^2+b$, $g(x)=x^2-5x+6$으로 놓으면 $x=3$에서의 함숫값끼리, 또 미분계수끼리 서로 같아야 한다.

즉, $f(3)=g(3)$이고, $f'(3)=g'(3)$이어야 한다.

(ⅰ) $f(3)=g(3)$: $9a+b=9-15+6$ $\therefore b=-9a$ ······ ㉠

(ⅱ) $f'(3)=g'(3)$: 각 함수의 도함수가 $f'(x)=2ax$, $g'(x)=2x-5$이므로

$$6a=6-5 \quad \therefore a=\frac{1}{6}$$

$a=\dfrac{1}{6}$ 을 ㉠에 대입하면 $b=-9\cdot\dfrac{1}{6}=-\dfrac{3}{2}$

$$\therefore ab=\frac{1}{6}\cdot\left(-\frac{3}{2}\right)=-\frac{1}{4}\ \blacksquare$$

[참고] 두 곡선의 접선이 서로 일치한다는 것에 착안하면, 풀이처럼 공식화하여 암기할 필요는 없다. 두 곡선에서 접선의 방정식을 각각 구한 후, 두 접선의 방정식이 서로 같도록 만들어주면 그만이기 때문이다.

따라서 앞의 본문에서 설명한 공통인 접선의 두 경우 ①, ②를 ② 하나로 묶어 생각해도 된다.

위의 문제를 다시 풀어 보자.

(ⅰ) 곡선 $y=x^2-5x+6$ 위의 $x=3$인 점에서의 접선의 방정식을 구해 보자.

이 접선은 점 $(3,\ 0)$을 지나고 기울기가 $g'(3)=1$인 접선이므로 그 방정식은

$$y=x-3 \qquad\qquad ······ ㉡$$

(ⅱ) 곡선 $y=ax^2+b$ 위의 $x=3$인 점에서의 접선의 방정식을 구해 보자.

이 접선은 점 $(3,\ 9a+b)$를 지나고 기울기가 $f'(3)=6a$인 접선이므로 그 방정식은

$$y-(9a+b)=6a(x-3) \iff y=6ax-9a+b \qquad ······ ㉢$$

이때 ㉡, ㉢이 서로 일치하므로 $6a=1$, $-9a+b=-3$이어야 한다. 즉,

$$a=\frac{1}{6},\ b=-3+9\cdot\frac{1}{6}=-\frac{3}{2}$$

$$\therefore ab=\frac{1}{6}\cdot\left(-\frac{3}{2}\right)=-\frac{1}{4}$$

Sub Note 013쪽

APPLICATION 038 두 곡선 $y=x^2-x+2$, $y=cx-x^2$이 한 점에서 접할 때, 가능한 상수 c의 값을 모두 구하여라.

접선의 기울기

029 두 다항함수 $f(x)$, $g(x)$에 대하여 곡선 $y=f(x)$ 위의 점 $(1, f(1))$에서의 접선의 방정식이 $y=x+7$이고, 곡선 $y=g(x)$ 위의 점 $(1, g(1))$에서의 접선의 방정식이 $y=2x+2$일 때, 곡선 $y=2f(x)+3g(x)$ 위의 점 $(1, 2f(1)+3g(1))$에서의 접선의 기울기를 구하여라.

GUIDE 두 다항함수 $f(x)$, $g(x)$와 실수 k, l에 대하여
$$\{kf(x) \pm lg(x)\}' = kf'(x) \pm lg'(x) \text{ (복부호 동순)}$$
임을 이용하여 곡선 $y=2f(x)+3g(x)$ 위의 점에서의 접선의 기울기를 구한다.

SOLUTION ────────────────────────

곡선 $y=f(x)$ 위의 점 $(1, f(1))$에서의 접선의 방정식이 $y=x+7$이므로
$$f'(1)=1$$
곡선 $y=g(x)$ 위의 점 $(1, g(1))$에서의 접선의 방정식이 $y=2x+2$이므로
$$g'(1)=2$$
$h(x)=2f(x)+3g(x)$로 놓으면 $h'(x)=2f'(x)+3g'(x)$

이때 곡선 $y=2f(x)+3g(x)$ 위의 점 $(1, 2f(1)+3g(1))$에서의 접선의 기울기는 곡선 $y=h(x)$ 위의 $x=1$인 점에서의 접선의 기울기와 같으므로 구하는 접선의 기울기는
$$h'(1)=2f'(1)+3g'(1)=2\cdot1+3\cdot2=8 \blacksquare$$

유제
029- 1 곡선 $y=x^3+ax^2-bx+2$ 위의 점 $(1, 4)$에서의 접선의 기울기가 7일 때, 상수 a, b에 대하여 $a+b$의 값을 구하여라.

Sub Note 036쪽

유제
029- 2 두 다항함수 $f(x)$, $g(x)$에 대하여 곡선 $y=f(x)$ 위의 점 $(2, f(2))$에서의 접선의 방정식이 $y=3x-1$이고, 곡선 $y=g(x)$ 위의 점 $(2, g(2))$에서의 접선의 방정식이 $y=-2x+5$일 때, 곡선 $y=f(x)g(x)$ 위의 점 $(2, f(2)g(2))$에서의 접선의 기울기를 구하여라.

Sub Note 036쪽

기울기가 주어진 접선의 방정식

030

(1) 곡선 $y=x^3-6x^2+7x-2$에 접하고 직선 $y=-5x+3$에 평행한 접선의 방정식을 구하여라.

(2) 곡선 $y=2x^3-3x^2-11x$에 접하고 x축의 양의 방향과 이루는 각의 크기가 $45°$인 접선의 방정식이 $y=ax+b$, $y=ax+c$일 때, 상수 a, b, c에 대하여 $a+b+c$의 값을 구하여라.

GUIDE 곡선 $y=f(x)$에 접하고 기울기가 m인 접선의 방정식
➡ 접점의 좌표를 $(t, f(t))$로 놓은 후 $f'(t)=m$임을 이용하여 t의 값을 구한다.

SOLUTION —————————————————————

(1) $f(x)=x^3-6x^2+7x-2$로 놓으면 $f'(x)=3x^2-12x+7$

접점의 좌표를 (t, t^3-6t^2+7t-2)라 하면 직선 $y=-5x+3$에 평행한 접선의 기울기는 -5이므로

$f'(t)=3t^2-12t+7=-5$에서 $3t^2-12t+12=0$

$t^2-4t+4=0$, $(t-2)^2=0$ ∴ $t=2$

따라서 접점의 좌표는 $(2, -4)$이므로 구하는 접선의 방정식은

$y-(-4)=-5(x-2)$ ∴ $\boldsymbol{y=-5x+6}$ ■

(2) $f(x)=2x^3-3x^2-11x$로 놓으면 $f'(x)=6x^2-6x-11$

접점의 좌표를 $(t, 2t^3-3t^2-11t)$라 하면 이 점에서의 접선의 기울기는 $\tan 45°=1$이므로

$f'(t)=6t^2-6t-11=1$에서 $6t^2-6t-12=0$

$t^2-t-2=0$, $(t+1)(t-2)=0$ ∴ $t=-1$ 또는 $t=2$

즉, 접점의 좌표는 $(-1, 6)$, $(2, -18)$이므로 접선의 방정식은 각각

$y-6=x-(-1)$, $y-(-18)=x-2$

∴ $y=x+7$, $y=x-20$

따라서 $a=1$, $b=7$, $c=-20$ 또는 $a=1$, $b=-20$, $c=7$이므로

$a+b+c=\boldsymbol{-12}$ ■

유제
030-1 곡선 $y=2x^2-5x+6$에 접하고 직선 $x+3y-1=0$에 수직인 접선의 방정식을 구하여라. Sub Note 037쪽

유제
030-2 곡선 $y=x^3-3x^2-3x+a$와 직선 $y=-6x+9$가 접할 때, 상수 a의 값을 구하여라. Sub Note 037쪽

031 점 $(0, 11)$에서 곡선 $y=-x^4+8$에 그은 두 접선 중에서 곡선과 제1사분면에서 접하는 접선을 직선 l이라 하자. 이때 직선 l과 x축 및 y축으로 둘러싸인 삼각형의 넓이를 구하여라.

GUIDE 곡선 $y=f(x)$ 밖의 한 점 (x_1, y_1)에서 곡선에 그은 접선의 방정식
➡ 접점의 좌표를 $(t, f(t))$로 놓은 후 $y-f(t)=f'(t)(x-t)$에 점 (x_1, y_1)의 좌표를 대입하여 t의 값을 구한다.

SOLUTION ─────────────────

$f(x)=-x^4+8$로 놓으면 $f'(x)=-4x^3$

접점의 좌표를 $(t, -t^4+8)$이라 하면 이 점에서의 접선의 기울기는 $f'(t)=-4t^3$

이므로 접선의 방정식은

$$y-(-t^4+8)=-4t^3(x-t)   \cdots\cdots ㉠$$

이 접선이 점 $(0, 11)$을 지나므로

$$11-(-t^4+8)=4t^4,\ t^4+3=4t^4$$

$$t^4=1   \therefore t=\pm 1 \ (\because t\text{는 실수})$$

그런데 접선이 곡선과 제1사분면에서 접하므로 $t=1$

$t=1$을 ㉠에 대입하면 접선의 방정식은

$$y-7=-4(x-1)   \therefore y=-4x+11$$

이때 직선 $y=-4x+11$의 x절편은 $\dfrac{11}{4}$, y절편은 11이므로 구하는 삼각형의 넓이는

$$\frac{1}{2}\cdot\frac{11}{4}\cdot 11=\frac{121}{8} \ \blacksquare$$

Sub Note 037쪽

유제
031-■ 점 $(0, 1)$에서 곡선 $y=3x^2-4x+4$에 그은 두 접선의 방정식이 $y=ax+b$, $y=cx+d$일 때, 상수 a, b, c, d에 대하여 $ab+cd$의 값을 구하여라.

032 곡선 $y=x^2-2x$를 x축의 방향으로 m만큼 평행이동시키면 직선 $4x-y=0$에 접한다고 할 때, m의 값을 구하여라.

GUIDE 곡선 $y=x^2-2x$를 x축의 방향으로 m만큼 평행이동시킨 상황으로 생각하면 식이 복잡해져 계산이 쉽지 않다. 따라서 거꾸로 직선 $4x-y=0$을 x축의 방향으로 $-m$만큼 평행이동시킨 상황으로 바꾸어 생각하여 푼다.

SOLUTION ─────────────────────────

직선 $4x-y=0$, 즉 $y=4x$를 x축의 방향으로 $-m$만큼 평행이동한 직선의 방정식은
$$y=4(x+m) \qquad \therefore y=4x+4m \qquad\qquad \cdots\cdots ㉠$$
이때 직선 ㉠은 곡선 $y=x^2-2x$에 접하게 된다.
$f(x)=x^2-2x$로 놓으면 $\qquad f'(x)=2x-2$
접점의 좌표를 $(t,\ t^2-2t)$라 하면 이 점에서의 접선의 기울기가 4이므로
$f'(t)=2t-2=4$에서 $\qquad t=3$
따라서 접점의 좌표는 $(3, 3)$이고, 이 점이 직선 ㉠ 위에 있으므로
$$3=12+4m \qquad \therefore m=-\frac{9}{4} \ ■$$

[다른 풀이] 위처럼 거꾸로 생각하지 말고, 조건 그대로를 이용하여 구해 보자.
곡선 $y=x^2-2x$를 x축의 방향으로 m만큼 평행이동한 그래프의 식은
$$y=(x-m)^2-2(x-m) \qquad \therefore y=x^2-2(m+1)x+m^2+2m \quad \cdots\cdots ㉡$$
이때 곡선 ㉡은 직선 $y=4x$에 접하게 된다.
$g(x)=x^2-2(m+1)x+m^2+2m$으로 놓으면 $\qquad g'(x)=2x-2(m+1)$
접점의 좌표를 $(k, g(k))$라 하면 이 점에서의 접선의 기울기가 4이므로
$$2k-2(m+1)=4 \qquad \therefore k=m+3$$
이때 $g(k)=(m+3)^2-2(m+1)(m+3)+m^2+2m=3$이므로 접점의 좌표는 $(m+3, 3)$이고, 이 점이 직선 $y=4x$ 위에 있으므로
$$3=4(m+3) \qquad \therefore m=-\frac{9}{4}$$
이와 같이 거꾸로 생각하는 것이 훨씬 간단함을 확인하기 바란다.

유제
032-❶ 곡선 $y=\frac{1}{4}x^2+2$를 x축의 방향으로 m만큼, y축의 방향으로 n만큼 평행이동시키면 직선 $2x-y+3=0$에 접한다고 할 때, $2m-n$의 값을 구하여라.

Sub Note 037쪽

02 평균값 정리

SUMMA CUM LAUDE

ESSENTIAL LECTURE

1 롤의 정리

함수 $f(x)$가 닫힌구간 $[a, b]$에서 연속이고 열린구간 (a, b)에서 미분가능할 때, $f(a)=f(b)$이면

$$f'(c)=0$$

인 c가 열린구간 (a, b)에 적어도 하나 존재한다.

2 평균값 정리

함수 $f(x)$가 닫힌구간 $[a, b]$에서 연속이고 열린구간 (a, b)에서 미분가능하면

$$\frac{f(b)-f(a)}{b-a}=f'(c)$$

인 c가 열린구간 (a, b)에 적어도 하나 존재한다.

이 단원은 롤의 정리를 기초로 하여 평균값 정리를 증명하는 것을 목표로 한다. 평균값 정리는 단독적으로 자주 다뤄지는 내용은 아니지만 여러 증명이나 결과들이 평균값 정리에 의존하고 있으므로 그 의미와 식의 형태를 확실히 익혀두는 것이 중요하다.

롤의 정리와 평균값 정리에는 비슷한 부분이 있다. 그것은 전제 조건으로

'함수가 닫힌구간 $[a, b]$에서 연속이고 열린구간 (a, b)에서 미분가능하다.'

는 것이 주어져야 한다는 것이다. 앞으로 이 두 정리를 사용할 경우에는 반드시 위의 조건을 체크해 주어야 한다. 주어진 함수가 연속이 아니거나 미분가능하지 않다면 이 정리들이 성립하지 않음을 반드시 기억하자. 이제 각 정리에 대하여 자세히 살펴보자.

1 롤의 정리(Rolle′s Theorem)

롤의 정리는 수학자 롤(1652~1719)의 이름을 따서 붙인 것으로 다음과 같다.

> **롤의 정리(Rolle′s Theorem)**
>
> 함수 $f(x)$가 닫힌구간 $[a, b]$에서 연속이고 열린구간 (a, b)에서 미분가능할 때, $f(a)=f(b)$이면
>
> $$f'(c)=0$$
>
> 인 c가 열린구간 (a, b)에 적어도 하나 존재한다.

롤의 정리는 간단히 말해

양 끝에서의 함숫값이 같으면 x축과 평행한 접선이 적어도 하나 존재한다

는 뜻이다. 아래의 전형적인 함수들의 그래프만 봐도 롤의 정리가 당연한 소리임을 알 수 있을 것이다.

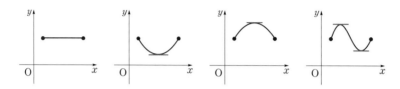

닫힌구간 $[a, b]$에서 연속이고 열린구간 (a, b)에서 미분가능한 함수 $f(x)$가 상수함수인 경우와 상수함수가 아닌 경우로 나누어 롤의 정리를 증명해 보자.

(1) 함수 $f(x)$가 상수함수인 경우

$f(x)=R$ (R는 상수)이면 $f'(x)=0$이다.
따라서 열린구간 (a, b)에 속하는 모든 x에 대하여 $f'(x)=0$이므로 $f'(c)=0$인 c가 열린구간 (a, b)에 존재함이 확실하다.

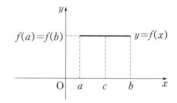

(2) 함수 $f(x)$가 상수함수가 아닌 경우

$f(a)=f(b)$이면 함수 $f(x)$는 열린구간 (a, b)에 속하는 c에서 최댓값 또는 최솟값을 갖는다.[❶]

(i) 함수 $f(x)$가 $x=c$ $(a<c<b)$에서 최댓값을 가질 때,
$a<t<b$인 모든 t에 대하여
$f(t) \leq f(c)$이다.

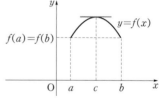

$t<c$일 때, $\dfrac{f(t)-f(c)}{t-c} \geq 0$이므로 $\displaystyle\lim_{t \to c-} \dfrac{f(t)-f(c)}{t-c} \geq 0$이다.

$t>c$일 때, $\dfrac{f(t)-f(c)}{t-c} \leq 0$이므로 $\displaystyle\lim_{t \to c+} \dfrac{f(t)-f(c)}{t-c} \leq 0$이다.

그런데 함수 $f(x)$는 $x=c$에서 미분가능하므로 좌극한과 우극한이 같아야 한다.

$$\therefore f'(c)=\lim_{t \to c} \dfrac{f(t)-f(c)}{t-c}=0$$

❶ 최대 · 최소 정리에 의하면 양 끝점을 포함한 구간(정확하게 말하면 닫힌구간)을 정의역으로 하는 함수는 그 구간 내에서 최댓값과 최솟값을 갖는다. 그런데 함수 $f(x)$는 상수함수가 아니고 $f(a)=f(b)$이므로 $x=a$, $x=b$에서의 함숫값은 최댓값이거나 최솟값이거나 둘 다 아닌 경우에 해당된다. 최댓값이면서 동시에 최솟값인 경우는 없다.

(ii) 함수 $f(x)$가 $x=c\,(a<c<b)$에서 최솟값을 가질 때,

(i)에서와 같은 방법으로 $f'(c)=0$임을 알 수 있다.

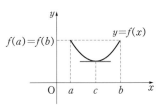

따라서 닫힌구간 $[a,\ b]$에서 연속이고 열린구간 $(a,\ b)$에서 미분가능한 함수에 대하여 롤의 정리가 성립함을 알 수 있다.

반면 함수 $f(x)$가 열린구간 $(a,\ b)$에서 미분가능하지 않으면 롤의 정리가 성립하지 않는다. 예를 들어 함수 $f(x)=|x|$는 닫힌구간 $[-1,\ 1]$에서 연속이고 $f(-1)=f(1)$이지만 $f'(c)=0$인 c가 열린구간 $(-1,\ 1)$에 존재하지 않는다.

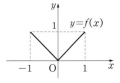

EXAMPLE 034 함수 $f(x)=-x^2+2x+3$에 대하여 닫힌구간 $[0,\ 2]$에서 롤의 정리를 만족시키는 실수 c의 값을 구하여라.

ANSWER 함수 $f(x)=-x^2+2x+3$은 닫힌구간 $[0,\ 2]$에서 연속이고 열린구간 $(0,\ 2)$에서 미분가능하다. 이때 $f(0)=f(2)=3$이므로 롤의 정리에 의하여 $f'(c)=0$인 c가 열린구간 $(0,\ 2)$에 적어도 하나 존재한다.
$f'(x)=-2x+2$이므로 $f'(c)=-2c+2=0$ $\therefore c=1$ ∎

Sub Note 013쪽

APPLICATION 039 함수 $f(x)=-x^3+x+1$에 대하여 닫힌구간 $[-1,\ 1]$에서 롤의 정리를 만족시키는 실수 c의 값을 모두 구하여라.

② 평균값 정리(Mean Value Theorem)

롤의 정리는 바로 다음에 보일 **평균값 정리**를 증명하는 데 이용된다.

> **평균값 정리(Mean Value Theorem)**
> 함수 $f(x)$가 닫힌구간 $[a,\ b]$에서 연속이고 열린구간 $(a,\ b)$에서 미분가능하면
> $$\frac{f(b)-f(a)}{b-a}=f'(c)$$
> 인 c가 열린구간 $(a,\ b)$에 적어도 하나 존재한다.

평균값 정리를 그래프를 통해 살펴보면

오른쪽 그림과 같이 미분가능한 함수 $y=f(x)$의 그래프 위에 두 점 A$(a,\ f(a))$, B$(b,\ f(b))$가 있을 때, 열린구간 $(a,\ b)$에서 이 함수 $y=f(x)$의 그래프의 접선들 중 적어도 하나는 두 점 A와 B를 지나는 직선의 기울기와 같은 기울기를 가진다는 것이다.

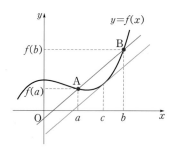

평균값 정리는 함수 $f(x)$와 할선 AB를 나타내는 함수 $l(x)$의 차로 정의된 새로운 함수 $p(x)=f(x)-l(x)$에 롤의 정리를 적용함으로써 증명된다.

오른쪽 그림에서 두 점 A$(a,\ f(a))$, B$(b,\ f(b))$를 지나는 직선 $l(x)$의 방정식은

$$y=\frac{f(b)-f(a)}{b-a}(x-a)+f(a)$$

이다. 이때 $p(x)$를 $f(x)$와 $l(x)$의 차, 즉

$$p(x)=f(x)-l(x)$$

라 하면 그래프에서 알 수 있듯이

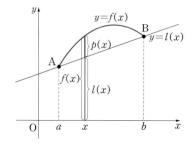

$p(a)=0$, $p(b)=0$이므로 $p(a)=p(b)$이다.

즉, 함수 $p(x)$는 닫힌구간 $[a,\ b]$에서 연속이고 열린구간 $(a,\ b)$에서 미분가능하며, $p(a)=p(b)$이므로 롤의 정리에 의하여 $p'(c)=0$인 c가 열린구간 $(a,\ b)$에 적어도 하나 존재한다. 이때

$$p(x)=f(x)-l(x)$$
$$=f(x)-\left\{\frac{f(b)-f(a)}{b-a}(x-a)+f(a)\right\}$$

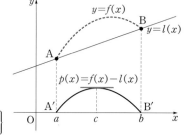

에서

$p'(x)=f'(x)-\dfrac{f(b)-f(a)}{b-a}$ 이므로 $p'(c)=f'(c)-\dfrac{f(b)-f(a)}{b-a}=0$인 c가 열린구간 $(a,\ b)$에 적어도 하나 존재한다.

즉, $f'(c)=\dfrac{f(b)-f(a)}{b-a}$ 를 만족시키는 c가 열린구간 $(a,\ b)$에 적어도 하나 존재함을 알 수 있다.

■ **EXAMPLE** 035 함수 $f(x)=x^2-2x$에 대하여 닫힌구간 $[-1, 2]$에서 평균값 정리를 만족시키는 실수 c의 값을 구하여라.

> **ANSWER** 함수 $f(x)=x^2-2x$는 닫힌구간 $[-1, 2]$에서 연속이고 열린구간 $(-1, 2)$에서 미분가능하므로 평균값 정리에 의하여
> $$\frac{f(2)-f(-1)}{2-(-1)}=f'(c)$$
> 인 c가 열린구간 $(-1, 2)$에 적어도 하나 존재한다.
> $f'(x)=2x-2$이므로 $\quad \dfrac{0-3}{2-(-1)}=2c-2$
>
> $\qquad 2c-2=-1 \qquad \therefore c=\dfrac{1}{2}$ ■

Sub Note 013쪽

APPLICATION 040 함수 $f(x)=x^3-3x$에 대하여 닫힌구간 $[-2, 2]$에서 평균값 정리를 만족시키는 실수 c의 값의 곱을 구하여라.

평균값 정리의 중요한 의미는 미분법의 기초적인 사실들을 설명하기 위해 사용될 수 있다는 것이다. 다음의 기초적인 사실들을 보자.

> **평균값 정리의 따름정리[2]**
> [I] 함수 $f(x)$가 닫힌구간 $[a, b]$에서 연속이고 열린구간 (a, b)에서 미분가능하며, 열린구간 (a, b)의 모든 x에 대하여 $f'(x)=0$이면 함수 $f(x)$는 닫힌구간 $[a, b]$에서 상수함수이다.
> [II] 두 함수 $f(x)$, $g(x)$가 닫힌구간 $[a, b]$에서 연속이고 열린구간 (a, b)에서 미분가능하며, 열린구간 (a, b)의 모든 x에 대하여 $f'(x)=g'(x)$이면 $f(x)=g(x)+C$(C는 상수)이다.

증명 [I] 반닫힌 구간 $(a, b]$에 속하는 임의의 값을 x라 하면[3] 평균값 정리에 의하여
$$\frac{f(x)-f(a)}{x-a}=f'(c)$$
인 c가 열린구간 (a, x)에 적어도 하나 존재한다.

그런데 $f'(x)=0$이라 가정했으므로
$$\frac{f(x)-f(a)}{x-a}=0 \qquad \therefore f(x)=f(a)$$
이때 $f(a)$는 상수이므로 함수 $f(x)$는 닫힌구간 $[a, b]$에서 상수함수이다.

---

[2] 어떤 정리를 통해 곧바로 유도할 수 있는 중요한 정리를 따름정리(corollary)라 한다.
[3] $x=a$이면 평균값 정리의 수식이 성립하지 않으므로 구간에서 제외한다.

증명 [Ⅱ] 두 함수 $f(x)$, $g(x)$를 통하여 새로운 함수 $h(x) = f(x) - g(x)$를 생각하자.
반닫힌 구간 $(a, b]$에 속하는 임의의 값을 x라 하면

$$h'(x) = f'(x) - g'(x) = g'(x) - g'(x) = 0 \ (\because \text{조건에서 } f'(x) = g'(x))$$

이므로 함수 $h(x)$는 따름정리 [Ⅰ]을 만족시킨다.

따라서 $h(x) = C \, (C$는 상수)이고, $h(x) = f(x) - g(x)$이므로 $f(x) = g(x) + C$이다.

따름정리 [Ⅱ]는 도함수가 같은 두 함수는 기껏해야 상수항 정도의 차이만 가지고 있음을 의미한다. 이는 다음 단원에서 배우게 되는 부정적분에서 적분상수를 이용해 임의의 부정적분을 표기하는 것을 논리적으로 뒷받침해준다. 또한 따름정리 [Ⅱ]는 도함수가 같다고 해서 원래 함수도 같은 것은 아님을 말해 주고 있다.

■ **EXAMPLE 036** (1) 함수 $f(x)$가 어떤 구간에서 항상 $f'(x) = a$일 때, $f(x)$는 그 구간에서 일차함수임을 보여라. (단, $a \neq 0$인 상수)

(2) $f'(x) = x$이고, $y = f(x)$의 그래프가 점 $(0, 2)$를 지나는 함수 $f(x)$를 구하여라.

ANSWER (1) 함수 $f(x)$가 $f'(x) = a$를 만족시키는 구간에서 정의된 함수 $g(x)$를
$g(x) = ax$라 할 때, $g'(x) = a$이므로 $f'(x) = g'(x)$가 성립한다.
평균값 정리의 따름정리 [Ⅱ]에 의하여 $f(x) = g(x) + C$ (단, C는 상수)이므로
$f(x) = ax + C$이다.
따라서 함수 $f(x)$는 주어진 구간에서 일차함수이다. ■

(2) 이 문제는 다음 단원에서 배울 적분과 관련된 문제지만 평균값 정리의 따름정리를 활용하여
생각해 보기로 하자. $f'(x) = x$인 $f(x)$를 적당히 잘 생각해 보면 $\frac{1}{2}x^2$을 떠올릴 수 있다.

$g(x) = \frac{1}{2}x^2$이라 하면 $f'(x) = g'(x)$이고, 평균값 정리의 따름정리 [Ⅱ]에 의하여

$$f(x) = g(x) + C = \frac{1}{2}x^2 + C$$

이때 $f(0) = 2$이므로 $C = 2$

따라서 구하는 함수 $f(x)$는 $f(x) = \frac{1}{2}x^2 + 2$이다. ■

[참고] 사실 몇몇 참고서의 풀이에서 위의 따름정리의 결과를 무의식적으로 사용하고 있지만, 엄밀히 따지면 (2)와 같이 따름정리의 조건을 모두 적용하고서야 사용할 수 있다.

Sub Note 014쪽

APPLICATION 041 $f(0) = 0$, $g(0) = 1$이고 모든 x에 대하여 $f'(x) = g(x)$, $g'(x) = -f(x)$를 만족시키는 두 함수 $f(x)$와 $g(x)$가 있다. 이때 모든 x에 대하여 $\{f(x)\}^2 + \{g(x)\}^2 = 1$이 됨을 증명하여라.

033　(1) 함수 $f(x)=(x+3)^2(x-2)$에 대하여 닫힌구간 $[-3, 2]$에서 롤의 정리를 만족시키는 실수 c의 값을 구하여라.

(2) 함수 $f(x)=-x^2+ax$에 대하여 닫힌구간 $[1, 5]$에서 롤의 정리를 만족시키는 실수 c의 값을 구하여라. (단, a는 상수)

GUIDE　(1) 롤의 정리를 만족시키는 실수 c는 $f'(c)=0$임을 이용한다. 이때 c의 값의 범위에 주의한다.

(2) 롤의 정리를 만족시키려면 $f(1)=f(5)$임을 이용하여 먼저 a의 값을 구한다.

SOLUTION ────────────────────────

(1) 함수 $f(x)=(x+3)^2(x-2)$는 닫힌구간 $[-3, 2]$에서 연속이고 열린구간 $(-3, 2)$에서 미분가능하다.

이때 $f(-3)=f(2)=0$이므로 롤의 정리에 의하여 $f'(c)=0$인 c가 열린구간 $(-3, 2)$에 적어도 하나 존재한다.

$f'(x)=2(x+3)(x-2)+(x+3)^2=(x+3)(3x-1)$이므로

$$f'(c)=(c+3)(3c-1)=0 \qquad \therefore c=\frac{1}{3} \ (\because -3<c<2)■$$

(2) 함수 $f(x)=-x^2+ax$는 닫힌구간 $[1, 5]$에서 연속이고 열린구간 $(1, 5)$에서 미분가능하다.

이때 롤의 정리를 만족시키려면 $f(1)=f(5)$이어야 하므로

$$-1+a=-25+5a, \ 4a=24 \qquad \therefore a=6$$

한편 롤의 정리에 의하여 $f'(c)=0$인 c가 열린구간 $(1, 5)$에 적어도 하나 존재한다.

$f(x)=-x^2+6x$에서 $f'(x)=-2x+6$이므로

$$f'(c)=-2c+6=0 \qquad \therefore c=3■$$

Sub Note 038쪽

유제
033-■　함수 $f(x)=\frac{1}{3}x^3+2x^2-3x-1$에 대하여 닫힌구간 $[-a, a]$에서 롤의 정리를 만족시키는 실수 c가 존재할 때, $a+c$의 값을 구하여라. (단, a는 자연수)

034

(1) 함수 $f(x)=x^2-4x+3$에 대하여 닫힌구간 $[2,\ a]$에서 평균값 정리를 만족시키는 실수가 3일 때, a의 값을 구하여라. (단, $a>2$)

(2) 닫힌구간 $[-1,\ 5]$에서 연속이고 열린구간 $(-1,\ 5)$에서 미분가능한 함수 $y=f(x)$의 그래프가 오른쪽 그림과 같을 때, 닫힌구간 $[-1,\ 5]$에서 평균값 정리를 만족시키는 실수 c의 개수를 구하여라.

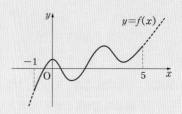

GUIDE (1) 평균값 정리를 그대로 적용한다.

(2) 평균값 정리는 함수 $y=f(x)$의 그래프 위의 두 점 $(a,\ f(a))$, $(b,\ f(b))$를 지나는 직선과 평행한 접선을 갖는 점의 x좌표가 열린구간 $(a,\ b)$에 적어도 하나 존재함을 의미한다.

SOLUTION

(1) 함수 $f(x)=x^2-4x+3$에 대하여 닫힌구간 $[2,\ a]$에서 평균값 정리를 만족시키는 실수가 3이므로　　$\dfrac{f(a)-f(2)}{a-2}=f'(3)$

$f'(x)=2x-4$이므로　　$\dfrac{(a^2-4a+3)-(-1)}{a-2}=2$

$a^2-6a+8=0$, $(a-2)(a-4)=0$　　$\therefore a=4\ (\because a>2)$ ■

(2) 닫힌구간 $[-1,\ 5]$에서 평균값 정리를 만족시키는 실수 c는 함수 $y=f(x)$의 그래프 위의 두 점 $(-1,\ f(-1))$, $(5,f(5))$를 지나는 직선과 평행한 접선을 갖는 점의 x좌표이다.

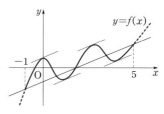

따라서 오른쪽 그림과 같이 두 점 $(-1,\ f(-1))$, $(5,\ f(5))$를 지나는 직선과 평행한 접선을 4개 그을 수 있으므로 구하는 실수 c의 개수는 **4**이다. ■

유제
034-❶ 함수 $f(x)=x^3+2x^2+2x-3$에 대하여 $g(x)=f'(x)$라 할 때, 함수 $g(x)$에 대하여 닫힌구간 $[-1,\ 1]$에서 평균값 정리를 만족시키는 실수 c의 값을 구하여라.

유제
034-❷ 함수 $f(x)=\dfrac{1}{3}x^3+x^2+2x$와 닫힌구간 $[0,\ 2]$에 속하는 임의의 두 실수 a, b $(a<b)$에 대하여 $\dfrac{f(b)-f(a)}{b-a}=m$을 만족시키는 정수 m의 개수를 구하여라.

평균값 정리와 최대·최소

035

오른쪽 그림과 같이 함수 $y = -x^2 + 2x + 3$의 그래프 위에 두 점 A(3, 0), B(0, 3)이 있다. 그래프 위를 움직이는 점 P$(c, -c^2 + 2c + 3)$에 대하여 삼각형 ABP의 넓이가 최대가 되게 하는 점 P의 좌표를 구하려고 한다. 다음 물음에 답하여라. (단, $0 < c < 3$)

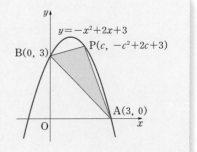

(1) 삼각형 ABP의 넓이가 최대가 되도록 하는 점 P의 x좌표는 닫힌구간 $[0, 3]$에서 평균값 정리를 만족시키는 값임을 보여라.

(2) 삼각형 ABP의 넓이가 최대일 때, 점 P의 좌표를 구하여라.

GUIDE 닫힌구간 $[a, b]$에서 연속이고 열린구간 (a, b)에서 미분가능한 함수 $f(x)$에 대하여 두 점 A$(a, f(a))$, B$(b, f(b))$를 지나는 직선의 기울기는 $\dfrac{f(b) - f(a)}{b - a}$이다. 열린구간 (a, b)에 있는 c에서의 $f'(c)$의 값, 즉 $x = c$에서의 접선의 기울기가 직선 AB의 기울기와 같은 c가 존재한다는 것이 평균값 정리이다. 문제 (1)에서 평균값 정리를 만족시키는 값이 삼각형 ABP의 넓이를 최대로 만드는 점의 x좌표라 하였으므로 두 점 A(3, 0), B(0, 3)을 지나는 직선의 기울기가 문제 해결의 실마리가 될 것임을 짐작할 수 있다.

SOLUTION

(1) $\overline{\text{AB}}$의 길이는 일정하므로 삼각형 ABP의 넓이를 결정하는 것은 점 P에서 선분 AB까지의 거리이다. 이 길이가 길수록 삼각형 ABP의 넓이가 커지므로 길이가 가장 긴 지점에서 삼각형 ABP의 넓이가 최대가 됨을 알 수 있다.

이때 길이가 최대가 되는 것은 직선 AB가 함수의 그래프와 만나면서 최대한 위쪽으로 평행이동되었을 때, 즉 함수의 그래프와 한 점에서 만났을 때이다.

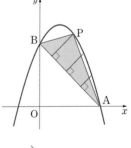

따라서 길이가 최대가 되는 점 P에서의 접선의 기울기는 직선 AB의 기울기와 같게 된다.

즉, $f(x) = -x^2 + 2x + 3$으로 놓으면

$$f'(c) = \frac{f(3) - f(0)}{3 - 0}$$ 을 만족시키므로 넓이가

최대가 되는 점 P$(c, f(c))$의 x좌표는 평균값 정리를 만족시키는 값이 된다. ■

(2) $f(x)=-x^2+2x+3$으로 놓으면 $f'(x)=-2x+2$

즉, 점 $\mathrm{P}(c,\,f(c))$에서의 접선의 기울기는

$$f'(c)=-2c+2$$

또한 점 P의 x좌표는 평균값 정리를 만족시키므로

$$\frac{f(3)-f(0)}{3-0}=f'(c)\text{에서}\qquad\frac{0-3}{3-0}=f'(c)$$

$$\therefore f'(c)=-1$$

즉, $-2c+2=-1$이므로 $c=\dfrac{3}{2}$

따라서 삼각형 ABP의 넓이가 최대일 때, 점 P의 좌표는

$$\left(\frac{3}{2},\,\frac{15}{4}\right)\blacksquare$$

Sub Note 038쪽

유제
035-❶ 오른쪽 그림과 같이 함수 $y=-x^2+3x+4$의 그래프 위에 두
점 $\mathrm{A}(4,\,0)$, $\mathrm{B}(0,\,4)$가 있다. 이때 사각형 OAPB의 넓이
가 최대가 되게 하는 그래프 위의 점 P의 좌표를 구하려고 한
다. 다음 물음에 답하여라. (단, O는 원점)

(1) 점 P에서의 접선의 기울기가 -1임을 보여라.

(2) 사각형 OAPB의 넓이가 최대일 때, 점 P의 좌표를 구하
여라.

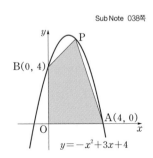

03 함수의 증가와 감소

SUMMA CUM LAUDE

ESSENTIAL LECTURE

1 함수의 증가와 감소

함수 $f(x)$가 어떤 구간에 속하는 임의의 두 실수 a, b에 대하여

(1) $a<b$일 때 $f(a)<f(b)$이면 $f(x)$는 이 구간에서 증가한다고 한다.

(2) $a<b$일 때 $f(a)>f(b)$이면 $f(x)$는 이 구간에서 감소한다고 한다.

2 함수의 증가와 감소의 판정

함수 $f(x)$가 어떤 열린구간에서 미분가능할 때, 이 구간의 모든 x에 대하여

(1) $f'(x)>0$이면 $f(x)$는 이 구간에서 증가한다.

  [참고] 함수 $f(x)$가 어떤 구간에서 증가하면 이 구간의 모든 x에 대하여 $f'(x)\geq0$이다.

(2) $f'(x)<0$이면 $f(x)$는 이 구간에서 감소한다.

  [참고] 함수 $f(x)$가 어떤 구간에서 감소하면 이 구간의 모든 x에 대하여 $f'(x)\leq0$이다.

일차함수, 이차함수와는 다르게 삼차함수부터는 그래프를 그리기가 쉽지 않다. 그렇다고 그릴 수 없는 것은 아니다. 우리는 앞으로 지금까지 배운 도함수를 이용하여 삼차 이상의 다항함수의 그래프의 개형을 추정할 수 있도록 하는 결정적인 함수의 특징을 알아보게 된다. 그 첫 번째가 함수의 증가와 감소에 대한 것이다.

1 함수의 증가와 감소

그래프를 통해 직관적으로 확인할 수 있듯이 어떤 구간에서 x의 값이 커질 때 이에 대응하는 함숫값 $f(x)$도 커지면 함수 $f(x)$는 그 구간에서 **증가**한다고 말하고, 반대로 x의 값이 커질 때 이에 대응하는 함숫값 $f(x)$가 작아지면 함수 $f(x)$는 그 구간에서 **감소**한다고 말한다.

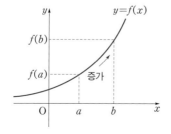
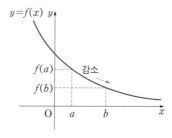

함수의 증가와 감소

함수 $f(x)$가 어떤 구간에 속하는 임의의 두 실수 a, b에 대하여
(1) $a<b$일 때 $f(a)<f(b)$이면 $f(x)$는 이 구간에서 증가한다고 한다.
(2) $a<b$일 때 $f(a)>f(b)$이면 $f(x)$는 이 구간에서 감소한다고 한다.

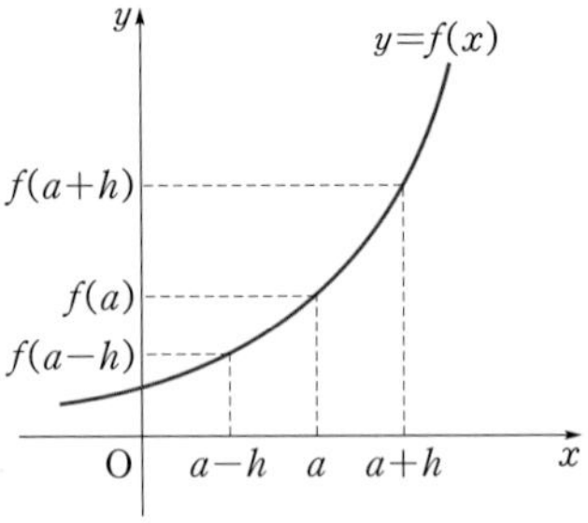

한편 일반적으로 함수 $f(x)$에서 충분히 작은 임의의 양수 h에 대하여

$$f(a-h)<f(a)<f(a+h)$$

가 성립할 때 함수 $f(x)$는 $x=a$에서 **증가상태**에 있다고 한다. 반대로

$$f(a-h)>f(a)>f(a+h)$$

가 성립할 때 함수 $f(x)$는 $x=a$에서 **감소상태**에 있다고 한다.

예를 들어 함수 $f(x)=x^2$에서 충분히 작은 임의의 양수 h에 대하여

$$f(2-h)<f(2)<f(2+h)$$

가 성립하므로 $f(x)=x^2$은 $x=2$에서 증가상태에 있다.

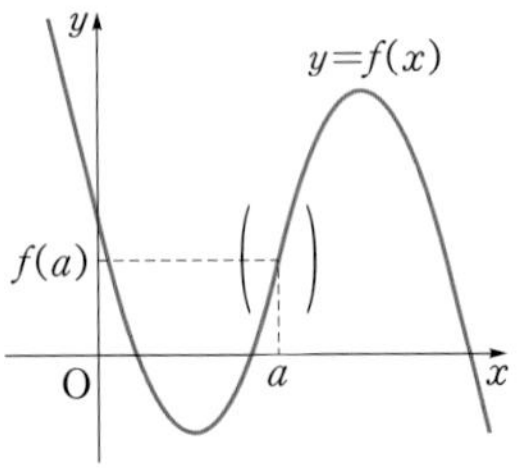

함수가 어떤 점에서 증가상태 또는 감소상태라는 말은, 그 점을 포함하는 어떤 구간을 잡았을 때 그 구간에서 함수가 증가하거나 또는 감소할 경우에 쓸 수 있다.
오른쪽 $y=f(x)$의 그래프에서 $x=a$인 점 주위에 적당한 구간(괄호 모양)을 잡으면 그 구간에서 함수 $f(x)$는 증가한다. 따라서 함수 $f(x)$는 $x=a$에서 증가상태에 있다고 말할 수 있다.

EXAMPLE 037 함수 $f(x)=-x^3$의 증가와 감소를 조사하여라.

ANSWER $a<b$인 임의의 두 실수 a, b에 대하여

$$f(a)-f(b)=(-a^3)-(-b^3)=b^3-a^3=(b-a)(b^2+ab+a^2)$$

이때 $b-a>0$이고 $b^2+ab+a^2=\left(b+\frac{a}{2}\right)^2+\frac{3}{4}a^2>0$이므로

$$f(a)-f(b)>0 \qquad \therefore f(a)>f(b)$$

따라서 함수 $f(x)=-x^3$은 **구간 $(-\infty, \infty)$에서 감소**한다. ■

APPLICATION 042 함수 $f(x)=2(x-1)^3+1$의 증가와 감소를 조사하여라. Sub Note 014쪽

❷ 함수의 증가와 감소의 판정 〔수능 고빈도 출제〕

도함수 $f'(x)$는 곡선 $y=f(x)$ 위의 점 $(x, f(x))$에서의 접선의 기울기를 나타내며, 각 점에서 곡선이 진행하는 방향을 우리에게 말해 준다. 그러므로 도함수 $f'(x)$에 대한 정보를 알면 함수 $f(x)$에 대한 정보도 알 수 있다.

그럼 이제 도함수 $f'(x)$가 함수 $f(x)$에 대해 어떤 정보를 주는지 살펴보도록 하자.

어떤 점에서의 미분계수가 양수인지 음수인지는 그 점의 근방에서 함수가 증가상태인지 감소상태인지를 말해 주는 중요한 요소가 된다. 다시 말해, 어떤 점에서의 미분계수가 양수이면 함수는 그 점의 근방에서 증가하고, 미분계수가 음수이면 함수는 그 점의 근방에서 감소한다.

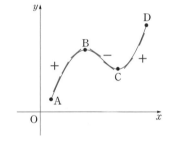

오른쪽 그림을 보면 함수 $f(x)$의 도함수 $f'(x)$가 함수 $f(x)$의 증가와 감소에 어떻게 관련되어 있는지를 직관적으로 쉽게 이해할 수 있을 것이다.

두 점 A와 B, 그리고 두 점 C와 D 사이에서 접선은 양의 기울기를 가지므로 $f'(x)>0$이고, 두 점 B와 C 사이에서 접선은 음의 기울기를 가지므로 $f'(x)<0$이다.

이때 $f'(x)$의 부호가 양인 구간에서 함수 $f(x)$는 증가하고, $f'(x)$의 부호가 음인 구간에서 함수 $f(x)$는 감소하고 있음을 알 수 있다.

앞의 내용을 좀 더 수학적으로 설명해 보자.

함수 $f(x)$의 $x=a$에서의 미분계수 $f'(a)$가 양수이면 미분계수의 정의에 의하여

$$f'(a)=\lim_{\Delta x \to 0}\frac{f(a+\Delta x)-f(a)}{\Delta x}>0 \quad \cdots\cdots \ \bigcirc$$

이 성립한다.

이때 $|\Delta x|$가 충분히 작으면 $f'(a)=\dfrac{f(a+\Delta x)-f(a)}{\Delta x}$로 바꾸어 생각할 수 있으므로

$\bigcirc$은

$$\frac{f(a+\Delta x)-f(a)}{\Delta x}>0$$

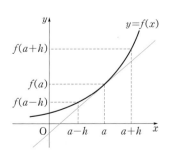

이 되고, $\begin{cases} \Delta x>0 \text{일 때 } f(a+\Delta x)>f(a) \\ \Delta x<0 \text{일 때 } f(a+\Delta x)<f(a) \end{cases}$ 이다.

여기서 $|\Delta x|=h$로 놓으면

$$f(a-h)<f(a)<f(a+h)$$

이므로 함수 $f(x)$는 $x=a$에서 증가상태에 있게 된다.

따라서 어떤 열린구간의 모든 x에 대하여 $f'(x)>0$이면 함수 $f(x)$는 이 구간에서 증가하고 있음을 알 수 있다.

같은 방법으로 어떤 열린구간의 모든 x에 대하여 $f'(x)<0$이면 함수 $f(x)$는 이 구간에서 감소하고 있음을 확인할 수 있다.

앞에서 학습한 '평균값 정리'를 이용하여 이를 증명할 수 있다.

[증명] 함수 $f(x)$가 어떤 열린구간에서 미분가능할 때, 이 구간에 속하는 임의의 두 실수 a, b에 대하여 $a<b$이면 평균값 정리에 의하여 $\dfrac{f(b)-f(a)}{b-a}=f'(c)$인 c가 열린구간 (a, b)에 적어도 하나 존재한다. 이때 $a<b$에서 $b-a>0$이므로 $f(b)-f(a)$와 $f'(c)$의 부호는 같다.

즉, 어떤 열린구간의 모든 x에 대하여 $f'(x)>0$이면 $f'(c)>0$이므로

$\qquad f(b)-f(a)>0 \qquad \therefore f(a)<f(b)$

따라서 $a<b$일 때 $f(a)<f(b)$이므로 함수 $f(x)$는 이 구간에서 증가한다.

같은 방법으로 어떤 열린구간의 모든 x에 대하여 $f'(x)<0$이면 $f'(c)<0$이므로

$\qquad f(b)-f(a)<0 \qquad \therefore f(a)>f(b)$

따라서 $a<b$일 때 $f(a)>f(b)$이므로 함수 $f(x)$는 이 구간에서 감소한다.

이상을 정리하면 다음과 같다.

함수의 증가와 감소의 판정

함수 $f(x)$가 어떤 열린구간에서 미분가능할 때, 이 구간의 모든 x에 대하여

(1) $f'(x)>0$이면 $f(x)$는 이 구간에서 증가한다.

(2) $f'(x)<0$이면 $f(x)$는 이 구간에서 감소한다.

이제 우리는 도함수의 부호를 통해 함수의 증가와 감소를 판정할 수 있다.

그런데 위의 판정법을 이용할 때 조심해야 할 점이 두 가지 있다.

　　첫째는 함수가 미분가능해야 위의 판정법을 쓸 수 있다는 것이다.

미분이 불가능한데 미분계수를 어떻게 구하겠는가? 따라서 함수의 증가와 감소의 여부를 확인할 때는 먼저 '주어진 구간에서 미분가능한가?'를 꼭 따져 보고 문제를 풀어야 한다.

　　둘째는 위 명제 (1), (2)의 역은 성립하지 않는다는 것이다.

즉, 어떤 열린구간에서 $f(x)$가 증가하고 있어도 이 구간에서 항상 $f'(x)>0$인 것은 아니며, 마찬가지로 어떤 열린구간에서 $f(x)$가 감소하고 있어도 이 구간에서 항상 $f'(x)<0$인 것은 아니다.

함수 $f(x)=x^3$을 생각해 보자.

$a<b$인 임의의 두 실수 a, b에 대하여 $f(b)-f(a)>0$ 이 항상 성립하므로 $f(x)$는 모든 구간에서 증가하는 함수이다. 그런데 $f'(x)=3x^2$이므로 $f'(0)=0$이다.

즉, $f(x)=x^3$은 모든 구간에서 증가하는 함수이지만 항상 $f'(x)>0$인 것은 아니다.

따라서 다음이 성립한다.

> 함수 $f(x)$가 어떤 열린구간에서 미분가능할 때,
> (1) $f(x)$가 이 구간에서 증가하면 이 구간의 모든 x에 대하여 $f'(x)\geq 0$이다.❹
> (2) $f(x)$가 이 구간에서 감소하면 이 구간의 모든 x에 대하여 $f'(x)\leq 0$이다.❺

▌**EXAMPLE 038** 다음 함수의 증가와 감소를 조사하여라.

(1) $f(x)=-\dfrac{1}{3}x^3+x^2+3x-2$　　　　(2) $f(x)=2x^3+3x^2+6x-2$

ANSWER　(1) $f'(x)=-x^2+2x+3=-(x+1)(x-3)$

$f'(x)=0$에서　$x=-1$ 또는 $x=3$

실수 전체의 구간을 $x=-1$, $x=3$을 기준으로 세 구간 $x<-1$, $-1<x<3$, $x>3$으로 나누고, 각 구간에서의 $f'(x)$의 부호를 확인하면 $f(x)$의 증가와 감소를 결정할 수 있다.

x	$\cdots$	-1	$\cdots$	3	$\cdots$
$f'(x)$	$-$	0	$+$	0	$-$
$f(x)$	↘	$-\dfrac{11}{3}$	↗	7	↘

← 이 표를 증감표라 하며, $f'(x)$의 부호에 따라 증가는 ↗, 감소는 ↘ 로 나타낸다.

따라서 함수 $f(x)$는 구간 $(-\infty, -1]$, $[3, \infty)$에서 감소하고, 구간 $[-1, 3]$에서 증가한다. ■

(2) $f'(x)=6x^2+6x+6=6\left(x+\dfrac{1}{2}\right)^2+\dfrac{9}{2}>0$이 항상 성립하므로

함수 $f(x)$는 구간 $(-\infty, \infty)$에서 증가한다. ■

APPLICATION 043　다음 함수의 증가와 감소를 조사하여라.　　Sub Note 014쪽

(1) $f(x)=-x^4+8x^2+3$　　　　　　(2) $f(x)=-4x^3+6x^2-3x-2$

---

❹ $f(x)$가 몇 개의 x의 값에서만 $f'(x)=0$이고, 나머지 x의 값에서는 $f'(x)>0$인 경우이다.
❺ $f(x)$가 몇 개의 x의 값에서만 $f'(x)=0$이고, 나머지 x의 값에서는 $f'(x)<0$인 경우이다.

036 함수 $f(x)=\dfrac{1}{3}x^3+ax^2+bx-2$가 $x\leq-2$ 또는 $x\geq3$에서 증가하고, $-2\leq x\leq3$에서 감소할 때, 상수 a, b에 대하여 $a-b$의 값을 구하여라.

GUIDE 삼차함수 $f(x)$가
$x\leq m$ 또는 $x\geq n$에서 증가하고, $m\leq x\leq n$에서 감소하거나
$x\leq m$ 또는 $x\geq n$에서 감소하고, $m\leq x\leq n$에서 증가하면
이차방정식 $f'(x)=0$의 두 근은 m, n이다.

SOLUTION ─────────────────────────

$$f(x)=\dfrac{1}{3}x^3+ax^2+bx-2 \text{에서} \qquad f'(x)=x^2+2ax+b$$

이때 함수 $f(x)$가 $x\leq-2$ 또는 $x\geq3$에서 증가하고, $-2\leq x\leq3$에서 감소하므로
이차방정식 $f'(x)=0$의 두 근은 -2, 3이다.

이차방정식의 근과 계수의 관계에 의하여

$$-2+3=-2a,\ -2\cdot3=b \qquad \therefore a=-\dfrac{1}{2},\ b=-6$$

$$\therefore a-b=\dfrac{11}{2}\ \blacksquare$$

유제
036-❶ 함수 $f(x)=x^3-6x^2+ax+3$이 감소하는 x의 값의 범위가 $-1\leq x\leq b$일 때, 상수 a, b에 대하여 $a+b$의 값을 구하여라.

Sub Note 038쪽

유제
036-❷ 함수 $f(x)$의 도함수 $y=f'(x)$의 그래프가 오른쪽 그림과 같을 때, 다음 중 옳은 것은?

① $f(x)$는 구간 $(-\infty,\ -3)$에서 증가한다.
② $f(x)$는 구간 $(-3,\ -1)$에서 감소한다.
③ $f(x)$는 구간 $(-1,\ 2)$에서 증가한다.
④ $f(x)$는 구간 $(2,\ 3)$에서 증가한다.
⑤ $f(x)$는 구간 $(3,\ \infty)$에서 감소한다.

Sub Note 039쪽

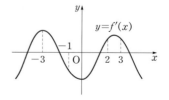

삼차함수가 증가하거나 감소하기 위한 조건

037 함수 $f(x)=ax^3-3x^2+(a+2)x+9$가 실수 전체의 집합에서 감소하도록 하는 실수 a의 값의 범위를 구하여라. (단, $a\neq0$)

GUIDE 삼차함수 $f(x)$가 실수 전체의 집합에서 감소하려면
➡ 모든 실수 x에 대하여 $f'(x)\leq0$이다.

SOLUTION

$f(x)=ax^3-3x^2+(a+2)x+9$에서 $f'(x)=3ax^2-6x+a+2$

함수 $f(x)$가 실수 전체의 집합에서 감소하려면 모든 실수 x에 대하여 $f'(x)\leq0$이어야 하므로 $a<0$ ······ ㉠

이차방정식 $f'(x)=0$의 판별식을 D라 하면

$$\frac{D}{4}=9-3a(a+2)\leq0, \ -3a^2-6a+9\leq0$$

$$a^2+2a-3\geq0, \ (a+3)(a-1)\geq0$$

$$\therefore a\leq-3 \ \text{또는} \ a\geq1 \ \cdots\cdots ㉡$$

㉠, ㉡의 공통 범위를 구하면 $a\leq-3$ ■

Summa's Advice

이차부등식이 절대부등식이 되는 조건은 문제 풀이에 많이 쓰이므로 반드시 기억하자.

	(1) $ax^2+bx+c\geq0$	(2) $ax^2+bx+c\leq0$
(i)	$a>0$	$a<0$
(ii)	이차방정식 $ax^2+bx+c=0$의 판별식을 D라 하면 $D\leq0$이어야 한다.	

유제
037-❶ 실수 전체의 집합에서 정의된 함수 $f(x)=x^3+3ax^2-3ax-5$가 일대일대응이 되도록 하는 실수 a의 값의 범위를 구하여라.
Sub Note 039쪽

유제
037-❷ 함수 $f(x)=-x^3+3x^2+ax+1$이 구간 $(-1,\ 2)$에서 증가하도록 하는 실수 a의 최솟값을 구하여라.
Sub Note 039쪽

04 함수의 극대, 극소와 그래프

SUMMA CUM LAUDE

ESSENTIAL LECTURE

1 함수의 극대와 극소

함수 $f(x)$에서 $x=a$를 포함하는 어떤 열린구간에 속하는 모든 x에 대하여

(1) $f(x) \leq f(a)$이면 함수 $f(x)$는 $x=a$에서 극대라 하고, $f(a)$를 극댓값이라 한다.

(2) $f(x) \geq f(a)$이면 함수 $f(x)$는 $x=a$에서 극소라 하고, $f(a)$를 극솟값이라 한다.

이때 극댓값과 극솟값을 통틀어 극값이라 한다.

2 함수의 극대와 극소의 판정

(1) 미분가능한 함수 $f(x)$에 대하여 $f'(a)=0$일 때, $x=a$의 좌우에서

① $f'(x)$의 부호가 양($+$)에서 음($-$)으로 바뀌면 $f(x)$는 $x=a$에서 극대이다.

② $f'(x)$의 부호가 음($-$)에서 양($+$)으로 바뀌면 $f(x)$는 $x=a$에서 극소이다.

(2) 미분가능한 함수 $f(x)$가 $x=a$에서 극값을 가지면 $f'(a)=0$이다.

[참고] 역은 성립하지 않는다. 즉, $f'(a)=0$이라고 해서 $f(x)$가 $x=a$에서 반드시 극값을 갖는 것은 아니다.

3 함수의 그래프

미분가능한 함수 $y=f(x)$의 그래프의 개형은 다음과 같은 순서로 그린다.

① 도함수 $f'(x)$를 구한다.

② $f'(x)=0$인 x의 값을 구한다.

③ $f'(x)$의 부호의 변화를 조사하여 $f(x)$의 증가와 감소를 표로 나타낸다.

④ 극값을 구하고, 증감표와 극값을 이용하여 그래프의 개형을 그린다.

[참고] 그래프와 좌표축의 교점의 좌표를 조사하면 그래프를 더 정확하게 그릴 수 있다.

우리는 함수의 '구간'이 아닌 '순간'에서 어떤 변화가 일어나는지를 찾는 순간변화율을 공부하는 것을 시작으로 미분에 대한 학습을 이어 오고 있다. 지금 배울 함수의 극대와 극소도 어떤 순간에서 발생하는 함숫값의 극적인 변화를 다루는 개념이다.

1 함수의 극대와 극소

극대(local maximum)를 말 그대로 풀어 보면 좁은 범위(local)에서의 최대(maximum)이다. 최대란 어떤 범위에서 그 값보다 큰 값이 없는 경우를 말하므로 결국 극대란 좁은 영역에서 그 값보다 큰 값이 없는 경우를 말한다. 다음 그래프를 보자.

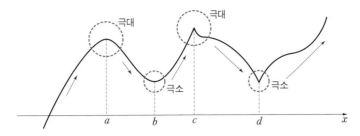

그래프에서 $x=a$ 근방의 작은 구간을 잡아서 그 구간에서의 함수의 그래프(동그라미의 내부)만 놓고 보면 $x=a$에서의 함숫값이 최대가 된다. 즉, 이 함수는 $x=a$에서 극대라 하고, $x=a$에서의 함숫값을 **극댓값**이라 한다.

마찬가지로 $x=b$ 근방에서의 함수의 그래프를 보면 $x=b$에서의 함숫값이 최소가 된다. 이와 같은 경우 이 함수는 $x=b$에서 **극소**(local minimum)라 하고, $x=b$에서의 함숫값을 **극솟값**이라 한다. 같은 원리로 $x=c$에서는 극대, $x=d$에서는 극소임을 알 수 있다. 이상으로부터 극대, 극소를 정의하면 다음과 같다.

함수의 극대와 극소

함수 $f(x)$에서 $x=a$를 포함하는 어떤 열린구간에 속하는 모든 x에 대하여
(1) $f(x) \leq f(a)$이면 함수 $f(x)$는 $x=a$에서 극대라 하고, $f(a)$를 극댓값이라 한다.
(2) $f(x) \geq f(a)$이면 함수 $f(x)$는 $x=a$에서 극소라 하고, $f(a)$를 극솟값이라 한다.

이때 극댓값과 극솟값을 통틀어 **극값**(extreme values)이라 한다.

2 함수의 극대와 극소의 판정 〔수능 고빈도 출제〕

그렇다면 그래프를 보고, 주어진 함수가 극댓값, 극솟값을 갖는지, 또 어느 값에서 갖는지 어떻게 알 수 있을까? 위의 그래프를 다시 보면서 생각해 보자.

극댓값은 그 근방에서 가장 큰 값이기 때문에 그 근방에서
함숫값이 증가($\nearrow$)하다가 감소($\searrow$)한다.
마찬가지로 극솟값은 그 근방에서 가장 작은 값이기 때문에 그 근방에서
함숫값이 감소($\searrow$)하다가 증가($\nearrow$)한다.
따라서 역으로 함수의 증가, 감소의 변화를 알면 극대, 극소를 구분할 수 있게 된다.

함수의 증가, 감소와 극대, 극소

미분가능한 함수 $f(x)$에 대하여 $x=a$의 좌우에서
(1) 함수 $f(x)$가 증가하다가 감소하면 $f(x)$는 $x=a$에서 극대이다. ➡ $f(a)$는 극댓값
(2) 함수 $f(x)$가 감소하다가 증가하면 $f(x)$는 $x=a$에서 극소이다. ➡ $f(a)$는 극솟값

미분가능한 함수 $f(x)$가 증가하다가 감소한다는 것은 그래프의 접선의 기울기가 양$(+)$에서 음$(-)$으로 바뀌는 것을 의미하고, 이 과정에서 (기울기)$=0$인 경우가 반드시 생긴다.

즉, $f'(a)=0$인 실수 a가 존재하고, 이때 함수 $f(x)$는 $x=a$에서 극대이다.

마찬가지로 미분가능한 함수 $f(x)$가 감소하다가 증가한다는 것은 그래프의 접선의 기울기가 음$(-)$에서 양$(+)$으로 바뀌는 것을 의미하고, 이 과정에서 (기울기)$=0$인 경우가 반드시 생긴다.

즉, $f'(a)=0$인 실수 a가 존재하고, 이때 함수 $f(x)$는 $x=a$에서 극소이다.

$f'(x)$의 부호의 변화와 $f(x)$의 증가, 감소를 그래프로 나타내면 다음과 같다.

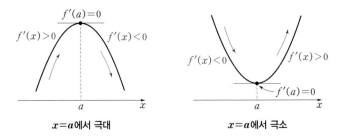

<table>
<tr><td>$x=a$에서 극대</td><td>$x=a$에서 극소</td></tr>
</table>

함수의 극대와 극소의 판정

미분가능한 함수 $f(x)$에 대하여 $f'(a)=0$일 때, $x=a$의 좌우에서

(1) $f'(x)$의 부호가 양$(+)$에서 음$(-)$으로 바뀌면 $f(x)$는 $x=a$에서 극대이고, 극댓값은 $f(a)$이다.

(2) $f'(x)$의 부호가 음$(-)$에서 양$(+)$으로 바뀌면 $f(x)$는 $x=a$에서 극소이고, 극솟값은 $f(a)$이다.

이 사실을 이용하여 일반적으로 미분가능한 함수의 극값에 대한 다음의 정리를 얻는다.

극값과 미분계수

미분가능한 함수 $f(x)$가 $x=a$에서 극값을 가지면 $f'(a)=0$이다.

[증명] 먼저 미분가능한 함수 $f(x)$가 $x=a$에서 극댓값을 갖는다고 가정하자.

$x=a$ 근방의 $t<a$인 t에 대하여 $f(a) \geq f(t)$가 성립한다.

그러므로 $\dfrac{f(t)-f(a)}{t-a} \geq 0$에서 $\displaystyle\lim_{t \to a-} \dfrac{f(t)-f(a)}{t-a} \geq 0$이다.

마찬가지로 $x=a$ 근방의 $t>a$인 t에 대해서 $f(a) \geq f(t)$가 성립한다.

그러므로 $\dfrac{f(t)-f(a)}{t-a} \leq 0$에서 $\displaystyle\lim_{t \to a+} \dfrac{f(t)-f(a)}{t-a} \leq 0$이다.

그런데 가정에 의하여 $f(x)$는 $x=a$에서 미분가능하므로 $f'(a)$가 존재해야 한다.

즉, 좌극한 $\lim\limits_{t\to a-}\dfrac{f(t)-f(a)}{t-a}$ 와 우극한 $\lim\limits_{t\to a+}\dfrac{f(t)-f(a)}{t-a}$ 가 같아야 하므로

$$0\le\lim_{t\to a-}\frac{f(t)-f(a)}{t-a}=\lim_{t\to a+}\frac{f(t)-f(a)}{t-a}\le0$$

에서 $\lim\limits_{t\to a}\dfrac{f(t)-f(a)}{t-a}=0$ 이 됨을 알 수 있다. 따라서 $f'(a)=0$ 이다.

마찬가지 방법으로 미분가능한 함수 $f(x)$ 가 $x=a$ 에서 극솟값을 갖는 경우에도 $f'(a)=0$ 임을 보일 수 있다.

이때 한 가지 더 짚고 넘어갈 부분이 있다. 앞에서 배운 명제

> '미분가능**⑥**한 함수 $f(x)$ 가 $x=a$ 에서 극값을 가지면 $f'(a)=0$ 이다.'

의 대우인

> '미분가능한 함수 $f(x)$ 에 대하여 $f'(a)\ne0$ 이면 $f(x)$ 는 $x=a$ 에서 극값을 갖지 않는다.'

는 당연히 성립하지만, 이와 비슷한 꼴을 가지는 역, 즉

> '미분가능한 함수 $f(x)$ 에 대하여 $f'(a)=0$ 이면 $f(x)$ 는 $x=a$ 에서 극값을 갖는다.'

는 성립하지 않는다는 것이다.

역이 성립하지 않는 이유는 $f'(a)=0$ 이라고 해서 $x=a$ 의 좌우에서

> $f'(x)$ 의 부호가 반드시 양$(+)$에서 음$(-)$ 또는 음$(-)$에서 양$(+)$

으로 바뀌는 것은 아니기 때문이다.

다음 네 개의 그래프는 $f'(a)=0$ 이 가능한 경우를 전부 나열한 것이다.

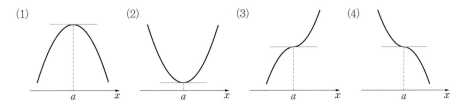

(1)과 (2)의 그래프는 $x=a$ 의 좌우에서 $f'(x)$ 의 부호가 각각 양$(+)$에서 음$(-)$으로, 음$(-)$에서 양$(+)$으로 바뀌기 때문에 극대와 극소가 맞다. 그러나 (3)의 그래프는 $x=a$ 의 좌우에서 $f'(x)$ 의 부호가 양$(+)$에서 양$(+)$으로, (4)의 그래프는 $x=a$ 의 좌우에서 $f'(x)$ 의 부호가 음$(-)$에서 음$(-)$으로 유지된다. (3), (4)의 경우는 $x=a$ 에서 $f'(a)=0$ 을 만족시키지만 극대도 극소도 아니다.

---

⑥ '미분가능'이라는 조건을 명심하자. 우리가 극대, 극소를 다룰 때 대부분 미분가능함을 전제로 하고 당연시 받아들이지만, 엄밀히 말해 미분가능하지 않은 경우에는 $f'(a)=0$ 을 생각할 수 없기 때문에 앞에서 배운 명제 자체가 아무 의미 없게 된다.

따라서 미분가능한 함수 $f(x)$에서 극값을 찾으려면 다음과 같은 순서를 밟아야 한다.

극값을 찾는 방법
① 도함수 $f'(x)$를 구한다.
② $f'(x)=0$인 x의 값을 구한다.
③ ②에서 구한 x의 값의 좌우에서 $f'(x)$의 부호가 양$(+)$에서 음$(-)$ 또는 음$(-)$에서 양$(+)$으로 변하는지 확인하여 극값을 찾는다.

EXAMPLE 039 다음 함수의 극값을 구하여라.

(1) $f(x)=x^3+3x^2-24x+20$　　　　(2) $f(x)=(x-1)^3(x+3)$

ANSWER (1) $f'(x)=3x^2+6x-24=3(x+4)(x-2)$

$f'(x)=0$에서 　$x=-4$ 또는 $x=2$

함수 $f(x)$의 증감표를 만들면 오른쪽과 같다.

따라서 함수 $f(x)$는 $x=-4$에서 **극댓값 100**, $x=2$에서 **극솟값 -8**을 갖는다. ■

x	$\cdots$	-4	$\cdots$	2	$\cdots$
$f'(x)$	$+$	0	$-$	0	$+$
$f(x)$	$\nearrow$	100 (극대)	$\searrow$	-8 (극소)	$\nearrow$

(2) $f'(x)=3(x-1)^2(x+3)+(x-1)^3=4(x-1)^2(x+2)$

$f'(x)=0$에서 　$x=-2$ 또는 $x=1$

함수 $f(x)$의 증감표를 만들면 오른쪽과 같다.

$x=1$의 좌우에서는 $f'(x)$의 부호가 바뀌지 않으므로 극대도 극소도 아니다.

따라서 함수 $f(x)$는 $x=-2$에서 **극솟값 -27**을 갖는다. ■

x	$\cdots$	-2	$\cdots$	1	$\cdots$
$f'(x)$	$-$	0	$+$	0	$+$
$f(x)$	$\searrow$	-27 (극소)	$\nearrow$	0	$\nearrow$

APPLICATION 044 다음 함수의 극값을 구하여라. Sub Note 014쪽

(1) $f(x)=-x^3-3x^2-1$　　　　(2) $f(x)=x^4-32x+48$

---

❸ 함수의 그래프

'함수의 증가와 감소', '함수의 극대와 극소'의 내용을 종합해 보면, 미분가능한 함수의 그래프는 다음과 같은 두 가지 성질을 가짐을 알 수 있다.

(i) 어떤 구간의 모든 점에서 미분계수가 $\begin{cases} \text{양수이면 그래프는 그 구간에서 증가하는 모양이다.} \\ \text{음수이면 그래프는 그 구간에서 감소하는 모양이다.} \end{cases}$

(ii) 극값인 점에서는 미분계수가 0이고, 그 점의 좌우에서 그래프의 증감이 바뀐다.

이와 같은 성질을 이용하면 우리는 삼차 이상의 다항함수의 그래프의 개형도 쉽게 그릴 수 있다. 그리는 방법은 어렵지 않다. 함수의 증감표를 이용하여 각 구간마다 함수의 증가와 감소, 극값의 존재를 확인한 후, 함수의 증감 모양을 그려주면 되는 것이다. 물론 더욱 자세히 그리려면 좌표축과의 교점(x절편, y절편), 대칭성 등을 더 조사해 주면 되겠다.

EXAMPLE 040 다음 함수의 그래프의 개형을 그려라.

(1) $f(x) = x^3 - \dfrac{9}{2}x^2 + 6x + 1$　　　　(2) $f(x) = x^4 - 4x^2$

ANSWER (1) $f'(x) = 3x^2 - 9x + 6 = 3(x-1)(x-2)$

$f'(x) = 0$에서　$x=1$ 또는 $x=2$

함수 $f(x)$의 증감표를 만들면 다음과 같다.

x	$\cdots$	1	$\cdots$	2	$\cdots$
$f'(x)$	$+$	0	$-$	0	$+$
$f(x)$	↗	$\dfrac{7}{2}$ (극대)	↘	3 (극소)	↗

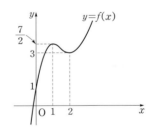

따라서 함수 $f(x)$는 $x=1$에서 극댓값 $\dfrac{7}{2}$, $x=2$에서 극솟값 3을 갖고, $f(0)=1$이므로 $y=f(x)$의 그래프는 오른쪽 그림과 같다. ■

(2) $f'(x) = 4x^3 - 8x = 4x(x+\sqrt{2})(x-\sqrt{2})$

$f'(x) = 0$에서　$x=-\sqrt{2}$ 또는 $x=0$ 또는 $x=\sqrt{2}$

함수 $f(x)$의 증감표를 만들면 다음과 같다.

x	$\cdots$	$-\sqrt{2}$	$\cdots$	0	$\cdots$	$\sqrt{2}$	$\cdots$
$f'(x)$	$-$	0	$+$	0	$-$	0	$+$
$f(x)$	↘	-4 (극소)	↗	0 (극대)	↘	-4 (극소)	↗

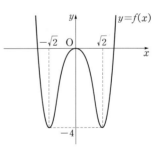

따라서 함수 $f(x)$는 $x=-\sqrt{2}$, $x=\sqrt{2}$에서 극솟값 -4, $x=0$에서 극댓값 0을 가지므로 $y=f(x)$의 그래프는 오른쪽 그림과 같다. ■

APPLICATION **045**   다음 함수의 그래프의 개형을 그려라.   Sub Note 014쪽

(1) $f(x)=x^3-3x^2+3x+2$ (2) $f(x)=x^4-4x^3+2$

한편 삼차함수와 사차함수의 그래프는 바로 뒤에서 배울 함수의 최대와 최소를 쉽게 해결할
수 있게 해주는 도구이므로 어떠한 경우이건 간에 재빠르게 그 그래프의 개형을 그릴 수 있어
야 한다. 다음과 같이 정리하여 그 그래프를 익혀두도록 하자.

(1) 삼차함수 $f(x)=ax^3+bx^2+cx+d\,(a>0)$의 그래프는 알파벳 N자 모양의 개형을 갖
는데, 방정식 $f'(x)=0$의 근에 따라 다음과 같이 나타낼 수 있다. [수능 고빈도 출제]

서로 다른 두 실근	중근	실근 없음 (허근 2개)

(2) 사차함수 $f(x)=ax^4+bx^3+cx^2+dx+e\,(a>0)$의 그래프는 알파벳 W자 모양의 개형
을 갖는데, 방정식 $f'(x)=0$의 근에 따라 다음과 같이 나타낼 수 있다.

서로 다른 세 실근	서로 다른 두 실근 (실근 1개＋중근 1개)	한 실근 (실근 1개＋허근 2개)	삼중근

(1), (2)에서 최고차항의 계수 a가 $a<0$인 경우는 각자 그려 확인하기 바란다. 표 안의 각 그
래프를 위 아래로 뒤집은 И, M 모양의 그래프를 얻을 수 있을 것이다.

178   Ⅱ. 다항함수의 미분법

함수의 극대, 극소를 이용한 미정계수의 결정

038 함수 $f(x)=x^3-2ax^2+bx-1$이 $x=1$에서 극솟값 -9를 가질 때, 함수 $f(x)$의 극댓값을 구하여라. (단, a, b는 상수)

GUIDE 함수 $f(x)$가 $x=1$에서 극솟값 -9를 가지므로
(i) $f(x)$는 $x=1$에서의 미분계수가 0이다.
(ii) $f(x)$는 $x=1$에서의 함숫값이 -9이다.

SOLUTION ─────────────────────────

$f(x)=x^3-2ax^2+bx-1$에서 　　$f'(x)=3x^2-4ax+b$

함수 $f(x)$가 $x=1$에서 극솟값 -9를 가지므로

$f'(1)=0$에서　　$3-4a+b=0$　　$\therefore 4a-b=3$　　…… ㉠

$f(1)=-9$에서　　$1-2a+b-1=-9$　　$\therefore 2a-b=9$　　…… ㉡

㉠, ㉡을 연립하여 풀면　　$a=-3$, $b=-15$

즉, $f(x)=x^3+6x^2-15x-1$이므로

　　$f'(x)=3x^2+12x-15=3(x+5)(x-1)$

$f'(x)=0$에서　　$x=-5$ 또는 $x=1$

함수 $f(x)$의 증감표를 만들면 다음과 같다.

x	$\cdots$	-5	$\cdots$	1	$\cdots$
$f'(x)$	$+$	0	$-$	0	$+$
$f(x)$	$\nearrow$	99 (극대)	$\searrow$	-9 (극소)	$\nearrow$

따라서 함수 $f(x)$는 극댓값 **99**를 갖는다. ■

Sub Note 039쪽
유제
038-❶ 함수 $f(x)=x^4+ax^3+3bx^2+x+1$이 $x=-1$에서 극댓값 4를 가질 때, 상수 a, b에 대하여 $a+b$의 값을 구하여라.

Sub Note 039쪽
유제
038-❷ 함수 $f(x)=x^3+ax+b$의 극솟값이 a, 극댓값이 $-a$일 때, 상수 a, b에 대하여 $4(b-a)$의 값을 구하여라. (단, $a<0$)

039 함수 $f(x)$의 도함수 $y=f'(x)$의 그래프가 오른쪽 그림과 같다. 구간 $(-3, 5)$에서 함수 $f(x)$의 극댓값의 개수를 a, 극솟값의 개수를 b라 할 때, $a-2b$의 값을 구하여라.

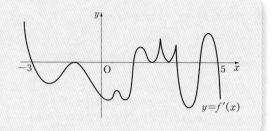

GUIDE 도함수와 함수의 관계, 극값의 정의에 대해 잘 알고 있는지 확인하는 문제이다. 주어진 그래프는 $y=f'(x)$의 그래프이므로 $f'(x)=0$인 x의 값에서 극값을 가질 수 있음을 먼저 생각해야 한다. 그리고 $f'(x)=0$인 x의 값의 좌우에서 $f'(x)$의 부호가 음$(-)$에서 양$(+)$으로 바뀌면 극소, 양$(+)$에서 음$(-)$으로 바뀌면 극대임을 생각하면서 풀면 된다.

SOLUTION ───────────────

함수 $f(x)$가 극값을 갖기 위해서는 $f'(x)=0$이어야 한다.

그래프에서 $f'(x)=0$을 만족시키는 x의 값은 구간 $(-3, 5)$에서 6개가 존재한다.

함수 $f(x)$가 $x=m$에서 극댓값을 가지면 $x=m$의 좌우에서 $f'(x)$의 부호가 양$(+)$에서 음$(-)$으로 바뀌어야 한다. 이를 만족시키는 x의 값은 1개이므로 $a=1$

함수 $f(x)$가 $x=n$에서 극솟값을 가지면 $x=n$의 좌우에서 $f'(x)$의 부호가 음$(-)$에서 양$(+)$으로 바뀌어야 한다. 이를 만족시키는 x의 값은 2개이므로 $b=2$

$$\therefore a-2b=1-2\cdot2=\mathbf{-3} \ \blacksquare$$

Sub Note 040쪽

유제
039-① 함수 $f(x)$의 도함수 $y=f'(x)$의 그래프가 오른쪽 그림과 같을 때, 다음 중 함수 $y=f(x)$의 그래프의 개형이 될 수 있는 것은?

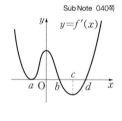

①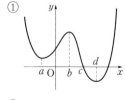

②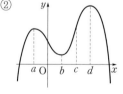

③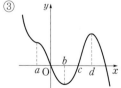

④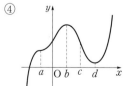

⑤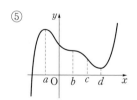

삼차함수가 극값을 갖거나 갖지 않을 조건

040 (1) 삼차함수 $f(x)=ax^3+(4a-1)x^2+3x+1$이 극값을 갖지 않도록 하는 실수 a의 값의 범위를 구하여라.

(2) 함수 $f(x)=x^3+ax^2+ax+1$이 구간 $(-1, 1)$에서 극댓값과 극솟값을 모두 갖도록 하는 실수 a의 값의 범위를 구하여라.

GUIDE (1) ① 삼차함수 $f(x)$가 극값을 갖는다. → 극댓값과 극솟값을 모두 갖는다.
　　　　 $\Longleftrightarrow$ 이차방정식 $f'(x)=0$이 서로 다른 두 실근을 갖는다.
　　　　 $\Longleftrightarrow$ 이차방정식 $f'(x)=0$의 판별식 $D>0$이다.
　　　② 삼차함수 $f(x)$가 극값을 갖지 않는다. → 극댓값과 극솟값을 모두 갖지 않는다.
　　　　 $\Longleftrightarrow$ 이차방정식 $f'(x)=0$이 중근을 갖거나 서로 다른 두 허근을 갖는다.
　　　　 $\Longleftrightarrow$ 이차방정식 $f'(x)=0$의 판별식 $D\leq0$이다.
　　(2) 삼차함수 $f(x)$가 구간 (m, n)에서 극댓값과 극솟값을 모두 갖는다.
　　　 $\Longrightarrow$ 이차방정식 $f'(x)=0$이 $m<x<n$에서 서로 다른 두 실근을 가지므로 다음의 네 가지를 조사한다.
　　　 (i) 이차방정식 $f'(x)=0$의 판별식 D의 부호
　　　 (ii) $f'(m)$의 값의 부호
　　　 (iii) $f'(n)$의 값의 부호
　　　 (iv) 이차함수 $y=f'(x)$의 그래프의 축의 위치

SOLUTION

(1) $f(x)=ax^3+(4a-1)x^2+3x+1$에서

$f'(x)=3ax^2+2(4a-1)x+3$ (단, $a\neq0$ ← ∵ $f(x)$가 삼차함수)

삼차함수 $f(x)$가 극값을 갖지 않으려면 이차방정식 $f'(x)=0$이 중근을 갖거나 서로 다른 두 허근을 가져야 한다.

이차방정식 $f'(x)=0$의 판별식을 D라 하면

$$\frac{D}{4}=(4a-1)^2-9a\leq0, \ 16a^2-17a+1\leq0$$

$$(16a-1)(a-1)\leq0 \qquad \therefore \ \frac{1}{16}\leq a\leq1 \ \blacksquare$$

(2) $f(x)=x^3+ax^2+ax+1$에서　　$f'(x)=3x^2+2ax+a$

삼차함수 $f(x)$가 구간 $(-1, 1)$에서 극댓값과 극솟값을 모두 가지려면 이차방정식 $f'(x)=0$이 $-1<x<1$에서 서로 다른 두 실근을 가져야 한다.

즉, 다음 조건을 모두 만족시켜야 한다.

(i) 이차방정식 $f'(x)=0$의 판별식을 D라 하면

$$\frac{D}{4}=a^2-3a>0, \ a(a-3)>0 \qquad \therefore \ a<0 \ 또는 \ a>3$$

(ii) $f'(-1)>0$에서　　$3-a>0$

　　　　$\therefore a<3$

(iii) $f'(1)>0$에서　　$3+3a>0$

　　　　$\therefore a>-1$

(iv) 이차함수 $y=f'(x)$의 그래프의 축의 방정식이 $x=-\dfrac{a}{3}$ 이므로

　　　$-1<-\dfrac{a}{3}<1$　　$\therefore -3<a<3$

(i)~(iv)의 공통 범위를 구하면

　　　$-1<a<0$ ■

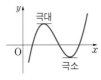

Summa's Advice

삼차함수 $f(x)=ax^3+bx^2+cx+d\,(a>0)$의 그래프를 살펴보면 그래프의 특성상 함수 $f(x)$가
극댓값만 갖거나 극솟값만 갖는 경우는 없음을 알 수 있다.
따라서 어떤 삼차함수가 극값을 가진다고 하면 그래프의 형태를 떠올려 극댓값과 극솟값이 둘 다 존
재하겠구나 생각하면 문제를 해결하는 데 감이 잡힐 것이다.

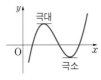
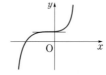
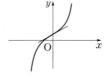

$f'(x)=0$이 서로 다른　　　　$f'(x)=0$이　　　　$f'(x)=0$이 서로 다른
두 실근을 갖는다.　　　　　중근을 갖는다.　　　　두 허근을 갖는다.

극값이 존재한다.　　　　　└──── **극값이 존재하지 않는다.** ────┘

유제
040- 1　함수 $f(x)=-x^3+3x^2-ax+11$이 극값을 갖도록 하는 모든 자연수 a의 값의 합을 구하여
라.

Sub Note 040쪽

유제
040- 2　함수 $f(x)=\dfrac{1}{3}x^3-2(a-1)x^2-16ax-1$이 $0<x<2$에서 극댓값은 갖지 않고 극솟값을 갖도
록 하는 실수 a의 값의 범위를 구하여라.

Sub Note 040쪽

사차함수가 극값을 갖거나 갖지 않을 조건

041 함수 $f(x)=x^4-4x^3-4ax^2$이 극댓값을 갖도록 하는 실수 a의 값의 범위를 구하여라.

GUIDE 사차함수 $f(x)$는 최고차항의 계수가 양수이면 항상 극솟값을 갖고, 최고차항의 계수가 음수이면 항상 극댓값을 갖는다.
① 최고차항의 계수가 양수인 사차함수 $f(x)$가 극댓값을 가질 조건
 (또는 최고차항의 계수가 음수인 사차함수 $f(x)$가 극솟값을 가질 조건)
 $\Longleftrightarrow$ 삼차방정식 $f'(x)=0$이 서로 다른 세 실근을 갖는다.
② 최고차항의 계수가 양수인 사차함수 $f(x)$가 극댓값을 갖지 않을 조건
 (또는 최고차항의 계수가 음수인 사차함수 $f(x)$가 극솟값을 갖지 않을 조건)
 $\Longleftrightarrow$ 삼차방정식 $f'(x)=0$이 허근 또는 중근을 갖는다.

SOLUTION ───────────────────────────

$f(x)=x^4-4x^3-4ax^2$에서
$$f'(x)=4x^3-12x^2-8ax=4x(x^2-3x-2a)$$
사차함수 $f(x)$가 극댓값을 가지려면 삼차방정식 $f'(x)=0$이 서로 다른 세 실근을 가져야 한다.

이때 삼차방정식 $f'(x)=0$의 한 실근이 0이므로 이차방정식 $x^2-3x-2a=0$은 0이 아닌 서로 다른 두 실근을 가져야 한다.

(i) $x=0$이 이차방정식 $x^2-3x-2a=0$의 근이 아니어야 하므로
$$a \neq 0$$

(ii) 이차방정식 $x^2-3x-2a=0$의 판별식을 D라 하면
$$D=9+8a>0 \qquad \therefore a>-\frac{9}{8}$$

(i), (ii)의 공통 범위를 구하면
$$-\frac{9}{8}<a<0 \text{ 또는 } a>0 \blacksquare$$

유제
041-❶ 함수 $f(x)=x^4+2(a-1)x^2+4ax$가 극댓값을 갖지 않도록 하는 실수 a의 최솟값을 구하여라.

05 함수의 최대와 최소

S U M M A   C U M   L A U D E

ESSENTIAL LECTURE

1 함수의 최댓값과 최솟값

함수 $f(x)$가 닫힌구간 $[a, b]$에서 연속이면 이 구간에서 반드시 최댓값과 최솟값을 갖는다. 이때 이 구간에서 $f(x)$의 극값과 구간의 양 끝점에서의 함숫값 $f(a)$, $f(b)$ 중에서 가장 큰 값이 최댓값이고, 가장 작은 값이 최솟값이다.

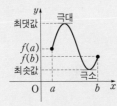 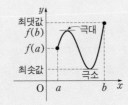 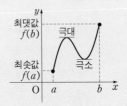

2 함수의 최대·최소의 활용

길이, 넓이, 부피 등의 최댓값 또는 최솟값은 다음과 같은 순서로 구한다.

① 적당한 변수를 미지수 x로 놓는다. (이때 변수에 제한조건이 있으면 x의 값의 범위를 정한다.)
② 구하고자 하는 값을 미지수 x에 대한 함수로 나타낸다.
③ 구간에서의 극값과 구간의 양 끝점에서의 함숫값을 구한다.
④ x의 값의 범위에 주의하여 최댓값 또는 최솟값을 구한다.

1 함수의 최댓값과 최솟값

어떤 구간에서의 함수의 최댓값은 함숫값 중 가장 큰 값을, 최솟값은 함숫값 중 가장 작은 값을 말한다. 일반적으로 함수 $f(x)$가 닫힌구간 $[a, b]$에서 연속이면 이 구간에서 $f(x)$의 극값과 구간의 양 끝점에서의 함숫값 $f(a)$, $f(b)$ 중에서 가장 큰 값이 최댓값이고, 가장 작은 값이 최솟값이다.

한편 그래프로 보면 함수의 최댓값과 최솟값은 단순히 가장 높은 점과 가장 낮은 점으로 생각할 수 있다.❼

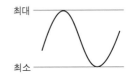

---

❼ 우리는 이미 고등 수학(상)에서 그래프를 이용하여 최댓값과 최솟값을 구해 봤었다. 그때 우리는 이차함수의 그래프 정도만 그릴 수 있었으므로 이차함수로만 한정했을 뿐이다.

물론 구간과 함수에 따라 최댓값(가장 높은 점)이나 최솟값(가장 낮은 점)이 존재하지 않을 수 있고, 또 둘 다 존재하지 않을 수도 있다. 이때는 존재하는 것만 구하면 되므로 크게 신경 쓸 필요는 없다.

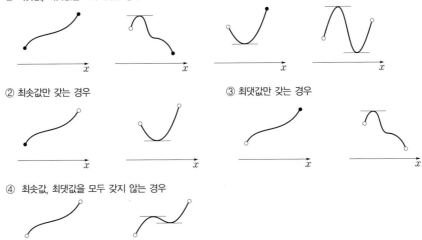

① 최댓값, 최솟값을 모두 갖는 경우

② 최솟값만 갖는 경우   ③ 최댓값만 갖는 경우

④ 최솟값, 최댓값을 모두 갖지 않는 경우

그러면 지금까지 우리가 다루어 온 삼차함수, 사차함수의 최댓값과 최솟값을 구해 보자.
(더 이상의 정보는 필요 없이) 그래프를 그릴 수 있으므로 충분히 구할 수 있다.

■ **EXAMPLE 041** 구간 $[-2, 4]$에서 함수 $f(x)=x^3-3x^2-9x+28$의 최댓값과 최솟값을 구하여라.

ANSWER $f'(x)=3x^2-6x-9=3(x+1)(x-3)$
$f'(x)=0$에서 $x=-1$ 또는 $x=3$
구간 $[-2, 4]$에서 함수 $f(x)$의 증감표를 만들고, 이를 이용하여 $y=f(x)$의 그래프를 그리면 다음과 같다.

x	-2	$\cdots$	-1	$\cdots$	3	$\cdots$	4
$f'(x)$		$+$	0	$-$	0	$+$	
$f(x)$	26	$\nearrow$	33	$\searrow$	1	$\nearrow$	8

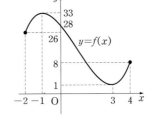

따라서 함수 $f(x)$는 $x=-1$에서 **최댓값 33**, $x=3$에서 **최솟값 1**을 갖는다. ■

Sub Note 015쪽

APPLICATION **046** 구간 $(-2, 3)$에서 함수 $f(x)=-x^4+4x^3+2x^2-12x-4$의 **최댓값과 최솟값**을 구하여라.

앞의 **EXAMPLE** 041과 APPLICATION 046에서 확인할 수 있듯이, 미분가능한 함수 $f(x)$의 최댓값, 최솟값은 일반적으로 다음과 같이 구할 수 있다. 이를 외우려는 학생들이 있는데 그럴 필요는 전혀 없다. 다시 한 번 말하는데, 그래프만 그리면 만사 OK!

(1) **주어진 구간이 닫힌구간일 경우**

극댓값, 극솟값과 구간의 양 끝점에서의 함숫값 중에서 가장 큰 값이 최댓값, 가장 작은 값이 최솟값이다.[❽]

(2) **주어진 구간이 열린구간일 경우**

그래프의 개형을 그린 후, 가장 높은 점과 가장 낮은 점을 찾는다. 이때 가장 높은 점은 극대일 때이거나 존재하지 않는다. 마찬가지로 가장 낮은 점은 극소일 때이거나 존재하지 않는다.

❷ 함수의 최대 · 최소의 활용

함수의 최댓값과 최솟값을 구하는 것은 최적화 문제에 자주 이용된다. 예를 들어 도형의 넓이 또는 부피를 최대로 하기 위해 변의 길이를 어떻게 잡아야 할지 또는 이익을 최대로 하기 위해 공장에서 물건을 얼마나 생산해야 할지 등은 함수의 최대 · 최소 문제로 귀결된다.

문제가 긴 문장으로 주어져 당황할 수도 있으나, 다음과 같은 순서로 차근차근 접근해가면 의외로 간단하게 해결할 수 있을 것이다. (문제에 대한 적용은 뒤의 **기본예제 043~044**에서 다루도록 하자.)

> **함수의 최대 · 최소의 활용 문제의 해결 순서**
> ① 적당한 변수를 미지수 x로 놓는다. (이때 변수에 제한조건이 있으면 x의 값의 범위를 정한다.)
> ② 구하고자 하는 값을 미지수 x에 대한 함수로 나타낸다.
> ③ 구간에서의 극값과 구간의 양 끝점에서의 함숫값을 구한다.
> ④ x의 값의 범위에 주의하여 최댓값 또는 최솟값을 구한다.

---

❽ Ⅰ-2. 함수의 연속에서 배웠던 다음 최대 · 최소 정리를 상기해 보자.

'함수 $f(x)$가 닫힌구간 $[a,\ b]$에서 연속이면 함수 $f(x)$는
이 구간에서 반드시 최댓값과 최솟값을 갖는다.'

따라서 미분가능한 삼차함수, 사차함수는 연속함수이므로 위의 정리에 의하여 닫힌구간에서 반드시 최댓값과 최솟값을 갖게 되고, 그래프를 그려 보면 극댓값, 극솟값과 구간의 양 끝점에서의 함숫값 중에서 결정된다.

042 구간 $[1, 4]$에서 함수 $f(x)=x^3-3x^2+a$의 최댓값을 M, 최솟값을 m이라 하자. $M+m=20$일 때, 상수 a의 값을 구하여라.

GUIDE $f'(x)$를 이용하여 구간 $[1, 4]$에서 함수 $f(x)$의 증감표를 만들어 본다.

SOLUTION ─────────────────────

$$f(x)=x^3-3x^2+a에서 \qquad f'(x)=3x^2-6x=3x(x-2)$$

$f'(x)=0에서 \qquad x=2 \ (\because 1 \le x \le 4)$

구간 $[1, 4]$에서 함수 $f(x)$의 증감표를 만들면 다음과 같다.

x	1	$\cdots$	2	$\cdots$	4
$f'(x)$		$-$	0	$+$	
$f(x)$	$a-2$	$\searrow$	$a-4$	$\nearrow$	$a+16$

따라서 함수 $f(x)$는 $x=4$에서 최댓값 $M=a+16$, $x=2$에서 최솟값 $m=a-4$를 갖는다.

이때 $M+m=20$이므로 $\qquad (a+16)+(a-4)=20$

$$2a=8 \qquad \therefore a=4 \ \blacksquare$$

Sub Note 041쪽
유제
042-1 구간 $[-1, 3]$에서 함수 $f(x)=x^3+3x^2-9x+a$의 최솟값이 -10일 때, 함수 $f(x)$의 최댓값을 구하여라. (단, a는 상수)

Sub Note 041쪽
유제
042-2 구간 $[2, 4]$에서 함수 $f(x)=ax^3-\dfrac{9}{2}ax^2+b$의 최댓값이 9, 최솟값이 -2일 때, 상수 a, b에 대하여 ab의 값을 구하여라. (단, $a>0$)

043

오른쪽 그림과 같이 곡선 $y=-x^2+9$와 x축으로 둘러싸인 부분에 내접하고 한 변이 x축 위에 있는 직사각형의 넓이의 최댓값을 구하여라.

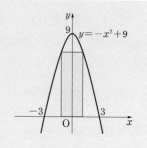

GUIDE 길이 또는 넓이에 대한 최대·최소의 활용 문제는 구하려는 길이 또는 넓이를 한 문자에 대한 함수로 나타낸 후, 극값을 구하여 해결한다. 이 문제의 경우 직사각형의 한 꼭짓점의 좌표를 $(a, 0)$으로 놓고, 직사각형의 넓이를 a에 대한 함수로 나타낸 후, 이 함수의 최댓값을 구하면 된다.

SOLUTION

오른쪽 그림과 같이 직사각형 ABCD의 꼭짓점 C의 좌표를 $(a, 0)$ $(0<a<3)$이라 하면

$$A(-a, -a^2+9), B(-a, 0), D(a, -a^2+9)$$

직사각형 ABCD의 넓이를 $S(a)$라 하면

$$S(a)=2a(-a^2+9)=-2a^3+18a \text{에서}$$

$$S'(a)=-6a^2+18=-6(a+\sqrt{3})(a-\sqrt{3})$$

$S'(a)=0$에서 $a=\sqrt{3}$ $(\because 0<a<3)$

$0<a<3$에서 함수 $S(a)$의 증감표를 만들면 다음과 같다.

a	(0)	$\cdots$	$\sqrt{3}$	$\cdots$	(3)
$S'(a)$		$+$	0	$-$	
$S(a)$		$\nearrow$	극대	$\searrow$	

따라서 함수 $S(a)$는 $a=\sqrt{3}$일 때 극대이면서 최대이므로 구하는 직사각형의 넓이의 최댓값은 $S(\sqrt{3})=-2\cdot(\sqrt{3})^3+18\cdot\sqrt{3}=\mathbf{12\sqrt{3}}$ ■

유제
043-❶ 곡선 $y=x^2$ 위를 움직이는 점 P와 점 $(5, -1)$ 사이의 거리의 최솟값을 구하여라. Sub Note 041쪽

유제

Sub Note 041쪽

043-❷ 오른쪽 그림과 같이 곡선 $y=-x^2+3x$ $(0<x<3)$ 위의 점 P에서 x축에 내린 수선의 발을 H라 할 때, 삼각형 POH의 넓이의 최댓값을 구하여라. (단, O는 원점)

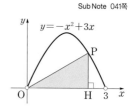

기 본 예 제   *최대 · 최소의 활용 – 부피*

044

오른쪽 그림과 같이 한 변의 길이가 12인 정사각형 모양의 종이의 네 귀퉁이에서 같은 크기의 정사각형을 잘라 내고, 남은 부분을 접어서 뚜껑이 없는 직육면체 모양의 상자를 만들려고 한다. 이 상자의 부피의 최댓값을 구하여라.

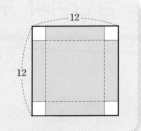

GUIDE   기본예제 **043**과 마찬가지로 부피에 대한 최대 · 최소의 활용 문제는 구하려는 부피를 한 문자에 대한 함수로 나타낸 후, 극값을 구하여 해결한다. 이 문제의 경우 잘라 내는 정사각형의 한 변의 길이를 x로 놓고, 상자의 부피를 x에 대한 함수로 나타낸 후, 이 함수의 최댓값을 구하면 된다.

SOLUTION

잘라 내는 정사각형의 한 변의 길이를 x $(0<x<6)$, 상자의 부피를 $V(x)$라 하면

$$V(x)=x(12-2x)^2=4x^3-48x^2+144x$$ 에서

$$V'(x)=12x^2-96x+144=12(x-2)(x-6)$$

$V'(x)=0$에서 $x=2\ (\because 0<x<6)$

$0<x<6$에서 함수 $V(x)$의 증감표를 만들면 다음과 같다.

x	(0)	$\cdots$	2	$\cdots$	(6)
$V'(x)$		$+$	0	$-$	
$V(x)$		$\nearrow$	극대	$\searrow$	

따라서 함수 $V(x)$는 $x=2$일 때 극대이면서 최대이므로 구하는 상자의 부피의 최댓값은 $V(2)=2\cdot8^2=\mathbf{128}$ ■

유제

044 – 1

반지름의 길이가 1인 원형의 색종이를 오른쪽 그림과 같이 잘라 내어 밑면이 없는 정육각뿔을 만들려고 한다. 정육각뿔의 부피가 최대일 때의 높이를 구하여라.

Sub Note 042쪽

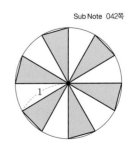

06 방정식과 부등식에의 활용

S U M M A   C U M   L A U D E

ESSENTIAL LECTURE

1 방정식에의 활용

함수의 그래프를 이용하여 방정식의 실근의 개수를 조사할 수 있다.

(1) 방정식 $f(x)=0$의 실근의 개수는 함수 $y=f(x)$의 그래프와 x축의 교점의 개수와 같다.

(2) 방정식 $f(x)=g(x)$의 실근의 개수는 두 함수 $y=f(x)$와 $y=g(x)$의 그래프의 교점의 개수와 같다.

2 부등식에의 활용

(1) 모든 실수 x에 대하여 부등식 $f(x)\geq0$이 성립함을 증명하려면

➡ 함수 $f(x)$에 대하여 $(f(x)$의 최솟값$)\geq0$임을 보인다.

(2) 모든 실수 x에 대하여 부등식 $f(x)\leq0$이 성립함을 증명하려면

➡ 함수 $f(x)$에 대하여 $(f(x)$의 최댓값$)\leq0$임을 보인다.

(3) $x\geq a$에서 부등식 $f(x)\geq0$이 성립함을 증명하려면

① 함수 $f(x)$의 극값이 존재할 때 ➡ $x\geq a$에서 $(f(x)$의 최솟값$)\geq0$임을 보인다.

② 함수 $f(x)$의 극값이 존재하지 않을 때 ➡ $x\geq a$에서 함수 $f(x)$가 증가하고, $f(a)\geq0$임을 보인다.

1 방정식에의 활용 （수능 고빈도 출제）

방정식의 실근과 함수의 그래프 사이에는 다음과 같은 관계가 성립한다.

> **방정식의 실근과 함수의 그래프 사이의 관계**
>
> (1) 방정식 $f(x)=0$의 실근 $\Longleftrightarrow$ 함수 $y=f(x)$의 그래프의 x절편
>
> (2) 방정식 $f(x)=g(x)$의 실근 $\Longleftrightarrow$ 함수 $y=f(x)$와 함수 $y=g(x)$의 그래프의 교점의 x좌표
>
> $\Longleftrightarrow$ 함수 $y=f(x)-g(x)$의 그래프의 x절편

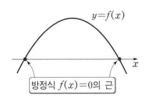

방정식 $f(x)=0$의 근

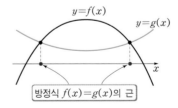

방정식 $f(x)=g(x)$의 근

위와 같이 그래프의 개형을 이용하면 고차방정식의 실근은 정확하게 구하지 못하더라도 실근의 존재 유무, 개수 등의 정보는 쉽게 알아낼 수 있다.

앞에서 미분을 이용하여 함수의 그래프의 개형을 그리는 방법을 배웠으니 지금부터 이를 충분히 활용하여 방정식의 실근의 개수를 조사해 보자.

■ **EXAMPLE 042** (1) 방정식 $x^3-5x^2+3x=0$의 서로 다른 실근의 개수를 구하여라.

(2) $f(x)=2x^3+12x$, $g(x)=9x^2+4$에 대하여 방정식 $f(x)=g(x)$의 서로 다른 실근의 개수를 구하여라.

ANSWER (1) $f(x)=x^3-5x^2+3x$로 놓고, 함수 $y=f(x)$의 그래프와 x축의 교점의 개수를 조사하면 된다.

$$f'(x)=3x^2-10x+3=(3x-1)(x-3)$$

$f'(x)=0$에서 $x=\dfrac{1}{3}$ 또는 $x=3$

함수 $f(x)$의 증감표를 만들고, 이를 이용하여 $y=f(x)$의 그래프를 그리면 다음과 같다.

x	$\cdots$	$\dfrac{1}{3}$	$\cdots$	3	$\cdots$
$f'(x)$	$+$	0	$-$	0	$+$
$f(x)$	↗	$\dfrac{13}{27}$	↘	-9	↗

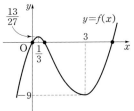

따라서 함수 $y=f(x)$의 그래프가 x축과 서로 다른 세 점에서 만나므로 주어진 방정식의 서로 다른 실근의 개수는 **3**이다. ■

(2) $f(x)=g(x) \iff 2x^3+12x=9x^2+4 \iff 2x^3-9x^2+12x-4=0$이므로 $h(x)=2x^3-9x^2+12x-4$로 놓고, 함수 $y=h(x)$의 그래프와 x축의 교점의 개수를 조사하면 된다.

$$h'(x)=6x^2-18x+12=6(x-1)(x-2)$$

$h'(x)=0$에서 $x=1$ 또는 $x=2$

함수 $h(x)$의 증감표를 만들고, 이를 이용하여 $y=h(x)$의 그래프를 그리면 다음과 같다.

x	$\cdots$	1	$\cdots$	2	$\cdots$
$h'(x)$	$+$	0	$-$	0	$+$
$h(x)$	↗	1	↘	0	↗

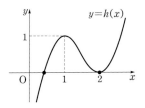

따라서 함수 $y=h(x)$의 그래프가 x축과 서로 다른 두 점에서 만나므로 주어진 방정식의 서로 다른 실근의 개수는 **2**이다. ■

Sub Note 015쪽

APPLICATION 047 방정식 $3x^4-4x^3-6=0$의 서로 다른 실근의 개수를 구하여라.

APPLICATION **048** $f(x)=\dfrac{1}{3}x^3$, $g(x)=x-10$에 대하여 방정식 $f(x)=g(x)$의 서로 다른 실근의 개수를 구하여라.

한편 x에 대한 방정식 $f(x)=k$(k는 실수)의 실근의 개수는 k의 값을 무엇으로 정하느냐에 따라 달라지게 된다. 이런 경우에는 두 함수 $y=f(x)$, $y=k$의 그래프의 교점의 x좌표가 방정식 $f(x)=k$의 실근임을 이용하면 편리하다.

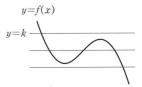

■ **E X A M P L E 043** 방정식 $x^3-3x-k=0$이 서로 다른 세 실근을 갖도록 하는 실수 k의 값의 범위를 구하여라.

> **ANSWER** $x^3-3x-k=0$에서 $x^3-3x=k$
> $f(x)=x^3-3x$로 놓으면
> $$f'(x)=3x^2-3=3(x+1)(x-1)$$
> $f'(x)=0$에서 $x=-1$ 또는 $x=1$
> 함수 $f(x)$의 증감표를 만들면 다음과 같다.
>
> | x | $\cdots$ | -1 | $\cdots$ | 1 | $\cdots$ |
> |---|---|---|---|---|---|
> | $f'(x)$ | $+$ | 0 | $-$ | 0 | $+$ |
> | $f(x)$ | $\nearrow$ | 2 | $\searrow$ | -2 | $\nearrow$ |
>
> 즉, 함수 $y=f(x)$의 그래프는 오른쪽 그림과 같다.
> 방정식 $x^3-3x-k=0$이 서로 다른 세 실근을 가지려면 함수 $y=f(x)$의 그래프와 직선 $y=k$가 서로 다른 세 점에서 만나야 하므로 k의 값은 함수 $f(x)$의 극댓값과 극솟값 사이에 있어야 한다.
> 이때 함수 $f(x)$의 극댓값은 2, 극솟값은 -2이므로 구하는 k의 값의 범위는 $-2<k<2$이다. ■
>
>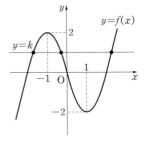
>
> **[참고]** $f(x)=x^3$, $g(x)=3x+k$로 놓고 $y=f(x)$의 그래프를 고정한 후, $y=g(x)$의 그래프를 움직여 교점의 개수를 살펴볼 수도 있다.
> 하지만 접점을 알아내야 하는 번거로움이 있으므로 $f(x)=k$ 꼴로 변형하여 해결하자.

APPLICATION **049** 방정식 $-32x-x^4-c=0$이 서로 다른 두 실근을 갖도록 하는 실수 c의 값의 범위를 구하여라.

삼차방정식 $f(x)=ax^3+bx^2+cx+d=0 \ (a>0)$의 실근을 이차방정식 $f'(x)=0$의 근에 따라 분류해 보면 다음과 같다. 그래프의 특성을 이해하여 삼차방정식에 대한 문제를 푸는 데 익숙해지도록 하자.

① $f'(x)=0$이 서로 다른 두 실근을 가질 때

　(극댓값)×(극솟값)<0이면 (극댓값과 극솟값이 서로 다른 부호) ➡ 서로 다른 세 실근

　(극댓값)×(극솟값)=0이면 (극댓값 또는 극솟값이 0) ➡ 한 실근과 중근

　　　　　　　　　　　　　　　　　　　　　　　　　　　　　　　　(서로 다른 두 실근)

　(극댓값)×(극솟값)>0이면 (극댓값과 극솟값이 서로 같은 부호) ➡ 한 실근

② $f'(x)=0$이 중근을 가질 때 ➡ 한 실근

③ $f'(x)=0$이 서로 다른 두 허근을 가질 때 ➡ 한 실근

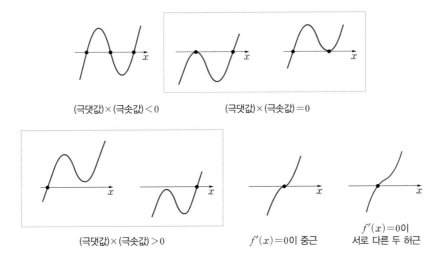

(극댓값)×(극솟값)<0　　　　　(극댓값)×(극솟값)=0

(극댓값)×(극솟값)>0　　　　$f'(x)=0$이 중근　　$f'(x)=0$이 서로 다른 두 허근

② 부등식에의 활용

함수의 최댓값, 최솟값과 함수의 증가, 감소를 이용하면 여러 가지 부등식을 증명할 수 있다. 그럼 어떤 방법으로 부등식을 증명할 수 있는지 살펴보자.

모든 실수 x에 대하여 부등식 $f(x) \geq 0$이 성립함을 증명하려면 <u>함수 $f(x)$의 최솟값이 0 이상</u>임을 보이면 되고,

모든 실수 x에 대하여 부등식 $f(x) \leq 0$이 성립함을 증명하려면 <u>함수 $f(x)$의 최댓값이 0 이하</u>임을 보이면 된다.

또 $x \geq a$에서 부등식 $f(x) \geq 0$이 성립함을 증명하려면

함수 $f(x)$의 극값이 존재하는 경우에는 <u>$x \geq a$에서 함수 $f(x)$의 최솟값이 0 이상</u>임을 보이면 되고,

함수 $f(x)$의 극값이 존재하지 않는 경우에는 $x \geq a$에서 함수 $f(x)$가 증가하고, $f(a) \geq 0$임을 보이면 된다.

한편 $f(x) \geq g(x)$ 꼴의 부등식이 성립함을 증명하려면 $h(x) = f(x) - g(x)$로 놓고 $h(x) \geq 0$임을 보이면 된다.

이상을 정리하면 다음과 같다.

---

(1) 모든 실수에 대하여 성립하는 부등식의 증명
　① 모든 실수 x에 대하여 부등식 $f(x) \geq 0$이 성립함을 증명하려면
　　➡ 함수 $f(x)$에 대하여 ($f(x)$의 최솟값) ≥ 0임을 보인다.
　② 모든 실수 x에 대하여 부등식 $f(x) \leq 0$이 성립함을 증명하려면
　　➡ 함수 $f(x)$에 대하여 ($f(x)$의 최댓값) ≤ 0임을 보인다.
(2) 어떤 구간에서 성립하는 부등식의 증명
　$x \geq a$에서 부등식 $f(x) \geq 0$이 성립함을 증명하려면
　① 함수 $f(x)$의 극값이 존재할 때
　　➡ $x \geq a$에서 ($f(x)$의 최솟값) ≥ 0임을 보인다.
　② 함수 $f(x)$의 극값이 존재하지 않을 때
　　➡ $x \geq a$에서 함수 $f(x)$가 증가하고, $f(a) \geq 0$임을 보인다.

EXAMPLE 044 $x \geq 0$일 때, 부등식 $x^3 - x^2 - x + 2 > 0$이 성립함을 보여라.

ANSWER $f(x) = x^3 - x^2 - x + 2$로 놓으면
$$f'(x) = 3x^2 - 2x - 1 = (3x+1)(x-1)$$
$f'(x) = 0$에서　$x = 1$ ($\because x \geq 0$)
함수 $f(x)$의 증감표를 만들고, 이를 이용하여 $y = f(x)$의 그래프를 그리면 다음과 같다.

x	0	$\cdots$	1	$\cdots$
$f'(x)$		$-$	0	$+$
$f(x)$	2	$\searrow$	1	$\nearrow$

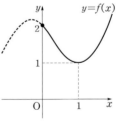

즉, $x \geq 0$일 때, $f(x)$의 최솟값은 1이므로
$$f(x) > 0$$
따라서 $x \geq 0$일 때, 부등식 $x^3 - x^2 - x + 2 > 0$이 성립한다. ■

Sub Note 016쪽

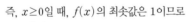

APPLICATION 050 모든 실수 x에 대하여 부등식 $3x^4 \geq 4x^3 - 1$이 성립함을 보여라.

방정식의 실근의 부호

045 방정식 $2x^3-3x^2-12x-a=0$이 서로 다른 두 개의 양의 실근과 한 개의 음의 실근을 갖도록 하는 정수 a의 개수를 구하여라.

GUIDE 방정식 $2x^3-3x^2-12x-a=0$의 실근은 함수 $y=2x^3-3x^2-12x$의 그래프와 직선 $y=a$의 교점의 x좌표임을 이용한다.

SOLUTION

$2x^3-3x^2-12x-a=0$에서 $2x^3-3x^2-12x=a$

$f(x)=2x^3-3x^2-12x$로 놓으면 $f'(x)=6x^2-6x-12=6(x+1)(x-2)$

$f'(x)=0$에서 $x=-1$ 또는 $x=2$

함수 $f(x)$의 증감표를 만들면 다음과 같다.

x	$\cdots$	-1	$\cdots$	2	$\cdots$
$f'(x)$	$+$	0	$-$	0	$+$
$f(x)$	$\nearrow$	7	$\searrow$	-20	$\nearrow$

즉, 함수 $y=f(x)$의 그래프는 오른쪽 그림과 같다. 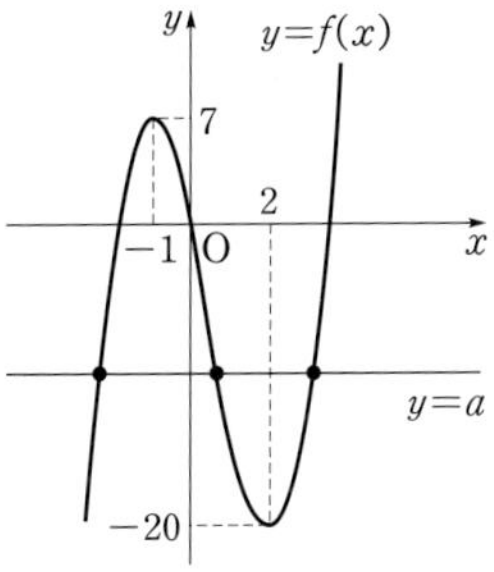
이때 방정식 $2x^3-3x^2-12x=a$가 서로 다른 두 개
의 양의 실근과 한 개의 음의 실근을 가지려면 함수
$y=f(x)$의 그래프와 직선 $y=a$의 교점의 x좌표가
두 개는 양수, 한 개는 음수이어야 하므로

$-20<a<0$

따라서 정수 a는 -19, -18, $\cdots$, -1이므로 그 개
수는 **19**이다. ■

Sub Note 042쪽

유제
045-1 방정식 $x^3-3x^2-9x+a+12=0$이 한 개의 양의 실근과 서로 다른 두 개의 음의 실근을 갖도
록 하는 실수 a의 값의 범위를 구하여라.

046

두 곡선 $y=x^3-x^2+5x+k$, $y=5x^2-4x+1-k$가 서로 다른 두 점에서 만나도록 하는 실수 k의 값을 구하여라.

GUIDE 두 함수 $y=f(x)$와 $y=g(x)$의 그래프의 교점의 개수
➡ 방정식 $f(x)=g(x)$의 서로 다른 실근의 개수와 같다.

SOLUTION

두 곡선이 서로 다른 두 점에서 만나려면 방정식 $x^3-x^2+5x+k=5x^2-4x+1-k$
가 서로 다른 두 실근을 가져야 한다.

$x^3-x^2+5x+k=5x^2-4x+1-k$에서 $x^3-6x^2+9x-1=-2k$

$f(x)=x^3-6x^2+9x-1$로 놓으면 $f'(x)=3x^2-12x+9=3(x-1)(x-3)$

$f'(x)=0$에서 $x=1$ 또는 $x=3$

함수 $f(x)$의 증감표를 만들면 다음과 같다.

x	$\cdots$	1	$\cdots$	3	$\cdots$
$f'(x)$	$+$	0	$-$	0	$+$
$f(x)$	↗	3	↘	-1	↗

즉, 함수 $y=f(x)$의 그래프는 오른쪽 그림과 같다.

이때 함수 $y=f(x)$의 그래프와 직선 $y=-2k$가
서로 다른 두 점에서 만나야 하므로

$$-2k=3 \text{ 또는 } -2k=-1$$

$$\therefore k=-\frac{3}{2} \text{ 또는 } k=\frac{1}{2} \blacksquare$$

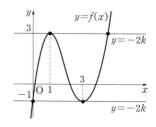

[다른 풀이] $x^3-x^2+5x+k=5x^2-4x+1-k$에서 $x^3-6x^2+9x+2k-1=0$

$g(x)=x^3-6x^2+9x+2k-1$로 놓으면 $g'(x)=3x^2-12x+9=3(x-1)(x-3)$

$g'(x)=0$에서 $x=1$ 또는 $x=3$

삼차방정식 $g(x)=0$이 서로 다른 두 실근을 가져야 하므로 (극댓값)×(극솟값)$=0$
이어야 한다.

즉, $g(1)\times g(3)=0$에서 $(2k+3)(2k-1)=0$ $\therefore k=-\frac{3}{2}$ 또는 $k=\frac{1}{2}$

유제

Sub Note 043쪽

046-1 곡선 $y=4x^3-2x$와 직선 $y=x+a$가 서로 다른 세 점에서 만나도록 하는 실수 a의 값의 범위
를 구하여라.

047 $-2 \leq x \leq 3$에서 부등식 $-2 \leq x^3 - x^2 - 5x + 2k < 15$가 성립하도록 하는 모든 정수 k의 값의 합을 구하여라.

GUIDE $f(x) = x^3 - x^2 - 5x$로 놓고, $-2 \leq x \leq 3$에서 $-2 - 2k \leq f(x) < 15 - 2k$를 성립하도록 하는 정수 k의 값을 함수 $f(x)$의 최대, 최소를 이용하여 구한다.

SOLUTION

$-2 \leq x^3 - x^2 - 5x + 2k < 15$에서 $-2 - 2k \leq x^3 - x^2 - 5x < 15 - 2k$

$f(x) = x^3 - x^2 - 5x$로 놓으면 $f'(x) = 3x^2 - 2x - 5 = (x+1)(3x-5)$

$f'(x) = 0$에서 $x = -1$ 또는 $x = \dfrac{5}{3}$

$-2 \leq x \leq 3$에서 함수 $f(x)$의 증감표를 만들면 다음과 같다.

x	-2	$\cdots$	-1	$\cdots$	$\dfrac{5}{3}$	$\cdots$	3
$f'(x)$		$+$	0	$-$	0	$+$	
$f(x)$	-2	$\nearrow$	3	$\searrow$	$-\dfrac{175}{27}$	$\nearrow$	3

즉, 함수 $f(x)$의 최댓값은 3, 최솟값은 $-\dfrac{175}{27}$이므로 $-2 \leq x \leq 3$에서

$-2 - 2k \leq f(x) < 15 - 2k$가 성립하려면 $-2 - 2k \leq -\dfrac{175}{27}$, $3 < 15 - 2k$이어야 한다.

$\left.\begin{array}{l} -2 - 2k \leq -\dfrac{175}{27}$에서$\quad k \geq \dfrac{121}{54} \\ 3 < 15 - 2k$에서$\quad k < 6 \end{array}\right\} \Rightarrow \therefore \dfrac{121}{54} \leq k < 6$

따라서 정수 k는 3, 4, 5이므로 그 합은 $3 + 4 + 5 = \mathbf{12}$ ■

유제
047-1 모든 실수 x에 대하여 부등식 $2x^4 + k^3 x + 6 \geq 0$이 성립하도록 하는 0이 아닌 정수 k의 개수를 구하여라.

Sub Note 043쪽

유제
047-2 구간 $\left(\dfrac{1}{2}, 3\right)$에서 부등식 $x^4 - 4x^3 > -4x^2 + k$가 성립하도록 하는 실수 k의 값의 범위를 구하여라.

Sub Note 043쪽

07 속도와 가속도

SUMMA CUM LAUDE

ESSENTIAL LECTURE

1 속도와 가속도

수직선 위를 움직이는 점 P의 시각 t에서의 위치 x가 $x=f(t)$일 때, 시각 t에서의 점 P의 속도를 v, 가속도를 a라 하면

$$v=\frac{dx}{dt}=f'(t),\ a=\frac{dv}{dt}=v'(t)$$

2 시각에 대한 변화율

시각 t의 함수 $y=f(t)$가 주어질 때, t에서의 y의 변화율은

$$\lim_{\Delta t \to 0}\frac{\Delta y}{\Delta t}=\frac{dy}{dt}=f'(t)$$

1 속도와 가속도

앞에서 배운 변화율에 대한 기본 개념을 잠시 떠올려 보자.

x가 x_1에서 x_2로 변할 때, $\Delta x = x_2 - x_1$

y가 y_1에서 y_2로 변할 때, $\Delta y = y_2 - y_1$

이 둘을 이용하여 얻은

$$\frac{\Delta y}{\Delta x}=\frac{f(x_2)-f(x_1)}{x_2-x_1}$$

은 구간 $[x_1,\ x_2]$에서 x에 대한 y의 평균변화율로, 그림에서 직선 PQ의 기울기를 의미하고, $\Delta x \to 0(x_2 \to x_1)$일 때의 극한은 x에 대한 y의 순간변화율로 점 P에서의 접선의 기울기를 의미한다.

이제 이를 바탕으로 수직선 위를 움직이는 점의 속도와 가속도에 대해 알아보자.

수직선 위를 움직이는 점 P가 있을 때, 점 P의 시각 t에서의 위치 x가 함수 $x=f(t)$로 나타내어지면, 시각 t에서 $t+\Delta t$까지의 점

P의 평균속도(平均速度)는

$$\frac{f(t+\Delta t)-f(t)}{\Delta t}$$

이고, 이것은 함수 $x=f(t)$의 평균변화율이다.

이때 시각 t에서의 순간변화율

$$\lim_{\Delta t \to 0} \frac{\Delta x}{\Delta t} = \lim_{\Delta t \to 0} \frac{f(t+\Delta t)-f(t)}{\Delta t} = f'(t)$$

를 시각 t에서의 점 P의 **속도**(速度, velocity)라 하고, 보통 $\boldsymbol{v}$[9]로 나타낸다. 속도는 움직이는 물체의 위치가 변하는 정도를 나타내는 물리량이다.

또 속도의 절댓값 $|v|$를 시각 t에서의 점 P의 **속력**(speed)[10]이라 한다.

한편 시각 t에서의 점 P의 속도 v도 t의 함수이므로 이 함수 v의 순간변화율을 생각할 수 있다. 속도 v의 시각 t에서의 순간변화율 $\dfrac{dv}{dt} = v'(t)$를 시각 t에서의 점 P의 **가속도**(acceleration)라 하고, 보통 $\boldsymbol{a}$[11]로 나타낸다. 가속도는 움직이는 물체의 속도가 변하는 정도를 나타내는 물리량이다.

위치(x)
↓ 미분
속도(v)
↓ 미분
가속도(a)

■ **EXAMPLE 045** 원점을 출발하여 수직선 위를 움직이는 점 P의 시각 t에서의 위치가 $x = t^3 - 3t$일 때, 다음 물음에 답하여라.

(1) $t=2$에서의 점 P의 속도와 가속도를 구하여라.

(2) 점 P의 운동 방향이 바뀌는 시각을 구하여라.

ANSWER 점 P의 시각 t에서의 속도를 v, 가속도를 a라 하면

$$v = \frac{dx}{dt} = 3t^2 - 3, \ a = \frac{dv}{dt} = 6t$$

(1) $t=2$에서의 점 P의 속도와 가속도는

$$v = 3 \cdot 2^2 - 3 = 9, \ a = 6 \cdot 2 = 12$$

따라서 **속도는 9, 가속도는 12**이다. ■

(2) 점 P의 운동 방향이 바뀌는 시각에서 $v=0$이므로

$3t^2 - 3 = 0$에서　　$t=1 \ (\because t > 0)$

따라서 점 P의 운동 방향이 바뀌는 시각은 **1**이다. ■

Sub Note 017쪽

APPLICATION 051 원점을 출발하여 수직선 위를 움직이는 점 P의 시각 t에서의 위치가 $x = t^3 - 3t^2 - 4t$일 때, 다음 물음에 답하여라.

(1) $t=3$에서의 점 P의 속도와 가속도를 구하여라.

(2) 점 P가 출발한 후 다시 원점을 지날 때의 속도를 구하여라.

---

[9] $v > 0$이면 양의 방향으로, $v < 0$이면 음의 방향으로 움직이고 있음을 나타낸다.
　운동 방향이 바뀌는 시각에서 $v=0$이다.
[10] 속도는 음수도 될 수 있지만 속력은 항상 0보다 크거나 같다.
[11] $a > 0$이면 속도가 증가하고, $a < 0$이면 속도가 감소하고 있음을 나타낸다.
　속도가 일정할 때는 $a=0$일 때이다.

❷ 시각에 대한 변화율

일반적으로 순간변화율의 개념을 사용하면 다양한 대상의 시간에 따른 변화를 정의할 수 있다. 시각 t에서의 길이가 l인 물체, 넓이가 S인 물체, 부피가 V인 물체가 시간이 Δt만큼 경과한 후 각각 길이는 Δl만큼, 넓이는 ΔS만큼, 부피는 ΔV만큼 변하였다고 하자.

이때 시각 t에서의 길이, 넓이, 부피의 변화율은 다음과 같이 정의할 수 있다.

> **시각 t에서의 길이, 넓이, 부피의 변화율**[⑫]
>
> ① 시각 t에서의 길이 l의 변화율은 $\displaystyle\lim_{\Delta t \to 0} \frac{\Delta l}{\Delta t} = \frac{dl}{dt}$
>
> ② 시각 t에서의 넓이 S의 변화율은 $\displaystyle\lim_{\Delta t \to 0} \frac{\Delta S}{\Delta t} = \frac{dS}{dt}$
>
> ③ 시각 t에서의 부피 V의 변화율은 $\displaystyle\lim_{\Delta t \to 0} \frac{\Delta V}{\Delta t} = \frac{dV}{dt}$

위의 변화율을 구하는 문제를 풀기 위해서는 먼저 물체의 길이, 넓이, 부피를 시각 t에 대한 함수로 나타내어야 한다. 그 다음에 t에 대하여 미분하면 된다.

EXAMPLE 046 시각 t에서의 가로의 길이가 t^2-2t, 세로의 길이가 $2t^2-3t$, 높이가 4인 직육면체가 있다. $t=3$에서의 직육면체의 부피의 변화율을 구하여라. (단, $t>2$)

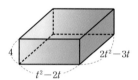

ANSWER 직육면체의 부피를 V라 하면

$$V = 4(t^2-2t)(2t^2-3t)$$

양변을 t에 대하여 미분하면

$$\frac{dV}{dt} = 4(2t-2)(2t^2-3t) + 4(t^2-2t)(4t-3)$$

따라서 $t=3$에서의 직육면체의 부피의 변화율은

$$4 \cdot (2\cdot3-2)(2\cdot3^2-3\cdot3) + 4\cdot(3^2-2\cdot3)(4\cdot3-3) = 4\cdot4\cdot9 + 4\cdot3\cdot9 = \mathbf{252} \blacksquare$$

Sub Note 017쪽

APPLICATION 052 한 변의 길이가 5 cm인 정사각형의 각 변의 길이가 매초 0.6 cm씩 늘어나고 있다. 정사각형의 한 변의 길이가 17 cm일 때의 넓이의 변화율을 구하여라.

(단, 단위는 cm^2/s이다.)

---

⑫ 어렵게 생각할 필요 없이 전부 속도로 간주하면 그만이다.

048 (1) 원점을 출발하여 수직선 위를 움직이는 점 P의 시각 t에서의 위치가 $x=\dfrac{1}{3}t^3+mt^2+nt$이다. 점 P는 $t=3$일 때 운동 방향을 바꾸고, $t=5$일 때 가속도는 0이다. 이때 $m+n$의 값을 구하여라. (단, m, n은 상수)

(2) 원점을 출발하여 수직선 위를 움직이는 점 P의 시각 t에서의 위치가 $x=t^3-9t^2+24t$일 때, 점 P가 출발한 후 두 번째로 운동 방향을 바꿀 때의 점 P의 가속도를 구하여라.

GUIDE 수직선 위를 움직이는 점 P의 시각 t에서의 위치가 $x=f(t)$일 때, 시각 t에서의 점 P의 속도를 v, 가속도를 a라 하면 $v=\dfrac{dx}{dt}=f'(t)$, $a=\dfrac{dv}{dt}=v'(t)$

SOLUTION

(1) 점 P의 시각 t에서의 속도를 v, 가속도를 a라 하면

$$v=\dfrac{dx}{dt}=t^2+2mt+n,\ a=\dfrac{dv}{dt}=2t+2m$$

점 P는 $t=3$일 때 운동 방향을 바꾸므로 $t=3$에서의 속도는 0이다.

즉, $9+6m+n=0$ …… ㉠

점 P는 $t=5$일 때 가속도가 0이므로 $10+2m=0$ ∴ $m=-5$

$m=-5$를 ㉠에 대입하면 $9-30+n=0$ ∴ $n=21$

∴ $m+n=-5+21=\mathbf{16}$ ■

(2) 점 P의 시각 t에서의 속도를 v, 가속도를 a라 하면

$$v=\dfrac{dx}{dt}=3t^2-18t+24,\ a=\dfrac{dv}{dt}=6t-18$$

점 P가 운동 방향을 바꿀 때의 속도는 0이므로 $3t^2-18t+24=0$에서

$t^2-6t+8=0$, $(t-2)(t-4)=0$ ∴ $t=2$ 또는 $t=4$

따라서 점 P가 두 번째로 운동 방향을 바꾸는 것은 $t=4$일 때이므로 이때의 점 P의 가속도는 $6\cdot4-18=\mathbf{6}$ ■

유제
048-1 수직선 위를 움직이는 두 점 P, Q의 시각 t에서의 위치가 각각

Sub Note 044쪽

$$x_P=t^2-4t-2,\ x_Q=3t^2-6t+12$$

일 때, 두 점 P, Q가 서로 반대 방향으로 움직이는 시각 t의 값의 범위를 구하여라.

유제
048-2 지면에서 20 m/s의 속도로 지면에 수직으로 쏘아 올린 물체의 t초 후의 높이를 x m라 하면

Sub Note 044쪽

$x=20t-5t^2$인 관계가 성립한다. 이 물체가 최고 높이에 도달했을 때의 높이를 a m, 물체가 다시 지면에 떨어지는 순간의 속도를 b m/s라 할 때, $a-b$의 값을 구하여라.

049

원점을 출발하여 수직선 위를 움직이는 점 P의 시각 t에서의 위치 $x(t)$의 그래프가 오른쪽 그림과 같을 때, 옳은 것만을 보기에서 있는 대로 골라라.

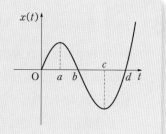

보기

ㄱ. $0<t<b$에서 점 P의 속도는 $t=a$일 때 최대이다.

ㄴ. $t=b$일 때 점 P는 운동 방향을 바꾼다.

ㄷ. $t=c$일 때 점 P의 속도는 0이다.

ㄹ. $t=d$일 때 점 P의 속도는 양의 값이다.

GUIDE $t=t_1$에서의 접선의 기울기가 그 시각에서의 속도를 나타냄을 이용하여 위치의 그래프를 해석한다.

SOLUTION

ㄱ. $t=a$에서의 접선의 기울기는 0이므로 $t=a$일 때 점 P의 속도는 0이다. 그런데 $0<t<a$에서 접선을 그려 보면 그 기울기가 양수이므로 점 P의 속도는 $t=a$일 때 최대가 아님을 알 수 있다. (거짓)

ㄴ. $t=b$일 때 점 P가 운동 방향을 바꾼다면 $t=b$에서의 점 P의 속도는 0이고, 그 좌우에서 속도의 부호가 바뀌어야 한다. 그러나 $t=b$에서 접선을 그려 보면 그 기울기는 0이 아닌 음수이다. (거짓)

ㄷ. $t=c$에서의 접선의 기울기가 0이므로 $t=c$일 때 점 P의 속도는 0이다. (참)

ㄹ. $t=d$에서 접선을 그려 보면 그 기울기는 양수이므로 $t=d$일 때 점 P의 속도는 양의 값이다. (참)

따라서 옳은 것은 ㄷ, ㄹ이다. ■

Sub Note 044쪽

049-❶

원점을 출발하여 수직선 위를 움직이는 점 P의 시각 t에서의 속도 $v(t)$의 그래프가 오른쪽 그림과 같을 때, 옳은 것만을 보기에서 있는 대로 골라라.

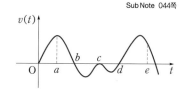

보기

ㄱ. $t=c$일 때 점 P는 운동 방향을 바꾼다.

ㄴ. $t=a$일 때 점 P의 가속도는 0이다.

ㄷ. $0<t<e$에서 점 P는 운동 방향을 2번 바꾼다.

시각에 대한 변화율

050 오른쪽 그림과 같이 키가 1.6 m인 사람이 높이가 4 m

인 가로등 바로 밑에서 출발하여 일직선으로 0.5 m/s

의 속도로 걷고 있을 때, 다음을 구하여라.

(1) 사람의 그림자의 끝이 움직이는 속도

(2) 사람의 그림자의 길이의 변화율

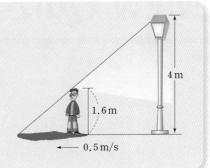

GUIDE 시각에 대한 길이, 넓이, 부피의 변화율을 구할 때는 t초 후의 길이, 넓이, 부피에 대한 관계식을 세우는 것이 핵심이다. 관계식을 세웠다면 양변을 t에 대하여 미분한 후 문제를 해결한다.

SOLUTION

(1) 사람이 0.5 m/s의 속도로 t초 동안 움직인 거리는 $0.5t$ m이고, 그림자의 끝이

가로등 바로 밑에서부터 x m 떨어져 있다고 하면 그림자의 길이는 $(x-0.5t)$m

이다.

오른쪽 그림에서 $\triangle ABC \varpropto \triangle DBE$ (AA 닮음)

이므로

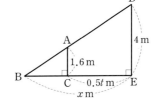

$1.6 : 4 = (x-0.5t) : x$에서 $1.6x = 4x-2t$

$2.4x = 2t$ $\therefore x = \dfrac{5}{6}t$

양변을 t에 대하여 미분하면 $\dfrac{dx}{dt} = \dfrac{5}{6}$

따라서 사람의 그림자의 끝이 움직이는 속도는 $\dfrac{5}{6}$ **m/s**이다. ■

(2) $x = \dfrac{5}{6}t$이므로 그림자의 길이를 l m라 하면 $l = x-0.5t = \dfrac{5}{6}t - \dfrac{1}{2}t = \dfrac{1}{3}t$

양변을 t에 대하여 미분하면 $\dfrac{dl}{dt} = \dfrac{1}{3}$

따라서 사람의 그림자의 길이의 변화율은 $\dfrac{1}{3}$ **m/s**이다. ■

유제

Sub Note 044쪽

050-1 밑면의 반지름의 길이가 5 cm, 높이가 7 cm인 원기둥이 있다. 이 원기둥의 밑면의 반지름의 길이는 매초 1 cm씩 늘어나고, 높이는 매초 1 cm씩 줄어든다고 한다. 이 원기둥의 부피의 변화율이 0 cm³/s가 될 때, 원기둥의 부피를 구하여라.

1. 다음 [   ] 안에 적절한 것을 채워 넣어라.

(1) 곡선 $y=f(x)$ 위의 점 $(a,\ f(a))$에서의 접선의 기울기는 $x=a$에서의 미분계수 [   ]와 같다.

(2) [   ] 정리는 곡선 $y=f(x)$ 위의 두 점 A$(a,\ f(a))$와 B$(b,\ f(b))$를 지나는 직선과 평행한 접선을 갖는 점이 열린구간 $(a,\ b)$에 적어도 하나 존재함을 의미한다.

(3) 미분가능한 함수 $f(x)$가 어떤 구간의 모든 x에 대하여 $f'(x)<0$이면 그 구간에서 $f(x)$는 [   ]한다.

(4) 미분가능한 함수 $f(x)$가 어떤 구간에서 증가하면 그 구간의 모든 x에 대하여 $f'(x)$[   ]0이다.

(5) 함수 $f(x)$가 $x=a$에서 미분가능하고 $f(a)$가 극값이면 [   ]이다.

(6) [   ]는 시간에 대한 위치의 변화율을 말하고, [   ]은 시간에 대한 이동거리의 변화율을 말한다.

2. 다음 문장이 참(true) 또는 거짓(false)인지 결정하고, 그 이유를 설명하거나 적절한 반례를 제시하여라.

(1) 함수 $f(x)$가 미분가능하고 $f(a)=0$이면 함수 $h(x)=\{f(x)\}^2$의 $x=a$에서의 미분계수는 0이다.

(2) 극댓값은 항상 극솟값보다 크다.

(3) 함수 $f(x)$가 $x=a$에서 극값을 갖는다면 $f'(a)=0$이다.

(4) 미분가능한 함수 $f(x)$가 열린구간 $(a,\ b)$에서 $x=c\ (a<c<b)$일 때 최댓값 또는 최솟값을 가지면 곡선 $y=f(x)$ 위의 점 $(c,\ f(c))$에서의 접선의 기울기는 0이다.

(5) 삼차함수 $f(x)$가 $x=a$와 $x=b$에서 극값을 갖고, $f(a)f(b)<0$이면 삼차방정식 $f(x)=0$은 한 개의 실근만을 갖는다.

3. 다음 물음에 대한 답을 간단히 서술하여라.

(1) 모든 실수 x에 대하여 $f'(x)\leq0$이면 상수함수가 아닌 함수 $f(x)$는 극값을 갖지 않음을 설명하여라.

(2) $f'(a)=0$을 만족시키면서 극값을 갖지 않는 함수가 있는가? 있다면 예를 들어 설명하여라.

Sub Note 084쪽

접선의 방정식 **01** 곡선 $y=x^3-x+a$ 위의 점 $(1,\ a)$에서의 접선의 y절편이 4일 때, 상수 a의 값을 구하여라.

접선의 방정식 **02** 곡선 $y=x^3-3x^2+x+1$ 위의 서로 다른 두 점 A, B에서의 접선이 서로 평행하다. 점 A의 x좌표가 3일 때, 점 B에서의 접선의 방정식을 구하여라.

접선의 방정식 **03** 두 직선 $y=-3x+a$, $y=-3x+b$가 곡선 $y=x^3-6x+1$에 접할 때, 상수 a, b에
서술형 대하여 $a-b$의 값을 구하여라. (단, $a>b$)

롤의 정리와 **04** 함수 $f(x)=-x^2+kx$에 대하여 닫힌구간 $[1,\ 3]$에서 롤의 정리를 만족시키는 실수가
평균값 정리 2, 닫힌구간 $[1,\ 5]$에서 평균값 정리를 만족시키는 실수가 c일 때, $k+c$의 값은?

(단, k는 상수)

① 1   ② 3   ③ 5   ④ 7   ⑤ 9

평균값 정리 **05** 함수 $f(x)=-x^2+2x+2$에 대하여 닫힌구간 $[a,\ 2]$에서 평균값 정리를 만족시키는
실수가 $\dfrac{1}{2}$일 때, 음수 a의 값을 구하여라.

06 구간 $(0, 8)$에서 정의된 함수 $f(x)$의 도함수 $y=f'(x)$의 그래프가 오른쪽 그림과 같을 때, 함수 $f(x)$가 구간 $\left(a-\dfrac{1}{2}, a+\dfrac{1}{2}\right)$에서 감소하도록 하는 모든 자연수 a의 값의 합은?

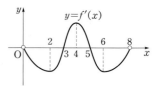

① 16 ② 18 ③ 20 ④ 22 ⑤ 24

07 실수 전체의 집합에서 정의된 함수 $f(x)=x^3+ax^2+2ax-2$의 역함수가 존재하기 위한 실수 a의 최댓값을 M, 최솟값을 m이라 할 때, $M+m$의 값을 구하여라.

08 함수 $f(x)=2x^3+ax^2+bx-4$가 $x=-2$에서 극댓값 16을 가질 때, 함수 $f(x)$의 극솟값은? (단, a, b는 상수)

① -17 ② -14 ③ -11 ④ -8 ⑤ -5

09 구간 $(-4, 7)$에서 정의된 함수 $f(x)$의 도함수 $y=f'(x)$의 그래프가 오른쪽 그림과 같다. 함수 $f(x)$가 극대가 되는 x의 값의 합을 a, 극소가 되는 x의 값의 합을 b라 할 때, a^2+b^2의 값을 구하여라.

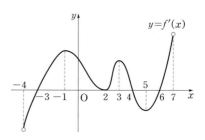

10 구간 $[0, 4]$에서 함수 $f(x)=2x^3-12x^2+18x+a$의 최댓값이 12일 때, 함수 $f(x)$의 최솟값을 구하여라. (단, a는 상수)

11 곡선 $y=-x^2+4$ 위를 움직이는 점 P와 점 $(6,\ 1)$ 사이의 거리의 최솟값은?

① $\sqrt{15}$ ② 4 ③ $\sqrt{17}$ ④ $3\sqrt{2}$ ⑤ $2\sqrt{5}$

12 방정식 $x^4-2x^2+k=0$이 서로 다른 네 실근을 갖도록 하는 실수 k의 값의 범위를 구하여라.

13 $1<x<3$에서 부등식 $\dfrac{1}{3}x^3-3x^2>-x^2-k$가 성립하도록 하는 실수 k의 최솟값을 구하여라.

14 원점을 출발하여 수직선 위를 움직이는 점 P의 시각 t에서의 위치가 $x=t^3-mt^2+nt$ 이다. $t=2$일 때 점 P의 속도는 4이고, $t=3$일 때 점 P의 가속도는 6이다. 이때 $t=1$에서의 점 P의 위치를 구하여라. (단, $m,\ n$은 상수)

15 잔잔한 호수에 돌을 던지면 동심원 모양의 파문이 인다. 가장 바깥쪽 원의 반지름의 길이가 매초 $10\ \mathrm{cm}$씩 늘어날 때, 돌을 던진 지 3초 후의 가장 바깥쪽 원의 넓이의 변화율은?

① $200\pi\ \mathrm{cm^2/s}$ ② $300\pi\ \mathrm{cm^2/s}$ ③ $400\pi\ \mathrm{cm^2/s}$

④ $500\pi\ \mathrm{cm^2/s}$ ⑤ $600\pi\ \mathrm{cm^2/s}$

Sub Note 088쪽

01 최고차항의 계수가 1인 삼차함수 $f(x)$에 대하여 곡선 $y=f(x)$ 위의 점 $(2, 4)$에서의 접선이 점 $(-1, 1)$에서 이 곡선과 만날 때, $f(3)$의 값을 구하여라.

02 양수 a에 대하여 점 $(a, 0)$에서 곡선 $y=3x^3$에 그은 접선과 점 $(0, a)$에서 곡선 $y=3x^3$에 그은 접선이 서로 평행할 때, $90a$의 값은? [평가원 기출]

① 10   ② 20   ③ 30   ④ 40   ⑤ 50

03 모든 실수 x에서 미분가능한 함수 $f(x)$가 $\lim_{x \to \infty} f'(x) = 3$을 만족시킬 때, 평균값 정리를 이용하여 $\lim_{x \to \infty} \{f(x+3) - f(x-4)\}$의 값을 구하여라.

04 함수 $f(x) = x^3 + ax^2 + bx + c$가 다음 세 조건을 만족시킬 때, 상수 a, b, c에 대하여 $a+b+c$의 값을 구하여라.

> (가) 함수 $y=f(x)$의 그래프는 점 $(-1, 12)$를 지난다.
> (나) 함수 $f(x)$는 $x=\alpha$에서 극댓값을, $x=\beta$에서 극솟값을 갖고,
> $f(\alpha) - f(\beta) = 4(\beta - \alpha)$이다.
> (다) 함수 $y=f(x)$의 그래프 위의 점 $(-1, 12)$에서의 접선의 x절편은 1이다.

05 모든 실수 x에서 연속인 함수 $f(x)$의 도함수 $y=f'(x)$의 그래프가 오른쪽 그림과 같을 때, 함수 $f(x)$가 극대가 되거나 극소가 되게 하는 x의 값의 개수를 구하여라.

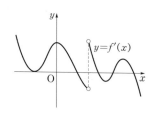

06 함수 $f(x)=-2x^4+8x^3+4(a-2)x^2-8ax$가 극솟값을 갖지 않도록 하는 실수 a의 값의 범위는?

① $a\leq-1$ ② $a<-1$ ③ $a>1$ ④ $a\geq1$ ⑤ $a\geq2$

07 서술형 곡선 $y=x^3$ 위에 두 점 $P(-1, -1)$, $Q(2, 8)$이 있다. 점 A가 이 곡선 위를 따라 두 점 P, Q 사이를 움직일 때, 삼각형 APQ의 넓이의 최댓값을 구하여라.

08 $x\geq0$에서 부등식 $-x^3+4x^2-9x\leq-2x^2+kx$가 성립하도록 하는 실수 k의 값의 범위를 구하여라.

09 수직선 위를 움직이는 두 점 P, Q의 시각 t에서의 위치를 각각 $f(t)$, $g(t)$라 하면
$$f(t)-g(t)=t^3-6t^2+at+b$$
이다. $t=1$에서 두 점 P, Q가 처음으로 만나고, 그때의 속도가 같았을 때, 두 점 P, Q의 속도가 다시 같아지는 시각에서의 두 점 사이의 거리를 구하여라.

10 밑면은 한 변의 길이가 4인 정삼각형이고, 높이가 6인 삼각뿔이 있다. 밑면의 한 변의 길이는 매초 1만큼씩 늘어나고, 높이는 매초 0.5만큼씩 줄어든다고 한다. 이 삼각뿔의 부피가 처음으로 $15\sqrt{3}$이 될 때, 삼각뿔의 부피의 변화율을 구하여라.

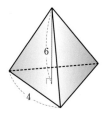

내신·모의고사 대비 TEST ▷ 332쪽

Chapter II Exercises

S U M M A   C U M   L A U D E

난이도 ■ : 중   ■■ : 중상   ■■■ : 상

Sub Note 091쪽

■□□
01 미분가능한 함수 $f(x)$가 임의의 실수 x에 대하여 $f(-x)=-f(x)$를 만족시킬 때, 다음 중 $f'(-a)$와 같은 것은?

① $f'(a)$ ② $-f'(a)$ ③ $\dfrac{1}{f'(a)}$ ④ $-\dfrac{1}{f'(a)}$ ⑤ 0

■■□
02 함수 $f(x)$에 대하여 보기에서 항상 옳은 것만을 있는 대로 고른 것은? [평가원 기출]

보기
ㄱ. $\displaystyle\lim_{h\to 0}\frac{f(1+h)-f(1)}{h}=0$이면 $\displaystyle\lim_{x\to 1}f(x)=f(1)$이다.

ㄴ. $\displaystyle\lim_{h\to 0}\frac{f(1+h)-f(1)}{h}=0$이면 $\displaystyle\lim_{h\to 0}\frac{f(1+h)-f(1-h)}{2h}=0$이다.

ㄷ. $f(x)=|x-1|$일 때, $\displaystyle\lim_{h\to 0}\frac{f(1+h)-f(1-h)}{2h}=0$이다.

① ㄱ ② ㄴ ③ ㄱ, ㄴ ④ ㄴ, ㄷ ⑤ ㄱ, ㄴ, ㄷ

■□□
03 두 함수 $f(x)$, $g(x)$는 모든 실수 x에서 미분가능하고 함수 $y=f(x)$의 그래프는 오른쪽 그림과 같다. 함수 $h(x)$를 $h(x)=f(x)g(x)$로 정의하면 $h'(2)=6$일 때, $g'(2)$의 값을 구하여라.

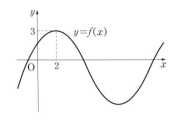

04 두 곡선 $y=x^2+ax+b$, $y=x^2+bx+a$는 점 $(p, 0)$에서 만나고, 그 교점에서의 두 곡선의 접선은 서로 직교한다. 이때 상수 a, b에 대하여 ab의 값을 구하여라.

(단, $a\neq b$)

05 오른쪽 그림은 함수 $y=1$과 함수 $y=0$의 그래프의 일부이다. 두 점 A$(0, 1)$, B$(1, 0)$ 사이를 $0\leq x\leq 1$에서 정의된 삼차함수 $y=ax^3+bx^2+cx+1$의 그래프를 이용하여 연결하였다. 연결된 그래프 전체를 나타내는 함수가 실수 전체의 집합에서 미분가능하도록 하는 상수 a, b, c에 대하여 $a^2+b^2+c^2$의 값을 구하여라.

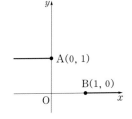

06 자연수 n에 대하여 $a_n=\lim\limits_{x\to 1}\dfrac{x^n+5x-6}{x-1}$이라 할 때, $\sum\limits_{n=1}^{100} a_n$의 값을 구하여라.

07 두 다항함수 $f(x)$, $g(x)$는 모든 실수 x에 대하여 $f'(x)=g(x)$이고 $f(x)g(x)=f(x)+g(x)+2x^3-4x^2+2x-1$을 만족시킨다. 이때 $f(1)$의 값은?

① -2 ② -1 ③ 0 ④ 1 ⑤ 2

08 두 곡선 $y=x^3+5$, $y=x^3+1$의 공통인 접선의 방정식을 $y=f(x)$라 할 때, $f(10)$의 값을 구하여라.

09 오른쪽 그림과 같이 삼차함수 $y=f(x)$의 그래프 위의 점 $A(a, f(a))$에서의 접선과 이 그래프가 만나는 A가 아닌 점을 $B(b, f(b))$라 하자. $a<c<b$를 만족시키는 c에 대하여 삼각형 ABC의 넓이가 최대가 되도록 하는 c를 a, b에 대한 식으로 나타내면?

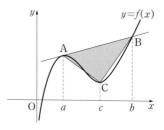

① $c=\dfrac{a+2b}{3}$　　② $c=\dfrac{2a+b}{3}$　　③ $c=\dfrac{a+3b}{4}$

④ $c=\dfrac{2a+b}{4}$　　⑤ $c=\dfrac{a+b}{2}$

10 함수 $f(x)=x^3-2x^2+ax-1$이 구간 $(0, 1)$에서 증가하도록 하는 실수 a의 최솟값을 구하여라.

11 함수 $f(x)=-x^3+ax^2-bx+c$가 $x=2$에서 극값을 갖고, $\lim\limits_{x \to -1}\dfrac{f(x)}{x^2-1}=\dfrac{1}{2}$을 만족시킬 때, 상수 a, b, c에 대하여 $a-b-3c$의 값은?

① $-\dfrac{4}{3}$　　② -1　　③ 1　　④ $\dfrac{7}{3}$　　⑤ $\dfrac{8}{3}$

12 삼차방정식 $f(x)=0$이 서로 다른 세 실근 a, $3a$, $5a$를 갖는다고 한다. 삼차함수 $f(x)$가 $x=\alpha$에서 극솟값을, $x=\beta$에서 극댓값을 가질 때, $\alpha^3+\beta^3$의 값을 a에 대한 식으로 나타내어라.

13 함수 $f(x)=\dfrac{1}{3}ax^3-\dfrac{(a+1)}{2}x^2-4x+3$이 구간 $(-1,\ 0)$과 구간 $(2,\ 3)$에서 극값을 갖도록 하는 실수 a의 값의 범위는?

① $\dfrac{1}{3}<a<2$　　　　② $\dfrac{7}{6}<a<3$　　　　③ $\dfrac{3}{2}<a<3$

④ $\dfrac{7}{6}<a<4$　　　　⑤ $\dfrac{3}{2}<a<4$

14 세 실수 a, b, c에 대하여 사차함수 $f(x)$의 도함수 $f'(x)$가
$$f'(x)=(x-a)(x-b)(x-c)$$
일 때, 보기에서 항상 옳은 것만을 있는 대로 고른 것은? 　　　　[평가원 기출]

보기 　ㄱ. $a=b=c$이면, 방정식 $f(x)=0$은 실근을 갖는다.
　　　ㄴ. $a=b\neq c$이고 $f(a)<0$이면, 방정식 $f(x)=0$은 서로 다른 두 실근을 갖는다.
　　　ㄷ. $a<b<c$이고 $f(b)<0$이면, 방정식 $f(x)=0$은 서로 다른 두 실근을 갖는다.

① ㄱ　　　　② ㄴ　　　　③ ㄱ, ㄷ　　　　④ ㄴ, ㄷ　　　　⑤ ㄱ, ㄴ, ㄷ

15 이차부등식 $4x^2+4x-3 \leq 0$을 만족시키는 x에 대하여 함수 $f(x)=x^2(x+3)$의 최 댓값과 최솟값의 합은?

① $\dfrac{7}{8}$ ② $\dfrac{3}{2}$ ③ $\dfrac{9}{4}$ ④ $\dfrac{27}{8}$ ⑤ $\dfrac{15}{4}$

16 오른쪽 그림과 같이 한 변의 길이가 $6\sqrt{3}$인 정육각형 모양의 종이의 6개의 모퉁이에서 같은 모양의 사각형을 잘라 내고, 남은 부분으로 뚜껑이 없는 육각기둥 모양의 상자를 만들려 고 한다. 이때 이 상자의 부피의 최댓값을 구하여라.

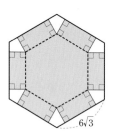

$6\sqrt{3}$

17 방정식 $x^4-\dfrac{4}{3}x^3-4x^2+8x+k+4=0$이 서로 다른 네 실근을 갖도록 하는 실수 k의 값의 범위를 구하여라.

18 점 $(0,\ a)$에서 곡선 $y=x^3+3x^2+2x$에 서로 다른 세 접선을 그을 수 있도록 하는 실수 a의 값의 범위가 $\alpha < a < \beta$일 때, $\alpha+\beta$의 값을 구하여라.

19 $x \geq 0$에서 부등식 $x^{n+1} - (n+1)x + 4 \geq k$를 만족시키는 실수 k의 최댓값이 -5일 때, 자연수 n의 값은?

① 5   ② 6   ③ 7   ④ 8   ⑤ 9

20 직선 궤도 위를 달리는 열차가 제동을 건 후 t초 동안 움직인 거리를 xm라 하면 $x = 30t - \dfrac{1}{10}at^2$이라 한다. 사고 방지를 위하여 제동을 건 후 열차가 정지할 때까지의 시간은 15초 이하, 달린 거리는 200m 이하로 하려고 할 때, 자연수 a의 최솟값을 구하여라.

21 두 자동차 A, B가 같은 지점에서 동시에 출발하여 직선 도로를 한 방향으로만 달리고 있다. t초 동안 두 자동차 A, B가 움직인 거리는 각각 미분가능한 함수 $f(t)$, $g(t)$로 주어지고 다음이 성립한다고 한다.

> ㈎ $f(20) = g(20)$
> ㈏ $10 \leq t \leq 30$에서 $f'(t) < g'(t)$이다.

이로부터 $10 \leq t \leq 30$에서의 두 자동차 A, B의 위치에 대한 다음 설명 중 옳은 것은?

① B가 항상 A의 앞에 있다.   ② A가 항상 B의 앞에 있다.
③ B가 A를 한 번 추월한다.   ④ A가 B를 한 번 추월한다.
⑤ A가 B를 추월한 후 B가 다시 A를 추월한다.

내신 · 모의고사 대비 TEST ▷ 348쪽

Chapter II Advanced Lecture

S U M M A   C U M   L A U D E

TOPIC (1) 역함수에서의 미분계수

역함수의 식을 얻을 수 없거나 또는 얻은 식이 복잡하여 (우리 수준으로) 미분할 수 없는 데도, $x=a$에서의 미분계수를 구하라고 한다면 우리가 취할 수 있는 방법은 무엇일까?[1] 고난도 문제로 충분히 출제될 수 있는 내용이므로 지금부터 이에 대해 알아보자.

일반적으로 $x=a$에서 미분가능한 함수 $f(x)$의 역함수 $f^{-1}(x)$도 $x=b$에서 미분가능하다. (여기서 $b=f(a)$이다.) 두 곡선 $y=f(x)$, $y=f^{-1}(x)$가 직선 $y=x$에 대하여 서로 대칭이므로 다음 그림과 같이 직선 $y=x$에 대하여 서로 대칭인 두 직선 l_1, l_2 중에 l_1이 곡선 $y=f(x)$ 위의 점 $(a,\ b)$에서의 접선이라면, l_2는 곡선 $y=f^{-1}(x)$ 위의 점 $(b,\ a)$에서의 접선이 될 것이기 때문이다.

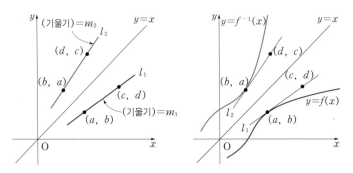

이때 직선 l_1의 기울기는 $m_1=\dfrac{d-b}{c-a}$이고 직선 l_2의 기울기는 $m_2=\dfrac{c-a}{d-b}$이므로 두 기울기 사이에는 $m_1 m_2=1$인 관계가 성립한다. 여기서 $m_1=f'(a)$, $m_2=(f^{-1})'(b)$이므로

$$f'(a)\cdot(f^{-1})'(b)=1$$

임을 알 수 있다. 여기서 만약 $f'(a)=0$이면 $(f^{-1})'(b)$는 존재할 수가 없다. 즉, $f(x)$가 $x=a$에서 미분가능하다고 해서 $f^{-1}(x)$가 $x=b$에서 반드시 미분가능한 것은 아니다.

---

[1] 역함수의 식을 얻은 경우에는 미분계수의 정의 $\displaystyle\lim_{h\to0}\dfrac{f^{-1}(a+h)-f^{-1}(a)}{h}$ 를 이용하여 계산해 볼 수도 있지만, 시간적인 면에서 굉장히 비효율적이다.

EXAMPLE *01* 함수 $f(x)=x^2-2x+1\,(x\geq1)$의 역함수 $f^{-1}(x)$에 대하여 곡선 $y=f^{-1}(x)$ 위의 점 $(1,\,2)$에서의 접선의 방정식을 구하여라.

ANSWER 곡선 $y=f^{-1}(x)$ 위의 점 $(1,\,2)$에서의 접선의 기울기 $(f^{-1})'(1)$은 $\dfrac{1}{f'(2)}$과 같다. $f'(x)=2x-2$에서 $f'(2)=2$이므로 $(f^{-1})'(1)=\dfrac{1}{2}$

따라서 구하는 접선의 방정식은 $y-2=\dfrac{1}{2}(x-1)$ $\therefore \boldsymbol{y=\dfrac{1}{2}x+\dfrac{3}{2}}$ ■

Sub Note 099쪽

APPLICATION *01* 미분가능한 함수 $f(x)$의 역함수 $g(x)$가 $\displaystyle\lim_{x\to1}\dfrac{g(x)-2}{x-1}=3$을 만족할 때, $f'(2)$의 값을 구하여라.

[수능 기출]

TOPIC (2) 합성함수 $f(g(x))$의 도함수

이과 학생들은 합성함수 $f(g(x))$의 도함수를 배우고, 또 자주 이용한다.

두 함수 $f(x)$, $g(x)$가 미분가능할 때, 합성함수 $f(g(x))$의 도함수는
$$\{f(g(x))\}'=f'(g(x))g'(x) \quad\Rightarrow\quad \text{겉미분}\times\text{속미분}$$

[증명] 미분계수의 정의에 의하여

$$\{f(g(x))\}'=\lim_{h\to0}\frac{f(g(x+h))-f(g(x))}{h}$$
$$=\lim_{h\to0}\frac{f(g(x+h))-f(g(x))}{g(x+h)-g(x)}\cdot\frac{g(x+h)-g(x)}{h}$$
$$=\lim_{h\to0}\frac{f(g(x)+t(h))-f(g(x))}{t(h)}\overset{\text{❷}}{}\cdot\frac{g(x+h)-g(x)}{h}$$
$$=\lim_{h\to0}\frac{f(g(x)+t(h))-f(g(x))}{t(h)}\cdot\lim_{h\to0}\frac{g(x+h)-g(x)}{h}$$
$$=f'(g(x))g'(x)\ ■$$

---

❷ h의 값에 따라 $g(x+h)-g(x)$의 값은 변화하므로 이 값을 함수 $t(h)$로 두면
$g(x+h)-g(x)=t(h)$ $\therefore g(x+h)=g(x)+t(h)$
이때 $g(x)$가 연속함수이므로 $h\longrightarrow0$이면 $t(h)\longrightarrow0$임은 명백하다.

우리가 다루는 몇몇 다항함수도 그 형태(식)에 따라 두 다항함수의 합성함수로 볼 수 있으므로(예를 들어 $h(x)=(x^2+3x+1)^4$은 두 함수 $f(x)=x^4$, $g(x)=x^2+3x+1$의 합성함수 $f(g(x))$로 볼 수 있다.) 앞의 합성함수의 미분법을 이해하고 이용한다면 (전개할 필요 없이) 쉽게 그 도함수를 얻을 수 있다.

EXAMPLE *02*   함수 $h(x)=(x^2+3x+1)^4$의 도함수를 구하여라.

> **ANSWER** $f(x)=x^4$, $g(x)=x^2+3x+1$로 놓으면 $h(x)=f(g(x))$이므로
> $$h'(x)=f'(g(x))g'(x)$$
> 로 구할 수 있다.
> 이때 $f'(x)=4x^3$, $g'(x)=2x+3$이므로
> $$h'(x)=4(x^2+3x+1)^3(2x+3) \blacksquare$$

APPLICATION *02*   함수 $h(x)=(2x+1)^3(3x+1)^5$의 도함수를 구하여라.   Sub Note 099쪽

Sub Note 099쪽

APPLICATION *03*   미분가능한 두 함수 $f(x)$, $g(x)$가
$$\lim_{x \to 1}\frac{f(x)-1}{x-1}=2,\ \lim_{x \to 1}\frac{g(x)-2}{x-1}=3$$
을 만족시킬 때, 함수 $g(f(x))$의 $x=1$에서의 미분계수를 구하여라.

TOPIC (3)   이계도함수를 이용한 극대와 극소의 판정

함수 $f(x)$의 도함수 $f'(x)$가 미분가능할 때, $f'(x)$의 도함수 $f''(x)$를 함수 $f(x)$의 이계도함수(second order derivatives)라 한다. 이계도함수를 이용하면 함수의 극대와 극소를 보다 더 간단하게 판정할 수 있는 이점이 있다. 우리는 다항함수의 이계도함수를 충분히 구할 수 있으므로 이를 이용한 극대·극소 판정법을 알아두면 굉장히 효율적일 수 있겠다.
본격적으로 $f'(x)$와 $f''(x)$의 관계를 통해 언제 극대, 극소가 되는지 알아보자.

함수 $f(x)$에 대하여 $f'(x)$, $f''(x)$가 존재하고, $f'(a)=0$이라 하자.

먼저 $f''(x)$는 $f'(x)$의 도함수이므로 함수의 증가, 감소의 판정법에 의하여

$$f''(x)>0$$이면 $f'(x)$는 증가하고,

$$f''(x)<0$$이면 $f'(x)$는 감소한다.

만약 $f'(a)=0$이고, $f''(a)<0$이면 우선 $f'(x)$는 $x=a$에서 감소상태에 있게 된다.

그런데 $f'(a)=0$이므로 $x=a$의 좌우에서 $f'(x)$가 양$(+)$에서 음$(-)$으로 바뀐다.

이는 $f(x)$가 $x=a$에서 극대임을 나타낸다.

x	$\cdots$	a	$\cdots$
$f'(x)$	$+$	0	$-$
$f''(x)$	$-$	$-$	$-$
$f(x)$	$\nearrow$	극대	$\searrow$

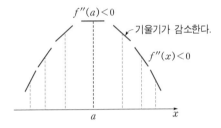

마찬가지로 $f'(a)=0$이고, $f''(a)>0$이면 우선 $f'(x)$는 $x=a$에서 증가상태에 있게 된다.

그런데 $f'(a)=0$이므로 $x=a$의 좌우에서 $f'(x)$가 음$(-)$에서 양$(+)$으로 바뀐다.

이는 $f(x)$가 $x=a$에서 극소임을 나타낸다.

x	$\cdots$	a	$\cdots$
$f'(x)$	$-$	0	$+$
$f''(x)$	$+$	$+$	$+$
$f(x)$	$\searrow$	극소	$\nearrow$

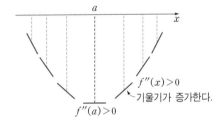

따라서 이계도함수를 이용하여 극대, 극소를 다음과 같이 판정할 수 있다.

이계도함수를 이용한 극대와 극소의 판정[3]

함수 $f(x)$에 대하여 $f'(x)$, $f''(x)$가 존재하고, $f'(a)=0$일 때,

(1) $f''(a)<0$이면 함수 $f(x)$는 $x=a$에서 극대이다.

(2) $f''(a)>0$이면 함수 $f(x)$는 $x=a$에서 극소이다.

---

[3] $f'(a)=0$이고 $f''(a)=0$일 때에는 $f(x)$가 $x=a$에서 극값을 갖는지, 극값을 갖더라도 극댓값인지 극솟값인지 판정할 수 없다. 이때는 어쩔 수 없이 그래프를 이용하거나 $f'(x)$의 부호를 이용하여 함수 $f(x)$의 증가, 감소를 조사하여 극대, 극소를 판정해야 한다.

■ EXAMPLE *03* 이계도함수를 이용하여 $f(x)=x^4-32x+48$의 극값을 구하여라.

ANSWER $f(x)=x^4-32x+48$에서
$$f'(x)=4x^3-32=4(x-2)(x^2+2x+4)$$
$f'(x)=0$에서 $x=2 \ (\because x^2+2x+4>0)$
즉, $x=2$에서 극값을 가질 가능성이 있다.
이때 $f''(x)=12x^2$에서 $f''(2)=48>0$
따라서 함수 $f(x)$는 $x=2$에서 **극솟값 0**을 갖는다. ■

[참고] 이계도함수를 이용하는 것이 항상 편리한 것은 아니다. 함수에 따라 이계도함수를 구하는 것이 복잡할 수 있기 때문이다. 이계도함수를 구하기 복잡한 경우에는 $f'(x)$의 부호를 이용하여 극값을 구하면 된다.

Sub Note 100쪽

APPLICATION *04* 이계도함수를 이용하여 $f(x)=x^3+3x^2-1$의 극값을 구하여라.

TOPIC (4) 실근의 어림값 구하기(뉴턴의 방법)

과학이나 공학에서는 종종 삼차방정식, 사차방정식 또는 그 이상의 복잡한 방정식의 실근을 구할 필요가 생기게 된다. 그러나 우리가 아는 방법(인수분해 또는 근의 공식)으로는 실근을 구하는 데 한계가 있다. 이런 경우, 뉴턴의 방법(Newton's Method)으로 알려진 다음 방법을 이용하면 실근의 어림값을 쉽게 구할 수 있다.

뉴턴의 방법
[전제조건] 함수 $f(x)$가 구간 (a, b)에서 미분가능하고, 방정식 $f(x)=0$의 실근 $x=r$가 이 구간에 1개 있다.❹ 또 구간 안의 모든 x에 대하여 $f'(x)\neq0$이다.

---

❹ $f(x)$가 다항함수이면 항상 미분가능하고, $f'(x)=0$을 만족시키는 x의 값을 기준으로 구간을 나누어 주면 각 구간에는 방정식 $f(x)=0$의 실근이 1개 또는 0개 존재한다. (그래프를 그려보면 쉽게 이해할 수 있다.) 이제 실근이 존재하는 구간을 선택하면 뉴턴의 방법을 이용할 준비가 된 것이다.

[아이디어] 다음 그림과 같이 구간 $(a,\ b)$에서 곡선 $y=f(x)$의 x절편 r로 추정되는 적당한 값 $x_1(\neq r)$을 잡고 x_1에서의 접선을 구해 그 접선의 x절편 x_2를 구하면, x_2가 x_1보다 좀 더 r에 근접해 있음을 알 수 있다.

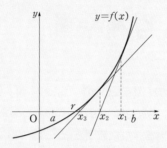

같은 방법으로 위와 같은 작업을 계속 시행하면, 실근 r에 거의 근접하는 값을 얻을 수 있게 되겠다.

[수식으로의 표현] 곡선 $y=f(x)$ 위의 점 $\mathrm{P}(x_n,\ f(x_n))$에서의 접선의 방정식은

$$y-f(x_n)=f'(x_n)(x-x_n)$$

이고, 이 접선의 x절편을 x_{n+1}이라 하면

$$x_{n+1}=x_n-\frac{f(x_n)}{f'(x_n)} \quad \longleftarrow \text{이 계산을 반복해야 하므로 } f'(x)\neq 0\text{인 전제조건이 필요}$$

이다.

이를 만족시키는 수열 $\{x_n\}$을 구하면 명백히 $\displaystyle\lim_{n\to\infty} x_n=r$가 성립한다.

Sub Note 100쪽

APPLICATION *05* 앞에서 배운 뉴턴의 방법을 이용하여 방정식 $x^3-3=0$의 실근의 어림값 $x_2,\ x_3,\ \cdots,\ x_n,\ \cdots$을 구하려고 한다. (단, $x_1=1$)

(1) x_n과 x_{n+1} 사이의 관계식을 구하여라.

(2) $x_2,\ x_3$의 값을 구하여라.

(3) $\displaystyle\lim_{n\to\infty} x_n$의 값을 구하여라.

MATH *for* ESSAY
SUMMA CUM LAUDE

01. 경제수학

프랑스 수학자 **쿠르노**(1801~1877)는 처음으로 수학을 경제에 접목시킨 업적을 가지고 있다. 쿠르노의 저작은 경제학·수학·철학 등 각 분야에 걸쳐 있으며, 특히 1838년에 저술한 「부(富) 이론의 수학적 원리에 관한 연구」[1] 는 매우 유명하다. 이것에 의하여 수요의 법칙이나 독점이론의 기초를 이루는 독점가격(쿠르노의 점)의 원리를 밝힘으로써 근대 수리 경제학의 새로운 장을 열었기 때문이다. 현대에는 경제와 수학은 분리될 수 없는 밀접한 연관성을 가지고 있으며, 수학을 전공한 많은 학생들이 경제 분야에서 뛰어난 두각을 보이고 있다.

그러면 경제학에서 수학의 기본원리라 할 수 있는 미분이 어떻게 쓰이는지 간단하게 알아보자.

보통 한 기업이 물건을 생산할 때 드는 비용에는 **고정비용**(Fixed Cost, FC)과 가**변비용**(Variable Cost, VC)[2]이 있다. 고정비용은 생산량의 변화와 무관하고, 가변비용은 생산량의 변화에 따라 함께 변한다. 이 두 비용을 합쳐서 기업의 **총비용**(Total Cost, TC)이라 한다.

고정비용, 가변비용, 총비용 사이에는

$$TC = FC + VC$$

의 관계가 있는데 그래프로 나타내면 오른쪽 그림과 같다.

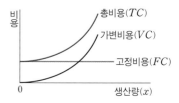

한편 물건을 생산할 때, 한 단위를 더 생산하는 데 추가적으로 드는 비용을 **한계비용**(Marginal Cost, MC)이라 하고, 총비용을 총생산량으로 나눈 비용을 **평균비용**(Average Cost, AC)이라 한다. 이를 수식으로 나타내면 상품의 생산량을 x라 할 때, 한계비용은 $\dfrac{\Delta TC}{\Delta x}$, 평균비용은 $\dfrac{TC}{x}$이다. 보통 한계비용은 생산량이 늘면 감소하다가 어느 순간 이후부터는 증가하게 된다.

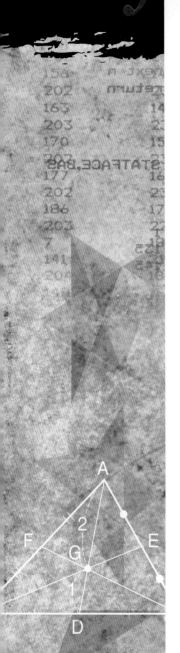

$$s = \frac{1}{3} \cdot \left[h_1 (r_{I_2}^3 - r_{I_1}^3) + h_{II} (r_{II_2}^3 - r_{III_1}^3) + h_{III} (r_{III_2}^3 - r_{III_1}^3) \right]$$

생산 기계의 기초설비를 하는 데 1,000만 원이 들었고, 신제품 하나당 1만 원의 가변비용이 드는 제품을 생산하는 공장이 있다고 생각해 보자.

제품을 100개 생산할 때에는

    총비용은 1,000만 원(FC) +100만 원(VC) =1,100만 원,

    평균비용은 1,100만 원(TC) ÷100=11만 원

이다. 그런데 제품을 1,000개 생산하면

    총비용은 1,000만 원(FC) +1,000만 원(VC) =2,000만 원으로 늘어나지만

    평균비용은 2,000만 원(TC) ÷1,000=2만 원으로 줄어든다.

생산량이 늘어남에도 불구하고 제품 당 평균비용이 감소하는 이유는 고정비용이 있기 때문이다. 늘어나는 생산량에 비해 고정비용은 변함이 없어 생산량이 늘어날수록 고정비용이 적은 비용으로 쪼개져서 제품마다 분산되기 때문이다.

하지만 생산량이 증가함에 따라 한계비용이 증가하기 시작하고 일정 시점에서 한계비용의 증가가 고정비용 감소를 통한 이익을 넘어서기 시작한다. 결국 일정량 이상의 생산 시 평균비용이 증가하기 시작하는 것이다.

오른쪽 그래프를 보면 생산량이 0에서 점점 늘어날 때, 한계비용은 처음에는 줄어들다가 어느 시점에 가서 점점 늘어난다. 한계비용이 늘어나기 시작하면서 평균비용에 근접하다가 한계비용이 평균비용과 같아지는 시점부터 평균비용도 증가하기 시작함을 볼 수 있다.

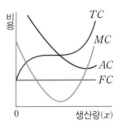

경제적인 관점을 수학적으로 해석하면 한계라는 개념은 미분이라는 개념으로 간단하게 표현할 수 있다. 생산량 x에 대한 총비용을 나타내는 함수를 $TC(x)$라 하면 한계비용함수는 $TC'(x)$가 된다. 왜냐하면 도함수의 정의에 의하여

$$TC'(x) = \lim_{h \to 0} \frac{TC(x+h) - TC(x)}{h}$$

인데 여기서 생산량 x가 매우 크면 h는 $TC'(x)$에 크게 영향을 미치지 않기 때문이다. 즉, $x+h$에서 $h=1$로 두어도 원래의 값에 근사시킬 수 있다는 것이다.

❶ 원제 : Recherches sur les principes mathématiques de la théorie des richesses

❷ 음식점을 예로 들면 임대료는 대표적인 고정비용이고, 재료값은 대표적인 가변비용이다.

그러므로

$$TC'(x) \fallingdotseq TC(x+1) - TC(x)$$

로 볼 수 있고, 식 $TC(x+1)-TC(x)$는 제품을 한 개 더 추가로 생산할 때 드는 비용을 나타내므로 $TC'(x)$가 한계비용임을 알 수 있다.

우리가 옷을 생산하는 기업의 사장이라면 이윤 극대화를 추구하는 기업주가 되어야 할 것이다. 즉, 옷을 1단위 더 생산, 공급함으로써 얼마만큼의 추가적 수입을 얻을 수 있는지 계산해 보아야 할 것이다. 그 후에는 그렇게 생산, 공급하는 데 드는 추가적 비용이 얼마인지도 계산해야 할 것이다. 그런 뒤에 만약 추가적 수입이 추가적 비용보다 더 크면 생산량을 늘리기로 결정하리라고 예상할 수 있다. 생산량을 늘리면 이윤이 그 차이만큼 더 커질 수 있기 때문이다. 이때 옷 1단위를 더 생산해 공급함으로써 추가적으로 얻는 수입을 한계수입(Marginal Revenue, MR)이라 부른다.

상품 생산량을 x라 할 때, 총수입(Total Revenue)을 나타내는 함수가 $TR(x)$라 한다면 한계수입함수는 $TR'(x)$가 된다.

이것을 미분의 정의로써 해석한다면

　　생산량을 아주 작은 크기로 늘렸을 때, 총수입이 얼마만큼 늘어나는지

를 표현하는 함수라고 이해할 수 있을 것이다. 이것은 위에서 말한 한계수입의 정의와 같은 개념이 된다.

그러면 기업의 입장에서 이윤을 최대화하려면 한계수입과 한계비용을 어떻게 조절해야 할까?

일단, '(한계수입)>(한계비용)'인 경우부터 살펴보자.

이때는 한 단위 생산을 더 할 경우 얻는 추가수입이 생산하는 데 드는 추가비용보다 크다. 따라서 생산을 하면 할수록 이윤이 커진다. 이윤이 커질 수 있다는 것은 이윤이 극대화된 상태가 아니다. 따라서 이 경우 이윤을 극대화시키고자 하는 기업이라면 당연히 생산량을 더 늘려야 한다. 하지만 생산량을 계속 늘리면 한계수입은 줄어들고 한계비용은 늘어나게 된다.

❸ 일반적으로 이 x의 값에서 $\pi''(x)<0$이 된다. 따라서 218쪽 이계도함수를 이용한 극대와 극소의 판정에 의하여 이 값에서 $\pi(x)$는 극대가 된다.

❹ 비록 이 장에서는 미분에 관련된 부분만 논하였지만 경제학에는 미분뿐만 아니라 적분도 많이 활용된다. 적분이 미분의 역연산임을 고려한다면 충분히 그 관계를 예측할 수 있으리라 본다.

$$\varphi = \frac{1}{3} \cdot \left[h_I (r_{I_2}^3 - r_{I_1}^3) + h_{II} (r_{II_2}^3 - r_{II_1}^3) + h_{III} (r_{III_2}^3 - r_{III_1}^3) \right]$$

이제는 반대로 '(한계수입)<(한계비용)'인 경우를 살펴보자.

이때는 한 단위 생산을 더 할 경우 얻는 추가수입이 생산하는 데 드는 추가비용보다 작다. 따라서 생산을 하면 할수록 이윤이 줄어들므로 생산량을 감소해야 마땅하다.

"한계수입이 한계비용보다 더 클 경우($MR > MC$)에는 생산량을 늘린다."

"한계수입이 한계비용보다 더 작을 경우($MR < MC$)에는 생산량을 줄인다."

위의 두 가지 논리를 고려하면 한계수입과 한계비용이 서로 같아지는 경우를 생각할 수 있다. 이때는 생산량을 1단위 더 줄이든, 1단위 더 늘리든 이윤 수준에는 변함이 없어서 기업은 생산량을 계속 유지하고자 할 것이다. 이와 같이

'(한계수입)=(한계비용)'이라는 조건이 성립할 때 기업의 이윤이 극대화 됨

을 알 수 있다.

수학적으로 볼 때, 제품 x개를 생산하여 팔았을 때 얻는 이윤을 함수 $\pi(x)$라 하면

$$\pi(x) = TR(x) - TC(x)$$

이므로 이윤이 최대가 되는 경우는 함수 $\pi(x)$가 극대가 되는 경우이다. 즉,

$$\pi'(x) = TR'(x) - TC'(x) = 0$$

이 되는 x의 값을 찾으면 되는데 위 식을 다시 쓰면

$$TR'(x) = TC'(x)$$

가 된다.

결국 한계수입함수와 한계비용함수의 값이 같아지는 x의 값[3]이 기업의 이윤을 극대화하는 값이라는 의미이다. 만약 x의 값보다 제품을 더 생산하거나 덜 생산하면 기업의 이윤은 오히려 감소하므로 기업에서는 한계수입과 한계비용을 비교하여 적절한 생산량 수준을 찾는 것에 주력하게 된다.

경제학을 올바로 이해하는 데 핵심이 되는 것은 경제적 직관이지 수학이 아닐 것이다. 그러나 수학은 경제학의 수단으로써, 경제학의 논의를 훨씬 더 간결하고 명확하게 만들 수 있다는 장점이 있다. 물론 그 핵심수단은 미분과 적분[4]이라는 사실은 명백할 것이다.

SUMMA CUM LAUDE
MATHEMATICS

인간으로서이 우리이 위대함은
세계를 변화시킴으로써 입증되는 것이 아니다.
인간으로서의 우리의 위대함은
우리 자신을 변화시킴으로써 입증된다.

– 마하트마 간디

CHAPTER III
다항함수의 적분법

숨마쿰라우데®

[수학 II]

INTRO to Chapter III
다항함수의 적분법

SUMMA CUM LAUDE

본 단원의 구성에 대하여...

Ⅲ. 다항함수의 적분법	1. 부정적분	01 부정적분 02 부정적분의 계산 ● Review Quiz ● EXERCISES
	2. 정적분	01 정적분 02 정적분의 계산(1) 03 정적분의 계산(2) 04 정적분과 미분의 관계 ● Review Quiz ● EXERCISES
	3. 정적분의 활용	01 넓이 02 속도와 거리 ● Review Quiz ● EXERCISES
	● 대단원 연습문제 ● 대단원 심화, 연계 학습 　TOPIC (1)　여러 가지 부정적분의 기술 　TOPIC (2)　다항함수와 넓이 ● 논술, 구술 자료 　01. 불연속함수의 적분	

미적분학은 수학사에서 '발견'이 아닌 '발명'으로 대접받는다. 미적분의 발명 뒤 '시간이 지나면서 변하는 모든 것'에는 미적분이 적용되었고, 설명이 불가능했던 것들을 설명할 수 있게 된 것이다. 오늘날 미적분학의 손이 미치지 않는 곳은 거의 없다.

수학사에서 가장 빛나는 시기-17세기

수학 연구의 새롭고 다양한 분야들이 17세기부터 활발히 연구되기 시작하였다.
의심할 바 없이 이 시기의 가장 주목할 만한 수학적 업적은 뉴턴과 라이프니츠가 만든 미적분학이다. 미적분학의 발달로 수학은 기초수학에서 고등수학으로 거듭날 수 있게 되었다.

뉴턴과 라이프니츠는 각기 수학 발전에 크게 이바지했지만, 당시 수학의 미개척 분야인 미적분학의 발견에서는 영원한 라이벌로 기록되고 있다.

라이프니츠가 1673년과 1676년 사이에 미적분학을 고안하여 발표하였고, 뉴턴은 이보다 빠른 1660년대 후반에 이것을 발견하였지만 발표를 미뤘었다. 그런데 이것 때문에 심각한 일이 벌어졌다. 영국과 유럽이 뉴턴과 라이프니츠 중 누가 먼저 미적분학을 고안하였는지에 대한, 역사상 가장 중요한 '지적 재산권' 다툼을 벌이게 된 것이다.

지금은 두 사람이 서로 독립적으로 미적분학을 발견하였다고 알려져 있다.

라이프니츠와 뉴턴의 미적분학은 기본 원리는 같았지만 접근법이 달랐다.

라이프니츠는 대수적으로 접근했고, 뉴턴은 기하적으로 접근했다. 특히 미분에 있어서 라이프니츠의 기호는 쉽고 분명한 데 반해, 뉴턴의 기호는 상대적으로 개념이 모호하고 나타내기가 번거로웠다.

그래서 라이프니츠의 기호를 받아들인 유럽 대륙은 미적분학에서 큰 진보를 이루었고 뉴턴의 기호를 고집하던 영국은 약 100년이 지난 뒤에야 라이프니츠의 방법을 도입함으로써 영국의 수학은 유럽 대륙에 비해 100년가량 뒤처지게 되었다.

미분과 적분의 관계

수학에서 미분을 먼저 배우고 다음에 적분을 배우는 순서와는 반대로, 역사적으로는 적분이 미분보다 먼저 발달되었다.

적분은 다각형이 아닌 여러 도형의 넓이를 구하는 과정에서 발생하였다. 넓이에 대한 연구가 거듭되던 중 17세기 들어 뉴턴의 스승인 배로(Barrow)는 도형의 경계가 연속함수의 그래프인 경우에 대하여 적분하여 구한 넓이를 함수로 나타내고 다시 미분하면 원래의 연속함수가 됨을 알게 되었다. 즉, 서로 무관하다고 보았던 적분과 미분 사이에 역연산 관계가 있다는 것이 밝혀진 것이다.

미분은 함수를 다루는 대수적인 기법에서 출발했고, 적분은 넓이를 다루는 기하적인 사고에서 나왔기 때문에 완전히 다른 것처럼 보였는데, 이 둘이 하나의 방법으로 다루어질 수 있다는 것이 놀라운 것이다. 마치 한 사람은 인도에서 출발하고, 다른 한 사람은 중국에서 출발했는데 함께 에베레스트 산 정상에서 만나고 보니 결국 같은 산이었구나를 깨달은 것과 같은 상황이다.

이로부터 상대적으로 간단한 미분을 역이용하여 상대적으로 복잡한 적분을 해결할 수가 있었고, 이를 계기로 수학은 더욱 발전하게 되었다.

적분-정복할 수 있어!

미분을 배울 때와는 달리, 적분을 처음 배우게 될 때면 많은 학생들이 겁을 내는 것 같다. 미분 과정에서는 볼 수 없었던 적분 기호 $\int$ 은 처음 접하는 학생들에게 두려움을 주기에 충분하다고 생각한다. 필자도 처음 공부를 할 때, 이 기호만 보면 어쩐지 거부감이 들고 왠지 굉장히 어려울 것만 같았다. 그리고 조금 먼저 적분을 배운 친구들이 $\int_0^1 2x^5 dx$ 와 같은 문제를 풀고 있으면 경외감이 들기도 하였다. 그렇다고 처음부터 너무 겁먹을 필요는 없다. 다행스럽게도 '수학Ⅱ'에서 다루는 적분의 내용은 그다지 어렵지 않아서 조금만 열심히 하면 충분히 잘 할 수 있다. 어느 정도 공부를 하다 보면 위에 제시한 적분 문제는 기초 중의 기초임을 알게 될 것이다. 정말 어려운 적분은 적분을 어느 정도 알았다고 생각하게 되는 대학 과정을 배울 때나 만나게 될 것이다.

적분은 미분보다 확실히 더 복잡하지만, 많은 문제를 통해 연습하면 그만큼 훈련의 성과를 뚜렷이 볼 수 있는 단원이니만큼 꼭 정복하도록 노력하자.

문득 유클리드가 왕에게 했던

'공부에는 왕도가 없다.'

는 말이 떠오른다. 수학에는 더더욱 왕도가 없음을 기억하고 열심히 노력하여 뜻을 이루도록 하자.

01 부정적분

SUMMA CUM LAUDE

ESSENTIAL LECTURE

1 부정적분의 정의

(1) 함수 $f(x)$에 대하여 $F'(x)=f(x)$가 성립할 때, 함수 $F(x)$를 함수 $f(x)$의 부정적분 또는 원시함수라 하고, 기호로 $\int f(x)\,dx$와 같이 나타낸다.

(2) 함수 $f(x)$의 부정적분 중 하나를 $F(x)$라 하면

$$\int f(x)\,dx=F(x)+C \text{ (단, } C\text{는 적분상수)}$$

2 부정적분과 미분의 관계

(1) $\dfrac{d}{dx}\left\{\int f(x)\,dx\right\}=f(x)$ (2) $\int\left\{\dfrac{d}{dx}f(x)\right\}dx=f(x)+C$ (단, C는 적분상수)

1 부정적분의 정의

x^2을 미분하면 $2x$가 되고, x^3을 미분하면 $3x^2$이 된다. 이처럼 지금까지 우리는 어떤 함수 $f(x)$가 주어졌을 때 도함수 $f'(x)$가 되는 식에 대해 공부하였다. 이제 이 단원에서는 반대로 $f'(x)$가 주어졌을 때 $f(x)$가 어떤 식인지에 대해 공부할 것이다.

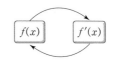

이를테면 미분하여 $2x$가 되는 식, 미분하여 $3x^2$이 되는 식 등을 구하는 것이다.

일반적으로 함수 $f(x)$에 대하여

$$F'(x)=f(x)$$

가 성립할 때, 함수 $F(x)$를 함수 $f(x)$의 **부정적분**[1](indefinite integral) 또는 원시함수 (primitive function)라 하고, 기호로

$$\int f(x)\,dx\text{[2]}$$

와 같이 나타낸다.

---

[1] 부정적분의 '부정(不定)'은 '어느 한 가지로 정할 수 없다.'라는 뜻이다.

[2] 적분 기호 $\int$은 합을 의미하는 Sum의 첫 글자 S를 따서 만든 것으로 부정적분 또는 인티그럴(integral)이라 읽는다. 이 기호는 미적분학의 창시자인 독일의 수학자 라이프니츠(1646~1716)가 처음 사용하였다.

즉, 미분하여 $2x$가 되는 식 ➡ $2x$의 부정적분 ➡ $\displaystyle\int 2x\,dx$로 간단히 나타낼 수 있다.

한편 'x^2을 미분하면 $2x$가 되니 $2x$의 부정적분은 당연히 x^2이겠군.'이라고 간단히 생각할 수 있을 것이다. 하지만

미분하여 $2x$가 되는 식이 x^2만이 아님에 주의해야 한다.

x^2+1이나 x^2-1 역시 미분하면 $2x$가 되기 때문이다. 보다 정확히 말하자면

x^2+(상수)[3] 꼴인 모든 식은 미분하면 $2x$가 된다.

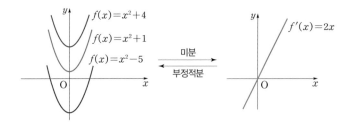

일반적으로 함수 $f(x)$의 부정적분 중 하나가 $F(x)$이고, 함수 $G(x)$가 $f(x)$의 또 다른 부정적분이면

$$F'(x)=f(x),\ G'(x)=f(x)$$

이므로

$$\{G(x)-F(x)\}'=G'(x)-F'(x)=f(x)-f(x)=0$$

그런데 미분해서 0이 되는 함수는 상수함수이므로 그 상수를 C라 하면

$$G(x)-F(x)=C,\ \text{즉}\ G(x)=F(x)+C$$

이다.

따라서 함수 $f(x)$의 부정적분 중 하나를 $F(x)$라 하면 $f(x)$의 모든 부정적분은 $F(x)+C$ (C는 상수) 꼴로 표현할 수 있다.[4] 즉,

$$\int f(x)\,dx=F(x)+C$$

로 나타낸다. 이때 C를 **적분상수**(integral constant), $f(x)$를 **피적분함수**(integrand), x를 **적분변수**(integral variable)라 한다. 또 함수 $f(x)$의 부정적분을 구하는 것을 $f(x)$를 **적분한다**고 하며,[5] 그 계산법을 **적분법**이라 한다.

---

[3] 미분하면 0이 되는 상수의 특성 때문이다.
[4] 위의 그래프를 보면 쉽게 이해될 것이다. 평행이동한 그래프들의 각 x에서의 미분계수를 구하면 모두 같다.
[5] 적분 기호 뒤에 오는 dx는 x에 대하여 적분한다는 의미이다. 따라서 적분할 때 적분변수 이외의 문자는 상수로 취급해야 한다.

적분상수 C는 특정한 값을 나타내는 것이 아니라 임의의 실수를 의미한다. 이 C는 부정적분을 하는 것만으로는 확정지을 수가 없고 한 함숫값이 주어지는 등 다른 조건이 추가되어야만 구할 수 있다. 즉, 부정적분은 함수가 아니라 함수들의 집합이라고 이해할 수 있다.

따라서 적분상수 C는 다음과 같이 사칙연산을 거치더라도 간단하게 C로 나타낼 수 있다.

$$\int f(x)\,dx + \int g(x)\,dx = \{F(x)+C_1\} + \{G(x)+C_2\} \quad \Leftarrow F'(x)=f(x),\ G'(x)=g(x)$$
$$= F(x)+G(x)+\underline{C_1+C_2}$$
$$= F(x)+G(x)+\underline{C} \quad \curvearrowleft \begin{array}{l} C_1,\ C_2 \text{는 모두 임의의 실수를 의미하므로} \\ \text{굳이 구분할 필요 없이 } C \text{로 나타낸다.} \end{array}$$

이상의 내용을 정리하면 다음과 같다.

부정적분

함수 $f(x)$에 대하여 $F'(x)=f(x)$일 때,

$$\int f(x)\,dx = F(x)+C \quad \text{(단, } C \text{는 적분상수)}$$

예 (1) $(x^3)'=3x^2$이므로 $\qquad \displaystyle\int 3x^2\,dx = x^3+C$

(2) $(7x)'=7$이므로 $\qquad \displaystyle\int 7\,dx = 7x+C$

지금부터 $\displaystyle\int f(x)\,dx = F(x)+C \iff F'(x)=f(x)$임을 이용하여 문제를 해결해 보자.

EXAMPLE 047 다음 등식을 만족시키는 다항함수 $f(x)$를 구하여라.

(단, C는 적분상수)

(1) $\displaystyle\int f(x)\,dx = x^4+5x^2+C$ $\qquad$ (2) $\displaystyle\int (x-1)f(x)\,dx = x^4-4x+C$

$\qquad$ **ANSWER** (1) $\boldsymbol{f(x)=(x^4+5x^2+C)'=4x^3+10x}$ ■

$\qquad$ (2) $(x-1)f(x)=(x^4-4x+C)'=4x^3-4=4(x-1)(x^2+x+1)$

$\qquad\qquad \therefore \boldsymbol{f(x)=4(x^2+x+1)}$ ■

Sub Note 017쪽

APPLICATION 053 다음 등식을 만족시키는 다항함수 $f(x)$를 구하여라. (단, C는 적분상수)

(1) $\displaystyle\int f(x)\,dx = x^2-3x+C$ $\qquad$ (2) $\displaystyle\int (x+1)f(x)\,dx = 2x^3-6x+C$

Sub Note 017쪽

APPLICATION 054 등식 $\displaystyle\int (ax^2+ax-b)\,dx = cx^3-3x^2+5x+C$를 만족시키는 세 상수 a, b, c의 값을 구하여라. (단, C는 적분상수)

② 부정적분과 미분의 관계 (수능 고빈도 출제)

앞에서 살펴보았듯이 미분과 적분은 서로 역연산이다. 따라서 미분을 한 다음 적분을 하든 적분을 한 다음 미분을 하든 그 결과는 결국 자기 자신이 될 것이라고 쉽게 예측하겠지만 이는 분명한 차이가 있다. 즉, 미분을 한 다음 적분을 하게 되면 자기 자신이 아니라 **자기 자신에 적분상수 C가 더해짐**에 주의해야 한다.

아래 두 경우를 비교해 보자.

(1) **적분 후 미분 ➡ (원래 함수)가 된다.**

$$\frac{d}{dx}\left\{\int f(x)\,dx\right\}=f(x)$$

[증명] $f(x)$의 부정적분 중 하나를 $F(x)$라 하면

$$\int f(x)\,dx=F(x)+C \iff F'(x)=f(x)$$

$$\therefore \frac{d}{dx}\left\{\int f(x)\,dx\right\}=\frac{d}{dx}\{F(x)+C\}=F'(x)=f(x)$$

즉, 부정적분을 구하면서 적분상수가 식에 포함되었다가 다시 미분하면서 적분상수는 미분되어 0이 되고 부정적분은 원래 함수로 되돌아갔다.

(2) **미분 후 적분 ➡ (원래 함수)$+C$가 된다.**

$$\int\left\{\frac{d}{dx}f(x)\right\}dx=f(x)+C$$

[증명] $\dfrac{d}{dx}f(x)$는 $f(x)$의 도함수이다. 즉,

$$\{f(x)\}'=\frac{d}{dx}f(x)$$

이므로 $f(x)$는 $\dfrac{d}{dx}f(x)$의 부정적분 중 하나이다.

$$\therefore \int\left\{\frac{d}{dx}f(x)\right\}dx=f(x)+C$$

즉, 원래 함수는 미분한 함수의 부정적분 중 하나이므로 모든 부정적분을 나타내기 위해 적분상수 C가 생겼다.

이렇게 '적분 후 미분'과 '미분 후 적분'은 적분상수의 유무로 인하여 서로 다른 결과를 나타내게 된다. 문제에서 마지막에 행하는 계산이 적분인지 미분인지에 따라서 결과가 완전히 달라지므로 문제를 풀 때 주의해야 한다.

■ **EXAMPLE 048** 함수 $f(x)=2x^4+3x^2-x+5$에 대하여 다음을 구하여라.

(1) $\dfrac{d}{dx}\left\{\displaystyle\int f(x)\,dx\right\}$ (2) $\displaystyle\int\left\{\dfrac{d}{dx}f(x)\right\}dx$

ANSWER (1) 함수를 적분한 후 미분한 것이므로 결과는 $f(x)$ 그대로이다. 즉,

$$\dfrac{d}{dx}\left\{\int f(x)\,dx\right\}=f(x)=\mathbf{2x^4+3x^2-x+5}\ \blacksquare$$

(2) 함수를 미분한 후 적분한 것이므로 결과는 $f(x)+C$이다.

이때 $f(x)+C=2x^4+3x^2-x+5+C$라 적을 수 있으나 미분하는 과정에서 5는 당연히 없어지는 값이므로 상수를 C로만 나타내면 된다.

$$\therefore \int\left\{\dfrac{d}{dx}f(x)\right\}dx=\mathbf{2x^4+3x^2-x+C}\ \blacksquare$$

[참고] (2) 문제에 주어진 대로 $f(x)$를 미분한 다음 적분하면 당연히 5는 없어진다.

하지만 '적분 후 미분'과 '미분 후 적분'의 차이를 C의 유무 하나로 생각하여 풀다 보면

$$2x^4+3x^2-x+5+C$$

로 쓸 수도 있다. 답이 틀렸다고 할 수는 없지만 C가 임의의 상수이므로 $5+C$를 하나의 상수 C로 보고

$$2x^4+3x^2-x+C$$

로 나타내도록 하자.

APPLICATION **055** 다음을 구하여라. Sub Note 018쪽

(1) $\dfrac{d}{dx}\left\{\displaystyle\int (x^2+2x+3)\,dx\right\}$ (2) $\displaystyle\int\left\{\dfrac{d}{dx}(x^2+2x+3)\right\}dx$

Sub Note 018쪽

APPLICATION **056** $f(0)=5$인 다항함수 $f(x)$에 대하여

$$\int\left\{\dfrac{d}{dx}f(x)\right\}dx-\dfrac{d}{dx}\left\{\int f(x)\,dx\right\}$$

의 값을 구하여라.

APPLICATION **057** 다음 등식을 만족시키는 상수 a, b, c의 값을 구하여라. Sub Note 018쪽

$$\dfrac{d}{dx}\left\{\int (ax^3+4x-2)\,dx\right\}=2x^3-bx+c$$

051 다항함수 $f(x)$의 부정적분 중 하나를 $F(x)$라 할 때, 다음과 같은 관계가 성립한다고 한다.

$$F(x) = xf(x) - x^2$$

$f(0) = 2$일 때, $f(5)$의 값을 구하여라.

GUIDE $F(x)$가 $f(x)$의 부정적분이므로 $F'(x) = f(x)$가 성립한다. $f(x)$와 그 부정적분 $F(x)$의 관계식이 주어졌을 때는 일단 양변을 미분하여 주어진 식을 $f(x)$와 $f'(x)$에 대한 식으로 나타낸 다음 식을 정리하여 $f(x)$를 구하면 된다.

SOLUTION ───────────────────────

$F(x) = xf(x) - x^2$의 양변을 x에 대하여 미분하면

$$F'(x) = f(x) + xf'(x) - 2x$$

$F'(x) = f(x)$이므로

$$f(x) = f(x) + xf'(x) - 2x$$

$$xf'(x) = 2x \qquad \therefore f'(x) = 2$$

$$\therefore f(x) = \int f'(x)\,dx = \int 2\,dx = 2x + C$$

이때 $f(0) = 2$이므로 $\qquad C = 2$

따라서 $f(x) = 2x + 2$이므로

$$f(5) = 10 + 2 = \mathbf{12} \blacksquare$$

유제
051-❶ 다항함수 $f(x)$에 대하여

Sub Note 045쪽

$$\int (2x+1)f(x)\,dx = 4x^3 + 3x^2 + C$$

가 성립할 때, $f(3)$의 값을 구하여라. (단, C는 적분상수)

유제
051-❷ 함수 $F(x) = 2x^3 + ax^2 - bx + 5$가 $f(x)$의 부정적분 중 하나이고, $f(0) = -2$, $f'(0) = 1$일

Sub Note 045쪽

때, 상수 a, b의 곱 ab의 값을 구하여라.

부정적분과 미분의 관계

052

(1) 다항함수 $f(x)$에 대하여 $\dfrac{d}{dx}\left\{\displaystyle\int xf(x)dx\right\}=x^4-3x^2$일 때, $f(-2)$의 값을 구하여라.

(2) 다항함수 $F(x)=\displaystyle\int\left\{\dfrac{d}{dx}(x^3+x)\right\}dx$에 대하여 $F(0)=-1$일 때, $F(3)$의 값을 구하여라.

GUIDE '적분 후 미분'과 '미분 후 적분'의 차이를 생각하며 문제를 푼다.

$$\dfrac{d}{dx}\left\{\int f(x)\,dx\right\}=f(x),\ \int\left\{\dfrac{d}{dx}f(x)\right\}dx=f(x)+C$$

SOLUTION

(1) $\dfrac{d}{dx}\left\{\displaystyle\int xf(x)dx\right\}=xf(x)$이므로

$\quad xf(x)=x^4-3x^2$

따라서 $f(x)=x^3-3x$이므로

$\quad f(-2)=-8+6=\boldsymbol{-2}$ ■

(2) $\displaystyle\int\left\{\dfrac{d}{dx}(x^3+x)\right\}dx=x^3+x+C$이므로

$\quad F(x)=x^3+x+C$

이때 $F(0)=-1$이므로 $\quad C=-1$

따라서 $F(x)=x^3+x-1$이므로

$\quad F(3)=27+3-1=\boldsymbol{29}$ ■

Sub Note 045쪽

유제
052-1 다항함수 $f(x)=\displaystyle\int\left\{\dfrac{d}{dx}(x^2-6x)\right\}dx$에 대하여 $f(x)$의 최솟값이 8일 때, $f(1)$의 값을 구하

여라.

Sub Note 045쪽

유제
052-2 다항함수 $f(x)=\dfrac{d}{dx}\left\{\displaystyle\int(x^3+2x^2-2)dx\right\}$의 한 부정적분 $F(x)$에 대하여

$\displaystyle\lim_{x\to a}\dfrac{F(x)-F(a)}{x-a}=a$를 만족시키는 양수 a의 값을 구하여라.

02 부정적분의 계산

SUMMA CUM LAUDE

ESSENTIAL LECTURE

1 함수 $y=x^n$의 부정적분

n이 음이 아닌 정수일 때,

$$\int x^n dx = \frac{1}{n+1}x^{n+1}+C \text{ (단, } C\text{는 적분상수)}$$

2 함수의 실수배, 합, 차의 부정적분

두 함수 $f(x)$, $g(x)$의 부정적분이 각각 존재할 때,

(1) $\int kf(x)\,dx = k\int f(x)\,dx$ (단, k는 0이 아닌 실수)

(2) $\int \{f(x)+g(x)\}\,dx = \int f(x)\,dx + \int g(x)\,dx$

(3) $\int \{f(x)-g(x)\}\,dx = \int f(x)\,dx - \int g(x)\,dx$

1 함수 $y=x^n$의 부정적분

이 절에서는 다항함수의 부정적분을 구하는 방법에 대하여 공부할 것이다.

적분이 미분의 역연산임을 이해한 학생이라면 부정적분을 구하는 방법도 쉽게 이해할 수 있다. 명백하게 미분 공식을 거꾸로 생각하면 적분 공식이 되기 때문이다.

따라서 적분을 잘하기 위해서는 무엇보다도 미분 공식을 잘 기억해 두어야 한다.

다항함수는 x^n 꼴의 항이 여러 개 더해진 식이므로 기본적으로 함수 $y=x^n$의 부정적분만 구할 줄 알게 되면 다항함수의 부정적분은 거의 정복한 것이나 다름없게 된다.

n이 음이 아닌 정수일 때, $\left(\dfrac{1}{n+1}x^{n+1}\right)'=x^n$이므로 역으로 함수 $y=x^n$의 부정적분은 다음과 같다.

> **함수 $y=x^n$의 부정적분**
>
> n이 음이 아닌 정수일 때,
>
> $$\int x^n dx = \frac{1}{n+1}x^{n+1}+C \text{ (단, } C\text{는 적분상수)}$$

특히 $1=x^0$이므로 $\int 1\,dx^{❻}=\int x^0\,dx=\dfrac{1}{0+1}x^{0+1}+C=x+C$가 된다.

■ **E X A M P L E 049** 다음 부정적분을 구하여라.

(1) $\displaystyle\int x\,dx$　　　　　(2) $\displaystyle\int x^4\,dx$　　　　　(3) $\displaystyle\int x^7\,dx$

ANSWER　(1) $\displaystyle\int x\,dx=\dfrac{1}{1+1}x^{1+1}+C=\dfrac{1}{2}x^2+C$ ■

(2) $\displaystyle\int x^4\,dx=\dfrac{1}{4+1}x^{4+1}+C=\dfrac{1}{5}x^5+C$ ■

(3) $\displaystyle\int x^7\,dx=\dfrac{1}{7+1}x^{7+1}+C=\dfrac{1}{8}x^8+C$ ■

[주의] 부정적분을 계산할 때 적분상수 C를 붙이는 것을 절대 잊지 않도록 하자.

APPLICATION 058　　다음 부정적분을 구하여라.　　　　　　　　Sub Note 018쪽

(1) $\displaystyle\int x^6\,dx$　　　　　(2) $\displaystyle\int x^{10}\,dx$　　　　　(3) $\displaystyle\int x^{15}\,dx$

❷ 함수의 실수배, 합, 차의 부정적분

함수의 실수배, 두 함수의 합과 차의 부정적분을 알아보자.

사실 앞에서 배운 함수 $y=x^n$의 부정적분과 함수의 실수배, 두 함수의 합과 차의 부정적분만 구할 수 있으면 모든 다항함수의 부정적분을 구할 수 있게 된다.

적분이 미분의 역연산 과정임을 이용하여 함수의 실수배, 두 함수의 합과 차의 부정적분을 간단히 증명해 보자.

⑴ $\displaystyle\int kf(x)\,dx=k\int f(x)\,dx$ (단, k는 0이 아닌 실수)

　[증명] 함수 $f(x)$의 한 부정적분을 $F(x)$라 할 때, 0이 아닌 실수 k에 대하여

　$\{kF(x)\}'=kF'(x)=kf(x)$이므로 $kF(x)$는 $kf(x)$의 한 부정적분이 된다.

　$\therefore \displaystyle\int kf(x)\,dx=kF(x)+C=k\{F(x)+C_1\}^{❼}=k\int f(x)\,dx$

---

❻ $\int 1\,dx$는 보통 $\int dx$로 나타내기도 한다.

❼ 적분상수는 임의의 상수이므로 하나로 합치거나 둘로 나누어 쓸 수 있다.

Ⅲ -1. 부정적분　　**239**

(2) $\displaystyle\int \{f(x)+g(x)\}\,dx=\int f(x)\,dx+\int g(x)\,dx$

[증명] 두 함수 $f(x)$, $g(x)$의 한 부정적분을 각각 $F(x)$, $G(x)$라 하면

$$\{F(x)+G(x)\}'=F'(x)+G'(x)=f(x)+g(x)$$

이므로 $F(x)+G(x)$는 $f(x)+g(x)$의 한 부정적분이 된다.

$$\therefore \int \{f(x)+g(x)\}\,dx=F(x)+G(x)+C=\{F(x)+C_2\}+\{G(x)+C_3\}^{❼}$$

$$=\int f(x)\,dx+\int g(x)\,dx$$

함수의 합의 부정적분은 세 개 이상의 함수에 대해서도 성립한다. 즉,

$$\int \{f(x)+g(x)+h(x)\}\,dx=\int f(x)\,dx+\int g(x)\,dx+\int h(x)\,dx$$

또한 자연수 n에 대하여 함수 $f_n(x)$가 정의될 때, 함수의 합의 부정적분에 의하여

$$\int \{f_1(x)+f_2(x)+\cdots+f_n(x)\}\,dx=\int f_1(x)\,dx+\int f_2(x)\,dx+\cdots+\int f_n(x)\,dx$$

가 성립함을 알 수 있다. 이를 간단히 다음과 같이 쓸 수 있다.

$$\int \sum_{k=1}^{n} f_k(x)\,dx=\sum_{k=1}^{n} \int f_k(x)\,dx$$

(3) $\displaystyle\int \{f(x)-g(x)\}\,dx=\int f(x)\,dx-\int g(x)\,dx$

[증명] (2)의 증명에서 $g(x)$를 $-g(x)$로 바꾸어 생각할 때, -1이 상수이므로 (1)을 적용하면

$$\int \{f(x)-g(x)\}\,dx=\int [f(x)+\{-g(x)\}]\,dx=\int f(x)\,dx+\int \{-g(x)\}\,dx$$

$$=\int f(x)\,dx-\int g(x)\,dx$$

함수의 차의 부정적분 역시 세 개 이상의 함수에 대해서도 성립한다.

이상의 내용을 정리하면 다음과 같다.

함수의 실수배, 합, 차의 부정적분

두 함수 $f(x)$, $g(x)$의 부정적분이 각각 존재할 때,

(1) $\displaystyle\int kf(x)\,dx=k\int f(x)\,dx$ (단, k는 0이 아닌 실수)

(2) $\displaystyle\int \{f(x)+g(x)\}\,dx=\int f(x)\,dx+\int g(x)\,dx$

(3) $\displaystyle\int \{f(x)-g(x)\}\,dx=\int f(x)\,dx-\int g(x)\,dx$

(2), (3)은 세 개 이상의 함수에서도 성립한다.

EXAMPLE 050 다음 부정적분을 구하여라.

(1) $\displaystyle\int (x^3+2x^2)\,dx$ (2) $\displaystyle\int (x^2+a)^2\,dx$ (3) $\displaystyle\int \frac{y^3}{y-1}\,dy-\int \frac{1}{y-1}\,dy$

ANSWER

(1) $\displaystyle\int (x^3+2x^2)\,dx=\int x^3\,dx+2\int x^2\,dx$

$\displaystyle\qquad =\left(\frac{1}{4}x^4+C_1\right)+\left(\frac{2}{3}x^3+C_2\right)$

$\displaystyle\qquad =\frac{1}{4}x^4+\frac{2}{3}x^3+C \ \blacksquare$

(2) dx는 x에 대하여 적분한다는 뜻이므로 a는 상수로 취급하면 된다.

$\displaystyle\therefore \int (x^2+a)^2\,dx=\int (x^4+2ax^2+a^2)\,dx$

$\displaystyle\qquad =\int x^4\,dx+2a\int x^2\,dx+a^2\int dx$

$\displaystyle\qquad =\frac{1}{5}x^5+\frac{2}{3}ax^3+a^2x+C \ \blacksquare$

(3) $\displaystyle\int \frac{y^3}{y-1}\,dy-\int \frac{1}{y-1}\,dy=\int \frac{y^3-1}{y-1}\,dy=\int \frac{(y-1)(y^2+y+1)}{y-1}\,dy$

$\displaystyle\qquad =\int (y^2+y+1)\,dy=\int y^2\,dy+\int y\,dy+\int dy$

$\displaystyle\qquad =\frac{1}{3}y^3+\frac{1}{2}y^2+y+C \ \blacksquare$

[참고] (1) 각 항을 분리하여 계산할 때, 부정적분의 정의에 의하여 적분상수가 여러 개 나오게 되지만 임의의 상수이므로 이들을 하나로 생각하자. 실제 계산에서는 각 항을 적분한 다음 마지막에 적분상수 C를 쓰면 된다.

(2) $\displaystyle\int (x^2+a)^2\,dx=\frac{1}{3}(x^2+a)^3+C$로 계산하지 않도록 주의한다. 이와 같은 경우 거듭제곱은 전개한 후 적분해야 하고, 일차식의 거듭제곱 꼴인 $(x+k)^n$ (단, k는 상수)만 다음과 같이 부정적분을 구하도록 한다.

$$\int (x+k)^n\,dx=\frac{1}{n+1}(x+k)^{n+1}+C \ \text{(단, } C\text{는 적분상수)}$$

APPLICATION 059 다음 부정적분을 구하여라. Sub Note 018쪽

(1) $\displaystyle\int (5x^4+3x^2+8x+1)\,dx$ (2) $\displaystyle\int (2x+1)(3x+2)\,dx$

(3) $\displaystyle\int (2x-t)^2\,dx$ (4) $\displaystyle\int \frac{x^3}{x-t}\,dx+\int \frac{t^3}{t-x}\,dx$

Sub Note 018쪽

APPLICATION 060 함수 $f(x)$에 대하여 $f'(x)=3x^2-8x+2$, $f(0)=3$일 때, $f(3)$의 값을 구하여라.

053 두 다항함수 $f(x)$, $g(x)$에 대하여

$$\frac{d}{dx}\{f(x)+g(x)\}=2x+1,\ \frac{d}{dx}\{f(x)g(x)\}=3x^2+4x+1$$

이고 $f(0)=2$, $g(0)=1$일 때, $\dfrac{f(1)}{g(1)}$의 값을 구하여라.

GUIDE $\begin{cases} x+y=m \\ xy=n \end{cases}$ 과 같이 합과 곱의 형태로 주어진 연립방정식을 접해 본 적이 있을 것이다. 이 문제는 위의 방정식에서 x, y 대신 $f(x)$, $g(x)$가 포함된 형태이다. 두 함수의 합과 곱의 부정적분을 각각 구한 다음 인수분해를 통해 조건을 만족시키는 두 함수를 찾아보자. 이때 부정적분의 적분상수를 항상 주의해야 한다.

SOLUTION

주어진 두 식은 각각 $f(x)+g(x)$, $f(x)g(x)$를 x에 대하여 미분한 것이므로 적분하면 $f(x)+g(x)$, $f(x)g(x)$가 다음과 같이 나오게 된다.

$$f(x)+g(x)=\int(2x+1)\,dx=x^2+x+C_1$$

$$f(x)g(x)=\int(3x^2+4x+1)\,dx=x^3+2x^2+x+C_2$$

이때 $f(0)=2$, $g(0)=1$이므로

$$f(0)+g(0)=C_1=3,\ f(0)g(0)=C_2=2$$

$$\therefore\ f(x)+g(x)=x^2+x+3,$$

$$f(x)g(x)=x^3+2x^2+x+2=(x+2)(x^2+1)$$

그런데 $f(0)=2$, $g(0)=1$이므로　$f(x)=x+2$, $g(x)=x^2+1$

$$\therefore\ \frac{f(1)}{g(1)}=\boldsymbol{\frac{3}{2}}\ \blacksquare$$

유제 Sub Note 045쪽

053-❶ 두 다항함수 $f(x)$, $g(x)$에 대하여

$$\frac{d}{dx}\{f(x)+g(x)\}=2x+2,\ \frac{d}{dx}\{f(x)g(x)\}=6x^2+2x+4$$

이고 $f(0)=1$, $g(0)=2$일 때, $\dfrac{f(1)}{g(1)}$의 값을 구하여라.

054

(1) 곡선 $y=f(x)$ 위의 임의의 점 $(x,\,f(x))$에서의 접선의 기울기가 $4x-2$이다. 이 곡선이 점 $(1,\,3)$을 지날 때, $f(-1)$의 값을 구하여라.

(2) 점 $(0,\,5)$를 지나는 곡선 $y=f(x)$ 위의 임의의 점 $(x,\,f(x))$에서의 접선의 기울기가 $-6x+a$이다. 방정식 $f(x)=0$의 모든 근의 합이 2일 때, $f(-3)+a$의 값을 구하여라.

(단, a는 상수)

GUIDE 곡선 $y=f(x)$ 위의 점 $(x,\,f(x))$에서의 접선의 기울기가 $f'(x)$임을 이용한다.

SOLUTION

(1) 곡선 $y=f(x)$ 위의 임의의 점 $(x,\,f(x))$에서의 접선의 기울기는 $f'(x)$이므로

$$f'(x)=4x-2$$

$$\therefore f(x)=\int f'(x)\,dx=\int (4x-2)\,dx=2x^2-2x+C$$

곡선 $y=f(x)$가 점 $(1,\,3)$을 지나므로

$$f(1)=2-2+C=3 \quad \therefore C=3$$

따라서 $f(x)=2x^2-2x+3$이므로 $\quad f(-1)=2+2+3=\mathbf{7}$ ■

(2) 곡선 $y=f(x)$ 위의 임의의 점 $(x,\,f(x))$에서의 접선의 기울기는 $f'(x)$이므로

$$f'(x)=-6x+a$$

$$\therefore f(x)=\int f'(x)\,dx=\int (-6x+a)\,dx=-3x^2+ax+C$$

곡선 $y=f(x)$가 점 $(0,\,5)$를 지나므로 $\quad f(0)=C=5$

방정식 $f(x)=0$의 모든 근의 합이 2이므로 이차방정식의 근과 계수의 관계에 의하여 $\quad \dfrac{a}{3}=2 \quad \therefore a=6$

따라서 $f(x)=-3x^2+6x+5$이므로 $\quad f(-3)=-27-18+5=-40$

$$\therefore f(-3)+a=-40+6=\mathbf{-34}\ ■$$

유제
054-1 곡선 $y=f(x)$ 위의 임의의 점 $(x,\,f(x))$에서의 접선의 기울기가 $-3x+12$이고 함수 $f(x)$의 최댓값이 1일 때, 닫힌구간 $[0,\,5]$에서 $f(x)$의 최솟값을 구하여라.

Sub Note 045쪽

유제
054-2 모든 실수 x에 대하여 미분가능한 함수 $f(x)$의 도함수가

$$f'(x)=\begin{cases}3x^2-2 & (x\geq 1)\\ 2x-1 & (x<1)\end{cases}$$

이고 $f(2)=3$일 때, $f(-3)$의 값을 구하여라.

Sub Note 046쪽

함수와 그 부정적분 사이의 관계식

055

다항함수 $f(x)$의 한 부정적분을 $F(x)$라 하면 $F(x)=xf(x)+2x^3-6x^2-12$가 성립하고
$f(0)=5$일 때, 함수 $f(x)$를 구하여라.

GUIDE 주어진 식의 양변을 x에 대하여 미분하여 $f'(x)$를 구한 후 $f'(x)$를 적분하여 $f(x)$를 구한다.

SOLUTION ─────────────────

함수 $f(x)$의 한 부정적분이 $F(x)$이므로 $\qquad F'(x)=f(x)$

$F(x)=xf(x)+2x^3-6x^2-12$의 양변을 x에 대하여 미분하면

$\qquad F'(x)=f(x)+xf'(x)+6x^2-12x$

$F'(x)=f(x)$이므로

$\qquad f(x)=f(x)+xf'(x)+6x^2-12x$

$\qquad xf'(x)=-6x^2+12x$

$\qquad \therefore f'(x)=-6x+12$

$f(x)=\displaystyle\int f'(x)dx$이므로

$\qquad f(x)=\displaystyle\int(-6x+12)dx=-3x^2+12x+C$

이때 $f(0)=5$이므로 $\qquad C=5$

$\qquad \therefore \boldsymbol{f(x)=-3x^2+12x+5}$ ■

Sub Note 046쪽

유제
055-❶ 다항함수 $f(x)$가 $\displaystyle\int f(x)dx=xf(x)-2x^3+x^2$을 만족시키고 $f(0)=1$일 때, 함수 $f(x)$를 구하여라.

Sub Note 046쪽

유제
055-❷ 다항함수 $f(x)$에 대하여 $\dfrac{d}{dx}F(x)=f(x)$이고,

$\qquad F(x)-\displaystyle\int(x+1)f(x)dx=\dfrac{1}{4}x^4+x^3-\dfrac{3}{2}x^2+5$

가 성립할 때, 함수 $f(x)$의 최댓값을 구하여라.

056 다항함수 $f(x)=\displaystyle\int(x^2+2x-3)\,dx$의 극솟값이 $-\dfrac{8}{3}$일 때, $f(x)$의 극댓값을 구하여라.

GUIDE 함수 $f(x)$의 극값은 그 도함수 $f'(x)$를 이용하여 구한다는 사실을 알고 있을 것이다. 적분이 포함된 식에서 함수의 도함수를 구하기 위해서는 우선 적분을 없애기 위해 부정적분과 미분의 관계를 이용할 수 있다.

SOLUTION ────────────────────────────

$f(x)=\displaystyle\int(x^2+2x-3)\,dx$의 양변을 x에 대하여 미분하면

$\qquad f'(x)=x^2+2x-3=(x+3)(x-1)$

$f'(x)=0$에서 $\quad x=-3$ 또는 $x=1$

함수 $f(x)$의 증감표는 다음과 같다.

x	$\cdots$	-3	$\cdots$	1	$\cdots$
$f'(x)$	$+$	0	$-$	0	$+$
$f(x)$	↗	(극대)	↘	(극소)	↗

따라서 $f(x)$는 $x=1$에서 극솟값을 가지므로 $\quad f(1)=-\dfrac{8}{3}$

한편 $f(x)=\displaystyle\int(x^2+2x-3)\,dx=\dfrac{1}{3}x^3+x^2-3x+C$이므로

$\qquad f(1)=\dfrac{1}{3}+1-3+C=-\dfrac{8}{3}\qquad \therefore C=-1$

즉, $f(x)=\dfrac{1}{3}x^3+x^2-3x-1$이므로 극댓값은

$\qquad f(-3)=-9+9+9-1=8\ \blacksquare$

Sub Note 046쪽

유제
056-❶ 삼차함수 $y=f(x)$의 도함수 $y=f'(x)$의 그래프가 오른쪽 그림과 같다. $f(x)$의 극댓값이 7, 극솟값이 3일 때, $f(-2)$의 값을 구하여라.

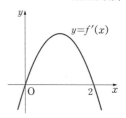

다항함수의 부정적분과 차수

057
등식 $\int\{2f(x)+f'(x)+2f(0)\}\,dx=\{f(x)\}^2+C$를 만족시키는 상수함수가 아닌 다항함수

$f(x)$를 구하여라. (단, C는 적분상수)

GUIDE $f(x)$를 n차 다항함수로 가정한 후 대입하는 방법으로 해결한다. 이때 함수의 차수를 알 수 있다면 문제를 더 쉽게 풀 수 있다.

SOLUTION

$f(x)$가 다항함수이므로 $f(x)$의 차수를 n이라 하면 주어진 등식에서

좌변의 최고차항은 $\int 2f(x)\,dx$에 있고, 그 차수는 $n+1$,

우변의 최고차항은 $\{f(x)\}^2$에 있고, 그 차수는 $2n$임을 알 수 있다.

양변의 차수는 같아야 하므로 $n+1=2n$ $\therefore n=1$

따라서 $f(x)=ax+b\,(a\neq0)$로 놓고 주어진 식에 대입하면

$$\int\{2(ax+b)+a+2b\}\,dx=(ax+b)^2+C=a^2x^2+2abx+b^2+C$$

양변을 x에 대하여 미분하면

$$2ax+a+4b=2a^2x+2ab$$

이므로 $2a=2a^2,\ a+4b=2ab$

$$\therefore a=1,\ b=-\frac{1}{2}\ (\because a\neq0)$$

따라서 구하는 함수 $f(x)$는 $\boldsymbol{f(x)=x-\dfrac{1}{2}}$ ■

Summa's Advice

위와 같은 문제의 경우 $f(x)$가 다항함수라는 조건이 주어져 있지 않다면 문제는 매우 어려워진다. 다항함수에 대한 문제의 경우 좌변과 우변을 비교하여 다항식의 차수를 우선 확인하도록 하자. 차수를 고려하지 않고 무턱대고 $f(x)=a_nx^n+a_{n-1}x^{n-1}+\cdots+a_0$을 대입하여 풀면 계산만 복잡해진다.

유제
057-❶
Sub Note 047쪽

다음 두 조건을 만족시키는 상수함수가 아닌 다항함수 $f(x)$가 존재하도록 하는 실수 k의 값의 범위를 구하여라. (단, C는 적분상수)

> (가) $\int[\{f'(x)\}^2+f(0)]\,dx=kx+f(x)+C$
>
> (나) $f(x+y)=f(x)+f(y)-1$

Review Quiz

SUMMA CUM LAUDE

1. 다음 [   ] 안에 적절한 것을 채워 넣어라.

(1) 함수 $f(x)$에 대하여 $F'(x)=f(x)$일 때, 함수 $F(x)$를 함수 $f(x)$의 [   ] 또는 [   ]라 하고, 기호로 [   ]와 같이 나타낸다.

(2) $\int f(x)\,dx=F(x)+C$에서 C를 [   ]라 하고, x를 [   ]라 한다.

(3) $\dfrac{d}{dx}\left\{\int f(x)\,dx\right\}=[\quad\quad]$, $\int\left\{\dfrac{d}{dx}f(x)\right\}dx=[\quad\quad]$이다.

(4) n이 음이 아닌 정수일 때, $\int x^n\,dx=[\quad\quad]$이다.

2. 다음 문장이 참(true) 또는 거짓(false)인지 결정하고, 그 이유를 설명하거나 적절한 반례를 제시하여라.

(1) $\int f(x)\,dx=\int g(x)\,dx$이면 $f(x)=g(x)$이다.

(2) 어떤 함수를 '적분 후 미분'한 것과 '미분 후 적분'한 것은 서로 같다.

(3) 피적분함수만 주어져도 원시함수를 하나로 확정 지을 수 있다.

(4) $\int f(x)g(x)\,dx=\int f(x)\,dx\cdot\int g(x)\,dx$이다.

3. 다음 물음에 대한 답을 간단히 서술하여라.

(1) 함수 $f(x)$에 대하여 $\int f(x)\,dx$, $\int f(t)\,dt$, $\int f(t)\,dx$의 결과를 서로 비교하여 설명하여라.

(2) $\int\left\{\sum\limits_{k=1}^{n}f_k(x)\right\}dx=\sum\limits_{k=1}^{n}\int f_k(x)\,dx$가 성립함을 보여라.

Sub Note 102쪽

부정적분 01 다항함수 $f(x)$에 대하여 $\int (x+2)f(x)\,dx = 2x^3 - 24x + C$일 때, $f(5)$의 값은?

(단, C는 적분상수)

① 14　　　② 16　　　③ 18　　　④ 20　　　⑤ 22

부정적분과 미분의 관계 02 모든 실수 x에 대하여 $\dfrac{d}{dx}\left\{ \int (ax^3 + 3x^2 - 7)\,dx \right\} = 9x^3 + bx^2 + c$가 성립할 때, 상수 a, b, c의 곱 abc의 값을 구하여라.

부정적분과 미분의 관계 03 함수 $f(x) = \sum\limits_{n=1}^{100} nx^n$에 대하여 $F(x) = \int \left[\dfrac{d}{dx} \int \left\{ \dfrac{d}{dx} f(x) \right\} dx \right] dx$이고

$F(0) = 101$일 때, $F(1)$의 값을 구하여라.

부정적분의 계산 04 다항함수 $f(x)$에 대하여

$$f(x) = \int \frac{x^3}{x-1}\,dx - \int \frac{1}{x-1}\,dx$$

이고 $f(0) = 2$일 때, $f(-6)$의 값을 구하여라.

부정적분의 계산 05 $f(x) = \int (1 + 2x + 3x^2 + \cdots + nx^{n-1})\,dx$이고 $f(0) = 2$일 때, $f(2)$를 n에 대한 식으로 나타내어라.

06 두 다항함수 $f(x)$, $g(x)$에 대하여

$$\frac{d}{dx}\{f(x)g(x)\}=3x^2-10x+2,$$

$$\frac{d}{dx}\{f(x)+g(x)\}=2x$$

이고 $f(0)=-2$, $g(0)=-4$일 때, 두 함수 $f(x)$, $g(x)$를 구하여라.

07 다항함수 $f(x)$에 대하여 $f'(x)=3x^2-4x+k$이고 $f(x)$가 x^2-2x-3으로 나누어 떨어질 때, $f(1)$의 값은? (단, k는 상수)

① -1　　　② -2　　　③ -3　　　④ -4　　　⑤ -5

08
서술형
삼차함수 $f(x)$의 한 부정적분을 $F(x)$라 하면 $F(x)=xf(x)-3x^4+4x^3$이 성립한다. $f(1)=3$일 때, 함수 $f(x)$를 구하여라.

09 다항함수 $f(x)$에 대하여

$$\int f(x)\,dx=xf(x)-2x^3+6x^2$$

이 성립할 때, $\lim\limits_{h\to 0}\dfrac{f(h)-f(-h)}{h}$ 의 값을 구하여라.

10 이차함수 $f(x)=x^2-4x-12$를 도함수로 갖는 삼차함수의 극댓값과 극솟값의 차를 구하여라.

01 $F(x)=\sum\limits_{k=1}^{n}\left\{(k+1)\int x^{k}dx\right\}$에 대하여 $F(0)=1$일 때, $F(1)$을 n에 대한 식으로 나타내어라.

02 양하가 문제를 풀던 중 '$x=a$에서 $x=b\,(a\neq b)$까지의 $f(x)$의 평균변화율'을 잘못 생각하여 '$x=a$에서의 $f(x)$의 순간변화율과 $x=b$에서의 $f(x)$의 순간변화율의 평균'으로 문제를 풀었더니 결과는 원래 문제의 정답과 같았다. 모든 실수 x에서 미분가능한 이 함수 $f(x)$의 형태는? (단, A, B, C, D는 상수)

① $Ax+B$ ② $Ax^{2}+Bx+C$ ③ $Ax^{3}+Bx^{2}+Cx+D$

④ $\dfrac{A}{x}+B$ ⑤ $\dfrac{A}{x^{2}}+\dfrac{B}{x}+C$

03 다항함수 $f(x)$가 다음 조건을 만족시킬 때, 닫힌구간 $[-2,\,2]$에서 $f(x)$의 최댓값을 구하여라.

> (가) $f(x)=\displaystyle\int\left\{\dfrac{d}{dx}\,(x^{3}+2x)\right\}dx$
>
> (나) 세 수 $f(0)$, $f(1)$, $f(2)$가 이 순서대로 등비수열을 이룬다.

04 다항함수 $f(x)$가 다음 조건을 만족시킬 때, $f(1)$의 값을 구하여라.

서술형

> (가) $f'(x)=6x^{2}-6x-12$
>
> (나) 방정식 $f(x)=0$은 곱이 정수인 서로 다른 두 실근을 갖는다.

05 모든 실수 x에서 미분가능한 함수 $f(x)$의 도함수 $f'(x)$가 다음과 같이 주어져 있다.

$$f'(x)=\begin{cases} a^{2}x & (x<1) \\ -2ax+8 & (x\geq1) \end{cases}$$

함수 $f'(x)$가 모든 실수 x에서 연속이고 $f(0)=0$일 때, $f(x)$를 구하여라.

06 두 다항함수 $f(x)$, $g(x)$에 대하여

$$\int \{f(x)+g(x)\}\,dx = \frac{1}{3}x^3+3x+C,$$

$$f'(x)g(x)+f(x)g'(x)=3x^2+2x-1$$

이다. $g(1)=3$일 때, $f(2)$의 값을 구하여라. (단, C는 적분상수)

07 연속함수 $f(x)$의 도함수 $f'(x)$에 대하여 $y=f'(x)$의 그래프가 오른쪽 그림과 같다. 함수 $y=f(x)$의 그래프가 원점을 지날 때, $f(-4)+f(5)$의 값을 구하여라.

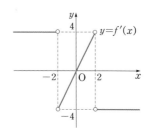

08 임의의 실수 x, y에 대하여 $f(x+y)=f(x)+f(y)+2$를 만족시키는 미분가능한 함수 $f(x)$가 있다. $f'(0)=3$일 때, 함수 $f(x)$를 구하여라.

09 다항함수 $f(x)$에 대하여 다음 등식이 성립한다고 한다.

$$\int \{f(x)+x\}\,dx = \frac{1}{4}x^4+ax^3+bx^2+cx+C$$

함수 $f(x)$가 $x=1$, $x=3$에서 극값을 갖고 그 중 극솟값이 -6일 때, 이 함수의 극댓값을 구하여라. (단, a, b, c는 상수이고 C는 적분상수)

10 함수 $f(x)=4x^3+3x^2+2x+1$이고 $g(x)$는 삼차함수라 한다. $f(x)-g(x)$의 부정적분 중 하나가 $f(x)+g(x)$의 도함수와 같을 때, $g(1)$의 값을 구하여라.

내신·모의고사 대비 TEST 336쪽

01 정적분

SUMMA CUM LAUDE

1 정적분의 정의

(1) 함수 $f(x)$가 닫힌구간 $[a, b]$에서 연속일 때, 함수 $f(x)$의 한 부정적분 $F(x)$에 대하여 부정적분의

함숫값의 차 $F(b)-F(a)$를 $f(x)$의 a에서 b까지의 정적분이라 하고, 이것을 기호로 $\int_a^b f(x)\,dx$와

같이 나타낸다.

정적분의 값 $F(b)-F(a)$를 기호로 $\left[\,F(x)\,\right]_a^b$와 같이 나타내면

$$\int_a^b f(x)\,dx = \left[\,F(x)\,\right]_a^b = F(b)-F(a)$$

(2) $\int_a^a f(x)\,dx = 0$, $\int_a^b f(x)\,dx = -\int_b^a f(x)\,dx$

1 정적분의 정의

함수 $f(x)$가 두 수 a, b를 포함하는 구간에서 연속이고 $f(x)$의 한 부정적분을 $F(x)+C$
(C는 적분상수)라 하면 $x=a$, $x=b$에서의 부정적분의 함숫값은 각각 $F(a)+C$,
$F(b)+C$이다.

두 함숫값의 차를 계산하면

$$\{F(b)+C\}-\{F(a)+C\}=F(b)-F(a)$$

이때 적분상수 C는 계산 과정에서 없어지게 된다. 즉, 적분상수를 얼마로 선택하든 주어진
함수 $f(x)$의 정의역에 포함되는 두 수 a, b에 대하여

부정적분의 함숫값의 차 $F(b)-F(a)$는 일정한 값으로 정해진다.

이 일정한 값 $F(b)-F(a)$를 함수 $f(x)$의 a에서 b까지의 **정적분**이라 하고 이것을 기호로

$$\int_a^b f(x)\,dx^{❶}$$

와 같이 나타낸다.

---

❶ '인티그럴 a에서 b까지 $f(x)\,dx$'라 읽는다.

정적분의 값 $F(b)-F(a)$를 기호로

$$\left[\,F(x)\,\right]_a^b$$

와 같이 나타내면 다음 식이 성립한다.

$$\int_a^b f(x)\,dx=\left[\,F(x)\,\right]_a^b=F(b)-F(a)$$

정적분 $\displaystyle\int_a^b f(x)\,dx$의 값을 구하는 것을 함수 $f(x)$를 a에서 b까지 적분한다고 하고,

a를 아래끝, b를 위끝이라 한다. 이때 a에서 b까지를 적분 구간이라 한다.

이상의 내용을 정리하면 다음과 같다.

정적분의 정의

닫힌구간 $[a,\,b]$에서 연속인 함수 $f(x)$의 한 부정적분을 $F(x)$라 할 때,

$$\int_a^b f(x)\,dx=\left[\,F(x)\,\right]_a^b=F(b)-F(a)$$

다음 문제를 통해 정적분의 정의를 가볍게 적용해 보고 넘어가도록 하자.

EXAMPLE 051 함수 $f(x)=x$의 한 부정적분을 $F(x)$라 할 때, 다음 물음에 답하여라.

(1) 함수 $f(x)$를 0에서 1까지 적분하여라.

(2) 정적분 $\displaystyle\int_2^3 f(x)\,dx$의 값을 구하여라.

(3) $\left[\,F(x)\,\right]_1^5$의 값을 구하여라.

ANSWER $f(x)$의 한 부정적분을 $F(x)=\dfrac{1}{2}x^2$이라 하자.

(1) $\displaystyle\int_0^1 x\,dx=\left[\,\dfrac{1}{2}x^2\,\right]_0^1=\dfrac{1}{2}-0=\dfrac{\mathbf{1}}{\mathbf{2}}$ ■

(2) $\displaystyle\int_2^3 x\,dx=\left[\,\dfrac{1}{2}x^2\,\right]_2^3=\dfrac{9}{2}-\dfrac{4}{2}=\dfrac{\mathbf{5}}{\mathbf{2}}$ ■

(3) $\left[\,F(x)\,\right]_1^5=F(5)-F(1)=\dfrac{25}{2}-\dfrac{1}{2}=\mathbf{12}$ ■

[참고] $F(x)=\dfrac{1}{2}x^2+1$과 같이 택할 수도 있지만 어차피 상수는 계산 과정에서 없어지게 되므로 정적분을 계산할 때는 위의 풀이에서처럼 상수항이 없는 부정적분의 식을 생각하는 것이 좋다.

다음 정적분의 값을 구하여라. Sub Note 019쪽

(1) $\displaystyle\int_1^2 2x\,dx$ (2) $\displaystyle\int_0^3 (-2x^2+x)\,dx$ (3) $\displaystyle\int_{-2}^2 (x^3-1)\,dx$

정적분은 부정적분을 그대로 이용하므로 다항함수의 부정적분을 쉽게 구할 수 있다면 정적분은 식의 값을 구하는 것일 뿐이다.

위의 문제를 통해 알 수 있듯이 정적분은 하나의 수로 나타난다. 이 점이 바로 정적분과 부정적분의 가장 큰 차이점이라 할 수 있다. 즉,

부정적분 $\displaystyle\int f(x)\,dx$는 하나의 함수이지만 정적분 $\displaystyle\int_a^b f(x)\,dx$는 하나의 수이다.

한편 정적분의 정의에서 $\displaystyle\int_a^b f(x)\,dx$의 값은 피적분함수 $f(x)$와 a, b만으로 정해지므로 적분변수가 바뀌어도 그 값은 변하지 않는다. 즉,

$$\int_a^b f(x)\,dx=\int_a^b f(t)\,dt=\int_a^b f(u)\,du$$

예 $\displaystyle\int_0^3 x\,dx=\left[\frac{1}{2}x^2\right]_0^3=\frac{9}{2}-0=\frac{9}{2}$

$\displaystyle\int_0^3 t\,dt=\left[\frac{1}{2}t^2\right]_0^3=\frac{9}{2}-0=\frac{9}{2}$

또한 $\displaystyle\int_a^a f(x)\,dx$에서와 같이 위끝과 아래끝이 서로 같으면 정적분의 값은 0이 된다. 즉,

$$\int_a^a f(x)\,dx=\left[F(x)\right]_a^a$$
$$=F(a)-F(a)=\mathbf{0}$$

정적분 $\displaystyle\int_a^b f(x)\,dx$를 볼 때 $a\le b$인 경우로만 생각할 수 있는데 아래끝이 위끝보다 큰 경우, 즉 $a>b$인 경우도 생각할 수 있다. 이 경우 다음이 성립한다.

$$\int_a^b f(x)\,dx=-\int_b^a f(x)\,dx$$

$a>b$일 때에도

$$\int_a^b f(x)\,dx=-\int_b^a f(x)\,dx=-\left[F(x)\right]_b^a$$
$$=-\{F(a)-F(b)\}$$
$$=F(b)-F(a)$$

로 계산된다.

따라서

$$\int_a^b f(x)\,dx = F(b) - F(a)$$는 위끝, 아래끝의 대소에 관계없이 항상 성립

함을 알 수 있다.

이상의 내용을 정리하면 다음과 같다.

(1) $\int_a^a f(x)\,dx = 0$ (2) $\int_a^b f(x)\,dx = -\int_b^a f(x)\,dx$

EXAMPLE 052 다음 정적분의 값을 구하여라.

(1) $\int_1^1 x^2\,dx$ (2) $\int_1^2 x^2\,dx$ (3) $\int_2^1 x^2\,dx$

ANSWER   (1) $\int_1^1 x^2\,dx = \mathbf{0}$ ∎

(2) $\int_1^2 x^2\,dx = \left[\dfrac{1}{3}x^3\right]_1^2 = \dfrac{8}{3} - \dfrac{1}{3} = \dfrac{\mathbf{7}}{\mathbf{3}}$ ∎

(3) $\int_2^1 x^2\,dx = \left[\dfrac{1}{3}x^3\right]_2^1 = \dfrac{1}{3} - \dfrac{8}{3} = -\dfrac{\mathbf{7}}{\mathbf{3}}$ ∎   ← $-\int_1^2 x^2\,dx$

APPLICATION 062   다음 정적분의 값을 구하여라.   Sub Note 019쪽

(1) $\int_2^2 (5x^2 - 9)\,dx$ (2) $\int_0^{-1} (x^3 + 2x + 2)\,dx$

058 다음 정적분의 값을 구하여라.

(1) $\int_1^2 (3x^2+6x-1)\,dx$

(2) $\int_{-2}^1 (x-2)(3x+2)\,dx$

(3) $\int_0^1 (t-2)^2\,dt$

(4) $\int_3^1 \dfrac{y^3+8}{y+2}\,dy$

GUIDE 닫힌구간 $[a, b]$에서 연속인 함수 $f(x)$의 한 부정적분을 $F(x)$라 할 때

$$\Rightarrow \int_a^b f(x)\,dx = \Big[F(x) \Big]_a^b = F(b) - F(a)$$

SOLUTION

(1) $\int_1^2 (3x^2+6x-1)\,dx = \Big[x^3+3x^2-x \Big]_1^2 = (8+12-2)-(1+3-1) = \mathbf{15} \blacksquare$

(2) $\int_{-2}^1 (x-2)(3x+2)\,dx = \int_{-2}^1 (3x^2-4x-4)\,dx = \Big[x^3-2x^2-4x \Big]_{-2}^1$

$\qquad = (1-2-4)-(-8-8+8) = \mathbf{3} \blacksquare$

(3) $\int_0^1 (t-2)^2\,dt = \int_0^1 (t^2-4t+4)\,dt = \Big[\dfrac{1}{3}t^3-2t^2+4t \Big]_0^1$

$\qquad = \dfrac{1}{3}-2+4 = \dfrac{\mathbf{7}}{\mathbf{3}} \blacksquare$

(4) $\int_3^1 \dfrac{y^3+8}{y+2}\,dy = \int_3^1 \dfrac{(y+2)(y^2-2y+4)}{y+2}\,dy = \int_3^1 (y^2-2y+4)\,dy$

$\qquad = \Big[\dfrac{1}{3}y^3-y^2+4y \Big]_3^1 = \Big(\dfrac{1}{3}-1+4 \Big) - (9-9+12)$

$\qquad = -\dfrac{\mathbf{26}}{\mathbf{3}} \blacksquare$

유제
058-❶ 다음 정적분의 값을 구하여라.

Sub Note 047쪽

(1) $\int_{-1}^1 (2x^3-3x^2+6x+1)\,dx$

(2) $\int_0^3 y(y^2+2y-4)\,dy$

(3) $\int_{-1}^0 (t-1)^3\,dt$

(4) $\int_3^{-1} \dfrac{x^3-27}{x-3}\,dx$

유제
058-❷ $\int_0^a (4x-1)\,dx = 6$을 만족시키는 양수 a의 값을 구하여라.

Sub Note 048쪽

02 정적분의 계산(1)

SUMMA CUM LAUDE

ESSENTIAL LECTURE

1 정적분의 성질

두 함수 $f(x)$, $g(x)$가 임의의 세 실수 a, b, c를 포함하는 닫힌구간에서 연속일 때,

(1) $\displaystyle\int_a^b kf(x)\,dx = k\int_a^b f(x)\,dx$ (단, k는 실수)

(2) $\displaystyle\int_a^b \{f(x)+g(x)\}\,dx = \int_a^b f(x)\,dx + \int_a^b g(x)\,dx$

(3) $\displaystyle\int_a^b \{f(x)-g(x)\}\,dx = \int_a^b f(x)\,dx - \int_a^b g(x)\,dx$

(4) $\displaystyle\int_a^c f(x)\,dx + \int_c^b f(x)\,dx = \int_a^b f(x)\,dx$ ← a, b, c의 대소에 관계없이 성립한다.

2 절댓값 기호를 포함한 함수의 정적분

절댓값 기호 안의 식의 값이 0이 되게 하는 x의 값을 경계로 적분 구간을 나누어 계산한다.

1 정적분의 성질

함수의 실수배, 두 함수의 합과 차의 부정적분에 대한 내용은 정적분에서도 마찬가지로 성립한다. 즉, 두 함수 $f(x)$, $g(x)$가 임의의 세 실수 a, b, c를 포함하는 닫힌구간에서 연속이면 다음 네 가지 성질이 항상 성립한다. 이는 정적분의 정의에 의해 확인할 수 있다.

(1) $\displaystyle\int_a^b kf(x)\,dx = k\int_a^b f(x)\,dx$ (단, k는 실수)

함수 $f(x)$의 한 부정적분을 $F(x)$라 할 때, 실수 k에 대하여 $\{kF(x)\}' = kf(x)$이므로 $kF(x)$는 $kf(x)$의 한 부정적분이 된다.

$$\therefore \int_a^b kf(x)\,dx = \left[\, kF(x) \,\right]_a^b$$

$$= kF(b) - kF(a) = k\{F(b)-F(a)\}$$

$$= k\left[\, F(x) \,\right]_a^b$$

$$= k\int_a^b f(x)\,dx$$

(2), (3) $\int_a^b \{f(x) \pm g(x)\}\, dx = \int_a^b f(x)\, dx \pm \int_a^b g(x)\, dx$ (복부호 동순)

함수 $f(x)$의 한 부정적분을 $F(x)$, 함수 $g(x)$의 한 부정적분을 $G(x)$라 하면 $\{F(x)+G(x)\}'=f(x)+g(x)$이므로 $F(x)+G(x)$는 $f(x)+g(x)$의 한 부정적분이 된다.

$$\therefore \int_a^b \{f(x)+g(x)\}\, dx = \Big[F(x)+G(x) \Big]_a^b$$
$$= \{F(b)+G(b)\}-\{F(a)+G(a)\}$$
$$= \{F(b)-F(a)\}+\{G(b)-G(a)\}$$
$$= \Big[F(x) \Big]_a^b + \Big[G(x) \Big]_a^b$$
$$= \int_a^b f(x)\, dx + \int_a^b g(x)\, dx$$

$f(x)-g(x)=f(x)+(-1)g(x)$이므로 (1)과 (2)로부터 다음이 성립한다.

$$\int_a^b \{f(x)-g(x)\}\, dx = \int_a^b f(x)\, dx - \int_a^b g(x)\, dx$$

(4) $\int_a^c f(x)\, dx + \int_c^b f(x)\, dx = \int_a^b f(x)\, dx$

$f(x)$의 한 부정적분을 $F(x)$라 하면

$$\int_a^c f(x)\, dx + \int_c^b f(x)\, dx = \Big[F(x) \Big]_a^c + \Big[F(x) \Big]_c^b$$
$$= \{F(c)-F(a)\}+\{F(b)-F(c)\}$$
$$= F(b)-F(a)$$
$$= \Big[F(x) \Big]_a^b$$
$$= \int_a^b f(x)\, dx$$

이러한 성질을 이용하여 적분하려는 함수가 같고 한 적분 구간의 위끝과 다른 한 적분 구간의 아래끝이 일치하기만 하면 여러 개의 정적분의 식을 하나로 합칠 수 있다.

역으로 함수 $f(x)$의 닫힌구간 $[a,\ b]$에서의 정적분은 임의의 c를 기준으로 잡아

함수 $f(x)$의 구간 $[a,\ c]$에서의 정적분과 구간 $[c,\ b]$에서의 정적분의 합

으로 바꾸어 구할 수 있다.

예 $\displaystyle\int_1^5 x^3\, dx = \int_1^2 x^3\, dx + \int_2^{-3} x^3\, dx + \int_{-3}^5 x^3\, dx$

이상의 내용을 정리하면 다음과 같다.

정적분의 성질

두 함수 $f(x)$, $g(x)$가 임의의 세 실수 a, b, c를 포함하는 닫힌구간에서 연속일 때,

(1) $\displaystyle\int_a^b kf(x)\,dx = k\int_a^b f(x)\,dx$ (단, k는 실수)

(2) $\displaystyle\int_a^b \{f(x)+g(x)\}\,dx = \int_a^b f(x)\,dx + \int_a^b g(x)\,dx$

(3) $\displaystyle\int_a^b \{f(x)-g(x)\}\,dx = \int_a^b f(x)\,dx - \int_a^b g(x)\,dx$

(4) $\displaystyle\int_a^c f(x)\,dx + \int_c^b f(x)\,dx = \int_a^b f(x)\,dx$

정적분의 성질은 복잡한 정적분 계산을 해야 할 때 유용하게 쓰이는 것으로 피적분함수의 공통계수를 뽑아내거나 여러 개의 정적분의 식을 하나로 합쳐 정적분하는 등 다양하게 활용된다. 정적분을 설명하면서도 강조했듯이 정적분을 잘 계산하기 위해서는 함수의 부정적분을 잘 구할 수 있어야 하겠다.

EXAMPLE 053 다음 정적분의 값을 구하여라.

(1) $\displaystyle\int_{-1}^3 (3x^2+4x-2)\,dx - \int_{-1}^3 (2x-1)\,dx$　　(2) $\displaystyle\int_0^3 (x^3+2)\,dx + \int_3^6 (x^3+2)\,dx$

(3) $\displaystyle\int_{-1}^1 (x^3+2x+3)\,dx + \int_1^{-1} (x^3-x^2)\,dx$　　(4) $\displaystyle\int_{-1}^2 (2x^2+6)\,dx - 2\int_{-1}^2 (x^2-x+3)\,dx$

ANSWER　(1) $\displaystyle\int_{-1}^3 (3x^2+4x-2)\,dx - \int_{-1}^3 (2x-1)\,dx$

$\displaystyle = \int_{-1}^3 \{(3x^2+4x-2)-(2x-1)\}\,dx = \int_{-1}^3 (3x^2+2x-1)\,dx$

$\displaystyle = \Big[\, x^3+x^2-x \,\Big]_{-1}^3 = 33-1 = \mathbf{32}\ \blacksquare$

(2) $\displaystyle\int_0^3 (x^3+2)\,dx + \int_3^6 (x^3+2)\,dx = \int_0^6 (x^3+2)\,dx = \Big[\, \frac{1}{4}x^4+2x \,\Big]_0^6 = \mathbf{336}\ \blacksquare$

(3) $\displaystyle\int_{-1}^1 (x^3+2x+3)\,dx + \int_1^{-1} (x^3-x^2)\,dx$

$\displaystyle = \int_{-1}^1 (x^3+2x+3)\,dx - \int_{-1}^1 (x^3-x^2)\,dx = \int_{-1}^1 \{(x^3+2x+3)-(x^3-x^2)\}\,dx$

$\displaystyle = \int_{-1}^1 (x^2+2x+3)\,dx = \Big[\, \frac{1}{3}x^3+x^2+3x \,\Big]_{-1}^1$

$\displaystyle = \frac{13}{3} - \Big(-\frac{7}{3}\Big) = \frac{\mathbf{20}}{\mathbf{3}}\ \blacksquare$

$$(4) \int_{-1}^{2}(2x^2+6)\,dx-2\int_{-1}^{2}(x^2-x+3)\,dx=\int_{-1}^{2}(2x^2+6)\,dx-\int_{-1}^{2}(2x^2-2x+6)\,dx$$

$$=\int_{-1}^{2}\{(2x^2+6)-(2x^2-2x+6)\}dx$$

$$=\int_{-1}^{2}2x\,dx=\Big[\,x^2\,\Big]_{-1}^{2}=4-1=\mathbf{3}\ \blacksquare$$

APPLICATION 063   다음 정적분의 값을 구하여라.   Sub Note 019쪽

(1) $\int_{0}^{1}(x^2+3x)\,dx+\int_{0}^{1}(-x^2+5x)\,dx$ (2) $\int_{-1}^{0}(x^2+1)\,dx+\int_{0}^{1}(x^2+1)\,dx$

(3) $\int_{-2}^{2}(2x^3-x^2)\,dx-\int_{2}^{-2}(-2x^3+4x+1)\,dx$ (4) $\int_{-2}^{1}(x^2-2x+2)\,dx-3\int_{-2}^{1}(3x^2-1)\,dx$

② 절댓값 기호를 포함한 함수의 정적분

절댓값 기호를 포함한 함수의 정적분을 구할 때에는 반드시 절댓값 기호 안의 식의 값을 0으로 하는 x의 값을 기준으로 하여 x의 값의 범위를 나눈 후 절댓값 기호를 없앤 식으로 나타낸다.

예를 들어 함수 $y=|f(x)|$의 그래프가 오른쪽 그림과 같을 때, $\int_{a}^{b}|f(x)|\,dx$의 값은 다음과 같이 구한다.

$$\int_{a}^{b}|f(x)|\,dx=\int_{a}^{c}\{-f(x)\}\,dx+\int_{c}^{b}f(x)\,dx$$

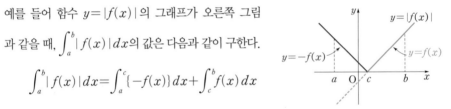

EXAMPLE 054   정적분 $\int_{-2}^{4}|x-3|\,dx$의 값을 구하여라.

ANSWER $x-3=0$에서 $x=3$이므로

$$|x-3|=\begin{cases}-x+3 & (-2\le x\le 3)\\ x-3 & (3\le x\le 4)\end{cases}$$

$$\therefore \int_{-2}^{4}|x-3|\,dx=\int_{-2}^{3}(-x+3)\,dx+\int_{3}^{4}(x-3)\,dx$$

$$=\Big[-\frac{1}{2}x^2+3x\Big]_{-2}^{3}+\Big[\frac{1}{2}x^2-3x\Big]_{3}^{4}$$

$$-\Big\{\frac{9}{2}\ (\ 8)\Big\}+\Big\{-4-\Big(-\frac{9}{2}\Big)\Big\}=\mathbf{13}\ \blacksquare$$

APPLICATION 064   정적분 $\int_{-1}^{3}|2-x|\,dx$의 값을 구하여라.   Sub Note 020쪽

구간에 따라 다르게 정의된 함수의 정적분

059 함수 $f(x) = \begin{cases} -x+4 & (x \leq 2) \\ -x^2+4x-2 & (x \geq 2) \end{cases}$ 에 대하여 정적분 $\displaystyle\int_1^3 f(x)\,dx$의 값을 구하여라.

GUIDE 구간이 분리된 함수는 적분 구간을 나누어

$$\int_a^c f(x)\,dx = \int_a^b f(x)\,dx + \int_b^c f(x)\,dx$$

임을 이용한다.

SOLUTION ─────────────────────────

$1 \leq x \leq 2$일 때, $f(x) = -x+4$

$2 \leq x \leq 3$일 때, $f(x) = -x^2+4x-2$

$$\therefore \int_1^3 f(x)\,dx = \int_1^2 f(x)\,dx + \int_2^3 f(x)\,dx$$

$$= \int_1^2 (-x+4)\,dx + \int_2^3 (-x^2+4x-2)\,dx$$

$$= \left[-\frac{1}{2}x^2 + 4x \right]_1^2 + \left[-\frac{1}{3}x^3 + 2x^2 - 2x \right]_2^3$$

$$= \left(6 - \frac{7}{2} \right) + \left(3 - \frac{4}{3} \right)$$

$$= \frac{25}{6} \ \blacksquare$$

Sub Note 048쪽

059-1 함수 $f(x) = \begin{cases} x^2-6x+10 & (x \leq 2) \\ 4x-a & (x > 2) \end{cases}$ 가 실수 전체의 집합에서 연속일 때, 정적분 $\displaystyle\int_0^3 f(x)\,dx$의

값을 구하여라. (단, a는 상수)

Sub Note 048쪽

059-2 함수 $y=f(x)$의 그래프가 오른쪽 그림과 같을 때, 정적분

$\displaystyle\int_{-3}^2 xf(x)\,dx$의 값을 구하여라.

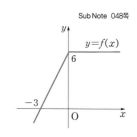

절댓값 기호를 포함한 함수의 정적분

060 다음 정적분의 값을 구하여라.

(1) $\displaystyle\int_0^4 |x^2-2x-3|\,dx$ (2) $\displaystyle\int_{-1}^1 |x(x-1)^2|\,dx$

GUIDE   절댓값 기호를 포함한 함수의 정적분 ➡ 구간을 나누어 절댓값 기호를 없앤다.

SOLUTION

(1) $x^2-2x-3=0$, 즉 $(x+1)(x-3)=0$에서 $x=-1$ 또는 $x=3$이므로

$|x^2-2x-3|$

$=\begin{cases} x^2-2x-3 & (x\le -1 \text{ 또는 } x\ge 3) \\ -x^2+2x+3 & (-1\le x\le 3) \end{cases}$

$\therefore \displaystyle\int_0^4 |x^2-2x-3|\,dx$

$=\displaystyle\int_0^3 (-x^2+2x+3)\,dx + \int_3^4 (x^2-2x-3)\,dx$

$=\left[-\dfrac{1}{3}x^3+x^2+3x \right]_0^3 + \left[\dfrac{1}{3}x^3-x^2-3x \right]_3^4$

$=9+\left\{ -\dfrac{20}{3}-(-9) \right\} = \dfrac{\mathbf{34}}{\mathbf{3}}$ ∎

(2) $x(x-1)^2=0$에서 $x=0$ 또는 $x=1$이고 $(x-1)^2\ge 0$이므로

$|x(x-1)^2| = \begin{cases} -x(x-1)^2 & (x\le 0) \\ x(x-1)^2 & (x\ge 0) \end{cases}$

$\qquad\qquad = \begin{cases} -x^3+2x^2-x & (x\le 0) \\ x^3-2x^2+x & (x\ge 0) \end{cases}$

$\therefore \displaystyle\int_{-1}^1 |x(x-1)^2|\,dx$

$=\displaystyle\int_{-1}^0 (-x^3+2x^2-x)\,dx + \int_0^1 (x^3-2x^2+x)\,dx$

$=\left[-\dfrac{1}{4}x^4+\dfrac{2}{3}x^3-\dfrac{1}{2}x^2 \right]_{-1}^0 + \left[\dfrac{1}{4}x^4-\dfrac{2}{3}x^3+\dfrac{1}{2}x^2 \right]_0^1$

$=-\left(-\dfrac{17}{12} \right) + \dfrac{1}{12} = \dfrac{\mathbf{3}}{\mathbf{2}}$ ∎

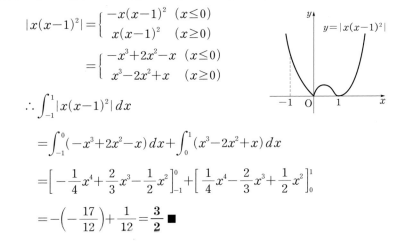

유제
060- 1 등식 $\displaystyle\int_0^k |2x^2-4x|\,dx=16$을 만족시키는 실수 k의 값을 구하여라. (단, $k>2$)   Sub Note 048쪽

03 정적분의 계산(2)

SUMMA CUM LAUDE

ESSENTIAL LECTURE

1 정적분의 기하적 의미

함수 $f(x)$가 닫힌구간 $[a, b]$에서 연속이고 $f(x) \geq 0$일 때, 정적분

$\int_a^b f(x)\,dx$는 함수 $y=f(x)$의 그래프와 x축 및 두 직선 $x=a$, $x=b$

로 둘러싸인 도형의 넓이 S와 같다.

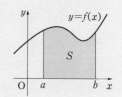

2 짝함수와 홀함수의 정적분

(1) 짝함수의 정적분 : $\int_{-a}^a f(x)\,dx = 2\int_0^a f(x)\,dx$ (2) 홀함수의 정적분 : $\int_{-a}^a f(x)\,dx = 0$

3 주기함수의 정적분

주기가 p인 주기함수의 정적분의 값은 다음이 성립한다.

(1) $\int_a^b f(x)\,dx = \int_{a+p}^{b+p} f(x)\,dx$ (2) $\int_a^{a+p} f(x)\,dx = \int_b^{b+p} f(x)\,dx$

1 정적분의 기하적 의미

함수 $f(x)$가 닫힌구간 $[a, b]$에서 연속이고 $f(x)$의 한 부정적분이 $F(x)$일 때, a에서 b까지의 정적분은 부정적분의 함숫값의 차로 정의하였다. 즉,

$$\int_a^b f(x)\,dx = F(b) - F(a)$$

그런데 수학의 역사에서 보면 정적분은 처음에 넓이나 부피를 구하기 위해 연구된 개념으로 다음과 같은 사실이 알려져 있다.

함수 $f(x)$가 닫힌구간 $[a, b]$에서 연속이고

(1) $f(x) \geq 0$일 때, 정적분 $\int_a^b f(x)\,dx$는 함수 $y=f(x)$의 그래프와 x축 및 두 직선 $x=a$, $x=b$로 둘러싸인 도형의 넓이를 의미한다.

(2) $f(x) < 0$일 때, 정적분 $\int_a^b f(x)\,dx$는 함수 $y=f(x)$의 그래프와 x축 및 두 직선 $x=a$, $x=b$로 둘러싸인 도형의 넓이에 '$-$'를 붙인 값으로 나타난다.

이는 명백한 사실이므로 다음 그림에서 색칠한 부분의 넓이 A, B, C의 값을 구하여 각각의 정적분의 값과 비교해 봄으로써 앞의 사실을 받아들이자.

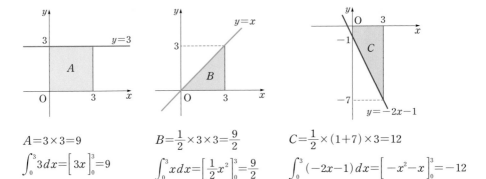

$$A=3\times3=9$$
$$\int_0^3 3\,dx=\Big[3x\Big]_0^3=9$$

$$B=\frac{1}{2}\times3\times3=\frac{9}{2}$$
$$\int_0^3 x\,dx=\Big[\frac{1}{2}x^2\Big]_0^3=\frac{9}{2}$$

$$C=\frac{1}{2}\times(1+7)\times3=12$$
$$\int_0^3 (-2x-1)\,dx=\Big[-x^2-x\Big]_0^3=-12$$

부정적분의 함숫값의 차 $F(b)-F(a)$가 원시함수 $y=f(x)$의 그래프와 x축 및 두 직선 $x=a$, $x=b$로 둘러싸인 도형의 넓이와 같다는 사실은 아주 획기적이다. 이를 활용하면 특수한 함수들의 경우 정적분의 값을 보다 쉽게 구할 수 있다. 여기서는 짝함수와 홀함수, 주기함수에 대한 정적분을 넓이 개념을 적용하여 알아보도록 하자.

② 짝함수와 홀함수의 정적분

(1) 짝함수의 정적분

짝함수(우함수, even function)는 그래프가 y축에 대하여 대칭인 함수이다. 즉, $f(-x)=f(x)$를 만족시키는 함수로 x의 지수가 0 또는 짝수인 항들로만 이루어진 다항함수가 대표적인 짝함수이다. 예를 들어 $y=3x^6$, $y=2x^2$, $y=4$는 모두 짝함수이고 이들의 합으로 이루어진 $y=3x^6+2x^2+4$도 짝함수이다.

이러한 짝함수의 그래프는 y축에 대하여 대칭이므로 오른쪽 그림과 같이 구간 $[-a, 0]$에서와 구간 $[0, a]$에서 색칠한 부분의 넓이가 서로 같다. 다시 말해

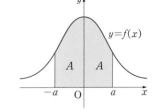

구간 $[-a, 0]$과 구간 $[0, a]$에서의 정적분의 값이 서로 같다.

$$\int_{-a}^{0} f(x)\,dx=\int_0^a f(x)\,dx$$

따라서 구간 $[-a, a]$에서의 정적분의 값은 구간 $[0, a]$에서의 정적분의 값의 2배와 같다. 즉, 구간 $[0, a]$에서 짝함수 $f(x)$의 정적분의 값을 A라 하면

$$\int_{-a}^{a} f(x)\,dx=\int_{-a}^{0} f(x)\,dx+\int_0^a f(x)\,dx=A+A=2A=2\int_0^a f(x)\,dx$$

⑵ 홀함수의 정적분

홀함수(기함수, odd function)는 그래프가 원점에 대하여 대칭인 함수이다. 즉, $f(-x)=-f(x)$를 만족시키는 함수로 x의 지수가 홀수인 항들로만 이루어진 다항함수가 대표적인 홀함수이다.

이러한 홀함수의 그래프는 원점에 대하여 대칭이므로 오른쪽 그림과 같이 구간 $[-a,\ 0]$에서와 구간 $[0,\ a]$에서 색칠한 부분의 넓이가 서로 같고 위치는 반대가 된다. 다시 말해

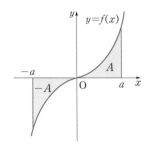

구간 $[-a,\ 0]$과 구간 $[0,\ a]$에서의 정적분의 값은

그 절댓값이 같고 부호가 다르다.

$$\int_{-a}^{0}f(x)\,dx=-\int_{0}^{a}f(x)\,dx$$

따라서 <u>구간 $[-a,\ a]$에서의 정적분의 값은 0이 된다.</u>

즉, 구간 $[0,\ a]$에서 홀함수 $f(x)$의 정적분의 값을 A라 하면

$$\int_{-a}^{a}\boldsymbol{f(x)\,dx}=\int_{-a}^{0}f(x)\,dx+\int_{0}^{a}f(x)\,dx=-A+A=\boldsymbol{0}$$

짝함수와 홀함수의 정적분

⑴ 짝함수의 정적분 : $\displaystyle\int_{-a}^{a}f(x)\,dx=2\int_{0}^{a}f(x)\,dx$

⑵ 홀함수의 정적분 : $\displaystyle\int_{-a}^{a}f(x)\,dx=0$

앞으로 위끝과 아래끝의 절댓값이 같고 부호가 다른 정적분의 값을 구할 때에는 피적분함수를 짝함수 부분과 홀함수 부분으로 나누어 계산시간을 줄이도록 하자.

EXAMPLE 055 다음 정적분의 값을 구하여라.

⑴ $\displaystyle\int_{-3}^{3}(x^2+2)\,dx$ 　　　　　⑵ $\displaystyle\int_{-2}^{2}(x^3+x^2-x)\,dx$

ANSWER ⑴ 정적분 $\displaystyle\int_{-3}^{3}(x^2+2)\,dx$에서 x^2+2는 짝함수이므로

$$\int_{-3}^{3}(x^2+2)\,dx=2\int_{0}^{3}(x^2+2)\,dx=2\left[\frac{1}{3}x^3+2x\right]_{0}^{3}=2\times15=\boldsymbol{30}\ \blacksquare$$

(2) 정적분 $\displaystyle\int_{-2}^{2}(x^3+x^2-x)\,dx$에서 x^3-x는 홀함수이고, x^2은 짝함수이므로

$$\int_{-2}^{2}(x^3+x^2-x)\,dx=\int_{-2}^{2}(x^3-x)\,dx+\int_{-2}^{2}x^2\,dx$$
$$=0+2\int_{0}^{2}x^2\,dx=2\left[\,\frac{1}{3}x^3\,\right]_{0}^{2}=2\times\frac{8}{3}=\frac{\mathbf{16}}{\mathbf{3}}\ \blacksquare$$

APPLICATION 065   다음 정적분의 값을 구하여라.   Sub Note 020쪽

(1) $\displaystyle\int_{-1}^{1}(x^3+5x^2-6x+1)\,dx$ (2) $\displaystyle\int_{-4}^{4}|x|\,dx$

③ 주기함수의 정적분

함수 $f(x)$의 정의역의 모든 원소 x에 대하여 $f(x)=f(x+p)\,(p\neq0)$를 만족시키는 상수 p가 존재할 때, 함수 $f(x)$를 **주기함수**(periodic function)라 하고, 상수 p 중에서 최소인 양수를 그 함수 $f(x)$의 주기라 한다.

주기가 p인 주기함수의 정적분의 값은 다음 두 성질을 이용하여 편리하게 구할 수 있다.

(1) $\displaystyle\int_{a}^{b}f(x)\,dx=\int_{a+p}^{b+p}f(x)\,dx$ ← 구간 $[a,\,b]$의 정적분의 값은 그 구간에 주기 p만큼 더한 구간 $[a+p,\,b+p]$의 정적분의 값과 항상 같다.

(2) $\displaystyle\int_{a}^{a+p}f(x)\,dx=\int_{b}^{b+p}f(x)\,dx$ ← 한 주기에 해당하는 구간에서의 정적분의 값은 항상 같다.

다음 그림을 통해 위의 두 성질은 쉽게 이해할 수 있다.

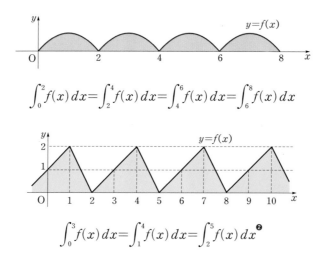

$$\int_{0}^{2}f(x)\,dx=\int_{2}^{4}f(x)\,dx=\int_{4}^{6}f(x)\,dx=\int_{6}^{8}f(x)\,dx$$

$$\int_{0}^{3}f(x)\,dx=\int_{1}^{4}f(x)\,dx=\int_{2}^{5}f(x)\,dx^{\,❷}$$

---

❷ 한 주기를 어디로 잡든 정적분의 값이 같으므로 정적분을 구하는 식은 여러 가지로 나올 수 있다.

$$\int_{0}^{10}f(x)\,dx=3\int_{0}^{3}f(x)\,dx+\int_{9}^{10}f(x)\,dx=3\int_{2}^{5}f(x)\,dx+\int_{9}^{10}f(x)\,dx$$

266   Ⅲ. 다항함수의 적분법

주기함수의 정적분을 구하려면 일단 적분 구간 내에 주기가 몇 번 있는지 파악해야 한다. 그 래프가 주기적으로 같은 모양이 반복되므로 한 주기에 해당하는 구간에서의 정적분의 값만 알면 반복되는 부분의 정적분의 값도 알게 된다.

■ **E X A M P L E 056** 모든 실수 x에 대하여 $f(x)=f(x+2)$인 연속함수 $f(x)$가 다음 두 조건을 모두 만족시킬 때, 정적분 $\displaystyle\int_0^{14} f(x)\,dx$의 값을 구하여라.

> (가) $\displaystyle\int_0^3 f(x)\,dx=8$　　　　　　(나) $\displaystyle\int_2^3 f(x)\,dx=2$

ANSWER 함수 $f(x)$의 주기가 2이므로

$$\int_0^{14} f(x)\,dx=\int_0^2 f(x)\,dx+\int_2^4 f(x)\,dx+\cdots+\int_{12}^{14} f(x)\,dx$$
$$=7\int_0^2 f(x)\,dx$$

이때
$$\int_0^2 f(x)\,dx=\int_0^3 f(x)\,dx+\int_3^2 f(x)\,dx$$
$$=\int_0^3 f(x)\,dx-\int_2^3 f(x)\,dx$$
$$=8-2=6$$
$$\therefore \int_0^{14} f(x)\,dx=7\int_0^2 f(x)\,dx=7\times6=\mathbf{42}\ ■$$

Sub Note 020쪽

APPLICATION 066　실수 전체의 집합에서 정의된 연속함수 $f(x)$가 다음 세 조건을 모두 만 족시킬 때, 정적분 $\displaystyle\int_{-8}^8 f(x)\,dx$의 값을 구하여라.

> (가) $x\geq0$일 때 $f(x)=f(x+2)$
> (나) $f(-x)=f(x)$
> (다) $\displaystyle\int_0^2 f(x)\,dx=10$

함수 $f(x)$가 구간 $[a,\, b]$에서 연속이고 $f(x)\geq 0$일 때, 곡선 $y=f(x)$와 x축 및 두 직선 $x=a$, $x=b$로 둘러싸인 도형의 넓이 S를 구해 보자.

함수 $f(t)$가 구간 $[a,\, b]$에서 연속이고 $f(t)\geq 0$일 때, 곡선 $y=f(t)$와 t축 및 두 직선 $t=a$, $t=x$로 둘러싸인 도형의 넓이를 $S(x)$라 하고, t의 값이 x에서 $x+\varDelta x$까지 변할 때 $S(x)$의 증분을 $\varDelta S$라 하면

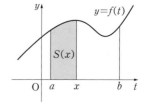

$$\varDelta S=S(x+\varDelta x)-S(x)$$

이다.

한편 함수 $f(t)$는 구간 $[x,\, x+\varDelta x]$에서 연속이므로 최댓값과 최솟값을 갖는다. ❸
$f(t)$의 최댓값을 M, 최솟값을 m이라 하면

$\varDelta x>0$일 때, $m\varDelta x\leq\varDelta S\leq M\varDelta x$ ······ ㉠

$\varDelta x<0$일 때, $M\varDelta x\leq\varDelta S\leq m\varDelta x$ ······ ㉡

㉠, ㉡의 각 변을 $\varDelta x$로 나누면

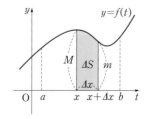

$$m\leq\frac{\varDelta S}{\varDelta x}\leq M \qquad \therefore \lim_{\varDelta x\to 0}m\leq\lim_{\varDelta x\to 0}\frac{\varDelta S}{\varDelta x}\leq\lim_{\varDelta x\to 0}M$$

이때 함수 $f(t)$는 구간 $[a,\, b]$에서 연속이므로 $\varDelta x\longrightarrow 0$이면 $m\longrightarrow f(x)$, $M\longrightarrow f(x)$이다.

따라서

$$\lim_{\varDelta x\to 0}\frac{\varDelta S}{\varDelta x}=\lim_{\varDelta x\to 0}\frac{S(x+\varDelta x)-S(x)}{\varDelta x}=f(x),\ \text{즉}\ S'(x)=f(x)$$

이므로 $S(x)$는 $f(x)$의 한 부정적분이다.

즉, $\displaystyle\int_a^x f(t)\,dt=\Big[\,S(t)\,\Big]_a^x=S(x)-S(a)$이고 $S(a)=0$이므로

$$\int_a^x f(t)\,dt=S(x)$$

이때 도형의 넓이 S는 $S(b)$의 값과 같으므로

$$S=\int_a^b f(x)\,dx$$

이다.

---

❸ 최대 · 최소 정리
　함수 $f(x)$가 닫힌구간 $[a,\, b]$에서 연속이면 $f(x)$는 이 구간에서 반드시 최댓값과 최솟값을 갖는다.

061

다항함수 $f(x)$가 모든 실수 x에 대하여 $f(-x)=f(x)$를 만족시키고 $\displaystyle\int_0^3 f(x)\,dx=2$일 때,

정적분 $\displaystyle\int_{-3}^3 (x^3-x-4)f(x)\,dx$의 값을 구하여라.

GUIDE (홀함수)×(짝함수)=(홀함수)이고 $f(x)$가 홀함수이면 $\displaystyle\int_{-a}^a f(x)\,dx=0$임을 이용한다.

SOLUTION ─────────────────────────

$f(-x)=f(x)$이므로 $f(x)$는 짝함수이다.

따라서 $(x^3-x-4)f(x)=x^3f(x)-xf(x)-4f(x)$에서 $x^3f(x)$, $xf(x)$는 홀함

수이고 $4f(x)$는 짝함수이다.

$$\therefore \int_{-3}^3 (x^3-x-4)f(x)\,dx$$

$$=\int_{-3}^3 x^3f(x)\,dx-\int_{-3}^3 xf(x)\,dx-\int_{-3}^3 4f(x)\,dx$$

$$=0-0-4\int_{-3}^3 f(x)\,dx$$

$$=-4\times 2\int_0^3 f(x)\,dx$$

$$=-4\times 2\times 2$$

$$=-16\ \blacksquare$$

Summa's Advice ─────────────────

피적분함수의 식이 주어지지 않은 경우에는

(홀함수)×(홀함수)= (짝함수), (짝함수)×(홀함수)= (홀함수), (짝함수)×(짝함수)= (짝함수)

임을 이용하여 문제를 해결하도록 하자.

Sub Note 048쪽

유제
061-1 다항함수 $f(x)$가 모든 실수 x에 대하여 $f(-x)=-f(x)$를 만족시키고 $\displaystyle\int_0^2 xf(x)\,dx=6$일 때,

정적분 $\displaystyle\int_{-2}^2 (x^2-2x+7)f(x)\,dx$의 값을 구하여라.

062

모든 실수 x에 대하여 $f(x)=f(x+4)$인 연속함수 $f(x)$가 다음 두 조건을 모두 만족시킬 때,

정적분 $\int_{2}^{12} f(x)\,dx$의 값을 구하여라.

> (가) $1 \le x \le 4$일 때, $f(x)=1+|x-2|$　(나) $\int_{-5}^{3} f(x)\,dx=16$

GUIDE 주기가 p인 주기함수의 정적분의 값은 다음 두 성질을 이용한다.

$$(1)\ \int_{a}^{b} f(x)\,dx = \int_{a+p}^{b+p} f(x)\,dx \qquad\qquad (2)\ \int_{a}^{a+p} f(x)\,dx = \int_{b}^{b+p} f(x)\,dx$$

SOLUTION

조건 (가)에 의해 $1 \le x \le 4$일 때, 함수 $y=f(x)$의 그래프는 오른쪽 그림과 같다.

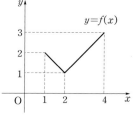

한편 주기가 4이므로 $\int_{-5}^{3} f(x)\,dx$의 값은 2번의 주기의 정적분

의 값이고, 조건 (나)에 의해 $\int_{-5}^{3} f(x)\,dx=16$이므로 한 주기의

정적분의 값은 8이다.

$$\therefore \int_{2}^{12} f(x)\,dx = \int_{2}^{6} f(x)\,dx + \int_{6}^{10} f(x)\,dx + \int_{10}^{12} f(x)\,dx$$

$$= 8+8+\int_{10}^{12} f(x)\,dx$$

$$= 16+\int_{2}^{4} f(x)\,dx$$

위의 그래프에서 $\int_{2}^{4} f(x)\,dx = \dfrac{1}{2} \times (1+3) \times 2 = 4$이므로

$$\int_{2}^{12} f(x)\,dx = 16+4 = \mathbf{20} \ \blacksquare$$

Sub Note 048쪽

유제
062-**1**　연속함수 $f(x)$가 다음 두 조건을 모두 만족시킬 때, 정적분 $\int_{2019}^{2021} f(x)\,dx$의 값을 구하여라.

> (가) $-1 \le x \le 2$일 때, $f(x)=x^3-x^2-2x$
> (나) 모든 실수 x에 대하여 $f(x)=f(x+3)$

04 정적분과 미분의 관계

SUMMA CUM LAUDE

ESSENTIAL LECTURE

1 정적분으로 나타내어진 함수의 미분

(1) $\dfrac{d}{dx}\displaystyle\int_a^x f(t)\,dt = f(x)$ (단, a는 상수) ← 정적분과 미분의 관계

(2) $\dfrac{d}{dx}\displaystyle\int_x^{x+a} f(t)\,dt = f(x+a) - f(x)$ (단, a는 상수)

[주의] (2)는 위끝과 아래끝이 x 또는 $x+a$ (a는 상수), 즉 x에 대한 일차식이고 x의 계수가 1일 때에만 성립한다.

2 정적분으로 나타내어진 함수의 극한

(1) $\displaystyle\lim_{x \to a} \dfrac{1}{x-a}\int_a^x f(t)\,dt = f(a)$ (2) $\displaystyle\lim_{x \to 0} \dfrac{1}{x}\int_a^{x+a} f(t)\,dt = f(a)$

1 정적분으로 나타내어진 함수의 미분 (수능 고빈도 출제)

정적분에서 위끝과 아래끝이 모두 상수이면 정적분의 결과는 당연히 수가 되지만 $\displaystyle\int_a^x f(t)\,dt$ (a는 상수)와 같이 둘 중 하나라도 적분변수 외의 변수가 들어가면 정적분의 결과는 그 변수에 대한 함수가 된다. 이러한 함수를 우리는 '정적분으로 나타내어진 함수' 라 부른다.

정적분으로 나타내어진 함수는 일반적으로 미분이 가능한데 정적분의 정의를 이용하면 이를 쉽게 이해할 수 있다.

첫 번째로 위끝에 변수가 오는 함수의 미분에 대해 알아보자.

$f(x)$가 연속함수이고 $f(x)$의 한 부정적분을 $F(x)$라 할 때,

$$\int_a^x f(t)\,dt = F(x) - F(a) \ (a는 상수)$$

이므로 이를 x에 대하여 미분하면

$$\frac{d}{dx}\int_a^x f(t)\,dt = \frac{d}{dx}\{F(x) - F(a)\} = F'(x) = f(x)$$

가 된다.

$$\therefore \ \boldsymbol{\frac{d}{dx}\int_a^x f(t)\,dt = f(x)}$$

두 번째로 위끝과 아래끝에 모두 변수가 오는 함수의 미분에 대해 알아보자.

$f(x)$가 연속함수이고 $f(x)$의 한 부정적분을 $F(x)$라 할 때,

$$\int_{x}^{x+a} f(t)\,dt = F(x+a) - F(x)$$

이므로 이를 x에 대하여 미분하면

$$\frac{d}{dx}\int_{x}^{x+a} f(t)\,dt = \frac{d}{dx}\{F(x+a) - F(x)\}$$
$$= F'(x+a) - F'(x) = f(x+a) - f(x)$$

가 된다.

$$\therefore \frac{d}{dx}\int_{x}^{x+a} f(t)\,dt = f(x+a) - f(x)$$

정적분으로 나타내어진 함수의 미분

(1) $\dfrac{d}{dx}\displaystyle\int_{a}^{x} f(t)\,dt = f(x)$ (단, a는 상수) ← 정적분과 미분의 관계

(2) $\dfrac{d}{dx}\displaystyle\int_{x}^{x+a} f(t)\,dt = f(x+a) - f(x)$ (단, a는 상수)

정적분으로 나타내어진 함수를 미분할 때에는 피적분함수의 변수와 적분변수가 일치하는지 그리고 적분 구간의 변수와 미분하고자 하는 변수가 일치하는지 확인해야 한다. 즉, $f(t)\,dt$ 에서 두 변수 t가 일치해야 하고, $\dfrac{d}{dx}\displaystyle\int_{a}^{x}$에서 두 변수 x가 일치해야 한다.

EXAMPLE 057 임의의 실수 x에 대하여 $\displaystyle\int_{a}^{x} f(t)\,dt = 3x^2 - 3$을 만족시키는 다항함수 $f(x)$와 상수 a의 값을 각각 구하여라.

> **ANSWER** 주어진 등식의 양변을 x에 대하여 미분하면 정적분과 미분의 관계에 의해
>
> $$\frac{d}{dx}\int_{a}^{x} f(t)\,dt = f(x) = (3x^2 - 3)' = 6x \qquad \therefore \boldsymbol{f(x) = 6x}$$
>
> 한편 주어진 등식의 양변에 $x = a$를 대입하면 $\displaystyle\int_{a}^{a} f(t)\,dt = 0$이므로
>
> $$3a^2 - 3 = 0 \qquad \therefore \boldsymbol{a = \pm 1} \blacksquare$$

Sub Note 021쪽

APPLICATION 067 임의의 실수 x에 대하여 $\displaystyle\int_{-3}^{x} f(t)\,dt = x^3 + 2x^2 - 4x + a$를 만족시키는 다항함수 $f(x)$와 상수 a의 값을 각각 구하여라.

❷ 정적분으로 나타내어진 함수의 극한

함수 $F(x)$의 $x=a$에서의 미분계수를 나타내는 다음 두 식을 기억하고 있을 것이다.

$$\text{(i)} \ \lim_{x \to a} \frac{F(x)-F(a)}{x-a} = F'(a) \qquad \text{(ii)} \ \lim_{h \to 0} \frac{F(a+h)-F(a)}{h} = F'(a)$$

위 식을 적용하여 다음과 같이 정적분으로 나타내어진 함수의 극한을 구할 수 있다.

(1) $\lim\limits_{x \to a} \dfrac{1}{x-a} \displaystyle\int_a^x f(t)\,dt = f(a)$: $f(x)$가 연속함수이고 $f(x)$의 한 부정적분을 $F(x)$라

할 때, $\displaystyle\int_a^x f(t)\,dt = F(x)-F(a)$이므로

$$\lim_{x \to a} \frac{1}{x-a} \int_a^x f(t)\,dt = \lim_{x \to a} \frac{F(x)-F(a)}{x-a} = F'(a) = f(a) \ \leftarrow \text{(i) 적용}$$

$$\therefore \ \lim_{x \to a} \frac{1}{x-a} \int_a^x f(t)\,dt = f(a)$$

(2) $\lim\limits_{x \to 0} \dfrac{1}{x} \displaystyle\int_a^{x+a} f(t)\,dt = f(a)$: $f(x)$가 연속함수이고 $f(x)$의 한 부정적분을 $F(x)$라 할

때, $\displaystyle\int_a^{x+a} f(t)\,dt = F(x+a)-F(a)$이므로

$$\lim_{x \to 0} \frac{1}{x} \int_a^{x+a} f(t)\,dt = \lim_{x \to 0} \frac{F(x+a)-F(a)}{x} = F'(a) = f(a) \ \leftarrow \text{(ii) 적용}$$

$$\therefore \ \lim_{x \to 0} \frac{1}{x} \int_a^{x+a} f(t)\,dt = f(a)$$

정적분으로 나타내어진 함수의 극한

(1) $\lim\limits_{x \to a} \dfrac{1}{x-a} \displaystyle\int_a^x f(t)\,dt = f(a)$ 　　　(2) $\lim\limits_{x \to 0} \dfrac{1}{x} \displaystyle\int_a^{x+a} f(t)\,dt = f(a)$

EXAMPLE 058 다음 극한값을 구하여라.

(1) $\lim\limits_{x \to 3} \dfrac{1}{x-3} \displaystyle\int_3^x (t^3-t^2+1)\,dt$ 　　　(2) $\lim\limits_{x \to 0} \dfrac{1}{x} \displaystyle\int_1^{1+x} (2t+5)\,dt$

ANSWER (1) $f(t)=t^3-t^2+1$로 놓고 $f(t)$의 한 부정적분을 $F(t)$라 하면

$$\lim_{x \to 3} \frac{1}{x-3} \int_3^x f(t)\,dt = \lim_{x \to 3} \frac{F(x)-F(3)}{x-3}$$

$$= F'(3) = f(3) = 27-9+1 = \mathbf{19} \ \blacksquare$$

(2) $f(t)=2t+5$로 놓고 $f(t)$의 한 부정적분을 $F(t)$라 하면

$$\lim_{x \to 0} \frac{1}{x} \int_1^{1+x} f(t)\,dt = \lim_{x \to 0} \frac{F(1+x)-F(1)}{x} = F'(1) = f(1) = 2+5 = \mathbf{7} \ \blacksquare$$

063 임의의 실수 x에 대하여 다항함수 $f(x)$가 $xf(x)=2x^3-3x^2+\int_1^x f(t)\,dt$를 만족시킬 때, $f(2)$의 값을 구하여라.

GUIDE 양변을 x에 대하여 미분하여 $f'(x)$를 구한다. 또 주어진 등식의 양변에 $x=1$을 대입하여 $\int_a^a f(t)\,dt=0$임을 이용한다.

SOLUTION

주어진 등식의 양변을 x에 대하여 미분하면
$$f(x)+xf'(x)=6x^2-6x+f(x)$$
$$xf'(x)=6x^2-6x \qquad \therefore f'(x)=6x-6$$
$$\therefore f(x)=\int f'(x)\,dx=\int (6x-6)\,dx=3x^2-6x+C \qquad \cdots\cdots \㉠$$

주어진 등식의 양변에 $x=1$을 대입하면
$$f(1)=2-3+0=-1$$
$x=1$을 ㉠에 대입하면 $f(1)=3-6+C$
즉, $C-3=-1$이므로 $C=2$
따라서 $f(x)=3x^2-6x+2$이므로
$$f(2)=12-12+2=\mathbf{2} \ ∎$$

┌─ **Summa's Advice** ──────────────────────
│
│ 정적분을 포함한 등식에서 함수 구하기
│
│ (1) $\int_a^x f(t)\,dt=g(x)$와 같이 적분 구간에 변수 x가 있는 경우
│
│   ➡ 양변을 x에 대하여 미분하고 $\int_a^a f(t)\,dt=0$임을 이용한다.
│
│ (2) $\int_a^x (x-t)f(t)\,dt=g(x)$와 같이 적분 구간과 피적분함수에 변수 x가 있는 경우
│
│   ➡ 좌변을 $x\int_a^x f(t)\,dt-\int_a^x tf(t)\,dt$로 변형한 후 양변을 x에 대하여 미분한다.

Sub Note 049쪽

유제
063-❶ 임의의 실수 x에 대하여 다항함수 $f(x)$가 $\int_3^x (x-t)f(t)\,dt=x^3+ax^2-15x+36$을 만족시키고 $f(3)=b$일 때, $a+b$의 값을 구하여라. (단, a는 상수)

정적분으로 정의된 함수의 극대·극소

064 함수 $f(x) = \int_{-1}^{x} (3t^2 + at + b) \, dt$ 가 $x = 2$에서 극댓값 9를 가질 때, 상수 a, b에 대하여 $b - a$ 의 값을 구하여라.

GUIDE 주어진 식을 적분하여 함수 $f(x)$를 구하면 계산이 복잡해진다. 양변을 x에 대하여 미분하여 $f'(x)$ 를 구하는 것이 더 편리하다.

SOLUTION ─────────────────────────────

$f(x) = \int_{-1}^{x} (3t^2 + at + b) \, dt$ 의 양변을 x에 대하여 미분하면

$f'(x) = 3x^2 + ax + b$

함수 $f(x)$가 $x = 2$에서 극댓값 9를 가지므로

$f'(2) = 0,\ f(2) = 9$

$f'(2) = 0$이므로　　$12 + 2a + b = 0$　　$\therefore 2a + b = -12$　　……㉠

$f(2) = 9$이므로

$$\int_{-1}^{2} (3t^2 + at + b) \, dt = \left[t^3 + \frac{a}{2}t^2 + bt \right]_{-1}^{2} = (8 + 2a + 2b) - \left(-1 + \frac{a}{2} - b \right)$$

$$= 9 + \frac{3}{2}a + 3b = 9$$

$\therefore a + 2b = 0$　　　　　　　　　　……㉡

㉠, ㉡을 연립하여 풀면　　$a = -8,\ b = 4$

$\therefore b - a = \mathbf{12}$ ■

Sub Note 049쪽

유제
064-１ 함수 $f(x) = \int_{0}^{x} (t - a)(t - 4) \, dt$ 가 $x = 4$에서 극솟값 $-\dfrac{8}{3}$ 을 가질 때, $f(x)$의 극댓값을 구하여라. (단, a는 상수)

Sub Note 049쪽

유제
064-２ 이차함수 $y = f(x)$의 그래프가 오른쪽 그림과 같을 때, $F(x) = \int_{0}^{x} f(t) \, dt$를 만족시키는 함수 $F(x)$의 극솟값을 구하여라.

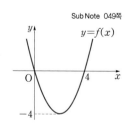

065 함수 $f(x)=x^2-2x+6$에 대하여 $\displaystyle\lim_{x\to 0}\frac{1}{2x}\int_{a-x}^{a+x}f(t)\,dt=5$일 때, 상수 a의 값을 구하여라.

GUIDE 정적분으로 정의된 함수의 극한을 구할 때에는 정적분의 정의와 미분계수의 정의를 이용한다.

SOLUTION ─────────────────────────

$F'(t)=f(t)$라 하면

$$\lim_{x\to 0}\frac{1}{2x}\int_{a-x}^{a+x}f(t)\,dt$$

$$=\lim_{x\to 0}\frac{F(a+x)-F(a-x)}{2x}$$

$$=\frac{1}{2}\lim_{x\to 0}\frac{F(a+x)-F(a)+F(a)-F(a-x)}{x}$$

$$=\frac{1}{2}\left\{\lim_{x\to 0}\frac{F(a+x)-F(a)}{x}+\lim_{x\to 0}\frac{F(a-x)-F(a)}{-x}\right\}$$

$$=\frac{1}{2}\{F'(a)+F'(a)\}$$

$$=F'(a)=f(a)$$

따라서 $f(a)=5$이므로 $a^2-2a+6=5,\ (a-1)^2=0$

$$\therefore a=1 \ \blacksquare$$

Sub Note 050쪽

유제
065-1 함수 $f(x)=ax^2+bx+1$에 대하여 $\displaystyle\lim_{h\to 0}\frac{1}{h}\int_{-1}^{-1+h}f(x)\,dx=-1$이고 $f(2)=11$일 때, ab의 값을 구하여라. (단, a, b는 상수)

Sub Note 050쪽

유제
065-2 함수 $f(x)=x^3+ax+4$에 대하여 $\displaystyle\lim_{x\to 2}\frac{1}{x^2-4}\int_{2}^{x}f(t)\,dt=6$일 때, 상수 a의 값을 구하여라.

Review Quiz

1. 다음 [   ] 안에 적절한 것을 채워 넣어라.

   (1) 함수 $f(x)$가 닫힌구간 $[a, b]$에서 연속일 때, $F'(x)=f(x)$이면

$$\int_a^b f(x)\,dx=\left[\,F(x)\,\right]_a^b=[\qquad\qquad]\text{이다.}$$

   (2) 정적분 $\int_a^b f(x)\,dx$의 값을 구하는 것을 함수 $f(x)$를 [   ]고

    하고, a를 [   ], b를 [   ]이라 한다. 이때 a에서 b까지를 [   ]이라
    한다.

   (3) 연속함수 $f(x)$에 대하여 정적분 $\int_a^a f(x)\,dx$의 값은 [   ]이다. (단, a는 상수)

   (4) 연속함수 $f(t)$에 대하여 $\dfrac{d}{dx}\int_a^x f(t)\,dt=[\quad\quad]$이다. (단, a는 상수)

2. 다음 문장이 참(true) 또는 거짓(false)인지 결정하고, 그 이유를 설명하거나 적절한 반
   례를 제시하여라.

   (1) 함수 $f(x)$가 구간 $[a, b]$에서 연속이면 항상 $\int_a^b f(x)\,dx>0$이다.

   (2) 함수 $f(x)$가 구간 $[a, b]$에서 연속이면 부등식 $\left|\int_a^b f(x)\,dx\right|\le\int_a^b |f(x)|\,dx$가 항
    상 성립한다.

3. 다음 물음에 대한 답을 간단히 서술하여라.

   (1) 부정적분과 정적분의 차이에 대해 설명하여라.

   (2) 함수 $f(x)$가 짝함수이면 구간 $[-a, a]$에서의 정적분의 값은 구간 $[-a, 0]$에서의
    정적분의 값의 2배가 됨을 설명하여라.

Sub Note 109쪽

정적분의
정의 **01** 부등식 $\int_1^a (2x+1)\,dx \leq 4$를 만족시키는 정수 a의 개수는?

① 3   ② 4   ③ 5   ④ 6   ⑤ 7

정적분의 성질 **02** 함수 $f(x) = 3x^2 + 4x + 2$에 대하여 정적분 $\int_0^6 f(x)\,dx - \int_1^7 f(x)\,dx + \int_6^7 f(x)\,dx$의

값을 구하여라.

구간에 따라
다르게 정의된
함수의 정적분 **03** 함수 $f(x) = \begin{cases} x^2 - 4x + a & (x < 2) \\ 4x - 10 & (x \geq 2) \end{cases}$ 이 실수 전체의 집합에서 연속이다. 정적분

서술형

$\int_0^5 f(x)\,dx = b$일 때, $3ab$의 값을 구하여라. (단, a는 상수)

절댓값 기호를
포함한 함수의
정적분 **04** 등식 $\int_0^a 6x|x-3|\,dx = 54$를 만족시키는 실수 a의 값을 구하여라. (단, $a > 3$)

짝함수와
홀함수의
정적분 **05** 다항함수 $f(x)$가 모든 실수 x에 대하여 $f(-x) = f(x)$를 만족시키고

$\int_{-1}^1 (2x+3)f(x)\,dx = 30$일 때, 정적분 $\int_{-1}^0 f(x)\,dx$의 값을 구하여라.

정적분을 포함한 등식 **06** 다항함수 $f(x)$에 대하여 $\int_0^x f(t)\,dt = x^3 - 2x^2 - 2x\int_0^1 f(t)\,dt$일 때, $f(0)=a$라 하자. $60a$의 값을 구하여라.　　　　　　　　　　　　　　　　　　　　[수능 기출]

정적분을 포함한 등식 **07** 미분가능한 함수 $f(x)$가 $\int_1^x (x-t)f(t)\,dt = x^3 - ax^2 + bx + 1$을 만족시킬 때, $f(1)+a+b$의 값을 구하여라. (단, a, b는 상수)

정적분으로 정의된 함수의 극대·극소 **08** 함수 $f(x) = \int_x^{x+a} (t^2 - 4t)\,dt$가 $x=-1$에서 극솟값을 가질 때, 양수 a의 값을 구하여라.

정적분으로 정의된 함수의 최대·최소 **09** 오른쪽 그림은 이차함수 $y=f(x)$의 그래프이다. 함수 $g(x)$를 $g(x) = \int_x^{x+2} f(t)\,dt$로 정의할 때, $g(x)$가 최소일 때의 x의 값을 구하여라.

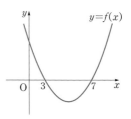

정적분으로 정의된 함수의 극한 **10** $\displaystyle\lim_{x\to 2} \frac{1}{x^2-4} \int_2^x (2t-3)(3t+1)\,dt$의 값은?

① $\dfrac{3}{4}$　　　② $\dfrac{5}{4}$　　　③ $\dfrac{7}{4}$　　　④ $\dfrac{9}{4}$　　　⑤ $\dfrac{11}{4}$

01 음이 아닌 실수 a, b에 대하여 $a*b$를 $a*b = \begin{cases} \dfrac{a+b}{2} & (a \geq b) \\ \sqrt{ab} & (a \leq b) \end{cases}$ 로 정의할 때,

정적분 $\displaystyle\int_0^2 (x*x^5)\,dx$의 값은?

① 4　　　② $\dfrac{49}{12}$　　　③ $\dfrac{25}{6}$　　　④ $\dfrac{17}{4}$　　　⑤ $\dfrac{13}{3}$

02 자연수 n에 대하여 $f(n) = \displaystyle\int_0^{3n} |x-n|\,dx$일 때, $\displaystyle\sum_{k=1}^{12} f(k)$의 값을 구하여라.

03 두 다항함수 $f(x)$, $g(x)$가 모든 실수 x에 대하여 $f(-x) = -f(x)$, $g(-x) = g(x)$
를 만족시킨다. 함수 $h(x) = f(x)g(x)$에 대하여 $\displaystyle\int_{-6}^{6}(x+5)h'(x)\,dx = 20$일 때,
$h(6)$의 값은?

① 1　　　② 2　　　③ 3　　　④ 4　　　⑤ 5

04 등식 $f(f(x)) = \displaystyle\int_0^x f(t)\,dt - x^2 - x + 15$를 만족시키는 상수함수가 아닌 다항함수
$f(x)$를 구하여라.

05 연속함수 $f(x)$가 다음 두 조건을 만족시킬 때, 정적분 $\displaystyle\int_1^9 f(x)\,dx$의 값을 구하여라.

> (가) $0 \leq x \leq 2$일 때, $f(x) = |x-1| + \displaystyle\int_0^2 f(x)\,dx$
>
> (나) 모든 실수 x에 대하여 $f(x) = f(x+2)$

06 다항함수 $f(x)$가 $f(x)=3x^2+\displaystyle\int_0^1 (x-2t)f(t)\,dt$를 만족시킬 때, $20f(-1)$의 값을 구하여라.

07 x^3의 계수가 양수인 삼차함수 $f(x)$에 대하여 방정식 $\displaystyle\int_1^x f'(t)\,dt=0$이 서로 다른 두 실근을 가질 때, 보기에서 옳은 것만을 있는 대로 골라라.

> 보기   ㄱ. $f(1)=0$
> ㄴ. $f'(1)>0$
> ㄷ. $f(1)=f(2)$이고 $f'(1)>0$이면 $f'(2)=0$이다.

08 두 다항함수 $f(x)$, $g(x)$가 모든 실수 x에 대하여 다음 조건을 만족시킬 때, $\displaystyle\int_0^2 \{f(x)+g(x)\}\,dx$의 값을 구하여라.

> (가) $f(x)g(x)=x^3+4x^2-x-4$
> (나) $f'(x)=1$
> (다) $g(x)-x+1=2\displaystyle\int_1^x f(t)\,dt$

09 삼차함수 $f(x)=x^3-12x+k$에 대하여 함수 $F(x)=\displaystyle\int_0^x f(t)\,dt$가 오직 하나의 극값을 갖도록 하는 양수 k의 최솟값은?

① 15　　　② 16　　　③ 17　　　④ 18　　　⑤ 19

10 다항함수 $f(x)$의 한 부정적분 $F(x)$에 대하여 $xf(x)=F(x)-3x^4+6x^3$이 성립한다. $f(0)=2$일 때, $\displaystyle\lim_{x\to 1}\frac{1}{x-1}\int_1^{x^2} f(t)\,dt$의 값을 구하여라.

내신·모의고사 대비 TEST ▷ 338쪽

SUMMA CUM LAUDE

ESSENTIAL LECTURE

1 곡선과 x축 사이의 넓이

함수 $f(x)$가 닫힌구간 $[a, b]$에서 연속일 때, 곡선 $y=f(x)$와 x축 및 두 직선 $x=a$, $x=b$로 둘러싸인

도형의 넓이 S는 $S=\displaystyle\int_a^b |f(x)|\,dx$

2 두 곡선 사이의 넓이

두 함수 $f(x)$, $g(x)$가 닫힌구간 $[a, b]$에서 연속일 때, 두 곡선 $y=f(x)$, $y=g(x)$와 두 직선 $x=a$,

$x=b$로 둘러싸인 도형의 넓이 S는 $S=\displaystyle\int_a^b |f(x)-g(x)|\,dx$

1 곡선과 x축 사이의 넓이

먼저 곡선과 x축 사이의 넓이를 생각해 보자. 즉, 닫힌구간 $[a, b]$에서 연속인 함수 $f(x)$에 대하여 곡선 $y=f(x)$와 x축 및 두 직선 $x=a$, $x=b$로 둘러싸인 도형의 넓이 S를 구한다고 하자.

이때 곡선 $y=f(x)$와 x축의 위치 관계에 따라 다음 그림과 같이 세 가지 경우로 나누어 생각해야 한다.

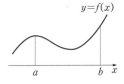 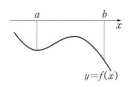 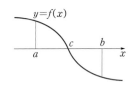

(i) 구간 $[a, b]$에서 곡선 $y=f(x)$가 x축 위쪽에 있을 때, 즉 $f(x) \geq 0$일 때

오른쪽 그림에서 확인할 수 있듯이 넓이 S는 정적분의 값과 같다.

$$\therefore S=\int_a^b f(x)\,dx$$

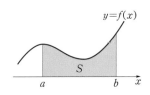

(ii) 구간 $[a, b]$에서 곡선 $y=f(x)$가 x축 아래쪽에 있을 때, 즉 $f(x) \le 0$일 때

곡선 $y=f(x)$를 x축에 대하여 대칭이동한 곡선
$y=-f(x)$와 x축 및 두 직선 $x=a$, $x=b$로 둘러싸인 도
형의 넓이가 구하고자 하는 넓이 S와 같다.

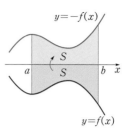

$$\therefore S=\int_a^b \{-f(x)\}\,dx=\int_a^b |f(x)|\,dx$$

(iii) 구간 $[a, b]$에서 곡선 $y=f(x)$가 x축 위쪽에도 있고 아래쪽에도 있을 때

오른쪽 그림과 같이 $\begin{cases} \text{구간 } [a, c]\text{에서 } f(x) \ge 0 \\ \text{구간 } [c, b]\text{에서 } f(x) \le 0 \end{cases}$ 일 때는

구간을 $[a, c]$와 $[c, b]$로 나누어 위의 (i), (ii)의 방법대
로 넓이를 각각 구한 후 더한다.

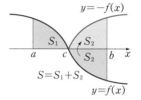

$$\therefore S=S_1+S_2$$
$$=\int_a^c f(x)\,dx+\int_c^b \{-f(x)\}\,dx$$
$$=\int_a^c |f(x)|\,dx+\int_c^b |f(x)|\,dx$$
$$=\int_a^b |f(x)|\,dx$$

이상의 내용을 정리하면 다음과 같다.

> **곡선과 x축 사이의 넓이**
> 함수 $f(x)$가 닫힌구간 $[a, b]$에서 연속일 때, 곡선 $y=f(x)$와 x축 및 두 직선 $x=a$, $x=b$로 둘러
> 싸인 도형의 넓이 S는 $\quad S=\int_a^b |f(x)|\,dx$

이렇게 정적분은 삼각형, 사각형, 원이 아니더라도 (식으로 표현할 수 있는) 다양한 형태의 도
형들의 넓이를 구할 수 있게 해준다.

EXAMPLE 059 곡선 $y=x^2-5x+4$와 x축 및 두 직선 $x=2$, $x=3$으로 둘러싸인
도형의 넓이를 구하여라.

ANSWER   곡선 $y=x^2-5x+4$와 x축의 교점의 x좌표는 $x^2-5x+4=0$에서
$(x-1)(x-4)=0$ $\therefore x=1$ 또는 $x=4$

따라서 곡선 $y=x^2-5x+4$와 x축 및 두 직선 $x=2$, $x=3$으로 둘러싸인 도형은 오른쪽 그림의 색칠한 부분과 같다. 구하는 넓이를 S라 하면

$$S=\int_2^3 |x^2-5x+4|\,dx=-\int_2^3 (x^2-5x+4)\,dx$$

$$=-\left[\frac{1}{3}x^3-\frac{5}{2}x^2+4x\right]_2^3=-\left(-\frac{3}{2}-\frac{2}{3}\right)$$

$$=\frac{13}{6} \blacksquare$$

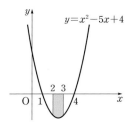

Sub Note 021쪽

APPLICATION 068 곡선 $y=x^3-3x^2+2x$와 x축으로 둘러싸인 도형의 넓이를 구하여라.

Sub Note 021쪽

APPLICATION 069 포물선 $y=ax^2+bx+c$와 x축이 서로 다른 두 점에서 만날 때, 교점의 x좌표를 α, β $(\alpha<\beta)$라 하면 포물선과 x축으로 둘러싸인 도형의 넓이 S는 $S=\dfrac{|a|(\beta-\alpha)^3}{6}$ 임을 유도해 보아라.

② 두 곡선 사이의 넓이

이번에는 좀 더 복잡한 두 곡선 사이의 넓이를 생각해 보자.

즉, 닫힌구간 $[a,\ b]$에서 연속인 두 함수 $f(x)$, $g(x)$에 대하여 두 곡선 $y=f(x)$, $y=g(x)$와 두 직선 $x=a$, $x=b$로 둘러싸인 도형의 넓이 S를 구하는 것이다.

(i) $f(x) \geq g(x) \geq 0$일 때

두 곡선 모두 x축 위쪽에 있으면서 곡선 $y=f(x)$가 곡선 $y=g(x)$보다 위쪽에 있는 경우이다. 이 경우는 앞에서 배운 '곡선과 x축 사이의 넓이'를 두 곡선에 각각 적용하여 그 차를 구하면 된다.

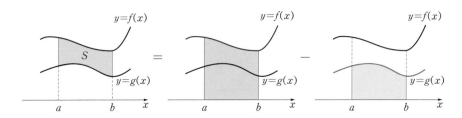

즉, 구하는 넓이 S는

$$S=\int_a^b f(x)\,dx-\int_a^b g(x)\,dx=\int_a^b \{f(x)-g(x)\}\,dx$$

(ii) $f(x) \geq g(x)$이고 $f(x)$ 또는 $g(x)$가 음의 값을 가질 때

이번에는 오른쪽 그림과 같이 구간 $[a, b]$에서 x축과
관계없이 곡선 $y=f(x)$가 곡선 $y=g(x)$보다 위쪽
에 있는 경우를 생각해 보자. 이 경우 두 곡선을 y축의
방향으로 k만큼 평행이동하여 모두 x축 위쪽으로 옮
길 수 있다. 즉,

$$f(x)+k \geq g(x)+k \geq 0$$

이 되도록 할 수 있다. 평행이동 후에도 두 곡선 사이
의 넓이는 변하지 않으므로 구하는 넓이 S는

$$
\begin{aligned}
S &= \int_a^b \{f(x)+k\}\,dx - \int_a^b \{g(x)+k\}\,dx \\
&= \int_a^b [\{f(x)+k\}-\{g(x)+k\}]\,dx \\
&= \int_a^b \{f(x)-g(x)\}\,dx
\end{aligned}
$$

(iii) $f(x) \geq g(x)$, $f(x) \leq g(x)$인 경우가 모두 나타날 때

한편 오른쪽 그림과 같이 구간 $[a, b]$에서 $f(x)$와
$g(x)$의 대소가 서로 바뀌는 경우에는 구간 $[a, b]$를
$[a, c]$, $[c, b]$로 나누어 두 곡선으로 둘러싸인 도형
의 넓이를 각각 구한 후 더한다. 즉, 구하는 넓이 S는

$$
\begin{aligned}
S &= S_1 + S_2 \\
&= \int_a^c \{f(x)-g(x)\}\,dx + \int_c^b \{g(x)-f(x)\}\,dx \\
&= \int_a^c |f(x)-g(x)|\,dx + \int_c^b |f(x)-g(x)|\,dx \\
&= \int_a^b |f(x)-g(x)|\,dx
\end{aligned}
$$

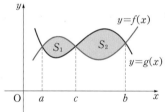

따라서 위의 세 경우를 정리하면 다음과 같다. 결국 두 곡선 사이의 넓이는 위쪽에 있는 곡선
의 식에서 아래쪽에 있는 곡선의 식을 빼어 적분하면 구할 수 있게 되겠다.

두 곡선 사이의 넓이

두 함수 $f(x)$, $g(x)$가 닫힌구간 $[a, b]$에서 연속일 때, 두 곡선 $y=f(x)$, $y=g(x)$와 두 직선

$x=a$, $x=b$로 둘러싸인 도형의 넓이 S는 $\quad S = \int_a^b |f(x)-g(x)|\,dx$

■ **EXAMPLE** 060 두 곡선 $y=x(x-2)(x-3)$, $y=x(x-2)$로 둘러싸인 도형의 넓이를 구하여라.

ANSWER 두 곡선 $y=x(x-2)(x-3)$,
$y=x(x-2)$의 교점의 x좌표는
$x(x-2)(x-3)=x(x-2)$에서
$\quad x(x-2)(x-4)=0$
$\quad \therefore x=0$ 또는 $x=2$ 또는 $x=4$
따라서 두 곡선으로 둘러싸인 도형은 오른쪽 그림의 색칠한 부분과 같다.
구하는 넓이를 S라 하면

$$S=\int_0^2 \{x(x-2)(x-3)-x(x-2)\}\,dx$$

$$+\int_2^4 \{x(x-2)-x(x-2)(x-3)\}\,dx$$

$$=\int_0^2 (x^3-6x^2+8x)\,dx+\int_2^4 (-x^3+6x^2-8x)\,dx$$

$$=\left[\frac{1}{4}x^4-2x^3+4x^2\right]_0^2+\left[-\frac{1}{4}x^4+2x^3-4x^2\right]_2^4=4+4=8\ \blacksquare$$

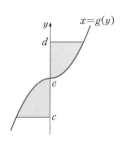

APPLICATION 070 두 곡선 $y=-x^3+2x^2$, $y=x^2-2x$로 둘러싸인 도형의 넓이를 구하여라.

이제 앞에서 배운 개념을 확장하여 y로의 정적분을 이용한 넓이, 함수와 그 역함수의 그래프로 둘러싸인 도형의 넓이에 대해 알아보자.

y로의 정적분을 이용한 넓이

앞에서는 곡선과 x축 사이의 넓이, x축을 기준으로 두 곡선 사이의 넓이를 다루었다. 기준인 선을 x축에서 y축으로 바꿔 생각하면 곡선과 y축 사이의 넓이, y축을 기준으로 두 곡선 사이의 넓이도 구할 수 있다. 함수를 $x=g(y)$ 형태로 고친 다음 y에 대하여 적분하면 그만이다.

(1) 곡선과 y축 사이의 넓이

함수 $g(y)$가 y축의 구간 $[c,\,d]$에서 연속일 때, 곡선 $x=g(y)$와 y축 및 두 직선 $y=c$, $y=d$로 둘러싸인 도형의 넓이 S는

$$S=\int_c^d |g(y)|\,dy$$

(2) 두 곡선 $x=g(y)$, $x=h(y)$ 사이의 넓이

두 곡선 사이의 넓이는 오른쪽(위쪽)에 있는 곡선의 식에서 왼
쪽(아래쪽)에 있는 곡선의 식을 빼어 적분하면 구할 수 있다.
즉, 두 함수 $g(y)$, $h(y)$가 y축의 구간 $[c, d]$에서 연속일 때,
두 곡선 $x=g(y)$, $x=h(y)$와 두 직선 $y=c$, $y=d$로 둘러싸
인 도형의 넓이 S는

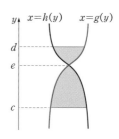

$$S=\int_c^d |g(y)-h(y)|\,dy$$

y로 적분하는 경우는 주어진 식의 x로의 부정적분을 구하기 어렵거나 그래프에서 x보다
y를 기준으로 하여 넓이를 구하는 것이 편리한 경우에 사용한다.

예를 들어 '곡선 $y=\sqrt{x}$와 직선 $y=x$로 둘러싸인 도형의 넓
이 S'를 구해야 한다고 하자. 그러면 다음과 같은 정적분의
값을 구하면 된다.

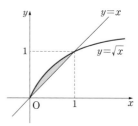

$$S=\int_0^1 (\sqrt{x}-x)\,dx$$

그러나 $\sqrt{x}$의 부정적분을 구하지 못하므로[1] S를 구할 수가 없
다. 그런데 $y=\sqrt{x}$와 $y=x$를 각각 변형하여 $x=y^2(y\ge 0)$, $x=y$로 놓으면 다음과 같이 넓
이를 쉽게 구할 수 있다.

$$S=\int_0^1 |y-y^2|\,dy=\int_0^1 (y-y^2)\,dy=\left[\frac{1}{2}y^2-\frac{1}{3}y^3\right]_0^1=\frac{1}{6}$$

이렇게 그래프를 떠올려 약간만 변형시켜 생각하면 해결 불가능할 것 같은 것들이 자연스럽
게 해결되곤 한다.

함수와 그 역함수의 그래프로 둘러싸인 도형의 넓이

일반적으로 함수 $y=f(x)$와 그 역함수 $y=g(x)$의 그래프로
둘러싸인 도형의 넓이는 두 곡선 $y=f(x)$, $y=g(x)$가 직선
$y=x$에 대하여 서로 대칭임을 이용하여 구한다.
즉, 두 곡선 $y=f(x)$, $y=g(x)$로 둘러싸인 도형의 넓이 S는
직선 $y=x$와 곡선 $y=f(x)$로 둘러싸인 도형의 넓이의 2배가
된다.

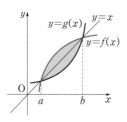

$$\therefore S=\int_a^b |f(x)-g(x)|\,dx=2\int_a^b |f(x)-x|\,dx$$

---

[1] 수학Ⅱ에서는 다항함수의 적분법만 다루므로 구하지 못한다고 한 것일 뿐 $\sqrt{x}$의 적분은 가능하다.

한편 앞의 예에서 $\sqrt{x}$의 부정적분을 구하지 못하기 때문에 $y=\sqrt{x}$를 $x=y^2\,(y \geq 0)$으로 바꿔서 넓이를 구했듯이 역함수를 가지는 연속함수 $f(x)$에 대하여 넓이 $\int_a^b |f^{-1}(x)|\,dx$를 구하려고 할 때,

　　　역함수 $f^{-1}(x)$의 식을 직접 구하기 어렵거나 부정적분을 구하기 어려운 경우
두 곡선 $y=f(x)$, $y=f^{-1}(x)$가 직선 $y=x$에 대하여 서로 대칭인 것을 이용하면 구하고자 하는 도형의 넓이 S를 구할 수 있다.

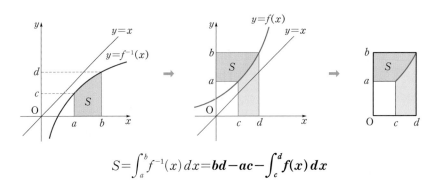

$$S=\int_a^b f^{-1}(x)\,dx = \boldsymbol{bd-ac} - \int_c^d \boldsymbol{f(x)\,dx}$$

■ EXAMPLE 061 $x>0$에서 $f(x) \geq 0$인 연속함수 $f(x)$가 역함수 $g(x)$를 갖는다. $f(3)=1$, $f(5)=2$이고, $\int_3^5 f(x)\,dx = \dfrac{7}{2}$일 때, 정적분 $\int_1^2 g(x)\,dx$의 값을 구하여라.

ANSWER 구하는 것은 오른쪽 그림의 색칠한 부분의 넓이와 같으므로

$$\int_1^2 g(x)\,dx = 5 \cdot 2 - 3 \cdot 1 - \int_3^5 f(x)\,dx$$

$$= 10 - 3 - \frac{7}{2} = \boldsymbol{\frac{7}{2}}\ \blacksquare$$

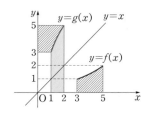

Sub Note 022쪽

APPLICATION 071 오른쪽 그림은 함수 $y=f(x)$와 그 역함수 $y=g(x)$의 그래프이다. 두 그래프가 두 점 $(1,\,1)$, $(5,\,5)$에서 만나고

$$\int_1^5 f(x)\,dx = 10$$

일 때, 두 곡선 $y=f(x)$, $y=g(x)$로 둘러싸인 도형의 넓이를 구하여라.

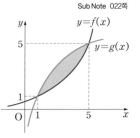

곡선과 x축 사이의 넓이

066 곡선 $y=x^3-x$와 x축 및 직선 $x=2$로 둘러싸인 도형의 넓이를 구하여라.

GUIDE 곡선과 x축의 교점을 구하여 그래프를 그린 후 $y \geq 0$인 구간과 $y \leq 0$인 구간으로 나누어 정적분의 값을 구한다.

SOLUTION

곡선 $y=x^3-x$와 x축의 교점의 x좌표는 $x^3-x=0$에서

$$x(x+1)(x-1)=0 \qquad \therefore \ x=-1 \ \text{또는} \ x=0 \ \text{또는} \ x=1$$

따라서 곡선 $y=x^3-x$와 x축 및 직선 $x=2$로 둘러싸인 도형은 오른쪽 그림의 색칠한 부분이다.

색칠한 부분의 넓이를 S라 하면

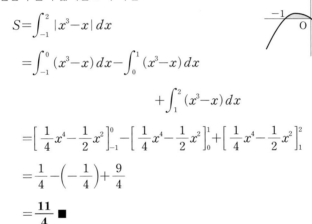

$$S=\int_{-1}^{2} |x^3-x| \, dx$$

$$=\int_{-1}^{0} (x^3-x) \, dx - \int_{0}^{1} (x^3-x) \, dx$$

$$\qquad\qquad + \int_{1}^{2} (x^3-x) \, dx$$

$$=\left[\frac{1}{4}x^4 - \frac{1}{2}x^2 \right]_{-1}^{0} - \left[\frac{1}{4}x^4 - \frac{1}{2}x^2 \right]_{0}^{1} + \left[\frac{1}{4}x^4 - \frac{1}{2}x^2 \right]_{1}^{2}$$

$$=\frac{1}{4} - \left(-\frac{1}{4} \right) + \frac{9}{4}$$

$$=\frac{11}{4} \ \blacksquare$$

Sub Note 050쪽
유제
066-1 곡선 $y=2x^3+3x^2$과 x축 및 두 직선 $x=-2$, $x=1$로 둘러싸인 도형의 넓이를 구하여라.

Sub Note 051쪽
유제
066-2 곡선 $y=2x^3$과 x축 및 두 직선 $x=-2$, $x=a$로 둘러싸인 도형의 넓이가 16일 때, 양수 a의 값을 구하여라.

두 곡선 사이의 넓이

067 두 곡선 $y=\dfrac{1}{2}x^2$, $y=-\dfrac{1}{2}x^2+x$ 및 직선 $x=3$으로 둘러싸인 도형의 넓이를 구하여라.

GUIDE 두 곡선 사이의 넓이를 구할 때에는 적분 구간 안에서 두 그래프의 위치 관계를 파악해야 한다.
그 다음 위쪽에 있는 그래프의 식에서 아래쪽에 있는 그래프의 식을 뺀 식을 적분한다.

SOLUTION ────────────────────────────

두 곡선 $y=\dfrac{1}{2}x^2$, $y=-\dfrac{1}{2}x^2+x$의 교점의 x좌표는

$\dfrac{1}{2}x^2=-\dfrac{1}{2}x^2+x$에서 $x^2-x=0$

$x(x-1)=0$ $\therefore x=0$ 또는 $x=1$

두 곡선 및 직선 $x=3$으로 둘러싸인 도형은 오른쪽 그림
의 색칠한 부분이다.

색칠한 부분의 넓이를 S라 하면

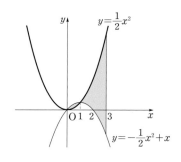

$$S=\int_0^1\left\{\left(-\frac{1}{2}x^2+x\right)-\frac{1}{2}x^2\right\}dx$$
$$+\int_1^3\left\{\frac{1}{2}x^2-\left(-\frac{1}{2}x^2+x\right)\right\}dx$$
$$=\int_0^1(-x^2+x)\,dx+\int_1^3(x^2-x)\,dx$$
$$=\left[-\frac{1}{3}x^3+\frac{1}{2}x^2\right]_0^1+\left[\frac{1}{3}x^3-\frac{1}{2}x^2\right]_1^3$$
$$=\frac{1}{6}+\frac{14}{3}$$
$$=\frac{29}{6}\ \blacksquare$$

유제

067-1 곡선 $y=x^2+1$을 x축에 대하여 대칭이동한 후 x축의 방향으로 -1만큼, y축의 방향으로 7만
큼 평행이동한 곡선을 $y=g(x)$라 할 때, 두 곡선 $y=x^2+1$, $y=g(x)$로 둘러싸인 도형의 넓이
를 구하여라.

Sub Note 051쪽

곡선과 직선 사이의 넓이

068 곡선 $y=x^3-x^2$ 위의 점 $(1,\,0)$에서의 접선과 이 곡선으로 둘러싸인 도형의 넓이를 구하여라.

GUIDE 곡선 $y=f(x)$ 위의 점 $(a,\,f(a))$에서의 접선의 기울기는 $f'(a)$임을 이용하여 접선의 방정식을 구한 후 곡선과 접선을 그려 위치 관계를 파악한다.

SOLUTION ──────────────────

$f(x)=x^3-x^2$이라 하면 $f'(x)=3x^2-2x$이므로 곡선 위의 점 $(1,\,0)$에서의 접선의 기울기는 $\quad f'(1)=3-2=1$

즉, 곡선 $y=x^3-x^2$ 위의 점 $(1,\,0)$에서의 접선의 방정식은 $\quad y=x-1$

한편 곡선 $y=x^3-x^2$과 직선 $y=x-1$의 교점의 x좌표는

$x^3-x^2=x-1$에서 $\quad x^3-x^2-x+1=0$

$\quad (x+1)(x-1)^2=0 \quad \therefore x=-1$ 또는 $x=1$

따라서 곡선 $y=x^3-x^2$ 위의 점 $(1,\,0)$에서의 접선과 이 곡선으로 둘러싸인 도형은 오른쪽 그림의 색칠한 부분이다.

색칠한 부분의 넓이를 S라 하면

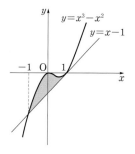

$$S=\int_{-1}^{1}\{(x^3-x^2)-(x-1)\}\,dx$$

$$=\int_{-1}^{1}(x^3-x^2-x+1)\,dx$$

$$=\left[\frac{1}{4}x^4-\frac{1}{3}x^3-\frac{1}{2}x^2+x\right]_{-1}^{1}$$

$$=\frac{4}{3}\ \blacksquare$$

유제
068-1 곡선 $y=-x^3-x^2+x$와 직선 $y=-x$로 둘러싸인 도형의 넓이를 구하여라. Sub Note 051쪽

유제
Sub Note 051쪽
068-2 점 $(1,\,-1)$에서 곡선 $y=x^2-x$에 그은 두 접선과 이 곡선으로 둘러싸인 도형의 넓이를 구하여라.

두 도형의 넓이가 같은 경우

069
함수 $y=x|x-3|$의 그래프와 x축 및 직선 $x=a\,(a>3)$로 둘러싸인 두 도형의 넓이가 서로 같을 때, 상수 a의 값을 구하여라.

GUIDE 곡선 $y=f(x)$와 x축으로 둘러싸인 두 도형의 넓이를 각각 S_1, S_2라 할 때, $S_1=S_2$이면

$$\int_a^c f(x)\,dx=0$$

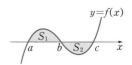

SOLUTION

$y=x|x-3|$은

$x\geq3$일 때, $y=x^2-3x$

$x\leq3$일 때, $y=-x^2+3x$

이므로 그 그래프는 오른쪽 그림과 같다.

이때 색칠한 두 부분의 넓이가 서로 같으므로

$$\int_0^a (x^2-3x)\,dx=0$$

$$\left[\frac{1}{3}x^3-\frac{3}{2}x^2\right]_0^a=\frac{1}{3}a^3-\frac{3}{2}a^2=0$$

$$2a^3-9a^2=0,\ a^2(2a-9)=0 \qquad \therefore a=\frac{9}{2}\ (\because a>3)\ ■$$

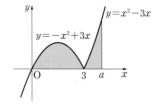

유제
069-❶ 오른쪽 그림과 같이 곡선 $y=-x^3+4x+a$와 x축 및 y축으로 둘러싸인 도형의 넓이를 S_1, 이 곡선과 x축으로 둘러싸인 도형의 넓이를 S_2라 하자. $S_1=S_2$일 때, 음수 a의 값을 구하여라.

Sub Note 052쪽

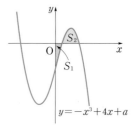

유제
069-❷ 오른쪽 그림과 같이 곡선 $y=x^2-6x+a$와 x축으로 둘러싸인 도형의 넓이를 A, 이 곡선과 x축 및 y축으로 둘러싸인 도형의 넓이를 B라 하자. $A:B=2:1$일 때, 상수 a의 값을 구하여라.

Sub Note 052쪽

도형의 넓이의 활용

070

두 곡선 $y=x^4-x$, $y=-x^4+x^3$으로 둘러싸인 도형의 넓이를 곡선 $y=ax(x-1)$이 이등분할 때, 양수 a의 값을 구하여라.

GUIDE 세 곡선을 그려 위치 관계를 파악한다.

SOLUTION ——————————————————————

세 함수 $\begin{cases} y=x^4-x=x(x-1)(x^2+x+1) \\ y=-x^4+x^3=-x^3(x-1) \\ y=ax(x-1) \ (a>0) \end{cases}$

의 그래프의 개형은 오른쪽 그림과 같고 이때
색칠한 두 부분의 넓이가 서로 같아야 하므로

$$\int_0^1 \{(-x^4+x^3)-ax(x-1)\}\,dx$$

$$=\int_0^1 \{ax(x-1)-(x^4-x)\}\,dx$$

가 성립한다. 정리하여 풀면

$$\int_0^1 \{(-x^4+x^3)+(x^4-x)\}\,dx=2\int_0^1 (ax^2-ax)\,dx$$

$$\int_0^1 (ax^2-ax)\,dx=\frac{1}{2}\int_0^1 (x^3-x)\,dx$$

$$\left[\frac{1}{3}ax^3-\frac{1}{2}ax^2\right]_0^1=\frac{1}{2}\left[\frac{1}{4}x^4-\frac{1}{2}x^2\right]_0^1$$

$$-\frac{1}{6}a=-\frac{1}{8} \qquad \therefore a=\frac{3}{4} \blacksquare$$

(그림: 우측 상단, $y=-x^4+x^3$, $y=ax(x-1)$, $y=x^4-x$ 세 곡선의 그래프)

유제

070-❶

오른쪽 그림과 같이 곡선 $y=x^2-ax$와 x축 및 직선 $x=4$로 둘러싸인 도형의 넓이가 최소가 되도록 하는 상수 a의 값을 구하여라. (단, $0<a<4$)

Sub Note 053쪽

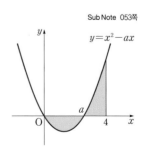

071 함수 $f(x)=\dfrac{1}{2}x^3-x^2+x$와 그 역함수 $g(x)$에 대하여 두 곡선 $y=f(x)$와 $y=g(x)$로 둘러싸인 도형의 넓이를 구하여라.

GUIDE 두 곡선 $y=f(x)$와 그 역함수 $y=g(x)$로 둘러싸인 도형의 넓이는
➡ 곡선 $y=f(x)$와 직선 $y=x$로 둘러싸인 도형의 넓이의 2배와 같다.

SOLUTION ───────────────────────

두 곡선 $y=f(x)$와 $y=g(x)$는 직선 $y=x$에 대하여 대칭이고

$$f'(x)=\frac{3}{2}x^2-2x+1$$

$$=\frac{3}{2}\left(x-\frac{2}{3}\right)^2+\frac{1}{3}>0$$

이므로 함수 $f(x)$는 실수 전체의 집합에서 증가한다.

두 곡선 $y=f(x)$와 $y=g(x)$의 교점의 x좌표는 곡선

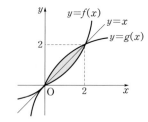

$y=f(x)$와 직선 $y=x$의 교점의 x좌표와 같으므로

$\dfrac{1}{2}x^3-x^2+x=x$에서 $x^3-2x^2=0$

$x^2(x-2)=0$ $\therefore x=0$ 또는 $x=2$

이때 두 곡선 $y=f(x)$와 $y=g(x)$로 둘러싸인 도형의 넓이는 곡선 $y=f(x)$와 직선 $y=x$로 둘러싸인 도형의 넓이의 2배와 같으므로 구하는 넓이는

$$2\int_0^2\left\{x-\left(\frac{1}{2}x^3-x^2+x\right)\right\}dx=2\int_0^2\left(-\frac{1}{2}x^3+x^2\right)dx$$

$$=2\left[-\frac{1}{8}x^4+\frac{1}{3}x^3\right]_0^2$$

$$=2\times\frac{2}{3}$$

$$=\frac{4}{3}\ ■$$

Sub Note 053쪽

유제
071-1 함수 $f(x)=x^3+x-1$의 역함수를 $g(x)$라 할 때, 정적분 $\displaystyle\int_1^2 f(x)\,dx+\int_1^9 g(x)\,dx$의 값을 구하여라.

02 속도와 거리

SUMMA CUM LAUDE

ESSENTIAL LECTURE

1 수직선 위를 움직이는 점의 위치와 위치의 변화량

수직선 위를 움직이는 점 P의 시각 t에서의 속도가 $v(t)$이고 시각 $t=a$에서의 점 P의 위치가 x_0일 때,

(1) 시각 t에서 점 P의 위치 x는 $x=x_0+\displaystyle\int_a^t v(t)\,dt$

(2) 시각 $t=a$에서 $t=b$까지 점 P의 위치의 변화량은 $\displaystyle\int_a^b v(t)\,dt$

2 수직선 위를 움직이는 점의 움직인 거리

수직선 위를 움직이는 점 P의 시각 t에서의 속도가 $v(t)$일 때, 시각 $t=a$에서 $t=b$까지 점 P가 움직인 거리 s는

$$s=\int_a^b |v(t)|\,dt$$

[주의] 움직인 거리는 항상 양수이지만 위치의 변화량은 0 또는 음수일 수 있다.

다항함수의 미분법에서 우리는 수직선 위를 움직이는 점 P의 시각 t에서의 위치(좌표) x를 나타내는 함수 $x(t)$를 미분하여 시각 t에서의 속도(위치의 순간변화율)를 나타내는 함수 $v(t)$를 얻을 수 있었다.

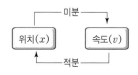

이제 역으로 속도를 나타내는 함수 $v(t)$가 주어지면 정적분을 이용하여 점 P의 위치에 대한 몇 가지 정보들을 얻을 수 있다.

1 수직선 위를 움직이는 점의 위치와 위치의 변화량

수직선 위를 움직이는 점 P의 시각 t에서의 속도가 $v(t)$이고 시각 $t=a$에서의 점 P의 위치가 x_0일 때, 시각 t에서 점 P의 위치 $x=f(t)$를 구해 보자.

$\dfrac{dx}{dt}=f'(t)=v(t)$에서 $f(t)$는 $v(t)$의 한 부정적분이므로

$$\int_a^t v(t)\,dt=f(t)-f(a)$$

이다.

이때 $f(a)=x_0$이므로 시각 t에서 점 P의 위치 x는

$$x=f(t)=f(a)+\int_a^t v(t)\,dt$$

$$=x_0+\int_a^t v(t)\,dt$$

이다. 또 시각 $t=a$에서 $t=b$까지 점 P의 위치의 변화량 $f(b)-f(a)$는

$$f(b)-f(a)=\int_a^b v(t)\,dt$$

이다.

이상의 내용을 정리하면 다음과 같다.

수직선 위를 움직이는 점의 위치와 위치의 변화량

수직선 위를 움직이는 점 P의 시각 t에서의 속도가 $v(t)$이고 시각 $t=a$에서의 점 P의 위치가 x_0일 때,

(1) 시각 t에서 점 P의 위치 x는　　$x=x_0+\int_a^t v(t)\,dt$

(2) 시각 $t=a$에서 $t=b$까지 점 P의 위치의 변화량은　　$\int_a^b v(t)\,dt$

'위치의 변화량'이란 주어진 시간 동안 동점의 위치의 변화 정도를 뜻한다. 즉,

처음 위치가 1이고 나중 위치가 10이면 위치의 변화량은 $10-1=9$가 되고

처음 위치가 10이고 나중 위치가 2이면 위치의 변화량은 $2-10=-8$이 된다.

이때 위치의 변화량은 변화된 정도를 의미하기 때문에 양의 값과 음의 값, 0이 모두 나올 수 있다. 동점의 처음 위치에 대한 정보가 주어진다면 정적분을 통해 구한 위치의 변화량을 적용하여 나중 위치에 대한 정보를 알 수 있다.

원점을 기준으로 -3의 위치에서 출발하여 일정한 시간이 지난 후 양의 방향으로 10만큼 이동했다면 나중 위치는 $-3+10=7$이 된다. 이렇듯

(나중 위치)＝(처음 위치)＋(위치의 변화량)

이다.

EXAMPLE 062 원점을 출발하여 수직선 위를 움직이는 점 P의 시각 t에서의 속도가 $v(t)=6-t$일 때, 다음 물음에 답하여라.

(1) 출발한 지 6초 후의 점 P의 위치를 구하여라.

(2) 시각 $t=0$에서 $t=10$까지 점 P의 위치의 변화량을 구하여라.

ANSWER   (1) 6초 후의 점 P의 위치를 x라 하면

$$x=0+\int_0^6 (6-t)\,dt=\left[6t-\frac{1}{2}t^2\right]_0^6=18\ \blacksquare$$

(2) $\displaystyle\int_0^{10}(6-t)\,dt=\left[6t-\frac{1}{2}t^2\right]_0^{10}=10\ \blacksquare$

[참고] 다음 그래프로 수직선 위를 움직이는 점 P의 시각 t에서의 속도와 위치의 관계를 이해하는데 도움이 되길 바란다.

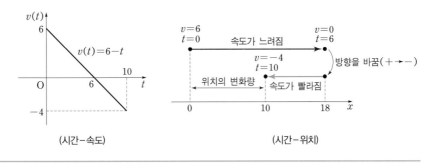

(시간-속도)　　　　　　　　　　　　　　(시간-위치)

② 수직선 위를 움직이는 점의 움직인 거리

'움직인 거리'란 주어진 시간 동안 점이 실제로 움직인 거리의 총합이다.

점 P가 양의 방향으로 10만큼 갔다가 음의 방향으로 3만큼 돌아갔다면, 위치의 변화량은 $10-3=7$이지만 움직인 거리는 $10+3=13$이 된다. 즉, 음의 방향으로 움직인 거리도 절댓값을 취하여 양의 값으로 바꾸어 더해야 한다.

따라서 수직선 위를 움직이는 점 P의 시각 t에서의 속도가 $v(t)$일 때, 시각 $t=a$에서 $t=b$까지 점 P가 움직인 거리 s는

$$s=\int_a^b |v(t)|\,dt$$

이다.

사실 움직인 거리와 위치의 변화량은 속력, 속도와 관련된 개념이다.

움직인 거리는 속력과 관련이 있다.

속력은 운동 방향에 관계없이 단위시간 당 실제로 움직인 거리를 의미한다. 따라서 속력 $|v(t)|$를 시간에 대하여 적분하면 실제로 움직인 거리가 된다.

반면,

위치의 변화량은 속도와 관련이 있다.

방향성을 지니는 속도는 이동 중에 지나간 경로는 상관없이 단위시간 당 처음 위치와 나중 위치의 변화량만을 따진다. 따라서 속도 $v(t)$를 시간에 대하여 적분하면 위치의 변화량을 얻게 된다.

이번에는 수직선 위를 움직이는 점 P의 시간−속도 그래프에서 위치의 변화량과 움직인 거리를 그래프의 넓이로 이해해 보자.

오른쪽 그림과 같은 시간−속도 그래프에서 위치의 변화량은 정적분의 값이 양인 S_1과 정적분의 값이 음인 S_2를 단순히 더하면 된다.

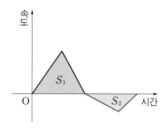

(위치의 변화량)$=S_1+S_2$

반면 움직인 거리는 정적분의 값이 양인 S_1에 정적분의 값이 음인 S_2를 양의 값으로 바꾸어 더한다. 즉, 곡선과 x축 사이의 넓이와 같게 된다.

(움직인 거리)$=S_1+(-S_2)=S_1-S_2$

이는 (속력)$=|$(속도)$|$임을 이용하여 그린 시간−속력 그래프로 보다 쉽게 이해할 수 있다.

즉, 시간−속력 그래프가 시간−속도 그래프에서 속도가 음인 부분을 양인 부분으로 접어올린 것과 같으므로 넓이의 합[2]이 이동한 거리가 되는 것이다.

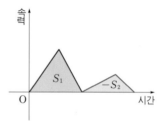

■ EXAMPLE 063 수직선 위를 움직이는 점 P의 시각 t에서의 속도 $v(t)$가 $v(t)=30-10t$일 때, $t=0$에서 $t=4$까지 점 P가 움직인 거리를 구하여라.

ANSWER $0\leq t\leq 3$일 때 $v(t)\geq 0$, $3\leq t\leq 4$일 때 $v(t)\leq 0$이므로 $t=0$에서 $t=4$까지 점 P가 움직인 거리는

$$\int_0^4 |30-10t|\,dt=\int_0^3 (30-10t)\,dt+\int_3^4 (-30+10t)\,dt$$
$$=\Big[30t-5t^2\Big]_0^3+\Big[-30t+5t^2\Big]_3^4$$
$$=45+5$$
$$=50\ \blacksquare$$

---

❷ S_1, S_2는 모두 정적분의 값이므로 넓이로 바꾸어 생각하면 각각 S_1, $-S_2$이다.

Sub Note 022쪽

APPLICATION **072**   수직선 위를 움직이는 점 P는 시각 t에서 t^2-4t+3의 속도를 가진다. 점 P의 처음 위치가 5일 때, 6초 후의 점 P의 위치를 구하여라. 또 점 P가 출발하여 6초 동안 움직인 거리를 구하여라.

Sub Note 023쪽

APPLICATION **073**   수평인 지면에서 30 m/s의 속도로 수직으로 위로 쏘아 올린 물 로켓의 t초 후의 속도가 $v(t)=30-10t(\text{m/s})(0\leq t\leq6)$이다. 물 로켓을 쏘아 올린 순간부터 4초 후 물 로켓의 지면으로부터의 높이를 구하여라. 또 물 로켓이 지면으로 떨어질 때까지 움직인 거리를 구하여라.

■ **수학 공부법에 대한 저자들의 충고 – 거리−속도−가속도의 관계**

   가속도, 속도, 거리는 서로 적분과 미분의 관계로 엮어져 있다.
가속도 식을 시간에 대하여 적분하면 속도 식이 나오고 속도 식을 적분하면 거리 식이 나온다. 반대로 거리 식을 미분하면 속도 식이 나오고 속도 식을 미분하면 가속도 식이 나온다.

072 일직선 도로에서 자동차 A는 P지점을 지나면서부터 $16 \, \mathrm{m/s}$의 일정한 속도로 달리고 있고, 자동차 B는 자동차 A를 뒤쫓아 달리는데 자동차 A보다 2초 후에 P지점을 지나갔다. P지점을 지나 t초 후의 자동차 B의 속도가 $(2t+2) \, \mathrm{m/s}$일 때, 자동차 B와 자동차 A가 만나는 시각은 자동차 B가 P지점을 지난 지 몇 초 후인지 구하여라.

GUIDE 두 자동차 A, B의 t초 후의 위치를 각각 구해 보자. 처음 위치를 x_0, t초 후의 속도를 $v(t)$라 하면 t초 후의 위치는 $x_0 + \displaystyle\int_0^t v(t) \, dt$이다.

SOLUTION ─────────────────

두 자동차 A, B가 P지점으로부터 같은 거리에 위치할 때, 둘은 만나는 것이다.

B가 P지점을 지나 a초 후에 A, B가 만났다고 하자.

B는 A를 만나기까지 a초 동안 $(2t+2) \, \mathrm{m/s}$의 속도로 달리므로 P지점으로부터의 거리는

$$\int_0^a (2t+2) \, dt = \left[t^2 + 2t \right]_0^a = a^2 + 2a \, (\mathrm{m}) \qquad \cdots\cdots \, \unicode{x24D0}$$

한편 A는 B보다 2초 먼저 P지점을 지난다.

즉, A는 B를 만나기까지 $(a+2)$초 동안 $16 \, \mathrm{m/s}$의 속도로 달리므로 P지점으로부터의 거리는

$$\int_0^{a+2} 16 \, dt = \left[16t \right]_0^{a+2} = 16(a+2) \, (\mathrm{m}) \qquad \cdots\cdots \, \unicode{x24C1}$$

$\unicode{x24D0}$, $\unicode{x24C1}$은 같아야 하므로 $a^2 + 2a = 16(a+2)$

$\qquad a^2 - 14a - 32 = 0, \ (a-16)(a+2) = 0$

$\qquad \therefore a = 16 \ (\because a > 0)$

따라서 자동차 B가 P지점을 지난 지 **16초** 후에 두 자동차 A, B가 만난다. ■

Sub Note 053쪽

유제
072-1 원점을 출발하여 수직선 위를 움직이는 점 P의 시각 t에서의 속도 $v(t)$가 $v(t) = -t + 3$이다. 점 P가 원점을 출발한 후 다시 원점으로 되돌아올 때까지 움직인 거리를 구하여라.

시간-속도 그래프의 해석 〔수능 고빈도 출제〕

073

원점을 출발하여 수직선 위를 움직이는 점 P의 시각 $t\ (0\le t\le 7)$에서의 속도 $v(t)$의 그래프가 오른쪽 그림과 같을 때, 옳은 것만을 보기에서 있는 대로 골라라.

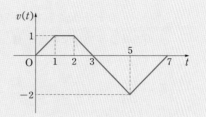

보기

ㄱ. 점 P는 출발 후 1초 동안 멈춘 적이 있다.

ㄴ. 점 P는 출발하고 나서 5초 후에 좌표가 2인 위치에 있다.

ㄷ. 점 P가 출발 후 7초 동안 움직인 거리는 6이다.

GUIDE 주어진 구간에서 속도 $v(t)$의 정적분의 값이 위치의 변화량이고, $|v(t)|$의 정적분의 값이 움직인 거리이다. 이때 움직인 거리는 속도의 그래프와 t축 사이의 넓이와 같으므로 삼각형 또는 사각형의 넓이를 이용하여 구할 수 있다.

SOLUTION

ㄱ. 점 P가 멈춘다는 것은 $v(t)=0$을 뜻한다.

그래프를 보면

(ⅰ) $t=3$일 때, 운동 방향을 바꾸기 위해 순간적으로 멈추게 된다.

(ⅱ) $t=7$일 때, 목적지에 도착하면서 멈춘다.

즉, $v(t)=0$이 1초 동안 지속되는 구간은 없다. (거짓)

ㄴ. $\displaystyle\int_0^5 v(t)dt=2$임을 보이면 된다.

$$\int_0^3 v(t)dt=\frac{1}{2}\times(1+3)\times 1=2,\ \int_3^5 v(t)dt=-\frac{1}{2}\times 2\times 2=-2$$

$$\therefore \int_0^5 v(t)dt=2-2=0$$

즉, 5초 후에 점 P는 원점으로 되돌아와 있다. (거짓)

ㄷ. $\displaystyle\int_0^7 |v(t)|dt=6$임을 보이면 된다.

$$\int_0^3 |v(t)|dt=2\ (\because\ \text{ㄴ}),\ \int_3^7 |v(t)|dt=\frac{1}{2}\times 4\times 2=4$$

$$\therefore \int_0^7 |v(t)|\,dt = 2+4 = 6$$

즉, 점 P가 출발 후 7초 동안 움직인 거리는 6이다. (참)

따라서 옳은 것은 ㄷ뿐이다. ■

Sub Note 053쪽

유제

073-① 원점을 출발하여 수직선 위를 9초 동안 움직이는 점
P의 시각 $t\,(0 \le t \le 9)$에서의 속도 $v(t)$의 그래프가
오른쪽 그림과 같을 때, 옳은 것만을 보기에서 있는
대로 골라라.

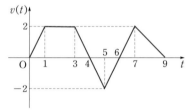

보기 ㄱ. 점 P는 출발 후 운동 방향을 2번 바
꿨다.

ㄴ. 점 P는 출발하고 나서 4초 후에 원
점으로 되돌아와 있다.

ㄷ. 점 P는 출발한 지 9초 후 원점으로
부터 가장 멀리 떨어져 있다.

Sub Note 054쪽

유제

073-② 오른쪽 그림은 원점을 출발하여 수직선 위를 움직이는 점 P
의 시각 $t(0 \le t \le d)$에서의 속도 $v(t)$를 나타낸 그래프이
다. $\int_0^a |v(t)|\,dt = \int_a^d |v(t)|\,dt$일 때, 옳은 것만을 보기에
서 있는 대로 골라라. (단, $0 < a < b < c < d$) [수능 기출]

보기 ㄱ. 점 P는 출발하고 나서 원점을 다시 지난다.

ㄴ. $\int_0^c v(t)\,dt = \int_c^d v(t)\,dt$

ㄷ. $\int_0^b v(t)\,dt = \int_b^d |v(t)|\,dt$

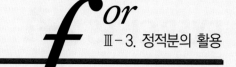
1. 다음 [   ] 안에 적절한 것을 채워 넣어라.

(1) $f(x)$는 연속함수이고 $\begin{cases} \text{구간 } [a, c]\text{에서는 } f(x) \geq 0 \\ \text{구간 } [c, b]\text{에서는 } f(x) \leq 0 \end{cases}$ (단, $a < c < b$)이다.

구간 $[a, c]$에서 x축과 곡선 $y=f(x)$ 사이의 넓이와 구간 $[c, b]$에서 x축과 곡선 $y=f(x)$ 사이의 넓이가 서로 같을 때,

$\displaystyle\int_a^c f(x)\,dx = A$이면 $\displaystyle\int_c^b f(x)\,dx = [\qquad]$, $\displaystyle\int_a^b f(x)\,dx = [\qquad]$이다.

(2) 수직선 위에 시각 t에서 $v(t)$의 속도로 움직이는 점 P가 있다. 시각 $t=a$에서의 점 P의 위치를 x_0이라 하면 시각 t에서 점 P의 위치 x는 $x = [\qquad\qquad]$이고 시각 $t=a$에서 $t=b$까지 점 P의 위치의 변화량은 $[\qquad\qquad]$이다.

2. 다음 문장이 참(true) 또는 거짓(false)인지 결정하고, 그 이유를 설명하거나 적절한 반례를 제시하여라.

(1) 함수 $f(x)$가 닫힌구간 $[a, b]$에서 연속일 때, $y=f(x)$의 그래프와 x축 및 두 직선 $x=a$, $x=b$로 둘러싸인 도형의 넓이는 $\displaystyle\int_a^b f(x)\,dx$이다.

(2) 시간-속력 그래프가 연속일 때, 임의의 구간에서 정적분의 값은 항상 0 이상이다.

3. 다음 물음에 대한 답을 간단히 서술하여라.

(1) 함수 $y=f(x)$의 그래프와 그 역함수 $y=g(x)$의 그래프로 둘러싸인 도형의 넓이를 직선 $y=x$를 이용하여 구하는 방법을 말하여라.

(2) 원점을 출발하여 수직선 위를 움직이는 점 P의 시각 t에서의 속도를 $v(t)$라 할 때, 닫힌구간 $[a, b]$에서의 $\displaystyle\int_a^b v(t)\,dt$와 $\displaystyle\int_a^b |v(t)|\,dt$가 나타내는 의미를 말하여라.

Sub Note 116쪽

곡선과 x축
사이의 넓이 **01** 함수 $f(x)$의 도함수 $f'(x)=x^2-4$이고 $f(2)=0$일 때, 곡선 $y=f(x)$와 x축으로 둘러싸인 도형의 넓이를 구하여라.

곡선과 x축
사이의 넓이 **02** 곡선 $y=-x^2+ax\,(a>3)$와 x축 및 두 직선 $x=1$, $x=3$으로 둘러싸인 도형의 넓이가 $\dfrac{34}{3}$일 때, 상수 a의 값을 구하여라.

두 곡선
사이의 넓이 **03**
서술형 두 곡선 $y=x^2$과 $y=x^3-2x$로 둘러싸인 두 도형의 넓이를 각각 A, $B\ (A<B)$라 할 때, $\dfrac{A}{B}$의 값을 구하여라.

곡선과 직선
사이의 넓이 **04** 곡선 $y=-x^2+3x$ 위의 점 $(1,\ 2)$에서의 접선과 평행한 직선 중 원점을 지나는 직선과 곡선 $y=-x^2+3x$로 둘러싸인 도형의 넓이를 구하여라.

두 곡선
사이의 넓이의
활용 **05** 오른쪽 그림과 같이 두 곡선 $y=x^2(x-2)$, $y=ax(x-2)$로 둘러싸인 두 도형의 넓이가 서로 같을 때, 상수 a의 값을 구하여라. (단, $a>0$)

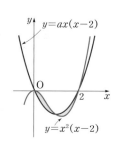

두 곡선
사이의 넓이의
활용

06 곡선 $y=x^2-2x$와 x축으로 둘러싸인 도형의 넓이가 직선 $y=ax$에 의하여 이등분될 때, 상수 a에 대하여 $(a+2)^3$의 값을 구하여라.

역함수의
그래프와 넓이

07 함수 $f(x)=\dfrac{1}{2}x^3+\dfrac{1}{2}x$의 역함수를 $g(x)$라 할 때, 정적분 $\displaystyle\int_1^{15}g(x)\,dx$의 값은?

① 30　　　② 31　　　③ 32　　　④ 33　　　⑤ 34

수직선 위를
움직이는
점의 위치

08 수직선 위를 움직이는 두 점 P, Q가 있다. 점 P는 원점에서 출발하여 t초 후의 속도가 $3t$이고, 점 Q는 원점에서 양의 방향으로 2만큼 떨어진 지점에서 출발하여 t초 후의 속도가 $t+a$이다. $t=5$에서 점 P가 점 Q보다 4만큼 앞서 있을 때, 상수 a의 값을 구하여라.

시간-속도
그래프의
해석

09 원점을 출발하여 수직선 위를 움직이는 점 P의 시각 $t\,(0\le t\le 7)$에서의 속도를 $v(t)$라 할 때, $y=v(t)$의 그래프는 다음 그림과 같다. 옳은 것만을 보기에서 있는 대로 고른 것은?

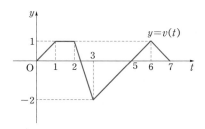

> **보기**　ㄱ. 점 P가 움직이는 방향은 출발 후 $t=7$일 때까지 2번 바뀐다.
> 　　　　ㄴ. $t=3$일 때 속력이 가장 작다.
> 　　　　ㄷ. $t=7$일 때 점 P는 원점으로부터 가장 멀리 떨어져 있다.

① ㄱ　　　　　　② ㄴ　　　　　　③ ㄱ, ㄷ
④ ㄴ, ㄷ　　　　⑤ ㄱ, ㄴ, ㄷ

Sub Note 119쪽

01 최고차항의 계수가 1인 이차함수 $f(x)$가 $f(3)=0$과 $\displaystyle\int_0^{2019} f(x)\,dx = \int_3^{2019} f(x)\,dx$ 를 만족시킨다. 곡선 $y=f(x)$와 x축으로 둘러싸인 도형의 넓이가 S일 때, $30S$의 값을 구하여라.

02 삼차함수 $f(x)$는 $x=1$, $x=3$에서 극값을 갖고 $f(0)=-2$, $f(2)=-6$일 때, 곡선 $y=f(x)$와 x축, y축 및 직선 $x=4$로 둘러싸인 도형의 넓이를 구하여라.

03 함수 $f(x)=\dfrac{1}{3}x^3-3x^2+10x-12$의 그래프의 접선 중에서 기울기가 최소인 직선의 접점을 P라 하자. 최고차항의 계수가 2인 이차함수 $y=g(x)$의 그래프가 점 P를 지나고 y절편은 -12일 때, 두 곡선 $y=f(x)$, $y=g(x)$로 둘러싸인 도형의 넓이를 구하여라.

[서술형]

04 곡선 $y=x^2+2x-3$과 두 직선 $y=x+3$, $y=x-3$으로 둘러싸인 도형의 넓이를 구하여라.

05 그림과 같이 좌표평면 위의 두 점 A$(2, 0)$, B$(0, 3)$을 지나는 직선과 곡선 $y=ax^2$ $(a>0)$ 및 y축으로 둘러싸인 부분 중에서 제1사분면에 있는 부분의 넓이를 S_1이라 하자. 또 직선 AB와 곡선 $y=ax^2$ 및 x축으로 둘러싸인 부분의 넓이를 S_2라 하자.

$S_1 : S_2 = 13 : 3$일 때, 상수 a의 값은? [교육청 기출]

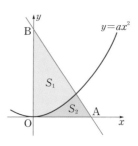

① $\dfrac{2}{9}$ ② $\dfrac{1}{3}$ ③ $\dfrac{4}{9}$

④ $\dfrac{5}{9}$ ⑤ $\dfrac{2}{3}$

06 $0<a<2$일 때, 두 곡선 $y=x^2(x-2)$, $y=ax(x-2)$로 둘러싸인 도형의 넓이의 최솟값을 구하여라.

07 함수 $f(x)=2x^3-3x^2+2x$와 그 역함수 $g(x)$에 대하여 두 곡선 $y=f(x)$와 $y=g(x)$로 둘러싸인 도형의 넓이를 구하여라.

08 동서로 일직선으로 뻗은 도로 위에 동쪽 방향으로 움직이고 있는 두 자동차 A, B가 있다. 현재 자동차 B는 자동차 A보다 동쪽으로 am만큼 떨어져 있고, t초 후의 A, B의 속도는 각각
$$(3t^2-2t+4)\,\text{m/s},\ (5t^2-4t)\,\text{m/s}$$
라 한다. 두 자동차 A, B가 앞으로 2번 만나기 위한 실수 a의 값의 범위를 구하여라.

09 원점을 출발하여 수직선 위를 움직이는 두 점 P, Q의 시각 $t\,(0\leq t\leq c)$에서의 속도를 각각 $v_P(t)$, $v_Q(t)$라 할 때, 오른쪽 그림은
$$y=v_P(t),\ y=v_Q(t)$$
의 그래프를 나타낸 것이다.
$$\int_0^c \{v_P(t)-v_Q(t)\}\,dt=0$$
일 때, 옳은 것만을 보기에서 있는 대로 고른 것은?

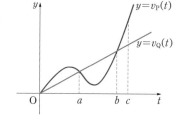

보기	ㄱ. 두 점 P, Q가 출발한 후 $t=c$일 때까지 속도는 2번 같아진다.
	ㄴ. $t=c$일 때까지 두 점 P, Q가 움직인 거리는 같다.
	ㄷ. $t=c$일 때까지 점 Q는 점 P를 2번 추월한다.

① ㄱ   ② ㄷ   ③ ㄱ, ㄴ
④ ㄴ, ㄷ   ⑤ ㄱ, ㄴ, ㄷ

내신·모의고사 대비 TEST ⟩ 340쪽

Chapter Ⅲ Exercises

난이도 ■ : 중   ■■ : 중상   ■■■ : 상

S U M M A   C U M   L A U D E

Sub Note 124쪽

■□□
01 $f(x) = \int (1 + 2x + 3x^2 + \cdots + 10x^9)\,dx$이고 $f(1) = 0$일 때, $f(-1)$의 값은?

    ① -30 ② -20 ③ -10 ④ 0 ⑤ 10

■□□
02 함수 $f(x)$를 적분해야 할 것을 잘못하여 미분하였더니 $6x(x-3)$이었다. $f(x)$의 부정적분 중 하나를 $F(x)$라 하면 $f(0) = 1$, $F(1) = \dfrac{1}{2}$이다. $F(x)$를 $x+2$로 나누었을 때의 나머지는?

    ① 32 ② 34 ③ 36 ④ 38 ⑤ 40

■■□
03 함수 $f(x)$의 도함수 $f'(x)$가 $f'(x) = -4x + k$이고 $f(2) = -8$일 때, 방정식 $f(x) = 0$이 실근을 갖지 않도록 하는 실수 k의 값의 범위를 구하여라.

04 $\int_0^1 f(x)\,dx=a$일 때, 정적분 $\int_3^4 \{f(x-3)+2x-a\}\,dx$의 값을 구하여라.

05 일차함수 $f(x)$에 대하여 $\int_{-1}^1 xf(x)\,dx=3$, $\int_{-1}^1 x^2 f(x)\,dx=-2$가 성립할 때, $f(4)$의 값을 구하여라.

06 이차함수 $f(x)$는 $f(0)=-1$이고,

$$\int_{-1}^1 f(x)\,dx=\int_0^1 f(x)\,dx=\int_{-1}^0 f(x)\,dx$$

를 만족시킨다. $f(2)$의 값은?

① 11   ② 10   ③ 9   ④ 8   ⑤ 7

07 연속함수 $f(x)$가 모든 실수 x에 대하여 다음 두 조건을 모두 만족시킨다.

(가) $f(-x)=f(x)$ (나) $f(x-1)=f(x+1)$

$\int_0^1 f(x)\,dx=3$일 때, 정적분 $\int_{-3}^7 f(x)\,dx$의 값을 구하여라.

08 미분가능한 함수 $y=f(x)$의 그래프는 원점에 대하여 대칭이고 $f(1)=6$이며, 그 도함수 $f'(x)$는 연속함수이다. 이때 $\displaystyle\int_{-1}^{1} f'(t)(1-t)\,dt$의 값은?

① 4   ② 8   ③ 12   ④ 16   ⑤ 20

09 다항식 $f(x)=x^3-2ax^2+\displaystyle\int_{-1}^{x} g(t)\,dt$를 $(x+1)^2$으로 나누었을 때의 나머지가 $2x+10$이다. 이때 다항식 $g(x)$를 $x+1$로 나누었을 때의 나머지는?

① -5 ② -4 ③ -3 ④ -2 ⑤ -1

10 $f(x)=2x^3-3x^2+x\displaystyle\int_0^1 f(t)\,dt+\int_0^1 f(t)\,dt$를 만족시키는 다항식 $f(x)$가 있다. 이때 함수 $y=\displaystyle\int_0^t \{f(x)-1\}\,dx$의 최솟값은?

① -3 ② -2 ③ -1 ④ 0 ⑤ 1

11 함수 $f(x)=x(x+2)(x+4)$에 대하여 함수 $g(x)=\int_2^x f(t)dt$는 $x=a$에서 극댓값을 갖는다. $g(a)$의 값은?

① -28　　② -29　　③ -30　　④ -31　　⑤ -32

12 함수 $f(x)=x^3-4x$에 대하여 함수 $g(x)$가

$$g(x)=\int_{-2}^x f(t)\,dt$$

일 때, 옳은 것만을 보기에서 있는 대로 골라라.

> 보기　　ㄱ. $g(2)=0$
>
> ㄴ. $\lim\limits_{x\to-2}\dfrac{g(x)}{x+2}=0$
>
> ㄷ. 방정식 $g(x)=n$이 서로 다른 네 실근을 갖기 위한 자연수 n의 개수는 3이다.

13 두 포물선 $A:y=x^2$, $B:y=(x-3)^2-3$이 있다. 두 포물선의 공통접선과 평행하고 두 포물선의 교점을 지나는 직선을 m이라 하자. 이때 포물선 A와 직선 m으로 둘러싸인 도형의 넓이를 S_1, 포물선 B와 직선 m으로 둘러싸인 도형의 넓이를 S_2라 할 때, S_1+S_2의 값을 구하여라.

14 임의의 실수 x에 대하여 함수 $f(x)=x^3+ax^2+bx+2$는 $f(x)+f(-x)=4$를 만족시킨다. 또 $f(x)$의 극값들 중 0인 것이 1개 있다. 이때 곡선 $y=f(x)$와 직선 $y=0$으로 둘러싸인 도형의 넓이는? (단, a, b는 상수)

① $\dfrac{23}{4}$　　② $\dfrac{25}{4}$　　③ $\dfrac{27}{4}$　　④ $\dfrac{29}{4}$　　⑤ $\dfrac{31}{4}$

15 함수 $f(x)=x^3+(a-2)x^2+(b-2a)x$는 실수 전체의 집합에서 증가한다고 한다. 이때 함수 $f(x)$의 역함수 $g(x)$에 대하여 $\displaystyle\int_0^{2b} g(x)\,dx$의 최솟값은? (단, a, b는 실수)

① -1　　② $-\dfrac{1}{2}$　　③ 0　　④ $\dfrac{1}{2}$　　⑤ $\dfrac{4}{3}$

16 두 기차역 A, B는 직선레일로 연결되어 있고, 그 거리는 3.2 km이다. A역을 출발한 기차의 t초 후의 속도기 $1.6t$ m/s이고, 최고 속도 32 m/s가 되면 이 속도로 등속운동을 한다. 또 B역에 도착하기 전 적당한 지점에서 제동기를 걸면 그 때부터 기차의 t초 후의 속도는 $(32-1.6t)$ m/s가 되어 B역에 정차한다. 기차가 A역에서 B역까지 가는 데 걸리는 시간은 몇 초인지 구하여라.

17 둘레의 길이가 26 cm인 원 위의 한 점 A에서 동
점 P, Q가 동시에 출발하여 서로 반대 방향으로
원 위를 움직이고 있다. 오른쪽 그래프는 점 A를
출발하여 t초 후의 두 점 P, Q의 속력을 나타낸
것이다. 출발한 후 10초 동안 두 점 P, Q는 몇 번
만나는지 구하여라.

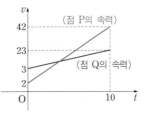

18 원점을 출발하여 수직선 위를 움직이는 점 P의 시각 $t(0 \le t \le 5)$에서의 속도 $v(t)$가 다
음과 같다.

$$v(t) = \begin{cases} 4t & (0 \le t < 1) \\ -2t+6 & (1 \le t < 3) \\ t-3 & (3 \le t \le 5) \end{cases}$$

$0 < x < 3$인 실수 x에 대하여 점 P가

　시각 $t=0$에서 $t=x$까지 움직인 거리,

　시각 $t=x$에서 $t=x+2$까지 움직인 거리,

　시각 $t=x+2$에서 $t=5$까지 움직인 거리

중에서 최소인 값을 $f(x)$라 할 때, 옳은 것만을 보기에서 있는 대로 고른 것은?

[수능 기출]

보기　ㄱ. $f(1)=2$

　　　ㄴ. $f(2)-f(1)=\displaystyle\int_1^2 v(t)dt$

　　　ㄷ. 함수 $f(x)$가 $x=1$에서 미분가능하다.

① ㄱ　　　② ㄴ　　　③ ㄱ, ㄴ　　　④ ㄱ, ㄷ　　　⑤ ㄴ, ㄷ

내신·모의고사 대비 TEST ▷ 352쪽

Chapter III　Advanced Lecture

SUMMA CUM LAUDE

TOPIC (1)　여러 가지 부정적분의 기술

(1) 합성함수의 미분법의 역과정을 이용한 부정적분

다항함수의 부정적분은 $x^n(n=0,\ 1,\ 2,\ 3,\ \cdots)$ 꼴의 적분만 할 줄 알면 쉽게 구할 수 있었다. 그러나 약간의 단점이 있다면 모든 항을 한 항씩 따로따로 적분해 주어야 한다는 것이다. 예를 들어 $(2x+1)^2$의 부정적분을 구하려면 $4x^2+4x+1$로 전개한 후 세 항을 각각 적분해야 한다. 사실 이 경우는 전개하는 방법이 단순하여 어려움이 없다.

하지만 $(2x+1)^{10}$과 같이 차수가 높은 경우는 다르다. 일단 전개하는 것조차 쉽지 않을뿐더러 겨우겨우 전개를 마쳤다 하더라도 항이 11개나 되기 때문에 모든 항을 각각 적분하는 것 자체가 굉장히 부담스럽다.

이와 같은 문제를 쉽게 해결하기 위한 (우리 수준에서의) 방법이 바로 II단원 다항함수의 미분법의 **Advanced Lecture**에서 다룬 합성함수의 미분법의 역과정을 이용하는 것이다.

즉, 합성함수 $f(g(x))$를 미분하면

$$\{f(g(x))\}'=f'(g(x))g'(x)$$

이므로 역으로 생각하면 $f'(g(x))g'(x)$ 꼴의 함수의 부정적분은 다음과 같다.

$$\int f'(g(x))g'(x)\,dx=f(g(x))+C\ \text{(단, } C\text{는 적분상수)}$$

> **EXAMPLE** *01*　부정적분 $\int(2x+1)^{10}dx$를 구하여라.
>
> ---
>
> **ANSWER**　$y=(2x+1)^{10}$은 함수 $y=x^{10}$과 $y=2x+1$의 합성함수로 볼 수 있다.
> 이때 $f'(x)=x^{10}$, $g(x)=2x+1$로 놓으면 $f'(g(x))=(2x+1)^{10}$, $g'(x)=2$이므로
> 합성함수의 미분법의 역과정 $\int f'(g(x))g'(x)\,dx=f(g(x))+C$를 이용하면
>
> $$\int(2x+1)^{10}\cdot2\,dx-\frac{1}{11}(2x+1)^{11}+C$$
>
> $$\therefore \int(2x+1)^{10}dx=\frac{1}{2}\left\{\frac{1}{11}(2x+1)^{11}+C\right\}=\frac{1}{22}(2x+1)^{11}+C\ \blacksquare$$

APPLICATION *01* 부정적분 $\int (3x+2)^9 dx$를 구하여라. Sub Note 132쪽

이제 $(ax+b)^n$ 꼴의 부정적분은 굳이 전개하지 않고 합성함수의 미분법의 역과정을 이용하여 쉽게 구할 수 있게 되었다. 위의 과정을 다음과 같이 공식처럼 기억해 두어도 좋다.

$a \neq 0$이고 n이 음이 아닌 정수일 때,

$$\int (ax+b)^n dx = \frac{1}{\text{@}} \cdot \frac{1}{n+1}(ax+b)^{n+1}+C$$

(적분 / 미분)

㉠ $\int (2x+1)^2 dx = \frac{1}{2} \cdot \frac{1}{2+1}(2x+1)^{2+1}+C = \frac{1}{6}(2x+1)^3+C$

$\int (2x+1)^{10} dx = \frac{1}{2} \cdot \frac{1}{10+1}(2x+1)^{10+1}+C = \frac{1}{22}(2x+1)^{11}+C$

하지만 (다항식)^n 꼴의 함수에서 다항식 부분이 이차식 이상일 때는 위의 공식을 이용하여 부정적분을 구할 수 없다. 일차식일 때는 도함수가 상수이므로 계수처럼 처리할 수 있지만, 이차식일 때는 도함수가 식이 되므로 처리 불가이다. **EXAMPLE** *02*를 통해 적당한 식이 더 곱해져 있는 합성함수의 부정적분을 구해 보자. 여기서 적당한 식이란 $g'(x)$와 단지 상수배 차이인 식을 말한다.

E X A M P L E *02* 부정적분 $\int x^2(2x^3+7)^7 dx$를 구하여라.

ANSWER $f'(x)=x^7$, $g(x)=2x^3+7$로 놓으면
$f'(g(x))=(2x^3+7)^7$, $g'(x)=6x^2$
이므로 $\int (2x^3+7)^7 \cdot 6x^2 dx = \frac{1}{8}(2x^3+7)^8+C$이다.

$\therefore \int x^2(2x^3+7)^7 dx = \frac{1}{6}\left\{\frac{1}{8}(2x^3+7)^8+C\right\}$

$\qquad\qquad = \frac{1}{48}(2x^3+7)^8+C$ ■

APPLICATION *02* 부정적분 $\int(x+1)(2x^2+4x)^5dx$를 구하여라.   Sub Note 132쪽

(2) 곱의 미분법의 역과정을 이용한 부정적분

이번에는 곱의 미분법의 역과정을 이용하는 방법에 대해 알아보자. 즉, 함수 $f(x)g(x)$를 미분하면

$$\{f(x)g(x)\}'=f'(x)g(x)+f(x)g'(x)$$

이므로 역으로 생각하여 $f'(x)g(x)+f(x)g'(x)$ 꼴의 함수의 부정적분은 다음과 같다.

$$\int\{f'(x)g(x)+f(x)g'(x)\}dx=f(x)g(x)+C \text{ (단, } C\text{는 적분상수)}$$

$$\therefore \int f'(x)g(x)\,dx+\int f(x)g'(x)\,dx=f(x)g(x)+C$$

사실 이 방법은 다항함수보다는 다른 함수(지수함수, 로그함수, 삼각함수 등)의 부정적분을 구할 때 유용하게 쓰인다.

EXAMPLE *03* 두 함수 $f(x)=x^2+2x+5$, $g(x)=3x^2+1$에 대하여 함수 $F(x)$가

$$\int f(x)g'(x)\,dx=F(x)-\int f'(x)g(x)\,dx$$

를 만족시킨다. $F(1)=3$일 때, $F(-1)$의 값을 구하여라.

ANSWER $F(x)=\int f(x)g'(x)\,dx+\int f'(x)g(x)\,dx$이므로 곱의 미분법의 역과정

$\int f'(x)g(x)\,dx+\int f(x)g'(x)\,dx=f(x)g(x)+C$를 이용하면

$F(x)=f(x)g(x)+C=(x^2+2x+5)(3x^2+1)+C$

$F(1)=8\cdot4+C=3$이므로 $C=-29$

$\therefore F(-1)=(1-2+5)\times(3+1)-29=16-29=\mathbf{-13}$ ■

APPLICATION *03* 다음 부정적분을 구하여라.   Sub Note 132쪽

$$\int\{(4x^3+6x+1)(x^3-6x)+(x^4+3x^2+x)(3x^2-6)\}\,dx$$

TOPIC (2) 다항함수와 넓이

수학 Ⅱ에서 다루는 함수는 다항함수뿐이고 이차, 삼차, 사차함수가 대부분이다. 다항함수는 차수에 따라 그 그래프만의 특성을 지니고 있는데, 이를 잘 분석하면 적분을 활용하여 넓이를 구하는 과정에서 보다 친숙하고 빠르게 접근할 수 있다. 여기서는 빠른 접근을 위해 다항함수와 관련된 몇 가지 넓이 공식을 소개하려고 한다.

⑴ 이차함수와 넓이

$y=x^2$에 대하여 $\int_0^1 x^2 dx = \frac{1}{3}$, $\int_1^2 x^2 dx = \frac{7}{3}$ 이라는 것쯤은 이제 암산으로도 알 수 있을 것이다. 이때 함수 $y=x^2$을 $y=ax^2$으로 바꾸면 넓이는 명백히 $|a|$배가 된다. 이 정도의 결과만 알고 있어도 다음과 같은 그림에서 일부분의 넓이를 자연스럽게 생각할 수 있다.

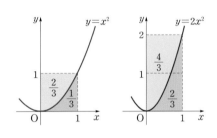

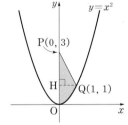

△PQH의 넓이는 1, 도형 OHQ의 넓이는 $\frac{2}{3}$이므로 색칠한 부분의 넓이는 $\frac{5}{3}$이다.

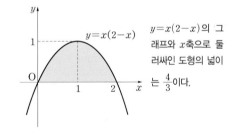

$y=x(2-x)$의 그래프와 x축으로 둘러싸인 도형의 넓이는 $\frac{4}{3}$이다.

$y=x^3$에 대해서도 마찬가지이다. $\frac{1}{4}$, $\frac{3}{4}$, $\frac{15}{4}$가 그래프의 어느 부분에 해당하는 넓이인지 각자 가볍게 생각해 보자.

⑵ 이차함수와 넓이 공식

일반적으로 이차함수 $y=a(x-\alpha)(x-\beta)$의 그래프와 x축으로 둘러싸인 도형의 넓이는 $\frac{|a|(\beta-\alpha)^3}{6}$이 됨을 본문 284쪽 **APPLICATION 069**에서 살펴보았다. **APPLICATION 069**에서는 직접 정적분을 하여 공식을 유도했는데, 여러 가지 상황을 편리하게 다루기 위해서는 평행이동과 상수배를 적절히 활용할 수 있는 편이 좋으므로 위 공식을 새로운 관점에서

살펴보기로 하자.

표준적인 이차함수 $y=x(x-k)\ (k>0)$를 생각하자. $y=x(x-k)$의 그래프와 x축으로 둘러싸인 도형의 넓이는

$$-\int_0^k (x^2-kx)\,dx=-\left[\frac{x^3}{3}-\frac{kx^2}{2}\right]_0^k$$
$$=\frac{k^3}{6}$$

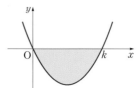

이 된다. 이때 k의 값은 $x(x-k)=0$의 두 근의 차가 되므로

x축과의 두 교점이 α, $\beta\ (\alpha<\beta)$인 이차함수 $y=(x-\alpha)(x-\beta)$의 그래프와 x축으로 둘러싸인 도형의 넓이는 $k=\beta-\alpha$로 바꾼 $\dfrac{(\beta-\alpha)^3}{6}$이 된다.

이때 최고차항의 계수가 a라면 넓이는 명백히 $|a|$배가 되므로 $\dfrac{|a|(\beta-\alpha)^3}{6}$이 된다.

(3) 삼차함수와 넓이 공식

그래프가 단순한 경우부터 먼저 생각해 보자.

(i) 삼차함수 $y=x(x+k)(x-k)\ (k>0)$인 경우

오른쪽 그림에서 색칠한 부분의 넓이는

$$-\int_0^k (x^3-k^2x)\,dx=-\left[\frac{1}{4}x^4-\frac{k^2}{2}x^2\right]_0^k=\frac{k^4}{4}$$

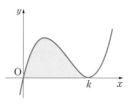

이므로 대칭적인 두 부분의 넓이의 합은 $\dfrac{k^4}{2}$이 된다.

이 공식을 보면 k의 값이 커질수록 넓이는 증가한다. 즉, 그래프의 구부러진 부분이 위아래로 급격하게 길어지는데 컴퓨터를 이용하여 여러 k의 값에 대한 그래프를 그려 보면 이것을 확인할 수 있다.

(ii) 삼차함수 $y=x(x-k)^2\ (k>0)$인 경우

오른쪽 그림과 같이 그래프가 x축에 접하는 경우이다.

$y=x(x-k)^2$의 그래프와 x축으로 둘러싸인 도형의 넓이는

$$\int_0^k (x^3-2kx^2+k^2x)\,dx$$
$$=\left[\frac{1}{4}x^4-\frac{2k}{3}x^3+\frac{k^2}{2}x^2\right]_0^k=\frac{k^4}{12}$$

이 되는데 이차함수에서와 같은 방법으로 일반화하면 x축과의 두 교점이 α, $\beta\ (\alpha<\beta)$

인 삼차함수 $y=a(x-\alpha)(x-\beta)^2$의 그래프와 x축으로 둘러싸인 도형의 넓이는 다음과 같다.

$$\frac{|a|(\beta-\alpha)^4}{12}$$

(ⅲ) 삼차함수 $y=x(x-p)(x-q)$ $(0<p<q)$인 경우

$f(x)=x(x-p)(x-q)$라 하자. 넓이를 구할 때 구간을 $[0,\,p]$와 $[p,\,q]$로 나누어주므로 여기에서도 나누어 생각하자.

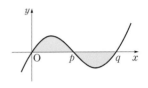

구간 $[0,\,p]$에서 $y=f(x)$의 그래프와 x축으로 둘러싸인 도형의 넓이는

$$\int_0^p f(x)dx=\int_0^p x(x-p)(x-q)dx=\frac{p^3(2q-p)}{12}$$

와 같이 나타난다.

따라서 이 공식을 이용하여 구간 $[p,\,q]$에서의 넓이를 구하면

$$-\int_p^q f(x)\,dx=-\int_0^q f(x)\,dx+\int_0^p f(x)\,dx$$

$$=-\frac{q^3(2p-q)}{12}+\frac{p^3(2q-p)}{12}$$

$$=\frac{q^4-2pq^3+2p^3q-p^4}{12}$$

이다. 단순한 함수일 경우에는 정적분을 이용하여 넓이를 구하는 것이 훨씬 빠를 수 있지만 '이렇게 공식화 될 수 있구나' 하는 생각을 한 번쯤 해 보는 것도 좋다.

지금까지 이차함수와 삼차함수의 그래프와 x축으로 둘러싸인 도형의 넓이를 공식화 해보았다. 함수를 공부함에 있어 그래프를 빼놓을 수 없다. 그만큼 그래프와 많이 친숙해져야 한다. 위의 넓이에 대한 공식화도 이러한 맥락으로 여기고 그래프를 이해하는 데 약간의 팁으로 기억하면 충분하리라 본다. 그래프의 개형에 대해 복습이 필요하면 본문 178쪽을 참고하길 바란다.

Sub Note 132쪽

APPLICATION **04** 사차함수 $y=a(x-\alpha)^2(x-\beta)^2$의 그래프와 x축으로 둘러싸인 도형의 넓이는 $\frac{|a(\beta-\alpha)^5|}{30}$ 이다. 이 공식을 유도해 보아라.

01. 불연속함수의 적분

앞서 다항함수의 미분법 단원에서는 '미분가능한 함수는 연속'이라는 사실을 확인하였다. 하지만 $y=|x|$와 같은 함수는 모든 실수에서 연속이지만 $x=0$에서는 미분가능하지 않다.

따라서 '연속인 함수는 미분가능'이라는 명제는 거짓임을 알 수 있었다.

한편 다항함수의 적분법 단원을 배우면서는 함수의 연속과 적분의 관계에 대해 자세히 다루지 않고, 기본적으로 연속인 함수를 다루었음을 알 수 있다. 그렇다면 **불연속함수에 대해서도 적분을 생각할 수 있는 것일까?** 부정적분과 정적분으로 나누어 그 답을 찾아보자.

(1) 불연속함수의 부정적분

먼저 부정적분의 정의를 복습하자.

> 함수 $f(x)$에 대하여 $F'(x)=f(x)$가 성립할 때, 함수 $F(x)$를 $f(x)$의 부정적분이라 하고,
> 기호로 $\int f(x)\,dx=F(x)+C$와 같이 나타낸다.

부정적분을 정의할 때 전제는 미분가능한 함수 $F(x)$가 존재한다는 것이다. 위에서 언급한 것처럼 이는 $F(x)$가 연속일 것을 요구한다. 그런데 부정적분을 정의하려면 $f(x)$도 연속이어야 하는 것일까? 즉,

함수 $f(x)$가 불연속인 경우에도 미분가능한 함수 $F(x)$가 존재하여
$F'(x)=f(x)$가 될 수 있지는 않을까?

결론부터 말하자면, 함수 $f(x)$의 부정적분을 생각하려면 $f(x)$는 연속이라는 조건이 필요하다.❶

왜 그런지 간단히 반례를 살펴보자.

함수 $f(x)$를 $f(x) = \begin{cases} x & (x \neq 1) \\ 2 & (x=1) \end{cases}$ 라 하면

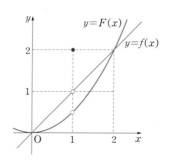

$F'(x) = f(x)$인 함수 $F(x)$에 대하여 $x \neq 1$인 경우에는 문제가 되지 않는다. 그런데 $y = F(x)$에서 $x = 1$에서의 함숫값 $F(1)$은 생각하기가 곤란하다. 왜냐하면 $f(x)$는 $F(x)$의 도함수이므로 $y = F(x)$의 그래프의 $x = 1$의 좌우에는 접선의 기울기가 1이고, $x = 1$에서의 접선의 기울기는 2 가 된다고 해석해야 하기 때문이다. 한 점에서의 기울기가 그 근처에서의 기울기와 급격하게 다른 이런 상황은 기하적으로 말이 되지 않는다. 즉, 위와 같이 한 x의 값에서의 함숫값이 극한값과 달라서 불연속인 함수 $f(x)$는 어떤 함수 $F(x)$의 도함수가 될 수 없다. 다시 말하면 한 x의 값에서의 함숫값이 극한값과 달라서 불연속인 함수 $f(x)$는 부정적분 $F(x)$를 가질 수 없다.

위 설명에서 간단히 넘어간 '기하적으로 말이 되지 않는다' 는 부분은 사실 다음과 같은 정리로 정확히 서술할 수 있다.

다르부(Darboux) 정리

$f(x)$가 닫힌구간 $[a, b]$에서 미분가능한 함수 $F(x)$의 도함수이고 $f(a) \neq f(b)$이면 $f(a)$와 $f(b)$ 사이의 임의의 실수 k에 대하여 $f(c) = k$인 c가 열린구간 (a, b)에 적어도 하나 존재한다.

위 정리에 의하면 함수 $f(x)$가 부정적분을 가질 조건, 즉 어떤 함수의 도함수일 조건은 $f(x)$의 서로 다른 함숫값이 있을 때 그 사이의 모든 값도 $f(x)$의 함숫값이 된다는 것이다. 이것은 함수의 극한과 연속 단원에서 배운 사잇값의 정리와 비슷하다는 느낌을 받을 것이다. 사실상 다르부 정리는 '도함수의 사잇값의 정리' 라 불러도 무방하다.[2] 위에서 살펴본 반례의 그래프에 다르부 정리를 적용해 보자.

함수 $f(x)$가 어떤 함수 $F(x)$의 도함수가 된다면 $f(0) = 0$, $f(1) = 2$이므로 $f(c) = 1$인 c가 열린구간 $(0, 1)$에 적어도 하나 존재하여야 한다. 그러나 함숫값이 1

❶ 대학수학에서는 불연속이지만 부정적분을 가지는 함수를 생각할 수 있다. 그러나 독자들의 경험 내에 한해서는 그런 함수를 상상하기조차 곤란하기 때문에, 이 글에서는 이와 같이 표현하였다.

❷ 이 정리의 증명은 연속함수의 사잇값의 정리와 미분가능 함수가 극대·극소일 때의 미분계수는 0이라는 사실을 이용한다. 따라서 고등학교 수준에서 증명할 수 있지만 여기에서는 증명을 생략한다. 궁금한 독자는 인터넷에서 검색해 보도록 하자.

이 되는 x의 값이 없으므로 다르부 정리의 결론에 모순이고, $f(x)$는 어떤 함수 $F(x)$의 도함수가 아니다. 다시 말해 $f(x)$의 부정적분 $F(x)$가 존재하지 않는다.

지금까지 한 점에서 불연속인 함수가 부정적분을 갖지 않는 경우를 살펴보았다. '수학 II' 까지 학습한 독자가 생각할 수 있는 불연속함수의 경우 대부분 위와 같은 이유에서 부정적분을 갖지 않는다고 설명할 수 있다. 다만 지금까지의 논의는 함수 가운데 일부분에 대한 것으로써 '미적분'에서 배우는 함수들을 조합하면 미분가능한 함수의 도함수가 불연속인 경우도 있음을 언급해 둔다.[3]

(2) 불연속함수의 정적분

이번엔 정적분의 정의를 복습해 보자.

> 함수 $f(x)$가 닫힌구간 $[a, b]$에서 연속일 때, 함수 $f(x)$의 한 부정적분 $F(x)$에 대하여 $F(b) - F(a)$를 $f(x)$의 a에서 b까지의 정적분이라 한다.

우리는 닫힌구간에서 연속인 함수에 대한 심상을 갖고 있다. 대략 오른쪽 그림과 같은 것으로 수학적으로 중요한 사실 중 하나는 이런 함수에 대하여 그림과 같은 넓이 S가 잘 정의된다는 것이다. 앞에서도 언급하였다시피 정적분은 부정적분과 무관하게 함수의 그래프

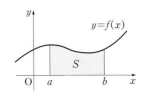

와 x축 사이의 넓이를 구하는 것과 비슷한 과정을 통해 정의된다. 따라서 넓이가 잘 정의되는 것은 정적분이 잘 정의되는 것과도 깊은 관계가 있다.

그렇다면 넓이가 잘 정의되지 않는 경우는 어떤 경우일까? 다음 그림들을 살펴보자.

[그림 1]은 함수 $y = \sin \dfrac{\pi}{x}$의 그래프를 나타낸 것이다. 폭이 넓은 부분에 대하여 곡선과 x축으로 둘러싸인 도형의 넓이를 생각하는 것은 자연스럽다. 하지만 점점 좁은 폭의 넓이를 생각해야 하고 결정적으로 $x = 0$에서는 불연속이 되면서 넓이를 생각하기가 어렵다. 또한 [그림 2]의 경우 불연속점을 갖고 있어서 넓이를 정의하기가 어렵다.

❸ 호기심 많은 독자를 위해 적어 둔다.

$f(x) = x^2 \sin \dfrac{1}{x} \ (x \neq 0)$,

$f(0) = 0$으로 정의한 함수 $f(x)$는 $x = 0$을 포함하는 구간에서 미분가능하지만, 도함수 $f'(x)$는 $x = 0$에서 불연속이다. $x = 0$에서의 미분계수는 공식이 아니라 정의에 따라 구해야 한다.

$$y = \frac{1}{3} \cdot \left[h_I(r_{I_2}^3 - r_{I_1}^3) + h_{II}(r_{II_2}^3 - r_{II_1}^3) + h_{III}(r_{III_2}^3 - r_{III_1}^3) \right]$$

[그림 3]은 함수 $y = \frac{1}{x}$의 그래프인데 $x = 0$ 근처에서 함숫값이 무한대로 발산하기 때문에 넓이를 생각하기 어렵다.

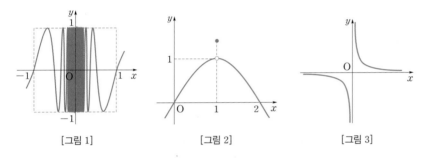

| [그림 1] | [그림 2] | [그림 3] |

이상의 사례를 통해 보면 함수가 연속이 아닌 경우에는 넓이를 생각하기 어렵다.

때문에 정적분의 값을 생각하는 것도 간단하지 않다. 고등학교 수준에서는 이처럼 넓이와 정적분의 값을 생각하기 곤란한 형태의 함수를 배제하기 위해서 앞에서 말한 닫힌구간에서 연속이라는 조건을 생각한다고 말할 수 있다.

다만, 수학적으로는 위와 같은 불연속함수에 대해서도 정적분을 생각하기 위한 방식이 존재하는데 이것은 적분을 다르게 정의할 것을 요구한다. 정적분에 대한 다양한 정의는 '미적분'을 공부한 후에 살펴보는 것이 바람직하므로 적분 가능성에 대한 논의는 여기에서 마무리한다.

내신·모의고사
대비 TEST

숨마쿰라우데®

[수학 II]

Ⅰ. 함수의 극한과 연속
Ⅱ. 다항함수의 미분법
Ⅲ. 다항함수의 적분법

정답은 ➡ 본책의 해설지에서
해설은 ➡ 당사 홈페이지에서
확인하실 수 있습니다.
www.erumenb.com

01 함수의 극한

Sub Note 133쪽

기본 ☑ **Exercises**

01 함수 $y=f(x)$의 그래프가 그림과 같다.

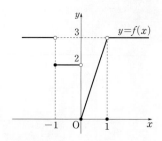

$\lim\limits_{x \to -1-} f(x) + \lim\limits_{x \to 0+} f(x)$의 값은?

① 1   ② 2   ③ 3

④ 4   ⑤ 5

02 다음 극한값을 구하여라.

(1) $\lim\limits_{x \to -1} \dfrac{x^3+x^2+x+1}{\sqrt{x+10}-3}$

(2) $\lim\limits_{x \to -\infty} \dfrac{3+2x}{\sqrt{4x^2-1}+\sqrt{x^2+5}}$

03 함수 $f(x)$가 모든 양의 실수 x에 대하여
$$x < (2x^2+x+4)f(x) < x+2$$
를 만족시킬 때, $\lim\limits_{x \to \infty} xf(x)$의 값을 구하여라.

04 $\lim\limits_{x \to 2} \dfrac{\sqrt{x+a}-2}{x-2}=b$일 때, 상수 a, b에 대하여 $a+4b$의 값을 구하여라.

05 다항함수 $f(x)$가 다음 조건을 만족시킬 때, $\lim\limits_{x \to -1} f(x)$의 값을 구하여라.

> (가) $\lim\limits_{x \to \infty} \dfrac{x^2-3}{f(x)} = \dfrac{1}{3}$ (나) $\lim\limits_{x \to -2} \dfrac{f(x)}{x^2-4} = 6$

06 그림과 같이 직선 $y=x+2$ 위에 두 점 $A(-2, 0)$과 $P(t, t+2)$가 있다. 점 P를 지나고 직선 $y=x+2$에 수직인 직선이 y축과 만나는 점을 Q라 할 때, $\lim\limits_{t \to \infty} \dfrac{\overline{AQ}^2}{\overline{AP}^2}$의 값을 구하여라.

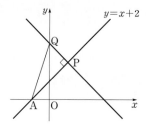

발전 ☑ **Exercises**

07 함수 $y=f(x)$의 그래프가 다음 그림과 같을 때, 보기에서 옳은 것만을 있는 대로 골라라.

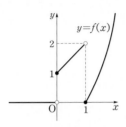

──┤ 보기 ├──

ㄱ. $\lim\limits_{x \to 1} f(x) = 0$

ㄴ. $\lim\limits_{x \to 1+} (f \circ f \circ f)(x) = 0$

ㄷ. $\lim\limits_{x \to 0} (f \circ f)(x)$의 값은 존재한다.

08 실수 전체의 집합에서 정의된 함수 $y=f(x)$의 그래프가 다음 그림과 같을 때,

$$\lim_{t \to \infty} f\left(\frac{t-1}{t+1}\right) + \lim_{t \to -\infty} f\left(\frac{t-1}{t+1}\right)$$

의 값을 구하여라.

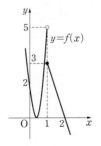

09 함수 $f(x) = \dfrac{ax^4 + bx^3 + cx^2 + dx + e}{x^3 - x^2 + 2}$ 가 다음 세 조건을 만족시킬 때, 상수 a, b, c, d, e에 대하여 $a+b+c+d+e$의 값을 구하여라.

┌─────────────────────────────────────┐
(개) $\lim\limits_{x \to \infty} f(x) = 1$ (내) $\lim\limits_{x \to 0} f(x) = \dfrac{1}{2}$

(대) $\lim\limits_{x \to -1} f(x) = -1$
└─────────────────────────────────────┘

10 함수 $f(x)$에 대하여 $\lim\limits_{x \to a} \dfrac{3f(x-a)}{x-a} = 4$일 때, $\lim\limits_{x \to 0} \dfrac{4x + 6f(x)}{5x^2 + 3f(x)}$의 값을 구하여라. (단, a는 상수)

11 다음 그림과 같이 이차함수 $y = 1 - x^2$의 그래프와 x축과의 교점을 A, B라 하고 y축과의 교점을 C라 하자. $y = 1 - x^2$의 그래프 위를 움직이는 점 P에 대하여 직선 CP와 x축과의 교점을 Q, 점 Q를 지나고 x축에 수직인 직선과 직선 AP의 교점을 R라 하자. 점 P가 점 B에 한없이 가까이 갈 때, $\dfrac{\overline{QR}}{\overline{BQ}}$의 극한값을 구하여라. (단, 점 P는 제1사분면 위에 있다.)

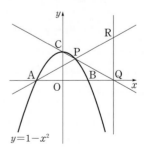

02 함수의 연속

기본 ☑ Exercises

01 다음은 두 함수 $y=f(x)$와 $y=g(x)$의 그래프이다.

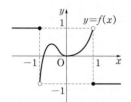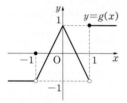

|보기|에서 옳은 것만을 있는 대로 고른 것은?

┌─────── 보기 ───────┐

ㄱ. $\lim_{x \to 1} f(x)g(x) = -1$

ㄴ. 함수 $f(x)+g(x)$는 $x=1$에서 연속이다.

ㄷ. 함수 $f(x)g(x)$는 $x=-1$에서 연속이다.

└────────────────────┘

① ㄱ   ② ㄱ, ㄴ   ③ ㄱ, ㄷ

④ ㄴ, ㄷ   ⑤ ㄱ, ㄴ, ㄷ

02 함수 $f(x)=[5x^2]$이 열린구간 $(0, 2)$에서 불연속이 되는 x의 값의 개수를 구하여라.

(단, $[x]$는 x보다 크지 않은 최대의 정수이다.)

03 함수 $f(x)=\begin{cases} \dfrac{x^2+x+b-1}{x} & (x \neq 0) \\ a & (x=0) \end{cases}$ 가

$x=0$에서 연속일 때, 상수 a, b의 합 $a+b$의 값을 구하여라.

04 함수 $f(x)=\begin{cases} x^2+x+2a & (x \leq 1) \\ -x+a^2 & (x > 1) \end{cases}$ 이 실수 전체의 집합에서 연속일 때, 양수 a의 값을 구하여라.

05 연속함수 $f(x)$가 $(x-2)f(x)=x^3-8$을 만족시킬 때, $f(2)$의 값을 구하여라.

06 연속함수 $f(x)$에 대하여 $f(-2)=1$, $f(-1)=-1$, $f(0)=1$, $f(1)=-1$, $f(2)=1$일 때, 방정식 $f(x)=0$은 열린구간 $(-2, 2)$에서 적어도 몇 개의 실근을 갖는지 구하여라.

발전 ☑ Exercises

07 함수 $y=f(x)$의 그래프가 그림과 같다.

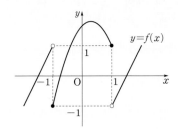

|보기에서 옳은 것만을 있는 대로 고른 것은?

┤ 보기 ├

ㄱ. $\lim\limits_{x \to -1-} f(x) + \lim\limits_{x \to 1+} f(x) = 0$

ㄴ. 함수 $f(-x)$는 $x=1$에서 연속이다.

ㄷ. 함수 $f(x)f(-x)$는 $x=1$에서 연속이다.

① ㄱ   ② ㄴ   ③ ㄱ, ㄷ

④ ㄴ, ㄷ   ⑤ ㄱ, ㄴ, ㄷ

08 연속함수 $f(x)$에 대하여 $\lim\limits_{x \to 2} \dfrac{f(x-2)}{x-2} = 4$일 때, $f(0)$의 값을 구하여라.

09 모든 실수에서 정의된 함수 $f(x)$가 다음 세 조건을 모두 만족시킨다.

㈎ $f(x)$는 연속함수이고 모든 실수 x에 대하여 $f(x)=f(-x)$이다.

㈏ $|x|>4$일 때 $f(x)=0$이다.

㈐ $|x|<4$일 때 $|f(x)| \leq 8$이고 $f(x)=8$이 되는 x는 오직 하나이다.

다음 중 옳지 않은 것은?

① $f(4)=f(-4)=0$이다.

② $f(x)$는 $x=0$일 때 최대이다.

③ $f(x)=2$가 되는 x는 2개 이상 있다.

④ $f(x)$가 최소가 되는 x는 오직 하나이다.

⑤ 모든 실수 x에 대하여 $f(x+4)f(x-4)=0$이다.

10 함수 $f(x) = \begin{cases} \dfrac{x^3+x^2+ax+b}{(x-1)^2} & (x \neq 1) \\ c & (x=1) \end{cases}$ 가

$x=1$에서 연속일 때, 상수 a, b, c에 대하여 $a+b+c$의 값을 구하여라.

11 다항함수 $f(x)$가 다음 두 조건을 모두 만족시킬 때, 방정식 $f(x)=0$이 닫힌구간 $[1, 3]$에서 적어도 몇 개의 실근을 갖는지 구하여라.

㈎ $\lim\limits_{x \to 1} \dfrac{f(x)}{x-1} = 1$ ㈏ $\lim\limits_{x \to 3} \dfrac{f(x)}{x-3} = 2$

기본 ☑ **Exercises**

01 다항함수 $f(x)$에 대하여 $f'(a)=-2$일 때,
$\lim\limits_{h \to 0} \dfrac{f(a-2h)-f(a+4h)}{h}$ 의 값을 구하여라.

02 오른쪽 그림은 $-1<x<7$에서 정의된 함수 $y=f(x)$의 그래프이다. 다음 중 옳지 <u>않은</u> 것은?

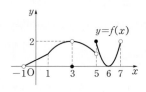

① $\lim\limits_{x \to 3} f(x)=2$
② $f'(4)<0$이다.
③ $f(x)$가 불연속점은 2개이다.
④ $f(x)$가 미분가능하지 않은 점은 3개이다.
⑤ $f'(x)=0$인 점은 2개이다.

03 다항함수 $f(x)=x^3+ax^2+bx$가
$\{f(1)-1\}^2+|f'(1)-1|=0$을 만족시킬 때, 상수 a, b에 대하여 a^2+b^2의 값을 구하여라.

04 함수 $f(x)=(x^2+x-1)(ax+b)$가
$$\lim_{x \to 2} \frac{f(x)-f(2)}{x-2}=10, \quad \lim_{x \to 1} \frac{x^3-1}{f(x)-f(1)}=1$$
을 만족시킬 때, ab의 값을 구하여라. (단, a, b는 상수)

05 $\lim\limits_{x \to 1} \dfrac{x^{10}+x^5-2}{x-1}$ 의 값은?

① 6   ② 9   ③ 12
④ 15   ⑤ 18

06 함수 $f(x)=\begin{cases} -x+1 & (x<0) \\ a(x-1)^2+b & (x \geq 0) \end{cases}$가 모든 실수 x에서 미분가능할 때, $f(3)$의 값은? (단, a, b는 상수)

① 1   ② $\dfrac{3}{2}$ ③ 2
④ $\dfrac{5}{2}$ ⑤ 3

발전 ☑ **Exercises**

07 함수 $f(x)=2x\left[\frac{x}{2}\right]$에 대하여

$\lim\limits_{h\to 0}\dfrac{f(3+h)-f(3-h)}{h}$의 값을 구하여라.

(단, $[x]$는 x보다 크지 않은 최대의 정수이다.)

08 미분가능한 함수 $f(x)$가 모든 실수 x, y에 대하여

$$f(x+y)=f(x)+f(y)+2xy$$

를 만족시킨다. $f'(0)=3$일 때, $f'(a)=7$을 만족시키는 상수 a의 값은?

① 1 ② 2 ③ 3

④ 4 ⑤ 5

09 함수 $f(x)$가 $\lim\limits_{x\to 1}\dfrac{f(x)}{x-1}=0$을 만족시킬 때, |보기| 중 항상 옳은 것만을 있는 대로 고른 것은?

┤ 보기 ├

ㄱ. $\lim\limits_{x\to 1}f(x)=0$

ㄴ. $f(1)=0$

ㄷ. $f'(1)=0$

① ㄱ ② ㄱ, ㄴ ③ ㄱ, ㄷ

④ ㄴ, ㄷ ⑤ ㄱ, ㄴ, ㄷ

10 다항함수 $f(x)$에 대하여 $f(2)=2$, $f'(2)=6$일 때, $\lim\limits_{x\to 2}\dfrac{(x^2-1)f(x)-3f(2)}{x-2}$의 값은?

① 22 ② 24 ③ 26

④ 28 ⑤ 30

11 다항함수 $f(x)$가 $(x-1)f(x)=x^{100}-1$을 만족시킬 때, $f(1)$의 값을 구하여라.

12 이차함수 $f(x)$가 모든 실수 x에 대하여

$$(x-1)f'(x)-f(x)=2x^2-4x-1$$

을 만족시키고, $f'(-1)=-7$일 때, $f(2)$의 값을 구하여라.

SUMMA CUM LAUDE

Sub Note 133쪽

기본 ☑ **Exercises**

01 곡선 $y=x^3-2x$ 위의 점 $(2,\ 4)$에서의 접선과 x축, y축으로 둘러싸인 삼각형의 넓이를 S라 할 때, $10S$의 값은?

① 92   ② 104   ③ 116

④ 128   ⑤ 140

02 곡선 $y=x^2$ 위의 점 $A(1,\ 1)$에서의 접선에 수직이고, 점 $A(1,\ 1)$을 지나는 직선을 l이라 하자. 직선 l이 곡선 $y=x^2$과 만나는 또 다른 점 B에서의 접선을 m이라 할 때, 직선 m의 방정식을 구하여라.

03 함수 $f(x)=x^2+4x-3$에 대하여 닫힌구간 $[0,\ k]$에서 평균값 정리를 만족시키는 실수가 2일 때, k의 값을 구하여라. (단, $k>2$)

04 다음은 구간 $(-1,\ 0)$에서 두 함수 $f(x)=x^3+6x^2+12x+8$과 $g(x)=x^2+2x+3$의 그래프가 오직 한 점에서 만남을 증명한 것이다.

────────────── ┤ 증명 ├──────────────

$h(x)=f(x)-g(x)$라 하면

$h(x)=x^3+5x^2+10x+5$는 모든 실수 x에 대하여 연속이다.

$h(-1)h(0)<0$이므로 │ (가) │에 의하여 방정식 $h(x)=0$은 -1과 0 사이에서 적어도 하나의 실근을 갖는다.

또 모든 실수 x에 대하여 $h'(x)$ │ (나) │ 0이므로 $h(x)$는 │ (다) │하는 함수이다.

따라서 방정식 $h(x)=0$은 -1과 0 사이에서 오직 하나의 실근을 갖게 된다. 즉, 구간 $(-1,\ 0)$에서 $f(x)$와 $g(x)$의 그래프는 오직 한 점에서 만난다.

────────────────────────────────

위의 증명에서 (가), (나), (다)에 알맞은 것은?

	(가)	(나)	(다)
①	사잇값의 정리	$>$	증가
②	사잇값의 정리	$>$	감소
③	사잇값의 정리	$<$	감소
④	평균값 정리	$>$	증가
⑤	평균값 정리	$<$	감소

05 삼차함수 $f(x)=x^3+ax^2+2ax$가 실수 전체의 집합에서 증가하도록 하는 실수 a의 최댓값을 M, 최솟값을 m이라 할 때, $M-m$의 값을 구하여라.

06 함수 $f(x)$의 도함수 $y=f'(x)$의 그래프가 그림과 같을 때, 다음 중 옳은 것은?

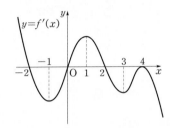

① 함수 $f(x)$는 $x=3$에서 극소이다.
② 함수 $f(x)$는 구간 $(-1, 1)$에서 증가한다.
③ 함수 $f(x)$는 구간 $(0, 2)$에서 증가한다.
④ 함수 $f(x)$는 $x=2$에서 극소이다.
⑤ 함수 $f(x)$는 $x<-2$에서 감소한다.

07 함수 $f(x)=x^3+3ax^2+6x$가 극값을 갖지 않게 하는 실수 a의 값의 범위가 $\alpha \le a \le \beta$일 때, $\alpha^2+\beta^2$의 값을 구하여라.

08 구간 $[-3, 2]$에서 함수
$f(x)=x^3-3x^2-9x+a$의 최솟값이 -6일 때, 함수 $f(x)$의 최댓값은? (단, a는 상수)

① 10 　　　② 14 　　　③ 18
④ 22 　　　⑤ 26

09 함수 $y=x^3+3x^2-5$의 그래프를 y축의 방향으로 a만큼 평행이동시킨 그래프의 식을 $y=g(x)$라 할 때, 방정식 $g(x)=0$이 서로 다른 세 실근을 갖도록 하는 정수 a의 값의 합을 구하여라.

10 수직선 위를 움직이는 두 점 P, Q의 시각 t일 때의 위치는 각각 $f(t)=2t^2-2t$, $g(t)=t^2-8t$이다. 두 점 P와 Q가 서로 반대 방향으로 움직이는 시각 t의 범위는?

① $\dfrac{1}{2}<t<4$ 　　② $1<t<5$ 　　③ $2<t<5$
④ $\dfrac{3}{2}<t<6$ 　　⑤ $2<t<8$

11 반지름의 길이가 $12\ \mathrm{cm}$인 구 모양의 공에 바람을 넣기 시작하면 반지름의 길이가 매초 $1\ \mathrm{cm}$씩 커진다고 한다. 이 공의 겉넓이가 처음 겉넓이의 4배가 되는 순간의 겉넓이의 변화율은?

① $144\pi\ \mathrm{cm^2/s}$ 　② $168\pi\ \mathrm{cm^2/s}$ 　③ $192\pi\ \mathrm{cm^2/s}$
④ $216\pi\ \mathrm{cm^2/s}$ 　⑤ $240\pi\ \mathrm{cm^2/s}$

12 곡선 $y=-\dfrac{1}{3}x^3-x^2+\dfrac{2}{3}$ 에 대하여 x축의 양의 방향과 이루는 각의 크기가 $45°$인 접선의 방정식을 $y=ax+b$라 할 때, ab의 값을 구하여라.

(단, a, b는 상수)

13 이차함수 $y=(x+a)(x-2a)$의 그래프와 x축의 교점을 A, B라 하자. 이차함수의 그래프 위의 두 점 A, B에서의 접선과 x축으로 둘러싸인 삼각형의 넓이가 54일 때, 양수 a의 값을 구하여라.

14 미분가능한 함수 $f(x)$가 세 실수 a, b, $c(a<b<c)$에 대하여 다음 부등식을 만족시킨다.

$$\frac{f(b)-f(a)}{b-a}<\frac{f(c)-f(b)}{c-b}$$

이때 |보기| 중 옳지 <u>않은</u> 것만을 있는 대로 골라라.

┤ 보기 ├
ㄱ. $f(a)<f(b)<f(c)$
ㄴ. $f'(a)<f'(b)<f'(c)$
ㄷ. 구간 $[a,\ c]$에 $f'(x)=0$을 만족시키는 x의 값이 존재한다.

15 모든 실수 x에 대하여 미분가능한 함수 $f(x)$가 $\lim\limits_{x\to\infty}f'(x)=1$을 만족시킬 때, 평균값 정리를 이용하여 $\lim\limits_{x\to\infty}\{f(x+3)-f(x-3)\}$의 값을 구하여라.

16 함수 $f(x)=x^3-(a+2)x^2+ax$에 대하여 곡선 $y=f(x)$ 위의 점 $(t,\ f(t))$에서의 접선의 y절편을 $g(t)$라 하자. 함수 $g(t)$가 구간 $(0,\ 5)$에서 증가하도록 하는 실수 a의 최솟값은?

① 7   ② 10   ③ 13
④ 16   ⑤ 19

17 연속함수 $f(x)$의 도함수 $y=f'(x)$의 그래프가 다음 그림과 같을 때, 함수 $f(x)$가 극대가 되거나 극소가 되게 하는 x의 값의 개수를 구하여라.

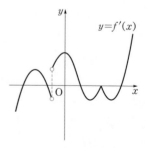

18 함수 $f(x)=x^3+(k+2)x^2+kx+4$가 $-3<x<-1$에서 극댓값을 갖고, $x>-1$에서 극솟값을 갖도록 하는 실수 k의 값의 범위가 $a<k<b$일 때, ab의 값을 구하여라.

19 점 $\mathrm{P}(0,\,2)$에서 곡선 $y=x^2$ 위의 점 Q까지의 거리를 α라 하자. α^2의 최솟값이 $\dfrac{n}{m}$일 때, $m+n$의 값은? (단, $m,\ n$은 서로소인 자연수)

① 9   ② 11   ③ 13
④ 15   ⑤ 17

20 겉넓이가 일정한 원기둥 중에서 부피가 최대인 원기둥의 밑면의 반지름의 길이 r와 높이 h의 비 $r:h$를 구하여라.

21 방정식 $\left|\dfrac{1}{3}x^3-\dfrac{3}{2}x^2\right|=k$가 서로 다른 세 실근을 가질 때, 실수 k의 값을 구하여라.

22 두 함수
$$f(x)=x^3-3x^2+6ax-a,\ g(x)=-x^3+3ax^2-3$$
에 대하여 $x\geq0$일 때, 함수 $y=f(x)$의 그래프가 함수 $y=g(x)$의 그래프보다 항상 위쪽에 오도록 하는 실수 a의 값의 범위를 구하여라. (단, $a>1$)

23 수직선 위를 움직이는 점 P의 시각 t에서의 위치가 $x=t^3+at^2+bt+4$이고, $t=3$일 때 점 P는 운동 방향을 바꾸며 이때의 위치는 -5이다. 점 P가 $t=3$ 이외에 운동 방향을 바꿀 때의 가속도를 구하여라.

기본 ☑ **Exercises**

01 다음 조건을 만족시키는 다항함수 $f(x)$를 구하여라.

> (가) $f(0)=3$
> (나) $f'(x)=9x^2-6x$

02 다항함수 $f(x)$에 대하여

$$f(x)=\int \frac{1}{x+1}\,dx+\int \frac{x^3}{x+1}\,dx$$

이고 $f(0)=2$일 때, $f(-1)$의 값은?

① $\dfrac{1}{5}$ ② $\dfrac{1}{6}$ ③ $\dfrac{1}{7}$

④ $\dfrac{1}{8}$ ⑤ $\dfrac{1}{9}$

03 모든 실수 x에 대하여

$$\frac{d}{dx}\left\{\int (ax^3+4x^2+bx)\,dx\right\}=4x^3-cx^2-3x$$

가 성립하도록 하는 상수 a, b, c의 값을 각각 구하여라.

04 다음 |보기| 중에서 옳은 것만을 있는 대로 골라라.

> ─────| 보기 |─────
>
> ㄱ. $\int f(x)\,dx-\int f(t)\,dt=0$
>
> ㄴ. $\dfrac{d}{dx}\left\{\int f(x)\,dx\right\}=\int \left\{\dfrac{d}{dx}f(x)\right\}dx$
>
> ㄷ. $\int f(x)\,dx=\int g(x)\,dx$이면 $f(x)=g(x)$

05 미분가능한 함수 $f(x)$와 그 부정적분 $F(x)$ 사이에

$$F(x)=(x+1)f(x)+\frac{2}{3}x^3-2x$$

가 성립하고 $f(0)=4$일 때, 함수 $f(x)$를 구하여라.

06 삼차함수 $f(x)$의 극댓값은 4, 극솟값은 0이다. $f'(x)=ax^2-2ax$일 때, 함수 $f(x)$를 구하여라.
(단, $a>0$)

발전 ☑ **Exercises**

07 $f(x)=\int(1+2x+3x^2+\cdots+100x^{99})\,dx$

에 대하여 $f(1)=110$일 때, $f(-1)$의 값을 구하여라.

08 함수 $f(x)=x+2x^2+3x^3+\cdots+40x^{40}$에 대하여

$$g(x)=\int\left[\frac{d}{dx}\int\left\{\frac{d}{dx}f(x)\right\}dx\right]dx$$

이고 $g(0)=5$일 때, $g(1)$의 값을 구하여라.

09 모든 실수 x에 대하여 연속인 함수 $f(x)$의 도함수 $f'(x)$가

$$f'(x)=\begin{cases}1 & (x>1)\\ x^2 & (|x|<1)\\ x+2 & (x<-1)\end{cases}$$

이고 $f(-2)=-\dfrac{1}{2}$일 때, $f(2)$의 값을 구하여라.

10 다항함수 $f(x)=\int(x+2)(x^2-2x+4)\,dx$일

때, $\displaystyle\lim_{h\to 0}\frac{f(1+2h)-f(1-h)}{h}$의 값을 구하여라.

11 미분가능한 함수 $f(x)$가 임의의 실수 x, y에 대하여

$$f(x+y)=f(x)+f(y)+4xy$$

를 만족시키고 $f'(0)=-3$일 때, 함수 $f(x)$를 구하여라.

12 함수 $f(x)=6x^2-30x+36$의 한 부정적분을 $F(x)$라 할 때, 방정식 $F(x)=0$이 서로 다른 세 실근을 갖도록 하는 적분상수 C의 값의 범위는?

① $0<C<27$ ② $27<C<28$

③ $-30<C<-28$ ④ $-28<C<27$

⑤ $-28<C<-27$

06 정적분

기본 ☑ **Exercises**

01 함수 $f(x)=4x^3-8x$에 대하여

$$\int_0^1 f(x)\,dx+\int_1^2 f(x)\,dx+\int_2^3 f(x)\,dx$$
$$+\cdots+\int_9^{10} f(x)\,dx$$

의 값을 구하여라.

02 다항함수 $f(x)$가 모든 실수 x에 대하여

$f(-x)=f(x)$, $\int_0^2 f(x)dx=\dfrac{1}{6}$을 만족시킬 때,

정적분 $\displaystyle\int_{-2}^{2}(3x^3-2x+6)f(x)\,dx$의 값을 구하여라.

03 모든 실수 x에 대하여

$f(x)=-x^3+2x^2+2x-3$, $g(x)=x^3-x^2+x-10$이고

방정식 $\dfrac{d}{dx}\displaystyle\int_x^3 f(t)\,dt=g(x)$를 만족시키는 x의 값이

α, β일 때, $g(\alpha)+g(\beta)$의 값을 구하여라.

04 다항함수 $f(x)$가

$$f(x)=-x^2+8x+\int_0^3 tf'(t)\,dt$$

일 때, $f(-2)$의 값을 구하여라.

05 다음 그림과 같이 $x=-2$, 2, 4에서 각각 극값을 갖는 다항함수 $y=f(x)$가 있다.

$f(0)=0$, $f(2)=13$, $f(4)=8$일 때, $\displaystyle\int_0^4 |f'(x)|\,dx$의 값을 구하여라.

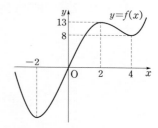

06 $f(x)=4x^3+3x^2+2x+1$일 때,

$\displaystyle\lim_{h\to 0}\dfrac{1}{h}\int_1^{1+2h} f(x)\,dx$의 값을 구하여라.

07 두 함수 $f(x)=1+x^2$, $g(x)=|x-2|$에 대하여 정적분 $\int_{-2}^{1}(g \circ f)(x)\,dx$의 값은?

① 1 ② 2 ③ $\dfrac{8}{3}$

④ $\dfrac{10}{3}$ ⑤ $\dfrac{14}{3}$

08 연속함수 $f(x)$가 모든 실수 x에 대하여 $f(x+4)=f(x)$, $f(-x)=f(x)$, $\int_{0}^{4}f(x)\,dx=10$을 만족시킬 때, 정적분 $\int_{-20}^{20}f(x)\,dx$의 값을 구하여라.

09 모든 실수 x에 대하여 $f(x)=3x^2-8x-11$이고 $g(x)=-\dfrac{d}{dx}\int_{x}^{3}f(t)\,dt$라 하자. 이때 방정식 $\int_{2}^{x}g(t)\,dt=0$의 해를 구하여라.

10 일차함수 $f(x)$가
$$x^2f(x)=x^3+3x^2+\int_{0}^{x}(x-t)f(t)\,dt$$
를 만족시킬 때, $f(10)$의 값을 구하여라.

11 이차함수 $y=f(x)$의 그래프는 오른쪽 그림과 같다. 함수 $g(x)$를
$$g(x)=\int_{x}^{x+1}f(t)\,dt$$라 할 때, $g(x)$가 최소일 때의 x의 값을 구하여라.

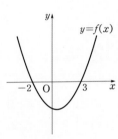

12 다항함수 $f(x)$에 대하여
$$xf(x)=2x^3+kx^2+\int_{2}^{x}f(t)\,dt$$이고 $\lim_{x \to 2}\dfrac{f(x)}{x-2}=4$가 성립할 때, $\int_{-1}^{0}f(t)\,dt$의 값을 구하여라.

기본 ☑ **Exercises**

01 곡선 $y=x^2-ax$와 x축으로 둘러싸인 도형의 넓이가 $\dfrac{9}{2}$일 때, 양수 a의 값을 구하여라.

02 두 곡선 $y=-x^2+3$, $y=x^3+2x^2-1$로 둘러싸인 도형의 넓이를 S라 할 때, $4S$의 값은?

① 19　　　② 21　　　③ 23

④ 25　　　⑤ 27

03 곡선 $y=-x^2-1$과 이 곡선 위의 점 $(-1, -2)$에서의 접선 및 y축으로 둘러싸인 도형의 넓이를 구하여라.

04 함수 $f(x)=\dfrac{1}{5}x^2\,(x\geq0)$의 그래프와 그 역함수의 그래프로 둘러싸인 도형의 넓이를 구하여라.

05 지면에서 $20\,\mathrm{m/s}$의 속도로 지면과 수직하게 위로 쏘아 올린 물체의 t초 후의 속도가 $v(t)=20-10t(\mathrm{m/s})$일 때, 물체를 쏘아 올린 후 3초 동안 물체가 움직인 거리를 구하여라. (단, $0\leq t\leq4$)

06 점 P가 시각 t에 대하여 수직선 위를 $2t-1$의 가속도로 움직인다고 한다. 처음 점 P가 놓인 곳의 좌표는 3이고, 처음 속도는 x축의 양의 방향으로 2라고 할 때, 출발한 지 4초 후의 점 P의 좌표는?

① $\dfrac{143}{6}$　　　② 24　　　③ $\dfrac{145}{6}$

④ $\dfrac{73}{3}$　　　⑤ $\dfrac{49}{2}$

발전 ☑ **Exercises**

07 두 함수 $f(x)=2x^2$, $g(x)=16x^4+k$에 대하여 두 곡선 $y=f(x)$, $y=g(x)$가 $x=a$에서 같은 직선에 접할 때, 두 곡선 $y=f(x)$, $y=g(x)$로 둘러싸인 도형의 넓이를 구하여라. (단, $k>0$)

08 다음 그림과 같이 함수 $f(x)=-2x^2+6x+k$의 그래프에서 A 부분의 넓이와 B 부분의 넓이의 비가 $1:2$일 때, 상수 k의 값을 구하여라.

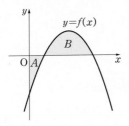

09 곡선 $y=x^2-3x$와 직선 $y=ax$로 둘러싸인 도형의 넓이가 x축에 의해 이등분될 때, $(a+3)^3$의 값을 구하여라. (단, $a>0$)

10 함수 $f(x)=x^3+x^2+1$의 역함수를 $g(x)$라 할 때, $\int_1^2 f(x)\,dx+\int_3^{13} g(x)\,dx$의 값을 구하여라.

11 다음 그림은 $x=2$인 점에서 출발하여 수직선 위를 움직이는 점 P의 시각 t에서의 속도 $v(t)$의 그래프이다. 다음 |보기| 중 옳은 것만을 있는 대로 골라라. (단, $0\leq t\leq 8$)

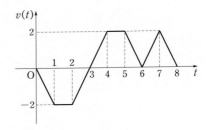

┤ 보기 ├

ㄱ. 점 P의 시각 $t=3$에서의 위치는 원점이다.

ㄴ. 점 P의 시각 $t=1$에서 $t=5$까지의 위치의 변화량은 6이다.

ㄷ. 점 P의 시각 $t=0$에서 $t=8$까지 움직인 거리는 10이다.

ㄹ. 점 P는 출발 후 운동 방향을 1번 바꿨다.

01 정의역이 $\{x \mid 0 \leq x \leq 4\}$인 함수 $y=f(x)$의 그래프가 그림과 같다.

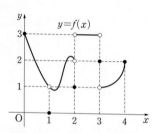

$\displaystyle\lim_{x \to 0+} f(f(x)) + \lim_{x \to 2+} f(f(x))$의 값은?

① 1   ② 2   ③ 3

④ 4   ⑤ 5

02 다항함수 $f(x)$가 $\displaystyle\lim_{x \to \infty} \frac{f(x)-x^2}{x}=2$를 만족시킬 때, $\displaystyle\lim_{x \to 0+} x^2 f\left(\frac{1}{x}\right)$의 값은?

① 1   ② 2   ③ 3

④ 4   ⑤ 5

03 다항함수 $f(x)$가

$$\lim_{x \to 0} \frac{x}{f(x)}=1, \quad \lim_{x \to 1} \frac{x-1}{f(x)}=2$$

를 만족시킬 때, $\displaystyle\lim_{x \to 1} \frac{f(f(x))}{2x^2-x-1}$의 값은?

① $\dfrac{1}{6}$ ② $\dfrac{1}{3}$ ③ $\dfrac{1}{2}$

④ $\dfrac{2}{3}$ ⑤ $\dfrac{5}{6}$

04 다항함수 $f(x)$가

$$\lim_{x \to 0+} \frac{x^3 f\left(\frac{1}{x}\right)-1}{x^3+x}=5, \quad \lim_{x \to 1} \frac{f(x)}{x^2+x-2}=\frac{1}{3}$$

을 만족시킬 때, $f(2)$의 값을 구하시오.

05 최고차항의 계수가 1인 이차함수 $f(x)$가

$$\lim_{x \to 0} |x| \left\{ f\left(\frac{1}{x}\right) - f\left(-\frac{1}{x}\right) \right\} = a, \quad \lim_{x \to \infty} f\left(\frac{1}{x}\right) = 3$$

을 만족시킬 때, $f(2)$의 값은? (단, a는 상수이다.)

① 1   ② 3   ③ 5

④ 7   ⑤ 9

06 x가 양수일 때, x보다 작은 자연수 중에서 소수의 개수를 $f(x)$라 하고, 함수 $g(x)$를

$$g(x) = \begin{cases} f(x) & (x > 2f(x)) \\ \dfrac{1}{f(x)} & (x \leq 2f(x)) \end{cases}$$

라 하자. 예를 들어, $f\left(\dfrac{7}{2}\right) = 2$이고 $\dfrac{7}{2} < 2f\left(\dfrac{7}{2}\right)$이므로

$g\left(\dfrac{7}{2}\right) = \dfrac{1}{2}$이다. $\lim\limits_{x \to 8+} g(x) = \alpha$, $\lim\limits_{x \to 8-} g(x) = \beta$라 할

때, $\dfrac{\alpha}{\beta}$의 값을 구하시오.

07 곡선 $y = x^2$ 위에 두 점 $P(a, a^2)$, $Q(a+1, a^2+2a+1)$이 있다. 직선 PQ와 직선 $y = x$ 의 교점의 x좌표를 $f(a)$라 할 때, $100\lim\limits_{a \to 0} f(a)$의 값을 구하시오.

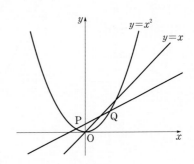

08 그림과 같이 중심이 C(2, 0)이고 반지름의 길이가 $r\,(r<\sqrt{5})$인 원 C가 있다. 기울기가 -2이고 원 C에 접하는 직선을 l이라 하자. 직선 l에 접하고 중심이 C′(3, 3)인 원 C′의 반지름의 길이를 $f(r)$라 할 때, $\displaystyle\lim_{r\to 0+}f(r)$의 값은?

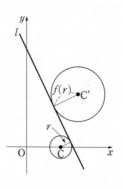

① 1   ② $\sqrt{2}$ ③ $\sqrt{3}$

④ 2   ⑤ $\sqrt{5}$

09 그림은 실수 전체의 집합에서 정의된 함수 $y=f(x)$의 그래프이다.

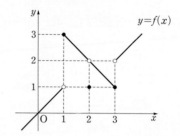

함수 $f(x)$는 $x=1$, $x=2$, $x=3$에서만 불연속이다. 이차함수 $g(x)=x^2-4x+k$에 대하여 함수 $(f\circ g)(x)$가 $x=2$에서 불연속이 되도록 하는 모든 실수 k의 합을 구하시오.

10 실수 전체의 집합에서 정의된 함수 $y=f(x)$의 그래프는 그림과 같고, 삼차함수 $g(x)$는 최고차항의 계수가 1이고 $g(0)=3$이다. 합성함수 $(g \circ f)(x)$가 실수 전체의 집합에서 연속일 때, $g(3)$의 값은?

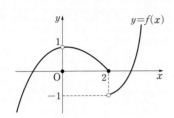

① 27   ② 28   ③ 29

④ 30   ⑤ 31

11 두 함수 $y=f(x)$와 $y=g(x)$의 그래프가 그림과 같을 때, 옳은 것만을 |보기에서 있는 대로 고른 것은?

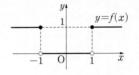 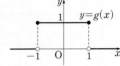

| 보기 |

ㄱ. $\lim\limits_{x \to -1-} f(x) = f(-1)$

ㄴ. $\lim\limits_{x \to 1+} f(x)g(x) = \lim\limits_{x \to 1-} f(x)g(x)$

ㄷ. $\lim\limits_{x \to 1} f(x)g(x) = f(1)g(1)$

① ㄱ   ② ㄴ   ③ ㄱ, ㄴ

④ ㄱ, ㄷ   ⑤ ㄴ, ㄷ

12 원 $x^2+y^2=t^2$과 직선 $y=1$이 만나는 점의 개수를 $f(t)$라 하자. 함수 $(x+k)f(x)$가 구간 $(0, \infty)$에서 연속일 때, $f(1)+k$의 값은? (단, k는 상수이다.)

① -2 ② -1 ③ 0

④ 1   ⑤ 2

13 실수 전체의 집합에서 정의된 함수 $y=f(x)$의 그래프는 그림과 같다.

함수 $g(x)=ax^3+bx^2+cx+10$ (a, b, c는 상수)에 대하여 합성함수 $(g \circ f)(x)$가 실수 전체의 집합에서 연속이다. $g(1)+g(2)$의 값을 구하시오.

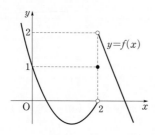

14 두 함수
$$f(x)=\begin{cases} x+3 & (x \leq a) \\ x^2-x & (x > a) \end{cases}, \ g(x)=x-(2a+7)$$
에 대하여 함수 $f(x)g(x)$가 실수 전체의 집합에서 연속이 되도록 하는 모든 실수 a의 값의 곱을 구하시오.

15 실수 a에 대하여 집합
$$\{x \mid ax^2+2(a-2)x-(a-2)=0, \ x는 실수\}$$
의 원소의 개수를 $f(a)$라 할 때, 옳은 것만을 |보기|에서 있는 대로 고른 것은?

──────┤ 보기 ├──────

ㄱ. $\lim\limits_{a \to 0} f(a) = f(0)$

ㄴ. $\lim\limits_{a \to c+} f(a) \neq \lim\limits_{a \to c-} f(a)$인 실수 c는 2개이다.

ㄷ. 함수 $f(a)$가 불연속인 점은 3개이다.

① ㄴ   ② ㄷ   ③ ㄱ, ㄴ

④ ㄴ, ㄷ   ⑤ ㄱ, ㄴ, ㄷ

16 실수 t에 대하여 직선 $y=t$가 곡선 $y=|x^2-2x|$와 만나는 점의 개수를 $f(t)$라 하자. 최고차항의 계수가 1인 이차함수 $g(t)$에 대하여 함수 $f(t)g(t)$가 모든 실수 t에서 연속일 때, $f(3)+g(3)$의 값을 구하시오.

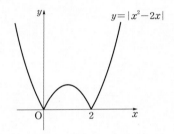

17 함수 $f(x)=x^2-x+a$에 대하여 함수 $g(x)$를
$$g(x)=\begin{cases} f(x+1) & (x\le 0) \\ f(x-1) & (x>0) \end{cases}$$
이라 하자. 함수 $y=\{g(x)\}^2$이 $x=0$에서 연속일 때, 상수 a의 값은?

① -2 ② -1 ③ 0
④ 1 ⑤ 2

18 함수 $f(x)$에 대하여 옳은 것만을 |보기|에서 있는 대로 고른 것은?
$$f(x)=\begin{cases} x+2 & (x<-1) \\ 0 & (x=-1) \\ x^2 & (-1<x<1) \\ x-2 & (x\ge 1) \end{cases}$$

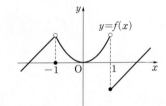

| 보기 |

ㄱ. $\displaystyle\lim_{x\to 1+}\{f(x)+f(-x)\}=0$

ㄴ. 함수 $f(x)-|f(x)|$가 불연속인 점은 1개이다.

ㄷ. 함수 $f(x)f(x-a)$가 실수 전체의 집합에서 연속이 되는 상수 a는 없다.

① ㄱ   ② ㄱ, ㄴ   ③ ㄱ, ㄷ
④ ㄴ, ㄷ   ⑤ ㄱ, ㄴ, ㄷ

01 미분가능한 두 함수 $f(x)$, $g(x)$에 대하여 함수 $f(x)g(x)$의 $x=0$에서의 미분계수를 나타낸 것을 |보기|에서 있는 대로 고른 것은?

┤ 보기 ├

ㄱ. $\lim\limits_{h \to 0} \dfrac{f(0+3h)g(0+3h)-f(0+h)g(0+h)}{2h}$

ㄴ. $\lim\limits_{x \to 0} \dfrac{f(x)g(0)+f(0)g(x)-2f(0)g(0)}{x}$

ㄷ. $\lim\limits_{x \to 0} \dfrac{f(x)g(x)-f(0)g(0)}{x}$

① ㄱ   ② ㄱ, ㄴ   ③ ㄱ, ㄷ

④ ㄴ, ㄷ   ⑤ ㄱ, ㄴ, ㄷ

02 함수 $y=f(x)$의 그래프는 y축에 대하여 대칭이고, $f'(2)=-3$, $f'(4)=6$일 때,

$\lim\limits_{x \to -2} \dfrac{f(x^2)-f(4)}{f(x)-f(-2)}$ 의 값은?

① -8 ② -4 ③ 4

④ 8 ⑤ 12

03 실수 전체의 집합에서 정의된 함수 $f(x)=x^2$에 대하여 함수 $g(n)$을 다음과 같이 정의한다.

$$g(n)=\lim_{h \to 0} \frac{\sum\limits_{k=1}^{n} f(1+2kh)-nf(1)}{h}$$

이때 $g(10)$의 값을 구하시오. (단, n은 자연수이다.)

04 최고차항의 계수가 1인 삼차함수 $f(x)$와 실수 a가 다음 조건을 만족시킬 때, $f'(a)$의 값을 구하시오.

㈎ $f(a)=f(2)=f(6)$

㈏ $f'(2)=-4$

05 자연수 전체의 집합에서 정의된 함수 $f(x)$에 대하여

$$f(n)=\lim_{x \to 1}\frac{(x-1)+2(x^2-1)+\cdots+n(x^n-1)}{x-1}$$

일 때, $f(5)$의 값을 구하시오. (단, n은 자연수이다.)

06 다음 그림과 같이 삼차함수 $y=f(x)$의 그래프 위에 다섯 개의 점 A, B, C, D, E가 있다. 이 중 부등식 $f(x)f'(x)>0$을 만족시키는 점을 모두 고른 것은?

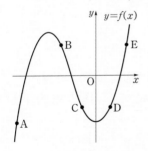

① A, B ② A, D ③ B, D
④ C, E ⑤ D, E

07 미분가능한 함수 $y=f(x)$의 그래프 위의 한 점 $(5, 3)$에서의 접선의 방정식이 $y=x-2$이다.

이때 $\lim_{n \to \infty} n\left\{f\left(5+\dfrac{2}{n}\right)-f\left(5-\dfrac{3}{n}\right)\right\}$의 값은?

① 1 ② 2 ③ 3
④ 4 ⑤ 5

08 다음 그림과 같이 곡선 $y=x^3-5x$ 위의 점 $A(1, -4)$에서의 접선이 점 A가 아닌 점 B에서 곡선과 만난다. 선분 AB의 길이는?

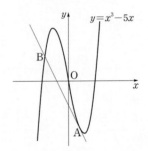

① $\sqrt{30}$ ② $\sqrt{35}$ ③ $2\sqrt{10}$
④ $3\sqrt{5}$ ⑤ $5\sqrt{2}$

09 모든 실수 x에 대하여 미분가능한 함수 $f(x)$가 $\lim\limits_{x\to\infty} f'(x)=3$을 만족시킬 때, 평균값 정리를 이용하여 $\lim\limits_{x\to 0+}\left\{f\left(\dfrac{1+2x}{x}\right)-f\left(\dfrac{1-2x}{x}\right)\right\}$의 값을 구하시오.

10 함수 $y=ax^3+bx^2+cx+d$의 그래프가 아래 그림과 같을 때, 다음 중 옳은 것은?

(단, a, b, c, d는 상수이다.)

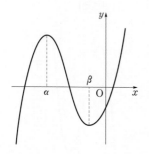

① $a+b<0$ ② $a+c<0$ ③ $ac>0$

④ $acd>0$ ⑤ $bcd>0$

11 함수 $f(x)=2x^3-6x-5$에 대한 |보기|의 설명 중 옳은 것만을 있는 대로 고른 것은?

┤ 보기 ├

ㄱ. 함수 $f(x)$는 극댓값과 극솟값을 갖는다.

ㄴ. $|x|<1$이면 $|f(x)|<9$이다.

ㄷ. 곡선 $y=f(x)$와 직선 $y=3$은 서로 다른 세 점에서 만난다.

① ㄱ   ② ㄴ   ③ ㄱ, ㄴ

④ ㄴ, ㄷ   ⑤ ㄱ, ㄴ, ㄷ

12 최고차항의 계수가 1인 삼차함수 $f(x)$가 다음 조건을 만족시킬 때, $f(x)$의 극댓값을 구하시오.

(가) 모든 실수 x에 대하여 $f'(x)=f'(-x)$이다.

(나) 함수 $f(x)$는 $x=1$에서 극솟값 0을 갖는다.

13 양수 a에 대하여 함수
$f(x) = x^3 + ax^2 - a^2x + 2$가 구간 $[-a, \ a]$에서 최댓값
M, 최솟값 $\dfrac{14}{27}$를 갖는다. $a + M$의 값을 구하시오.

14 최고차항의 계수가 1인 삼차함수 $f(x)$가 모든
실수 x에 대하여 $f(-x) = -f(x)$를 만족시킨다. 방정식
$|f(x)| = 2$의 서로 다른 실근의 개수가 4일 때, $f(3)$의
값은?

① 12   ② 14   ③ 16

④ 18   ⑤ 20

15 삼차함수 $f(x) = x^3 + 3x^2 - 4$에 대하여 구간
$[t, \ t+1]$에서 함수 $f(x)$의 최솟값을 $g(t)$라 하자. 함수
$y = g(t)$의 그래프와 직선 $y = k$가 서로 다른 두 점에서
만나도록 하는 실수 k의 값의 범위를 구하여라.

(단, $-2 \le t \le 1$)

16 수직선 위를 움직이는 점 P의 시각 t에서의 위
치 x가 $x = t^3 - 12t + k$ (k는 상수)이다. 점 P의 운동 방
향이 원점에서 바뀔 때, k의 값은?

① 10   ② 12   ③ 14

④ 16   ⑤ 18

01 이차함수 $f(x)$에 대하여 함수 $g(x)$가

$$g(x)=\int\{x^2+f(x)\}dx,\ f(x)g(x)=-2x^4+8x^3$$

을 만족시킬 때, $g(1)$의 값은?

① 1   ② 2   ③ 3

④ 4   ⑤ 5

02 모든 다항함수 $f(x)$에 대하여 옳은 것만을 |보기|에서 있는 대로 고른 것은?

┤ 보기 ├

ㄱ. $\displaystyle\int_0^3 f(x)dx=3\int_0^1 f(x)dx$

ㄴ. $\displaystyle\int_0^1 f(x)dx=\int_0^2 f(x)dx+\int_2^1 f(x)dx$

ㄷ. $\displaystyle\int_0^1 \{f(x)\}^2 dx=\left\{\int_0^1 f(x)dx\right\}^2$

① ㄴ   ② ㄷ   ③ ㄱ, ㄴ

④ ㄱ, ㄷ   ⑤ ㄴ, ㄷ

03 이차함수 $f(x)$가 $f(0)=0$이고 다음 조건을 만족시킨다.

(가) $\displaystyle\int_0^2 |f(x)|dx=-\int_0^2 f(x)dx=4$

(나) $\displaystyle\int_2^3 |f(x)|dx=\int_2^3 f(x)dx$

$f(5)$의 값을 구하시오.

04 삼차함수 $f(x)=x^3-3x-1$이 있다. 실수 $t(t\geq-1)$에 대하여 $-1\leq x\leq t$에서 $|f(x)|$의 최댓값을 $g(t)$라고 하자. $\displaystyle\int_{-1}^1 g(t)dt=\frac{q}{p}$일 때, $p+q$의 값을 구하시오. (단, p, q는 서로소인 자연수이다.)

05

두 다항함수 $f(x)$, $g(x)$가 모든 실수 x에 대하여

$$f(-x)=-f(x),\ g(-x)=g(x)$$

를 만족시킨다. 함수 $h(x)=f(x)g(x)$에 대하여

$$\int_{-3}^{3}(x+5)h'(x)dx=10$$

일 때, $h(3)$의 값은?

① 1   ② 2   ③ 3
④ 4   ⑤ 5

06

삼차함수 $f(x)=x^3-3x+a$에 대하여 함수

$$F(x)=\int_{0}^{x}f(t)dt$$

가 오직 하나의 극값을 갖도록 하는 양수 a의 최솟값은?

① 1   ② 2   ③ 3
④ 4   ⑤ 5

07

최고차항의 계수가 양수인 삼차함수 $f(x)$가 다음 조건을 만족시킨다.

(가) 함수 $f(x)$는 $x=0$에서 극댓값, $x=k$에서 극솟값을 가진다. (단, k는 상수이다.)

(나) 1보다 큰 모든 실수 t에 대하여

$$\int_{0}^{t}|f'(x)|dx=f(t)+f(0)$$

이다.

|보기|에서 옳은 것만을 있는 대로 고른 것은?

보기

ㄱ. $\int_{0}^{k}f'(x)dx<0$

ㄴ. $0<k\leq1$

ㄷ. 함수 $f(x)$의 극솟값은 0이다.

---

① ㄱ   ② ㄷ   ③ ㄱ, ㄴ
④ ㄴ, ㄷ   ⑤ ㄱ, ㄴ, ㄷ

08 이차함수 $f(x)=(x-\alpha)(x-\beta)$에서 두 상수 α, β가 다음 조건을 만족시킨다.

(가) $\alpha<0<\beta$ (나) $\alpha+\beta>0$

이때 세 정적분

$$A=\int_\alpha^0 f(x)dx,\ B=\int_0^\beta f(x)dx,\ C=\int_\alpha^\beta f(x)dx$$

의 값의 대소 관계를 바르게 나타낸 것은?

① $A<B<C$ ② $A<C<B$ ③ $B<A<C$

④ $C<A<B$ ⑤ $C<B<A$

09 함수 $f(x)$의 도함수 $f'(x)$가 $f'(x)=x^2-1$ 이고 $f(0)=0$일 때, 곡선 $y=f(x)$와 x축으로 둘러싸인 부분의 넓이는?

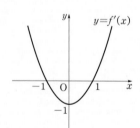

① $\dfrac{9}{8}$ ② $\dfrac{5}{4}$ ③ $\dfrac{11}{8}$

④ $\dfrac{3}{2}$ ⑤ $\dfrac{13}{8}$

10 두 곡선 $y=x^4-x^3$, $y=-x^4+x$로 둘러싸인 도형의 넓이가 곡선 $y=ax(1-x)$에 의하여 이등분될 때, 상수 a의 값은? (단, $0<a<1$)

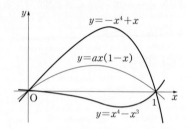

① $\dfrac{1}{4}$ ② $\dfrac{3}{8}$ ③ $\dfrac{5}{8}$

④ $\dfrac{3}{4}$ ⑤ $\dfrac{7}{8}$

11 함수 $f(x)$는 모든 실수 x에 대하여 $f(x+3)=f(x)$를 만족시키고,

$$f(x)=\begin{cases} x & (0\le x<1) \\ 1 & (1\le x<2) \\ -x+3 & (2\le x<3) \end{cases}$$

이다. $\displaystyle\int_{-a}^a f(x)dx=13$일 때, 상수 a의 값은?

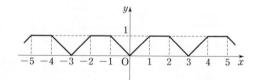

① 10   ② 12   ③ 14

④ 16   ⑤ 18

12 그림과 같이 함수 $f(x)=ax^2+b(x \geq 0)$의 그래프와 그 역함수 $g(x)$의 그래프가 만나는 두 점의 x좌표는 1과 2이다. $0 \leq x \leq 1$에서 두 곡선 $y=f(x)$, $y=g(x)$ 및 x축, y축으로 둘러싸인 부분의 넓이를 A라 하고, $1 \leq x \leq 2$에서 두 곡선 $y=f(x)$, $y=g(x)$로 둘러싸인 부분의 넓이를 B라 하자.

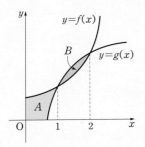

이때 $A-B$의 값은? (단, a, b는 상수이다.)

① $\dfrac{1}{9}$ ② $\dfrac{2}{9}$ ③ $\dfrac{1}{3}$

④ $\dfrac{4}{9}$ ⑤ $\dfrac{5}{9}$

13 원점을 동시에 출발하여 수직선 위를 움직이는 두 점 P, Q의 시각 $t(0 \leq t \leq 8)$에서의 속도가 각각 $2t^2-8t$, t^3-10t^2+24t이다. 두 점 P, Q 사이의 거리의 최댓값을 구하시오.

14 수직선 위를 움직이는 두 점 P, Q가 있다. 점 P는 점 A(5)를 출발하여 시각 t에서의 속도가 $3t^2-2$이고, 점 Q는 점 B(k)를 출발하여 시각 t에서의 속도가 1이다. 두 점 P, Q가 동시에 출발한 후 2번 만나도록 하는 정수 k의 값은? (단, $k \neq 5$)

① 2 ② 4 ③ 6

④ 8 ⑤ 10

미래를 생각하는
(주)이룸이앤비

이룸이앤비는 항상 꿈을 갖고 무한한 가능성에 도전하는 수험생 여러분과 함께 할 것을 약속드립니다.
수험생 여러분의 미래를 생각하는 이룸이앤비는 항상 새롭고 특별합니다.

내신·수능 1등급으로 가는 길
이룸이앤비가 함께합니다.

이룸이앤비 🔍

인터넷 서비스

❋ 이룸이앤비의 모든 교재에 대한 자세한 정보
❋ 각 교재에 필요한 듣기 MP3 파일
❋ 교재 관련 내용 문의 및 오류에 대한 수정 파일

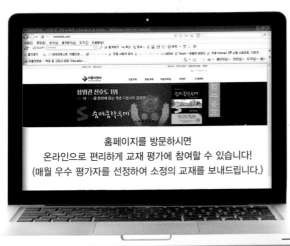

홈페이지를 방문하시면
온라인으로 편리하게 교재 평가에 참여할 수 있습니다!
(매월 우수 평가자를 선정하여 소정의 교재를 보내드립니다.)

굿비
좋은 시작, 좋은 기초

이룸이앤비 교재는 수험생 여러분의 "부족한 2%"를 채워드립니다

누구나 자신의 꿈에 대해 깊게 생각하고 그 꿈을 실현하기 위해서는 꾸준한 실천이 필요합니다.
이룸이앤비의 책은 여러분이 꿈을 이루어 나가는 데 힘이 되고자 합니다.

수능 수학 영역 고득점을 위한 수학 교재 시리즈

반복 학습서

숨마쿰라우데 스타트업
한 개념 한 개념씩 쉬운 문제로 매일매일 공부하자.
➍ 고등 수학 (상), 고등 수학 (하)

유형 기본서

숨마쿰라우데 라이트수학
수학의 모든 유형을 핵심개념과 대표유형으로 체계적으로 학습한다.
➍ 고등 수학 (상), 고등 수학 (하), 수학I, 수학II, 미적분, 확률과 통계
  * 교육과정 적용시기에 맞추어 지속적으로 출간됩니다.

개념 기본서

숨마쿰라우데 수학 기본서
상세하고 자세한 설명으로 흔들리지 않는 실력을 쌓는다.
➍ 고등 수학 (상), 고등 수학 (하), 수학I, 수학II, 미적분, 확률과 통계

단기 특강서

굿비
단기간에 끝내는 개념+실전 문제집
➍ 고등 수학 (상), 고등 수학 (하), 수학I, 수학II, 미적분, 확률과 통계

SUMMA CUM LAUDE

튼튼한 개념! 흔들리지 않는 실력!

숨마쿰라우데®

[수학 기본서]

수학 Ⅱ

秘 서브노트 SUB NOTE

내신·수능
필수 개념서

숨마쿰라우데®

[수학 기본서]

수학 Ⅱ

㊙ 서브노트 SUB NOTE

이룸이앤비
Education&Books

I 함수의 극한과 연속

1. 함수의 극한

APPLICATION SUMMA CUM LAUDE

001 (1) -5 (2) 1 (3) 4 (4) -6

002 (1) 0 (2) 1

003 (1) ∞ (2) ∞ (3) $-\infty$

004 (1) ∞ (2) $-\infty$

005 (1) 0 (2) 1 (3) 1 (4) 1

006 $a=2, b=-1$

007 (1) 27 (2) -4 (3) $-\dfrac{2}{3}$ (4) 1

008 (1) $\dfrac{1}{3}$ (2) $-\dfrac{4}{3}$ (3) 2 (4) 40

009 (1) 0 (2) $-\infty$ (3) $-\dfrac{1}{2}$ (4) $\dfrac{1}{3}$

(5) 2 (6) $-\dfrac{1}{3}$

010 (1) $-\infty$. (2) 0 (3) -2

011 (1) $-\dfrac{1}{4}$ (2) $\dfrac{1}{18}$ **012** $\dfrac{1}{3}$

013 (1) $a=2, b=-4$ (2) $a=21, b=5$

(3) $a=-2, b=2$ (4) $a=0, b=-3$

014 20

001 (1) $f(x)=x^2+4x-1$이라 하면 함수 $y=f(x)$의 그래프는 다음 그림과 같다.

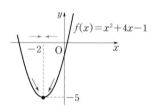

따라서 x의 값이 -2가 아니면서 -2에 한없이 가까워질 때 $f(x)$의 값은 -5에 한없이 가까워지므로

$$\lim_{x \to -2}(x^2+4x-1)=-5$$

(2) $f(x)=\sqrt{3-x}$라 하면 함수 $y=f(x)$의 그래프는 다

음 그림과 같다.

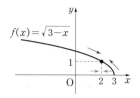

따라서 x의 값이 2가 아니면서 2에 한없이 가까워질 때 $f(x)$의 값은 1에 한없이 가까워지므로

$$\lim_{x \to 2}\sqrt{3-x}=1$$

(3) $f(x)=\dfrac{2x^2+4x}{x}=2x+4 \, (x \neq 0)$라 하면 함수 $y=f(x)$의 그래프는 다음 그림과 같다.

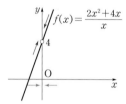

따라서 x의 값이 0이 아니면서 0에 한없이 가까워질 때 $f(x)$의 값은 4에 한없이 가까워지므로

$$\lim_{x \to 0}\dfrac{2x^2+4x}{x}=4$$

(4) $f(x)=\dfrac{-x^2-2x+8}{x-2}=-x-4 \, (x \neq 2)$라 하면 함수 $y=f(x)$의 그래프는 다음 그림과 같다.

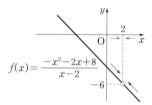

따라서 x의 값이 2가 아니면서 2에 한없이 가까워질 때 $f(x)$의 값은 -6에 한없이 가까워지므로

$$\lim_{x \to 2}\dfrac{-x^2-2x+8}{x-2}=-6$$

답 (1) -5 (2) 1 (3) 4 (4) -6

002 (1) $f(x) = -\dfrac{1}{x-1}$ 이라 하면 함수 $y=f(x)$

의 그래프는 다음 그림과 같다.

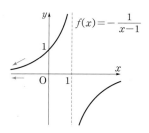

따라서 x의 값이 음수이면서 그 절댓값이 한없이 커질 때 $f(x)$의 값은 0에 한없이 가까워지므로

$$\lim_{x \to -\infty} \left(-\frac{1}{x-1} \right) = \mathbf{0}$$

(2) $f(x) = \dfrac{x+1}{x+3} = \dfrac{-2}{x+3} + 1$이라 하면 함수 $y=f(x)$

의 그래프는 다음 그림과 같다.

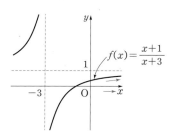

따라서 x의 값이 한없이 커질 때 $f(x)$의 값은 1에 한없이 가까워지므로

$$\lim_{x \to \infty} \frac{x+1}{x+3} = \mathbf{1}$$

📋 (1) 0 (2) 1

003 (1) $f(x) = 1 + \dfrac{1}{x^2}$ 이라 하면 함수 $y=f(x)$

의 그래프는 다음 그림과 같다.

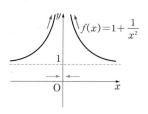

따라서 x의 값이 0이 아니면서 0에 한없이 가까워질 때 $f(x)$의 값은 한없이 커지므로

$$\lim_{x \to 0} \left(1 + \frac{1}{x^2} \right) = \infty$$

(2) $f(x) = \dfrac{3}{(x-2)^2}$이라 하면 함수 $y=f(x)$의 그래프

는 다음 그림과 같다.

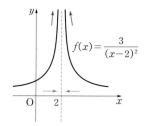

따라서 x의 값이 2가 아니면서 2에 한없이 가까워질 때 $f(x)$의 값은 한없이 커지므로

$$\lim_{x \to 2} \frac{3}{(x-2)^2} = \infty$$

(3) $f(x) = 3 - \dfrac{1}{|x-1|}$ 이라 하면 함수 $y=f(x)$의 그

래프는 다음 그림과 같다.

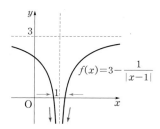

따라서 x의 값이 1이 아니면서 1에 한없이 가까워질 때 $f(x)$의 값은 음수이면서 그 절댓값이 한없이 커지 므로

$$\lim_{x \to 1} \left(3 - \frac{1}{|x-1|} \right) = -\infty$$

📋 (1) ∞ (2) ∞ (3) $-\infty$

004 (1) $f(x) = (x-3)^2$이라 하면 함수
$y=f(x)$의 그래프는 다음 그림과 같다.

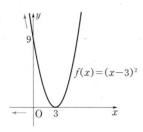

따라서 x의 값이 음수이면서 그 절댓값이 한없이 커질 때 $f(x)$의 값은 한없이 커지므로

$$\lim_{x \to -\infty} (x-3)^2 = \infty$$

(2) $f(x) = \dfrac{-2x^2+4x}{x} = -2x+4 \ (x \neq 0)$라 하면 함수 $y=f(x)$의 그래프는 다음 그림과 같다.

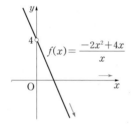

따라서 x의 값이 한없이 커질 때 $f(x)$의 값은 음수이면서 그 절댓값이 한없이 커지므로

$$\lim_{x \to \infty} \frac{-2x^2+4x}{x} = -\infty \qquad \boxed{답} \ (1)\ \infty \quad (2)\ -\infty$$

005 함수 $y=f(x)$의 그래프에서

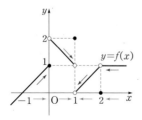

(1) $\displaystyle\lim_{x \to 1+} f(x) = 0$

(2) $\displaystyle\lim_{x \to 1-} f(x) = 1$

(3) $\displaystyle\lim_{x \to 0-} f(x) = 1$

(4) $\displaystyle\lim_{x \to 2+} f(x) = 1$ $\qquad \boxed{답} \ (1)\ 0 \quad (2)\ 1 \quad (3)\ 1 \quad (4)\ 1$

006 $f(x) = \begin{cases} x^2-2x+a & (x \geq 1) \\ 2x+b & (x < 1) \end{cases}$ 에서

$\displaystyle\lim_{x \to 1} f(x) = 1$이므로 $\displaystyle\lim_{x \to 1+} f(x) = \lim_{x \to 1-} f(x) = 1$이어야 한다. 즉,

$$\lim_{x \to 1+} f(x) = \lim_{x \to 1+} (x^2-2x+a) = -1+a = 1$$

$$\therefore \ a = 2$$

$$\lim_{x \to 1-} f(x) = \lim_{x \to 1-} (2x+b) = 2+b = 1$$

$$\therefore \ b = -1 \qquad \boxed{답} \ a=2, \ b=-1$$

007 (1) $\displaystyle\lim_{x \to 3} 3(x^2+2x-6)$

$$= 3 \lim_{x \to 3} (x^2+2x-6)$$

$$= 3 \left(\lim_{x \to 3} x^2 + 2 \lim_{x \to 3} x - \lim_{x \to 3} 6 \right)$$

$$= 3(3^2 + 2 \cdot 3 - 6) = 27$$

(2) $\displaystyle\lim_{x \to 1} (2x^2+x-4)(3x+1)$

$$= \lim_{x \to 1} (2x^2+x-4) \cdot \lim_{x \to 1} (3x+1)$$

$$= \left(2 \lim_{x \to 1} x^2 + \lim_{x \to 1} x - \lim_{x \to 1} 4 \right) \left(3 \lim_{x \to 1} x + \lim_{x \to 1} 1 \right)$$

$$= (2 \cdot 1^2 + 1 - 4)(3 \cdot 1 + 1)$$

$$= -4$$

(3) $\displaystyle\lim_{x \to 0} \frac{x^2+x-2}{5x+3} = \frac{\displaystyle\lim_{x \to 0} (x^2+x-2)}{\displaystyle\lim_{x \to 0} (5x+3)}$

$$= \frac{\displaystyle\lim_{x \to 0} x^2 + \lim_{x \to 0} x - \lim_{x \to 0} 2}{5 \displaystyle\lim_{x \to 0} x + \lim_{x \to 0} 3} = -\frac{2}{3}$$

(4) $\displaystyle\lim_{x \to 2} \frac{\sqrt{2+x} - \sqrt{2-x}}{x}$

$$= \frac{\displaystyle\lim_{x \to 2} \sqrt{2+x} - \lim_{x \to 2} \sqrt{2-x}}{\displaystyle\lim_{x \to 2} x}$$

$$= \frac{\sqrt{\lim_{x\to 2} 2 + \lim_{x\to 2} x} - \sqrt{\lim_{x\to 2} 2 - \lim_{x\to 2} x}}{\lim_{x\to 2} x}$$

$$= \frac{\sqrt{2+2} - \sqrt{2-2}}{2} = 1$$

답 (1) 27 (2) -4 (3) $-\dfrac{2}{3}$ (4) 1

008 (1) $\displaystyle\lim_{x\to -1} \frac{x+1}{x^3+1} = \lim_{x\to -1} \frac{x+1}{(x+1)(x^2-x+1)}$

$$= \lim_{x\to -1} \frac{1}{x^2-x+1} = \frac{1}{3}$$

(2) $\displaystyle\lim_{x\to 0} \frac{x^2+4x}{x^3-x^2-3x} = \lim_{x\to 0} \frac{x(x+4)}{x(x^2-x-3)}$

$$= \lim_{x\to 0} \frac{x+4}{x^2-x-3} = -\frac{4}{3}$$

(3) $\displaystyle\lim_{x\to 2} \frac{\sqrt{x^2-3}-1}{x-2} = \lim_{x\to 2}\left(\frac{\sqrt{x^2-3}-1}{x-2} \cdot \frac{\sqrt{x^2-3}+1}{\sqrt{x^2-3}+1} \right)$

$$= \lim_{x\to 2} \frac{x^2-4}{(x-2)(\sqrt{x^2-3}+1)}$$

$$= \lim_{x\to 2} \frac{x+2}{\sqrt{x^2-3}+1} = 2$$

(4) $\displaystyle\lim_{x\to 0} \frac{20x}{\sqrt{4+x}-\sqrt{4-x}}$

$$= \lim_{x\to 0}\left(\frac{20x}{\sqrt{4+x}-\sqrt{4-x}} \cdot \frac{\sqrt{4+x}+\sqrt{4-x}}{\sqrt{4+x}+\sqrt{4-x}} \right)$$

$$= \lim_{x\to 0} \frac{20x(\sqrt{4+x}+\sqrt{4-x})}{2x}$$

$$= \lim_{x\to 0} 10(\sqrt{4+x}+\sqrt{4-x}) = 40$$

답 (1) $\dfrac{1}{3}$ (2) $-\dfrac{4}{3}$ (3) 2 (4) 40

009 (1) $\displaystyle\lim_{x\to \infty} \frac{2x^2-4x+7}{3x^3+2x+1}$

$$= \lim_{x\to \infty} \frac{\dfrac{2}{x} - \dfrac{4}{x^2} + \dfrac{7}{x^3}}{3 + \dfrac{2}{x^2} + \dfrac{1}{x^3}} = \frac{0}{3} = 0$$

(2) $\displaystyle\lim_{x\to -\infty} \frac{x^2+2x-4}{5x+1} = \lim_{x\to -\infty} \frac{x+2-\dfrac{4}{x}}{5+\dfrac{1}{x}} = -\infty$

(3) $\displaystyle\lim_{x\to \infty} \frac{-x^2+2x+5}{2x^2-x+6} = \lim_{x\to \infty} \frac{-1+\dfrac{2}{x}+\dfrac{5}{x^2}}{2-\dfrac{1}{x}+\dfrac{6}{x^2}} = -\frac{1}{2}$

(4) $\displaystyle\lim_{x\to -\infty} \frac{(2x-1)(x+1)}{6x^2-9x+4} = \lim_{x\to -\infty} \frac{2x^2+x-1}{6x^2-9x+4}$

$$= \lim_{x\to -\infty} \frac{2+\dfrac{1}{x}-\dfrac{1}{x^2}}{6-\dfrac{9}{x}+\dfrac{4}{x^2}}$$

$$= \frac{1}{3}$$

(5) $\displaystyle\lim_{x\to \infty} \frac{2x}{\sqrt{x^2+1}-1} = \lim_{x\to \infty} \frac{2}{\sqrt{1+\dfrac{1}{x^2}}-\dfrac{1}{x}} = 2$

(6) $x=-t$로 치환하면 $x \to -\infty$일 때 $t \to \infty$이므로

$$\lim_{x\to -\infty} \frac{\sqrt{x^2+2}+2x}{\sqrt{4x^2+3x}-x} = \lim_{t\to \infty} \frac{\sqrt{t^2+2}-2t}{\sqrt{4t^2-3t}+t}$$

$$= \lim_{t\to \infty} \frac{\sqrt{1+\dfrac{2}{t^2}}-2}{\sqrt{4-\dfrac{3}{t}}+1}$$

$$= \frac{1-2}{2+1} = -\frac{1}{3}$$

다른 풀이 $x \to -\infty$이므로 $x < 0$이다.

따라서 $x = -\sqrt{x^2}$임에 주의한다.

$$\lim_{x\to -\infty} \frac{\sqrt{x^2+2}+2x}{\sqrt{4x^2+3x}-x} = \lim_{x\to -\infty} \frac{\dfrac{\sqrt{x^2+2}}{x}+2}{\dfrac{\sqrt{4x^2+3x}}{x}-1}$$

$$= \lim_{x\to -\infty} \frac{-\sqrt{1+\dfrac{2}{x^2}}+2}{-\sqrt{4+\dfrac{3}{x}}-1}$$

$$= -\frac{1}{3}$$

답 (1) 0 (2) $-\infty$ (3) $-\dfrac{1}{2}$

(4) $\dfrac{1}{3}$ (5) 2 (6) $-\dfrac{1}{3}$

010 (1) $\displaystyle\lim_{x\to\infty}(-2x^2+3x-1)$

$$=\lim_{x\to\infty}x^2\left(-2+\frac{3}{x}-\frac{1}{x^2}\right)=-\infty$$

(2) $\displaystyle\lim_{x\to\infty}(\sqrt{x^2+7}-x)$

$$=\lim_{x\to\infty}\left\{(\sqrt{x^2+7}-x)\cdot\frac{\sqrt{x^2+7}+x}{\sqrt{x^2+7}+x}\right\}$$

$$=\lim_{x\to\infty}\frac{7}{\sqrt{x^2+7}+x}=\lim_{x\to\infty}\frac{\dfrac{7}{x}}{\sqrt{1+\dfrac{7}{x^2}}+1}=0$$

(3) $x=-t$로 치환하면 $x\to-\infty$일 때 $t\to\infty$이므로

$$\lim_{x\to-\infty}(\sqrt{x^2+4x}-\sqrt{x^2})$$

$$=\lim_{t\to\infty}(\sqrt{t^2-4t}-\sqrt{t^2})$$

$$=\lim_{t\to\infty}\left\{(\sqrt{t^2-4t}-t)\cdot\frac{\sqrt{t^2-4t}+t}{\sqrt{t^2-4t}+t}\right\}$$

$$=\lim_{t\to\infty}\frac{-4t}{\sqrt{t^2-4t}+t}$$

$$=\lim_{t\to\infty}\frac{-4}{\sqrt{1-\dfrac{4}{t}}+1}=\frac{-4}{1+1}=-2$$

답 (1) $-\infty$ (2) 0 (3) -2

011 (1) $\displaystyle\lim_{x\to0}\frac{1}{x}\left\{\frac{1}{(x+2)^2}-\frac{1}{4}\right\}$

$$=\lim_{x\to0}\left\{\frac{1}{x}\cdot\frac{-x(x+4)}{4(x+2)^2}\right\}$$

$$=\lim_{x\to0}\frac{-x-4}{4(x+2)^2}=-\frac{1}{4}$$

(2) $x=-t$로 치환하면 $x\to-\infty$일 때 $t\to\infty$이므로

$$\lim_{x\to-\infty}x^2\left(1+\frac{3x}{\sqrt{9x^2+1}}\right)$$

$$=\lim_{t\to\infty}t^2\left(1-\frac{3t}{\sqrt{9t^2+1}}\right)$$

$$=\lim_{t\to\infty}\left\{t^2\cdot\frac{(\sqrt{9t^2+1}-3t)(\sqrt{9t^2+1}+3t)}{\sqrt{9t^2+1}(\sqrt{9t^2+1}+3t)}\right\}$$

$$=\lim_{t\to\infty}\frac{t^2}{9t^2+1+3t\sqrt{9t^2+1}}$$

$$=\lim_{t\to\infty}\frac{1}{9+\dfrac{1}{t^2}+3\sqrt{9+\dfrac{1}{t^2}}}$$

$$=\frac{1}{9+9}=\frac{1}{18}$$

답 (1) $-\dfrac{1}{4}$ (2) $\dfrac{1}{18}$

012 모든 양의 실수 x에 대하여 $\dfrac{3x^2}{x^2+1}>0$,

$\dfrac{3x^2+9}{x^2+4}>0$이므로 $\dfrac{3x^2}{x^2+1}\le f(x)\le\dfrac{3x^2+9}{x^2+4}$ 의 각

변에 역수를 취하면

$$\frac{x^2+4}{3x^2+9}\le\frac{1}{f(x)}\le\frac{x^2+1}{3x^2}$$

이때 $\displaystyle\lim_{x\to\infty}\frac{x^2+4}{3x^2+9}=\lim_{x\to\infty}\frac{x^2+1}{3x^2}=\frac{1}{3}$ 이므로

함수의 극한의 대소 관계에 의하여

$$\lim_{x\to\infty}\frac{1}{f(x)}=\frac{1}{3}$$

답 $\dfrac{1}{3}$

013 (1) $\displaystyle\lim_{x\to1}\frac{2x^2+ax+b}{x^2+x-2}=2$에서

$x\to1$일 때 (분모)$\to0$이고 극한값이 존재하므로

(분자)$\to0$이다.

즉, $\displaystyle\lim_{x\to1}(2x^2+ax+b)=0$이므로

$$2+a+b=0 \qquad \therefore b=-a-2$$

이제 주어진 식에 $b=-a-2$를 대입하여 정리하면

$$\lim_{x\to1}\frac{2x^2+ax+b}{x^2+x-2}$$

$$=\lim_{x\to1}\frac{2x^2+ax-a-2}{x^2+x-2}$$

$$=\lim_{x\to1}\frac{2(x+1)(x-1)+a(x-1)}{(x+2)(x-1)}$$

$$=\lim_{x\to1}\frac{2(x+1)+a}{x+2}=\frac{4+a}{3}=2$$

$$4+a=6 \qquad \therefore a=2$$

$$\therefore b=-2-2=-4$$

(2) $\lim\limits_{x \to 2} \dfrac{\sqrt{x^2+a}-b}{x-2} = \dfrac{2}{5}$ 에서

$x \to 2$일 때 (분모) $\to 0$이고 극한값이 존재하므로 (분자) $\to 0$이다.

즉, $\lim\limits_{x \to 2}(\sqrt{x^2+a}-b)=0$이므로

$$\sqrt{4+a}-b=0 \qquad \therefore b=\sqrt{a+4}$$

이제 주어진 식에 $b=\sqrt{a+4}$를 대입하여 정리하면

$\lim\limits_{x \to 2} \dfrac{\sqrt{x^2+a}-b}{x-2}$

$= \lim\limits_{x \to 2} \dfrac{\sqrt{x^2+a}-\sqrt{a+4}}{x-2}$

$= \lim\limits_{x \to 2} \left(\dfrac{\sqrt{x^2+a}-\sqrt{a+4}}{x-2} \cdot \dfrac{\sqrt{x^2+a}+\sqrt{a+4}}{\sqrt{x^2+a}+\sqrt{a+4}} \right)$

$= \lim\limits_{x \to 2} \dfrac{(x+2)(x-2)}{(x-2)(\sqrt{x^2+a}+\sqrt{a+4})}$

$= \lim\limits_{x \to 2} \dfrac{x+2}{\sqrt{x^2+a}+\sqrt{a+4}}$

$= \dfrac{4}{2\sqrt{a+4}} = \dfrac{2}{\sqrt{a+4}} = \dfrac{2}{5}$

$\sqrt{a+4}=5$, $a+4=25$

$\therefore \boldsymbol{a=21},\ \boldsymbol{b=\sqrt{21+4}=5}$

(3) $\lim\limits_{x \to 2} \dfrac{x^2-4}{x^2+ax} = b$ (단, $b \neq 0$)에서

$x \to 2$일 때 (분자) $\to 0$이고 0이 아닌 극한값이 존재하므로 (분모) $\to 0$이다.

즉, $\lim\limits_{x \to 2}(x^2+ax)=0$이므로

$$4+2a=0 \qquad \therefore a=-2$$

이제 주어진 식에 $a=-2$를 대입하여 정리하면

$\lim\limits_{x \to 2} \dfrac{x^2-4}{x^2+ax} = \lim\limits_{x \to 2} \dfrac{x^2-4}{x^2-2x}$

$\qquad\qquad = \lim\limits_{x \to 2} \dfrac{(x-2)(x+2)}{x(x-2)}$

$\qquad\qquad = \lim\limits_{x \to 2} \dfrac{x+2}{x} = 2 = b$

$\therefore \boldsymbol{a=-2},\ \boldsymbol{b=2}$

(4) $\lim\limits_{x \to 3} \dfrac{x-3}{\sqrt{x^2+a}+b} = 1$에서

$x \to 3$일 때 (분자) $\to 0$이고 0이 아닌 극한값이 존재

하므로 (분모) $\to 0$이다.

즉, $\lim\limits_{x \to 3}(\sqrt{x^2+a}+b)=0$이므로

$$\sqrt{9+a}+b=0 \qquad \therefore b=-\sqrt{a+9}$$

이제 주어진 식에 $b=-\sqrt{a+9}$를 대입하여 정리하면

$\lim\limits_{x \to 3} \dfrac{x-3}{\sqrt{x^2+a}+b}$

$= \lim\limits_{x \to 3} \dfrac{x-3}{\sqrt{x^2+a}-\sqrt{a+9}}$

$= \lim\limits_{x \to 3} \left(\dfrac{x-3}{\sqrt{x^2+a}-\sqrt{a+9}} \cdot \dfrac{\sqrt{x^2+a}+\sqrt{a+9}}{\sqrt{x^2+a}+\sqrt{a+9}} \right)$

$= \lim\limits_{x \to 3} \dfrac{(x-3)(\sqrt{x^2+a}+\sqrt{a+9})}{(x+3)(x-3)}$

$= \lim\limits_{x \to 3} \dfrac{\sqrt{x^2+a}+\sqrt{a+9}}{x+3}$

$= \dfrac{2\sqrt{a+9}}{6} = 1$

$\sqrt{a+9}=3$, $a+9=9$

$\therefore \boldsymbol{a=0},\ \boldsymbol{b=-\sqrt{9}=-3}$

답 (1) $a=2$, $b=-4$　(2) $a=21$, $b=5$
　　(3) $a=-2$, $b=2$　(4) $a=0$, $b=-3$

014 $\lim\limits_{x \to \infty} \dfrac{ax^2+bx+c}{x^2+2x+5} = 4$이므로

$a=4$

또 $\lim\limits_{x \to -1} \dfrac{4x^2+bx+c}{x^2+4x+3} = 1$에서 $x \to -1$일 때

(분모) $\to 0$이고 극한값이 존재하므로 (분자) $\to 0$이다.

즉, $\lim\limits_{x \to -1}(4x^2+bx+c)=0$이므로

$$4-b+c=0 \qquad \therefore c=b-4$$

이제 주어진 식에 $c=b-4$를 대입하여 정리하면

$\lim\limits_{x \to -1} \dfrac{4x^2+bx+c}{x^2+4x+3}$

$= \lim\limits_{x \to -1} \dfrac{4x^2+bx+b-4}{x^2+4x+3}$

$= \lim\limits_{x \to -1} \dfrac{(4x^2-4)+(bx+b)}{(x+3)(x+1)}$

$$= \lim_{x \to -1} \frac{4(x+1)(x-1)+b(x+1)}{(x+3)(x+1)}$$

$$= \lim_{x \to -1} \frac{4(x-1)+b}{x+3} = \frac{-8+b}{2} = 1$$

$$\therefore b = 10, \ c = 10 - 4 = 6$$

$$\therefore a + b + c = 4 + 10 + 6 = \mathbf{20}$$

📋 20

2. 함수의 연속

015   📋 (1) $[-2, 1]$ (2) $(3, 5)$ (3) $(-\infty, 2]$

016 $y = \sqrt{9-x^2} \iff x^2 + y^2 = 9 \ (y \geq 0)$ 이므로 함수 $y = \sqrt{9-x^2}$ 의 그래프는 원점을 중심으로 하고 반지름의 길이가 3인 원의 윗쪽 반원을 나타낸다.

따라서 정의역과 치역을 구간의 기호로 나타내면

    정의역 : $[-3, 3]$, 치역 : $[0, 3]$

📋 정의역 : $[-3, 3]$, 치역 : $[0, 3]$

017   (1) 주어진 함수 $f(x)$ 에서

(ⅰ) $f(1) = 3$

(ⅱ) $\lim\limits_{x \to 1} f(x) = \lim\limits_{x \to 1} \dfrac{x^2-1}{x-1} = \lim\limits_{x \to 1} (x+1) = 2$

(ⅲ) $\lim\limits_{x \to 1} f(x) \neq f(1)$

따라서 함수 $f(x)$ 는 $x = 1$ 에서 **불연속**이다.

(2) 주어진 함수 $g(x)$ 에서

(ⅰ) $g(1) = 1^2 = 1$

(ⅱ) $\lim\limits_{x \to 1+} g(x) = \lim\limits_{x \to 1+} x^2 = 1,$

    $\lim\limits_{x \to 1-} g(x) = \lim\limits_{x \to 1-} (2-x) = 1$

    이므로 $\lim\limits_{x \to 1} g(x) = 1$

(ⅲ) $\lim\limits_{x \to 1} g(x) = g(1)$

따라서 함수 $g(x)$ 는 $x = 1$ 에서 **연속**이다.

📋 (1) 불연속   (2) 연속

018 $f(x)$는 열린구간 $(0, 1)$에서 연속이고

$$\lim_{x \to 0+} \frac{x^2-3x+2}{x-1} = \lim_{x \to 0+} \frac{(x-1)(x-2)}{x-1}$$
$$= \lim_{x \to 0+} (x-2) = -2 = f(0)$$

$$\lim_{x \to 1-} \frac{x^2-3x+2}{x-1} = \lim_{x \to 1-} \frac{(x-1)(x-2)}{x-1}$$
$$= \lim_{x \to 1-} (x-2) = -1 = f(1)$$

따라서 함수 $f(x)$는 닫힌구간 $[0, 1]$에서 **연속**이다.

답 연속

019 (1) 두 함수 $f(x)=2x$, $g(x)=|x+1|$은 모든 실수 x에서 연속이므로 두 함수의 합성함수인

$$(f \circ g)(x) = f(g(x)) = 2|x+1|$$

도 불연속점을 갖지 않아 모든 실수에서 연속이다.

따라서 함수 $f \circ g$는 구간 $(-\infty, \infty)$에서 연속이다.

(2) 함수 $f \circ g$를 구하면

$$(f \circ g)(x) = f(g(x)) = \frac{1}{x^2+1-10} = \frac{1}{x^2-9}$$

즉, 분모가 0이 되는 $x = \pm 3$을 제외한 실수 전체에서 연속이다.

따라서 함수 $f \circ g$는 구간 $(-\infty, -3)$, $(-3, 3)$, $(3, \infty)$에서 연속이다.

답 (1) $(-\infty, \infty)$
(2) $(-\infty, -3)$, $(-3, 3)$, $(3, \infty)$

020 두 함수 $f(x)$, $g(x)$가 $x=a$에서 연속이므로 $\lim_{x \to a} f(x) = f(a)$, $\lim_{x \to a} g(x) = g(a)$

① $\lim_{x \to a} \{2f(x)+4g(x)\} = 2f(a)+4g(a)$이므로 $2f(x)+4g(x)$는 $x=a$에서 연속이다.

② $\lim_{x \to a} \{5f(x)-g(x)\} = 5f(a)-g(a)$이므로 $5f(x)-g(x)$는 $x=a$에서 연속이다.

③ $\lim_{x \to a} \{4f(x)g(x)\} = 4f(a)g(a)$이므로 $4f(x)g(x)$는 $x=a$에서 연속이다.

④ $\lim_{x \to a} \{4g(x)\}^2 = \{4g(a)\}^2$이므로 $\{4g(x)\}^2$은 $x=a$에서 연속이다.

⑤ $\lim_{x \to a} \left\{ \frac{f(x)}{g(x)} - 2g(x) \right\}$에서 $g(a)=0$이면 $\frac{f(a)}{g(a)}$가 정의되지 않으므로 $\frac{f(x)}{g(x)} - 2g(x)$는 $x=a$에서 반드시 연속이라 할 수 없다.

따라서 $x=a$에서 반드시 연속이라 할 수 없는 것은 ⑤이다.

답 ⑤

021 (1) 함수 $f(x) = |x-2| + |x+3|$은 닫힌구간 $[-5, 2]$에서 연속이므로 최대·최소 정리에 의하여 이 구간에서 $f(x)$는 **최댓값과 최솟값을 갖는다.**

[참고] 닫힌구간 $[-5, 2]$에서 함수 $y=f(x)$의 그래프는 다음 그림과 같다.

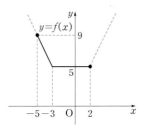

따라서 $f(x)$는 $x=-5$에서 최댓값 9, 구간 $[-3, 2]$에서 최솟값 5를 갖는다.

(2) 함수 $f(x) = \begin{cases} x-1 & (x>0) \\ x+1 & (x \leq 0) \end{cases}$ 은 $x=1$에서 불연속이므로 닫힌구간 $[-1, 1]$에서 최대·최소 정리를 적용할 수 없다. 따라서 그래프를 직접 그려 알아보아야 한다. 닫힌구간 $[-1, 1]$에서 함수 $y=f(x)$의 그래프는 다음 그림과 같다.

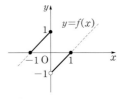

따라서 이 구간에서 $f(x)$는 **최댓값은 갖지만 최솟값은 갖지 않는다.**

[참고] $f(x)$는 $x=0$에서 최댓값 1을 갖는다.

🖹 풀이 참조

---

022 함수 $f(x)=x^2-4$는 열린구간 $(-\infty,\ \infty)$에서 ┃연속┃이므로 닫힌구간 $[1,\ 2]$에서도 연속이다.

또 $f(1)\neq f(2)$이고 $f(1)<-\sqrt{2}<f(2)$, 즉 $-3<-\sqrt{2}<0$이므로 ┃사잇값의 정리┃에 의하여 $f(c)=-\sqrt{2}$인 c가 열린구간 $(1,\ 2)$에 적어도 하나 존재한다.

🖹 (개): 연속, (나): 사잇값의 정리

---

023 (1) $f(x)=x^3-4x^2+4$라 하면

함수 $f(x)$는 닫힌구간 $[1,\ 2]$에서 연속이고

$\quad f(1)=1-4+4=1>0$,

$\quad f(2)=2^3-4\cdot2^2+4=-4<0$

이므로 사잇값의 정리에 의하여 $f(c)=0$인 c가 열린구간 $(1,\ 2)$에 적어도 하나 존재한다.

따라서 방정식 $x^3-4x^2+4=0$은 열린구간 $(1,\ 2)$에서 적어도 하나의 실근을 갖는다.

(2) $f(x)=x^{2019}-2019x+1$이라 하면

함수 $f(x)$는 닫힌구간 $[1,\ 2]$에서 연속이고

$\quad f(1)=1-2019+1=-2017<0$,

$\quad f(2)=2^{2019}-2\times2019+1$

$\qquad\quad =2(2^{2018}-2019)+1>0$

이므로 사잇값의 정리에 의하여 $f(c)=0$인 c가 열린구간 $(1,\ 2)$에 적어도 하나 존재한다.

따라서 방정식 $x^{2019}-2019x+1=0$은 열린구간 $(1,\ 2)$에서 적어도 하나의 실근을 갖는다.

🖹 풀이 참조

II 다항함수의 미분법

1. 미분계수와 도함수

024 (1) 1 (2) $2a-3+h$ **025** 3

026 (1) 12 (2) $-\dfrac{1}{4}$ **027** 3 **028** 2

029 미분가능하지 않고, 불연속이다.

030 (1) $f'(x)=1$ (2) $f'(x)=0$

(3) $f'(x)=3x^2$

031 (1) $y'=0$ (2) $y'=9x^8$ (3) $y'=20x^{19}$

(4) $y'=0$

032 (1) $y'=-16x^3+24x^2-6$

(2) $y'=10x^4+40x^3-20x-2$

033 -20

---

024 (1) $\Delta y=f(3)-f(1)$

$\qquad\quad =(3^2-3\cdot3)-(1^2-3\cdot1)=2$

이므로

$\quad \dfrac{\Delta y}{\Delta x}=\dfrac{f(3)-f(1)}{3-1}=\dfrac{2}{2}=1$

(2) $\Delta y=f(a+h)-f(a)$

$\qquad\quad =\{(a+h)^2-3(a+h)\}-(a^2-3a)$

$\qquad\quad =(2a-3)h+h^2$

이므로

$\quad \dfrac{\Delta y}{\Delta x}=\dfrac{f(a+h)-f(a)}{(a+h)-a}=\dfrac{(2a-3)h+h^2}{h}$

$\qquad =2a-3+h$ 🖹 (1) 1 (2) $2a-3+h$

---

025 $\dfrac{\Delta y}{\Delta x}=\dfrac{f(a+1)-f(a)}{(a+1)-a}$

$\qquad =\{(a+1)^2-2(a+1)\}-(a^2-2a)$

$\qquad =2a-1$

즉, $2a-1=5$이므로 $a=3$ 🖹 3

026

(1) $f'(1)$

$\quad = \lim\limits_{\Delta x \to 0} \dfrac{f(1+\Delta x)-f(1)}{\Delta x}$

$\quad = \lim\limits_{\Delta x \to 0} \dfrac{\{3(1+\Delta x)^2+6(1+\Delta x)+3\}-(3\cdot 1^2+6\cdot 1+3)}{\Delta x}$

$\quad = \lim\limits_{\Delta x \to 0} \dfrac{3(\Delta x)^2+12\Delta x}{\Delta x}$

$\quad = \lim\limits_{\Delta x \to 0} (3\Delta x+12) = \mathbf{12}$

(2) $f'(-2) = \lim\limits_{\Delta x \to 0} \dfrac{f(-2+\Delta x)-f(-2)}{\Delta x}$

$\quad = \lim\limits_{\Delta x \to 0} \dfrac{\dfrac{1}{-2+\Delta x}-\dfrac{1}{-2}}{\Delta x}$

$\quad = \lim\limits_{\Delta x \to 0} \dfrac{\dfrac{\Delta x}{-4+2\Delta x}}{\Delta x} = \lim\limits_{\Delta x \to 0} \dfrac{1}{-4+2\Delta x}$

$\quad = -\dfrac{1}{4}$ 　　　🔘 (1) 12　(2) $-\dfrac{1}{4}$

027

곡선 $y=f(x)$ 위의 점 $(0,\ 0)$에서의 접선의 기울기는 $f'(0)$이므로

$f'(0) = \lim\limits_{\Delta x \to 0} \dfrac{f(0+\Delta x)-f(0)}{\Delta x}$

$\quad = \lim\limits_{\Delta x \to 0} \dfrac{(\Delta x)^3+3\Delta x}{\Delta x}$

$\quad = \lim\limits_{\Delta x \to 0} \{(\Delta x)^2+3\} = \mathbf{3}$ 　　🔘 3

028

곡선 $y=f(x)$ 위의 점 $(a,\ a^2-5a)$에서의 접선의 기울기는 $f'(a)$이므로

$f'(a) = \lim\limits_{\Delta x \to 0} \dfrac{f(a+\Delta x)-f(a)}{\Delta x}$

$\quad = \lim\limits_{\Delta x \to 0} \dfrac{\{(a+\Delta x)^2-5(a+\Delta x)\}-(a^2-5a)}{\Delta x}$

$\quad = \lim\limits_{\Delta x \to 0} \dfrac{(\Delta x)^2+(2a-5)\Delta x}{\Delta x}$

$\quad = \lim\limits_{\Delta x \to 0} (\Delta x+2a-5) = 2a-5$

즉, $2a-5=-1$이므로　　$a=2$ 　　🔘 2

029

$\lim\limits_{x \to 0-} \dfrac{f(x)-f(0)}{x-0} = \lim\limits_{x \to 0-} \dfrac{\dfrac{x}{|x|}-0}{x}$

$\qquad\qquad\qquad\quad = \lim\limits_{x \to 0-} \dfrac{1}{|x|} = \infty$

$\lim\limits_{x \to 0+} \dfrac{f(x)-f(0)}{x-0} = \lim\limits_{x \to 0+} \dfrac{\dfrac{x}{|x|}-0}{x}$

$\qquad\qquad\qquad\quad = \lim\limits_{x \to 0+} \dfrac{1}{|x|} = \infty$

∞는 수렴값이 아닌 발산하는 '상태'이므로 $x=0$에서 **미분가능하지 않다.**

한편 $\lim\limits_{x \to 0-} \dfrac{x}{|x|} = \lim\limits_{x \to 0-} \dfrac{x}{-x} = -1$

$\qquad \lim\limits_{x \to 0+} \dfrac{x}{|x|} = \lim\limits_{x \to 0+} \dfrac{x}{x} = 1$

로 좌극한과 우극한이 다르므로 $x=0$에서 **불연속이다.**

[참고] 주어진 함수의 그래프를 그려 보면 $x=0$에서 불연속이라는 것은 쉽게 알 수 있다. $x=0$에서 불연속이므로 $x=0$에서 미분가능하지 않음은 자명하다.

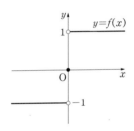

🔘 미분가능하지 않고, 불연속이다.

030

(1) $f'(x) = \lim\limits_{\Delta x \to 0} \dfrac{f(x+\Delta x)-f(x)}{\Delta x}$

$\qquad = \lim\limits_{\Delta x \to 0} \dfrac{(x+\Delta x)-x}{\Delta x}$

$\qquad = \lim\limits_{\Delta x \to 0} 1 = \mathbf{1}$

(2) $f'(x) = \lim\limits_{\Delta x \to 0} \dfrac{f(x+\Delta x)-f(x)}{\Delta x}$

$\qquad = \lim\limits_{\Delta x \to 0} \dfrac{2-2}{\Delta x} = \mathbf{0}$

(3) $f'(x) = \lim_{\Delta x \to 0} \dfrac{f(x+\Delta x) - f(x)}{\Delta x}$

$\qquad = \lim_{\Delta x \to 0} \dfrac{\{(x+\Delta x)^3 - 3\} - (x^3 - 3)}{\Delta x}$

$\qquad = \lim_{\Delta x \to 0} \dfrac{3x^2 \Delta x + 3x(\Delta x)^2 + (\Delta x)^3}{\Delta x}$

$\qquad = \lim_{\Delta x \to 0} \{3x^2 + 3x\Delta x + (\Delta x)^2\} = \boldsymbol{3x^2}$

🔑 (1) $f'(x) = 1$ (2) $f'(x) = 0$ (3) $f'(x) = 3x^2$

---

031   (1) 상수함수이므로 $\boldsymbol{y' = 0}$

(2) $(x^n)' = nx^{n-1}$이므로 $\boldsymbol{y' = 9x^8}$

(3) $(x^n)' = nx^{n-1}$이므로 $\boldsymbol{y' = 20x^{19}}$

(4) 상수함수이므로 $\boldsymbol{y' = 0}$

🔑 (1) $y' = 0$ (2) $y' = 9x^8$

(3) $y' = 20x^{19}$ (4) $y' = 0$

---

032   (1) $y = -4x^4 + 8x^3 - 6x + 9$에서

$y' = (-4x^4)' + (8x^3)' + (-6x)' + (9)'$

$\qquad = \boldsymbol{-16x^3 + 24x^2 - 6}$

(2) $y = (2x^3 - 2x)(x^2 + 5x + 1)$에서

$y' = (2x^3 - 2x)'(x^2 + 5x + 1)$

$\qquad\qquad + (2x^3 - 2x)(x^2 + 5x + 1)'$

$\quad = (6x^2 - 2)(x^2 + 5x + 1)$

$\qquad\qquad + (2x^3 - 2x)(2x + 5)$

$\quad = 6x^4 + 30x^3 + 4x^2 - 10x - 2$

$\qquad\qquad + 4x^4 + 10x^3 - 4x^2 - 10x$

$\quad = \boldsymbol{10x^4 + 40x^3 - 20x - 2}$

🔑 (1) $y' = -16x^3 + 24x^2 - 6$

(2) $y' = 10x^4 + 40x^3 - 20x - 2$

---

033 $h'(x) = 2f'(x)g(x) + 2f(x)g'(x)$이므로

$h'(5) = 2f'(5)g(5) + 2f(5)g'(5)$

$\qquad = 2 \cdot 6 \cdot (-3) + 2 \cdot 4 \cdot 2$

$\qquad = -36 + 16 = \boldsymbol{-20}$ 🔑 -20

---

2. 도함수의 활용

034 (1) 7   (2) $y = 7x - 5$

035 $y = -\dfrac{1}{7}x + \dfrac{44}{7}$ **036** $y = 4x + 5$

037 $y = -2x + 2,\ y = -6x + 2$ **038** $-5,\ 3$

039 $\pm\dfrac{\sqrt{3}}{3}$ **040** $-\dfrac{4}{3}$ **041** 풀이 참조

042 구간 $(-\infty, \infty)$에서 증가   **043** 풀이 참조

044 (1) 극댓값 : -1, 극솟값 : -5 (2) 극솟값 : 0

045 풀이 참조   **046** 최댓값 : 5, 최솟값 : 없다.

047 2   **048** 1   **049** $c < 48$

050 풀이 참조

051 (1) 속도 : 5, 가속도 : 12   (2) 20

052 $20.4\ \text{cm}^2/\text{s}$

---

034   (1) $f(x) = (2x-1)(3x-1)$로 놓으면

$f'(x) = 2(3x-1) + (2x-1) \cdot 3$

$\qquad = 12x - 5$

따라서 점 $(1, 2)$에서의 접선의 기울기는

$f'(1) = 12 \cdot 1 - 5 = \boldsymbol{7}$

(2) 구하는 접선은 점 $(1, 2)$를 지나고 기울기가 7인 직선이므로

$y - 2 = 7(x-1)$ $\therefore \boldsymbol{y = 7x - 5}$

🔑 (1) 7   (2) $y = 7x - 5$

---

035 $f(x) = 3x^2 - 5x + 4$로 놓으면

$f'(x) = 6x - 5$

점 $(2, 6)$에서의 접선의 기울기는

$f'(2) = 6 \cdot 2 - 5 = 7$

이므로 이 점에서의 접선에 수직인 직선의 기울기는

$-\dfrac{1}{7}$이다.

따라서 구하는 직선의 방정식은

$$y-6=-\frac{1}{7}(x-2) \qquad \therefore y=-\frac{1}{7}x+\frac{44}{7}$$

$$\boxed{答}\ y=-\frac{1}{7}x+\frac{44}{7}$$

036 $f(x)=-x^2+2x+4$로 놓으면

$$f'(x)=-2x+2$$

접점의 좌표를 $(a, f(a))$라 하면

$$f'(a)=-2a+2$$

그런데 접선의 기울기가 4이므로

$$-2a+2=4 \qquad \therefore a=-1$$

따라서 접점의 좌표가 $(-1, 1)$이므로 구하는 접선의 방정식은

$$y-1=4\{x-(-1)\} \qquad \therefore y=4x+5$$

$$\boxed{答}\ y=4x+5$$

037 $f(x)=x^2-4x+3$으로 놓으면

$$f'(x)=2x-4$$

접점의 좌표를 (a, a^2-4a+3)이라 하면 이 점에서의 접선의 기울기는 $f'(a)=2a-4$이므로 접선의 방정식은

$$y-(a^2-4a+3)=(2a-4)(x-a) \qquad \cdots\cdots \text{㉠}$$

이 접선이 점 $(0, 2)$를 지나므로

$$2-(a^2-4a+3)=-a(2a-4)$$

$$-a^2+4a-1=-2a^2+4a$$

$$a^2=1 \qquad \therefore a=\pm1$$

(i) $a=1$일 때, ㉠에 대입하면 접선의 방정식은

$$y=-2x+2$$

(ii) $a=-1$일 때, ㉠에 대입하면 접선의 방정식은

$$y=-6x+2$$

$$\boxed{答}\ y=-2x+2,\ y=-6x+2$$

038 $f(x)=x^2-x+2,\ g(x)=cx-x^2$으로 놓고, 접점의 x좌표를 a라 하면 $x=a$에서의 함숫값끼리, 또 미분계수끼리 서로 같아야 한다.

즉, $f(a)=g(a)$이고, $f'(a)=g'(a)$이어야 한다.

(i) $f(a)=g(a)$: $a^2-a+2=ca-a^2$

$$\therefore ca=2a^2-a+2 \qquad \cdots\cdots \text{㉠}$$

(ii) $f'(a)=g'(a)$: 각 함수의 도함수가

$$f'(x)=2x-1,\ g'(x)=c-2x$$이므로

$$2a-1=c-2a \qquad \therefore c=4a-1 \qquad \cdots\cdots \text{㉡}$$

㉡을 ㉠에 대입하면

$$(4a-1)\cdot a=2a^2-a+2,\ 2a^2=2$$

$$\therefore a=\pm1$$

$a=-1$을 ㉡에 대입하면 $c=-5$

$a=1$을 ㉡에 대입하면 $c=3$ $\qquad \boxed{答}\ -5, 3$

039 함수 $f(x)=-x^3+x+1$은 닫힌구간 $[-1, 1]$에서 연속이고 열린구간 $(-1, 1)$에서 미분가능하다.

이때 $f(-1)=f(1)=1$이므로 롤의 정리에 의하여 $f'(c)=0$인 c가 열린구간 $(-1, 1)$에 적어도 하나 존재한다.

$f'(x)=-3x^2+1$이므로 $f'(c)=-3c^2+1=0$

$$c^2=\frac{1}{3} \qquad \therefore c=\pm\frac{\sqrt{3}}{3} \qquad \boxed{答}\ \pm\frac{\sqrt{3}}{3}$$

040 함수 $f(x)=x^3-3x$는 닫힌구간 $[-2, 2]$에서 연속이고 열린구간 $(-2, 2)$에서 미분가능하므로 평균값 정리에 의하여

$$\frac{f(2)-f(-2)}{2-(-2)}=f'(c)$$

인 c가 열린구간 $(-2, 2)$에 적어도 하나 존재한다.

$f'(x)=3x^2-3$이므로 $\dfrac{2-(-2)}{2-(-2)}=3c^2-3$

$$3c^2-3=1,\ c^2=\frac{4}{3} \qquad \therefore c=\pm\frac{2}{\sqrt{3}}$$

따라서 실수 c의 값의 곱은 $-\dfrac{2}{\sqrt{3}}\cdot\dfrac{2}{\sqrt{3}}=-\dfrac{4}{3}$

$$\boxed{答}\ -\frac{4}{3}$$

041 $h(x)=\{f(x)\}^2+\{g(x)\}^2$으로 놓고 양변을 x에 대하여 미분하면

$$h'(x)=2f(x)f'(x)+2g(x)g'(x)$$

이때 $f'(x)=g(x)$, $g'(x)=-f(x)$이므로

$$h'(x)=2f(x)f'(x)+2g(x)g'(x)$$
$$=2f(x)g(x)+2g(x)\{-f(x)\}=0$$

평균값 정리의 따름정리에 의하여 $h(x)$는 상수함수가 된다. 조건에서

$$h(0)=\{f(0)\}^2+\{g(0)\}^2=0^2+1^2=1$$
$$\therefore h(x)=1$$

따라서 모든 x에 대하여

$\{f(x)\}^2+\{g(x)\}^2=1$임을 알 수 있다.　**답** 풀이 참조

042 $a<b$인 임의의 두 실수 a, b에 대하여

$$f(a)-f(b)=\{2(a-1)^3+1\}-\{2(b-1)^3+1\}$$
$$=2\{(a-1)^3-(b-1)^3\}$$

그런데 $a<b$이므로　$a-1<b-1$

즉, $(a-1)^3<(b-1)^3$이므로

$$f(a)-f(b)<0　\therefore f(a)<f(b)$$

따라서 함수 $f(x)=2(x-1)^3+1$은 **구간 $(-\infty,\ \infty)$에서 증가**한다.　**답** 구간 $(-\infty,\ \infty)$에서 증가

043 (1) $f(x)=-x^4+8x^2+3$에서

$$f'(x)=-4x^3+16x=-4x(x+2)(x-2)$$

$f'(x)=0$에서　$x=-2$ 또는 $x=0$ 또는 $x=2$

실수 전체의 구간을 $x=-2$, $x=0$, $x=2$를 기준으로 네 구간

$$x<-2,\ -2<x<0,\ 0<x<2,\ x>2$$

로 나누고, 증감표를 만들면 다음과 같다.

x	$\cdots$	-2	$\cdots$	0	$\cdots$	2	$\cdots$
$f'(x)$	$+$	0	$-$	0	$+$	0	$-$
$f(x)$	↗	19	↘	3	↗	19	↘

따라서 함수 $f(x)$는

구간 $(-\infty,\ -2]$, $[0,\ 2]$에서 증가하고,

구간 $[-2,\ 0]$, $[2,\ \infty)$에서 감소한다.

(2) $f(x)=-4x^3+6x^2-3x-2$에서

$$f'(x)=-12x^2+12x-3=-12\left(x^2-x+\frac{1}{4}\right)$$
$$=-12\left(x-\frac{1}{2}\right)^2\le 0$$

이 항상 성립하므로 함수 $f(x)$는 **구간 $(-\infty,\ \infty)$에서 감소**한다.　**답** 풀이 참조

044 (1) $f(x)=-x^3-3x^2-1$에서

$$f'(x)=-3x^2-6x=-3x(x+2)$$

$f'(x)=0$에서　$x=-2$ 또는 $x=0$

함수 $f(x)$의 증감표를 만들면 다음과 같다.

x	$\cdots$	-2	$\cdots$	0	$\cdots$
$f'(x)$	$-$	0	$+$	0	$-$
$f(x)$	↘	-5 (극소)	↗	-1 (극대)	↘

따라서 함수 $f(x)$는 $x=0$에서 **극댓값 -1**, $x=-2$에서 **극솟값 -5**를 갖는다.

(2) $f(x)=x^4-32x+48$에서

$$f'(x)=4x^3-32=4(x-2)(x^2+2x+4)$$

$f'(x)=0$에서　$x=2\ (\because x^2+2x+4>0)$

함수 $f(x)$의 증감표를 만들면 다음과 같다.

x	$\cdots$	2	$\cdots$
$f'(x)$	$-$	0	$+$
$f(x)$	↘	0 (극소)	↗

따라서 함수 $f(x)$는 $x=2$에서 **극솟값 0**을 갖는다.

답 (1) 극댓값 : -1, 극솟값 : -5　(2) 극솟값 : 0

045 (1) $f(x)=x^3-3x^2+3x+2$에서

$$f'(x)=3x^2-6x+3=3(x-1)^2$$

$f'(x)=0$에서　　$x=1$

함수 $f(x)$의 증감표를 만들면 다음과 같다.

x	$\cdots$	1	$\cdots$
$f'(x)$	$+$	0	$+$
$f(x)$	$\nearrow$	3	$\nearrow$

따라서 함수 $f(x)$는 극값을 갖지 않고, $f(1)=3$,
$f(0)=2$이므로 $y=f(x)$의 그래프는 다음 그림과 같다.

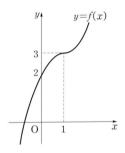

(2) $f(x)=x^4-4x^3+2$에서

$$f'(x)=4x^3-12x^2=4x^2(x-3)$$

$f'(x)=0$에서　　$x=0$ 또는 $x=3$

함수 $f(x)$의 증감표를 만들면 다음과 같다.

x	$\cdots$	0	$\cdots$	3	$\cdots$
$f'(x)$	$-$	0	$-$	0	$+$
$f(x)$	$\searrow$	2	$\searrow$	-25 (극소)	$\nearrow$

따라서 함수 $f(x)$는 $x=3$에서 극솟값 -25를 갖고,
$f(0)=2$이므로 $y=f(x)$의 그래프는 다음 그림과
같다.

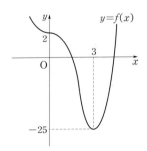

🔲 풀이 참조

046　$f(x)=-x^4+4x^3+2x^2-12x-4$에서

$$\begin{aligned}f'(x)&=-4x^3+12x^2+4x-12\\&=-4x^2(x-3)+4(x-3)\\&=-4(x-3)(x^2-1)\\&=-4(x-3)(x-1)(x+1)\end{aligned}$$

$f'(x)=0$에서　　$x=-1$ 또는 $x=1$ ($\because -2<x<3$)

구간 $(-2, 3)$에서 함수 $f(x)$의 증감표를 만들고, 이를
이용하여 $y=f(x)$의 그래프를 그리면 다음과 같다.

x	(-2)	$\cdots$	-1	$\cdots$	1	$\cdots$	(3)
$f'(x)$		$+$	0	$-$	0	$+$	
$f(x)$	(-20)	$\nearrow$	5	$\searrow$	-11	$\nearrow$	(5)

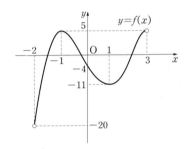

따라서 함수 $f(x)$는 $x=-1$에서 **최댓값 5**를 갖고, **최
솟값은 존재하지 않는다.**

🔲 최댓값 : 5, 최솟값 : 없다.

047　$f(x)=3x^4-4x^3-6$으로 놓으면

$$f'(x)=12x^3-12x^2=12x^2(x-1)$$

$f'(x)=0$에서　　$x=0$ 또는 $x=1$

함수 $f(x)$의 증감표를 만들고, 이를 이용하여 $y=f(x)$
의 그래프를 그리면 다음과 같다.

x	$\cdots$	0	$\cdots$	1	$\cdots$
$f'(x)$	$-$	0	$-$	0	$+$
$f(x)$	$\searrow$	-6	$\searrow$	-7	$\nearrow$

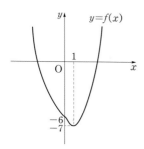

따라서 함수 $y=f(x)$의 그래프가 x축과 서로 다른 두 점에서 만나므로 주어진 방정식의 서로 다른 실근의 개수는 **2**이다.   **답** 2

048 $f(x)=g(x) \iff \dfrac{1}{3}x^3=x-10$

$\qquad\qquad\qquad \iff \dfrac{1}{3}x^3-x+10=0$

이므로 $h(x)=\dfrac{1}{3}x^3-x+10$으로 놓으면

$\quad h'(x)=x^2-1=(x+1)(x-1)$

$h'(x)=0$에서 $\quad x=-1$ 또는 $x=1$

함수 $h(x)$의 증감표를 만들고, 이를 이용하여 $y=h(x)$의 그래프를 그리면 다음과 같다.

x	$\cdots$	-1	$\cdots$	1	$\cdots$
$h'(x)$	$+$	0	$-$	0	$+$
$h(x)$	↗	$\dfrac{32}{3}$	↘	$\dfrac{28}{3}$	↗

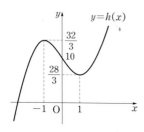

따라서 함수 $y=h(x)$의 그래프가 x축과 한 점에서 만나므로 주어진 방정식의 서로 다른 실근의 개수는 **1**이다.   **답** 1

049 $-32x-x^4-c=0$에서 $\quad -32x-x^4=c$

$f(x)=-32x-x^4$으로 놓으면

$\quad f'(x)=-32-4x^3=-4(x^3+8)$

$\qquad\qquad =-4(x+2)(x^2-2x+4)$

$f'(x)=0$에서 $\quad x=-2\ (\because x^2-2x+4>0)$

함수 $f(x)$의 증감표를 만들면 다음과 같다.

x	$\cdots$	-2	$\cdots$
$f'(x)$	$+$	0	$-$
$f(x)$	↗	48	↘

즉, 함수 $y=f(x)$의 그래프는 다음 그림과 같다.

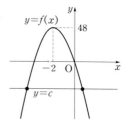

방정식 $-32x-x^4-c=0$이 서로 다른 두 실근을 가지려면 함수 $y=f(x)$의 그래프와 직선 $y=c$가 서로 다른 두 점에서 만나야 하므로 c의 값은 함수 $f(x)$의 극댓값보다 작아야 한다.

이때 함수 $f(x)$의 극댓값이 48이므로 구하는 c의 값의 범위는 $c<48$이다.   **답** $c<48$

050 $3x^4 \geq 4x^3-1$에서 $\quad 3x^4-4x^3+1 \geq 0$

$f(x)=3x^4-4x^3+1$로 놓으면

$\quad f'(x)=12x^3-12x^2=12x^2(x-1)$

$f'(x)=0$에서 $\quad x=0$ 또는 $x=1$

함수 $f(x)$의 증감표를 만들고, 이를 이용하여 $y=f(x)$의 그래프를 그리면 다음과 같다.

x	$\cdots$	0	$\cdots$	1	$\cdots$
$f'(x)$	$-$	0	$-$	0	$+$
$f(x)$	↘	1	↘	0	↗

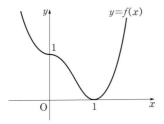

즉, $f(x)$의 최솟값은 0이므로 $f(x) \geq 0$

따라서 모든 실수 x에 대하여 부등식 $3x^4 \geq 4x^3 - 1$이 성립한다.   🔑 풀이 참조

051   점 P의 시각 t에서의 속도를 v, 가속도를 a라 하면

$$v = \frac{dx}{dt} = 3t^2 - 6t - 4, \ a = \frac{dv}{dt} = 6t - 6$$

(1) $t = 3$에서의 점 P의 속도와 가속도는

$$v = 3 \cdot 3^2 - 6 \cdot 3 - 4 = 5, \ a = 6 \cdot 3 - 6 = 12$$

따라서 **속도는 5, 가속도는 12**이다.

(2) 점 P가 출발한 후 다시 원점을 지날 때는 $x = 0$이므로

$t^3 - 3t^2 - 4t = 0$에서 $t(t+1)(t-4) = 0$

$$\therefore t = 4 \ (\because t > 0)$$

따라서 $t = 4$일 때의 점 P의 속도는

$$3 \cdot 4^2 - 6 \cdot 4 - 4 = \mathbf{20}$$

🔑 (1) 속도 : 5, 가속도 : 12   (2) 20

052 t초 후의 정사각형의 한 변의 길이는

$(5 + 0.6t)$ cm이므로 정사각형의 넓이를 S cm^{2}라 하면

$$S = (5 + 0.6t)^2 = 25 + 6t + 0.36t^2$$

양변을 t에 대하여 미분하면

$$\frac{dS}{dt} = 6 + 0.72t$$

이때 정사각형의 한 변의 길이가 17 cm이므로

$5 + 0.6t = 17$ $\therefore t = 20$

따라서 20초 후의 정사각형의 넓이의 변화율은

$$6 + 0.72 \cdot 20 = \mathbf{20.4 \ (cm^2/s)}$$ 🔑 20.4 cm^2/s

III 다항함수의 적분법

1. 부정적분

053 (1) $f(x) = 2x - 3$ (2) $f(x) = 6(x-1)$

054 $a = -6, \ b = -5, \ c = -2$

055 (1) $x^2 + 2x + 3$ (2) $x^2 + 2x + C$

056 C **057** $a = 2, \ b = -4, \ c = -2$

058 (1) $\frac{1}{7}x^7 + C$ (2) $\frac{1}{11}x^{11} + C$ (3) $\frac{1}{16}x^{16} + C$

059 (1) $x^5 + x^3 + 4x^2 + x + C$

(2) $2x^3 + \frac{7}{2}x^2 + 2x + C$ (3) $\frac{4}{3}x^3 - 2tx^2 + t^2x + C$

(4) $\frac{1}{3}x^3 + \frac{1}{2}tx^2 + t^2x + C$

060 0

053   (1) $\int f(x) \, dx = x^2 - 3x + C$에서

$$f(x) = (x^2 - 3x + C)'$$
$$= 2x - 3$$

(2) $\int (x+1)f(x) \, dx = 2x^3 - 6x + C$에서

$$(x+1)f(x) = (2x^3 - 6x + C)'$$
$$= 6x^2 - 6$$
$$= 6(x+1)(x-1)$$

$$\therefore f(x) = 6(x-1)$$

🔑 (1) $f(x) = 2x - 3$ (2) $f(x) = 6(x-1)$

054 $\int (ax^2 + ax - b) \, dx = cx^3 - 3x^2 + 5x + C$에서

$$ax^2 + ax - b = (cx^3 - 3x^2 + 5x + C)'$$
$$= 3cx^2 - 6x + 5$$

두 식을 비교하면

$$a = 3c, \ a = -6, \ -b = 5$$

$$\therefore \mathbf{a = -6, \ b = -5, \ c = -2}$$

🔑 $a = -6, \ b = -5, \ c = -2$

055 (1) $\dfrac{d}{dx}\left\{\displaystyle\int f(x)\,dx\right\}=f(x)$이므로

$$\dfrac{d}{dx}\left\{\displaystyle\int (x^2+2x+3)\,dx\right\}=\boldsymbol{x^2+2x+3}$$

(2) $\displaystyle\int\left\{\dfrac{d}{dx}f(x)\right\}dx=f(x)+C$이므로

$$\displaystyle\int\left\{\dfrac{d}{dx}(x^2+2x+3)\right\}dx=\boldsymbol{x^2+2x+C}$$

🄰 (1) x^2+2x+3 (2) x^2+2x+C

056 $\displaystyle\int\left\{\dfrac{d}{dx}f(x)\right\}dx-\dfrac{d}{dx}\left\{\displaystyle\int f(x)\,dx\right\}$

$$=\{f(x)+C\}-f(x)$$

$$=\boldsymbol{C}$$

이때 문제에 주어진 $f(0)=5$라는 조건은 아무런 영향을 주지 않는다. 🄰 C

057 적분 후 미분하면 원래 함수가 나온다.

즉, $\dfrac{d}{dx}\left\{\displaystyle\int (ax^3+4x-2)\,dx\right\}=ax^3+4x-2$이므로

$$ax^3+4x-2=2x^3-bx+c$$

$$\therefore \boldsymbol{a=2,\ b=-4,\ c=-2}$$

🄰 $a=2,\ b=-4,\ c=-2$

058 (1) $\displaystyle\int x^6\,dx=\dfrac{1}{6+1}x^{6+1}+C=\boldsymbol{\dfrac{1}{7}x^7+C}$

(2) $\displaystyle\int x^{10}\,dx=\dfrac{1}{10+1}x^{10+1}+C=\boldsymbol{\dfrac{1}{11}x^{11}+C}$

(3) $\displaystyle\int x^{15}\,dx=\dfrac{1}{15+1}x^{15+1}+C=\boldsymbol{\dfrac{1}{16}x^{16}+C}$

🄰 (1) $\dfrac{1}{7}x^7+C$ (2) $\dfrac{1}{11}x^{11}+C$ (3) $\dfrac{1}{16}x^{16}+C$

059 (1) $\displaystyle\int (5x^4+3x^2+8x+1)\,dx$

$$=5\displaystyle\int x^4\,dx+3\displaystyle\int x^2\,dx+8\displaystyle\int x\,dx+\displaystyle\int dx$$

$$=\boldsymbol{x^5+x^3+4x^2+x+C}$$

(2) $\displaystyle\int (2x+1)(3x+2)\,dx$

$$=\displaystyle\int (6x^2+7x+2)\,dx$$

$$=6\displaystyle\int x^2\,dx+7\displaystyle\int x\,dx+2\displaystyle\int dx$$

$$=\boldsymbol{2x^3+\dfrac{7}{2}x^2+2x+C}$$

(3) $\displaystyle\int (2x-t)^2\,dx=\displaystyle\int (4x^2-4tx+t^2)\,dx$

$$=4\displaystyle\int x^2\,dx-4t\displaystyle\int x\,dx+t^2\displaystyle\int dx$$

$$=\boldsymbol{\dfrac{4}{3}x^3-2tx^2+t^2x+C}$$

(4) $\displaystyle\int \dfrac{x^3}{x-t}\,dx+\displaystyle\int \dfrac{t^3}{t-x}\,dx$

$$=\displaystyle\int \dfrac{x^3}{x-t}\,dx-\displaystyle\int \dfrac{t^3}{x-t}\,dx$$

$$=\displaystyle\int \dfrac{x^3-t^3}{x-t}\,dx$$

$$=\displaystyle\int \dfrac{(x-t)(x^2+tx+t^2)}{x-t}\,dx$$

$$=\displaystyle\int (x^2+tx+t^2)\,dx$$

$$=\displaystyle\int x^2\,dx+t\displaystyle\int x\,dx+t^2\displaystyle\int dx$$

$$=\boldsymbol{\dfrac{1}{3}x^3+\dfrac{1}{2}tx^2+t^2x+C}$$

🄰 (1) $x^5+x^3+4x^2+x+C$

(2) $2x^3+\dfrac{7}{2}x^2+2x+C$

(3) $\dfrac{4}{3}x^3-2tx^2+t^2x+C$

(4) $\dfrac{1}{3}x^3+\dfrac{1}{2}tx^2+t^2x+C$

060 $f'(x)=3x^2-8x+2$이므로

$$f(x)=\displaystyle\int f'(x)\,dx=\displaystyle\int (3x^2-8x+2)\,dx$$

$$=x^3-4x^2+2x+C$$

이때 $f(0)=3$이므로　　$C=3$

따라서 $f(x)=x^3-4x^2+2x+3$이므로

$\qquad f(3)=27-36+6+3=\mathbf{0}$　　　　답 0

---

2. 정적분

061 (1) 3　(2) $-\dfrac{27}{2}$　(3) -4

062 (1) 0　(2) $-\dfrac{3}{4}$

063 (1) 4　(2) $\dfrac{8}{3}$　(3) $-\dfrac{4}{3}$　(4) -6

064 5　　**065** (1) $\dfrac{16}{3}$　(2) 16　　**066** 80

067 $f(x)=3x^2+4x-4$, $a=-3$

061　(1) $\displaystyle\int_1^2 2x\,dx=\Big[\,x^2\,\Big]_1^2=4-1=\mathbf{3}$

(2) $\displaystyle\int_0^3 (-2x^2+x)\,dx=\Big[-\dfrac{2}{3}x^3+\dfrac{1}{2}x^2\Big]_0^3$

$\qquad\qquad\qquad =\Big(-18+\dfrac{9}{2}\Big)-0=-\dfrac{\mathbf{27}}{\mathbf{2}}$

(3) $\displaystyle\int_{-2}^2 (x^3-1)\,dx=\Big[\,\dfrac{1}{4}x^4-x\,\Big]_{-2}^2$

$\qquad\qquad\qquad =(4-2)-(4+2)=\mathbf{-4}$

$\qquad\qquad$답 (1) 3　(2) $-\dfrac{27}{2}$　(3) -4

062　(1) $\displaystyle\int_2^2 (5x^2-9)\,dx=\mathbf{0}$

(2) $\displaystyle\int_0^{-1} (x^3+2x+2)\,dx=\Big[\,\dfrac{1}{4}x^4+x^2+2x\,\Big]_0^{-1}$

$\qquad\qquad\qquad =\Big(\dfrac{1}{4}+1-2\Big)-0=-\dfrac{\mathbf{3}}{\mathbf{4}}$

$\qquad\qquad$답 (1) 0　(2) $-\dfrac{3}{4}$

063　(1) $\displaystyle\int_0^1 (x^2+3x)\,dx+\int_0^1 (-x^2+5x)\,dx$

$\qquad =\displaystyle\int_0^1 \{(x^2+3x)+(-x^2+5x)\}\,dx$

$\qquad =\displaystyle\int_0^1 8x\,dx=\Big[\,4x^2\,\Big]_0^1=\mathbf{4}$

(2) $\displaystyle\int_{-1}^{0}(x^2+1)\,dx+\int_{0}^{1}(x^2+1)\,dx$

$\quad=\displaystyle\int_{-1}^{1}(x^2+1)\,dx=\left[\frac{1}{3}x^3+x\right]_{-1}^{1}$

$\quad=\dfrac{4}{3}-\left(-\dfrac{4}{3}\right)=\dfrac{\boldsymbol{8}}{\boldsymbol{3}}$

(3) $\displaystyle\int_{-2}^{2}(2x^3-x^2)\,dx-\int_{2}^{-2}(-2x^3+4x+1)\,dx$

$\quad=\displaystyle\int_{-2}^{2}(2x^3-x^2)\,dx+\int_{-2}^{2}(-2x^3+4x+1)\,dx$

$\quad=\displaystyle\int_{-2}^{2}\{(2x^3-x^2)+(-2x^3+4x+1)\}\,dx$

$\quad=\displaystyle\int_{-2}^{2}(-x^2+4x+1)\,dx$

$\quad=\left[-\dfrac{1}{3}x^3+2x^2+x\right]_{-2}^{2}$

$\quad=\dfrac{22}{3}-\dfrac{26}{3}=-\dfrac{\boldsymbol{4}}{\boldsymbol{3}}$

(4) $\displaystyle\int_{-2}^{1}(x^2-2x+2)\,dx-3\int_{-2}^{1}(3x^2-1)\,dx$

$\quad=\displaystyle\int_{-2}^{1}(x^2-2x+2)\,dx-\int_{-2}^{1}(9x^2-3)\,dx$

$\quad=\displaystyle\int_{-2}^{1}\{(x^2-2x+2)-(9x^2-3)\}\,dx$

$\quad=\displaystyle\int_{-2}^{1}(-8x^2-2x+5)\,dx$

$\quad=\left[-\dfrac{8}{3}x^3-x^2+5x\right]_{-2}^{1}$

$\quad=\dfrac{4}{3}-\dfrac{22}{3}=\boldsymbol{-6}$

달 (1) 4   (2) $\dfrac{8}{3}$ (3) $-\dfrac{4}{3}$ (4) -6

064 $2-x=0$에서

$x=2$이므로

$|2-x|$

$=\begin{cases} 2-x & (x\le2) \\ -2+x & (x\ge2) \end{cases}$

$\therefore\displaystyle\int_{-1}^{3}|2-x|\,dx$

$\quad=\displaystyle\int_{-1}^{2}(2-x)\,dx+\int_{2}^{3}(-2+x)\,dx$

$\quad=\left[2x-\dfrac{1}{2}x^2\right]_{-1}^{2}+\left[-2x+\dfrac{1}{2}x^2\right]_{2}^{3}$

$\quad=\left\{2-\left(-\dfrac{5}{2}\right)\right\}+\left\{-\dfrac{3}{2}-(-2)\right\}$

$\quad=\boldsymbol{5}$ 달 5

065   (1) 정적분 $\displaystyle\int_{-1}^{1}(x^3+5x^2-6x+1)\,dx$에서

x^3-6x는 홀함수이고, $5x^2+1$은 짝함수이므로

$\displaystyle\int_{-1}^{1}(x^3+5x^2-6x+1)\,dx$

$\quad=\displaystyle\int_{-1}^{1}(x^3-6x)\,dx+\int_{-1}^{1}(5x^2+1)\,dx$

$\quad=0+2\displaystyle\int_{0}^{1}(5x^2+1)\,dx=2\left[\dfrac{5}{3}x^3+x\right]_{0}^{1}$

$\quad=2\times\dfrac{8}{3}=\dfrac{\boldsymbol{16}}{\boldsymbol{3}}$

(2) $f(x)=|x|$라 하면 $f(-x)=|-x|=|x|=f(x)$

이므로 함수 $f(x)$는 짝함수이다.

$\therefore\displaystyle\int_{-4}^{4}|x|\,dx=2\int_{0}^{4}x\,dx=2\left[\dfrac{1}{2}x^2\right]_{0}^{4}$

$\quad\quad\quad\quad\quad=2\times8=\boldsymbol{16}$

달 (1) $\dfrac{16}{3}$ (2) 16

066 $x\ge0$일 때 함수 $f(x)$의 주기가 2이므로

$\displaystyle\int_{0}^{2}f(x)\,dx=\int_{2}^{4}f(x)\,dx=\int_{4}^{6}f(x)\,dx$

$\quad\quad=\displaystyle\int_{6}^{8}f(x)\,dx=10$

$\therefore\displaystyle\int_{0}^{8}f(x)\,dx=\int_{0}^{2}f(x)\,dx+\int_{2}^{4}f(x)\,dx$

$\quad\quad\quad\quad\quad+\displaystyle\int_{4}^{6}f(x)\,dx+\int_{6}^{8}f(x)\,dx$

$\quad\quad=4\times10=40$

또 $f(-x)=f(x)$에서 $f(x)$는 짝함수이므로

$$\int_{-8}^{8}f(x)\,dx=2\int_{0}^{8}f(x)\,dx=2\times40=\mathbf{80}$$ **답** 80

067 주어진 등식의 양변을 x에 대하여 미분하면

$$\frac{d}{dx}\int_{-3}^{x}f(t)\,dt=f(x)=(x^3+2x^2-4x+a)'$$
$$=3x^2+4x-4$$

$$\therefore \boldsymbol{f(x)=3x^2+4x-4}$$

한편 주어진 등식의 양변에 $x=-3$을 대입하면

$$\int_{-3}^{-3}f(t)dt=0$$이므로

$$-27+18+12+a=0$$

$$\therefore \boldsymbol{a=-3}$$ **답** $f(x)=3x^2+4x-4$, $a=-3$

---

3. 정적분의 활용

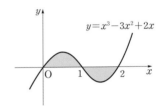

APPLICATION   SUMMA CUM LAUDE

068 $\dfrac{1}{2}$ **069** 풀이 참조   **070** $\dfrac{37}{12}$

071 4   **072** 23, $\dfrac{62}{3}$ **073** 40 m, 90 m

068   곡선 $y=x^3-3x^2+2x$와 x축의 교점의 x좌표는

$x^3-3x^2+2x=0$에서 $x(x-1)(x-2)=0$

$\therefore x=0$ 또는 $x=1$ 또는 $x=2$

따라서 곡선 $y=x^3-3x^2+2x$와 x축으로 둘러싸인 도형은 다음 그림의 색칠한 부분과 같다.

구하는 넓이를 S라 하면

$$S=\int_{0}^{2}|x^3-3x^2+2x|\,dx$$
$$=\int_{0}^{1}(x^3-3x^2+2x)\,dx-\int_{1}^{2}(x^3-3x^2+2x)\,dx$$
$$=\left[\frac{1}{4}x^4-x^3+x^2\right]_{0}^{1}-\left[\frac{1}{4}x^4-x^3+x^2\right]_{1}^{2}$$
$$=\frac{1}{4}-\left(-\frac{1}{4}\right)=\mathbf{\frac{1}{2}}$$ **답** $\dfrac{1}{2}$

069   포물선 $y=ax^2+bx+c$와 x축의 서로 다른 두 교점의 x좌표가 α, β $(\alpha<\beta)$이면 방정식 $ax^2+bx+c=0$의 두 실근이 α, β이다.

따라서 $ax^2+bx+c=a(x-\alpha)(x-\beta)$이므로 넓이 S는

$$S=\int_{\alpha}^{\beta}|ax^2+bx+c|\,dx$$
$$=\int_{\alpha}^{\beta}|a(x-\alpha)(x-\beta)|\,dx$$

$$= |a| \int_\alpha^\beta \{-(x-\alpha)(x-\beta)\}\,dx$$

$$= -|a| \int_\alpha^\beta \{x^2 - (\alpha+\beta)x + \alpha\beta\}\,dx$$

$$= -|a| \left[\frac{1}{3}x^3 - \frac{1}{2}(\alpha+\beta)x^2 + \alpha\beta x \right]_\alpha^\beta$$

$$= -|a| \left\{ \frac{1}{3}(\beta^3 - \alpha^3) - \frac{1}{2}(\alpha+\beta)(\beta^2 - \alpha^2) \right.$$
$$\left. + \alpha\beta(\beta - \alpha) \right\}$$

$$= -\frac{|a|}{6}(\beta - \alpha)\{2(\beta^2 + \alpha\beta + \alpha^2) - 3(\alpha+\beta)^2$$
$$+ 6\alpha\beta\}$$

$$= \frac{|a|}{6}(\beta - \alpha)(\beta^2 - 2\alpha\beta + \alpha^2)$$

$$= \frac{|a|}{6}(\beta - \alpha)^3$$ **달** 풀이 참조

070 두 곡선 $y = -x^3 + 2x^2$, $y = x^2 - 2x$의 교점
의 x좌표는 $-x^3 + 2x^2 = x^2 - 2x$에서

$$x^3 - x^2 - 2x = 0,\ x(x+1)(x-2) = 0$$

$$\therefore x = -1\ \text{또는}\ x = 0\ \text{또는}\ x = 2$$

따라서 두 곡선으로 둘러싸인 도형은 다음 그림의 색칠한
부분과 같다.

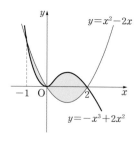

구하는 넓이를 S라 하면

$$S = \int_{-1}^0 \{(x^2 - 2x) - (-x^3 + 2x^2)\}\,dx$$
$$+ \int_0^2 \{(-x^3 + 2x^2) - (x^2 - 2x)\}\,dx$$

$$= \int_{-1}^0 (x^3 - x^2 - 2x)\,dx + \int_0^2 (-x^3 + x^2 + 2x)\,dx$$

$$= \left[\frac{1}{4}x^4 - \frac{1}{3}x^3 - x^2 \right]_{-1}^0 + \left[-\frac{1}{4}x^4 + \frac{1}{3}x^3 + x^2 \right]_0^2$$

$$= \frac{5}{12} + \frac{8}{3}$$

$$= \frac{37}{12}$$ **달** $\dfrac{37}{12}$

071 두 함수 $y = f(x)$와 $y = g(x)$가 서로 역함수
관계이므로 다음 그림의 색칠한 두 부분의 넓이가 서로
같다.

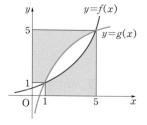

따라서 두 곡선 $y = f(x)$, $y = g(x)$로 둘러싸인 도형의
넓이는

$$5 \cdot 5 - 1 \cdot 1 - 2\int_1^5 f(x)\,dx = 25 - 1 - 20$$

$$= 4$$ **달** 4

072 6초 후의 점 P의 위치를 x라 하면

$$x = 5 + \int_0^6 (t^2 - 4t + 3)\,dt = 5 + \left[\frac{1}{3}t^3 - 2t^2 + 3t \right]_0^6$$

$$= 5 + 18 = 23$$

한편 6초 동안 점 P가 움직인 거리를 s라 하면

$$s = \int_0^6 |t^2 - 4t + 3|\,dt$$

이고 s는 다음 그림의 색칠한 부분의 넓이의 합과 같다.

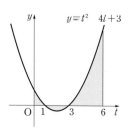

$$\therefore s=\int_0^6 |t^2-4t+3|\,dt$$

$$=\int_0^1 (t^2-4t+3)\,dt-\int_1^3 (t^2-4t+3)\,dt$$

$$+\int_3^6 (t^2-4t+3)\,dt$$

$$=\left[\frac{1}{3}t^3-2t^2+3t\right]_0^1-\left[\frac{1}{3}t^3-2t^2+3t\right]_1^3$$

$$+\left[\frac{1}{3}t^3-2t^2+3t\right]_3^6$$

$$=\frac{4}{3}-\left(-\frac{4}{3}\right)+18$$

$$=\frac{62}{3}$$

따라서 6초 후의 점 P의 위치는 **23**이고 점 P가 출발하여 6초 동안 움직인 거리는 $\dfrac{\mathbf{62}}{\mathbf{3}}$이다. 🔖 $23,\ \dfrac{62}{3}$

073 t초 후 물 로켓의 지면으로부터의 높이를 $x\,\mathrm{m}$라 하면

$$x=0+\int_0^t (30-10t)\,dt=30t-5t^2\,(\mathrm{m})$$

따라서 $t=4$일 때, 물 로켓의 지면으로부터의 높이는

$$x=30\times 4-5\times 4^2=\mathbf{40}\,(\mathbf{m})$$

또 물 로켓이 지면에 떨어지면 $x=0$이므로

$30t-5t^2=0$에서　　$5t(t-6)=0$

$\quad\therefore t=0$ 또는 $t=6$

즉, 물 로켓이 지면에 떨어지는데 걸리는 시간은 6초이다.

이때 $v(t)=30-10t\,(\mathrm{m/s})$이므로 $0\le t\le 3$에서 $v(t)\ge 0$, $3\le t\le 6$에서 $v(t)\le 0$이다.

따라서 물 로켓이 움직인 거리는

$$\int_0^6 |30-10t|\,dt$$

$$=\int_0^3 (30-10t)\,dt+\int_3^6 (-30+10t)\,dt$$

$$=\left[30t-5t^2\right]_0^3+\left[-30t+5t^2\right]_3^6$$

$$=45+45=\mathbf{90}\,(\mathbf{m})$$ 🔖 $40\,\mathrm{m},\ 90\,\mathrm{m}$

Ⅰ 함수의 극한과 연속

1. 함수의 극한

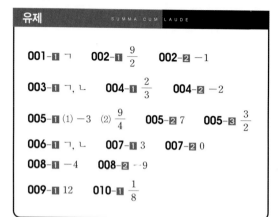

001-**1** ㄱ   002-**1** $\dfrac{9}{2}$ 002-**2** -1

003-**1** ㄱ, ㄴ   004-**1** $\dfrac{2}{3}$ 004-**2** -2

005-**1** (1) -3 (2) $\dfrac{9}{4}$ 005-**2** 7   005-**3** $\dfrac{3}{2}$

006-**1** ㄱ, ㄴ   007-**1** 3   007-**2** 0

008-**1** -4 008-**2** -9

009-**1** 12   010-**1** $\dfrac{1}{8}$

001-1   ㄱ. $f(x)=\dfrac{x^2-16}{x-4}=x+4 \ (x\neq 4)$ 라

하면 $\displaystyle\lim_{x\to 4}\dfrac{x^2-16}{x-4}=8$

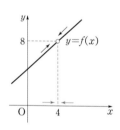

ㄴ. $f(x)=\dfrac{x+2}{|x+2|}=\begin{cases} 1 & (x>-2) \\ -1 & (x<-2) \end{cases}$ 이라 하면

$\displaystyle\lim_{x\to -2+}\dfrac{x+2}{|x+2|}=1, \ \lim_{x\to -2-}\dfrac{x+2}{|x+2|}=-1$

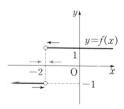

따라서 $\displaystyle\lim_{x\to -2}\dfrac{x+2}{|x+2|}$ 의 값은 존재하지 않는다.

ㄷ. $0\le x<1$일 때 $[x-2]=-2$

$\therefore \displaystyle\lim_{x\to 0+}\dfrac{x-2}{[x-2]}=\dfrac{0-2}{-2}=1$

$-1\le x<0$일 때 $[x-2]=-3$

$\therefore \displaystyle\lim_{x\to 0-}\dfrac{x-2}{[x-2]}=\dfrac{0-2}{-3}=\dfrac{2}{3}$

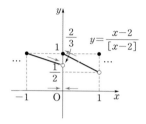

따라서 $\displaystyle\lim_{x\to 0}\dfrac{x-2}{[x-2]}$ 의 값은 존재하지 않는다.

이상에서 극한값이 존재하는 것은 ㄱ뿐이다.   **답** ㄱ

002-1 $\displaystyle\lim_{x\to 3+}[x]=3, \ \lim_{x\to 3-}[x]=2$이므로

$\displaystyle\lim_{x\to 3+}\dfrac{[x]^2+x}{[x]}+\lim_{x\to 3-}\dfrac{[x]^2-x}{[x]}$

$=\dfrac{3^2+3}{3}+\dfrac{2^2-3}{2}=4+\dfrac{1}{2}=\boldsymbol{\dfrac{9}{2}}$ **답** $\dfrac{9}{2}$

002-2 n은 자연수이므로

$\displaystyle\lim_{x\to n+}[x^2]=n^2, \ \lim_{x\to n+}[2x]=2n,$

$\displaystyle\lim_{x\to n-}[x^2]=n^2-1, \ \lim_{x\to n-}[2x]=2n-1$

우극한을 구해 보면

$\displaystyle\lim_{x\to n+}\{[x^2]+k[2x]\}=n^2+k\cdot 2n$

좌극한을 구해 보면

$\displaystyle\lim_{x\to n-}\{[x^3]+k[2x]\}=n^2-1+k(2n-1)$

이때 $\displaystyle\lim_{x\to n}f(x)$의 값이 존재하려면 우극한과 좌극한이

같아야 하므로

$n^2+k\cdot 2n=n^2-1+k(2n-1), \ 0=-1-k$

$\therefore k=\boldsymbol{-1}$ **답** -1

003-1 ㄱ. $f(x)=t$로 놓으면

$x \to 1-$일 때 $t \to 2-$이므로

$$\lim_{x \to 1-} f(f(x)) = \lim_{t \to 2-} f(t) = 1 \text{ (참)}$$

ㄴ. $f(x)=t$로 놓으면

$x \to 2+$일 때 $t \to 0+$이므로

$$\lim_{x \to 2+} f(f(x)) = \lim_{t \to 0+} f(t) = 0 \text{ (참)}$$

ㄷ. $\lim\limits_{x \to 1+} f(x) = 1$이므로

$$f\left(\lim_{x \to 1+} f(x)\right) = f(1) = 0$$

$\lim\limits_{x \to 1-} f(x) = 2$이므로

$$f\left(\lim_{x \to 1-} f(x)\right) = f(2) = 2$$

$$\therefore f\left(\lim_{x \to 1+} f(x)\right) \neq f\left(\lim_{x \to 1-} f(x)\right) \text{ (거짓)}$$

따라서 옳은 것은 ㄱ, ㄴ이다.　　**답** ㄱ, ㄴ

004-1 $3g(x)-f(x)=h(x)$라 하면

$\lim\limits_{x \to 3} h(x) = 4$이므로 함수의 극한에 대한 성질에 의하여

$$g(x) = \frac{f(x)+h(x)}{3} = \frac{3+4}{3} = \frac{7}{3}$$

$$\therefore \lim_{x \to 3}\{f(x)-g(x)\} = \lim_{x \to 3} f(x) - \lim_{x \to 3} g(x)$$

$$= 3 - \frac{7}{3} = \frac{2}{3} \qquad \text{답} \ \frac{2}{3}$$

004-2 $3f(x)+g(x)=h(x)$,

$f(x)-g(x)=k(x)$라 하면

$$f(x) = \frac{h(x)+k(x)}{4}, \ g(x) = \frac{h(x)-3k(x)}{4}$$

이때 $\lim\limits_{x \to 2} h(x) = 10$, $\lim\limits_{x \to 2} k(x) = 6$이므로 함수의 극한에 대한 성질에 의하여

$$\lim_{x \to 2} f(x) = \frac{10+6}{4} = 4,$$

$$\lim_{x \to 2} g(x) = \frac{10-3 \cdot 6}{4} = -2$$

$$\therefore \lim_{x \to 2} \frac{f(x)}{g(x)} = \frac{\lim\limits_{x \to 2} f(x)}{\lim\limits_{x \to 2} g(x)}$$

$$= \frac{4}{-2} = -2 \qquad \text{답} \ -2$$

005-1 $\lim\limits_{x \to 1} \dfrac{f(x)}{x-1} = 4$를 이용할 수 있도록 주어진

식을 변형하자.

(1) $\lim\limits_{x \to 1} \dfrac{f(x)-x+1}{x^3-1-f(x)}$

$$= \lim_{x \to 1} \left\{ \frac{\dfrac{f(x)}{x-1} - \dfrac{x-1}{x-1}}{\dfrac{x^3-1}{x-1} - \dfrac{f(x)}{x-1}} \right\}$$

$$= \frac{\lim\limits_{x \to 1} \dfrac{f(x)}{x-1} - \lim\limits_{x \to 1} 1}{\lim\limits_{x \to 1}(x^2+x+1) - \lim\limits_{x \to 1} \dfrac{f(x)}{x-1}}$$

$$= \frac{4-1}{3-4} = -3$$

(2) $\lim\limits_{x \to 1} \dfrac{\sqrt{x}-1+f(x)}{x^2-1}$

$$= \lim_{x \to 1} \left\{ \frac{\sqrt{x}-1}{x^2-1} + \frac{f(x)}{x^2-1} \right\}$$

$$= \lim_{x \to 1} \frac{1}{(\sqrt{x}+1)(x+1)} + \lim_{x \to 1} \left\{ \frac{f(x)}{x-1} \cdot \frac{1}{x+1} \right\}$$

$$= \frac{1}{4} + \lim_{x \to 1} \frac{f(x)}{x-1} \cdot \lim_{x \to 1} \frac{1}{x+1}$$

$$= \frac{1}{4} + 4 \cdot \frac{1}{2} = \frac{9}{4} \qquad \text{답} \ (1) \ -3 \ \ (2) \ \frac{9}{4}$$

005-2 $\lim\limits_{x \to \infty} \dfrac{5x^2+\{f(x)\}^2}{2x^2-f(x)}$

$$= \lim_{x \to \infty} \frac{5 + \left\{ \dfrac{f(x)}{x} \right\}^2}{2 - \dfrac{f(x)}{x} \cdot \dfrac{1}{x}}$$

$$= \frac{5+3^2}{2-3 \cdot 0} = 7 \qquad \text{답} \ 7$$

005-3 $x-2=t$로 놓으면 $x=t+2$이고

$x \to 2$일 때 $t \to 0$이므로

$$\lim_{x \to 2} \frac{f(x-2)}{x-2} = \lim_{t \to 0} \frac{f(t)}{t} = 6$$

$$\therefore \lim_{x \to 2} \frac{f(x-2)}{x^2-4} = \lim_{x \to 2} \frac{f(x-2)}{(x+2)(x-2)}$$

$$= \lim_{x \to 2} \left\{ \frac{f(x-2)}{x-2} \cdot \frac{1}{x+2} \right\}$$

$$= \lim_{x \to 2} \frac{f(x-2)}{x-2} \cdot \lim_{x \to 2} \frac{1}{x+2}$$

$$= \lim_{t \to 0} \frac{f(t)}{t} \cdot \frac{1}{4}$$

$$= 6 \cdot \frac{1}{4} = \frac{3}{2}$$ 　　　**답** $\dfrac{3}{2}$

006-1 $\lim_{x \to 0} \{ f(x) - g(x) \} = a$, $\lim_{x \to 0} g(x) = \beta$라

하면

$$\lim_{x \to 0} f(x) = \lim_{x \to 0} [\{ f(x) - g(x) \} + g(x)]$$

$$= \lim_{x \to 0} \{ f(x) - g(x) \} + \lim_{x \to 0} g(x)$$

$$= a + \beta$$

로 $\lim_{x \to 0} f(x)$의 값이 존재한다.

ㄱ. $x \to 0$일 때 함수 $f(x)$의 우극한과 좌극한은 같으므로 절댓값 기호를 포함한 함수 $|f(x)|$의 우극한과 좌극한도 달라지지 않는다.

　　따라서 $\lim_{x \to 0} |f(x)|$의 값은 존재한다.

ㄴ. $\lim_{x \to 0} f(x) = k$ (k는 상수)라 할 때,

$$\lim_{x \to 0} \{ f(x) \}^2 = \lim_{x \to 0} \{ f(x) \cdot f(x) \}$$

$$= \lim_{x \to 0} f(x) \lim_{x \to 0} f(x) = k \cdot k = k^2$$

이므로 $\lim_{x \to 0} \{ f(x) \}^2$의 값은 존재한다.

ㄷ. (반례) $f(x) = \dfrac{x-1}{x+1}$일 때, $\lim_{x \to 0} f(x) = -1$이지만

　　$f(x) = t$라 하면

$$\lim_{x \to 0} (f \circ f)(x) = \lim_{t \to -1} f(t) = \lim_{t \to -1} \frac{t-1}{t+1}$$

이 되어 $\lim_{x \to 0} (f \circ f)(x)$의 값은 존재하지 않는다.

따라서 극한값이 존재하는 것은 ㄱ, ㄴ이다. 　**답** ㄱ, ㄴ

007-1 $x^2 + 2 > 0$이므로

$$3x^2 + x - 6 < (x^2 + 2) f(x) < 3x^2 + x + 4$$

의 각 변을 $x^2 + 2$로 나누면

$$\frac{3x^2 + x - 6}{x^2 + 2} < f(x) < \frac{3x^2 + x + 4}{x^2 + 2}$$

이때 $\lim_{x \to \infty} \dfrac{3x^2 + x - 6}{x^2 + 2} = \lim_{x \to \infty} \dfrac{3x^2 + x + 4}{x^2 + 2} = 3$이므로

함수의 극한의 대소 관계에 의하여

$$\lim_{x \to \infty} f(x) = 3$$ 　　　　　**답** 3

007-2 $f(x) = \begin{cases} 2x & (0 < x \le 1) \\ -2x + 4 & (1 < x \le 2) \end{cases}$ 로부터

$0 < x \le 2$인 모든 x에 대하여 $0 \le f(x) \le 2$가 성립하고 $f(x) = f(x+2)$이므로 모든 양의 실수 x에 대하여 $0 \le f(x) \le 2$가 성립한다.

이때 $x > 0$이므로 $\dfrac{0}{x} \le \dfrac{f(x)}{x} \le \dfrac{2}{x}$가 성립하고

$\lim_{x \to \infty} \dfrac{0}{x} = \lim_{x \to \infty} \dfrac{2}{x} = 0$이므로 함수의 극한의 대소 관계에 의하여

$$\lim_{x \to \infty} \frac{f(x)}{x} = 0$$ 　　　　**답** 0

008-1 $\lim_{x \to -1} \dfrac{x^2 + (a+1)x + a}{x^2 - b} = 3$에서

$x \to -1$일 때 (분자)$\to 0$이고 0이 아닌 극한값이 존재하므로 (분모)$\to 0$이다.

즉, $\lim_{x \to -1} (x^2 - b) = 0$이므로

$$1 - b = 0 \quad \therefore b = 1$$

$b = 1$을 주어진 식에 대입하면

$$\lim_{x \to -1} \frac{x^2+(a+1)x+a}{x^2-b}$$

$$= \lim_{x \to -1} \frac{x^2+(a+1)x+a}{x^2-1}$$

$$= \lim_{x \to -1} \frac{(x+1)(x+a)}{(x+1)(x-1)}$$

$$= \lim_{x \to -1} \frac{x+a}{x-1} = \frac{-1+a}{-2} = 3$$

$$-1+a=-6 \quad \therefore a=-5$$

$$\therefore a+b=\boldsymbol{-4} \qquad \qquad \text{답} \ -4$$

008-2 $\lim\limits_{x \to \infty} f(x) = 1$에서 주어진 함수 $f(x)$의 분자 부분은 이차항의 계수가 1인 이차식임을 알 수 있다.

$$\therefore a=0, \ b=1$$

$$\therefore f(x) = \frac{x^2+cx+d}{x^2+x-6}$$

$\lim\limits_{x \to 2} f(x) = 2$에서 $x \to 2$일 때 (분모)$\to 0$이고 극한값이 존재하므로 (분자)$\to 0$이다.

즉, $\lim\limits_{x \to 2}(x^2+cx+d)=0$이므로

$$4+2c+d=0 \quad \therefore d=-2c-4$$

이것을 $\lim\limits_{x \to 2}f(x)=2$에 대입하면

$$\lim_{x \to 2}f(x) = \lim_{x \to 2}\frac{x^2+cx-2c-4}{(x-2)(x+3)}$$

$$= \lim_{x \to 2}\frac{(x-2)(x+2)+c(x-2)}{(x-2)(x+3)}$$

$$= \lim_{x \to 2}\frac{x+c+2}{x+3} = \frac{4+c}{5} = 2$$

$$\therefore c=6, \ d=-16$$

$$\therefore a+b+c+d = 0+1+6+(-16)$$

$$= \boldsymbol{-9} \qquad \qquad \text{답} \ -9$$

009-1 주어진 조건에 의하여 $f(1)=f(2)=0$이므로

$$f(x)=(x-1)(x-2)(ax+b) \ (a,b는 \ 상수)$$

$$\cdots\cdots \ \text{㉠}$$

로 놓을 수 있다.

㉠을 주어진 식에 각각 대입하면

$$\lim_{x \to 1}\frac{f(x)}{x-1} = \lim_{x \to 1}\frac{(x-1)(x-2)(ax+b)}{x-1}$$

$$= \lim_{x \to 1}(x-2)(ax+b)$$

$$= -a-b=2 \qquad \cdots\cdots \ \text{㉡}$$

$$\lim_{x \to 2}\frac{f(x)}{x-2} = \lim_{x \to 2}\frac{(x-1)(x-2)(ax+b)}{x-2}$$

$$= \lim_{x \to 2}(x-1)(ax+b)$$

$$= 2a+b=-4 \qquad \cdots\cdots \ \text{㉢}$$

㉡, ㉢을 연립하여 풀면

$$a=-2, \ b=0$$

$$\therefore f(x)=-2x(x-1)(x-2)$$

$$\therefore f(-1)=\boldsymbol{12} \qquad \qquad \text{답} \ 12$$

010-1 두 원

$$C_1 : x^2+y^2=1 \qquad \cdots\cdots \ \text{㉠}$$

$$C_2 : (x-1)^2+y^2=r^2 \qquad \cdots\cdots \ \text{㉡}$$

에서 ㉠－㉡을 하면

$$x^2-(x-1)^2=1-r^2, \ 2x-1=1-r^2$$

$$\therefore x=\frac{1}{2}(2-r^2)$$

따라서 $f(r)=\dfrac{1}{2}(2-r^2)$이므로

$$\lim_{r \to \sqrt{2}-}\frac{f(r)}{4-r^4} = \lim_{r \to \sqrt{2}-}\frac{2-r^2}{2(2+r^2)(2-r^2)}$$

$$= \lim_{r \to \sqrt{2}-}\frac{1}{2(2+r^2)}$$

$$= \frac{1}{2(2+2)} = \boldsymbol{\frac{1}{8}} \qquad \text{답} \ \frac{1}{8}$$

2. 함수의 연속

011-1 $\lim\limits_{x \to 1+} f(x) = 0$, $\lim\limits_{x \to 1-} f(x) = 2$이므로

$$\lim\limits_{x \to 1+} f(x) \neq \lim\limits_{x \to 1-} f(x)$$

즉, $\lim\limits_{x \to 1} f(x)$의 값은 존재하지 않는다.

$$\therefore a = 1$$

함수 $f(x)$의 그래프가 $x=0$, $x=1$, $x=3$인 점에서 끊어져 있으므로 $f(x)$는 $x=0$, $x=1$, $x=3$에서 불연속이다.

$$\therefore b = 3$$
$$\therefore ab = 3$$

답 3

012-1   함수 $f(x)$가 모든 실수 x에 대하여 연속이므로 $x=-1$과 $x=1$에서 연속일 때의 a, b의 값을 구하면 된다. 즉,

(ⅰ) $x=-1$에서 연속이므로 $\lim\limits_{x \to -1-} f(x) = f(-1)$이어야 한다.

$$\lim\limits_{x \to -1-} f(x) = \lim\limits_{x \to -1-} 4x(x-2) = 12,$$
$$f(-1) = 2 + a + 2b$$

이므로 $12 = 2 + a + 2b$

$$\therefore a + 2b = 10 \quad \cdots\cdots \text{㉠}$$

(ⅱ) $x=1$에서 연속이므로 $\lim\limits_{x \to 1+} f(x) = f(1)$이어야 한다.

$$\lim\limits_{x \to 1+} f(x) = \lim\limits_{x \to 1+} 4x(x-2) = -4,$$
$$f(1) = 2 - a + 2b$$

이므로 $-4 = 2 - a + 2b$

$$\therefore a - 2b = 6 \quad \cdots\cdots \text{㉡}$$

㉠, ㉡을 연립하여 풀면 $a=8$, $b=1$

$$\therefore ab = 8$$

[참고] (ⅰ)에서 함수 $f(x)$가 $x=-1$에서 연속이려면

$$\lim\limits_{x \to -1-} f(x) = \lim\limits_{x \to -1+} f(x) = f(-1)$$

이 성립해야 한다.

이때 우극한과 함숫값이 일치함은 함수식으로부터 확인할 수 있으므로

$$\lim\limits_{x \to -1-} f(x) = f(-1)$$

이 성립하는지만 확인하면 된다. ((ⅱ)도 마찬가지이다.)

답 8

012-2   함수 $f(x)$가 $x=a$에서 연속이려면

$$\lim\limits_{x \to a-} f(x) = f(a) \ (\because \text{우극한과 함숫값이 같으므로})$$

이어야 하므로

$$a^2 + 3a - 4 = -a^2 + 3a - 2$$
$$2a^2 - 2 = 0, \ (a+1)(a-1) = 0$$
$$\therefore a = -1 \ \text{또는} \ a = 1$$

따라서 모든 실수 a의 값의 곱은 -1이다.   **답** -1

013-1   함수 $f(x)$는 모든 실수 x에 대하여 연속이므로 $x=-1$에서도 연속이어야 한다. 즉,

$$\lim\limits_{x \to -1} \frac{x^3 + ax + b}{(x+1)^2} = c \quad \cdots\cdots \text{㉠}$$

㉠에서 $x \to -1$일 때 (분모) $\to 0$이고 극한값이 존재하므로 (분자) $\to 0$이다.

즉, $\lim\limits_{x \to -1} (x^3 + ax + b) = 0$이므로

$$-1 - a + b = 0 \quad \therefore b = a + 1$$

$b = a+1$을 ㉠에 대입하여 정리하면

$$\lim\limits_{x \to -1} \frac{x^3 + ax + a + 1}{(x+1)^2}$$
$$= \lim\limits_{x \to -1} \frac{(x+1)(x^2 - x + a + 1)}{(x+1)^2}$$
$$= \lim\limits_{x \to -1} \frac{x^2 - x + a + 1}{x+1} = c \quad \cdots\cdots \text{㉡}$$

또 ⓒ에서 $x \to -1$일 때 (분모) $\to 0$이고 극한값이 존재
하므로 (분자) $\to 0$이다.

즉, $\lim\limits_{x \to -1} (x^2 - x + a + 1) = 0$이므로

$\qquad a + 3 = 0 \qquad \therefore a = -3, b = -2$

따라서 ⓒ에 의하여

$$\lim_{x \to -1} \frac{x^2 - x - 2}{x + 1} = \lim_{x \to -1} \frac{(x+1)(x-2)}{x+1}$$
$$= \lim_{x \to -1} (x - 2) = c = -3$$

$\qquad \therefore \boldsymbol{a = -3, b = -2, c = -3}$

📋 $a = -3, b = -2, c = -3$

013-② $x \neq 2$일 때 $\quad f(x) = \dfrac{ax^2 - bx}{x - 2}$

함수 $f(x)$가 모든 실수에서 연속이려면 $x=2$에서 연속
이어야 하므로

$$\lim_{x \to 2} \frac{ax^2 - bx}{x - 2} = f(2)$$

$x \to 2$일 때 (분모) $\to 0$이고 극한값이 존재하므로
(분자) $\to 0$이다.

즉, $\lim\limits_{x \to 2} (ax^2 - bx) = 0$이므로

$\qquad 4a - 2b = 0 \qquad \therefore b = 2a \qquad \cdots\cdots$ ㉠

한편 $f(-1) = 1$이므로

$\qquad f(-1) = \dfrac{a(-1)^2 - b(-1)}{-1 - 2} = 1$

$\qquad \therefore a + b = -3 \qquad \cdots\cdots$ ㉡

㉠, ㉡을 연립하여 풀면

$\qquad a = -1, b = -2 \qquad \therefore \boldsymbol{ab = 2}$

📋 2

013-③ $x \neq -1$, $x \neq 2$일 때

$$f(x) = \frac{x^3 + ax + b}{x^2 - x - 2} = \frac{x^3 + ax + b}{(x+1)(x-2)}$$

함수 $f(x)$가 모든 실수에서 연속이므로 $x = -1$, $x = 2$
에서 연속이다.

(i) 함수 $f(x)$가 $x = -1$에서 연속이므로

$\qquad \lim\limits_{x \to -1} \dfrac{x^3 + ax + b}{(x+1)(x-2)} = f(-1)$

$x \to -1$일 때 (분모) $\to 0$이고 극한값이 존재하므로
(분자) $\to 0$이다.

즉, $\lim\limits_{x \to -1} (x^3 + ax + b) = 0$이므로

$\qquad -1 - a + b = 0 \qquad \therefore a - b = -1 \qquad \cdots\cdots$ ㉠

(ii) 함수 $f(x)$가 $x = 2$에서 연속이므로

$\qquad \lim\limits_{x \to 2} \dfrac{x^3 + ax + b}{(x+1)(x-2)} = f(2)$

$x \to 2$일 때 (분모) $\to 0$이고 극한값이 존재하므로
(분자) $\to 0$이다.

즉, $\lim\limits_{x \to 2} (x^3 + ax + b) = 0$이므로

$\qquad 8 + 2a + b = 0 \qquad \therefore 2a + b = -8 \qquad \cdots\cdots$ ㉡

㉠, ㉡을 연립하여 풀면

$\qquad a = -3, b = -2$

$\qquad \therefore f(2) = \lim\limits_{x \to 2} \dfrac{x^3 - 3x - 2}{(x+1)(x-2)}$

$\qquad\qquad = \lim\limits_{x \to 2} \dfrac{(x+1)^2 (x-2)}{(x+1)(x-2)}$

$\qquad\qquad = \lim\limits_{x \to 2} (x+1) = 2 + 1 = \boldsymbol{3}$

📋 3

014-① ㄱ. $\dfrac{1}{t} = s$로 놓으면 $t \to \infty$일 때 $s \to 0+$

이므로

$$\lim_{t \to \infty} f\left(\frac{1}{t}\right) = \lim_{s \to 0+} f(s) = 1 \ (참)$$

ㄴ. $f(x) = t$로 놓으면

$x \to 1+$일 때 $t = 1$이므로

$\qquad \lim\limits_{x \to 1+} f(f(x)) = f(1) = 1$

$x \to 1-$일 때 $t \to 0+$이므로

$\qquad \lim\limits_{x \to 1-} f(f(x)) = \lim\limits_{t \to 0+} f(t) = 1$

$\qquad \therefore \lim\limits_{x \to 1} f(f(x)) = 1 \ (참)$

ㄷ. $f(x) = t$로 놓으면

$x \to 3+$일 때 $t \to 2-$이므로

$\qquad \lim\limits_{x \to 3+} f(f(x)) = \lim\limits_{t \to 2-} f(t) = 1$

$x \to 3-$일 때 $t \to 2+$이므로

$\qquad \lim\limits_{x \to 3-} f(f(x)) = \lim\limits_{t \to 2+} f(t) = 3$

즉, $\lim\limits_{x \to 3} f(f(x))$의 값이 존재하지 않으므로 함수

$f(f(x))$는 $x=3$에서 불연속이다. (거짓)

따라서 옳은 것은 ㄱ, ㄴ이다. 🖪 ③

014-② 함수 $f_{10}(x)$를 나타내면 다음과 같다.

$$f_1(x) = f(x) = \begin{cases} x+1 & (x \neq 1) \\ 1 & (x=1) \end{cases}$$

$$f_2(x) = f(f_1(x)) = \begin{cases} f_1(x)+1 & (f_1(x) \neq 1) \\ 1 & (f_1(x)=1) \end{cases}$$

$$= \begin{cases} x+2 & (x \neq 0,\ 1) \\ 1 & (x=0,\ 1) \end{cases}$$

$$f_3(x) = f(f_2(x)) = \begin{cases} f_2(x)+1 & (f_2(x) \neq 1) \\ 1 & (f_2(x)=1) \end{cases}$$

$$= \begin{cases} x+3 & (x \neq -1,\ 0,\ 1) \\ 1 & (x=-1,\ 0,\ 1) \end{cases}$$

$$\vdots$$

$$\therefore f_{10}(x) = \begin{cases} x+10 & (x \neq -8,\ -7,\ \cdots,\ 0,\ 1) \\ 1 & (x=-8,\ -7,\ \cdots,\ 0,\ 1) \end{cases}$$

즉, 함수 $f_{10}(x)$는 $x=-8$, $x=-7$, $\cdots$, $x=-1$, $x=0$, $x=1$에서의 함숫값이 1인 함수이다.

ㄱ. $f_{10}(0) = 1$ (참)

ㄴ. 함수 $f_{10}(x)$는 $x=-8$, $x=-7$, $\cdots$, $x=-1$, $x=0$, $x=1$에서의 함숫값이 1이므로 불연속인 점은 모두 10개이다. (참)

ㄷ. 모든 실수 a에 대하여

$$\lim\limits_{x \to a} f_{10}(x) = \lim\limits_{x \to a} (x+10) = a+10 \text{ (참)}$$

따라서 ㄱ, ㄴ, ㄷ 모두 옳다. 🖪 ⑤

015-① ㄱ. $\lim\limits_{x \to 1+} \{f(x)+g(x)\}$

$$= \lim\limits_{x \to 1+} f(x) + \lim\limits_{x \to 1+} g(x)$$

$$= -1+1 = 0$$

$$\lim\limits_{x \to 1-} \{f(x)+g(x)\}$$

$$= \lim\limits_{x \to 1-} f(x) + \lim\limits_{x \to 1-} g(x)$$

$$= 1+(-1) = 0$$

$$\therefore \lim\limits_{x \to 1} \{f(x)+g(x)\} = 0$$

$$f(1) + g(1) = 1 + (-1) = 0$$

따라서 함수 $f(x)+g(x)$는 $x=1$에서 연속이다.

ㄴ. $\lim\limits_{x \to 1+} \dfrac{f(x)}{g(x)} = \dfrac{\lim\limits_{x \to 1+} f(x)}{\lim\limits_{x \to 1+} g(x)} = \dfrac{-1}{1} = -1$

$$\lim\limits_{x \to 1-} \dfrac{f(x)}{g(x)} = \dfrac{\lim\limits_{x \to 1-} f(x)}{\lim\limits_{x \to 1-} g(x)} = \dfrac{1}{-1} = -1$$

$$\therefore \lim\limits_{x \to 1} \dfrac{f(x)}{g(x)} = -1$$

$$\dfrac{f(1)}{g(1)} = \dfrac{1}{-1} = -1$$

따라서 함수 $\dfrac{f(x)}{g(x)}$는 $x=1$에서 연속이다.

ㄷ. $x-2=t$로 놓으면 $x \to 1$일 때 $t \to -1$이고

$$\lim\limits_{x \to 1+} f(x)g(x-2) = \lim\limits_{x \to 1+} f(x) \cdot \lim\limits_{t \to -1+} g(t)$$

$$= -1 \cdot (-1) = 1$$

$$\lim\limits_{x \to 1-} f(x)g(x-2) = \lim\limits_{x \to 1-} f(x) \cdot \lim\limits_{t \to -1-} g(t)$$

$$= 1 \cdot (-1) = -1$$

이므로 $\lim\limits_{x \to 1} f(x)g(x-2)$의 값은 존재하지 않는다.

따라서 함수 $f(x)g(x-2)$는 $x=1$에서 불연속이다.

이상에서 $x=1$에서 연속인 함수는 ㄱ, ㄴ이다.

🖪 ㄱ, ㄴ

015-② ㄱ. 두 함수 $f(x)$와 $f(x)-g(x)$가 연속함수이므로 두 함수의 차인 $f(x) - \{f(x)-g(x)\}$, 즉 $g(x)$도 연속함수이다. (참)

ㄴ. (반례) $f(x)=0$, $g(x) = \begin{cases} x & (x \neq 0) \\ 1 & (x=0) \end{cases}$ 로 놓으면

$f(x)$는 연속함수이고

$$\lim\limits_{x \to 0} \dfrac{f(x)}{g(x)} = 0 = \dfrac{f(0)}{g(0)}$$

이므로 $\dfrac{f(x)}{g(x)}$도 연속함수이지만 $g(x)$는 연속함수

가 아니다. (거짓)

ㄷ. $f(x)$는 연속함수이므로 임의의 실수 α에 대하여

$$\lim_{x \to a} f(x) = f(\alpha)$$

라 하면 함수 $g(x)$가 연속이고 $f(x)$의 치역이

$g(x)$의 정의역에 포함되므로

$$\lim_{x \to a} g(f(x)) = g(f(\alpha))$$

즉, 함수 $g(f(x))$도 연속함수이다. (참)

따라서 옳은 것은 ㄱ, ㄷ이다.　　　　　　**답** ㄱ, ㄷ

016-❶　함수 $f(x) = \begin{cases} \dfrac{1}{x-1} & (x \neq 1) \\ 0 & (x=1) \end{cases}$ 의 그래프는

다음 그림과 같다.

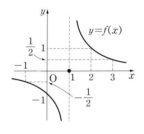

ㄱ. 닫힌구간 $[-1, 1]$에서 최댓값은 $f(1)=0$이지만 최
　솟값을 갖지 않으므로 S가 될 수 없다.

ㄴ. 닫힌구간 $[0, 2]$에서 최댓값과 최솟값을 갖지 않으므
　로 S가 될 수 없다.

ㄷ. 닫힌구간 $[1, 2]$에서 최솟값은 $f(1)=0$이지만 최댓
　값을 갖지 않으므로 S가 될 수 없다.

ㄹ. 닫힌구간 $[2, 3]$에서 최댓값은 $f(2)=1$, 최솟값은

　$f(3) = \dfrac{1}{2}$이므로 S가 될 수 있다.

따라서 S가 될 수 있는 것은 ㄹ뿐이다.　　　　**답** ㄹ

017-❶　사잇값의 정리에 의하여 방정식 $f(x)=0$
이 구간 $(1, 2)$에서 중근이 아닌 오직 하나의 실근을 가

지려면 $f(1)f(2)<0$이어야 하므로

　$(a+4)(a-6)<0$

　$\therefore -4<a<6$　　　　　　　　　**답** $-4<a<6$

017-❷　함수 $f(x)$가 연속함수이고

　$f(-2)f(-1)=-2<0$,

　$f(0)f(1)=-3<0$,

　$f(1)f(2)=-2<0$

이므로 사잇값의 정리에 의하여 방정식 $f(x)=0$은 열린
구간 $(-2, -1)$, $(0, 1)$, $(1, 2)$에서 각각 적어도 하
나씩의 실근을 갖는다.

따라서 방정식 $f(x)=0$은 구간 $(-2, 3)$에서 적어도 3
개의 실근을 갖는다.

　$\therefore n=3$　　　　　　　　　　　　　**답** 3

018-❶　함수 $f(x)$가 연속함수이므로

함수 $h(x)=f(x)-x$도 연속함수이다. 즉, $h(x)$는 닫
힌구간 $[-2, 2]$에서 연속이고

　$h(-2)h(-1)=-1<0$, $h(1)h(2)=-1<0$

이므로 사잇값의 정리에 의하여 방정식 $h(x)=0$은 열린
구간 $(-2, -1)$, $(1, 2)$에서 각각 적어도 하나씩의 실
근을 갖는다.

따라서 두 함수 $y=f(x)$와 $y=x$의 그래프는 열린구간
$(-2, 2)$에서 적어도 **2**개의 교점을 갖는다.　　**답** 2

II 다항함수의 미분법

1. 미분계수와 도함수

019-❶

x의 값이 a에서 b까지 변할 때의 함수 $f(x)$의 평균변화율은

$$\frac{f(b)-f(a)}{b-a}=\frac{(b^2+3b+4)-(a^2+3a+4)}{b-a}$$

$$=\frac{(b^2-a^2)+3(b-a)}{b-a}$$

$$=\frac{(b+a)(b-a)+3(b-a)}{b-a}$$

$$=a+b+3$$

함수 $f(x)$의 $x=-3$에서의 미분계수는

$$f'(-3)=\lim_{\Delta x\to 0}\frac{f(-3+\Delta x)-f(-3)}{\Delta x}$$

$$=\lim_{\Delta x\to 0}\frac{\{(-3+\Delta x)^2+3(-3+\Delta x)+4\}-4}{\Delta x}$$

$$=\lim_{\Delta x\to 0}\frac{-3\Delta x+(\Delta x)^2}{\Delta x}$$

$$=\lim_{\Delta x\to 0}(-3+\Delta x)=-3$$

따라서 $a+b+3=-3$이므로

$$a+b=\mathbf{-6}$$ 답 -6

019-❷

x의 값이 0에서 h까지 변할 때의 함수 $f(x)$의 평균변화율은

$$\frac{f(h)-f(0)}{h}=h+3h^2$$

그런데 $f(0)=2$이므로

$$\frac{f(h)-2}{h}=h+3h^2 \qquad \therefore\ f(h)=3h^3+h^2+2$$

$$\therefore\ f'(2)=\lim_{\Delta x\to 0}\frac{f(2+\Delta x)-f(2)}{\Delta x}$$

$$=\lim_{\Delta x\to 0}\frac{\{3(2+\Delta x)^3+(2+\Delta x)^2+2\}-30}{\Delta x}$$

$$=\lim_{\Delta x\to 0}\frac{40\Delta x+19(\Delta x)^2+3(\Delta x)^3}{\Delta x}$$

$$=\lim_{\Delta x\to 0}\{40+19\Delta x+3(\Delta x)^2\}=\mathbf{40}$$

답 40

020-❶

$$\lim_{h\to 0}\frac{f(a-2h)-f(a+h^2)}{h}$$

$$=\lim_{h\to 0}\frac{f(a-2h)-f(a)+f(a)-f(a+h^2)}{h}$$

$$=\lim_{h\to 0}\left\{\frac{f(a-2h)-f(a)}{h}-\frac{f(a+h^2)-f(a)}{h}\right\}$$

$$=\lim_{h\to 0}\left\{\frac{f(a-2h)-f(a)}{-2h}\cdot(-2)\right.$$

$$\left.-\frac{f(a+h^2)-f(a)}{h^2}\cdot h\right\}$$

$$=-2f'(a)-f'(a)\cdot 0$$

$$=-2f'(a)=-2\cdot 3=\mathbf{-6}$$

[다른 풀이] **Summa's Advice**에서 제시한 공식을 바로 적용하면 간단히 구할 수 있다.

$$\lim_{h\to 0}\frac{f(a-2h)-f(a+h^2)}{h}$$

$$=\lim_{h\to 0}(-2-h)f'(a)=-2f'(a)=-6$$ 답 -6

020-❷

(1) $$\lim_{x\to a}\frac{xf(x)-af(a)}{x-a}$$

$$=\lim_{x\to a}\frac{xf(x)-xf(a)+xf(a)-af(a)}{x-a}$$

$$=\lim_{x\to a}\frac{x\{f(x)-f(a)\}}{x-a}+f(a)\lim_{x\to a}\frac{x-a}{x-a}$$

$$=\boldsymbol{af'(a)+f(a)}$$

(2) $\displaystyle\lim_{x \to a}\dfrac{\{f(x)\}^2-\{f(a)\}^2}{\sqrt{x}-\sqrt{a}}$

$=\displaystyle\lim_{x \to a}\dfrac{\{f(x)-f(a)\}\{f(x)+f(a)\}(\sqrt{x}+\sqrt{a})}{x-a}$

$=f'(a)\cdot 2f(a)\cdot 2\sqrt{a}$

$=\boldsymbol{4\sqrt{a}f'(a)f(a)}$

답 (1) $af'(a)+f(a)$ (2) $4\sqrt{a}f'(a)f(a)$

021-1 주어진 식에 $x=0$, $y=0$을 대입하면

$f(0)=f(0)+f(0)$ ∴ $f(0)=0$

∴ $f'(1)=\displaystyle\lim_{h \to 0}\dfrac{f(1+h)-f(1)}{h}$

$=\displaystyle\lim_{h \to 0}\dfrac{f(1)+f(h)-f(1)}{h}$

$=\displaystyle\lim_{h \to 0}\dfrac{f(h)}{h}=\lim_{h \to 0}\dfrac{f(h)-f(0)}{h}$

$=f'(0)=\boldsymbol{4}$ 답 4

021-2 주어진 식에 $x=0$, $y=0$을 대입하면

$f(0)=f(0)+f(0)+1$ ∴ $f(0)=-1$

$f'(1)=\displaystyle\lim_{h \to 0}\dfrac{f(1+h)-f(1)}{h}$

$=\displaystyle\lim_{h \to 0}\dfrac{f(1)+f(h)-2h+1-f(1)}{h}$

$=\displaystyle\lim_{h \to 0}\dfrac{f(h)-2h+1}{h}$

$=\displaystyle\lim_{h \to 0}\dfrac{f(h)+1}{h}-2$

$=\displaystyle\lim_{h \to 0}\dfrac{f(h)-f(0)}{h}-2$

$=f'(0)-2$

즉, $f'(0)-2=1$이므로 $f'(0)=3$

∴ $f'(-1)=\displaystyle\lim_{h \to 0}\dfrac{f(-1+h)-f(-1)}{h}$

$=\displaystyle\lim_{h \to 0}\dfrac{f(-1)+f(h)+2h+1-f(-1)}{h}$

$=\displaystyle\lim_{h \to 0}\dfrac{f(h)+2h+1}{h}$

$=\displaystyle\lim_{h \to 0}\dfrac{f(h)+1}{h}+2$

$=\displaystyle\lim_{h \to 0}\dfrac{f(h)-f(0)}{h}+2$

$=f'(0)+2=3+2=\boldsymbol{5}$ 답 5

022-1 ① $\dfrac{f(a)}{a}<\dfrac{f(b)}{b}$

$\Longleftrightarrow \dfrac{f(a)-f(0)}{a-0}<\dfrac{f(b)-f(0)}{b-0}$

이 참인지 묻고 있다. 즉,

'❶ 두 점 $(0,0)$, $(a,f(a))$를 지나는 직선의 기울기'가 '❷ 두 점 $(0,0)$, $(b,f(b))$를 지나는 기울기'보다 작은지 묻고 있다.

두 직선을 그려 보면 ❶<❷임을 알 수 있다. (참)

② $\dfrac{f(a)}{a}<1 \Longleftrightarrow \dfrac{f(a)-f(0)}{a-0}<1$

이 참인지 묻고 있다. 즉,

'❶ 두 점 $(0,0)$, $(a,f(a))$를 지나는 직선의 기울기'가 '❸ 직선 $y=x$의 기울기 1'보다 작은지 묻고 있다.

직선을 그려 보면 ❶<❸임을 알 수 있다. (참)

③ $f(b)-f(a)>b-a \Longleftrightarrow \dfrac{f(b)-f(a)}{b-a}>1$

$(\because b-a>0)$

이 참인지 묻고 있다. 즉,

'❹ 두 점 $(a,f(a))$, $(b,f(b))$를 지나는 직선의 기울기'가 '❸ 직선 $y=x$의 기울기 1'보다 큰지 묻고 있다.

직선을 그려 보면 ❹>❸임을 알 수 있다. (참)

④ $f'(a)<f'(b)$가 참인지 묻고 있다. 즉,

'❺ 점 $(a,f(a))$에서의 접선의 기울기'가 '❻ 점 $(b,f(b))$에서의 접선의 기울기'보다 작은지 묻고 있다.

직선을 그려 보면 ❺<❻임을 알 수 있다. (참)

⑤ $f'(a)<1$이 참인지 묻고 있다. 즉,

'❺ 점 $(a,f(a))$에서의 접선의 기울기'가 '❸ 직선 $y=x$의 기울기 1'보다 작은지 묻고 있다.

직선을 그려 보면

(ⅰ) a가 0 근처의 값이면   ❺ < ❸

(ⅱ) a가 1 근처의 값이면   ❺ > ❸

임을 알 수 있다. (거짓)

따라서 옳지 않은 것은 ⑤이다.   🅐 ⑤

023-❶ ㄱ. 함수 $f(x)=|x-1|$에서

$f(1)=\lim\limits_{x\to 1}f(x)=0$이므로 $f(x)$는 $x=1$에서 연속

이다.

$$\lim_{h\to 0+}\frac{f(1+h)-f(1)}{h}=\lim_{h\to 0+}\frac{|h|}{h}$$
$$=\lim_{h\to 0+}\frac{h}{h}=1$$
$$\lim_{h\to 0-}\frac{f(1+h)-f(1)}{h}=\lim_{h\to 0-}\frac{|h|}{h}$$
$$=\lim_{h\to 0-}\frac{-h}{h}=-1$$

이므로 $f'(1)$의 값이 존재하지 않는다.

즉, 함수 $f(x)$는 $x=1$에서 미분가능하지 않다.

ㄴ. 함수 $g(x)=|x^2-1|$에서

$g(1)=\lim\limits_{x\to 1}g(x)=0$이므로 $g(x)$는 $x=1$에서 연

속이다.

$$\lim_{h\to 0+}\frac{g(1+h)-g(1)}{h}=\lim_{h\to 0+}\frac{|h^2+2h|}{h}$$
$$=\lim_{h\to 0+}\frac{h^2+2h}{h}$$
$$=\lim_{h\to 0+}(h+2)=2$$
$$\lim_{h\to 0-}\frac{g(1+h)-g(1)}{h}=\lim_{h\to 0-}\frac{|h^2+2h|}{h}$$
$$=\lim_{h\to 0-}\frac{-h^2-2h}{h}$$
$$=\lim_{h\to 0-}(-h-2)=-2$$

이므로 $g'(1)$의 값이 존재하지 않는다.

즉, 함수 $g(x)$는 $x=1$에서 미분가능하지 않다.

ㄷ. 함수 $k(x)=|x^3-1|$에서

$k(1)=\lim\limits_{x\to 1}k(x)=0$이므로 $k(x)$는 $x=1$에서 연

속이다.

$$\lim_{h\to 0+}\frac{k(1+h)-k(1)}{h}=\lim_{h\to 0+}\frac{|h^3+3h^2+3h|}{h}$$
$$=\lim_{h\to 0+}\frac{h^3+3h^2+3h}{h}$$
$$=\lim_{h\to 0+}(h^2+3h+3)=3$$
$$\lim_{h\to 0-}\frac{k(1+h)-k(1)}{h}=\lim_{h\to 0-}\frac{|h^3+3h^2+3h|}{h}$$
$$=\lim_{h\to 0-}\frac{-h^3-3h^2-3h}{h}$$
$$=\lim_{h\to 0-}(-h^2-3h-3)$$
$$=-3$$

이므로 $k'(1)$의 값이 존재하지 않는다.

즉, 함수 $k(x)$는 $x=1$에서 미분가능하지 않다.

따라서 $x=1$에서 연속이지만 미분가능하지 않은 함수는

ㄱ, ㄴ, ㄷ이다.   🅐 ㄱ, ㄴ, ㄷ

024-❶ (1) $f(x)=x^3+1$에서

$$f'(x)=\lim_{\Delta x\to 0}\frac{f(x+\Delta x)-f(x)}{\Delta x}$$
$$=\lim_{\Delta x\to 0}\frac{\{(x+\Delta x)^3+1\}-(x^3+1)}{\Delta x}$$
$$=\lim_{\Delta x\to 0}\frac{3x^2\Delta x+3x(\Delta x)^2+(\Delta x)^3}{\Delta x}$$
$$=\lim_{\Delta x\to 0}\{3x^2+3x\Delta x+(\Delta x)^2\}=3x^2$$

이때 $x=2$에서의 미분계수는

$$f'(2)=3\cdot 2^2=12$$

(2) $f(x)=\dfrac{1}{x}$에서

$$f'(x)=\lim_{\Delta x\to 0}\frac{f(x+\Delta x)-f(x)}{\Delta x}$$
$$=\lim_{\Delta x\to 0}\frac{\dfrac{1}{x+\Delta x}-\dfrac{1}{x}}{\Delta x}$$
$$=\lim_{\Delta x\to 0}\frac{-\Delta x}{x(x+\Delta x)\Delta x}$$
$$=-\lim_{\Delta x\to 0}\frac{1}{x(x+\Delta x)}=-\frac{1}{x^2}$$

이때 $x=2$에서의 미분계수는

$$f'(2)=-\frac{1}{2^2}=-\frac{1}{4}$$

답 (1) $f'(x)=3x^2$, 12 (2) $f'(x)=-\frac{1}{x^2}$, $-\frac{1}{4}$

025-❶ $\lim\limits_{x\to 1}\dfrac{f(x)}{x-1}=5$에서 $x\to 1$일 때

(분모)$\to 0$이고 극한값이 존재하므로 (분자)$\to 0$이어야
한다.

즉, $\lim\limits_{x\to 1}f(x)=0$이므로 $f(1)=0$

$$\therefore \lim_{x\to 1}\frac{f(x)}{x-1}=\lim_{x\to 1}\frac{f(x)-f(1)}{x-1}=f'(1)=5$$

$f(x)=x^3+2ax^2-3bx+4$에서

$$f'(x)=3x^2+4ax-3b$$

$f(1)=0$에서 $1+2a-3b+4=0$

$$\therefore 2a-3b=-5 \quad\cdots\cdots \text{㉠}$$

$f'(1)=5$에서 $3+4a-3b=5$

$$\therefore 4a-3b=2 \quad\cdots\cdots \text{㉡}$$

㉠, ㉡을 연립하여 풀면 $a=\dfrac{7}{2}$, $b=4$

$$\therefore ab=\frac{7}{2}\cdot 4=\mathbf{14}$$

답 14

026-❶ $f(x)=x^{11}-x^{10}+x^9-x^8+x^7$이라 하면

$f(1)=1-1+1-1+1=1$이므로

$$\lim_{x\to 1}\frac{x^{11}-x^{10}+x^9-x^8+x^7-1}{x-1}$$

$$=\lim_{x\to 1}\frac{f(x)-f(1)}{x-1}=f'(1)$$

이때 $f'(x)=11x^{10}-10x^9+9x^8-8x^7+7x^6$이므로

$$f'(1)=11-10+9-8+7=\mathbf{9}$$

답 9

026-❷ $\lim\limits_{x\to 2}\dfrac{x^n-x-62}{x-2}=k$에서 $x\to 2$일 때

(분모)$\to 0$이고 극한값이 존재하므로 (분자)$\to 0$이어야
한다.

즉, $\lim\limits_{x\to 2}(x^n-x-62)=0$이므로 $2^n-2-62=0$

$$2^n=64=2^6 \quad\therefore n=6$$

$f(x)=x^6-x$라 하면 $f(2)=2^6-2=62$이므로

$$\lim_{x\to 2}\frac{x^6-x-62}{x-2}=\lim_{x\to 2}\frac{f(x)-f(2)}{x-2}=f'(2)$$

이때 $f'(x)=6x^5-1$이므로

$$k=f'(2)=6\cdot 2^5-1=191$$

$$\therefore n+k=6+191=\mathbf{197}$$

답 197

027-❶ $g(x)=x^3-ax+b$, $h(x)=x^2+x+1$로
놓으면 함수 $f(x)$가 $x=1$에서 미분가능하므로 $x=1$에
서 연속이다.

즉, $g(1)=\lim\limits_{x\to 1^-}h(x)$이어야 한다.

이때 $g(1)=1-a+b$,

$\lim\limits_{x\to 1^-}h(x)=\lim\limits_{x\to 1^-}(x^2+x+1)=3$이므로

$$1-a+b=3 \quad\therefore -a+b=2 \quad\cdots\cdots \text{㉠}$$

또한 함수 $f(x)$가 $x=1$에서 미분가능하므로 우미분계
수와 좌미분계수가 같다.

즉, $g'(1)=h'(1)$이어야 한다.

이때 $g'(x)=3x^2-a$, $h'(x)=2x+1$에서

$g'(1)=3-a$, $h'(1)=3$이므로

$$3-a=3 \quad\therefore a=0$$

$a=0$을 ㉠에 대입하면 $b=2$

$$\therefore a+b=0+2=\mathbf{2}$$

답 2

028-❶ 다항식 x^4+ax+b를 $(x+1)^2$으로 나누었
을 때의 몫을 $Q(x)$라 하면

$$x^4+ax+b=(x+1)^2 Q(x)+x-2 \quad\cdots\cdots \text{㉠}$$

㉠의 양변에 $x=-1$을 대입하면

$$1-a+b=-3 \quad\therefore -a+b=-4 \quad\cdots\cdots \text{㉡}$$

㉠의 양변을 x에 대하여 미분하면

$$4x^3+a=2(x+1)Q(x)+(x+1)^2 Q'(x)+1$$

앞의 식의 양변에 $x=-1$을 대입하면

$$-4+a=1 \qquad \therefore a=5$$

$a=5$를 ⓛ에 대입하면

$$-5+b=-4 \qquad \therefore b=1$$

$$\therefore a+b=5+1=\textbf{6}$$

답 6

028-② 다항식 $16x^4+2ax+15$를 $(2x+b)^2$으로 나누었을 때의 몫을 $Q(x)$라 하면

$$16x^4+2ax+15=(2x+b)^2Q(x) \qquad \cdots\cdots ㉠$$

㉠의 양변에 $x=-\dfrac{b}{2}$를 대입하면

$$b^4-ab+15=0 \qquad \cdots\cdots ㉡$$

㉠의 양변을 x에 대하여 미분하면

$$64x^3+2a=4(2x+b)Q(x)+(2x+b)^2Q'(x)$$

위의 식의 양변에 $x=-\dfrac{b}{2}$를 대입하면

$$-8b^3+2a=0 \qquad \therefore a=4b^3$$

$a=4b^3$을 ㉡에 대입하면

$$b^4-4b^4+15=0 \qquad \therefore b^4=5$$

$$\therefore ab=4b^3\cdot b=4b^4=4\cdot5=\textbf{20}$$

답 20

2. 도함수의 활용

유제   SUMMA CUM LAUDE

029-① 5   **029-②** -7

030-① $y=3x-2$ **030-②** 8

031-① -8 **032-①** -5 **033-①** $1+\sqrt{7}$

034-① 0   **034-②** 7

035-① (1) 풀이 참조   (2) $(2, 6)$

036-① -10 **036-②** ④

037-① $-1\le a\le0$ **037-②** 9

038-① 13   **038-②** 27

039-① ④   **040-①** 3   **040-②** $0<a<\dfrac{1}{2}$

041-① -2 **042-①** 22   **042-②** 50

043-① $2\sqrt{5}$ **043-②** 2   **044-①** $\dfrac{\sqrt{3}}{3}$

045-① $-17<a<-12$ **046-①** $-1<a<1$

047-① 4   **047-②** $k<0$

048-① $1<t<2$ **048-②** 40   **049-①** ㄴ, ㄷ

050-① 256π cm^3

029-① $f(x)=x^3+ax^2-bx+2$로 놓으면

$$f'(x)=3x^2+2ax-b$$

곡선 $y=f(x)$가 점 $(1, 4)$를 지나므로

$$f(1)=4$$

$$1+a-b+2=4 \qquad \therefore a-b=1 \qquad \cdots\cdots ㉠$$

또 점 $(1, 4)$에서의 접선의 기울기가 7이므로

$$f'(1)=7$$

$$3+2a-b=7 \qquad \therefore 2a-b=4 \qquad \cdots\cdots ㉡$$

㉠, ㉡을 연립하여 풀면 $a=3, b=2$

$$\therefore a+b=\textbf{5}$$

답 5

029-② 곡선 $y=f(x)$ 위의 점 $(2, f(2))$에서의 접선의 방정식이 $y=3x-1$이므로

$$f(2)=5, f'(2)=3$$

곡선 $y=g(x)$ 위의 점 $(2,\ g(2))$에서의 접선의 방정식이 $y=-2x+5$이므로

$$g(2)=1,\ g'(2)=-2$$

$h(x)=f(x)g(x)$로 놓으면

$$h'(x)=f'(x)g(x)+f(x)g'(x)$$

이때 곡선 $y=f(x)g(x)$ 위의 점 $(2,\ f(2)g(2))$에서의 접선의 기울기는 곡선 $y=h(x)$ 위의 $x=2$인 점에서의 접선의 기울기와 같으므로 구하는 접선의 기울기는

$$h'(2)=f'(2)g(2)+f(2)g'(2)$$
$$=3\cdot1+5\cdot(-2)=\boldsymbol{-7} \qquad \text{답 } \boldsymbol{-7}$$

030-① $f(x)=2x^2-5x+6$으로 놓으면

$$f'(x)=4x-5$$

접점의 좌표를 $(t,\ 2t^2-5t+6)$이라 하면

직선 $x+3y-1=0$, 즉 $y=-\dfrac{1}{3}x+\dfrac{1}{3}$에 수직인 접선의 기울기는 3이므로

$f'(t)=4t-5=3$에서 $\quad t=2$

따라서 접점의 좌표는 $(2,\ 4)$이므로 구하는 접선의 방정식은

$$y-4=3(x-2) \qquad \therefore \boldsymbol{y=3x-2}$$
$$\text{답 } y=3x-2$$

030-② $f(x)=x^3-3x^2-3x+a$로 놓으면

$$f'(x)=3x^2-6x-3$$

접점의 좌표를 $(t,\ t^3-3t^2-3t+a)$라 하면 이 점에서의 접선의 기울기는 -6이므로

$f'(t)=3t^2-6t-3=-6$에서 $\quad 3t^2-6t+3=0$

$t^2-2t+1=0,\ (t-1)^2=0 \qquad \therefore t=1$

따라서 접점의 좌표는 $(1,\ -6\cdot1+9)$, 즉 $(1,\ 3)$이므로 $x=1,\ y=3$을 $y=x^3-3x^2-3x+a$에 대입하면

$$3=1-3-3+a \qquad \therefore a=8 \qquad \text{답 } 8$$

031-① $f(x)=3x^2-4x+4$로 놓으면

$$f'(x)=6x-4$$

접점의 좌표를 $(t,\ 3t^2-4t+4)$라 하면 이 점에서의 접선의 기울기는 $f'(t)=6t-4$이므로 접선의 방정식은

$$y-(3t^2-4t+4)=(6t-4)(x-t) \qquad \cdots\cdots \text{㉠}$$

이 접선이 점 $(0,\ 1)$을 지나므로

$$1-(3t^2-4t+4)=-6t^2+4t$$
$$-3t^2+4t-3=-6t^2+4t$$
$$3t^2=3 \qquad \therefore t=\pm1$$

(i) $t=-1$을 ㉠에 대입하면 접선의 방정식은

$$y-11=-10(x+1) \qquad \therefore y=-10x+1$$

(ii) $t=1$을 ㉠에 대입하면 접선의 방정식은

$$y-3=2(x-1) \qquad \therefore y=2x+1$$

따라서 $a=-10,\ b=1,\ c=2,\ d=1$ 또는 $a=2,\ b=1,$ $c=-10,\ d=1$이므로

$$ab+cd=\boldsymbol{-8} \qquad\qquad \text{답 } \boldsymbol{-8}$$

032-① 직선 $2x-y+3=0$, 즉 $y=2x+3$을 x축의 방향으로 $-m$만큼, y축의 방향으로 $-n$만큼 평행이동한 직선의 방정식은

$$y+n=2(x+m)+3$$
$$\therefore y=2x+2m-n+3 \qquad \cdots\cdots \text{㉠}$$

이때 직선 ㉠은 곡선 $y=\dfrac{1}{4}x^2+2$에 접하게 된다.

$f(x)=\dfrac{1}{4}x^2+2$로 놓으면 $\quad f'(x)=\dfrac{1}{2}x$

접점의 좌표를 $\left(t,\ \dfrac{1}{4}t^2+2\right)$라 하면 이 점에서의 접선의 기울기가 2이므로

$$\dfrac{1}{2}t=2 \qquad \therefore t=4$$

따라서 접점의 좌표는 $(4,\ 6)$이고, 이 점이 직선 ㉠ 위에 있으므로

$$6=8+2m-n+3 \qquad \therefore 2m-n=\boldsymbol{-5} \quad \text{답 } \boldsymbol{-5}$$

033-❶ 함수 $f(x)=\dfrac{1}{3}x^3+2x^2-3x-1$은 닫힌 구간 $[-a,\,a]$에서 연속이고 열린구간 $(-a,\,a)$에서 미분가능하다.

이때 롤의 정리를 만족시키려면 $f(-a)=f(a)$이어야 하므로

$$-\dfrac{1}{3}a^3+2a^2+3a-1=\dfrac{1}{3}a^3+2a^2-3a-1$$

$$\dfrac{2}{3}a^3-6a=0,\ a^3-9a=0$$

$$a(a+3)(a-3)=0 \qquad \therefore a=3\ (\because a\text{는 자연수})$$

한편 롤의 정리에 의하여 $f'(c)=0$인 c가 열린구간 $(-3,\,3)$에 적어도 하나 존재한다.

$f'(x)=x^2+4x-3$이므로 $\quad f'(c)=c^2+4c-3=0$

$\qquad \therefore c=-2+\sqrt{7}\ (\because -3<c<3)$

$\qquad \therefore a+c=3+(-2+\sqrt{7})=\mathbf{1+\sqrt{7}}$ 　　**目** $1+\sqrt{7}$

034-❶ 함수 $g(x)=f'(x)=3x^2+4x+2$는 닫힌 구간 $[-1,\,1]$에서 연속이고 열린구간 $(-1,\,1)$에서 미분가능하므로 평균값 정리에 의하여

$$\dfrac{g(1)-g(-1)}{1-(-1)}=g'(c)$$

인 c가 열린구간 $(-1,\,1)$에 적어도 하나 존재한다.

$g'(x)=6x+4$이므로

$$\dfrac{9-1}{1-(-1)}=6c+4,\ 6c+4=4$$

$\qquad \therefore c=\mathbf{0}$ 　　**目** 0

034-❷ 함수 $f(x)=\dfrac{1}{3}x^3+x^2+2x$는 닫힌구간 $[0,\,2]$에서 연속이고 열린구간 $(0,\,2)$에서 미분가능하므로 평균값 정리에 의하여

$$\dfrac{f(b)-f(a)}{b-a}=f'(c)$$

인 c가 열린구간 $(0,\,2)$에 적어도 하나 존재한다.

$\dfrac{f(b)-f(a)}{b-a}=m$에서 $\quad f'(c)=m$

$f'(x)=x^2+2x+2$이므로

$$m=f'(c)=c^2+2c+2=(c+1)^2+1$$

이때 $0<c<2$이므로 $\quad 2<m<10$

따라서 정수 m은 3, 4, 5, $\cdots$, 9이므로 그 개수는 **7**이다. 　　**目** 7

035-❶ (1) $\square$OAPB에서 $\triangle$OAB의 넓이는 일정하므로 $\triangle$ABP의 넓이가 최대일 때 $\square$OAPB의 넓이도 최대가 된다. 발전예제 035에서 점 P의 x좌표가 닫힌구간에서 평균값 정리를 만족시키는 값임을 보였으므로 점 P에서의 접선의 기울기는 직선 AB의 기울기와 같음을 알 수 있다.

두 점 A$(4,\,0)$, B$(0,\,4)$이므로 점 P에서의 접선의 기울기는 $\dfrac{0-4}{4-0}=-1$이 된다.

(2) $f(x)=-x^2+3x+4$로 놓으면

$$f'(x)=-2x+3$$

점 P의 x좌표를 c라 하면 $\square$OAPB의 넓이가 최대일 때 점 P에서의 접선의 기울기는 -1이므로

$$f'(c)=-2c+3=-1 \qquad \therefore c=2$$

따라서 점 P의 좌표는 $(\mathbf{2,\,6})$이다.

目 (1) 풀이 참조 　(2) $(2,\,6)$

036-❶ $f(x)=x^3-6x^2+ax+3$에서

$$f'(x)=3x^2-12x+a$$

이때 함수 $f(x)$가 감소하는 x의 값의 범위가 $-1\le x\le b$이므로 이차방정식 $f'(x)=0$의 두 근은 -1, b이다.

이차방정식의 근과 계수의 관계에 의하여

$$-1+b=4,\ -1\cdot b=\dfrac{a}{3} \qquad \therefore a=-15,\ b=5$$

$\qquad \therefore a+b=\mathbf{-10}$ 　　**目** -10

036-② 다음 그림과 같이 함수 $y=f'(x)$의 그래프가 x축과 만나는 점의 x좌표를 차례로 a, b, c, d라 하자.

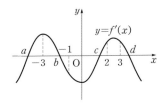

① 구간 $(-\infty, a)$에서 $f'(x)<0$이므로 $f(x)$는 감소한다.

② 구간 $(-3, b)$에서 $f'(x)>0$이므로 $f(x)$는 증가한다.

③ 구간 $(-1, c)$에서 $f'(x)<0$이므로 $f(x)$는 감소한다.

⑤ 구간 $(3, d)$에서 $f'(x)>0$이므로 $f(x)$는 증가한다.

따라서 옳은 것은 ④이다.　　　　　　　**답** ④

037-① 실수 전체의 집합에서 정의된 함수 $f(x)$가 일대일대응이 되려면 $f(x)$는 항상 증가하거나 항상 감소해야 한다.

그런데 $f(x)=x^3+3ax^2-3ax-5$는 삼차항의 계수가 양수이므로 항상 증가하는 경우만 가능하다.

함수 $f(x)$가 실수 전체의 집합에서 증가하려면 모든 실수 x에 대하여 $f'(x)=3x^2+6ax-3a\geq0$이어야 한다.

이차방정식 $f'(x)=0$의 판별식을 D라 하면

$$\frac{D}{4}=9a^2+9a\leq0,\ a^2+a\leq0$$

$$a(a+1)\leq0 \qquad \therefore\ -1\leq a\leq0 \qquad \textbf{답}\ -1\leq a\leq0$$

037-② $f(x)=-x^3+3x^2+ax+1$에서

$$f'(x)=-3x^2+6x+a=-3(x-1)^2+a+3$$

함수 $f(x)$가 구간 $(-1, 2)$에서 증가하려면

$-1<x<2$에서 $f'(x)\geq0$이어야 하므로 다음 그림에서

$$f'(-1)=a-9\geq0 \qquad \therefore\ a\geq9$$

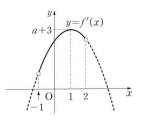

따라서 실수 a의 최솟값은 **9**이다.　　　　**답** 9

038-① $f(x)=x^4+ax^3+3bx^2+x+1$에서

$$f'(x)=4x^3+3ax^2+6bx+1$$

함수 $f(x)$가 $x=-1$에서 극댓값 4를 가지므로

$f'(-1)=0$에서 $\quad -4+3a-6b+1=0$

$$\therefore\ a-2b=1 \qquad \cdots\cdots\ \bigcirc$$

$f(-1)=4$에서 $\quad 1-a+3b-1+1=4$

$$\therefore\ a-3b=-3 \qquad \cdots\cdots\ \bigcirc$$

$\bigcirc$, $\bigcirc$을 연립하여 풀면 $\quad a=9,\ b=4$

$$\therefore\ a+b=\textbf{13} \qquad\qquad \textbf{답}\ 13$$

038-② $f(x)=x^3+ax+b$에서

$$f'(x)=3x^2+a=3x^2-(-a)\ (\because\ -a>0)$$

$$=3\left(x+\sqrt{\frac{-a}{3}}\right)\left(x-\sqrt{\frac{-a}{3}}\right)=0$$

따라서 함수 $f(x)$는 $x=-\sqrt{\dfrac{-a}{3}}$ 일 때 극댓값 $-a$,

$x=\sqrt{\dfrac{-a}{3}}$ 일 때 극솟값 a를 가지므로

$$f\left(-\sqrt{\frac{-a}{3}}\right)=-\frac{-a}{3}\sqrt{\frac{-a}{3}}-a\sqrt{\frac{-a}{3}}+b=-a$$

$$f\left(\sqrt{\frac{-a}{3}}\right)=\frac{-a}{3}\sqrt{\frac{-a}{3}}+a\sqrt{\frac{-a}{3}}+b=a$$

앞의 두 식을 변끼리 더하면

$$2b=0 \qquad \therefore\ b=0$$

또 앞의 두 식을 변끼리 빼면

$$\frac{-2a}{3}\sqrt{\frac{-a}{3}}+2a\sqrt{\frac{-a}{3}}=2a$$

$$\frac{4a}{3}\sqrt{\frac{-a}{3}}=2a,\quad \sqrt{\frac{-a}{3}}=\frac{3}{2}$$

$$\frac{-a}{3}=\frac{9}{4}\qquad \therefore a=-\frac{27}{4}$$

$$\therefore 4(b-a)=4\left\{0-\left(-\frac{27}{4}\right)\right\}=\mathbf{27}$$ **답** **27**

039-① $f'(x)=0$을 만족시키는 x의 값을 찾으면

$x=a,\ x=b,\ x=d$

$x=a$의 좌우에서 $f'(x)$의 부호가 양$(+)$에서 양$(+)$으로 유지되므로 $f(a)$는 극값이 아니다.

$x=b$의 좌우에서 $f'(x)$의 부호가 양$(+)$에서 음$(-)$으로 바뀌므로 $f(b)$는 극댓값이다.

$x=d$의 좌우에서 $f'(x)$의 부호가 음$(-)$에서 양$(+)$으로 바뀌므로 $f(d)$는 극솟값이다.

또한 $f'(x)>0$이면 함수 $f(x)$는 증가하고, $f'(x)<0$이면 함수 $f(x)$는 감소하므로 구간 $(b,\ d)$에서만 감소하는 그래프를 찾으면 된다.

따라서 $y=f(x)$의 그래프의 개형이 될 수 있는 것은 ④이다. **답** ④

040-① $f(x)=-x^3+3x^2-ax+11$에서

$f'(x)=-3x^2+6x-a$

삼차함수 $f(x)$가 극값을 가지려면 이차방정식 $f'(x)=0$이 서로 다른 두 실근을 가져야 한다.

이차방정식 $f'(x)=0$의 판별식을 D라 하면

$$\frac{D}{4}=9-3a>0\qquad \therefore a<3$$

따라서 조건을 만족시키는 자연수 a는 1, 2이므로 그 합은 $1+2=\mathbf{3}$ **답** 3

040-② $f(x)=\frac{1}{3}x^3-2(a-1)x^2-16ax-1$에서

$f'(x)=x^2-4(a-1)x-16a$

삼차함수 $f(x)$가 $0<x<2$에서 극댓값은 갖지 않고 극솟값을 가지려면 이차방정식 $f'(x)=0$이 $0<x<2$에서 실근 1개를 가져야 한다.

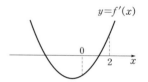

(i) $f'(0)<0$에서　$-16a<0$　$\therefore a>0$

(ii) $f'(2)>0$에서　$4-8(a-1)-16a>0$

$24a<12$　$\therefore a<\frac{1}{2}$

(i), (ii)의 공통 범위를 구하면　$0<a<\dfrac{1}{2}$

다른 풀이 $f'(x)=x^2-4(a-1)x-16a$

$=(x+4)(x-4a)$

$f'(x)=0$에서　$x=-4$ 또는 $x=4a$

삼차함수 $f(x)$가 $0<x<2$에서 극솟값을 가져야 하는데,

(i) $4a<-4$이면 $x=4a$에서 극대이고,

$x=-4$에서 극소이다. $(\times)$

(ii) $4a=-4$이면 극값을 갖지 않는다. $(\times)$

(iii) $4a>-4$이면 $x=-4$에서 극대이고,

$x=4a$에서 극소이다. $(\bigcirc)$

따라서 $0<4a<2$이어야 하므로

$0<a<\dfrac{1}{2}$ **답** $0<a<\dfrac{1}{2}$

041-① $f(x)=x^4+2(a-1)x^2+4ax$에서

$f'(x)=4x^3+4(a-1)x+4a$

$=4(x+1)(x^2-x+a)$

사차함수 $f(x)$가 극댓값을 갖지 않으려면 삼차방정식 $f'(x)=0$이 허근 또는 중근을 가져야 한다.

이때 삼차방정식 $f'(x)=0$의 한 실근이 $x=-1$이므로

(i) 허근을 갖는 경우

이차방정식 $x^2-x+a=0$의 판별식을 D라 하면

$$D=1-4a<0 \qquad \therefore a>\frac{1}{4}$$

(ii) 중근을 갖는 경우

이차방정식 $x^2-x+a=0$이 $x=-1$을 근으로 가질 때

$$1+1+a=0 \qquad \therefore a=-2$$

이차방정식 $x^2-x+a=0$이 중근을 가질 때

이차방정식 $x^2-x+a=0$의 판별식을 D라 하면

$$D=1-4a=0 \qquad \therefore a=\frac{1}{4}$$

(i), (ii)에 의하여 $a=-2$ 또는 $a\geq\dfrac{1}{4}$이므로 실수 a의

최솟값은 **-2**이다.   🔑 -2

042-❶ $f(x)=x^3+3x^2-9x+a$에서

$$f'(x)=3x^2+6x-9=3(x+3)(x-1)$$

$f'(x)=0$에서 $x=1\ (\because -1\leq x\leq 3)$

구간 $[-1,\ 3]$에서 함수 $f(x)$의 증감표를 만들면 다음과 같다.

x	-1	$\cdots$	1	$\cdots$	3
$f'(x)$		$-$	0	$+$	
$f(x)$	$a+11$	$\searrow$	$a-5$	$\nearrow$	$a+27$

따라서 함수 $f(x)$는

$x=3$에서 최댓값 $a+27$,

$x=1$에서 최솟값 $a-5$를 갖는다.

이때 함수 $f(x)$의 최솟값이 -10이므로

$$a-5=-10 \qquad \therefore a=-5$$

따라서 함수 $f(x)$의 최댓값은

$$a+27=-5+27=\mathbf{22}$$ 🔑 22

042-❷ $f(x)=ax^3-\dfrac{9}{2}ax^2+b$에서

$$f'(x)=3ax^2-9ax=3ax(x-3)$$

$f'(x)=0$에서 $x=3\ (\because 2\leq x\leq 4)$

구간 $[2,\ 4]$에서 함수 $f(x)$의 증감표를 만들면 다음과 같다.

x	2	$\cdots$	3	$\cdots$	4
$f'(x)$		$-$	0	$+$	
$f(x)$	$-10a+b$	$\searrow$	$-\dfrac{27}{2}a+b$	$\nearrow$	$-8a+b$

따라서 함수 $f(x)$는 $a>0$이므로

$x=4$에서 최댓값 $-8a+b$,

$x=3$에서 최솟값 $-\dfrac{27}{2}a+b$를 갖는다.

즉, $-8a+b=9,\ -\dfrac{27}{2}a+b=-2$

두 식을 연립하여 풀면 $a=2,\ b=25$

$$\therefore ab=\mathbf{50}$$ 🔑 50

043-❶   점 P의 좌표를 $(t,\ t^2)$이라 하면 점 P와 점 $(5,\ -1)$ 사이의 거리는

$$\sqrt{(t-5)^2+(t^2+1)^2}=\sqrt{t^4+3t^2-10t+26}$$

$f(t)=t^4+3t^2-10t+26$이라 하면

$$f'(t)=4t^3+6t-10=2(t-1)(2t^2+2t+5)$$

$f'(t)=0$에서 $t=1\ (\because 2t^2+2t+5>0)$

함수 $f(t)$의 증감표를 만들면 다음과 같다.

t	$\cdots$	1	$\cdots$
$f'(t)$	$-$	0	$+$
$f(t)$	$\searrow$	극소	$\nearrow$

즉, 함수 $f(t)$는 $t=1$일 때 극소이면서 최소이므로 최솟값은 $f(1)=1+3-10+26=20$이다.

따라서 구하는 거리의 최솟값은

$$\sqrt{20}=\mathbf{2\sqrt{5}}$$ 🔑 $2\sqrt{5}$

043-❷   점 P의 좌표를 $(a,\ -a^2+3a)\ (0<a<3)$ 이라 하고 삼각형 POH의 넓이를 $S(a)$라 하면

$$S(a)=\frac{1}{2}\cdot a\cdot(-a^2+3a)=-\frac{1}{2}a^3+\frac{3}{2}a^2$$에서

$$S'(a)=-\frac{3}{2}a^2+3a=-\frac{3}{2}a(a-2)$$

$S'(a)=0$에서 $a=2\,(\because 0<a<3)$

$0<a<3$에서 함수 $S(a)$의 증감표를 만들면 다음과 같다.

a	(0)	$\cdots$	2	$\cdots$	(3)
$S'(a)$		$+$	0	$-$	
$S(a)$		$\nearrow$	극대	$\searrow$	

따라서 함수 $S(a)$는 $a=2$일 때 극대이면서 최대이므로 삼각형 POH의 넓이의 최댓값은

$$S(2)=-\frac{1}{2}\cdot 2^3+\frac{3}{2}\cdot 2^2=\mathbf{2}$$ 　🅰 2

044-① 　원형의 색종이를 다음과 같이 잘라 내어 만든 정육각뿔의 밑면의 한 변의 길이를 x, 높이를 h라 하자.

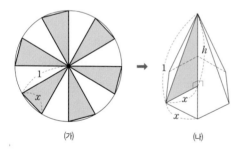

(가) 　　　 (나)

밑면의 넓이는 한 변의 길이가 x인 정삼각형 6개의 넓이의 합과 같으므로 정육각뿔의 부피는

$$\frac{1}{3}\cdot\left(6\cdot\frac{\sqrt{3}}{4}x^2\right)\cdot h=\frac{\sqrt{3}}{2}x^2h \qquad\cdots\cdots\ \bigcirc$$

그림 (나)에서 $x^2+h^2=1$이므로

$$x^2=1-h^2 \qquad\cdots\cdots\ \bigcirc$$

정육각뿔의 부피를 $V(h)$라 하고 $\bigcirc$을 $\bigcirc$에 대입하면

$$V(h)=\frac{\sqrt{3}}{2}(1-h^2)h=\frac{\sqrt{3}}{2}(h-h^3)$$에서

$$V'(h)=\frac{\sqrt{3}}{2}(1-3h^2)$$

$V'(h)=0$에서 　$h=\frac{\sqrt{3}}{3}\,(\because\ h>0)$

함수 $V(h)$의 증감표를 만들면 다음과 같다.

h	(0)	$\cdots$	$\dfrac{\sqrt{3}}{3}$	$\cdots$
$V'(h)$		$+$	0	$-$
$V(h)$	(0)	$\nearrow$	극대	$\searrow$

따라서 함수 $V(h)$는 $h=\frac{\sqrt{3}}{3}$일 때 극대이면서 최대이므로 정육각뿔의 부피가 최대일 때의 높이는 $\frac{\sqrt{3}}{3}$이다.

　🅰 $\dfrac{\sqrt{3}}{3}$

045-① 　$x^3-3x^2-9x+a+12=0$에서

$$x^3-3x^2-9x+12=-a$$

$f(x)=x^3-3x^2-9x+12$로 놓으면

$$f'(x)=3x^2-6x-9=3(x+1)(x-3)$$

$f'(x)=0$에서 　$x=-1$ 또는 $x=3$

함수 $f(x)$의 증감표를 만들면 다음과 같다.

x	$\cdots$	-1	$\cdots$	3	$\cdots$
$f'(x)$	$+$	0	$-$	0	$+$
$f(x)$	$\nearrow$	17	$\searrow$	-15	$\nearrow$

즉, 함수 $y=f(x)$의 그래프는 다음 그림과 같다.

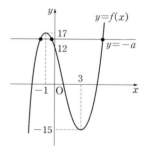

이때 방정식 $x^3-3x^2-9x+12=-a$가 한 개의 양의 실근과 서로 다른 두 개의 음의 실근을 가지려면 함수 $y=f(x)$의 그래프와 직선 $y=-a$의 교점의 x좌표가

한 개는 양수, 두 개는 음수이어야 하므로

$12 < -a < 17$ $\therefore \ \boldsymbol{-17 < a < -12}$

답 $-17 < a < -12$

046-1 곡선 $y=4x^3-2x$와 직선 $y=x+a$가 서로 다른 세 점에서 만나려면 방정식 $4x^3-2x=x+a$가 서로 다른 세 실근을 가져야 한다.

$4x^3-2x=x+a$에서 $4x^3-3x=a$

$f(x)=4x^3-3x$로 놓으면

$f'(x)=12x^2-3=3(2x+1)(2x-1)$

$f'(x)=0$에서 $x=-\dfrac{1}{2}$ 또는 $x=\dfrac{1}{2}$

함수 $f(x)$의 증감표를 만들면 다음과 같다.

x	$\cdots$	$-\dfrac{1}{2}$	$\cdots$	$\dfrac{1}{2}$	$\cdots$
$f'(x)$	$+$	0	$-$	0	$+$
$f(x)$	↗	1	↘	-1	↗

즉, 함수 $y=f(x)$의 그래프는 다음 그림과 같다.

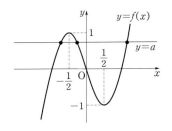

이때 함수 $y=f(x)$의 그래프와 직선 $y=a$가 서로 다른 세 점에서 만나야 하므로 $\boldsymbol{-1 < a < 1}$

다른 풀이 $4x^3-2x=x+a$에서 $4x^3-3x-a=0$

$g(x)=4x^3-3x-a$로 놓으면

$g'(x)=12x^2-3=3(2x+1)(2x-1)$

$g'(x)=0$에서 $x=-\dfrac{1}{2}$ 또는 $x=\dfrac{1}{2}$

삼차방정식 $g(x)=0$이 서로 다른 세 실근을 가져야 하므로 (극댓값)$\times$(극솟값)<0이어야 한다.

즉, $g\left(-\dfrac{1}{2}\right)\times g\left(\dfrac{1}{2}\right)<0$에서

$(1-a)(-1-a)<0$, $(a-1)(a+1)<0$

$\therefore \ -1 < a < 1$ 답 $-1 < a < 1$

047-1 $f(x)=2x^4+k^3x+6$으로 놓으면

$f'(x)=8x^3+k^3=(2x+k)(4x^2-2kx+k^2)$

$f'(x)=0$에서 $x=-\dfrac{1}{2}k \ (\because \ 4x^2-2kx+k^2>0)$

함수 $f(x)$의 증감표를 만들면 다음과 같다.

x	$\cdots$	$-\dfrac{1}{2}k$	$\cdots$
$f'(x)$	$-$	0	$+$
$f(x)$	↘	$-\dfrac{3}{8}k^4+6$	↗

즉, 함수 $f(x)$의 최솟값이 $-\dfrac{3}{8}k^4+6$이므로 모든 실수 x에 대하여 $f(x)\geq 0$이 성립하려면 $-\dfrac{3}{8}k^4+6\geq 0$이어야 한다.

$-\dfrac{3}{8}k^4+6\geq 0$에서 $k^4-16\leq 0$

$(k+2)(k-2)(k^2+4)\leq 0$ $\therefore \ -2\leq k\leq 2$

따라서 0이 아닌 정수 k는 -2, -1, 1, 2이므로 그 개수는 **4**이다.

[참고] $f'(x)$에 포함되어 있는 $4x^2-2kx+k^2$을 살펴보자. 이 식의 값은 $k\neq 0$일 때, 항상

$4x^2-2kx+k^2=\left(2x-\dfrac{k}{2}\right)^2+\dfrac{3}{4}k^2>0$

이 된다. 따라서 $f'(x)=0$은 한 실근만 가진다.

답   4

047-2 $x^4-4x^3>-4x^2+k$에서

$x^4-4x^3+4x^2-k>0$

$f(x)=x^4-4x^3+4x^2-k$로 놓으면

$f'(x)=4x^3-12x^2+8x=4x(x-1)(x-2)$

$f'(x)=0$에서　　$x=1$ 또는 $x=2\left(\because \dfrac{1}{2}<x<3\right)$

구간 $\left(\dfrac{1}{2},\ 3\right)$에서 함수 $f(x)$의 증감표를 만들면 다음과 같다.

x	$\left(\dfrac{1}{2}\right)$	$\cdots$	1	$\cdots$	2	$\cdots$	(3)
$f'(x)$		$+$	0	$-$	0	$+$	
$f(x)$	$\left(\dfrac{9}{16}-k\right)$	$\nearrow$	$1-k$	$\searrow$	$-k$	$\nearrow$	$(9-k)$

따라서 함수 $f(x)$의 최솟값이 $-k$이므로 구간 $\left(\dfrac{1}{2},\ 3\right)$에서 $f(x)>0$이 성립하려면

　　$-k>0$　　$\therefore\ \boldsymbol{k<0}$　　　　🔒 $\boldsymbol{k<0}$

048-1　두 점 P, Q의 속도를 각각 v_{P}, v_{Q}라 하면

　　$v_{\mathrm{P}}=2t-4,\ v_{\mathrm{Q}}=6t-6$

이때 두 점 P, Q가 서로 반대 방향으로 움직이면 $v_{\mathrm{P}}v_{\mathrm{Q}}<0$이므로

　　$(2t-4)(6t-6)<0,\ (t-1)(t-2)<0$

　　$\therefore\ \boldsymbol{1<t<2}$　　　　🔒 $1<t<2$

048-2　물체의 t초 후의 속도를 v m/s라 하면

　　$v=\dfrac{dx}{dt}=20-10t$

지면에 수직으로 쏘아 올린 물체가 최고 높이에 도달할 때의 속도는 0 m/s이므로

　　$20-10t=0$　　$\therefore\ t=2$

즉, $t=2$일 때 물체의 높이는

　　$20\cdot2-5\cdot2^2=20$ (m)

물체가 다시 지면으로 떨어질 때의 높이는 0 m이므로

　　$20t-5t^2=0,\ t^2-4t=0$

　　$t(t-4)=0$　　$\therefore\ t=4\ (\because\ t>0)$

즉, 물체가 다시 지면에 떨어지는 순간의 속도는

　　$20-10\cdot4=-20$ (m/s)

따라서 $a=20$, $b=-20$이므로

　　$a-b=\boldsymbol{40}$　　　　🔒 40

049-1　ㄱ. $v(c)=0$이지만 $t=c$의 좌우에서 $v(t)$의 부호가 바뀌지 않으므로 $t=c$일 때 점 P는 운동 방향을 바꾸지 않는다. (거짓)

ㄴ. $t=a$에서의 접선의 기울기가 0이므로 $t=a$일 때 점 P의 가속도는 0이다. (참)

ㄷ. $v(b)=0$, $v(d)=0$이고 $t=b$와 $t=d$의 좌우에서 각각 $v(t)$의 부호가 바뀌므로 $t=b$, $t=d$일 때 점 P는 운동 방향을 바꾼다.

즉, $0<t<e$에서 점 P는 운동 방향을 2번 바꾼다.

(참)

따라서 옳은 것은 ㄴ, ㄷ이다.　　　🔒 ㄴ, ㄷ

050-1　t초 후의 원기둥의 밑면의 반지름의 길이를 r cm, 높이를 h cm라 하면

　　$r=5+t,\ h=7-t$

원기둥의 부피를 V cm³라 하면

　　$V=\pi(5+t)^2(7-t)\ (0\le t<7)$

양변을 t에 대하여 미분하면

　　$\dfrac{dV}{dt}=2\pi(5+t)(7-t)+\pi(5+t)^2\cdot(-1)$

　　　　$=\pi(5+t)\{2(7-t)-(5+t)\}$

　　　　$=3\pi(5+t)(3-t)$

　　$\dfrac{dV}{dt}=0$에서　　$t=3\ (\because\ 0\le t<7)$

따라서 구하는 부피는

　　$\pi\cdot(5+3)^2\cdot(7-3)=\boldsymbol{256\pi}$ **(cm³)**　🔒 256π cm³

1. 부정적분

051-1 $\displaystyle\int (2x+1)f(x)\,dx=4x^3+3x^2+C$의 양

변을 x에 대하여 미분하면

$$(2x+1)f(x)=(4x^3+3x^2+C)'$$
$$=12x^2+6x$$
$$=6x(2x+1)$$

따라서 $f(x)=6x$이므로

$$f(3)=\mathbf{18} \hspace{3cm} \boxed{답}\ 18$$

051-2   함수 $F(x)$가 $f(x)$의 한 부정적분이므로

$$F'(x)=f(x)$$
$$\therefore f(x)=(2x^3+ax^2-bx+5)'$$
$$=6x^2+2ax-b$$

이때 $f(0)=-2$이므로

$$-b=-2 \qquad \therefore b=2$$

또한 $f'(x)=12x+2a$이고 $f'(0)=1$이므로

$$2a=1 \qquad \therefore a=\frac{1}{2}$$

$$\therefore ab=\frac{1}{2}\cdot 2=\mathbf{1} \hspace{2cm} \boxed{답}\ 1$$

052-1 $f(x)=\displaystyle\int \left\{\dfrac{d}{dx}(x^2-6x)\right\}dx$

$$=x^2-6x+C$$
$$=(x-3)^2-9+C$$

이때 $f(x)$가 $x=3$일 때 최솟값 $-9+C$를 가지므로

$$-9+C=8 \qquad \therefore C=17$$

따라서 $f(x)=x^2-6x+17$이므로

$$f(1)=1-6+17=\mathbf{12} \hspace{2cm} \boxed{답}\ 12$$

052-2 $f(x)=\dfrac{d}{dx}\left\{\displaystyle\int (x^3+2x^2-2)\,dx\right\}$

$$=x^3+2x^2-2$$

이때 $\displaystyle\lim_{x\to a}\dfrac{F(x)-F(a)}{x-a}=F'(a)=f(a)=a$이므로

$$a^3+2a^2-2=a,\ a^3+2a^2-a-2=0$$
$$(a+2)(a+1)(a-1)=0$$
$$\therefore a=\mathbf{1}\ (\because a>0) \hspace{2cm} \boxed{답}\ 1$$

053-1   주어진 두 식의 양변을 각각 적분하면

$$f(x)+g(x)=\int (2x+2)\,dx$$
$$=x^2+2x+C_1$$
$$f(x)g(x)=\int (6x^2+2x+4)\,dx$$
$$=2x^3+x^2+4x+C_2$$

이때 $f(0)=1,\ g(0)=2$이므로

$$f(0)+g(0)=C_1=3$$
$$f(0)g(0)=C_2=2$$
$$\therefore f(x)+g(x)=x^2+2x+3,$$
$$f(x)g(x)=2x^3+x^2+4x+2$$
$$=(2x+1)(x^2+2)$$

그런데 $f(0)=1,\ g(0)=2$이므로

$$f(x)=2x+1,\ g(x)=x^2+2$$
$$\therefore \frac{f(1)}{g(1)}=\frac{3}{3}=\mathbf{1} \hspace{2cm} \boxed{답}\ 1$$

054-1   곡선 $y=f(x)$ 위의 임의의 점 $(x,\ f(x))$

에서의 접선의 기울기는 $f'(x)$이므로

$f'(x) = -3x + 12$

$$\therefore f(x) = \int f'(x)\,dx = \int (-3x+12)\,dx$$

$$= -\frac{3}{2}x^2 + 12x + C$$

$$= -\frac{3}{2}(x-4)^2 + 24 + C$$

함수 $f(x)$의 최댓값이 1이므로 $f(4)=1$에서

$$24 + C = 1 \qquad \therefore C = -23$$

$$\therefore f(x) = -\frac{3}{2}x^2 + 12x - 23$$

따라서 닫힌구간 $[0, 5]$에서 $f(x)$는 $x=0$일 때 최솟값을 가지므로 구하는 최솟값은

$$f(0) = \boldsymbol{-23} \hspace{3cm} \text{답} \ -23$$

054-❷ (ⅰ) $x \geq 1$일 때,

$$f(x) = \int f'(x)\,dx = \int (3x^2-2)\,dx$$

$$= x^3 - 2x + C_1$$

(ⅱ) $x < 1$일 때,

$$f(x) = \int f'(x)\,dx = \int (2x-1)\,dx$$

$$= x^2 - x + C_2$$

(ⅰ), (ⅱ)에서

$$f(x) = \begin{cases} x^3 - 2x + C_1 & (x \geq 1) \\ x^2 - x + C_2 & (x < 1) \end{cases}$$

$f(2) = 3$이므로 $\quad f(2) = 8 - 4 + C_1 = 3$

$$\therefore C_1 = -1 \quad \cdots\cdots \ \text{㉠}$$

한편 함수 $f(x)$는 모든 실수 x에 대하여 미분가능하므로 모든 실수 x에 대하여 연속이다.

즉, 함수 $f(x)$는 $x=1$에서 연속이므로

$$f(1) = \lim_{x \to 1+} f(x) = \lim_{x \to 1-} f(x)$$에서

$$-1 + C_1 = C_2 \quad \cdots\cdots \ \text{㉡}$$

㉠을 ㉡에 대입하면 $\quad C_2 = -2$

따라서 $f(x) = \begin{cases} x^3 - 2x - 1 & (x \geq 1) \\ x^2 - x - 2 & (x < 1) \end{cases}$ 이므로

$$f(-3) = 9 + 3 - 2 = \boldsymbol{10} \hspace{2cm} \text{답} \ 10$$

055-❶ $\displaystyle\int f(x)\,dx = xf(x) - 2x^3 + x^2$의 양변을 x

에 대하여 미분하면

$$f(x) = f(x) + xf'(x) - 6x^2 + 2x$$

$$xf'(x) = 6x^2 - 2x$$

$$\therefore f'(x) = 6x - 2$$

$f(x) = \displaystyle\int f'(x)\,dx$이므로

$$f(x) = \int (6x-2)\,dx = 3x^2 - 2x + C$$

이때 $f(0)=1$이므로 $\qquad C = 1$

$$\therefore \boldsymbol{f(x) = 3x^2 - 2x + 1} \qquad \text{답} \ f(x) = 3x^2 - 2x + 1$$

055-❷ $F(x) - \displaystyle\int (x+1)f(x)\,dx$

$$= \frac{1}{4}x^4 + x^3 - \frac{3}{2}x^2 + 5$$

의 양변을 x에 대하여 미분하면

$$f(x) - (x+1)f(x) = x^3 + 3x^2 - 3x$$

$$-xf(x) = x^3 + 3x^2 - 3x$$

$$\therefore f(x) = -x^2 - 3x + 3$$

$$= -\left(x + \frac{3}{2}\right)^2 + \frac{21}{4}$$

따라서 함수 $f(x)$는 $x = -\dfrac{3}{2}$일 때 최댓값 $\dfrac{21}{4}$을 갖는다.

$$\text{답} \ \frac{21}{4}$$

056-❶ 주어진 그래프에서 $f'(0)=0$, $f'(2)=0$이므로 $f'(x) = ax(x-2) \ (a<0)$로 놓을 수 있다.

$f(x)$는 $x=0$에서 극소, $x=2$에서 극대이므로

$$f(0) = 3, \ f(2) = 7$$

한편

$$f(x) = \int f'(x)\,dx = \int (ax^2 - 2ax)\,dx$$

$$= \frac{a}{3}x^3 - ax^2 + C$$

이므로 $f(0)=3$에서

$\quad C=3$

또 $f(2)=7$에서

$\quad \dfrac{8}{3}a-4a+3=7$

$\quad \therefore a=-3$

따라서 $f(x)=-x^3+3x^2+3$이므로

$\quad f(-2)=8+12+3=\mathbf{23}$　　　　　답 23

057-1　$f(x)$가 다항함수이므로 $f(x)$의 차수를 n

이라 하면 조건 ㈎에서 좌변의 최고차항은 $\displaystyle\int \{f'(x)\}^2 dx$

에 있고, 우변의 최고차항은 $f(x)$에 있다.

이때 $f'(x)$는 $(n-1)$차, $\{f'(x)\}^2$은 $(2n-2)$차이므

로 $\displaystyle\int \{f'(x)\}^2 dx$는 $(2n-1)$차가 된다.

양변의 차수는 같아야 하므로

$\quad 2n-1=n \qquad \therefore n=1$

따라서 $f(x)=ax+b\ (a\ne 0)$로 놓자.

한편 조건 ㈏의 식에 $x=0,\ y=0$을 대입하면

$\quad f(0+0)=f(0)+f(0)-1 \qquad \therefore f(0)=1$

$\quad \therefore b=1$

즉, $f(x)=ax+1$이다.

$f(x)=ax+1$과 $f'(x)=a$를 조건 ㈎의 식에 대입하면

$\quad \displaystyle\int (a^2+1)\,dx = kx+ax+1+C$

양변을 x에 대하여 미분하면

$\quad a^2+1=k+a$

이때 $a^2-a+(1-k)=0$에서 실수 a가 존재하려면 이

이차방정식의 판별식을 D라 할 때 $D\geq 0$이어야 하므로

$\quad D=1-4(1-k)\geq 0$

$\quad 4k-3\geq 0$

$\quad \therefore \mathbf{k\geq \dfrac{3}{4}}$　　　　　답 $k\geq \dfrac{3}{4}$

---

2. 정적분

058-1　(1) $\displaystyle\int_{-1}^{1} (2x^3-3x^2+6x+1)\,dx$

$\qquad = \left[\dfrac{1}{2}x^4-x^3+3x^2+x\right]_{-1}^{1}$

$\qquad = \left(\dfrac{1}{2}-1+3+1\right)-\left(\dfrac{1}{2}+1+3-1\right)$

$\qquad = \mathbf{0}$

(2) $\displaystyle\int_{0}^{3} y(y^2+2y-4)\,dy = \int_{0}^{3} (y^3+2y^2-4y)\,dy$

$\qquad\qquad = \left[\dfrac{1}{4}y^4+\dfrac{2}{3}y^3-2y^2\right]_{0}^{3}$

$\qquad\qquad = \dfrac{81}{4}+18-18=\dfrac{\mathbf{81}}{\mathbf{4}}$

(3) $\displaystyle\int_{-1}^{0} (t-1)^3\,dt = \int_{-1}^{0} (t^3-3t^2+3t-1)\,dt$

$\qquad\qquad = \left[\dfrac{1}{4}t^4-t^3+\dfrac{3}{2}t^2-t\right]_{-1}^{0}$

$\qquad\qquad = -\left(\dfrac{1}{4}+1+\dfrac{3}{2}+1\right)=-\dfrac{\mathbf{15}}{\mathbf{4}}$

(4) $\displaystyle\int_{3}^{-1} \dfrac{x^3-27}{x-3}\,dx$

$\qquad = \displaystyle\int_{3}^{-1} \dfrac{(x-3)(x^2+3x+9)}{x-3}\,dx$

$\qquad = \displaystyle\int_{3}^{-1} (x^2+3x+9)\,dx$

$\qquad = \left[\dfrac{1}{3}x^3+\dfrac{3}{2}x^2+9x\right]_{3}^{-1}$

$\qquad = \left(-\dfrac{1}{3}+\dfrac{3}{2}-9\right)-\left(9+\dfrac{27}{2}+27\right)=-\dfrac{\mathbf{172}}{\mathbf{3}}$

답 (1) 0 (2) $\dfrac{81}{4}$ (3) $-\dfrac{15}{4}$ (4) $-\dfrac{172}{3}$

058-2

$\displaystyle\int_0^a (4x-1)\,dx = \left[2x^2-x\right]_0^a = 2a^2-a$

즉, $2a^2-a=6$이므로 $2a^2-a-6=0$

$(2a+3)(a-2)=0$

$\therefore a=2\ (\because a>0)$ 답 2

059-1

함수 $f(x)$가 실수 전체의 집합에서 연속이려면 $x=2$에서 연속이어야 하므로

$\displaystyle\lim_{x\to2-}(x^2-6x+10)=\lim_{x\to2+}(4x-a)$

$2=8-a$ $\therefore a=6$

$\therefore \displaystyle\int_0^3 f(x)\,dx$

$\quad = \displaystyle\int_0^2 (x^2-6x+10)\,dx + \int_2^3 (4x-6)\,dx$

$\quad = \left[\dfrac{1}{3}x^3-3x^2+10x\right]_0^2 + \left[2x^2-6x\right]_2^3$

$\quad = \dfrac{32}{3} + \{-(-4)\}$

$\quad = \dfrac{44}{3}$ 답 $\dfrac{44}{3}$

059-2

$f(x)=\begin{cases} 2x+6 & (x\le0) \\ 6 & (x\ge0) \end{cases}$ 이므로

$-3\le x\le0$일 때, $f(x)=2x+6$

$0\le x\le2$일 때, $f(x)=6$

$\therefore \displaystyle\int_{-3}^2 xf(x)\,dx = \int_{-3}^0 x(2x+6)\,dx + \int_0^2 6x\,dx$

$\quad = \displaystyle\int_{-3}^0 (2x^2+6x)\,dx + \int_0^2 6x\,dx$

$\quad = \left[\dfrac{2}{3}x^3+3x^2\right]_{-3}^0 + \left[3x^2\right]_0^2$

$\quad = -9+12$

$\quad = 3$ 답 3

060-1

$|2x^2-4x|$

$\quad = \begin{cases} 2x^2-4x & (x\le0 \text{ 또는 } x\ge2) \\ -2x^2+4x & (0\le x\le2) \end{cases}$

이고 $k>2$이므로

$\displaystyle\int_0^k |2x^2-4x|\,dx$

$\quad = \displaystyle\int_0^2 (-2x^2+4x)\,dx + \int_2^k (2x^2-4x)\,dx$

$\quad = \left[-\dfrac{2}{3}x^3+2x^2\right]_0^2 + \left[\dfrac{2}{3}x^3-2x^2\right]_2^k$

$\quad = \dfrac{8}{3} + \left\{\dfrac{2}{3}k^3-2k^2-\left(-\dfrac{8}{3}\right)\right\}$

$\quad = \dfrac{2}{3}k^3-2k^2+\dfrac{16}{3}$

따라서 $\dfrac{2}{3}k^3-2k^2+\dfrac{16}{3}=16$이므로

$k^3-3k^2-16=0,\ (k-4)(k^2+k+4)=0$

$\therefore k=4\ (\because k\text{는 실수})$ 답 4

061-1

$f(-x)=-f(x)$이므로 $f(x)$는 홀함수이다.

따라서 $(x^2-2x+7)f(x)=x^2f(x)-2xf(x)+7f(x)$에서 $x^2f(x)$, $7f(x)$는 홀함수이고 $-2xf(x)$는 짝함수이다.

$\therefore \displaystyle\int_{-2}^2 (x^2-2x+7)f(x)\,dx$

$\quad = \displaystyle\int_{-2}^2 x^2f(x)\,dx - \int_{-2}^2 2xf(x)\,dx + \int_{-2}^2 7f(x)\,dx$

$\quad = 0 - 2\displaystyle\int_{-2}^2 xf(x)\,dx + 0$

$\quad = -2\times2\displaystyle\int_0^2 xf(x)\,dx$

$\quad = -2\times2\times6 = -24$ 답 -24

062-1

조건 (나)에 의해 $f(x)=f(x+3)$이므로

$$\int_{2019}^{2021} f(x)\,dx = \int_{2016}^{2018} f(x)\,dx = \int_{2013}^{2015} f(x)\,dx$$

$$= \cdots = \int_{3}^{5} f(x)\,dx = \int_{0}^{2} f(x)\,dx$$

$$\therefore \int_{2019}^{2021} f(x)\,dx = \int_{0}^{2} f(x)\,dx$$

$$= \int_{0}^{2} (x^3 - x^2 - 2x)\,dx$$

$$= \left[\frac{1}{4}x^4 - \frac{1}{3}x^3 - x^2\right]_{0}^{2}$$

$$= -\frac{8}{3} \qquad \boxed{\text{답}} \;\; -\frac{8}{3}$$

063-1 주어진 등식의 양변에 $x=3$을 대입하면

$$0 = 27 + 9a - 45 + 36, \; 9a = -18$$

$$\therefore a = -2$$

한편

$$\int_{3}^{x} (x-t)f(t)\,dt$$

$$= x\int_{3}^{x} f(t)\,dt - \int_{3}^{x} tf(t)\,dt$$

이므로 주어진 등식의 양변을 x에 대하여 미분하면

$$\frac{d}{dx}\int_{3}^{x}(x-t)f(t)\,dt = (x^3 - 2x^2 - 15x + 36)'$$

$$\int_{3}^{x} f(t)\,dt + xf(x) - xf(x) = 3x^2 - 4x - 15$$

$$\therefore \int_{3}^{x} f(t)\,dt = 3x^2 - 4x - 15$$

양변을 다시 x에 대하여 미분하면

$$f(x) = 6x - 4$$

$f(3) = 18 - 4 = 14$이므로 $\quad b = 14$

$$\therefore a + b = -2 + 14 = \mathbf{12} \qquad \boxed{\text{답}} \;\; 12$$

064-1 $f(x) = \int_{0}^{x} (t-a)(t-4)\,dt$의 양변을

x에 대하여 미분하면

$$f'(x) = (x-a)(x-4)$$

$f'(x) = 0$에서 $\qquad x = a$ 또는 $x = 4$

즉, $f(x)$는 $x = a$일 때 극대, $x = 4$일 때 극소이다.

이때 $f(x)$의 극솟값이 $-\dfrac{8}{3}$이므로

$$f(4) = \int_{0}^{4} (t-a)(t-4)\,dt$$

$$= \int_{0}^{4} \{t^2 - (a+4)t + 4a\}\,dt$$

$$= \left[\frac{1}{3}t^3 - \frac{a+4}{2}t^2 + 4at\right]_{0}^{4}$$

$$= \frac{64}{3} - 8(a+4) + 16a = -\frac{8}{3}$$

$$8a = 8 \qquad \therefore a = 1$$

따라서 $f(x)$는 $x=1$에서 극댓값을 가지므로 구하는 극댓값은

$$f(1) = \int_{0}^{1} (t-1)(t-4)\,dt = \int_{0}^{1} (t^2 - 5t + 4)\,dt$$

$$= \left[\frac{1}{3}t^3 - \frac{5}{2}t^2 + 4t\right]_{0}^{1} = \mathbf{\frac{11}{6}} \qquad \boxed{\text{답}} \;\; \frac{11}{6}$$

064-2 주어진 그래프에 의해

$$f(x) = ax(x-4) = a(x-2)^2 - 4a \;(a > 0)$$

로 놓을 수 있다.

이때 함수 $y = f(x)$의 그래프의 축의 방정식은 $x=2$이고, $f(x)$의 최솟값이 -4이므로 $f(2) = -4$에서

$$-4a = -4 \qquad \therefore a = 1$$

$$\therefore f(x) = x(x-4) = x^2 - 4x$$

$F(x) = \int_{0}^{x} f(t)\,dt$의 양변을 x에 대하여 미분하면

$$F'(x) = f(x)$$

$f(x) = 0$에서

$$x = 0 \text{ 또는 } x = 4$$

이때 함수 $F(x)$의 증감표를 만들면 다음과 같다.

x	$\cdots$	0	$\cdots$	4	$\cdots$
$f(x)$	+	0	−	0	+
$F(x)$	↗	(극대)	↘	(극소)	↗

따라서 $F(x)$는 $x=4$에서 극소이므로 극솟값은

$$F(4)=\int_0^4 f(t)\,dt=\int_0^4 (t^2-4t)\,dt$$

$$=\left[\frac{1}{3}t^3-2t^2\right]_0^4$$

$$=-\frac{32}{3}$$

답 $-\dfrac{32}{3}$

065-∎ $F'(x)=f(x)$라 하면

$$\lim_{h\to 0}\frac{1}{h}\int_{-1}^{-1+h}f(x)\,dx$$

$$=\lim_{h\to 0}\frac{F(-1+h)-F(-1)}{h}$$

$$=F'(-1)=f(-1)$$

따라서 $f(-1)=-1$이므로　　$a-b+1=-1$

$$\therefore a-b=-2 \quad\cdots\cdots\ \text{㉠}$$

또 $f(2)=11$에서　　$4a+2b+1=11$

$$\therefore 2a+b=5 \quad\cdots\cdots\ \text{㉡}$$

㉠, ㉡을 연립하여 풀면　　$a=1,\ b=3$

$$\therefore ab=3$$

답 3

065-❷ $F'(t)=f(t)$라 하면

$$\lim_{x\to 2}\frac{1}{x^2-4}\int_2^x f(t)\,dt$$

$$=\lim_{x\to 2}\frac{F(x)-F(2)}{x^2-4}$$

$$=\lim_{x\to 2}\frac{F(x)-F(2)}{x-2}\cdot\frac{1}{x+2}$$

$$=\frac{1}{4}F'(2)=\frac{1}{4}f(2)$$

$$=\frac{12+2a}{4}$$

따라서 $\dfrac{12+2a}{4}=6$이므로　　$12+2a=24$

$$\therefore a=6$$

답 6

3. 정적분의 활용

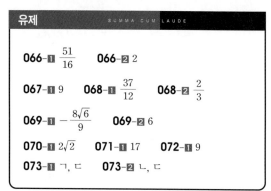

066-∎ 곡선 $y=2x^3+3x^2$과 x축의 교점의 x좌
표는 $2x^3+3x^2=0$에서

$$x^2(2x+3)=0$$

$$\therefore x=-\frac{3}{2}\ \text{또는}\ x=0$$

따라서 곡선 $y=2x^3+3x^2$과 x축 및 두 직선 $x=-2$,
$x=1$로 둘러싸인 도형은 다음 그림의 색칠한 부분이다.

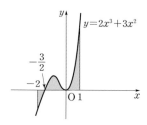

색칠한 부분의 넓이를 S라 하면

$$S=\int_{-2}^{1}|2x^3+3x^2|\,dx$$

$$=-\int_{-2}^{-\frac{3}{2}}(2x^3+3x^2)\,dx+\int_{-\frac{3}{2}}^{1}(2x^3+3x^2)\,dx$$

$$=-\left[\frac{1}{2}x^4+x^3\right]_{-2}^{-\frac{3}{2}}+\left[\frac{1}{2}x^4+x^3\right]_{-\frac{3}{2}}^{1}$$

$$=\frac{27}{32}+\frac{75}{32}$$

$$=\frac{51}{16}$$

답 $\dfrac{51}{16}$

066-2 곡선 $y=2x^3$과 x축 및 두 직선 $x=-2$, $x=a$로 둘러싸인 도형은 다음 그림의 색칠한 부분이다.

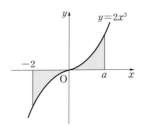

$$\therefore \int_{-2}^{a} |2x^3|\,dx = -\int_{-2}^{0} 2x^3\,dx + \int_{0}^{a} 2x^3\,dx$$

$$= -\left[\frac{1}{2}x^4\right]_{-2}^{0} + \left[\frac{1}{2}x^4\right]_{0}^{a} = 8 + \frac{1}{2}a^4$$

따라서 $\frac{1}{2}a^4 + 8 = 16$이므로 $\quad a^4 = 16$

$$\therefore a = 2 \ (\because a > 0) \qquad\qquad \text{답 } 2$$

067-1 곡선 $y=x^2+1$을 x축에 대하여 대칭이동한 곡선의 방정식은 $\quad y=-x^2-1$

이 곡선을 x축의 방향으로 -1만큼, y축의 방향으로 7만큼 평행이동한 곡선의 방정식은

$$y = -(x+1)^2 - 1 + 7 = -(x+1)^2 + 6$$

$$\therefore g(x) = -(x+1)^2 + 6 = -x^2 - 2x + 5$$

두 곡선 $y=x^2+1$, $y=g(x)$의 교점의 x좌표는

$x^2+1 = -x^2-2x+5$에서

$$x^2 + x - 2 = 0, \ (x+2)(x-1) = 0$$

$$\therefore x = -2 \ \text{또는} \ x = 1$$

따라서 두 곡선 $y=x^2+1$, $y=g(x)$로 둘러싸인 도형은 다음 그림의 색칠한 부분이다.

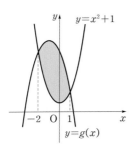

색칠한 부분의 넓이를 S라 하면

$$S = \int_{-2}^{1} \{(-x^2-2x+5)-(x^2+1)\}\,dx$$

$$= \int_{-2}^{1} (-2x^2-2x+4)\,dx$$

$$= \left[-\frac{2}{3}x^3 - x^2 + 4x\right]_{-2}^{1} = \mathbf{9} \qquad \text{답 } 9$$

068-1 곡선 $y=-x^3-x^2+x$와 직선 $y=-x$의 교점의 x좌표는 $-x^3-x^2+x=-x$에서

$$x^3 + x^2 - 2x = 0, \ x(x+2)(x-1) = 0$$

$$\therefore x = -2 \ \text{또는} \ x = 0 \ \text{또는} \ x = 1$$

따라서 곡선 $y=-x^3-x^2+x$와 직선 $y=-x$로 둘러싸인 도형은 다음 그림의 색칠한 부분이다.

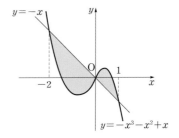

색칠한 부분의 넓이를 S라 하면

$$S = \int_{-2}^{0} \{-x-(-x^3-x^2+x)\}\,dx$$

$$\qquad\qquad + \int_{0}^{1} \{(-x^3-x^2+x)-(-x)\}\,dx$$

$$= \int_{-2}^{0} (x^3+x^2-2x)\,dx + \int_{0}^{1} (-x^3-x^2+2x)\,dx$$

$$= \left[\frac{1}{4}x^4 + \frac{1}{3}x^3 - x^2\right]_{-2}^{0} + \left[-\frac{1}{4}x^4 - \frac{1}{3}x^3 + x^2\right]_{0}^{1}$$

$$= \frac{8}{3} + \frac{5}{12} = \frac{\mathbf{37}}{\mathbf{12}} \qquad\qquad \text{답 } \frac{37}{12}$$

068-2 $f(x)=x^2-x$라 하면 $\quad f'(x)=2x-1$ 접점의 좌표를 $(t, \ t^2-t)$라 하면 이 점에서의 접선의 기울기는 $2t-1$이므로 접선의 방정식은

$$y-(t^2-t)=(2t-1)(x-t)$$
$$\therefore y=(2t-1)x-t^2 \quad\quad \cdots\cdots\ \bigcirc$$

이 직선이 점 $(1,\ -1)$을 지나므로

$$-1=2t-1-t^2,\ t^2-2t=0$$

$$t(t-2)=0 \quad\quad \therefore t=0 \text{ 또는 } t=2$$

(i) $t=0$일 때, $\bigcirc$에서 $\quad y=-x$

(ii) $t=2$일 때, $\bigcirc$에서 $\quad y=3x-4$

따라서 곡선에 그은 두 접선과 이 곡선으로 둘러싸인 도형은 다음 그림의 색칠한 부분이다.

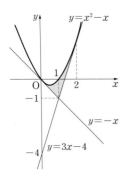

색칠한 부분의 넓이를 S라 하면

$$S=\int_0^1\{(x^2-x)-(-x)\}\,dx$$
$$\quad\quad\quad +\int_1^2\{(x^2-x)-(3x-4)\}\,dx$$
$$=\int_0^1 x^2\,dx+\int_1^2(x^2-4x+4)\,dx$$
$$=\Big[\frac{1}{3}x^3\Big]_0^1+\Big[\frac{1}{3}x^3-2x^2+4x\Big]_1^2$$
$$=\frac{1}{3}+\frac{1}{3}$$
$$=\frac{2}{3}$$

目 $\dfrac{2}{3}$

069-① 삼차방정식 $-x^3+4x+a=0$의 근 중 가장 큰 값을 $\alpha\ (\alpha>0)$라 하면

$$-\alpha^3+4\alpha+a=0$$

$$\therefore a=\alpha^3-4\alpha \quad\quad \cdots\cdots\ \bigcirc$$

$S_1=S_2$이므로

$$\int_0^\alpha(-x^3+4x+a)\,dx=0$$
$$\Big[-\frac{1}{4}x^4+2x^2+ax\Big]_0^\alpha=0$$
$$-\frac{1}{4}\alpha^4+2\alpha^2+a\alpha=0,\ \alpha^4-8\alpha^2-4a\alpha=0$$
$$\therefore \alpha^3-8\alpha-4a=0\ (\because \alpha>0) \quad\quad \cdots\cdots\ \bigcirc$$

$\bigcirc$을 $\bigcirc$에 대입하면

$$\alpha^3-8\alpha-4(\alpha^3-4\alpha)=0,\ -3\alpha^3+8\alpha=0$$
$$\alpha(3\alpha^2-8)=0$$
$$\therefore \alpha=\frac{2\sqrt{6}}{3}\ (\because \alpha>0)$$
$$\therefore a=\Big(\frac{2\sqrt{6}}{3}\Big)^3-4\times\frac{2\sqrt{6}}{3}$$
$$=-\frac{8\sqrt{6}}{9}$$

目 $-\dfrac{8\sqrt{6}}{9}$

069-② $y=x^2-6x+a=(x-3)^2-9+a$에서 곡선 $y=x^2-6x+a$는 직선 $x=3$에 대하여 대칭이므로 곡선과 x축으로 둘러싸인 도형의 넓이 A는 직선 $x=3$에 의해 이등분된다.

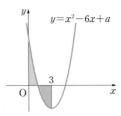

따라서 위의 그림에서 색칠한 두 부분의 넓이가 서로 같으므로

$$\int_0^3(x^2-6x+a)\,dx=0$$
$$\Big[\frac{1}{3}x^3-3x^2+ax\Big]_0^3=0$$
$$3a-18=0$$
$$\therefore a=6$$

目 6

070-1 곡선 $y=x^2-ax$와 직선 $x=4$로 둘러싸인 도형의 넓이를 $S(a)$라 하면

$$S(a)=-\int_0^a (x^2-ax)\,dx+\int_a^4 (x^2-ax)\,dx$$

$$=-\left[\frac{1}{3}x^3-\frac{1}{2}ax^2\right]_0^a+\left[\frac{1}{3}x^3-\frac{1}{2}ax^2\right]_a^4$$

$$=\frac{1}{3}a^3-8a+\frac{64}{3}$$

$$S'(a)=a^2-8=(a+2\sqrt{2})(a-2\sqrt{2})$$

$S'(a)=0$에서 $\quad a=2\sqrt{2}$ $(\because 0<a<4)$

a	(0)	$\cdots$	$2\sqrt{2}$	$\cdots$	(4)
$S'(a)$		$-$	0	$+$	
$S(a)$		$\searrow$	(극소)	$\nearrow$	

따라서 $S(a)$는 $a=\mathbf{2\sqrt{2}}$일 때 최소이다. 답 $2\sqrt{2}$

071-1 두 곡선 $y=f(x)$와 $y=g(x)$는 직선 $y=x$에 대하여 대칭이고

$$f'(x)=3x^2+1>0$$

이므로 함수 $f(x)$는 실수 전체의 집합에서 증가한다.
또한 곡선 $y=f(x)$는 두 점 $(1,\,1)$, $(2,\,9)$를 지난다.

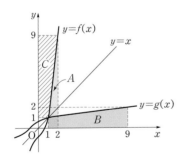

$\int_1^2 f(x)\,dx=A$, $\int_1^9 g(x)\,dx=B$라 하고 빗금 친 부분의 넓이를 C라 하면

$$C=B$$

이므로 구하는 값은 다음 그림의 색칠한 부분의 넓이와 같다.

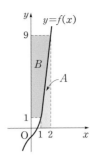

$$\therefore \int_1^2 f(x)\,dx+\int_1^9 g(x)\,dx=A+B$$

$$=2\times 9-1\times 1$$

$$=\mathbf{17} \qquad \text{답} \ 17$$

072-1 원점에서 출발하여 원점으로 되돌아온다는 것은 위치의 변화량이 0이 될 때이다.
다시 원점으로 되돌아온 시각을 k라 하면

$$\int_0^k (-t+3)\,dt=\left[-\frac{1}{2}t^2+3t\right]_0^k$$

$$=-\frac{1}{2}k^2+3k=0$$

$$k^2-6k=k(k-6)=0 \qquad \therefore \ k=0 \ \text{또는} \ k=6$$

즉, $k=0$은 원점에서 출발하는 시각이고 $k=6$은 원점으로 되돌아온 시각이다.
따라서 6초 동안의 움직인 거리를 구하면 된다.
이때 속도의 함수가 일차함수이고 원점에서 출발하여 원점으로 되돌아왔기 때문에 속도가 0이 되는 시각(진행 방향을 바꾸는 시각)까지의 움직인 거리를 구한 다음 2배를 해주면 보다 쉽게 움직인 거리를 구할 수 있다. 즉,

$v(t)=-t+3=0$에서 $\quad t=3$

$$\therefore (\text{움직인 거리})=2\int_0^3 |-t+3|\,dt=2\left[-\frac{1}{2}t^2+3t\right]_0^3$$

$$=2\times\frac{9}{2}=\mathbf{9} \qquad \text{답} \ 9$$

073-1 ㄱ. $t=4$, $t=6$일 때, 운동 방향을 바꾸므로 점 P는 출발 후 운동 방향을 2번 바꿨다. (참)

ㄴ. $\int_0^4 v(t)dt = \frac{1}{2} \times (4+2) \times 2 = 6$이므로 4초 후에 점

P는 원점으로 되돌아와 있지 않다. (거짓)

ㄷ. $t=4$일 때, 점 P의 위치는 6 $(\because$ ㄴ$)$

$t=6$일 때, 점 P의 위치는

$6 + \left(-\frac{1}{2} \times 2 \times 2 \right) = 4$

$t=9$일 때, 점 P의 위치는

$4 + \frac{1}{2} \times 3 \times 2 = 7$

따라서 점 P는 출발한 지 9초 후 원점으로부터 가장

멀리 떨어져 있다. (참)

이상에서 옳은 것은 ㄱ, ㄷ이다. 📖 ㄱ, ㄷ

073-②

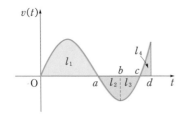

각 구간 $[0, a]$, $[a, b]$, $[b, c]$, $[c, d]$에서 점 P가 움직

인 거리를 차례로 l_1, l_2, l_3, l_4라 하면

$l_1 = \int_0^a |v(t)|dt$, $l_2 = \int_a^b |v(t)|dt$

$l_3 = \int_b^c |v(t)|dt$, $l_4 = \int_c^d |v(t)|dt$

이때 주어진 조건에서 $\int_0^a |v(t)|dt = \int_a^d |v(t)|dt$이므로

$l_1 = l_2 + l_3 + l_4$ ······ ㉠

그래프에서 보면 $t=a$, $t=c$일 때 운동 방향을 바꾸므로

방향성을 고려하여 점 P의 위치를 예측하면 다음 그림과

같다.

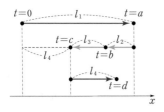

ㄱ. 앞의 그림에서 보면 오른쪽 방향으로 l_1만큼 이동한

후 왼쪽 방향으로 $l_2 + l_3$만큼 이동하지만 다시 오른

쪽 방향으로 l_4만큼 이동하므로 점 P는 출발하고 나

서는 원점을 다시 지나지 않는다. (거짓)

ㄴ. $\int_0^c v(t)dt$는 $t=0$에서 $t=c$까지의 위치의 변화량이

므로 $l_1 - l_2 - l_3$이고 $\int_c^d v(t)dt$는 $t=c$에서 $t=d$까

지의 위치의 변화량이므로 l_4이다.

이때 ㉠에서 $l_1 - l_2 - l_3 = l_4$이므로

$\int_0^c v(t)dt = \int_c^d v(t)dt$ (참)

ㄷ. $\int_0^b v(t)dt = l_1 - l_2$, $\int_b^d |v(t)|dt = l_3 + l_4$이다.

이때 ㉠에서 $l_1 - l_2 = l_3 + l_4$이므로

$\int_0^b v(t)dt = \int_b^d |v(t)|dt$ (참)

따라서 옳은 것은 ㄴ, ㄷ이다. 📖 ㄴ, ㄷ

1. 함수의 극한

Review Quiz   SUMMA CUM LAUDE   본문 061쪽

01 (1) 수렴, 극한값, 극한   (2) 발산, 발산   (3) L
(4) 0   (5) 차수, 계수

02 (1) 참   (2) 거짓

03 풀이 참조

---

01 🖺 (1) 수렴, 극한값, 극한

(2) 발산, 발산

(3) L

(4) 0

(5) 차수, 계수

02 (1) $f(x) - g(x) = h(x)$ 라 하면

$g(x) = f(x) - h(x)$

이다. 이때 $f(x)$ 와 $h(x)$ 는 x의 값이 a가 아니면서 a에 한없이 가까워질 때 각각 수렴하므로

$$\lim_{x \to a} g(x) = \lim_{x \to a} \{f(x) - h(x)\}$$
$$= \lim_{x \to a} f(x) - \lim_{x \to a} h(x)$$

즉, 수렴하는 값끼리의 차이므로 정확한 값은 모르지만 $\lim_{x \to a} g(x)$의 값도 존재한다는 것을 알 수 있다. (참)

(2) (반례) $f(x) = \dfrac{1}{x}$, $g(x) = \dfrac{2}{x}$ 라 하면

모든 실수 x에 대하여 $f(x) < g(x)$ 이지만

$$\lim_{x \to \infty} f(x) = 0, \ \lim_{x \to \infty} g(x) = 0$$

이므로 $\lim_{x \to \infty} f(x) = \lim_{x \to \infty} g(x)$ 이다.

즉, 모든 실수 x에 대하여 $f(x) < g(x)$ 이면 $\lim_{x \to \infty} f(x) \le \lim_{x \to \infty} g(x)$ 이다. (거짓)

🖺 (1) 참   (2) 거짓

03 ①번 등호가 처음으로 잘못되었다.

$\lim_{x \to 0} \dfrac{1}{x}$ 의 값이 존재하지 않으므로

$$\lim_{x \to 0} \frac{1}{x} \times \lim_{x \to 0} x \ne \lim_{x \to 0} \left(\frac{1}{x} \times x \right)$$

이다.

함수의 극한에 대한 성질은 함수의 극한값이 존재할 때만 성립하므로 함수가 수렴할 때만 이용할 수 있다.

🖺 풀이 참조

EXERCISES

01 (1) 1 (2) 2 (3) 1 (4) 존재하지 않는다.

02 $-\dfrac{8}{3}$ **03** ㄴ **04** ⑤ **05** $\dfrac{2}{3}$

06 (1) $\dfrac{\sqrt{6}}{2}$ (2) 1 (3) $-\dfrac{3}{2}$ (4) $-\dfrac{1}{6}$ **07** $\dfrac{13}{4}$

08 15 **09** ② **10** 1

---

01 주어진 그래프에서

(1) $\displaystyle\lim_{x\to-1+} f(x)=\mathbf{1}$

(2) $\displaystyle\lim_{x\to-1-} f(x)=\mathbf{2}$

(3) $\displaystyle\lim_{x\to 0} f(x)=\mathbf{1}$

(4) $\displaystyle\lim_{x\to 1+} f(x)\neq\lim_{x\to 1-} f(x)$이므로 $\displaystyle\lim_{x\to 1} f(x)$의 값은 존

재하지 않는다.

　　　답 (1) 1 (2) 2 (3) 1 (4) 존재하지 않는다.

02 $f(x)=\dfrac{x^2-1-|x-1|}{x^2-1+|x-1|}$ 에서

$x\geq 1$일 때 $|x-1|=x-1$이고

$x<1$일 때 $|x-1|=-(x-1)$이므로

$x=1$에서의 우극한과 좌극한을 각각 구해 보면

$$\begin{aligned}\lim_{x\to 1+} f(x)&=\lim_{x\to 1+}\frac{x^2-1-(x-1)}{x^2-1+(x-1)}\\&=\lim_{x\to 1+}\frac{x(x-1)}{(x-1)(x+2)}\\&=\lim_{x\to 1+}\frac{x}{x+2}=\frac{1}{3}=a\end{aligned}$$

$$\begin{aligned}\lim_{x\to 1-} f(x)&=\lim_{x\to 1-}\frac{x^2-1+(x-1)}{x^2-1-(x-1)}\\&=\lim_{x\to 1-}\frac{(x+2)(x-1)}{x(x-1)}\\&=\lim_{x\to 1-}\frac{x+2}{x}=3=b\end{aligned}$$

$\therefore a-b=\dfrac{1}{3}-3=-\dfrac{8}{3}$　　　**답** $-\dfrac{8}{3}$

03 ㄱ. $\displaystyle\lim_{x\to 2+} f(x)=\lim_{x\to 2+}\frac{x}{x-2}=\infty$

$\displaystyle\lim_{x\to 2-} f(x)=\lim_{x\to 2-}\frac{x}{x-2}=-\infty$

따라서 $x=2$에서의 우극한과 좌극한이 존재하지 않

으므로 $\displaystyle\lim_{x\to 2} f(x)$의 값은 존재하지 않는다.

ㄴ. $\displaystyle\lim_{x\to 2+} f(x)=\lim_{x\to 2+}|x-2|=\lim_{x\to 2+}(x-2)=0$

$\displaystyle\lim_{x\to 2-} f(x)=\lim_{x\to 2-}|x-2|=\lim_{x\to 2-}\{-(x-2)\}=0$

따라서 $\displaystyle\lim_{x\to 2+} f(x)=\lim_{x\to 2-} f(x)=0$이므로

$\displaystyle\lim_{x\to 2} f(x)=0$

ㄷ. $\displaystyle\lim_{x\to 2+} f(x)=\lim_{x\to 2+}\frac{|x-2|}{x-2}=\lim_{x\to 2+}\frac{x-2}{x-2}=1$

$\displaystyle\lim_{x\to 2-} f(x)=\lim_{x\to 2-}\frac{|x-2|}{x-2}=\lim_{x\to 2-}\frac{-(x-2)}{x-2}=-1$

따라서 $\displaystyle\lim_{x\to 2+} f(x)\neq\lim_{x\to 2-} f(x)$이므로

$\displaystyle\lim_{x\to 2} f(x)$의 값은 존재하지 않는다.

ㄹ. $\displaystyle\lim_{x\to 2+} f(x)=\lim_{x\to 2+}([x]-2)=2-2=0$

$\displaystyle\lim_{x\to 2-} f(x)=\lim_{x\to 2-}([x]-2)=1-2=-1$

따라서 $\displaystyle\lim_{x\to 2+} f(x)\neq\lim_{x\to 2-} f(x)$이므로

$\displaystyle\lim_{x\to 2} f(x)$의 값은 존재하지 않는다.

이상에서 $x=2$에서의 극한값이 존재하는 것은 ㄴ뿐이다.

　　　답 ㄴ

04 ① (반례) $f(x)=\dfrac{1}{x}$, $g(x)=\dfrac{1}{x}$, $a=0$이라 하

면 $\displaystyle\lim_{x\to 0}\{f(x)-g(x)\}=\lim_{x\to 0} 0=0$이지만

$\displaystyle\lim_{x\to 0} f(x)$, $\displaystyle\lim_{x\to 0} g(x)$의 값은 존재하지 않는다.

② (반례) $f(x)=\dfrac{1}{x}$, $g(x)=x$, $a=0$이라 하면

$\displaystyle\lim_{x\to 0} f(x)g(x)=\lim_{x\to 0} 1=1$이고 $\displaystyle\lim_{x\to 0} g(x)=0$이지만

$\displaystyle\lim_{x\to 0} f(x)$의 값은 존재하지 않는다.

③ (반례) $f(x)=\dfrac{1}{x^2}$, $g(x)=\dfrac{2}{x^2}$, $a=0$이라 하면

$\displaystyle\lim_{x\to0}f(x)=\infty,\ \lim_{x\to0}g(x)=\infty$이지만

$\displaystyle\lim_{x\to0}\frac{g(x)}{f(x)}=\lim_{x\to0}2=2$이다.

④ (반례) $f(x)=\begin{cases}0\ (x\ge a)\\1\ (x<a)\end{cases},\ g(x)=\begin{cases}1\ (x\ge a)\\0\ (x<a)\end{cases}$이라

하면 $\displaystyle\lim_{x\to a}f(x),\ \lim_{x\to a}g(x)$의 값은 모두 존재하지 않

지만 $f(x)+g(x)=1$이므로 $\displaystyle\lim_{x\to a}\{f(x)+g(x)\}=1$

이다.

⑤ $\displaystyle\lim_{x\to a}\{f(x)+g(x)\}=\alpha,\ \lim_{x\to a}\{f(x)-g(x)\}=\beta$

($\alpha,\ \beta$는 실수)라 하면

$\displaystyle\lim_{x\to a}f(x)$

$\displaystyle=\lim_{x\to a}\frac{\{f(x)+g(x)\}+\{f(x)-g(x)\}}{2}$

$\displaystyle=\frac{\displaystyle\lim_{x\to a}\{f(x)+g(x)\}+\lim_{x\to a}\{f(x)-g(x)\}}{2}$

$\displaystyle=\frac{\alpha+\beta}{2}$

따라서 항상 옳은 것은 ⑤이다.　　　**답** ⑤

05　$\displaystyle\lim_{x\to\infty}f(x),\ \lim_{x\to\infty}\{f(x)-g(x)\}$의 값이 존재하므

로 함수의 극한에 대한 성질에 의하여

$\displaystyle\lim_{x\to\infty}g(x)=\lim_{x\to\infty}[f(x)-\{f(x)-g(x)\}]$

$\displaystyle\qquad\qquad=\lim_{x\to\infty}f(x)-\lim_{x\to\infty}\{f(x)-g(x)\}$

$\displaystyle\qquad\qquad=4-2=2$

$\displaystyle\therefore\ \lim_{x\to\infty}\frac{f(x)+2g(x)}{3f(x)}=\frac{\displaystyle\lim_{x\to\infty}f(x)+2\lim_{x\to\infty}g(x)}{3\lim_{x\to\infty}f(x)}$

$\displaystyle\qquad\qquad\qquad=\frac{4+2\cdot2}{3\cdot4}=\frac{2}{3}$　　**답** $\dfrac{2}{3}$

06　(1) $\displaystyle\lim_{x\to0}\frac{\sqrt{2+x}-\sqrt{2-x}}{\sqrt{3+x}-\sqrt{3-x}}$

$\displaystyle=\lim_{x\to0}\frac{(2+x-2+x)(\sqrt{3+x}+\sqrt{3-x})}{(3+x-3+x)(\sqrt{2+x}+\sqrt{2-x})}$

$\displaystyle=\lim_{x\to0}\frac{2x(\sqrt{3+x}+\sqrt{3-x})}{2x(\sqrt{2+x}+\sqrt{2-x})}$

$\displaystyle=\frac{2\sqrt{3}}{2\sqrt{2}}=\frac{\sqrt{6}}{2}$

(2) $\displaystyle\lim_{x\to\infty}\frac{\sqrt{x^2+x}+\sqrt{x^2-1}}{2x-3}$

$\displaystyle=\lim_{x\to\infty}\frac{\sqrt{1+\dfrac{1}{x}}+\sqrt{1-\dfrac{1}{x^2}}}{2-\dfrac{3}{x}}=\frac{1+1}{2}=1$

(3) $-x=t$로 놓으면 $x\to-\infty$일 때 $t\to\infty$이므로

$\displaystyle\lim_{x\to-\infty}(\sqrt{x^2+3x+4}+x)$

$\displaystyle=\lim_{t\to\infty}(\sqrt{t^2-3t+4}-t)$

$\displaystyle=\lim_{t\to\infty}\frac{(t^2-3t+4)-t^2}{\sqrt{t^2-3t+4}+t}$

$\displaystyle=\lim_{t\to\infty}\frac{-3t+4}{\sqrt{t^2-3t+4}+t}$

$\displaystyle=\lim_{t\to\infty}\frac{-3+\dfrac{4}{t}}{\sqrt{1-\dfrac{3}{t}+\dfrac{4}{t^2}}+1}=\frac{-3}{1+1}=-\frac{3}{2}$

(4) $\displaystyle\lim_{x\to9}(\sqrt{x}-3)\Big(1-\frac{1}{x-9}\Big)$

$\displaystyle=\lim_{x\to9}\Big\{(\sqrt{x}-3)\cdot\frac{x-10}{x-9}\Big\}$

$\displaystyle=\lim_{x\to9}\frac{x-10}{\sqrt{x}+3}=-\frac{1}{6}$

　　답 (1) $\dfrac{\sqrt{6}}{2}$　(2) 1　(3) $-\dfrac{3}{2}$　(4) $-\dfrac{1}{6}$

07　$a\le0$이면

$\displaystyle\lim_{x\to\infty}\{\sqrt{4x^2+x+1}-(ax-1)\}=\infty$

이므로 $a>0$이어야 한다.

$\displaystyle\lim_{x\to\infty}\{\sqrt{4x^2+x+1}-(ax-1)\}$

$\displaystyle=\lim_{x\to\infty}\frac{4x^2+x+1-(ax-1)^2}{\sqrt{4x^2+x+1}+ax-1}$

$$=\lim_{x\to\infty}\frac{(4-a^2)x^2+(1+2a)x}{\sqrt{4x^2+x+1}+ax-1}\quad\cdots\cdots\ \text{㉠}$$

㉠의 극한값이 존재하려면

$$4-a^2=0\quad\therefore a=2\ (\because a>0)\quad\cdots\cdots\ ❶$$

$a=2$를 ㉠에 대입하면

$$\lim_{x\to\infty}\frac{5x}{\sqrt{4x^2+x+1}+2x-1}$$

$$=\lim_{x\to\infty}\frac{5}{\sqrt{4+\dfrac{1}{x}+\dfrac{1}{x^2}}+2-\dfrac{1}{x}}$$

$$=\frac{5}{2+2}=\frac{5}{4}$$

$$\therefore b=\frac{5}{4}\quad\cdots\cdots\ ❷$$

$$\therefore a+b=\frac{13}{4}\quad\cdots\cdots\ ❸$$

채점 기준	배점
❶ a의 값 구하기	40 %
❷ b의 값 구하기	40 %
❸ $a+b$의 값 구하기	20 %

답 $\dfrac{13}{4}$

08 $x>0$이므로 $3x^2-10<f(x)<3x^2+7x$의 각 변을 x^2으로 나누면

$$\frac{3x^2-10}{x^2}<\frac{f(x)}{x^2}<\frac{3x^2+7x}{x^2}$$

이때 $\lim\limits_{x\to\infty}\dfrac{3x^2-10}{x^2}=\lim\limits_{x\to\infty}\dfrac{3x^2+7x}{x^2}=3$이므로 함수 의 극한의 대소 관계에 의하여

$$\lim_{x\to\infty}\frac{f(x)}{x^2}=3$$

따라서 $f(x)$는 이차항의 계수가 3인 이차함수이다.

$\cdots\cdots$ ㉠

또한 $\lim\limits_{x\to1}\dfrac{f(x)}{x^2-4x+3}=-6$에서 $x\to1$일 때 (분모)$\to0$이고 극한값이 존재하므로 (분자)$\to0$이다.

즉, $\lim\limits_{x\to1}f(x)=0$이므로 $f(1)=0$ $\cdots\cdots$ ㉡

㉠, ㉡에서 $f(x)=3(x-1)(x+a)$ (a는 상수)라 하면

$$\lim_{x\to1}\frac{f(x)}{x^2-4x+3}=\lim_{x\to1}\frac{3(x-1)(x+a)}{(x-1)(x-3)}$$

$$=\lim_{x\to1}\frac{3(x+a)}{x-3}=\frac{3+3a}{-2}=-6$$

$$3+3a=12\quad\therefore a=3$$

따라서 $f(x)=3(x-1)(x+3)$이므로

$$f(2)=3\cdot1\cdot5=\mathbf{15}\qquad\qquad\text{답}\ 15$$

09 현재 반지름의 길이가 5 cm이고, 반지름의 길이가 매초 1 cm씩 증가하므로 t초 후의 반지름의 길이를 $r(t)$라 할 때 $r(t)=5+t$이고 t초 후의 지름의 길이와 부피는 각각

$$l(t)=2(5+t)=10+2t$$

$$V(t)=\frac{4}{3}\pi\{r(t)\}^3=\frac{4}{3}\pi(5+t)^3$$

$$\therefore\lim_{t\to\infty}\frac{t\{l(t)\}^2}{V(t)}=\lim_{t\to\infty}\frac{t(10+2t)^2}{\frac{4}{3}\pi(5+t)^3}$$

$$=\lim_{t\to\infty}\left\{\frac{3}{4\pi}\cdot\frac{4t(5+t)^2}{(5+t)^3}\right\}$$

$$=\frac{3}{\pi}\lim_{t\to\infty}\frac{t}{5+t}=\frac{3}{\pi}\qquad\text{답}\ ②$$

10 x축과 원점에서 접하고 반지름의 길이가 r인 원의 방정식은

$$x^2+(y-r)^2=r^2$$

$$\therefore x^2+y^2-2ry=0\quad\cdots\cdots\ \text{㉠}$$

점 $\mathrm{P}(\alpha,\beta)$는 이차함수 $y=x^2$의 그래프 위의 점이므로

$$\beta=\alpha^2\quad\therefore\mathrm{P}(\alpha,\ \alpha^2)$$

이때 점 P는 원 위의 점이므로 $x=\alpha$, $y=\alpha^2$을 ㉠에 대입하면

$$\alpha^2+\alpha^4=2\alpha^2r\quad\therefore r=\frac{1+\alpha^2}{2}$$

$$\therefore\lim_{\alpha\to1}r=\lim_{\alpha\to1}\frac{1+\alpha^2}{2}=\mathbf{1}\qquad\text{답}\ 1$$

01 $\dfrac{1}{2}$	**02** ㄱ, ㄹ	**03** 8	**04** $\dfrac{2}{7}$	**05** 0
06 10	**07** ③	**08** 4	**09** 12	**10** 8

01 $\left[\dfrac{1}{2x^2}\right]=\dfrac{1}{2x^2}-h\ (0\le h<1)$이라 하면

$$\lim_{x\to 0}x^2\left[\dfrac{1}{2x^2}\right]=\lim_{x\to 0}x^2\left(\dfrac{1}{2x^2}-h\right)$$
$$=\lim_{x\to 0}\left(\dfrac{1}{2}-x^2\cdot h\right)=\dfrac{1}{2}$$

다른 풀이 $\dfrac{1}{2x^2}$의 정수 부분을 $\left[\dfrac{1}{2x^2}\right]$이라 하면

$\left[\dfrac{1}{2x^2}\right]\le\dfrac{1}{2x^2}<\left[\dfrac{1}{2x^2}\right]+1$에서

$\dfrac{1}{2x^2}-1<\left[\dfrac{1}{2x^2}\right]\le\dfrac{1}{2x^2}$이므로

$x\ne 0$일 때, 각 변에 x^2을 곱하면

$\dfrac{1}{2}-x^2<x^2\left[\dfrac{1}{2x^2}\right]\le\dfrac{1}{2}$

이때 $\lim\limits_{x\to 0}\left(\dfrac{1}{2}-x^2\right)=\dfrac{1}{2}$, $\lim\limits_{x\to 0}\dfrac{1}{2}=\dfrac{1}{2}$이므로

함수의 극한의 대소 관계에 의하여

$$\lim_{x\to 0}x^2\left[\dfrac{1}{2x^2}\right]=\dfrac{1}{2}$$　　**답** $\dfrac{1}{2}$

02 ㄱ. $x\to 1$일 때 $f(x)\to 2$이다. (참)

ㄴ. $g(x)=t$로 놓으면 $x\to 1$일 때 $t\to 1$이므로
　$\lim\limits_{x\to 1}f(g(x))=\lim\limits_{t\to 1}f(t)=2$ (거짓)

ㄷ. $f(x)=s$로 놓으면 $x\to 1$일 때 $s\to 2$이므로
　$\lim\limits_{x\to 1}g(f(x))=\lim\limits_{s\to 2}g(s)=2$

　그런데 $g(2)=1$이므로
　$\lim\limits_{x\to 1}g(f(x))\ne g(2)$ (거짓)

ㄹ. $f(x)=s$로 놓으면

　$x\to 2+$일 때 $s=2$이므로
　$\lim\limits_{x\to 2+}g(f(x))=g(2)=1$

$x\to 2-$일 때 $s\to 1+$이므로

$$\lim_{x\to 2-}g(f(x))=\lim_{s\to 1+}g(s)=1$$
$$\therefore \lim_{x\to 2}g(f(x))=1\ (참)$$

따라서 옳은 것은 ㄱ, ㄹ이다.　　**답** ㄱ, ㄹ

03 $x-2=t$로 놓으면 $x=t+2$이고 $x\to 2$일 때 $t\to 0$이므로

$$\lim_{x\to 2}\dfrac{f(x-2)}{x^2-2x}=\lim_{t\to 0}\dfrac{f(t)}{(t+2)t}$$

이때 $\dfrac{f(t)}{(t+2)t}=h(t)$라 하면

$$\dfrac{f(t)}{t}=(t+2)h(t)$$

이고 $\lim\limits_{t\to 0}h(t)=4$이므로

$$\lim_{t\to 0}\dfrac{f(t)}{t}=\lim_{t\to 0}\{(t+2)h(t)\}=2\cdot 4=8$$
$$\therefore \lim_{x\to 0}\dfrac{f(x)}{x}=8$$　　**답** 8

04 $\dfrac{1}{x}=t$로 놓으면 $x\to 0+$일 때 $t\to\infty$이므로

$$\lim_{x\to 0+}\dfrac{\dfrac{4}{x^2}-f\left(\dfrac{1}{x}\right)}{\dfrac{3}{x^2}+2f\left(\dfrac{1}{x}\right)}=\lim_{t\to\infty}\dfrac{4t^2-f(t)}{3t^2+2f(t)}\qquad\cdots\cdots\ ㉠$$

$$=\lim_{t\to\infty}\dfrac{4-\dfrac{f(t)}{t^2}}{3+2\cdot\dfrac{f(t)}{t^2}}$$

$$=\dfrac{4-2}{3+4}\left(\because \lim_{t\to\infty}\dfrac{f(t)}{t^2}=2\right)$$

$$=\dfrac{2}{7}$$　　**답** $\dfrac{2}{7}$

다른 풀이 $\lim\limits_{x\to\infty}\dfrac{f(x)}{x^2}=2$이므로

$f(x)=2x^2+ax+b\ (a,\ b$는 상수$)$

라 하면

$$\lim_{t\to\infty}\frac{4t^2-f(t)}{3t^2+2f(t)}=\lim_{t\to\infty}\frac{4t^2-(2t^2+at+b)}{3t^2+2(2t^2+at+b)}$$
$$=\frac{4-2}{3+4}=\frac{2}{7}$$

05 $\displaystyle\lim_{x\to1}\frac{g(x)-x}{x-1}$ 는 $x\to1$일 때 (분모)$\to0$이고

극한값이 존재하므로 (분자)$\to0$이다.

즉, $\displaystyle\lim_{x\to1}\{g(x)-x\}=0$이므로

$$\lim_{x\to1}g(x)-1=0$$

$\therefore\ \displaystyle\lim_{x\to1}g(x)=1$ ...... ㉠ ...... ❶

$f(x)+x-1=(x-1)g(x)$를 $f(x)$에 대하여 정리하면

$$f(x)=(x-1)g(x)-(x-1)$$
$$=(x-1)\{g(x)-1\}$$ ...... ㉡

$\therefore\ \displaystyle\lim_{x\to1}\frac{f(x)g(x)}{x^2-1}$

$$=\lim_{x\to1}\frac{(x-1)\{g(x)-1\}\cdot g(x)}{(x-1)(x+1)}\ (\because\ ㉡)$$

$$=\lim_{x\to1}\frac{\{g(x)-1\}g(x)}{x+1}$$

$$=\frac{\displaystyle\lim_{x\to1}\{g(x)-1\}\cdot\lim_{x\to1}g(x)}{\displaystyle\lim_{x\to1}(x+1)}$$

$$=\frac{0\cdot1}{2}\ (\because\ ㉠)$$

$$=\mathbf{0}$$ ...... ❷

채점 기준	배점
❶ $\displaystyle\lim_{x\to1}g(x)$의 값 구하기	40 %
❷ $\displaystyle\lim_{x\to1}\frac{f(x)g(x)}{x^2-1}$ 의 값 구하기	60 %

답 0

06 다항함수 $f(x)$에 대하여

$\displaystyle\lim_{x\to\infty}\frac{f(x)-x^3}{x^2}=-11$이므로 함수 $f(x)-x^3$은 최고

차항의 계수가 -11인 이차함수이다.

즉, $f(x)-x^3=-11x^2+ax+b$ (a, b는 상수)라 하면

$$f(x)=x^3-11x^2+ax+b$$ ...... ㉠

$\displaystyle\lim_{x\to1}\frac{f(x)}{x-1}=-9$에서 $x\to1$일 때 (분모)$\to0$이고 극

한값이 존재하므로 (분자)$\to0$이다. 즉,

$$\lim_{x\to1}f(x)=\lim_{x\to1}(x^3-11x^2+ax+b)$$
$$=1-11+a+b=0$$

$\therefore\ b=-a+10$

$b=-a+10$을 ㉠에 대입하여 인수분해하면

$$f(x)=x^3-11x^2+ax-a+10$$
$$=(x-1)(x^2-10x+a-10)$$

이므로

$$\lim_{x\to1}\frac{f(x)}{x-1}=\lim_{x\to1}\frac{(x-1)(x^2-10x+a-10)}{x-1}$$
$$=\lim_{x\to1}(x^2-10x+a-10)$$
$$=a-19=-9$$

$\therefore\ a=10$ $\therefore\ f(x)=x^3-11x^2+10x$

$\displaystyle\lim_{x\to\infty}xf\left(\frac{1}{x}\right)$에서 $\frac{1}{x}=t$로 놓으면 $x\to\infty$일 때

$t\to0+$이므로

$$\lim_{x\to\infty}xf\left(\frac{1}{x}\right)=\lim_{t\to0+}\frac{f(t)}{t}=\lim_{t\to0+}\frac{t^3-11t^2+10t}{t}$$
$$=\lim_{t\to0+}(t^2-11t+10)=\mathbf{10}$$

다른 풀이 $\displaystyle\lim_{x\to\infty}xf\left(\frac{1}{x}\right)$의 값을 다음과 같이 구할 수도

있다.

$f(x)=x^3-11x^2+10x$에서 $f\left(\dfrac{1}{x}\right)=\dfrac{1}{x^3}-\dfrac{11}{x^2}+\dfrac{10}{x}$

이므로

$$\lim_{x\to\infty}xf\left(\frac{1}{x}\right)=\lim_{x\to\infty}x\left(\frac{1}{x^3}-\frac{11}{x^2}+\frac{10}{x}\right)$$
$$=\lim_{x\to\infty}\left(\frac{1}{x^2}-\frac{11}{x}+10\right)=10$$ **답** 10

07 주어진 조건에 의하여 $f(a)=f(b)=f(c)=0$

이므로

$$f(x)=(x-a)(x-b)(x-c)$$

로 놓을 수 있다.

㈎에서

$$\lim_{x \to a} \frac{f(x)}{x-a} = \lim_{x \to a} (x-b)(x-c)$$
$$= (a-b)(a-c) = \alpha$$

같은 방법으로 ㈏, ㈐에서

$$(b-a)(b-c) = \beta, \ (c-a)(c-b) = \gamma$$

이므로

$$\alpha + \beta + \gamma$$
$$= (a-b)(a-c) + (b-a)(b-c) + (c-a)(c-b)$$
$$= a^2 + b^2 + c^2 - ab - bc - ca$$
$$= (a+b+c)^2 - 3(ab+bc+ca) \quad \cdots\cdots \ \ominus$$

한편 $x^3 + px^2 + qx + r = 0$이라 하면 삼차방정식의 근과
계수의 관계에 의하여

$$a+b+c = -p, \ ab+bc+ca = q \quad \cdots\cdots \ \bigcirc$$

ⓒ을 ⊙에 대입하면

$$\alpha + \beta + \gamma = p^2 - 3q \qquad\qquad \boxed{\text{답}} \ \ ③$$

08 $\displaystyle\lim_{x \to a} f(x) \neq 0$이면

$$\lim_{x \to a} \frac{f(x) - (x-a)}{f(x) + (x-a)} = \frac{f(a)}{f(a)} = 1$$이므로 주어진 식을
만족시키지 않는다.

$$\therefore \lim_{x \to a} f(x) = f(a) = 0$$

즉, 이차방정식 $f(x) = 0$의 두 근 $\alpha, \ \beta$ 중 한 근이 a이
다. 최고차항의 계수가 1인 이차함수 $f(x)$의 식은

$$f(x) = (x-\alpha)(x-\beta)$$

(ⅰ) $a = \alpha$일 때,

$f(x)$의 식을 주어진 식에 대입하면

$$\lim_{x \to a} \frac{f(x) - (x-a)}{f(x) + (x-a)}$$
$$= \lim_{x \to a} \frac{(x-\alpha)(x-\beta) - (x-\alpha)}{(x-\alpha)(x-\beta) + (x-\alpha)}$$
$$= \lim_{x \to a} \frac{(x-\beta) - 1}{(x-\beta) + 1}$$
$$= \frac{(\alpha-\beta) - 1}{(\alpha-\beta) + 1} = \frac{3}{5}$$

이므로 $\quad 5(\alpha-\beta) - 5 = 3(\alpha-\beta) + 3$

$$2(\alpha-\beta) = 8 \qquad \therefore \ \alpha-\beta = 4$$

(ⅱ) $a = \beta$일 때, $\beta - \alpha = 4$

$$\therefore |\alpha-\beta| = 4 \qquad\qquad\qquad \boxed{\text{답}} \ \ 4$$

09 조건 ㈏에서 $\displaystyle\lim_{x \to 1} \frac{f(x)}{g(x)} = 0$이고,

조건 ㈎에서 $\displaystyle\lim_{x \to 1} g(x) = g(1) = 0$이므로

$$\lim_{x \to 1} f(x) = f(1) = 0$$이다.

또한 $\displaystyle\lim_{x \to 1} \frac{f(x)}{g(x)} = 0$이므로 두 삼차함수 $f(x), g(x)$는

$$f(x) = (x-1)^2(x+a)$$
$$g(x) = (x-1)(x+b)(x+c) \ (a, b, c는 \ 상수)$$

로 놓을 수 있다.

이때 조건 ㈏에서 $\displaystyle\lim_{x \to 2} \frac{f(x)}{g(x)} = 0$이므로

$$\lim_{x \to 2} g(x) = g(2) \neq 0$$이고

$$\lim_{x \to 2} f(x) = f(2) = 0$$이다.

따라서 $f(x) = (x-1)^2(x-2)$이다.

조건 ㈏에서

$$\lim_{x \to 3} \frac{f(x)}{g(x)} = \lim_{x \to 3} \frac{(x-1)^2(x-2)}{(x-1)(x+b)(x+c)}$$
$$= \lim_{x \to 3} \frac{(x-1)(x-2)}{(x+b)(x+c)}$$
$$= (3-1)(3-2)$$

이므로 $\quad (3+b)(3+c) = 1 \quad \cdots\cdots \ \ominus$

$$\lim_{x \to 4} \frac{f(x)}{g(x)} = \lim_{x \to 4} \frac{(x-1)(x-2)}{(x+b)(x+c)}$$
$$= (4-1)(4-2)$$

이므로 $\quad (4+b)(4+c) = 1 \quad \cdots\cdots \ \bigcirc$

⊙, ⓒ을 정리하면

$$bc + 3(b+c) = -8 \quad \cdots\cdots \ \boxdot$$
$$bc + 4(b+c) = -15 \quad \cdots\cdots \ \boxdot$$

ⓒ, ㉣을 연립하여 풀면

$$b+c = -7, \ bc = 13$$

$$\therefore g(5) = 4(5+b)(5+c)$$
$$= 4\{bc+5(b+c)+25\}$$
$$= 4(13-35+25)$$
$$= \mathbf{12}$$

답 12

$$\lim_{x\to\infty}\frac{\overline{PH}^2}{\overline{PA}} = \lim_{y\to\infty}\frac{8y-8}{y+1}$$

$$= \lim_{y\to\infty}\frac{8-\dfrac{8}{y}}{1+\dfrac{1}{y}} = \frac{8}{1} = 8$$

답 8

10

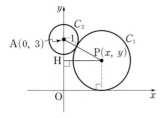

원 C_2에 외접하는 원 C_1이 x축에 접하므로

(원 C_1의 반지름의 길이)$=y$

따라서 $\overline{PA}$의 길이는 두 원의 반지름의 길이의 합이므로

$$\overline{PA}=y+1$$

한편 $H(0, y)$이므로 $\overline{PH}=|x|$

$$\therefore \lim_{x\to\infty}\frac{\overline{PH}^2}{\overline{PA}} = \lim_{x\to\infty}\frac{x^2}{y+1} \qquad \cdots\cdots \text{㉠}$$

이때 두 점 P, A 사이의 거리가 $\sqrt{x^2+(y-3)^2}$이므로

$$\sqrt{x^2+(y-3)^2}=y+1$$

양변을 제곱하여 풀면

$$x^2+y^2-6y+9=y^2+2y+1$$

$$8y=x^2+8 \qquad \therefore y=\frac{x^2+8}{8} \qquad \cdots\cdots \text{㉡}$$

㉡을 ㉠에 대입하면

$$\lim_{x\to\infty}\frac{\overline{PH}^2}{\overline{PA}} = \lim_{x\to\infty}\frac{x^2}{\dfrac{x^2+8}{8}+1}$$

$$= \lim_{x\to\infty}\frac{8x^2}{x^2+16}$$

$$= \lim_{x\to\infty}\frac{8}{1+\dfrac{16}{x^2}} = \frac{8}{1} = \mathbf{8}$$

다른 풀이 $x\to\infty$이면 $y\to\infty$이므로

$$8y=x^2+8 \Longleftrightarrow x^2=8y-8$$

을 ㉠에 대입하면

2. 함수의 연속

01   답 (1) $\lim\limits_{x \to a} f(x) = f(a)$

       (2) 최대·최소 정리

       (3) 실근

02   (1) 연속의 정의에 의하여 함수 $f(x)$가 $x=a$에서 정의되어 있고, $\lim\limits_{x \to a} f(x)$가 존재할 때, '$\lim\limits_{x \to a} f(x) = f(a)$'라는 조건이 있어야 $f(x)$가 $x=a$에서 연속이라 할 수 있다. (거짓)

(2) 함수 $f(x)$가 $x=0$에서 연속이므로 좌극한과 우극한이 같아 극한값이 존재하고, $x=0$일 때의 함숫값과 그 극한값이 일치하므로 절댓값 부호를 취하여도 $x=0$에서의 연속성은 보장받는다. (참)

(3) 사잇값의 정리에 의하여 $f(c)=k$를 만족시키는 c가 열린구간 (a, b)에 적어도 하나 존재한다. 이때 닫힌구간 $[a, b]$에 열린구간 (a, b)가 포함되므로 c는 닫힌구간 $[a, b]$에 적어도 하나 존재한다. (참)

(4) (반례) 함수 $f(x)$의 그래프가 다음 그림과 같을 경우 방정식 $f(x)=0$은 a와 b 사이에 실근 c를 갖지만, 함수 $f(x)$는 닫힌구간 $[a, b]$에서 연속이 아니다.

                                        (거짓)

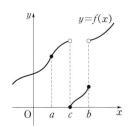

        답 (1) 거짓   (2) 참   (3) 참   (4) 거짓

03 $f(x)$, $g(x)$가 연속함수일 때, 함수의 나눗셈 $\dfrac{f(x)}{g(x)}$에서 분모 $g(x)$가 닫힌구간 $[a, b]$에서 0이 되면 함수 $\dfrac{f(x)}{g(x)}$가 정의되지 않는다.

따라서 닫힌구간 $[a, b]$에서 함수 $\dfrac{f(x)}{g(x)}$가 연속함수이기 위한 조건은 $g(x) \neq 0$이다.

합성함수 $f(g(x))$에서 $g(x)$의 치역이 닫힌구간 $[a, b]$를 벗어나는 부분에서는 나눗셈에서와 마찬가지로 함수 $f(g(x))$가 정의되지 않는다. 따라서 닫힌구간 $[a, b]$에서 함수 $f(g(x))$가 연속함수이기 위해서는 $g(x)$의 치역이 닫힌구간 $[a, b]$ 안에 포함되어야 한다.

                          답 풀이 참조

01 ③	**02** ②	**03** ③	**04** −1	**05** $\dfrac{17}{3}$
06 ②	**07** $-\dfrac{1}{3}$	**08** ⑤	**09** ㄷ, ㅁ	**10** 1

01　ㄱ. 주어진 그래프로부터

$\lim\limits_{x \to 2+} f(x) = 3$ (참)

ㄴ. $\lim\limits_{x \to c+} f(x) \neq \lim\limits_{x \to c-} f(x)$, 즉 우극한과 좌극한이 다른

경우는 $c=0$, $c=1$, $c=2$로 3개이다. (참)

ㄷ. 함수 $f(x)$의 그래프가 $x=0$, $x=1$, $x=2$, $x=3$에

서 끊어져 있으므로 불연속인 x의 값의 개수는 4이

다. (거짓)

따라서 옳은 것은 ㄱ, ㄴ이다.　　　　　답 ③

02　$x \neq 0$일 때,　$f(x) = \dfrac{x^2 - 2x}{\sqrt{1+x} - \sqrt{1-x}}$

열린구간 $(-1,\ 1)$에서 함수 $f(x)$가 연속이므로 $x=0$

에서도 연속이다.

$$\therefore f(0) = \lim_{x \to 0} f(x) = \lim_{x \to 0} \frac{x^2 - 2x}{\sqrt{1+x} - \sqrt{1-x}}$$

$$= \lim_{x \to 0} \frac{x(x-2)(\sqrt{1+x} + \sqrt{1-x})}{(\sqrt{1+x} - \sqrt{1-x})(\sqrt{1+x} + \sqrt{1-x})}$$

$$= \lim_{x \to 0} \frac{x(x-2)(\sqrt{1+x} + \sqrt{1-x})}{2x}$$

$$= \lim_{x \to 0} \frac{(x-2)(\sqrt{1+x} + \sqrt{1-x})}{2}$$

$$= -2 \qquad\qquad\qquad \text{답 ②}$$

03　함수 $f(x)$는 모든 실수 x에 대하여 연속이므로

$x=1$에서도 연속이다. 즉,

$$\lim_{x \to 1} \frac{x^2 + ax - 6}{x - 1} = b \qquad \cdots\cdots \text{㉠}$$

㉠에서 $x \to 1$일 때, (분모)$\to 0$이고 극한값이 존재하므

로 (분자)$\to 0$이다.

즉, $\lim\limits_{x \to 1} (x^2 + ax - 6) = 0$이므로

$1^2 + a - 6 = 0$　　$\therefore a = 5$

$a = 5$를 ㉠에 대입하면

$$\lim_{x \to 1} \frac{x^2 + 5x - 6}{x - 1} = \lim_{x \to 1} \frac{(x-1)(x+6)}{x-1}$$

$$= \lim_{x \to 1} (x+6) = b$$

$\therefore b = 7$

$\therefore a + b = 5 + 7 = \mathbf{12}$　　　　　답 ③

04　함수 $f(x)g(x)$가 $x=1$에서 연속이려면

$\lim\limits_{x \to 1} f(x)g(x) = f(1)g(1)$이어야 한다. 이때

$$\lim_{x \to 1+} f(x)g(x) = \lim_{x \to 1+} (-x+2)(x+k) = 1+k$$

$$\lim_{x \to 1-} f(x)g(x) = \lim_{x \to 1-} (x+4)(x+k) = 5+5k$$

$$f(1)g(1) = (-1+2)(1+k) = 1+k$$

이므로　　$5+5k = 1+k$

$4k = -4$　　$\therefore k = \mathbf{-1}$　　　　답 −1

05　함수 $f(x)$가 실수 전체의 집합에서 연속이면

$x=1$에서도 연속이므로

$$\lim_{x \to 1-} f(x) = f(1)\ (\because \text{(우극한)} = \text{(함숫값)})$$

즉, $\lim\limits_{x \to 1-} 3x = f(1)$이므로　　$3 = b$　　$\cdots\cdots$ ㉠

이때 $f(x) = f(x+4)$이므로　　$f(0) = f(4)$

$\therefore 0 = 9a + b$　　　　　　$\cdots\cdots$ ㉡

㉠을 ㉡에 대입하면　　$a = -\dfrac{1}{3}$

따라서 $f(x) = \begin{cases} 3x & (0 \le x < 1) \\ -\dfrac{1}{3}(x-1)^2 + 3 & (1 \le x \le 4) \end{cases}$ 이므로

$f(5) + f(14) = f(1) + f(2)$

$$= 3 + \frac{8}{3} = \frac{\mathbf{17}}{\mathbf{3}} \qquad\qquad \text{답 } \frac{17}{3}$$

06 수도 기본 요금을 p(원)라 하면 이 도시의 사용한 수돗물의 양 $x(\text{m}^3)$에 따른 수도 요금 $f(x)$(원)는

$$f(x)=\begin{cases} 320x+p & (0\le x\le 30) \\ 510x+p-5700 & (30<x\le 40) \\ 570x+p-a & (40<x\le 50) \\ 790x+p-19100 & (x>50) \end{cases}$$

이때 함수 $f(x)$가 연속함수이므로

$$\lim_{x\to 40+}f(x)=f(40)\ (\because\ (\text{좌극한})=(\text{함숫값}))$$

에서

$$570\cdot40+p-a=510\cdot40+p-5700$$

$$\therefore a=8100 \qquad\qquad \text{답 } ②$$

07 $(f\circ g)(x)=f(g(x))=f(3x^2-1)$이므로

$$(f\circ g)(x)=\begin{cases} \dfrac{3x^2-1}{|3x^2-1|} & (3x^2-1\ne 0) \\ 0 & (3x^2-1=0) \end{cases}$$

$$\therefore (f\circ g)(x)=\begin{cases} 1 & (3x^2-1>0) \\ 0 & (3x^2-1=0) \\ -1 & (3x^2-1<0) \end{cases} \quad\cdots\cdots ❶$$

즉, $(f\circ g)(x)$는 $3x^2-1=0$인 x의 값에서 불연속이므로

$$3x^2=1,\ x^2=\frac{1}{3}$$

$$\therefore x=\pm\frac{\sqrt{3}}{3} \qquad\qquad\qquad \cdots\cdots ❷$$

따라서 구하는 모든 x의 값의 곱은 $-\dfrac{1}{3}$이다. $\cdots\cdots ❸$

채점 기준	배점
❶ $(f\circ g)(x)$ 구하기	40 %
❷ $(f\circ g)(x)$가 불연속이 되는 모든 x의 값 구하기	40 %
❸ 모든 x의 값의 곱 구하기	20 %

$$\text{답 } -\frac{1}{3}$$

08 (i) $y=f(x)g_1(x)$의 경우

두 함수가 모든 구간에서 연속이므로 두 함수의 곱으로 이루어진 함수 역시 모든 구간에서 연속이다.

(ii) $y=f(x)g_2(x)$의 경우

$x=0$인 점을 제외하면 두 함수 모두 연속이므로 $x=0$인 점에서의 연속 여부를 확인해 보자.

$$\lim_{x\to 0+}f(x)g_2(x)=0=\lim_{x\to 0-}f(x)g_2(x)$$

$$f(0)g_2(0)=0$$

$$\therefore \lim_{x\to 0}f(x)g_2(x)=f(0)g_2(0)=0$$

즉, 함수 $f(x)g_2(x)$는 $x=0$에서 연속이므로 $y=f(x)g_2(x)$는 모든 구간에서 연속이다.

(iii) $y=f(x)g_3(x)$의 경우

$x=2$인 점을 제외하면 두 함수 모두 연속이므로 $x=2$인 점에서의 연속 여부를 확인해 보자.

$$\lim_{x\to 2+}f(x)g_3(x)=0=\lim_{x\to 2-}f(x)g_3(x)$$

$$f(2)g_3(2)=0$$

$$\therefore \lim_{x\to 2}f(x)g_3(x)=f(2)g_3(2)=0$$

즉, 함수 $f(x)g_3(x)$는 $x=2$에서 연속이므로 $y=f(x)g_3(x)$는 모든 구간에서 연속이다.

따라서 (i), (ii), (iii)에 의하여 함수 $f(x)g_k(x)$ $(k=1,\ 2,\ 3)$가 모든 구간에서 연속이 되는 $g_k(x)$는 $g_1(x),\ g_2(x),\ g_3(x)$이다.

[참고] (ii), (iii)의 경우 $g_2(x)$, $g_3(x)$가 불연속인 x의 값에서 $f(x)$의 값이 0이므로 곱의 좌극한, 우극한, 함숫값이 모두 0이 되어 식을 세울 필요없이 바로 연속임을 알아낼 수 있다. 이를 바탕으로 실전에 유용하게 사용되는 다음의 성질을 꼭 기억하도록 하자.

> $x=a$에서 연속인 다항함수 $f(x)$와 $x=a$에서 불연속인 함수 $g(x)$에 대하여 함수 $f(x)g(x)$가 $x=a$에서 연속이려면 반드시 $f(a)=0$이어야 한다. 즉, 다항함수 $f(x)$는 반드시 $x-a$를 인수로 가져야 한다.

$$\text{답 } ⑤$$

09 ㄱ. (반례)

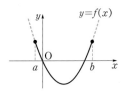

이때 $f(a)f(b)>0$이지만 두 개의 실근을 갖는다.

(거짓)

ㄴ. (반례)

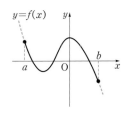

이때 $f(a)f(b)<0$이지만 세 개의 실근을 갖는다.

(거짓)

ㄷ. $f(a)f(b)=0$이면

$f(a)=0$ 또는 $f(b)=0$

이므로 구간 $[a,\ b]$에서 적어도 하나의 실근을 갖는다. (참)

ㄹ. (반례)

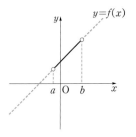

함수 $f(x)$가 닫힌구간 $[a,\ b]$에서 연속이지만 열린구간 $(a,\ b)$에서 최댓값과 최솟값을 모두 갖지 않는다.

(거짓)

ㅁ. 최대 · 최소 정리에 의하여 성립한다. (참)

따라서 옳은 것은 ㄷ, ㅁ이다.

답 ㄷ, ㅁ

10 $g(x)=f(x)-x$라 하면 함수 $f(x)$가 연속이므로 함수 $g(x)$도 연속이다. 이때 $y=f(x)$의 그래프는 네 점 $(-1, 1)$, $(0, -2)$, $(1, 0)$, $(2, -1)$을 지나므로

$g(-1)=f(-1)-(-1)=1+1=2>0$

$g(0)=f(0)-0=-2-0=-2<0$

$g(1)=f(1)-1=0-1=-1<0$

$g(2)=f(2)-2=-1-2=-3<0$

즉, 사잇값의 정리에 의하여

$g(-1)g(0)<0$

이므로 함수 $g(x)$는 구간 $(-1, 0)$에서 적어도 하나의 실근을 갖는다.

따라서 두 함수 $y=f(x)$와 $y=x$의 그래프는 구간 $[-1, 2]$에서 적어도 **1**개의 교점을 갖는다.

답 1

01 ㄱ. $f(f(1))=f(2)=-1$ (참)

ㄴ. $f(x)=t$로 놓으면

$x \to 1+$일 때 $t \to 1-$이므로

$$\lim_{x \to 1+} f(f(x)) = \lim_{t \to 1-} f(t) = 2$$

$x \to 1-$일 때 $t \to 2+$이므로

$$\lim_{x \to 1-} f(f(x)) = \lim_{t \to 2+} f(t) = -1$$

따라서 $\lim_{x \to 1} f(f(x))$의 값이 존재하지 않는다. (거짓)

ㄷ. ㄴ에 의하여 $\lim_{x \to 1} f(f(x))$의 값이 존재하지 않으므로 함수 $f(f(x))$는 $x=1$에서 불연속이다. (거짓)

따라서 옳은 것은 ㄱ뿐이다.   **답** ㄱ

02 (i) 반지름의 길이 r가 $0<r<1$인 원은 원 C와 x축을 동시에 만나지 못하므로

$$f(r)=0$$

(ii) $r=1$이면 원의 중심이 $(0, 1)$에 위치할 때 조건을 만족시키는 원이 1개 존재하므로

$$f(r)=1$$

(iii) $1<r<2$이면 y축을 기준으로 좌우에서 조건을 만족시키는 원이 하나씩 존재하게 되므로

$$f(r)=2$$

(iv) $r=2$이면 조건을 만족시키는 원이 y축을 기준으로 좌우에 한 개씩 존재하고, 점 $(0, 4)$에서 원 C와 내접하는 원이 하나 더 존재하므로

$$f(r)=3$$

(v) $r>2$이면 y축을 기준으로 좌우에 외접하는 원 두 개와 내접하는 원 두 개가 생기므로

$$f(r)=4$$

(i)~(v)에 의하여 함수 $y=f(r)$의 그래프는 다음 그림과 같다.

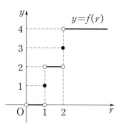

ㄱ. $f(2)=3$ (참)

ㄴ. $\lim_{r \to 1+} f(r)=2 \neq 1=f(1)$ (거짓)

ㄷ. $\lim_{r \to 2+} f(r)=4$, $\lim_{r \to 2-} f(r)=2$이므로 $\lim_{r \to 2} f(r)$의 값은 존재하지 않는다. (거짓)

ㄹ. 함수 $f(r)$는 $r=1$일 때와 $r=2$일 때 불연속이므로 구간 $(0, 4)$에서 불연속점은 2개이다. (참)

따라서 옳은 것은 ㄱ, ㄹ이다.   **답** ④

03 함수 $f(x)$가 $x=n$에서 연속이므로

$\lim_{x \to n} f(x)=f(n)$이어야 한다. ($\because$ (우극한)=(함숫값))

$$\lim_{x \to n-} f(x) = \lim_{x \to n-} ([x]^2 - 5[x] + 7)$$
$$= (n-1)^2 - 5(n-1) + 7$$
$$= n^2 - 7n + 13$$

$$f(n) = n^2 - 5n + 7$$

이므로 $n^2 - 7n + 13 = n^2 - 5n + 7$

$2n=6$ $\therefore n=3$ **답** 3

04 함수 $f(x)$가 $x=a$에서 연속일 조건은 $\lim_{x \to a} f(x)=f(a)$이다.

$xg_1(x) = \begin{cases} |x| & (x \neq 0) \\ 0 & (x=0) \end{cases}$ 은 $x=0$에서 연속이므로

$$N(g_1)=1$$

$xg_2(x)=\begin{cases} -x^3+x & (x\neq 0) \\ 0 & (x=0) \end{cases}$ 은 $x=0$에서 연속이므로

$\quad N(g_2)=1$

$xg_3(x)=\begin{cases} \dfrac{1}{x} & (x\neq 0) \\ 0 & (x=0) \end{cases}$, $x^2g_3(x)=\begin{cases} 1 & (x\neq 0) \\ 0 & (x=0) \end{cases}$ 은

$x=0$에서 불연속이지만

$x^3g_3(x)=\begin{cases} x & (x\neq 0) \\ 0 & (x=0) \end{cases}$ 은 $x=0$에서 연속이므로

$\quad N(g_3)=3$

$\therefore N(g_1)+N(g_2)+N(g_3)=1+1+3=\mathbf{5}$ 　**답** 5

05　조건 ㈎에 의하여 $g(x)$는 최고차항의 계수가 4
인 이차함수이다. 　　…… ㉠ 　　…… ❶
다항함수 $g(x)$는 모든 실수 x에서 연속이고 함수 $f(x)$
는 $x=-1$, $x=1$에서 불연속이므로 모든 실수 x에서
함수 $f(x)g(x)$가 연속이려면 $f(x)g(x)$가 $x=-1$,
$x=1$에서 연속이어야 한다.

(i) $f(x)g(x)$가 $x=-1$에서 연속이어야 하므로

$\quad \displaystyle\lim_{x\to-1+}f(x)g(x)=\lim_{x\to-1-}f(x)g(x)$

$\qquad\qquad\qquad =f(-1)g(-1)$

이어야 한다. 이때

$\quad \displaystyle\lim_{x\to-1+}f(x)g(x)=-1\cdot g(-1)=-g(-1)$,

$\quad \displaystyle\lim_{x\to-1-}f(x)g(x)=1\cdot g(-1)=g(-1)$,

$\quad f(-1)g(-1)=-g(-1)$

이므로 　　$-g(-1)=g(-1)$

$\quad \therefore g(-1)=0$ 　　…… ㉡ 　　…… ❷

(ii) $f(x)g(x)$가 $x=1$에서 연속이어야 하므로

$\quad \displaystyle\lim_{x\to1+}f(x)g(x)=\lim_{x\to1-}f(x)g(x)=f(1)g(1)$

이어야 한다. 이때

$\quad \displaystyle\lim_{x\to1+}f(x)g(x)=0\cdot g(1)=0$,

$\quad \displaystyle\lim_{x\to1-}f(x)g(x)=-1\cdot g(1)=-g(1)$,

---

$\quad f(1)g(1)=0$

이므로 　　$0=-g(1)$

$\quad \therefore g(1)=0$ 　　…… ㉢ 　　…… ❸

㉠, ㉡, ㉢에서 $g(x)=4(x+1)(x-1)$이므로

$\quad g(3)=4\cdot4\cdot2=\mathbf{32}$ 　　…… ❹

채점 기준	배점
❶ $g(x)$의 차수와 최고차항의 계수 구하기	20 %
❷ $f(x)g(x)$가 $x=-1$에서 연속일 조건 알기	30 %
❸ $f(x)g(x)$가 $x=1$에서 연속일 조건 알기	30 %
❹ $g(3)$의 값 구하기	20 %

답 32

06　함수 $h(x)=\dfrac{1}{f(x)-g(x)}$ 이 모든 실수 x에
대하여 연속이려면 $f(x)-g(x)\neq 0$이어야 한다.
즉, 방정식

$\quad f(x)-g(x)=0 \iff ax+1-\left(ax^2-2x+\dfrac{3}{4}\right)=0$

$\qquad\qquad\qquad\iff ax^2-(a+2)x-\dfrac{1}{4}=0$

의 실근이 존재하지 않아야 하므로 위의 이차방정식의 판
별식을 D라 할 때 $D<0$이어야 한다.

$\quad D=(a+2)^2+a<0$, $(a+4)(a+1)<0$

$\quad \therefore -4<a<-1$

따라서 a의 값의 범위를 구간의 기호로 나타내면
$(\mathbf{-4},\ \mathbf{-1})$이다. 　　**답** $(-4,\ -1)$

07　함수 $y=f(x)$의 그래프는 다음 그림과 같다.

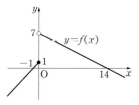

$a=0$일 때와 $a\neq0$일 때로 나누어 함수 $f(x)f(x-a)$가 연속일 조건을 확인해 보자.

(i) $a=0$일 때

$$\lim_{x\to0+}f(x)f(x-a)=\lim_{x\to0+}\{f(x)\}^2=49$$

$$\lim_{x\to0-}f(x)f(x-a)=\lim_{x\to0-}\{f(x)\}^2=1$$

즉, $\displaystyle\lim_{x\to0+}f(x)f(x-a)\neq\lim_{x\to0-}f(x)f(x-a)$이므로

함수 $f(x)f(x-a)$는 $x=a$에서 불연속이다.

(ii) $a\neq0$일 때

$$\lim_{x\to a+}f(x)f(x-a)=7f(a)$$

$$\lim_{x\to a-}f(x)f(x-a)=f(a)$$

$$f(a)f(0)=f(a)\times1=f(a)$$

따라서 함수 $f(x)f(x-a)$가 $x=a$에서 연속이려면

$$\lim_{x\to a+}f(x)f(x-a)=\lim_{x\to a-}f(x)f(x-a)=f(a)f(0)$$

이어야 하므로

$$7f(a)=f(a),\ f(a)=0$$

$$a+1=0\ \text{또는}\ -\frac{1}{2}a+7=0$$

$$\therefore a=-1\ \text{또는}\ a=14$$

(i), (ii)에 의하여 모든 실수 a의 값의 합은

$$-1+14=\mathbf{13}$$

[참고] 함수 $f(x)$는 $x=0$에서만 불연속이고, 함수 $f(x-a)$는 $x=a$에서만 불연속이므로 $f(x)f(x-a)$의 연속은 $x=0$, $x=a$에서만 확인하면 된다. 물론 $a=0$일 때도 생각해 주어야 한다. 그 다음엔 연속의 정의에 따라 풀면 된다.

다른 풀이 $h(x)=f(x)f(x-a)$라 하면 $f(x)$는 $x=0$에서 불연속이고 $f(x-a)$는 $x=a$에서 불연속이므로 $h(x)$가 $x=a$에서 연속이 되려면

$$f(a)=0$$

이어야 한다.

그래프에서 $f(-1)=0$, $f(14)=0$이므로 $a=-1$, $a=14$일 때 $h(x)=f(x)f(x-a)$는 $x=a$에서 연속이 된다.

따라서 모든 실수 a의 값의 합은

$$-1+14=13 \qquad\qquad \text{답}\ 13$$

08 ㄱ. 함수 $f(x)$가 $x=0$에서 연속인지 알 수 없으므로 $x=k$에서 연속인지 알 수 없다.

ㄴ. $x=k$에서 연속인 함수에서 상수함수(연속함수)를 뺀 것이므로 연속이다.

ㄷ. $f(k)$의 값이 k가 아닐 수 있으므로 $x=k$에서 연속인지 알 수 없다.

ㄹ. 함수 $f(x)$가 $x=k$에서 연속이므로 연속인 함수끼리의 곱인 $y=\{f(x)\}^n$도 $x=k$에서 연속이다.

ㅁ. $f(k)\neq0$이므로 연속이다.

ㅂ. $x=k$에서 연속인 함수끼리의 곱이므로 연속이다.

따라서 $x=k$에서 연속인 것은 ㄴ, ㄹ, ㅁ, ㅂ의 **4개**이다.

답 4

09 $\displaystyle\lim_{x\to2}\frac{f(x)}{x-2}=3$, $\displaystyle\lim_{x\to5}\frac{f(x)}{x-5}=1$에서 $x\to2$, $x\to5$일 때 (분모)$\to0$이고 극한값이 각각 존재하므로 (분자)$\to0$이다.

즉, $\displaystyle\lim_{x\to2}f(x)=0$, $\displaystyle\lim_{x\to5}f(x)=0$이므로

$$f(2)=0,\ f(5)=0$$

$f(x)=(x-2)(x-5)g(x)$ ($g(x)$는 다항함수)라 하면

$$\lim_{x\to2}\frac{f(x)}{x-2}=\lim_{x\to2}\frac{(x-2)(x-5)g(x)}{x-2}$$

$$=\lim_{x\to2}(x-5)g(x)=-3g(2)=3$$

$$\therefore g(2)=-1$$

$$\lim_{x\to5}\frac{f(x)}{x-5}=\lim_{x\to5}\frac{(x-2)(x-5)g(x)}{x-5}$$

$$=\lim_{x\to5}(x-2)g(x)=3g(5)=1$$

$$\therefore g(5)=\frac{1}{3}$$

이때 $g(x)$는 연속함수이고 $g(2)g(5)<0$이므로 사잇값의 정리에 의하여 방정식 $g(x)=0$은 열린구간 $(2, 5)$에서 적어도 하나의 실근을 갖는다.

따라서 방정식 $f(x)=0$, 즉 $(x-2)(x-5)g(x)=0$은 두 실근 2, 5를 갖고, 열린구간 $(2, 5)$에서 적어도 하나의 실근을 가지므로 닫힌구간 $[2, 5]$에서 적어도 세 개의 실근을 갖는다.

$\therefore n=3$ **답** 3

10 $a<b<c$에 대하여 함수 $f(x)$를
$$f(x)=(x-a)(x-b)+(x-b)(x-c)$$
$$+(x-c)(x-a)$$
라 하면 다항함수는 모든 실수 x에 대하여 연속이므로 함수 $f(x)$는 닫힌구간 $[a, c]$에서 연속이다.

이때 $f(a)$, $f(b)$, $f(c)$의 부호를 알아보면
$$f(a)=(a-b)(a-c)>0$$
$$f(b)=(b-c)(b-a)<0$$
$$f(c)=(c-a)(c-b)>0$$
따라서 $f(a)f(b)<0$, $f(b)f(c)<0$이므로 사잇값의 정리에 의하여 방정식 $f(x)=0$은 열린구간 (a, b), (b, c)에서 각각 적어도 하나씩의 실근을 갖는다.

즉, 열린구간 (a, c)에서 적어도 2개의 서로 다른 실근을 갖는다.

그런데 방정식 $f(x)=0$은 이차방정식이므로 $f(x)=0$은 최대 2개의 실근을 가질 수 있다.

따라서 방정식 $f(x)=0$은 열린구간 (a, b)에서 실근 α가, 열린구간 (b, c)에서 실근 β가 존재한다.

$\therefore a<\alpha<b<\beta<c$ **답** ②

01 ④	02 ⑤	03 ①	04 3	05 ③
06 4	07 0	08 ①	09 ①	10 ④
11 96	12 ⑤	13 ②	14 ①	15 ③
16 ②	17 $-3<a<1$	18 144		

01 [전략] 치환을 이용하여 $\lim\limits_{x \to 2} f(-x)$의 값이 존재하는지 알아본다.

$-x=t$로 놓으면
$$x \to 2+ \text{일 때 } t \to -2-,$$
$$x \to 2- \text{일 때 } t \to -2+$$
이므로
$$\lim_{x \to 2+} f(-x)=\lim_{t \to -2-} f(t)=\lim_{x \to -2-} f(x)$$
$$\lim_{x \to 2-} f(-x)=\lim_{t \to -2+} f(t)=\lim_{x \to -2+} f(x)$$

①, ②, ⑤ $\lim\limits_{x \to 2} f(x)$의 값과 $\lim\limits_{x \to 2} f(-x)$, 즉 $\lim\limits_{x \to -2} f(x)$의 값이 각각 존재하므로 $\lim\limits_{x \to 2}\{f(x)f(-x)\}$의 값이 존재한다.

③ $\lim\limits_{x \to 2+} f(x)=0$, $\lim\limits_{x \to 2-} f(x)=1$
$$\lim_{x \to 2+} f(-x)=\lim_{x \to -2-} f(x)=1$$
$$\lim_{x \to 2-} f(-x)=\lim_{x \to -2+} f(x)=0$$
$$\therefore \lim_{x \to 2+}\{f(x)f(-x)\}=0=\lim_{x \to 2-}\{f(x)f(-x)\}$$
따라서 $\lim\limits_{x \to 2}\{f(x)f(-x)\}$의 값이 존재한다.

④ $\lim\limits_{x \to 2-} f(x)=-\infty$, $\lim\limits_{x \to 2-} f(-x)=c$ (양수)
$$\lim_{x \to 2+} f(x)=\infty, \ \lim_{x \to 2+} f(-x)=c \text{ (양수)}$$
$$\therefore \lim_{x \to 2-}\{f(x)f(-x)\}=-\infty$$
$$\lim_{x \to 2+}\{f(x)f(-x)\}=\infty$$
따라서 $\lim\limits_{x \to 2}\{f(x)f(-x)\}$의 값이 존재하지 않는다.

이상에서 $\lim\limits_{x \to 2}\{f(x)f(-x)\}$의 값이 존재하지 않는 것은 ④이다. **답** ④

02 **[전략]** $f(x)-1=t$로 놓고 $x \to 1+$, $x \to 1-$일 때 t의 값을 구한 후 $f(t)$의 극한값을 구한다.

ㄱ. $t=f(x)-1$로 놓으면 $x \to 1+$일 때 $f(x) \to 1-$이고 $t \to 0-$이므로

$$\lim_{x \to 1+} f(f(x)-1) = \lim_{t \to 0-} f(t) = 1 \text{ (참)}$$

ㄴ. $t=f(x)-1$로 놓으면 $x \to 1-$일 때 $f(x)=1$이고 $t=0$이므로

$$\lim_{x \to 1-} f(f(x)-1) = f(0) = 0 \text{ (참)}$$

ㄷ. ㄱ, ㄴ에 의하여 $x=1$에서 함수 $f(f(x)-1)$의 우극한과 좌극한이 같지 않으므로 $\lim_{x \to 1} f(f(x)-1)$의 값은 존재하지 않는다. (참)

따라서 ㄱ, ㄴ, ㄷ 모두 옳다. **답** ⑤

03 **[전략]** $\lim_{x \to 2+} [x]$, $\lim_{x \to 2-} [x]$의 값을 구한 후 함수의 극한에 대한 성질을 이용하여 주어진 극한의 우극한과 좌극한을 구한다.

$\lim_{x \to 2+} [x] = 2$이므로

$$\lim_{x \to 2+} f(x) = \lim_{x \to 2+} ([x]^3 + a[x]^2 + b[x] + 1)$$
$$= 8 + 4a + 2b + 1$$

$\lim_{x \to 2-} [x] = 1$이므로

$$\lim_{x \to 2-} f(x) = \lim_{x \to 2-} ([x]^3 + a[x]^2 + b[x] + 1)$$
$$= 1 + a + b + 1$$

$\lim_{x \to 2} f(x)$의 값이 존재하려면 $\lim_{x \to 2+} f(x) = \lim_{x \to 2-} f(x)$이어야 하므로

$$9 + 4a + 2b = 2 + a + b$$
$$\therefore 3a + b = -7 \qquad \text{답} ①$$

04 **[전략]** x의 값이 한없이 커질 때 $f(x)$의 그래프와 점근선의 간격의 차이가 0에 수렴한다는 것을 식으로 쓸 수 있는지 확인하는 문제이다.

함수 $f(x)$가 일차방정식 꼴의 점근선을 갖는다는 말은 x의 값이 한없이 커지거나 음수이면서 절댓값이 한없이 커

질 때 $f(x)$의 그래프가 특정한 직선으로 한없이 가까워진다는 뜻이다. 이때

$$f(\sqrt{3}-2) = \sqrt{(\sqrt{3}-2)^2 + 4(\sqrt{3}-2) + 1} = 0$$

이고 $x \geq \sqrt{3}-2$일 때 x의 값이 증가하면 $f(x)$의 값도 증가하므로 x의 값이 한없이 커질 때 $f(x)$의 그래프가 어떤 직선으로 접근하는지를 살펴보자.

x의 값이 한없이 커질 때 함수 $f(x)$의 그래프와 점근선인 직선 $y=mx+n$의 간격은 0으로 수렴하므로 식으로 나타내어 변형하면

$$\lim_{x \to \infty} \{\sqrt{x^2+4x+1} - (mx+n)\} = 0$$

$$\lim_{x \to \infty} \frac{x^2+4x+1-m^2x^2-2mnx-n^2}{\sqrt{x^2+4x+1}+mx+n} = 0$$

$$\lim_{x \to \infty} \frac{(1-m^2)x^2+(4-2mn)x+(1-n^2)}{\sqrt{x^2+4x+1}+mx+n} = 0$$

$$\cdots\cdots \text{㉠}$$

㉠이 성립하기 위해서는 분모의 최고차항의 차수가 분자의 최고차항의 차수보다 커야 하므로 분자의 이차항의 계수, 일차항의 계수는 모두 0이어야 한다.

$$1-m^2=0 \qquad \therefore m=1 \ (\because m>0)$$
$$4-2mn=0, \ 2n=4 \ (\because m=1) \qquad \therefore n=2$$
$$\therefore m+n = 3 \qquad \text{답} 3$$

05 **[전략]** 운동 에너지 K를 식으로 나타내면 $c \to \infty$일 때 $\infty \times 0$ 꼴의 극한이 된다.

K를 식으로 나타내면 다음과 같다.

$$K = E - E_0 = m_0 c^2 \left(1 - \frac{v^2}{c^2}\right)^{-\frac{1}{2}} - m_0 c^2$$

$$= m_0 c^2 \left(\frac{1}{\sqrt{1 - \dfrac{v^2}{c^2}}} - 1\right)$$

$$\therefore \lim_{c \to \infty} K$$

$$= \lim_{c \to \infty} \left\{ m_0 c^2 \left(\frac{1}{\sqrt{1 - \dfrac{v^2}{c^2}}} - 1\right) \right\}$$

$$= \lim_{c \to \infty} \frac{m_0 c^2 \left(1 - \sqrt{1 - \dfrac{v^2}{c^2}}\right)}{\sqrt{1 - \dfrac{v^2}{c^2}}}$$

$$= \lim_{c \to \infty} \frac{m_0 c^2 \left(1 - \sqrt{1 - \dfrac{v^2}{c^2}}\right)\left(1 + \sqrt{1 - \dfrac{v^2}{c^2}}\right)}{\sqrt{1 - \dfrac{v^2}{c^2}} \left(1 + \sqrt{1 - \dfrac{v^2}{c^2}}\right)}$$

$$= \lim_{c \to \infty} \frac{m_0 c^2 \left(1 - 1 + \dfrac{v^2}{c^2}\right)}{\sqrt{1 - \dfrac{v^2}{c^2}} + 1 - \dfrac{v^2}{c^2}}$$

$$= \lim_{c \to \infty} \frac{m_0 v^2}{\sqrt{1 - \dfrac{v^2}{c^2}} + 1 - \dfrac{v^2}{c^2}}$$

$$= \frac{1}{2} m_0 v^2 \qquad\qquad \text{달 } ③$$

06 [전략] 함수 $f(x)$에 대한 부등식으로 정리한 후 함수의 극한의 대소 관계를 이용하여 극한값을 구한다.

모든 양의 실수 x에 대하여 $x^4 > 0$이므로 주어진 부등식의 각 변을 x^4으로 나누면

$$\frac{1}{x^4(x^2 + 2021)} < f(x) < \frac{1}{x^4(x^2 + 2019)}$$

또한 모든 양의 실수 x에 대하여 $4x^6 + 3 > 0$이므로 부등식의 각 변에 $4x^6 + 3$을 곱하면

$$\frac{4x^6 + 3}{x^4(x^2 + 2021)} < (4x^6 + 3)f(x) < \frac{4x^6 + 3}{x^4(x^2 + 2019)}$$

이때

$$\lim_{x \to \infty} \frac{4x^6 + 3}{x^4(x^2 + 2021)} = \lim_{x \to \infty} \frac{4 + \dfrac{3}{x^6}}{1 + \dfrac{2021}{x^2}} = 4,$$

$$\lim_{x \to \infty} \frac{4x^6 + 3}{x^4(x^2 + 2019)} = \lim_{x \to \infty} \frac{4 + \dfrac{3}{x^6}}{1 + \dfrac{2019}{x^2}} = 4$$

이므로 함수의 극한의 대소 관계에 의하여

$$\lim_{x \to \infty} (4x^6 + 3)f(x) = 4 \qquad\qquad \text{달 } 4$$

07 [전략] 함수 $f(x)$에 대한 부등식으로 정리한 후 함수의 극한의 대소 관계를 이용하여 극한값을 구한다.

$|f(x)| \le |x|^2$에서

$$-|x|^2 \le f(x) \le |x|^2$$

$x \to 0$일 때 $|x| > 0$이므로 부등식의 각 변을 $|x|$로 나누면

$$-|x| \le \frac{f(x)}{|x|} \le |x|$$

이때 $\lim_{x \to 0}(-|x|) = 0$, $\lim_{x \to 0}|x| = 0$이므로

함수의 극한의 대소 관계에 의하여

$$\lim_{x \to 0} \frac{f(x)}{|x|} = 0 \qquad \therefore \lim_{x \to 0} \frac{f(x)}{x} = \mathbf{0} \qquad \text{달 } 0$$

08 [전략] 점 P의 x좌표를 $a\,(a < 0)$라 하고 두 점 H, Q의 x좌표를 a에 대한 식으로 나타낸다.

점 P의 좌표를 $(a, a^2)\,(a < 0)$이라 하면

$$\overline{\mathrm{OH}} = |0 - a| = |a|$$

이때 두 점 A$(0, 1)$, P(a, a^2)을 지나고 기울기가 양수인 직선의 방정식은

$$y = \frac{a^2 - 1}{a} \cdot x + 1 \ (-1 < a < 0)$$

이므로 x절편은

$$0 = \frac{a^2 - 1}{a} \cdot x + 1, \ \frac{a^2 - 1}{a} \cdot x = -1$$

$$\therefore x = \frac{a}{1 - a^2}$$

즉, 점 Q의 좌표는 $\left(\dfrac{a}{1 - a^2},\ 0\right)$이므로

$$\overline{\mathrm{OQ}} = \left|\frac{a}{1 - a^2}\right|$$

$$\therefore \frac{\overline{\mathrm{OQ}}}{\overline{\mathrm{OH}}} = \frac{\left|\dfrac{a}{1 - a^2}\right|}{|a|} = \left|\frac{1}{1 - a^2}\right|$$

한편 점 P가 원점 O에 한없이 가까워질 때, 점 P의 x좌표 a는 0에 한없이 가까워지므로 $\dfrac{\overline{\mathrm{OQ}}}{\overline{\mathrm{OH}}}$ 의 극한값은

$$\lim_{\mathrm{P} \to \mathrm{O}} \frac{\overline{\mathrm{OQ}}}{\overline{\mathrm{OH}}} = \lim_{a \to 0-} \left|\frac{1}{1 - a^2}\right| = \mathbf{1} \qquad \text{달 } ①$$

09 [전략] 주어진 조건을 이용하여 b를 a에 대한 식으로 나타낸다.

반원 $x^2+y^2=9\ (y\geq 0)$에 내접하고 x축에 접하는 원의 중심의 좌표가 $(a,\ b)$이므로 이 원의 반지름의 길이는 b이다.

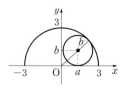

$$\therefore \sqrt{a^2+b^2}=3-b$$

이 식의 양변을 제곱하여 정리하면

$$a^2+b^2=(3-b)^2,\ a^2=-6b+9$$

$$\therefore b=\frac{1}{6}(9-a^2)$$

$$\therefore \lim_{a\to 3-}\frac{b}{a-3}=\lim_{a\to 3-}\frac{\frac{1}{6}(9-a^2)}{a-3}$$

$$=\lim_{a\to 3-}\frac{-\frac{1}{6}(a+3)(a-3)}{a-3}$$

$$=\lim_{a\to 3-}\left\{-\frac{1}{6}(a+3)\right\}$$

$$=-1 \qquad \text{답} \ ①$$

10 [전략] 점 P에서 선분 RA에 내린 수선의 길이를 r로 나타내면 $S(r)$를 구할 수 있다.

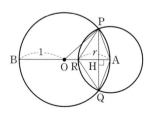

$\overline{PQ}$와 $\overline{RA}$의 교점을 H라 하면

$$\overline{PH}=\overline{QH}$$

$\overline{HA}=a$라 하면 $\overline{OH}=1-a$, $\overline{PA}=r$이므로

직각삼각형 POH와 PAH에서

피타고라스 정리에 의하여

$$\overline{PO}^2-\overline{OH}^2=\overline{PA}^2-\overline{HA}^2$$

$$1-(1-a)^2=r^2-a^2,\ 2a=r^2$$

$$\therefore a=\frac{r^2}{2}$$

$$\therefore \overline{PH}=\sqrt{r^2-a^2}=r\sqrt{1-\frac{r^2}{4}}$$

따라서 □APRQ의 넓이는

$$S(r)=\left(\frac{1}{2}\times r\times \overline{PH}\right)\times 2$$

$$=r^2\sqrt{1-\frac{r^2}{4}}=\frac{r^2\sqrt{4-r^2}}{2}$$

$$\therefore \lim_{r\to 2-}\frac{S(r)}{\sqrt{2-r}}=\lim_{r\to 2-}\frac{\frac{r^2\sqrt{4-r^2}}{2}}{\sqrt{2-r}}$$

$$=\lim_{r\to 2-}\frac{r^2\sqrt{(2-r)(2+r)}}{2\sqrt{2-r}}$$

$$=\lim_{r\to 2-}\frac{r^2\sqrt{2+r}}{2}=4 \qquad \text{답} \ ④$$

11 [전략] 다항함수는 연속함수이므로 $\lim\limits_{x\to 2}f(x)=f(2)$이다.

$$\lim_{x\to 2}\frac{8(x^3-8)}{(x-2)f(x)}$$

$$=\lim_{x\to 2}\frac{8(x-2)(x^2+2x+4)}{(x-2)f(x)}$$

$$=\lim_{x\to 2}\frac{8(x^2+2x+4)}{f(x)}$$

$$=\frac{\lim\limits_{x\to 2}8(x^2+2x+4)}{\lim\limits_{x\to 2}f(x)}$$

$$=\frac{96}{\lim\limits_{x\to 2}f(x)}=1$$

이때 다항함수 $f(x)$는 연속함수이므로

$$\lim_{x\to 2}f(x)=f(2) \qquad \therefore \frac{96}{f(2)}=1$$

$$\therefore f(2)=96 \qquad \text{답} \ 96$$

12 [전략] 함수 $g(x)=f(x)+f(-x)$의 그래프를 직접 그려 본다.

ㄱ. $\lim\limits_{x\to 0-}f(x)=-1$, $\lim\limits_{x\to 0+}f(x)=1$이므로

$\lim\limits_{x\to 0}f(x)$는 존재하지 않는다. (거짓)

ㄴ. 함수 $y=f(-x)$의 그래프는 함수 $y=f(x)$의 그래프를 y축에 대하여 대칭이동한 것이므로 다음과 같다.

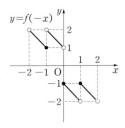

즉, 함수 $g(x)=f(x)+f(-x)$의 그래프는 다음과 같다.

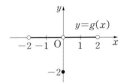

이때 $\lim\limits_{x\to 0-}g(x)=\lim\limits_{x\to 0+}g(x)=0$이므로

$\lim\limits_{x\to 0}g(x)=0$ (참)

ㄷ. ㄴ의 $y=g(x)$의 그래프에 의하여 함수 $g(x)$는 $x=1$에서 연속이다. (참)

따라서 옳은 것은 ㄴ, ㄷ이다.

[참고] 두 함수가 그래프로 주어질 때 두 함수의 합은 그래프로 나타내기가 비교적 쉬우므로 그래프를 직접 그린 후 극한값을 구하거나 연속성을 판정하도록 하자.

답 ⑤

13 [전략] 연속의 정의를 이용하여 설명하거나 적절한 반례를 제시하여 보기의 참, 거짓을 판단한다.

ㄱ. (반례) $f(x)=\dfrac{1}{x}$, $g(x)=-\dfrac{1}{x}$이면

$\lim\limits_{x\to 0}f(x)$와 $\lim\limits_{x\to 0}g(x)$의 값은 존재하지 않지만

$$\lim\limits_{x\to 0}\{f(x)+g(x)\}=\lim\limits_{x\to 0}0=0$$

으로 존재한다. (거짓)

ㄴ. $f(x)$가 $x=0$에서 연속이면 $\lim\limits_{x\to 0}f(x)=f(0)$이므로

$$\lim\limits_{x\to 0}|f(x)|=|f(0)|$$

따라서 $|f(x)|$도 $x=0$에서 연속이다. (참)

ㄷ. (반례) $f(x)=\begin{cases} 1 & (x\geq 0) \\ -1 & (x<0) \end{cases}$ 이라 하면

함수 $|f(x)|=1$은 $x=0$에서 연속이지만

$$\lim\limits_{x\to 0+}f(x)=1,\quad \lim\limits_{x\to 0-}f(x)=-1$$

이므로 함수 $f(x)$는 $x=0$에서 불연속이다. (거짓)

따라서 옳은 것은 ㄴ뿐이다. **답** ②

14 [전략] 함수 $g(x)$가 $x=0$에서 연속이 되어야 하므로 $\lim\limits_{x\to 0+}g(x)=\lim\limits_{x\to 0-}g(x)=g(0)$임을 이용한다.

(i) $\lim\limits_{x\to 0+}g(x)=\lim\limits_{x\to 0+}f(x)\{f(x)+k\}$

$\qquad =\lim\limits_{x\to 0+}f(x)\cdot \lim\limits_{x\to 0+}\{f(x)+k\}$

$\qquad =0\cdot(0+k)=0$

(ii) $\lim\limits_{x\to 0-}g(x)=\lim\limits_{x\to 0-}f(x)\{f(x)+k\}$

$\qquad =\lim\limits_{x\to 0-}f(x)\cdot \lim\limits_{x\to 0-}\{f(x)+k\}$

$\qquad =2(2+k)$

(iii) $g(0)=f(0)\{f(0)+k\}=2(2+k)$

이때 함수 $g(x)$가 $x=0$에서 연속이 되려면

$\lim\limits_{x\to 0+}g(x)=\lim\limits_{x\to 0-}g(x)=g(0)$이어야 한다.

(i), (ii), (iii)에 의하여

$\quad 2(2+k)=0 \qquad \therefore k=-2$

다른 풀이 $f(x)$가 $x=0$에서 불연속이고, $f(x)+k$도 $x=0$에서 불연속이므로 $f(x)\{f(x)+k\}$가 $x=0$에서 연속이 되려면 $f(0)+k=0$이어야 한다. 즉,

$\quad 2+k=0 \qquad \therefore k=-2$ **답** ①

15 [전략] ❶ $f(x)$가 연속함수이므로 $x=1$에서 연속이어야한다.

❷ $f(x+2)=f(x)$이므로 $\lim_{x\to 1-}f(x)=f(-1)$이다.

모든 실수 x에 대하여 $f(x+2)=f(x)$인 함수

$$f(x)=\begin{cases} ax+1 & (-1\le x<0) \\ 3x^2+2ax+b & (0\le x<1) \end{cases}$$

가 실수 전체의 집합에서 연속이므로 $x=0$, $x=1$에서도 연속이다.

(i) $f(x)$가 $x=0$에서 연속이므로

$$\lim_{x\to 0-}f(x)=f(0)$$

즉, $\lim_{x\to 0-}(ax+1)=1$, $f(0)=b$에서

$$b=1$$

$$\therefore f(x)=\begin{cases} ax+1 & (-1\le x<0) \\ 3x^2+2ax+1 & (0\le x<1) \end{cases}$$

(ii) $f(x)$가 $x=1$에서 연속이므로

$$\lim_{x\to 1-}f(x)=f(-1)\ (\because f(x+2)=f(x))$$

즉, $3+2a+1=-a+1$에서

$$3a=-3 \quad \therefore a=-1$$

(i), (ii)에 의하여

$$a+b=-1+1=\mathbf{0}$$

답 ③

16 [전략] $\lim_{x\to 1+}(f\circ g)(x)=\lim_{x\to 1-}(f\circ g)(x)=(f\circ g)(1)$

임을 이용하여 보기의 참, 거짓을 판단한다.

함수 $y=(f\circ g)(x)$가 $x=1$에서 연속이려면

$$\lim_{x\to 1+}(f\circ g)(x)=\lim_{x\to 1-}(f\circ g)(x)$$
$$=(f\circ g)(1)$$

이어야 한다.

ㄱ. $g(x)=t$로 놓으면 $x\to 1+$일 때 $t\to 1$이므로

$$\lim_{x\to 1+}(f\circ g)(x)=f(1)$$

또 $x\to 1-$일 때 $t\to -1+$이므로

$$\lim_{x\to 1-}(f\circ g)(x)=\lim_{t\to -1+}f(t)=0$$

$(f\circ g)(x)$가 $x=1$에서 연속이므로 $x=1$에서의 우극한과 좌극한이 같아야 한다.

$$\therefore f(1)=0 \text{ (거짓)}$$

ㄴ. $g(1)=0$에서

$$(f\circ g)(1)=f(0)$$

이때 $(f\circ g)(x)$는 $x=1$에서 연속이므로

$$\lim_{x\to 1}(f\circ g)(x)=(f\circ g)(1)$$

ㄱ에 의하여 $\lim_{x\to 1}(f\circ g)(x)=0$이므로

$$f(0)=(f\circ g)(1)=0 \text{ (참)}$$

ㄷ. $g(1)=-1$이면

$$(f\circ g)(1)=f(-1)=0$$

일 뿐, $f(0)$의 값은 알 수 없다. (거짓)

따라서 옳은 것은 ㄴ뿐이다.

답 ②

17 [전략] $g(x)=f(x)-x^2$이라 하면 방정식 $g(x)=0$이 열린구간 $(0, 1)$, $(1, 2)$에서 각각 하나의 실근을 가져야 하므로 사잇값의 정리에 의하여 $g(0)g(1)<0$, $g(1)g(2)<0$이어야 한다.

$g(x)=f(x)-x^2$이라 하면

$$g(0)=f(0)-0=1>0$$
$$g(1)=f(1)-1=(a^2+2a-2)-1=a^2+2a-3$$
$$g(2)=f(2)-4=7-4=3>0$$

사잇값의 정리에 의하여 방정식 $g(x)=0$이 열린구간 $(0, 1)$과 $(1, 2)$에서 각각 중근이 아닌 하나의 실근을 가지려면 $g(1)<0$이어야 한다.

즉, $g(1)=a^2+2a-3=(a+3)(a-1)<0$이므로

$$-3<a<1$$

답 $-3<a<1$

18 [전략] ❶ 주어진 세 식을 이용하여 $f(x)$의 인수를 구한다.

❷ 사잇값의 정리를 이용하여 실근의 최소 개수를 알아본 후 $h(x)$를 구한다.

주어진 세 식

$$\lim_{x\to -1}\frac{f(x)}{x+1}=12,\quad \lim_{x\to 0}\frac{f(x)}{x}=4,\quad \lim_{x\to 1}\frac{f(x)}{x-1}=4$$

에서 $x\to -1$, $x\to 0$, $x\to 1$일 때 (분모)$\to 0$이고 극한값이 각각 존재하므로 (분자)$\to 0$이다.

따라서 $f(-1)=f(0)=f(1)=0$이므로

$f(x)=x(x+1)(x-1)g(x)$ (단, $g(x)$는 다항함수)

라 하면

$$\lim_{x \to -1} \frac{f(x)}{x+1} = \lim_{x \to -1} \frac{x(x+1)(x-1)g(x)}{x+1}$$
$$= \lim_{x \to -1} x(x-1)g(x)$$
$$= 2g(-1) = 12$$
$$\therefore g(-1) = 6 \quad \cdots\cdots \ \text{㉠}$$

$$\lim_{x \to 0} \frac{f(x)}{x} = \lim_{x \to 0} \frac{x(x+1)(x-1)g(x)}{x}$$
$$= \lim_{x \to 0} (x+1)(x-1)g(x)$$
$$= -g(0) = 4$$
$$\therefore g(0) = -4 \quad \cdots\cdots \ \text{㉡}$$

$$\lim_{x \to 1} \frac{f(x)}{x-1} = \lim_{x \to 1} \frac{x(x+1)(x-1)g(x)}{x-1}$$
$$= \lim_{x \to 1} x(x+1)g(x)$$
$$= 2g(1) = 4$$
$$\therefore g(1) = 2 \quad \cdots\cdots \ \text{㉢}$$

이때 ㉠, ㉡, ㉢을 모두 만족시키는 다항함수 $f(x)$ 중 차수가 가장 낮은 다항함수 $h(x)$가 되려면 다항함수 $g(x)$의 차수도 가장 낮아야 한다.

이때 $g(x)$는 다항함수이므로 모든 실수에서 연속이고,

$g(-1)>0$, $g(0)<0$, $g(1)>0$

이므로 방정식 $g(x)=0$은 사잇값의 정리에 의하여 열린구간 $(-1, 0)$, $(0, 1)$에서 적어도 하나씩의 실근을 갖는다. 즉, $g(x)$의 차수는 최소 2차임을 알 수 있다.

$g(x)=ax^2+bx+c\,(a, b, c$는 상수$)$라 하면

$g(-1)=a-b+c=6$

$g(0)=c=-4$

$g(1)=a+b+c=2$

세 식을 연립하여 풀면

$a=8$, $b=-2$, $c=-4$

따라서 $h(x)=x(x+1)(x-1)(8x^2-2x-4)$이므로

$h(2)=2 \cdot 3 \cdot 1 \cdot (32-4-4)=\mathbf{144}$ 답 144

[APPLICATION]   **01** 0.025

01 $|x-3|<\delta$일 때마다 $|f(x)-4|<0.1$을 만족시키는 수 δ가 있으면 $\lim\limits_{x \to 3} f(x)=4$이다.

$$|f(x)-4|<0.1 \iff 3.9<f(x)<4.1$$
$$\iff 3.9<4x-8<4.1$$
$$\iff 11.9<4x<12.1$$
$$\iff 2.975<x<3.025$$

이때 $3-\delta<x<3+\delta$일 때 $2.975<x<3.025$를 만족시켜야 하므로 δ의 최댓값은 $3.025-3=\mathbf{0.025}$가 된다.

즉, $0<\delta\le0.025$인 δ에 대하여 $|x-3|<\delta$일 때마다 $|f(x)-4|<0.1$임을 알 수 있다.

다른 풀이 $\varepsilon=0.1$로 주어졌으므로 그래프로 나타내면 다음과 같다.

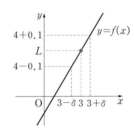

$x=3+\delta$일 때 $y=4.1$이므로

$4.1=4(3+\delta)-8$, $4.1=4\delta+4$

$4\delta=0.1$ $\therefore \delta=0.025$

따라서 δ의 최댓값은 0.025이다.   답 0.025

1. 미분계수와 도함수

01   **답** (1) 평균변화율, 미분계수(순간변화율),
             평균변화율
           (2) 도함수, $f'(x)$
           (3) ① nx^{n-1} ② 0   ③ $cf'(x)$
              ④ $f'(x)\pm g'(x)$
              ⑤ $f'(x)g(x)+f(x)g'(x)$

02   (1) 함수 $f(x)$가 $x=a$에서 미분가능하다는 것은 미분계수

$$f'(a)=\lim_{x\to a}\frac{f(x)-f(a)}{x-a}$$

의 값이 존재한다는 것이다. 여기서 $f'(a)$의 값이 존재하려면 x가 a에 한없이 가까워질 때 분모의 값이 0에 수렴하므로 분자의 값도 0에 수렴해야 함을 알 수 있다. 즉,

$$\lim_{x\to a}\{f(x)-f(a)\}=0$$

이 된다. 그런데 이 식을 다시 표현하면
$\lim\limits_{x\to a}f(x)=f(a)$라 쓸 수 있고, 이는 함수 $f(x)$가
$x=a$에서 연속임을 의미한다. (참)

(2) (반례) 함수 $f(x)=|x|$는 $x=0$에서 연속이다.
그런데

$$\lim_{x\to 0-}\frac{f(x)-f(0)}{x-0}=\lim_{x\to 0-}\frac{|x|-0}{x}$$

$$=\lim_{x\to 0-}\frac{-x}{x}=-1$$

$$\lim_{x\to 0+}\frac{f(x)-f(0)}{x-0}=\lim_{x\to 0+}\frac{|x|-0}{x}$$

$$=\lim_{x\to 0+}\frac{x}{x}=1$$

로 좌미분계수와 우미분계수가 같지 않으므로 $x=0$에서의 미분계수가 존재하지 않는다. 즉, $x=0$에서 미분가능하지 않다. (거짓)

(3) 함수 $U(x)$는 $x=0$에서 연속이 아니므로 미분가능한 함수가 아니다. 따라서 도함수 $U'(x)$가 존재하지 않는다. (거짓)   **답** (1) 참   (2) 거짓   (3) 거짓

03   (1) 미분가능하면 연속이지만 그 역은 성립하지 않는다. 즉, 연속이라고 하더라도 미분가능하지 않은 경우가 있다. 따라서 미분가능한 함수들을 모아놓은 집합은 연속인 함수를 모아놓은 집합의 부분집합이 된다.

(2) 미분계수는 지정된 점에서의 순간변화율, 다시 말해 접선의 기울기를 의미한다.
도함수는 임의의 점에서의 미분계수를 나타내는 함수이다. 즉, 함수 $f(x)$가 주어졌을 때, 도함수 $f'(x)$는 임의의 점에서의 미분계수를 뜻한다.   **답** 풀이 참조

01　x의 값이 -1에서 2까지 변할 때의 함수 $f(x)$의 평균변화율은

$$\frac{\Delta y}{\Delta x}=\frac{f(2)-f(-1)}{2-(-1)}=\frac{1-7}{3}=-2$$

함수 $f(x)$의 $x=a$에서의 미분계수는

$$f'(a)=\lim_{x\to a}\frac{f(x)-f(a)}{x-a}$$

$$=\lim_{x\to a}\frac{(x^2-3x+3)-(a^2-3a+3)}{x-a}$$

$$=\lim_{x\to a}\frac{(x^2-a^2)-3(x-a)}{x-a}$$

$$=\lim_{x\to a}\frac{(x-a)(x+a-3)}{x-a}$$

$$=\lim_{x\to a}(x+a-3)=2a-3$$

즉, $2a-3=-2$이므로　$a=\dfrac{1}{2}$　　目 $\dfrac{1}{2}$

02　$\displaystyle\lim_{h\to 0}\frac{f(1-ah)-f(1+bh)}{h}$

$$=\lim_{h\to 0}\frac{f(1-ah)-f(1)+f(1)-f(1+bh)}{h}$$

$$=\lim_{h\to 0}\left\{\frac{f(1-ah)-f(1)}{h}\right.$$

$$\left.-\frac{f(1+bh)-f(1)}{h}\right\}$$

$$=\lim_{h\to 0}\frac{f(1-ah)-f(1)}{-ah}\cdot(-a)$$

$$-\lim_{h\to 0}\frac{f(1+bh)-f(1)}{bh}\cdot b$$

$$=-af'(1)-bf'(1)$$

$$=-(a+b)f'(1)=-3(a+b)$$

즉, $-3(a+b)=12$이므로　$a+b=-4$　　目 -4

03　$\displaystyle\lim_{x\to 2}\frac{f(x^2)-f(4)}{x-2}$

$$=\lim_{x\to 2}\frac{\{f(x^2)-f(4)\}(x+2)}{(x-2)(x+2)}$$

$$=\lim_{x\to 2}\frac{f(x^2)-f(4)}{x^2-4}\cdot(x+2)$$

$$=4\lim_{x\to 2}\frac{f(x^2)-f(4)}{x^2-4}=\mathbf{4f'(4)}$$　　目 ⑤

04　주어진 식에 $x=0$, $y=0$을 대입하면

$$f(0)=f(0)+f(0)　　\therefore f(0)=0$$

$$\therefore f'(2)=\lim_{h\to 0}\frac{f(2+h)-f(2)}{h}$$

$$=\lim_{h\to 0}\frac{f(2)+f(h)+2h-f(2)}{h}$$

$$=\lim_{h\to 0}\frac{f(h)}{h}+2=\lim_{h\to 0}\frac{f(h)-f(0)}{h}+2$$

$$=f'(0)+2=-3+2=\mathbf{-1}$$　　目 -1

05　ㄱ. 함수 $f(x)=|x|+x$에서

$f(0)=\displaystyle\lim_{x\to 0}f(x)=0$이므로 함수 $f(x)$는 $x=0$에서 연속이다.

$$\lim_{h\to 0+}\frac{f(0+h)-f(0)}{h}=\lim_{h\to 0+}\frac{|h|+h}{h}$$

$$=\lim_{h\to 0+}\frac{2h}{h}=2$$

$$\lim_{h\to 0-}\frac{f(0+h)-f(0)}{h}=\lim_{h\to 0-}\frac{|h|+h}{h}$$

$$=\lim_{h\to 0-}\frac{-h+h}{h}=0$$

이므로 $f'(0)$의 값은 존재하지 않는다.

즉, 함수 $f(x)$는 $x=0$에서 미분가능하지 않다.

ㄴ. $\displaystyle\lim_{x\to 0+}g(x)=\lim_{x\to 0+}[x-1]=-1$

$$\lim_{x\to 0-}g(x)=\lim_{x\to 0-}[x-1]=-2$$

즉, 함수 $g(x)$는 $x=0$에서 불연속이다.

ㄷ. 함수 $k(x)=|x|^3$에서

$k(0)=\lim\limits_{x\to0}k(x)=0$이므로 함수 $k(x)$는 $x=0$에서 연속이다.

$$\lim_{h\to0+}\frac{k(0+h)-k(0)}{h}=\lim_{h\to0+}\frac{|h|^3}{h}$$
$$=\lim_{h\to0+}\frac{h^3}{h}$$
$$=\lim_{h\to0+}h^2=0$$
$$\lim_{h\to0-}\frac{k(0+h)-k(0)}{h}=\lim_{h\to0-}\frac{|h|^3}{h}$$
$$=\lim_{h\to0-}\frac{-h^3}{h}$$
$$=\lim_{h\to0-}(-h^2)=0$$

이므로 $k'(0)=0$이다.

즉, 함수 $k(x)$는 $x=0$에서 미분가능하다.

따라서 $x=0$에서 연속이지만 미분가능하지 않은 함수는 ㄱ뿐이다.　　　　　　　　　　　**답** ㄱ

06 곡선 $y=f(x)$ 위의 점 $(2,\ 1)$에서의 접선의 기울기가 2이므로

$f(2)=1,\ f'(2)=2$

$g'(x)=\{x^3f(x)\}'=3x^2f(x)+x^3f'(x)$

$\therefore g'(2)=12f(2)+8f'(2)$
$$=12\cdot1+8\cdot2=\mathbf{28}$$
　　　　　　　　　　　　　　　　답 28

07 $f'(x)=3ax^2+2bx$이므로

$f'(2)=pf(-1)+qf(1)$을 정리하면

$12a+4b=p(-a+b)+q(a+b)$

$12a+4b+ap-bp-aq-bq=0$

$(12+p-q)a+(4-p-q)b=0$

실수 a, b의 값에 관계없이 위의 식이 성립해야 하므로

$12+p-q=0,\ 4-p-q=0$

두 식을 연립하여 풀면　　　$p=-4$, $q=8$

$\therefore pq=\mathbf{-32}$　　　　　　　**답** ①

08 조건 ㈎에서　　$f(0)=d=2$　　　…… ❶

조건 ㈐에서 $2x^3$과 $f(x)$의 최고차항 ax^3의 계수의 비가 2임을 알 수 있다. 즉, $\dfrac{2}{a}=2$에서　　$a=1$　　…… ❷

$\therefore f(x)=x^3+bx^2+cx+2$

한편 조건 ㈏에서

$f(1)=1+b+c+2=0$　　$\therefore b+c=-3$ …… ㉠

또 조건 ㈑에서 미분계수의 정의를 이용하면

$$\lim_{h\to0}\frac{h}{f(1+4h)}=\lim_{h\to0}\frac{h}{f(1+4h)-f(1)}$$
$$=\lim_{h\to0}\frac{4h}{f(1+4h)-f(1)}\cdot\frac{1}{4}$$
$$=\frac{1}{4f'(1)}=\frac{1}{16}$$

이므로　　$f'(1)=4$

이때 $f'(x)=3x^2+2bx+c$에서 $f'(1)=4$이므로

$3+2b+c=4$　　$\therefore 2b+c=1$　　…… ㉡

㉠, ㉡을 연립하여 풀면　　　$b=4$, $c=-7$　…… ❸

따라서 $f(x)=x^3+4x^2-7x+2$이므로

$f(-1)=-1+4+7+2=\mathbf{12}$　　…… ❹

채점 기준	배점
❶ d의 값 구하기	10 %
❷ a의 값 구하기	20 %
❸ b, c의 값 구하기	50 %
❹ $f(-1)$의 값 구하기	20 %

답 12

09 $g(x)=x^2+3$, $h(x)=ax+b$로 놓으면

함수 $f(x)$가 $x=2$에서 미분가능하므로 $x=2$에서 연속이다.

즉, $g(2)=\lim\limits_{x\to2-}h(x)$이어야 한다.

이때 $g(2)=7$,

$\lim\limits_{x\to2-}h(x)=\lim\limits_{x\to2-}(ax+b)=2a+b$이므로

$2a+b=7$　　…… ㉠

또한 함수 $f(x)$가 $x=2$에서 미분가능하므로 우미분계수와 좌미분계수가 같다.

즉, $g'(2)=h'(2)$이어야 한다.

이때 $g'(x)=2x$, $h'(x)=a$에서

$g'(2)=4$, $h'(2)=a$이므로 $a=4$

$a=4$를 ㉠에 대입하면

$8+b=7$ ∴ $b=-1$

∴ $a-b=4-(-1)=\mathbf{5}$ 답 5

10 다항식 $x^{10}-x^3+1$을 $(x+1)^2$으로 나누었을 때의 몫을 $Q(x)$, 나머지를 $R(x)=ax+b$ (a, b는 상수)라 하면

$x^{10}-x^3+1=(x+1)^2Q(x)+ax+b$ ······ ㉠

㉠의 양변에 $x=-1$을 대입하면

$3=-a+b$ ······ ㉡

㉠의 양변을 x에 대하여 미분하면

$10x^9-3x^2=2(x+1)Q(x)+(x+1)^2Q'(x)+a$

위 식의 양변에 $x=-1$을 대입하면

$a=-13$

$a=-13$을 ㉡에 대입하면

$3=13+b$ ∴ $b=-10$

따라서 $R(x)=-13x-10$이므로

$R(1)=-13-10=\mathbf{-23}$ 답 -23

EXERCISES ℬ SUMMA CUM LAUDE 본문 143~144쪽

01 ⑤ **02** -2 **03** 16 **04** ② **05** ④

06 -19 **07** 14 **08** ㄱ, ㄷ

09 $f(x)=-\dfrac{1}{2}x^2-x$ **10** $-3x^3+x^2+6x$

01 두 점 $(1, f(1))$, $(a, f(a))(a>1)$ 사이의 거리가 a^2-1이므로

$$\sqrt{(a-1)^2+\{f(a)-f(1)\}^2}=a^2-1$$

양변을 제곱하면

$$(a-1)^2+\{f(a)-f(1)\}^2=(a^2-1)^2$$
$$\{f(a)-f(1)\}^2=(a^2-1)^2-(a-1)^2$$
$$=(a^2-1+a-1)(a^2-1-a+1)$$
$$=(a^2+a-2)(a^2-a)$$
$$=(a+2)(a-1)a(a-1)$$
$$=a(a+2)(a-1)^2$$

∴ $f(a)-f(1)=(a-1)\sqrt{a(a+2)}$

　　(∵ 함수 $f(x)$는 양의 실수 전체의 집합에서 증가하고 $a>1$이므로 $f(a)>f(1)$)

이때 함수 $f(x)$가 $x=1$에서 미분가능하므로

$$f'(1)=\lim_{a\to 1}\frac{f(a)-f(1)}{a-1}=\lim_{a\to 1+}\frac{f(a)-f(1)}{a-1}$$
$$=\lim_{a\to 1+}\frac{(a-1)\sqrt{a(a+2)}}{a-1}$$
$$=\lim_{a\to 1+}\sqrt{a(a+2)}=\sqrt{1\cdot 3}=\sqrt{\mathbf{3}}$$ 답 ⑤

02 $\displaystyle\lim_{h\to 0}\frac{f(-2+h)+f(2)}{2h}=4$ ······ ㉠

에서 $h\to 0$일 때 (분모)$\to 0$이고 극한값이 존재하므로 (분자)$\to 0$이어야 한다.

즉, $\displaystyle\lim_{h\to 0}\{f(-2+h)+f(2)\}=0$이므로

$f(-2)+f(2)=0$

∴ $f(2)=-f(-2)$ ······ ㉡

㉡을 ㉠에 대입하여 식을 정리하면

$$\lim_{h \to 0} \frac{f(-2+h)+f(2)}{2h}$$

$$= \lim_{h \to 0} \frac{f(-2+h)-f(-2)}{h} \cdot \frac{1}{2}$$

$$= \frac{1}{2} f'(-2) = 4$$

$$\therefore f'(-2) = 8$$

$$\therefore \lim_{x \to -2} \frac{f(x)+f(2)}{x^2-4}$$

$$= \lim_{x \to -2} \frac{f(x)-f(-2)}{(x+2)(x-2)}$$

$$= \lim_{x \to -2} \frac{f(x)-f(-2)}{x+2} \cdot \frac{1}{x-2}$$

$$= f'(-2) \cdot \left(-\frac{1}{4}\right)$$

$$= 8 \cdot \left(-\frac{1}{4}\right) = -2$$ **답** -2

03 주어진 식에 $x=0$, $y=0$을 대입하면
$$f(0) = 4f(0)f(0)$$

$$\therefore f(0) = \frac{1}{4} \ (\because f(0)>0) \qquad \cdots\cdots ❶$$

$$f'(3) = \lim_{h \to 0} \frac{f(3+h)-f(3)}{h}$$

$$= \lim_{h \to 0} \frac{4f(3)f(h)-f(3)}{h}$$

$$= \lim_{h \to 0} \frac{4f(3)\left\{f(h)-\dfrac{1}{4}\right\}}{h}$$

$$= 4f(3) \lim_{h \to 0} \frac{f(h)-f(0)}{h}$$

$$= 4f(3)f'(0) = 4f(3) \cdot 4 = 16f(3) \qquad \cdots\cdots ❷$$

$$\therefore \frac{f'(3)}{f(3)} = \frac{16f(3)}{f(3)} = 16 \qquad \cdots\cdots ❸$$

채점 기준	배점
❶ $f(0)$의 값 구하기	30 %
❷ $f'(3)$을 $f(3)$에 대한 식으로 나타내기	50 %
❸ $\dfrac{f'(3)}{f(3)}$ 의 값 구하기	20 %

답 16

04 임의의 두 실수 a, $b \, (a<b)$에 대하여
$$f(a)+f'(a)(b-a) < f(b)$$

$$\Longleftrightarrow f'(a) < \frac{f(b)-f(a)}{b-a}$$

가 성립하려면, 함수 $y=f(x)$의 그래프 위의 임의의 두 점 $A(a, f(a))$, $B(b, f(b))$에 대하여 '점 A에서의 접선의 기울기'보다 '두 점 A, B를 지나는 직선의 기울기'가 항상 커야 한다. 이때 $a<b$이므로 점 B는 점 A보다 오른쪽에 위치한다.

따라서 주어진 5개의 그래프 각각에 대하여 점 A를 몇 군데 고정한 후 두 직선을 그려 보면 ②에 대해서만 성립함을 알 수 있다.   **답** ②

05 함수 $f(x)g(x)$의 $x=0$에서의 미분계수는
$$\lim_{x \to 0} \frac{f(x)g(x)-f(0)g(0)}{x}$$

$$= \lim_{x \to 0} \frac{f(x)g(x)}{x} = \lim_{x \to 0} \frac{f(x)-f(0)}{x} \cdot g(x)$$

$$= f'(0) \lim_{x \to 0} g(x) = \lim_{x \to 0} g(x)$$

이므로 함수 $f(x)g(x)$가 $x=0$에서 미분가능하기 위한 필요충분조건은 '$\lim\limits_{x \to 0} g(x)$의 값이 존재한다.' 이다.   **답** ④

06 $\lim\limits_{x \to 2} \dfrac{f(x)-3}{x^2+x-6} = -1$에서 $x \to 2$일 때

(분모) $\to 0$이고 극한값이 존재하므로 (분자) $\to 0$이어야 한다.

즉, $\lim\limits_{x \to 2}\{f(x)-3\} = 0$이므로 $f(2)=3$

$$\lim_{x \to 2} \frac{f(x)-3}{x^2+x-6} = \lim_{x \to 2} \frac{f(x)-f(2)}{(x-2)(x+3)}$$

$$= \lim_{x \to 2} \frac{f(x)-f(2)}{x-2} \cdot \frac{1}{x+3}$$

$$= f'(2) \cdot \frac{1}{5} = -1$$

$$\therefore f'(2) = -5$$

한편 $\lim\limits_{x \to 2} \dfrac{g(x)-5}{x-2}=2$에서 $x \to 2$일 때 (분모) $\to 0$이

고 극한값이 존재하므로 (분자) $\to 0$이어야 한다.

즉, $\lim\limits_{x \to 2}\{g(x)-5\}=0$이므로　　$g(2)=5$

$$\lim_{x \to 2} \frac{g(x)-5}{x-2}=\lim_{x \to 2} \frac{g(x)-g(2)}{x-2}$$
$$=g'(2)=2$$

$\therefore h'(2)=f'(2)g(2)+f(2)g'(2)$
$$=-5\cdot5+3\cdot2=\mathbf{-19}$$ 　　답 -19

07　$f(x)=x^n-x^2-x$라 하면 $f(1)=-1$이므로

$$\lim_{x \to 1} \frac{x^n-x^2-x+1}{x-1}=\lim_{x \to 1} \frac{f(x)-f(1)}{x-1}=f'(1)$$

이때 $f'(x)=nx^{n-1}-2x-1$이므로　　$f'(1)=n-3$

즉, $n-3=10$이므로　　$n=13$

따라서 $f(x)=x^{13}-x^2-x$이므로　　$f(-1)=-1$

$$\therefore \lim_{x \to -1} \frac{x^n-x^2-x+1}{x+1}=\lim_{x \to -1} \frac{x^{13}-x^2-x+1}{x+1}$$
$$=\lim_{x \to -1} \frac{f(x)-f(-1)}{x+1}$$
$$=f'(-1)$$

이때 $f'(x)=13x^{12}-2x-1$이므로　　$f'(-1)=\mathbf{14}$

답 14

08　$f'(x)=\begin{cases} -1 & (x<0) \\ 2x & (0<x<1) \\ 2x^2 & (x>1) \end{cases}$

ㄱ. $f(x)$는 $x=1$에서 연속이고

$$\lim_{x \to 1-} f'(x)=\lim_{x \to 1-} 2x=2$$
$$\lim_{x \to 1+} f'(x)=\lim_{x \to 1+} 2x^2=2$$

즉, $f(x)$는 $x=1$에서 미분가능하다. (참)

ㄴ. $|f(x)|$는 $x=0$에서 연속이고

$$g(x)=|f(x)|=\begin{cases} 1-x & (x<0) \\ -x^2+1 & (0 \le x<1) \end{cases}$$이라 하면

$$g'(x)=\begin{cases} -1 & (x<0) \\ -2x & (0<x<1) \end{cases}$$
$$\lim_{x \to 0-} g'(x)=\lim_{x \to 0-} (-1)=-1$$
$$\lim_{x \to 0+} g'(x)=\lim_{x \to 0+} (-2x)=0$$

즉, $|f(x)|$는 $x=0$에서 미분가능하지 않다. (거짓)

ㄷ. $x^2f(x)$는 $x=0$에서 연속이고

$$h(x)=x^2f(x)=\begin{cases} x^2-x^3 & (x<0) \\ x^4-x^2 & (0 \le x<1) \end{cases}$$이라 하면

$$h'(x)=\begin{cases} 2x-3x^2 & (x<0) \\ 4x^3-2x & (0<x<1) \end{cases}$$
$$\lim_{x \to 0-} h'(x)=\lim_{x \to 0-} (2x-3x^2)=0$$
$$\lim_{x \to 0+} h'(x)=\lim_{x \to 0+} (4x^3-2x)=0$$

즉, $x^2f(x)$는 $x=0$에서 미분가능하다. (참)

따라서 옳은 것은 ㄱ, ㄷ이다.　　답 ㄱ, ㄷ

09　$2f(x)=(x+1)f'(x)+1$이므로 $f(x)$의 최고

차항을 ax^n $(a \ne 0)$이라 하면 $2f(x)$의 최고차항은

$2ax^n$, $(x+1)f'(x)$의 최고차항은 nax^n이다.

최고차항의 계수를 비교하면

$$2a=na　　\therefore n=2\ (\because a \ne 0)$$

즉, $f(x)$는 이차함수이므로 $f(x)=ax^2+bx+c$라 하면

$f(0)=0$이므로　　$c=0$

또 $f(x)$를 미분하면 $f'(x)=2ax+b$이므로

$2f(x)=(x+1)f'(x)+1$에 대입하면

$$2ax^2+2bx=(x+1)(2ax+b)+1$$
$$2ax^2+2bx=2ax^2+(2a+b)x+b+1$$

위의 식은 x에 대한 항등식이므로

$$2b=2a+b,\ b+1=0$$

두 식을 연립하여 풀면　　$a=-\dfrac{1}{2},\ b=-1$

$$\therefore \boldsymbol{f(x)=-\frac{1}{2}x^2-x}$$　　답 $f(x)=-\dfrac{1}{2}x^2-x$

10　$f(x)$를 $x^2-1=(x+1)(x-1)$로 나누었을 때

의 나머지가 $3x+1$이므로

$f(1)=4$, $f(-1)=-2$

$f'(x)$를 $x-1$, $x+1$로 나누었을 때의 나머지가 각각 -1, -5이므로

$$f'(1)=-1, \quad f'(-1)=-5$$

따라서 $f(x)$를 $(x^2-1)^2$으로 나누었을 때의 몫을 $Q(x)$, 나머지를 ax^3+bx^2+cx+d라 하면

$$f(x)=(x^2-1)^2Q(x)+ax^3+bx^2+cx+d$$
$$f'(x)=4x(x^2-1)Q(x)+(x^2-1)^2Q'(x)$$
$$+3ax^2+2bx+c$$

이므로

$$f(1)=a+b+c+d=4$$
$$f(-1)=-a+b-c+d=-2$$
$$f'(1)=3a+2b+c=-1$$
$$f'(-1)=3a-2b+c=-5$$

위의 네 식을 연립하여 풀면

$$a=-3, \; b=1, \; c=6, \; d=0$$

따라서 구하는 나머지는 $-3x^3+x^2+6x$이다.

답 $-3x^3+x^2+6x$

2. 도함수의 활용

Review Quiz   SUMMA CUM LAUDE   본문 204쪽

01 (1) $f'(a)$ (2) 평균값 (3) 감소 (4) $\geq$ (5) $f'(a)=0$
(6) 속도, 속력
02 (1) 참 (2) 거짓 (3) 거짓 (4) 참 (5) 거짓
03 풀이 참조

01   답 (1) $f'(a)$
       (2) 평균값
       (3) 감소
       (4) $\geq$
       (5) $f'(a)=0$
       (6) 속도, 속력

02   (1) $f(x)$가 미분가능하므로 $f'(a)$가 존재한다.
$h(x)=\{f(x)\}^2$이므로 $h'(x)=2f(x)f'(x)$
$\therefore h'(a)=2f(a)f'(a)=0$
     ($\because f'(a)$가 존재하고, $f(a)=0$이다.) (참)

(2) 다음 그래프에서와 같이 극솟값이 극댓값보다 큰 경우도 있다. (거짓)

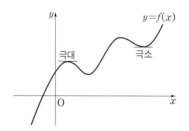

(3) 미분가능한 함수에 대해서만 성립한다.
즉, 미분가능하지 않은 함수에 대해서는 아무 의미 없는 명제가 된다. (거짓)

(4) 미분가능한 함수 $f(x)$가 열린구간 (a, b) 안의 c에 대하여 $x=c$에서 최댓값 또는 최솟값을 가지면 $f(x)$는 $x=c$에서 극대 또는 극소이다.

따라서 $f'(c)=0$이므로 곡선 $y=f(x)$ 위의 점 $(c,\ f(c))$에서의 접선의 기울기는 0이다. (참)

(5) 삼차함수의 경우 $x=a$와 $x=b$에서 극값을 갖고, $f(a)f(b)<0$이면 두 극값, 즉 극댓값과 극솟값의 부호가 다름을 의미한다. 따라서 이때는 함수 $y=f(x)$의 그래프가 x축과 서로 다른 세 점에서 만나게 되므로 삼차방정식 $f(x)=0$은 서로 다른 세 실근을 갖는다. (거짓)

冒 (1) 참 (2) 거짓 (3) 거짓 (4) 참 (5) 거짓

03 (1) 함수 $f(x)$가 극값을 갖기 위해서는 어떤 실수 a에 대하여 $x=a$의 좌우에서 $f'(x)$의 부호가 양에서 음 또는 음에서 양으로 변해야 한다. 그런데 항상 $f'(x)\le0$이면 $f'(x)$의 부호가 양인 경우가 없으므로 $f'(x)$의 부호의 변화가 생길 수 없다.

따라서 함수 $f(x)$는 극값을 갖지 않는다.

(2) 대표적인 예로 함수 $f(x)=x^3$이 있다.

$f'(x)=3x^2$에서 $f'(0)=0$이므로 $x=0$에서 극값을 가질 것이라 예측할 수 있다. 하지만 $f'(x)=3x^2\ge0$에서 함수 $f(x)$는 증가하는 함수이므로 극값을 갖지 않는다. **冒** 풀이 참조

01 6	**02** $y=10x+6$	**03** 4	**04** ④
05 -1	**06** ①	**07** 6	**08** ③	**09** 25
10 4	**11** ③	**12** $0<k<1$	**13** 9
14 11	**15** ⑤		

01 $f(x)=x^3-x+a$로 놓으면

$$f'(x)=3x^2-1$$

$f'(1)=3-1=2$이므로 점 $(1,\ a)$에서의 접선의 방정식은

$$y-a=2(x-1)\qquad \therefore y=2x+a-2$$

이때 이 접선의 y절편이 4이므로

$$a-2=4\qquad \therefore a=6 \qquad\qquad \text{冒}\ 6$$

02 $f(x)=x^3-3x^2+x+1$로 놓으면

$$f'(x)=3x^2-6x+1$$

이때 곡선 $y=f(x)$ 위의 점 A의 x좌표가 3이므로 점 A에서의 접선의 기울기는

$$f'(3)=3\cdot3^2-6\cdot3+1=10$$

이고, 두 점 A, B에서의 접선이 서로 평행하므로 점 B에서의 접선의 기울기도 10이다.

즉, 점 B의 x좌표를 a라 하면

$$3a^2-6a+1=10,\ a^2-2a-3=0$$

$$(a+1)(a-3)=0\qquad \therefore a=-1\ (\because a\ne3)$$

따라서 점 B의 좌표는 $(-1,\ -4)$이므로 점 B에서의 접선의 방정식은

$$y-(-4)=10\{x-(-1)\}\qquad \therefore \boldsymbol{y=10x+6}$$

$$\text{冒}\ y=10x+6$$

03 $f(x)=x^3-6x+1$로 놓으면

$$f'(x)=3x^2-6$$

접점의 좌표를 $(t,\ t^3-6t+1)$이라 하면 이 점에서의 접선의 기울기가 -3이므로

$f'(t)=3t^2-6=-3$에서　　　$3t^2=3$

　　$t^2=1$　　∴ $t=\pm1$

즉, 접점의 좌표는 $(-1,\ 6),\ (1,\ -4)$이다. ……❶

두 점 $(-1,\ 6),\ (1,\ -4)$에서의 접선의 방정식은 각각

　　$y-6=-3\{x-(-1)\},\ y-(-4)=-3(x-1)$

　　∴ $y=-3x+3,\ y=-3x-1$ ……❷

따라서 $a=3,\ b=-1$이므로　　　$a-b=4$ ……❸

채점 기준	배점
❶ 접점의 좌표 구하기	50 %
❷ 접선의 방정식 구하기	30 %
❸ $a-b$의 값 구하기	20 %

답 4

04　함수 $f(x)=-x^2+kx$에 대하여 닫힌구간 $[1,\ 3]$에서 롤의 정리를 만족시키는 실수가 2이므로

　　$f'(2)=0$

이때 $f'(x)=-2x+k$이므로

　　$-4+k=0$　　∴ $k=4$

함수 $f(x)=-x^2+4x$에 대하여 닫힌구간 $[1,\ 5]$에서 평균값 정리를 만족시키는 실수가 c이므로

　　$\dfrac{f(5)-f(1)}{5-1}=f'(c)$

이때 $f'(x)=-2x+4$이므로

　　$\dfrac{-5-3}{5-1}=-2c+4,\ 2c=6$　　∴ $c=3$

　　∴ $k+c=4+3=7$ 답 ④

05　함수 $f(x)=-x^2+2x+2$에 대하여 닫힌구간 $[a,\ 2]$에서 평균값 정리를 만족시키는 실수가 $\dfrac{1}{2}$이므로

　　$\dfrac{f(2)-f(a)}{2-a}=f'\left(\dfrac{1}{2}\right)$

이때 $f'(x)=-2x+2$이므로

$\dfrac{2-(-a^2+2a+2)}{2-a}=1$

　　$a^2-2a=2-a,\ a^2-a-2=0$

　　$(a+1)(a-2)=0$　　∴ $a=-1\ (\because a<0)$

답 -1

06　$f'(x)<0$이면 $f(x)$가 감소하므로 그래프에서 $f'(x)<0$인 구간을 찾으면 구간 $(0,\ 3),\ (5,\ 8)$이다.

$a=1$일 때 구간은 $\left(1-\dfrac{1}{2},\ 1+\dfrac{1}{2}\right)=\left(\dfrac{1}{2},\ \dfrac{3}{2}\right)$이므로 $f(x)$는 감소한다.

$a=2$일 때 구간은 $\left(2-\dfrac{1}{2},\ 2+\dfrac{1}{2}\right)=\left(\dfrac{3}{2},\ \dfrac{5}{2}\right)$이므로 $f(x)$는 감소한다.

$a=6$일 때 구간은 $\left(6-\dfrac{1}{2},\ 6+\dfrac{1}{2}\right)=\left(\dfrac{11}{2},\ \dfrac{13}{2}\right)$이므로 $f(x)$는 감소한다.

$a=7$일 때 구간은 $\left(7-\dfrac{1}{2},\ 7+\dfrac{1}{2}\right)=\left(\dfrac{13}{2},\ \dfrac{15}{2}\right)$이므로 $f(x)$는 감소한다.

따라서 주어진 조건을 만족시키는 자연수 a의 값의 합은

　　$1+2+6+7=16$ 답 ①

07　실수 전체의 집합에서 정의된 함수 $f(x)$의 역함수가 존재하려면 함수 $f(x)$가 일대일대응이어야 하므로 $f(x)$는 항상 증가하거나 항상 감소해야 한다.

그런데 $f(x)=x^3+ax^2+2ax-2$는 삼차항의 계수가 양수이므로 항상 증가하는 경우만 가능하다.

함수 $f(x)$가 실수 전체의 집합에서 증가하려면 모든 실수 x에 대하여 $f'(x)=3x^2+2ax+2a\geq0$이어야 한다.

이차방정식 $f'(x)=0$의 판별식을 D라 하면

　　$\dfrac{D}{4}=a^2-6a\leq0,\ a(a-6)\leq0$

　　∴ $0\leq a\leq6$

따라서 $M=6,\ m=0$이므로　　　$M+m=6$ 답 6

08 $f(x)=2x^3+ax^2+bx-4$에서

$f'(x)=6x^2+2ax+b$

함수 $f(x)$가 $x=-2$에서 극댓값 16을 가지므로

$f'(-2)=0$에서 $24-4a+b=0$

∴ $4a-b=24$ ······ ㉠

$f(-2)=16$에서 $-16+4a-2b-4=16$

∴ $2a-b=18$ ······ ㉡

㉠, ㉡을 연립하여 풀면 $a=3$, $b=-12$

즉, $f(x)=2x^3+3x^2-12x-4$이므로

$f'(x)=6x^2+6x-12=6(x+2)(x-1)$

$f'(x)=0$에서 $x=-2$ 또는 $x=1$

함수 $f(x)$의 증감표를 만들면 다음과 같다.

x	$\cdots$	-2	$\cdots$	1	$\cdots$
$f'(x)$	$+$	0	$-$	0	$+$
$f(x)$	↗	16	↘	-11	↗

따라서 함수 $f(x)$는 $x=1$일 때 극솟값 **-11**을 갖는다.

답 ③

09 주어진 $y=f'(x)$의 그래프에서 $f'(x)=0$을 만족시키는 x의 값은 -3, 2, 4, 6이다.

함수 $f(x)$가 $x=m$에서 극대이면 $x=m$의 좌우에서 $f'(x)$의 부호가 양에서 음으로 바뀌어야 하므로 이를 만족시키는 x의 값은 4뿐이다.

∴ $a=4$

또 함수 $f(x)$가 $x=n$에서 극소이면 $x=n$의 좌우에서 $f'(x)$의 부호가 음에서 양으로 바뀌어야 하므로 이를 만족시키는 x의 값은 -3, 6이다.

∴ $b=-3+6=3$

∴ $a^2+b^2=4^2+3^2=$**25**

답 25

10 $f(x)=2x^3-12x^2+18x+a$에서

$f'(x)=6x^2-24x+18=6(x-1)(x-3)$

$f'(x)=0$에서 $x=1$ 또는 $x=3$

구간 $[0,\ 4]$에서 함수 $f(x)$의 증감표를 만들면 다음과 같다.

x	0	$\cdots$	1	$\cdots$	3	$\cdots$	4
$f'(x)$		$+$	0	$-$	0	$+$	
$f(x)$	a	↗	$a+8$	↘	a	↗	$a+8$

따라서 함수 $f(x)$는

$x=1$, $x=4$에서 최댓값 $a+8$,

$x=0$, $x=3$에서 최솟값 a를 갖는다.

이때 함수 $f(x)$의 최댓값이 12이므로

$a+8=12$ ∴ $a=4$

따라서 함수 $f(x)$의 최솟값은 **4**이다.

답 4

11 점 P의 좌표를 $(t,\ -t^2+4)$라 하면

점 P와 점 $(6,\ 1)$ 사이의 거리는

$\sqrt{(t-6)^2+(-t^2+4-1)^2}=\sqrt{t^4-5t^2-12t+45}$

$f(t)=t^4-5t^2-12t+45$라 하면

$f'(t)=4t^3-10t-12=2(t-2)(2t^2+4t+3)$

$f'(t)=0$에서 $t=2$ $(\because 2t^2+4t+3>0)$

함수 $f(t)$의 증감표를 만들면 다음과 같다.

t	$\cdots$	2	$\cdots$
$f'(t)$	$-$	0	$+$
$f(t)$	↘	극소	↗

즉, 함수 $f(t)$는 $t=2$일 때 극소이면서 최소이므로 최솟값은 $f(2)=16-20-24+45=17$이다.

따라서 구하는 거리의 최솟값은 **$\sqrt{17}$**이다.

답 ③

12 $x^4-2x^2+k=0$에서 $x^4-2x^2=-k$

$f(x)=x^4-2x^2$으로 놓으면

$f'(x)=4x^3-4x=4x(x+1)(x-1)$

$f'(x)=0$에서 $x=-1$ 또는 $x=0$ 또는 $x=1$

함수 $f(x)$의 증감표를 만들면 다음과 같다.

x	$\cdots$	-1	$\cdots$	0	$\cdots$	1	$\cdots$
$f'(x)$	$-$	0	$+$	0	$-$	0	$+$
$f(x)$	$\searrow$	-1	$\nearrow$	0	$\searrow$	-1	$\nearrow$

즉, 함수 $y=f(x)$의 그래프는 다음 그림과 같다.

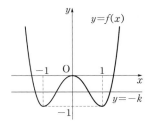

따라서 방정식 $x^4-2x^2+k=0$이 서로 다른 네 실근을 가지려면 함수 $y=f(x)$의 그래프와 직선 $y=-k$가 서로 다른 네 점에서 만나야 하므로

$$-1<-k<0 \qquad \therefore\ \mathbf{0<k<1} \qquad \text{답}\ 0<k<1$$

13 $\dfrac{1}{3}x^3-3x^2>-x^2-k$에서

$\dfrac{1}{3}x^3-2x^2+k>0$

$f(x)=\dfrac{1}{3}x^3-2x^2+k$로 놓으면

$$f'(x)=x^2-4x=x(x-4)$$

이때 $1<x<3$에서 $f'(x)<0$이므로 함수 $f(x)$는 구간 $(1, 3)$에서 감소한다.

즉, $1<x<3$에서 $f(x)>0$이 성립하려면 $f(3)\geq0$이어야 하므로

$$9-18+k\geq0 \qquad \therefore\ k\geq9$$

따라서 실수 k의 최솟값은 **9**이다. 답 9

14 점 P의 시각 t에서의 속도를 v, 가속도를 a라 하면

$$v=\frac{dx}{dt}=3t^2-2mt+n,\ a=\frac{dv}{dt}=6t-2m$$

$t=2$일 때 점 P의 속도가 4이므로

$$12-4m+n=4 \qquad \therefore\ 4m-n=8 \quad \cdots\cdots\ \bigcirc$$

$t=3$일 때 점 P의 가속도가 6이므로

$$18-2m=6 \qquad \therefore\ m=6$$

$m=6$을 $\bigcirc$에 대입하면 $24-n=8 \quad \therefore\ n=16$

따라서 점 P의 시각 t에서의 위치가 $x=t^3-6t^2+16t$이므로 $t=1$에서의 점 P의 위치는

$$1-6+16=\mathbf{11} \qquad \text{답}\ 11$$

15 t초 후의 가장 바깥쪽 원의 반지름의 길이가 $10t$ cm이므로 가장 바깥쪽 원의 넓이를 S cm^{2}라 하면

$$S=\pi\cdot(10t)^2=100\pi t^2$$

양변을 t에 대하여 미분하면

$$\frac{dS}{dt}=200\pi t$$

따라서 3초 후의 가장 바깥쪽 원의 넓이의 변화율은

$$200\pi\cdot3=\mathbf{600\pi\ (cm^2/s)} \qquad \text{답}\ ⑤$$

EXERCISES

01 9	**02** ②	**03** 21	**04** 7	**05** 5
06 ①	**07** 6	**08** $k \geq 0$	**09** 4	**10** $\dfrac{7\sqrt{3}}{2}$

01 $f(x) = x^3 + ax^2 + bx + c$ $(a, b, c$는 상수$)$라 하면

$$f'(x) = 3x^2 + 2ax + b$$

두 점 $(2, 4)$, $(-1, 1)$을 지나는 직선의 방정식은

$$y - 4 = \frac{1-4}{-1-2}(x-2) \qquad \therefore y = x+2$$

즉, 점 $(2, 4)$에서의 접선의 방정식이 $y = x+2$이므로
$f'(2) = 1$에서 $\qquad 12 + 4a + b = 1$

$$\therefore 4a + b = -11 \qquad\qquad \cdots\cdots \text{㉠}$$

곡선 $y = f(x)$가 두 점 $(2, 4)$, $(-1, 1)$을 지나므로
$4 = 8 + 4a + 2b + c$에서 $\quad 4a + 2b + c = -4 \cdots\cdots \text{㉡}$
$1 = -1 + a - b + c$에서 $\quad a - b + c = 2 \qquad \cdots\cdots \text{㉢}$
㉠, ㉡, ㉢을 연립하여 풀면 $\quad a = -3,\ b = 1,\ c = 6$
따라서 $f(x) = x^3 - 3x^2 + x + 6$이므로

$$f(3) = 27 - 27 + 3 + 6 = \mathbf{9}$$

다른 풀이 곡선 $y = f(x)$ 위의 점 $(2, 4)$에서의 접선이 점 $(-1, 1)$에서 이 곡선과 만나고, 두 점 $(2, 4)$, $(-1, 1)$을 지나는 직선의 방정식이 $y = x+2$이므로 그 래프의 개형을 그려 보면 다음 그림과 같다.

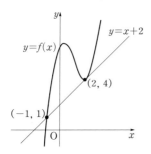

즉, 방정식 $f(x) - (x+2) = 0$의 실근이 -1, 2(중근)이므로

$$f(x) - (x+2) = (x-2)^2(x+1)$$

$$\therefore f(x) = x^3 - 3x^2 + x + 6$$

$$\therefore f(3) = 27 - 27 + 3 + 6 = 9 \qquad\qquad \text{답} \ 9$$

02 $f(x) = 3x^3$으로 놓으면 $\qquad f'(x) = 9x^2$
점 $(a, 0)$에서 곡선에 그은 접선이 곡선과 만나는 접점의 좌표를 $(p, 3p^3)$이라 하면 접선의 기울기는
$f'(p) = 9p^2$이므로 접선의 방정식은

$$y - 3p^3 = 9p^2(x-p) \qquad \therefore y = 9p^2 x - 6p^3$$

이 접선이 점 $(a, 0)$을 지나므로

$$0 = 9ap^2 - 6p^3$$

$$\therefore a = \frac{2}{3}p \ (\because p \neq 0) \qquad \cdots\cdots \text{㉠}$$

마찬가지로 점 $(0, a)$에서 곡선에 그은 접선이 곡선과 만나는 접점의 좌표를 $(q, 3q^3)$이라 하면 접선의 기울기는 $f'(q) = 9q^2$이므로 접선의 방정식은

$$y - 3q^3 = 9q^2(x-q) \qquad \therefore y = 9q^2 x - 6q^3$$

이 접선이 점 $(0, a)$를 지나므로

$$a = -6q^3 \qquad\qquad \cdots\cdots \text{㉡}$$

이때 두 접선이 평행하다는 조건에 의하여

$$9p^2 = 9q^2$$

그런데 $p = q$가 될 수는 없으므로 $\qquad q = -p$
$q = -p$를 ㉡에 대입하면 $\qquad a = 6p^3$
$a = 6p^3$을 ㉠에 대입하면 $\qquad 6p^3 = \dfrac{2}{3}p$

$$9p^3 - p = 0,\ p(3p+1)(3p-1) = 0$$

$$\therefore p = \frac{1}{3} \ (\because a > 0 \text{이므로 ㉠에 의하여 } p > 0)$$

따라서 $a = \dfrac{2}{3} \cdot \dfrac{1}{3} = \dfrac{2}{9}$이므로 $\qquad 90a = 90 \cdot \dfrac{2}{9} = \mathbf{20}$

$$\text{답} \ ②$$

03 함수 $f(x)$는 모든 실수 x에서 미분가능하므로 모든 실수 x에서 연속이다.
함수 $f(x)$는 닫힌구간 $[x-4, x+3]$에서 연속이고 열린구간 $(x-4, x+3)$에서 미분가능하므로 평균값 정리에 의하여

$$\frac{f(x+3)-f(x-4)}{(x+3)-(x-4)}=f'(c)$$

인 c가 열린구간 $(x-4, x+3)$에 적어도 하나 존재한다.

이때 $x-4<c<x+3$에서 $x\to\infty$이면 $c\to\infty$이므로

$$\lim_{x\to\infty}\{f(x+3)-f(x-4)\}$$

$$=7\lim_{x\to\infty}\frac{f(x+3)-f(x-4)}{(x+3)-(x-4)}$$

$$=7\lim_{c\to\infty}f'(c)$$

$$=7\cdot 3\ (\because \lim_{x\to\infty}f'(x)=3)$$

$$=\mathbf{21}$$

🔲 **21**

04 $f(x)=x^3+ax^2+bx+c$에서

$$f'(x)=3x^2+2ax+b$$

㈎에서 $f(-1)=12$이므로

$$-1+a-b+c=12\qquad \therefore a-b+c=13\ \cdots\cdots\ \bigcirc$$

㈏에서 $f'(x)=0$의 두 근이 α와 β이므로 이차방정식의 근과 계수의 관계에 의하여

$$\alpha+\beta=-\frac{2a}{3},\ \alpha\beta=\frac{b}{3}$$

또 $f(\alpha)=\alpha^3+a\alpha^2+b\alpha+c$, $f(\beta)=\beta^3+a\beta^2+b\beta+c$

이므로

$$f(\alpha)-f(\beta)$$

$$=(\alpha^3-\beta^3)+a(\alpha^2-\beta^2)+b(\alpha-\beta)$$

$$=(\alpha-\beta)\{\alpha^2+\alpha\beta+\beta^2+a(\alpha+\beta)+b\}$$

이때 $f(\alpha)-f(\beta)=4(\beta-\alpha)$이므로

$$4(\beta-\alpha)=(\alpha-\beta)\{\alpha^2+\alpha\beta+\beta^2+a(\alpha+\beta)+b\}$$

$$\alpha^2+\alpha\beta+\beta^2+a(\alpha+\beta)+b=-4$$

$$\therefore (\alpha+\beta)^2-\alpha\beta+a(\alpha+\beta)+b=-4$$

$\alpha+\beta=-\dfrac{2a}{3}$와 $\alpha\beta=\dfrac{b}{3}$를 위의 식에 대입하면

$$\frac{4}{9}a^2-\frac{b}{3}+a\cdot\left(-\frac{2a}{3}\right)+b=-4$$

$$-\frac{2}{9}a^2+\frac{2}{3}b=-4\qquad \therefore a^2-3b=18\ \cdots\cdots\ \bigcirc\!\!\!\bigcirc$$

한편 $f'(-1)=3-2a+b$이므로 함수 $y=f(x)$의 그래프 위의 점 $(-1, 12)$에서의 접선의 방정식은

$$y-12=(3-2a+b)\{x-(-1)\}$$

$$\therefore y=(3-2a+b)x-2a+b+15$$

㈐에서 이 접선의 x절편이 1이므로

$$0=(3-2a+b)-2a+b+15$$

$$\therefore b=2a-9\qquad \cdots\cdots\ \bigcirc\!\!\!\bigcirc\!\!\!\bigcirc$$

$\bigcirc\!\!\!\bigcirc\!\!\!\bigcirc$을 $\bigcirc\!\!\!\bigcirc$에 대입하면 $\quad a^2-3(2a-9)=18$

$$a^2-6a+9=0,\ (a-3)^2=0\qquad \therefore a=3$$

$a=3$을 $\bigcirc\!\!\!\bigcirc\!\!\!\bigcirc$에 대입하면 $\quad b=6-9=-3$

$a=3,\ b=-3$을 $\bigcirc$에 대입하면 $\quad 3+3+c=13$

$$\therefore c=7$$

$$\therefore a+b+c=3+(-3)+7=\mathbf{7}$$

🔲 **7**

05 주어진 함수 $y=f'(x)$의 그래프에서 $f'(x)$의 값이 존재하면서 $f'(x)=0$을 만족시키는 x의 값 중에서 그 값의 좌우에서 $f'(x)$의 부호가 양에서 음으로 바뀌는 것은 3개, 음에서 양으로 바뀌는 것은 1개이다.

즉, 함수 $f(x)$가 극대가 되게 하는 x의 값은 3개, 극소가 되게 하는 x의 값은 1개이다.

그런데 $f'(x)$의 값이 존재하지 않는 x의 값에서도 그 값의 좌우에서 $f'(x)$의 부호가 음에서 양으로 바뀌면 함수 $f(x)$는 극소가 된다. 이러한 x의 값이 1개 있고, 그 값을 c라 하면 점 $(c, f(c))$는 함수 $y=f(x)$의 그래프에서 뾰족한 점으로 나타난다.

따라서 구하는 x의 값의 개수는 $\quad 3+1+1=\mathbf{5}$

🔲 **5**

06 $f(x)=-2x^4+8x^3+4(a-2)x^2-8ax$에서

$$f'(x)=-8x^3+24x^2+8(a-2)x-8a$$

$$=-8(x-1)(x^2-2x-a)$$

사차함수 $f(x)$가 극솟값을 갖지 않으려면 삼차방정식 $f'(x)=0$이 허근 또는 중근을 가져야 한다.

이때 삼차방정식 $f'(x)=0$의 한 실근이 $x=1$이므로

(i) 허근을 갖는 경우

이차방정식 $x^2-2x-a=0$의 판별식을 D라 하면

$$\frac{D}{4}=1+a<0 \qquad \therefore a<-1$$

(ii) 중근을 갖는 경우

　이차방정식 $x^2-2x-a=0$이 $x=1$을 근으로 가질 때

　$$1-2-a=0 \qquad \therefore a=-1$$

　이차방정식 $x^2-2x-a=0$이 중근을 가질 때

　이차방정식 $x^2-2x-a=0$의 판별식을 D라 하면

　$$\frac{D}{4}=1+a=0 \qquad \therefore a=-1$$

(i), (ii)에 의하여　**$a\leq-1$**　　　　　답 ①

07　두 점 $P(-1,\,-1)$, $Q(2,\,8)$을 지나는 직선의 방정식은

$$y-8=\frac{-1-8}{-1-2}(x-2)$$

$$\therefore 3x-y+2=0 \qquad\qquad \cdots\cdots \mathbf{❶}$$

곡선 $y=x^3$ 위를 움직이는 점 A의 좌표를

$(a,\,a^3)$ $(-1<a<2)$이라 하면 점 A와 직선 PQ 사이의 거리는

$$\frac{|3a-a^3+2|}{\sqrt{3^2+(-1)^2}}=\frac{(2-a)(a+1)^2}{\sqrt{10}}\ (\because -1<a<2)$$

또　$\overline{PQ}=\sqrt{(-1-2)^2+(-1-8)^2}=3\sqrt{10}$

삼각형 APQ의 넓이를 $S(a)$라 하면

$$S(a)=\frac{1}{2}\cdot3\sqrt{10}\cdot\frac{(2-a)(a+1)^2}{\sqrt{10}}$$

$$=\frac{3}{2}(3a-a^3+2) \qquad\qquad \cdots\cdots \mathbf{❷}$$

$$S'(a)=\frac{3}{2}(3-3a^2)=-\frac{9}{2}(a+1)(a-1)$$

$S'(a)=0$에서　$a=1\ (\because -1<a<2)$

$-1<a<2$에서 함수 $S(a)$의 증감표를 만들면 다음과 같다.

a	(-1)	$\cdots$	1	$\cdots$	(2)
$S'(a)$		$+$	0	$-$	
$S(a)$		$\nearrow$	극대	$\searrow$	

따라서 $S(a)$는 $a=1$일 때 극대이면서 최대이므로 삼각형 APQ의 넓이의 최댓값은

$$S(1)=\frac{3}{2}\cdot(3-1+2)=\mathbf{6} \qquad\qquad \cdots\cdots \mathbf{❸}$$

채점 기준	배점
❶ 두 점 P, Q를 지나는 직선의 방정식 구하기	20 %
❷ 점 A의 좌표를 $(a,\,a^3)$으로 놓고, 삼각형 APQ의 넓이를 a에 대한 식으로 나타내기	30 %
❸ 삼각형 APQ의 넓이의 최댓값 구하기	50 %

답 6

08　$-x^3+4x^2-9x\leq-2x^2+kx$에서

$$-x^3+6x^2-9x\leq kx$$

$f(x)=-x^3+6x^2-9x$로 놓으면

$$f'(x)=-3x^2+12x-9=-3(x-1)(x-3)$$

$f'(x)=0$에서　$x=1$ 또는 $x=3$

$x\geq0$에서 함수 $f(x)$의 증감표를 만들면 다음과 같다.

x	0	$\cdots$	1	$\cdots$	3	$\cdots$
$f'(x)$		$-$	0	$+$	0	$-$
$f(x)$	0	$\searrow$	-4	$\nearrow$	0	$\searrow$

즉, 함수 $y=f(x)$의 그래프는 다음 그림과 같다.

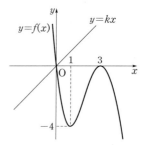

이때 $y=kx$의 그래프는 원점을 지나는 직선이므로

$x\geq0$에서 $f(x)\leq kx$가 성립하려면　**$k\geq0$**

답 $k\geq0$

09　$h(t)=f(t)-g(t)$라 하면

$h'(t)=f'(t)-g'(t)=3t^2-12t+a$

$t=1$에서 두 점 P, Q가 만나므로 $h(1)=0$에서

$\quad 1-6+a+b=0 \qquad \therefore a+b=5 \ \cdots\cdots\ \bigcirc$

또 $t=1$에서 두 점 P, Q의 속도가 같으므로 $h'(1)=0$에서

$\quad 3-12+a=0 \qquad \therefore a=9$

$a=9$를 $\bigcirc$에 대입하면 $\quad 9+b=5 \qquad \therefore b=-4$

즉, $h(t)=t^3-6t^2+9t-4$이므로

$\quad h'(t)=3t^2-12t+9=3(t-1)(t-3)$

$h'(t)=0$에서 $\qquad t=1$ 또는 $t=3$

따라서 두 점 P, Q의 속도가 다시 같아지는 시각은 $t=3$이고, $h(3)=27-54+27-4=-4$이므로 두 점 사이의 거리는 **4**이다.

[참고] 시각 t에서의 두 점 사이의 거리는 $|h(t)|$이다.

目 4

10 t초 후의 삼각뿔의 밑면의 한 변의 길이를 r, 높이를 h라 하면

$$r=4+t,\ h=6-\frac{1}{2}t$$

삼각뿔의 부피를 V라 하면

$$V=\frac{1}{3}\cdot\frac{\sqrt{3}}{4}(4+t)^2\cdot\left(6-\frac{1}{2}t\right)$$

$$=\frac{\sqrt{3}}{24}(4+t)^2(12-t)\ (0\le t<12)$$

$\dfrac{\sqrt{3}}{24}(4+t)^2(12-t)=15\sqrt{3}$에서

$\quad 192-16t+96t-8t^2+12t^2-t^3=360$

$\quad t^3-4t^2-80t+168=0,\ (t-2)(t^2-2t-84)=0$

$\quad \therefore t=2$ 또는 $t=1+\sqrt{85}\ (\because 0\le t<12)$

즉, 삼각뿔의 부피가 처음으로 $15\sqrt{3}$이 되는 시각은 $t=2$이다.

이때 $\dfrac{dV}{dt}=\dfrac{\sqrt{3}}{24}\{2(4+t)(12-t)-(4+t)^2\}$이므로

$t=2$일 때 삼각뿔의 부피의 변화율은

$$\frac{\sqrt{3}}{24}\cdot(2\cdot6\cdot10-6^2)=\frac{7\sqrt{3}}{2}$$

目 $\dfrac{7\sqrt{3}}{2}$

Chapter II Exercises　SUMMA CUM LAUDE　본문 210~215쪽

01 ①	02 ⑤	03 2	04 −3	05 13
06 5550	07 ④	08 33	09 ①	10 $\dfrac{4}{3}$
11 ②	12 $78a^3$	13 ③	14 ④	15 ④
16 $216\sqrt{3}$	17 $-\dfrac{23}{3}<k<-\dfrac{16\sqrt{2}}{3}$		18 −1	
19 ⑤	20 12	21 ③		

01 [전략] 미분계수의 정의를 이용하여 $f'(-a)$를 $f'(a)$에 대한 식으로 나타내어 본다.

미분계수의 정의에 의하여

$$f'(-a)=\lim_{h\to 0}\frac{f(-a+h)-f(-a)}{h}$$

$$=\lim_{h\to 0}\frac{-f(a-h)+f(a)}{h}$$

$$(\because f(-x)=-f(x))$$

$$=\lim_{h\to 0}\frac{f(a-h)-f(a)}{-h}=f'(a)$$

$$\therefore f'(-a)=\boldsymbol{f'(a)}$$

目 ①

02 [전략] 미분가능하면 연속이라는 것과 미분계수의 정의를 이용한다.

ㄱ. $\lim\limits_{h\to 0}\dfrac{f(1+h)-f(1)}{h}=f'(1)=0$

즉, 함수 $f(x)$는 $x=1$에서 미분가능하므로 $x=1$에서 연속이다.

$\quad \therefore \lim\limits_{x\to 1}f(x)=f(1)$ (참)

ㄴ. $\lim\limits_{h\to 0}\dfrac{f(1+h)-f(1-h)}{2h}$

$=\lim\limits_{h\to 0}\dfrac{f(1+h)-f(1)+f(1)-f(1-h)}{2h}$

$=\dfrac{1}{2}\lim\limits_{h\to 0}\left\{\dfrac{f(1+h)-f(1)}{h}+\dfrac{f(1-h)-f(1)}{-h}\right\}$

$=\dfrac{1}{2}\{f'(1)+f'(1)\}=f'(1)=0$ (참)

ㄷ. $\displaystyle\lim_{h\to 0}\frac{f(1+h)-f(1-h)}{2h}$

$\quad=\displaystyle\lim_{h\to 0}\frac{|h|-|-h|}{2h}$

$\quad=\displaystyle\lim_{h\to 0}\frac{|h|-|h|}{2h}=0$ (참)

따라서 옳은 것은 ㄱ, ㄴ, ㄷ이다.　　　　　　**답** ⑤

03 [전략] $h(x)=f(x)g(x)$이므로
$\quad h'(x)=f'(x)g(x)+f(x)g'(x)$임을 이용한다.

$h(x)=f(x)g(x)$에서

$\quad h'(x)=f'(x)g(x)+f(x)g'(x)$

이 식의 양변에 $x=2$를 대입하면

$\quad h'(2)=f'(2)g(2)+f(2)g'(2)$ 　　…… ㉠

한편 함수 $y=f(x)$의 그래프를 보면 $x=2$에서의 접선의 기울기가 0이므로 $f'(2)=0$이고, 점 $(2,\ 3)$을 지나므로 $f(2)=3$임을 알 수 있다.

$f'(2)=0$, $f(2)=3$을 ㉠에 대입하면

$\quad h'(2)=3g'(2)$

이때 $h'(2)=6$이므로　　$3g'(2)=6$

$\quad \therefore g'(2)=\mathbf{2}$　　　　　　　　　　**답** 2

04 [전략] $f(x)=x^2+ax+b$, $g(x)=x^2+bx+a$로 놓고,
$\quad f(p)=0$, $g(p)=0$, $f'(p)g'(p)=-1$임을 이용한다.

$f(x)=x^2+ax+b$, $g(x)=x^2+bx+a$로 놓으면 두 곡선이 모두 점 $(p,\ 0)$을 지나므로

$\quad f(p)=p^2+ap+b=0$　　…… ㉠

$\quad g(p)=p^2+bp+a=0$　　…… ㉡

㉠$-$㉡을 하면　　$(a-b)p-(a-b)=0$

$\quad \therefore p=1\ (\because a\ne b)$

즉, 두 곡선의 교점의 좌표는 $(1,\ 0)$이다.

$p=1$을 ㉠에 대입하면　　$1+a+b=0$

$\quad \therefore a+b=-1$

두 곡선의 교점 $(1,\ 0)$에서의 접선의 기울기를 각각 구하면

$f'(x)=2x+a$에서　　　$2+a$

$g'(x)=2x+b$에서　　　$2+b$

이때 두 접선이 수직이므로

$\quad (2+a)(2+b)=-1$, $4+2(a+b)+ab=-1$

$\quad \therefore ab=-5-2(a+b)=-5-2\cdot(-1)$

$\qquad\qquad =\mathbf{-3}\ (\because a+b=-1)$　　**답** -3

05 [전략] 연결된 그래프 전체를 나타내는 함수를 $f(x)$로 놓은 후 $f(x)$가 $x=0$, $x=1$에서 연속이고 미분가능함을 이용한다.

연결된 그래프 전체를 나타내는 함수를 $f(x)$라 하면

$$f(x)=\begin{cases}1 & (x<0)\\ ax^3+bx^2+cx+1 & (0\le x\le 1)\\ 0 & (x>1)\end{cases}$$

미분가능하면 연속이므로 함수 $f(x)$는 $x=0$, $x=1$에서도 연속이어야 한다. 즉, $x=0$, $x=1$에서 각각의 우극한과 좌극한이 같아야 하므로

$\quad \displaystyle\lim_{x\to 0+}(ax^3+bx^2+cx+1)=\lim_{x\to 0-}1$

$\quad \therefore 1=1$

$\quad \displaystyle\lim_{x\to 1+}0=\lim_{x\to 1-}(ax^3+bx^2+cx+1)$

$\quad \therefore 0=a+b+c+1$　　…… ㉠

또 미분가능하면 $x=0$, $x=1$에서 각각의 우미분계수와 좌미분계수가 같아야 하므로

$$f'(x)=\begin{cases}0 & (x<0)\\ 3ax^2+2bx+c & (0<x<1)\\ 0 & (x>1)\end{cases}$$

에서

$\quad \displaystyle\lim_{x\to 0+}(3ax^2+2bx+c)=\lim_{x\to 0-}0$

$\quad \therefore c=0$　　　　　　…… ㉡

$\quad \displaystyle\lim_{x\to 1+}0=\lim_{x\to 1-}(3ax^2+2bx+c)$

$\quad \therefore 0=3a+2b+c$　　…… ㉢

㉠, ㉡, ㉢을 연립하여 풀면　　$a=2$, $b=-3$, $c=0$

$\quad \therefore a^2+b^2+c^2=2^2+(-3)^2+0^2=\mathbf{13}$　　**답** 13

06 [전략] $f(x)=x^n+5x$로 놓은 후 미분계수의 정의를 이용할 수 있도록 식을 변형한다.

$f(x)=x^n+5x$로 놓으면 $f(1)=6$이므로

$$a_n=\lim_{x\to1}\frac{x^n+5x-6}{x-1}=\lim_{x\to1}\frac{f(x)-f(1)}{x-1}=f'(1)$$

이때 $f'(x)=nx^{n-1}+5$이므로 $f'(1)=n+5$

따라서 $a_n=n+5$이므로

$$\sum_{n=1}^{100}a_n=\sum_{n=1}^{100}(n+5)=\frac{100\cdot101}{2}+5\cdot100=\mathbf{5550}$$

답 5550

07 [전략] $f(x)$의 최고차항을 $ax^n\,(a\neq0)$으로 놓고, 주어진 식을 이용하여 n의 값을 구한다.

$f(x)g(x)=f(x)+g(x)+2x^3-4x^2+2x-1$에서

$f(x)g(x)-f(x)-g(x)$

$\quad=2x^3-4x^2+2x-1$ ······ ㉠

$f(x)$의 최고차항을 $ax^n\,(a\neq0)$이라 하면 $g(x)$의 최고차항은 anx^{n-1}이다.

㉠의 양변의 차수를 비교하면

$n+(n-1)=3$ ∴ $n=2$

즉, $f(x)$는 이차함수이므로 $f(x)=ax^2+bx+c$ (b, c는 상수)라 하면

$g(x)=2ax+b$

$f(x), g(x)$를 주어진 식에 대입하면

$(ax^2+bx+c)(2ax+b)$

$\quad=(ax^2+bx+c)+(2ax+b)+2x^3-4x^2+2x-1$

$2a^2x^3+3abx^2+(2ac+b^2)x+bc$

$\quad=2x^3+(a-4)x^2+(2a+b+2)x+b+c-1$

이 식이 모든 실수 x에 대하여 성립하므로

$2a^2=2,\ 3ab=a-4,$

$2ac+b^2=2a+b+2,\ bc=b+c-1$

$2a^2=2$에서 $a=\pm1$

(i) $a=-1$인 경우

$\quad-3b=-5,\ -2c+b^2=b,\ bc=b+c-1$

위의 세 식을 만족시키는 b, c의 값은 존재하지 않는다.

(ii) $a=1$인 경우

$\quad 3b=-3,\ 2c+b^2=b+4,\ bc=b+c-1$

위의 세 식을 만족시키는 b, c의 값은

$\quad b=-1,\ c=1$

따라서 $f(x)=x^2-x+1$이므로

$\quad f(1)=1-1+1=\mathbf{1}$

답 ④

08 [전략] 공통인 접선과 두 곡선의 접점의 x좌표를 각각 a, b로 놓은 후 a, b 사이의 관계를 알아본다.

$g(x)=x^3+5,$ $h(x)=x^3+1$로 놓고, 오른쪽 그림과 같이 두 곡선 $y=g(x)$, $y=h(x)$의 공통인 접선과 두 곡선의 접점의 x좌표를 각각 a, b라 하면 $g'(a)=h'(b)$이다.

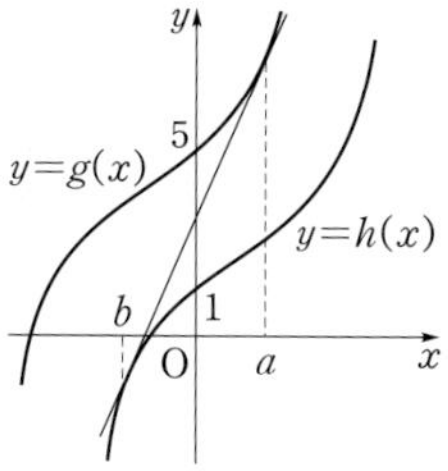

이때 $g'(x)=3x^2$, $h'(x)=3x^2$이므로

$\quad 3a^2=3b^2$ ∴ $b=\pm a$

그런데 $a\neq b$이므로 $b=-a$

이제 두 점 $(a,\ a^3+5)$, $(-a,\ -a^3+1)$에서의 접선의 방정식을 각각 구해 보자.

(i) 곡선 $y=g(x)$ 위의 점 $(a,\ a^3+5)$에서의 접선의 방정식은

$\quad y-(a^3+5)=3a^2(x-a)$

$\quad ∴ y=3a^2x-2a^3+5$ ······ ㉠

(ii) 곡선 $y=h(x)$ 위의 점 $(-a,\ -a^3+1)$에서의 접선의 방정식은

$\quad y-(-a^3+1)=3a^2(x+a)$

$\quad ∴ y=3a^2x+2a^3+1$ ······ ㉡

이때 ㉠, ㉡이 일치해야 하므로

$\quad -2a^3+5=2a^3+1$

$\quad 4a^3=4$ ∴ $a=1$ ($\because a$는 실수)

$a=1$을 ㉠에 대입하면 접선의 방정식은

$\quad y=3x+3$

따라서 $f(x)=3x+3$이므로

$f(10)=3\cdot10+3=\mathbf{33}$ 답 33

09 [전략] 삼각형 ABC의 넓이가 최대가 되도록 하는 점 C는 그 점에서의 접선의 기울기가 직선 AB의 기울기와 같음을 이용한다.

삼각형 ABC의 넓이가 최대가 되도록 하려면 직선 AB로부터 점 C까지의 거리가 최대가 되어야 하므로 다음 그림과 같이 점 C에서의 접선의 기울기는 직선 AB의 기울기, 즉 점 A에서의 접선의 기울기와 같아야 한다.

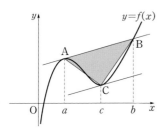

즉, $\dfrac{f(b)-f(a)}{b-a}=f'(a)=f'(c)$ 이어야 한다.

$f(x)=a_3x^3+a_2x^2+a_1x+a_0\,(a_0,\ a_1\ a_2\ a_3$은 상수, $a_3\neq0)$이라 하면

$f'(x)=3a_3x^2+2a_2x+a_1$

$\dfrac{f(b)-f(a)}{b-a}=f'(a)$ 이려면

$\dfrac{a_3(b^3-a^3)+a_2(b^2-a^2)+a_1(b-a)}{b-a}$

$=3a_3a^2+2a_2a+a_1$

$a_3(a^2+ab+b^2)+a_2(a+b)+a_1=3a_3a^2+2a_2a+a_1$

$a_3(2a^2-ab-b^2)+a_2(a-b)=0$

$\therefore a_3(2a+b)+a_2=0$ ...... ㉠

또 $f'(a)=f'(c)$ 이려면

$3a_3a^2+2a_2a+a_1=3a_3c^2+2a_2c+a_1$

$3a_3(a^2-c^2)+2a_2(a-c)=0$

$\therefore 3a_3(a+c)+2a_2=0$ ...... ㉡

㉠에서 $a_2=-a_3(2a+b)$를 ㉡에 대입하면

$3a_3(a+c)-2a_3(2a+b)=0$

$3(a+c)-2(2a+b)=0\ (\because\ a_3\neq0)$

$3a+3c-4a-2b=0,\ 3c=a+2b$

$\therefore c=\dfrac{a+2b}{3}$ 답 ①

10 [전략] 삼차함수 $f(x)$가 구간 $(m,\ n)$에서 증가하려면 $m<x<n$에서 $f'(x)\geq0$이어야 함을 이용한다.

함수 $f(x)$가 구간 $(0,\ 1)$에서 증가하려면 $0<x<1$에서 $f'(x)\geq0$이어야 한다.

$f(x)=x^3-2x^2+ax-1$에서

$f'(x)=3x^2-4x+a$

$\qquad=3\left(x-\dfrac{2}{3}\right)^2+a-\dfrac{4}{3}$

이므로 $f'\left(\dfrac{2}{3}\right)=a-\dfrac{4}{3}\geq0$이어야 한다.

$\therefore a\geq\dfrac{4}{3}$

따라서 a의 최솟값은 $\dfrac{4}{3}$이다.   답 $\dfrac{4}{3}$

11 [전략] 함수 $f(x)$가 $x=m$에서 극값을 가지면 $f'(m)=0$임을 이용한다.

$f(x)=-x^3+ax^2-bx+c$에서

$f'(x)=-3x^2+2ax-b$

함수 $f(x)$가 $x=2$에서 극값을 가지므로

$f'(2)=0$ $\therefore -12+4a-b=0$ ...... ㉠

또 $\displaystyle\lim_{x\to-1}\dfrac{f(x)}{x^2-1}=\dfrac{1}{2}$에서 $x\to-1$일 때 (분모)$\to0$이고 극한값이 존재하므로 (분자)$\to0$이어야 한다.

즉, $\displaystyle\lim_{x\to-1}f(x)=0$이므로

$f(-1)=1+a+b+c=0$ ...... ㉡

$\displaystyle\lim_{x\to-1}\dfrac{f(x)}{x^2-1}=\lim_{x\to-1}\left\{\dfrac{f(x)-f(-1)}{x+1}\cdot\dfrac{1}{x-1}\right\}$

$\qquad\qquad\qquad=-\dfrac{1}{2}f'(-1)$

이므로 $-\dfrac{1}{2}f'(-1)=\dfrac{1}{2}$, $f'(-1)=-1$

$\therefore -3-2a-b=-1$ ...... ㉢

㉠, ㉡, ㉢을 연립하여 풀면

$a=\dfrac{5}{3}$, $b=-\dfrac{16}{3}$, $c=\dfrac{8}{3}$

$\therefore a-b-3c=\dfrac{5}{3}-\left(-\dfrac{16}{3}\right)-3\cdot\dfrac{8}{3}=\boldsymbol{-1}$

답 ②

---

12 **[전략]** 삼차방정식 $f(x)=0$의 세 실근이 a, $3a$, $5a$이므로 $f(x)=c(x-a)(x-3a)(x-5a)$로 놓고, α, β가 이차방정식 $f'(x)=0$의 두 근임을 이용한다.

삼차방정식 $f(x)=0$의 세 실근이 a, $3a$, $5a$이므로

$f(x)=c(x-a)(x-3a)(x-5a)$로 놓으면

$\begin{aligned} f'(x)=&c(x-3a)(x-5a)\\ &+c(x-a)(x-5a)+c(x-a)(x-3a)\\ =&c(3x^2-18ax+23a^2) \end{aligned}$

이때 $f'(x)=0$의 두 근이 α, β이므로 이차방정식의 근과 계수의 관계에 의하여

$\alpha+\beta=6a$, $\alpha\beta=\dfrac{23}{3}a^2$

$\begin{aligned} \therefore \alpha^3+\beta^3&=(\alpha+\beta)^3-3\alpha\beta(\alpha+\beta)\\ &=(6a)^3-3\cdot\dfrac{23}{3}a^2\cdot6a\\ &=216a^3-138a^3=\boldsymbol{78a^3} \end{aligned}$

답 $78a^3$

---

13 **[전략]** $f'(x)=0$의 한 근이 -1과 0 사이, 다른 한 근은 2와 3 사이에 있음을 이용한다.

함수 $f(x)$가 구간 $(-1, 0)$과 구간 $(2, 3)$에서 극값을 갖는다는 것은 함수 $f(x)$의 도함수

$f'(x)=ax^2-(a+1)x-4$에 대하여 이차방정식

$f'(x)=0$의 한 근이 -1과 0 사이, 다른 한 근은 2와 3 사이에 있음을 의미한다. 이때 a의 값의 부호에 따라 다음의 두 가지 경우가 가능하다.

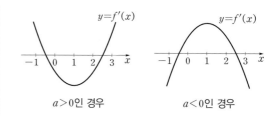

$a>0$인 경우 $a<0$인 경우

위 두 가지 경우의 공통점은 -1과 0 사이, 2와 3 사이에 $f'(x)=0$의 근이 존재한다는 것과 근의 좌우에서 $f'(x)$의 부호가 반대라는 것이다. 즉, 다음 부등식이 성립한다.

$f'(-1)f'(0)<0$, $f'(2)f'(3)<0$

$f'(-1)f'(0)<0$에서

$(2a-3)\cdot(-4)<0$, $2a-3>0$

$\therefore a>\dfrac{3}{2}$ ...... ㉠

또 $f'(2)f'(3)<0$에서

$(2a-6)(6a-7)<0$ $\therefore \dfrac{7}{6}<a<3$ ...... ㉡

㉠, ㉡의 공통 범위를 구하면

$\dfrac{3}{2}<a<3$

답 ③

---

14 **[전략]** 주어진 조건에 맞게 함수 $f(x)$의 증감표를 만들어 생각해 본다.

ㄱ. $a=b=c$이면 함수 $f(x)$는 오직 한 개의 극값만을 갖는다. 그러나 이 정보로부터 방정식 $f(x)=0$이 실근을 갖는지는 알 수 없다.

반례로 $f(x)=\dfrac{1}{4}(x-1)^4+1$인 경우

$f'(x)=(x-1)^3$이지만 모든 실수 x에 대하여

$\dfrac{1}{4}(x-1)^4+1\geq1$이므로 방정식 $f(x)=0$은 실근을 갖지 않게 된다. (거짓)

ㄴ. 다음 두 가지 경우로 나눌 수 있다.

(i) $a=b<c$인 경우

$f'(x)=(x-a)^2(x-c)$

EXERCISES

함수 $f(x)$의 증감표를 만들면 다음과 같다.

x	$\cdots$	a	$\cdots$	c	$\cdots$
$f'(x)$	$-$	0	$-$	0	$+$
$f(x)$	$\searrow$		$\searrow$	극소	$\nearrow$

그런데 조건에서 $f(a)<0$이므로 $f(c)<0$이다.
즉, 방정식 $f(x)=0$은 서로 다른 두 실근을 갖는다.

(ii) $a=b>c$인 경우
$$f'(x)=(x-a)^2(x-c)$$
함수 $f(x)$의 증감표를 만들면 다음과 같다.

x	$\cdots$	c	$\cdots$	a	$\cdots$
$f'(x)$	$-$	0	$+$	0	$+$
$f(x)$	$\searrow$	극소	$\nearrow$		$\nearrow$

그런데 조건에서 $f(a)<0$이므로 $f(c)<0$이다.
즉, 방정식 $f(x)=0$은 서로 다른 두 실근을 갖는
다.

(i), (ii)로부터 방정식 $f(x)=0$은 서로 다른 두 실근
을 갖는다. (참)

ㄷ. $a<b<c$인 경우
$$f'(x)=(x-a)(x-b)(x-c)$$
함수 $f(x)$의 증감표를 만들면 다음과 같다.

x	$\cdots$	a	$\cdots$	b	$\cdots$	c	$\cdots$
$f'(x)$	$-$	0	$+$	0	$-$	0	$+$
$f(x)$	$\searrow$	극소	$\nearrow$	극대	$\searrow$	극소	$\nearrow$

그런데 조건에서 $f(b)<0$이므로 $f(a)<0$, $f(c)<0$
이다.
즉, 방정식 $f(x)=0$은 서로 다른 두 실근을 갖는다.

(참)

따라서 옳은 것은 ㄴ, ㄷ이다. 답 ④

15 [전략] 먼저 x의 값의 범위를 구한 후 함수 $f(x)$의 증감
표를 만들어 최댓값과 최솟값을 구한다.

부등식 $4x^2+4x-3\leq0$에서
$$(2x+3)(2x-1)\leq0 \qquad \therefore -\frac{3}{2}\leq x\leq\frac{1}{2}$$
$f(x)=x^2(x+3)=x^3+3x^2$에서
$$f'(x)=3x^2+6x=3x(x+2)$$
$f'(x)=0$에서 $\quad x=0 \left(\because -\frac{3}{2}\leq x\leq\frac{1}{2}\right)$

$-\frac{3}{2}\leq x\leq\frac{1}{2}$에서 함수 $f(x)$의 증감표를 만들면 다음
과 같다.

x	$-\dfrac{3}{2}$	$\cdots$	0	$\cdots$	$\dfrac{1}{2}$
$f'(x)$		$-$	0	$+$	
$f(x)$	$\dfrac{27}{8}$	$\searrow$	0	$\nearrow$	$\dfrac{7}{8}$

따라서 함수 $f(x)$는 $x=-\dfrac{3}{2}$에서 최댓값 $\dfrac{27}{8}$, $x=0$
에서 최솟값 0을 가지므로 최댓값과 최솟값의 합은
$$\frac{27}{8}+0=\mathbf{\frac{27}{8}} \qquad\qquad 답 ④$$

16 [전략] 상자의 높이를 x로 놓은 후 상자의 부피를 x에 대
한 함수로 나타낸다.

상자의 높이를 x라 하면
$$\overline{AC}=\frac{x}{\tan60°}=\frac{\sqrt{3}}{3}x$$

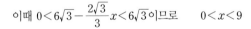

따라서 내부에 있는 정육각형의
한 변의 길이는
$$6\sqrt{3}-\frac{2\sqrt{3}}{3}x$$

이때 $0<6\sqrt{3}-\dfrac{2\sqrt{3}}{3}x<6\sqrt{3}$이므로 $\quad 0<x<9$

상자의 밑면의 넓이는 한 변의 길이가 $\left(6\sqrt{3}-\dfrac{2\sqrt{3}}{3}x\right)$인
정삼각형 6개의 넓이의 합과 같고, 상자의 높이는 x이므
로 상자의 부피를 $V(x)$라 하면

$$V(x)=6\cdot\frac{\sqrt{3}}{4}\left(6\sqrt{3}-\frac{2\sqrt{3}}{3}x\right)^2\cdot x$$

$$=\frac{3\sqrt{3}}{2}x\left(6\sqrt{3}-\frac{2\sqrt{3}}{3}x\right)^2$$

$$V'(x)=\frac{3\sqrt{3}}{2}\left(6\sqrt{3}-\frac{2\sqrt{3}}{3}x\right)^2$$

$$+3\sqrt{3}x\left(6\sqrt{3}-\frac{2\sqrt{3}}{3}x\right)\cdot\left(-\frac{2\sqrt{3}}{3}\right)$$

$$=\left(6\sqrt{3}-\frac{2\sqrt{3}}{3}x\right)(27-9x)$$

$V'(x)=0$에서 $x=3\ (\because 0<x<9)$

$0<x<9$에서 함수 $V(x)$의 증감표를 만들면 다음과 같다.

x	(0)	$\cdots$	3	$\cdots$	(9)
$V'(x)$		$+$	0	$-$	
$V(x)$		$\nearrow$	$216\sqrt{3}$	$\searrow$	

따라서 함수 $V(x)$는 $x=3$일 때 극대이면서 최대이므로 상자의 부피의 최댓값은 $\mathbf{216\sqrt{3}}$이다. 🄰 $216\sqrt{3}$

17 [전략] $f(x)=x^4-\dfrac{4}{3}x^3-4x^2+8x+4$로 놓고, 곡선 $y=f(x)$와 직선 $y=-k$의 교점의 개수를 이용한다.

$x^4-\dfrac{4}{3}x^3-4x^2+8x+k+4=0$에서

$x^4-\dfrac{4}{3}x^3-4x^2+8x+4=-k$

$f(x)=x^4-\dfrac{4}{3}x^3-4x^2+8x+4$로 놓으면

$$f'(x)=4x^3-4x^2-8x+8$$
$$=4(x-1)(x+\sqrt{2})(x-\sqrt{2})$$

$f'(x)=0$에서 $x=-\sqrt{2}$ 또는 $x=1$ 또는 $x=\sqrt{2}$

함수 $f(x)$의 증감표를 만들면 다음과 같다.

x	$\cdots$	$-\sqrt{2}$	$\cdots$	1	$\cdots$	$\sqrt{2}$	$\cdots$
$f'(x)$	$-$	0	$+$	0	$-$	0	$+$
$f(x)$	$\searrow$	$-\dfrac{16\sqrt{2}}{3}$	$\nearrow$	$\dfrac{23}{3}$	$\searrow$	$\dfrac{16\sqrt{2}}{3}$	$\nearrow$

즉, 함수 $y=f(x)$의 그래프는 다음 그림과 같다.

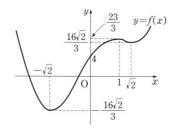

주어진 방정식이 서로 다른 네 실근을 가지려면 직선 $y=-k$가 곡선 $y=f(x)$와 서로 다른 네 점에서 만나야 하므로

$$\frac{16\sqrt{2}}{3}<-k<\frac{23}{3}$$

$$\therefore\ -\frac{23}{3}<k<-\frac{16\sqrt{2}}{3}$$

다른 풀이 $f(x)=x^4-\dfrac{4}{3}x^3-4x^2+8x+k+4$로 놓으면 방정식 $f(x)=0$이 서로 다른 네 실근을 가지려면 함수 $f(x)$의 극댓값은 양수이고, 극솟값은 모두 음수이어야 한다. 즉,

$$f(-\sqrt{2})=k-\frac{16\sqrt{2}}{3}<0 \implies k<\frac{16\sqrt{2}}{3}$$

$$f(1)=\frac{23}{3}+k>0 \implies k>-\frac{23}{3}$$

$$f(\sqrt{2})=k+\frac{16\sqrt{2}}{3}<0 \implies k<-\frac{16\sqrt{2}}{3}$$

위 세 부등식을 동시에 만족시키는 k의 값의 범위는

$$-\frac{23}{3}<k<-\frac{16\sqrt{2}}{3} \qquad 🄰\ -\frac{23}{3}<k<-\frac{16\sqrt{2}}{3}$$

18 [전략] 점 $(0,\ a)$에서 곡선에 그은 접점의 좌표를 $(t,\ t^3+3t^2+2t)$로 놓고, 실수 t의 값이 세 개가 나오도록 하는 실수 a의 값의 범위를 구한다.

점 $(0,\ a)$에서 곡선 $y=x^3+3x^2+2x$에 서로 다른 세 접선을 그을 수 있으려면 접선과 곡선의 접점의 좌표를 $(t,\ t^3+3t^2+2t)$라 할 때, 실수 t의 값이 세 개가 나오면 된다.

$f(x)=x^3+3x^2+2x$로 놓으면

$$f'(x)=3x^2+6x+2$$

즉, $f'(t)=3t^2+6t+2$이므로 점 $(t,\ t^3+3t^2+2t)$에서의 접선의 방정식은

$$y=(3t^2+6t+2)(x-t)+t^3+3t^2+2t$$

이 접선이 점 $(0,\ a)$를 지나므로

$$a=-3t^3-6t^2-2t+t^3+3t^2+2t=-2t^3-3t^2$$

$h(t)=-2t^3-3t^2$으로 놓으면 곡선 $y=h(t)$와 직선 $y=a$가 서로 다른 세 점에서 만나도록 하는 a의 값의 범위를 구하면 된다.

$$h'(t)=-6t^2-6t=-6t(t+1)$$

$h'(t)=0$에서 $t=-1$ 또는 $t=0$

함수 $h(t)$의 증감표를 만들고, 이를 이용하여 $y=h(t)$의 그래프를 그리면 다음과 같다.

t	$\cdots$	-1	$\cdots$	0	$\cdots$
$h'(t)$	$-$	0	$+$	0	$-$
$h(t)$	$\searrow$	-1	$\nearrow$	0	$\searrow$

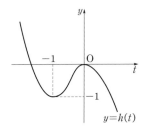

즉, 곡선 $y=h(t)$와 직선 $y=a$가 서로 다른 세 점에서 만나려면 a의 값의 범위는 $-1<a<0$이어야 한다.

따라서 $\alpha=-1$, $\beta=0$이므로 $\alpha+\beta=\mathbf{-1}$ 달 -1

19 [전략] $f(x)=x^{n+1}-(n+1)x+4$로 놓고, $f(x)$의 최솟값을 n에 대한 식으로 나타낸다.

$f(x)=x^{n+1}-(n+1)x+4$로 놓으면

$$\begin{aligned}f'(x)&=(n+1)x^n-(n+1)\\&=(n+1)(x^n-1)\end{aligned}$$

$f'(x)=0$에서 $x=1$ $(\because x\geq0)$

함수 $f(x)$의 증감표를 만들면 다음과 같다.

x	0	$\cdots$	1	$\cdots$
$f'(x)$		$-$	0	$+$
$f(x)$	4	$\searrow$	$-n+4$	$\nearrow$

즉, 함수 $f(x)$는 최솟값 $-n+4$를 갖는다.

이때 $x^{n+1}-(n+1)x+4\geq-n+4$이고 $-n+4\geq k$이므로 k의 최댓값은 $-n+4$이다.

따라서 $-n+4=-5$이므로 $n=\mathbf{9}$ 달 ⑤

20 [전략] 열차가 정지할 때는 속도가 **0 m/s**임을 이용한다.

열차가 제동을 건 지 t초 후의 속도를 v m/s라 하면

$$v=\frac{dx}{dt}=30-\frac{1}{5}at$$

열차가 정지할 때 $v=0$이므로

$$30-\frac{1}{5}at=0\qquad\therefore t=\frac{150}{a}$$

이때 $t\leq15$이어야 하므로 $\dfrac{150}{a}\leq15$

$$\therefore a\geq10\quad\cdots\cdots\text{㉠}$$

열차가 정지할 때까지 달린 거리는

$$30\cdot\frac{150}{a}-\frac{1}{10}a\cdot\left(\frac{150}{a}\right)^2=\frac{2250}{a}\ (\text{m})$$

이때 $\dfrac{2250}{a}\leq200$이어야 하므로

$$a\geq\frac{45}{4}\quad\cdots\cdots\text{㉡}$$

㉠, ㉡의 공통 부분을 구하면 $a\geq\dfrac{45}{4}$이므로 자연수 a의 최솟값은 **12**이다. 달 12

21 [전략] $h(t)=g(t)-f(t)$로 놓은 후 $10\leq t\leq30$에서 함수 $h(t)$의 증가, 감소를 조사하여 $y=h(t)$의 그래프의 개형을 그려 본다.

$h(t)=g(t)-f(t)$로 놓으면

$\quad h'(t)=g'(t)-f'(t)$

조건 (내로부터 $10\leq t\leq30$일 때 $h'(t)>0$이므로 이 구간에서 함수 $h(t)$는 증가한다.

이때 조건 (카로부터 $h(20)=0$이므로 $10\leq t\leq30$에서 $y=h(t)$의 그래프의 개형은 다음 그림과 같다.

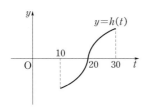

$h(t)=g(t)-f(t)$이므로

$h(t)<0$이면 A가 B보다 앞서 있는 것을,

$h(t)=0$이면 A와 B는 같은 위치에 있는 것을,

$h(t)>0$이면 B가 A보다 앞서 있는 것을 뜻한다.

따라서 **B가 A를 한 번 추월했음**을 알 수 있다. **目** ③

[APPLICATION] $01 \ \dfrac{1}{3}$

$02 \ h'(x)=3(2x+1)^2(3x+1)^4(16x+7)$

$03 \ 6$ $04 \ $ 극댓값 : 3, 극솟값 : -1

$05 \ (1) \ x_{n+1}=\dfrac{2}{3}x_n+\dfrac{1}{x_n^{\,2}}$ $(2) \ x_2=\dfrac{5}{3}, \ x_3=\dfrac{331}{225}$

$(3) \ \sqrt[3]{3}$

$01 \qquad \lim\limits_{x\to1}\dfrac{g(x)-2}{x-1}=3$에서 $x\to1$일 때

(분모) → 0이고 극한값이 존재하므로 (분자) → 0이어야 한다.

즉, $\lim\limits_{x\to1}\{g(x)-2\}=0$이므로 $g(1)=2$

$\quad \therefore \lim\limits_{x\to1}\dfrac{g(x)-2}{x-1}=\lim\limits_{x\to1}\dfrac{g(x)-g(1)}{x-1}=g'(1)=3$

이때 $g(1)=2 \iff f(2)=1$이므로

$\quad f'(2)=\dfrac{1}{g'(1)}=\dfrac{\mathbf{1}}{\mathbf{3}}$ **目** $\dfrac{1}{3}$

$02 \qquad h(x)=(2x+1)^3(3x+1)^5$에 합성함수의 미분법과 곱의 미분법을 동시에 이용하면

$\quad \boldsymbol{h'(x)}=\{3(2x+1)^2\cdot2\}(3x+1)^5$

$\qquad\qquad\qquad\qquad +(2x+1)^3\{5(3x+1)^4\cdot3\}$

$\qquad\quad =(2x+1)^2(3x+1)^4\{6(3x+1)$

$\qquad\qquad\qquad\qquad +15(2x+1)\}$

$\qquad\quad =\boldsymbol{3(2x+1)^2(3x+1)^4(16x+7)}$

$\qquad$ **目** $h'(x)=3(2x+1)^2(3x+1)^4(16x+7)$

$03 \qquad \lim\limits_{x\to1}\dfrac{f(x)-1}{x-1}=2$에서 $x\to1$일 때

(분모) → 0이고 극한값이 존재하므로 (분자) → 0이어야 한다.

즉, $\lim\limits_{x \to 1}\{f(x)-1\}=0$이므로 $f(1)=1$

$\therefore \lim\limits_{x \to 1}\dfrac{f(x)-1}{x-1}=\lim\limits_{x \to 1}\dfrac{f(x)-f(1)}{x-1}=f'(1)=2$

또 $\lim\limits_{x \to 1}\dfrac{g(x)-2}{x-1}=3$에서 $x \to 1$일 때 (분모)$\to 0$이고

극한값이 존재하므로 (분자)$\to 0$이어야 한다.

즉 $\lim\limits_{x \to 1}\{g(x)-2\}=0$이므로 $g(1)=2$

$\therefore \lim\limits_{x \to 1}\dfrac{g(x)-2}{x-1}=\lim\limits_{x \to 1}\dfrac{g(x)-g(1)}{x-1}=g'(1)=3$

따라서 함수 $g(f(x))$의 도함수가 $g'(f(x))f'(x)$이므로 $x=1$에서의 미분계수는

$g'(f(1))f'(1)=g'(1)f'(1)=3 \cdot 2 = \mathbf{6}$ **답** 6

04 $f(x)=x^3+3x^2-1$에서

$f'(x)=3x^2+6x=3x(x+2)$

$f'(x)=0$에서 $x=-2$ 또는 $x=0$

이때 $f''(x)=6x+6$이므로

$f''(-2)=-6<0,\ f''(0)=6>0$

즉, 함수 $f(x)$는 $x=-2$에서 극대이고, $x=0$에서 극소이다.

따라서 **극댓값**은 $f(-2)=\mathbf{3}$, **극솟값**은 $f(0)=\mathbf{-1}$이다.   **답** 극댓값 : 3, 극솟값 : -1

05   (1) $f(x)=x^3-3$으로 놓으면 $f'(x)=3x^2$

$x_{n+1}=x_n-\dfrac{f(x_n)}{f'(x_n)}$ 에 대입하면

$x_{n+1}=x_n-\dfrac{x_n^3-3}{3x_n^2}$

$\therefore x_{n+1}=\dfrac{2}{3}x_n+\dfrac{1}{x_n^2}$

(2) $x_1=1$이고 $x_{n+1}=\dfrac{2}{3}x_n+\dfrac{1}{x_n^2}$이므로

$x_2=\dfrac{2}{3}+1=\dfrac{5}{3}$

$x_3=\dfrac{2}{3}\cdot\dfrac{5}{3}+\dfrac{1}{\dfrac{25}{9}}=\dfrac{10}{9}+\dfrac{9}{25}=\dfrac{\mathbf{331}}{\mathbf{225}}$

(3) $\lim\limits_{n \to \infty}x_n=a$로 놓고 $x_{n+1}=\dfrac{2}{3}x_n+\dfrac{1}{x_n^2}$의 양변에 극한을 취하면

$\lim\limits_{n \to \infty}x_{n+1}=\lim\limits_{n \to \infty}\left(\dfrac{2}{3}x_n+\dfrac{1}{x_n^2}\right)$

$\qquad\qquad=\dfrac{2}{3}\lim\limits_{n \to \infty}x_n+\dfrac{1}{\lim\limits_{n \to \infty}x_n^2}$

이때 $\lim\limits_{n \to \infty}x_n=\lim\limits_{n \to \infty}x_{n+1}=a$이므로

$a=\dfrac{2}{3}a+\dfrac{1}{a^2},\ a^3=3$

$\therefore a=\sqrt[3]{3}$ ($\because a$는 실수)

답   (1) $x_{n+1}=\dfrac{2}{3}x_n+\dfrac{1}{x_n^2}$

(2) $x_2=\dfrac{5}{3}$, $x_3=\dfrac{331}{225}$

(3) $\sqrt[3]{3}$

III 다항함수의 적분법

1. 부정적분

01 🔑 (1) 부정적분, 원시함수, $\int f(x)\,dx$

(2) 적분상수, 적분변수

(3) $f(x)$, $f(x)+C$

(4) $\dfrac{1}{n+1}x^{n+1}+C$

02 (1) $\displaystyle\int f(x)\,dx=\int g(x)\,dx$이면

$$\int f(x)\,dx-\int g(x)\,dx=0$$

$$\int \{f(x)-g(x)\}\,dx=0$$

$$f(x)-g(x)=0$$

$$\therefore f(x)=g(x) \ (\text{참})$$

(2) 어떤 함수를 적분 후 미분하면 원래 함수와 같아지지만 어떤 함수를 미분 후 적분하면 원래 함수에 상수 C가 더해진 꼴이 되어 결과가 서로 다르다. (거짓)

(3) 피적분함수를 알면 원시함수에 상수 C가 더해진 식이 나온다. 즉 원시함수를 하나로 확정 지을 수 없다. 만약 함숫값이 하나 주어진다면 C를 구할 수 있게 되므로 그때는 원시함수를 하나로 확정 지을 수 있다. (거짓)

(4) (반례) $f(x)=x$, $g(x)=x^2$일 때

$$\int f(x)g(x)\,dx=\int x\cdot x^2\,dx$$

$$=\int x^3\,dx=\frac{1}{4}x^4+C$$

$$\int f(x)\,dx\cdot \int g(x)\,dx$$

$$=\int x\,dx\cdot \int x^2\,dx$$

$$=\left(\frac{1}{2}x^2+C_1\right)\left(\frac{1}{3}x^3+C_2\right)$$

$$=\frac{1}{6}x^5+\frac{C_1}{3}x^3+\frac{C_2}{2}x^2+C_1C_2$$

$$\therefore \int f(x)g(x)\,dx\neq \int f(x)\,dx\cdot \int g(x)\,dx \ (\text{거짓})$$

🔑 (1) 참 (2) 거짓 (3) 거짓 (4) 거짓

03 (1) $\displaystyle\int f(x)\,dx$는 x에 대한 식이고, $\displaystyle\int f(t)\,dt$는 t에 대한 식으로 문자는 서로 다르지만 각각의 변수에 대한 대응 관계는 서로 같다. 한편 $\displaystyle\int f(t)\,dx$는 피적분함수의 변수와 적분변수가 달라 $f(t)$가 상수로 취급된다. 즉,

$$\int f(t)\,dx=f(t)\int dx=f(t)x+C$$

가 된다.

(2) $\displaystyle\int \sum_{k=1}^{n} f_k(x)\,dx$

$$=\int \{f_1(x)+f_2(x)+\cdots+f_n(x)\}\,dx$$

$$=\int f_1(x)\,dx+\int f_2(x)\,dx+\cdots+\int f_n(x)\,dx$$

$$=\sum_{k=1}^{n}\int f_k(x)\,dx$$

$$\therefore \int \sum_{k=1}^{n} f_k(x)\,dx=\sum_{k=1}^{n}\int f_k(x)\,dx$$

🔑 풀이 참조

01 ③   **02** -189 **03** 5151 **04** -58

05 2^{n+1} **06** $f(x)=x^2-x-2,\ g(x)=x-4$

07 ④   **08** $f(x)=4x^3-6x^2+5$ **09** -24

10 $\dfrac{256}{3}$

---

01 주어진 식의 양변을 x에 대하여 미분하면

$(x+2)f(x)=6x^2-24=6(x^2-4)$

$\qquad\qquad\quad =6(x-2)(x+2)$

따라서 $f(x)=6(x-2)$이므로

$\quad f(5)=6\cdot 3=\mathbf{18}$ 답 ③

02 $\dfrac{d}{dx}\left\{\displaystyle\int (ax^3+3x^2-7)\,dx\right\}=ax^3+3x^2-7$이

므로

$\quad ax^3+3x^2-7=9x^3+bx^2+c$

위의 등식이 모든 실수 x에 대하여 성립하므로

$\quad a=9,\ b=3,\ c=-7 \qquad \therefore abc=\mathbf{-189}$

답 -189

03 $F(x)=\displaystyle\int\left[\dfrac{d}{dx}\int\left\{\dfrac{d}{dx}f(x)\right\}dx\right]dx$

$\qquad\quad =\displaystyle\int\left[\dfrac{d}{dx}\{f(x)+C_1\}\right]dx$

$\qquad\quad =f(x)+C$

한편 $F(0)=101$이고 $f(0)=\displaystyle\sum_{n=1}^{100}n\cdot 0^n=0$이므로

$\quad F(0)=f(0)+C=0+C=101$

$\quad \therefore C=101$

따라서 $F(x)=f(x)+101=\displaystyle\sum_{n=1}^{100}nx^n+101$이므로

$\quad F(1)=\displaystyle\sum_{n=1}^{100}n\cdot 1^n+101$

$\qquad\quad =\displaystyle\sum_{n=1}^{100}n+101=\sum_{n=1}^{101}n$

$\qquad\quad =\dfrac{101\cdot 102}{2}=\mathbf{5151}$ 답 5151

04 $f(x)=\displaystyle\int\dfrac{x^3}{x-1}\,dx-\int\dfrac{1}{x-1}\,dx$

$\qquad\quad =\displaystyle\int\dfrac{x^3-1}{x-1}\,dx$

$\qquad\quad =\displaystyle\int\dfrac{(x-1)(x^2+x+1)}{x-1}\,dx$

$\qquad\quad =\displaystyle\int(x^2+x+1)\,dx$

$\qquad\quad =\dfrac{1}{3}x^3+\dfrac{1}{2}x^2+x+C$

$f(0)=2$이므로 $\qquad C=2$

따라서 $f(x)=\dfrac{1}{3}x^3+\dfrac{1}{2}x^2+x+2$이므로

$\quad f(-6)=-72+18-6+2=\mathbf{-58}$ 답 -58

05 $f(x)=\displaystyle\int(1+2x+3x^2+\cdots+nx^{n-1})\,dx$

$\qquad\quad =x+x^2+x^3+\cdots+x^n+C$

$f(0)=2$이므로 $\qquad C=2$

따라서 $f(x)=2+x+x^2+\cdots+x^n$이므로

$\quad f(2)=2+2+2^2+\cdots+2^n$

$\qquad\quad =1+(1+2+2^2+\cdots+2^n)$

$\qquad\quad =1+\dfrac{2^{n+1}-1}{2-1}$

$\qquad\quad =\mathbf{2^{n+1}}$ 답 2^{n+1}

06 $\dfrac{d}{dx}\{f(x)g(x)\}=3x^2-10x+2$이므로

$\quad f(x)g(x)=x^3-5x^2+2x+C_1$

$\dfrac{d}{dx}\{f(x)+g(x)\}=2x$이므로

$\quad f(x)+g(x)=x^2+C_2$

이때 $f(0)=-2,\ g(0)=-4$이므로

$\quad f(0)g(0)=C_1=8$

$\quad f(0)+g(0)=C_2=-6$

$\quad \therefore f(x)g(x)=x^3-5x^2+2x+8$

$\qquad\qquad\qquad =(x+1)(x-2)(x-4)$

$$f(x)+g(x)=x^2-6$$

그런데 $f(0)=-2$, $g(0)=-4$이므로

$$f(x)=x^2-x-2, \ g(x)=x-4$$

閏 $f(x)=x^2-x-2, \ g(x)=x-4$

채점 기준	배점
❶ 주어진 식의 양변을 x에 대하여 미분하여 $f'(x)$ 구하기	40 %
❷ $f'(x)$ 적분하기	40 %
❸ $f(x)$ 구하기	20 %

閏 $f(x)=4x^3-6x^2+5$

07 $f'(x)=3x^2-4x+k$이므로

$$f(x)=\int f'(x)dx=\int(3x^2-4x+k)dx$$
$$=x^3-2x^2+kx+C$$

이때 다항식 $f(x)$가 x^2-2x-3, 즉 $(x+1)(x-3)$으로 나누어떨어지므로 $f(x)$는 $x+1$, $x-3$으로 각각 나누어떨어진다.

인수정리에 의하여 $f(-1)=0$, $f(3)=0$이므로

$$-1-2-k+C=0, \ 27-18+3k+C=0$$
$$\therefore \ -k+C=3, \ 3k+C=-9$$

위의 두 식을 연립하여 풀면 $k=-3$, $C=0$

따라서 $f(x)=x^3-2x^2-3x$이므로

$$f(1)=1-2-3=\mathbf{-4}$$

閏 ④

08 $F(x)=xf(x)-3x^4+4x^3$의 양변을 x에 대하여 미분하면

$$f(x)=f(x)+xf'(x)-12x^3+12x^2$$
$$xf'(x)=12x^3-12x^2$$
$$\therefore \ f'(x)=12x^2-12x \qquad \cdots\cdots ❶$$
$$\therefore \ f(x)=\int f'(x)dx$$
$$=\int(12x^2-12x)dx$$
$$=4x^3-6x^2+C \qquad \cdots\cdots ❷$$

$f(1)=3$이므로

$$f(1)=4-6+C=3 \qquad \therefore \ C=5$$
$$\therefore \ \mathbf{f(x)=4x^3-6x^2+5} \qquad \cdots\cdots ❸$$

09 $\int f(x)dx=xf(x)-2x^3+6x^2$의 양변을 x에 대하여 미분하면

$$f(x)=f(x)+xf'(x)-6x^2+12x$$
$$xf'(x)=6x^2-12x$$
$$\therefore \ f'(x)=6x-12$$
$$\therefore \ \lim_{h\to0}\frac{f(h)-f(-h)}{h}$$
$$=\lim_{h\to0}\frac{f(h)-f(0)+f(0)-f(-h)}{h}$$
$$=\lim_{h\to0}\frac{f(h)-f(0)}{h}+\lim_{h\to0}\frac{f(-h)-f(0)}{-h}$$
$$=f'(0)+f'(0)=2f'(0)$$

$f'(0)=-12$이므로

$$2f'(0)=2\times(-12)=\mathbf{-24}$$

閏 -24

10 $f(x)$의 한 부정적분을 $F(x)$라 하면

$$F(x)=\int(x^2-4x-12)dx$$
$$=\frac{1}{3}x^3-2x^2-12x+C$$

한편

$$F'(x)=f(x)=x^2-4x-12$$
$$=(x+2)(x-6)$$

이므로 $f(x)=0$에서

$$x=-2 \ \text{또는} \ x=6$$

함수 $F(x)$의 증감표는 다음과 같다.

x	$\cdots$	-2	$\cdots$	6	$\cdots$
$f(x)$	$+$	0	$-$	0	$+$
$F(x)$	↗	(극대)	↘	(극소)	↗

$$\therefore F(-2)-F(6)$$

$$=\left(-\frac{8}{3}-8+24+C\right)-(72-72-72+C)$$

$$=\frac{256}{3}$$

답 $\dfrac{256}{3}$

본문 250~251쪽

EXERCISES B SUMMA CUM LAUDE

01 $n+1$ 02 ② 03 $\dfrac{27}{2}$ 04 7

05 $f(x)=\begin{cases} 8x^2 & (x<1) \\ 4x^2+8x-4 & (x\geq1) \end{cases}$

또는 $f(x)=\begin{cases} 2x^2 & (x<1) \\ -2x^2+8x-4 & (x\geq1) \end{cases}$

06 3 07 -12 08 $f(x)=3x-2$ 09 -2

10 -50

01
$$F(x)=\sum_{k=1}^{n}\left\{(k+1)\int x^k dx\right\}$$

$$=\sum_{k=1}^{n}(x^{k+1}+C)$$

$$=x^2+x^3+\cdots+x^{n+1}+nC$$

그런데 $F(0)=1$이므로 $nC=1$

따라서 $F(x)=x^2+x^3+\cdots+x^{n+1}+1$이므로

$$F(1)=1+1+\cdots+1+1$$

$$=\boldsymbol{n+1}$$

답 $n+1$

---

02 $x=a$에서 $x=b\,(a\neq b)$까지의 $f(x)$의 평균변화율은 $\dfrac{f(b)-f(a)}{b-a}$ 이고 $x=a$에서의 $f(x)$의 순간변화율과 $x=b$에서의 $f(x)$의 순간변화율의 평균은 $\dfrac{f'(b)+f'(a)}{2}$ 이다. 이 두 결과가 같으므로

$$\frac{f(b)-f(a)}{b-a}=\frac{f'(b)+f'(a)}{2}$$

$$\iff (b-a)\{f'(a)+f'(b)\}=2\{f(b)-f(a)\}$$

이때 위 식에서 b 대신 x를 대입하고 또 a 대신 x를 대입하여 얻은 두 식

$$(x-a)\{f'(a)+f'(x)\}=2\{f(x)-f(a)\},$$

$$(b-x)\{f'(x)+f'(b)\}=2\{f(b)-f(x)\}$$

를 변끼리 더하여 정리하면

$$f'(x)(b-a)=\{f'(b)-f'(a)\}x+2f(b)-2f(a)$$
$$-bf'(b)+af'(a)$$

즉, 상수 P, Q에 대하여 $f'(x)=Px+Q$로 나타낼 수 있다.

$$\therefore f(x)=\int f'(x)\,dx=\int (Px+Q)\,dx$$
$$=Ax^2+Bx+C$$

답 ②

03 $f(x)=\int\left\{\dfrac{d}{dx}(x^3+2x)\right\}dx=x^3+2x+C$이
고 세 수 $f(0)=C$, $f(1)=3+C$, $f(2)=12+C$가 이 순서대로 등비수열을 이루므로

$$(3+C)^2=C(12+C)$$
$$6C=9 \qquad \therefore C=\frac{3}{2}$$

즉, $f(x)=x^3+2x+\dfrac{3}{2}$ 이고 $f'(x)=3x^2+2>0$이므로 함수 $f(x)$는 증가함수이다.

따라서 $f(x)$는 닫힌구간 $[-2,\,2]$에서 증가하므로 $f(x)$의 최댓값은

$$f(2)=8+4+\frac{3}{2}=\boldsymbol{\frac{27}{2}}$$

답 $\dfrac{27}{2}$

04 $f(x)=\int f'(x)\,dx$
$$=\int (6x^2-6x-12)\,dx$$
$$=2x^3-3x^2-12x+C$$

이때 삼차방정식 $f(x)=0$이 서로 다른 두 실근을 가지므로 $f(x)$는 중근 α와 다른 한 실근 β를 갖는다. ······ ❶

즉, $2x^3-3x^2-12x+C=2(x-\alpha)^2(x-\beta)$에서
$2x^3-3x^2-12x+C=2x^3-2(2\alpha+\beta)x^2$
$$+2(\alpha^2+2\alpha\beta)x-2\alpha^2\beta$$

이므로 $2\alpha+\beta=\dfrac{3}{2}$, $\alpha^2+2\alpha\beta=-6$, $\alpha^2\beta=-\dfrac{C}{2}$

$$\therefore \alpha=2,\ \beta=-\frac{5}{2},\ C=20$$

$$또는 \alpha=-1,\ \beta=\frac{7}{2},\ C=-7$$

그런데 $\alpha\beta$가 정수이므로

$$\alpha=2,\ \beta=-\frac{5}{2},\ C=20$$

즉, $f(x)=2x^3-3x^2-12x+20$ ······ ❷
$$\therefore f(1)=2-3-12+20=\boldsymbol{7}$$ ······ ❸

채점 기준	배점
❶ $f(x)$가 중근과 다른 한 실근을 가짐을 알기	30 %
❷ $f(x)$ 구하기	50 %
❸ $f(1)$의 값 구하기	20 %

답 7

05 $f'(x)=\begin{cases} a^2x & (x<1) \\ -2ax+8 & (x\geq1) \end{cases}$ 이 $x=1$에서 연
속이므로 $\displaystyle\lim_{x\to1-}f'(x)=f'(1)$이어야 한다. 즉,

$$a^2=-2a+8,\ a^2+2a-8=(a+4)(a-2)=0$$
$$\therefore a=-4 \ 또는 \ a=2$$

(i) $a=-4$인 경우

$$f'(x)=\begin{cases} 16x & (x<1) \\ 8x+8 & (x\geq1) \end{cases}$$

$f(0)=0$이므로 $f'(x)$를 적분하면

$$f(x)=\begin{cases} 8x^2 & (x<1) \\ 4x^2+8x+C_1 & (x\geq1) \end{cases}$$

$x=1$에서 $f(x)$는 연속이므로

$$8=4+8+C_1 \qquad \therefore C_1=-4$$

$$\therefore \boldsymbol{f(x)}=\begin{cases} \boldsymbol{8x^2} & \boldsymbol{(x<1)} \\ \boldsymbol{4x^2+8x-4} & \boldsymbol{(x\geq1)} \end{cases}$$

(ii) $a=2$인 경우

$$f'(x)=\begin{cases} 4x & (x<1) \\ -4x+8 & (x\geq1) \end{cases}$$

$f(0)=0$이므로 $f'(x)$를 적분하면

$$f(x)=\begin{cases} 2x^2 & (x<1) \\ -2x^2+8x+C_2 & (x\geq1) \end{cases}$$

$x=1$에서 $f(x)$는 연속이므로

$$2=-2+8+C_2 \qquad \therefore C_2=-4$$

$$\therefore \boldsymbol{f(x)}=\begin{cases} \boldsymbol{2x^2} & \boldsymbol{(x<1)} \\ \boldsymbol{-2x^2+8x-4} & \boldsymbol{(x\geq1)} \end{cases}$$

$$\text{답}\quad f(x)=\begin{cases} 8x^2 & (x<1) \\ 4x^2+8x-4 & (x\geq 1) \end{cases}$$

$$\text{또는 } f(x)=\begin{cases} 2x^2 & (x<1) \\ -2x^2+8x-4 & (x\geq 1) \end{cases}$$

06 $\displaystyle\int\{f(x)+g(x)\}\,dx=\dfrac{1}{3}x^3+3x+C$의 양변

을 x에 대하여 미분하면

$$f(x)+g(x)=x^2+3 \qquad \cdots\cdots \text{㉠}$$

이때 $f(1)+g(1)=1+3=4$이고 $g(1)=3$이므로

$$f(1)=1$$

한편 곱의 미분법에서

$$\{f(x)g(x)\}'=f'(x)g(x)+f(x)g'(x)$$

이고 $f'(x)g(x)+f(x)g'(x)=3x^2+2x-1$이므로

$$f(x)g(x)=\int(3x^2+2x-1)\,dx=x^3+x^2-x+C_1$$

$f(1)g(1)=1+1-1+C_1=3$이므로 $\quad C_1=2$

$$\therefore\ f(x)g(x)=x^3+x^2-x+2$$
$$=(x+2)(x^2-x+1) \qquad \cdots\cdots \text{㉡}$$

㉠, ㉡을 만족시키고 $f(1)=1$, $g(1)=3$이므로

$$f(x)=x^2-x+1,\ g(x)=x+2$$

$$\therefore\ f(2)=4-2+1=\mathbf{3} \qquad\qquad \text{답}\ 3$$

07 주어진 그래프에서

$$f'(x)=\begin{cases} 4 & (x<-2) \\ 2x & (-2<x<2) \\ -4 & (x>2) \end{cases}$$

$f(x)=\displaystyle\int f'(x)\,dx$이고 $f(x)$는 연속함수이므로

$$f(x)=\begin{cases} 4x+C_1 & (x<-2) \\ x^2+C_2 & (-2\leq x<2) \\ -4x+C_3 & (x\geq 2) \end{cases}$$

이때 함수 $y=f(x)$의 그래프가 원점을 지나므로

$$f(0)=0 \qquad \therefore\ C_2=0$$

$f(x)$가 $x=-2$에서 연속이므로

$$\lim_{x\to-2-}(4x+C_1)=f(-2)$$

$$-8+C_1=4 \qquad \therefore\ C_1=12$$

$f(x)$가 $x=2$에서 연속이므로

$$\lim_{x\to 2-}x^2=f(2)$$

$$4=-8+C_3 \qquad \therefore\ C_3=12$$

$$\therefore\ f(x)=\begin{cases} 4x+12 & (x<-2) \\ x^2 & (-2\leq x<2) \\ -4x+12 & (x\geq 2) \end{cases}$$

$$\therefore\ f(-4)+f(5)=(-16+12)+(-20+12)$$
$$=-4-8=\mathbf{-12} \qquad \text{답}\ -12$$

08 주어진 식에 $x=0$, $y=0$을 대입하면

$$f(0)=f(0)+f(0)+2$$

이므로 $\quad f(0)=-2$

$f(x)$는 미분가능하므로 도함수의 정의에 의하여

$f'(x)$를 구하면

$$f'(x)=\lim_{h\to 0}\frac{f(x+h)-f(x)}{h}$$
$$=\lim_{h\to 0}\frac{f(x)+f(h)+2-f(x)}{h}$$
$$=\lim_{h\to 0}\frac{f(h)+2}{h}$$
$$=\lim_{h\to 0}\frac{f(0+h)-f(0)}{h}$$
$$=f'(0)=3$$

즉, $f'(x)=3$이므로

$$f(x)=\int 3\,dx=3x+C$$

이때 $f(0)=-2$이므로 $\quad C=-2$

$$\therefore\ \boldsymbol{f(x)=3x-2} \qquad\qquad \text{답}\ f(x)=3x-2$$

09 주어진 식의 양변을 x에 대하여 미분하면

$$f(x)+x=x^3+3ax^2+2bx+c$$

$$\therefore\ f(x)=x^3+3ax^2+(2b-1)x+c$$

함수 $f(x)$가 $x=1$, $x=3$에서 극값을 가지므로

$$f'(1)=0,\ f'(3)=0$$

$$f'(x)=3x^2+6ax+2b-1$$
$$=3(x-1)(x-3)$$
$$=3x^2-12x+9$$

에서 $6a=-12,\ 2b-1=9$

$\therefore a=-2,\ b=5$

$\therefore f(x)=x^3-6x^2+9x+c$

한편 $f(x)$가 삼차함수이고 최고차항의 계수가 양수이므로 $x=1$일 때 극댓값을 갖고, $x=3$일 때 극솟값을 갖는다. 이때 극솟값이 -6이므로

$$f(3)=27-54+27+c=-6 \qquad \therefore c=-6$$

따라서 $f(x)=x^3-6x^2+9x-6$이므로 $f(x)$의 극댓값은

$$f(1)=1-6+9-6=\mathbf{-2} \qquad\qquad \text{답}\ \ -2$$

10 $f(x)-g(x)$의 부정적분 중 하나가 $f(x)+g(x)$의 도함수와 같으므로

$$\int\{f(x)-g(x)\}\,dx=\frac{d}{dx}\{f(x)+g(x)\} \ \cdots\cdots\ \text{㉠}$$

이다. 이때 $f(x)$와 $g(x)$는 모두 삼차함수이므로 $f(x)+g(x)$는 삼차함수, $f(x)-g(x)$는 일차함수가 됨을 알 수 있다. 즉,

$$f(x)-g(x)=ax+b\ (\text{단},\ a\neq0)$$

로 놓을 수 있다.

$$\therefore g(x)=f(x)-ax-b$$
$$=4x^3+3x^2+(2-a)x+(1-b)$$

이를 ㉠의 좌변과 우변에 각각 대입하여 계산해 보면

(좌변) : $\displaystyle\int\{f(x)-g(x)\}\,dx=\int(ax+b)\,dx$

$$=\frac{a}{2}x^2+bx+C$$

(우변) : $\dfrac{d}{dx}\{f(x)+g(x)\}$

$$=\frac{d}{dx}\{8x^3+6x^2+(4-a)x+(2-b)\}$$
$$=24x^2+12x+(4-a)$$

(좌변)=(우변)이므로

$a=48,\ b=12,\ C=-44$

따라서 $g(x)=4x^3+3x^2-46x-11$이므로

$$g(1)=4+3-46-11=\mathbf{-50} \qquad \text{답}\ \ -50$$

2. 정적분

Review Quiz   SUMMA CUM LAUDE   본문 277쪽

01 (1) $F(b)-F(a)$

(2) a에서 b까지 적분한다, 아래끝, 위끝, 적분 구간

(3) 0 (4) $f(x)$

02 (1) 거짓 (2) 참 **03** 풀이 참조

---

01 🅐 (1) $F(b)-F(a)$

(2) a에서 b까지 적분한다, 아래끝, 위끝, 적분 구간

(3) 0

(4) $f(x)$

02 (1) (반례) 닫힌구간 $[0, 2]$에서 연속인 함수 $y=-x-1$에 대하여

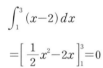

$$\int_0^2 (-x-1)\,dx$$

$$=\left[-\frac{1}{2}x^2-x\right]_0^2=-4$$

로 정적분의 값이 음수이다.

또 닫힌구간 $[1, 3]$에서 연속인 함수 $y=x-2$에 대하여

$$\int_1^3 (x-2)\,dx$$

$$=\left[\frac{1}{2}x^2-2x\right]_1^3=0$$

즉, 정적분의 값이 0이다. (거짓)

(2) 닫힌구간 $[a, b]$에서 연속인 함수 $f(x)$에 대하여 오른쪽 그림과 같이 적분 구간에 함숫값이 양수인 부분의 넓이를 A, 음수인 부분의 넓이를 B라 하면

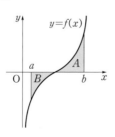

$$\left|\int_a^b f(x)\,dx\right|=|A-B|\,\text{이고}$$

$$\int_a^b |f(x)|\,dx=A+B\text{이다.}$$

즉, 양수 A, B에 대하여 $|A-B|<A+B$이므로 부등식 $\left|\int_a^b f(x)\,dx\right|\leq\int_a^b |f(x)|\,dx$가 항상 성립한다. (참)

🅐 (1) 거짓 (2) 참

03 (1) 부정적분은 하나의 함수이지만 정적분은 하나의 수이다.

(2) 짝함수는 그 그래프가 y축에 대하여 대칭인 함수이므로 구간 $[-a, 0]$에서의 정적분의 값과 구간 $[0, a]$에서의 정적분의 값이 서로 같다.

따라서 구간 $[-a, a]$에서의 정적분의 값은 구간 $[-a, 0]$에서의 정적분의 값의 2배이다.

🅐 풀이 참조

EXERCISES 𝒜

SUMMA CUM LAUDE 본문 278~279쪽

01 ④　02 5　03 64　04 $\dfrac{9}{2}$　05 5

06 40　07 4　08 6　09 4　10 ③

01
$$\int_1^a (2x+1)\,dx = \left[x^2 + x \right]_1^a$$
$$= a^2 + a - 2$$

즉, $a^2 + a - 2 \le 4$이므로

$$a^2 + a - 6 \le 0,\ (a+3)(a-2) \le 0$$
$$\therefore\ -3 \le a \le 2$$

따라서 조건을 만족시키는 정수 a의 개수는

$-3,\ -2,\ -1,\ 0,\ 1,\ 2$로 **6**이다.　　　目 ④

02
$$\int_0^6 f(x)\,dx - \int_1^7 f(x)\,dx + \int_6^7 f(x)\,dx$$
$$= \int_0^6 f(x)\,dx + \int_6^7 f(x)\,dx - \int_1^7 f(x)\,dx$$
$$= \int_0^7 f(x)\,dx + \int_7^1 f(x)\,dx$$
$$= \int_0^1 f(x)\,dx = \int_0^1 (3x^2 + 4x + 2)\,dx$$
$$= \left[x^3 + 2x^2 + 2x \right]_0^1$$
$$= 5$$　　　目 5

03 함수 $f(x)$가 실수 전체의 집합에서 연속이려면
$x=2$에서 연속이어야 하므로
$$\lim_{x \to 2^-} (x^2 - 4x + a) = \lim_{x \to 2^+} (4x - 10)$$
$$-4 + a = -2 \qquad \therefore\ a = 2 \qquad \cdots\cdots ❶$$
$$\therefore\ \int_0^5 f(x)\,dx$$
$$= \int_0^2 (x^2 - 4x + 2)\,dx + \int_2^5 (4x - 10)\,dx$$
$$= \left[\dfrac{1}{3}x^3 - 2x^2 + 2x \right]_0^2 + \left[2x^2 - 10x \right]_2^5$$

$$= -\dfrac{4}{3} + 12$$
$$= \dfrac{32}{3}$$
$$\therefore\ b = \dfrac{32}{3} \qquad \cdots\cdots ❷$$
$$\therefore\ 3ab = 3 \times 2 \times \dfrac{32}{3} = 64 \qquad \cdots\cdots ❸$$

채점 기준	배점
❶ a의 값 구하기	30 %
❷ b의 값 구하기	60 %
❸ $3ab$의 값 구하기	10 %

目 64

04 $|x-3| = \begin{cases} -x+3 & (x \le 3) \\ x-3 & (x \ge 3) \end{cases}$ 이고 $a > 3$이므로
$$\int_0^a 6x|x-3|\,dx$$
$$= \int_0^3 (-6x^2 + 18x)\,dx + \int_3^a (6x^2 - 18x)\,dx$$
$$= \left[-2x^3 + 9x^2 \right]_0^3 + \left[2x^3 - 9x^2 \right]_3^a$$
$$= 27 + \{ 2a^3 - 9a^2 - (-27) \}$$
$$= 2a^3 - 9a^2 + 54$$

따라서 $2a^3 - 9a^2 + 54 = 54$이므로　$2a^2 \left(a - \dfrac{9}{2} \right) = 0$

$$\therefore\ a = \dfrac{9}{2}\ (\because\ a > 3) \qquad 目\ \dfrac{9}{2}$$

05 $f(-x) = f(x)$이므로 $f(x)$는 짝함수이다.
따라서 $(2x+3)f(x) = 2xf(x) + 3f(x)$에서 $2xf(x)$
는 홀함수이고 $3f(x)$는 짝함수이다.
$$\therefore\ \int_{-1}^1 (2x+3)f(x)\,dx$$
$$= \int_{-1}^1 \{ 2xf(x) + 3f(x) \}\,dx$$
$$= \int_{-1}^1 2xf(x)\,dx + \int_{-1}^1 3f(x)\,dx$$

$$= \int_{-1}^{1} 3f(x)\,dx$$

이때 $\int_{-1}^{1} 3f(x)\,dx = 2\int_{0}^{1} 3f(x)\,dx = 6\int_{0}^{1} f(x)\,dx$이므로

$6\int_{0}^{1} f(x)\,dx = 30$에서

$$\int_{0}^{1} f(x)\,dx = 5$$

$$\therefore \int_{-1}^{0} f(x)\,dx = \int_{0}^{1} f(x)\,dx = \mathbf{5}$$ 冒 5

06 $\quad \int_{0}^{x} f(t)\,dt = x^3 - 2x^2 - 2x\int_{0}^{1} f(t)\,dt$ ……㉠

의 양변에 $x=1$을 대입하면

$$\int_{0}^{1} f(t)\,dt = -1 - 2\int_{0}^{1} f(t)\,dt$$

$$3\int_{0}^{1} f(t)\,dt = -1$$

$$\therefore \int_{0}^{1} f(t)\,dt = -\frac{1}{3}$$ ……㉡

㉡을 ㉠에 대입하면

$$\int_{0}^{x} f(t)\,dt = x^3 - 2x^2 + \frac{2}{3}x$$

양변을 x에 대하여 미분하면

$$f(x) = 3x^2 - 4x + \frac{2}{3} \qquad \therefore a = f(0) = \frac{2}{3}$$

$$\therefore 60a = 60 \times \frac{2}{3} = \mathbf{40}$$ 冒 40

07 주어진 등식의 양변에 $x=1$을 대입하면

$$0 = 1 - a + b + 1$$

$$\therefore a - b = 2 \qquad \text{……㉠}$$

한편

$$\int_{1}^{x} (x-t)f(t)\,dt = x\int_{1}^{x} f(t)\,dt - \int_{1}^{x} tf(t)\,dt$$

이므로 주어진 등식의 양변을 x에 대하여 미분하면

$$\frac{d}{dx}\int_{1}^{x} (x-t)f(t)\,dt = (x^3 - ax^2 + bx + 1)'$$

$$\int_{1}^{x} f(t)\,dt + xf(x) - xf(x) = 3x^2 - 2ax + b$$

$$\therefore \int_{1}^{x} f(t)\,dt = 3x^2 - 2ax + b$$

양변에 $x=1$을 대입하면

$$0 = 3 - 2a + b$$

$$\therefore 2a - b = 3 \qquad \text{……㉡}$$

㉠, ㉡을 연립하여 풀면

$$a = 1,\ b = -1$$

즉, $\int_{1}^{x} f(t)\,dt = 3x^2 - 2x - 1$이므로 양변을 x에 대하여 미분하면

$$f(x) = 6x - 2 \qquad \therefore f(1) = 4$$

$$\therefore f(1) + a + b = 4 + 1 + (-1) = \mathbf{4}$$ 冒 4

08 $\quad f(x) = \int_{x}^{x+a} (t^2 - 4t)\,dt$의 양변을 x에 대하여 미분하면

$$f'(x) = \{(x+a)^2 - 4(x+a)\} - (x^2 - 4x)$$

$$= 2ax + a^2 - 4a \qquad \text{……㉠}$$

함수 $f(x)$가 $x = -1$에서 극솟값을 가지므로

$$f'(-1) = 0$$

$x = -1$을 ㉠에 대입하면 $f'(-1) = 0$이므로

$$-2a + a^2 - 4a = 0,\ a^2 - 6a = 0$$

$$a(a-6) = 0$$

$$\therefore a = \mathbf{6} \ (\because a > 0)$$ 冒 6

09 주어진 그래프에 의해

$$f(x) = a(x-3)(x-7) = a(x^2 - 10x + 21)\ (a > 0)$$

로 놓을 수 있다.

$g(x) = \int_{x}^{x+2} f(t)\,dt$의 양변을 x에 대하여 미분하면

$$g'(x) = f(x+2) - f(x)$$

$$= a\{(x+2)^2 - 10(x+2) + 21\}$$

$$\qquad\qquad\qquad - a(x^2 - 10x + 21)$$

$$= 4a(x-4)$$

$g'(x)=0$에서 $x=4$

이때 함수 $g(x)$의 증감표를 만들면 다음과 같다.

x	$\cdots$	4	$\cdots$
$g'(x)$	$-$	0	$+$
$g(x)$	$\searrow$	(극소)	$\nearrow$

따라서 함수 $g(x)$는 $x=4$일 때 극소이면서 최소가 된다.

답 4

10 $f(t)=(2t-3)(3t+1)$로 놓고 $F'(t)=f(t)$
라 하면

$$\lim_{x \to 2} \frac{1}{x^2-4} \int_2^x (2t-3)(3t+1)\, dt$$

$$= \lim_{x \to 2} \frac{1}{x^2-4} \int_2^x f(t)\, dt$$

$$= \lim_{x \to 2} \frac{F(x)-F(2)}{x^2-4}$$

$$= \lim_{x \to 2} \frac{F(x)-F(2)}{x-2} \cdot \frac{1}{x+2}$$

$$= \frac{1}{4} F'(2) = \frac{1}{4} f(2)$$

$$= \frac{1}{4} \times 7 = \frac{7}{4}$$

답 ③

01 ②   **02** 1625   **03** ②   **04** $f(x)=2x+5$

05 -4 **06** 37   **07** ㄷ   **08** $\dfrac{14}{3}$ **09** ②

10 14

01 $0 \le x \le 1$일 때, $x \ge x^5$이고
$1 \le x \le 2$일 때, $x \le x^5$이므로

$$\int_0^2 (x*x^5)\, dx$$

$$= \int_0^1 \frac{x+x^5}{2}\, dx + \int_1^2 \sqrt{x \cdot x^5}\, dx$$

$$= \frac{1}{2} \int_0^1 (x+x^5)\, dx + \int_1^2 x^3\, dx$$

$$= \frac{1}{2} \left[\frac{1}{2} x^2 + \frac{1}{6} x^6 \right]_0^1 + \left[\frac{1}{4} x^4 \right]_1^2$$

$$= \frac{1}{3} + \frac{15}{4} = \frac{49}{12}$$

답 ②

02 $f(n) = \int_0^{3n} |x-n|\, dx$

$$= \int_0^n (-x+n)\, dx + \int_n^{3n} (x-n)\, dx$$

$$= \left[-\frac{1}{2} x^2 + nx \right]_0^n + \left[\frac{1}{2} x^2 - nx \right]_n^{3n}$$

$$= \frac{1}{2} n^2 + 2n^2$$

$$= \frac{5}{2} n^2$$

$$\therefore \sum_{k=1}^{12} f(k) = \sum_{k=1}^{12} \frac{5}{2} k^2$$

$$= \frac{5}{2} \cdot \frac{12 \cdot 13 \cdot 25}{6}$$

$$= 1625$$

답 1625

03   함수 $h(x)=f(x)g(x)$에 대하여
$h(-x)=f(-x)g(-x)=-f(x)g(x)=-h(x)$

즉, 함수 $h(x)$는 홀함수이고 $h(0)=0$이다.

함수 $h(x)$가 홀함수이므로 $h'(x)$는 짝함수이고,

$xh'(x)$는 홀함수이다.

이를 이용하여 $\int_{-6}^{6}(x+5)h'(x)\,dx=20$의 좌변을 간단

히 하면

$$\int_{-6}^{6}(x+5)h'(x)\,dx$$

$$=\int_{-6}^{6}xh'(x)\,dx+\int_{-6}^{6}5h'(x)\,dx$$

$$=0+\int_{-6}^{6}5h'(x)\,dx$$

$$=2\int_{0}^{6}5h'(x)\,dx$$

$$=10\Big[h(x)\Big]_{0}^{6}=10h(6)=20\ (\because h(0)=0)$$

$$\therefore h(6)=2 \qquad\qquad\text{답}\ ②$$

04 함수 $f(x)$가 다항함수라는 점을 이용해서 양변의 차수를 비교해 보자.

$f(f(x))=\int_{0}^{x}f(t)\,dt-x^2-x+15$에서 $f(x)$의 차수를

n이라 하면 좌변의 차수는 n^2이고, $\int_{0}^{x}f(t)\,dt$의 차수는

$n+1$이 되어 $n\geq 2$라면 모순이 생긴다.

$$\therefore n=1$$

따라서 $f(x)=ax+b\ (a\neq 0)$로 놓으면

$$(\text{좌변})=f(ax+b)=a^2x+ab+b$$

$$(\text{우변})=\int_{0}^{x}f(t)\,dt-x^2-x+15$$

$$=\int_{0}^{x}(at+b)\,dt-x^2-x+15$$

$$=\Big(\frac{1}{2}a-1\Big)x^2+(b-1)x+15$$

양변의 계수를 비교하면

$$0=\frac{1}{2}a-1,\ a^2=b-1,\ ab+b=15$$

$$\therefore a=2,\ b=5$$

$$\therefore f(x)=2x+5 \qquad\qquad\text{답}\ f(x)=2x+5$$

05 조건 ㈎에서

$$\int_{0}^{2}f(x)\,dx=k\ (k\text{는 상수}) \qquad\cdots\cdots\ ㉠$$

라 하면

$$f(x)=|x-1|+k \qquad\cdots\cdots\ ㉡$$

㉡을 ㉠에 대입하면

$$k=\int_{0}^{2}(|x-1|+k)\,dx$$

$$=\int_{0}^{1}(1-x+k)\,dx+\int_{1}^{2}(x-1+k)\,dx$$

$$=\Big[x-\frac{1}{2}x^2+kx\Big]_{0}^{1}+\Big[\frac{1}{2}x^2-x+kx\Big]_{1}^{2}$$

$$=\Big(k+\frac{1}{2}\Big)+\Big(k+\frac{1}{2}\Big)$$

$$=1+2k$$

$$\therefore k=-1$$

$$\therefore \int_{0}^{2}f(x)\,dx=-1$$

조건 ㈏에서 $f(x)=f(x+2)$이므로

$$\int_{1}^{9}f(x)\,dx=\int_{1}^{3}f(x)\,dx+\int_{3}^{5}f(x)\,dx$$

$$+\int_{5}^{7}f(x)\,dx+\int_{7}^{9}f(x)\,dx$$

$$=4\int_{1}^{3}f(x)\,dx$$

이때 $\int_{1}^{3}f(x)\,dx=\int_{1}^{1+2}f(x)\,dx=\int_{0}^{2}f(x)\,dx=-1$

$$\therefore \int_{1}^{9}f(x)\,dx=4\int_{1}^{3}f(x)\,dx=4\times(-1)=-4$$

$$\text{답}\ -4$$

06 $f(x)=3x^2+\int_{0}^{1}(x-2t)f(t)\,dt$에서

$$f(x)=3x^2+x\int_{0}^{1}f(t)\,dt-2\int_{0}^{1}tf(t)\,dt$$

$$\int_0^1 f(t)\,dt = a, \quad \int_0^1 tf(t)\,dt = b \qquad \cdots\cdots \ \text{㉠}$$

라 하면

$$f(x) = 3x^2 + ax - 2b \qquad \cdots\cdots \ \text{㉡}$$

㉡을 ㉠에 각각 대입하면

$$a = \int_0^1 (3t^2 + at - 2b)\,dt$$

$$= \left[t^3 + \frac{1}{2}at^2 - 2bt \right]_0^1$$

$$= 1 + \frac{1}{2}a - 2b$$

$$\therefore \ \frac{1}{2}a + 2b = 1 \qquad \cdots\cdots \ \text{㉢}$$

$$b = \int_0^1 (3t^3 + at^2 - 2bt)\,dt$$

$$= \left[\frac{3}{4}t^4 + \frac{1}{3}at^3 - bt^2 \right]_0^1$$

$$= \frac{3}{4} + \frac{1}{3}a - b$$

$$\therefore \ \frac{1}{3}a - 2b = -\frac{3}{4} \qquad \cdots\cdots \ \text{㉣}$$

㉢, ㉣을 연립하여 풀면

$$a = \frac{3}{10}, \ b = \frac{17}{40}$$

따라서 $f(x) = 3x^2 + \dfrac{3}{10}x - \dfrac{17}{20}$ 이므로

$$20f(-1) = 20 \times \left(3 - \frac{3}{10} - \frac{17}{20} \right) = \mathbf{37}$$

답 37

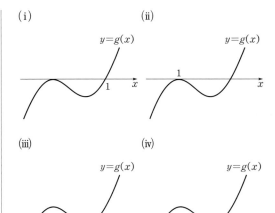

ㄱ. $g(1)=0$이지만 $f(1)=0$이라고 할 수 없다. (거짓)

ㄴ. $g'(x)=f'(x)$이고 $g'(1)\geq 0$이므로
  $f'(1)\geq 0$ (거짓)

ㄷ. $f(1)=f(2)$이면
$$g(2) = f(2) - f(1) = 0$$
이므로 $x=2$는 방정식 $g(x)=0$의 근이다.

이때 $2>1$이므로 해당하는 그래프는 (ii)와 (iv)이다.

또 $g'(1)=f'(1)>0$이므로 해당하는 그래프는

(ii)와 (iv) 중에서 (iv)뿐이다.

따라서 $g'(2)=0$이고 $g'(2)=f'(2)$이므로
  $f'(2)=0$ (참)

따라서 옳은 것은 ㄷ뿐이다.

답 ㄷ

07 $\quad g(x) = \displaystyle\int_1^x f'(t)\,dt$

$$= \Big[f(t) \Big]_1^x = f(x) - f(1)$$

로 놓으면 $g(1)=0$이고, $g(x)$는 x^3의 계수가 양수인 삼차함수이므로 방정식 $g(x)=0$이 서로 다른 두 실근을 갖도록 하기 위해서는 $y=g(x)$의 그래프가 다음 4가지 그림 중 하나로 그려져야 한다.

08 $\quad$ 조건 ㈎에서

$$f(x)g(x) = x^3 + 4x^2 - x - 4$$

$$= x^2(x+4) - (x+4)$$

$$= (x^2-1)(x+4)$$

$$= (x-1)(x+1)(x+4)$$

조건 ㈏에서 $f'(x)=1$이므로 $\quad f(x)=x+C$

조건 ㈎, ㈏에 의해 $f(x)$, $g(x)$가 되는 경우는 다음과 같다.

$$f(x)=x-1,\ g(x)=(x+1)(x+4)=x^2+5x+4$$
$$f(x)=x+1,\ g(x)=(x-1)(x+4)=x^2+3x-4$$
$$f(x)=x+4,\ g(x)=(x-1)(x+1)=x^2-1$$

이때 조건 ㈐에서 $g(x)-x+1=2\displaystyle\int_1^x f(t)\,dt$를 만족시

키는 경우, 즉 $g'(x)-1=2f(x)$를 만족시키는 경우는

$$f(x)=x+1,\ g(x)=x^2+3x-4$$

$$\therefore \int_0^2 \{f(x)+g(x)\}\,dx$$

$$=\int_0^2 \{(x+1)+(x^2+3x-4)\}\,dx$$

$$=\int_0^2 (x^2+4x-3)\,dx$$

$$=\left[\frac{1}{3}x^3+2x^2-3x\right]_0^2$$

$$=\frac{14}{3}$$

답 $\dfrac{14}{3}$

09 $F(x)=\displaystyle\int_0^x f(t)\,dt$의 양변을 x에 대하여 미분

하면

$$F'(x)=f(x)=x^3-12x+k$$

이때 함수 $F(x)$가 오직 하나의 극값을 가지려면 삼차방

정식 $F'(x)=0$, 즉 $f(x)=0$이 오직 하나의 실근을 갖

거나 중근과 다른 한 실근을 가져야 한다.

즉, (극댓값)×(극솟값)≥ 0이어야 한다.

$f(x)=x^3-12x+k$에서

$$f'(x)=3x^2-12=3(x+2)(x-2)$$

$f'(x)=0$에서　　$x=-2$ 또는 $x=2$

이때 함수 $f(x)$의 증감표를 만들면 다음과 같다.

x	$\cdots$	-2	$\cdots$	2	$\cdots$
$f'(x)$	$+$	0	$-$	0	$+$
$f(x)$	↗	(극대)	↘	(극소)	↗

즉, $f(x)$는 $x=-2$, $x=2$에서 극값을 가지므로

$$f(-2)f(2)\geq 0,\ (-8+24+k)(8-24+k)\geq 0$$

$$(k+16)(k-16)\geq 0 \qquad \therefore k\leq -16 \text{ 또는 } k\geq 16$$

따라서 양수 k의 최솟값은 **16**이다.　　답 ②

10　$F'(x)=f(x)$이므로

$xf(x)=F(x)-3x^4+6x^3$의 양변을 x에 대하여 미분

하면

$$f(x)+xf'(x)=f(x)-12x^3+18x^2$$

$$xf'(x)=-12x^3+18x^2$$

$$\therefore f'(x)=-12x^2+18x$$

양변을 x에 대하여 적분하면

$$f(x)=\int(-12x^2+18x)\,dx=-4x^3+9x^2+C$$

이때 $f(0)=2$이므로　　$C=2$

$$\therefore f(x)=-4x^3+9x^2+2 \qquad \cdots\cdots ❶$$

$$\therefore \lim_{x\to 1}\frac{1}{x-1}\int_1^{x^2} f(t)\,dt$$

$$=\lim_{x\to 1}\frac{F(x^2)-F(1)}{x-1}$$

$$=\lim_{x\to 1}\left\{\frac{F(x^2)-F(1)}{x^2-1}\times(x+1)\right\}$$

$$=2F'(1)=2f(1)$$

$$=2\times(-4+9+2)=\mathbf{14} \qquad \cdots\cdots ❷$$

채점 기준	배점
❶ 함수 $f(x)$ 구하기	50 %
❷ $\displaystyle\lim_{x\to 1}\frac{1}{x-1}\int_1^{x^2} f(t)\,dt$의 값 구하기	50 %

답 14

3. 정적분의 활용

Review Quiz　　SUMMA CUM LAUDE　　본문 303쪽

01 (1) $-A$, 0　(2) $x_0 + \int_a^t v(t)\,dt$, $\int_a^b v(t)\,dt$

02 (1) 거짓　(2) 참　　**03** 풀이 참조

01　📖 (1) $-A$, 0

　　　(2) $x_0 + \int_a^t v(t)\,dt$, $\int_a^b v(t)\,dt$

02　(1) 함수 $f(x)$가 닫힌구간 $[a, b]$에서 연속일 때, $y=f(x)$의 그래프와 x축 및 두 직선 $x=a$, $x=b$로 둘러싸인 도형의 넓이는 $\int_a^b |f(x)|\,dx$이다. (거짓)

(2) 속도와 속력의 차이는 방향을 생각하느냐 생각하지 않느냐에 있다. 즉,

　(속력)$=|$(속도)$|$

따라서 시간-속력 그래프는 항상 x축 위 또는 x축 위쪽에 존재하므로 어떤 구간에서 적분하더라도 그 구간에서 움직인 거리가 나온다. 움직인 거리는 항상 0 이상이므로 정적분의 값은 항상 0 이상이다. (참)

　　　　　　　　　　📖 (1) 거짓　(2) 참

03　(1) 서로 역함수 관계인 두 함수 $y=f(x)$와 $y=g(x)$의 그래프로 둘러싸인 도형의 넓이를 S라 하면 이것은 직선 $y=x$와 $y=f(x)$의 그래프로 둘러싸인 도형의 넓이의 2배이다.

즉, 직선 $y=x$와 $y=f(x)$의 교점의 x좌표를 각각 a, b라 하면

$$S = 2\int_a^b |f(x)-x|\,dx$$

(2) $\int_a^b v(t)\,dt$는 $t=a$에서 $t=b$까지 점 P의 위치의 변화량을 나타내고,

$\int_a^b |v(t)|\,dt$는 $t=a$에서 $t=b$까지 점 P가 움직인 거리를 나타낸다.　　　　　📖 풀이 참조

EXERCISES

01 36   **02** 5   **03** $\dfrac{5}{32}$ **04** $\dfrac{4}{3}$ **05** 1

06 4   **07** ③   **08** $\dfrac{19}{5}$ **09** ①

01 $f'(x)=x^2-4$이므로

$$f(x)=\frac{1}{3}x^3-4x+C$$

이때 $f(2)=0$이므로

$$f(2)=\frac{8}{3}-8+C=0 \qquad \therefore C=\frac{16}{3}$$

$$\therefore f(x)=\frac{1}{3}x^3-4x+\frac{16}{3}$$

곡선 $y=\dfrac{1}{3}x^3-4x+\dfrac{16}{3}$ 과 x축의 교점의 x좌표는

$\dfrac{1}{3}x^3-4x+\dfrac{16}{3}=0$에서 $x^3-12x+16=0$

$(x+4)(x-2)^2=0$ $\therefore x=-4$ 또는 $x=2$

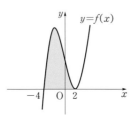

따라서 곡선 $y=f(x)$와 x축으로 둘러싸인 도형의 넓이는

$$\int_{-4}^{2}\left(\frac{1}{3}x^3-4x+\frac{16}{3}\right)dx$$

$$=\left[\frac{1}{12}x^4-2x^2+\frac{16}{3}x\right]_{-4}^{2}=\mathbf{36} \qquad \boxed{\text{답}}\ 36$$

02   곡선 $y=-x^2+ax$와 x축의 교점의 x좌표는

$-x^2+ax=0$에서 $-x(x-a)=0$

$\therefore x=0$ 또는 $x=a$

따라서 곡선 $y=-x^2+ax\,(a>3)$와 x축 및 두 직선

$x=1$, $x=3$으로 둘러싸인 도형은 다음 그림의 색칠한 부분이다.

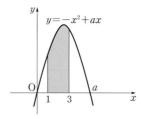

이때 색칠한 부분의 넓이가 $\dfrac{34}{3}$이므로

$$\int_{1}^{3}(-x^2+ax)\,dx=\left[-\frac{1}{3}x^3+\frac{a}{2}x^2\right]_{1}^{3}$$

$$=4a-\frac{26}{3}=\frac{34}{3}$$

$4a=20$ $\therefore a=\mathbf{5}$ $\boxed{\text{답}}$ 5

03   두 곡선 $y=x^2$, $y=x^3-2x$의 교점의 x좌표는

$x^2=x^3-2x$에서 $x^3-x^2-2x=0$

$x(x+1)(x-2)=0$

$\therefore x=-1$ 또는 $x=0$ 또는 $x=2$

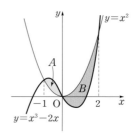

이때 $A<B$이므로

$$A=\int_{-1}^{0}\{(x^3-2x)-x^2\}\,dx=\int_{-1}^{0}(x^3-x^2-2x)\,dx$$

$$=\left[\frac{1}{4}x^4-\frac{1}{3}x^3-x^2\right]_{-1}^{0}=\frac{5}{12} \qquad \cdots\cdots\ \mathbf{❶}$$

$$B=\int_{0}^{2}\{x^2-(x^3-2x)\}\,dx$$

$$=\int_{0}^{2}(-x^3+x^2+2x)\,dx$$

$$= \left[-\frac{1}{4}x^4 + \frac{1}{3}x^3 + x^2 \right]_0^2 = \frac{8}{3} \qquad \cdots\cdots \text{❷}$$

$$\therefore \frac{A}{B} = \frac{\dfrac{5}{12}}{\dfrac{8}{3}} = \frac{5}{32} \qquad \cdots\cdots \text{❸}$$

채점 기준	배점
❶ A의 값 구하기	50 %
❷ B의 값 구하기	40 %
❸ $\dfrac{A}{B}$의 값 구하기	10 %

답 $\dfrac{5}{32}$

04 $f(x) = -x^2 + 3x$로 놓으면

$$f'(x) = -2x + 3$$

이므로 $x=1$에서의 접선의 기울기는

$$f'(1) = -2 + 3 = 1$$

따라서 원점을 지나면서 이 접선과 평행한 직선의 방정식은 $\quad y = x$

곡선 $y = -x^2 + 3x$와 직선 $y = x$의 교점의 x좌표는

$-x^2 + 3x = x$에서 $\quad x^2 - 2x = 0$

$x(x-2) = 0 \qquad \therefore x = 0$ 또는 $x = 2$

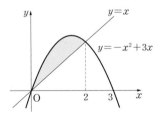

따라서 구하는 도형의 넓이는

$$\int_0^2 \{(-x^2 + 3x) - x\}\,dx = \int_0^2 (-x^2 + 2x)\,dx$$

$$= \left[-\frac{1}{3}x^3 + x^2 \right]_0^2$$

$$= \frac{4}{3} \qquad \text{답} \quad \frac{4}{3}$$

05 색칠한 두 부분의 넓이가 서로 같으므로

$$\int_0^2 \{x^2(x-2) - ax(x-2)\}\,dx = 0$$

$$\int_0^2 \{x^3 - (a+2)x^2 + 2ax\}\,dx = 0$$

$$\left[\frac{1}{4}x^4 - \frac{1}{3}(a+2)x^3 + ax^2 \right]_0^2 = 0$$

$$4 - \frac{8}{3}(a+2) + 4a = 0$$

$$\frac{4}{3}a = \frac{4}{3} \qquad \therefore a = 1 \qquad \text{답} \quad 1$$

06 곡선 $y = x^2 - 2x$와 직선 $y = ax$의 교점의 x좌표는 $x^2 - 2x = ax$에서

$$x^2 - (a+2)x = 0, \ x\{x - (a+2)\} = 0$$

$$\therefore x = 0 \text{ 또는 } x = a+2$$

따라서 다음 그림에서 색칠한 부분의 넓이는

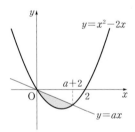

$$\int_0^{a+2} \{ax - (x^2 - 2x)\}\,dx$$

$$= \int_0^{a+2} \{-x^2 + (a+2)x\}\,dx$$

$$= \left[-\frac{1}{3}x^3 + \frac{a+2}{2}x^2 \right]_0^{a+2}$$

$$= \frac{(a+2)^3}{6}$$

이때 곡선 $y = x^2 - 2x$와 x축으로 둘러싸인 도형의 넓이는

$$\int_0^2 (-x^2 + 2x)\,dx = \left[-\frac{1}{3}x^3 + x^2 \right]_0^2$$

$$= \frac{4}{3}$$

이므로

$$\frac{(a+2)^3}{6}=\frac{1}{2}\times\frac{4}{3}$$

$$\therefore (a+2)^3=\mathbf{4}$$

답 4

07 $f(x)=\frac{1}{2}x^3+\frac{1}{2}x$에서

$$f'(x)=\frac{3}{2}x^2+\frac{1}{2}>0$$

이므로 $f(x)$는 실수 전체의 집합에서 증가한다.

한편 $y=f(x)$의 그래프와 $y=g(x)$의 그래프는 직선 $y=x$에 대하여 대칭이므로 오른쪽 그림에서

(A의 넓이)=(B의 넓이)

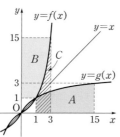

$$\therefore \int_1^{15}g(x)dx$$

$$=(B\text{의 넓이})$$

$$=3\times15-1\times1-(C\text{의 넓이})$$

$$=44-\int_1^3\left(\frac{1}{2}x^3+\frac{1}{2}x\right)dx$$

$$=44-\frac{1}{2}\left[\frac{1}{4}x^4+\frac{1}{2}x^2\right]_1^3$$

$$=44-12$$

$$=\mathbf{32}$$

답 ③

08 $t=5$일 때, 점 P의 위치를 x_{P}라 하고 점 Q의 위치를 x_{Q}라 하면

$$x_{\mathrm{P}}=0+\int_0^5 3t\,dt=\left[\frac{3}{2}t^2\right]_0^5=\frac{75}{2}$$

$$x_{\mathrm{Q}}=2+\int_0^5(t+a)dt=2+\left[\frac{1}{2}t^2+at\right]_0^5$$

$$=\frac{29}{2}+5a$$

이때 점 P가 점 Q보다 4만큼 앞서 있으므로

$$x_{\mathrm{P}}-x_{\mathrm{Q}}=\frac{75}{2}-\left(\frac{29}{2}+5a\right)=4$$

$$23-5a=4,\ 5a=19$$

$$\therefore a=\frac{\mathbf{19}}{\mathbf{5}}$$

답 $\frac{19}{5}$

09 ㄱ. 두 점 $(2,1)$, $(3,-2)$를 지나는 직선의 방정식이 $v(t)=-3t+7$이므로

$$v(t)=0\text{일 때,}\qquad t=\frac{7}{3}$$

점 P의 운동 방향은 $v(t)=0$, 즉 $t=\frac{7}{3}$, $t=5$일 때 바뀌므로 출발 후 $t=7$일 때까지 2번 바뀐다. (참)

ㄴ. $t=3$일 때, 속력 $|v(t)|$가 가장 크다. (거짓)

ㄷ. $t=\frac{7}{3}$일 때, 점 P의 위치는

$$\frac{1}{2}\times\left(\frac{7}{3}+1\right)\times1=\frac{5}{3}$$

$t=5$일 때, 점 P의 위치는

$$\frac{5}{3}+\left(-\frac{1}{2}\times\frac{8}{3}\times2\right)=-1$$

$t=7$일 때, 점 P의 위치는

$$-1+\frac{1}{2}\times2\times1=0$$

즉, $t=7$일 때, 점 P는 원점으로 되돌아와 있다. (거짓)

따라서 옳은 것은 ㄱ뿐이다.

답 ①

01 40 02 24 03 $\dfrac{639}{2}$ 04 $\dfrac{62}{3}$ 05 ②

06 $\dfrac{1}{2}$ 07 $\dfrac{1}{8}$ 08 $0 < a < \dfrac{20}{3}$ 09 ③

01 $f(x)$는 최고차항의 계수가 1인 이차함수이고
$f(3)=0$이므로

$$f(x)=(x-3)(x+a)$$
$$=x^2+(a-3)x-3a \text{ (단, } a\text{는 상수)}$$

로 놓을 수 있다. 이때

$$\int_0^{2019} f(x)\,dx = \int_3^{2019} f(x)\,dx$$

이므로 $\int_0^3 f(x)\,dx=0$이어야 한다.

즉,

$$\int_0^3 \{x^2+(a-3)x-3a\}dx$$
$$=\left[\frac{1}{3}x^3+\frac{1}{2}(a-3)x^2-3ax\right]_0^3$$
$$=9+\frac{9}{2}(a-3)-9a$$
$$=-\frac{9}{2}-\frac{9}{2}a=0$$

에서 $a=-1$

$$\therefore f(x)=x^2-4x+3$$
$$\therefore S=\int_1^3 |x^2-4x+3|\,dx$$
$$=-\int_1^3 (x^2-4x+3)\,dx$$
$$=-\left[\frac{1}{3}x^3-2x^2+3x\right]_1^3$$
$$=\frac{4}{3}$$

$$\therefore 30S=30\times\frac{4}{3}=\mathbf{40}$$

답 40

02 $f(x)$가 $x=1$, $x=3$에서 극값을 가지므로
$$f'(x)=k(x-1)(x-3) \text{ (단, } k\neq 0)$$

$$f(x)=\int f'(x)\,dx$$
$$=\int k(x-1)(x-3)\,dx$$
$$=\int (kx^2-4kx+3k)\,dx$$
$$=\frac{k}{3}x^3-2kx^2+3kx+C$$

이때 $f(0)=-2$이므로 $f(0)=C=-2$
이고 $f(2)=-6$이므로

$$f(2)=\frac{8}{3}k-8k+6k-2=-6$$

$$\frac{2}{3}k=-4 \qquad \therefore k=-6$$

$$\therefore f(x)=-2x^3+12x^2-18x-2$$

$f(x)$의 삼차항의 계수가 음수이므로
$x=1$에서 극소, $x=3$에서 극대이다.
$x=3$에서의 극댓값이 $f(3)=-2$이므로 곡선 $y=f(x)$
와 x축, y축 및 직선 $x=4$로 둘러싸인 도형은 다음 그림
의 색칠한 부분이다.

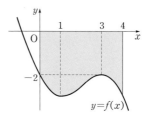

따라서 구하는 넓이는

$$\int_0^4 |-2x^3+12x^2-18x-2|\,dx$$
$$=-\int_0^4 (-2x^3+12x^2-18x-2)\,dx$$
$$=-\left[-\frac{1}{2}x^4+4x^3-9x^2-2x\right]_0^4$$
$$=24$$

답 24

03 $f'(x)=x^2-6x+10=(x-3)^2+1$에서 $f'(x)$
는 $x=3$일 때 최소이므로 점 P의 좌표는 $(3, 0)$이다.

...... ❶

즉, 함수 $y=g(x)$의 그래프가 점 $(3, 0)$을 지나므로
$$g(x)=2(x-3)(x-b) \text{ (단, } b\text{는 상수)} \quad \cdots\cdots \text{㉠}$$
로 놓을 수 있다.

한편 $y=g(x)$의 그래프의 y절편은 -12이므로 $x=0$, $y=-12$를 ㉠에 대입하면
$$2 \times (-3) \times (-b) = -12 \qquad \therefore b=-2$$
$$\therefore g(x) = 2(x-3)(x+2)$$
$$= 2x^2 - 2x - 12 \quad \cdots\cdots ❷$$

두 곡선 $y=f(x)$, $y=g(x)$의 교점의 x좌표는
$$\frac{1}{3}x^3 - 3x^2 + 10x - 12 = 2x^2 - 2x - 12 \text{에서}$$
$$\frac{1}{3}x^3 - 5x^2 + 12x = 0, \ \frac{1}{3}x(x-3)(x-12) = 0$$
$$\therefore x=0 \text{ 또는 } x=3 \text{ 또는 } x=12$$

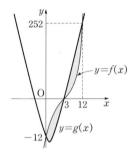

따라서 구하는 넓이는
$$\int_0^3 \left\{ \left(\frac{1}{3}x^3 - 3x^2 + 10x - 12 \right) - (2x^2 - 2x - 12) \right\} dx$$
$$+ \int_3^{12} \left\{ (2x^2 - 2x - 12) \right.$$
$$\left. - \left(\frac{1}{3}x^3 - 3x^2 + 10x - 12 \right) \right\} dx$$
$$= \int_0^3 \left(\frac{1}{3}x^3 - 5x^2 + 12x \right) dx$$
$$+ \int_3^{12} \left(-\frac{1}{3}x^3 + 5x^2 - 12x \right) dx$$
$$= \left[\frac{1}{12}x^4 - \frac{5}{3}x^3 + 6x^2 \right]_0^3$$
$$+ \left[-\frac{1}{12}x^4 + \frac{5}{3}x^3 - 6x^2 \right]_3^{12}$$
$$= \frac{63}{4} + \frac{1215}{4} = \mathbf{\frac{639}{2}} \quad \cdots\cdots ❸$$

채점 기준	배점
❶ 점 P의 좌표 구하기	10 %
❷ $g(x)$ 구하기	40 %
❸ 두 곡선 $y=f(x)$, $y=g(x)$로 둘러싸인 도형의 넓이 구하기	50 %

답 $\dfrac{639}{2}$

04 곡선 $y=x^2+2x-3$과 직선 $y=x+3$의 교점의 x좌표는 $x^2+2x-3=x+3$에서
$$x^2+x-6=0, \ (x+3)(x-2)=0$$
$$\therefore x=-3 \text{ 또는 } x=2$$

또 곡선 $y=x^2+2x-3$과 직선 $y=x-3$의 교점의 x좌표는 $x^2+2x-3=x-3$에서
$$x^2+x=0, \ x(x+1)=0 \qquad \therefore x=-1 \text{ 또는 } x=0$$

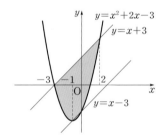

따라서 구하는 넓이는
$$\int_{-3}^2 \{ (x+3) - (x^2+2x-3) \} dx$$
$$- \int_{-1}^0 \{ (x-3) - (x^2+2x-3) \} dx$$
$$= \int_{-3}^2 (-x^2 - x + 6) dx - \int_{-1}^0 (-x^2 - x) dx$$
$$= \left[-\frac{1}{3}x^3 - \frac{1}{2}x^2 + 6x \right]_{-3}^2 - \left[-\frac{1}{3}x^3 - \frac{1}{2}x^2 \right]_{-1}^0$$
$$= \frac{125}{6} - \frac{1}{6} = \mathbf{\frac{62}{3}} \qquad \text{답 } \frac{62}{3}$$

05 두 점 $A(2, 0)$, $B(0, 3)$을 지나는 직선의 방정식은 $\dfrac{x}{2} + \dfrac{y}{3} = 1 \qquad \therefore y = -\dfrac{3}{2}x + 3$

이 직선과 곡선 $y=ax^2$의 교점의 x좌표를 $p\,(0<p<2)$
라 하면

$$ap^2=-\frac{3}{2}p+3 \qquad \cdots\cdots\ \textcircled{\small ㄱ}$$

정적분을 이용하여 넓이 S_1을 구하면

$$S_1=\int_0^p\left\{\left(-\frac{3}{2}x+3\right)-ax^2\right\}dx$$

$$=\int_0^p\left(-ax^2-\frac{3}{2}x+3\right)dx$$

$$=\left[-\frac{1}{3}ax^3-\frac{3}{4}x^2+3x\right]_0^p$$

$$=-\frac{1}{3}ap^3-\frac{3}{4}p^2+3p$$

$\textcircled{\small ㄱ}$을 대입하여 간단히 하면

$$S_1=-\frac{1}{3}p\left(-\frac{3}{2}p+3\right)-\frac{3}{4}p^2+3p$$

$$=\frac{1}{2}p^2-p-\frac{3}{4}p^2+3p=-\frac{1}{4}p^2+2p$$

한편 $S_1+S_2=\frac{1}{2}\times2\times3=3$이므로

$$S_1=\frac{13}{16}\times3=\frac{39}{16} \qquad \therefore -\frac{1}{4}p^2+2p=\frac{39}{16}$$

$$4p^2-32p+39=0,\ (2p-3)(2p-13)=0$$

$$\therefore p=\frac{3}{2}\ (\because 0<p<2) \qquad \cdots\cdots\ \textcircled{\small ㄴ}$$

$\textcircled{\small ㄴ}$을 $\textcircled{\small ㄱ}$에 대입하면

$$\frac{9}{4}a=-\frac{9}{4}+3 \qquad \therefore a=\boxed{\frac{1}{3}} \qquad\qquad \text{답}\ ②$$

06 두 곡선 $y=x^2(x-2)$, $y=ax(x-2)$의 교점
의 x좌표는

$x^2(x-2)=ax(x-2)$에서 $x(x-2)(x-a)=0$

$\therefore x=0$ 또는 $x=a$ 또는 $x=2$

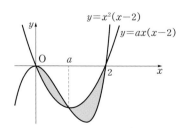

따라서 도형의 넓이를 $S(a)$라 하면

$$S(a)=\int_0^a\{x^2(x-2)-ax(x-2)\}dx$$

$$+\int_a^2\{ax(x-2)-x^2(x-2)\}dx$$

$$=\int_0^a\{x^3-(a+2)x^2+2ax\}dx$$

$$-\int_a^2\{x^3-(a+2)x^2+2ax\}dx$$

$$=\left[\frac{1}{4}x^4-\frac{a+2}{3}x^3+ax^2\right]_0^a$$

$$-\left[\frac{1}{4}x^4-\frac{a+2}{3}x^3+ax^2\right]_a^2$$

$$=\left(\frac{1}{4}a^4-\frac{a+2}{3}a^3+a^3\right)$$

$$-\left(4-\frac{8a+16}{3}+4a\right)$$

$$+\left(\frac{1}{4}a^4-\frac{a+2}{3}a^3+a^3\right)$$

$$=-\frac{1}{6}(a^4-4a^3+8a-8)$$

$S(a)$를 a에 대하여 미분하면

$$S'(a)=-\frac{1}{6}(4a^3-12a^2+8)$$

$$=-\frac{2}{3}(a^3-3a^2+2)$$

$$=-\frac{2}{3}(a-1)(a^2-2a-2)$$

$S'(a)=0$에서 $a=1\ (\because 0<a<2)$

a	(0)	$\cdots$	1	$\cdots$	(2)
$S'(a)$		$-$	0	$+$	
$S(a)$		↘	(극소)	↗	

따라서 $a=1$일 때 극소이면서 최소이므로

$$(\text{최솟값})=S(1)$$

$$=-\frac{1}{6}\times(1-4+8-8)=\frac{1}{2}$$

다른 풀이 $\ S(a)=\int_0^a\{x^2(x-2)-ax(x-2)\}dx$

$$+\int_a^2\{ax(x-2)-x^2(x-2)\}dx$$

에서 적분을 다 계산하지 않고도 $S'(a)$를 구할 수 있다.

먼저 $S(a)$를 다음과 같이 변형하자.

$$S(a)=\int_0^a x^2(x-2)\,dx-a\int_0^a x(x-2)\,dx$$

$$-a\int_2^a x(x-2)\,dx+\int_2^a x^2(x-2)\,dx$$

$$\therefore\ S'(a)=a^2(a-2)-\int_0^a x(x-2)\,dx-a^2(a-2)$$

$$-\int_2^a x(x-2)\,dx-a^2(a-2)$$

$$+a^2(a-2)$$

$$=-\int_0^a(x^2-2x)\,dx-\int_2^a(x^2-2x)\,dx$$

$$=-\left[\frac{1}{3}x^3-x^2\right]_0^a-\left[\frac{1}{3}x^3-x^2\right]_2^a$$

$$=-\frac{2}{3}a^3+2a^2-\frac{4}{3}$$

$$=-\frac{2}{3}(a^3-3a^2+2)$$

답 $\dfrac{1}{2}$

07 $f(x)=2x^3-3x^2+2x$에서

$$f'(x)=6x^2-6x+2=6\left(x-\frac{1}{2}\right)^2+\frac{1}{2}>0$$

이므로 $f(x)$는 실수 전체의 집합에서 증가한다.

두 곡선 $y=f(x)$와 $y=g(x)$는 직선 $y=x$에 대하여 대칭이므로 두 곡선 $y=f(x)$, $y=g(x)$의 교점의 x좌표는 곡선 $y=f(x)$와 직선 $y=x$의 교점의 x좌표와 같다.

즉, $2x^3-3x^2+2x=x$에서

$$2x^3-3x^2+x=0,\ x(2x-1)(x-1)=0$$

$$\therefore\ x=0\ \text{또는}\ x=\frac{1}{2}\ \text{또는}\ x=1$$

위 정보를 활용하여 곡선 $y=f(x)$, $y=g(x)$의 그래프의 개형을 그려 보면 다음 그림과 같다.

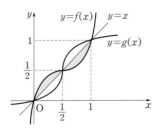

구하는 넓이는 곡선 $y=f(x)$와 직선 $y=x$로 둘러싸인 도형(색칠한 부분)의 넓이의 2배이므로

$$2\left[\int_0^{\frac{1}{2}}\{f(x)-x\}\,dx+\int_{\frac{1}{2}}^1\{x-f(x)\}\,dx\right]$$

$$=\int_0^{\frac{1}{2}}(4x^3-6x^2+2x)\,dx$$

$$+\int_{\frac{1}{2}}^1(-4x^3+6x^2-2x)\,dx$$

$$=\left[x^4-2x^3+x^2\right]_0^{\frac{1}{2}}+\left[-x^4+2x^3-x^2\right]_{\frac{1}{2}}^1$$

$$=\frac{1}{16}+\frac{1}{16}=\frac{1}{8}$$

답 $\dfrac{1}{8}$

08 자동차 A의 위치를 수직선의 원점으로 두자.

t초 후의 두 자동차 A, B의 위치를 각각 x_A, x_B라 하면

$$x_A=\int_0^t(3t^2-2t+4)\,dt=t^3-t^2+4t$$

$$x_B=a+\int_0^t(5t^2-4t)\,dt=\frac{5}{3}t^3-2t^2+a$$

A, B가 만난다는 것은 위치가 같다는 것이므로

$$x_A=x_B\iff t^3-t^2+4t=\frac{5}{3}t^3-2t^2+a$$

$$\iff 2t^3-3t^2-12t+3a=0$$

이 방정식이 서로 다른 두 양의 실근을 가지면 A, B는 2번 만나게 된다.

$f(t)=2t^3-3t^2-12t+3a$로 놓으면

$$f'(t)=6t^2-6t-12=6(t+1)(t-2)$$

$f'(t)=0$에서 $t=2\ (\because\ t\ge0)$

t	0	$\cdots$	2	$\cdots$
$f'(t)$		$-$	0	$+$
$f(t)$	$3a$	$\searrow$	(극소)	$\nearrow$

서로 다른 두 양의 실근을 가지려면 다음 그림과 같이 $3a>0$이어야 하고 극솟값인 $f(2)$가 $f(2)<0$이어야 한다.

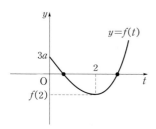

$3a>0$에서　$a>0$

$f(2)=3a-20<0$　$\therefore a<\dfrac{20}{3}$

$\therefore 0<a<\dfrac{20}{3}$　　　　🖪 $0<a<\dfrac{20}{3}$

09 ㄱ. $0<t<c$에서 $y=v_P(t)$, $y=v_Q(t)$의 그래프가 두 점에서 만나므로 두 점 P, Q의 속도는 2번 같아진다. (참)

ㄴ. $t=c$일 때까지 두 점 P, Q가 움직인 거리를 각각 s_P, s_Q라 할 때, $v_P(t)\geq 0$, $v_Q(t)\geq 0$이므로

$s_P=\displaystyle\int_0^c |v_P(t)|\,dt=\int_0^c v_P(t)\,dt$

$s_Q=\displaystyle\int_0^c |v_Q(t)|\,dt=\int_0^c v_Q(t)\,dt$

이때 주어진 조건에서

$\displaystyle\int_0^c \{v_P(t)-v_Q(t)\}\,dt=0$

$\Longleftrightarrow \displaystyle\int_0^c v_P(t)\,dt-\int_0^c v_Q(t)\,dt=0$

$\Longleftrightarrow s_P-s_Q=0 \Longleftrightarrow s_P=s_Q$

따라서 두 점 P, Q가 움직인 거리는 같다. (참)

ㄷ. ㄴ이 참이므로 다음이 성립한다.

(곡선 $y=v_P(t)$와 x축 및 직선 $x=c$로 둘러싸인 도형의 넓이)

$=$(직선 $y=v_Q(t)$와 x축 및 직선 $x=c$로 둘러싸인 도형의 넓이)

즉, 다음 그림에서 $S_1+S_3=S_2 \Longleftrightarrow S_2-S_1=S_3$임을 알 수 있다.

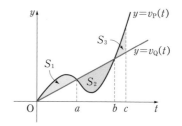

$0\leq t\leq a$에서는 P가 Q보다 S_1만큼 더 이동하지만 $a\leq t\leq b$에서는 Q가 P보다 S_2만큼 더 이동하였다. 이때 $S_2-S_1=S_3$이므로 시각 $t=b$일 때 Q가 P보다 S_3만큼 앞서 있음을 알 수 있다. 즉, Q가 P를 한 번 추월한 것이다. $b\leq t\leq c$에서 P가 Q보다 S_3만큼 더 이동하므로 $t=c$일 때 P, Q의 위치는 같아진다.

따라서 Q는 P를 1번 추월한다. (거짓)

이상에서 옳은 것은 ㄱ, ㄴ이다.

[참고] 시각 t일 때까지 두 점 P, Q가 움직인 거리를 각각 $s_P(t)$, $s_Q(t)$라 할 때,

$y=s_P(t)-s_Q(t)$

$=\displaystyle\int_0^t v_P(t)\,dt-\int_0^t v_Q(t)\,dt$

$=\displaystyle\int_0^t \{v_P(t)-v_Q(t)\}\,dt$

이므로 그 그래프는 다음 그림과 같다.

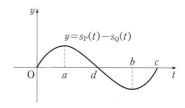

따라서 Q는 P를 $t=d$에서 1번 추월하게 된다.

🖪 ③

본문 308~313쪽

Chapter III Exercises SUMMA CUM LAUDE

01 [전략] $\int (1+2x+3x^2+\cdots+10x^9)\,dx$

$= x+x^2+x^3+\cdots+x^{10}+C$이다.

$f(x) = \int (1+2x+3x^2+\cdots+10x^9)\,dx$

$\quad = x+x^2+x^3+\cdots+x^{10}+C$

$f(1)=0$이므로 $C=-10$

따라서 $f(x)=x+x^2+x^3+\cdots+x^{10}-10$이므로

$f(-1)=-1+1-1+\cdots+1-10$

$\qquad = -10$ 답 ③

02 [전략] $f(x)=\int f'(x)\,dx$, $F(x)=\int f(x)\,dx$임을 이용하여 $f(x)$, $F(x)$를 각각 구한다.

$f'(x)=6x(x-3)=6x^2-18x$이므로

$f(x)=\int f'(x)\,dx=\int (6x^2-18x)\,dx$

$\quad = 2x^3-9x^2+C_1$

$f(0)=1$이므로 $C_1=1$

$\therefore f(x)=2x^3-9x^2+1$

$\therefore F(x)=\int f(x)\,dx=\int (2x^3-9x^2+1)\,dx$

$\qquad = \dfrac{1}{2}x^4-3x^3+x+C_2$

$F(1)=\dfrac{1}{2}$이므로

$\dfrac{1}{2}-3+1+C_2=\dfrac{1}{2}$ $\therefore C_2=2$

$\therefore F(x)=\dfrac{1}{2}x^4-3x^3+x+2$

따라서 $F(x)$를 $x+2$로 나누었을 때의 나머지는

$F(-2)=8+24-2+2=32$ 답 ①

03 [전략] 이차방정식 $f(x)=0$이 실근을 갖지 않으려면 이차방정식의 판별식을 D라 할 때, $D<0$이어야 한다.

$f'(x)=-4x+k$에서

$f(x)=\int (-4x+k)\,dx$

$\quad = -2x^2+kx+C$

$f(2)=-8$이므로

$-8+2k+C=-8$ $\therefore C=-2k$

$\therefore f(x)=-2x^2+kx-2k$

따라서 방정식 $f(x)=0$, 즉 $-2x^2+kx-2k=0$이 실근을 갖지 않으려면 이차방정식의 판별식을 D라 할 때, $D<0$이어야 한다.

즉, $D=k^2-16k<0$, $k(k-16)<0$

$\therefore 0<k<16$ 답 $0<k<16$

04 [전략] $\int_3^4 f(x-3)\,dx = \int_0^1 f(x)\,dx$임을 이용한다.

$y=f(x-3)$의 그래프는 $y=f(x)$의 그래프를 x축의 방향으로 3만큼 평행이동한 것이므로

$\int_3^4 f(x-3)\,dx = \int_0^1 f(x)\,dx = a$

$\therefore \int_3^4 \{f(x-3)+2x-a\}\,dx$

$= \int_3^4 f(x-3)\,dx + \int_3^4 (2x-a)\,dx$

$= a+\int_3^4 (2x-a)\,dx = a+\Big[x^2-ax\Big]_3^4$

$= a+(7-a)$

$= 7$ 답 7

05 [전략] 짝함수의 정적분 : $\int_{-a}^{a} f(x)\,dx = 2\int_0^a f(x)\,dx$

홀함수의 정적분 : $\int_{-a}^{a} f(x)\,dx = 0$

$f(x)=ax+b$ $(a\neq 0)$라 하면

$\int_{-1}^{1} xf(x)\,dx = \int_{-1}^{1} x(ax+b)\,dx$

$$= \int_{-1}^{1} (ax^2 + bx)\,dx$$

$$= 2 \int_{0}^{1} ax^2\,dx$$

$$= 2a \left[\frac{1}{3}x^3 \right]_0^1 = \frac{2}{3}a = 3$$

$$\therefore a = \frac{9}{2}$$

$$\int_{-1}^{1} x^2 f(x)\,dx = \int_{-1}^{1} x^2(ax+b)\,dx$$

$$= \int_{-1}^{1} (ax^3 + bx^2)\,dx$$

$$= 2 \int_{0}^{1} bx^2\,dx$$

$$= 2b \left[\frac{1}{3}x^3 \right]_0^1 = \frac{2}{3}b = -2$$

$$\therefore b = -3$$

따라서 $f(x) = \dfrac{9}{2}x - 3$이므로

$$f(4) = \frac{9}{2} \cdot 4 - 3 = \mathbf{15}$$

답 15

06 [전략] $f(x) = ax^2 + bx - 1$로 놓고 주어진 조건을 이용하여 a, b의 값을 구한다.

$$\int_{-1}^{1} f(x)dx = \int_{0}^{1} f(x)dx = \int_{-1}^{0} f(x)dx = k \ (k\text{는 상수})$$

라 하면

$$\int_{-1}^{1} f(x)dx = \int_{-1}^{0} f(x)dx + \int_{0}^{1} f(x)dx$$

이므로

$$k = k + k \qquad \therefore k = 0$$

$$\therefore \int_{-1}^{1} f(x)dx = \int_{0}^{1} f(x)dx = \int_{-1}^{0} f(x)dx = 0$$

이때 $f(0) = -1$인 이차함수 $f(x)$를

$$f(x) = ax^2 + bx - 1$$

로 놓으면 $\displaystyle \int_{-1}^{1} f(x)dx = 0$이므로

$$\int_{-1}^{1} (ax^2 + bx - 1)dx = 2 \int_{0}^{1} (ax^2 - 1)dx$$

$$= 2 \left[\frac{a}{3}x^3 - x \right]_0^1$$

$$= 2 \left(\frac{a}{3} - 1 \right) = 0$$

$$\therefore a = 3$$

또한 $\displaystyle \int_{0}^{1} f(x)dx = 0$이므로

$$\int_{0}^{1} (3x^2 + bx - 1)dx = \left[x^3 + \frac{b}{2}x^2 - x \right]_0^1 = \frac{b}{2} = 0$$

$$\therefore b = 0$$

따라서 $f(x) = 3x^2 - 1$이므로

$$f(2) = 12 - 1 = \mathbf{11}$$

답 ①

07 [전략] 조건 (가), (나)에 의해 $f(x)$는 짝함수이고 주기가 2인 주기함수이다.

조건 (가)에 의해 $f(x)$는 짝함수이므로 $y = f(x)$의 그래프는 y축에 대하여 대칭이다.

이때 $\displaystyle \int_{0}^{1} f(x)dx = 3$이므로

$$\int_{-1}^{1} f(x)dx = 2 \int_{0}^{1} f(x)dx = 2 \cdot 3 = 6$$

조건 (나)에 의해 $f(x)$는 주기가 2인 주기함수이므로

$$\int_{-3}^{7} f(x)dx$$

$$= \int_{-3}^{-1} f(x)dx + \int_{-1}^{1} f(x)dx + \int_{1}^{3} f(x)dx$$

$$\qquad\qquad + \int_{3}^{5} f(x)dx + \int_{5}^{7} f(x)dx$$

$$= 5 \int_{-1}^{1} f(x)dx$$

$$= 5 \cdot 6 = \mathbf{30}$$

답 30

08 [전략] 원점에 대하여 대칭 ⇨ 홀함수

(홀함수)$'$ = (짝함수)

(홀함수) × (짝함수) = (홀함수)

함수 $y = f(x)$의 그래프가 원점에 대하여 대칭이므로 $f(x)$는 홀함수이다. 즉,

$$f(-x) = -f(x)$$

를 만족시킨다. $f(x)$가 홀함수이므로 $f'(x)$는 짝함수이고 $xf'(x)$는 홀함수와 짝함수의 곱으로 이루어진 함수이므로 홀함수이다.

$$\therefore \int_{-1}^{1} f'(t)(1-t)\,dt$$
$$= \int_{-1}^{1} f'(t)\,dt - \int_{-1}^{1} tf'(t)\,dt$$
$$= 2\int_{0}^{1} f'(t)\,dt$$
$$= 2\Big[f(t)\Big]_{0}^{1}$$
$$= 2\{f(1)-f(0)\}$$

한편 주어진 조건에서 $f(1)=6$이고 $f(-x)=-f(x)$에 $x=0$을 대입하면

$$f(0)=0$$
$$\therefore \int_{-1}^{1} f'(t)(1-t)\,dt = 2\{f(1)-f(0)\}$$
$$= 2\times(6-0)$$
$$= \mathbf{12} \qquad\qquad \text{답} \ \ ③$$

09 [전략] 나머지정리와 정적분으로 나타내어진 함수의 미분을 이용하여 $g(-1)$의 값을 구한다.

다항식 $f(x)$를 $(x+1)^2$으로 나누었을 때의 몫을 $Q(x)$라 하면

$$x^3 - 2ax^2 + \int_{-1}^{x} g(t)\,dt = (x+1)^2 Q(x) + 2x + 1$$
$$\cdots\cdots ㉠$$

㉠의 양변에 $x=-1$을 대입하면

$$-1-2a=-1 \qquad \therefore a=0$$

㉠에 $a=0$을 대입하면

$$x^3 + \int_{-1}^{x} g(t)\,dt = (x+1)^2 Q(x) + 2x + 1$$

위 식의 양변을 x에 대하여 미분하면

$$3x^2 + g(x) = 2(x+1)Q(x) + (x+1)^2 Q'(x) + 2$$
$$\therefore g(x) = -3x^2 + 2(x+1)Q(x)$$
$$+ (x+1)^2 Q'(x) + 2$$

따라서 $g(x)$를 $x+1$로 나누었을 때의 나머지는

$$g(-1)=-3+2=\mathbf{-1} \qquad\qquad \text{답} \ ⑤$$

10 [전략] $\int_{a}^{b} f(t)\,dt=k$ (k는 상수)로 놓고 $f(x)=g(x)+k$임을 이용한다.

$\int_{0}^{1} f(t)\,dt=k$ (k는 상수)라 하면

$$f(x) = 2x^3 - 3x^2 + x\int_{0}^{1} f(t)\,dt + \int_{0}^{1} f(t)\,dt$$
$$= 2x^3 - 3x^2 + kx + k$$

로 놓을 수 있다. 이때

$$\int_{0}^{1} f(t)\,dt = \int_{0}^{1} (2t^3 - 3t^2 + kt + k)\,dt$$
$$= \left[\frac{t^4}{2} - t^3 + \frac{kt^2}{2} + kt \right]_{0}^{1}$$
$$= \frac{3}{2}k - \frac{1}{2} = k$$
$$\therefore k=1$$
$$\therefore f(x) = 2x^3 - 3x^2 + x + 1$$

곡선 $y=f(x)-1 = 2x^3 - 3x^2 + x = x(2x-1)(x-1)$의 그래프를 그리면 다음 그림과 같다.

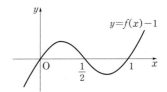

이때 $y=\int_{0}^{t}\{f(x)-1\}\,dx$는

구간 $\left[0, \dfrac{1}{2}\right]$에서 양의 값,

구간 $\left[\dfrac{1}{2}, 1\right]$에서 음의 값,

구간 $[1, \infty)$에서 양의 값

을 가지므로 음의 값을 모두 더해주었을 때, 즉 $t=1$일 때 y의 값은 최소가 된다.

$$\therefore (최솟값) = \int_0^1 \{f(x) - 1\}\,dx$$

$$= \int_0^1 (2x^3 - 3x^2 + x)\,dx$$

$$= \left[\frac{x^4}{2} - x^3 + \frac{x^2}{2}\right]_0^1 = \mathbf{0}$$

[참고] x축 위에서 0부터 $\frac{1}{2}$ 까지의 거리가 $\frac{1}{2}$ 이고,

$\frac{1}{2}$ 에서 1까지의 거리도 $\frac{1}{2}$ 이므로 삼차함수

$$y = f(x) - 1 = 2x^3 - 3x^2 + x$$

의 그래프는 점 $\left(\frac{1}{2},\ 0\right)$ 에 대하여 대칭이다.

따라서 구간 $\left[0,\ \frac{1}{2}\right]$ 에서의 정적분의 값과 구간

$\left[\frac{1}{2},\ 1\right]$ 에서의 정적분의 값은 절댓값은 같고 부호만 다르

므로 그 합은 0이다. 　　　　　　　　　　 답 ④

11 [전략] $g(x) = \int_2^x f(t)\,dt$의 양변을 x에 대하여 미분하여 $g(x)$가 극대일 때의 x의 값 a를 구한다.

$g(x) = \int_2^x f(t)\,dt$의 양변을 x에 대하여 미분하면

$$g'(x) = f(x) = x(x+2)(x+4)$$

$g'(x) = 0$에서　　$x = -4$ 또는 $x = -2$ 또는 $x = 0$

함수 $g(x)$의 증감을 표로 나타내면 다음과 같다.

x	$\cdots$	-4	$\cdots$	-2	$\cdots$	0	$\cdots$
$g'(x)$	$-$	0	$+$	0	$-$	0	$+$
$g(x)$	↘	(극소)	↗	(극대)	↘	(극소)	↗

즉, $g(x)$는 $x = -2$에서 극댓값을 가지므로

$$a = -2$$

$$\therefore g(-2) = \int_2^{-2} f(t)\,dt$$

$$= -\int_{-2}^2 f(t)\,dt$$

$$= -\int_{-2}^2 t(t+2)(t+4)\,dt$$

$$= -\int_{-2}^2 (t^3 + 6t^2 + 8t)\,dt$$

$$= -2\int_0^2 6t^2\,dt$$

$$= -2\left[2t^3\right]_0^2$$

$$= -2 \times 16 = \mathbf{-32}$$ 　　　　　 답 ⑤

12 [전략] ㄷ. $g'(x)$를 구한 후 증감표를 이용하여 함수 $y = g(x)$의 그래프의 개형을 그려 본다.

ㄱ. $f(-x) = -f(x)$이므로 $f(x)$는 홀함수이다.

$$\therefore g(2) = \int_{-2}^2 f(t)\,dt = 0 \ (참)$$

ㄴ. $f(x)$의 한 부정적분을 $F(x)$라 하면

$$\lim_{x \to -2} \frac{g(x)}{x+2} = \lim_{x \to -2} \frac{1}{x+2}\int_{-2}^x f(t)\,dt$$

$$= \lim_{x \to -2} \frac{F(x) - F(-2)}{x - (-2)}$$

$$= F'(-2) = f(-2)$$

$$= -8 + 8 = 0 \ (참)$$

ㄷ. $g(x) = \int_{-2}^x f(t)\,dt$의 양변을 x에 대하여 미분하면

$$g'(x) = f(x) = x^3 - 4x = x(x+2)(x-2)$$

$g'(x) = 0$에서　　$x = -2$ 또는 $x = 0$ 또는 $x = 2$

함수 $g(x)$의 증감을 표로 나타내면 다음과 같다.

x	$\cdots$	-2	$\cdots$	0	$\cdots$	2	$\cdots$
$g'(x)$	$-$	0	$+$	0	$-$	0	$+$
$g(x)$	↘	(극소)	↗	(극대)	↘	(극소)	↗

이때 $g(-2) = g(2) = 0$이고

$$g(0) = \int_{-2}^0 f(t)\,dt$$

$$= \int_{-2}^0 (t^3 - 4t)\,dt$$

$$= \left[\frac{1}{4}t^4 - 2t^2\right]_{-2}^0 = 4$$

이므로 함수 $y = g(x)$의 그래프를 그리면 다음 그림
과 같다.

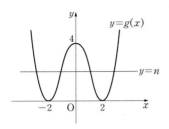

따라서 방정식 $g(x)=n$의 실근의 개수는 곡선
$y=g(x)$와 직선 $y=n$의 교점의 개수와 같으므로 서
로 다른 네 실근을 갖기 위한 자연수 n의 개수는 1,
2, 3의 3이다. (참)

이상에서 옳은 것은 ㄱ, ㄴ, ㄷ이다.　　**답** ㄱ, ㄴ, ㄷ

13 [전략] 두 곡선과 직선의 위치 관계를 파악한 후 위쪽에 있
는 그래프의 식에서 아래쪽에 있는 그래프의 식을 뺀 식을
적분한다.

포물선 A : $y=x^2$을 x축의 방향으로 3만큼, y축의 방
향으로 -3만큼 평행이동하면 포물선
B : $y=(x-3)^2-3$이 되므로 공통접선과 포물선 A의
접점 $(a,\ a^2)$을 x축의 방향으로 3만큼, y축의 방향으로
-3만큼 평행이동한 점 $(a+3,\ a^2-3)$은 포물선 B에서의
접점이 된다.

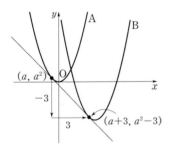

따라서 공통접선의 기울기가 $\dfrac{(a^2-3)-a^2}{(a+3)-a}=-1$이므
로 직선 m의 기울기도 -1이 된다.
한편 두 포물선의 교점의 x좌표는
$x^2=(x-3)^2-3$에서　　$x^2=x^2-6x+6$
　$6x=6$　　$\therefore\ x=1$

따라서 직선 m은 기울기가 -1이고 점 $(1,\ 1)$을 지나
므로 직선 m의 방정식은
　　$y=-(x-1)+1$　　$\therefore\ y=-x+2$
직선 m이 포물선 A와 만나는 점의 x좌표는
$x^2=-x+2$에서　　$x^2+x-2=0$
　$(x+2)(x-1)=0$
　$\therefore\ x=-2$ 또는 $x=1$
앞에서와 같이 평행이동을 생각하면　　$S_1=S_2$

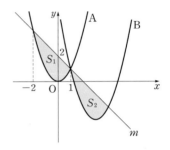

$$\therefore\ S_1+S_2=2\int_{-2}^{1}\{(-x+2)-x^2\}\,dx$$
$$=2\int_{-2}^{1}(-x^2-x+2)\,dx$$
$$=2\left[-\frac{1}{3}x^3-\frac{1}{2}x^2+2x\right]_{-2}^{1}$$
$$=2\times\frac{9}{2}=\mathbf{9}$$　　**답** 9

14 [전략] 함수 $f(x)$가 $x=t$에서 극값 0을 갖는다.
　　　$\Rightarrow f'(t)=0,\ f(t)=0$

함수 $f(x)=x^3+ax^2+bx+2$에 대하여
$f(x)+f(-x)=4$가 성립하므로
　$(x^3+ax^2+bx+2)+(-x^3+ax^2-bx+2)=4$
　$2ax^2+4=4,\ ax^2=0$　　$\therefore\ a=0$
한편 함수 $f(x)=x^3+bx+2$가 $x=t$에서 극값 0을 갖
는다고 하면
　$f'(t)=3t^2+b=0$　　……㉠
　$f(t)=t^3+bt+2=0$　　……㉡
이어야 한다.

⊙에서 $b=-3t^2$을 ⊙에 대입하면

$$t^3+(-3t^2)\cdot t+2=0$$

$$t^3-1=0,\ (t-1)(t^2+t+1)=0$$

$$\therefore\ t=1\ (\because t\text{는 실수})$$

$t=1$이므로 $b=-3t^2$에서

$$b=-3$$

$$\therefore\ f(x)=x^3-3x+2=(x+2)(x-1)^2$$

곡선 $y=f(x)$와 직선 $y=0$, 즉 x축으로 둘러싸인 도형
은 다음 그림의 색칠한 부분이다.

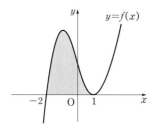

따라서 구하는 넓이는

$$\int_{-2}^{1}(x^3-3x+2)\,dx$$

$$=\left[\frac{1}{4}x^4-\frac{3}{2}x^2+2x\right]_{-2}^{1}$$

$$=\frac{27}{4}$$

답 ③

15 [전략] 두 곡선 $y=f(x)$, $y=g(x)$가 직선 $y=x$에 대하
여 서로 대칭인 것을 이용하면 구하고자 하는 부분의 넓이
를 a, b에 대한 식으로 나타낼 수 있다.

함수 $f(x)$가 실수 전체의 집합에서 증가하므로
$f(k)=2b$를 만족시키는 k의 값은 하나뿐이다.

k의 값을 구하면

$$k^3+(a-2)k^2+(b-2a)k=2b$$

$$(k-2)(k^2+ak+b)=0\qquad\therefore\ k=2$$

$f(x)=x^3+(a-2)x^2+(b-2a)x$가 실수 전체의 집합
에서 증가하고 $f(0)=0$이므로 두 함수 $y=f(x)$와
$y=g(x)$의 그래프는 다음 그림과 같다.

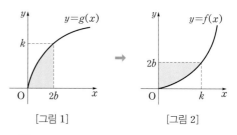

[그림 1]   [그림 2]

이때 $\int_{0}^{2b}g(x)\,dx$는 [그림 1]의 색칠한 부분의 넓이를 나
타낸다.

이제 다음 그림과 같은 방법을 이용하여 정적분의 값을 구
해 보자.

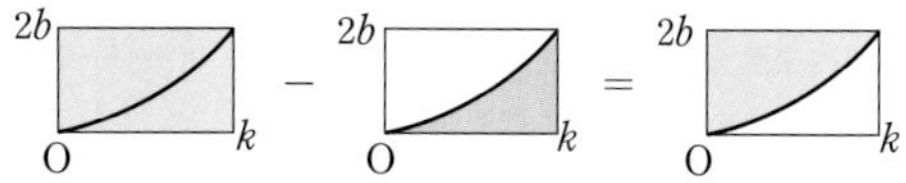

[그림 3]

[그림 2]의 색칠한 부분의 넓이를 S라 하면

$$S=2bk-\int_{0}^{k}f(x)\,dx$$

$$=4b-\int_{0}^{2}f(x)\,dx$$

$$=4b-\int_{0}^{2}\{x^3+(a-2)x^2+(b-2a)x\}\,dx$$

$$=4b-\left[\frac{1}{4}x^4+\frac{a-2}{3}x^3+\frac{b-2a}{2}x^2\right]_{0}^{2}$$

$$=4b-4-\frac{8(a-2)}{3}-2(b-2a)$$

$$=2b+\frac{4}{3}a+\frac{4}{3}\qquad\cdots\cdots\ \bigcirc$$

따라서 $\int_{0}^{2b}g(x)\,dx$의 최솟값은 $2b+\dfrac{4}{3}a+\dfrac{4}{3}$의 최
솟값과 같다.

한편 $f(x)=x^3+(a-2)x^2+(b-2a)x$가 실수 전체의
집합에서 증가하므로 모든 x에 대하여

$$f'(x)=3x^2+2(a-2)x+(b-2a)\geq 0$$

이 성립한다. 즉, 이차방정식

$3x^2+2(a-2)x+(b-2a)=0$의 판별식을 D라 하면

$$\frac{D}{4}=(a-2)^2-3(b-2a)=a^2+2a+4-3b\leq 0$$

$$\therefore\ b\geq\frac{a^2+2a+4}{3}\qquad\cdots\cdots\ \bigcirc$$

ⓛ을 이용하여 ⓘ을 a에 대하여 나타내면

$$2b+\frac{4}{3}a+\frac{4}{3} \geq 2 \cdot \frac{a^2+2a+4}{3}+\frac{4}{3}a+\frac{4}{3}$$

$$=\frac{2}{3}\{(a+2)^2+2\}$$

이므로 $2b+\dfrac{4}{3}a+\dfrac{4}{3}$는 $a=-2$일 때 최소가 된다.

따라서 $\displaystyle\int_0^{2b} g(x)\,dx$의 최솟값은 $a=-2$일 때 $\dfrac{4}{3}$이다.

답 ⑤

16 [전략] 기차의 시간에 따른 속도의 그래프를 그려 그래프와 t축으로 둘러싸인 도형의 넓이가 기차가 이동한 거리임을 이용한다.

$1.6t=32$에서 $t=20$이므로 A역을 출발한 기차는 속도를 증가시켜 20초 후에 최고 속도 32 m/s에 도달하고, 이 속도로 한동안 등속운동한다.

한편 $32-1.6t=0$에서 $t=20$이므로 기차는 B역에 도착하기 20초 전에 제동기를 걸어 속도를 떨어뜨리면서 B역에 정차한다.

기차가 A역에서 B역까지 가는 데 등속운동한 시간을 x초라 하면 기차의 시간에 따른 속도의 그래프는 다음 그림과 같다.

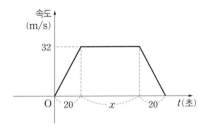

이때 그래프와 t축으로 둘러싸인 도형의 넓이가 기차가 이동한 거리인 3200 m를 나타내므로

$$\frac{1}{2}\cdot 20 \cdot 32 + 32x + \frac{1}{2}\cdot 20 \cdot 32 = 3200$$

$$32x=2560 \qquad \therefore x=80$$

따라서 기차가 A역에서 B역까지 가는 데 걸리는 시간은

$$20+80+20=\textbf{120(초)} \qquad \textbf{답} \ 120초$$

17 [전략] 두 점 P, Q가 움직인 거리의 합이 26의 배수일 때 P, Q는 서로 만난다.

그래프를 보면 출발한 지 t초 후의 점 P의 속력은 $(4t+2)$ cm/s이고, 점 Q의 속력은 $(2t+3)$ cm/s이다.

두 점 P, Q가 점 A를 출발한 후 10초 동안 움직인 거리를 각각 s_P, s_Q라 하면

$$s_P=\int_0^{10}(4t+2)\,dt=\Big[2t^2+2t\Big]_0^{10}=220(\text{cm})$$

$$s_Q=\int_0^{10}(2t+3)\,dt=\Big[t^2+3t\Big]_0^{10}=130(\text{cm})$$

10초 동안 두 점이 움직인 거리의 합은 $220+130=350(\text{cm})$이고 출발 후 움직인 거리의 합이 원의 둘레의 길이 26의 배수일 때마다 두 점은 만난다.

따라서 $350 \div 26 = 13.46\cdots$이므로 두 점 P, Q는 10초 동안 **13번** 만나게 된다.

다른 **풀이** 움직인 거리는 그래프에서 직선과 x축, y축 및 직선 $t=10$으로 둘러싸인 도형의 넓이와 같으므로 정적분을 계산하는 대신 그래프에서 사다리꼴의 넓이로 구할 수 있다. 즉,

$$s_P=\frac{1}{2}\times(2+42)\times 10=220$$

$$s_Q=\frac{1}{2}\times(3+23)\times 10=130 \qquad \textbf{답} \ 13번$$

18 [전략] ❶ 속도 $v(t)$의 그래프를 그리고 $x=1$, $x=2$일 때 각각 움직인 거리를 구한다.

❷ ㄷ. x의 값의 범위를 $0<x<1$일 때, $1<x<3$일 때로 나누고, 좌미분계수와 우미분계수를 각각 구하여 비교한다.

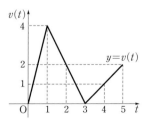

$0<x<3$인 실수 x에 대하여 점 P가

시각 $t=0$에서 $t=x$까지 움직인 거리를 $a(x)$

시각 $t=x$에서 $t=x+2$까지 움직인 거리를 $b(x)$

시각 $t=x+2$에서 $t=5$까지 움직인 거리를 $c(x)$

라 하자.

ㄱ. $x=1$일 때,

$$a(1)=\int_0^1 v(t)dt=\frac{1}{2}\times 1\times 4=2$$

$$b(1)=\int_1^3 v(t)dt=\frac{1}{2}\times 2\times 4=4$$

$$c(1)=\int_3^5 v(t)dt=\frac{1}{2}\times 2\times 2=2$$

$$\therefore f(1)=2 \text{ (참)}$$

ㄴ. $x=2$일 때,

$$a(2)=\int_0^2 v(t)dt$$

$$=\frac{1}{2}\times 3\times 4-\frac{1}{2}\times 1\times 2=5$$

$$b(2)=\int_2^4 v(t)dt$$

$$=\frac{1}{2}\times 1\times 2+\frac{1}{2}\times 1\times 1=\frac{3}{2}$$

$$c(2)=\int_4^5 v(t)dt$$

$$=\frac{1}{2}\times(1+2)\times 1=\frac{3}{2}$$

즉, $f(2)=\frac{3}{2}$이므로

$$f(2)-f(1)=\frac{3}{2}-2=-\frac{1}{2}$$

한편 $\int_1^2 v(t)dt=\frac{1}{2}\times(4+2)\times 1=3$

$$\therefore f(2)-f(1)\neq\int_1^2 v(t)dt \text{ (거짓)}$$

ㄷ. (i) $0<x<1$일 때,

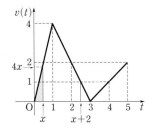

앞의 그림에서 넓이가 가장 작은 부분이 $a(x)$이므로

$$f(x)=a(x)$$

$$=\frac{1}{2}\times x\times 4x=2x^2$$

$$f'(x)=4x$$

(ii) $1<x<3$일 때,

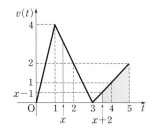

위의 그림에서 넓이가 가장 작은 부분이 $c(x)$이므로

$$f(x)=c(x)$$

$$=2-\frac{1}{2}(x-1)^2$$

$$=-\frac{1}{2}x^2+x+\frac{3}{2}$$

$$f'(x)=-x+1$$

(i), (ii)에서 $\lim\limits_{x\to 1-}f'(x)=4$, $\lim\limits_{x\to 1+}f'(x)=0$이므로

좌미분계수와 우미분계수가 서로 다르다.

즉, 함수 $f(x)$는 $x=1$에서 미분가능하지 않다. (거짓)

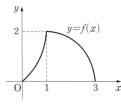

따라서 옳은 것은 ㄱ뿐이다.　　　　🔲 ①

[APPLICATION] 01 $\dfrac{1}{30}(3x+2)^{10}+C$

02 $\dfrac{1}{24}(2x^2+4x)^6+C$

03 $(x^4+3x^2+x)(x^3-6x)+C$

04 풀이 참조

01 $y=(3x+2)^9$은 함수 $y=x^9$과 $y=3x+2$의 합성함수로 볼 수 있다.

$f'(x)=x^9$, $g(x)=3x+2$로 놓으면

$f'(g(x))=(3x+2)^9$, $g'(x)=3$

이므로

$$\int(3x+2)^9\cdot3\,dx=\dfrac{1}{10}(3x+2)^{10}+C$$

$$\therefore \int(3x+2)^9dx=\dfrac{1}{3}\left\{\dfrac{1}{10}(3x+2)^{10}+C\right\}$$

$$=\dfrac{1}{30}(3x+2)^{10}+C$$

답 $\dfrac{1}{30}(3x+2)^{10}+C$

02 $f'(x)=x^5$, $g(x)=2x^2+4x$로 놓으면

$f'(g(x))=(2x^2+4x)^5$, $g'(x)=4(x+1)$

이므로

$$\int(2x^2+4x)^5\cdot4(x+1)\,dx=\dfrac{1}{6}(2x^2+4x)^6+C$$

$$\therefore \int(x+1)(2x^2+4x)^5dx$$

$$=\dfrac{1}{4}\left\{\dfrac{1}{6}(2x^2+4x)^6+C\right\}$$

$$=\dfrac{1}{24}(2x^2+4x)^6+C$$

답 $\dfrac{1}{24}(2x^2+4x)^6+C$

03 $f(x)=x^4+3x^2+x$, $g(x)=x^3-6x$로 놓으면 주어진 식은

$$\int\{f'(x)g(x)+f(x)g'(x)\}\,dx$$

이므로 그 결과는 $f(x)g(x)+C$가 된다.

따라서 적분 결과는

$$(x^4+3x^2+x)(x^3-6x)+C$$

이다.   답 $(x^4+3x^2+x)(x^3-6x)+C$

04 먼저 $y=x^2(x-k)^2$을 구간 $[0,\ k]$에서 적분하면

$$\int_0^k x^2(x-k)^2dx$$

$$=\int_0^k(x^4-2kx^3+k^2x^2)\,dx$$

$$=\left[\dfrac{1}{5}x^5-\dfrac{k}{2}x^4+\dfrac{k^2}{3}x^3\right]_0^k$$

$$=\dfrac{1}{5}k^5-\dfrac{1}{2}k^5+\dfrac{1}{3}k^5=\dfrac{1}{30}k^5$$

α, β의 대소 관계가 주어지지 않았으므로 위 식의 k 대신 $|\beta-\alpha|$를 대입하고, $|a|$ 배를 하면 사차함수 $y=a(x-\alpha)^2(x-\beta)^2$의 그래프와 x축으로 둘러싸인 도형의 넓이는 $\dfrac{|a(\beta-\alpha)^5|}{30}$이 된다.   답 풀이 참조

내신·모의고사 대비 TEST

자세한 해설은 www.erumenb.com ➡ 학습자료실 ➡ 교재자료실
에서 다운받아 보실 수 있습니다.

01 함수의 극한 _{SUMMA CUM LAUDE} 본문 326쪽

1. ③   **2.** (1) 12 (2) $-\dfrac{2}{3}$ **3.** $\dfrac{1}{2}$ **4.** 3

5. -21 **6.** 2   **7.** ㄴ   **8.** 8   **9.** 18

10. 3   **11.** 2

02 함수의 연속 _{SUMMA CUM LAUDE} 본문 328쪽

1. ②   **2.** 19   **3.** 2   **4.** 3   **5.** 12   **6.** 4

7. ③   **8.** 0   **9.** ④   **10.** 2   **11.** 3

03 미분계수와 도함수 _{SUMMA CUM LAUDE} 본문 330쪽

1. 12   **2.** ⑤   **3.** 8   **4.** $\dfrac{3}{25}$ **5.** ④

6. ④   **7.** 4   **8.** ②   **9.** ①   **10.** ③

11. 100   **12.** 6

04 도함수의 활용 _{SUMMA CUM LAUDE} 본문 332쪽

1. ④   **2.** $y=-3x-\dfrac{9}{4}$ **3.** 4   **4.** ①

5. 6   **6.** ③   **7.** 4   **8.** ⑤   **9.** 9   **10.** ①

11. ③   **12.** 1   **13.** 2   **14.** ㄱ, ㄴ, ㄷ

15. 6   **16.** ③   **17.** 5   **18.** -3 **19.** ②

20. $1:2$ **21.** $\dfrac{9}{2}$ **22.** $1<a<3$ **23.** -8

05 부정적분 _{SUMMA CUM LAUDE} 본문 336쪽

1. $f(x)=3x^3-3x^2+3$ **2.** ②

3. $a=4$, $b=-3$, $c=-4$ **4.** ㄷ

5. $f(x)=-x^2+2x+4$ **6.** $f(x)=x^3-3x^2+4$

7. 10   **8.** 825   **9.** $\dfrac{5}{3}$ **10.** 27

11. $f(x)=2x^2-3x$ **12.** ⑤

06 정적분 _{SUMMA CUM LAUDE} 본문 338쪽

1. 9600   **2.** 2   **3.** -85 **4.** -2

5. 18   **6.** 20   **7.** ③   **8.** 100

9. $x=-3$ 또는 $x=2$ 또는 $x=5$ **10.** 18

11. 0   **12.** 9

07 정적분의 활용 _{SUMMA CUM LAUDE} 본문 340쪽

1. 3   **2.** ⑤   **3.** $\dfrac{1}{3}$ **4.** $\dfrac{25}{3}$ **5.** 25 m

6. ④   **7.** $\dfrac{1}{60}$ **8.** -3 **9.** 54   **10.** 23

11. ㄷ, ㄹ

기출문제로 1등급 도전하기

I. 함수의 극한과 연속 SUMMA CUM LAUDE 본문 342쪽

1. ⑤   **2.** ①   **3.** ①   **4.** 10   **5.** ④

6. 16   **7.** 50   **8.** ⑤   **9.** 13   **10.** ①

11. ③   **12.** ③   **13.** 20   **14.** 21   **15.** ④

16. 8   **17.** ②   **18.** ②

II. 다항함수의 미분법 SUMMA CUM LAUDE 본문 348쪽

1. ⑤   **2.** ①   **3.** 220   **4.** 5   **5.** 55

6. ④   **7.** ⑤   **8.** ④   **9.** 12   **10.** ③

11. ③   **12.** 4   **13.** 12   **14.** ④

15. $-4 < k \leq -2$ **16.** ④

III. 다항함수의 적분법 SUMMA CUM LAUDE 본문 352쪽

1. ②   **2.** ①   **3.** 45   **4.** 17   **5.** ①

6. ②   **7.** ⑤   **8.** ⑤   **9.** ④   **10.** ④

11. ①   **12.** ④   **13.** 64   **14.** ②

튼튼한 **개념!** 흔들리지 않는 **실력!**

숨마쿰라우데 수학 II

'제대로' 공부를 해야 공부가 더 쉬워집니다!

"공부하는 사람은 언제나 생각이 명징하고 흐트러짐이 없어야 한다. 그러자면 우선 눈앞에 펼쳐진 어지러운 자료를 하나로 묶어 종합하는 과정이 필요하다. 비슷한 것끼리 갈래로 묶고 교통정리를 하고 나면 정보간의 우열이 드러난다. 그래서 중요한 것을 가려내고 중요하지 않은 것을 추려내는데 이 과정이 바로 '종핵(綜核)'이다." 이는 다산 정약용이 주장한 공부법입니다. 제대로 공부하는 과정은 종핵처럼 복잡한 것을 단순하게 만드는 과정입니다. 공부를 쉽게 하는 방법은 복잡한 내용들 사이의 관계를 잘 이해하여 간단히 정리해 나가는 것입니다. 이를 위해서는 무엇보다도 먼저 내용을 제대로 알아야 합니다. 숨마쿰라우데는 전체를 보는 안목을 기르고, 부분을 명쾌하게 파악할 수 있도록 친절하게 설명하였습니다. 보다 쉽게 공부하는 길에 숨마쿰라우데가 여러분들과 함께 하겠습니다.

학습자 수준에 맞도록 공부하는 단계별 구성!

공부에 매진하는 학생들은 모두가 눈앞에 놓인 목표가 있습니다. 예를 들면, '과목의 개념 학습을 확실히 하여 기초를 다지고 싶다', '학교 내신 시험을 잘 보고 싶다', '대학별 논·구술 시험에 대비하고 싶다' 등등…!! 숨마쿰라우데는 이런 각각의 학생들이 원하는 학습 목표에 따른 선택적 학습이 가능합니다. 첫째, 개념 학습 단계에서는 그 어떤 교재보다도 확실하고 자세하게 개념을 설명하고 있습니다. 둘째, 문제 풀이 단계에서는 개념 확인 문제를 비롯하여 내신형과 수능형 문제, 서술형 문제를 실어 수준별 학습이 가능하도록 하였습니다. 셋째, 심화 학습 단계에서는 교과에 대한 보다 심층적인 내용과 대학별 논·구술 예상 문제를 실어 깊이 있는 사고가 가능하도록 하였습니다. 이러한 숨마쿰라우데의 단계별 구성으로 학생들은 자신의 학습 목표에 맞는 부분을 찾아 공부할 수 있습니다. 모든 학습의 기본은 개념의 확실한 이해입니다. 공부하기 쉬운 숨마쿰라우데로 흔들리지 않는 학습의 중심을 잡으세요.

학습 교재의 새로운 신화! 이룸이앤비가 만듭니다!